Legislação Ambiental Comentada

para concursos

Doutrina

Jurisprudência

Questões de concurso

Frederico Amado

LAMB

Legislação Ambiental Comentada

para concursos

Doutrina

Jurisprudência

Questões de concurso

3ª edição | revista atualizada ampliada

2022

EDITORA JusPODIVM

www.editorajuspodivm.com.br

EDITORA *Jus*PODIVM
www.editorajuspodivm.com.br

Rua Canuto Saraiva, 131 – Mooca – CEP: 03113-010 – São Paulo – São Paulo
Tel: (11) 3582.5757
• Contato: https://www.editorajuspodivm.com.br/sac

Diagramação: Luiz Fernando Romeu *(lfnando_38@hotmail.com)*

Capa: Ana Caquetti

L514 Legislação Ambiental Comentada para Concursos (LAMB) / Frederico Amado – 3. ed. rev. ampl. e atual. – São Paulo: Editora JusPodivm, 2022.
960 p. (Códigos e Constituição para Concursos / coordenador Ricardo Didier)

Bibliografia.
ISBN 978-65-5680-913-7.

1. Direito Ambiental. I. Amado, Frederico. II. Didier, Ricardo III. Título.

CDD 341.347

APRESENTAÇÃO DA COLEÇÃO

A coleção CÓDIGOS E CONSTITUIÇÃO PARA CONCURSOS foi pensada para auxiliar o candidato a alcançar o seu grande objetivo: passar em um concurso público. Para isso, reunimos professores renomados, experientes e, acima de tudo, didáticos, para compor o time de autores dessa coleção inovadora.

A ideia era fazer algo que complementasse o estudo. Um material no qual o candidato pudesse confiar o seu tempo final de preparação e/ou dedicar o seu momento de revisão daquilo que foi estudado.

Assim, definimos a didática que acreditamos ser a ideal:

Artigo de lei;

Breves comentários;

Súmulas do STF e do STJ referentes ao artigo;

Informativos recentes do STF e do STJ referentes ao artigo;

Questões de concursos referentes ao artigo.

O leitor, portanto, tem à sua disposição, de forma organizada, um pouco de tudo o que ele precisa para passar no concurso desejado: lei, doutrina, jurisprudência e questões.

Não bastasse isso, todos os livros possuem, além da cor básica, outra cor para destacar as principais partes dos comentários, proporcionando uma leitura mais agradável e ajudando na memorização do assunto.

A cada edição, aumentamos e melhoramos os comentários dos artigos e, principalmente, revisamos a jurisprudência e as questões de concursos, de forma a sempre oferecer ao candidato o material mais atualizado possível.

Dada a receptividade dos leitores, acreditamos que estamos conseguindo obter êxito nessa empreitada.

Boa sorte!

RICARDO DIDIER
Editor
Editora Juspodivm

NOTA DO AUTOR

Esta obra foi feita sob medida para os leitores que buscam um elevado rendimento nos concursos públicos na Disciplina Direito Ambiental. Nesse sentido, artigo por artigo, foram comentadas as normas basilares da disciplina no Brasil:

– Constituição Federal, em matéria Ambiental;

– Lei 6.938/1981 (Política Nacional do Meio Ambiente);

– Lei 9.433/1997 (Política Nacional de Recursos Hídricos);

– Lei 9.605/1998 (Crimes e infrações administrativas ambientais);

– Lei 9.985/2000 (Unidades de conservação);

– Lei Complementar 140/2011 (competências ambientais);

– Lei 12.651/2012 (novo Código Florestal).

Ademais, especialmente durante o estudo do Direito Constitucional Ambiental, foram tratados outros temas correlatos à luz das leis ambientais e das Resoluções do CONAMA, tais como licenciamento ambiental; estudos ambientais; espaços ambientais protegidos; responsabilidade civil por danos ambientais; patrimônio genético e conhecimento tradicional associado; biossegurança; biodiversidade; agrotóxicos; resíduos sólidos; mudanças climáticas; energia nuclear; fauna; recursos minerais; flora; patrimônio cultural; meio ambiente artificial; Estatuto da Cidade; meio ambiente do trabalho; questões ambientais indígenas; zoneamento e servidão ambiental; concessão florestal; ação civil pública ambiental; Ordem Econômica e tributação ambiental; e saneamento básico.

Assim, essa obra não se limita apenas aos temas constantes das leis ambientais comentadas, mas também aproveita para verticalizar a respeito dos demais assuntos acima colocados com o propósito de permitir uma preparação completa e total para os concursos públicos. A sistemática de estudo é a seguinte, artigo por artigo:

1 – Comentários;

2 – Jurisprudência;

3 – Questões de Concursos.

Inicialmente serão feitas abordagens doutrinárias individuais, por artigo, das referidas normas ambientais. Em seguida, acaso existam, serão colacionadas as decisões do STF e/ou do STJ a respeito do dispositivo. Finalmente, serão inseridas questões de prova de diversas bancas examinadoras a respeito do artigo em comento. São centenas de questões da obra.

Ademais, considerando que se cuida de um tema quase que exclusivamente doutrinário, ainda foi inserido um apêndice sobre os princípios informadores do Direito Ambiental.

Bons estudos a todos!

Salvador (BA), novembro de 2021.

FREDERICO AMADO

SUMÁRIO

ABREVIATURAS

ADCT – Ato das Disposições Constitucionais Transitórias
ADI – Ação Direta de Inconstitucionalidade
ADPF – Arguição de Descumprimento de Preceito Fundamental
AIA – Avaliação de Impactos Ambientais
ANA – Agência Nacional de Águas
ANP – Agência Nacional do Petróleo, Gás Natural e Biocombustíveis
APA – Área de Proteção Ambiental
APP – Área de Preservação Permanente
ARIE – Área de Relevante Interesse Ecológico
CADE – Conselho Administrativo de Defesa Econômica
CAR – Cadastro Ambiental Rural
CC – Código Civil
CDC – Código de Defesa do Consumidor
CFLO – Código Florestal
CGEN – Conselho de Gestão do Patrimônio Genético
CGIEE – Comitê Gestor de Indicadores e Níveis de Eficiência Energética
CIBIO – Comissão Interna de Biossegurança
CIM – Comitê Interministerial sobre Mudança do Clima
CIPA – Comissão Interna de Prevenção de Acidentes
CM – Código de Mineração
CMCH – Comissão de Coordenação das Atividades de Meteorologia, Climatologia e Hidrologia
CNBS – Conselho Nacional de Biossegurança
CNEM – Comissão Nacional de Energia Nuclear
CNPE – Conselho Nacional de Política Energética
CNRH – Conselho Nacional de Recursos Hídricos
CNUMAD – Conferência das Nações Unidas sobre Meio Ambiente e Desenvolvimento
CONAMA – Conselho Nacional do Meio Ambiente

CONCEA – Conselho Nacional de Controle de Experimentação Animal

CRFB – Constituição da República Federativa do Brasil

CTN – Código Tributário Nacional

CTNBIO – Comissão Técnica Nacional de Biossegurança

DNPM – Departamento Nacional de Produção Mineral

EIA/RIMA – Estudo de Impacto Ambiental e Relatório

EIV – Estudo de Impacto de Vizinhança

ESEC – Estação Ecológica

FLONA – Floresta Nacional

FNDF – Fundo Nacional de Desenvolvimento Florestal

FUNAI – Fundação Nacional do Índio

IBAMA – Instituto Brasileiro do Meio Ambiente e dos Recursos Naturais Renováveis

ICMBIO – Instituto Chico Mendes de Conservação da Biodiversidade

ICMS – Imposto Sobre Circulação de Mercadorias e Serviços

INB – Indústrias Nucleares do Brasil

IPHAN – Instituto do Patrimônio Histórico e Artístico Nacional

ITR – Imposto Territorial Rural

LACP – Lei da Ação Civil Pública

LAP – Lei da Ação Popular

LB – Lei de Biossegurança

LBMA – Lei do Bioma Mata Atlântica

LI – Licença de Instalação

LO – Licença de Operação

LP – Licença Prévia

MBRE – Mercado Brasileiro de Redução de Emissões

MMA – Ministério do Meio Ambiente

MONAT – Monumento Natural

OGM – Organismo Geneticamente Modificado

PAOF – Plano Anual de Concessão Florestal

PETROBRAS – Petróleo Brasileiro S.A.

PMFS – Plano de Manejo Florestal Sustentável

PN – Parque Nacional

PNB – Política Nacional de Biossegurança

PNC – Plano Nacional de Cultura

PNEA – Política Nacional de Educação Ambiental

PNMA – Política Nacional do Meio Ambiente

PNMC – Política Nacional sobre Mudança do Clima

PNRH – Política Nacional de Recursos Hídricos

PNSB – Política Nacional de Segurança de Barragens

Pnuma – Programa das Nações Unidas para o Meio Ambiente

PPRA – Programa de Prevenção de Riscos Ambientais

PRA – Programa de Regularização Ambiental

PROINFA – Programa de Incentivo às Fontes Alternativas de Energia Elétrica

RDS – Reserva de Desenvolvimento Sustentável

REBIO – Reserva Biológica

REFAU – Reserva da Fauna

RESEX – Reserva Extrativista

Rl – Reserva Legal

RPPN – Reserva Particular do Patrimônio Natural

RVS – Refúgio da Vida Silvestre

SFB – Serviço Florestal Brasileiro

SIB – Sistema de Informações em Biossegurança

SICAR – Sistema de Cadastro Ambiental Rural

SINIMA – Sistema Nacional de Informações sobre o Meio Ambiente

SNC – Sistema Nacional de Cultura

SNIIC – Sistema Nacional de Informações e Indicadores Culturais

SNUC – Sistema Nacional das Unidades de Conservação

SNVS – Sistema Nacional de Vigilância Sanitária

STF – Supremo Tribunal Federal

STJ – Superior Tribunal de Justiça

TAC – Termo de Ajustamento de Conduta

TRF – Tribunal Regional Federal

UC – Unidade de Conservação

ZEE – Zoneamento Ecológico-Econômico

ZEEZOC – Zoneamento Ecológico-Econômico da Zona Costeira

CONSTITUIÇÃO FEDERAL

NORMAS CONSTITUCIONAIS SOBRE O MEIO AMBIENTE

Art. 5.º Todos são iguais perante a lei, sem distinção de qualquer natureza, garantindo-se aos brasileiros e aos estrangeiros residentes no País a inviolabilidade do direito à vida, à liberdade, à igualdade, à segurança e à propriedade, nos termos seguintes:

(...)

LXXIII – qualquer cidadão é parte legítima para propor ação popular que vise a anular ato lesivo ao patrimônio público ou de entidade de que o Estado participe, à moralidade administrativa, ao meio ambiente e ao patrimônio histórico e cultural, ficando o autor, salvo comprovada má-fé, isento de custas judiciais e do ônus da sucumbência;

(...)

1. COMENTÁRIOS

A ação popular é um remédio heroico que nasceu com a Constituição Federal de 1934, regulamentada pela Lei 4.717/1965, originariamente destinada à tutela do patrimônio público. Na atual Constituição, está fincada no artigo 5.º, LXXIII, tendo o seu objeto sido alargado para a proteção ao meio ambiente.

Deveras, agora também o meio ambiente e a moralidade administrativa poderão ser protegidos pela ação popular, que tem natureza coletiva, pois o autor substitui toda a coletividade, sendo um exemplo de exercício da democracia direta, porquanto permite que o cidadão diretamente fiscalize os atos do Poder Público.

É parte legítima para intentar a ação popular o cidadão, assim entendido o brasileiro em pleno gozo dos direitos políticos, ou seja, alistado na Justiça Eleitoral, devendo a cópia do título de eleitor instruir a petição inicial.

Assim, a idade mínima do autor será de dezesseis anos, não podendo ajuizar a ação o estrangeiro, bem como o nacional com os direitos políticos suspensos, a exemplo da condenação transitada em julgado por crime ou ato de improbidade administrativa, enquanto durarem os seus efeitos.

Registre-se a existência de uma corrente doutrinária que prega a legitimidade ativa do estrangeiro residente no Brasil para o ajuizamento da ação popular, por meio de uma definição maximalista da cidadania ambiental, que ultrapassaria a capacidade eleitoral ativa e passiva.[1]

De acordo com o artigo 6.º, da Lei 4.717/1965, será das pessoas jurídicas de direito público que praticaram o ato lesivo ao patrimônio público, à moralidade administrativa e ao meio ambiente, bem como dos entes receptores de verba pública, juntamente com as pessoas

1. Nesse sentido, Paulo Affonso Leme Machado (2009, p. 137), dentre outros juristas ambientais.

jurídicas de direito privado que participaram da formação do ato impugnado ou que dele sejam beneficiários.

Outrossim, os representantes das pessoas jurídicas de direito público e privado responsáveis pela edição do ato serão litisconsortes passivos dos entes jurídicos, tratando-se de litisconsórcio passivo necessário por força legal.

Interessante instituto processual está previsto no § 3.º, do artigo 6.º, pontificando que "a pessoa jurídica de direito público ou de direito privado, cujo ato seja objeto de impugnação, poderá abster-se de contestar o pedido, ou poderá atuar ao lado do autor, desde que isso se afigure útil ao interesse público, a juízo do respectivo representante legal ou dirigente".

É uma hipótese de **expromissão de parte**, que autoriza as pessoas jurídicas de direito público ou privado a mudar de lado, ou seja, de rés a autoras, desde que consoante o interesse público, deixando os representantes sozinhos no polo passivo.

Contudo, este dispositivo não exonera os entes jurídicos, em especial os privados, de responder pelos custos da procedência do pedido, uma vez que os atos dos presentantes das pessoas jurídicas a esta são imputados, pois os entes morais não têm condições de exprimir suas vontades por si sós.

Objetiva a ação popular a anulação de ato lesivo ao patrimônio público, ao meio ambiente ou a moralidade administrativa, tendo natureza predominantemente desconstitutiva, pois visa anular o ato (*ação popular repressiva*).

Outrossim, a lesividade e a ilegalidade do ato rechaçado podem ser geradas pela omissão do Poder Público, sendo possível ter a ação popular como instrumento de controle das omissões administrativas, conforme já decidiu o STJ.

Também se admite a *ação popular preventiva*, mais interessante à tutela ambiental, impedindo-se o Poder Público de editar ato ilegal e potencialmente lesivo aos recursos ambientais.

Com efeito, **para que a ação seja conhecida, é preciso que o autor demonstre cumulativamente a ilegalidade e a lesividade do ato ao patrimônio público, ao meio ambiente ou à moralidade administrativa, salvo as hipóteses presumidas pelos artigos 2.º e 4.º, da Lei 4.717/1965.** Já decidiu o STJ pela não presunção de lesividade, sendo ônus do autor.

Logo, nota-se que na ação popular a cominação principal não é condenatória – como na ação civil pública, pois o objeto da ação popular é mais restrito –, sendo a anulação do referido ato ilegal e lesivo.

Contudo, entende-se ser plenamente possível a reparação dos danos em sede de ação popular, desde que seja a forma de reconstituir o bem jurídico lesado pelo ato ilegal praticado pelo Poder Público e pelos eventuais particulares que concorreram para a sua prática.

Nesse sentido, reza o artigo 11 da Lei 4.717/1965: "A sentença que, julgando procedente a ação popular, decretar a invalidade do ato impugnado, condenará ao pagamento de perdas e danos os responsáveis pela sua prática e os beneficiários dele, ressalvada a ação regressiva contra os funcionários causadores de dano, quando incorrerem em culpa".

Destarte, caso o ente ambiental tenha outorgado licença de operação que desatenda a legislação ambiental, culminando a atividade do empreendedor em danos ao meio ambiente, a simples desconstituição do ato não restaurará o estado anterior. Logo, cabível é a cominação de obrigação de reparar o dano ambiental.

Note-se que, em sua vertente coletiva, a pretensão de reparação dos danos ao meio ambiente não se sujeita a prazo prescricional, assim como os prejuízos ao erário, neste último caso por força expressa do § 5.º, do artigo 37, da CRFB.

Por seu turno, obtempera o artigo 18, da Lei 4.717/1965:

> "Artigo 18. A sentença terá eficácia de coisa julgada oponível *erga omnes*, exceto no caso de haver sido a ação julgada improcedente por deficiência de prova; neste caso, qualquer cidadão poderá intentar outra ação com idêntico fundamento, valendo-se de nova prova".

Similarmente ao que ocorre com a ação civil pública, mas sem a discutível limitação da eficácia da decisão aos limites territoriais do órgão judicial prolator da decisão, a eficácia da coisa julgada na ação popular abarca todos, pois se trata de uma ação coletiva, exceto se julgada improcedente por insuficiência de provas.

A sentença que julgar improcedente o pedido do autor ou que extinguir o processo por carência de ação, apenas produzirá efeitos se confirmada pelo juízo *ad quem*, pois se sujeita ao reexame necessário.

A Lei 4.717/1965 não fixa a competência para o julgamento da ação popular. Assim, fica a dúvida sobre a incidência da regra geral do artigo 94, do CPC, que é o foro domicílio do réu ou a disposição do artigo 2.º, da Lei 7.347/1985, que contempla o critério do foro do local do dano, pois a ação popular é uma modalidade de ação coletiva.

Em ação popular proposta contra a União, o STJ entendeu que o foro do domicílio do autor tem competência concorrente, rejeitando o foro do local da consumação do ato, aplicando-se o artigo 109, § 2.º, da CRFB.

Na ação popular, o autor encontra-se *isento do pagamento das custas processuais e honorários advocatícios de sucumbência, exceto se comprovada a sua má-fé*, sendo dispositivo constitucional que busca não inibir o ajuizamento da demanda, mormente nas causas com grande repercussão patrimonial.

Vale salientar que o artigo 5.º, § 3.º, da Lei 4.717/1965, da mesma forma que a LACP, traz uma nova forma de definição de prevenção, diversa do Código de Processo Civil, que se dá com a propositura da ação, que definirá o juízo competente na hipótese de concorrência.

Também é prevista expressamente a *suspensão de liminar*, aplicando-se as disposições do artigo 4.º, da Lei 8.437/1992, podendo a decisão ser suspensa pelo presidente do tribunal a quem cabe conhecer do recurso, em caso de manifesto interesse público ou de flagrante ilegitimidade, para evitar grave lesão à ordem, à saúde, à segurança e à economia pública.

O Ministério Público atuará como fiscal da lei, sendo vedada a defesa do ato impugnado e dos seus autores, facultando-se a qualquer cidadão ser coautor ou assistente ativo.

O prazo para a *contestação* será de *20 dias*, prorrogável pelo mesmo período, a requerimento do interessado, se particularmente difícil a produção de prova documental, e será comum a todos os interessados.

Na forma do artigo 9.º da Lei 4.717/1965, "se o autor desistir da ação ou der motivo à absolvição da instância, serão publicados editais nos prazos e condições previstos no artigo 7.º, inciso II, ficando assegurado a qualquer cidadão, bem como ao representante do Ministério Público, dentro do prazo de 90 dias da última publicação feita, promover o prosseguimento da ação".

2. JURISPRUDÊNCIA

"4. A ação popular é o instrumento jurídico que deve ser utilizado para impugnar atos administrativos omissivos ou comissivos que possam causar danos ao meio ambiente. 5. Pode ser proposta ação popular ante a omissão do Estado em promover condições de melhoria na coleta do esgoto da Penitenciária Presidente Bernardes, de modo a que cesse o despejo de elementos poluentes no Córrego Guarucaia (obrigação de não fazer), a fim de evitar danos ao meio ambiente" (STJ, REsp 889.766, de 04.10.2007).

"1. O fato de a Constituição Federal de 1988 ter alargado as hipóteses de cabimento da ação popular não tem o efeito de eximir o autor de comprovar a lesividade do ato, mesmo em se tratando de lesão à moralidade administrativa, ao meio ambiente ou ao patrimônio histórico e cultural" (STJ, EREsp 260.821, de 23.11.2005).

"Conflito negativo de competência. Ação popular ajuizada em face da União. Lei 4.717/1965. Possibilidade de propositura da ação no foro do domicílio do autor. Aplicação dos artigos 99, I, do CPC, e 109, § 2.º, da Constituição Federal. 1. Não havendo dúvidas quanto à competência da Justiça Federal para processar e julgar a ação popular proposta em face da União, cabe, no presente conflito, determinar o foro competente para tanto: se o de Brasília (local em que se consumou o ato danoso), ou do Rio de Janeiro (domicílio do autor). 2. A Constituição Federal de 1988 dispõe, em seu artigo 5.º, LXXIII, que 'qualquer cidadão é parte legítima para propor ação popular que vise a anular ato lesivo ao patrimônio público ou de entidade de que o Estado participe, à moralidade administrativa, ao meio ambiente e ao patrimônio histórico e cultural, ficando o autor, salvo comprovada má-fé, isento de custas judiciais e do ônus da sucumbência'. Tal ação é regulada pela Lei 4.717/1965, recepcionada pela Carta Magna. 3. O artigo 5.º da referida norma legal determina que a competência para processamento e julgamento da ação popular será aferida considerando-se a origem do ato impugnado. Assim, caberá à Justiça Federal apreciar a controvérsia se houver interesse da União, e à Justiça Estadual se o interesse for dos Estados ou dos Municípios. **A citada Lei 4.717/1965, entretanto, em nenhum momento fixa o foro em que a ação popular deve ser ajuizada, dispondo, apenas, em seu artigo 22, serem aplicáveis as regras do Código de Processo Civil, naquilo em que não contrariem os dispositivos da Lei, nem a natureza específica da ação. Portanto, para se fixar o foro competente para apreciar a ação em comento, mostra-se necessário considerar o objetivo maior da ação popular, isto é, o que esse instrumento previsto na Carta Magna, e colocado à disposição do cidadão, visa proporcionar.** 4. Segundo a doutrina, o direito do cidadão de promover a ação popular constitui um direito político fundamental, da mesma natureza de outros direitos políticos previstos na Constituição Federal. Caracteriza, a ação popular, um instrumento que garante à coletividade a oportunidade de fiscalizar os atos praticados pelos governantes, de modo a poder impugnar qualquer medida tomada que cause danos à sociedade como um todo, ou seja, visa a proteger direitos transindividuais. Não pode, por conseguinte, o exercício desse direito sofrer restrições, isto é, não se pode admitir a criação de entraves que venham a inibir a atuação do cidadão na proteção de interesses que dizem respeito a toda a coletividade. **5. Assim, tem-se por desarrazoado determinar-se como foro competente para julgamento da ação popular, na presente hipótese, o do local em que se consumou o ato, ou seja, o de Brasília. Isso porque tal entendimento dificultaria a atuação do autor, que tem domicílio no Rio de Janeiro.** 6. Considerando a necessidade de assegurar o cumprimento do preceito constitucional que garante a todo cidadão a defesa de interesses coletivos (artigo 5.º, LXXIII), devem ser empregadas as regras de competência constantes do Código de Processo Civil – cuja aplicação está prevista na Lei 4.717/1965 –, haja vista serem as que melhor atendem a esse propósito. 7. Nos termos do inciso I do artigo 99 do CPC, **para as causas em que a União for ré, é competente o foro da Capital do Estado. Esse dispositivo, todavia, deve ser interpretado em conformidade com o § 2.º do artigo 109 da Constituição Federal, de modo que, em tal caso, 'poderá o autor propor a ação no foro de seu domicílio, no foro do local do ato ou fato, no foro da situação do bem ou no foro do Distrito Federal'** (PIZZOL,

Patrícia Miranda. *Código de Processo Civil Interpretado*, Coordenador Antônio Carlos Marcato, São Paulo: Editora Atlas, 2004, p. 269). Trata-se, assim, de competência concorrente, ou seja, a ação pode ser ajuizada em quaisquer desses foros. 8. Na hipótese dos autos, portanto, em que a ação popular foi proposta contra a União, não há falar em incompetência, seja relativa, seja absoluta, do Juízo Federal do domicílio do demandante. 9. Conflito conhecido para declarar a competência do Juízo da 10.ª Vara Federal da Seção Judiciária do Estado do Rio de Janeiro, o suscitado" (STJ, CC 47.950, de 11.04.2007).

"A Lei 4.717/1965 deve ser interpretada de forma a possibilitar, por meio de Ação Popular, a mais ampla proteção aos bens e direitos associados ao patrimônio público, em suas várias dimensões (cofres públicos, meio ambiente, moralidade administrativa, patrimônio artístico, estético, histórico e turístico) (REsp 453.136/PR, Relator Ministro Herman Benjamin, Segunda Turma, *DJe* 14.12.2009). O fato de a Lei Municipal 4.437/1996, logo após a sua edição, ter ido revogada pela Lei Municipal 4.466/1996 não ostenta a propriedade de exaurir o objeto da ação popular. Deveras, o autor popular pretende a recomposição do dano ambiental e o embargo definitivo da obra de terraplanagem, além da invalidação da Lei Municipal posteriormente revogada. Logo, o processamento da ação popular é medida que se impõe" (STJ, AgRg no REsp 1.151.540, de 20.06.2013).

STJ INFORMATIVO 662 – PRIMEIRA SEÇÃO

PROCESSO	CC 164.362-MG, Rel. Min. Herman Benjamin, Primeira Seção, por unanimidade, julgado em 12/06/2019, DJe 19/12/2019
RAMO DO DIREITO	DIREITO AMBIENTAL, DIREITO PROCESSUAL CIVIL
TEMA	Desastre de Brumadinho. Julgamento de ação popular concorrente com diversas ações com objeto assemelhado. Competência. Foro do local do fato. Peculiaridade do caso concreto.

DESTAQUE
Em face da magnitude econômica, social e ambiental do caso concreto, é possível a fixação do juízo do local do fato para o julgamento de ação popular que concorre com diversas outras ações individuais, populares e civis públicas decorrentes do mesmo dano ambiental.
INFORMAÇÕES DO INTEIRO TEOR
Cinge-se a controvérsia em definir a competência para o julgamento de ação popular proposta contra a União, o Distrito Federal, o Estado de Minas Gerais e a Vale S.A em decorrência do desastre de Brumadinho. Ao instituir a ação popular, o legislador constituinte buscou privilegiar o exercício da fiscalização e da própria democracia pelo cidadão. Disso não decorre, contudo, que as ações populares devam ser sempre distribuídas no foro mais conveniente a ele, no caso, o de seu domicílio. Isso porque casos haverá em que a defesa do interesse coletivo será mais bem realizada no local do ato que, por meio da ação, o cidadão pretenda ver anulado. Nessas hipóteses, a sobreposição do foro do domicílio do autor ao foro onde ocorreu o dano ambiental acarretará prejuízo ao próprio interesse material coletivo tutelado por intermédio dessa ação, em benefício do interesse processual individual do cidadão, em manifesta afronta à finalidade mesma da demanda por ele ajuizada. De acordo com a jurisprudência do STJ, sendo igualmente competentes o juízo do domicílio do autor popular e o do local onde houver ocorrido o dano (local do fato), a competência para examinar o feito é daquele em que menor dificuldade haja para o exercício da ação popular. Na hipótese, contudo, a ação popular estará competindo e concorrendo com várias outras ações populares e ações civis públicas, bem como com centenas de ações individuais, razão pela qual, em se tratando de competência concorrente, deve ser eleito o foro do local do fato. As peculiaridades que a distinguem dos casos anteriormente enfrentados pelo STJ impõem adoção de solução mais consentânea com a imprescindibilidade de se evitar tumulto processual em demanda de tamanha magnitude social, econômica e ambiental. Assim, a solução encontrada é de *distinguishing* à luz de peculiaridades do caso concreto e não de revogação do entendimento do STJ sobre a competência para a ação popular, que deverá ser aplicada quando a ação popular for isolada.

Art. 21. Compete à União:

(...)

IX – elaborar e executar planos nacionais e regionais de ordenação do território e de desenvolvimento econômico e social;

(...)

XVIII – planejar e promover a defesa permanente contra as calamidades públicas, especialmente as secas e as inundações;

XIX – instituir sistema nacional de gerenciamento de recursos hídricos e definir critérios de outorga de direitos de seu uso;

XX – instituir diretrizes para o desenvolvimento urbano, inclusive habitação, saneamento básico e transportes urbanos;

(...)

XXIII – explorar os serviços e instalações nucleares de qualquer natureza e exercer monopólio estatal sobre a pesquisa, a lavra, o enriquecimento e reprocessamento, a industrialização e o comércio de minérios nucleares e seus derivados, atendidos os seguintes princípios e condições:

a) toda atividade nuclear em território nacional somente será admitida para fins pacíficos e mediante aprovação do Congresso Nacional;

b) sob regime de permissão, são autorizadas a comercialização e a utilização de radioisótopos para a pesquisa e usos médicos, agrícolas e industriais;

c) sob regime de permissão, são autorizadas a produção, comercialização e utilização de radioisótopos de meia-vida igual ou inferior a duas horas;

d) a responsabilidade civil por danos nucleares independe da existência de culpa;

1. COMENTÁRIOS

Este artigo 21 contempla uma série de competências administrativas ambientais de a União, constituindo exceções à regra geral de que todas as esferas de governo deverão atuar em proteção ao meio ambiente (vide artigo 23).

De efeito, na condição de entidade política central, a União deverá elaborar e executar planos nacionais e regionais de ordenação do território e de desenvolvimento econômico e social, sendo que a ordenação local é feita pelos municípios, em especial pela aprovação do Plano Diretor e da Lei de Parcelamento do Solo Urbano.

Outrossim, deverá a União atuar na defesa permanente contra as calamidades públicas, especialmente as secas e as inundações, sendo que nesta hipótese não se exclui a atuação conjunta com as demais entidades políticas.

A criação do sistema nacional de gerenciamento de recursos hídricos e a definição de critérios de outorga de direitos de seu uso são de competência da União, que o fez por intermédio da Lei 9.433/1997, que será comentada nesta obra.

Também compete à União a aprovação de diretrizes para o desenvolvimento urbano, inclusive habitação, tendo sido aprovado o Estatuto da Cidade pela Lei 10.257/2001, que estabelece normas de ordem pública e interesse social que regulam o uso da propriedade urbana em prol do bem coletivo, da segurança e do bem-estar dos cidadãos, bem como do equilíbrio ambiental.

Saneamento básico

A efetivação do serviço público de saneamento básico para todo o povo brasileiro é um desafio que o Poder Público ainda levará décadas para alcançar. Em nosso país, considerável parcela da população ainda não tem sequer uma rede de esgotamento sanitário e água potável disponível em sua residência.

De acordo com o sítio Planeta Sustentável, em notícia divulgada em maio de 2009, com base em pesquisa perpetrada pelo Instituto Trata Brasil entre os anos de 2003 e 2007, "a população brasileira produziu, em média, 8,4 bilhões de litros de esgoto por dia. Desse total, 5,4 bilhões não receberam nenhum tratamento, ou seja, apenas 36% do esgoto gerado nas cidades do país são tratados. O restante é despejado sem nenhum cuidado no meio ambiente, contaminando solo, rios, mananciais e praias do país inteiro, sem contar nos danos diretos que esse tipo de prática causa à saúde da população".

Para tentar melhorar essa situação, a União promulgou a Lei 11.445, de 05 de janeiro de 2007, que estabeleceu as diretrizes nacionais para o saneamento básico e para a Política Federal de Saneamento Básico, sendo regulamentada pelo Decreto presidencial 7.217/2010.

Em 2018, houve uma reforma frustrada da Lei de Saneamento Básico pela MP 844, que caducou por ausência de votação no Congresso Nacional em 20 de novembro de 2018. Posteriormente, a reforma foi implementada pela MP 868, de 27 de dezembro de 2018, que também caducou.

Finalmente, no ano de 2020 foi aprovado por lei federal o **novo marco legal do saneamento básico** através da **Lei 14.026, de 15 de julho de 2020**.

Vale frisar que, nos termos do artigo 21, XX, da Constituição de 1988, é competência material da União instituir diretrizes para o desenvolvimento urbano, inclusive habitação, saneamento básico e transportes urbanos, bem como é competência comum entre todas as pessoas políticas promover o saneamento básico (artigo 23, IX, da Lei Maior).

Em termos legais, o saneamento básico compreende:

a) **abastecimento de água potável:** constituído pelas atividades e pela disponibilização e manutenção de infraestruturas e instalações operacionais necessárias ao abastecimento público de água potável, desde a captação até as ligações prediais e seus instrumentos de medição;

b) **esgotamento sanitário:** constituído pelas atividades e pela disponibilização e manutenção de infraestruturas e instalações operacionais necessárias à coleta, ao transporte, ao tratamento e à disposição final adequados dos esgotos sanitários, desde as ligações prediais até sua destinação final para produção de água de reúso ou seu lançamento de forma adequada no meio ambiente;

c) **limpeza urbana e manejo de resíduos sólidos:** constituídos pelas atividades e pela disponibilização e manutenção de infraestruturas e instalações operacionais de coleta, varrição manual e mecanizada, asseio e conservação urbana, transporte, transbordo, tratamento e destinação final ambientalmente adequada dos resíduos sólidos domiciliares e dos resíduos de limpeza urbana; e

d) **drenagem e manejo das águas pluviais urbanas:** constituídos pelas atividades, pela infraestrutura e pelas instalações operacionais de drenagem de águas pluviais, transporte, detenção ou retenção para o amortecimento de vazões de cheias, tratamento e disposição final das águas pluviais drenadas, contempladas a limpeza e a fiscalização preventiva das redes.

Vale frisar que **os recursos hídricos não integram os serviços públicos de saneamento básico**, tendo regramento próprio dado pela Lei 9.433/1997, que estabeleceu a Política Nacional de Recursos Hídricos.

Outrossim, **não integram os serviços públicos de saneamento básico** as ações na área executadas por meio de **soluções individuais** (desde que o usuário não dependa de terceiros para operar os serviços) e as **ações de responsabilidade privada**, inclusive o manejo de resíduos de responsabilidade do gerador.

Consideram-se **serviços públicos de abastecimento de água** a sua distribuição mediante ligação predial, incluídos eventuais instrumentos de medição, bem como, quando vinculadas a essa finalidade, as seguintes atividades:

> I – reservação de água bruta;
>
> II – captação de água bruta;
>
> III – adução de água bruta;
>
> IV – tratamento de água bruta;
>
> V – adução de água tratada; e
>
> VI – reservação de água tratada.

Consideram-se ainda **serviços públicos de esgotamento sanitário** aqueles constituídos por 1 (uma) ou mais das seguintes atividades:

> I – coleta, incluída ligação predial, dos esgotos sanitários;
>
> II – transporte dos esgotos sanitários;
>
> III – tratamento dos esgotos sanitários; e
>
> IV – disposição final dos esgotos sanitários e dos lodos originários da operação de unidades de tratamento coletivas ou individuais de forma ambientalmente adequada, incluídas fossas sépticas.

Consideram-se **serviços públicos especializados de limpeza urbana e de manejo de resíduos sólidos** as atividades operacionais de coleta, transbordo, transporte, triagem para fins de reutilização ou reciclagem, tratamento, inclusive por compostagem, e destinação final dos:

> I – resíduos domésticos;
>
> II – resíduos originários de atividades comerciais, industriais e de serviços, em quantidade e qualidade similares às dos resíduos domésticos, que, por decisão do titular, sejam considerados resíduos sólidos urbanos, desde que tais resíduos não sejam de responsabilidade de seu gerador nos termos da norma legal ou administrativa, de decisão judicial ou de termo de ajustamento de conduta; e
>
> III – resíduos originários dos serviços públicos de limpeza urbana, tais como:

a) serviços de varrição, capina, roçada, poda e atividades correlatas em vias e logradouros públicos;

b) asseio de túneis, escadarias, monumentos, abrigos e sanitários públicos;

c) raspagem e remoção de terra, areia e quaisquer materiais depositados pelas águas pluviais em logradouros públicos;

d) desobstrução e limpeza de bueiros, bocas de lobo e correlatos;

e) limpeza de logradouros públicos onde se realizem feiras públicas e outros eventos de acesso aberto ao público; e

f) outros eventuais serviços de limpeza urbana.

Por fim, consideram-se **serviços públicos de manejo das águas pluviais urbanas** aqueles constituídos por 1 (uma) ou mais das seguintes atividades:

I – drenagem urbana;

II – transporte de águas pluviais urbanas;

III – detenção ou retenção de águas pluviais urbanas para amortecimento de vazões de cheias; e

IV – tratamento e disposição final de águas pluviais urbanas.

Compete aos demais entes políticos a aprovação de leis sobre o saneamento básico no âmbito regional e local, pois todos têm a missão constitucional de efetivar esse serviço público, observando a normatização geral da União, o que já foi feito na Bahia com a promulgação da Lei estadual 11.172/2008, que instituiu a Política Estadual de Saneamento Básico nesta Boa Terra.

Vale frisar que o STF declarou a inconstitucionalidade de lei editada estadual no julgamento da **ADI 1842**, ajuizada pelo Partido Democrático Trabalhista, que questionou normas do estado do Rio de Janeiro que tratam da criação da região metropolitana do Rio de Janeiro e da microrregião dos Lagos e disciplinam a administração de serviços públicos.

O ponto central discutido foi a avaliação de legitimidade das disposições normativas ao instituir região metropolitana do Rio de Janeiro e a microrregião dos Lagos (Lei Complementar 87/89) transferindo do âmbito municipal para o âmbito estadual competências administrativas e normativas próprias dos municípios, que dizem respeito aos serviços de saneamento básico (Lei estadual 2.869/97), disposição invalidada pelo STF, pois deve haver compartilhamento do poder decisório entre o estado instituidor e os municípios que os integram, sem que se exijam uma participação paritária relativamente a qualquer um deles.

O grande objetivo da aprovação de um novo marco legal para o saneamento básico através da Lei 14.026/2020 é ampliar o acesso a este serviço público. Conforme dados do ano de 2020, temos ainda 100 milhões de pessoas no Brasil sem a coleta de esgoto e 35 milhões sem o acesso à água tratada.

São os **princípios fundamentais** que o Distrito Federal e os municípios devem observar na prestação do serviço público de saneamento básico:

A – universalização do acesso e efetiva prestação do serviço;

B – integralidade, compreendida como o conjunto de atividades e componentes de cada um dos diversos serviços de saneamento que propicie à população o acesso a eles em conformidade com suas necessidades e maximize a eficácia das ações e dos resultados;

C – abastecimento de água, esgotamento sanitário, limpeza urbana e manejo dos resíduos sólidos realizados de forma adequada à saúde pública, à conservação dos recursos naturais e à proteção do meio ambiente;

D – disponibilidade, nas áreas urbanas, de serviços de drenagem e manejo das águas pluviais, tratamento, limpeza e fiscalização preventiva das redes, adequados à saúde pública, à proteção do meio ambiente e à segurança da vida e do patrimônio público e privado;

E – adoção de métodos, técnicas e processos que considerem as peculiaridades locais e regionais;

F – articulação com as políticas de desenvolvimento urbano e regional, de habitação, de combate à pobreza e de sua erradicação, de proteção ambiental, de promoção da saúde, de recursos hídricos e outras de interesse social relevante, destinadas à melhoria da qualidade de vida, para as quais o saneamento básico seja fator determinante;

G – eficiência e sustentabilidade econômica;

H – estímulo à pesquisa, ao desenvolvimento e à utilização de tecnologias apropriadas, consideradas a capacidade de pagamento dos usuários, a adoção de soluções graduais e progressivas e a melhoria da qualidade com ganhos de eficiência e redução dos custos para os usuários;

I – transparência das ações, baseada em sistemas de informações e processos decisórios institucionalizados;

J – controle social;

K – segurança, qualidade, regularidade e continuidade;

L – integração das infraestruturas e dos serviços com a gestão eficiente dos recursos hídricos;

M – redução e controle das perdas de água, inclusive na distribuição de água tratada, estímulo à racionalização de seu consumo pelos usuários e fomento à eficiência energética, ao reúso de efluentes sanitários e ao aproveitamento de águas de chuva;

N – prestação regionalizada dos serviços, com vistas à geração de ganhos de escala e à garantia da universalização e da viabilidade técnica e econômico-financeira dos serviços;

O – seleção competitiva do prestador dos serviços; e

P – prestação concomitante dos serviços de abastecimento de água e de esgotamento sanitário.

Em regra, a **titularidade do serviço de saneamento básico** será dos **municípios** e do **Distrito Federal**, quando o interesse for local[2].

2. Funções públicas e serviços cujas infraestruturas e instalações operacionais atendam a um único Município.

Excepcionalmente, poderá ser em conjunto do **estado e dos municípios** que compartilham efetivamente instalações operacionais integrantes de regiões metropolitanas, aglomerações urbanas e microrregiões, instituídas por lei complementar estadual, no caso de interesse comum[3].

A **prestação regionalizada** consiste na modalidade de prestação integrada de um ou mais componentes dos serviços públicos de saneamento básico em determinada região cujo território abranja mais de um Município, podendo ser estruturada em:

A) região metropolitana, aglomeração urbana ou microrregião: unidade instituída pelos Estados mediante lei complementar, de acordo com o § 3º do artigo 25 da Constituição Federal, composta de agrupamento de Municípios limítrofes e instituída nos termos da Lei nº 13.089, de 12 de janeiro de 2015 (Estatuto da Metrópole);

B) unidade regional de saneamento básico: unidade instituída pelos Estados mediante lei ordinária, constituída pelo agrupamento de Municípios não necessariamente limítrofes, para atender adequadamente às exigências de higiene e saúde pública, ou para dar viabilidade econômica e técnica aos Municípios menos favorecidos;

C) bloco de referência: agrupamento de Municípios não necessariamente limítrofes, estabelecido pela União e formalmente criado por meio de gestão associada voluntária dos titulares.

No entanto, é **facultativa** a adesão dos titulares dos serviços públicos de saneamento de interesse local às estruturas das formas de prestação regionalizada.

O serviço regionalizado de saneamento básico poderá obedecer a plano regional de saneamento básico elaborado para o conjunto de Municípios atendidos. O prestador dos serviços públicos regionalizados de saneamento básico deve disponibilizar infraestrutura de rede até os respectivos pontos de conexão necessários à implantação dos serviços nas edificações e nas unidades imobiliárias decorrentes de incorporação imobiliária e de parcelamento de solo urbano.

Outrossim, o exercício da titularidade dos serviços de saneamento poderá ser realizado também por **gestão associada, mediante consórcio público ou convênio de cooperação**, ficando admitida a formalização de consórcios intermunicipais de saneamento básico, exclusivamente composto de Municípios, que poderão prestar o serviço aos seus consorciados diretamente, pela instituição de autarquia intermunicipal.

Ademais, os consórcios intermunicipais de saneamento básico terão como objetivo, exclusivamente, o financiamento das iniciativas de implantação de medidas estruturais de abastecimento de água potável, esgotamento sanitário, limpeza urbana, manejo de resíduos

3. Serviços de saneamento básico prestados em regiões metropolitanas, aglomerações urbanas e microrregiões instituídas por lei complementar estadual, em que se verifique o compartilhamento de instalações operacionais de infraestrutura de abastecimento de água e/ou de esgotamento sanitário entre 2 (dois) ou mais Municípios, denotando a necessidade de organizá-los, planejá-los, executá-los e operá-los de forma conjunta e integrada pelo Estado e pelos Munícipios que compartilham, no todo ou em parte, as referidas instalações operacionais.

sólidos, drenagem e manejo de águas pluviais, vedada a formalização de contrato de programa com sociedade de economia mista ou empresa pública, ou a subdelegação do serviço prestado pela autarquia intermunicipal sem prévio procedimento licitatório.

Os entes da Federação, isoladamente ou reunidos em consórcios públicos, poderão instituir fundos, aos quais poderão ser destinadas, entre outros recursos, parcelas das receitas dos serviços, com a finalidade de custear, na conformidade do disposto nos respectivos planos de saneamento básico, a universalização dos serviços públicos de saneamento básico.

Competirá ao titular do serviço de saneamento básico formular a respectiva política pública, devendo:

A – elaborar os planos de saneamento básico, nos termos desta Lei, bem como estabelecer metas e indicadores de desempenho e mecanismos de aferição de resultados, a serem obrigatoriamente observados na execução dos serviços prestados de forma direta ou por concessão;

B – prestar diretamente os serviços, ou conceder a prestação deles, e definir, em ambos os casos, a entidade responsável pela regulação e fiscalização da prestação dos serviços públicos de saneamento básico;

C – definir os parâmetros a serem adotados para a garantia do atendimento essencial à saúde pública, inclusive quanto ao volume mínimo per capita de água para abastecimento público, observadas as normas nacionais relativas à potabilidade da água;

D – estabelecer os direitos e os deveres dos usuários;

E – estabelecer os mecanismos e os procedimentos de controle social;

F – implementar sistema de informações sobre os serviços públicos de saneamento básico, articulado com o Sistema Nacional de Informações em Saneamento Básico (Sinisa), o Sistema Nacional de Informações sobre a Gestão dos Resíduos Sólidos (Sinir) e o Sistema Nacional de Gerenciamento de Recursos Hídricos (Singreh), observadas a metodologia e a periodicidade estabelecidas pelo Ministério do Desenvolvimento Regional; e

G – intervir e retomar a operação dos serviços delegados, por indicação da entidade reguladora, nas hipóteses e nas condições previstas na legislação e nos contratos.

Uma das inovações da Lei 14.026/2020 foi definir que a prestação dos serviços públicos de saneamento básico por entidade que não integre a administração do titular dependerá da celebração de ***contrato de concessão***, mediante **prévia licitação**, nos termos do **artigo 175 da Constituição Federal, vedada a sua disciplina mediante contrato de programa, convênio, termo de parceria ou outros instrumentos de natureza precária.**

Apenas restaram preservados os contratos de programa regulares vigentes até o advento do seu termo contratual.

Os **contratos de concessão** relativos à prestação dos serviços públicos de saneamento básico deverão conter, expressamente, *sob pena de nulidade*, as seguintes **cláusulas essenciais**:

A – metas de expansão dos serviços, de redução de perdas na distribuição de água tratada, de qualidade na prestação dos serviços, de eficiência e de uso racional da água, da energia e de outros recursos naturais, do reúso de efluentes sanitários e do aproveitamento de águas de chuva, em conformidade com os serviços a serem prestados;

B – possíveis fontes de receitas alternativas, complementares ou acessórias, bem como as provenientes de projetos associados, incluindo, entre outras, a alienação e o uso de efluentes sanitários para a produção de água de reúso, com possibilidade de as receitas serem compartilhadas entre o contratante e o contratado, caso aplicável;

C – metodologia de cálculo de eventual indenização relativa aos bens reversíveis não amortizados por ocasião da extinção do contrato;

D – repartição de riscos entre as partes, incluindo os referentes a caso fortuito, força maior, fato do príncipe e álea econômica extraordinária;

E – ao objeto, à área e ao prazo da concessão;

F – ao modo, forma e condições de prestação do serviço;

G – aos critérios, indicadores, fórmulas e parâmetros definidores da qualidade do serviço;

H – ao preço do serviço e aos critérios e procedimentos para o reajuste e a revisão das tarifas;

I – aos direitos, garantias e obrigações do poder concedente e da concessionária, inclusive os relacionados às previsíveis necessidades de futura alteração e expansão do serviço e consequente modernização, aperfeiçoamento e ampliação dos equipamentos e das instalações;

J – aos direitos e deveres dos usuários para obtenção e utilização do serviço;

K – à forma de fiscalização das instalações, dos equipamentos, dos métodos e práticas de execução do serviço, bem como a indicação dos órgãos competentes para exercê-la;

L – às penalidades contratuais e administrativas a que se sujeita a concessionária e sua forma de aplicação;

M – aos casos de extinção da concessão;

N – aos bens reversíveis;

O – aos critérios para o cálculo e a forma de pagamento das indenizações devidas à concessionária, quando for o caso;

P – às condições para prorrogação do contrato;

Q – à obrigatoriedade, forma e periodicidade da prestação de contas da concessionária ao poder concedente;

R – à exigência da publicação de demonstrações financeiras periódicas da concessionária; e

S – ao foro e ao modo amigável de solução das divergências contratuais.

São **condições de validade dos contratos** que tenham por objeto a prestação de serviços públicos de saneamento básico a existência de plano de saneamento básico; a existência de estudo que comprove a viabilidade técnica e econômico-financeira da prestação dos serviços, nos termos estabelecidos no respectivo plano de saneamento básico; a existência de normas de regulação que prevejam os meios para o cumprimento das diretrizes desta

Lei, incluindo a designação da entidade de regulação e de fiscalização; a realização prévia de audiência e de consulta públicas sobre o edital de licitação, no caso de concessão, e sobre a minuta do contrato e a existência de metas e cronograma de universalização dos serviços de saneamento básico.

Na hipótese de prestação dos serviços públicos de saneamento básico por meio de contrato, o prestador de serviços poderá, além de realizar licitação e contratação de parceria público-privada e desde que haja previsão contratual ou autorização expressa do titular dos serviços, subdelegar o objeto contratado, observado, para a referida subdelegação, o limite de 25% (vinte e cinco por cento) do valor do contrato.

Com o objetivo de ampliação do serviço, os contratos de prestação dos serviços públicos de saneamento básico deverão definir metas de universalização que garantam o atendimento de 99% (noventa e nove por cento) da população com água potável e de 90% (noventa por cento) da população com coleta e tratamento de esgotos até 31 de dezembro de 2033, assim como metas quantitativas de não intermitência do abastecimento, de redução de perdas e de melhoria dos processos de tratamento.

Nos serviços públicos de saneamento básico em que mais de um prestador execute atividade interdependente com outra, a relação entre elas deverá ser regulada por contrato e haverá entidade única encarregada das funções de regulação e de fiscalização.

Deverá o titular do serviço público de saneamento básico elaborar o plano de saneamento como integrante de sua política, que poderá ser específico para cada serviço, assegurada a ampla divulgação à população (audiências e consultas públicas).

O **plano de saneamento básico** deverá conter, no mínimo:

A) diagnóstico da situação e de seus impactos nas condições de vida, utilizando sistema de indicadores sanitários, epidemiológicos, ambientais e socioeconômicos e apontando as causas das deficiências detectadas;

B) objetivos e metas de curto, médio e longo prazos para a universalização, admitidas soluções graduais e progressivas, observando a compatibilidade com os demais planos setoriais;

C) programas, projetos e ações necessárias para atingir os objetivos e as metas, de modo compatível com os respectivos planos plurianuais e com outros planos governamentais correlatos, identificando possíveis fontes de financiamento;

D) ações para emergências e contingências; e

E) mecanismos e procedimentos para a avaliação sistemática da eficiência e eficácia das ações programadas.

Os municípios com população inferior a 20.000 (vinte mil) habitantes poderão apresentar planos simplificados, com menor nível de detalhamento dos aspectos acima referidos.

Destaque-se que os planos de saneamento básico deverão ser compatíveis com os planos das bacias hidrográficas e com planos diretores dos Municípios em que estiverem inseridos, ou com os planos de desenvolvimento urbano integrado das unidades regionais por eles abrangidas.

Na esfera federal, o Plano Nacional de Saneamento Básico havia sido aprovado pelo Decreto 8.141/2013, com a finalidade de estabelecer um conjunto de diretrizes, metas e ações para o alcance de níveis crescentes dos serviços de saneamento básico no território nacional e a sua universalização (art. 1º), mas foi revogado pelo Decreto 10.473/2020.

Isso porque a Lei 14.026/2020 determinou que a União, sob a coordenação do Ministério do Desenvolvimento Regional, deverá aprovar um novo **Plano Nacional de Saneamento Básico**[4], que conterá os objetivos e metas nacionais e regionalizadas, de curto, médio e longo prazos, para a universalização dos serviços de saneamento básico e o alcance de níveis crescentes de saneamento básico no território nacional, observando a compatibilidade com os demais planos e políticas públicas da União.

Ademais, disporá sobre as diretrizes e orientações para o equacionamento dos condicionantes de natureza político-institucional, legal e jurídica, econômico-financeira, administrativa, cultural e tecnológica com impacto na consecução das metas e objetivos estabelecidos; a proposição de programas, projetos e ações necessários para atingir os objetivos e as metas da política federal de saneamento básico, com identificação das fontes de financiamento, de forma a ampliar os investimentos públicos e privados no setor; as diretrizes para o planejamento das ações de saneamento básico em áreas de especial interesse turístico e os procedimentos para a avaliação sistemática da eficiência e eficácia das ações executadas.

Da mesma forma, devem ser feitos os **planos regionais de saneamento básico**, elaborados e executados em articulação com os Estados, Distrito Federal e Municípios envolvidos para as regiões integradas de desenvolvimento econômico ou nas que haja a participação de órgão ou entidade federal na prestação de serviço público de saneamento básico.

Demais disso, o Poder Público deverá atuar como agente normativo e regulador da prestação dos serviços públicos de saneamento básico, mormente quando a prestação for delegada a empresas privadas, podendo ser exercida diretamente pelo poder concedente ou, mediante delegação, por meio de convênio de cooperação, a órgão ou entidade de outro ente da Federação ou a consórcio público do qual não participe, instituído para gestão associada de serviços públicos.

A **função de regulação**, desempenhada por **entidade de natureza autárquica dotada de independência decisória e autonomia administrativa, orçamentária e financeira**, atenderá aos princípios de transparência, tecnicidade, celeridade e objetividade das decisões.

---

4. O Plano Nacional de Saneamento Básico deverá: I – abranger o abastecimento de água, o esgotamento sanitário, o manejo de resíduos sólidos e o manejo de águas pluviais e outras ações de saneamento básico de interesse para a melhoria da salubridade ambiental, incluindo o provimento de banheiros e unidades hidrossanitárias para populações de baixa renda; II – tratar especificamente das ações da União relativas ao saneamento básico nas áreas indígenas, nas reservas extrativistas da União e nas comunidades quilombolas; III – contemplar programa específico para ações de saneamento básico em áreas rurais; IV – contemplar ações específicas de segurança hídrica; e V – contemplar ações de saneamento básico em núcleos urbanos informais ocupados por populações de baixa renda, quando estes forem consolidados e não se encontrarem em situação de risco.

São *objetivos* da função de regulação:

A – estabelecer padrões e normas para a adequada prestação e a expansão da qualidade dos serviços e para a satisfação dos usuários, com observação das normas de referência editadas pela ANA;

B – garantir o cumprimento das condições e metas estabelecidas nos contratos de prestação de serviços e nos planos municipais ou de prestação regionalizada de saneamento básico;

C – prevenir e reprimir o abuso do poder econômico, ressalvada a competência dos órgãos integrantes do Sistema Brasileiro de Defesa da Concorrência; e

D – definir tarifas que assegurem tanto o equilíbrio econômico-financeiro dos contratos quanto a modicidade tarifária, por mecanismos que gerem eficiência e eficácia dos serviços e que permitam o compartilhamento dos ganhos de produtividade com os usuários.

No mais, deverá ser assegurada a publicidade aos relatórios, estudos, decisões e instrumentos equivalentes que se refiram à regulação ou à fiscalização dos serviços, bem como aos direitos e deveres dos usuários e prestadores, a eles podendo ter acesso qualquer do povo, independentemente da existência de interesse direto, exceto documentos considerados sigilosos em razão de interesse público relevante, mediante prévia e motivada decisão.

De resto, os usuários terão direito ao amplo acesso às informações; prévio conhecimento dos seus direitos e deveres e das penalidades a que podem estar sujeitos; acesso a manual de prestação do serviço e de atendimento ao usuário, elaborado pelo prestador e aprovado pela respectiva entidade de regulação e o acesso a relatório periódico sobre a qualidade da prestação dos serviços.

Os serviços públicos de saneamento básico terão a sustentabilidade econômico-financeira assegurada por meio de remuneração pela cobrança dos serviços, e, quando necessário, por outras formas adicionais, como subsídios ou subvenções, **vedada a cobrança em duplicidade** de custos administrativos ou gerenciais a serem pagos pelo usuário, nos seguintes serviços:

A – de abastecimento de água e esgotamento sanitário, na forma de taxas, tarifas e outros preços públicos, que poderão ser estabelecidos para cada um dos serviços ou para ambos, conjuntamente;

B – de limpeza urbana e manejo de resíduos sólidos, na forma de taxas, tarifas e outros preços públicos, conforme o regime de prestação do serviço ou das suas atividades; e

C – de drenagem e manejo de águas pluviais urbanas, na forma de tributos, inclusive taxas, ou tarifas e outros preços públicos, em conformidade com o regime de prestação do serviço ou das suas atividades.

Dentre outras, a cobrança deverá observar as seguintes diretrizes: *1) priorizar os serviços essenciais à saúde pública, 2) inibir o desperdício (progressividade de taxa ou preço público), 3) ampliar a acessibilidade das pessoas com baixa renda, 4) buscar recuperar o investimento, 5) remunerar adequadamente os prestadores e 6) estimular o uso de tecnologias modernas e eficientes.*

Poderão ser adotados *subsídios tarifários* e *não tarifários* para os usuários que não tenham capacidade de pagamento suficiente para cobrir o custo integral dos serviços.

A estrutura de remuneração e de cobrança dos serviços públicos de saneamento básico considerará os seguintes fatores:1) categorias de usuários, distribuídas por faixas ou quantidades crescentes de utilização ou de consumo; 2) padrões de uso ou de qualidade requeridos; 3) quantidade mínima de consumo ou de utilização do serviço, visando à garantia de objetivos sociais, como a preservação da saúde pública, o adequado atendimento dos usuários de menor renda e a proteção do meio ambiente; 4) custo mínimo necessário para disponibilidade do serviço em quantidade e qualidade adequadas; 5) ciclos significativos de aumento da demanda dos serviços, em períodos distintos; e 6) capacidade de pagamento dos consumidores.

As taxas ou as tarifas decorrentes da prestação de serviço de limpeza urbana e de manejo de resíduos sólidos considerarão a destinação adequada dos resíduos coletados e o nível de renda da população da área atendida, de forma isolada ou combinada, e poderão, ainda, considerar: 1) as características dos lotes e as áreas que podem ser neles edificadas; 2) o peso ou o volume médio coletado por habitante ou por domicílio; 3) o consumo de água; e 4) a frequência de coleta.

A cobrança pela prestação do serviço público de drenagem e manejo de águas pluviais urbanas deve levar em conta, em cada lote urbano, os percentuais de impermeabilização e a existência de dispositivos de amortecimento ou de retenção de água de chuva, bem como poderá considerar o nível de renda da população da área atendida e as características dos lotes urbanos e as áreas que podem ser neles edificadas.

Por sua vez, as **revisões tarifárias** poderão ser **periódicas** (objetivando a distribuição dos ganhos de produtividade com os usuários e a reavaliação das condições de mercado) **ou extraordinárias** (quando ocorrido algum fato excepcional não previsto).

Poderão os serviços de saneamento básico ser **interrompidos** nas seguintes situações:

> I – situações de emergência que atinjam a segurança de pessoas e bens;
>
> II – necessidade de efetuar reparos, modificações ou melhorias de qualquer natureza nos sistemas, respeitados os padrões de qualidade e continuidade estabelecidos pela regulação do serviço;
>
> III – negativa do usuário em permitir a instalação de dispositivo de leitura de água consumida, após ter sido previamente notificado a respeito (prévio aviso com prazo não inferior a 30 dias);
>
> IV – manipulação indevida de qualquer tubulação, medidor ou outra instalação do prestador, por parte do usuário; e
>
> V – inadimplemento, pelo usuário do serviço de abastecimento de água ou de esgotamento sanitário, do pagamento das tarifas, após ter sido formalmente notificado, de forma que, em caso de coleta, afastamento e tratamento de esgoto, a interrupção dos serviços deverá preservar as condições mínimas de manutenção da saúde dos usuários, de acordo com norma de regulação ou norma do órgão de política ambiental.

Entretanto, a interrupção ou a restrição do fornecimento de água por inadimplência a **estabelecimentos de saúde, a instituições educacionais e de internação coletiva de pessoas e a usuário residencial de baixa renda beneficiário de tarifa social** deverá obedecer a prazos e critérios que preservem **condições mínimas de manutenção da saúde das pessoas atingidas.**

Ademais, se previsto na normatização, mediante contrato específico, os grandes usuários poderão negociar as suas tarifas com o prestador.

A prestação dos serviços públicos de saneamento básico deverá respeitar os requisitos mínimos de qualidade, inclusive regularidade, a continuidade e aqueles relativos aos produtos oferecidos, ao atendimento dos usuários e às condições operacionais e de manutenção dos sistemas, de acordo com as normas regulamentares e contratuais, especialmente por Resoluções do CONAMA.

Ademais, o **licenciamento ambiental** de unidades de tratamento de esgotos sanitários, de efluentes gerados nos processos de tratamento de água e das instalações integrantes dos serviços públicos de manejo de resíduos sólidos considerará os requisitos de eficácia e eficiência, a fim de alcançar progressivamente os padrões estabelecidos pela legislação ambiental, ponderada a capacidade de pagamento das populações e usuários envolvidos.

Nesse sentido, foi aprovada a Resolução CONAMA 377/2006, que dispõe sobre licenciamento ambiental simplificado de Sistemas de Esgotamento Sanitário, aplicável às unidades de transporte e de tratamento de esgoto sanitário, separada ou conjuntamente, de pequeno e médio porte.

As **edificações permanentes urbanas** serão conectadas às redes públicas de abastecimento de água e de esgotamento sanitário disponíveis e sujeitas ao pagamento de taxas, tarifas e outros preços públicos decorrentes da disponibilização e da manutenção da infraestrutura e do uso desses serviços.

Quando disponibilizada rede pública de esgotamento sanitário, o usuário estará sujeito aos pagamentos das tarifas ou taxas, sendo-lhe assegurada a cobrança de um valor mínimo de utilização dos serviços, ainda que a sua edificação não esteja conectada à rede pública.

Na ausência de redes públicas de saneamento básico, serão admitidas **soluções individuais** de abastecimento de água e de afastamento e destinação final dos esgotos sanitários, observadas as normas editadas pela entidade reguladora e pelos órgãos responsáveis pelas políticas ambiental, sanitária e de recursos hídricos.

Ademais, em regra, **a instalação hidráulica predial ligada à rede pública de abastecimento de água não poderá ser também alimentada por outras fontes**, ressalvadas as disposições em contrário das normas do titular, da entidade de regulação e de meio ambiente.

O serviço de conexão de edificação ocupada por família de baixa renda à rede de esgotamento sanitário poderá gozar de gratuidade, ainda que os serviços públicos de saneamento básico sejam prestados mediante concessão, observado, quando couber, o reequilíbrio econômico-financeiro dos contratos.

As edificações para uso não residencial ou condomínios regidos pela Lei nº 4.591, de 16 de dezembro de 1964, poderão utilizar-se de fontes e métodos alternativos de abastecimento de água, incluindo águas subterrâneas, de reúso ou pluviais, desde que autorizados pelo órgão gestor competente e que promovam o pagamento pelo uso de recursos hídricos, quando devido.

Em casos extremos de escassez ou contaminação das águas, a lei permite a adoção de mecanismos tarifários de contingência, com o objetivo de cobrir custos adicionais decorrentes, garantindo o equilíbrio financeiro da prestação do serviço e a gestão da demanda.

Quando não viabilizada a conexão da edificação à rede de esgoto existente, o usuário não ficará isento dos pagamentos das taxas ou tarifas, exceto nas hipóteses de disposição e de tratamento dos esgotos sanitários por métodos alternativos, conforme as normas estabelecidas pela entidade reguladora e a legislação sobre o meio ambiente.

De acordo com o STJ, no julgamento do REsp 1.366.331, de 16.12.2014, "**não pode haver discricionariedade do Poder Público na implementação das obras de saneamento básico.** A não observância de tal política pública fere os princípios da dignidade da pessoa humana, da saúde e do meio ambiente equilibrado. Mera alegação de ausência de previsão orçamentária não afasta a obrigação de garantir o mínimo existencial. O município não provou a inexequibilidade dos pedidos da ação civil pública. Utilizando-se da técnica hermenêutica da ponderação de valores, nota-se que, **no caso em comento, a tutela do mínimo existencial prevalece sobre a reserva do possível. Só não prevaleceria, ressalta-se, no caso de o ente público provar a absoluta inexequibilidade do direito social pleiteado por insuficiência de caixa** – o que não se verifica nos autos".

Logo, para que o município se escuse **temporiamente** da implementação do serviço público de saneamento básico, é necessária a demonstração cabal da inexistência de recursos públicos disponíveis para as obras, não bastando a mera alegação genérica da cláusula da reserva do possível para livrar o ente político local de sua responsabilidade.

Por fim, **controle social** dos serviços públicos de saneamento básico poderá incluir a participação de órgãos colegiados de caráter consultivo, nacional, estaduais, distrital e municipais, em especial o Conselho Nacional de Recursos Hídricos, assegurada a representação:

A – dos titulares dos serviços;

B – de órgãos governamentais relacionados ao setor de saneamento básico;

C – uniformização da regulação do setor e divulgação de melhores práticas;

D – dos usuários de serviços de saneamento básico;

E – de entidades técnicas, organizações da sociedade civil e de defesa do consumidor relacionadas ao setor de saneamento básico.

Os artigos 48 e 49 da Lei 11.445/2007 previram as diretrizes e os objetivos a serem adotados na formulação da Política Federal de Saneamento Básico, a ser composta por planos, programas, projetos e ações promovidos por órgãos e entidades federais, isoladamente ou em cooperação com outros entes da Federação, ou com particulares.

A) Diretrizes:

> I – prioridade para as ações que promovam a equidade social e territorial no acesso ao saneamento básico;
>
> II – aplicação dos recursos financeiros por ela administrados de modo a promover o desenvolvimento sustentável, a eficiência e a eficácia;
>
> III – uniformização da regulação do setor e divulgação de melhores práticas, conforme o disposto na Lei nº 9.984, de 2000;
>
> IV – utilização de indicadores epidemiológicos e de desenvolvimento social no planejamento, implementação e avaliação das suas ações de saneamento básico;

V – melhoria da qualidade de vida e das condições ambientais e de saúde pública;

VI – colaboração para o desenvolvimento urbano e regional;

VII – garantia de meios adequados para o atendimento da população rural, por meio da utilização de soluções compatíveis com as suas características econômicas e sociais peculiares;

VIII – fomento ao desenvolvimento científico e tecnológico, à adoção de tecnologias apropriadas e à difusão dos conhecimentos gerados;

IX – adoção de critérios objetivos de elegibilidade e prioridade, considerados fatores como nível de renda e cobertura, grau de urbanização, concentração populacional, porte populacional municipal, áreas rurais e comunidades tradicionais e indígenas, disponibilidade hídrica e riscos sanitários, epidemiológicos e ambientais;

X – adoção da bacia hidrográfica como unidade de referência para o planejamento de suas ações;

XI – estímulo à implementação de infraestruturas e serviços comuns a Municípios, mediante mecanismos de cooperação entre entes federados;

XII – redução progressiva e controle das perdas de água, inclusive na distribuição da água tratada, estímulo à racionalização de seu consumo pelos usuários e fomento à eficiência energética, ao reúso de efluentes sanitários e ao aproveitamento de águas de chuva, em conformidade com as demais normas ambientais e de saúde pública;

XIII – estímulo ao desenvolvimento e ao aperfeiçoamento de equipamentos e métodos economizadores de água;

XIV – promoção da segurança jurídica e da redução dos riscos regulatórios, com vistas a estimular investimentos públicos e privados;

XV – estímulo à integração das bases de dados;

XVI – acompanhamento da governança e da regulação do setor de saneamento; e

XVII – prioridade para planos, programas e projetos que visem à implantação e à ampliação dos serviços e das ações de saneamento básico integrado, nos termos desta Lei.

B) Objetivos:

I – contribuir para o desenvolvimento nacional, a redução das desigualdades regionais, a geração de emprego e de renda, a inclusão social e a promoção da saúde pública;

II – priorizar planos, programas e projetos que visem à implantação e à ampliação dos serviços e das ações de saneamento básico nas áreas ocupadas por populações de baixa renda, incluídos os núcleos urbanos informais consolidados, quando não se encontrarem em situação de risco;

III – proporcionar condições adequadas de salubridade ambiental aos povos indígenas e outras populações tradicionais, com soluções compatíveis com suas características socioculturais;

IV – proporcionar condições adequadas de salubridade ambiental às populações rurais e às pequenas comunidades;

V – assegurar que a aplicação dos recursos financeiros administrados pelo poder público dê-se segundo critérios de promoção da salubridade ambiental, de maximização da relação benefício-custo e de maior retorno social;

VI – incentivar a adoção de mecanismos de planejamento, regulação e fiscalização da prestação dos serviços de saneamento básico;

VII – promover alternativas de gestão que viabilizem a auto-sustentação econômica e financeira dos serviços de saneamento básico, com ênfase na cooperação federativa;

VIII – promover o desenvolvimento institucional do saneamento básico, estabelecendo meios para a unidade e articulação das ações dos diferentes agentes, bem como do desenvolvimento de sua organização, capacidade técnica, gerencial, financeira e de recursos humanos, contempladas as especificidades locais;

IX – fomentar o desenvolvimento científico e tecnológico, a adoção de tecnologias apropriadas e a difusão dos conhecimentos gerados de interesse para o saneamento básico;

X – minimizar os impactos ambientais relacionados à implantação e desenvolvimento das ações, obras e serviços de saneamento básico e assegurar que sejam executadas de acordo com as normas relativas à proteção do meio ambiente, ao uso e ocupação do solo e à saúde;

XI – incentivar a adoção de equipamentos sanitários que contribuam para a redução do consumo de água;

XII – promover educação ambiental destinada à economia de água pelos usuários;

XIII – promover a capacitação técnica do setor;

XIV – promover a regionalização dos serviços, com vistas à geração de ganhos de escala, por meio do apoio à formação dos blocos de referência e à obtenção da sustentabilidade econômica financeira do bloco;

XV – promover a concorrência na prestação dos serviços; e

XVI – priorizar, apoiar e incentivar planos, programas e projetos que visem à implantação e à ampliação dos serviços e das ações de saneamento integrado.

Por fim, a **alocação de recursos públicos federais** e os financiamentos com recursos da União ou com recursos geridos ou operados por órgãos ou entidades da União serão feitos em conformidade com as diretrizes e objetivos acima referidos e com os planos de saneamento básico e condicionados:

I – ao alcance de índices mínimos de:

a) desempenho do prestador na gestão técnica, econômica e financeira dos serviços; e

b) eficiência e eficácia na prestação dos serviços públicos de saneamento básico;

II – à operação adequada e à manutenção dos empreendimentos anteriormente financiados com os recursos federais;

III – à observância das normas de referência para a regulação da prestação dos serviços públicos de saneamento básico expedidas pela ANA;

IV – ao cumprimento de índice de perda de água na distribuição, conforme definido em ato do Ministro de Estado do Desenvolvimento Regional;

V – ao fornecimento de informações atualizadas para o SINISA, conforme critérios, métodos e periodicidade estabelecidos pelo Ministério do Desenvolvimento Regional;

> VI – à regularidade da operação a ser financiada;
>
> VII – à estruturação de prestação regionalizada;
>
> VIII – à adesão pelos titulares dos serviços públicos de saneamento básico à estrutura de governança correspondente em até 180 (cento e oitenta) dias contados de sua instituição, nos casos de unidade regional de saneamento básico, blocos de referência e gestão associada; e
>
> IX – à constituição da entidade de governança federativa.

Restou instituído o instituído o Sistema Nacional de Informações em Saneamento Básico – SINISA, com o objetivos de coletar e sistematizar dados relativos às condições da prestação dos serviços públicos de saneamento básico; disponibilizar estatísticas, indicadores e outras informações relevantes para a caracterização da demanda e da oferta de serviços públicos de saneamento básico e permitir e facilitar o monitoramento e avaliação da eficiência e da eficácia da prestação dos serviços de saneamento básico.

Compete ao Ministério do Desenvolvimento Regional a organização, a implementação e a gestão do SINISA, além do estabelecimento dos critérios, dos métodos e da periodicidade para o preenchimento das informações pelos titulares, pelas entidades reguladoras e pelos prestadores dos serviços e para a auditoria própria do sistema.

Restou criado o Comitê Interministerial de Saneamento Básico (CISB), colegiado que, sob a presidência do Ministério do Desenvolvimento Regional, tem a finalidade de assegurar a implementação da política federal de saneamento básico e de articular a atuação dos órgãos e das entidades federais na alocação de recursos financeiros em ações de saneamento básico.

Compete ao CISB:

> I – coordenar, integrar, articular e avaliar a gestão, em âmbito federal, do Plano Nacional de Saneamento Básico;
>
> II – acompanhar o processo de articulação e as medidas que visem à destinação dos recursos para o saneamento básico, no âmbito do Poder Executivo federal;
>
> III – garantir a racionalidade da aplicação dos recursos federais no setor de saneamento básico, com vistas à universalização dos serviços e à ampliação dos investimentos públicos e privados no setor;
>
> IV – elaborar estudos técnicos para subsidiar a tomada de decisões sobre a alocação de recursos federais no âmbito da política federal de saneamento básico; e
>
> V – avaliar e aprovar orientações para a aplicação dos recursos federais em saneamento básico.

Coube à Lei 13.329/2016 criar o Regime Especial de Incentivos para o Desenvolvimento do Saneamento Básico – REISB, com o objetivo de estimular a pessoa jurídica prestadora de serviços públicos de saneamento básico a aumentar seu volume de investimentos por meio da concessão de créditos tributários, que vigorará até o ano de 2026, sendo necessário que os projetos sejam atestados pela Administração da pessoa jurídica beneficiária nas demonstrações financeiras dos períodos em que se apurarem ou se utilizarem os créditos.

Beneficiar-se-á deste do REISB a pessoa jurídica que realize investimentos voltados para a sustentabilidade e para a eficiência dos sistemas de saneamento básico e em acordo com o Plano Nacional de Saneamento Básico, assim consideradas as medidas que objetivem o alcance das metas de universalização do abastecimento de água para consumo humano e da coleta e tratamento de esgoto; à preservação de áreas de mananciais e de unidades de conservação necessárias à proteção das condições naturais e de produção de água; à redução de perdas de água e à ampliação da eficiência dos sistemas de abastecimento de água para consumo humano e dos sistemas de coleta e tratamento de esgoto e à inovação tecnológica.

No entanto, não se poderão beneficiar do REISB as pessoas jurídicas optantes pelo Regime Especial Unificado de Arrecadação de Tributos e Contribuições devidos pelas Microempresas e Empresas de Pequeno Porte – Simples Nacional, de que trata a Lei Complementar nº 123, de 14 de dezembro de 2006, as pessoas jurídicas tributadas pelo imposto de renda com base no lucro presumido ou arbitrado.

Atividades Nucleares

São inúmeras as atividades nucleares que podem ser desenvolvidas pelas nações. Produção de armamentos, geração de energia nuclear, pesquisas e usos médicos são bons exemplos de atividades dessa natureza. Com propriedade, já no ano de 1962, o Brasil aprovou a sua **Política Nacional de Energia Nuclear** pela Lei 4.118.

No Brasil, é **competência material exclusiva da União explorar os serviços e instalações nucleares de qualquer natureza e exercer monopólio estatal sobre a pesquisa, a lavra, o enriquecimento e reprocessamento, a industrialização e o comércio de minérios nucleares e seus derivados**, nos moldes do artigo 21, XXIII, da Constituição de 1988.

Ademais, **toda atividade nuclear em território nacional somente será admitida para fins pacíficos e mediante aprovação do Congresso Nacional**, razão pela qual a Constituição requer a autorização do Poder Legislativo para a atuação do Poder Executivo, em decorrência do sistema de freios e contrapesos.

Nesse sentido, pontifica o artigo 49, XIV, da Lei Maior, ser da competência exclusiva do Congresso Nacional aprovar iniciativas do Poder Executivo referentes a atividades nucleares.

Por sua vez, conforme inovação inaugurada pela Emenda 49/2006, **sob regime de permissão** (ato precário), **são autorizadas a comercialização e a utilização de radioisótopos para a pesquisa e usos médicos, agrícolas e industriais.**

Os isótopos radioativos (ou radioisótopos) caracterizam-se por ter um núcleo atômico instável que libera energia (partícula alfa, beta ou gama) quando se transformam em um isótopo mais estável, tendo grande aplicabilidade na medicina, a exemplo do diagnóstico da tireoide.

Da mesma forma, **ainda sob regime de permissão, são autorizadas a produção, comercialização e utilização de radioisótopos de meia-vida igual ou inferior a duas horas.** Esses isótopos radioativos podem ser utilizados especialmente para detectar doenças do coração e do pulmão.[5]

---

5. Decorre dessa disposição constitucional, que centros privados podem fabricar o radiofármaco 18FDG (fluordeoxiglucose) – cuja meia vida do radioisótopo componente, o flúor-18, é muito curta, de apenas cento e dez minutos. Esse produto é ferramenta de grande valia no diagnóstico de diversas patologias, mormente nas áreas de cardiologia, neurologia e oncologia.

Por tudo isso, conclui-se que constitui monopólio da União a pesquisa, a lavra, o enriquecimento, o reprocessamento, a industrialização e o comércio de minérios e minerais nucleares e seus derivados, com exceção dos radioisótopos cuja produção, comercialização e utilização poderão ser autorizadas sob regime de permissão, conforme as alíneas *b* e *c* do inciso XXIII do *caput* do artigo 21, da Constituição Federal, não podendo haver delegação desta atividade para empresas privadas.

Trata-se de uma exceção à livre-iniciativa ao trabalho que fundamenta a Ordem Econômica no Brasil, especialmente em razão de imperativos de segurança nacional.

O monopólio da União é exercido pela Comissão Nacional de Energia Nuclear – CNEN, autarquia federal criada em 10 de outubro de 1956 (na época como órgão) e vinculada ao Ministério de Ciência e Tecnologia.

A CNEN é a entidade superior de planejamento, orientação, supervisão e fiscalização, estabelecendo normas e regulamentos em radioproteção. Demais disso, licencia, fiscaliza e controla a atividade nuclear no Brasil, desenvolvendo, ainda, pesquisas na utilização de técnicas nucleares em benefício da sociedade, tendo como missão garantir o uso seguro e pacífico da energia nuclear, desenvolver e disponibilizar tecnologias nuclear e correlatas, visando o bem estar da população.[6]

Já as **Indústrias Nucleares do Brasil – INB**, empresa estatal vinculada ao Ministério da Ciência, Tecnologia e Inovação, atuam na cadeia produtiva do urânio, da mineração à fabricação do combustível que gera energia elétrica nas usinas nucleares, tendo sede na cidade do Rio de Janeiro e também estão presentes nos Estados da Bahia, Ceará, Minas Gerais, Rio de Janeiro e São Paulo.

Criada em 1988, a INB sucedeu a Nuclebrás e, em 1994, tornou-se uma única empresa ao incorporar suas controladas – Nuclebrás Enriquecimento Isotópico S.A. (Nuclei); Urânio do Brasil S.A. e Nuclemon Mínero – Química Ltda, absorvendo suas atividades e atribuições.[7]

O artigo 21, XXIII, da Constituição, ainda prevê que **a responsabilidade civil por danos nucleares independe da existência de culpa**, tema regulamentado pela Lei 6.453/1977. Considera-se como **dano nuclear** o dano pessoal ou material produzido como resultado direto ou indireto das propriedades radioativas, da sua combinação com as propriedades tóxicas ou com outras características dos materiais nucleares, que se encontrem em instalação nuclear, ou dela procedentes ou a ela enviados.

Em termos de competência legiferante, dispõe o artigo 22, XXVI, da Lei Maior, que **compete privativamente à União legislar sobre atividades nucleares de qualquer natureza.**

Aliás, reza o artigo 225, § 6.º, da Constituição, que **as usinas que operem com reator nuclear deverão ter sua localização definida em lei federal, sem o que não poderão ser instaladas.**

Logo, os Estados, o Distrito Federal e os Municípios não poderão editar atos normativos acerca das atividades nucleares, tema reservado ao ente central. Nesse sentido, o posicionamento do STF, no julgamento da ADI 1.575, de 07.04.2010.

6. Disponível em: <http://www.cnen.gov.br/acnen/atividades.asp>.
7. Disponível em: <http://www.inb.gov.br/inb/>.

A energia que o núcleo do átomo possui, mantendo prótons e nêutrons juntos, denomina-se energia nuclear. Quando um nêutron atinge o núcleo de um átomo de urânio-235, dividindo-o com emissão de 2 a 3 nêutrons, parte da energia que ligava os prótons e os nêutrons é liberada em forma de calor. Este processo é denominado fissão nuclear. Na fissão nuclear em cadeia, os nêutrons liberados atingem, sucessivamente, outros núcleos. Nos reatores nucleares, a reação acontece dentro de varetas que compõem uma estrutura chamada elemento combustível. Dentro do elemento combustível existem barras de controle, geralmente feitas de cádmio, material que absorve nêutrons. Estas barras é que controlam o processo. Se elas estão totalmente dentro da estrutura do elemento combustível, não há reação em cadeia; o reator está parado.[8]

No Brasil, no Estado do Rio de Janeiro, existem atualmente três usinas que operam com reator nuclear (Angra I, II e III), a última ainda em construção, formando a Central Nuclear Almirante Álvaro Alberto, gerenciada pela Eletrobras Eletronuclear.

A Eletrobras Eletronuclear foi criada em 1997 com a finalidade de operar e construir as usinas termonucleares do país. Subsidiária da Eletrobras, é uma empresa de economia mista e responde pela geração de aproximadamente 3% da energia elétrica consumida no Brasil. Pelo sistema elétrico interligado, essa energia chega aos principais centros consumidores do país e corresponde, por exemplo, a mais de 50% da eletricidade consumida no Estado do Rio de Janeiro, proporção que se ampliará consideravelmente quando estiver concluída a terceira usina (Angra 3) da Central Nuclear Almirante Álvaro Alberto – CNAAA.

A Central, situada no município de Angra dos Reis, foi assim denominada em justa homenagem ao pesquisador pioneiro da tecnologia nuclear no Brasil e principal articulador de uma política nacional para o setor. Embora a construção da primeira usina tenha sido sua inspiração, o Almirante, nascido em 1889, não chegou a ver Angra 1 gerando energia, pois faleceu em 1976. Mas sua obra persiste na competência e capacitação dos técnicos que fazem o Brasil ter hoje usinas nucleares classificadas entre as mais eficientes do planeta.

Atualmente estão em operação as usinas Angra 1, com capacidade para geração de 657 megawatts elétricos, e Angra 2, de 1.350 megawatts elétricos. Angra 3, que será praticamente uma réplica de Angra 2 (incorporando os avanços tecnológicos ocorridos desde a construção desta usina), está prevista para gerar 1.405 megawatts elétricos.

O Plano Nacional de Energia (PNE 2.030) que subsidia o Governo na formulação de sua estratégia para a expansão da oferta de energia até 2030 aponta a necessidade da construção de novas centrais nucleares nas regiões Nordeste e Sudeste.[9]

Após o desastre ocorrido em Fukushima, no Japão, no dia 14 de março de 2011, as nações passaram a avaliar com mais cautela a construção de novas usinas nucleares, em razão da lesividade grave dos acidentes nucleares.

A Alemanha, por exemplo, anunciou em maio de 2011 que irá fechar todas as suas usinas nucleares até o ano de 2022, sendo que 23% da energia produzida naquela nação provêm da matriz nuclear.

8. Disponível em: <http://www.ird.gov.br>.
9. Disponível em: <http://www.eletronuclear.gov.br>.

Já o Brasil pretende inaugurar novas usinas nucleares, considerando que as condições nacionais são mais favoráveis que as japonesas, pois aqui inexistem (até o momento) terremotos e tsunamis.

Sobre o tema, colaciona-se notícia publicada na internet no dia 15 de setembro de 2011:[10]

> "**Brasil vai manter política de expansão do programa nuclear, diz Lobão**
>
> **Da Redação**
>
> O Brasil vai manter política de expansão do programa nuclear. A informação foi divulgada, nesta quinta-feira (15) pelo ministro de Minas e Energia, Edison Lobão. Segundo ele, além da construção de Angra 3, há projetos para mais quatro novas usinas.
>
> 'A despeito dos recentes episódios no Japão, o Brasil mantém a sua política de expansão do programa nuclear. Temos duas usinas funcionando, estamos construindo a terceira e temos projetos de construir mais quatro. Temos ainda a possibilidade de construir outras em território nacional', afirmou.
>
> De acordo com o ministro, o governo ainda não definiu os locais onde essas novas usinas serão construídas. Lobão também destacou que o sistema de segurança das usinas nucleares brasileiras é diferente do de Fukushima e disse que um estudo encomendado pelo ministério à Empresa de Pesquisa Energética (EPE) e à Eletronuclear confirmou sua confiabilidade e eficiência.
>
> Ele citou o exemplo da China, que está construindo 28 reatores nucleares e tem projeto para construir mais 100 nos próximos 40 anos".

Apesar do acidente no Japão, a tendência mundial é no sentido da elevação da instalação de usinas nucleares como fonte de geração de energia elétrica na maioria dos países.

Não é possível se considerar a energia nuclear como "limpa". Isso porque, além dos ricos de acidentes graves, há a geração de rejeitos radioativos de dificílimo descarte no meio ambiente.

2. JURISPRUDÊNCIA

"Energia nuclear. Competência legislativa da União. Artigo 22, XXVI, da Constituição Federal. É inconstitucional norma estadual que dispõe sobre atividades relacionadas ao setor nuclear no âmbito regional, por violação da competência da União para legislar sobre atividades nucleares, na qual se inclui a competência para fiscalizar a execução dessas atividades e legislar sobre a referida fiscalização. Ação direta julgada procedente". (STF, ADI 1.575, de 07.04.2010).

"Ação direta de inconstitucionalidade. **Instituição de região metropolitana e competência para saneamento básico.** Ação direta de inconstitucionalidade contra Lei Complementar n. 87/1997, Lei n. 2.869/1997 e Decreto n. 24.631/1998, todos do Estado do Rio de Janeiro, que instituem a Região Metropolitana do Rio de Janeiro e a Microrregião dos Lagos e **transferem a titularidade do poder concedente para prestação de serviços públicos de interesse metropolitano ao Estado do Rio de Janeiro**. 2. Preliminares de inépcia da inicial e prejuízo. Rejeitada a preliminar de inépcia da inicial e acolhido parcialmente o prejuízo em relação aos arts. 1º, caput e § 1º; 2º, caput; 4º, caput e incisos I a VII; 11, caput e incisos I a VI; e 12 da LC 87/1997/RJ, porquanto alterados substancialmente. 3. Autonomia municipal e integração metropolitana. **A Constituição Federal conferiu ênfase à autonomia municipal ao mencionar os municípios como integrantes do sistema federativo (art. 1º da CF/1988) e ao fixá-la junto com os estados e o Distrito Federal (art. 18 da CF/1988).** A essência da autonomia municipal contém primordialmente (i) autoadministração, que implica capacidade decisória quanto

10. Disponível em: <http://www.atividadesnucleares.com.br>.

aos interesses locais, sem delegação ou aprovação hierárquica; e (ii) autogoverno, que determina a eleição do chefe do Poder Executivo e dos representantes no Legislativo. O interesse comum e a compulsoriedade da integração metropolitana não são incompatíveis com a autonomia municipal. O mencionado interesse comum não é comum apenas aos municípios envolvidos, mas ao Estado e aos municípios do agrupamento urbano. O caráter compulsório da participação deles em regiões metropolitanas, microrregiões e aglomerações urbanas já foi acolhido pelo Pleno do STF (ADI 1841/RJ, Rel. Min. Carlos Velloso, DJ 20.9.2002; ADI 796/ES, Rel. Min. Néri da Silveira, DJ 17.12.1999). O interesse comum inclui funções públicas e serviços que atendam a mais de um município, assim como os que, restritos ao território de um deles, sejam de algum modo dependentes, concorrentes, confluentes ou integrados de funções públicas, bem como serviços supramunicipais. 4. Aglomerações urbanas e saneamento básico. O art. 23, IX, da Constituição Federal conferiu competência comum à União, aos estados e aos municípios para promover a melhoria das condições de saneamento básico. Nada obstante a competência municipal do poder concedente do serviço público de saneamento básico, o alto custo e o monopólio natural do serviço, além da existência de várias etapas – como captação, tratamento, adução, reserva, distribuição de água e o recolhimento, condução e disposição final de esgoto – que comumente ultrapassam os limites territoriais de um município, indicam a existência de interesse comum do serviço de saneamento básico. A função pública do saneamento básico frequentemente extrapola o interesse local e passa a ter natureza de interesse comum no caso de instituição de regiões metropolitanas, aglomerações urbanas e microrregiões, nos termos do art. 25, § 3º, da Constituição Federal. Para o adequado atendimento do interesse comum, a integração municipal do serviço de saneamento básico pode ocorrer tanto voluntariamente, por meio de gestão associada, empregando convênios de cooperação ou consórcios públicos, consoante o arts. 3º, II, e 24 da Lei Federal 11.445/2007 e o art. 241 da Constituição Federal, como compulsoriamente, nos termos em que prevista na lei complementar estadual que institui as aglomerações urbanas. A instituição de regiões metropolitanas, aglomerações urbanas ou microrregiões pode vincular a participação de municípios limítrofes, com o objetivo de executar e planejar a função pública do saneamento básico, seja para atender adequadamente às exigências de higiene e saúde pública, seja para dar viabilidade econômica e técnica aos municípios menos favorecidos. Repita-se que este caráter compulsório da integração metropolitana não esvazia a autonomia municipal. **5. Inconstitucionalidade da transferência ao estado-membro do poder concedente de funções e serviços públicos de interesse comum. O estabelecimento de região metropolitana não significa simples transferência de competências para o estado.** O interesse comum é muito mais que a soma de cada interesse local envolvido, pois a má condução da função de saneamento básico por apenas um município pode colocar em risco todo o esforço do conjunto, além das consequências para a saúde pública de toda a região. O parâmetro para aferição da constitucionalidade reside no respeito à divisão de responsabilidades entre municípios e estado. É necessário evitar que o poder decisório e o poder concedente se concentrem nas mãos de um único ente para preservação do autogoverno e da autoadministração dos municípios. **Reconhecimento do poder concedente e da titularidade do serviço ao colegiado formado pelos municípios e pelo estado federado.** A participação dos entes nesse colegiado não necessita de ser paritária, desde que apta a prevenir a concentração do poder decisório no âmbito de um único ente. A participação de cada Município e do Estado deve ser estipulada em cada região metropolitana de acordo com suas particularidades, sem que se permita que um ente tenha predomínio absoluto. **Ação julgada parcialmente procedente para declarar a inconstitucionalidade da expressão "a ser submetido à Assembleia Legislativa" constante do art. 5º, I; e do § 2º do art. 4º; do parágrafo único do art. 5º; dos incisos I, II, IV e V do art. 6º; do art. 7º; do art. 10; e do § 2º do art. 11 da Lei Complementar n. 87/1997 do Estado do Rio de Janeiro, bem como dos arts. 11 a 21 da Lei n. 2.869/1997 do Estado do Rio de Janeiro. 6. Modulação de efeitos da declaração de inconstitucionalidade. Em razão da necessidade de continuidade da prestação da função de saneamento básico, há excepcional interesse social para vigência excepcional das leis impugnadas, nos termos do art. 27 da Lei n. 9868/1998, pelo prazo de 24 meses, a contar da data de conclusão do julgamento, lapso temporal razoável dentro do qual o legislador estadual deverá reapreciar o tema, constituindo modelo de prestação de saneamento básico nas áreas de integração metropolitana, dirigido por órgão colegiado com participação dos municípios pertinentes e do próprio Estado do Rio de Janeiro, sem que haja concentração do poder decisório nas mãos de qualquer ente"** (ADI 1842/RJ, de 6/3/2013).

3. QUESTÕES DE CONCURSOS

01. (PGE Alagoas/2008 – CESPE) Uma empresa, com o objetivo de explorar comercialmente material radioativo existente em município brasileiro, formulou pedido de licenciamento ambiental aos órgãos municipal, estadual e federal. A direção dessa empresa crê que um desses órgãos ou alguns deles deverão resolver as pendências administrativas e permitir a exploração do material radioativo.

Nessa situação hipotética, considerando a competência dos entes federados, é correto afirmar que o empreendedor agiu:

a) corretamente, pois se trata de hipótese de competência concorrente ambiental.
b) corretamente, pois se trata de hipótese de competência comum ambiental.
c) corretamente, pois se trata de hipótese de competência legislativa estadual e administrativa municipal.
d) incorretamente, pois se trata de hipótese de competência da união.
e) incorretamente, pois se trata de hipótese de competência exclusiva do município.

02. (FCC – 2010 – PGE-AM – Procurador) De acordo com a Lei Federal 11.445/2007, NÃO se compreende entre os serviços públicos de saneamento básico a atividade de

a) limpeza urbana.
b) abastecimento de água potável.
c) esgotamento sanitário.
d) administração de recursos hídricos.
e) manejo de resíduos sólidos.

03. (MPE-SC – 2013 – MPE-SC – Promotor de Justiça – Tarde) A Lei 11.445/2007 permite que a instalação hidráulica predial ligada à rede pública de abastecimento de água seja também alimentada por outras fontes.

04. (EMBASA 2010 – Advogado – CESPE) Julgue o item abaixo, relativo aos aspectos técnicos na prestação dos serviços públicos de saneamento básico. A legislação aplicável permite que a instalação hidráulica predial ligada à rede pública de abastecimento de água seja alimentada também por outras fontes.

05. (MP Amazonas 2007 – Promotor de Justiça – CESPE) À luz da competência legislativa ambiental prevista na CF de 1988, julgue o seguinte item: matéria relacionada à atividade nuclear de qualquer natureza é de competência exclusiva da União.

GAB	01	D	02	D	03	ERRADO	04	ERRADO	05	CERTO

Art. 22. Compete privativamente à União legislar sobre:

(...)

IV – águas, energia, informática, telecomunicações e radiodifusão;

(...)

XII – jazidas, minas, outros recursos minerais e metalurgia;

(...)

XXVI – atividades nucleares de qualquer natureza;

(...)

Parágrafo único. Lei complementar poderá autorizar os Estados a legislar sobre questões específicas das matérias relacionadas neste artigo.

1. COMENTÁRIOS

Excepcionalmente, no caso de legislação sobre **águas, energias, jazidas, minas e outros recursos minerais**, bem como **atividades nucleares de qualquer natureza**, caberá privativamente à União legislar sobre o assunto, salvo se lei complementar delegar competência a estado da federação.

Logo, salvo a exceção posta, leis estaduais, distritais ou municipais que versem sobre estes temas devem ser pronunciadas formalmente inconstitucionais.

No que concerne às águas, a grande dificuldade é definir o sentido e o alcance da expressão "direito de águas"[11], tema de competência privativa da União, notadamente porque os Estados (e o Distrito Federal, por analogia) também foram agraciados como a propriedade das águas, por força do artigo 26, I, da Constituição Federal.

Segundo CID TOMANIK POMPEU (2006, p. 39), "o **direito de águas** pode ser definido como conjunto de princípios e normas jurídicas que disciplinam o domínio, uso, aproveitamento, a conservação e preservação das águas, assim como a defesa contra suas danosas consequências".

Por exemplo, integram o *direito de águas* disposições como a sua titularidade dominial, o seu uso prioritário e o enquadramento dos corpos em classes, não sendo tarefa nada simples delimitar os temas componentes dessa competência legislativa constitucional.

De sua vez, *frise-se que os Estados e o Distrito Federal têm competência para legislar sobre o gerenciamento de suas águas*, pois precisam regular o seu uso, podendo editar, *v.g.*, leis que disponham sobre o poder de polícia sobre os seus recursos hídricos.

Nesse sentido, nos ensina CID TOMANIK POMPEU (2006, p. 48): "Não há impedimento para que os Estados e o Distrito Federal, este por analogia, legislem sobre a gestão das águas do seu domínio, pois, do contrário, ficariam abandonadas. Pode-se até dizer que têm eles o poder-dever de fazê-lo".

O vocábulo **energia** significa a força em ação, não podendo ser criada ou destruída, mas apenas captada e transformada. Por sua vez, as *fontes de energia* são elementos ou corpos que contêm ou transformam a energia, a exemplo do sol e das usinas hidrelétricas, pois estas conseguem converter a energia cinética em elétrica com a força das águas que impulsionam as turbinas.

As fontes de energia podem ser classificadas em *renováveis* ou *não renováveis*. A energia gerada pelos ventos e pelo sol é renovável, pois as fontes não se esgotam. Já a energia oriunda dos combustíveis fósseis, como o petróleo, é esgotável, pois esses recursos da natureza são limitados e um dia se exaurirão.

---

11. Este tema foi levado ao STF por meio do RE 596.489/RS, em que se questiona a validade de lei municipal de Porto Alegre, que vedou a comercialização de água mineral com teor de flúor acima de 0,9 mg/l, o que é permitido pela Resolução 54/2000 da ANVISA. Em 27.10.2009, a Suprema Corte decidiu que é inconstitucional lei municipal que, na competência legislativa concorrente, utilize-se do argumento do interesse local para restringir ou ampliar as determinações contidas em texto normativo de âmbito nacional.

2. JURISPRUDÊNCIA

▸ **STF, INFORMATIVO 581 – Atividades Nucleares e Competência da União.** O Tribunal, por maioria, julgou procedente pedido formulado em ação direta ajuizada pelo Governador do Estado de São Paulo para declarar a inconstitucionalidade da Lei paulista 6.263/1988, que prevê medidas de polícia sanitária para o setor de energia nuclear no território da referida unidade federada. *Entendeu-se que a norma estadual invade a competência da União para legislar sobre atividades nucleares (CF, art. 22, XXVI), na qual se inclui a competência para fiscalizar a execução dessas atividades e legislar sobre essa fiscalização. Aduziu-se competir, também, à União, explorar os serviços e instalações nucleares de qualquer natureza e exercer monopólio estatal sobre a pesquisa, a lavra, o enriquecimento e reprocessamento, a industrialização e o comércio de minérios nucleares e seus derivados, atendidos os princípios e condições que estabelece (CF, art. 21, XXIII).* Observou-se que toda a atividade nuclear desenvolvida no país, portanto, está exclusivamente centralizada na União, com exceção dos radioisótopos, cuja produção, comercialização e utilização poderão ser autorizadas sob o regime de permissão, conforme as alíneas b e c do inciso XXIII do *caput* do art. 21 da CF (art. 177, V, com a redação dada pela EC 49/2006). Vencidos os Ministros Marco Aurélio, Celso de Mello e Ayres Britto que julgavam o pleito improcedente, por considerar que a lei impugnada não incidiria na esfera da competência federal, limitando-se a viabilizar, no âmbito do Estado de São Paulo, medidas que tornassem efetiva a proteção do meio ambiente e a defesa da saúde, matérias em relação às quais haveria situação de condomínio legislativo entre a União e os Estados-membros. ADI 1575/SP, rel. Min. Joaquim Barbosa, 07.04.2010 (ADI-1575).

ADI 3336/RJ – RIO DE JANEIRO

AÇÃO DIRETA DE INCONSTITUCIONALIDADE

Relator(a): Min. DIAS TOFFOLI

Julgamento: 14/02/2020

Publicação: 06/03/2020

Órgão julgador: Tribunal Pleno

Publicação

PROCESSO ELETRÔNICO DJe-047 DIVULG 05-03-2020 PUBLIC 06-03-2020

Partes

REQTE.(S) : CONFEDERACAO NACIONAL DA INDUSTRIA ADV.(A/S) : CASSIO AUGUSTO MUNIZ BORGES INTDO.(A/S) : GOVERNADORA DO ESTADO DO RIO DE JANEIRO INTDO.(A/S) : ASSEMBLEIA LEGISLATIVA DO ESTADO DO RIO DE JANEIRO INTDO.(A/S) : INSTITUTO DE PESQUISAS AVANÇADAS EM ECONOMIA E MEIO AMBIENTE – IPANEMA ADV.(A/S) : MARIANA SUZUKI SELL

Ementa

EMENTA Ação direta de inconstitucionalidade. Lei nº 4.247, de 16 de dezembro de 2003, do Estado do Rio de Janeiro, a qual dispõe sobre a cobrança pela utilização dos recursos hídricos de domínio do Estado e organiza o sistema administrativo de gestão e execução da referida atividade. Conhecimento parcial da ação direta, a qual, quanto à parte de que se conhece, é julgada improcedente. 1. Pertinência temática e legitimidade ativa da requerente. Relação de pertinência temática entre o objeto da ação e as finalidades institucionais perseguidas pela entidade sindical autora, na medida que o vício da legislação, se existente, atingiria necessariamente o setor econômico representado pela Confederação Nacional da Indústria (CNI), já que os industriais figuram como sujeitos passivos da cobrança pelo uso da água, insumo utilizado em sua atividade produtiva. 2. Existência de conflito de índole constitucional. A apreciação da compatibilidade entre a legislação geral federal e as normas estaduais editadas sob o pálio da competência concorrente reflete nítida situação de conflito legislativo de índole constitucional, ensejando a análise eventual ofensa direta às regras constitucionais de repartição da competência legislativa. 3. Prejudicialidade parcial da ação. Tendo em vista a alteração substancial realizada pela Lei estadual nº 5.234/08, resta prejudicada a ação no tocante aos arts. 11, incisos I, III, IV e V; e 24 da Lei nº 4.247, de 2003. 4. Política de cobrança pelo uso dos recursos hídricos. Sistema estadual de gerenciamento de recursos hídricos e suposta violação da lei geral federal. Constitucionalidade dos arts. 1º, 3º,

5º, 7º, 11, II, 18, da Lei fluminense nº 4.247/03. Embora a União detenha a competência exclusiva para "instituir sistema nacional de gerenciamento de recursos hídricos e definir critérios de outorga de direitos de seu uso" (art. 21, XIX, da CF/88), além de competência privativa para legislar sobre águas (art. 22, IV, da CF/88), não se há de olvidar que aos estados-membros compete, de forma concorrente, legislar sobre proteção ao meio ambiente (art. 24, VI e VIII, CF), o que inclui, evidentemente, a proteção dos recursos hídricos. Esse entendimento mostra-se consentâneo, inclusive, com a previsão constitucional que defere aos estados-membros o domínio das águas superficiais ou subterrâneas. A legislação impugnada está em conformidade com a Constituição Federal, na medida em que regulamentou, em nível estadual, a cobrança pelo uso da água, sem incorrer em violação do texto constitucional ou em invasão de competência legislativa própria da União. Embora a União detenha a competência para definir as normas gerais sobre a utilização dos recursos hídricos e a Lei Federal nº 9.433/97 tenha estabelecido o arcabouço institucional da Política Nacional de Recursos Hídricos, o arranjo institucional e as competências dos órgãos estaduais integrantes do Sistema Estadual de Gerenciamento de Recursos Hídricos deve obedecer aos ditames das leis estaduais, pois os estados-membros têm autonomia constitucional para formular suas leis de organização administrativa, inclusive para o setor de recursos hídricos. Pela análise da Lei Federal nº 9.433/97, verifica-se que essa não detalha – como não poderia fazer, sob pena de extrapolar a competência legislativa da União para editar normas gerais – as competências dos órgãos estaduais responsáveis pela implementação da Política Nacional de Recursos Hídricos. O Conselho Estadual de Recursos Hídricos (CERHI), em consonância com as competências definidas pela Lei Federal nº 9.433/97 para o Conselho Nacional de Recursos Hídricos (art. 35), possui atribuições de natureza normativa, consultiva e deliberativa (arts. 44 e 45 da Lei estadual nº 3.239/99), o que não impede que os estados-membros disponham de um órgão específico responsável pela gestão e pela execução da política em questão, atuando em consonância com as normas e as deliberações do conselho, o qual também fará parte do Sistema Nacional de Gerenciamento de Recursos Hídricos, a teor do inciso IV do art. 33 da Lei Federal nº 9.433/97. Da mesma forma, os comitês de bacia hidrográfica, conforme explicita o art. 52 da Lei estadual nº 3.239/99, "são entidades colegiadas, com atribuições normativa, deliberativa e consultiva, reconhecidos e qualificados por ato do Poder Executivo, mediante proposta do Conselho Estadual de Recursos Hídricos (CERHI)", o que está em consonância com as atribuições definidas na Lei Federal nº 9.433/97. A Fundação Superintendência Estadual de Rios e Lagoas (SERLA), entidade da administração indireta, foi criada para exercer as funções de entidade administrativa executora da política pública, possuindo atribuições administrativas de arrecadação, cobrança e aplicação dos recursos, a teor dos arts. 1º e 3º da lei estadual. Por se tratar de órgão técnico, com atribuições executivas, deve atuar de acordo com as orientações e diretrizes fixadas pelos órgãos colegiados (Conselho Estadual dos Recursos Hídricos e Comitês de Bacia Hidrográfica). Não há disposição na Lei Federal nº 9.433/97 que atribua aos conselhos estaduais a competência para conceder as respectivas outorgas, restringindo-se a dispor no art. 14 que "a outorga efetivar-se-á por ato da autoridade competente do Poder Executivo Federal, dos Estados ou do Distrito Federal". 5. A atuação do órgão de execução prevista nos arts. 22, § 3º, e 23, parágrafo único, da Lei nº 3.239/99, alterados pela Lei nº 4.247/03, é supletiva, somente no caso de ausência de disposição específica no Plano Estadual de Recursos Hídricos ou do Plano da Bacia Hidrográfica. Trata-se de norma transitória, cuja aplicabilidade tem vez enquanto não for implementada a totalidade da política estadual de recursos hídricos e constituídos todos os comitês de bacia. Não fosse a norma de transição, a atividade de outorga – conforme expressa no art. 23, caput, da Lei nº 3.239/99 – e as concessões de outorga para a geração de energia elétrica (art. 22, § 3º) estariam impedidas, diante da falta de criação de comitês de bacia e do correspondente plano de bacia hidrográfica. 6. Quanto aos arts. 19 e 20 da Lei estadual nº 4.247/03, a definição dos aspectos técnicos da cobrança e a determinação das vazões consideradas insignificantes são matérias fáticas, adstritas à margem de análise técnica do legislador, não havendo como declarar inconstitucionais esses dispositivos sob o fundamento do princípio da razoabilidade, tendo em vista que configuram aspecto nitidamente concreto das normas impugnadas. 7. Política de aplicação dos recursos do Fundo Estadual de Recursos Hídricos. Constitucionalidade dos arts. 10, parágrafo único, parte final; 11, inciso II; e 23, na parte que altera o art. 49 da Lei nº 3.239/99, todos da Lei nº 4.247/03. A lei estadual priorizou a aplicação dos valores arrecadados com a cobrança pelo uso de recursos hídricos na bacia hidrográfica respectiva, reservando a ela noventa por cento da arrecadação. Por sua vez, o inciso II do art. 49, na parte que limita o uso dos recursos com a máquina administrativa e as despesas de pagamento de perícias a dez por cento do total arrecadado está em consonância com a autonomia financeira de que goza o Estado, em que pese a previsão contida no art. 22, § 1º, da Lei Federal nº 9.433/97, a qual limita esse tipo de aplicação a sete e meio por cento do arrecadado. Embora detenha a União a competência para legislar sobre recursos hídricos, a legislação federal deve ficar restrita às normas gerais, não podendo pormenorizar ao ponto de determinar como os estados-membros devem gerir seus próprios bens e aplicar seus recursos. 8. Regime de cobrança e de sanções administrativas relativas ao uso da água. Constitucionalidade dos arts. 15; 16, inciso II; e 17 da Lei estadual nº 4.247/03. Ausência de afronta do princípio da legalidade. Não se tem, no caso, exercício do poder de polícia administrativa a ensejar, em consequência, a cobrança de taxa (exação de natureza tributária) -, mas sim uma relação de natureza negocial entre o concedente e o usuário, a qual enseja a cobrança de preço público e a imposição de sanções contratuais decorrentes do não cumprimento das obrigações impostas no ato de outorga. As disposições da lei fluminense, além de terem delimitado os elementos essenciais das sanções, deixando para a regulamentação somente questões secundárias, estão ainda em consonância com a Lei Federal nº 9.433/97. Ademais, a vinculação da multa aos preceitos da Lei Federal nº 9.605/98 (art. 13, Lei nº 4.247/03) não ofende o princípio da autonomia federativa. Consistindo a multa, no caso, em sanção contratual decorrente do descumprimento das regras referentes ao ato de outorga, a legislação estadual estabeleceu somente um parâmetro para a aplicação da sanção pela entidade governamental competente. No mais, a remissão à previsão contida na lei nacional de sanções penais e administrativas de condutas lesivas ao meio ambiente não contrasta com a Lei Fundamental, já que a água também é considerada bem ambiental, cuja tutela geral é estabelecida na legislação federal em comento. 9. Ação direta de inconstitucionalidade prejudicada em relação aos arts. 11, incisos I, III, IV e V; e 24 da Lei nº 4.247, de 16 de dezembro de 2003, do Estado do Rio de Janeiro. Quanto à parte de que se conhece, a ação é julgada improcedente.

DIREITO CONSTITUCIONAL – COMPETÊNCIA LEGISLATIVA

Energia nuclear e competência legislativa privativa da União – ADI 6909/PI e ADI 6913/DF

Resumo:

É inconstitucional norma de constituição estadual que disponha sobre o depósito de lixo atômico e a instalação de usinas nucleares.

A Constituição confere à União competência privativa para legislar sobre atividades nucleares de qualquer natureza (1) (2).

Com base nesse entendimento, o Plenário, por unanimidade, julgou procedentes os pedidos formulados em ações diretas para declarar a inconstitucionalidade dos arts. 241 e 259, parágrafo único, XIX da Constituição do Estado do Piauí (3) (4).

(1) CF: "Art. 22. Compete privativamente à União legislar sobre: (...) XXVI – atividades nucleares de qualquer natureza;"

(2) Precedentes: ADI 329, ADI 1.575, ADI 4.973 e ADI 330.

(3) Constituição do Estado do Piauí: "Art. 241. O Estado não aceitará depósito de resíduos nucleares produzidos em outras unidades da Federação."

(4) Constituição do Estado do Piauí: "Art. 259. O meio ambiente equilibrado e uma sadia qualidade de vida são direitos inalienáveis do povo, impondo-se ao Estado e à comunidade o dever de preservá-los e defendê-los: Parágrafo único. Para assegurar a efetividade desses direitos, cabe ao Poder Público, nos termos da lei estadual: (...) XIX – embargar a instalação de reatores nucleares, com exceção daqueles destinados exclusivamente à pesquisa científica e ao uso terapêutico, cuja localização e especificação serão definidos em lei;"

ADI 6909/PI, relator Min. Alexandre de Moraes, julgamento virtual finalizado em 17.9.2021 (sexta-feira), às 23:59.

ADI 6913/DF, relator Min. Alexandre de Moraes, julgamento virtual finalizado em 17.9.2021 (sexta-feira), às 23:59.

Art. 23. É competência comum da União, dos Estados, do Distrito Federal e dos Municípios:

(...)

III – proteger os documentos, as obras e outros bens de valor histórico, artístico e cultural, os monumentos, as paisagens naturais notáveis e os sítios arqueológicos;

IV – impedir a evasão, a destruição e a descaracterização de obras de arte e de outros bens de valor histórico, artístico ou cultural;

(...)

VI – proteger o meio ambiente e combater a poluição em qualquer de suas formas;

VII – preservar as florestas, a fauna e a flora;

(...)

XI – registrar, acompanhar e fiscalizar as concessões de direitos de pesquisa e exploração de recursos hídricos e minerais em seus territórios;

Parágrafo único. Leis complementares fixarão normas para a cooperação entre a União e os Estados, o Distrito Federal e os Municípios, tendo em vista o equilíbrio do desenvolvimento e do bem-estar em âmbito nacional.

1. COMENTÁRIOS

A todas as entidades políticas compete proteger o meio ambiente, sendo esta atribuição administrativa comum. Na prática, em alguns casos, a cooperação das entidades políticas na esfera ambiental é meramente retórica. Em razão da histórica inexistência de lei complementar para regulamentar o tema, conforme determina o parágrafo único, do artigo 23, da Lei Maior, aliada a disputas políticas e econômicas norteadas às vezes por interesses públicos secundários, é habitual o litígio entre tais entes para o exercício da competência material comum, especialmente no que concerne ao licenciamento ambiental de atividades lesivas ao meio ambiente.

Contudo, finalmente o Congresso Nacional aprovou uma lei complementar para regular as competências ambientais comuns entre a União, os Estados, o Distrito Federal e os Municípios, conforme determina o artigo 23, parágrafo único, da Constituição.

Trata-se da **Lei Complementar 140, de 8 de dezembro de 2011**, oriunda da proposta substitutiva 01/2009 ao Projeto de Lei Complementar 12/2003, de autoria do Deputado Sarney Filho e finalmente aprovada no Senado da República no final de 2011, entrando em vigor na data da sua publicação (09.12.2011).

Deveras, a Lei Complementar 140/2011 fixa normas, nos termos dos incisos III, VI e VII do *caput* e do parágrafo único do artigo 23 da Constituição Federal, para a cooperação entre a União, os Estados, o Distrito Federal e os Municípios nas ações administrativas decorrentes do exercício da competência comum relativas à proteção das paisagens naturais notáveis, à proteção do meio ambiente, ao combate à poluição em qualquer de suas formas e à preservação das florestas, da fauna e da flora.

Vale registrar que as competências comuns ambientais de que trata o artigo 23, da Constituição, devem ser reguladas via lei complementar (no caso, a LC 140/2011). É inconstitucional, por exemplo, norma estadual que transfere competência de proteção ao patrimônio cultural aos municípios, por se tratar de dever irrenunciável do estado membro da federação, que não poderá se demitir do seu dever constitucional sobrecarregando, indevidamente, os municípios, devendo ter uma ação conjunta.

2. JURISPRUDÊNCIA

Federação: **competência comum: proteção do patrimônio comum, incluído o dos sítios de valor arqueológico (CF, arts. 23, III, e 216, V): encargo que não comporta demissão unilateral.** Lei estadual 11.380, de 1999, do Estado do Rio Grande do Sul, confere aos Municípios em que se localizam a proteção, a guarda e a responsabilidade pelos sítios arqueológicos e seus acervos, no Estado, o que vale por excluir, a propósito de tais bens do patrimônio cultural brasileiro (CF, art. 216, V), o dever de proteção e guarda e a consequente responsabilidade não apenas do Estado, mas também da própria União, incluídas na competência comum dos entes da Federação, que substantiva incumbência de natureza qualificadamente irrenunciável. A inclusão de determinada função administrativa no âmbito da competência comum não impõe que cada tarefa compreendida no seu domínio, por menos expressiva que seja, haja de ser objeto de ações simultâneas das três entidades federativas: donde, a previsão, no parágrafo único do art. 23, CF, de lei complementar que fixe normas de cooperação (v. sobre monumentos arqueológicos e pré-históricos, a Lei 3.924/1961), cuja edição, porém, é da competência da União e, de qualquer modo, não abrange o poder de demitirem-se a União ou os Estados dos encargos constitucionais de proteção dos bens de valor arqueológico para **descarregá-los ilimitadamente sobre os Municípios.** [STF, ADI 2.544, rel. min. Sepúlveda Pertence, j. 28-6-2006, P, *DJ* de 17-11-2006.].

- **STJ, INFORMATIVO 427 -MEIO AMBIENTE. LEGITIMIDADE PASSIVA. ESTADO.** *A jurisprudência do STJ firmou-se no sentido de reconhecer a legitimidade passiva de pessoa jurídica de direito público (no caso, estado-membro) na ação que busca a responsabilidade pela degradação do meio ambiente, em razão da conduta omissiva quanto a seu dever de fiscalizá-lo.* Essa orientação coaduna-se com o art. 23, VI, da CF/1988, que firma ser competência comum da União, estados, Distrito Federal e municípios a proteção do meio ambiente e o combate à poluição em qualquer de suas formas. Anote-se que o art. 225, *caput*, da CF/1988 prevê o direito de todos a um meio ambiente ecologicamente equilibrado, além de impor ao Poder Público e à coletividade o dever de defendê-lo e preservá-lo em benefício das presentes e futuras gerações. AgRg no REsp 958.766-MS, Rel. Min. Mauro Campbell Marques, julgado em 16.03.2010.

- **STF INFORMATIVO 919**

DIREITO CONSTITUCIONAL – COMPETÊNCIA

Proteção do meio ambiente: instrumentos de cooperação e competência do Poder Executivo

O Plenário julgou procedente pedido formulado em ação direta para declarar a inconstitucionalidade dos arts. 26 e 28, caput e parágrafo único, da Lei Complementar estadual 149 do estado de Roraima. Esses dispositivos condicionam à aprovação prévia pela Assembleia Legislativa os termos de cooperação e similares firmados naquele estado entre os componentes do Sistema Nacional do Meio Ambiente (SISNAMA).

O Tribunal entendeu ser inconstitucional, por violar o princípio da separação dos poderes, a aprovação prévia pelo Poder Legislativo estadual dos instrumentos de cooperação firmados pelos órgãos componentes do Sisnama.

A proteção ambiental é matéria de índole administrativa por envolver a execução de política pública, cuja competência é privativa do Poder Executivo, no nosso federalismo cooperativo, em que há o entrelaçamento entre as ações dos órgãos federais, estaduais e municipais para a proteção do meio ambiente.

Do mesmo modo, a transferência de responsabilidades ou atribuições de órgãos componentes do Sisnama é, igualmente, competência privativa do Executivo. Dessa forma, não pode ficar condicionada à aprovação prévia da casa legislativa local.

Por fim, o Colegiado asseverou que o Legislativo estadual poderá exercer a fiscalização dos atos praticados pelo Executivo, inclusive com o auxílio do Tribunal de Contas local, a posteriori, se houver alguma irregularidade. **ADI 4348/RR, rel. Min. Ricardo Lewandowski, julgamento em 10.10.2018. (ADI-4348)**

3. QUESTÕES DE CONCURSOS

01. **(Juiz do Estado do Piauí 2011/CESPE)** A proteção do ambiente e o combate à poluição em qualquer de suas formas, assim como a preservação das florestas, da fauna e da flora, são matérias da competência material comum da União, dos estados, do DF e dos municípios.

02. **(TRF 5.ª Região 2007/Juiz Federal – CESPE)** A União, os Estados, o Distrito Federal e os Municípios exercem cumulativamente a competência para proteger o meio ambiente, especialmente no que se refere ao combate à poluição e à proteção das florestas, cabendo, porém, somente à União a competência administrativa para a tutela da fauna.

03. **(Advogado da União 2008 – CESPE)** O município pode fiscalizar as concessões de direitos de exploração de recursos minerais em seus territórios.

04. **(TRF 5.ª Região 2009 – Juiz Federal – CESPE)** É competência privativa da União a proteção, por meio do IPHAN, dos documentos, das obras e de outros bens de valor histórico, artístico e cultural, dos monumentos, das paisagens naturais notáveis e dos sítios arqueológicos.

05. **(FCC – 2012 – PGM – João Pessoa-PB – Procurador Municipal)** As competências constitucionais materiais relacionadas ao licenciamento ambiental, assim entendido o procedimento destinado a licenciar atividades ou empreendimentos efetiva ou potencialmente poluidores, são consideradas

a) concorrentes, cabendo à União a expedição de normas gerais no plano legislativo e aos Estados e Municípios a expedição de normas específicas ou suplementares.

b) privativas da União, que poderá delegar aos Estados e Municípios o exercício do licenciamento ambiental.

c) comuns, cabendo à lei complementar disciplinar o exercício destas competências pelas três esferas da Federação.

d) exclusivas, cabendo a cada esfera da Federação exercer as atividades que lhes sejam atribuídas pela lei federal de caráter geral.

e) reservadas aos Estados, que poderão exercer a atividade de licenciamento sempre que não for vedado pela legislação federal.

06. **(FGV – 2008 – TJ-PA – Juiz)** A respeito da tutela jurídica do meio ambiente a da repartição de competências administrativas em matéria ambiental, assinale a afirmativa **incorreta**.

a) No Ordenamento Jurídico brasileiro, meio ambiente é considerado bem jurídico autônomo, definido como o conjunto de condições, leis, influências e interações de ordem física, química e biológica, que permite, abriga e rege a vida em todas as suas formas.

b) A Constituição da República conferiu tratamento especial ao meio ambiente, dedicando a esse um capítulo específico, incluído no Título "Da Ordem Social".

c) A proteção do meio ambiente, o combate à poluição e a preservação das florestas, da fauna e da flora são de competência comum da União, dos Estados, dos Municípios e do Distrito Federal.

d) União, Estados, Municípios e Distrito Federal têm competência comum para proteger os documentos, as obras e outros bens de valor histórico, artístico e cultural, os monumentos, as paisagens naturais notáveis e os sítios arqueológicos, bem como para preservar as florestas, a fauna e a flora.

e) As normas para a cooperação entre União, Estados, Municípios e o Distrito Federal no exercício de sua competência executiva comum para proteger o meio ambiente deverão ser fixadas por decreto federal.

GAB	01	CERTO	02	ERRADO	03	CERTO	04	ERRADO	05	C	06	E

Art. 24. Compete à União, aos Estados e ao Distrito Federal legislar concorrentemente sobre:

(...)

VI – florestas, caça, pesca, fauna, conservação da natureza, defesa do solo e dos recursos naturais, proteção do meio ambiente e controle da poluição;

VII – proteção ao patrimônio histórico, cultural, artístico, turístico e paisagístico;

VIII – responsabilidade por dano ao meio ambiente, ao consumidor, a bens e direitos de valor artístico, estético, histórico, turístico e paisagístico;

§ 1.º No âmbito da legislação concorrente, a competência da União limitar-se-á a estabelecer normas gerais.

§ 2.º A competência da União para legislar sobre normas gerais não exclui a competência suplementar dos Estados.

§ 3.º Inexistindo lei federal sobre normas gerais, os Estados exercerão a competência legislativa plena, para atender a suas peculiaridades.

§ 4.º A superveniência de lei federal sobre normas gerais suspende a eficácia da lei estadual, no que lhe for contrário.

1. COMENTÁRIOS

Especificamente na área ambiental, em face do interesse comum na preservação dos recursos ambientais e no seu uso sustentável, **a regra é que todas as entidades políticas têm competência para legislar concorrentemente sobre meio ambiente (salvo nos casos do artigo 22), cabendo à União editar normas gerais, a serem especificadas pelos estados, Distrito Federal e municípios, de acordo com o interesse regional e local, respectivamente**.

Curial ressaltar que, se a União quedar-se inerte em editar normas gerais, os Estados (e o Distrito Federal, analogicamente) poderão fazê-lo de maneira suplementar, exercendo competência legislativa plena para atender às suas peculiaridades, por expressa autorização do § 3.º, do artigo 24, da CRFB, sendo que a ulterior edição de norma geral pela União terá o condão de suspender a eficácia (não invalidará) da lei estadual no que lhe for contrária.

A competência dos municípios decorre do artigo 30, I e II, da CRFB, cabe a eles legislar sobre assuntos de interesse local e suplementar à legislação estadual e federal no que couber.

A exploração do amianto (não de modo vinculante, inicialmente) foi banida pelo STF em 24 de agosto de 2017, através de pronúncia de inconstitucionalidade do artigo

2º da Lei 9.055/95. No entanto, a **declaração de invalidade** do artigo 2º da Lei 9.055/95 se deu de **modo incidental**, pois a ADI 3.937 foi intentada contra a Lei 12.687/2007, do Estado de São Paulo, que proíbe o uso de produtos, materiais ou artefatos que contenham quaisquer tipos de amianto no território estadual.

No mesmo dia 24 de agosto de 2017, conforme noticiado no site do STF, a Corte julgou a ADI 4066, que pedia a invalidade de dispositivo da Lei 9.055/1995, que autoriza e disciplina a extração, industrialização, utilização e comercialização do amianto crisotila (asbesto branco) e dos produtos que o contenham. Cinco ministros votaram pela procedência do pedido – Rosa Weber (relatora), Edson Fachin, Ricardo Lewandowski, Celso de Mello e Cármen Lúcia (presidente) – e quatro pela improcedência – Alexandre de Moraes, Luiz Fux, Gilmar Mendes e Marco Aurélio.

De acordo com o próprio STF, como não foi atingida a maioria necessária, por não se ter atingido o quórum (seis votos) exigido pelo artigo 97 da Constituição, não foi declarada a inconstitucionalidade do artigo 2º da Lei 9.055/1995, sendo o julgamento destituído de eficácia vinculante, própria das ADIs. Os ministros Dias Toffoli e Luís Roberto Barroso se declararam impedidos e não votaram nesse caso.

Posteriormente, no **dia 29 de novembro de 2017** (ADI 3406 e 3470), por maioria de votos, o Plenário do Supremo Tribunal Federal (STF) reafirmou a declaração de inconstitucionalidade do artigo 2º da Lei federal 9.055/1995 que permitia a extração, industrialização, comercialização e a distribuição do uso do amianto na variedade crisotila no país. A inconstitucionalidade do dispositivo já havia sido incidentalmente declarada no julgamento da ADI 3937, **mas na sessão desta quarta-feira (29) os ministros deram efeito vinculante e *erga omnes* (para todos) à decisão.**

A decisão ocorreu no julgamento das Ações Diretas de Inconstitucionalidade (ADIs) 3406 e 3470, ambas propostas pela Confederação Nacional dos Trabalhadores da Indústria (CNTI) contra a Lei 3.579/2001, do Estado do Rio de Janeiro, que dispõe sobre a substituição progressiva dos produtos contendo a variedade asbesto (amianto branco). Segundo a CNTI, a lei ofenderia os princípios da livre iniciativa e invadiria a competência privativa da União[12]. Desta forma, finalmente a decisão sobre a inconstitucionalidade da exploração do amianto no Brasil teve **eficácia geral e vinculante.**

De sua vez, o artigo 3º da Lei 16.784/2018 do Estado de São Paulo previu que "o controle populacional, manejo ou erradicação de espécie declarada nociva ou invasora <u>não poderão ser realizados por pessoas físicas ou jurídicas não governamentais</u>".

Ademais, o artigo 1º da Lei 16.784/2018 do Estado de São Paulo estatuiu que "<u>fica vedada a caça, em todas as suas modalidades, sob qualquer pretexto, forma e para qualquer finalidade, em todo o Estado de São Paulo</u>".

No entanto, no julgamento da **ADI 5.977, em 14/08/2020**, decidiu o STF pela "inconstitucionalidade do artigo 3º da Lei Estadual 16.784/2018 e a nulidade parcial, sem redução de texto, do artigo 1º da mesma lei, com o fim de excluir de sua incidência a coleta

12. http://www.stf.jus.br/portal/cms/verNoticia.

de animais nocivos por pessoas físicas ou jurídicas, mediante licença da autoridade competente, e daquelas destinadas a fins científicos, previstas respectivamente no art. 3º, § 2º, e art. 14, ambos da Lei 5.197/1967".

Isso porque, no exercício da competência concorrente para legislar sobre a caça, a normatização geral da União (Lei 5.197/67) restou afrontada nos citados artigos da lei estadual, conquanto a regra paulista fosse mais protetiva dos animais.

Ademais, é indubitável que a competência para legislar sobre pesca é concorrente entre a União, os estados e o Distrito Federal, sendo a Lei 11.959/2009 (Lei de Pesca e Aquicultura Sustentável) a normatização geral da União. No entanto, é competência privativa da União legislar sobre embarcações, mesmo que no âmbito da pesca.

Nesse sentido, na **ADI 861 (06/03/2020)**, o STF entendeu que o Estado do Amapá é competente para editar regramento sobre o controle do esforço de pesca em consideração ao poder de pesca, o desempenho das embarcações e o volume da fauna acompanhante desperdiçada, estipularem limites de aproveitamento da fauna acompanhante à pesca industrial de arrasto de camarões e veicularem normas destinadas à mitigação do impacto ambiental da atividade.

Ao revés, no que tange ao condicionamento do emprego de embarcações estrangeiras arrendadas, na pesca industrial de arrasto de camarões, à satisfação de exigências relativas à transferência de tecnologia e inovações, a lei estadual é formalmente inconstitucional por invasão de competência da União.

Diante da competência concorrente para legislar sobre proteção ambiental, decidiu o STF no julgamento da **ADI 5.996 (15/04/2020)** que é constitucional lei do Estado do Amazonas que proíbe a utilização de animais para desenvolvimento, experimentos e testes de produtos cosméticos, de higiene pessoal, perfumes e seus componentes.

Interpretação das normas ambientais

Norma jurídica de grande valia é o **Princípio da Máxima Efetividade ou da Interpretação Efetiva**, que informa a hermenêutica constitucional, notadamente a interpretação dos direitos e garantias fundamentais, a fim de conferir-lhes, sempre que possível, a maior eficácia, mas que nada impede que possa prestar bons serviços na exegese da legislação ordinária sobre o meio ambiente, haja vista a criação de inúmeros direitos ambientais específicos na legislação infraconstitucional.

Na interpretação da legislação ambiental, é justo destacar a posição adotada pelo STJ na defesa do meio ambiente, pois essa Corte vem dando enormes contribuições para a preservação ambiental e a implantação do desenvolvimento sustentável, por meio da tomada de decisões vanguarda.

De acordo com o Ministro Humberto Martins, "a interpretação das normas que tutelam o meio ambiente não comporta apenas, e tão somente, a utilização de instrumentos estritamente jurídicos, pois é fato que as ciências relacionadas ao estudo do solo, ao estudo da vida, ao estudo da química, ao estudo da física devem auxiliar o jurista na sua atividade cotidiana de entender o fato lesivo ao Direito Ambiental".[13]

13. Passagem de voto no AgRg nos EDcl no Recurso Especial 1.094.873 – SP.

Essa correta observação do Ministro retrata o caráter multidisciplinar do Direito Ambiental, que exige que o intérprete tenha conhecimentos mínimos das ciências ambientais não jurídicas, sob pena de não compreender o sentido e o alcance real das normas ambientais.

Ademais, **não é possível dar uma interpretação extensiva às normas que permitam, excepcionalmente, o desenvolvimento de uma atividade poluidora**. Assim, como a regra é protetiva ao meio ambiente, deverá ser interpretada ampliativamente, ou, na pior das hipóteses, estritamente, mas jamais restritivamente.

É que a interpretação das regras e princípios ambientais é tão peculiar que justifica o desenvolvimento de uma hermenêutica especial, a exemplo da adoção da máxima *in dubio pro ambiente*, sendo defensável que o intérprete, sempre que possível, privilegie o significado do enunciado normativo que mais seja favorável ao meio ambiente.

Nesse caminho, vale transcrever o posicionamento de JOSÉ RUBENS MORATO LEITE e de GERMANA BELCHIOR, fundado da doutrina do mestre Canotilho:

> "É viável a utilização do *in dubio pro ambiente* ou interpretação mais amiga do ambiente, expressão esta utilizada por Canotilho, o que não acarreta em uma visão radical na defesa do meio ambiente. Aponta o doutrinador lusitano que o princípio da interpretação mais amiga do ambiente, 'como expresso ou *ratio* da maioria das normas jurídicas aplicáveis ao caso, é inatacável, não goza, em termos apriorísticos e abstractos, de uma prevalência absoluta'".[14]

Demais disso, os princípios informadores do Direito Ambiental constituem um indispensável lastro de interpretação de que o exegeta deverá sempre se socorrer, especialmente os Princípios da Prevenção, Precaução, Desenvolvimento Sustentável, Poluidor-pagador, Limite, Função Socioambiental da Propriedade, Vedação ao Retrocesso Ambiental e Mínimo Existencial Ambiental, que serão em breve estudados.

De arremate, sustenta-se que **um ato ilegal praticado contra o meio ambiente não se convalida pelo decurso do tempo, devendo ser combatido, mesmo que gere uma situação consolidada.**

Assim, **a Teoria do Fato Consumado não se aplica ao Direito Ambiental**, conforme declarado pelo STF, no julgamento do RE 609.748 AgR/RJ, de 23.08.2011.

2. JURISPRUDÊNCIA

"As normas ambientais devem atender aos fins sociais a que se destinam, ou seja, necessária a interpretação e a integração de acordo com o princípio hermenêutico *in dubio pro natura*" (STJ, REsp 1.367.923, de 27.08.2013).

"A legislação de amparo dos sujeitos vulneráveis e dos interesses difusos e coletivos deve ser interpretada da maneira que lhes seja mais favorável e melhor possa viabilizar, no plano da eficácia, a prestação jurisdicional e a *ratio essendi* da norma. A hermenêutica jurídico-ambiental rege-se pelo princípio *in dubio pro natura*" (STJ, Recurso Especial 1198727, de 14.08.2012).

14. Estado de Direito Ambiental: uma análise da recente jurisprudência ambiental do STJ sob o enfoque na hermenêutica jurídica. *Revista de Direito Ambiental*. São Paulo: RT, v. 56, 2009.

"Agravo regimental no Recurso Extraordinário. **Direito ambiental**. Mandado de segurança. **Ausência de licença ambiental**. Matéria infraconstitucional. Reexame de fatos e provas. **Inaplicabilidade da teoria do fato consumado**. 1. A competência do IBAMA para fiscalizar eventuais infrações ambientais está disciplinada em lei infraconstitucional (Lei 9.605/1998), eventual violação à Constituição é indireta, o que não desafia o apelo extremo. Precedentes: AI 662.168, Rel. Min. Joaquim Barbosa, *DJe* de 23.11.2010, e o RE 567.681-AgR, Rel. Min. Cármen Lúcia, 1.ª Turma, *DJe* de 08.05.2009. 2. *In casu*, o Tribunal de origem asseverou não ter a recorrente trazido prova pré-constituída da desnecessidade de licenciamento ambiental; para dissentir-se desse entendimento seria necessário o reexame de fatos e provas, providência vedada nesta instância mercê o óbice da Súmula n. 279 do Supremo Tribunal Federal, *verbis:* "Para simples reexame de prova não cabe recurso extraordinário". **3. A teoria do fato consumado não pode ser invocada para conceder direito inexistente sob a alegação de consolidação da situação fática pelo decurso do tempo. Esse é o entendimento consolidado por ambas as turmas desta Suprema Corte.** Precedentes: RE 275.159, Rel. Min. Ellen Gracie, Segunda Turma, *DJ* 11.10.2001; RMS 23.593-DF, Rel. Min. Moreira Alves, Primeira Turma, *DJ* de 02.02.2001; e RMS 23.544-AgR, Rel. Min. Celso de Mello, Segunda Turma, *DJ* 21.06.2002. 4. Agravo regimental a que se nega provimento" (STF, RE 609.748 AgR/RJ, de 23.08.2011).

De acordo com o STF, "o espaço de possibilidade de regramento pela legislação estadual, em casos de competência concorrente abre-se: (1) toda vez que não haja legislação federal, quando então, mesmo sobre princípios gerais, poderá a legislação estadual dispor; e (2) quando, existente legislação federal que fixe os princípios gerais, caiba complementação ou suplementação para o preenchimento de lacunas, para aquilo que não corresponda à generalidade; ou ainda, para a definição de peculiaridades regionais" (ADI/MC 2.396, de 26.09.2001).

"O gênero 'meio ambiente', em relação ao qual é viável a competência em concurso da União, dos Estados e do Distrito Federal, a teor do disposto no artigo 24, inciso VI, da Constituição Federal, não abrange o ambiente de trabalho, muito menos a ponto de chegar-se à fiscalização do local por autoridade estadual, com imposição de multa. Suspensão da eficácia da Lei 2.702, de 1997, do Estado do Rio de Janeiro" (STF, ADI/MC 1.893, de 18.12.1998).

Processo

AgInt no REsp 1911922 / SP

AGRAVO INTERNO NO RECURSO ESPECIAL 2020/0221936-6

Relator(a)

Ministro OG FERNANDES (1139)

Órgão Julgador

T2 – SEGUNDA TURMA

Data do Julgamento

23/09/2021

Data da Publicação/Fonte

DJe 07/10/2021

Ementa

PROCESSUAL CIVIL. ADMINISTRATIVO. AGRAVO INTERNO NO RECURSO ESPECIAL. **AMBIENTAL.** APP. MANGUEZAL. EDIFICAÇÃO IRREGULAR. AÇÃO CIVIL PÚBLICA. FOCALIZAÇÃO. IRRELEVÂNCIA. ANTROPIZAÇÃO CONSOLIDADA. **DIREITO** ADQUIRIDO AO DANO AO MEIO AMBIENTE. INEXISTÊNCIA. PRECEDENTES. RECURSO NÃO CONHECIDO. MATÉRIA DE MÉRITO. FORÇA AUTORITATIVA OU PERSUASIVA. AUSÊNCIA.

1. O recurso especial não conhecido não possui força autoritativa ou persuasiva alguma para discussão de matéria de mérito.

2. É irrelevante para a solução da causa o fato de a ação civil pública dirigir-se contra apenas um dos potenciais violadores do direito controverso.

3. A antropização consolidada da área não autoriza a permanência de construções irregulares, erigidas à revelia do poder pública, com danos ambientais inequivocamente afirmado na origem. Inexiste direito adquirido de degradar o meio ambiente.

4. Agravo interno a que se nega provimento.

STF INFORMATIVO 1029

DIREITO CONSTITUCIONAL – ORGANIZAÇÃO DO ESTADO; COMPETÊNCIA LEGISLATIVA

Licenciamento ambiental de fase única e regulamentação de atividade garimpeira – ADI 6672/RR

Resumo:

É inconstitucional a legislação estadual que, flexibilizando exigência legal para o desenvolvimento de atividade potencialmente poluidora, cria modalidade mais simplificada de licenciamento ambiental (1).

Considerada a predominância do interesse na uniformidade de tratamento da matéria em todo o território nacional (2), a regulação sobre a expedição de licenças ambientais específicas para as fases de planejamento, instalação e operacionalização de empreendimentos potencialmente poluidores se situa no âmbito de competência da União para a edição de normas gerais de proteção ao meio ambiente (3). Logo, salvo no que se relaciona ao estabelecimento de normas mais protetivas, é vedado aos estados-membros divergir da sistemática de caráter geral definida pelo ente central.

Além disso, a norma estadual que permita a aplicação de procedimento de licenciamento ambiental menos eficaz para atividades de impacto significativo ao meio ambiente fragiliza o exercício do poder de polícia ambiental e caracteriza ofensa ao art. 225 da Constituição Federal (CF) (4).

É inconstitucional lei estadual que regulamenta aspectos da atividade garimpeira, nomeadamente, ao estabelecer conceitos a ela relacionados, delimitar áreas para seu exercício e autorizar o uso de azougue (mercúrio) em determinadas condições.

Na hipótese, há usurpação da competência legislativa privativa da União para legislar sobre jazidas, minas, outros recursos minerais e metalurgia (5).

Com base nesses entendimentos, o Plenário julgou procedente o pedido formulado em ação direta para declarar a inconstitucionalidade da Lei 1.453/2021 do Estado de Roraima.

(1) Precedente: ADI 1.089.

(2) Precedentes: ADI 5.475, ADI 5.312 e ADI 6.650.

(3) CF: "Art. 24. Compete à União, aos Estados e ao Distrito Federal legislar concorrentemente sobre: (...) VIII – responsabilidade por dano ao meio ambiente, ao consumidor, a bens e direitos de valor artístico, estético, histórico, turístico e paisagístico;"

(4) CF: "Art. 225. Todos têm direito ao meio ambiente ecologicamente equilibrado, bem de uso comum do povo e essencial à sadia qualidade de vida, impondo-se ao Poder Público e à coletividade o dever de defendê-lo e preservá-lo para as presentes e futuras gerações."

(5) CF: "Art. 22. Compete privativamente à União legislar sobre: (...) XII – jazidas, minas, outros recursos minerais e metalurgia;"

ADI 6672/RR, relator Min. Alexandre de Moraes, julgamento virtual finalizado em 14.9.2021 (terça-feira) às 23:59.

STF INFORMATIVO 1014

DIREITO AMBIENTAL – LICENCIAMENTO AMBIENTAL

Princípio da precaução e dispensa e simplificação de licenciamento ambiental – ADI 6650/SC

Resumo:

É inconstitucional norma estadual que estabelece hipóteses de dispensa e simplificação do licenciamento ambiental para atividades de lavra a céu aberto por invadir a competência legislativa da União para editar normas gerais sobre proteção do meio ambiente, nos termos previstos no art. 24, §§ 1º e 2º, da Constituição Federal (CF) (1).

A dispensa e simplificação de licenciamento ambiental — implementadas por legislação estadual para as atividades de mineração — esvazia o procedimento de licenciamento ambiental estabelecido na legislação nacional.

Não é lícito ao legislador estadual dissentir da sistemática definida em normas gerais pela União, dispensando e adotando licenças simplificadas que, de forma inequívoca, tornarão mais frágeis e ineficazes a fiscalização e o controle da Administração Pública sobre empreendimentos e atividades potencialmente danosos ao meio ambiente.

O estabelecimento de procedimento de licenciamento ambiental estadual que torne menos eficiente a proteção do meio ambiente equilibrado quanto às atividades de mineração afronta, ainda, o *caput* do art. 225 da CF (2) por não observar o princípio da prevenção, preceito inerente ao dever de proteção imposto ao Poder Público.

Com base nesse entendimento o Plenário declarou inconstitucionais os §§ 1º, 2º e 3º do art. 29 da Lei 14.675/2009 do estado de Santa Catarina (3). ADI 6650/SC, relatora Min. Cármen Lúcia, julgamento virtual finalizado em 26.4.2021 (segunda-feira), às 23:59.

STF INFORMATIVO 994

DIREITO CONSTITUCIONAL – ORGANIZAÇÃO DO ESTADO

Energia nuclear e competência legislativa dos entes federados – norma estadual que dispõe sobre a implantação de instalações industriais destinadas à produção de energia nuclear no âmbito espacial do território estadual.

Ao dispor sobre a partilha de competências estatais, a Constituição Federal (CF) outorgou à União, em caráter privativo, a prerrogativa de legislar sobre "atividades nucleares de qualquer natureza" (CF, art. 22, XXVI) (1).

Não obstante a indiscutível repercussão ambiental da utilização da energia nuclear, a própria CF excepcionou — dentre os diversos aspectos relacionados à competência comum partilhada entre ela e os Estados-membros e o Distrito Federal referentes à proteção ao meio ambiente e ao combate à poluição — a disciplina normativa pertinente às atividades e instalações nucleares, cuja regulamentação está inserida no domínio legislativo privativo da União.

Com esse entendimento, o Plenário, por maioria, declarou a inconstitucionalidade dos arts. 256 e 257 da Constituição do Estado do Rio Grande do Sul (2).

(1) CF: "Art. 22. Compete privativamente à União legislar sobre: (...) XXVI – atividades nucleares de qualquer natureza;"

(2) Constituição do Estado do Rio Grande do Sul: "Art. 256. A implantação, no Estado, de instalações industriais para a produção de energia nuclear dependerá de consulta plebiscitária, bem como do atendimento às condições ambientais e urbanísticas exigidas em lei estadual. Art. 257. É vedado, em todo o território estadual, o transporte e o depósito ou qualquer outra forma de disposição de resíduos que tenham sua origem na utilização de energia nuclear e de resíduos tóxicos ou radioativos, quando provenientes de outros Estados ou Países." **ADI 330/RS, rel. min. Celso de Mello, julgamento virtual em 9.10.2020. (ADI-3030).**

STF INFORMATIVO 916

DIREITO CONSTITUCIONAL – COMPETÊNCIA LEGISLATIVA

Competência concorrente e construções em Áreas de Proteção Permanente

O Plenário julgou procedente pedido formulado em ação direta para declarar a inconstitucionalidade do art. 3º, III, I (1), da Lei 1.939/2008 do Estado do Tocantins, que permite construções destinadas exclusivamente ao lazer em Áreas de Preservação Permanente (APP), com área máxima de 190 metros quadrados.

O Tribunal entendeu configurada a inconstitucionalidade formal do dispositivo. O legislador tocantinense, ao conferir às Áreas de Proteção Ambiental (APP's) proteção deficitária em comparação ao regramento nacional (Código Florestal), extrapolou os limites da competência suplementar, decorrente da competência concorrente entre União e Estados (CF, art. 24, caput, VI, § 2º).

O colegiado reconheceu, ainda, a inconstitucionalidade material. Não há proporcionalidade e razoabilidade em expor bens jurídicos de máxima importância sem justificativa plausível, especialmente na construção de área de 190 metros quadrados dentro de APP com a mera finalidade de lazer, sem se importar com o tamanho do terreno do condomínio ou com os efeitos nefastos que podem ser gerados. Em áreas de preservações iguais ou menores a 190 metros quadrados, por exemplo, a construção acabará com a preservação. Além disso, embora a norma estabeleça que a construção não deva conter fossas sépticas ou outras fontes poluidoras, o simples fato de haver tubulações implica alteração do meio ambiente, fato que gera verdadeira lesão ambiental às APP's.

(1) Lei 1.939/2008: "Art. 3º. Para fins desta Lei, o órgão ambiental competente somente pode autorizar a intervenção ou supressão de vegetação em APP, devidamente caracterizada e motivada, mediante procedimento administrativo autônomo e prévio, nos casos de: (...) III – ações eventuais e de baixo impacto ambiental para: (...) l) pequenas construções com área máxima de 190 metros quadrados, utilizadas exclusivamente para lazer e que não contenham fossas sépticas ou outras fontes poluidoras; "

(2) CF: "Art. 24. Compete à União, aos Estados e ao Distrito Federal legislar concorrentemente sobre: (...) VI – florestas, caça, pesca, fauna, conservação da natureza, defesa do solo e dos recursos naturais, proteção do meio ambiente e controle da poluição; **ADI 4988/TO, rel. Min. Alexandre de Moraes, julgamento em 19.9.2018. (ADI-4988).**

ADI 5977/SP – SÃO PAULO

AÇÃO DIRETA DE INCONSTITUCIONALIDADE

Relator(a): Min. RICARDO LEWANDOWSKI

Julgamento: 29/06/2020

Publicação: 13/08/2020

Órgão julgador: Tribunal Pleno

Publicação

PROCESSO ELETRÔNICO DJe-201 DIVULG 12-08-2020 PUBLIC 13-08-2020

Ementa

AÇÃO DIRETA DE INCONSTITUCIONALIDADE. MEIO AMBIENTE. PROTEÇÃO DA FAUNA. LEI 16.784/2018 DO ESTADO DE SÃO PAULO. PROIBIÇÃO DA CAÇA SOB QUALQUER PRETEXTO. PRELIMINAR. OFENSA DIRETA À CONSTITUIÇÃO FEDERAL. MÉRITO. COMPETÊNCIA LEGISLATIVA CONCORRENTE PARA DISPOR SOBRE CAÇA (CF, ART. 24, VI). RESTRIÇÃO DA CAÇA DE CONTROLE. VEDAÇÃO DA CAÇA CIENTÍFICA. INCONSTITUCIONALIDADE FORMAL. PROCEDÊNCIA PARCIAL DO PEDIDO. I – A controvérsia não envolve mera afronta à legislação federal. **O que está em debate é a possível invasão da competência legislativa da União, em hipótese concorrente com os Estados-membros e o Distrito Federal (art. 24, V e XII, da CF), a ensejar a análise de eventual e direta ofensa às regras constitucionais de repartição da iniciativa para projetos de lei**. II- Verificam-se, na hipótese, **dois pontos de conflito** entre a legislação do Estado de São Paulo e as regras estabelecidas na CF no que: **(i)** envolve a prática de caça de controle (art. 3º da Lei 16.784/2018), que não é vedada em absoluto na norma estadual, mas há exigência de que ela seja feita exclusivamente por órgãos públicos, sem a participação de particulares; **(ii)** envolve a proibição da caça científica (art. 1º da Lei 16.784/2018). III- A norma impugnada padece de vício parcial de inconstitucionalidade, por não se submeter, em sua integralidade, às regras de repartição de competências legislativas, especialmente àquela cabível à União, a quem incumbe a estipulação de normas gerais para o estabelecimento de diretrizes nacionais a este respeito, restando aos Estados-membros e ao Distrito Federal editar normas particularizantes para aplicá-las em seus respectivos âmbitos políticos, e de acordo com suas realidades regionais. IV – Preliminares rejeitadas e ação julgada parcialmente procedente, para **declarar a inconstitucionalidade do art. 3º da Lei Estadual 16.784/2018 e a nulidade parcial, sem redução de texto, do art. 1º da mesma lei, com o fim de excluir de sua incidência a coleta de animais nocivos por pessoas físicas ou jurídicas, mediante licença da autoridade competente, e daquelas destinadas a fins científicos, previstas respectivamente no art. 3º, § 2º, e art. 14, ambos da Lei 5.197/1967.**

ADI 861/AP – AMAPÁ

AÇÃO DIRETA DE INCONSTITUCIONALIDADE

Relator(a): Min. ROSA WEBER

Julgamento: 06/03/2020

Publicação: 05/06/2020

Órgão julgador: Tribunal Pleno

Publicação

PROCESSO ELETRÔNICO DJe-140 DIVULG 04-06-2020 PUBLIC 05-06-2020

Partes

REQTE.(S): GOVERNADOR DO ESTADO DO AMAPÁ PROC.(A/S)(ES): PROCURADOR-GERAL DO ESTADO DO AMAPÁ INTDO.(A/S): ASSEMBLEIA LEGISLATIVA DO ESTADO DO AMAPA

Ementa

EMENTA AÇÃO DIRETA DE INCONSTITUCIONALIDADE. LEI Nº 64/1993, DO ESTADO DO AMAPÁ. PESCA INDUSTRIAL DE ARRASTO DE CAMARÕES E APROVEITAMENTO COMPULSÓRIO DA FAUNA ACOMPANHANTE. NORMAS INCIDENTES SOBRE PESCA, PROTEÇÃO DO MEIO AMBIENTE E RESPONSABILIDADE POR DANO AO MEIO AMBIENTE. COMPETÊNCIA CONCORRENTE. ARTA. 5º, CAPUT, 19, III, 22, I E XI, 24, VI E VIII, 170, VI, 178, E 225, § 1º, V e VII, E § 3º, DA CONSTITUIÇÃO DA REPÚBLICA. PRECEDENTES. PROCEDÊNCIA PARCIAL. 1. Ao disciplinar, no âmbito do Estado federado, a pesca industrial de arrasto de camarões e o aproveitamento compulsório da fauna acompanhante, a Lei nº 64/1993 do Estado do Amapá veicula normas incidentes sobre pesca, proteção do meio ambiente e responsabilidade por dano ao meio ambiente, matérias a respeito das quais, a teor do art. 24, VI e VIII, da CF, compete à União, aos Estados e ao Distrito Federal legislar concorrentemente. 2. No modelo federativo brasileiro, estabelecida pela União a arquitetura normativa da Política Nacional de Desenvolvimento Sustentável da Pesca (hoje consubstanciada na Lei nº 11.959/2009), aos Estados compete, além da supressão de eventuais lacunas, a previsão de normas destinadas a complementar a norma geral e a atender suas peculiaridades locais, respeitados os critérios (i) da preponderância do interesse local, (ii) do exaurimento dos efeitos dentro dos respectivos limites territoriais – até mesmo para prevenir conflitos entre legislações estaduais potencialmente díspares – e (iii) da vedação da proteção insuficiente. Precedente: **ADI** 3829/RS, Relator Ministro Alexandre de Moraes, em 11.4.2019, DJe 17.5.2019. 3. Não se confunde a competência da União, dos Estados e do Distrito Federal para legislar concorrentemente sobre pesca e proteção do meio-ambiente (art. 24, VI, da CF) com a competência privativa da União para legislar sobre embarcações (arts. 22, I e XI, e 178 da CF). Ao condicionar o emprego de embarcações estrangeiras arrendadas, na pesca industrial de arrasto de camarões, à satisfação de exigências relativas à transferência de tecnologia e inovações, o art. 1º, III, da Lei nº 64/1993 exorbita da competência estadual, invadindo a competência privativa da União para legislar sobre embarcações. 4. Ao orientarem o controle do esforço de pesca em consideração ao poder de pesca, o desempenho das embarcações e o volume da fauna acompanhante desperdiçada, estipularem limites de aproveitamento da fauna acompanhante à pesca industrial de arrasto de camarões e veicularem normas destinadas à mitigação do impacto ambiental da atividade, os arts. 1º, § 2º, e 2º, §§ 1º e 2º, da Lei nº 64/1993 mantêm-se dentro dos limites da competência legislativa concorrente do Estado (art. 24, VI, da CF), além de consonantes com o postulado da proporcionalidade e os imperativos de preservação e defesa do meio ambiente mediante o controle do emprego de técnicas, métodos e práticas potencialmente danosos à fauna (arts. 170, VI, e 225, § 1º, V e VII, da CF) e não destoam das normas gerais sobre a matéria objeto da legislação federal (Lei nº 11.959/2009). Precedente: **ADI** 2030/SC, Relator Ministro Gilmar Mendes, em 09.8.2017, DJ 17.10.2018. 5. É inconstitucional a previsão de tratamento privilegiado às empresas instaladas no Estado do Amapá, por afronta ao princípio da isonomia em seu aspecto federativo (arts. 5º, caput e I, e 19, III, da Constituição Federal). 6. Ação direta julgada parcialmente procedente.

ADI 5996/AM – AMAZONAS
AÇÃO DIRETA DE INCONSTITUCIONALIDADE
Relator(a): Min. ALEXANDRE DE MORAES
Julgamento: 15/04/2020
Publicação: 30/04/2020
Órgão julgador: Tribunal Pleno
Publicação
PROCESSO ELETRÔNICO DJe-105 DIVULG 29-04-2020 PUBLIC 30-04-2020
Partes
REQTE.(S) : ASSOC BRASIL DA IND HIGIENE PESSOAL PERF E COSMETICOS ADV.(A/S) : HELOISA BARROSO UELZE BLOISI E OUTRO(A/S) INTDO.(A/S) : MESA DIRETORA DA ASSEMBLEIA LEGISLATIVA DO ESTADO DO AMAZONAS ADV.(A/S) : SEM REPRESENTAÇÃO NOS AUTOS AM. CURIAE. : HUMANE SOCIETY INTERNATIONAL – HSI ADV.(A/S) : GUSTAVO TEIXEIRA RAMOS ADV.(A/S) : MARIANA PRANDINI FRAGA ASSIS
Ementa
Ementa: CONSTITUCIONAL. FEDERALISMO E RESPEITO ÀS REGRAS DE DISTRIBUIÇÃO DE COMPETÊNCIA. LEI ESTADUAL 289/2015 DO ESTADO DO AMAZONAS. PROIBIÇÃO DO USO DE ANIMAIS PARA O DESENVOLVIMENTO, EXPERIMENTOS E TESTES DE PRODUTOS COSMÉTICOS, DE HIGIENE PESSOAL, PERFUMES E SEUS COMPONENTES. COMPETÊNCIA LEGISLATIVA CONCORRENTE DO ESTADO EM MATÉRIA DE PROTEÇÃO AMBIENTAL (ART. 24, VI, CF). NORMA ESTADUAL AMBIENTAL MAIS PROTETIVA, SE COMPARADA COM A LEGISLAÇÃO FEDERAL SOBRE A MATÉRIA. INCONSTITUCIONALIDADE FORMAL. NÃO OCORRÊNCIA. PRECEDENTES. IMPROCEDÊNCIA DA AÇÃO. 1. As regras de distribuição de competências legislativas são alicerces do federalismo e consagram a fórmula de divisão de centros de poder em um Estado de Direito. Princípio da predominância do interesse. 2. A Constituição Federal de 1988, presumindo de forma absoluta para algumas matérias a presença do princípio da predominância do interesse, estabeleceu, a priori, diversas competências para cada um dos entes federativos – União, Estados-Membros, Distrito Federal e Municípios – e, a partir dessas opções, pode ora acentuar maior centralização de poder, principalmente na própria União (CF, art. 22), ora permitir uma maior descentralização nos Estados-Membros e nos Municípios (CF, arts. 24 e 30, inciso I). 3. A Lei 289/2015 do Estado do Amazonas, ao proibir a utilização de animais para desenvolvimento, experimentos e testes de produtos cosméticos, de higiene pessoal, perfumes e seus componentes, não invade a competência da União para legislar sobre normas gerais em relação à proteção da fauna. Competência legislativa concorrente dos Estados (art. 24, VI, da CF). 4. A sobreposição de opções políticas por graus variáveis de proteção ambiental constitui circunstância própria do estabelecimento de competência concorrente sobre a matéria. Em linha de princípio, admite-se que os Estados editem normas mais protetivas ao meio ambiente, com fundamento em suas peculiaridades regionais e na preponderância de seu interesse, conforme o caso. Precedentes. 5. Ação Direta de Inconstitucionalidade conhecida e julgada improcedente.

STJ/SÚMULA N. 613
Não se admite a aplicação da teoria do fato consumado em tema de Direito Ambiental. **Primeira Seção, aprovada em 09/05/2018, DJe 14/05/2018.**

3. QUESTÕES DE CONCURSOS

01. (AGU 2012/Advogado da União/CESPE) Compete privativamente à União legislar sobre florestas, conservação da natureza, defesa do solo e dos recursos naturais.

02. (TRF 5.ª Região 2011/Juiz Federal/CESPE) Acerca da repartição de competências em matéria ambiental, assinale a opção correta.

a) Se um Município cuja principal atividade econômica seja a pesca estabelecer, mediante lei, regras sobre a captura e o transporte de pescado em sua área, tais normas não serão válidas, uma vez que o dispositivo constitucional não prevê para os Municípios competência para tal. Nesse caso, devem ser aplicados apenas os textos federais e estaduais que disciplinam a matéria.

b) Tendo sido o Parque Nacional do Iguaçu, no Paraná, criado por decreto federal (Decreto-lei 1.035/1939), não pode a prefeitura do Município de localização desse parque estabelecer medidas de preservação ambiental na área do parque, atribuição inserida na competência material exclusiva da União.

c) A pesquisa e a lavra de recursos minerais e o aproveitamento de energia hidráulica constituem atividades da esfera de competência da União. Assim, uma vez que os recursos minerais pertencem a esse ente federativo, e não ao proprietário do solo, cabe à administração federal autorizar sua exploração.

d) É competência privativa da União a proteção, por meio do IPHAN, dos documentos, das obras e de outros bens de valor histórico, artístico e cultural, dos monumentos, das paisagens naturais notáveis e dos sítios arqueológicos.

e) Se determinado Estado da Federação editar lei instituindo código florestal, a referida lei deverá ser considerada inconstitucional, visto que cabe à União, em caráter privativo, legislar sobre a matéria.

03. (MP PARANÁ 2009 – Promotor de Justiça) Assinale a alternativa INCORRETA:

a) para atender a suas peculiaridades próprias, os Estados exercerão a competência legislativa plena, desde que não exista lei federal sobre normas gerais ambientais.

b) a competência plena dos Estados sofre dupla limitação, qualitativa e temporal: a norma estadual não pode exorbitar a peculiaridade ou o interesse do próprio Estado e terá que se ajustar ao disposto em norma federal ambiental superveniente.

c) a competência da União para legislar sobre normas gerais ambientais não exclui a competência suplementar dos Estados.

d) a competência suplementar dos Estados a um texto legal poderá desviar-se da *mens legis* ambiental federal.

e) compete à União, aos Estados e ao Distrito Federal legislar concorrentemente sobre fauna e florestas.

04. (MP Amazonas 2007 – Promotor de Justiça – CESPE) À luz da competência legislativa ambiental prevista na CF de 1988, julgue os seguintes itens.

I. Matéria relacionada a atividade nuclear de qualquer natureza é de competência exclusiva da União.

II. Em matéria ambiental, inexiste competência legislativa privativa e suplementar de município.

III. O município possui competência legislativa concorrente para, juntamente com os estados, legislar sobre florestas, caça e pesca, independentemente de interesse local.

IV. No âmbito da legislação concorrente, os estados não podem legislar sobre matéria ainda não tratada pela União.

V. As normas gerais no âmbito da competência concorrente são atribuídas à União.

Estão certos apenas os itens

a) I e II.

b) I e V.

c) II e III.

d) III e IV.

e) IV e V.

05. (FCC – 2013 – AL-PB – Procurador) Compete ao Estado legislar

a) exclusivamente, sobre o controle da poluição.

b) exclusivamente, sobre a conservação da natureza.

c) concorrentemente, com a União sobre a proteção do meio ambiente.

d) concorrentemente, com os Municípios sobre as florestas.

e) subsidiariamente, caso não haja legislação municipal, sobre a pesca.

06. (MPE-PR – 2011 – MPE-PR – Promotor de Justiça) É competência concorrente da União, Estados e Distrito Federal legislar sobre florestas, caça, pesca, fauna, conservação da natureza, defesa do solo e dos recursos naturais, proteção do meio ambiente e controle da poluição, bem como, sobre responsabilidade por dano ao meio ambiente;

07. (FCC – 2010 – PGM-TERESINA-PI – Procurador Municipal – Prova tipo 3) A poluição sonora e os problemas que os altos níveis de som ocasionam constituem uma preocupação das sociedades contemporâneas. Assim, o legislador constituinte brasileiro determinou que

a) os Estados-membros podem suplementar a legislação federal no que couber para adotar parâmetros mais restritivos em matéria de poluição sonora.

b) cabe à União estabelecer normas gerais sobre poluição sonora e, tanto os Estados e Distrito Federal como os Municípios podem complementar essa legislação com base em sua competência legislativa concorrente.

c) os Municípios podem legislar sobre poluição sonora com fundamento em sua competência para legislar sobre assuntos de interesse local e, assim, podem adotar legislação que permita níveis mais altos de som para atividades econômicas consideradas fundamentais para o próprio desenvolvimento do Município.

d) os Estados-membros têm competência legislativa residual ou remanescente em matéria de poluição sonora.

e) a União tem competência legislativa exclusiva em matéria de controle da poluição sonora e assim estabelece critérios e padrões nacionais específicos para aeronaves, veículos automotores, bares e demais atividades que provocam ruídos, como também equipamentos industriais e domésticos.

08. (2019/CESPE/PGM CAMPO GRANDE/PROCURADOR) À União compete legislar privativamente sobre águas, jazidas e outros recursos minerais; porém, é competência concorrente da União, dos estados e do Distrito Federal legislar acerca de florestas, caça, conservação da natureza e defesa dos recursos naturais.

GAB	01	ERRADO	02	C	03	D	04	B	05	C	06	CERTO	07	A	08	CERTO

Art. 30. Compete aos Municípios:

I – legislar sobre assuntos de interesse local;

II – suplementar a legislação federal e a estadual no que couber;

...

VIII – promover, no que couber, adequado ordenamento territorial, mediante planejamento e controle do uso, do parcelamento e da ocupação do solo urbano;

IX – promover a proteção do patrimônio histórico-cultural local, observada a legislação e a ação fiscalizadora federal e estadual.

1. COMENTÁRIOS

Este artigo define as competências legislativas e materiais deferidas aos municípios. Em regra, salvo nos casos do artigo 22, o município possui competência para legislar sobre o meio ambiente, desde que observada a legislação federal e estadual, suplementando-a à luz do interesse local, a exemplo da aprovação da Lei de Política Municipal do Meio Ambiente.

Ademais, deverá o município promover, no que couber, adequado ordenamento territorial, mediante planejamento e controle do uso, do parcelamento e da ocupação do solo urbano, em especial através da aprovação do plano diretor e do seu parcelamento do solo urbano.

Outrossim, o município irá proteger o patrimônio cultural local, sem prejuízo da atuação cooperativa com a União e o Estado.

2. JURISPRUDÊNCIA

"O Município é competente para legislar sobre meio ambiente com União e Estado, no limite de seu interesse local e desde que tal regramento seja e harmônico com a disciplina estabelecida pelos demais entes federados" (art. 24, VI c/c 30, I e II da CRFB). [STF, RE 586.224, rel. min. Luiz Fux, j. 5-3-2015, P, *DJE* de 8-5-2015, com repercussão geral.]

- **STJ, INFORMATIVO 399 – DANO AMBIENTAL. LOTEAMENTO IRREGULAR.** Em ação civil pública ajuizada contra o município e outros, por improbidade administrativa e parcelamento do solo em descordo com a legislação vigente, o que causou danos ao meio ambiente, a sentença excluiu o município por entender que ele atuou dentro da lei (aplicou multa e embargou a obra), logo não seria possível imputar-lhe responsabilidade. Por sua vez, o TJ manteve a sentença. Explica o Min. Relator que, apesar de o município aplicar multa e embargar a obra, não avocou para si a responsabilidade pela regularização do loteamento às expensas do loteador e dessa omissão resultou um dano ambiental. Observou, com base em precedentes, que o art. 40 da Lei 6.766/1979 confere ao município um dever-poder vinculado, consoante o disposto no art. 30, VIII, da CF/1988, consequentemente não há como a municipalidade eximir-se da responsabilidade de regularizar loteamento urbano, mesmo quando ocorrido de modo clandestino. *Por isso, se o município não impede a consumação do dano ambiental, deve ser responsabilizado conjuntamente com o loteador pelos prejuízos daí advindos; entretanto, posteriormente, poderá acionar a próprio loteador regressivamente, porque, conforme o próprio artigo citado da Lei 6.766/1979, está obrigado a promover a regularização do loteamento às expensas do loteador, como já dito. Com esse entendimento, a Turma deu provimento ao recurso do MP.* Precedentes citados: REsp 333.056-SP, *DJ* 06.02.2006; REsp 131.697-SP, *DJ* 13.06.2005; REsp 124.714-SP, *DJ* 25.09.2000, e REsp 259.982-SP, *DJ* 27.09.2004. REsp 1.113.789-SP, Rel. Min. Castro Meira, julgado em 16.06.2009.

  "A teor do disposto nos arts. 24 e 30 da Constituição Federal, aos Municípios, no âmbito do exercício da competência legislativa, cumpre a observância das normas editadas pela União e pelos Estados, como as referentes à proteção das paisagens naturais notáveis e ao meio ambiente, não podendo contrariá-las, mas tão somente legislar em circunstâncias remanescentes" (STJ, AR 756, 1.ª Seção, de 27.02.2008).

  "Constitucional. Meio ambiente. Legislação municipal supletiva. Possibilidade. Atribuindo, a Constituição Federal, a competência comum à União, aos Estados e aos Municípios para proteger o meio ambiente e combater a poluição em qualquer de suas formas, cabe, aos Municípios, legislar supletivamente sobre a proteção ambiental, na esfera do interesse estritamente local. A legislação municipal, contudo, deve se constringir a atender as características próprias do território em que as questões ambientais, por suas particularidades, não contêm o disciplinamento consignado na lei federal ou estadual. A legislação supletiva, como é cediço, não pode ineficacizar os efeitos da lei que pretende suplementar" (STJ, no REsp 29.299, 1.ª Turma, de 28.09.1994).

3. QUESTÕES DE CONCURSOS

01. (Juiz do Estado do Piauí 2011/CESPE) A CF atribui competência legislativa concorrente à União, aos estados e ao DF para legislar acerca de proteção do ambiente, sendo vedado aos municípios editar leis desse teor.

02. (FCC – 2013 – AL-PB – Procurador) Uma lei municipal que trata de coleta seletiva de resíduos sólidos será

a) inconstitucional, pois o tema é de competência exclusiva da União.

b) inconstitucional, pois o tema é de competência exclusiva do Estado.

c) constitucional, pois o tema de resíduos sólidos é de competência exclusiva do Município.

d) constitucional, desde que se obtenha a anuência da Assembleia Legislativa do respectivo Estado.

e) constitucional, por versar sobre assunto de interesse local.

03. (MPE-GO – 2010 – MPE-GO – Promotor de Justiça) Em relação à competência legislativa para proteção do meio ambiente, é correto afirmar:

a) É concorrente a competência entre União, Estados, Distrito Federal e Municípios para legislar sobre a proteção do meio ambiente, cabendo à União estabelecer normas gerais em relação as questões de interesse nacional, sem excluir a competência suplementar dos Estados, Distrito Federal e Municípios, os quais poderão, respectivamente, estabelecer normas disciplinando questões regionais e estritamente local, desde que mais protetivas ao meio ambiente do que o disposto na norma federal.

b) É privativa da União a competência para legislar sobre a proteção do meio ambiente, pois, nos termos do artigo 20 da CF, são bens da União: os rios, lagos, mar territorial, recursos minerais, dentre outros.

c) Inexistindo lei federal estabelecendo normas gerais, é plena a competência legislativa dos Municípios para legislar sobre a proteção do meio ambiente, não se submetendo à legislação estadual que disciplinar o mesmo assunto.

d) O Município não possui competência para legislar sobre a proteção do meio ambiente, pois, não foi arrolado no artigo 24 da CF.

04. (2016/CESPE/TJ-AM/Juiz Substituto) No que se refere à proteção conferida pela CF ao meio ambiente, assinale a opção correta.

a) Sob o monopólio da União são permitidas atividades nucleares de qualquer natureza, mediante a aprovação do Congresso Nacional, o que gera a responsabilização objetiva por eventuais danos.

b) É da competência concorrente da União, dos estados e do DF proteger o meio ambiente e combater a poluição em qualquer de suas formas.

c) Compete aos municípios a promoção do adequado ordenamento territorial, mediante planejamento e controle do uso, do parcelamento e da ocupação do solo urbano.

d) Com o objetivo de defender o meio ambiente, o poder público pode impor várias restrições e penas aos particulares, salvo a desapropriação de imóveis, pois o direito de propriedade é direito fundamental.

e) No caso de atividade de extração de minério, advém das conclusões do EPIA a necessidade, ou não, de impor-se ao explorador a obrigação de recuperar o meio ambiente degradado.

GAB	01	ERRADO	02	E	03	A	04	C

Art. 109. Aos juízes federais compete processar e julgar:

I – as causas em que a União, entidade autárquica ou empresa pública federal forem interessadas na condição de autoras, rés, assistentes ou oponentes, exceto as de falência, as de acidentes de trabalho e as sujeitas à Justiça Eleitoral e à Justiça do Trabalho;

II – as causas entre Estado estrangeiro ou organismo internacional e Município ou pessoa domiciliada ou residente no País;

III – as causas fundadas em tratado ou contrato da União com Estado estrangeiro ou organismo internacional;

IV – os crimes políticos e as infrações penais praticadas em detrimento de bens, serviços ou interesse da União ou de suas entidades autárquicas ou empresas públicas, excluídas as contravenções e ressalvada a competência da Justiça Militar e da Justiça Eleitoral;

V – os crimes previstos em tratado ou convenção internacional, quando, iniciada a execução no País, o resultado tenha ou devesse ter ocorrido no estrangeiro, ou reciprocamente;

V-A – as causas relativas a direitos humanos a que se refere o § 5.º deste artigo;

VI – os crimes contra a organização do trabalho e, nos casos determinados por lei, contra o sistema financeiro e a ordem econômico-financeira;

VII – os "habeas corpus", em matéria criminal de sua competência ou quando o constrangimento provier de autoridade cujos atos não estejam diretamente sujeitos a outra jurisdição;

VIII – os mandados de segurança e os "habeas data" contra ato de autoridade federal, excetuados os casos de competência dos tribunais federais;

IX – os crimes cometidos a bordo de navios ou aeronaves, ressalvada a competência da Justiça Militar;

X – os crimes de ingresso ou permanência irregular de estrangeiro, a execução de carta rogatória, após o "exequatur", e de sentença estrangeira, após a homologação, as causas referentes à nacionalidade, inclusive a respectiva opção, e à naturalização;

XI – a disputa sobre direitos indígenas.

§ 1.º As causas em que a União for autora serão aforadas na seção judiciária onde tiver domicílio a outra parte.

§ 2.º As causas intentadas contra a União poderão ser aforadas na seção judiciária em que for domiciliado o autor, naquela onde houver ocorrido o ato ou fato que deu origem à demanda ou onde esteja situada a coisa, ou, ainda, no Distrito Federal.

§ 3.º Serão processadas e julgadas na justiça estadual, no foro do domicílio dos segurados ou beneficiários, as causas em que forem parte instituição de previdência social e segurado, sempre que a comarca não seja sede de vara do juízo federal, e, se verificada essa condição, a lei poderá permitir que outras causas sejam também processadas e julgadas pela justiça estadual.

§ 4.º Na hipótese do parágrafo anterior, o recurso cabível será sempre para o Tribunal Regional Federal na área de jurisdição do juiz de primeiro grau.

§ 5.º Nas hipóteses de grave violação de direitos humanos, o Procurador-Geral da República, com a finalidade de assegurar o cumprimento de obrigações decorrentes de tratados internacionais de direitos humanos dos quais o Brasil seja parte, poderá suscitar, perante o Superior Tribunal de Justiça, em qualquer fase do inquérito ou processo, incidente de deslocamento de competência para a Justiça Federal.

1. COMENTÁRIOS

Este artigo define a competência cível e criminal da Justiça Federal de 1.º grau. No que concerne à ***competência* para julgamento dos crimes ambientais**, hoje a questão encontra-se pacificada na jurisprudência, sendo, **em regra, da Justiça Estadual, salvo se o delito for consumado contra bens, serviços ou interesse da União, de suas autarquias ou empresas públicas** (artigo 109, IV, da Constituição Federal).

Mas a atual jurisprudência do **STJ** passou a ser restritiva na interpretação da competência federal, **pois entende que não basta que este crime seja praticado em rio federal para deslocamento de competência para a justiça federal, sendo necessário causar dano regional ou nacional para que haja o deslocamento de competência.**

É bom lembrar que a Justiça Federal não tem competência para julgar contravenções penais. Assim, restou cancelada, em 08.11.2000, a Súmula 91, do STJ,[15] em razão do advento da Lei 9.605/1998.

15. "Súmula 91. Compete à Justiça Federal processar e julgar os crimes praticados contra a fauna".

Deveras, também será de competência da Justiça Federal o julgamento dos crimes previstos em tratado internacional ratificado pelo Brasil quando, iniciada a execução no Brasil, o resultado tenha ou devesse ocorrer fora do país, assim como a recíproca (artigo 109, V, da CRFB). Logo, compete à Justiça Federal julgar o delito de tráfico de animais para o exterior.

Outrossim, os delitos ambientais cometidos a bordo de navios ou aeronaves também serão de competência da Justiça Federal, a teor do artigo 109, IX, da CRFB.

Caso o parágrafo único do artigo 26 da Lei de Crimes Ambientais não tivesse sido vetado pelo Presidente da República, aí sim os crimes previstos na Lei 9.605/1998 seriam de competência da Justiça Federal, apenas se investindo de jurisdição federal a Justiça Estadual quando o município do local da consumação do crime não tivesse órgão da Justiça Federal.

Outrossim, será de competência da Justiça Federal as causas em que a União, entidade autárquica ou empresa pública federal forem interessadas na condição de autoras, rés, assistentes ou oponentes.

Logo, por exemplo, em existindo interesse da União, do IBAMA, do ICMBIO, do IPHAN ou da FUNAI na causa, a competência jurisdicional será deslocada para a Justiça federal.

2. JURISPRUDÊNCIA

STJ

Processo

RHC 151.405-MG, Rel. Min. Olindo Menezes (Desembargador convocado do TRF 1ª Região), Sexta Turma, por unanimidade, julgado em 19/10/2021.

Ramo do Direito

DIREITO PROCESSUAL PENAL

Rompimento da barragem em Brumadinho. Crimes conexos de âmbitos federal e estadual. Interesse direto e específico da autarquia federal – Departamento Nacional de Produção Mineral – DNPM. Competência da Justiça Federal. Súmula 122/STJ.

DESTAQUE

A Justiça Federal é competente para processar e julgar os crimes ambientais e contra a vida decorrentes do rompimento da barragem em Brumadinho/MG.

INFORMAÇÕES DO INTEIRO TEOR

A questão referente à competência possui regramento próprio e específico (art. 95, II, art. 108 e 406, §3º, do CPP), tendo esta Corte Superior, em muitas oportunidades, se manifestado em *habeas corpus* sobre a competência da Justiça Federal, a fim de evitar julgamentos díspares de fatos correlatos ou até idênticos, não sendo razoável somente após longo período, com todos os desdobramentos na Justiça Estadual, demandando esforços de serventuários e peritos estaduais e federais, ter-se a certeza do interesse da União e declinar a competência.

Assim sendo, a competência deve ser aferida pelos fatos da causa de pedir narrados na denúncia com todas as suas circunstâncias, que devem ser analisados e julgados pelo Judiciário, e não pelo pedido ou pela capitulação do *dominus litis*, que é provisória, podendo ser mudada pela sentença (arts. 383 e 384 do CPP).

Com efeito, busca o MP a responsabilização penal porque não foi observada a Política Nacional de Segurança de Barragens, e, por isso, os réus não teriam garantido a observância de padrões de segurança de barragem de maneira a reduzir a possibilidade de acidentes e suas consequências, o que gerou o rompimento da barragem em Brumadinho-MG, com a morte de 270 pessoas, além de outros eventos.

Importante ressaltar que há várias manifestações desta Corte Superior, segundo as quais, a atividade fiscalizatória exercida pela autarquia federal não é suficiente, por si só, para atrair a competência federal, sendo possível cogitar da competência federal apenas quando evidenciado interesse direto e específico do ente federal no crime sob apuração.

No caso, há ofensa a bem e interesse direto e específico de órgão regulador federal e da União: as Declarações de Estabilidade da Barragem, apresentadas ao antigo DNPM (autarquia federal), seriam ideologicamente falsas; os acusados teriam omitido informações essenciais à fiscalização da segurança da barragem, ao não fazê-las constar do SIGBM, sistema de dados acessado pela Agência Nacional de Mineração – ANM; e danos a sítios arqueológicos, bem da União (art. 20, X, da CF), dados como atingidos pelo rompimento da barragem.

Dessa forma, considerando a apuração de fatos correlatos em ambas as esferas – federal e estadual – e, ainda, os indícios de danos ambientais aos "sítios arqueológicos", é de aplicar-se o verbete n. 122 da Súmula desta Corte Superior, pelo qual, "compete à Justiça Federal o processo e julgamento unificado dos crimes conexos de competência federal e estadual, não se aplicando a regra do art. 78, II, a, do Código de Processo Penal".

STF INFORMATIVO 853. Compete à Justiça Federal processar e julgar o crime ambiental de caráter transnacional que envolva animais silvestres, ameaçados de extinção e espécimes exóticas ou protegidas por compromissos internacionais assumidos pelo Brasil. Com base nesse entendimento, o Plenário deu provimento ao recurso extraordinário em que se discutia a justiça competente para processar e julgar crimes ambientais transnacionais.

O Tribunal afirmou que as florestas, a fauna e a flora estão protegidas, no ordenamento jurídico inaugurado pela Constituição de 1988, como poder-dever comum da União, dos Estados, do Distrito Federal e dos Municípios (CF/1988, art. 23, VII).

Ressaltou que a Carta Magna dispõe que "todos têm direito ao meio ambiente ecologicamente equilibrado, bem de uso comum do povo e essencial à sadia qualidade de vida, impondo-se ao Poder Público e à coletividade o dever de defendê-lo e preservá-lo para as presentes e futuras gerações" (CF/1988, art. 225, "caput"), incumbindo ao Poder Público "proteger a fauna e a flora, vedadas, na forma da lei, as práticas que coloquem em risco sua função ecológica, provoquem a extinção de espécies ou submetam os animais a crueldade" (CF/1988, art. 225, § 1º, VII).

Asseverou que a competência da Justiça estadual é residual, em confronto com a Justiça Federal, à luz da Constituição Federal e da jurisprudência do Supremo Tribunal Federal.

Consignou que a competência da Justiça Federal aplica-se aos seguintes crimes ambientais, que também se enquadram nas hipóteses previstas na Constituição, quando: a) atentarem contra bens, serviços ou interesses diretos e específicos da União ou de suas entidades autárquicas; b) previstos tanto no direito interno quanto em tratado ou convenção internacional, tiverem a execução iniciada no País, mas o resultado tenha ou devesse ter ocorrido no estrangeiro, ou na hipótese inversa; c) tiverem sido cometidos a bordo de navios ou aeronaves; d) houver grave violação de direitos humanos; ou ainda e) guardarem conexão ou continência com outro crime de competência federal, ressalvada a competência da Justiça Militar e da Justiça Eleitoral, conforme previsão expressa da Constituição.

A razão de ser das normas consagradas no direito interno e no direito convencional conduz à conclusão de que a transnacionalidade do crime ambiental de exportação de animais silvestres atinge interesse direto, específico e imediato da União, voltado à garantia da segurança ambiental no plano internacional, em atuação conjunta com a comunidade das nações.

Portanto, o envio clandestino de animais silvestres ao exterior reclama interesse direto da União no controle de entrada e saída de animais do território nacional, bem como na observância dos compromissos do Estado brasileiro com a comunidade internacional, para a garantia conjunta de concretização do que estabelecido nos acordos internacionais de proteção do direito fundamental à segurança ambiental. Assim, a natureza transnacional do delito ambiental de exportação de animais silvestres atrai a competência da Justiça Federal, nos termos do art. 109, IV, da CF/1988. **RE 835558/SP, rel. Min. Luiz Fux, julgamento em 9.2.2017. (RE-835558)**

1. A preservação do meio ambiente é matéria de competência comum da União, dos Estados, do Distrito Federal e dos Municípios, nos termos do art. 23, incisos VI e VII, da Constituição Federal. 2. Com o cancelamento do enunciado n. 91 da Súmula STJ, após a edição da Lei n. 9.605/1998, esta Corte tem entendido que a competência federal para julgamento de crimes contra a fauna demanda demonstração de que a ofensa atingiu interesse direto e específico da União, de suas entidades autárquicas ou de empresas públicas federais. Precedentes. **3. Assim sendo, para atrair a competência da Justiça Federal, o dano decorrente de pesca proibida em rio interestadual deveria gerar reflexos em âmbito regional ou nacional, afetando trecho do rio que se alongasse por mais de um Estado da Federação, como ocorreria se ficasse demonstrado que a atividade pesqueira ilegal teria o condão de repercutir negativamente sobre parte significativa da população de peixes ao longo do rio, por exemplo, impedindo ou prejudicando seu período de reprodução sazonal.** 4. Situação em que **os danos ambientais afetaram apenas a parte do rio próxima ao Município em que a infração foi verificada**, visto que a denúncia informa que apenas dois espécimes, dentre os 85 Kg (oitenta e cinco quilos) de peixes capturados, tinham tamanho inferior ao mínimo permitido e os apetrechos de pesca apresentavam irregularidades como falta de plaquetas de identificação, **prejuízos que não chegam a atingir a esfera de interesses da União.** 5. Conflito conhecido, para declarar a competência do Juízo de Direito da Vara Única da Comarca de Coromandel/MG, o suscitado **(STJ, CC 146373, de 11/5/2016).**

"1. A partir da edição da Lei 9.605/1998, os delitos contra o meio ambiente passaram a ter disciplina própria, não se definindo, contudo, a Justiça competente para conhecer das respectivas ações penais, certamente em decorrência do contido nos artigos 23 e 24 da Constituição Federal, que estabelecem ser da competência comum da União, Estados, Distrito Federal e Municípios proteger o meio ambiente, preservando a fauna, bem como legislar concorrentemente sobre essas matérias. 2. **Deve ser verificado se o delito foi praticado em detrimento de bens, serviços ou interesse da União ou de suas entidades autárquicas ou empresas públicas**, a teor do disposto no artigo 109, IV, da Carta Magna, de forma a firmar ou não a competência da Justiça Federal. 3. **Tratando-se de suposta infração cometida em área particular, inexistente qualquer circunstância determinante de especial interesse da União, declara-se a competência da Justiça Estadual**" (STJ, CC 30.260, de 22.02.2006).

"Recurso extraordinário. Crime previsto no artigo 38 da Lei 9.605/1998. Competência da Justiça estadual comum. Esta Primeira Turma, em 20.11.2001, ao julgar o RE 300.244, em caso semelhante ao presente, decidiu que, **não havendo em causa bem da União** (a hipótese então em julgamento dizia respeito a desmatamento e depósito de madeira proveniente da Mata Atlântica que se entendeu não ser bem da União), **nem interesse direto e específico da União** (o interesse desta na proteção do meio ambiente só é genérico), **nem decorrer a competência da Justiça Federal da circunstância de caber ao IBAMA**, que é órgão federal, a fiscalização da preservação do meio ambiente, **a competência para julgar o crime que estava em causa** (artigo 46, parágrafo único, da Lei 9.605/1998, na modalidade de 'manter em depósito produtos de origem vegetal integrantes da flora nativa, sem licença para armazenamento') **era da Justiça estadual comum.** – Nesse mesmo sentido, posteriormente, em 18.12.2001, voltou a manifestar-se, no RE 299.856, esta Primeira Turma, no que foi seguida, no RE 335.929, por decisão do eminente Ministro Carlos Velloso da 2.ª Turma, e no HC 81.916, 2.ª Turma. – A mesma orientação é de ser seguida no caso presente. Recurso extraordinário não conhecido" (STF, RE 349.184, de 03.12.2002).

▶ **STJ, INFORMATIVO 544 – Crime Ambiental: Bem da União e Competência.** Por considerar caracterizada imputação a revelar prejuízo de bem da União, a Turma deu provimento a recurso extraordinário a fim de assentar a *competência da Justiça Federal para processar e julgar ação penal em que se apura crime praticado contra o meio ambiente.* No caso, empresa fora denunciada por descartar resíduos tóxicos sobre rio que atravessa o Estado de Alagoas. O tribunal de justiça local reconhecera a competência da Justiça Estadual para processar o feito ao fundamento de que não se vislumbrara, nos autos, interesse público federal. *Entendeu-se que, na espécie, teria sido potencializado o interesse da população local em detrimento do fato de a poluição alcançar bem público federal. Asseverou-se, destarte, pouco importar que se tivesse chegado ao comprometimento de açude, córregos e riachos locais, devendo prevalecer a circunstância de o dano apontado haver ocorrido em rio — o qual banha dois Estados- membros — que, pelo teor do inciso III do art. 20 da CF, consubstancia bem da União* ("São bens da União: ... os lagos, rios e quaisquer correntes de água em terrenos de seu domínio, ou que banhem mais de um Estado..."). Concluiu-se que esse preceito e a premissa fática constante do acórdão impugnado atrairiam a incidência do inciso IV do art. 109 da CF. Por fim, estabeleceu-se ser competente para a propositura da ação penal o Ministério Público Federal. RE 454740/AL, rel. Min. Marco Aurélio, 28.04.2009. (RE-454740).

STJ, INFORMATIVO 402 – COMPETÊNCIA. DESMATAMENTO. FLORESTA AMAZÔNICA. A questão está em definir a competência para processar e julgar o crime de desmatamento da floresta amazônica em terreno objeto de propriedade particular. A Seção conheceu do conflito e declarou competente o juízo de Direito, o suscitante, ao entendimento de que não há que confundir patrimônio nacional com bem da União. Aquela locução revela proclamação de defesa de interesses do Brasil diante de eventuais ingerências estrangeiras. Tendo o crime de desmatamento ocorrido em propriedade particular, área que já pertenceu, mas hoje não mais, a parque estadual, não há que se falar em lesão a bem da União. Ademais, como o delito não foi praticado em detrimento do Ibama, que apenas fiscalizou a fazenda do réu, ausente prejuízo para a União. Precedentes citados do STF: RE 458.227-TO, *DJ* 15.02.2006; do STJ: HC 18.366-PA, *DJ* 1.º.04.2002, e REsp 592.012-TO, *DJ* 20.06.2005. CC 99.294-RO, Rel. Min. Maria Thereza de Assis Moura, julgado em 12.08.2009.

STJ, INFORMATIVO 415 – ACP. REPARAÇÃO. DANO AMBIENTAL. Cuida-se, originariamente, de ação civil pública (ACP) com pedido de reparação dos prejuízos causados pelos ora recorrentes à comunidade indígena, tendo em vista os danos materiais e morais decorrentes da extração ilegal de madeira indígena. Os recorrentes alegam a incompetência da Justiça Federal para processar e julgar a causa, uma vez que caberia à Justiça estadual a competência para julgar as causas em que o local do dano experimentado não seja sede de vara da Justiça Federal. Porém a Min. Relatora entendeu que a Justiça Federal, segundo a jurisprudência deste Superior Tribunal e do STF, tem competência territorial e funcional nas ações civis públicas intentadas pela União ou contra ela, em razão de o município onde ocorreu o dano ambiental não integrar apenas o foro estadual da comarca local, mas também o das varas federais. Do ponto de vista do sujeito passivo (causador de eventual dano), a prescrição cria em seu favor a faculdade de articular (usar da ferramenta) exceção substancial peremptória. *A prescrição tutela interesse privado, podendo ser compreendida como mecanismo de segurança jurídica e estabilidade. O dano ambiental refere-se àquele que oferece grande risco a toda humanidade e à coletividade, que é a titular do bem ambiental que constitui direito difuso.* Destacou a Min. Relatora que a reparação civil do dano ambiental assumiu grande amplitude no Brasil, com profundas implicações, na espécie, de responsabilidade do degradador do meio ambiente, inclusive imputando-lhe responsabilidade objetiva, fundada no simples risco ou no simples fato da atividade danosa, independentemente da culpa do agente causador do dano. *O direito ao pedido de reparação de danos ambientais, dentro da logicidade hermenêutica, também está protegido pelo manto da imprescritibilidade, por se tratar de direito inerente à vida, fundamental e essencial à afirmação dos povos, independentemente de estar expresso ou não em texto legal.* No conflito entre estabelecer um prazo prescricional em favor do causador do dano ambiental, a fim de lhe atribuir segurança jurídica e estabilidade com natureza eminentemente privada, e tutelar de forma mais benéfica bem jurídico coletivo, indisponível, fundamental, que antecede todos os demais direitos – pois sem ele não há vida, nem saúde, nem trabalho, nem lazer – o último prevalece, por óbvio, concluindo pela imprescritibilidade do direito à reparação do dano ambiental. Mesmo que o pedido seja genérico, havendo elementos suficientes nos autos, pode o magistrado determinar, desde já, o montante da reparação. REsp 1.120.117-AC, Rel. Min. Eliana Calmon, julgado em 10.11.2009.

STJ, INFORMATIVO 474 – COMPETÊNCIA. JF. CRIME AMBIENTAL. EXTRAÇÃO. CASCALHO. *Os recursos minerais, inclusive os do subsolo, são bens da União, assim, os delitos relativos a eles devem ser julgados na Justiça Federal nos termos do art. 109, IV, da CF/1988. Com esse entendimento, a Seção conheceu do conflito de competência e declarou competente o juízo federal suscitante para processar e julgar o suposto crime de extração de cascalho, bem da União, sem autorização do órgão ambiental em área particular (fazenda).* No caso, o MPF, ao receber os autos do inquérito, manifestou-se pela competência da Justiça estadual ao argumento de que o ato supostamente delituoso teria sido praticado em propriedade particular, não havendo laudo ou constatação de a área estar próxima a ou localizada em faixa litorânea, terras ou rio cujo domínio estaria afeto à União; então, o juízo federal suscitou o conflito de competência. Destacou a Min. Relatora que, de acordo com a jurisprudência deste Superior Tribunal, não são todos os crimes ambientais que se sujeitam à competência da Justiça Federal, apesar de, na CF/1988, não haver determinação nesse sentido. Daí esclarecer que realmente não se pode entender a designação "patrimônio nacional" contida no art. 225, § 4.º, da CF/1988 como sinônimo de bens da União, visto que, a seu ver, essa locução é uma espécie de proclamação concitando todos à defesa dos ecossistemas citados no mencionado artigo, até porque há casos em que o particular será dono de parcelas de trechos contidos nesses ecossistemas, como também dentro deles foram criados parques nacionais e municipais, o que irá determinar, conforme o caso concreto, a competência federal ou estadual. No entanto, observou não ser pacífica a jurisprudência quanto à fixação da competência para o julgamento do delito de extração de recursos minerais sem autorização. Assim, com esse julgamento, com base no voto da Min. Relatora, reafirmou-se o posicionamento de serem mais adequados perante a CF/1988 e a posição do STF os acórdãos do STJ segundo os quais, para definir a competência do julgamento, não basta analisar o local da prática dos crimes contra os recursos minerais (previstos no art. 55 da Lei 9.605/1998). Isso porque os recursos minerais, inclusive os do subsolo, são bens da União, como, expressamente e sem ressalva, prevê o inciso IX do art. 20 da CF/1988. Ademais, o art. 176, *caput*, da mesma Constituição dispõe serem as jazidas, em lavra ou não, e os demais recursos minerais propriedade distinta da do solo para efeito de exploração ou aproveitamento e pertencerem à União, garantida ao concessionário a propriedade do produto da lavra. Por essa razão, assevera só se poder concluir que os delitos relativos aos recursos minerais, por estes serem bens da União, são da competência da Justiça Federal. Precedentes citados do STF: AgRg no RE 140.254-SP, *DJ* 06.06.1997; do STJ: HC 23.286-SP, *DJ* 19.12.2003; CC 33.377-RJ, *DJ* 24.02.2003; CC 29.975-MG, *DJ* 20.11.2000; CC 30.042-MG, *DJ* 27.11.2000; CC 7.673-RJ, *DJ* 13.06.1994; CC 4.167-RJ, *DJ* 22.11.1993, e CC 99.294-RO, *DJe* 21.08.2009. CC 116.447-MT, Rel. Min. Maria Thereza de Assis Moura, julgado em 25.05.2011.

▶ **STJ, INFORMATIVO 476 – COMPETÊNCIA. CRIME. MEIO AMBIENTE.** O suposto delito contra o meio ambiente (pesca sem autorização mediante petrechos proibidos) foi praticado em *área adjacente à unidade de conservação federal. Assim, vislumbra-se prejuízo à União, autarquia ou empresa pública federais a ponto de determinar a competência da Justiça Federal para seu processo e julgamento.* Precedentes citados: CC 100.852-RS, *DJe* 08.09.2010, e CC 92.722-RJ, *DJe* 19.04.2010. CC 115.282-RS, Rel. Min. Maria Thereza de Assis Moura, julgado em 08.06.2011.

▶ **STJ, INFORMATIVO 492 – COMPETÊNCIA. CRIME AMBIENTAL. TRANSPORTE. PRODUTO TÓXICO. PROPRIEDADE DA MARINHA.** *Apenas o fato de ser de propriedade da Marinha do Brasil, o produto tóxico transportado, sem observância das normas de segurança* (art. 56 da Lei 9.605/1998), *não tem o condão de deslocar a competência da ação penal para a Justiça Federal, já que o bem jurídico tutelado é o meio ambiente*. No caso dos autos, laudo emitido pela ABACC (Agência Brasileiro-Argentina de Contabilidade e Controle de Materiais Nucleares) informando que o material poderia ser transportado por qualquer meio de transporte, exceto por via postal, não requerendo cuidados adicionais. O Min. Relator reiterou o entendimento consolidado na Terceira Seção de que a Justiça estadual é competente para julgar as ações penais relativas a crime ambiental (Lei 9.605/1998), salvo se evidenciado interesse jurídico direto e específico da União, suas autarquias e fundações (art. 109, IV, da CF). Precedentes citados: CC 39.891-PR, *DJ* 15.12.2003, e REsp 437.959-TO, *DJ* 06.10.2003. AgRg no CC 115.159-SP, Rel. Min. Og Fernandes, julgado em 13.06.2012.

3. QUESTÃO DE CONCURSO

01. **(MP ES 2010 – Promotor de Justiça – CESPE)** Em matéria ambiental, o julgamento pelo cometimento de crimes comuns é de competência da justiça estadual comum.

GAB	01	CERTO

Art. 129. São funções institucionais do Ministério Público:

(...)

III – promover o inquérito civil e a ação civil pública, para a proteção do patrimônio público e social, do meio ambiente e de outros interesses difusos e coletivos;

1. COMENTÁRIOS

Este dispositivo constitucional confere competência ao Ministério Pública para a instauração de inquérito civil e de ação civil pública para a proteção de interesses difusos e coletivos em geral. O tema será estudado na perspectiva da proteção ao meio ambiente, inclusive à luz da Lei 7.347/1985 e da Lei 8.078/1990.

Ação Civil Pública em Proteção ao Meio Ambiente

Atualmente, a ação civil pública é disciplinada pela Lei 7.347/1985 – LACP, que é a norma geral sobre o tema, mas impende destacar que essa garantia fundamental para proteger o meio ambiente já era anteriormente prevista, especificamente no § 1.º,[16] do artigo 14, da Lei 6.938/1981, norma que instituiu a Política Nacional do Meio Ambiente.

Atualmente, o regime jurídico da ação civil pública também é norteado pela parte processual da Lei 8.078/1990 (Código de Defesa do Consumidor), especificamente o Título III, no que for compatível, por força do artigo 21, da Lei 7.347/1985, formando-se um *microssistema processual coletivo.*

Veja-se que as regras processuais em um estado social de direito, de cunho intervencionista e que busca a realização da justiça social, devem evoluir para adaptar institutos arcaicos típicos de um estado mínimo, onde prevalece a verdade formal e o julgador fica adstrito a disposições que muitas vezes o impedem de satisfazer o direito material violado, máxime tratando-se de direitos coletivos indisponíveis, a exemplo do meio ambiente ecologicamente equilibrado.

Logo, as disposições do Código de Processo Civil apenas serão aplicadas supletivamente, no que couber, pois contém regras e princípios normalmente ligados a direitos individuais disponíveis tutelados em células, em que vários dispositivos são flagrantemente incompatíveis com o processo civil coletivo.

Acerca do significado social, político e jurídico da tutela jurisdicional coletiva, transcreve-se a lição de ADA PELLEGRINI GRINOVER, citada por KAZUO WATANABE (2001, p. 724-725):

> "1 – O estudo dos interesses coletivos ou difusos surgiu e floresceu na Itália nos anos 70. Deni, Cappelletti, Proto Pisani, Vigorito, Trocker anteciparam o Congresso de Pavia de 1974, que discutiu seus aspectos fundamentais, destacando com

16. "§ 1.º Sem obstar a aplicação das penalidades previstas neste artigo, é o poluidor obrigado, independentemente da existência de culpa, a indenizar ou reparar os danos causados ao meio ambiente e a terceiros, afetados por sua atividade. O Ministério Público da União e dos Estados terá legitimidade para propor ação de responsabilidade civil e criminal, por danos causados ao meio ambiente".

precisão as características que os distinguem: indeterminados pela titularidade, indivisíveis com relação ao objeto, colocados a meio caminho entre os interesses públicos ou privados, próprios de uma sociedade de massa e resultado de conflitos de massa, carregados de relevância política e capazes de transformar conceitos jurídicos estratificados, como a responsabilidade civil pelos danos causados no lugar da responsabilidade civil pelos prejuízos sofridos, como a legitimação, a coisa julgada, os poderes e a responsabilidade do juiz e do Ministério Público, o próprio sentido da jurisdição, da ação, do processo".

De acordo com o artigo 5.º, da LACP, são legitimados ativos para a propositura da ação civil pública:

- o Ministério Público (inclusive com previsão constitucional no artigo 129, III);
- a Defensoria Pública (por força da Lei 11.448/2007);
- as entidades políticas, inclusive o Distrito Federal, agora com previsão expressa na Lei 11.448/2007;
- as entidades da Administração Pública Indireta, ou seja, as autarquias, fundações, empresas públicas e sociedades de economia mista.

A legitimação ativa é *concorrente e disjuntiva*, sendo também extraordinária, operando-se uma verdadeira substituição processual, exceção à regra do artigo 6.º, do Código de Processo Civil, pois se demanda em nome próprio direito de outrem, sendo possível o litisconsórcio ativo ou, quando já em curso o processo, a assistência litisconsorcial.

Todavia, parte da doutrina chega a sustentar a legitimidade ordinária dos autores de uma ação civil pública, pois em defesa dos seus próprios interesses institucionais.

Há permissivo legal expresso pela possibilidade de formação de litisconsórcio ativo pelo Ministério Público da União, dos Estados e do Distrito Federal.

Por seu turno, as associações constituídas há pelo menos um ano também poderão propor ação civil pública ambiental, desde que incluam, entre as suas finalidades institucionais, a proteção ao meio ambiente. Ou seja, deverá haver pertinência temática.

Entrementes, é curial dar interpretação extensiva a esse dispositivo legal, pois a proteção ambiental poderá ser posta como um meio para alcançar a finalidade da associação, a exemplo de uma entidade criada para defender interesses de moradores de bairro, que, para terem uma sadia qualidade de vida, necessariamente precisam de uma cidade sustentável, onde seja observado o direito fundamental ao meio ambiente ecologicamente equilibrado.

Outrossim, o STJ também já reconheceu legitimidade ativa à associação que buscava "o sequestro de importante conjunto arquitetônico incrustado em seu bairro, bem como o fim de qualquer atividade que lhe prede ou polua, além da proibição de construir nele anexos ou realizar obras em seu exterior ou interior. Nesse contexto, a legitimidade da referida associação para a ACP deriva de seu próprio estatuto, enquanto ele dispõe que um dos objetivos da associação é justamente zelar pela qualidade de vida no bairro, ao buscar a manutenção do ritmo e grau de sua ocupação e desenvolvimento, para que prevaleça sua feição de zona residencial".[17]

17. Passagem do *Informativo* 442, que noticiou o julgamento do REsp 876.931, de 10.08.2010.

O requisito especial de constituição há um ano, ao menos, é importante para evitar que associações sejam criadas apenas para a propositura de ação civil pública, razão pela qual poderá ser dispensado pelo julgador, quando se constate a relevância social do bem a ser protegido.

Por seu turno, os sindicatos são considerados como modalidade de associação, podendo propor ação civil pública para a defesa dos interesses dos sindicalizados, conforme jurisprudência dominante.

Note-se que as associações não precisam de autorização expressa dos associados para o ajuizamento da ação coletiva, bastando um permissivo genérico no ato constitutivo da instituição.

Tema controverso é saber se os demais legitimados, ao lado das associações, também precisam demonstrar pertinência temática para a admissão de sua legitimidade ativa para a causa.

No tocante ao Ministério Público, a regra é a presunção da legitimidade e interesse de agir. Contudo, entende-se que esta premissa poderá ser flexibilizada em situações pontuais. Por exemplo, se o Ministério Público do Estado da Bahia ajuizar ação civil pública para proteger recursos ambientais do Estado do Rio Grande do Sul, apenas poderá ser admitido como autor se demonstrar que a atividade degradante poderá afetar diretamente a Bahia, sob pena de usurpar funções institucionais do *parquet* gaúcho.

Outrossim, caberá ao Ministério Público do Trabalho a propositura de ação civil pública para a tutela do meio ambiente do trabalho, e não ao Ministério Público Federal. A legitimidade do órgão ministerial trabalhista já foi reconhecida pelo STF.

Entende-se que também se deve presumir relativamente a legitimidade ativa da Defensoria Pública, que deverá ser afastada quando demonstrada a ausência de atribuição institucional. Assim sendo, por exemplo, é carecedor de ação a Defensoria Pública do Estado do Rio de Janeiro para a propositura de ação civil pública contra dano ambiental na floresta amazônica, salvo se demonstrar que o dano ambiental é tão extenso que pode afetar a população carioca.

Já no que concerne à União, em termos de proteção ao meio ambiente, entende-se que, por se tratar de entidade política de interesse nacional, ela sempre terá legitimidade ativa para a propositura da ação civil pública ambiental, devendo-se aferir a pertinência temática dos estados, do Distrito Federal e dos municípios, para verificar se o dano ambiental (efetivo ou potencial) poderá afetar-lhes de maneira significativa.

Do mesmo modo, os entes da Administração Pública Indireta devem demonstrar interesse na lide, a exemplo do IBAMA, que não tem legitimidade ativa para a tutela do patrimônio cultural na esfera federal, visto que é função administrativa do IPHAN.

A FUNAI, por sua vez, terá legitimidade ativa se demonstrar interesse das populações indígenas.

Ainda é possível sustentar que os órgãos da Administração Pública, conquanto desprovidos de personalidade jurídica, têm personalidade judiciária para intentar ação civil pública, por força do artigo 82, III, da Lei 8.078/1990, aplicável à ação civil pública ambiental.

Também as *comunidades indígenas* possuem legitimidade ativa para ingressar em juízo na defesa dos seus interesses e direitos, sendo esta personalidade judiciária prevista no artigo 232, da CRFB, podendo ajuizar ação coletiva em proteção ao meio ambiente, se for do interesse dos índios.

Deverá figurar no polo passivo da ação civil pública ambiental o poluidor, definido pelo inciso IV, do artigo 3.º, da Lei 6.938/1981, como "a pessoa física ou jurídica, de direito público ou privado, responsável, diretamente ou indiretamente, por atividade causadora de degradação ambiental".

Deveras, a degradação ambiental é uma expressão com acepção mais ampla que poluição, pois é qualquer alteração adversa das características do meio ambiente.

Logo, todos os poluidores, diretos ou indiretos, terão legitimidade passiva *ad causam*, sendo solidária a responsabilidade civil pela reparação dos danos ambientais, não sendo, portanto, obrigatória a formação do litisconsórcio passivo.[18]

Nesse aspecto, a jurisprudência do STJ "é no sentido de reconhecer a legitimidade passiva da pessoa jurídica de direito público para responder pelos danos causados ao meio ambiente em decorrência de sua conduta omissa quanto ao dever de fiscalizar. Assim, não se trata de determinar previamente a responsabilidade da União, mas alocá-la adequadamente no polo passivo da ação, diante da presunção de sua responsabilidade em concorrer com o dano ao meio ambiente e, caso exista prova superveniente a isentá-la, o feito deverá ser extinto em relação a ela".[19]

Outrossim, o novo proprietário, possuidor ou detentor de imóvel com passivo ambiental também terá legitimidade *ad causam* para responder ação civil pública para a reparação do dano ambiental, porquanto se cuida de obrigação *propter rem*, independentemente de ter sido ele ou o antigo dono o causador do dano ao ambiental, sendo irrelevante a arguição de boa-fé.

A competência é a medida da jurisdição, sendo definida em termos gerais no artigo 2.º, da LACP, competindo ao juízo do local da ocorrência do dano julgar a causa.

Apesar da omissão legal, note-se que na hipótese de ação preventiva o julgamento da ação civil pública caberá ao órgão judicial do local onde o dano potencialmente poderá se concretizar.

Apesar de morfologicamente se tratar de competência territorial, o citado dispositivo aduz que a sua natureza é funcional, de modo que se revela como absoluta, sendo, destarte, improrrogável.

Na hipótese de o dano afetar a região integrante de mais de uma comarca (Justiça Estadual) ou seção/subseção judiciária (Justiça Federal), a competência será definida pela prevenção. Vale salientar que o parágrafo único, do artigo 2.º, da LACP, traz uma nova forma de definição de prevenção, distinta do Código de Processo Civil.

18. STJ, REsp 880.160, de 04.05.2010.

19. Passagem do *Informativo* 390, que noticiou o julgamento do REsp 529.027, de 16.04.2009.

Enquanto no CPC a prevenção ocorre com o primeiro despacho, na hipótese de juízes com a mesma competência territorial (artigo 106) ou com a citação válida (artigo 219), a LACP diz que a prevenção se dará com a propositura da ação (artigo 2.º, parágrafo único), que se opera com o despacho ou pela distribuição, quando houver mais de um juiz, nos termos do artigo 263, do Código de Processo Civil.

Entrementes, quando o dano ambiental for regional ou nacional, prevalecerá a regra do inciso II, do artigo 93, da Lei 8.078/1990, que confere competência ao foro da Capital do Estado ou no Distrito Federal, para os danos de âmbito nacional ou regional.

De acordo com o STJ, referida competência do foro da capital do estado para conhecer de ação civil pública que busca a reparação de dano ambiental nacional ou regional, ostenta natureza absoluta.

Por sua vez, em razão da pessoa e da matéria, a competência civil da Justiça Federal é prevista taxativamente no artigo 109, incisos I, II, III e XI, da Constituição:

> "Artigo 109. Aos juízes federais compete processar e julgar:
>
> I – as causas em que a União, entidade autárquica ou empresa pública federal forem interessadas na condição de autoras, rés, assistentes ou oponentes, exceto as de falência, as de acidentes de trabalho e as sujeitas à Justiça Eleitoral e à Justiça do Trabalho;
>
> II – as causas entre Estado estrangeiro ou organismo internacional e Município ou pessoa domiciliada ou residente no País;
>
> III – as causas fundadas em tratado ou contrato da União com Estado estrangeiro ou organismo internacional;
>
> [...]
>
> XI – a disputa sobre direitos indígenas".

O STJ já decidiu que compete à Justiça Federal julgar ação civil pública que visa reparar dano ambiental que decorre no vazamento de cerca de mil litros de óleo combustível em razão de rompimento de um dos dutos subterrâneos, por afetar porto organizado, equiparado a bem público federal, assim como pelo licenciamento ambiental ter sido promovido pelo IBAMA, autarquia federal (REsp 1.057.878-RS, Rel. Min. Herman Benjamin, j. 26.05.2009).

Da mesma forma, a Corte Superior entendeu ser da competência da Justiça Federal julgar ação civil pública em que se buscou a reparação de dano ambiental em APA – Área de Proteção Ambiental, pois instituída pela União, existindo interesse direto e específico da União apto a despertar a competência federal.[20]

Além destas hipóteses de competência, de acordo com o § 3.º deste artigo, é possível que nos locais que não sejam sede de órgão da Justiça Federal, a lei invista o juiz estadual de jurisdição federal, com recursos para o respectivo Tribunal Regional Federal.

Inicialmente, chegou a entender o STJ que o órgão da Justiça Estadual do local do dano seria o competente para julgar ação civil pública, mesmo sendo parte a União, se não existisse

20. CC 80.905, de 10.06.2009.

na localidade órgão da Justiça Federal, o que foi objeto do enunciado da Súmula 183, apesar de inexistir norma expressa nesse sentido. Contudo, esse enunciado foi posteriormente cancelado, certamente em razão do posicionamento do STF.

Outra questão deveras interessante é saber se a presença do Ministério Público Federal, por si só, desperta a competência da Justiça Federal. Há precedentes no STJ pela resposta positiva a esta questão.

Em causas ambientais aptas a gerar conflito federativo, a competência originária será do STF, que funcionará como Tribunal da Federação, por força do artigo 102, I, "f", da CRFB, ou seja, "as causas e os conflitos entre a União e os Estados, a União e o Distrito Federal, ou entre uns e outros, inclusive as respectivas entidades da administração indireta".

Ressalte-se que o STF entende de maneira prevalente que não basta que haja um litígio entre estados ou com a União e respectivas entidades da Administração Pública Indireta para atrair a sua competência originária, e sim deve também demonstrar potencial risco de lesão ao pacto federativo.

De acordo com o artigo 1.º, da LACP, todos os interesses/direitos difusos ou coletivos em sentido estrito poderão ser tutelados por meio da ação civil pública, sendo o rol legal meramente exemplificativo, estando o meio ambiente estampado logo no primeiro inciso.

A definição legal dos interesses/direitos difusos e coletivos consta do artigo 81, parágrafo único, I e II, da Lei 8.078/1990:

> "I – interesses ou direitos difusos, assim entendidos, para efeitos deste código, os transindividuais, de natureza indivisível, de que sejam titulares pessoas indeterminadas e ligadas por circunstâncias de fato;
>
> II – interesses ou direitos coletivos, assim entendidos, para efeitos deste código, os transindividuais, de natureza indivisível de que seja titular grupo, categoria ou classe de pessoas ligadas entre si ou com a parte contrária por uma relação jurídica base".

Trata-se de direitos coletivos em sentido amplo, metaindividuais, de índole indivisível. A diferença é que nos *interesses difusos* os titulares são pessoas indeterminadas e indetermináveis porquanto ligadas por meras circunstâncias de fato, enquanto nos *coletivos em sentido estrito* os titulares formam um grupo determinável em razão da existência de relação jurídica prévia.

Em síntese, nos interesses difusos não há possibilidade de determinar com precisão os titulares do direito violado, justamente em virtude na inexistência de relação jurídica base preexistente entre si ou com a parte contrária, ao contrário dos interesses coletivos em sentido estrito.

A sua natureza indivisível decorre do bem jurídico lesado, pois basta uma única ofensa para prejudicar uma coletividade, ao passo que a reparação ou inibição do dano a todos beneficiará.

Após a Lei 8.078/1990, em linhas gerais, também é possível a tutela de interesses individuais homogêneos em sede de ação civil pública, porquanto previsto e definido no inciso III, do artigo 81, do CDC, aplicável por força do artigo 21 da LACP:

> "III – interesses ou direitos individuais homogêneos, assim entendidos os decorrentes de origem comum".

Os *interesses ou direitos individuais homogêneos* são os titularizados por um grupo já determinado ou determinável, sendo apenas formalmente coletivos para fins de proteção (interesses individuais com feição coletiva). Ou seja, são morfologicamente individuais, mas com tutela coletiva. Essa ação coletiva é similar a *class action for damages* do sistema jurídico dos Estados Unidos da América.

A similitude entre os direitos coletivos em sentido estrito e os individuais homogêneos está na determinabilidade dos titulares dos direitos, em face da existência de relação jurídica que possibilita essa identificação. Contudo, o traço diferencial está na indivisibilidade do bem jurídico lesado, presente nos direitos coletivos em sentido estrito, o que não ocorre com os individuais homogêneos.

No entanto, em alguns casos, é comum a confusão entre os direitos coletivos em sentido estrito e os individuais homogêneos, uma vez que em ambos há um grupo identificável titular do direito, sendo necessário analisar a causa de pedir e o pedido da ação coletiva para a correta classificação e aplicação do regime jurígeno adequado.

No caso deste último (interesses individuais homogêneos), o vínculo jurídico que nasce da lesão é individualizável para cada um dos prejudicados, seja em ação individual, seja na liquidação da sentença coletiva.

Entrementes, por força do artigo 127, da CRFB, o Ministério Público apenas poderá veicular ação civil pública com o desiderato de proteger direitos individuais homogêneos indisponíveis.

Frise-se que o parágrafo único, do artigo 1.º, da LACP, acrescentado pela MP 2.180-35/2001, aduz que "não será cabível ação civil pública para veicular pretensões que envolvam tributos, contribuições previdenciárias, o Fundo de Garantia do Tempo de Serviço – FGTS ou outros fundos de natureza institucional cujos beneficiários podem ser individualmente determinados" (grifos do autor).

Este dispositivo, para ser compatibilizado com o artigo 129, III, da Lei Maior, que aduz ser atribuição do Ministério Público a defesa de interesses difusos ou coletivos e que não traz quaisquer ressalvas, deve ser aplicado somente aos direitos e interesses individuais homogêneos disponíveis tributários e ligados ao FGTS, inclusive em caráter concorrente com outros colegitimados previstos em lei.

Logo, no caso de tributos de repercussão indireta, a exemplo do ICMS cobrado ilegalmente, em que os consumidores são os contribuintes de fato, indetermináveis, entende-se ser possível o manejo de ação civil pública por se tratar de verdadeiro interesse difuso, já que há uma indeterminabilidade desses contribuintes de fato, que não formam um grupo homogêneo.

É curial ressaltar que o meio ambiente ecologicamente equilibrado é bem difuso, sendo que normalmente a sua degradação afeta uma gama de pessoas indetermináveis, subsumindo-se a hipótese de interesses ou direitos difusos.

Assim, a poluição das águas do Rio São Francisco afetará uma coletividade indeterminável, pois as pessoas estarão ligadas por simples circunstâncias de fato e não por relação jurídica base, não sendo possível identificar as pessoas prejudicadas, que inclusive poderá alcançar as futuras gerações.

Direitos Difusos	transindividuais	indivisibilidade do objeto	grupo indeterminável
Direitos Coletivos em Sentido Estrito	transindividuais	indivisibilidade do objeto	grupo determinável
Direitos Individuais Homogêneos	individuais	divisibilidade do objeto	grupo determinável

A coisa julgada é a intangibilidade que alcança o dispositivo de uma decisão judicial final, operando-se quando não mais existe recurso para a impugnação do julgado, quer pelo exaurimento, quer pelo não uso.

É um instituto que decorre do Princípio da Segurança Jurídica, a fim de não eternizar os litígios, não se permitindo a propositura de ação idêntica, com as mesmas partes, pedido e causa de pedir.

No sistema individualista do Código de Processo Civil, adota-se o regime da coisa julgada *pro et contra*, limitada às partes do processo, ou seja, haverá coisa julgada material independentemente da fundamentação da decisão, não importando o sucesso ou a derrota das partes por inexistência de direito ou por insuficiência de provas.

Ainda pelo Código de Processo Civil, a desconstituição da coisa julgada é medida excepcional, admitida nas hipóteses taxativas de enquadramento da ação rescisória (artigo 485), dentro do biênio decadencial após a coisa julgada, bem como quando o título judicial for prolatado contra lei ou ato normativo reputados inconstitucionais pelo STF ou fundado em lei ou ato normativo tidos pelo STF como incompatíveis com a CRFB (artigos 475-J, § 2.º, e 741, parágrafo único).

Por outro lado, o regime jurídico da coisa julgada é distinto nas ações coletivas, como não poderia deixar de ser, em razão da afetação coletiva muitas vezes tratando de direitos indisponíveis. A LACP pontifica no seu artigo 16:

> "Artigo 16. A sentença civil fará coisa julgada *erga omnes*, nos limites da competência territorial do órgão prolator, exceto se o pedido for julgado improcedente por insuficiência de provas, hipótese em que qualquer legitimado poderá intentar outra ação com idêntico fundamento, valendo-se de nova prova" (grifos do autor).

A coisa julgada na ação civil pública não se limita às partes, sendo extensível a todos os titulares dos direitos difusos ou coletivos em sentido estrito, inexistindo a *res judicata* material entre as partes se a improcedência do pedido se der em razão da insuficiência de provas. Cuida-se da coisa julgada *secundum eventum probationis*, sistemática que já era adotada para o mandado de segurança e a ação popular.

Nota-se que o dispositivo acima transcrito tenta restringir os limites da coisa julgada aos lindes da respectiva competência territorial do órgão julgador, conforme redação dada pela MP 1.570/1997, convertida na Lei 9.494/1997.

Sucede que há uma verdadeira confusão entre a eficácia subjetiva da coisa julgada e a competência territorial do órgão julgador. Caso se adote literalmente esta regra, a própria razão de ser das ações coletivas será negada, pois a tutela molecular restará seriamente prejudicada, ante a suposta necessidade de ajuizamento de inúmeras demandas idênticas, ainda com risco de sentenças contraditórias, o que afetará a segurança jurídica.

Destarte, no caso de um dano ambiental que se alastre por 50 comarcas do Estado da Bahia, com focos em todas elas, seriam necessárias 50 ações coletivas, pois a coisa julgada de cada uma só teria eficácia nos seus limites territoriais. Tal entendimento não é nada razoável, beirando o absurdo.

Esse era o entendimento dominante do STJ, inclusive com o posicionamento da Corte Especial. Felizmente, a jurisprudência dominante do STJ se inverteu, por meio de julgamento da lavra da Corte Especial no final de 2011 (REsp 1.243.887, de 19.10.2011), que entendeu que a decisão em ação civil pública tem eficácia nacional, não se limitando à competência territorial do órgão prolator da decisão, admitindo a sua execução individual em qualquer parte do Brasil, desde que provada a existência do direito.

De maneira mais abrangente do que na LACP, a coisa julgada é disciplinada no artigo 103, da Lei 8.078/1990, plenamente aplicável às ações civis públicas:

> "Artigo 103. Nas ações coletivas de que trata este código, a sentença fará coisa julgada:
>
> I – *erga omnes*, exceto se o pedido for julgado improcedente por insuficiência de provas, hipótese em que qualquer legitimado poderá intentar outra ação, com idêntico fundamento valendo-se de nova prova, na hipótese do inciso I do parágrafo único do artigo 81;
>
> II – *ultra partes*, mas limitadamente ao grupo, categoria ou classe, salvo improcedência por insuficiência de provas, nos termos do inciso anterior, quando se tratar da hipótese prevista no inciso II do parágrafo único do artigo 81;
>
> III – *erga omnes*, apenas no caso de procedência do pedido, para beneficiar todas as vítimas e seus sucessores, na hipótese do inciso III do parágrafo único do artigo 81".

O inciso I trata da coisa julgada na ação coletiva que veicule interesses ou direitos difusos; o inciso II, os coletivos em sentido estrito e o III, os individuais homogêneos. Note-se que neste último caso (individuais homogêneos) o regime da coisa julgada será *secundum eventum litis*, pois apenas dar-se-á a formação da coisa julgada material na hipótese de procedência do pedido.

No caso de improcedência de ação civil pública em que haja a formação de coisa julgada material, não há impedimento para a propositura de ações individuais dos respectivos titulares dos direitos em questão, exceto nos interesses individuais homogêneos, caso algum interessado tenha ingressado no feito como litisconsorte.

Outrossim, o ajuizamento de ações coletivas não induz litispendência com as individuais. Contudo, no caso de interesses coletivos em sentido estrito e individuais homogêneos, os efeitos da coisa julgada coletiva não beneficiarão os autores das demandas individuais, caso estes não requeiram a suspensão do processo em até 30 dias, a contar da sua cientificação.

O § 3.º, do artigo 10, do CDC, contempla uma hipótese de extensão subjetiva da coisa julgada e ampliação do objeto do processo, na hipótese de procedência do pedido em ação coletiva, permitindo às vítimas ou sucessores ingressarem na liquidação e execução do título judicial, aplicável às ações civis públicas. Esse traslado também é aplicável à sentença penal condenatória.

Obtempera o STJ que "a extensão dos limites da coisa julgada faculta a outrem utilizar (*in utilibus*) da condenação genérica oriunda da demanda coletiva para pugnar a satisfação ou reparação de seu direito individual, evitando a proliferação de ações condenatórias individuais e homenageando o princípio da economia processual e da efetividade do processo" (RESP 648.054, *DJ* 14.11.2005, Rel. Min. Luiz Fux).

Logo, caso o Ministério Público ingresse com ação civil pública e obtenha provimento judicial determinando o sobrestamento do descarte de efluentes poluidores em rio, assim como a condenação pecuniária pelos danos causados, os prejudicados poderão liquidar as suas indenizações com base nesse título, devendo demonstrar o dano decorrente da conduta poluidora.

Essa liquidação muitas vezes não será simples, tendo carga cognitiva, comumente sendo por artigos, pois é preciso demonstrar fato novo. Já decidiu o STJ que "a ação individual destinada à satisfação do direito reconhecido em sentença condenatória genérica, proferida em ação civil coletiva, não é uma ação de execução comum. É ação de elevada carga cognitiva, pois nela se promove, além da individualização e liquidação do valor devido, também juízo sobre a titularidade do exequente em relação ao direito material" (AgREsp 489.348, Rel. Min. Teori Zavascki).

Inclusive, é possível que a liquidação seja deflagrada por sindicato, conforme já decidido pelo STF, no julgamento do RE 193.503, de 12.06.2006, assim como pelo STJ, no RESP 760.840, de 16.09.2008.

Inicialmente, o STF chegou a adotar a tese da impossibilidade do controle difuso de constitucionalidade em sede de ação civil pública, sob o equivocado argumento de usurpação de sua competência para o controle concentrado, em razão da eficácia *erga omnes* da coisa julgada.

Todavia, viu-se que a declaração de inconstitucionalidade não é abstrata, e sim concreta, não sendo feita diretamente, mas como um incidente processual na fundamentação do julgado, razão pela qual a Suprema Corte evoluiu e passou a admiti-la, mesmo porque certamente a última palavra será dada pelo STF no julgamento do recurso extraordinário.

Assim, apenas não se admite que se postule diretamente em uma ação civil pública a pronúncia de inconstitucionalidade de um ato normativo, sob pena de se usurpar a competência abstrata do STF.

O artigo 1.º, da LACP, afirma que "regem-se pelas disposições desta Lei, sem prejuízo da ação popular, as ações de responsabilidade por danos morais e patrimoniais causados".

Apesar de o dispositivo se referir a danos causados, o mais importante é a sua prevenção, mediante a concessão de tutela preventiva que iniba a sua ocorrência, por meio da cominação de tutela específica de fazer ou não fazer.

Note-se que há referência expressa aos danos patrimoniais e morais. Todavia, há julgados do STJ que vêm repelindo a condenação por danos morais em ações coletivas, não o presumindo, salvo comprovação de efetivo dano.

Este posicionamento parte da premissa da incompatibilidade entre a transindividualidade do direito com a condenação por danos morais, o que se entende, *concessa venia*, ser equivocada, pois é possível a presunção de prejuízos extrapatrimoniais de uma coletividade, mesmo que indeterminada ou indeterminável.

Assim, no caso de poluição atmosférica, em que comumente não é possível identificar as pessoas afetadas, é plenamente possível presumir o sofrimento, mesmo que não se possa nominá-las, pois essa condenação será destinada ao fundo legalmente criado.

De sua vez, através da sua 2.ª Turma, o STJ vem admitindo a condenação em dano moral coletivo do poluidor, presumindo a ocorrência dos danos às presentes e futuras gerações.

Por seu turno, o artigo 3.º, da Lei 7.347/1985, reza que "a ação civil poderá ter por objeto a condenação em dinheiro ou o cumprimento de obrigação de fazer ou não fazer". É plenamente possível que a ação civil pública contenha o pedido de tutela específica da obrigação de fazer ou não fazer, cessando a atividade lesiva ao meio ambiente e, cumulativamente, se postule a reparação dos danos causados.

Felizmente, os precedentes mais recentes mostram que o STJ passou a admitir a referida cumulação: "A exegese do artigo 3.º da Lei 7.347/1985 ('A ação civil poderá ter por objeto a condenação em dinheiro ou o cumprimento de obrigação de fazer ou não fazer'), a conjunção 'ou' deve ser considerada com o sentido de adição (permitindo, com a cumulação dos pedidos, a tutela integral do meio ambiente) e não o de alternativa excludente (o que tornaria a ação civil pública instrumento inadequado a seus fins)".[21]

É bom salientar que a prevenção, cessação ou reparação *in natura* do dano ambiental são pedidos preferenciais na ação civil pública ambiental, sendo a indenização pecuniária a medida última, pois não se compra um meio ambiente ecologicamente equilibrado.

Outrossim, o pedido na ação civil pública é aberto, devendo ser afastado o tradicional regime jurídico privado do CPC, acerca da estabilização objetiva da demanda, ante a natureza coletiva e imaterial da reparação dos danos ambientais.

Dessa forma, o magistrado não estará adstrito aos pedidos ofertados na exordial, que poderão ser alterados ou aditados ao longo do processo, de acordo com o melhor interesse público ambiental, independentemente da aquiescência do réu.

23.3.9. Imprescritibilidade da pretensão

A pretensão para a reparação imaterial do dano ambiental é perpétua, ou seja, não está sujeita a prazo prescricional, mormente nas ações coletivas, ante a indisponibilidade do interesse em questão.

De efeito, o direito ao meio ambiente ecologicamente equilibrado é fundamental, sendo uma de suas características a imprescritibilidade, vez que a reparação do dano ambiental é uma pretensão imaterial e não pecuniária, sendo esta a posição do STJ e do STF no Tema 999.

Logo, **apenas a vertente patrimonial do dano ambiental sujeitar-se-á ao prazo prescricional trienal previsto no Código Civil**, jamais a feição imaterial, não sendo fácil, a depender do caso concreto, diferenciá-las.

21. Passagem do REsp 802.060, de 17.12.2009.

A ação civil pública ambiental, considerando que o direito fundamental ao meio ambiente sadio e equilibrado é pressuposto de todos os demais, tem um regime jurídico especial.

Com propriedade, entende-se que entre os poluidores, diretos ou indiretos, vigora a responsabilidade solidária pela reparação do dano ambiental (STJ, REsp 604.725, de 21.06.2005; REsp 295.797, de 18.09.2001), ante a sua natureza indivisível.

Aliás, entre os poluidores não é possível a discussão dessa responsabilidade interna no processo que veicula a ação civil pública, pois se entende ser vedada a intervenção de terceiros para que não se debata eventual culpa ou se atrase a reparação ambiental.

Em que pese inexistir previsão expressa, ao contrário do Direito do Consumidor, alguns autores sustentam a possibilidade de inversão do ônus da prova na ação civil pública ambiental, com base no Princípio da Precaução e no interesse público da reparação, cabendo ao suposto poluidor demonstrar que sua atividade não gerou danos ambientais ou não foi ele quem os causou.

Entende-se ser cabível a referida inversão na hipótese de *non liquet* (dúvida probatória, não sabendo o juiz que caminho seguir para decidir), desde que as alegações em sede de ação civil pública sejam dotadas de verossimilhança, sob pena de se abusar dessa útil técnica de julgamento nas ações coletivas ambientais. Desde 2009 o STJ passou a admitir a referida inversão na seara ambiental.

Ademais, além de se fundamentar no aspecto material (*ope legis*), mormente no Princípio da Precaução (*in dubio pro natura ou salute*), a inversão do ônus da prova na ação de reparação do dano ambiental também encontra fundamento processual (*ope judicis*), pois a regra do artigo 6º, do CDC, tem aplicação em defesa de todos os direitos coletivos e difusos.

Também é possível na ação civil pública ambiental a desconsideração da personalidade jurídica, com o objetivo de estender aos sócios e administradores a obrigação de reparar o dano ambiental.

Vale destacar que a desconsideração não se confunde com a despersonalização, pois se situa no campo da eficácia, não gerando a dissolução do ente moral, que continua a existir, apesar de ter tido a sua personalidade jurídica não considerada em determinada situação concreta (levantamento de véu).

Na esfera ambiental adota-se a Teoria Menor da desconsideração, e não a Maior, pois não é necessário o abuso da personalidade jurídica como condição para a desconsideração, bastando, por exemplo, a mera insuficiência patrimonial do ente moral para responder a execução.

Nesse sentido, de acordo com o artigo 4.º da Lei 9.605/1998, "poderá ser desconsiderada a pessoa jurídica sempre que sua personalidade for obstáculo ao ressarcimento de prejuízos causados à qualidade do meio ambiente".

Por sua vez, o Superior Tribunal de Justiça admitiu a validade de averbação imobiliária do trâmite de ação civil pública que questiona a construção de empreendimento imobiliário em área de preservação permanente, com o objetivo de tornar pública a discussão, afastando eventual alegação de boa-fé dos adquirentes (REsp 1.161.300, de 22.02.2011).

O Ministério Público é o único legitimado que poderá instaurar inquérito civil para apurar a ocorrência de ilícitos que atentem contra os direitos coletivos ou difusos, sendo que o eventual arquivamento depende de aprovação do Conselho Superior do Ministério Público.

Trata-se o *inquérito civil* de um procedimento administrativo preparatório que visa produzir informações visando subsidiar a propositura da ação civil pública, gozando o órgão ministerial de poder de requisição de informações junto aos particulares ou órgãos públicos, exceto quando houver sigilo legal, sendo a recusa ou o retardamento indevido considerado delito.

De acordo com o STJ, "o inquérito civil público tem natureza inquisitorial, por ser peça informativa. O contraditório e a ampla defesa devem espaço no decorrer da instrução criminal, e não no âmbito do referido procedimento administrativo" (HC 175.596, de 27.11.2012).

Ainda para a Corte Superior, "o inquérito civil, como peça informativa, tem por fim embasar a propositura da ação, que independe da prévia instauração do procedimento administrativo. Eventual irregularidade praticada na fase pré processual não é capaz de inquinar de nulidade a ação civil pública, assim como ocorre na esfera penal, se observadas as garantias do devido processo legal, da ampla defesa e do contraditório" (REsp 1.119.568/PR, Rel. Ministro Arnaldo Esteves Lima, Primeira Turma, *DJe* 23.09.2010).

O Ministério Público, se não for autor da ação, figurará necessariamente como *fiscal da lei*, ante a presença indubitável de interesse público na contenda. Ademais disso, em caso de abandono ou desistência infundada, assumirá a condição de autor, conforme determina a lei.

Contudo, é razoável relativizar esta regra nas hipóteses em que o *parquet* verificar que a ação civil pública é manifestamente impertinente.

Os legitimados para a propositura da ação civil pública poderão celebrar *termo de ajustamento de conduta* para que os poluidores se adaptem às exigências da legislação ambiental, tendo eficácia de título executivo extrajudicial.

Entende-se que é possível transacionar a forma de cumprimento das normas ambientais, mas nunca o seu conteúdo. Logo, é válida a concessão de prazo suficiente para um abatedouro de animais de uma pequena cidade conseguir a licença de operação para funcionar, mas jamais se dispensará o mencionado ato administrativo, não sendo razoável a sua interdição imediata caso se prive a população do consumo de carne.

Demais disso, muitas vezes o termo de ajustamento de conduta realiza o Princípio da Segurança Jurídica, no caso de nova legislação ambiental mais restritiva, a fim de conferir prazo para a sua efetivação.

Esse ajuste firmado por um dos legitimados não impede que outro ingresse com a ação civil pública, na hipótese de ilegalidade do seu objeto, podendo, inclusive, esse acordo ser desconstituído judicialmente.

No caso de demanda judicial, é preciso que haja homologação judicial do termo de ajustamento de conduta, a fim de extinguir a demanda com resolução de mérito. Se houver mais de um autor, é preciso a concordância de todos, sob pena de nulidade do ajuste, conforme já decidido pelo TRF da 1.ª Região.[22]

---

22. AC 2003.40.00.005451-0, de 05.03.2008.

O artigo 79-A, da Lei 9.605/1998, prevê instrumento similar, que morfologicamente não se diferencia do termo de ajustamento de conduta. Cuida-se do *termo de compromisso*, que poderá ser firmado por entidades e órgãos do SISNAMA visando à correção de atividades dos poluidores, para a adequação à legislação ambiental, também com eficácia de título executivo extrajudicial.

A LACP ainda contempla *hipótese especial de suspensão de liminar*, a requerimento da pessoa jurídica de direito público interessada, para evitar grave lesão à ordem, à saúde e à segurança pública, até a coisa julgada, sendo o julgamento de competência do Presidente do Tribunal *ad quem*, cabendo agravo para o colegiado competente.

Neste pedido de suspensão se aplicam ainda as disposições constantes da Lei 8.437/1992, cabendo, na hipótese de indeferimento, novo pleito ao Presidente do STF ou STJ, respectivamente, caso se trate de matéria constitucional ou não.

Na hipótese de condenação em dinheiro, a quantia será destinada ao *Fundo de Defesa dos Direitos Difusos*, criado pelo artigo 13, da LACP e regulamentado pela Lei 9.008/1995, destinando-se à recomposição dos bens lesados.

Caso a associação autora não execute o julgado em até 60 dias após o trânsito em julgado, deverá o Ministério Público fazê-lo, facultada a iniciativa dos colegitimados, obviamente desde que tenham pertinência temática com a questão.

De acordo com o artigo 18, da LACP, não haverá na ação civil pública adiantamento de custas nem condenação da associação autora em honorários advocatícios de sucumbência, salvo comprovada má-fé.

As entidades públicas e o Ministério Público já gozam da isenção ao pagamento de custas processuais, entendendo o STJ que a condenação do *parquet* ao pagamento de honorários advocatícios é possível, mas pressupõe demonstração de má-fé.

Também é previsto que não haverá adiantamento de honorários periciais pela parte autora. Contudo, não é possível compelir o perito a trabalhar para apenas receber no fim do processo, o que torna esta disposição de difícil aplicabilidade, pois também não há juridicidade em obrigar o réu a arcar a produção de provas protestadas pela parte contrária, conforme já decidiu o STJ.

Na hipótese de litigância de má-fé, a associação autora e os diretores responsáveis pela propositura da ação serão solidariamente condenados em honorários advocatícios e ao décuplo das custas, sem prejuízo da responsabilidade por perdas e danos.

Prevê o artigo 2.º, da Lei 8.437/1992, que, no "mandado de segurança coletivo e na ação civil pública, a liminar será concedida, quando cabível, após a audiência do representante judicial da pessoa jurídica de direito público, que deverá se pronunciar no prazo de setenta e duas horas".

Ou seja, em regra, a liminar em ação civil pública proposta contra entes públicos apenas poderá ser deferida após o prévio pronunciamento do presentante judicial, sob pena de nulidade.

Contudo, deve ser feita uma interpretação constitucional deste dispositivo, que deverá ser flexibilizado nas hipóteses em que o direito material possa perecer caso seja concedido o lapso de 72 horas.

2. JURISPRUDÊNCIA

RE 654833/AC – ACRE

RECURSO EXTRAORDINÁRIO

Relator(a): Min. ALEXANDRE DE MORAES

Julgamento: 20/04/2020

Publicação: 24/06/2020

Órgão julgador: Tribunal Pleno

Publicação

PROCESSO ELETRÔNICO DJe-157 DIVULG 23-06-2020 PUBLIC 24-06-2020

Ementa

RECURSO EXTRAORDINÁRIO. **REPERCUSSÃO GERAL. TEMA 999. CONSTITUCIONAL. DANO AMBIENTAL. REPARAÇÃO. IMPRESCRITIBILIDADE.** 1. Debate-se nestes autos se deve prevalecer o princípio da segurança jurídica, que beneficia o autor do dano ambiental diante da inércia do Poder Público; ou se devem prevalecer os princípios constitucionais de proteção, preservação e reparação do meio ambiente, que beneficiam toda a coletividade. 2. Em nosso ordenamento jurídico, a regra é a prescrição da pretensão reparatória. A imprescritibilidade, por sua vez, é exceção. Depende, portanto, de fatores externos, que o ordenamento jurídico reputa inderrogáveis pelo tempo. 3. Embora a Constituição e as leis ordinárias não disponham acerca do prazo prescricional para a reparação de danos civis ambientais, sendo regra a estipulação de prazo para pretensão ressarcitória, a tutela constitucional a determinados valores impõe o reconhecimento de pretensões imprescritíveis. 4. O meio ambiente deve ser considerado patrimônio comum de toda humanidade, para a garantia de sua integral proteção, especialmente em relação às gerações futuras. Todas as condutas do Poder Público estatal devem ser direcionadas no sentido de integral proteção legislativa interna e de adesão aos pactos e tratados internacionais protetivos desse direito humano fundamental de 3ª geração, para evitar prejuízo da coletividade em face de uma afetação de certo bem (recurso natural) a uma finalidade individual. **5. A reparação do dano ao meio ambiente é direito fundamental indisponível, sendo imperativo o reconhecimento da imprescritibilidade no que toca à recomposição dos danos ambientais.** 6. Extinção do processo, com julgamento de mérito, em relação ao Espólio de Orleir Messias Cameli e a Marmud Cameli Ltda, com base no art. 487, III, b do Código de Processo Civil de 2015, ficando prejudicado o Recurso Extraordinário. Afirmação de tese segundo a qual é imprescritível a pretensão de reparação civil de dano ambiental.

Decisão

O Tribunal, por maioria, apreciando o **tema 999** da repercussão geral, extinguiu o processo, com julgamento de mérito, em relação ao Espólio de Orleir Messias Cameli e a Marmud Cameli Ltda, com base no art. 487, III, b, do Código de Processo Civil de 2015, ficando prejudicado o recurso extraordinário, nos termos do voto do Relator, vencidos os Ministros Gilmar Mendes, Marco Aurélio e Dias Toffoli (Presidente), que davam provimento ao recurso. O Ministro Roberto Barroso acompanhou o Relator com ressalvas. Foi fixada a seguinte tese: **"É imprescritível a pretensão de reparação civil de dano ambiental"**. Falou, pela assistente, o Dr. Antonio Rodrigo Machado de Sousa. Não participou deste julgamento, por motivo de licença médica no início da sessão, o Ministro Celso de Mello (art. 2º, § 5º, da Res. 642/2019) Plenário, Sessão Virtual de 10.4.2020 a 17.4.2020.

STJ/SÚMULA N. 618

A inversão do ônus da prova aplica-se às ações de degradação ambiental. **Corte Especial, julgado em 24/10/2018, DJe 30/10/2018.**

STJ/SÚMULA N. 623

As obrigações ambientais possuem natureza *propter rem*, sendo admissível cobrá-las do proprietário ou possuidor atual e/ou dos anteriores, à escolha do credor. **Primeira Seção, julgado em 12/12/2018, DJe 17/12/2018.**

STJ/SÚMULA N. 629

Quanto ao dano ambiental, é admitida a condenação do réu à obrigação de fazer ou à de não fazer cumulada com a de indenizar. **Primeira Seção, julgado em 12/12/2018, DJe 17/12/2018.**

STJ INFORMATIVO 679 – SEGUNDA TURMA

Processo

REsp 1.802.754-SP, Rel. Min. Herman Benjamin, Segunda Turma, por unanimidade, julgado em 08/10/2019, DJe 11/09/2020

Ramo do Direito

DIREITO AMBIENTAL

Tema

Meio ambiente. Termo de ajustamento de conduta (TAC). Acordo celebrado na vigência da lei anterior. Adaptação ao novo Código Florestal. Impossibilidade. Princípio t*empus regit actum*.

Destaque

O cumprimento de Termo de Ajustamento de Conduta deve ser regido pelo Código Florestal vigente à época da celebração do acordo.

Informações do Inteiro Teor

Discute-se a aplicação do novo Código Florestal a Termo de Ajustamento de Conduta celebrado sob a égide da Lei n. 4.771/1965.

Nos termos da orientação jurisprudencial do Superior Tribunal de Justiça, "o novo Código Florestal não pode retroagir para atingir o ato jurídico perfeito, os direitos ambientais adquiridos e a coisa julgada." (AgRg no REsp 1.434.797/PR, Rel. Ministro Humberto Martins, Segunda Turma, DJe 7/6/2016).

As cláusulas de Termo de Ajustamento de Conduta – TAC, ou de documento assemelhado, devem ser adimplidas fielmente e de boa-fé, incumbindo ao degradador a prova da satisfação plena das obrigações assumidas. A inadimplência, total ou parcial, do TAC dá ensejo à execução do avençado e das sanções de garantia.

Desse modo, uma vez celebrado, e cumpridas as formalidades legais, o Termo de Ajustamento de Conduta – TAC constitui ato jurídico perfeito, imunizado contra alterações legislativas posteriores que enfraqueçam as obrigações ambientais nele estabelecidas. Deve, assim, ser cabal e fielmente implementado, vedado ao juiz recusar sua execução, pois do contrário desrespeitaria a garantia da irretroatividade da lei nova, prevista no art. 6º, da Lei de Introdução às Normas do Direito Brasileiro (Decreto-Lei n. 4.657/1942).

STJ Informativo 643 PROCESSO	REsp 1.525.327-PR, Rel. Min. Luis Felipe Salomão, Segunda Seção, por unanimidade, julgado em 12/12/2018, DJe 01/03/2019 (**Tema 923**)
RAMO DO DIREITO	DIREITO AMBIENTAL, DIREITO DO CONSUMIDOR, DIREITO PROCESSUAL CIVIL
TEMA	Dano ambiental. Ações civis públicas. Tutela dos direitos individuais homogêneos. Inexistência de prejuízo à reparação dos danos individuais e ao ajuizamento de ações individuais. Conveniência da suspensão dos feitos individuais. **Tema 923**.

DESTAQUE
Até o trânsito em julgado das Ações Civis Públicas n. 5004891-93.2011.4004.7000 e n. 2001.70.00.019188-2, em tramitação na Vara Federal Ambiental, Agrária e Residual de Curitiba, atinentes à macrolide geradora de processos multitudinários em razão de suposta exposição à contaminação ambiental decorrente da exploração de jazida de chumbo no Município de Adrianópolis-PR, deverão ficar suspensas as ações individuais.

INFORMAÇÕES DO INTEIRO TEOR
A questão controvertida consiste em definir a necessidade ou não de suspensão das ações individuais em que se pleiteia indenização por dano moral em razão de suposta exposição à contaminação ambiental decorrente da exploração de jazida de chumbo no Município de Adrianópolis-PR até o julgamento das Ações Civis Públicas em trâmite na Vara Federal Ambiental, Agrária e Residual de Curitiba. Registre-se, de início, que "não é possível haver litispendência entre ações coletivas e ações individuais, por não ser viável uma perfeita identidade entre seus três elementos". Contudo, previu o Código de Defesa do Consumidor – CDC, em seu art. 94, de forma excepcional, a possibilidade de integração do lesado ao feito na qualidade de litisconsorte, verificando-se assim, a possibilidade de intervenção dos interessados, a título de litisconsortes do autor legitimado (na ação coletiva), e que serão alcançados, por conseguinte, por essa atuação. Apesar disso, o referido litisconsórcio deverá ser examinado com temperamento, uma vez que existem peculiaridades processuais que deverão ser adequadas à respectiva tutela coletiva, pois, apesar de assumir a condição de litisconsorte (facultativo e unitário — em que a decisão deverá ser uniforme com relação a todos), "não poderá apresentar novas demandas, ampliando o objeto litigioso da ação coletiva à consideração de seus direitos pessoais, o que contrariaria todo o espírito de 'molecularização' da causa". É que o art. 103, § 1º, do CDC ressalva que os efeitos da coisa julgada previstos nos incisos I e II não prejudicarão interesses e direitos individuais dos integrantes da coletividade, do grupo, da categoria ou da classe; e o § 3º do mesmo dispositivo esclarece que os efeitos da coisa julgada, de que cuida o art. 16, c/c o art. 13 da Lei n. 7.347/1985, não prejudicarão as ações de indenização por danos pessoalmente sofridos, propostas individualmente ou na forma prevista nesse Código, mas, se procedente o pedido, beneficiarão as vítimas e seus sucessores, que poderão proceder à liquidação e à execução, nos termos dos arts. 96 a 99. **No recurso repetitivo REsp n. 1.110.549/RS, relator Ministro Sidnei Beneti, restou consolidado o entendimento de que, ajuizada ação coletiva atinente à macrolide geradora de processos multitudinários, suspendem-se as ações individuais, no aguardo do julgamento da ação coletiva.** No mesmo diapasão, a Primeira Seção, por ocasião também de julgamento de recurso repetitivo, REsp n. 1.353.801/RS, relator Ministro Mauro Campbell Marques, invocando o repetitivo da Segunda Seção, sufragou o entendimento de que, **ajuizada ação coletiva atinente à macrolide geradora de processos multitudinários, suspendem-se as ações individuais**, no aguardo do julgamento da ação coletiva, ponderando que a coletivização da demanda, seja no polo ativo, seja no polo passivo, é um dos meios mais eficazes para a realização do acesso à justiça, porquanto, além de **reduzir os custos**, consubstancia-se em instrumento para a **concentração de litigantes em um polo**, evitando-se, assim, os problemas decorrentes dos inúmeros procedimentos semelhantes. Assim, **o mais prudente é o sobrestamento dos feitos individuais até a solução definitiva do litígio coletivo**.

Processo

AgInt no AREsp 1734250/MA

AGRAVO INTERNO NO AGRAVO EM RECURSO ESPECIAL

2020/0185232-3

Relator(a)

Ministro FRANCISCO FALCÃO (1116)

Órgão Julgador

T2 – SEGUNDA TURMA

Data do Julgamento

10/05/2021

Data da Publicação/Fonte

DJe 14/05/2021

Ementa

PROCESSUAL CIVIL. **AÇÃO DE REPARAÇÃO DE DANOS MATERIAIS E MORAIS. USINA HIDRELÉTRICA DE ESTREITO. PRESCRIÇÃO.** TERMO INICIAL. TEORIA DA ACTIO NATA. CONTROVÉRSIA RESOLVIDA

PELO TRIBUNAL DE ORIGEM, À LUZ DAS PROVAS DOS AUTOS. IMPOSSIBILIDADE DE REVISÃO, NA VIA ESPECIAL. SÚMULA N. 7/STJ. DIVERGÊNCIA JURISPRUDENCIAL. PREJUDICADA.

I – Trata-se de ação objetivando tutela jurisdicional com vistas à reparação de danos morais e materiais sofridos em decorrência de danos ambientais havidos pelo represamento das águas do Rio Tocantins, para implantação da Usina Hidrelétrica de Estreito, com a consequente diminuição/esgotamento da população de peixes no local.

II – O Tribunal a quo negou provimento à apelação do particular, mantendo incólume a decisão monocrática que julgou improcedente o pedido, em razão da ocorrência da prescrição do direito de ação autoral.

III – No que trata da alegação da existência de dissídio jurisprudencial, relacionado à deflagração do termo inicial do prazo prescricional da pretensão indenizatória, previsto no art. 206, § 3º, V, do Código Civil, verifica-se que o entendimento adotado pelo Tribunal a quo alinha-se à jurisprudência desta Corte, firmada no sentido de que o prazo prescricional da ação indenizatória, por danos causados em razão da construção de usina hidrelétrica, inicia-se a partir da data em que o titular do direito toma conhecimento inequívoco do fato e da extensão de suas consequências, nos termos do princípio da actio nata, podendo esse momento coincidir ou não com o do alagamento do reservatório da usina hidrelétrica.

IV – De igual forma, também correto o entendimento esposado no decisum recorrido, de que as demandas indenizatórias ajuizadas com vistas à reparação de interesses de cunho individual e patrimonial, como é o caso dos autos, devem sujeitar-se ao prazo prescricional trienal, estabelecido no art. 206, § 3º, V, do CC, o que afasta a tese de dano ambiental contínuo.

Nesse passo, tendo o Tribunal a quo, com base nos elementos fáticos dos autos, concluído, categoricamente, pela prescrição da pretensão indenizatória do recorrente, porquanto o termo inicial prescricional da indenização se deu em maio de 2011, mês em que o recorrente teve ciência da "grande mortandade de peixes" devido ao funcionamento das turbinas da usina hidrelétrica (fl. 613), para se deduzir de modo diverso, de que a ciência do recorrente de seu direito violado teria sido em outra data, a posteriori, na forma pretendida no apelo especial, seria necessário proceder ao revolvimento do mesmo acervo fático-probatório já analisado, providência impossível pela via estreita do recurso especial, ante o óbice do enunciado da Súmula n. 7/STJ.

V – Agravo interno improvido.

"*Processual civil. Ação civil pública. Legitimidade de associação de moradores. Teses que esbarram nos óbices das Súmulas 282/STF e 7/STJ. Violação reflexa.* 1. Legitimidade ativa, para propor ação civil pública, de associação cujo um dos objetivos estatutários é a proteção dos interesses dos moradores de bairro, encontrando-se abrangido neste contexto a defesa ao meio ambiente saudável, a qualidade de vida" (STJ, REsp 332.879, *DJ* 10.03.2003). "**[...] 2. A doutrina tem entendido que os sindicatos possuem natureza jurídica de associação civil, o que lhe concede a legitimidade ativa para a propositura de eventual ação civil pública em defesa de direito afeto à categoria que representa; e que eventual limitação a essa legitimidade implica restrição ao direito de ação dos sindicatos, não limitado pelo texto constitucional, em seus artigos 5.º, inciso XXI, 8.º, inciso III, e 114, § 1.º.** 3. A despeito da existência de julgados em sentido diverso, já encontra eco na jurisprudência pátria o entendimento no sentido de que os sindicatos, mormente quando houver expressa autorização em seu estatuto, têm legitimidade ativa para propor ação civil pública, em atendimento a princípios constitucionais, especialmente o da democratização do acesso ao Judiciário e da celeridade na prestação jurisdicional, entre outros" (STJ, REsp 549.794, *DJ* 05.11.2007).

"Recurso extraordinário. Trabalhista. Ação civil pública. 2. Acórdão que rejeitou embargos infringentes, assentando que ação civil pública trabalhista não é o meio adequado para a defesa de interesses que não possuem natureza coletiva. 3. Alegação de ofensa ao disposto no artigo 129, III, da Carta Magna. Postulação de comando sentencial que vedasse a exigência de jornada de trabalho superior a 6 horas diárias. **4. A Lei Complementar 75/1993 conferiu ao Ministério Público do Trabalho legitimidade ativa, no campo da defesa dos interesses difusos e coletivos, no âmbito trabalhista.** 5. Independentemente de a própria lei fixar o conceito de interesse coletivo, é conceito de Direito Constitucional, na medida em que a Carta Política dele faz uso para especificar as espécies de interesses que competem ao Ministério Público defender (CF, artigo 129, III). 6. Recurso conhecido e provido para afastar a ilegitimidade ativa do Ministério Público do Trabalho" (STF, RE 213.015, *DJ* 24.05.2002).

"O Superior Tribunal de Justiça tem o pacífico entendimento de que o art. 93, II, da Lei n. 8.078/1990 – Código de Defesa do Consumidor não atrai a competência exclusiva da justiça federal da Seção Judiciária do Distrito Federal, quando o dano for de âmbito regional ou nacional. Conforme a jurisprudência do STJ, nos casos de danos de âmbito regional ou nacional, cumpre ao autor optar pela Seção Judiciária que deverá ingressar com ação". Isso considerado e verificando-se que o Ministério Público Federal optou por ajuizar a ação civil pública na Subseção Judiciária de Campos dos Goytacazes/RJ, situada em localidade que também é passível de sofrer as consequências dos danos ambientais que se querem evitados, é nela que deverá tramitar a ação. A isso deve-se somar o entendimento de que "a *ratio essendi* da competência para a ação civil pública ambiental, calca-se no princípio da efetividade, por isso que, o juízo federal do local do dano habilita-se, funcionalmente, na percepção da degradação ao meio ambiente posto em condições ideais para a obtenção dos elementos de convicção conducentes ao desate da lide" (passagem do julgamento do AgRg no CC 118.023, 1.ª Seção do STJ, de 28.03.2012).

"*Ementa: Ação Civil pública promovida pelo Ministério Público Federal. Competência da Justiça Federal. Artigo 109, I e § 3.º, da Constituição. Artigo 2.º da Lei 7.347/1985.* O dispositivo contido na parte final do § 3.º do artigo 109 da Constituição é dirigido ao legislador ordinário, autorizando-o a atribuir competência (*rectius* jurisdição) ao Juízo Estadual do foro do domicílio da outra parte ou do lugar do ato ou fato que deu origem à demanda, desde que não seja sede de Varas da Justiça Federal, para causas específicas dentre as previstas no inciso I do referido artigo 109. **No caso em tela, a permissão não foi utilizada pelo legislador que, ao revés, se limitou, no artigo 2.º da Lei 7.347/1985, a estabelecer que as ações nele previstas 'serão propostas no foro do local onde ocorrer o dano, cujo juízo terá competência funcional para processar e julgar a causa'.** Considerando que o Juiz Federal também tem competência territorial e funcional sobre o local de qualquer dano, impõe-se a conclusão de que o afastamento da jurisdição federal, no caso, somente poderia dar-se por meio de referência expressa à Justiça Estadual, como a que fez o constituinte na primeira parte do mencionado § 3.º em relação às causas de natureza previdenciária, o que no caso não ocorreu" (STF, RE 228.955, *DJ* 14.04.2000).

"[...] **4. Em ação proposta pelo Ministério Público Federal, órgão da União, somente a Justiça Federal está constitucionalmente habilitada a proferir sentença que vincule tal órgão, ainda que seja sentença negando a sua legitimação ativa.** E enquanto a União figurar no polo passivo, ainda que seja do seu interesse ver-se excluída, a causa é da competência da Justiça Federal, a quem cabe, se for o caso, decidir a respeito do interesse da demandada (Súmula 150/STJ). 5. Conflito conhecido e declarada a competência do Juízo Federal" (STJ, CC 40.534, *DJ* 17.05.2004).

"Processual civil. Competência para julgamento de ação civil pública proposta pelo Ministério Público Federal. Dano ambiental. Interesse da União. Artigo 109, I, da CF e artigo 2.º da Lei 7.347/1985. Justiça Federal. **1. A Ação Civil Pública proposta pelo MPF, ainda que relativa a dano ambiental, é de competência da justiça federal por força do artigo 109, I e § 3.º, da CF, que se configura competência absoluta determinada em razão da pessoa. Inteligência dos artigos 109, I e § 3.º,** da CF e artigo 2.º da Lei 7.347/1985. Precedentes. 2. Recurso especial não provido" (STJ, REsp 994,166, de 06.08.2009).

"Processual civil. Ação civil pública ambiental. Competência da Justiça Federal. Violação do art. 333, I, do CPC. Não ocorrência. 1. Na ação civil pública ambiental em que o Ministério Público Federal seja o autor, a competência é da Justiça Federal (art. 109, I, e § 3.º, da CF). 2. 'Aquele que cria ou assume o risco de danos ambientais tem o dever de reparar os danos causados e, em tal contexto, transfere-se a ele todo o encargo de provar que sua conduta não foi lesiva'" (STJ, AgRg no REsp 1.192.569, de 19.10.2010).

"*Agravo regimental no recurso extraordinário. Sociedade de economia mista. Ingresso da União. Inocorrência. Competência. Justiça Comum.* 1. A jurisprudência do Supremo é firme no sentido de que 'as sociedades de economia mista só têm foro na Justiça Federal, quando a União intervém como assistente ou opoente' [Súmula 517]. **2. Não tendo a União requerido seu ingresso na causa para sustentar eventual interesse no feito, não há que se falar em incompetência da Justiça estadual**

para conhecer da demanda. Daí a legitimidade do Ministério Público estadual para atuar na causa, não do Ministério Público Federal. Agravo regimental a que se nega provimento" (STF, AI 83.631, j. 1.º.10.2008).

"O artigo 102, I, *f*, da Constituição confere ao STF a posição eminente de Tribunal da Federação, atribuindo-lhe, nessa condição, o poder de dirimir as controvérsias que, irrompendo no seio do Estado Federal, oponham as unidades federadas umas as outras. **A jurisprudência do Supremo Tribunal Federal, na definição do alcance dessa regra de competência originária da Corte, tem enfatizado o seu caráter de absoluta excepcionalidade, restringindo a sua incidência às hipóteses de litígios cuja potencialidade ofensiva revele-se apta a vulnerar os valores que informam o princípio fundamental que rege, em nosso ordenamento jurídico, o pacto da Federação.** Ausente qualquer situação que introduza a instabilidade no equilíbrio federativo ou que ocasione a ruptura da harmonia que deve prevalecer nas relações entre as entidades integrantes do Estado Federal, deixa de incidir, ante a inocorrência dos seus pressupostos de atuação, a norma de competência prevista no artigo 102, I, *f*, da Constituição. Causas de conteúdo estritamente patrimonial, fundadas em títulos executivos extrajudiciais, sem qualquer substrato político, não justificam se instaure a competência do Supremo Tribunal Federal prevista no artigo 102, I, *f*, da Constituição, ainda que nelas figurem, como sujeitos da relação litigiosa, uma pessoa estatal e um ente dotado de paraestatalidade" (STF, ACO 359 QO, *DJ* 11.03.1994).

"*Constitucional. Ação civil pública: Ministério Público: direitos individuais homogêneos. Lei 7.374/1985, artigo 1.º, II, e artigo 21, com a redação do artigo 117 da Lei 8.078/1990 (Código do Consumidor); Lei 8.625/1993, artigo 25 da CF, artigos 127 e 129, III.* I – **Ação civil pública que tem por objeto direitos individuais homogêneos: legitimidade ativa do Ministério Público**: questão que se situa no campo infraconstitucional: Lei 7.374/1985, artigo 1.º, II, artigo 21, redação do artigo 117 e artigos 81 e 82 da Lei 8.078/1990 (Código do Consumidor); Lei 8.625/1993, artigo 25. II – Questão constitucional do artigo 129, III, não invocada. III – **Direitos individuais homogêneos, decorrentes de contratos de compromisso de compra e venda que não se identificam com 'interesses sociais e individuais indisponíveis' (CF, artigo 127)**" (STF, RE-AGR 204.200, *DJ* 08.11.2002).

"*Processual civil. Embargos de divergência. Fornecimento de medicamento a menor carente. Direito à saúde. Direito individual indisponível. Legitimação extraordinária do Ministério Público. Artigo 127 da CF/1988. Precedentes.* **1. O Ministério Público possui legitimidade para defesa dos direitos individuais indisponíveis, mesmo quando a ação vise à tutela de pessoa individualmente considerada. 2. O artigo 127 da Constituição, que atribui ao Ministério Público a incumbência de defender interesses individuais indisponíveis, contém norma autoaplicável, inclusive no que se refere à legitimação para atuar em juízo.** 3. Tem natureza de interesse indisponível a tutela jurisdicional do direito à vida e à saúde de que tratam os artigos 5.º, *caput*, e 196 da Constituição, em favor de menor carente que necessita de medicamento. A legitimidade ativa, portanto, se afirma, não por se tratar de tutela de direitos individuais homogêneos, mas sim por se tratar de interesses individuais indisponíveis" (STJ, EREsp 819.010, *DJ* 29.09.2008).

"[...] **III – O Ministério Público não tem legitimidade para aforar ação civil pública para o fim de impugnar a cobrança e pleitear a restituição de imposto – no caso o IPTU – pago indevidamente, nem essa ação seria cabível, dado que, tratando-se de tributos, não há, entre o sujeito ativo (poder público) e o sujeito passivo (contribuinte), uma relação de consumo** (Lei 7.374/1985, artigo 1.º, II, artigo 21, redação do artigo 117 da Lei 8.078/1990 (Código do Consumidor); Lei 8.625/1993, artigo 25, IV; CF, artigo 129, III), **nem seria possível identificar o direito do contribuinte com 'interesses sociais e individuais indisponíveis (CF, artigo 127, *caput*)'**" (STF, RE 195.056, *DJ* 30.05.2003). "*Processual civil. Ação civil pública. Taxa de iluminação pública. Ilegitimidade ativa. Ministério Público.* **1. O Ministério Público não tem legitimidade para promover ação civil pública com o objetivo de impedir a cobrança de tributos na defesa de contribuintes, pois seus interesses são divisíveis, disponíveis e individualizáveis, oriundos de relações jurídicas assemelhadas, mas distintas entre si. Contribuintes não são consumidores, não havendo como se vislumbrar sua equiparação aos portadores de direitos difusos ou coletivos**. Precedentes" (STJ, AgRg no REsp 969.087/ES, *DJ* 09.02.2009).

"Recurso repetitivo. Processual civil. Recurso especial. Ação coletiva. Macrolide. Correção de saldos de cadernetas de poupança. Sustação de andamento de ações individuais. Possibilidade. **1. Ajuizada ação coletiva atinente a macrolide geradora de processos multitudinários, suspendem-se as ações individuais, no aguardo do julgamento da ação coletiva.** 2. Entendimento que não nega vigência aos artigos 51, IV e § 1.º, 103 e 104 do Código de Defesa do Consumidor; 122 e 166 do Código Civil; e 2.º e 6.º do Código de Processo Civil, com os quais se harmoniza, atualizando-lhes a interpretação extraída da potencialidade desses dispositivos legais ante a diretriz legal resultante do disposto no artigo 543-C do Código de Processo Civil, com a redação dada pela Lei dos Recursos Repetitivos (Lei 11.672, de 08.05.2008). 3. Recurso Especial improvido" (STJ, REsp 1.110.549, de 28.10.2009).

"AMBIENTAL, ADMINISTRATIVO E PROCESSUAL CIVIL. AÇÃO CIVIL PÚBLICA. PROTEÇÃO E PRESERVAÇÃO DO MEIO AMBIENTE. COMPLEXO PARQUE DO SABIÁ. OFENSA AO ART. 535, II, DO CPC NÃO CONFIGURADA. CUMULAÇÃO DE OBRIGAÇÕES DE FAZER COM INDENIZAÇÃO PECUNIÁRIA. ART. 3.º DA LEI 7.347/1985. POSSIBILIDADE. DANOS MORAIS COLETIVOS. CABIMENTO. 1. Não ocorre ofensa ao art. 535 do CPC, se o Tribunal de origem decide, fundamentadamente, as questões essenciais ao julgamento da lide. 2. Segundo a jurisprudência do STJ, a logicidade hermenêutica do art. 3.º da Lei 7.347/1985 permite a cumulação das condenações em obrigações de fazer ou não fazer e indenização pecuniária em sede de ação civil pública, a fim de possibilitar a concreta e cabal reparação do dano ambiental pretérito, já consumado. Microssistema de tutela coletiva. 3. O dano ao meio ambiente, por ser bem público, gera repercussão geral, impondo conscientização coletiva à sua reparação, a fim de resguardar o direito das futuras gerações a um meio ambiente ecologicamente equilibrado. **4. O dano moral coletivo ambiental atinge direitos de personalidade do grupo massificado, sendo desnecessária a demonstração de que a coletividade sinta a dor, a repulsa, a indignação, tal qual fosse um indivíduo isolado. 5. Recurso especial provido, para reconhecer, em tese, a possibilidade de cumulação de indenização pecuniária com as obrigações de fazer, bem como a condenação em danos morais coletivos, com a devolução dos autos ao Tribunal de origem para que verifique se, no caso, há dano indenizável e fixação do eventual *quantum debeatur*"** (STJ, REsp 1.269.494, de 24.09.2013).

"**Com relação à prescrição, em se tratando de pretensão que visa à recuperação de meio ambiente degradado, é imprescritível o direito de ação coletiva**. Nesse sentido, releva transcrever a doutrina de Hugo Nigro Mazzilli: 'Tratando-se de direito fundamental, indisponível, comum a toda a humanidade, não se submete à prescrição, pois uma geração não pode impor às seguintes o eterno ônus de suportar a prática de comportamentos que podem destruir o próprio *habitat* do ser humano. Também a atividade degradadora contínua não se sujeita a prescrição: a permanência da causação do dano também elide a prescrição, pois o dano da véspera é acrescido diuturnamente (*A Defesa dos Interesses Difusos em Juízo*, 17.ª edição, p. 515)" (STJ, REsp 647.493, 2.ª Turma, *DJ* 22.10.2007).

"*Processual civil.* ***Ação civil pública. Dano ambiental*** 1. É parte legítima para figurar no polo passivo da Ação Civil Pública a pessoa jurídica ou física apontada como tendo praticado o dano ambiental. **2. A Ação Civil Pública deve discutir, unicamente, a relação jurídica referente à proteção do meio ambiente e das suas consequências pela violação a ele praticada. 3. Incabível, por essa afirmação, a denunciação da lide.** 4. Direito de regresso, se decorrente do fenômeno de violação ao meio ambiente, deve ser discutido em ação própria. 5. As questões de ordem pública decididas no saneador não são atingidas pela preclusão" (STJ, REsp 232.187, *DJ* 08.05.2000).

"*Ação civil pública. Lançamento em rio de esgoto sem tratamento. Antecipação dos efeitos da tutela para impor à ré a realização de obras para solucionar o problema. Requisitos do artigo 273 do CPC. Reexame de prova. Legitimidade do Ministério Público para a defesa dos direitos difusos.* [...] III – **É incabível a denunciação da lide se o alegado direito de regresso não decorre de lei ou contrato, mas depende ainda de apuração segundo as regras genéricas da responsabilidade civil. Assim sendo, não viola o artigo 70, III, do Código de Processo Civil o acórdão que indefere pedido de denunciação da Fazenda local sob o fundamento de que os deveres impostos ao Estado pela Constituição Federal e pela Constituição Estadual não implicam o reconhecimento automático do direito de regresso**" (STJ, REsp 394.840, *DJ* 13.03.2006).

"PROCESSUAL CIVIL E **AMBIENTAL. AÇÃO CIVIL PÚBLICA**. RESPONSABILIDADE CIVIL AMBIENTAL. CONTAMINAÇÃO COM MERCÚRIO. ART. 333 DO CÓDIGO DE PROCESSO CIVIL. ÔNUS DINÂMICO DA

PROVA. CAMPO DE APLICAÇÃO DOS ARTS. 6.º, VIII, E 117 DO CÓDIGO DE DEFESA DO CONSUMIDOR. PRINCÍPIO DA PRECAUÇÃO. POSSIBILIDADE DE INVERSÃO DO ONUS PROBANDI NO DIREITO AMBIENTAL. PRINCÍPIO IN DUBIO PRO NATURA.

1. Em Ação Civil Pública proposta com o fito de reparar alegado dano ambiental causado por grave contaminação com mercúrio, o Juízo de 1.º grau, em acréscimo à imputação objetiva estatuída no art. 14, § 1.º, da Lei 6.938/1981, determinou a inversão do ônus da prova quanto a outros elementos da responsabilidade civil, decisão mantida pelo Tribunal *a quo*.

2. O regime geral, ou comum, de distribuição da carga probatória assenta-se no art. 333, *caput*, do Código de Processo Civil. Trata-se de modelo abstrato, apriorístico e estático, mas não absoluto, que, por isso mesmo, sofre abrandamento pelo próprio legislador, sob o influxo do ônus dinâmico da prova, com o duplo objetivo de corrigir eventuais iniquidades práticas (a *probatio* diabólica, p. ex., a inviabilizar legítimas pretensões, mormente dos sujeitos vulneráveis) e instituir um ambiente ético-processual virtuoso, em cumprimento ao espírito e letra da Constituição de 1988 e das máximas do Estado Social de Direito.

3. No processo civil, a técnica do ônus dinâmico da prova concretiza e aglutina os cânones da solidariedade, da facilitação do acesso à Justiça, da efetividade da prestação jurisdicional e do combate às desigualdades, bem como expressa um renovado *due process*, tudo a exigir uma genuína e sincera cooperação entre os sujeitos na demanda.

4. O legislador, diretamente na lei (= *ope legis*), ou por meio de poderes que atribui, específica ou genericamente, ao juiz (= *ope judicis*), modifica a incidência do *onus probandi*, transferindo-o para a parte em melhores condições de suportá-lo ou cumpri-lo eficaz e eficientemente, tanto mais em relações jurídicas nas quais ora claudiquem direitos indisponíveis ou intergeracionais, ora as vítimas transitem no universo movediço em que convergem incertezas tecnológicas, informações cobertas por sigilo industrial, conhecimento especializado, redes de causalidade complexa, bem como danos futuros, de manifestação diferida, protraída ou prolongada.

5. No Direito Ambiental brasileiro, a inversão do ônus da prova é de ordem substantiva e *ope legis*, direta ou indireta (esta última se manifesta, p. ex., na derivação inevitável do princípio da precaução), como também de cunho estritamente processual e *ope judicis* (assim no caso de hipossuficiência da vítima, verossimilhança da alegação ou outras hipóteses inseridas nos poderes genéricos do juiz, emanação natural do seu ofício de condutor e administrador do processo).

6. Como corolário do princípio in dubio pro natura, "Justifica-se a inversão do ônus da prova, transferindo para o empreendedor da atividade potencialmente perigosa o ônus de demonstrar a segurança do empreendimento, a partir da interpretação do art. 6.º, VIII, da Lei 8.078/1990 c/c o art. 21 da Lei 7.347/1985, conjugado ao Princípio Ambiental da Precaução" (REsp 972.902/RS, Rel. Min. Eliana Calmon, Segunda Turma, *DJe* 14.09.2009), técnica que sujeita aquele que supostamente gerou o dano ambiental a comprovar "que não o causou ou que a substância lançada ao meio ambiente não lhe é potencialmente lesiva" (REsp 1.060.753/SP, Rel. Min. Eliana Calmon, Segunda Turma, *DJe* 14.12.2009).

7. A inversão do ônus da prova, prevista no art. 6º, VIII, do Código de Defesa do Consumidor, contém comando normativo estritamente processual, o que a põe sob o campo de aplicação do art. 117 do mesmo estatuto, fazendo-a valer, universalmente, em todos os domínios da Ação Civil Pública, e não só nas relações de consumo (REsp 1049822/RS, Rel. Min. Francisco Falcão, Primeira Turma, *DJe* 18.05.2009).

8. Destinatário da inversão do ônus da prova por hipossuficiência – juízo perfeitamente compatível com a natureza coletiva ou difusa das vítimas – não é apenas a parte em juízo (ou substituto processual), mas, com maior razão, o sujeito-titular do bem jurídico primário a ser protegido.

9. Ademais, e este o ponto mais relevante aqui, importa salientar que, em Recurso Especial, no caso de inversão do ônus da prova, eventual alteração do juízo de valor das instâncias ordinárias esbarra, como regra, na Súmula 7 do STJ. "Aferir a hipossuficiência do recorrente ou a verossimilhança das alegações lastreada no conjunto probatório dos autos ou, mesmo, examinar a necessidade de prova pericial são providências de todo incompatíveis com o recurso especial, que se presta, exclusivamente,

para tutelar o direito federal e conferir-lhe uniformidade" (REsp 888.385/RJ, Segunda Turma, Rel. Min. Castro Meira, *DJ* de 27.11.2006. No mesmo sentido, REsp 927.727/MG, Primeira Turma, Rel. Min. José Delgado, *DJe* de 04.06.2008). STJ, REsp 883656 / RS, 2.ª Turma, de 09.03.2010.

"3. **Não merece reforma o aresto recorrido que se encontra em consonância com a jurisprudência assente desta Corte no sentido que não se mostra cabível a condenação do *Parquet* em honorários quando tratar-se de ação civil pública, execução e correlatos embargos, exceto quando houver prova da má-fé do Ministério Público.** Precedente: REsp 896.679/RS, Rel. Min. Luiz Fux, *DJ* de 12.05.2008" (STJ, AgRg no Ag 1.042.206/SP, de 15.12.2008).

"*Processual civil. Ação civil pública. Adiantamento das despesas necessárias à produção de prova pericial. Artigo 18 da Lei 7.347/1985. CPC, artigo 19.* 1. **Não existe, mesmo em se tratando de ação civil pública, qualquer previsão normativa que imponha ao demandado a obrigação de adiantar recursos necessários para custear a produção de prova requerida pela parte autora. Não se pode confundir inversão do ônus da prova (= ônus processual de demonstrar a existência de um fato), com inversão do ônus financeiro de adiantar as despesas decorrentes da realização de atos processuais.** 2. A teor da Súmula 232/STJ, 'A Fazenda Pública, quando parte no processo, fica sujeita à exigência do depósito prévio dos honorários do perito'. O mesmo entendimento deve ser aplicado ao Ministério Público, nas demandas em que figura como autor, inclusive em ações civis públicas" (STJ, REsp 846.529, *DJ* 07.05.2007).

STF, INFORMATIVO 648 – Ação civil pública e controle difuso – 2. Em conclusão, o Plenário, por maioria, julgou procedentes pedidos formulados em reclamações em que alegada usurpação, por juiz federal de 1.ª instância, de competência originária do STF para o julgamento de ação direta de inconstitucionalidade (CF, art. 102, I, a). No caso, o magistrado deferira liminar em ação civil pública na qual o Ministério Público Federal pleiteava: a) nulidade do enquadramento dos outrora ocupantes do extinto cargo de censor federal nos cargos de perito criminal e de delegado federal de que trata a Lei 9.688/98, levado a efeito mediante portarias do Ministro de Estado da Justiça; e b) declaração *incidenter tantum* de inconstitucionalidade da Lei 9.688/98 — v. *Informativo* 261. *Destacou-se que a declaração de inconstitucionalidade postulada nos autos da ação civil pública não se traduziria em mero efeito incidental, porém, constituir-se-ia no pedido principal deduzido pelo autor da demanda, cujo objeto final seria a pura e simples declaração de inconstitucionalidade da lei.* Asseverou-se, com isso, estar demonstrada a usurpação da competência desta Corte. O Min. Luiz Fux salientou haver utilização da ação civil pública para fazer as vezes de ação direta de inconstitucionalidade. Vencido o Min. Carlos Velloso, relator, que reputava improcedentes os pleitos ao fundamento de que a pretendida declaração de inconstitucionalidade seria mera questão incidental. Rcl 1503/DF, rel. orig. Min. Carlos Velloso, red. p/ o acórdão Min. Dias Toffoli, 17.11.2011. (Rcl-1503) Rcl 1519/CE, rel. orig. Min. Carlos Velloso, red. p/ o acórdão Min. Dias Toffoli, 17.11.2011 (Rcl-1519).

STJ, INFORMATIVO 390 – DANO. MEIO AMBIENTE. OMISSÃO. FISCALIZAÇÃO. UNIÃO. Em ação civil pública proposta pelo Ministério Público Federal contra município e outros sete réus devido a dano ao meio ambiente por construções em restinga (que fixa as dunas), pleiteou-se, além de perdas e danos, a demolição das edificações irregulares. Nos termos do art. 5.º, § 2.º, da Lei 7.347/1985, consultada a União, ela requereu seu ingresso no polo ativo da demanda e o juiz o deferiu. Então o município, em agravo de instrumento, alegou a ilegitimidade da União porque ele detinha o domínio da área das construções. O Tribunal *a quo* acolheu o argumento do município, mas reconheceu também que a União foi omissa quanto a seu dever de fiscalizar e preservar o local e determinou que o *Parquet* requeresse o ingresso da União no polo passivo da demanda, como litisconsórcio necessário. Contra esse litisconsórcio, insurge-se a União no REsp. *Nesse contexto, observa o Min. Relator que a jurisprudência deste Superior Tribunal é no sentido de reconhecer a legitimidade passiva da pessoa jurídica de direito público para responder pelos danos causados ao meio ambiente em decorrência de sua conduta omissa quanto ao dever de fiscalizar. Assim, não se trata de determinar previamente a responsabilidade da União, mas alocá-la adequadamente no polo passivo da ação, diante da presunção de sua responsabilidade em concorrer com o dano ao meio ambiente e, caso exista prova* *superveniente a isentá-la, o feito deverá ser extinto em relação a ela.* Diante do exposto, a Turma conheceu parcialmente do recurso e, nessa parte, negou-lhe provimento. Precedentes citados: AgRg no Ag 973.577-SP, *DJ* 19/12/2008, e AgRg no Ag 822.764-MG, *DJ* 2/8/2007. REsp 529.027-SC, Rel. Min. Humberto Martins, julgado em 16.04.2009.

▸ **STJ, INFORMATIVO 396 – AÇAO CIVIL PÚBLICA. DANO AMBIENTAL. PORTO. LEGITIMIDADE. MP.** Trata-se, originalmente, de ação civil pública proposta pelo MP, ora recorrido, com o fim de reparar dano ambiental consistente no vazamento de cerca de mil litros de óleo combustível em decorrência de rompimento de um dos dutos subterrâneos da ora recorrente. No REsp, a recorrente alega, entre outras coisas, que não se afigura, no caso, nenhuma das hipóteses enumeradas pelo art. 109 da CF/1988, para justificar o processamento e julgamento da referida ação na Justiça Federal. A Turma negou provimento ao recurso, por entender que, no caso, o acidente ambiental ocorreu em área de porto organizado, fato não negado pela recorrente. *Ressaltou-se que o porto constitui uma universalidade, isto é, apresenta-se como realidade jurídica una, ainda que complexa; equipara-se, por isso, no seu conjunto, a bem público federal enquanto perdurar sua destinação específica, em nada enfraquecendo essa sua natureza o fato de haver imóveis privados no seu perímetro oficial ou mesmo o licenciamento pelo Estado ou até pelo município de algumas das unidades individuais que o integram. Além disso, o licenciamento ambiental pelo Ibama (ou por órgão estadual, mediante seu consentimento expresso ou tácito) de obra ou empreendimento em que ocorreu ou poderá ocorrer a degradação justifica, de plano, a legitimação para agir do MPF. Se há interesse da União a ponto de, na esfera administrativa, impor o licenciamento federal, seria contraditório negá-lo para fins de propositura de ação civil pública. Assim, não há como afastar a conclusão de que o MPF, como regra, tem legitimidade para agir nas hipóteses de dano ou risco de dano ambiental em porto marítimo, fluvial ou lacustre. Ademais, na hipótese em questão, o dano ambiental é de natureza transindividual indivisível (afinal, o meio ambiente ofendido é "bem de uso comum do povo" na expressão do art. 225, caput, da CF/1988); o local do dano (Lei 7.347/1985, art. 2.º) coincide com o local do ato ou fato (CPC, art. 100, V, a) que o causou (derramamento de combustível e contaminação do solo estão ambos no mesmo município) e há, no referido município, tanto varas da Justiça estadual como varas federais instaladas e em pleno funcionamento. Todos esses aspectos conspiram contra a tese da recorrente de, pela aplicação do art. 2.º da referida lei, levar a solução da demanda para o âmbito da Justiça estadual.* REsp 1.057.878-RS, Rel. Min. Herman Benjamin, julgado em 26.05.2009.

▸ **STJ, INFORMATIVO 397 – ACP. MEIO AMBIENTE. COMPETÊNCIA TERRITORIAL.** Trata-se originariamente de ação civil pública (ACP) ajuizada contra o decreto que criou o Parque Nacional de Ilha Grande, o qual abrange nove municípios divididos entre dois estados da Federação. No REsp, a recorrente alega, além da violação de vários dispositivos legais, a incompetência para o julgamento da ação da subseção judiciária do município localizado em um dos estados referidos. *A Turma deu provimento ao recurso por entender que, diante da situação fática, a competência territorial para processar e julgar, em primeira instância, a mencionada ação é da seção judiciária de uma das capitais dos respectivos estados ou do Distrito Federal, pois as questões resultantes da criação de parque nacional (criado pela União na forma do art. 11, § 4.º, da Lei 9.985/2000,* a contrario sensu*) que abrange áreas de dois estados terá caráter nacional, na esteira do que dispõem os arts. 2.º da Lei 7.347/1985 e 93, II, do CDC.* REsp 1.018.214-PR, Rel. Min. Mauro Campbell Marques, julgado em 02.06.2009.

▸ **STJ, INFORMATIVO 398 – COMPETÊNCIA. JF. DANO. APA.** No caso, cuida-se de dano causado à Área de Preservação Ambiental (APA) do Cairuçu, criada pelo Decreto Federal 89.242/1983, que consistiu no desmatamento de extensa área de floresta considerada de preservação permanente, com destruição de mata ciliar ou galeria, e utilização de toda vertente de um rio. *Assim, como a área está sujeita à restrição administrativa ao uso da propriedade privada, subsiste interesse direto e específico da União, o que atrai a competência da Justiça Federal para julgamento do feito. Logo, a Seção, ao prosseguir o julgamento, declarou competente o Juízo Federal da 1.ª Vara de Angra dos Reis./RJ.* CC 80.905-RJ, Rel. Min. Og Fernandes, julgado em 10.06.2009.

STJ, INFORMATIVO 427 – MEIO AMBIENTE. REPARAÇÃO. INDENIZAÇÃO. *O princípio da reparação* in integrum *aplica-se ao dano ambiental. Com isso, a obrigação de recuperar o meio ambiente degradado é compatível com a indenização pecuniária por eventuais prejuízos, até sua restauração plena.* Contudo, se quem degradou promoveu a restauração imediata e completa do bem lesado ao status quo ante, em regra, não se fala em indenização. Já os benefícios econômicos que aquele auferiu com a exploração ilegal do meio ambiente (bem de uso comum do povo, conforme o art. 225, *caput*, da CF/1988) devem reverter à coletividade, tal qual no caso, em que se explorou garimpo ilegal de ouro em área de preservação permanente sem qualquer licença ambiental de funcionamento ou autorização para desmatamento. Com esse entendimento, a Turma deu parcial provimento ao recurso para reconhecer, em tese, a possibilidade de cumulação de indenização pecuniária e obrigações de fazer voltadas à recomposição in natura do bem lesado, o que impõe a devolução dos autos ao tribunal de origem para que verifique existir dano indenizável e seu eventual *quantum debeatur*. Precedente citado: REsp 1.120.117-AC, *DJe* 19/11/2009. REsp 1.114.893-MG, Rel. Min. Herman Benjamin, julgado em 16.03.2010.

STJ, INFORMATIVO 442 – ACP. PRESERVAÇÃO. CONJUNTO ARQUITETÔNICO. A associação de moradores recorrente, mediante ação civil pública (ACP), busca o sequestro de importante conjunto arquitetônico incrustado em seu bairro, bem como o fim de qualquer atividade que lhe prede ou polua, além da proibição de construir nele anexos ou realizar obras em seu exterior ou interior. *Nesse contexto, a legitimidade da referida associação para a ACP deriva de seu próprio estatuto, enquanto ele dispõe que um dos objetivos da associação é justamente zelar pela qualidade de vida no bairro, ao buscar a manutenção do ritmo e grau de sua ocupação e desenvolvimento, para que prevaleça sua feição de zona residencial.* Sua legitimidade também condiz com a CF/1988, pois o *caput* de seu art. 225 expressamente vincula o meio ambiente à sadia qualidade de vida. Daí a conclusão de que a proteção ambiental correlaciona-se diretamente com a qualidade de vida dos moradores do bairro. Também a legislação federal agasalha essa hipótese, visto reconhecer que o conceito de meio ambiente encampa o de loteamento, paisagismo e estética urbana numa relação de continência. Destaca-se o teor do art. 3.º, III, *a* e *d*, da Lei 6.938/1981, que dispõe ser poluição qualquer degradação ambiental oriunda de atividades que, direta ou indiretamente, prejudiquem a saúde e o bem-estar da população ou atinjam as condições estéticas do meio ambiente. Em suma, diante da legislação vigente, não há como invocar a falta de pertinência temática entre o objeto social da recorrente e o pleito desenvolvido na ação (art. 5.º, V, *b*, da Lei 7.347/1985). REsp 876.931-RJ, Rel. Min. Mauro Campbell Marques, julgado em 10.08.2010.

STJ, INFORMATIVO 445 – ACP AMBIENTAL. JULGAMENTO *EXTRA* E *ULTRA PETITA*. *In casu*, o recorrente alega violação do disposto nos arts. 128, 459, parágrafo único, e 460 do CPC, em razão de o tribunal *a quo* ter mantido a sentença do juízo singular a qual, segundo o recorrente, excedeu o pedido articulado na exordial, visto que a ação se refere à degradação da área de 180m² nos limites do Parque Estadual da Serra do Mar e aquele juízo, alicerçado nas informações da perícia, decidiu que a área objeto de degradação atingia 650m², sendo que o pedido inicial não se referiu às construções indicadas na sentença. *Ocorre, porém, que a tutela ambiental é de natureza fungível, de modo que a área objeto da agressão ambiental pode ser de extensão maior do que a referida na inicial e, uma vez que verificada pelo conjunto probatório, não importa julgamento ultra ou extra petita.* A decisão extra petita é aquela inaproveitável por conferir à parte providência diversa da ansiada, em virtude do deferimento de pedido diverso ou fundamentado em causa petendi não eleita. Consequentemente, não há tal decisão quando o juiz analisa o pedido e aplica o direito com fundamentos diversos dos expostos na inicial ou mesmo na apelação, desde que baseados em fatos ligados ao fato base. Na espécie, o juiz decidiu a quaestio iuris dentro dos limites postos pelas partes, pois a ação tratava de ocupação e supressão de vegetação nativa e construção de diversas edificações irregulares em área menor que a constatada pela perícia, sem aprovação dos órgãos competentes do município e do estado. Assim, a análise do pedido dentro dos limites postos pela parte não incide no vício *in procedendo* do julgamento ultra ou extra petita, afastando, portanto, a suposta ofensa aos arts. 460 e 461 do CPC. Com esses fundamentos, a Turma negou provimento ao recurso. Precedentes citados:

AgRg no REsp 1.164.488-DF, *DJe* 07.06.2010; RMS 26.276-SP, *DJe* 19.10.2009; AgRg no AgRg no REsp 825.954-PR, *DJe* 15.12.2008; AgRg no Ag 1.038.295-RS, *DJe* 03.12.2008, e AgRg no Ag 668.909-SP, *DJ* 20.11.2006. REsp 1.107.219-SP, Rel. Min. Luiz Fux, julgado em 02.09.2010.

▶ **STJ, INFORMATIVO 445 – ACP. DANO. MEIO AMBIENTE. PEDIDO.** Na espécie, o tribunal *a quo*, analisando o conjunto fático-probatório constante dos autos, concluiu haver agressão ao meio ambiente, com ofensa às leis ambientais. A Turma, entre outras questões, entendeu que não houve pedido inicial explícito do MP no sentido de que qualquer construção fosse demolida, nem mesmo de que fossem suspensas as atividades da ora recorrente, ao propor a ação civil pública (ACP) de responsabilidade por danos causados ao meio ambiente. Porém essa simples constatação não conduz à nulidade por desobediência do dever de adstrição ao pedido. A jurisprudência deste Superior Tribunal entende que o pedido não deve ser extraído apenas do capítulo da petição reservado aos requerimentos, mas da interpretação lógico-sistemática das questões apresentadas pela parte ao longo da petição. No caso, os provimentos supostamente desvinculados do pedido, antes mesmo de guardar sintonia com os pedidos formulados pelo MP, constituem condição *sine qua non* do resultado almejado pela ACP ambiental. Assim, no contexto, encontra plena aplicação o princípio do poluidor pagador, a indicar que, fazendo-se necessária determinada medida à recuperação do meio ambiente, é lícito ao julgador determiná-la, mesmo que não tenha sido instado a tanto. Precedentes citados: AgRg no Ag 1.038.295-RS, *DJe* 03.12.2008, e REsp 971.285-PR, *DJe* 03.08.2009. REsp 967.375-RJ, Rel. Min. Eliana Calmon, julgado em 02.09.2010.

▶ **STJ, INFORMATIVO 450 – ACP. DANO AMBIENTAL. REFLORESTAMENTO.** Na origem, o MP estadual, ora recorrente, ajuizou ação civil pública (ACP) em desfavor do ora recorrido. Argumenta o MP que o recorrido desmatou área de um hectare de mata nativa de cerrado. Em função disso, pleiteia a sua condenação a pagar indenização, a reflorestar a área danificada, não mais proceder à intervenção da área e averbar a reserva legal na propriedade. A sentença julgou parcialmente procedentes os pedidos; não determinou, contudo, a indenização pecuniária pelo dano causado, o que também foi negado em sede de apelação. Daí, a questão dirimida no REsp estava em saber se é possível cumular ordem para que o responsável promova a recuperação de área desmatada e seja condenado a reparar, em dinheiro, o dano causado ao meio ambiente. Inicialmente, observou a Min. Relatora ser a Segunda Seção deste Superior Tribunal competente para processar e julgar causas nas quais se discute responsabilidade civil, salvo a do Estado. *Desse modo, entendeu ser possível, em ACP ambiental, a cumulação de pedidos de condenação à obrigação de fazer (reflorestamento de área) e de pagamento pelo dano material causado. Assinalou que o mecanismo processual da ACP é adequado para que se pleiteiem, cumulativamente, a reparação pecuniária do dano causado e o cumprimento de obrigação de fazer tendente à recuperação da área atingida pelo desmatamento.* Assim, tanto pelo ponto de vista do Direito processual, como do Direito material, entendeu ser cabível a reforma do acórdão recorrido. Diante disso, a Turma conheceu parcialmente do recurso e, na parte conhecida, deu-lhe provimento. Precedentes citados: REsp 625.249-PR, *DJ* 31.08.2006; REsp 605.323-MG, *DJ* 17.10.2005, e REsp 115.599-RS, *DJ* 02.09.2002. REsp 1.181.820-MG, Rel. Min. Nancy Andrighi, julgado em 07.10.2010.

▶ **STJ, INFORMATIVO 468- COMPETÊNCIA. ACP. DANO REGIONAL.** A Turma entendeu que compete ao foro da capital do estado processar e julgar a ação civil pública que se insurge contra danos que produzem efeitos em âmbito regional, conforme estabelece o art. 93, II, do CDC, tratando-se de competência absoluta. Frisou-se que, não obstante esse dispositivo situar-se no capítulo relativo às ações coletivas para a defesa de interesses individuais homogêneos, ele é aplicável também às ações coletivas para a defesa de direitos difusos e coletivos, não se limitando às demandas que envolvam relações de consumo. Precedente citado: REsp 448.470-RS, *DJe* 15.12.2009. REsp 1.101.057-MT, Rel. Min. Nancy Andrighi, julgado em 07.04.2011.

▶ **STJ, INFORMATIVO 526 – DIREITO PROCESSUAL CIVIL E AMBIENTAL. CUMULAÇÃO DAS OBRIGAÇÕES DE RECOMPOSIÇÃO DO MEIO AMBIENTE E DE COMPENSAÇÃO POR DANO MORAL COLETIVO. Na hipótese de ação civil pública proposta em razão de dano ambiental, é possível que a sentença condenatória imponha ao responsável, cumulativamente, as obrigações de recompor o meio ambiente degradado e de pagar quantia em dinheiro a título de compensação por dano moral coletivo.** Isso porque vigora em nosso sistema jurídico o princípio da reparação integral do dano ambiental, que, ao determinar a responsabilização do agente por todos os efeitos decorrentes da conduta lesiva, permite a cumulação de obrigações de fazer, de não fazer e de indenizar. Ademais, deve-se destacar que, embora o art. 3.º da Lei 7.347/1985 disponha que "a ação civil poderá ter por objeto a condenação em dinheiro ou o cumprimento de obrigação de fazer ou não fazer", é certo que a conjunção "ou" – contida na citada norma, bem como nos arts. 4.º, VII, e 14, § 1.º, da Lei 6.938/1981 – opera com valor aditivo, não introduzindo, portanto, alternativa excludente. Em primeiro lugar, porque vedar a cumulação desses remédios limitaria, de forma indesejada, a Ação Civil Pública – importante instrumento de persecução da responsabilidade civil de danos causados ao meio ambiente –, inviabilizando, por exemplo, condenações em danos morais coletivos. Em segundo lugar, porque incumbe ao juiz, diante das normas de Direito Ambiental – recheadas que são de conteúdo ético intergeracional atrelado às presentes e futuras gerações –, levar em conta o comando do art. 5.º da LINDB, segundo o qual, ao se aplicar a lei, deve-se atender "aos fins sociais a que ela se dirige e às exigências do bem comum", cujo corolário é a constatação de que, em caso de dúvida ou outra anomalia técnico-redacional, a norma ambiental demanda interpretação e integração de acordo com o princípio hermenêutico *in dubio pro natura*, haja vista que toda a legislação de amparo dos sujeitos vulneráveis e dos interesses difusos e coletivos há sempre de ser compreendida da maneira que lhes seja mais proveitosa e melhor possa viabilizar, na perspectiva dos resultados práticos, a prestação jurisdicional e a *ratio essendi* da norma. Por fim, a interpretação sistemática das normas e princípios ambientais leva à conclusão de que, se o bem ambiental lesado for imediata e completamente restaurado, isto é, restabelecido à condição original, não há falar, como regra, em indenização. Contudo, a possibilidade técnica, no futuro, de restauração *in natura* nem sempre se mostra suficiente para reverter ou recompor integralmente, no âmbito da responsabilidade civil, as várias dimensões do dano ambiental causado; por isso não exaure os deveres associados aos princípios do poluidor-pagador e da reparação integral do dano. Cumpre ressaltar que o dano ambiental é multifacetário (ética, temporal, ecológica e patrimonialmente falando, sensível ainda à diversidade do vasto universo de vítimas, que vão do indivíduo isolado à coletividade, às gerações futuras e aos processos ecológicos em si mesmos considerados). Em suma, equivoca-se, jurídica e metodologicamente, quem confunde prioridade da recuperação *in natura* do bem degradado com impossibilidade de cumulação simultânea dos deveres de repristinação natural (obrigação de fazer), compensação ambiental e indenização em dinheiro (obrigação de dar), e abstenção de uso e nova lesão (obrigação de não fazer). REsp 1.328.753-MG, Rel. Min. Herman Benjamin, julgado em 28.05.2013.

▶ **STJ, INFORMATIVO 404 – ACP. DANO AMBIENTAL. ÔNUS. PROVA.** *Trata-se da inversão do ônus probatório em ação civil pública (ACP) que objetiva a reparação de dano ambiental. A Turma entendeu que, nas ações civis ambientais, o caráter público e coletivo do bem jurídico tutelado – e não eventual hipossuficiência do autor da demanda em relação ao réu – conduz à conclusão de que alguns direitos do consumidor também devem ser estendidos ao autor daquelas ações, pois essas buscam resguardar (e muitas vezes reparar) o patrimônio público coletivo consubstanciado no meio ambiente.* A essas regras, soma-se o princípio da precaução. Esse preceitua que o meio ambiente deve ter em seu favor o benefício da dúvida no caso de incerteza (por falta de provas cientificamente relevantes) sobre o nexo causal entre determinada atividade e um efeito ambiental nocivo. *Assim, ao interpretar o art. 6.º, VIII, da Lei 8.078/1990 c/c o art. 21 da Lei 7.347/1985, conjugado com o princípio da precaução, justifica-se a inversão do ônus da prova, transferindo para o empreendedor da atividade potencialmente lesiva o ônus de demonstrar a segurança do empreendimento.* Precedente citado: REsp 1.049.822-RS, *DJe* 18.05.2009. REsp 972.902-RS, Rel. Min. Eliana Calmon, julgado em 25.08.2009.

▶ **STJ, INFORMATIVO 418 – DANO. MEIO AMBIENTE. PROVA. INVERSÃO.** Constatada a relação interdisciplinar entre as normas de proteção ao consumidor e as de defesa dos direitos coletivos nas ações civis por danos ambientais, o caráter público e coletivo do bem jurídico tutelado (e não a hipossuficiência do autor da demanda em relação ao réu) impõe a extensão de algumas regras de proteção dos direitos do consumidor ao autor daquela ação, pois ao final busca-se resguardar (e muitas vezes reparar) patrimônio público de uso coletivo. *Dessa forma, a aplicação do princípio da precaução pressupõe a inversão do ônus probatório: compete a quem se imputa a pecha de ser, supostamente, o promotor* *do dano ambiental a comprovação de que não o causou ou de que não é potencialmente lesiva a substância lançada no ambiente.* Por ser coerente com essa posição, é direito subjetivo do infrator a realização de perícia para comprovar a ineficácia poluente de sua conduta, não se mostrando suficientes para tornar essa prova prescindível simples informações obtidas em site da Internet. A perícia é sempre necessária quando a prova do fato depender de conhecimento técnico e se recomenda ainda mais na seara ambiental, visto a complexidade do bioma. Precedente citado: REsp 1.049.822-RS, *DJe* 18.05.2009. REsp 1.060.753-SP, Rel. Min. Eliana Calmon, julgado em 1º.12.2009.

▶ **STJ, INFORMATIVO 453 – RESPONSABILIDADE. DANO AMBIENTAL.** *Na ação civil pública ambiental, é possível cumular os pedidos de obrigação de fazer (reflorestar a área degradada) e de pagamento de indenização pecuniária em razão do dano material causado.* As questões de direito ambiental são usualmente resolvidas nas Turmas que compõem a Primeira Seção deste Superior Tribunal. Contudo, quando a discussão limita-se à responsabilidade civil do particular pela reparação do dano ambiental, a competência para julgamento é das Turmas integrantes da Segunda Seção (art. 9.º, § 2.º, III, do RISTJ). Precedente citado: REsp 1.181.820-MG, *DJe* 20.10.2010. REsp 1.173.272-MG, Rel. Min. Nancy Andrighi, julgado em 26.10.2010 *(ver Informativo n. 450).*

▶ **STJ, INFORMATIVO 469 – INVERSÃO. ÔNUS. PROVA. CDC.** Trata-se de REsp em que a controvérsia consiste em definir qual o momento processual adequado para que o juiz, na responsabilidade por vício do produto (art. 18 do CDC), determine a inversão do ônus da prova prevista no art. 6º, VIII, do mesmo codex. No julgamento do especial, entre outras considerações, observou o Min. Relator que a distribuição do ônus da prova apresenta extrema relevância de ordem prática, norteando, como uma bússola, o comportamento processual das partes. Naturalmente, participará da instrução probatória com maior vigor, intensidade e interesse a parte sobre a qual recai o encargo probatório de determinado fato controvertido no processo. Dessarte, consignou que, influindo a distribuição do encargo probatório decisivamente na conduta processual das partes, devem elas possuir a exata ciência do ônus atribuído a cada uma delas para que possam produzir oportunamente as provas que entenderem necessárias. Ao contrário, permitida a distribuição ou a inversão do ônus probatório na sentença e inexistindo, com isso, a necessária certeza processual, haverá o risco de o julgamento ser proferido sob uma deficiente e desinteressada instrução probatória, na qual ambas as partes tenham atuado com base na confiança de que sobre elas não recairia o encargo da prova de determinado fato. *Assim, entendeu que a inversão ope judicis do ônus da prova deve ocorrer preferencialmente no despacho saneador, ocasião em que o juiz decidirá as questões processuais pendentes e determinará as provas a serem produzidas, designando audiência de instrução e julgamento (art. 331, §§ 2.º e 3.º, do CPC). Desse modo, confere-se maior certeza às partes referente aos seus encargos processuais, evitando a insegurança.* Com esse entendimento, a Seção, ao prosseguir o julgamento, por maioria, negou provimento ao recurso, mantendo o acórdão que desconstituiu a sentença, a qual determinará, nela própria, a inversão do ônus da prova. Precedentes citados: REsp 720.930-RS, *DJe* 09.11.2009, e REsp 881.651-BA, *DJ* 21.05.2007. REsp 802.832-MG, Rel. Min. Paulo de Tarso Sanseverino, j. 13.04.2011.

3. QUESTÕES DE CONCURSOS

01. **(FCC – 2012 – MPE-AP – Promotor de Justiça)** Sobre a ação civil pública por danos causados ao meio ambiente, é correto afirmar:

a) Não é possível sua utilização para se buscar indenização por dano moral ambiental.

b) As ações serão propostas, em regra, no local onde ocorrer o dano, sendo a competência relativa.

c) A apelação será recebida em ambos os efeitos: devolutivo e suspensivo.

d) O Poder Público poderá habilitar-se como litisconsorte em ação civil pública ajuizada pelo Ministério Público.

e) Apenas o Ministério Público poderá executar sentença condenatória proferida em ação civil pública promovida por Associação, diante de sua inércia.

02. (FCC – 2011 – TJ-PE – Juiz) O Ministério Público propôs ação civil pública contra proprietário de indústria clandestina (sociedade de fato), que vinha causando poluição hídrica e sonora na localidade em que estava instalada e também contra o proprietário do imóvel arrendado pelo poluidor. Em termos de responsabilidade civil pelo dano ambiental, o proprietário arrendador

a) não responde civilmente, porque inexiste nexo causal entre sua conduta e o dano ambiental causado.

b) responde civilmente, mas apenas em caráter subsidiário, caso o empresário arrendatário não possua bens.

c) responde civilmente, todavia nos limites do valor do contrato firmado com o arrendatário.

d) não responde civilmente, porque no contrato firmado com o arrendatário existe cláusula excluindo-o de responsabilidade por danos ambientais.

e) responde civilmente, em caráter solidário, porque omitiu-se no dever de preservação ambiental da propriedade.

03. (FCC – 2011 – TJ-PE – Juiz) Uma associação (Organização Não Governamental – ONG) com sede em Petrópolis, RJ, tendo como finalidade a proteção do patrimônio histórico e cultural, criada há mais de 1 ano, inconformada com o tratamento dado pelo órgão de proteção do patrimônio histórico e cultural pernambucano a determinado imóvel localizado no Recife, neste Estado,

a) não pode entrar com a ação judicial por ter sede fora do Estado de Pernambuco, porém pode representar ao Ministério Público do Estado de Pernambuco para que o faça.

b) pode ingressar com ação civil pública na comarca de Petrópolis, RJ, onde se situa sua sede, citando as partes por precatória.

c) pode ingressar com ação civil pública na comarca do Recife, mesmo tendo sua sede em outro estado, porque tem legítimo interesse para propor a ação e legitimidade processual.

d) não pode propor a ação civil pública, porque em casos envolvendo patrimônio histórico e cultural apenas o Ministério Público Federal tem legitimidade para propô-la.

e) pode propor a ação civil pública, desde que o faça em litisconsórcio ativo com o Ministério Público Federal ou Estadual, por expressa disposição legal existente na Lei nº 7.347 de 1985.

04. (FCC – 2009 – PGE-SP – Procurador) Nos termos da Lei da Ação Civil Pública,

a) nas Ações Civis Públicas, o litisconsórcio entre os Ministérios Públicos da União e dos Estados é necessário quando se tratar de dano ambiental de abrangência regional.

b) a Defensoria Pública não tem legitimidade para o ajuizamento de Ação Civil Pública.

c) os órgãos públicos legitimados para o ingresso de Ação Civil Pública poderão tomar dos interessados compromisso de ajustamento de conduta, que terá eficácia de título executivo judicial.

d) o arquivamento dos autos de inquérito civil, por inexistência de fundamento para propositura da Ação Civil Pública, independe de aprovação do Conselho Superior do Ministério Público.

e) nas Ações Civis Públicas com fundamento em interesses difusos, a sentença faz coisa julgada erga omnes, se o pedido for julgado procedente.

05. (MPDFT – 2011 – MPDFT – Promotor de Justiça) Examine a situação hipotética a seguir descrita: O Ministério Público do Distrito Federal e Territórios ajuizou ação civil pública contra empresa pública do Distrito Federal e sociedade comercial produtora e distribuidora de insumos agrícolas, em defesa de direitos difusos, coletivos e individuais homogêneos, sustentando lesão ao meio ambiente. Tendo em vista o julgamento de procedência da ação coletiva, assinale a alternativa correta:

a) A sentença condenatória deve estabelecer obrigação de indenizar os danos causados e os seus destinatários, bem como a extensão da reparação dos prejuízos das vítimas.

b) O comando da sentença de provimento condenatório tem como um dos efeitos a fixação do valor da indenização devida ao Fundo criado por lei para proteção do meio ambiente, independentemente de liquidação dos prejuízos individualmente sofridos e dos danos provocados.

c) A liquidação de sentença na ação civil pública, não havendo habilitação dos prejudicados após o decurso do prazo legal, terá por objeto a apuração do prejuízo globalmente causado.

d) O concurso de créditos decorrente de indenização entre os danos causados ao meio ambiente e os prejuízos pessoais, resolve-se pela preferência da reparação coletiva sobre as individuais homogêneas, privilegiando-se a categoria dos direitos transindividuais indivisíveis.

e) Em procedimento de liquidação por artigos, verificando-se que os danos ao meio ambiente atingem outro Estado da Federação, caberá ao Ministério Público Federal a representação institucional na execução da sentença coletiva, não se cogitando de sucessão processual, em face da substituição do autor da ação, em decorrência dos princípios constitucionais da unidade e indivisibilidade.

06. **(MPE-PR – 2008 – MPE-PR – Promotor de Justiça)** Dada a relevância do direito ao meio ambiente ecologicamente equilibrado, o Ministério Público tem o monopólio para a propositura das ações civis destinadas à tutela de tal direito, por ser o único órgão com poderes legais para a instauração de inquérito civil.

07. **(MPE-PR – 2013 – MPE-PR – Promotor Substituto)** Consideradas as disposições legais e doutrinárias sobre danos ambientais e sua responsabilização, assinale a alternativa incorreta:

a) Se for julgada procedente a ação civil pública proposta por associação civil, a indenização pelo dano ambiental difuso será revertida à mesma, desde que tenha sido constituída há mais de um ano e que inclua entre suas finalidades a defesa do meio ambiente;

b) Segundo o princípio do poluidor-pagador, os custos de reparação de área degradada devem ser impostos a quem a danificou, permitindo assim a imposição de tal ônus a novo adquirente;

c) Na responsabilização civil por dano ecológico, não há necessidade de se provar a culpa do agente;

d) O poluidor é obrigado, independentemente da existência de culpa, a indenizar ou reparar os danos causados ao meio ambiente e a terceiros afetados por sua atividade;

e) órgão ambiental competente, ao tomar conhecimento do desmatamento em desacordo com a lei, deverá embargar a obra ou atividade que deu causa ao uso alternativo do solo, como medida administrativa voltada a impedir a continuidade do dano ambiental, propiciar a regeneração do meio ambiente e dar viabilidade à recuperação da área degradada.

08. **(MPE-PR – 2012 – MPE-PR – Promotor de Justiça)** Sem verificação dos impactos ambientais, foi concedido licenciamento ao Departamento Estadual de Estradas e Rodagem que iniciou obras de construção de uma estrada. Conforme noticiado, as obras causarão a derrubada de 20 (vinte) Pinheiros do Paraná. Quanto à atuação do Ministério Público, assinale a alternativa incorreta:

a) Deve exigir a recuperação dos danos, caso já ocorridos;

b) Deve ingressar com Ação Cautelar para exigir o estudo dos impactos;

c) Deve instaurar Inquérito Civil para a busca de informações, caso não as tenha;

d) Deve acionar tanto o Departamento Estadual de Estradas e Rodagem quanto o órgão que concedeu o licenciamento;

e) Deve buscar litisconsórcio ativo com o Ministério Público Federal, por se tratarem de Pinheiros do Paraná.

09. **(Promotor do Piauí 2012/CESPE)** É de competência da justiça federal o julgamento da ACP ajuizada pelo MPF, ainda que o objeto da ação seja dano ambiental.

10. **(Promotor de Roraima 2012/CESPE)** A legitimação para propor ACP em defesa de interesses ambientais é concorrente e disjuntiva, ou seja, pode ser ajuizada conjunta ou isoladamente por qualquer dos colegitimados, que assim exercem representação processual.

11. **(Promotor de Roraima 2012/CESPE)** Por ser solidária a responsabilidade por danos ambientais, não se exige que o autor da ACP acione a todos os responsáveis, ainda que o possa fazer.

12. (Juiz do Estado da Bahia 2012/CESPE) No que se refere à tutela processual ao meio ambiente e à responsabilidade pelo dano ambiental, assinale a opção correta.

A) O inquérito civil, procedimento administrativo de caráter inquisitorial cujo objetivo é realizar atividades investigativas preparatórias, está sujeito ao princípio da ampla defesa, consistindo o desrespeito a esse princípio vício capaz de eivar de nulidade a ação civil pública ambiental nele embasada.

B) Sendo os interesses difusos e transindividuais marcados pela indisponibilidade, o MP não pode, de acordo com a moderna doutrina, celebrar acordos extrajudiciais em matéria ambiental.

C) Ocorrendo desistência ou abandono da ação civil pública pela associação que a tiver promovido, deverá o MP, obrigatoriamente, assumir a titularidade ativa da demanda, já que tal prerrogativa é vedada aos demais legitimados.

D) Independentemente de requerimento do autor, pode o juiz, em decisão relativa a ação civil pública, impor multa diária ao réu em substituição à execução específica da obrigação de fazer ou não fazer, se a multa for suficiente ou compatível.

E) A pretensão da administração pública à promoção da execução da multa por infração ambiental prescreve em cinco anos, contados da data da prática do ato ou, no caso de infração permanente, de sua cessação.

13. (PGE PE 2011 – Procurador do Estado – FCC) O Ministério Público propôs ação civil pública contra proprietário de indústria clandestina (sociedade de fato), que vinha causando poluição hídrica e sonora na localidade em que estava instalada e também contra o proprietário do imóvel arrendado pelo poluidor. Em termos de responsabilidade civil pelo dano ambiental, o proprietário arrendador

A) não responde civilmente, porque inexiste nexo causal entre sua conduta e o dano ambiental causado.

B) responde civilmente, mas apenas em caráter subsidiário, caso o empresário arrendatário não possua bens.

C) responde civilmente, todavia nos limites do valor do contrato firmado com o arrendatário.

D) não responde civilmente, porque no contrato firmado com o arrendatário existe cláusula excluindo-o de responsabilidade por danos ambientais.

E) responde civilmente, em caráter solidário, porque omitiu-se no dever de preservação ambiental da propriedade.

14. (AGU 2010 – Procurador Federal – CESPE) Por meio da ação civil pública pode-se buscar tanto a cessação do ato lesivo ao meio ambiente, a reparação do que for possível e, até mesmo, a indenização por danos irreparáveis caso tenham ocorrido.

15. (PGE SP 2009 – Procurador do Estado – FCC) Nos termos da Lei da Ação Civil Pública,

A) nas Ações Civis Públicas, o litisconsórcio entre os Ministérios Públicos da União e dos Estados é necessário quando se tratar de dano ambiental de abrangência regional.

B) a Defensoria Pública não tem legitimidade para o ajuizamento de Ação Civil Pública.

C) os órgãos públicos legitimados para o ingresso de Ação Civil Pública poderão tomar dos interessados compromisso de ajustamento de conduta, que terá eficácia de título executivo judicial.

D) o arquivamento dos autos de inquérito civil, por inexistência de fundamento para propositura da Ação Civil Pública, independe de aprovação do Conselho Superior do Ministério Público.

E) nas Ações Civis Públicas com fundamento em interesses difusos, a sentença faz coisa julgada erga omnes, se o pedido for julgado procedente.

16. (MP Bahia 2008 – Promotor de Justiça) Marque a alternativa INCORRETA:

A) pode o Promotor de Justiça ajuizar ação civil pública para a anulação ou declaração de nulidade de atos lesivos ao patrimônio público ou à moralidade administrativa do Estado ou de Município, de suas administrações indiretas ou fundacionais ou de entidades privadas de que participem.

B) é cabível mandado de segurança para a tutela de direitos transindividuais.

C) o Ministério Público não pode ajuizar ação civil pública objetivando defender direito individual homogêneo de cidadãos que são obrigados a pagar tarifa cobrada por concessionária de serviço público, pois há expressa vedação legal ao ajuizamento de ação civil pública para a defesa de direitos coletivos e individuais homogêneos em casos desta natureza.

D) é possível o ajuizamento de ação civil pública objetivando a concessão de tutela inibitória pura, ou seja, de tutela judicial que tenha por finalidade proibir a prática de ato ilícito ainda não realizado, independentemente da possibilidade deste ato ilícito produzir qualquer dano a bem jurídico transindividual.

E) ao ajuizar ação civil pública que tenha como objeto um desmatamento, o Promotor de Justiça não pode pedir cumulativamente a recomposição do local degradado e a indenização pelo dano ambiental causado, correspondente ao custo estimado do prejuízo ao ambiente afetado pela supressão da vegetação.

17. (MP Amazonas 2007 – Promotor de Justiça – CESPE) Devido a um bloqueio realizado na estrada, para fiscalização de combustíveis, um caminhão carregado de gasolina, produzida e distribuída ilegalmente pela empresa Marrom & Cia, despejou seu conteúdo de 10.000 litros na cabeceira de afluente do rio Solimões. O município diretamente afetado, mesmo ciente do ocorrido, não tomou providências para a recuperação ambiental. O MP estadual propôs, então, ação civil pública contra a empresa, requerendo reparação do dano ambiental. Dias depois, a ONG Amigos da Amazônia também propôs ação idêntica contra essa empresa.

A respeito da ação civil pública e da situação hipotética apresentada, julgue os itens abaixo.

I. A situação fática apresentada não enseja a propositura de ação civil pública, uma vez que o referido dano ambiental é de difícil reparação.

II. A responsabilização da empresa seria impossível caso o motorista tivesse despejado a gasolina sem o seu conhecimento.

III. Se o dano causado tivesse atingido mais de um município do estado do Amazonas, a referida ação civil pública seria julgada na justiça federal.

IV. A ONG pode propor a referida ação, mesmo com a ação já proposta pelo MP.

V. No âmbito da ação civil pública movida pelo MP, os pedidos possíveis incluem a obrigação do município de multar a empresa por infração administrativa ambiental.

Estão CERTOS apenas os itens

A) I e II.

B) I e V.

C) II e III.

D) III e IV.

E) IV e V.

18. (MP Tocantins 2006 – Promotor de Justiça – CESPE) Sendo a preservação do meio ambiente tarefa inafastável do poder público, a ação civil pública reveste-se, também, de

A) caráter definitivo e preceito cominatório, dado que ela se concretiza, principalmente, com a adoção de procedimentos e medidas que antecedem a ocorrência de um dano ecológico.

B) preceito cominatório, embora careça de definitividade por se tratar de um diploma legal que visa apenas à prevenção do dano ambiental e não à recuperação dos recursos depredados.

C) caráter definitivo, embora careça de preceito cominatório, visto que se concretiza na adoção de medidas e procedimentos meramente preventivos.

D) caráter definitivo, embora careça de preceito cominatório, visto que se concretiza na adoção de medidas e procedimentos meramente precautivos.

19. (MP Tocantins 2006 – Promotor de Justiça – CESPE) Ainda considerando a relevância da ação civil pública para a defesa das questões ambientais, no que se refere à concessão de medidas urgentes aptas a evitar grave lesão ao meio ambiente, é CORRETO afirmar que a tutela cautelar

A) será sempre concedida quando houver risco ao patrimônio histórico, desde que este seja tombado pela UNESCO.

B) é a regra e não a exceção, em se tratando, especialmente, de provimento jurisdicional de não fazer.

C) é concedida apenas quando houver risco iminente à saúde pública e à integridade da pessoa humana.

D) é possível, desde que exista risco iminente e comprovado, não sendo admitidas medidas precautivas, posto carecerem de comprovação científica, o que afasta o *fumus boni iuris*.

20. (TJ MT 2004 – Juiz Estadual – CESPE) Tendo em vista a tutela processual do meio ambiente, a ação penal pública e a defesa judicial do meio ambiente, assinale a opção CORRETA.

A) uma associação constituída há mais de um ano nos termos da lei civil e que possua, entre suas finalidades institucionais, a defesa do meio ambiente, poderá instaurar sob sua presidência inquérito civil para apurar danos ambientais provocados por uma indústria que emite na atmosfera gases em quantidades acima dos padrões admitidos pelas normas municipais, podendo, ainda, requerer das autoridades competentes certidões e informações que julgar necessárias à instrução do mencionado procedimento investigatório.

B) considere a seguinte situação hipotética.

Uma ação civil pública foi proposta por uma fundação estadual contra determinado município, para que este providenciasse a proteção do meio ambiente urbano, ameaçado por projetos arrojados, que desconsideravam as afetações de determinadas áreas. Depois de um ano do trâmite da referida medida judicial, a autora abandonou a pretensão.

Nessa situação, o Ministério Público ou qualquer outro legitimado para a ação civil poderá assumir a titularidade ativa da medida.

C) o termo de ajustamento de conduta previsto na lei da ação civil pública é instrumento hábil para a transação em matéria ambiental, evitando-se a propositura de demandas judiciais, e contará sempre com a participação do Ministério Público. Tal termo, no entanto, não pode ser movimentado, caso a ação esteja em curso no Poder Judiciário.

D) para a defesa judicial do meio ambiente, além da ação civil pública, podem ser usados a ação direta de inconstitucionalidade, a ação popular e o mandado de injunção, não se admitindo, porém, o mandado de segurança coletivo, dado o fato de que a titularidade passiva para tal medida judicial é limitada a autoridade pública ou agente de pessoa jurídica no exercício de atribuições do poder público. Dessa maneira, limita-se a proteção, pois inúmeras vezes o degradador é um particular. Ademais, o mandado de segurança coletivo pressupõe a prova pré-constituída, o que raramente é possível em matéria ambiental.

21. (2017/CESPE/MPE-RR/Promotor de Justiça Substituto) Um empresário individual vinha praticando atos potencialmente causadores de danos ao meio ambiente. Em razão disso, determinada associação, constituída havia mais de um ano e entre cujas finalidades institucionais constava a proteção do meio ambiente, celebrou com o referido empresário termo de ajustamento de conduta às exigências legais, mediante cominações. Nessa situação hipotética, conforme a Lei n.º 7.347/1985, o referido termo de ajustamento de conduta:

a) deveria ter sido celebrado junto a órgão público legitimado.

b) é válido e terá eficácia de título executivo judicial.

c) é válido e terá eficácia de título executivo extrajudicial.

d) deveria ter sido celebrado junto ao MP.

GAB	01	D	02	E	03	C	04	E	05	C	06	ERRADO	07	A
	08	E	09	CERTO	10	ERRADO	11	CERTO	12	D	13	E	14	CERTO
	15	E	16	C	17	E	18	A	19	B	20	B	21	A

Art. 170. A ordem econômica, fundada na valorização do trabalho humano e na livre iniciativa, tem por fim assegurar a todos existência digna, conforme os ditames da justiça social, observados os seguintes princípios:

...

VI – defesa do meio ambiente, inclusive mediante tratamento diferenciado conforme o impacto ambiental dos produtos e serviços e de seus processos de elaboração e prestação;

1. COMENTÁRIOS

O Estado de Direito Ambiental brasileiro é capitalista, ou seja, tem como fundamento da sua Ordem Econômica, ao lado da valorização do trabalho humano, a livre iniciativa a qualquer atividade econômica, independentemente de autorização de órgãos públicos, *salvo nos casos previstos em lei.*[23]

Dessa forma, em regra, o Estado apenas atuará como agente normativo e regulador da atividade econômica (funções de fiscalização, incentivo e planejamento), que é livre à iniciativa privada, especialmente através da atuação das Agências Reguladoras.

Contudo, excepcionalmente, nas hipóteses de relevante interesse coletivo ou para satisfazer os imperativos da segurança nacional, o Estado explorará diretamente atividade econômica, quer em regime de concorrência, quer por meio de monopólio, nos casos previstos na Constituição de 1988, especialmente pelas empresas estatais.

A exploração de atividades aptas a causar degradação ambiental é uma das hipóteses excepcionais que exigirão prévia autorização do Poder Público para se realizar, justamente porque é seu dever constitucional controlar a poluição, especialmente por meio do anterior licenciamento ambiental, consoante previsto no artigo 10 da Lei 6.938/1981.

Logo, apenas poderá ser exercido o trabalho que possa trazer degradação ambiental após o regular licenciamento ambiental, podendo ser vedado na hipótese de atividades lesivas ao ambiente não permitidas pelo Poder Público.

Com propriedade, um dos princípios da Ordem Econômica é a **defesa do meio ambiente, inclusive mediante tratamento diferenciado conforme o impacto ambiental dos produtos e serviços e de seus processos de elaboração e prestação**, razão pela qual não é exagerado nomeá-la de "**Ordem Econômica Ambiental**".

Este princípio justifica o tratamento privilegiado em favor de agentes econômicos que atuem com tecnologias e métodos menos agressivos ao meio ambiente, a fim de regular a economia por meio do fomento de atividades com menor impacto ambiental, desestimulando as ações predatórias, relembrando que "os incentivos à produção e instalação de equipamentos e a criação ou absorção de tecnologia, voltados para a melhoria da qualidade ambiental", é mais um instrumento para a consecução dos objetivos da Política Nacional do Meio Ambiente.[24]

23. Vide artigo 170 da CRFB.
24. Artigo 9.º, V, da Lei 6.938/1981.

Logo, para que determinada empresa produtora de papel utente de tecnologia "limpa" (que exija mais investimentos, mas bem menos poluente) continue a adotar essa técnica, é preciso uma intervenção estatal para compensar os custos operacionais, pois a inércia governamental certamente levará ao fechamento da indústria, que sucumbirá pela impossibilidade de manter preços competitivos no regime da livre concorrência.

Assim sendo, a tributação ambiental figurará como uma das medidas que deverão ser manejadas pelo Poder Público para conferir tratamento com justificáveis privilégios, proporcionais aos impactos ambientais causados, ao lado de outras, a exemplo dos empréstimos subsidiados e das subvenções.

Nesse caminho, poderá a União instituir uma contribuição de intervenção no domínio econômico[25] visando à defesa do meio ambiente, quando determinado segmento econômico demandar uma regulação estatal específica.

Ademais, a própria Lei 6.938/1981 já previu uma listagem meramente exemplificativa (artigo 9.º, XIII) de **instrumentos econômicos** para a efetivação da Política Nacional do Meio Ambiente, especificamente a concessão florestal, a servidão ambiental e o seguro ambiental, institutos já estudados nesta obra.

O Estado deve se valer de todos os meios lícitos para implantar um desenvolvimento econômico sustentável. No Brasil e em inúmeras outras nações, cada vez mais o poder de tributar vem sendo utilizado como meio de proteção ao meio ambiente (natural, cultural, artificial ou do trabalho), mediante a instituição dos tributos "verdes", fenômeno que vem sendo intitulado de **tributação ambiental**, que deve ser enquadrado como mais um instrumento econômico para a realização da Política Nacional do Meio Ambiente.[26]

Operar-se-á a tributação ambiental pela criação de tributos que *diretamente* se destinem à preservação ambiental, ou seja, aqueles que imediatamente estimulem condutas favoráveis ao ambiente (redução da base de cálculo ou alíquotas, isenções, créditos tributários etc.) ou inibam outras lesivas (mediante a sobrecarga tributária), por meio da vinculação ambiental dentro da própria estrutura da norma tributária.

Outrossim, essa atuação poderá se dar *indiretamente*, por meio da destinação de recursos tributários em prol do equilíbrio ambiental,[27] como ocorre com contribuição de intervenção no domínio econômico relativa às atividades de importação ou comercialização de petróleo e seus derivados, gás natural e seus derivados e álcool combustível, em que parcela dos recursos serão destinados ao financiamento de projetos ambientais relacionados com a indústria do petróleo e do gás.[28]

---

25. Vide artigo 149 da CRFB.
26. Artigo 9.º, XIII, da Lei 6.938/1981.
27. Registre-se que parte da doutrina restringe a tributação ambiental somente às exações cuja estrutura tenha ligação direta à preservação ambiental (dentro da formação da norma tributária), a exemplo do posicionamento respeitável de Heleno Taveira Tôrres (2005, p. 129-130), o que exclui do conceito a mera destinação de recursos tributários para causas ambientais.
28. Artigo 177, § 4.º, da CRFB.

Há uma grande discussão doutrinária acerca das espécies de tributos com função ambiental que poderão ser criadas à luz do Sistema Tributário Nacional, notadamente em razão do seu caráter analítico, que adentra em minúcias normalmente tratadas pela legislação ordinária da maioria das nações, mas que no Brasil se encontram consignadas na Constituição Federal.

Segundo HELENO TAVEIRA TÔRRES (2005, p. 103), adotando posição bastante restritiva, apenas o IPTU progressivo, as taxas, as contribuições de intervenção no domínio econômico, as compensações financeiras e as medidas administrativas de condicionamento de benefícios fiscais, isenções e outros ao atendimento de regras de natureza ambiental poderão se prestar à proteção ambiental.

A despeito dessa linha doutrinária, entende-se ser possível a instituição de outros tributos ambientais, em especial dos impostos, observadas as competências constitucionais dos entes políticos, bastando-se promover uma interpretação sistemática do Sistema Tributário Nacional com os artigos 225 e 170 da Lei Maior, que autorizam a tributação ecológica por meio do tratamento diferenciado conforme o impacto ambiental da atividade, visando a realização do direito fundamental ao meio ambiente ecologicamente equilibrado para as presentes e futuras gerações.

Desde os primórdios é consabido que a principal função dos tributos é arrecadar recursos para o custeio das despesas estatais, sendo denominada de finalidade *fiscal*, de grande importância ao meio ambiente, pois a maioria dos recursos públicos utilizados em prol da manutenção do seu equilíbrio advém da fiscalidade tributária.

Contudo, existem tributos cuja finalidade precípua não é fiscal, e sim *para* ou *extrafiscal*. De acordo com as lições do saudoso GERALDO ATALIBA (1999, p. 85), a *parafiscalidade* consiste "em a lei atribuir a titularidade de tributos a pessoas diversas do estado, que os arrecadam em benefício das próprias finalidades".

Na esfera ambiental, um ótimo exemplo de tributo parafiscal é a Taxa de Controle e Fiscalização Ambiental – TCFA, instituída pela União por meio da Lei 10.165/2000, em que a capacidade tributária ativa foi transferida ao IBAMA, sendo os recursos arrecadados pela referida autarquia federal afetados à utilização em atividades de controle e fiscalização ambiental.

Por seu turno, a função *extrafiscal* ou *regulatória* dos tributos se faz presente quando o Poder Público torna a arrecadação um instrumento de fomento ou inibição de condutas das pessoas físicas ou jurídicas para o atendimento de algum interesse público. Várias hipóteses de extrafiscalidade ambiental serão sinteticamente analisadas.

O **Estado do Amazonas**, ao promulgar pioneiramente a Lei 3.135/2007 (Política Estadual de Mudanças Climáticas), no seu artigo 15, adotou hipóteses de extrafiscalidade na incidência do **ICMS** e do **IPVA**, a fim de incentivar atividades que reduzam a poluição.

Deveras, via Decreto, poderá o Governador amazonense diferir, reduzir base de cálculo, isentar, dar crédito outorgado e outros incentivos fiscais relativos ao Imposto sobre Circulação de Mercadorias e Serviços – ICMS, nas seguintes operações: com biodigestores que contribuam para a redução da emissão de gases de efeito estufa; com biodiesel, inclusive insumos industriais e produtos secundários empregados na sua produção; de geração de energia baseada em queima de lixo etc.

Já o Imposto sobre Propriedade de Veículo Automotor – IPVA poderá ter isenção ou redução de base de cálculo nas seguintes hipóteses: que o veículo, mediante a adoção de sistemas ou tecnologias, comprovadamente reduzam, no mínimo, percentual definido em regulamento aplicado sobre suas emissões de gases de efeito estufa; mediante substituição do combustível utilizado por gás ou biodiesel, reduza, no mínimo, percentual definido em regulamento aplicado sobre suas emissões de gases de efeito estufa.

De seu turno, também o **Imposto Territorial Rural – ITR** tem nítida função extrafiscal constitucional, vez que será progressivo e terá suas alíquotas fixadas de forma a desestimular a manutenção de propriedades improdutivas.[29]

A extrafiscalidade ambiental do ITR também é constatada quando o legislador infraconstitucional excluiu da área tributável as de preservação permanente e de reserva legal; de interesse ecológico para a proteção dos ecossistemas, assim declaradas mediante ato do órgão competente; sob regime de servidão florestal ou ambiental e as cobertas por florestas nativas, primárias ou secundárias em estágio médio ou avançado de regeneração.[30]

Conquanto tenha predominante função fiscal, o **Imposto sobre a Propriedade Territorial Urbana – IPTU** é também regulatório, pois poderá ter alíquotas progressivas de acordo com a localização e o uso do imóvel,[31] a fim de servir de instrumento de coerção municipal para a realização da função social da propriedade urbana, conforme os ditames do Plano Diretor.

Infelizmente, a União ainda não agregou definitivamente ao **Imposto sobre Produtos Industrializados – IPI** regras gerais que fomentem as empresas a buscar meios de produção menos lesivos ao ambiente, com a incidência mais tênue do tributo, mas certamente será uma medida a ser adotada em pouco tempo, com os bons sinais dados recentemente.

Na crise econômica mundial, a desoneração do IPI na linha branca (geladeiras, fogões, máquinas de lavar roupa etc.) foi maior para os eletrodomésticos enquadrados no selo A do INMETRO, ou seja, aqueles que gastam menos energia, fato que demonstra a utilização dessa exação com finalidades protetivas ao meio ambiente, pois incentiva a produção e o consumo de produtos com menor dispêndio energético.

Essa medida transitória deveria ganhar caráter definitivo, não se resolvendo com o fim do abalo econômico, devendo, inclusive, ser expandida para todos os produtos, a exemplo da menor incidência do IPI para carros menos poluentes e a isenção para as bicicletas.

No mais, o adicional de 1%, 2% ou 3% que se destina ao custeio da aposentadoria especial e dos benefícios por incapacidade decorrentes de riscos ambientais do trabalho (**contribuição SAT**), incidente sobre a contribuição previdenciária de 20% devida pelas empresas sobre o total das remunerações devidas, pagas ou creditadas aos empregados e avulsos,[32] também tem nítida função extrafiscal e busca tutelar o **meio ambiente do trabalho**.

29. Artigo 153, § 4.º, I, da CRFB.

30. Artigo 10, § 1.º, II, da Lei 9.393/1996.

31. Artigo 156, § 1.º, da CRFB.

32. Artigo 22, II, da Lei 8.212/1991.

Deveras, essas alíquotas poderão ser alteradas com base nas estatísticas de acidentes de trabalho, a fim de estimular investimentos em prevenção de acidentes,[33] podendo ser majoradas em até 100% ou reduzidas em até 50%, conforme o desempenho da empresa em relação à sua atividade de enquadramento, no que concerne ao número de acidentes de trabalho, sua gravidade e custo à Previdência Social,[34] o que atende também ao Princípio da Equidade de Participação no Custeio da Seguridade Social.

O novo Código Florestal brasileiro, aprovado pela Lei 12.651/2012, também previu a tributação ambiental como importante instrumento de proteção da vegetação. O seu artigo 41, inciso II, "c" e "f", trouxe os seguintes instrumentos para a compensação das medidas de conservação das florestas:

- Dedução das Áreas de Preservação Permanente, de Reserva Legal e de uso restrito da base de cálculo do Imposto sobre a Propriedade Territorial Rural – ITR, gerando créditos tributários;
- Isenção de impostos para os principais insumos e equipamentos, tais como: fios de arame, postes de madeira tratada, bombas d'água, trado de perfuração de solo, dentre outros utilizados para os processos de recuperação e manutenção das Áreas de Preservação Permanente, de Reserva Legal e de uso restrito.

Demais disso, para financiar as atividades necessárias à regularização ambiental das propriedades rurais, o Programa de Apoio e Incentivo à Conservação do Meio Ambiente poderá prever a **dedução da base de cálculo do Imposto de Renda do proprietário ou possuidor de imóvel rural**, pessoa física ou jurídica, de parte dos gastos efetuados com a recomposição das Áreas de Preservação Permanente, de Reserva Legal e de uso restrito cujo desmatamento seja anterior a 22 de julho de 2008.

Outrossim, o Programa de Apoio e Incentivo à Conservação do Meio Ambiente estabelece **diferenciação tributária para empresas que industrializem ou comercializem produtos originários de propriedades ou posses rurais que cumpram os padrões e limites estabelecidos no novo CFlo**, ou que estejam em processo de cumpri-los.

A extrafiscalidade é um excelente caminho para a efetivação de inúmeros princípios ambientais, notadamente o do Desenvolvimento Sustentável, da Prevenção, da Precaução, do Poluidor-pagador, do Protetor-recebedor e da Função Socioambiental da Propriedade.

Deverá o Poder Público discriminar positivamente os agentes da economia que adotem técnicas compatíveis com o desenvolvimento econômico sustentável, por meio do uso de tecnologias menos agressivas aos recursos naturais, reduzindo proporcionalmente a carga tributária, o que permitirá o equilíbrio concorrencial, pois a empresa terá preços para competir no mercado, apesar do custo financeiro dos investimentos ambientais (*Princípio do Desenvolvimento Sustentável*).

Da mesma forma, os empreendedores que adotem espontaneamente novas medidas de prevenção (risco certo) ou de precaução (risco incerto) dos danos ambientais, além do mínimo

33. Artigo 22, § 3.º, da Lei 8.212/1991.
34. Vide artigo 202-A do Decreto 3.048/1999.

exigido pela legislação, deverão gozar de benefícios fiscais a título de incentivo e compensação (*Princípios da Prevenção e Precaução*).

Por sua vez, a extrafiscalidade dos tributos é uma das formas de fazer com que o poluidor internalize os custos sociais da degradação, pois a tributação deverá ser majorada proporcionalmente ao impacto ambiental causado (*Princípio do Poluidor-pagador*), assim como conceda benesses em favor daqueles que protegem o meio ambiente (*Princípio do Protetor-recebedor*).

Por fim, por intermédio especialmente do IPTU e do ITR, a tributação regulatória cumpre a sua função de velar pela realização da função socioambiental das propriedades urbanas e rurais, a exemplo da imposição de alíquotas progressivas às pessoas que não a cumprem.

O Imposto sobre Circulação de Mercadorias e Serviços – ICMS é uma exação fiscal de competência dos estados, que deverão repassar aos respectivos municípios 25% do produto de sua arrecadação, da seguinte maneira: 3/4, no mínimo, na proporção do valor adicionado nas operações relativas à circulação de mercadorias e nas prestações de serviços, realizadas em seus territórios; até 1/4, de acordo com o que dispuser lei estadual.[35]

Logo, dentro das cotas municipais do ICMS, o repasse de até 1/4 do produto da arrecadação será distribuído conforme dispuser a legislação estadual, de acordo com o que foi facultado pela Constituição Federal.

Em 1991, pioneiramente foi promulgada pelo Estado do Paraná a Lei Complementar 59, que dispõe sobre os critérios para a repartição de 5% do produto do ICMS aos municípios (note-se que poderia ter chegado a 1/4 de 25%, o que perfaz 6,25%), aduzindo em seu artigo 1.º:

> "Artigo 1.º São contemplados na presente lei, municípios que abriguem em seu território unidades **de conservação ambiental**, ou que sejam diretamente influenciados por elas, ou aqueles com **mananciais de abastecimento público**." (g.n.)

Essa medida vem sendo intitulada de "**ICMS ecológico**", apesar de ser apenas um critério de repasse de parte do produto do imposto, que não considera intrinsecamente questões ambientais na estrutura de sua incidência, tendo contribuindo decisivamente para o significativo aumento dos espaços territoriais especialmente protegidos no Paraná, na ordem de 160% entre 1991 e 2005.

Nesse sentido, no repasse de 5% da arrecadação total do ICMS, os municípios com mais unidades de conservação e mananciais de abastecimento público receberão mais recursos, que funcionam como forma de compensação, incentivo ambiental e pagamento pelos serviços ambientais.

Posteriormente, outros estados adotaram modelos bem semelhantes, a exemplo de São Paulo (1993), Minas Gerais (1995), Rondônia (1996) e Rio Grande do Sul (1998), mas cada um possui critérios ambientais próprios para o repasse de parcela do ICMS aos municípios.

Com efeito, é deveras importante que o Estado adote cada vez mais instrumentos que interfiram nas relações econômicas com o objetivo de efetivar o desenvolvimento sustentável, a fim de fomentar condutas benéficas ao meio ambiente e inibir ou proibir outras indesejáveis.

35. Vide artigo 157, parágrafo único, da CRFB.

Atualmente, **é inegável a natureza econômica de muitas normas ambientais**, que necessariamente refletem uma intervenção estatal na economia, chegando-se a afirmar a existência de um **Direito Ambiental Econômico**.

O *Direito Econômico* é a disciplina jurídica que regula a política econômica das nações, especialmente o modo de intervenção estatal na economia, ao passo que o *Direito Ambiental* rege as atividades humanas aptas a gerar a degradação ambiental, com o objetivo de controlar a poluição para mantê-la dentro dos padrões de tolerância da legislação, a fim de realizar a sustentabilidade, **ambos os ramos buscando o bem-estar das pessoas.**

Sucede que a produção econômica gera necessariamente a degradação do meio ambiente, pois os recursos da natureza são necessariamente captados e utilizados na atividade produtiva, assim como os resíduos sólidos e líquidos são descartados posteriormente no meio ambiente.

Assim, as normas do Direito Econômico e do Direito Ambiental devem estar afinadas, pois a política econômica de uma nação deverá primar pelo desenvolvimento da economia, realizando a justiça socioambiental, mas adotando cada vez mais tecnologias que reduzam a poluição, pois, em tese, é possível desenvolver a economia e reduzir os impactos ambientais, alcançando-se o tão sonhado desenvolvimento econômico sustentável. Sobre essa relação entre os citados ramos jurídicos, vale transcrever a doutrina de Cristiane Derani (2008, p. 57-58):

> "Direito econômico e ambiental não só se interceptam, como comportam, essencialmente, as mesmas preocupações, quais sejam: buscar a melhoria do bem-estar das pessoas e a estabilidade do processo produtivo. O que os distingue é uma diferença de perspectiva adotada pela abordagem dos diferentes textos normativos.
>
> O direito econômico visa a dar cumprimento aos preceitos da ordem econômica constitucional. Ou seja, a estrutura normativa construída sob a designação de direito econômico objetiva assegurar a todos existência digna, perseguindo a realização da justiça social (CF, art. 170, *caput*).
>
> O direito ambiental tem como tronco o direito ao meio ambiente ecologicamente equilibrado, passível de fruição por toda a coletividade (bem de uso comum do povo) (CF, art. 225, *caput*). Com fundamento nesse direito fundamental, desdobram-se as demais formas pertencentes ao ramo do chamado direito ambiental. A despeito da existência de dois fundamentos orientando a formação do direito econômico e direito ambiental, ambos almejam, em suma, atender àquele conjunto de atividades e estados humanos substantivados na expressão qualidade de vida".

2. JURISPRUDÊNCIA

▶ **STJ, INFORMATIVO 502 – AMBIENTAL. RESTRIÇÃO À ATIVIDADE ECONÔMICA. MADEIREIRA EXPLORADORA DE MOGNO.** A edição de norma que suspende o transporte, a comercialização e a exportação de madeira, bem como as autorizações para exploração e desmatamento têm efeito sobre a madeira já derrubada, sob pena de esvaziar o comando normativo do ato protetivo. O Min. Relator asseverou que, caso a Instrução Normativa n. 3/1998 do Ibama – que restringiu a exploração de mogno – não pudesse ter o alcance por ela definido, deveria ser reconhecida sua parcial ilegalidade e inconstitucionalidade, pois o transporte, a comercialização e a exportação pressupõem logicamente que a madeira já esteja derrubada. Pelo contrário, a referida instrução normativa embasou-se no art. 14, *b*, da Lei n. 4.771/1965 e nos arts. 225, § 1º, V e VII, da CF. Ademais, os atos da Administração tendentes a proteger o ambiente, tal como a restrição à atividade econômica desenvolvida pela madeireira, devem ser plenamente aceitos, dada a previsão do art. 170, VI, da CF. REsp 1.183.279-PA, Rel. Min. Humberto Martins, julgado em 16.08.2012.

Processo

AgInt no AREsp 1723597/SP

AGRAVO INTERNO NO AGRAVO EM RECURSO ESPECIAL 2020/0162489-2

Relator(a)

Ministro HERMAN BENJAMIN (1132)

Órgão Julgador

T2 – SEGUNDA TURMA

Data do Julgamento

29/03/2021

Data da Publicação/Fonte

DJe 06/04/2021

Ementa

TRIBUTÁRIO, AMBIENTAL E URBANÍSTICO. IPTU. EMBARGOS À EXECUÇÃO FISCAL. ART. 32 DO CÓDIGO TRIBUTÁRIO NACIONAL. LIMITAÇÃO AMBIENTAL AO DIREITO DE PROPRIEDADE. ÁREA DE PRESERVAÇÃO PERMANENTE. IMPOSSIBILIDADE ABSOLUTA DE USO DA TOTALIDADE DO BEM PELO PROPRIETÁRIO. IMPACTOS TRIBUTÁRIOS DA NATUREZA NON AEDIFICANDI DE IMÓVEL URBANO. DIREITO TRIBUTÁRIO NO ESTADO DE DIREITO AMBIENTAL. PRINCÍPIO POLUIDOR-PAGADOR. EXTERNALIDADES AMBIENTAIS NEGATIVAS. NECESSIDADE DE REVOLVIMENTO DO CONJUNTO FÁTICO-PROBATÓRIO. IMPOSSIBILIDADE. SÚMULA 7/STJ.

1. Segundo o Tribunal de Justiça de São Paulo, "o bem de propriedade do apelante se localiza em Área de Preservação Permanente (APP), de declividade e nascentes, bem como de vegetação de Mata Atlântica em estágio médio de regeneração, servindo de refúgio para espécies em extinção, impedindo-se, assim, seu uso e gozo e, por consequência, tais restrições ambientais descaracterizariam a incidência do IPTU, que vem sendo cobrado pela Municipalidade de Serra Negra". Acrescenta que, consoante o laudo pericial, as limitações ambientais "resultam na inexequibilidade absoluta de uso pelo autor, não possuindo, portanto, qualquer edificação".

2. Quanto à questão jurídica de fundo propriamente debatida, afirma o Tribunal: "No que tange aos lançamentos de IPTU, cumpre elucidar que, em regra, o fato de estar, o imóvel, localizado em área de preservação permanente (APP), por si só, não afasta a incidência do tributo, vez que, ainda que existam algumas restrições ao direito de propriedade decorrentes do aspecto ambiental da função social da propriedade (limitação administrativa), é certo que, em geral, não há impossibilidade absoluta de uso e gozo da propriedade/posse, a não ser que haja comprovação nos autos do contrário. Foi o que ocorreu no caso."

3. O acórdão recorrido está lastreado em prova pericial, o que impõe a aplicação da Súmula 7/STJ.

4. Ainda que se considerasse superado o óbice dessa súmula, a irresignação não mereceria prosperar. Nos termos do art. 32, caput, do CTN, o IPTU "tem como fato gerador a propriedade, o domínio útil ou a posse de bem imóvel" na zona urbana. Leitura apressada do dispositivo poderia transmitir a equivocada impressão de serem redondamente estranhas considerações acerca de fundamentos ético-jurídicos subjacentes à conformação legal do IPTU, como a concreta impossibilidade de explorabilidade econômica lato sensu da inteireza e não de parcela do imóvel, em razão de restrições estatais (urbanísticas, ambientais, sanitárias, de segurança).

5. Como regra, limitação urbanística, ambiental, sanitária ou de segurança – de caráter geral e que recaia sobre o direito de explorar e construir, v. g., gabarito das edificações, recuo de prédios, espaços verdes, Áreas de Preservação Permanente – não enseja desapropriação indireta e não acarreta dever do Estado de indenizar, mesmo quando a condição non aedificandi venha a abranger, de ponta a ponta, o bem em questão, p. ex., aquele derivado de subdivisões sucessivas ou adquirido após o advento da restrição. Contudo, tal negativa de ressarcimento, apurada à luz do Direito das Obrigações

e da principiologia de regência do Direito Público, não equivale a pintar de irrelevância jurídica – para fins tributários e de conformação do fato gerador do imposto – a realidade de total, rematada e incontroversa afetação do imóvel a utilidade pública. Ou seja, o titular de domínio (ou de fração dele) de área non aedificandi, apesar de não fazer jus à indenização pela intervenção estatal, merece ser exonerado do IPTU exatamente por conta desse ônus social, se, repita-se, cabal e plenamente inviabilizado o direito de construir no imóvel ou de usá-lo econômica e diretamente na sua integralidade.

6. Sobre a relação entre IPTU e Área de Preservação Permanente, o STJ já se pronunciou em outras oportunidades: "A restrição à utilização da propriedade referente a Área de Preservação Permanente em parte de imóvel urbano (loteamento) não afasta a incidência do Imposto Predial e Territorial Urbano, uma vez que o fato gerador da exação permanece íntegro, qual seja, a propriedade localizada na zona urbana do município. Cuida-se de um ônus a ser suportado, o que não gera o cerceamento total da disposição, utilização ou alienação da propriedade, como ocorre, por exemplo, nas desapropriações. Aliás, no caso dos autos, a limitação não tem caráter absoluto, pois poderá haver exploração da área mediante prévia autorização da Secretaria do Meio Ambiente do município" (REsp 1.128.981/SP, Rel. Min. Benedito Gonçalves, Primeira Turma, DJe 25/3/2010, grifo acrescentado). Em sentido assemelhado: "não se pode confundir propriedade com restrição administrativa, pois esta não afasta o fato gerador do imposto e a titularidade para efeitos de tributação" (REsp 1.801.830/PR, Rel. Min. Herman Benjamin, Segunda Turma, DJe 21/05/2019). Comparando a situação do ITR e do IPTU, confira-se: "o não pagamento da exação deve ser debatida à luz da isenção e da base de cálculo, a exemplo do que se tem feito no tema envolvendo o ITR sobre áreas de preservação permanente, pois, para esta situação, há lei federal regulando a questão. (artigo 10, § 1º, II, 'a' e 'b', da Lei 9.393/96)." (AgRg no REsp 1.469.057/AC, Rel. Min. Mauro Campbell Marques, Segunda Turma, DJe 20/10/2014). A jurisprudência do STJ, todavia, não há de ser lida como recusa de ponderar, na análise do fato gerador do IPTU e de outros tributos, eventual constrição absoluta de cunho ambiental, urbanístico, sanitário ou de segurança sobreposta sobre 100% do bem. Cobrança de tributo sobre imóvel intocável ope legis e, por isso, economicamente inaproveitável, flerta com confisco dissimulado.

7. O Direito Tributário deve ser amigo, e não adversário, da proteção do meio ambiente. A "justiça tributária" necessariamente abarca preocupações de sustentabilidade ecológica, abrigando tratamento diferenciado na exação de tributos, de modo a dissuadir ou premiar comportamento dos contribuintes que, adversa ou positivamente, impactem o uso sustentável dos bens ambientais tangíveis e intangíveis.

8. No Estado de Direito Ambiental, sob o pálio sobretudo, mas não exclusivamente, do princípio poluidor-pagador, tributos despontam, ao lado de outros instrumentos econômicos, como um dos expedientes mais poderosos, eficazes e eficientes para enfrentar a grave crise de gestão dos recursos naturais que nos atormenta. Sob tal perspectiva, cabe ao Direito Tributário – cujo campo de atuação vai, modernamente, muito além da simples arrecadação de recursos financeiros estáveis e previsíveis para o Estado – identificar e enfrentar velhas ou recentes práticas nocivas às bases da comunidade da vida planetária. A partir daí, dele se espera, quer autopurificação de medidas de incentivo a atividades antiecológicas e de perpetuação de externalidades ambientais negativas, quer desenho de mecanismos tributários inéditos, sensíveis a inquietações e demandas de sustentabilidade, capazes de estimular inovação na produção, circulação e consumo da nossa riqueza natural, assim como prevenir e reparar danos a biomas e ecossistemas. Um esforço concertado, portanto, que envolve, pelos juízes, revisitação e releitura de institutos tradicionais da disciplina e, simultaneamente, pelo legislador, alteração da legislação tributária vigente.

9. Agravo Interno não provido.

3. QUESTÕES DE CONCURSOS

01. (FGV – 2008 – TJ-PA – Juiz) A defesa do meio ambiente é um dos princípios gerais da atividade econômica e deve ser observada inclusive mediante tratamento diferenciado para produtos e serviços em razão do impacto ambiental decorrente de sua produção ou execução.

02. (FCC – 2014 – Prefeitura de Cuiabá – MT – Procurador Municipal) A ordem econômica tem por princípio a defesa do meio ambiente, a qual será concretizada

a) pela implementação técnica dos processos produtivos.

b) de forma igualitária, independentemente da atividade exercida.

c) por meio de ações sociais voltadas ao desenvolvimento econômico da população.

d) mediante tratamento diferenciado conforme o impacto ambiental dos produtos e serviços e de seus processos de elaboração e prestação.

e) mediante plano de ação econômica com diretrizes estabelecidas para a utilização de recursos naturais segundo a demanda do mercado consumidor.

03. (TRF 5.ª Região 2011/Juiz Federal/CESPE) O direito ambiental é dotado de instrumentos que o capacitam a atuar na ordem econômica, e, nesse sentido, a PNMA visa, entre outros objetivos, assegurar adequado padrão de desenvolvimento socioeconômico ao país.

04. (TRF 5.ª Região 2011/Juiz Federal/CESPE) Ainda que a CF não considere expressamente a defesa do meio ambiente como princípio que rege a atividade econômica, a livre iniciativa somente pode ser praticada observadas as regras constitucionais que tratam do tema.

05. (TRF 2.ª Região 2009/Juiz Federal/CESPE) Segundo Cristiane Derani, os fatores natureza, trabalho e capital compõem a tríade fundamental para o desenvolvimento da atividade econômica. Isso seria o bastante para justificar a indissociabilidade entre direito econômico e direito ambiental. Contudo, existe outro ponto, tão ou mais forte que este, qual seja,

A) as finalidades de ambos os ramos do direito coincidem, posto que propugnam pelo aumento do bem-estar ou qualidade de vida individual e coletiva.

B) a real compatibilização entre o econômico e o ecológico, na perspectiva de uma sociedade pós-industrial, só pode ocorrer quando aquele deixar de exercer supremacia sobre o segundo, o que só será possível por meio de rigoroso controle demográfico nos países periféricos.

C) ambos os ramos do direito estão hoje incorporados ao direito financeiro, sendo por isso que se busca a contabilização dos recursos ambientais.

D) a finalidade de ambos é a manutenção do modo de produção capitalista, pois a demagogia que sustenta o discurso ambientalista, bem como as premissas de uma economia globalizada, são reflexos da ideologia dominante: o neoliberalismo.

E) ambos buscam impor limites ao desenvolvimento e progresso social das nações periféricas, propiciando melhores condições de vida e acesso aos recursos ambientais escassos aos países desenvolvidos.

GAB	01	CERTO	02	D	03	CERTO	04	ERRADO	05	A

Art. 176. As jazidas, em lavra ou não, e demais recursos minerais e os potenciais de energia hidráulica constituem propriedade distinta da do solo, para efeito de exploração ou aproveitamento, e pertencem à União, garantida ao concessionário a propriedade do produto da lavra.

§ 1º A pesquisa e a lavra de recursos minerais e o aproveitamento dos potenciais a que se refere o "caput" deste artigo somente poderão ser efetuados mediante autorização ou concessão da União, no interesse nacional, por brasileiros ou empresa constituída sob as leis brasileiras e que tenha sua sede e administração no País, na forma da lei, que estabelecerá as condições específicas quando essas atividades se desenvolverem em faixa de fronteira ou terras indígenas.

§ 2º É assegurada participação ao proprietário do solo nos resultados da lavra, na forma e no valor que dispuser a lei.

§ 3º A autorização de pesquisa será sempre por prazo determinado, e as autorizações e concessões previstas neste artigo não poderão ser cedidas ou transferidas, total ou parcialmente, sem prévia anuência do poder concedente.

§ 4º Não dependerá de autorização ou concessão o aproveitamento do potencial de energia renovável de capacidade reduzida.

1. COMENTÁRIOS

Desde a Constituição brasileira de 1934 a propriedade dos recursos minerais é distinta da do solo. Hoje, nos moldes do artigo 20, IX, da Constituição de 1988, são bens da União os recursos minerais, inclusive os do subsolo, garantindo-se ao concessionário a propriedade do produto da lavra (artigo 176).

A regra geral é a competência legiferante concorrente entre as entidades políticas sobre proteção ao meio ambiente. Contudo, **quando o tema for minas, jazidas, outros recursos minerais ou metalurgia, competirá privativamente à União legislar**, consoante determina o artigo 22, XII, da CRFB.

O Decreto-lei 227/1967 (Código de Mineração) diferencia mina de jazida, mas não em razão da morfologia, e sim pela exploração.

Com efeito, de acordo com o artigo 4º, do CM, "considera-se **jazida** toda massa individualizada de substância mineral ou fóssil, aflorando à superfície ou existente no interior da terra, e que tenha valor econômico; e **mina**, a jazida em lavra, ainda que suspensa".

Por sua vez, as minas ainda se subdividem em **manifestadas** (em lavra, ainda que transitoriamente suspensa em 16 de julho de 1934, e que tenha sido manifestada na conformidade do artigo 10 do Decreto 24.642, de 10 de julho de 1934, e da Lei 94, de 10 de dezembro de 1935) e **concedidas** (quando o direito de lavra é outorgado pelo Ministro de Estado de Minas e Energia), conforme o artigo 6º do CM.

As jazidas eram classificadas em nove classes pelo artigo 5º, do CM, mas a Lei 9.314/1996 revogou este dispositivo. Contudo, como se verá adiante, existem resoluções do CONAMA que disciplinam o licenciamento ambiental das atividades minerárias que fazem remissão a essa classificação.

Inicialmente, vale registrar que a legislação minerária sofreu significativa reforma normativa no ano de 2017, através da edição da **Medida Provisória 791 (convertida na Lei 13.575/2017) e 790, esta última caducando por ausência de votação.** Posteriormente, diversas modificações no Código de Mineração foram feitas pela Lei 14.066/2020.

Inclusive, o DNPM foi extinto e foi constituída **Agência Nacional de Mineração – ANM**, integrante da administração pública federal indireta, submetida a regime autárquico especial e vinculada ao Ministério de Minas e Energia, que tem como finalidade implementar as políticas nacionais para as atividades integrantes do setor de mineração, compreendidas a normatização, a gestão de informações e a fiscalização do aproveitamento dos recursos minerais no País.

Dentre outras competências, **caberá à ANM** implementar a política nacional para as atividades de mineração e estabelecer normas e padrões para o aproveitamento dos recursos minerais, observadas as políticas de planejamento setorial definidas pelo Ministério de Minas e Energia e as melhores práticas da indústria de mineração.

Ademais, deverá requisitar, guardar e administrar os dados e as informações sobre as atividades de pesquisa e lavra, produzidos por titulares de direitos minerários, incluídas as informações relativas às operações de produção, comercialização, importação, exportação, beneficiamento, transporte e armazenagem e gerir os direitos e os títulos minerários para fins de aproveitamento de recursos minerais.

Irá também fiscalizar a atividade de mineração, adotar medidas acautelatórias, como de interdição e de paralisação, e impor as sanções cabíveis e expedir os títulos minerários e os demais atos referentes à execução da legislação minerária, **salvo os títulos de competência do Ministério de Minas e Energia que são os seguintes:**

> I – decidir requerimentos de lavra e outorgar concessões de lavra;
>
> II – declarar a caducidade e a nulidade de concessões de lavra e manifestos de mina; e
>
> III – conceder anuência prévia aos atos de cessão ou transferência de concessões de lavra e manifestos de mina, conforme estabelecido no § 3º do art. 176 da Constituição.

De acordo com o artigo 176, da CRFB, a pesquisa e a lavra dos recursos minerais dependem de autorização ou concessão da União, no interesse nacional, em favor de brasileiros ou pessoas jurídicas nacionais, assegurando-se ao proprietário a participação nos resultados.

Com efeito, está pontificado no artigo 11, "b", § 1º, do CM, que a participação do proprietário nos resultados da lavra será "cinquenta por cento do valor total devido aos Estados, Distrito Federal, Municípios e órgãos da administração direta da União, a título de compensação financeira pela exploração de recursos minerais, conforme previsto no *caput* do artigo 6º da Lei 7.990, de 29.12.1989, e no artigo 2º da Lei 8.001, de 13.03.1990".

Ainda conforme o citado dispositivo da Lei Maior, a autorização para a realização de pesquisa terá sempre prazo determinado, devendo a cessão ou transferência de autorizações e concessões passar por prévia anuência do poder concedente, ou seja, a princípio, são personalíssimas.

Nos termos do artigo 43, do ADCT, na data da promulgação de lei que discipline a pesquisa e a lavra de recursos e jazidas minerais, ou no prazo de um ano, ficarão sem efeito as autorizações, concessões e demais títulos atributivos de direitos minerários, nas hipóteses de os trabalhos de pesquisa ou lavra não terem sido comprovadamente iniciados nos prazos legais e estejam inativos.

Nesse sentido, após um ano, foi editada a Lei 7.866, de 20.11.1989, que declarou a ineficácia acima descrita retroativa a 05.11.1989, sem exceção.

São possíveis a pesquisa e a lavra de recursos minerais em **terras indígenas**, na forma do artigo 231, § 3º, da CRFB, desde que haja autorização do Congresso Nacional, ouvidas as comunidades, assegurando-se a sua participação no resultado da lavra.

Os recursos minerais poderão ser aproveitados mediante **autorização de pesquisa, concessão de lavra, permissão de lavra garimpeira, licenciamento e regime de monopolização**, nos termos do artigo 2º do CM.

Nos termos da Lei 14.066/2020, a **atividade de mineração** abrange a pesquisa, a lavra, o desenvolvimento da mina, o beneficiamento, o armazenamento de estéreis e rejeitos e o transporte e a comercialização dos minérios, mantida a responsabilidade do titular da concessão diante das obrigações do Código de Mineração até o fechamento da mina, que deverá ser obrigatoriamente convalidado pelo órgão regulador da mineração e pelo órgão ambiental licenciado.

A atividade de mineração inclui:

> I – a responsabilidade do minerador pela prevenção, mitigação e compensação dos impactos ambientais decorrentes dessa atividade, contemplando aqueles relativos ao bem-estar das comunidades envolvidas e ao desenvolvimento sustentável no entorno da mina;
>
> II – a preservação da saúde e da segurança dos trabalhadores;
>
> III – a prevenção de desastres ambientais, incluindo a elaboração e a implantação do plano de contingência ou de documento correlato; e
>
> IV – a recuperação ambiental das áreas impactadas.

Já o artigo 59 do CM instituiu uma servidão administrativa incidente sobre o solo e o subsolo nas propriedades onde se situam a pesquisa ou lavra, bem como nas vizinhas.

A ***autorização de pesquisa*** depende de prévia outorga da ANM, **consistindo na execução dos trabalhos necessários à definição da jazida, à sua avaliação e à determinação da exequibilidade preliminar do seu aproveitamento econômico.**

Já a ***concessão de lavra*** depende de ato do Ministério de Minas e Energia (portaria), compreendendo **o conjunto de operações coordenadas objetivando o aproveitamento industrial da jazida, desde a extração das substâncias minerais úteis que contiver, até o beneficiamento das mesmas.**

A outorga da lavra exige que a jazida esteja pesquisada, com relatório aprovado pela ANM, bem como a área de lavra ser adequada à condução técnico-econômica dos trabalhos de extração e beneficiamento, respeitados os limites da área de pesquisa.

Não haverá lavra se esta for considerada prejudicial ao bem público ou comprometer interesses que superem a utilidade da exploração industrial, a juízo do Governo. Será considerada *ambiciosa* a lavra conduzida de modo a comprometer o ulterior aproveitamento econômico da jazida.

O titular de concessão de lavra deverá cumprir as obrigações previstas no Código de Mineração e na legislação ambiental pertinente, incluídas a recuperação do ambiente degradado e a responsabilização civil, no caso de danos a terceiros decorrentes das atividades de mineração, sem prejuízo das sanções administrativas e penais.

A recuperação do ambiente degradado deverá abarcar, entre outros, o fechamento da mina e o descomissionamento de todas as instalações, incluídas barragens de rejeitos, de acordo com a legislação vigente.

Por sua vez, garimpagem (*lato sensu*) abarca a garimpagem, a faiscação e a cata, dependendo de permissão do Governo Federal, sendo modalidades rudimentares de mineração, de índole individual e por conta própria.

De acordo com o artigo 10 da Lei 7.805/1989, considera-se ***garimpagem*** em sentido amplo "a atividade de aproveitamento de substâncias minerais garimpáveis, executadas no interior de áreas estabelecidas para este fim, exercida por brasileiro, cooperativa de garimpeiros, autorizada a funcionar como empresa de mineração, sob o regime de permissão de lavra garimpeira".

Esses institutos são diferenciados pelo artigo 70 do CM:

> "I – garimpagem (*stricto sensu*), o trabalho individual de quem utilize instrumentos rudimentares, aparelhos manuais ou máquinas simples e portáveis, na extração de pedras preciosas, semipreciosas e minerais metálicos ou não metálicos, valiosos, em depósitos de eluvião ou aluvião, nos álveos de cursos d'água ou nas margens reservadas, bem como nos depósitos secundários ou chapadas (grupiaras), vertentes e altos de morros; depósitos esses genericamente denominados garimpos.
>
> II – faiscação, o trabalho individual de quem utilize instrumentos rudimentares, aparelhos manuais ou máquinas simples e portáteis, na extração de metais nobres nativos em depósitos de eluvião ou aluvião, fluviais ou marinhos, depósitos esses genericamente denominados faisqueiras; e,
>
> III – cata, o trabalho individual de quem faça, por processos equiparáveis aos de garimpagem e faiscação, na parte decomposta dos afloramentos dos filões e veeiros, a extração de substâncias minerais úteis, sem o emprego de explosivos, e as apure por processos rudimentares".

Essa permissão depende da aquiescência do proprietário da área, que ajustará a contribuição do garimpeiro, não podendo exceder os impostos devidos, vedando-se, em regra, esse instrumento em áreas já objeto de autorização de pesquisa ou concessão de lavra.

O artigo 78 do CM aduz que por razões de ordem pública ou em casos de malbaratamento de riquezas minerais, poderá o Ministério de Minas e Energia, por proposta da ANM, determinar o fechamento de certas áreas de garimpagem ou excluir determinados minérios.

O regime de *permissão da lavra garimpeira* também é regulado pela Lei 7.805/1989, a ser outorgada da ANM, pelo prazo de até cinco anos (renovável), sendo o título pessoal e não podendo a área extrapolar a 50 ha, salvo se outorgada a cooperativa.

Considera-se o **regime de permissão de lavra garimpeira** como o aproveitamento imediato de jazimento mineral que, por sua natureza, dimensão, localização e utilização econômica, possa ser lavrado, *independentemente de prévios trabalhos de pesquisa*, segundo critérios fixados pelo Departamento Nacional de Produção Mineral, a teor do artigo 1º da Lei 7.805/1989.

Excepcionalmente, o artigo 7º dessa Lei possibilita a outorga de permissão garimpeira em área de manifesto de mina ou de concessão de lavra, a critério da ANM, se for possível a compatibilização de ambos os regimes.

Os recursos minerais também poderão ser aproveitados pelo *regime de licenciamento*, regulado pela Lei 6.567/1978, que se limita a substâncias minerais em áreas restritas, sendo facultado exclusivamente ao proprietário do solo ou a quem dele tiver expressa autorização, dispensando a pesquisa mineral.

Poderão ser objeto de licenciamento o aproveitamento de areias, cascalhos e saibros para utilização imediata na construção civil, no preparo de agregados e argamassas, desde que não sejam submetidos a processo industrial de beneficiamento, nem se destinem como matéria-prima à indústria de transformação; rochas e outras substâncias minerais, quando aparelhadas para paralelepípedos, guias, sarjetas, moirões e afins; argilas para indústrias diversas ; rochas, quando britadas para uso imediato na construção civil; os calcários empregados como corretivo de solo na agricultura; rochas ornamentais e de revestimento e carbonatos de cálcio e de magnésio empregados em indústrias diversas (rol ampliado pela Lei 13.975/2020)

O descumprimento das obrigações decorrentes das autorizações de pesquisa, das permissões de lavra garimpeira, das concessões de lavra e do licenciamento previsto no Código de Mineração, dependendo da infração, poderá gerar as seguintes sanções:

I – advertência;

II – multa;

III – caducidade do título;

IV – multa diária;

V – apreensão de minérios, bens e equipamentos; ou

VI – suspensão temporária, total ou parcial, das atividades de mineração.

A aplicação das penalidades de advertência, multa, multa diária, apreensão de minérios, bens e equipamentos e suspensão temporária das atividades de mineração compete à Agência Nacional de Mineração (ANM), e a aplicação de caducidade do título, ao Ministro de Estado de Minas e Energia.

A multa variará de R$ 2.000,00 (dois mil reais) a R$ 1.000.000.000,00 (um bilhão de reais), segundo a gravidade da infração.

Será declarada a caducidade da autorização de pesquisa, ou da concessão de lavra, desde que verificada quaisquer das seguintes infrações:

a) caracterização formal do abandono da jazida ou mina;

b) não cumprimento dos prazos de início ou reinício dos trabalhos de pesquisa ou lavra, apesar de advertência e multa;

c) prática deliberada dos trabalhos de pesquisa em desacordo com as condições constantes do título de autorização, apesar de advertência ou multa;

d) prosseguimento de lavra ambiciosa[36] ou de extração de substância não compreendida no Decreto de Lavra, apesar de advertência e multa; e,

e) não atendimento de repetidas observações da fiscalização, caracterizado pela terceira reincidência, no intervalo de 1 (hum) ano, de infrações com multas.

36. Considera-se ambiciosa, a lavra conduzida sem observância do plano preestabelecido, ou efetuada de modo a impossibilitar o ulterior aproveitamento econômico da jazida.

Em qualquer hipótese de extinção ou caducidade da concessão minerária, o concessionário fica obrigado a:

> I – remover equipamentos e bens e arcar integralmente com os custos decorrentes dessa remoção;
>
> II – reparar ou indenizar os danos decorrentes de suas atividades; e
>
> III – praticar os atos de recuperação ambiental determinados pelos órgãos e entidades competentes.

Outrossim, aplica-se a penalidade de caducidade da concessão quando ocorrer significativa degradação do meio ambiente ou dos recursos hídricos, bem como danos ao patrimônio de pessoas ou comunidades, em razão do vazamento ou rompimento de barragem de mineração, por culpa ou dolo do empreendedor, sem prejuízo à imposição de multas e à responsabilização civil e penal do concessionário.

Jazida	Toda massa individualizada de substância mineral ou fóssil, aflorando à superfície ou existente no interior da terra, e que tenha valor econômico.
Mina	A jazida em lavra, ainda que suspensa.
Lavra	O conjunto de operações coordenadas objetivando o aproveitamento industrial da jazida, desde a extração das substâncias minerais úteis que contiver, até o beneficiamento das mesmas.
Pesquisa Mineral[1]	A execução dos trabalhos necessários à definição da jazida, sua avaliação e a determinação da exequibilidade do seu aproveitamento econômico.
Garimpagem (Sentido Amplo)	A atividade de aproveitamento de substâncias minerais garimpáveis, executadas no interior de áreas estabelecidas para este fim, exercida por brasileiro, cooperativa de garimpeiros, autorizada a funcionar como empresa de mineração, sob o regime de permissão de lavra garimpeira.
Garimpagem (Sentido Estrito)	O trabalho individual de quem utilize instrumentos rudimentares, aparelhos manuais ou máquinas simples e portáveis, na extração de pedras preciosas, semipreciosas e minerais metálicos ou não metálicos, valiosos, em depósitos de eluvião ou aluvião, nos álveos de cursos d'água ou nas margens reservadas, bem como nos depósitos secundários ou chapadas (grupiaras), vertentes e altos de morros; depósitos esses genericamente denominados garimpos.
Faiscação	O trabalho individual de quem utilize instrumentos rudimentares, aparelhos manuais ou máquinas simples e portáteis, na extração de metais nobres nativos em depósitos de eluvião ou aluvião, fluviais ou marinhos, depósitos esses genericamente denominados faisqueiras.
Cata	O trabalho individual de quem faça, por processos equiparáveis aos de garimpagem e faiscação, na parte decomposta dos afloramentos dos filões e veeiros, a extração de substâncias minerais úteis, sem o emprego de explosivos, e as apure por processos rudimentares.
Permissão de Lavra Garimpeira	O aproveitamento imediato de jazimento mineral que, por sua natureza, dimensão, localização e utilização econômica, possa ser lavrado, independentemente de prévios trabalhos de pesquisa, segundo critérios fixados pelo Departamento Nacional de Produção Mineral.

A Lei 7.990/89, alterada pela Medida Provisória 789/2017 convertida na **Lei 13.540/2017**, assegura o pagamento de compensação financeira decorrente do aproveitamento de recursos minerais em favor dos estados, Distrito Federal e municípios, em regulamentação ao artigo 20, §1º[37], da Constituição de 1988.

A exploração de recursos minerais ensejará o recolhimento da Compensação Financeira pela Exploração de Recursos Minerais – CFEM[38], nos termos do art. 20, § 1º, da Constituição, quando:

I – da primeira saída por venda de bem mineral[39];

II – do ato de arrematação, nos casos de bem mineral adquirido em hasta pública;

III – do ato da primeira aquisição de bem mineral extraído sob o regime de permissão de lavra garimpeira; e

IV – do consumo[40] de bem mineral.

Os rejeitos e estéreis decorrentes da exploração de áreas objeto de direitos minerários que possibilitem a lavra, na hipótese de comercialização, serão considerados como bem mineral para fins de recolhimento de CFEM.

O artigo 2º, IX, da Resolução CONAMA 01/1986, que disciplina o EIA-RIMA, elenca a atividade de extração de minérios como causadora de significativa degradação ambiental, sendo obrigatória a prévia realização do referido estudo ambiental.

A extração de recursos minerais é regulada pela Resolução CONAMA 09/1990, salvo os minérios da classe II, disciplinada pela Resolução CONAMA 10/1990. Já foi dito que a classificação das jazidas em nove classes feita pelo artigo 5º, do CM, foi revogada pela Lei 9.314/1996, mas deve ser aplicada neste caso, em razão da sua ultra-atividade.

De acordo com a Resolução CONAMA 09/1990, **a pesquisa mineral demandará prévio licenciamento ambiental quando demandar guia de utilização**, devendo o empreendedor requerer a licença de operação e apresentar plano de pesquisa mineral, com a avaliação do impacto ambiental e as medidas mitigadoras a serem adotadas.

Na hipótese de lavra, **salvo a garimpeira**, deverá submeter seu pedido de licenciamento ambiental ao órgão estadual de meio ambiente ou ao IBAMA, quando couber, prestando todas as informações técnicas sobre o respectivo empreendimento, conforme prevê a legislação ambiental vigente.

---

37. § 1º É assegurada, nos termos da lei, aos Estados, ao Distrito Federal e aos Municípios, bem como a órgãos da administração direta da União, participação no resultado da exploração de petróleo ou gás natural, de recursos hídricos para fins de geração de energia elétrica e de outros recursos minerais no respectivo território, plataforma continental, mar territorial ou zona econômica exclusiva, ou compensação financeira por essa exploração.
38. Antes da MP 789/2017, a compensação era fixada em até 3% (três por cento) sobre o valor do faturamento líquido resultante da venda do produto mineral, obtido após a última etapa do processo de beneficiamento adotado e antes de sua transformação industrial. Agora não há valor legal prefixado.
39. Substância mineral já lavrada após a conclusão de seu beneficiamento, quando for o caso.
40. A utilização de bem mineral pelo detentor do direito minerário, a qualquer título, em processo que importe na obtenção de nova espécie.

Deveras, a Licença Prévia deverá ser requerida ao órgão ambiental competente, ocasião em que o empreendedor deverá apresentar os Estudos de Impacto Ambiental com o respectivo Relatório de Impacto Ambiental, conforme Resolução CONAMA 01/1986, e demais documentos necessários.

Já a Licença de Instalação deverá ser requerida ao órgão ambiental competente, ocasião em que o empreendedor deverá apresentar o Plano de Controle Ambiental – PCA, que conterá os projetos executivos de minimização dos impactos ambientais avaliados na fase da LP, acompanhado dos demais documentos necessários.

A concessão da Portaria de lavra ficará condicionada à apresentação à ANM, por parte do empreendedor, da Licença de Instalação, sendo que após a obtenção da Portaria de lavra e a implantação dos projetos constantes do PCA, aprovados quando da concessão da Licença de Instalação, o empreendedor deverá requerer a Licença de Operação, apresentando a documentação necessária.

Por seu turno, a Resolução CONAMA 10/1990 regula a exploração dos minérios classe II (jazidas de substâncias minerais de emprego imediato na construção civil; as argilas empregadas no fabrico de cerâmica vermelha e de calcário dolomítico empregado como corretivo de solos na agricultura), em que é possível dispensar o EIA-RIMA, de acordo com a natureza, localização, porte e demais especificidades da lavra, devendo-se apresentar neste caso um RCA – Relatório de Controle Ambiental.

Por fim, o artigo 3º, da Lei 7.805/1989, exige prévio licenciamento ambiental para a outorga de permissão de lavra garimpeira.

A extração de recursos minerais é uma atividade altamente impactante ao meio ambiente, pois é preciso o desmate da vegetação para a sua extração. Em razão disso, o legislador constituinte expressou sua preocupação no § 2º, do artigo 225, da CRFB, ao exigir expressamente do poluidor a recuperação do meio ambiente degradado, de acordo com a solução técnica exigida pelo órgão público competente, na forma da lei.

Assim, pontifica o artigo 1º, do Decreto 97.632/1989, que "os empreendimentos que se destinam à exploração de recursos minerais deverão, quando da apresentação do Estudo de Impacto Ambiental – EIA e do Relatório de Impacto Ambiental – RIMA, submeter à aprovação do órgão ambiental competente, plano de recuperação de área degradada".

Aliás, conforme será aprofundado no Capítulo 22, é crime ambiental comissivo por omissão, de acordo com o parágrafo único do art. 55 da Lei 9.605/1998, deixar de recuperar a área pesquisada ou explorada, nos termos da autorização, permissão, licença, concessão ou determinação do órgão competente.

Nos termos da Lei 14.066/2020, a recuperação do ambiente degradado deverá abarcar, entre outros, o fechamento da mina e o descomissionamento de todas as instalações, incluídas barragens de rejeitos, de acordo com a legislação vigente.

Ademais, na hipótese de o concessionário praticar atividades de lavra, de beneficiamento ou de armazenamento de minérios, ou de disposição de estéreis ou de rejeitos em condições que resultem em graves danos à população ou ao meio ambiente, será instaurado processo administrativo de caducidade do título minerário, sem prejuízo da declaração de caducidade da autorização de pesquisa, ou da concessão de lavra.

2. QUESTÕES DE CONCURSOS

01. (TRF 2.ª REGIÃO 2009 – Juiz Federal – CESPE) Quanto à mineração, julgue os itens a seguir.

I. Mina é o depósito natural de uma ou mais substâncias úteis, incluindo os combustíveis naturais.

II. Jazida é o nome dado à mina explorada, notadamente quando há galerias de onde os homens extraem metais, combustíveis ou quaisquer substâncias minerais.

III. Lavra é o conjunto de operações coordenadas objetivando o aproveitamento industrial da jazida, desde a extração das substâncias minerais úteis que contiver, até o seu beneficiamento.

IV. Lavra garimpeira ou garimpagem é a atividade de aproveitamento de substâncias minerais garimpáveis, executada no interior de áreas estabelecidas para este fim.

Estão certos apenas os itens

A) I e II.

B) I e III.

C) II e III.

D) II e IV.

E) III e IV.

02. (AGU 2004 – Advogado da União – CESPE) Um fazendeiro poderá pesquisar a presença de minerais no subsolo de sua fazenda sem necessitar de qualquer tipo de autorização. No entanto, para lavrar os minerais encontrados, terá de receber autorização ou concessão do Estado.

03. (TRF 5.ª REGIÃO 2004 – Juiz Federal – CESPE) Considere a seguinte situação hipotética.

Uma pessoa jurídica se estabeleceu no município de Capela – SE com o propósito de desenvolver atividades de pesquisa e lavra de determinado recurso mineral. Nessa situação, a autorização para as referidas atividades poderá ser solicitada, alternativamente, ao município em que se localiza o recurso natural, ao estado ou à União Federal, dada a previsão constitucional de competência administrativa concorrente das três esferas governamentais, em matéria ambiental.

04. (MPE-MG – 2010 – MPE-MG – Promotor de Justiça) Em relação ao regime jurídico da utilização dos recursos minerais, considere as seguintes proposições

I. A permissão de lavra garimpeira pelo Departamento Nacional de Produção Mineral depende de prévio licenciamento ambiental concedido pelos órgãos ambientais competentes.

II. A lei proíbe a realização de trabalhos de extração de ouro ou diamante, dentre outras substâncias minerais, sem a competente permissão, concessão ou licença.

III. O beneficiamento de ouro, diamante e outros minérios em lagos, rios e quaisquer correntes de água só poderá ser realizado se de acordo com solução técnica aprovada pelos órgãos competentes.

IV. A área explorada pelo garimpeiro deve ser recuperada, nos termos da permissão ou determinação do órgão competente, sob pena de responsabilidade criminal.

Marque a opção CORRETA.

a) I e II estão corretas.

b) I, III e IV estão corretas.

c) II e III estão corretas.

d) III e IV estão corretas.

e) Todas estão corretas.

05. (2016/IBEG/Prefeitura de Guarapari/Procurador Municipal) Acerca da repartição de competências em matéria ambiental, marque a alternativa incorreta:

a) É competência concorrente entre a União, os Estados, o Distrito Federal e os municípios legislar sobre pesca.

b) O Município poderá estabelecer medidas de preservação do parque nacional, desde que não atente contra os atos federais, podendo, inclusive, criar um parque municipal na mesma área.

c) A pesquisa e a lavra de recursos minerais e o aproveitamento de energia hidráulica constituem atividades da esfera de competência da União. Porém, cabe à administração municipal autorizar a exploração desses recursos minerais.

d) É competência material comum de todos os entes políticos a proteção dos documentos, das obras e de outros bens de valor histórico, artístico e cultural, dos monumentos, das paisagens naturais notáveis e dos sítios arqueológicos.

e) É competência concorrente entre os entes políticos legislar sobre as florestas. Logo, os Estados poderão legislar sobre o tema, respeitando o regramento geral dado pela União.

GAB	01	E	02	ERRADO	03	ERRADO	04	E	05	C

Art. 182. A política de desenvolvimento urbano, executada pelo Poder Público municipal, conforme diretrizes gerais fixadas em lei, tem por objetivo ordenar o pleno desenvolvimento das funções sociais da cidade e garantir o bem-estar de seus habitantes.

§ 1º – O plano diretor, aprovado pela Câmara Municipal, obrigatório para cidades com mais de vinte mil habitantes, é o instrumento básico da política de desenvolvimento e de expansão urbana.

§ 2º – A propriedade urbana cumpre sua função social quando atende às exigências fundamentais de ordenação da cidade expressas no plano diretor.

§ 3º – As desapropriações de imóveis urbanos serão feitas com prévia e justa indenização em dinheiro.

§ 4º – É facultado ao Poder Público municipal, mediante lei específica para área incluída no plano diretor, exigir, nos termos da lei federal, do proprietário do solo urbano não edificado, subutilizado ou não utilizado, que promova seu adequado aproveitamento, sob pena, sucessivamente, de:

I – parcelamento ou edificação compulsórios;

II – imposto sobre a propriedade predial e territorial urbana progressivo no tempo;

III – desapropriação com pagamento mediante títulos da dívida pública de emissão previamente aprovada pelo Senado Federal, com prazo de resgate de até dez anos, em parcelas anuais, iguais e sucessivas, assegurados o valor real da indenização e os juros legais.

1. COMENTÁRIOS

Além do meio ambiente natural e cultural, existe o artificial, integrado pelos bens fruto da intervenção humana, que não formam o patrimônio cultural. É matéria comum entre o Direito Ambiental e o Urbanístico, sendo a **cidade** o exemplo de patrimônio ambiental artificial dos mais relevantes, com as normas gerais da **Política de Desenvolvimento Urbano** fixadas no artigo 182, da Constituição de 1988, regulamentada pelo Estatuto da Cidade (Lei 10.257/2001), **visando ordenar o pleno desenvolvimento das funções sociais da cidade e garantir o bem-estar da população**.

Outra norma de relevo aprovada é o Estatuto da Metrópole (Lei 13.089/2015), que estabeleceu diretrizes gerais para o planejamento, a gestão e a execução das funções públicas de interesse comum em regiões metropolitanas e em aglomerações urbanas instituídas pelos Estados, normas gerais sobre o plano de desenvolvimento urbano integrado e outros instrumentos de governança interfederativa, e critérios para o apoio da União a ações que envolvam governança interfederativa no campo do desenvolvimento urbano.

Em que pese alguns doutrinadores entenderem que o meio ambiente do trabalho é uma modalidade de meio ambiente, pois goza de previsão constitucional expressa (artigo 200, VIII, da CRFB), a melhor posição o coloca como integrante do meio ambiente artificial, garantindo-se ao trabalhador uma estrutura de trabalho que proporcione o mínimo de dignidade, especialmente com a disponibilização dos equipamentos de proteção individual e a construção de instalações seguras.

O Estatuto da Cidade, cujo **instrumento básico é o plano diretor** aprovado por lei municipal, **obrigatório para cidades com mais de 20.000 habitantes** (artigo 182, § 1º, da CRFB), garante uma **cidade sustentável** onde deverá ser observado o saneamento ambiental, devendo-se evitar a poluição ambiental, protegendo-se o meio ambiente natural, cultural e artificial.

Na elaboração do plano diretor, os Municípios deverão observar os zoneamentos ambientais elaborados pela União e pelos Estados, na forma do artigo 9º, IX, da Lei Complementar 140/2011, com o objetivo de compatibilizar os instrumentos da Política Urbana.

Vale destacar que a propriedade é reconhecida como direito fundamental pela Constituição, mas o proprietário deverá exercer o seu direito de acordo com a função social ou socioambiental, nos termos do artigo 5º, XXIII, da CF. Inclusive, um dos princípios informadores da Ordem Econômica no Brasil é a função social da propriedade.

Ao contrário da propriedade rural,[41] a Lei Maior não definiu diretamente os requisitos para que a **propriedade urbana** atenda a sua **função social**, apenas aduzindo que será alcançada quando respeitar às exigências fundamentais de ordenação da cidade expressas no **plano diretor**.

Destarte, para se aferir se determinada propriedade urbana cumpre ou não a sua função social, é indispensável que seja analisado concretamente se o plano diretor municipal vem sendo respeitado pelo proprietário.

Caso o proprietário de área urbana incluída do plano diretor não a utilize conforme a função social, ou seja, em descumprimento ao plano diretor, poderá o município exigir o adequado aproveitamento mediante lei específica, sob pena da adoção sucessiva das seguintes medidas, previstas no § 4º, do artigo 182, da CRFB:

> "I – parcelamento ou edificação compulsórios;
>
> II – imposto sobre a propriedade predial e territorial urbana progressivo no tempo;
>
> III – desapropriação com pagamento mediante títulos da dívida pública de emissão previamente aprovada pelo Senado Federal, com prazo de resgate de até dez anos, em parcelas anuais, iguais e sucessivas, assegurados o valor real da indenização e os juros legais".

41. "Art. 186. A função social é cumprida quando a propriedade rural atende, simultaneamente, segundo critérios e graus de exigência estabelecidos em lei, aos seguintes requisitos: I – aproveitamento racional e adequado; II – utilização adequada dos recursos naturais disponíveis e preservação do meio ambiente; III – observância das disposições que regulam as relações de trabalho; IV – exploração que favoreça o bem-estar dos proprietários e dos trabalhadores".

Ainda é prevista constitucionalmente uma modalidade de **usucapião *pro moradia***, lembrando que os bens públicos não são usucapíveis. De efeito, nos termos do artigo 183, "aquele que possuir como sua área urbana de até duzentos e cinquenta metros quadrados, por cinco anos, ininterruptamente e sem oposição, utilizando-a para sua moradia ou de sua família, adquirir-lhe-á o domínio, desde que não seja proprietário de outro imóvel urbano ou rural".

Contudo, essa usucapião apenas poderá ser reconhecida por **uma única vez,** sendo outorgado o título de domínio e a concessão de uso ao homem ou à mulher, ou a ambos, independentemente do estado civil.

Para se alcançar a sustentabilidade das cidades, é imprescindível uma boa mobilidade urbana, o que não se verifica em grandes centros nos horários de pico de trânsito, como em São Paulo e em Salvador.

Nesse sentido, a União promulgou a Lei 12.587, de 03 de janeiro de 2012, que aprovou a **Política Nacional de Mobilidade Urbana** como instrumento da política de desenvolvimento urbano de que tratam o **inciso XX do artigo 21** e o **artigo 182 da Constituição Federal,** objetivando a integração entre os diferentes modos de transporte e a melhoria da acessibilidade e mobilidade das pessoas e cargas no território do Município.

Essa Política tem por objetivo contribuir para o acesso universal à cidade, o fomento e a concretização das condições que contribuam para a efetivação dos princípios, objetivos e diretrizes da política de desenvolvimento urbano, por meio do planejamento e da gestão democrática do Sistema Nacional de Mobilidade Urbana.

Também foi criado o **Sistema Nacional de Mobilidade Urbana**, assim considerado um conjunto organizado e coordenado dos modos de transporte, de serviços e de infraestruturas que garante os deslocamentos de pessoas e cargas no território do Município.

Estatuto da Cidade:

Em regulamentação aos artigos 182 e 183 da CRFB, foi aprovado o Estatuto da Cidade pela Lei 10.257/2001, que estabelece normas de ordem pública e interesse social que regulam o uso da propriedade urbana em prol do bem coletivo, da segurança e do bem-estar dos cidadãos, bem como do equilíbrio ambiental.

Entre outras diretrizes gerais, a política urbana busca implementar a **sustentabilidade das cidades**, entendida como o direito à terra urbana, à moradia, ao saneamento ambiental, à infraestrutura urbana, ao transporte e aos serviços públicos, ao trabalho e ao lazer, para as presentes e futuras gerações.

Outrossim, garantirá a proteção, preservação e recuperação do meio ambiente natural e construído, do patrimônio cultural, histórico, artístico, paisagístico e arqueológico, bem como audiência do Poder Público municipal e da população interessada nos processos de implantação de empreendimentos ou atividades com efeitos potencialmente negativos sobre o meio ambiente natural ou construído, o conforto ou a segurança da população, em claro exemplo de aplicação do Princípio da Participação Popular.

Nesse sentido, o artigo 2º da Lei 10.257/2001 aduz que a política urbana tem por **objetivo ordenar o pleno desenvolvimento das funções sociais da cidade e da propriedade urbana**, mediante as seguintes **diretrizes gerais**:

I – garantia do direito a cidades sustentáveis, entendido como o direito à terra urbana, à moradia, ao saneamento ambiental, à infra-estrutura urbana, ao transporte e aos serviços públicos, ao trabalho e ao lazer, para as presentes e futuras gerações;

II – gestão democrática por meio da participação da população e de associações representativas dos vários segmentos da comunidade na formulação, execução e acompanhamento de planos, programas e projetos de desenvolvimento urbano;

III – cooperação entre os governos, a iniciativa privada e os demais setores da sociedade no processo de urbanização, em atendimento ao interesse social;

IV – planejamento do desenvolvimento das cidades, da distribuição espacial da população e das atividades econômicas do Município e do território sob sua área de influência, de modo a evitar e corrigir as distorções do crescimento urbano e seus efeitos negativos sobre o meio ambiente;

V – oferta de equipamentos urbanos e comunitários, transporte e serviços públicos adequados aos interesses e necessidades da população e às características locais;

VI – ordenação e controle do uso do solo, de forma a evitar:

a) a utilização inadequada dos imóveis urbanos;

b) a proximidade de usos incompatíveis ou inconvenientes;

c) o parcelamento do solo, a edificação ou o uso excessivos ou inadequados em relação à infra-estrutura urbana;

d) a instalação de empreendimentos ou atividades que possam funcionar como pólos geradores de tráfego, sem a previsão da infra-estrutura correspondente;

e) a retenção especulativa de imóvel urbano, que resulte na sua subutilização ou não utilização;

f) a deterioração das áreas urbanizadas;

g) a poluição e a degradação ambiental;

h) a exposição da população a riscos de desastres.

VII – integração e complementaridade entre as atividades urbanas e rurais, tendo em vista o desenvolvimento socioeconômico do Município e do território sob sua área de influência;

VIII – adoção de padrões de produção e consumo de bens e serviços e de expansão urbana compatíveis com os limites da sustentabilidade ambiental, social e econômica do Município e do território sob sua área de influência;

IX – justa distribuição dos benefícios e ônus decorrentes do processo de urbanização;

X – adequação dos instrumentos de política econômica, tributária e financeira e dos gastos públicos aos objetivos do desenvolvimento urbano, de modo a privilegiar os investimentos geradores de bem-estar geral e a fruição dos bens pelos diferentes segmentos sociais;

XI – recuperação dos investimentos do Poder Público de que tenha resultado a valorização de imóveis urbanos;

XII – proteção, preservação e recuperação do meio ambiente natural e construído, do patrimônio cultural, histórico, artístico, paisagístico e arqueológico;

XIII – audiência do Poder Público municipal e da população interessada nos processos de implantação de empreendimentos ou atividades com efeitos potencialmente negativos sobre o meio ambiente natural ou construído, o conforto ou a segurança da população;

XIV – regularização fundiária e urbanização de áreas ocupadas por população de baixa renda mediante o estabelecimento de normas especiais de urbanização, uso e ocupação do solo e edificação, consideradas a situação socioeconômica da população e as normas ambientais;

XV – simplificação da legislação de parcelamento, uso e ocupação do solo e das normas edilícias, com vistas a permitir a redução dos custos e o aumento da oferta dos lotes e unidades habitacionais;

XVI – isonomia de condições para os agentes públicos e privados na promoção de empreendimentos e atividades relativos ao processo de urbanização, atendido o interesse social.

XVII – estímulo à utilização, nos parcelamentos do solo e nas edificações urbanas, de sistemas operacionais, padrões construtivos e aportes tecnológicos que objetivem a redução de impactos ambientais e a economia de recursos naturais;

XVIII – tratamento prioritário às obras e edificações de infraestrutura de energia, telecomunicações, abastecimento de água e saneamento;

XIX – garantia de condições condignas de acessibilidade, utilização e conforto nas dependências internas das edificações urbanas, inclusive nas destinadas à moradia e ao serviço dos trabalhadores domésticos, observados requisitos mínimos de dimensionamento, ventilação, iluminação, ergonomia, privacidade e qualidade dos materiais empregados.

A **gestão democrática da cidade** se realiza pela constituição de instrumentos de participação popular individuais e coletivos, a exemplo os seguintes instrumentos:

I – órgãos colegiados de política urbana, nos níveis nacional, estadual e municipal;

II – debates, audiências e consultas públicas;

III – conferências sobre assuntos de interesse urbano, nos níveis nacional, estadual e municipal;

IV – iniciativa popular de projeto de lei e de planos, programas e projetos de desenvolvimento urbano.

No âmbito municipal, a **gestão orçamentária participativa** incluirá a realização de debates, audiências e consultas públicas sobre as propostas do plano plurianual, da lei de diretrizes orçamentárias e do orçamento anual, como condição obrigatória para sua aprovação pela Câmara Municipal.

Ademais, os organismos gestores das regiões metropolitanas e aglomerações urbanas incluirão obrigatória e significativa participação da população e de associações representativas dos vários segmentos da comunidade, de modo a garantir o controle direto de suas atividades e o pleno exercício da cidadania.

A **cooperação entre os Governos** poderá se dar com a celebração de **consórcios públicos municipais** para a realização de objetivos de interesse comum, nos termos da Lei 11.107/2005. Um exemplo é dado com base na Lei 12.305/2010, que aprovou a Política Nacional de Resíduos Sólidos:

Planos Intermunicipais de Gestão Integrada de Resíduos Sólidos[42]

Para os municípios integrantes de arranjos regionalizados (consórcios públicos) para a gestão integrada dos resíduos sólidos, a PNRS dá a possibilidade de elaboração de um único Plano Intermunicipal de Gestão Integrada de Resíduos Sólidos, de modo a dispensar a elaboração de planos individualizados para cada município, desde que o referido plano intermunicipal contemple o conteúdo mínimo previsto no art. 19 da Lei nº 12.305/2010.

A PNRS estabelece, ainda, que serão priorizados no acesso aos recursos da União os municípios que optarem por soluções consorciadas intermunicipais para a gestão dos resíduos sólidos, incluída a elaboração e implementação de plano intermunicipal.

Dessa forma, observa-se que a lei induz para que cada vez mais os municípios brasileiros estejam presentes dentro de processos de planejamento coletivos para a gestão integrada dos resíduos, sobretudo os municípios de pequeno porte, de forma a viabilizar e racionalizar o manejo dos resíduos gerados em seus territórios.

A gestão consorciada visa obter a escala adequada para a prestação dos serviços de modo sustentável, onde deve haver uma congregação de esforços entre os municípios consorciados para arcar com os custos de uma gestão técnica, eficiente e modernizada dos resíduos sólidos, com a devida distinção entre as atividades de cunho tipicamente local, que podem continuar sendo executadas pelos municípios de forma isolada (atividades de coleta, por exemplo), daquelas que devem ser planejadas, articuladas e executadas regionalmente, como, por exemplo, o compartilhamento de estruturas físicas de disposição final (aterros sanitários). Vale destacar, no entanto, que o consorciamento para a gestão dos resíduos não se limita ao compartilhamento de aterros sanitários entre os municípios, podendo também ser compartilhados, por exemplo, equipe técnica (ex.: engenheiros), equipamentos (ex.: trituradores de poda) e outras unidades de destinação de resíduos (ex.: reciclagem de resíduos da construção civil), o que possibilita a elevação da capacidade técnica, gerencial e institucional para o desenvolvimento das atividades.

O apoio do Ministério do Meio Ambiente aos planos intermunicipais de resíduos sólidos tem sido ferramenta de consolidação dos arranjos intermunicipais, por meio da criação de um canal de diálogo, compromissos e acordos firmados no âmbito dos planos. Ou seja, a efetiva implementação do consórcio público é facilitada quando ocorre o desenvolvimento do plano de resíduos sólidos de maneira conjunta entre os municípios integrantes do consórcio. A participação dos governos estaduais neste processo também tem favorecido a aproximação da União, estados e municípios no diálogo interfederativo para a implementação da PNRS.

O **planejamento do desenvolvimento das cidades** é imprescindível tanto para ordenar a estrutura já existente quanto para prever a ordenação futura da cidade, garantindo os direitos à mobilidade e à proteção ambiental, dentre outros.

A oferta de equipamentos urbanos e comunitários, transporte e serviços públicos adequados aos interesses e necessidades da população e às características locais também é diretriz da política urbana.

Nesse sentido, foi aprovada a **Política Nacional de Mobilidade Urbana** através da Lei 12.587/2012, que tem por objetivo contribuir para o acesso universal à cidade, o fomento

42. http://www.mma.gov.br/cidades-sustentaveis/residuos-solidos/instrumentos-da-politica-de-residuos/item/10627.

e a concretização das condições que contribuam para a efetivação dos princípios, objetivos e diretrizes da política de desenvolvimento urbano, por meio do planejamento e da gestão democrática do Sistema Nacional de Mobilidade Urbana.

As atividades urbanas e rurais se integram e se complementam, não possuindo estrutura isolada. Nesse sentido, é cada vez maior a mecanização no campo, sendo o maquinário produzido nas cidades. Por outro lado, a produção agropecuária é em grande parte consumida no meio urbano.

Outra diretriz da política urbana é a **regularização fundiária e urbanização de áreas ocupadas por população de baixa renda** mediante o estabelecimento de normas especiais de urbanização, uso e ocupação do solo e edificação.

Nesse sentido, foi aprovada a Lei 11.977/2009, que dispõe sobre a regularização fundiária de assentamentos localizados em áreas urbanas, assim como a Medida Provisória 2.220/2001, que dispõe sobre a concessão de uso especial para fins de moradia.

O artigo 4º, da Lei 10.257/2001, traz um **rol exemplificativo** de instrumentos para a implementação da Política Urbana:

> I – planos nacionais, regionais e estaduais de ordenação do território e de desenvolvimento econômico e social;
>
> II – planejamento das regiões metropolitanas, aglomerações urbanas e microrregiões;
>
> III – planejamento municipal, em especial:
>
> a) plano diretor;
>
> b) disciplina do parcelamento, do uso e da ocupação do solo;
>
> c) zoneamento ambiental;
>
> d) plano plurianual;
>
> e) diretrizes orçamentárias e orçamento anual;
>
> f) gestão orçamentária participativa;
>
> g) planos, programas e projetos setoriais;
>
> h) planos de desenvolvimento econômico e social;
>
> IV – institutos tributários e financeiros:
>
> a) imposto sobre a propriedade predial e territorial urbana – IPTU;
>
> b) contribuição de melhoria;
>
> c) incentivos e benefícios fiscais e financeiros;
>
> V – institutos jurídicos e políticos:
>
> a) desapropriação;
>
> b) servidão administrativa;
>
> c) limitações administrativas;
>
> d) tombamento de imóveis ou de mobiliário urbano;

e) instituição de unidades de conservação;

f) instituição de zonas especiais de interesse social;

g) concessão de direito real de uso;

h) concessão de uso especial para fins de moradia;

i) parcelamento, edificação ou utilização compulsórios;

j) usucapião especial de imóvel urbano;

l) direito de superfície;

m) direito de preempção;

n) outorga onerosa do direito de construir e de alteração de uso;

o) transferência do direito de construir;

p) operações urbanas consorciadas;

q) regularização fundiária;

r) assistência técnica e jurídica gratuita para as comunidades e grupos sociais menos favorecidos;

s) referendo popular e plebiscito;

t) demarcação urbanística para fins de regularização fundiária;

u) legitimação de posse.

VI – estudo prévio de impacto ambiental (EIA) e estudo prévio de impacto de vizinhança (EIV).

Nos termos do artigo 182, §1º, da Constituição, o plano diretor, aprovado pela Câmara Municipal, obrigatório para cidades com mais de vinte mil habitantes, é o instrumento básico da política de desenvolvimento e de expansão urbana.

O plano diretor, aprovado por lei municipal, é o instrumento básico da política de desenvolvimento e expansão urbana, sendo parte integrante do processo de planejamento municipal, devendo o plano plurianual, as diretrizes orçamentárias e o orçamento anual incorporar as diretrizes e as prioridades nele contidas, devendo ser revisto, pelo menos, a cada dez anos

No processo de elaboração do plano diretor e na fiscalização de sua implementação, os Poderes Legislativo e Executivo municipais garantirão:

I – a promoção de audiências públicas e debates com a participação da população e de associações representativas dos vários segmentos da comunidade;

II – a publicidade quanto aos documentos e informações produzidos;

III – o acesso de qualquer interessado aos documentos e informações produzidos.

Interessante notar que o artigo 41, do Estatuto da Cidade, criou **novas hipóteses de obrigatoriedade do plano diretor** não previstas constitucionalmente:

- cidades integrantes de regiões metropolitanas e aglomerações urbanas;
- onde o Poder Público municipal pretenda utilizar os instrumentos previstos no § 4º do artigo 182 da Constituição Federal;

- integrantes de áreas de especial interesse turístico;
- inseridas na área de influência de empreendimentos ou atividades com significativo impacto ambiental de âmbito regional ou nacional;
- incluídas no cadastro nacional de Municípios com áreas suscetíveis à ocorrência de deslizamentos de grande impacto, inundações bruscas ou processos geológicos ou hidrológicos correlatos.

De acordo com a Lei 13.146/2015, nas situações acima, as cidades devem elaborar plano de rotas acessíveis, compatível com o plano diretor no qual está inserido, que disponha sobre os passeios públicos a serem implantados ou reformados pelo poder público, com vistas a garantir acessibilidade da pessoa com deficiência ou com mobilidade reduzida a todas as rotas e vias existentes, inclusive as que concentrem os focos geradores de maior circulação de pedestres, como os órgãos públicos e os locais de prestação de serviços públicos e privados de saúde, educação, assistência social, esporte, cultura, correios e telégrafos, bancos, entre outros, sempre que possível de maneira integrada com os sistemas de transporte coletivo de passageiros.

Ademais, na elaboração do plano diretor deverão ser promovidas **audiências públicas e debates** com a participação da população e de associações que representem a comunidade, **garantidos a publicidade e o acesso às informações**, sendo que a lei municipal que aprovar o plano diretor deverá ser revista, pelo menos, a cada dez anos.

O plano diretor, que englobará todo o território municipal, é parte integrante do processo de planejamento municipal, devendo o plano plurianual, as diretrizes orçamentárias e o orçamento anual incorporar as diretrizes e as prioridades nele contidas.

Com efeito, objetiva o Plano Diretor uma **gestão democrática da cidade**, por meio da criação de órgãos colegiados de política urbana, nos níveis nacional, estadual e municipal; de debates, audiências e consultas públicas; de conferências sobre assuntos de interesse urbano, nos níveis nacional, estadual e municipal e da iniciativa popular de projeto de lei e de planos, programas e projetos de desenvolvimento urbano.

São outros instrumentos de execução da política urbana previstos no Estatuto da Cidade:

A) **direito de superfície** – é a faculdade que o proprietário possui de conceder a outrem direito de utilizar o solo, o subsolo ou o espaço aéreo relativo ao terreno, na forma estabelecida no contrato respectivo, por tempo determinado ou indeterminado, mediante escritura pública registrada em cartório de imóveis, pois se cuida de direito real;

B) **direito de preempção, preferência ou prelação** – concede a preferência ao Poder Público municipal para aquisição de imóvel urbano objeto de alienação onerosa entre particulares, sendo fixado em lei municipal;

C) **outorga onerosa do direito de construir** – é o pagamento que o proprietário terá que fazer para construir, vez que o plano diretor poderá fixar áreas nas quais o direito de construir poderá ser exercido acima do coeficiente de aproveitamento básico adotado, mediante contrapartida a ser prestada pelo beneficiário;

D) **operações urbanas consorciadas** – é o conjunto de intervenções e medidas coordenadas pelo Poder Público municipal, com a participação dos proprietários, moradores, usuários permanentes e investidores privados, com o objetivo de alcançar em uma área transformações urbanísticas estruturais, melhorias sociais e a valorização ambiental, a ser aprovada por lei específica (artigo 32, § 2º, I a III, da Lei 10.257/2001)[43];

E) **transferência do direito de construir** – é a autorização dada por lei municipal específica para que o proprietário de imóvel urbano, privado ou público, possa exercer em outro local, ou alienar, mediante escritura pública, o direito de construir previsto no plano diretor ou em legislação urbanística dele decorrente, quando o referido imóvel for considerado necessário para fins de implantação de equipamentos urbanos e comunitários; de preservação, quando o imóvel for considerado de interesse histórico, ambiental, paisagístico, social ou cultural; ou servir a programas de regularização fundiária, urbanização de áreas ocupadas por população de baixa renda e habitação de interesse social;

F) **Estudo de impacto ambiental** – modalidade de estudo ambiental com publicidade e caráter prévio necessário para o licenciamento ambiental de empreendimentos que possa causar significativa degradação ambiental, com regulação na Resolução CONAMA 1/1986;

G) **Zoneamento ambiental** – instrumento de organização do território a ser obrigatoriamente seguido na implantação de planos, obras e atividades públicas e privadas, estabelece medidas e padrões de proteção ambiental destinados a assegurar a qualidade ambiental, dos recursos hídricos e do solo e a conservação da biodiversidade, garantindo o desenvolvimento sustentável e a melhoria das condições de vida da população (Decreto 4.297/2002);

H) **Desapropriação** – modalidade de supressão estatal na propriedade privada ou mesmo pública, que decorre da primazia do interesse público sobre o privado;

I) **Limitações administrativas** – imposição geral, gratuita e unilateral da lavra do Poder Público sobre a propriedade pública ou privada;

J) **Servidão administrativa** – direito real sobre coisa alheia constituída em favor da Administração Pública para alcançar finalidade pública;

K) **Tombamento** – Em sentido amplo, pode ser definido como um procedimento administrativo que veicula uma modalidade não supressiva de intervenção concreta do Estado na propriedade privada ou mesmo pública, de índole declaratória, que tem o condão de limitar o uso, o gozo e a disposição de um bem, gratuito (em regra), permanente e indelegável, destinado à preservação do patrimônio cultural material (móvel ou imóvel), dos monumentos naturais e dos sítios e paisagens de feição notável, pela própria natureza

43. Poderão ser previstas nas operações urbanas consorciadas, entre outras medidas: I – a modificação de índices e características de parcelamento, uso e ocupação do solo e subsolo, bem como alterações das normas edilícias, considerado o impacto ambiental delas decorrente; II – a regularização de construções, reformas ou ampliações executadas em desacordo com a legislação vigente; III – a concessão de incentivos a operações urbanas que utilizam tecnologias visando a redução de impactos ambientais, e que comprovem a utilização, nas construções e uso de edificações urbanas, de tecnologias que reduzam os impactos ambientais e economizem recursos naturais, especificadas as modalidades de design e de obras a serem contempladas.

ou por intervenção humana. Já em sentido estrito, o tombamento é o ato administrativo de inscrição de um bem material em um dos Livros de Tombo;

L) **Unidade de conservação** – espaço territorial e seus recursos ambientais, incluindo as águas jurisdicionais, com características naturais relevantes, legalmente instituído pelo Poder Público, com objetivos de conservação e limites definidos, sob regime especial de administração, ao qual se aplicam garantias adequadas de proteção (Lei 9.985/2000);

M) **Zonas especiais de interesse social** – são zonas municipais demarcadas para ocupação por populações de baixa renda;

N) **Concessão de direito real de uso** – cessão de bem público ou privado, de forma remunerada ou gratuita, por tempo certo ou indeterminado, sob a forma de direito real resolúvel. É instituída a concessão de uso de terrenos públicos ou particulares remunerada ou gratuita, por tempo certo ou indeterminado, como direito real resolúvel, para fins específicos de regularização fundiária de interesse social, urbanização, industrialização, edificação, cultivo da terra, aproveitamento sustentável das várzeas, preservação das comunidades tradicionais e seus meios de subsistência ou outras modalidades de interesse social em áreas urbanas (Lei 11.481/2007);

O) **Concessão de uso especial para fins de moradia** – Aquele que, até 22 de dezembro de 2016, possuiu como seu, por cinco anos, ininterruptamente e sem oposição, até duzentos e cinquenta metros quadrados de imóvel público situado em área com características e finalidade urbanas, e que o utilize para sua moradia ou de sua família, tem o direito à concessão de uso especial para fins de moradia em relação ao bem objeto da posse, desde que não seja proprietário ou concessionário, a qualquer título, de outro imóvel urbano ou rural (Lei 13.465/2017);

P) **Usucapião especial de imóvel urbano** – Aquele que possuir como sua área urbana de até duzentos e cinquenta metros quadrados, por cinco anos, ininterruptamente e sem oposição, utilizando-a para sua moradia ou de sua família, adquirir-lhe-á o domínio, desde que não seja proprietário de outro imóvel urbano ou rural (CF, art. 183).

Conforme dito, o proprietário urbano que desrespeitar os ditames do plano diretor estará sujeito ao parcelamento e edificação compulsórios, ao IPTU progressivo e à desapropriação, que são mais três outros instrumentos para auxiliar na consecução da política urbana.

Caberá a uma lei municipal específica para área incluída no plano diretor determinar o **parcelamento, a edificação** ou a **utilização compulsórios** do solo urbano não edificado, subutilizado[44] ou não utilizado, devendo fixar as condições e os prazos para implementação da referida obrigação.

Na hipótese de o proprietário não atender a edificação e/ou o parcelamento compulsório nos prazos fixados, o Município procederá à aplicação do **Imposto sobre a Propriedade Predial e Territorial Urbana (IPTU) progressivo no tempo**, mediante a majoração da

44. Considera-se subutilizado o imóvel cujo aproveitamento seja inferior ao mínimo definido no plano diretor ou em legislação dele decorrente.

alíquota pelo prazo de cinco anos consecutivos, vedada a concessão de isenções ou de anistia relativas à tributação progressiva.

Finalmente, como medida extrema, se decorridos cinco anos de cobrança do IPTU progressivo sem que o proprietário tenha cumprido a obrigação de parcelamento, edificação ou utilização, o Município poderá proceder à **desapropriação** do imóvel, com pagamento em títulos da dívida pública.

Neste caso, o valor real da indenização refletirá o valor da base de cálculo do IPTU, descontado o montante incorporado em função de obras realizadas pelo Poder Público na área onde o mesmo se localiza após a notificação, não sendo computadas as expectativas de ganhos, lucros cessantes e juros compensatórios.

Como novidade, o Estatuto da Cidade ainda criou a **usucapião coletiva**, também enquadrada como instrumento da política urbana. Deveras, as áreas urbanas com mais de 250 metros quadrados, ocupadas por população de baixa renda para sua moradia, por cinco anos, ininterruptamente e sem oposição, onde não for possível identificar os terrenos ocupados por cada possuidor, são susceptíveis de serem usucapidas coletivamente, desde que os possuidores não sejam proprietários de outro imóvel urbano ou rural, devendo ser declarado judicialmente um condomínio especial indivisível.

O Estatuto da Cidade fixou o **conteúdo mínimo do plano diretor**, que deverá prever a delimitação das áreas urbanas onde poderá ser aplicado o parcelamento, edificação ou utilização compulsórios, considerando a existência de infraestrutura e de demanda para utilização.

Outrossim, o plano diretor deverá regular o direito de preempção, a outorga onerosa do direito de construir, as operações urbanas consorciadas e a transferência do direito de construir, além do sistema de acompanhamento e controle.

Por força da Lei 13.089/2015, nas regiões metropolitanas ou nas aglomerações urbanas instituídas por lei complementar estadual, poderão ser realizadas operações urbanas consorciadas interfederativas, aprovadas por leis estaduais específicas.

Com o advento da Lei 12.608/2012, o plano diretor dos municípios incluídos no cadastro nacional de municípios com áreas suscetíveis à ocorrência de deslizamentos de grande impacto, inundações bruscas ou processos geológicos ou hidrológicos correlatos deverá conter:

> I – parâmetros de parcelamento, uso e ocupação do solo, de modo a promover a diversidade de usos e a contribuir para a geração de emprego e renda;
>
> II – mapeamento contendo as áreas suscetíveis à ocorrência de deslizamentos de grande impacto, inundações bruscas ou processos geológicos ou hidrológicos correlatos;
>
> III – planejamento de ações de intervenção preventiva e realocação de população de áreas de risco de desastre;
>
> IV – medidas de drenagem urbana necessárias à prevenção e à mitigação de impactos de desastres; e
>
> V – diretrizes para a regularização fundiária de assentamentos urbanos irregulares, se houver, observadas a Lei nº 11.977, de 7 de julho de 2009, e demais normas federais e estaduais pertinentes, e previsão de áreas para habitação de interesse

> social por meio da demarcação de zonas especiais de interesse social e de outros instrumentos de política urbana, onde o uso habitacional for permitido;
>
> VI – identificação e diretrizes para a preservação e ocupação das áreas verdes municipais, quando for o caso, com vistas à redução da impermeabilização das cidades.

Ademais, a Lei 12.608/2012 passou a exigir dos municípios que pretendam ampliar o seu perímetro urbano um projeto específico, que deverá contemplar a demarcação do novo perímetro e a delimitação dos trechos com restrições à urbanização e dos trechos sujeitos a controle especial em função de ameaça de desastres naturais, dentre outros requisitos.

Nesse sentido, o artigo 42-B do Estatuto da Cidade, com redação determinada pela Lei 12.608/2012, dispõe ainda outros requisitos para o plano de ampliação do perímetro urbano:

- definição de diretrizes específicas e de áreas que serão utilizadas para infraestrutura, sistema viário, equipamentos e instalações públicas, urbanas e sociais;
- definição de parâmetros de parcelamento, uso e ocupação do solo, de modo a promover a diversidade de usos e contribuir para a geração de emprego e renda;
- a previsão de áreas para habitação de interesse social por meio da demarcação de zonas especiais de interesse social e de outros instrumentos de política urbana, quando o uso habitacional for permitido;
- definição de diretrizes e instrumentos específicos para proteção ambiental e do patrimônio histórico e cultural; e
- definição de mecanismos para garantir a justa distribuição dos ônus e benefícios decorrentes do processo de urbanização do território de expansão urbana e a recuperação para a coletividade da valorização imobiliária resultante da ação do poder público.

Analisando o **Plano Diretor do Município de Salvador**, Estado da Bahia, aprovado pela **lei municipal 9.069/2016**, foram regulados os seguintes assuntos:

- Fundamentos e abrangência;
- Finalidade e procedimentos de avaliação;
- Princípios da política urbana;
- Objetivos da política urbana;
- Diretrizes da política urbana;
- Regramento sobre desenvolvimento econômico;
- Regras de meio ambiente;
- Disciplina da cultura;
- Regras de habitação;
- Infraestrutura, equipamentos e serviços urbanos básicos;
- Segurança alimentar e nutricional e abastecimento familiar;
- Iluminação pública;

- Cemitérios e serviços funerários;
- Defesa civil;
- Segurança pública;
- Energia;
- Telecomunicações;
- Ordenamento territorial;
- Macrozoneamento;
- Zoneamento;
- Mobilidade urbana;
- Sistema de Áreas de Valor Ambiental e Cultural – SAVAM;
- Instrumentos da política urbana;
- Planejamento do desenvolvimento urbano;
- Articulação interinstitucional e intergovernamental e descentralização administrativa;
- Educação para a cidadania;
- Orientações para a legislação;
- Disposições transitórias e finais;
- Anexos.

  I – Anexo 01: Glossário; II – Anexo 02: Quadros: a) Quadro 01 – Zoneamento e Coeficiente de Aproveitamento; b) Quadro 02 – ZEIS: percentuais de área construída total por categoria de uso; c) Quadro 03 – Fator de Indução do Desenvolvimento Urbano e Econômico; d) Quadro 04 – Fator Social de Incentivo ao Desenvolvimento Social e Econômico; e) Quadro 05 – Correspondência das Zonas de Uso Propostas com as Zonas da Lei 7.400/08; f) Quadro 06 – Características Funcionais das Vias Segundo Categorias; g) Quadro 07 – Características Físico-Operacionais das vias segundo Categorias; h) Quadro 08 – Programa de Intervenções Viárias no Sistema Viário Estrutural; i) Quadro 09 – População e Densidade Populacional Bruta segundo Prefeituras Bairro; III – Anexo 03: Mapas: a) Mapa 01 – Macrozoneamento; b) Mapa 01 A – Macroáreas; c) Mapa 01 B – Setores da Macroárea de Integração Metropolitana; d) Mapa 02 – Mapa de Centralidades; e) Mapa 03 – Zonas Especiais de Interesse Social (ZEIS); f) Mapa 04 – Sistema Viário; g) Mapa 05 – Sistema de Transporte Coletivo de Passageiros e Cicloviário; h) Mapa 06 – Sistema de Transporte de Cargas; i) Mapa 07 – Sistema de Áreas de Valor Ambiental e Cultural (SAVAM); j) Mapa 07A – Sistema de Áreas de Valor Ambiental e Cultural (SAVAM): Áreas Remanescentes do Bioma Mata Atlântica; k) Mapa 08 – Áreas Propostas para Operações Urbanas; l) Mapa 09 – Prefeituras Bairro; IV – Anexo 04: Lista de abreviaturas e siglas. V – Anexo 05: Relação de documentos que subsidiaram o PDDU.

No Município de Salvador restou constituída uma **Macrozona de Conservação Ambiental** integrada por ecossistemas de interesse ambiental e por áreas destinadas à proteção, preservação, recuperação ambiental e ao desenvolvimento de usos e atividades sustentáveis.

Compreende as ilhas na Baía de Todos os Santos, as áreas de proteção rigorosa das APA, os parques urbanos, as áreas indicadas para Unidades de Conservação ambiental e pequenos ecossistemas de espécies endêmicas remanescentes no território municipal.

Integram a Macrozona de Conservação Ambiental do Município de Salvador:

> I – as Áreas de Proteção Ambiental (APA), instituídas no território de Salvador pelo Governo do Estado da Bahia;
>
> II – áreas, indicadas nesta Lei, passíveis de constituírem Unidades de Conservação (UC) de uso sustentável ou de proteção integral, de acordo com seus atributos, atendendo aos critérios de classificação e enquadramento do Sistema Nacional de Unidades de Conservação (SNUC);
>
> III – as áreas correspondentes aos parques urbanos, conforme definição do Sistema de Áreas de Valor Ambiental e Cultural (SAVAM).

O **EIV** se trata de mais um instrumento da política urbana. De acordo com o artigo 36 do Estatuto da Cidade, **lei municipal** definirá os empreendimentos e atividades privados ou públicos em área urbana que dependerão de elaboração de **Estudo Prévio de Impacto de Vizinhança (EIV)** para obter as licenças ou autorizações de construção, ampliação ou funcionamento a cargo do Poder Público municipal.

Logo, o Estatuto da Cidade não definiu os empreendimentos e atividades que se sujeitarão à prévia elaboração do EIV, sendo tarefa do legislador municipal fazê-lo.

Serão analisados no EIV os efeitos positivos e negativos decorrentes do empreendimento especialmente no que se refere à qualidade de vida da população residente na área,[45] garantindo-se a sua publicidade mediante o acesso ao seu conteúdo, **não tendo o condão de dispensar o EIA por não o substituir**.

Assim, é possível que a construção de determinado empreendimento urbano público ou privado seja precedido de EIA (se puder causar significativa degradação ambiental) e de EIV (se previsto em lei municipal).

Tome-se como exemplo o **EIV no Município de Salvador**. Nos termos do artigo 138, da Lei municipal, 9.148/2016, que ordenou o uso do solo e a ocupação naquele município, os **Empreendimentos Geradores de Impacto de Vizinhança – EGIV** são sujeitos à elaboração de **Estudo de Impacto de Vizinhança – EIV** e do respectivo **Relatório de Impacto de Vizinhança – RIV**, de forma a contemplar os efeitos positivos e negativos da atividade ou empreendimento quanto aos impactos na qualidade de vida da população residente num raio de influência de quinhentos metros, devendo considerar:

> I – localização do empreendimento e sua área de influência de, no mínimo, 500m (quinhentos metros) em relação às divisas do terreno onde será implantado o empreendimento ou a atividade;

45. No EIV, deverão ser analisadas, no mínimo, as seguintes questões: I – adensamento populacional; II – equipamentos urbanos e comunitários; III – uso e ocupação do solo; IV – valorização imobiliária; V – geração de tráfego e demanda por transporte público; VI – ventilação e iluminação; VII – paisagem urbana e patrimônio natural e cultural.

II – o adensamento populacional e seus efeitos sobre o espaço urbano e a população moradora e usuária da área;

II – os equipamentos urbanos e comunitários;

IV – o uso e a ocupação do solo;

V – a valorização imobiliária;

VI – a geração de tráfego (área de estacionamento, entrada e saída de veículos, área para carga e descarga, embarque e desembarque de passageiros e horário de funcionamento) e a demanda por transporte público;

VII – a capacidade de atendimento das redes de infraestrutura (esgoto, água, comunicações, energia elétrica e gás canalizado);

VIII – a ventilação e iluminação naturais, a geração de ruído e a emissão de resíduos sólidos e de efluentes líquidos e gasosos;

IX – a conservação do ambiente natural e construído;

X – a ampliação ou redução do risco ambiental urbano;

XI – as alterações na paisagem urbana e nos padrões urbanísticos e ambientais da vizinhança;

XII – a definição das medidas mitigadoras e/ou compensatórias dos impactos negativos, bem como daquelas intensificadoras dos impactos positivos.

Por sua vez, foram considerados Empreendimentos Geradores de Impacto de Vizinhança, sujeitos portanto ao EIV:

I – empreendimentos não residenciais constituídos por uma ou mais atividades que apresentarem área construída total superior a 40.000m² (quarenta mil metros quadrados);

II – usos industriais;

III – uso residencial com área construída total superior a 40.000m² (quarenta mil metros quadrados) ou que apresentem mais de 600 (seiscentas) vagas de estacionamento;

IV – empreendimentos constituídos por usos residenciais e não residenciais, cujo somatório das áreas construídas totais seja superior a 40.000m² (quarenta mil metros quadrados);

V – urbanização integrada a partir de 1.500 (mil e quinhentas) unidades habitacionais;

VI – parcelamento e urbanização do solo com área superior a 30ha (trinta hectares);

VII – alteração de uso ou reforma de edificação existente em lotes com dimensões superiores a 20.000m² (vinte mil metros quadrados);

VIII – usos especiais enquadrados como nR3-14, conforme Quadro 07 do Anexo 01 desta Lei;

IX – empreendimentos sujeitos à apresentação de EIA – RIMA, nos termos da legislação pertinente;

X – empreendimentos de hospedagem com área de terreno superior a 5.000m² (cinco mil metros quadrados);

XI – hospital e maternidade;

XII – shopping center.

O Relatório de Impacto de Vizinhança – RIV refletirá as condições do Estudo de Impacto de Vizinhança – EIV, ressaltando, nas análises e conclusões, os efeitos positivos e negativos do empreendimento ou atividade, além de apresentar a indicação de medidas corretivas ou compensatórias dos efeitos não desejados e a estimativa dos custos de cada ação mitigadora.

A instalação de uso gerador de impacto de vizinhança, definido nesta Lei, em edificação regular existente estará sujeita à prévia aprovação de Estudo de Impacto de Vizinhança e respectivo Relatório de Impacto de Vizinhança – EIV/RIV pelo órgão municipal competente, antes da emissão do Termo de Viabilidade de Localização.

O órgão municipal competente poderá solicitar complementação do conteúdo do EIV/RIV quando avaliar necessário, conforme as especificidades da atividade ou do empreendimento ou da região onde se pretende implantar o uso.

A elaboração do EIV/RIV para Operações Urbanas Consorciadas, nos termos da Lei Federal nº 10.257, de 2001 – Estatuto da Cidade e do PDDU, não dispensará a elaboração de EIV/RIV para empreendimento inserido no perímetro da respectiva Operação Urbana Consorciada.

Desta forma, apresentou-se o regime jurídico do EIA em um dos mais populosos municípios do Brasil para exemplificar o seu regramento municipal.

Estatuto da Metrópole

Com alguns vetos presidenciais, em 13 de janeiro de 2015 entrou em vigor o Estatuto da Metrópole (Lei 13.089), sendo atualizada pela Lei 13.683/2018, que estabeleceu diretrizes gerais para o planejamento, a gestão e a execução das funções públicas de interesse comum em regiões metropolitanas e em aglomerações urbanas instituídas pelos Estados, normas gerais sobre o plano de desenvolvimento urbano integrado e outros instrumentos de governança interfederativa, e critérios para o apoio da União a ações que envolvam governança interfederativa no campo do desenvolvimento urbano.

Considera-se **região metropolitana** a unidade regional instituída pelos Estados, mediante lei complementar, constituída por agrupamento de Municípios limítrofes para integrar a organização, o planejamento e a execução de funções públicas de interesse comum.

Já a **metrópole** foi definida como um espaço urbano com continuidade territorial que, em razão de sua população e relevância política e socioeconômica, tem influência nacional ou sobre uma região que configure, no mínimo, a área de influência de uma capital regional, conforme os critérios adotados pela Fundação Instituto Brasileiro de Geografia e Estatística – IBGE.

Além de se aplicar às regiões metropolitanas, o Estatuto da Metrópole se entende às **aglomerações urbanas**, assim consideradas como unidades territoriais urbanas constituídas pelo agrupamento de dois ou mais Municípios limítrofes, caracterizadas por complementaridade funcional e integração das dinâmicas geográficas, ambientais, políticas e socioeconômicas, e, no que couber, também será destinado às **microrregiões** instituídas pelos Estados com fundamento em funções públicas de interesse comum com características predominantemente urbanas e às **unidades regionais de saneamento básico** definidas pela Lei nº 11.445, de 5 de janeiro de 2007.

Busca-se a formação de uma **governança interfederativa** por meio do compartilhamento de responsabilidades e ações entre entes da Federação em termos de organização, planejamento e execução de funções públicas de interesse comum nas regiões metropolitanas e aglomerações urbanas, que deverá observar os seguintes princípios:

I – prevalência do interesse comum sobre o local;

II – compartilhamento de responsabilidades e de gestão para a promoção do desenvolvimento urbano integrado;

III – autonomia dos entes da Federação;

IV – observância das peculiaridades regionais e locais;

V – gestão democrática da cidade;

VI – efetividade no uso dos recursos públicos;

VII – busca do desenvolvimento sustentável.

Deverá existir uma instância executiva composta pelos representantes do Poder Executivo dos entes federativos integrantes das unidades territoriais urbanas; uma instância colegiada deliberativa com representação da sociedade civil; uma organização pública com funções técnico-consultivas e um sistema integrado de alocação de recursos e de prestação de contas.

Vale frisar que é competência dos Estados, mediante lei complementar, instituir regiões metropolitanas e aglomerações urbanas, constituídas por agrupamento de Municípios limítrofes, para integrar a organização, o planejamento e a execução de funções públicas de interesse comum.

Considerando que inexiste critério objetivo para a criação de uma região metropolitana pelos Estados, nota-se que tem havido uma proliferação de leis complementares estaduais instituindo novas regiões metropolitanas em áreas com a discutível presença de uma real metrópole, já existindo mais de setenta no Brasil.

Nesse sentido, de acordo com o artigo 15 do Estatuto da Metrópole, a região metropolitana instituída mediante lei complementar estadual que não configure uma metrópole será enquadrada como aglomeração urbana para efeito das políticas públicas a cargo do Governo Federal, independentemente de as ações nesse sentido envolverem ou não transferência de recursos financeiros.

Por sua vez, a instituição de região metropolitana ou de aglomeração urbana que envolva Municípios pertencentes a mais de um Estado será formalizada mediante a aprovação de leis complementares pelas assembleias legislativas de cada um dos Estados envolvidos, sendo que, até a aprovação das leis complementares por todos os Estados envolvidos, a região metropolitana ou a aglomeração urbana terá validade apenas para os Municípios dos Estados que já houverem aprovado a respectiva lei.

Foi aprovado um conteúdo mínimo para a lei complementar estadual que vier a instituir uma região metropolitana ou aglomeração urbana, devendo indicar:

> I – os Municípios que integram a unidade territorial urbana;
>
> II – os campos funcionais ou funções públicas de interesse comum que justificam a instituição da unidade territorial urbana;
>
> III – a conformação da estrutura de governança interfederativa, incluindo a organização administrativa e o sistema integrado de alocação de recursos e de prestação de contas; e
>
> IV – os meios de controle social da organização, do planejamento e da execução de funções públicas de interesse comum.

É compulsório que as regiões metropolitanas e aglomerações urbanas tenham um **plano de desenvolvimento urbano integrado**, aprovado mediante lei estadual (esta lei deverá ser revista, pelo menos, a cada 10 anos), assim considerado como instrumento que estabelece, com base em processo permanente de planejamento, as diretrizes para o desenvolvimento urbano da região metropolitana ou da aglomeração urbana, que deverá contar com o seguinte conteúdo mínimo:

> I – as diretrizes para as funções públicas de interesse comum, incluindo projetos estratégicos e ações prioritárias para investimentos;
>
> II – o macrozoneamento da unidade territorial urbana;
>
> III – as diretrizes quanto à articulação dos Municípios no parcelamento, uso e ocupação no solo urbano;
>
> IV – as diretrizes quanto à articulação intersetorial das políticas públicas afetas à unidade territorial urbana;
>
> V – a delimitação das áreas com restrições à urbanização visando à proteção do patrimônio ambiental ou cultural, bem como das áreas sujeitas a controle especial pelo risco de desastres naturais, se existirem;
>
> VI – o sistema de acompanhamento e controle de suas disposições; e
>
> VII – as diretrizes mínimas para implementação de efetiva política pública de regularização fundiária urbana, nos termos da Lei nº 13.465, de 11 de julho de 2017.

No entanto, a elaboração do plano de desenvolvimento urbano integrado não exime o Município componente da região metropolitana ou aglomeração urbana da formulação do respectivo plano diretor.

Constituía ato de improbidade administrativa o governador ou agente público que atuasse na estrutura de governança interfederativa que deixar de tomar as providências necessárias para garantir o cumprimento da aprovação do plano de desenvolvimento urbano integrado, no prazo de três anos da instituição da região metropolitana ou da aglomeração urbana mediante lei complementar estadual, assim como deixar de tomar as providências necessárias de elaborar e aprovar, no prazo de três anos, o plano de desenvolvimento urbano integrado das regiões metropolitanas ou das aglomerações urbanas instituídas até a data de entrada em vigor desta Lei mediante lei complementar estadual. **Mas o artigo 21 foi revogado pela Lei 13.683/2018.**

Por segurança jurídica, é razoável aplicar o prazo de três anos a contar da publicação do Estatuto da Metrópole para os casos em que já havia a criação de região metropolitana ou de aglomeração urbana mediante lei complementar estadual anterior.

A União apoiará as iniciativas dos Estados e dos Municípios voltadas à governança interfederativa, observados as diretrizes e os objetivos do plano plurianual, as metas e as prioridades fixadas pelas leis de diretrizes orçamentárias e o limite das disponibilidades propiciadas pelas leis orçamentárias anuais, sendo condição para o apoio federal que a unidade territorial urbana possua gestão plena.

Considera-se nesse caso **gestão plena** a condição de região metropolitana ou de aglomeração urbana que possui formalização e delimitação mediante lei complementar estadual; estrutura de governança interfederativa própria e plano de desenvolvimento urbano integrado aprovado mediante lei estadual.

Ademais, a União manterá ações voltadas à integração entre cidades gêmeas localizadas na faixa de fronteira com outros países, em relação à mobilidade urbana e a outras políticas públicas afetas ao desenvolvimento urbano.

Era prevista a criação do Fundo Nacional de Desenvolvimento Urbano Integrado nos artigos 17 e 18 da Lei 13.089/2015, que contaria com recursos federais, mas houve veto presidencial, o que dificulta a formação de base financeira para Estados e Municípios para a implementação do Estatuto da Metrópole.

Parcelamento do Solo Urbano

De acordo com o artigo 30, inciso VIII, da Constituição, compete aos municípios promover, no que couber, adequado ordenamento territorial, mediante planejamento e controle do uso, do parcelamento e da ocupação do solo urbano, sendo também competente o Distrito Federal.

Por sua vez, o parcelamento do solo urbano figura como um instrumento de execução da política de desenvolvimento e expansão urbanos em sede municipal, vinculado às diretrizes do artigo 2º do Estatuto da Cidade, tendo por objetivo ordenar o pleno desenvolvimento das funções sociais da cidade e da propriedade urbana.

De efeito, é diretriz da política urbana municipal a ordenação e o controle do uso do solo, de forma a evitar:

a) a utilização inadequada dos imóveis urbanos;

b) a proximidade de usos incompatíveis ou inconvenientes;

c) o parcelamento do solo, a edificação ou o uso excessivos ou inadequados em relação à infraestrutura urbana;

d) a instalação de empreendimentos ou atividades que possam funcionar como polos geradores de tráfego, sem a previsão da infraestrutura correspondente;

e) a retenção especulativa de imóvel urbano, que resulte na sua subutilização ou não utilização;

f) a deterioração das áreas urbanizadas;

g) a poluição e a degradação ambiental;

h) a exposição da população a riscos de desastres.

Deverá o município planejar o desenvolvimento das cidades, a distribuição espacial da população e as atividades econômicas do território sob sua área de influência, de modo a evitar e corrigir as distorções do crescimento urbano e seus efeitos negativos sobre o meio ambiente.

As regras gerais a respeito do parcelamento do solo urbano são ditadas pela Lei 6.766/1979, podendo os estados, o Distrito Federal e os municípios legislar de acordo com o interesse regional e local, observadas as normas gerais dadas pela União. Existem duas maneiras de parcelar o solo urbano: o **loteamento** e o **desmembramento**.

Considera-se **loteamento** a subdivisão de gleba em lotes destinados à edificação, com abertura de novas vias de circulação, de logradouros públicos ou prolongamento, modificação ou ampliação das vias existentes.

Já o **desmembramento** é a subdivisão de gleba em lotes destinados a edificação, com aproveitamento do sistema viário existente, desde que não implique a abertura de novas vias e logradouros públicos, nem prolongamento, modificação ou ampliação dos já existentes.

Logo, nota-se que a diferença dos referidos institutos é que no loteamento serão abertas novas vias de circulação, logradouros públicos ou prolongamento, modificação ou ampliação das vias existentes, ao contrário do que ocorre no desmembramento.

O **lote** é considerado como o terreno servido de infraestrutura básica cujas dimensões atendam aos índices urbanísticos definidos pelo plano diretor ou lei municipal para a zona em que se situe. Já a **gleba** é a área que ainda não foi objeto de loteamento ou desmembramento regular.

Por força da **Lei 13.465/2017**, o lote poderá ser constituído sob a forma de imóvel autônomo ou de unidade imobiliária integrante de **condomínio de lotes**.

No caso de lotes integrantes de condomínio de lotes, poderão ser instituídas limitações administrativas e direitos reais sobre coisa alheia em benefício do poder público, da população em geral e da proteção da paisagem urbana, tais como servidões de passagem, usufrutos e restrições à construção de muros.

A mencionada norma ainda positivou o **loteamento de acesso controlado**, assim considerada a modalidade de loteamento cujo controle de acesso será regulamentado por ato do poder público Municipal, sendo vedado o impedimento de acesso a pedestres ou a condutores de veículos, não residentes, devidamente identificados ou cadastrados.

As atividades desenvolvidas pelas associações de proprietários de imóveis, titulares de direitos ou moradores em loteamentos ou empreendimentos assemelhados, desde que não tenham fins lucrativos, bem como pelas entidades civis organizadas em função da solidariedade de interesses coletivos desse público com o objetivo de administração, conservação, manutenção, disciplina de utilização e convivência, visando à valorização dos imóveis que compõem o empreendimento, tendo em vista a sua natureza jurídica, vinculam-se, por critérios de afinidade, similitude e conexão, à **atividade de administração de imóveis**, sujeitando seus titulares à normatização e à disciplina constantes de seus atos constitutivos, cotizando-se na forma desses atos para suportar a consecução dos seus objetivos.

Os parcelamentos do solo deverão contar com infraestrutura básica constituída pelos equipamentos urbanos de escoamento das águas pluviais, iluminação pública, esgotamento sanitário, abastecimento de água potável, energia elétrica pública e domiciliar e vias de circulação.

Já no caso da infraestrutura básica nas zonas habitacionais declaradas por lei como de interesse social (ZHIS), esta consistirá, no mínimo, de:

> I – vias de circulação;
>
> II – escoamento das águas pluviais;
>
> III – rede para o abastecimento de água potável; e
>
> IV – soluções para o esgotamento sanitário e para a energia elétrica domiciliar.

Por força da Lei 14.118/2021, considera-se **empreendedor**, para fins de parcelamento do solo urbano, o responsável pela implantação do parcelamento, o qual, além daqueles indicados em regulamento, poderá ser:

a) o proprietário do imóvel a ser parcelado;

b) o compromissário comprador, cessionário ou promitente cessionário, ou o foreiro, desde que o proprietário expresse sua anuência em relação ao empreendimento e sub-rogue-se nas obrigações do compromissário comprador, cessionário ou promitente cessionário, ou do foreiro, em caso de extinção do contrato;

c) o ente da administração pública direta ou indireta habilitado a promover a desapropriação com a finalidade de implantação de parcelamento habitacional ou de realização de regularização fundiária de interesse social, desde que tenha ocorrido a regular imissão na posse;

d) a pessoa física ou jurídica contratada pelo proprietário do imóvel a ser parcelado ou pelo poder público para executar o parcelamento ou a regularização fundiária, em forma de parceria, sob regime de obrigação solidária, devendo o contrato ser averbado na matrícula do imóvel no competente registro de imóveis;

e) a cooperativa habitacional ou associação de moradores, quando autorizada pelo titular do domínio, ou associação de proprietários ou compradores que assuma a responsabilidade pela implantação do parcelamento.

É necessário que lei municipal ou o plano diretor autorize o parcelamento do solo para fins urbanos em zonas urbanas, de expansão urbana ou de urbanização específica.

Por questões de vedação das normas ambientais ou para atender à segurança das construções, é vedado o parcelamento nas seguintes hipóteses:

> I – em terrenos alagadiços e sujeitos a inundações, antes de tomadas as providências para assegurar o escoamento das águas;
>
> II – em terrenos que tenham sido aterrados com material nocivo à saúde pública, sem que sejam previamente saneados;
>
> III – em terrenos com declividade igual ou superior a 30% (trinta por cento), salvo se atendidas exigências específicas das autoridades competentes;
>
> IV – em terrenos onde as condições geológicas não aconselham a edificação;
>
> V – em **áreas de preservação ecológica** ou naquelas onde a poluição impeça condições sanitárias suportáveis, até a sua correção.

São requisitos mínimos para a aprovação de um loteamento:

> I – as áreas destinadas a sistemas de circulação, a implantação de equipamento urbano e comunitário, bem como a espaços livres de uso público, serão proporcionais à densidade de ocupação prevista pelo plano diretor ou aprovada por lei municipal para a zona em que se situem;
>
> II – os lotes terão área mínima de $125m^2$ (cento e vinte e cinco metros quadrados) e frente mínima de 5 (cinco) metros, salvo quando o loteamento se destinar a urbanização específica ou edificação de conjuntos habitacionais de interesse social, previamente aprovados pelos órgãos públicos competentes;
>
> III – ao longo das faixas de domínio público das rodovias, a reserva de faixa não edificável de, no mínimo, 15 (quinze) metros de cada lado poderá ser reduzida por lei municipal ou distrital que aprovar o instrumento do planejamento territorial, até o limite mínimo de 5 (cinco) metros de cada lado.
>
> III-A – ao longo das águas correntes e dormentes e da faixa de domínio das ferrovias, será obrigatória a reserva de uma faixa não edificável de, no mínimo, 15 (quinze) metros de cada lado;
>
> IV – as vias de loteamento deverão articular-se com as vias adjacentes oficiais, existentes ou projetadas, e harmonizar-se com a topografia local.

Ademais, o Poder Público poderá complementarmente exigir, em cada loteamento, a reserva de faixa *non aedificandi* destinada a equipamentos urbanos.[46]

Inicialmente, deverá o proponente do projeto de loteamento apresentar requerimento e planta do imóvel contendo, pelo menos:

> I – as divisas da gleba a ser loteada;
>
> II – as curvas de nível à distância adequada, quando exigidas por lei estadual ou municipal;
>
> III – a localização dos cursos d'água, bosques e construções existentes;
>
> IV – a indicação dos arruamentos contíguos a todo o perímetro, a localização das vias de comunicação, das áreas livres, dos equipamentos urbanos e comunitários existentes no local ou em suas adjacências, com as respectivas distâncias da área a ser loteada;
>
> V – o tipo de uso predominante a que o loteamento se destina;
>
> VI – as características, dimensões e localização das zonas de uso contíguas.

Em seguida, o município ou o Distrito Federal, quando for o caso, indicará, nas plantas apresentadas junto com o requerimento, de acordo com as diretrizes de planejamento estadual e municipal:

> I – as ruas ou estradas existentes ou projetada, que compõem o sistema viário da cidade e do município, relacionadas com o loteamento pretendido e a serem respeitadas;
>
> II – o traçado básico do sistema viário principal;

46. Consideram-se urbanos os equipamentos públicos de abastecimento de água, serviços de esgotos, energia elétrica, coletas de águas pluviais, rede telefônica e gás canalizado.

III – a localização aproximada dos terrenos destinados a equipamento urbano e comunitário e das áreas livres de uso público;

IV – as faixas sanitárias do terreno necessárias ao escoamento das águas pluviais e as faixas não edificáveis;

V – a zona ou zonas de uso predominante da área, com indicação dos usos compatíveis.

Enfim, o empreendedor deverá apresentar ao município ou ao Distrito Federal um projeto de loteamento de acordo com as diretrizes para o uso do solo, traçado dos lotes, do sistema viário, dos espaços livres e das áreas reservadas para equipamento urbano e comunitário definidas pela Administração Pública.

No entanto, para os Municípios com menos de 50.000 habitantes e aqueles cujo plano diretor contiver diretrizes de urbanização para a zona em que se situe o parcelamento, será possível dispensar, por lei, a fase de fixação de diretrizes acima descrita.

Vale registrar que o projeto de loteamento, contendo desenhos, memorial descritivo e cronograma de execução das obras com duração máxima de quatro anos, será apresentado à Prefeitura Municipal, ou ao Distrito Federal, quando for o caso, acompanhado de certidão atualizada da matrícula da gleba, expedida pelo Cartório de Registro de Imóveis competente, de certidão negativa de tributos municipais e do competente instrumento de garantia.[47]

Já para a aprovação do projeto de desmembramento, o interessado apresentará requerimento à Prefeitura Municipal, ou ao Distrito Federal, quando for o caso, acompanhado de certidão atualizada da matrícula da gleba, expedida pelo Cartório de Registro de Imóveis competente, e de planta do imóvel a ser desmembrado contendo:

I – a indicação das vias existentes e dos loteamentos próximos;

II – a indicação do tipo de uso predominante no local;

III – a indicação da divisão de lotes pretendida na área.

Vale salientar que serão aplicadas ao desmembramento, no que couber, as disposições urbanísticas vigentes para as regiões em que se situem ou, na ausência destas, as disposições urbanísticas para os loteamentos.

No entanto, nos Municípios inseridos no cadastro nacional de municípios com áreas suscetíveis à ocorrência de deslizamentos de grande impacto, inundações bruscas ou processos geológicos ou hidrológicos correlatos, a aprovação do projeto de desmembramento ou de loteamento ficará vinculada ao atendimento dos requisitos constantes da carta geotécnica de aptidão à urbanização, sendo vedada a aprovação de projeto de loteamento e desmembramento em áreas de risco definidas como não edificáveis, no plano diretor ou em legislação dele derivada.

No caso de loteamento ou desmembramento localizado em área de município integrante de região metropolitana, o exame e a anuência prévia à aprovação do projeto caberão à

47. O título de propriedade será dispensado quando se tratar de parcelamento popular, destinado às classes de menor renda, em imóvel declarado de utilidade pública, com processo de desapropriação judicial em curso e imissão provisória na posse, desde que promovido pela União, Estados, Distrito Federal, Municípios ou suas entidades delegadas, autorizadas por lei a implantar projetos de habitação.

autoridade metropolitana. Caberá aos estados disciplinar a aprovação pelos Municípios de loteamentos e desmembramentos nas seguintes condições:

> I – quando localizados em áreas de interesse especial, tais como as de proteção aos mananciais ou ao patrimônio cultural, histórico, paisagístico e arqueológico, assim definidas por legislação estadual ou federal;
>
> II – quando o loteamento ou desmembramento localizar-se em área limítrofe do município, ou que pertença a mais de um município, nas regiões metropolitanas ou em aglomerações urbanas, definidas em lei estadual ou federal;
>
> III – quando o loteamento abranger área superior a 1.000.000 m^2.

Frise-se que os espaços livres de uso comum, as vias e praças, as áreas destinadas a edifícios públicos e outros equipamentos urbanos, constantes do projeto e do memorial descritivo, não poderão ter sua destinação alterada pelo loteador, desde a aprovação do loteamento, salvo nas hipóteses de caducidade da licença ou desistência do loteador.

Caso o município ou o Distrito Federal tenha aprovado o projeto de loteamento ou desmembramento, o loteador deverá submetê-lo ao registro imobiliário dentro de 180 dias, sob pena de caducidade da aprovação, acompanhado dos seguintes documentos:

> I – título de propriedade do imóvel ou certidão da matrícula;[48]
>
> II – histórico dos títulos de propriedade do imóvel, abrangendo os últimos 20 (vintes anos), acompanhados dos respectivos comprovantes;
>
> III – certidões negativas:
>
> a) de tributos federais, estaduais e municipais incidentes sobre o imóvel;
>
> b) de ações reais referentes ao imóvel, pelo período de 10 (dez) anos;
>
> c) de ações penais com respeito ao crime contra o patrimônio e contra a Administração Pública.
>
> IV – certidões:
>
> a) dos cartórios de protestos de títulos, em nome do loteador, pelo período de 10 (dez) anos;
>
> b) de ações pessoais relativas ao loteador, pelo período de 10 (dez) anos;
>
> c) de ônus reais relativos ao imóvel;
>
> d) de ações penais contra o loteador, pelo período de 10 (dez) anos.
>
> V – cópia do ato de aprovação do loteamento e comprovante do termo de verificação, pelo Município ou pelo Distrito Federal, da execução das obras exigidas pela legislação municipal, que incluirão, no mínimo, a execução das vias de circulação do loteamento, demarcação dos lotes, quadras e logradouros e das obras de escoamento das águas pluviais ou da aprovação de um cronograma, com a duração máxima de 4 (quatro) anos, prorrogáveis por mais 4 (quatro) anos, acompanhado de competente instrumento de garantia para a execução das obras;

48. O título de propriedade será dispensado quando se tratar de parcelamento popular, destinado às classes de menor renda, em imóvel declarado de utilidade pública, com processo de desapropriação judicial em curso e imissão provisória na posse, desde que promovido pela União, Estados, Distrito Federal, Municípios ou suas entidades delegadas, autorizadas por lei a implantar projetos de habitação.

VI – exemplar do contrato padrão de promessa de venda, ou de cessão ou de promessa de cessão;

VII – declaração do cônjuge do requerente de que consente no registro do loteamento.

Examinada a documentação e encontrada em ordem, o Oficial do Registro de Imóveis encaminhará comunicação à Prefeitura e fará publicar, em resumo e com pequeno desenho de localização da área, edital do pedido de registro em três dias consecutivos, podendo este ser impugnado no prazo de 15 dias contados da data da última publicação.

Findo o prazo sem impugnação, será feito imediatamente o registro. Se houver impugnação de terceiros, o Oficial do Registro de Imóveis intimará o requerente e a Prefeitura Municipal, ou o Distrito Federal, quando for o caso, para que sobre ela se manifestem no prazo de cinco dias, sob pena de arquivamento do processo. Com tais manifestações o processo será enviado ao juiz competente para decisão.

No Registro de Imóveis far-se-á o registro do loteamento, com uma indicação para cada lote, a averbação das alterações, a abertura de ruas e praças e as áreas destinadas a espaços livres ou a equipamentos urbanos.

São causas de cancelamento do registro de loteamento:

I – por decisão judicial;

II – a requerimento do loteador, com anuência da Prefeitura, ou do Distrito Federal, quando for o caso, enquanto nenhum lote houver sido objeto de contrato;

III – a requerimento conjunto do loteador e de todos os adquirentes de lotes, com anuência da Prefeitura, ou do Distrito Federal, quando for o caso, e do Estado.

A Prefeitura e o Estado só poderão se opor ao cancelamento se disso resultar inconveniente comprovado para o desenvolvimento urbano ou se já se tiver realizado qualquer melhoramento na área loteada ou adjacências.

Por sua vez, são irretratáveis os compromissos de compra e venda, cessões e promessas de cessão, os que atribuam direito a adjudicação compulsória e, estando registrados, confiram direito real oponível a terceiros.

Ademais, é vedado vender ou prometer vender parcela de loteamento ou desmembramento não registrado. É nula de pleno direito a cláusula de rescisão de contrato por inadimplemento do adquirente quando o loteamento não estiver regularmente inscrito.

Caso se verifique que o loteamento ou desmembramento não se acha registrado ou regularmente executado ou notificado pela Prefeitura Municipal, ou pelo Distrito Federal, quando for o caso, deverá o adquirente do lote suspender o pagamento das prestações restantes e notificar o loteador para suprir a falta, devendo o adquirente efetuar o depósito das prestações devidas junto ao Registro de Imóveis competente, que as depositará em estabelecimento de crédito até que seja promovida pelo loteador a regularização do loteamento, quando poderá requerer judicialmente a autorização para levantar as prestações depositadas, ouvido o município ou o Distrito Federal.

De seu turno, nas desapropriações não serão considerados como loteados ou loteáveis, para fins de indenização, os terrenos ainda não vendidos ou compromissados, objeto de loteamento ou desmembramento não registrado.

Saliente-se que, se o loteador integrar grupo econômico ou financeiro, qualquer pessoa física ou jurídica desse grupo, beneficiária de qualquer forma do loteamento ou desmembramento irregular, será solidariamente responsável pelos prejuízos por ele causados aos compradores de lotes e ao Poder Público.

2. QUESTÕES DE CONCURSOS

01. (Juiz do Estado da Bahia 2012/CESPE) Em relação à política urbana, assinale a opção correta.

A) O zoneamento ambiental, instrumento da PNMA para grandes espaços econômico-ecológicos, não se aplica ao âmbito urbano.

B) No âmbito municipal, o estudo ambiental cabível é o estudo de impacto de vizinhança, que substitui a elaboração e a aprovação de estudo de impacto ambiental.

C) O plano diretor é obrigatório para cidades com mais de 20 mil habitantes e para aquelas que integrem áreas de especial interesse turístico, entre outras situações definidas em lei.

D) O Estatuto da Cidade é norma federal que fixa diretrizes gerais para a política de desenvolvimento urbano, cuja execução, conforme repartição constitucional de competências, cabe aos estados.

E) A lei que instituir o plano diretor, instrumento básico da política de desenvolvimento e de expansão urbana, só poderá ser revista depois de decorridos cinco anos da sua promulgação, a fim de evitar pressões de especulação imobiliária.

02. (Juiz do Estado do Pará 2011/CESPE) Considerando que o município A, com 30.000 habitantes e sem plano diretor, decida utilizar instrumentos de política urbana previstos no Estatuto da Cidade ao detectar que diversos imóveis localizados em seu perímetro urbano não são utilizados, o que configura claro desrespeito à função social de propriedade, assinale a opção correta, com base no que dispõem a CF e o Estatuto da Cidade.

A) O Estatuto da Cidade não prevê instrumentos que auxiliem a melhoria da qualidade de vida urbana, razão por que deve o município, ao elaborar o seu plano diretor, incluir um item específico a esse respeito.

B) O referido município deve elaborar plano diretor.

C) O plano diretor, instrumento básico da política de desenvolvimento urbano, deve ser revisto a cada vinte anos.

D) A edificação compulsória poderá ser determinada pelo município imediatamente.

E) Poderá ser determinado o parcelamento do solo urbano subutilizado, independentemente de notificação do proprietário pelo Poder Executivo municipal.

03. (MP ES 2010 – Promotor de Justiça – CESPE) A cidade representa a expansão criativa do homem, pois resulta da ação humana como agente modificador da natureza para a criação e ampliação do espaço urbano. Acerca desse assunto, assinale a opção correta.

A) O estudo de impacto ambiental, apesar de constituir instrumento da Política Nacional de Meio Ambiente, só pode ser empregado no meio natural.

B) A matéria urbanística não foi abordada, nem de modo indireto, pelo legislador constituinte; só existe regulamentação do tema nos planos diretores estaduais.

C) A competência para ordenar o pleno desenvolvimento das funções sociais das cidades e garantir o bem-estar de seus habitantes é do município.

D) O Estatuto da Cidade não disciplina o planejamento municipal, pois isso deve ser feito pelo plano diretor.

E) No ordenamento brasileiro, não há previsão de usucapião especial de imóvel urbano.

04. (OAB/SP 125.º CONCURSO 2005) São conceitos à primeira vista contrastantes, dentro do Direito Urbanístico, mas que, em equilíbrio, devem coexistir

A) função socioambiental da propriedade e direito de propriedade individual.

B) função socioambiental da cidade e Plano Diretor.

C) limitação administrativa e autonomia municipal.

D) lei urbanística municipal e Estatuto da Cidade.

05. (OAB UNIFICADA 2009.1 – CESPE) Com base na disciplina legal sobre a política de desenvolvimento urbano, julgue os itens a seguir.

I – Compete aos municípios instituir diretrizes para o desenvolvimento urbano, incluindo-se habitação, saneamento básico e transportes urbanos.

II – O plano diretor, instrumento básico da política de desenvolvimento e expansão urbana, é obrigatório para as cidades com mais de vinte mil habitantes, para as que pertencem a regiões metropolitanas e aglomerações urbanas e para as que integram área de especial interesse turístico.

III – Aquele que possuir, como sua, área ou edificação urbana de até duzentos e cinquenta metros quadrados, por cinco anos, ininterruptamente e sem oposição, utilizando-a para sua moradia ou de sua família, adquirir-lhe-á o domínio, desde que não seja proprietário de outro imóvel urbano ou rural.

IV – Compete aos municípios, como executores da política de desenvolvimento urbano e no exercício de sua autonomia legislativa, editar normas gerais de direito urbanístico.

Estão certos apenas os itens:

A) I e II.

B) I e IV.

C) II e III.

D) III e IV.

06. (MPE-SC – 2013 – MPE-SC – Promotor de Justiça – Tarde) Segundo a Lei 10.257/2001 (Estatuto da Cidade), plano diretor poderá fixar áreas nas quais o direito de construir poderá ser exercido acima do coeficiente de aproveitamento básico adotado, mediante contrapartida a ser prestada pelo beneficiário.

07. (MPE-SC – 2013 – MPE-SC – Promotor de Justiça – Tarde) Conforme a Lei 10.257/2001 (Estatuto da Cidade), nas áreas urbanas, a elaboração de Estudo de Impacto de Vizinhança – EIV substitui a elaboração e a aprovação de Estudo Prévio de Impacto Ambiental EIA.

GAB	01	C	02	B	03	C	04	A	05	C	06	CERTO	07	ERRADO

Art. 186. A função social é cumprida quando a propriedade rural atende, simultaneamente, segundo critérios e graus de exigência estabelecidos em lei, aos seguintes requisitos:

I – aproveitamento racional e adequado;

II – utilização adequada dos recursos naturais disponíveis e preservação do meio ambiente;

III – observância das disposições que regulam as relações de trabalho;

IV – exploração que favoreça o bem-estar dos proprietários e dos trabalhadores.

1. COMENTÁRIOS

Este dispositivo apresenta os requisitos cumulativos para que a propriedade rural alcance a sua função social.

Inspira-se no Princípio da Função Socioambiental da Propriedade, não se configurando como simples limitação ao exercício do direito de propriedade, e sim tem caráter endógeno, apresentando-se como quinto atributo ao lado do uso, gozo, disposição e reivindicação. Na realidade, operou-se a **ecologização da propriedade**.

Convém aduz que o artigo 1.228, § 1.º, do Código Civil, é uma norma conexa, um verdadeiro caso de norma ambiental inserta do diploma civil, o que denota o caráter transversal do Direito Ambiental, que permeia em todos os ramos jurídicos, em que está insculpido que "o direito de propriedade deve ser exercitado em consonância com as suas finalidades econômicas e sociais e de modo que sejam preservados, de conformidade com o estabelecido em lei especial, a flora, a fauna, as belezas naturais, o equilíbrio ecológico e o patrimônio histórico e artístico, bem como evitada a poluição do ar e das águas".

Nesse sentido, leciona o grande JOSÉ AFONSO DA SILVA (2002, p. 283): "enfim, a função social se manifesta na própria configuração estrutural do direito de propriedade".

Nessa trilha, o legislador se inspirou neste Princípio da Função Socioambiental da Propriedade ao elaborar a redação do artigo 28, do novo Código Florestal, que não permite a conversão de vegetação nativa para uso alternativo do solo (desmatamentos) no imóvel rural que possuir área abandonada.[49]

2. JURISPRUDÊNCIA

"O acesso à terra, a solução dos conflitos sociais, o aproveitamento racional e adequado do imóvel rural, a utilização apropriada dos recursos naturais disponíveis e a preservação do meio ambiente constituem elementos de realização da função social da propriedade. A desapropriação, nesse contexto – enquanto sanção constitucional imponível ao descumprimento da função social da propriedade – reflete importante instrumento destinado a dar consequência aos compromissos assumidos pelo Estado na ordem econômica e social. Incumbe, ao proprietário da terra, o dever jurídico-social de cultivá-la e de explorá-la adequadamente, sob pena de incidir nas disposições constitucionais e legais que sancionam os senhores de imóveis ociosos, não cultivados e/ou improdutivos, pois só se tem por atendida a função social que condiciona o exercício do direito de propriedade, quando o titular do domínio cumprir a obrigação (1) de favorecer o bem-estar dos que na terra labutam; (2) de manter níveis satisfatórios de produtividade; (3) de assegurar a conservação dos recursos naturais; e (4) de observar as disposições legais que regulam as justas relações de trabalho entre os que possuem o domínio e aqueles que cultivam a propriedade" (STF, ADI 2.213-MC, Rel. Min. Celso de Mello, j. 04.04.2002, *DJ* de 23.04.2004).

"Inexiste direito ilimitado ou absoluto de utilização das potencialidades econômicas de imóvel, pois antes até 'da promulgação da Constituição vigente, o legislador já cuidava de impor algumas restrições ao uso da propriedade com o escopo de preservar o meio ambiente' (EREsp 628.588/SP, Rel. Min. Eliana Calmon, Primeira Seção, *DJe* 9.2.2009), tarefa essa que, no regime constitucional de 1988, fundamenta-se na função ecológica do domínio e posse" (STJ, REsp 1.240.122, de 28.06.2011).

49. A definição de área abandonada, subutilizada e utilizada de maneira inadequada dependerá do alcance dos graus de eficiência e utilização da terra, definidos no artigo 6.º, da Lei 8.629/1993, ou então quando o prédio rústico não atenda aos requisitos do § 3.º, do citado dispositivo legal.

3. QUESTÕES DE CONCURSOS

01. (Prova: FCC – 2012 – MPE-AP – Analista Ministerial – Direito) José é proprietário de uma fazenda em Porto Grande, interior do Amapá. Ocorre que, além de não produzir em seu latifúndio, José ainda utiliza de forma inadequada os recursos naturais disponíveis na terra. Diante do exposto, de acordo com a Constituição Federal brasileira, para fins de reforma agrária a fazenda

a) poderá ser desapropriada somente se comprovado que José seja proprietário de outro imóvel.

b) não poderá ser desapropriada, pois se trata de propriedade de grande extensão territorial.

c) poderá ser desapropriada, pois não cumpre sua função social.

d) não poderá ser desapropriada, pois possui recursos naturais disponíveis, mesmo que estes estejam sendo utilizados de forma inadequada.

e) não poderá ser desapropriada, pois não realiza atividade agrícola predatória, causadora de danos ao meio ambiente.

02. (FCC – 2011 – PGE-MT – Procurador) Considere os seguintes requisitos:

I. Aproveitamento racional e adequado.

II. Utilização adequada dos recursos naturais disponíveis.

III. Preservação do meio ambiente.

IV. Observância da legislação trabalhista.

V. Exploração que favoreça o bem-estar dos proprietários e dos trabalhadores.

Cumpre a função social a propriedade rural que atende simultaneamente aos requisitos

a) I, II, III, IV e V.

b) I, II, III e IV, apenas.

c) I, II, III e V, apenas.

d) I, II, IV e V, apenas.

e) I, III, IV e V, apenas.

GAB	01	C	02	A

Art. 200. Ao sistema único de saúde compete, além de outras atribuições, nos termos da lei:

(...)

VIII – colaborar na proteção do meio ambiente, nele compreendido o do trabalho.

1. COMENTÁRIOS

O meio ambiente do trabalho goza de previsão constitucional expressa. De acordo com o artigo 200, VIII, da Constituição de 1988, ao Sistema Único de Saúde compete colaborar na proteção do meio ambiente, **nele compreendido o do trabalho.**

Nesse sentido, o próprio STF já reconheceu a existência de um meio ambiente do trabalho, conforme análise de passagem do julgamento da ADI/MC 3.540, de 01.09.2005.

Assim, de acordo com o entendimento prevalente, o meio ambiente pode ser dividido em natural, cultural, artificial e laboral. É interessante notar que o meio ambiente do trabalho é objeto de estudo simultâneo do Direito Ambiental e do Direito do Trabalho, muito embora com visões diversas e amplitude não equivalente.

O meio ambiente do trabalho é composto por todos os bens materiais e intangíveis que permitem que as pessoas desenvolvam uma atividade laborativa remunerada digna e segura, a exemplo das instalações prediais, das tecnologias de segurança, dos equipamentos de proteção individual e coletiva.

É direito social do trabalhador urbano ou rural a adoção de medidas de redução dos riscos inerentes ao trabalho, por meio de normas de saúde, higiene e segurança, nos moldes do artigo 7.º, XXII, da Constituição Federal, disposição que objetiva especialmente evitar a ocorrência dos acidentes de trabalho.

De efeito, um dos pilares da Ordem Econômica brasileira é a valorização do trabalho humano, tendo como um dos princípios informadores a defesa do meio ambiente, na forma do artigo 170, VI, da Lei Maior.

Logo, no desenvolvimento do trabalho, é curial que sejam adotadas as medidas de prevenção e precaução dos danos ambientais ao trabalhador, devendo existir uma atuação convergente da sociedade (Poder Público, empresas e trabalhadores) na observância das normas de proteção e saúde do obreiro.

Conforme estudado no início deste manual, em regra, a competência legiferante sobre os temas ambientais é concorrente entre a União, os Estados, o Distrito Federal e os Municípios, nos termos dos artigos 24 e 30 da Constituição.

Todavia, entende o STF que o meio ambiente do trabalho é temática que não se insere na competência legislativa concorrente ambiental, sendo matéria que apenas poderá ser regulada por leis editadas pela União.

2. JURISPRUDÊNCIA

"A incolumidade do meio ambiente não pode ser comprometida por interesses empresariais nem ficar dependente de motivações de índole meramente econômica, ainda mais se se tiver presente que a atividade econômica, considerada a disciplina constitucional que a rege, está subordinada, dentre outros princípios gerais, àquele que privilegia a 'defesa do meio ambiente' (CF, art. 170, VI), que traduz conceito amplo e abrangente das noções de meio ambiente natural, de meio ambiente cultural, de meio ambiente artificial (espaço urbano) **e de meio ambiente laboral**" (STF, ADI/MC 3.540, de 01.09.2005).

"Segurança e higiene do trabalho – Competência legislativa. Ao primeiro exame, cumpre à União legislar sobre parâmetros alusivos à prestação de serviços – artigos 21, XXIV, e 22, I, da Constituição Federal. **O gênero 'meio ambiente', em relação ao qual é viável a competência em concurso da União, dos Estados e do Distrito Federal, a teor do disposto no artigo 24, VI, da Constituição Federal, não abrange o ambiente de trabalho**, muito menos a ponto de chegar-se à fiscalização do local por autoridade estadual, com imposição de multa. Suspensão da eficácia da Lei 2.702, de 1997, do Estado do Rio de Janeiro" (STF, ADI-MC 1893, de 18.12.1998).

- **STJ, INFORMATIVO 507 – DIREITO CIVIL. DANO MORAL. PRIVAÇÃO DO TRABALHO POR DANO AMBIENTAL.** *A privação das condições de trabalho em decorrência de dano ambiental configura dano moral.* Estando o trabalhador impossibilitado de trabalhar, revela-se patente seu sofrimento, angústia e aflição. O ócio indesejado imposto pelo acidente ambiental gera a incerteza quanto à viabilidade futura de sua atividade profissional e manutenção própria e de sua família. Precedente citado: REsp 1.114.398-PR, *DJe* 16.2.2012 (REPETITIVO). REsp 1.346.430-PR, Rel. Min. Luis Felipe Salomão, julgado em 18.10.2012.

3. QUESTÕES DE CONCURSOS

01. (CESGRANRIO/Advogado da Petrobras – 2011) Compete ao Sistema Único de Saúde, dentre outras atribuições, colaborar na proteção do meio ambiente, nele compreendido o do trabalho.

02. **(UFPR/UEGA – Advogado Júnior – 2009)** O "meio ambiente do trabalho" é aquele local em que se desenrola parte da vida do trabalhador, no qual a qualidade de vida está, por essa razão, intimamente dependente da qualidade desse ambiente.

03. **(FCC/TJ-GO – Juiz Estadual – 2009)** A observância das normas de segurança do trabalho pelo proprietário de imóvel rural não é requisito para o cumprimento da função social da propriedade, porque a Constituição refere-se apenas ao meio ambiente natural e não ao meio ambiente do trabalho.

GAB	01	CERTO	02	CERTO	03	ERRADO

Art. 215. O Estado garantirá a todos o pleno exercício dos direitos culturais e acesso às fontes da cultura nacional, e apoiará e incentivará a valorização e a difusão das manifestações culturais.

§ 1º O Estado protegerá as manifestações das culturas populares, indígenas e afro-brasileiras, e das de outros grupos participantes do processo civilizatório nacional.

§ 2º A lei disporá sobre a fixação de datas comemorativas de alta significação para os diferentes segmentos étnicos nacionais.

§ 3º A lei estabelecerá o Plano Nacional de Cultura, de duração plurianual, visando ao desenvolvimento cultural do País e à integração das ações do poder público que conduzem à:

I – defesa e valorização do patrimônio cultural brasileiro;

II – produção, promoção e difusão de bens culturais;

III – formação de pessoal qualificado para a gestão da cultura em suas múltiplas dimensões;

IV – democratização do acesso aos bens de cultura;

V – valorização da diversidade étnica e regional.

1. COMENTÁRIOS

O direito à cultura é fundamental e deve ser realizado pelo Poder Público que deve assegurar ao povo o acesso às fontes culturais nacionais e promover a sua difusão.

Vários grupos são responsáveis pela eclética formação cultural brasileira e todas as manifestações são igualmente importantes devendo ser preservadas pelo Estado. Nesse sentido, entre outros, comemora-se o Dia do Índio e o Dia da Consciência Negra.

A **Emenda 48/2005** previu o **Plano Nacional de Cultura**, a ser instituído por lei, visando a defesa do patrimônio cultural brasileiro; a promoção, difusão e produção de bens culturais; a formação de pessoal qualificado para a gestão da cultura; a democratização do acesso à cultura e a valorização da diversidade étnica e regional.

Finalmente, foi promulgada a Lei 12.343, de 02.12.2010, que instituiu o Plano Nacional de Cultura e criou o Sistema Nacional de Informações e Indicadores Culturais.

De efeito, o Plano Nacional de Cultura foi previsto com **duração de dez anos**, de acordo com o Anexo da Lei 12.343/2010, dividido em cinco Capítulos,[50] sendo a coordenação executiva do Ministério da Cultura.

50. **Capítulo I – Do Estado** – Fortalecer a função do estado na institucionalização das políticas culturais; intensificar o planejamento de programas e ações voltadas ao campo cultural; consolidar a execução de políticas públicas para cultura. **Capítulo II – Da Diversidade** – Reconhecer e valorizar a diversidade; proteger e promover as artes e expressões culturais. **Capítulo III – Do Acesso** – Universalizar o acesso

Deverá o Plano Nacional de Cultura ser revisto periodicamente para atualização e aperfeiçoamento, sendo prevista a primeira revisão após quatro anos da data da publicação da Lei 12.343/2010.

Para assegurar recursos para a execução do Plano, o **Fundo Nacional de Cultura**,[51] por meio de seus fundos setoriais, será o principal mecanismo de fomento às políticas culturais.

Deverão ser formuladas e desenvolvidas políticas públicas para a efetivação do Plano Nacional de Cultura, fomentando a cultura de forma ampla, protegendo e promovendo a diversidade cultural, a criação artística e suas manifestações e as expressões culturais, individuais ou coletivas, de todos os grupos étnicos e suas derivações sociais, reconhecendo a abrangência da noção de cultura em todo o território nacional e garantindo a multiplicidade de seus valores e formações.

Entretanto, os estados, o Distrito Federal e os municípios apenas aderirão ao Plano Nacional de Cultura se quiserem, por intermédio de termo de adesão voluntária, devendo, nesta hipótese, elaborar os seus planos decenais até um ano após a assinatura do termo de adesão voluntária, podendo a União oferecer assistência técnica e financeira aos entes da federação que aderirem.

Também é possível que outros entes públicos e privados colaborem com o Plano Nacional de Cultura, tais como empresas, organizações corporativas e sindicais, organizações da sociedade civil, fundações, pessoas físicas e jurídicas que se mobilizem para a garantia dos princípios, objetivos, diretrizes e metas do PNC, estabelecendo termos de adesão específicos.

A implementação do Plano Nacional de Cultura – PNC observará os seguintes **princípios**: I – liberdade de expressão, criação e fruição; II – diversidade cultural; III – respeito aos direitos humanos; IV – direito de todos à arte e à cultura; V – direito à informação, à comunicação e à crítica cultural; VI – direito à memória e às tradições; VII – responsabilidade socioambiental; VIII – valorização da cultura como vetor do desenvolvimento sustentável; IX – democratização das instâncias de formulação das políticas culturais; X – responsabilidade dos agentes públicos pela implementação das políticas culturais; XI – colaboração entre agentes públicos e privados para o desenvolvimento da economia da cultura; XII – participação e controle social na formulação e acompanhamento das políticas culturais.[52]

---

dos brasileiros à arte e à cultura; qualificar ambientes e equipamentos culturais para a formação e fruição do público; permitir aos criadores o acesso às condições e meios de produção cultural; **Capítulo IV – Do Desenvolvimento Sustentável** – Ampliar a participação da cultura no desenvolvimento socioeconômico; promover as condições necessárias para a consolidação da economia da cultura; induzir estratégias de sustentabilidade nos processos culturais. **Capítulo V – Da Participação Social** – Estimular a organização de instâncias consultivas; construir mecanismos de participação da sociedade civil; ampliar o diálogo com os agentes culturais e criadores.

51. O FNC é um fundo público constituído de recursos destinados exclusivamente à execução de programas, projetos ou ações culturais.

52. Artigo 1.º da Lei 12.343/2010.

O PNC tem os seguintes objetivos:[53]

I – reconhecer e valorizar a diversidade cultural, étnica e regional brasileira;

II – proteger e promover o patrimônio histórico e artístico, material e imaterial;

III – valorizar e difundir as criações artísticas e os bens culturais;

IV – promover o direito à memória por meio dos museus, arquivos e coleções;

V – universalizar o acesso à arte e à cultura;

VI – estimular a presença da arte e da cultura no ambiente educacional;

VII – estimular o pensamento crítico e reflexivo em torno dos valores simbólicos;

VIII – estimular a sustentabilidade socioambiental;

IX – desenvolver a economia da cultura, o mercado interno, o consumo cultural e a exportação de bens, serviços e conteúdos culturais;

X – reconhecer os saberes, conhecimentos e expressões tradicionais e os direitos de seus detentores;

XI – qualificar a gestão na área cultural nos setores público e privado;

XII – profissionalizar e especializar os agentes e gestores culturais;

XIII – descentralizar a implementação das políticas públicas de cultura;

XIV – consolidar processos de consulta e participação da sociedade na formulação das políticas culturais;

XV – ampliar a presença e o intercâmbio da cultura brasileira no mundo contemporâneo;

XVI – articular e integrar sistemas de gestão cultural.

A Lei 12.343/2010 ainda criou o **Sistema Nacional de Informações e Indicadores Culturais**, de caráter declaratório e ampla publicidade, que objetiva:

I – coletar, sistematizar e interpretar dados, fornecer metodologias e estabelecer parâmetros à mensuração da atividade do campo cultural e das necessidades sociais por cultura, que permitam a formulação, monitoramento, gestão e avaliação das políticas públicas de cultura e das políticas culturais em geral, verificando e racionalizando a implementação do PNC e sua revisão nos prazos previstos;

II – disponibilizar estatísticas, indicadores e outras informações relevantes para a caracterização da demanda e oferta de bens culturais, para a construção de modelos de economia e sustentabilidade da cultura, para a adoção de mecanismos de indução e regulação da atividade econômica no campo cultural, dando apoio aos gestores culturais públicos e privados;

III – exercer e facilitar o monitoramento e a avaliação das políticas públicas de cultura e das políticas culturais em geral, assegurando ao poder público e à sociedade civil o acompanhamento do desempenho do PNC.

Será obrigatória a inserção e a atualização permanente de dados no Sistema Nacional de Informações e Indicadores Culturais pela União e pelos estados, Distrito Federal e municípios que vierem a aderir ao Plano.

Ainda foi previsto o **Sistema Nacional de Cultura – SNC**, a ser criado por lei específica, sendo o principal articulador federativo do Plano Nacional de Cultura, estabelecendo mecanismos de gestão compartilhada entre os entes federados e a sociedade civil.

53. Artigo 2.º da Lei 12.343/2010.

Art. 216. Constituem patrimônio cultural brasileiro os bens de natureza material e imaterial, tomados individualmente ou em conjunto, portadores de referência à identidade, à ação, à memória dos diferentes grupos formadores da sociedade brasileira, nos quais se incluem:

I – as formas de expressão;

II – os modos de criar, fazer e viver;

III – as criações científicas, artísticas e tecnológicas;

IV – as obras, objetos, documentos, edificações e demais espaços destinados às manifestações artístico-culturais;

V – os conjuntos urbanos e sítios de valor histórico, paisagístico, artístico, arqueológico, paleontológico, ecológico e científico.

§ 1º O Poder Público, com a colaboração da comunidade, promoverá e protegerá o patrimônio cultural brasileiro, por meio de inventários, registros, vigilância, tombamento e desapropriação, e de outras formas de acautelamento e preservação.

§ 2º Cabem à administração pública, na forma da lei, a gestão da documentação governamental e as providências para franquear sua consulta a quantos dela necessitem.

§ 3º A lei estabelecerá incentivos para a produção e o conhecimento de bens e valores culturais.

§ 4º Os danos e ameaças ao patrimônio cultural serão punidos, na forma da lei.

§ 5º Ficam tombados todos os documentos e os sítios detentores de reminiscências históricas dos antigos quilombos.

§ 6º É facultado aos Estados e ao Distrito Federal vincular a fundo estadual de fomento à cultura até cinco décimos por cento de sua receita tributária líquida, para o financiamento de programas e projetos culturais, vedada a aplicação desses recursos no pagamento de:

I – despesas com pessoal e encargos sociais;

II – serviço da dívida;

III – qualquer outra despesa corrente não vinculada diretamente aos investimentos ou ações apoiados.

1. COMENTÁRIOS

De acordo com o *caput* do artigo 216, da Constituição Federal, constituem **o patrimônio cultural brasileiro** os bens de natureza **material e imaterial**, tomados individualmente ou em conjunto, portadores de referência à identidade, à ação, à memória dos diversos grupos formadores da sociedade brasileira.

Deveras, atualmente não apenas os bens tangíveis poderão integrar o patrimônio cultural brasileiro, mas também os imateriais, estando superada a restrita composição de patrimônio histórico e artístico nacional contida no artigo 1.º do Decreto-lei 25/1937.[54]

Nesse sentido, notícia publicada no sítio do STF em 11.01.2010:

> "Por entender que a interpretação jurisprudencial do artigo 1.º do Decreto-lei 25/1937 – que organiza a proteção do Patrimônio Histórico e Artístico Nacional

54. "Artigo 1.º Constitue o patrimônio histórico e artístico nacional o conjunto dos bens móveis e imóveis existentes no país e cuja conservação seja de interêsse público, quer por sua vinculação a fatos memoráveis da história do Brasil, quer por seu excepcional valor arqueológico ou etnográfico, bibliográfico ou artístico".

– está em desconformidade com a Constituição Federal de 1988, a procuradora-geral da República em exercício, Sandra Cureau, ajuizou no Supremo Tribunal Federal (STF) a Arguição de Descumprimento de Preceito Fundamental (ADPF) 206. Com a ação, a PGR busca nova interpretação do dispositivo, no sentido de incluir no enunciado da norma o conceito amplo de bem cultural, conforme os artigos 215 e 216 da Carta Magna vigente.

Apesar de reconhecer o Decreto-lei 25/1937 como um 'marco legal que instituiu o tombamento no contexto brasileiro, dando início aos trabalhos de preservação em âmbito nacional', a autora entende que a interpretação que ainda se faz do artigo 1.º da norma deve ser superada. Segundo a PGR, não cabe mais o entendimento jurisprudencial de que somente merecem proteção patrimonial os sítios ou paisagens de feição notável e os bens vinculados a fatos memoráveis da história brasileira que tenham excepcional valor arqueológico, etnográfico, bibliográfico ou artístico".

Conforme argumenta a autora, desde a década de 1980, e especialmente com o texto constitucional de 1988, houve significativa mudança de perspectivas no que se refere à proteção patrimonial no país, a qual se converteu em direito fundamental de dimensão coletiva e expressão de fraternidade. Também cita, na ação, fundamentos internacionais que vêm agregar esse novo posicionamento, tais como a Convenção Europeia para a Proteção do Patrimônio Arqueológico, o Conselho da Convenção Europeia sobre o Valor do Patrimônio para a Sociedade e a Convenção de Nairóbi, realizada pela Unesco em 1976.[55]

Com efeito, os incisos do artigo 216 da Lei Maior trazem **exemplos** de bens integrantes do patrimônio cultural brasileiro, a saber:

"I – as formas de expressão;

II – os modos de criar, fazer e viver;

III – as criações científicas, artísticas e tecnológicas;

IV – as obras, objetos, documentos, edificações e demais espaços destinados às manifestações artístico-culturais;

V – os conjuntos urbanos e sítios de valor histórico, paisagístico, artístico, arqueológico, paleontológico, ecológico e científico".

Um exemplo específico de bem reconhecido por lei como integrante do patrimônio cultural brasileiro é o conhecimento tradicional das comunidades indígenas e das comunidades locais, associado ao patrimônio genético, nos termos do artigo 8.º, da Medida Provisória 2.186-16/2001, assim considerado como a informação ou prática individual ou coletiva de comunidade indígena ou de comunidade local, com valor real ou potencial, associada ao patrimônio genético.

Vale registrar que é **competência material comum** entre União, estados, Distrito Federal e municípios proteger os documentos, as obras e outros bens de valor histórico, artístico e cultural, os monumentos, as paisagens naturais notáveis e os sítios arqueológicos, assim como impedir a evasão, a destruição e a descaracterização de obras de arte e de outros bens de valor histórico, artístico ou cultural, nos moldes do artigo 23, III e IV, da Constituição Federal de 1988.

55. Disponível em: <http://www.stf.jus.br/portal/cms/verNoticiaDetalhe.asp?idConteudo=118450>.

Da mesma forma, compete à União, aos Estados e ao Distrito Federal legislar **concorrentemente** sobre proteção ao patrimônio histórico, cultural, artístico, turístico e paisagístico, a teor do artigo 24, VII, da Lei Maior, cabendo aos Municípios legislar de maneira suplementar e para atender aos interesses locais.

Desde o advento da Emenda 42/2003, foi facultado aos Estados e ao Distrito Federal vincular a fundo estadual de fomento à cultura até cinco décimos por cento de sua receita tributária líquida, para o financiamento de programas e projetos culturais, vedada a aplicação desses recursos no pagamento de despesas com pessoal e encargos sociais, serviço da dívida ou qualquer outra despesa corrente não vinculada diretamente aos investimentos ou ações apoiados.

O artigo 216, § 1.º, da Constituição Federal, aponta um rol **exemplificativo** de instrumentos de defesa do patrimônio cultural brasileiro: **inventários, registros, vigilância, tombamento e desapropriação.**

O **inventário** é um instrumento de proteção consistente em uma lista de bens culturais, materiais ou imateriais, em que se descreve e identifica de maneira pormenorizada o bem, que poderá ser alvo posteriormente de registro, tombamento ou mesmo desapropriação.

É um instrumento de grande utilização internacional na proteção do patrimônio cultural, previsto expressamente no Brasil apenas com o advento do atual ordenamento constitucional.

Em que pese ainda não ter sido regulamentado em termos federais, o que seria de grande importância para definir o seu regime jurídico, é de larga utilização pelo Instituto do Patrimônio Histórico e Artístico Nacional – IPHAN, que noticia a elaboração de 58 inventários de bens imateriais e 20 em andamento.[56]

Deveras, entre outros, um instrumento de tutela de área considerada integrante do patrimônio cultural é a criação de unidade de conservação de uso sustentável na modalidade **APA – Área de Proteção Ambiental**, pois, conforme insculpido no artigo 15, da Lei 9.985/2000, este espaço de proteção especial também é vocacionado para a proteção cultural, não apenas natural.

Na esfera federal, foi instituído o IPHAN, autarquia federal vinculada ao Ministério da Cultura, criada pela Lei 8.029/1990, com as seguintes funções administrativas, nos moldes do seu Regimento Interno, aprovado pelo Decreto 6.844/2009:

> "Artigo 2.º O IPHAN tem por finalidade institucional proteger, fiscalizar, promover, estudar e pesquisar o patrimônio cultural brasileiro, nos termos do artigo 216 da Constituição Federal, e exercer as competências estabelecidas no Decreto-lei 25, de 30 de novembro de 1937, no Decreto-lei 3.866, de 29 de novembro de 1941, na Lei 3.924, de 26 de julho de 1961, na Lei 4.845, de 19 de novembro de 1965, no Decreto 3.551, de 4 de agosto de 2000, na Lei 11.483, de 31 de maio de 2007 e no Decreto 6.018, de 22 de janeiro de 2007 e, especialmente:
>
> I – coordenar a implementação e a avaliação da política de preservação do patrimônio cultural brasileiro, em consonância com as diretrizes do Ministério da Cultura;

56. Disponível em: <http://portal.iphan.gov.br/portal/montarDetalheConteudo.do?id=12310&sigla=Institucional&retorno=detalheInstitucional>.

II – promover a identificação, a documentação, o reconhecimento, o cadastramento, o tombamento e o registro do patrimônio cultural brasileiro;

III – promover a salvaguarda, a conservação, a restauração e a revitalização do patrimônio cultural protegido pela União;

IV – elaborar normas e procedimentos para a regulamentação das ações de preservação do patrimônio cultural protegido pela União, orientando as partes envolvidas na sua preservação;

V – promover e estimular a difusão do patrimônio cultural brasileiro, visando a sua preservação e apropriação social;

VI – fiscalizar o patrimônio cultural protegido pela União, com vistas a garantir a sua preservação, uso e fruição;

VII – exercer o poder de polícia administrativa, aplicando as sanções previstas em lei, visando à preservação do patrimônio protegido pela União;

VIII – desenvolver modelos de gestão da política de preservação do patrimônio cultural brasileiro de forma articulada entre os entes públicos, a sociedade civil e os organismos internacionais; e

IX – promover e apoiar a formação técnica especializada em preservação do patrimônio cultural".

Registro de Bens Imateriais

É o instrumento de tutela de **bens imateriais**, pois a intangibilidade faz com que a tutela por meio do tombamento não seja compatível com a sua morfologia.

No âmbito federal, foi regulamentado pelo Decreto 3.551/2000, **tendo como referência a continuidade histórica do bem e sua relevância nacional para a memória, a identidade e a formação da sociedade brasileira.**

Em que pese a regulamentação do registro ter se dado por decreto e não por lei, o que seria mais recomendável, não se vislumbram vícios de legalidade ante a previsão constitucional do instituto, que figura como mais uma garantia constitucional ao direito fundamental ao meio ambiente ecologicamente equilibrado, no caso, o cultural.

Além de as garantias fundamentais terem aplicabilidade imediata, nota-se que o registro, ao contrário do tombamento, não afeta diretamente a propriedade privada, considerando esta mais uma razão que atesta a validade da sua regulamentação via decreto.

É curial que as demais entidades políticas editem atos regulamentares do registro, pois têm competência legislativa para tanto, concorrentemente com a União, bem como possuem atribuição material para registrar, a fim de preservar bens imateriais culturais regionais e locais.

No plano internacional, o Brasil ratificou a **Convenção para a Salvaguarda do Patrimônio Cultural Imaterial**, celebrada em Paris no ano de 2003, por meio do Decreto Legislativo 22, de 08.03.2006, promulgada pelo Decreto presidencial 5.753, de 12.04.2006, que define como Patrimônio Cultural Imaterial "as práticas, representações, expressões, conhecimentos e técnicas – junto com os instrumentos, objetos, artefatos e lugares culturais que lhes são associados – que as comunidades, os grupos e, em alguns casos, os indivíduos reconhecem como parte integrante de seu patrimônio cultural".

Ressalte-se que é comum que um bem imaterial se exteriorize por meio de um bem material, a exemplo das técnicas de cerâmica histórica demonstradas em um vaso acabado, sendo a recíproca verdadeira, o que faz com que haja uma ligação direta entre o patrimônio cultural material e imaterial, o que torna a diferenciação em certos casos muito difícil.

Tal qual o tombamento, crê-se que é possível a instituição judicial ou legal do registro, pois se deve dar a maior amplitude possível a esta garantia constitucional. Frise-se que o delito do artigo 60, da Lei 9.605/1998, tutela o patrimônio cultural como um todo, não apenas os bens tangíveis, pressupondo a sua instituição por lei, ato administrativo ou decisão judicial.

Deveras, foram criados na esfera federal (Decreto 3.551/2000) quatro livros de registro, cujo rol é exemplificativo, sendo possível a abertura de novos:

> "I – **Livro de Registro dos Saberes**, onde serão inscritos conhecimentos e modos de fazer enraizados no cotidiano das comunidades;
>
> II – **Livro de Registro das Celebrações**, onde serão inscritos rituais e festas que marcam a vivência coletiva do trabalho, da religiosidade, do entretenimento e de outras práticas da vida social;
>
> III – **Livro de Registro das Formas de Expressão**, onde serão inscritas manifestações literárias, musicais, plásticas, cênicas e lúdicas;
>
> IV – **Livro de Registro dos Lugares**, onde serão inscritos mercados, feiras, santuários, praças e demais espaços onde se concentram e reproduzem práticas culturais coletivas".

Decidirá sobre o registro o Conselho Consultivo do Patrimônio Cultural, com prévio parecer do IPHAN e, uma vez realizado, o bem receberá o título de "Patrimônio Nacional do Brasil".

O Conselho Consultivo do Patrimônio Cultural é um órgão colegiado do IPHAN – Instituto do Patrimônio Histórico e Artístico Nacional, contando com a seguinte composição, nos termos do Regimento Interno, aprovado pelo Decreto 6.844/2009:

> "Artigo 7.º O Conselho Consultivo do Patrimônio Cultural será presidido pelo Presidente do IPHAN, que o integra como membro nato, e composto pelos seguintes membros:
>
> I – um representante, e respectivo suplente, de cada uma das seguintes entidades, que serão indicados pelos respectivos dirigentes:
>
> a) Instituto dos Arquitetos do Brasil – IAB;
>
> b) Conselho Internacional de Monumentos e Sítios – ICOMOS/BRASIL;
>
> c) Sociedade de Arqueologia Brasileira – SAB;
>
> d) Instituto Brasileiro do Meio Ambiente e dos Recursos Naturais Renováveis – IBAMA;
>
> e) Ministério da Educação;
>
> f) Ministério das Cidades;

g) Ministério do Turismo;

h) Instituto Brasileiro dos Museus – IBRAM; e

i) Associação Brasileira de Antropologia – ABA;

II – treze representantes da sociedade civil, com especial conhecimento nos campos de atuação do IPHAN.

§ 1.º Os membros do Conselho serão indicados pelo Presidente do IPHAN e designados pelo Ministro de Estado da Cultura, para mandato de quatro anos, permitida a recondução.

§ 2.º A participação no Conselho, na qualidade de membro, não será remunerada, sendo considerada prestação de serviço público relevante".

O bem registrado terá a seguinte proteção jurídica (artigo 6.º do Decreto 3.551/2000):

"I – documentação por todos os meios técnicos admitidos, cabendo ao IPHAN manter banco de dados com o material produzido durante a instrução do processo.

II – ampla divulgação e promoção".

O IPHAN fará a reavaliação dos bens culturais registrados, **pelo menos a cada dez anos**, e a encaminhará ao Conselho Consultivo do Patrimônio Cultural para decidir sobre a revalidação do título de "Patrimônio Cultural do Brasil".

Negada a revalidação, será mantido apenas o registro, como referência cultural de seu tempo. Ou seja, o ato administrativo de registro tem natureza precária, *rebus sic stantibus*.

De acordo com sítio do IPHAN[57] já foram registrados:

"1. Ofício das Paneleiras de Goiabeiras;

2. Arte Kusiwa – Pintura Corporal e Arte Gráfica Wajápi;

3. Círio de Nossa Senhora de Nazaré;

4. Samba de Roda do Recôncavo Baiano;

5. Modo de Fazer Viola-de-Cocho;

6. Ofício das Baianas de Acarajé;

7. Jongo no Sudeste;

8. Cachoeira de Iauaretê – Lugar sagrado dos povos indígenas dos Rios Uaupés e Papuri;

9. Feira de Caruaru;

10. Frevo;

11. Tambor de Crioula;

12. Matrizes do Samba no Rio de Janeiro: Partido Alto, Samba de Terreiro e Samba-Enredo;

13. Modo artesanal de fazer Queijo de Minas, nas regiões do Serro e das serras da Canastra e do Salitre;

57. Disponível em: <http://www.iphan.com.br>.

14. Roda de Capoeira e Ofício dos Mestres de Capoeira;
15. O modo de fazer Renda Irlandesa produzida em Divina Pastora (SE);
16. O modo de fazer Renda Irlandesa produzida em Divina Pastora (SE);
17. O toque dos Sinos em Minas Gerais;
18. Ofício de Sineiros;
19. Festa do Divino Espírito Santo de Pirenópolis;
20. Ritual Yaokwa do Povo Indígena Enawene Nawe;
21. Sistema Agrícola Tradicional do Rio Negro;
22. Festa de Sant' Ana de Caicó;
23. Complexo Cultural do Bumba-meu-boi do Maranhão;
24. Saberes e Práticas Associados aos Modos de Fazer Bonecas Karajá;
25. Rtixòkò: expressão artística e cosmológica do Povo Karajá;
26. Fandango Caiçara;
27. Festa do Divino Espírito Santo de Paraty".

Tombamento

Em **sentido amplo**, pode ser definido como um procedimento administrativo que veicula uma modalidade não supressiva de intervenção concreta do Estado na propriedade privada ou mesmo pública, de índole declaratória, que tem o condão de limitar o uso, o gozo e a disposição de um bem, gratuito (em regra), permanente e indelegável, destinado à preservação do patrimônio cultural material (móvel ou imóvel), dos monumentos naturais e dos sítios e paisagens de feição notável, pela própria natureza ou por intervenção humana.

Já em **sentido estrito**, o tombamento é o ato administrativo de inscrição de um bem material em um dos Livros de Tombo.

O tombamento está previsto no artigo 216, § 1.º, da CRFB e está regulamentado pelo Decreto-lei 25, de 30.11.1937 (Lei Geral do Tombamento), que possui algumas disposições só aplicáveis a União, sendo, simultaneamente, lei nacional e federal em sentido estrito.

É um tema altamente polêmico, sendo três as principais correntes doutrinárias: limitação administrativa ao direito de propriedade, servidão administrativa e uma modalidade autônoma de intervenção.

Não se trata de limitação administrativa, pois o tombamento é um ato concreto de intervenção, não sendo genérico. O STJ já seguiu esta linha de entendimento (REsp 33.599, de 17.10.1994).

Por sua vez, apesar de existirem semelhanças, há peculiaridades no tombamento que também o afastam do enquadramento na categoria de servidão administrativa, pois há um regime jurídico todo especial. O STJ já considerou o tombamento como modalidade de servidão administrativa (REsp 220.983, de 15.08.2000).

Logo, entende-se que a melhor corrente é a que considera o tombamento como uma intervenção estatal na propriedade autônoma, ante a existência de previsão constitucional e norma especial que o torna peculiar.

Para facilitar a proteção ao meio ambiente cultural, é natural que as entidades políticas deleguem por lei a uma entidade da Administração Pública Indireta autárquica esta importante função administrativa. Logo, a União instituiu o IPHAN, assim como o Estado da Bahia o fez com o Instituto do Patrimônio Artístico e Cultural – IPAC.

A competência para proteger os documentos, as obras e outros bens de valor histórico, artístico e cultural, os monumentos, as paisagens naturais notáveis e os sítios arqueológicos, bem como para impedir a evasão, a destruição e a descaracterização de obras de arte e de outros bens de valor histórico, artístico ou cultural é comum entre todas as entidades políticas (artigo 23, III e IV, da CRFB). Destarte, **admite-se o tombamento de um mesmo bem por mais de uma entidade política**.

A União, os Estados e o Distrito Federal detêm competência concorrente para legislar sobre proteção ao patrimônio histórico, cultural, artístico, turístico e paisagístico (artigo 24, VII, da CRFB), assim como os municípios (artigo 30, I e II, da CRFB).

Podem ser objeto de tombamento **bens materiais** integrantes do patrimônio cultural, móveis ou imóveis, tomados individualmente ou em sua coletividade. **Os bens imateriais serão objeto de registro, e não do tombamento**, a exemplo do acarajé e da capoeira.

Este, inclusive, é o entendimento do IPHAN sobre o tombamento: "Pode ser aplicado aos bens móveis e imóveis, de interesse cultural ou ambiental. É o caso de fotografias, livros, mobiliários, utensílios, obras de arte, edifícios, ruas, praças, cidades, regiões, florestas, cascatas etc. **Somente é aplicado aos bens materiais** de interesse para a preservação da memória coletiva".[58]

Lamentavelmente, sem acompanhar a evolução do patrimônio cultural no Brasil e no mundo, no âmbito do Direito Administrativo, é forte a doutrina que ainda sustenta a possibilidade de se tombar um bem imaterial,[59] ao contrário do que entendem os doutrinadores ambientais.

Será **voluntário**, caso o proprietário consinta, **ou compulsório**, sendo neste caso o ato administrativo executório, assegurado o direito de defesa do proprietário. Outrossim, poderá ser **individual** ou **coletivo**, pois existem bens culturais que devem ser coletivamente protegidos, a exemplo de uma importante biblioteca ou mesmo de uma cidade histórica.

Entende o STJ que "não é necessário que o tombamento geral, como no caso da cidade de Tiradentes, tenha procedimento para individualizar o bem (art. 1.º do Decreto-Lei 25/1937). As restrições do art. 17 do mesmo diploma legal se aplicam a todos os que tenham imóvel na área tombada" (REsp 1.098.640, de 09.06.2009).

Tombamento de ofício é o que recai sobre os **bens públicos**. Por exemplo, o Poder Público federal poderá tombar de ofício bens culturais estaduais, distritais ou municipais, em razão do Princípio da Preponderância do Interesse (inexiste hierarquia entre entidades políticas).

58. Disponível em: <http://portal.iphan.gov.br/portal/montarPaginaSecao.do?id=12576&retorno=paginaIphan>.
59. A exemplo do posicionamento de Maria Sylvia Zanella Di Pietro (2003, p. 134).

Há precedente do STJ (ROMS 18.952, de 26.04.2005) que admitiu o tombamento por um município de bem federal, mesmo sem a concordância da União, ao argumento de que não se trata de supressão da propriedade, pois o Decreto-lei 3.365/1941 veda a desapropriação nesta hipótese. Mas é preciso observar o contraditório, ante a incidência direta desta garantia constitucional.

O **tombamento provisório** é uma medida cautelar de natureza administrativa que visa proteger o bem até o tombamento definitivo, **equiparado a este**, salvo para efeito de registro, surtindo efeitos a partir da notificação do proprietário.

Tombamento definitivo é o ato administrativo acabado consistente na inscrição do bem no Livro de Tombo. Na esfera federal são quatro: A) Arqueológico, Etnográfico e Paisagístico; B) Histórico; C) Belas Artes; D) Artes Aplicadas.

No âmbito federal, deverá ser apresentado parecer do Conselho Consultivo do Patrimônio Cultural; após essa apresentação, será notificado o proprietário para se manifestar em 15 dias. Posteriormente, o parecer será ou não homologado pelo Ministro da Cultura (Lei 6.292/1975), cabendo recurso ao Presidente da República (Decreto-lei 3.866/1941).

Pelo visto, caso o parecer seja contrário ao tombamento, não é possível que o Ministro da Cultura o determine, pois a homologação é um ato administrativo vinculado que busca confirmar o anterior.

O registro cartorial apenas dará publicidade, não constituindo o tombamento, que terá eficácia desde a notificação do tombamento provisório ou inscrição em Livro de Tombo. Se **imóvel**, deverá ser perpetrado no Cartório de Registro de Imóveis e, se **móvel**, no Cartório de Registro de Títulos e Documentos.

As coisas tombadas não poderão em nenhum caso ser destruídas, demolidas ou mutiladas. No caso de restauração ou pintura, deve o proprietário pedir autorização (ato administrativo precário e discricionário) **prévia do órgão ambiental cultural que tombou o bem.** As móveis não poderão sair do Brasil, salvo a curto prazo, se autorizado, sob pena de sequestro.

Na vizinhança da coisa tombada imóvel, sem prévia autorização, não se poderá fazer construção que impeça ou afete a visibilidade do bem tombado, nem colocar anúncios ou cartazes, sob pena de multa equivalente a 50% do valor do objeto. Esta área não é determinada pela lei federal, devendo ser fixada casuisticamente.

De acordo com o STJ, "o art. 18 do DL 25/1937 não impede a construção de obras na vizinhança de bens tombados, mas apenas impõe a necessidade de que o empreendimento seja previamente autorizado pelo IPHAN, a quem compete delimitar a poligonal de entorno do tombamento e certificar se a obra não impede ou prejudica a visibilidade do bem protegido, sob pena de demolição e multa" (REsp 1.166.674, de 16.08.2011).

Caberá ao proprietário arcar com os custos, salvo se demonstrar não possuir recursos disponíveis, devendo neste caso o Poder Público arcar com estes dentro de seis meses, sob pena de cancelamento do tombamento.

Haverá direito de preferência sobre o bem tombado em favor do Poder Público. Será das entidades políticas, a começar pela União, em 30 dias, sob pena de nulidade da transferência. Na execução, haverá o direito de remissão, exercível em até cinco dias após a assinatura do auto de arrematação. Os bens públicos tombados são inalienáveis aos particulares, pois estão afetados à preservação ambiental, apenas admitindo-se transferência entre pessoas jurídicas públicas.

Prevalece doutrinariamente que é possível a instituição de tombamento por **lei** ou **judicialmente**. Esta é a melhor posição, inclusive tendo previsão legal implícita nos tipos dos delitos capitulados nos artigos 62 e 63, da Lei 9.605/1998.

No entanto, é forçoso lembrar que existe precedente do STF que não admitiu a instituição do tombamento por lei, ao frágil argumento de violação ao Princípio da Separação dos Poderes, sendo supostamente atividade exclusiva do Poder Executivo.

A indenização em razão do tombamento é um tema que causa polêmica na doutrina. **Em regra, não caberá, salvo demonstração de prejuízo efetivo**, desde que haja restrição ao exercício do direito de propriedade, sendo este o entendimento do STJ (REsp 401.264, de 05.09.2002).

Decidiu em 2011 o STJ que "é possível, contudo, que o tombamento de determinados bens, ou mesmo a imposição de limitações administrativas, tragam prejuízos aos seus proprietários, gerando, a partir de então, a obrigação de indenizar" (REsp 1.129.103).

Assim, a questão deverá ser analisada casuisticamente, à luz de alguns parâmetros: deve-se observar se o atual proprietário já adquiriu o bem tombado, pois neste caso ele assumiu as restrições, sendo descabida a reparação; é curial verificar se o bem tombado é isolado ou faz parte de um conjunto, a exemplo de uma cidade integrante do patrimônio cultural, pois a generalidade poderá excluir qualquer direito de indenização.

Obtempera PAULO AFFONSO LEME MACHADO (2003, p. 926) que "o tombamento instituído como medida geral num bairro, cidade ou área rural não dá direito à indenização. Do contrário, como medida particular e não geral, enseja direito à indenização".

Por seu turno, o prazo prescricional para exercício dessa pretensão indenizatória é vintenário (STJ, REsp 307.535, de 12.03.2002), no caso de incidência do Código Civil de 1916, lembrando que o prazo prescricional para a reparação de dano foi reduzido para três anos pelo Código Civil de 2002.

O tombamento constitucional incide sobre os documentos e sítios detentores de reminiscências históricas dos antigos quilombos (§ 5.º, do artigo 216 da CRFB).

Embora incomum, é possível o **destombamento**, a exemplo do equívoco na valoração cultural de um bem ou vício no processo administrativo. O artigo 19, § 2.º, do Decreto-lei 25/1937, prevê o cancelamento do tombamento quando o Poder Público não arcar com as obras de restauração, na hipótese de o proprietário não possuir recursos disponíveis, mas nesta hipótese o artigo 1.º, parágrafo único, da Lei 6.292/1975, exige parecer do Conselho Consultivo e homologação do Ministro da Cultura.

Infrações administrativas contra o ordenamento urbano e o patrimônio cultural – Na esfera federal, em regulamentação ao artigo 70, da Lei 9.605/1998, estão previstas nos artigos 72 a 74, do Decreto 6.514/2008. O Decreto-lei 25/1937 prevê também uma série de multas administrativas, nos artigos 13, 15, 17 e 18.

Crimes contra o patrimônio cultural – Os crimes praticados contra o patrimônio cultural estão previstos nos artigos 62 e 63 da Lei 9.605/1998.

2. JURISPRUDÊNCIA

"AÇÃO DIRETA DE INCONSTITUCIONALIDADE. LEI DISTRITAL 1.713, DE 3 DE SETEMBRO DE 1997. QUADRAS RESIDENCIAIS DO PLANO PILOTO DA ASA NORTE E DA ASA SUL. ADMINISTRAÇÃO POR PREFEITURAS OU ASSOCIAÇÕES DE MORADORES. TAXA DE MANUTENÇÃO E CONSERVAÇÃO. SUBDIVISÃO DO DISTRITO FEDERAL. FIXAÇÃO DE OBSTÁCULOS QUE DIFICULTEM O TRÂNSITO DE VEÍCULOS E PESSOAS. BEM DE USO COMUM. **TOMBAMENTO. COMPETÊNCIA DO PODER EXECUTIVO PARA ESTABELECER AS RESTRIÇÕES DO DIREITO DE PROPRIEDADE. VIOLAÇÃO DO DISPOSTO NOS ARTIGOS 2.º, 32 E 37, INCISO XXI, DA CONSTITUIÇÃO DO BRASIL**. 1. A Lei 1.713 autoriza a divisão do Distrito Federal em unidades relativamente autônomas, em afronta ao texto da Constituição do Brasil – artigo 32 – que proíbe a subdivisão do Distrito Federal em Municípios. 2. Afronta a Constituição do Brasil o preceito que permite que os serviços públicos sejam prestados por particulares, independentemente de licitação [artigo 37, inciso XXI, da CB/88]. 3. Ninguém é obrigado a associar-se em 'condomínios' não regularmente instituídos. 4. O artigo 4.º da lei possibilita a fixação de obstáculos a fim de dificultar a entrada e saída de veículos nos limites externos das quadras ou conjuntos. Violação do direito à circulação, que é a manifestação mais característica do direito de locomoção. A Administração não poderá impedir o trânsito de pessoas no que toca aos bens de uso comum. **5. O tombamento é constituído mediante ato do Poder Executivo que estabelece o alcance da limitação ao direito de propriedade. Incompetência do Poder Legislativo no que toca a essas restrições, pena de violação ao disposto no artigo 2.º da Constituição do Brasil.** 6. É incabível a delegação da execução de determinados serviços públicos às 'Prefeituras' das quadras, bem como a instituição de taxas remuneratórias, na medida em que essas 'Prefeituras' não detêm capacidade tributária. 7. Ação direta julgada procedente para declarar a inconstitucionalidade da Lei 1.713/97 do Distrito Federal" (STF, ADI 1.706, de 09.04.2008).

- **STJ, INFORMATIVO 398 – TOMBAMENTO. PATRIMÔNIO HISTÓRICO.** A Turma conheceu em parte o recurso, mas desproveu-o provimento, *considerando que, havendo tombamento geral de cidade protegida como patrimônio de importância histórico-cultural, aplicam-se as restrições do art. 17 do DL 25/1937 a todos os proprietários de imóvel na área tombada*. Ademais, não procede a alegação de que o bem da recorrente não foi individualizado no tombamento, se já sabia das citadas restrições, quando solicitou, inclusive, autorização ao Instituto do Patrimônio Histórico e Artístico Nacional (IPHAN) para a realização da obra, não obstante descumpriu os limites impostos para a realização de reformas no imóvel. Precedente citado: REsp 840.918-DF. REsp 1.098.640-MG, Rel. Min. Humberto Martins, julgado em 09.06.2009.

- **STJ, INFORMATIVO 486 – TOMBAMENTO PROVISÓRIO. EQUIPARAÇÃO AO DEFINITIVO. EFICÁCIA.** Trata-se originariamente de ação civil pública ajuizada pelo Instituto do Patrimônio Histórico e Artístico Nacional (IPHAN), ora recorrente, contra proprietário de imóvel, ora recorrido, localizado no Centro Histórico de Cuiabá-MT, buscando a demolição e reconstrução de bem aviltado. O tribunal *a quo* considerou regular a demolição do bem imóvel ao fundamento de que somente o ato formal de tombamento inscrito no livro próprio do Poder Público competente e concretizado pela homologação realizada em 04.11.1992 é que estabeleceu a afetação do bem, momento em que já não mais existia o prédio de valor histórico, e sim um de características modernas. No REsp, insurge-se o IPHAN argumentando que o tombamento provisório tem o mesmo efeito de proteção que a restrição cabível ao definitivo. Assim, a controvérsia diz respeito à eficácia do tombamento provisório. *A Turma entendeu, entre outras considerações, que o ato de tombamento, seja ele provisório ou definitivo, tem por finalidade preservar o bem identificado como de valor cultural, contrapondo-se, inclusive, aos interesses da propriedade privada, não só limitando o exercício dos direitos inerentes ao bem, mas também obrigando o proprietário a tomar as medidas necessárias à sua conservação. O tombamento provisório,* *portanto, possui caráter preventivo e assemelha-se ao definitivo quanto às limitações incidentes sobre a utilização do bem tutelado, nos termos do parágrafo único do art. 10 do DL 25/1937.* O valor cultural do bem é anterior ao próprio tombamento. A diferença é que, não existindo qualquer ato do Poder Público que formalize a necessidade de protegê-lo, descaberia responsabilizar o particular pela não conservação do patrimônio. *O tombamento provisório, portanto, serve como um reconhecimento público da valoração inerente ao bem.* As coisas tombadas não poderão, nos termos do art. 17 do DL 25/1937, ser destruídas, demolidas ou mutiladas. O descumprimento do aludido preceito legal enseja, via de regra, o dever de restituir a coisa ao status quo ante. Excepcionalmente, sendo inviável o restabelecimento do bem ao seu formato original, autoriza-se a conversão da obrigação em perdas e danos. Assim, a Turma deu parcial provimento ao recurso, determinando a devolução dos autos ao tribunal *a quo* para que prossiga o exame da apelação do IPHAN. Precedente citado: RMS 8.252-SP, *DJ* 24.02.2003. REsp 753.534-MT, Rel. Min. Castro Meira, julgado em 25.10.2011 *(ver Informativo n. 152).*

"PROCESSO CIVIL. ADMINISTRATIVO. AÇÃO CIVIL PÚBLICA. TOMBAMENTO PROVISÓRIO. EQUIPARAÇÃO AO DEFINITIVO. EFICÁCIA. 1. O ato de tombamento, seja ele provisório ou definitivo, tem por finalidade preservar o bem identificado como de valor cultural, contrapondo-se, inclusive, aos interesses da propriedade privada, não só limitando o exercício dos direitos inerentes ao bem, mas também obrigando o proprietário às medidas necessárias à sua conservação. O tombamento provisório, portanto, possui caráter preventivo e assemelha-se ao definitivo quanto às limitações incidentes sobre a utilização do bem tutelado, nos termos do parágrafo único do art. 10 do Decreto-Lei 25/37. **2. O valor cultural pertencente ao bem é anterior ao próprio tombamento. A diferença é que, não existindo qualquer ato do Poder Público formalizando a necessidade de protegê-lo, descaberia responsabilizar o particular pela não conservação do patrimônio. O tombamento provisório, portanto, serve justamente como um reconhecimento público da valoração inerente ao bem.** 3. As coisas tombadas não poderão, nos termos do art. 17 do Decreto-Lei nº 25/37, ser destruídas, demolidas ou mutiladas. O descumprimento do aludido preceito legal enseja, via de regra, o dever de restituir a coisa ao status quo ante. Excepcionalmente, sendo manifestamente inviável o restabelecimento do bem ao seu formato original, autoriza-se a conversão da obrigação em perdas e danos. 4. À reforma do aresto recorrido deve seguir-se à devolução dos autos ao Tribunal *a quo* para que, respeitados os parâmetros jurídicos ora estipulados, prossiga o exame da apelação do IPHAN e aplique o direito consoante o seu convencimento, com a análise das alegações das partes e das provas existentes" (STJ, REsp 753534, de 25.10.2011).

"Administrativo. Recurso especial. Tombamento geral. Cidade de Tiradentes. Possibilidade. Desnecessidade de individualização do bem. Proteção do patrimônio arquitetônico, histórico e cultural. Desrespeito à notificação extrajudicial do IPHAN. Recurso especial improvido. Divergência jurisprudencial não configurada. Ausência de similitude fática.

1. Não é necessário que o tombamento geral, como no caso da cidade de Tiradentes, tenha procedimento para individualizar o bem (artigo 1.º do Decreto-lei 25/1937). As restrições do artigo 17 do mesmo diploma legal se aplicam a todos os que tenham imóvel na área tombada. Precedente.

2. É incongruente a alegação da recorrente de que o bem não foi individualizado no tombamento, se sabia claramente das restrições impostas pelo Decreto-lei 25/1937, uma vez que, inclusive, solicitou autorização ao IPHAN para a realização da obra e desrespeitou os limites estabelecidos pelo órgão.

3. A divergência jurisprudencial não pode ser conhecida por ausência de similitude fática, tendo em vista o reconhecimento do acórdão recorrido do caráter agressor das obras e reconhecimento pelo acórdão paradigma da ausência de demolição, destruição ou mutilação do bem tombado. Recurso especial conhecido em parte e improvido" (REsp 1.098.640, de 09.06.2009).

"Administrativo – Tombamento – Competência Municipal.

1. A Constituição Federal de 1988 outorga a todas as pessoas jurídicas de Direito Público a competência para o tombamento de bens de valor histórico e artístico nacional.

2. Tombar significa preservar, acautelar, preservar, sem que importe o ato em transferência da propriedade, como ocorre na desapropriação.

3. O Município, por competência constitucional comum – artigo 23, III –, deve proteger os documentos, as obras e outros bens de valor histórico, artístico e cultural, os monumentos, as paisagens naturais notáveis e os sítios arqueológicos.

4. **Como o tombamento não implica em transferência da propriedade, inexiste a limitação constante no artigo 1.º, § 2.º, do DL 3.365/1941, que proíbe o Município de desapropriar bem do Estado**" (STJ, ROMS 18.952).

"Serra do Guararú. Tombamento. Discussão quanto à precedência do processo de tombamento provisório ao definitivo. Incoerência.

1. O instituto do tombamento provisório não é fase procedimental precedente do tombamento definitivo. Caracteriza-se como medida assecuratória da eficácia que este poderá, ao final, produzir.

2. **A caducidade do tombamento provisório, por excesso de prazo, não prejudica o definitivo, Inteligência dos artigos 8.º, 9.º e 10.º do Decreto Lei 25/1937**" (STJ, ROMS 8.252, de 22.10.2002).

"Administrativo. Imóvel tombado. Pedido de retrocessão. Decreto-lei 25 de 1937. Inexistência da obrigação de a união realizar obras de conservação do imóvel tombado, salvo se esse for desapropriado. Consoante dispõe a lei (Decreto-lei 25/1937), ocorrendo o tombamento, o bem a este submetido, adquire regime jurídico *sui generis*, permanecendo o respectivo proprietário na condição de administrador, incumbindo-lhe o ônus da conservação da coisa tombada. O Estado só assume esse encargo quando, o proprietário, por ausência de meios, não possa efetivar a conservação. **Não arcando, a entidade de direito público, com a execução das obras necessárias à conservação do bem, e não ocorrendo a desapropriação, cabe, ao proprietário, requerer que seja cancelado o tombamento da coisa**. Recurso improvido. Decisão unânime" (STJ, REsp 25.371, de 19.04.1993).

"Ação civil. Imóvel. Tombamento. Restauração. DL 25/1937. Inaplicabilidade. Peculiaridade da hipótese.

I. A obrigação de conservação e restauração imposta ao proprietário pelo DL 25/1937 parte da premissa implícita e óbvia de que o bem tombado existia em sua forma original no momento da aquisição, ainda que deteriorado ou descaracterizado em certa medida, mas sem perder sua essência.

II. Não é possível impor ao proprietário atual que recrie prédio histórico destruído ou totalmente descaracterizado por obras feitas por terceiro décadas antes da aquisição, dando origem a novo prédio com características distintas.

III. No caso concreto busca o MPF a restauração do imóvel (antigo Liceu de Artes e Ofícios de 1886) ao estado que exibia quando do tombamento (1938), porém passando por cima da circunstância de que uma empresa, proprietária do imóvel, o descaracterizou completamente ainda em 1957/1958, para que o prédio abrigasse o Cine Teatro Vila Rica, que existe até hoje.

IV. A Universidade Federal de Ouro Preto, que adquiriu o imóvel quase 30 anos (1986) após sua completa descaracterização e substituição pelo atual cine teatro não tem obrigação de recriar o passado já há muito inexistente, muito menos destruindo o atual cine teatro que é espaço comunitário de elevado valor cultural para a comunidade e também já faz parte da história do local, merecendo tanto ou mais respeito que o antigo e já inexistente Liceu de Artes e Ofícios.

V. Inaplicabilidade do artigo 17 do Decreto-lei 25/1937 que, apesar de dispor sobre a impossibilidade de destruição das 'coisas tombadas', não impõe a pretendida restauração, mas tão somente o pagamento de multa, e não se ajusta à peculiar situação dos autos.

VI. Recurso improvido" (STJ, REsp 1.047.082, de 04.09.2008).

"Administrativo. Tombamento Área Serra do Mar. Indenização. Revisão ou reavaliação da prova. Omissão do Tribunal.

1. A jurisprudência desta Turma, bem assim da Primeira Turma, é no sentido de admitir indenização de área tombada, quando do ato restritivo de utilização da propriedade resulta prejuízo para o *dominus*" (STJ, REsp 401.264, de 05.09.2002).

"Processo civil. Administrativo. Ação civil pública. Tombamento provisório. Equiparação ao definitivo. Eficácia.

1. O ato de tombamento, seja ele provisório ou definitivo, tem por finalidade preservar o bem identificado como de valor cultural, contrapondo-se, inclusive, aos interesses da propriedade privada, não só limitando o exercício dos direitos inerentes ao bem, mas também obrigando o proprietário às medidas necessárias à sua conservação. O tombamento provisório, portanto, possui caráter preventivo e assemelha-se ao definitivo quanto às limitações incidentes sobre a utilização do bem tutelado, nos termos do parágrafo único do art. 10 do Decreto-Lei 25/1937.

2. O valor cultural pertencente ao bem é anterior ao próprio tombamento. A diferença é que, não existindo qualquer ato do Poder Público formalizando a necessidade de protegê-lo, descaberia responsabilizar o particular pela não conservação do patrimônio. O tombamento provisório, portanto, serve justamente como um reconhecimento público da valoração inerente ao bem.

3. As coisas tombadas não poderão, nos termos do art. 17 do Decreto-Lei nº 25/1937, ser destruídas, demolidas ou mutiladas. O descumprimento do aludido preceito legal enseja, via de regra, o dever de restituir a coisa ao *status quo ante*. Excepcionalmente, sendo manifestamente inviável o restabelecimento do bem ao seu formato original, autoriza-se a conversão da obrigação em perdas e danos.

4. À reforma do aresto recorrido deve seguir-se à devolução dos autos ao Tribunal *a quo* para que, respeitados os parâmetros jurídicos ora estipulados, prossiga o exame da apelação do IPHAN e aplique o direito consoante o seu convencimento, com a análise das alegações das partes e das provas existentes.

5. Recurso especial provido em parte" (STJ, REsp 753.534, de 25.10.2011).

3. QUESTÕES DE CONCURSOS

01. (Promotor do Piauí 2012 – CESPE) Conforme a CF, constituem patrimônio cultural brasileiro

a) os bens de natureza material e imaterial, tomados individualmente ou em conjunto, portadores de referência à identidade, à ação e à memória dos diferentes grupos formadores da sociedade brasileira, entre os quais se incluem as formas de expressão e os modos de criar, fazer e viver.

b) os bens de natureza material por meio dos quais as criações artísticas, científicas e tecnológicas dos povos tradicionais expressem o ethos nacionalista da sociedade brasileira.

c) os conjuntos urbanos, as áreas de grilagem, os sítios de valor histórico, paisagístico, artístico e arqueológico, de natureza imaterial, portadores de referência à identidade, à memória e à ação das gerações passadas, formadoras da sociedade brasileira, entre os quais se incluem as zonas de uso estritamente industrial, as áreas habitacionais, as áreas de proteção ambiental, as reservas da biosfera e os parques públicos.

d) os bens de natureza material e imaterial que veiculem as formas de ação, criação e existência das diversas raças formadoras da sociedade brasileira, em suas dimensões antropológicas, etnográficas, deontológicas e sociointeracionistas, tais como a culinária, a música, o folclore, a indumentária e as prosódias.

e) as manifestações artísticas e culturais de natureza exclusivamente material que expressem os posicionamentos políticos dos grupos formadores da sociedade brasileira, por meio dos quais os valores, crenças, ideologias e mitologias dos grupos minoritários que representam a identidade nacional interagem com a cultura hegemônica.

02. (OAB 2009 – CESPE) Considerando a tutela do meio ambiente cultural, assinale a opção correta.

a) O tombamento, como instrumento de proteção do patrimônio histórico e artístico nacional, pode recair em bens particulares, mas não em bens públicos.

b) Um bem somente pode ter reconhecido seu valor cultural e ser, portanto, objeto de tombamento, por via legislativa ou por intermédio de procedimento administrativo, não admitindo a legislação que o tombamento seja feito por determinação jurisdicional.

c) São bens sujeitos a tombamento os provenientes da atividade humana, como os documentos, as obras e outros bens de valor histórico, artístico e cultural. Os bens naturais, como os sítios arqueológicos e as paisagens naturais, não podem ser objeto de tombamento ambiental.

d) Compete à União, aos Estados e ao DF legislar concorrentemente sobre a proteção do patrimônio histórico, cultural, artístico, turístico e paisagístico.

03. (TJ PA 2007/Juiz Estadual – FGV) O patrimônio cultural brasileiro é constituído por bens de natureza material e imaterial, tomados individualmente ou em conjunto, portadores de referência à identidade, à ação e à memória dos diferentes grupos formadores da sociedade brasileira.

04. (TRF 5.ª Região 2007/Juiz Federal – CESPE) Com relação ao meio ambiente cultural, julgue o item que se segue.

Por ser comum a competência material para proteção do patrimônio cultural, a União, o Estado e o município podem, simultaneamente, instituir tombamento sobre um mesmo bem, desde que haja relevância histórico-cultural de âmbito local, regional ou nacional.

05. (TRF 5.ª Região 2007/Juiz Federal – CESPE) Os modos de criar e de fazer enraizados no cotidiano de comunidades, tais como técnicas tradicionais de construção naval, integram o patrimônio cultural brasileiro, sendo meio idôneo para a sua proteção o registro.

06. (TRF 5.ª Região 2007/Juiz Federal – CESPE) Pelo instituto do tombamento, o proprietário fica impedido de usar e gozar livremente o bem dotado de relevância histórico-cultural, havendo direito a indenização quando a propriedade perder sua capacidade plena de utilização econômica.

07. (TRF 5.ª Região 2006/Juiz federal – CESPE) Acerca das normas constitucionais de proteção ao meio ambiente cultual, julgue o item que se segue.

As manifestações das culturas populares, indígenas e afro-brasileiras, e dos demais grupos participantes do processo civilizatório nacional estão constitucionalmente previstas como objeto de proteção estatal.

08. (TRF 5.ª Região 2006/Juiz Federal – CESPE) Um sítio fossilífero pode ser tido como exemplo de patrimônio cultural brasileiro, de natureza material, por seu valor paleontológico e científico.

09. (TRF 5.ª Região 2006/Juiz Federal – CESPE) As formas de acautelamento e preservação do patrimônio cultural brasileiro são previstas pela Constituição Federal de forma taxativa.

10. (MPE-PR – 2008 – MPE-PR – Promotor de Justiça) O tombamento foi constitucionalmente previsto como um dos instrumentos de promoção e proteção do patrimônio cultural brasileiro e incide apenas sobre bens particulares.

11. (FCC – 2014 – TJ-AP – Juiz) Segundo a Constituição Federal, são meios de promoção e proteção do patrimônio cultural brasileiro

a) tombamento, registro e descoberta.
b) apenas o tombamento e o registro.
c) inventário, registro, vigilância, tombamento e desapropriação.
d) tombamento, registro e ad corpus.
e) apenas o tombamento e a desapropriação.

GAB	01	A	02	D	03	CERTO	04	CERTO	05	CERTO	06	CERTO
	07	CERTO	08	CERTO	09	ERRADO	10	ERRADO	11	C		

Art. 216-A. O Sistema Nacional de Cultura, organizado em regime de colaboração, de forma descentralizada e participativa, institui um processo de gestão e promoção conjunta de políticas públicas de cultura, democráticas e permanentes, pactuadas entre os entes da Federação e a sociedade, tendo por objetivo promover o desenvolvimento humano, social e econômico com pleno exercício dos direitos culturais.

§ 1.º O Sistema Nacional de Cultura fundamenta-se na política nacional de cultura e nas suas diretrizes, estabelecidas no Plano Nacional de Cultura, e rege-se pelos seguintes princípios:

I – diversidade das expressões culturais;

II – universalização do acesso aos bens e serviços culturais;

III – fomento à produção, difusão e circulação de conhecimento e bens culturais;

IV – cooperação entre os entes federados, os agentes públicos e privados atuantes na área cultural;

V – integração e interação na execução das políticas, programas, projetos e ações desenvolvidas;

VI – complementaridade nos papéis dos agentes culturais;

VII – transversalidade das políticas culturais;

VIII – autonomia dos entes federados e das instituições da sociedade civil;

IX – transparência e compartilhamento das informações;

X – democratização dos processos decisórios com participação e controle social;

XI – descentralização articulada e pactuada da gestão, dos recursos e das ações;

XII – ampliação progressiva dos recursos contidos nos orçamentos públicos para a cultura.

§ 2.º Constitui a estrutura do Sistema Nacional de Cultura, nas respectivas esferas da Federação:

I – órgãos gestores da cultura;

II – conselhos de política cultural;

III – conferências de cultura;

IV – comissões intergestores;

V – planos de cultura;

VI – sistemas de financiamento à cultura;

VII – sistemas de informações e indicadores culturais;

VIII – programas de formação na área da cultura; e

IX – sistemas setoriais de cultura.

§ 3.º Lei federal disporá sobre a regulamentação do Sistema Nacional de Cultura, bem como de sua articulação com os demais sistemas nacionais ou políticas setoriais de governo.

§ 4.º Os Estados, o Distrito Federal e os Municípios organizarão seus respectivos sistemas de cultura em leis próprias.

1. COMENTÁRIOS

Coube à **Emenda 71/2012**, que inseriu o art. 216-A a Constituição, prever o **Sistema Nacional de Cultura**, a ser disciplinado por lei federal, organizado em regime de colaboração, de forma descentralizada e participativa, instituindo um processo de gestão e promoção conjunta de políticas públicas de cultura, democráticas e permanentes, pactuadas entre os entes da Federação e a sociedade, **tendo por objetivo promover o desenvolvimento humano, social e econômico com pleno exercício dos direitos culturais.**

O Sistema Nacional da Cultura conta com a seguinte estrutura federativa:

I – órgãos gestores da cultura;

II – conselhos de política cultural;

III – conferências de cultura;

IV – comissões intergestores;

V – planos de cultura;

VI – sistemas de financiamento à cultura;

VII – sistemas de informações e indicadores culturais;

VIII – programas de formação na área da cultura;

IX – sistemas setoriais de cultura.

O **fundamento** do Sistema Nacional de Cultura é a Política Nacional de Cultura e suas diretrizes estabelecidas no Plano Nacional de Cultura, devendo observar os seguintes **princípios**:

I – diversidade das expressões culturais;

II – universalização do acesso aos bens e serviços culturais;

III – fomento à produção, difusão e circulação de conhecimento e bens culturais;

IV – cooperação entre os entes federados, os agentes públicos e privados atuantes na área cultural;

V – integração e interação na execução das políticas, programas, projetos e ações desenvolvidas;

VI – complementaridade nos papéis dos agentes culturais;

VII – transversalidade das políticas culturais;

VIII – autonomia dos entes federados e das instituições da sociedade civil;

IX – transparência e compartilhamento das informações;

X – democratização dos processos decisórios com participação e controle social;

XI – descentralização articulada e pactuada da gestão, dos recursos e das ações;

XII – ampliação progressiva dos recursos contidos nos orçamentos públicos para a cultura.

Caberá aos Estados, ao Distrito Federal e aos Municípios organizar seus respectivos sistemas de cultura em leis próprias.

Art. 225. Todos têm direito ao meio ambiente ecologicamente equilibrado, bem de uso comum do povo e essencial à sadia qualidade de vida, impondo-se ao Poder Público e à coletividade o dever de defendê-lo e preservá-lo para as presentes e futuras gerações.

1. COMENTÁRIOS

Há uma crescente tendência mundial na positivação constitucional das normas protetivas do meio ambiente, notadamente após a realização da Conferência das Nações Unidas sobre o Meio Ambiente – CNUMA (Estocolmo, 1972) pela ONU.

Esse recente fenômeno político decorre do caráter cada vez mais analítico da maioria das constituições sociais, assim como da importância da elevação das regras e princípios do meio ambiente ao ápice dos ordenamentos, a fim de conferir maior segurança jurídico-ambiental.

Logo, começaram a nascer as constituições "verdes" **(Estado Democrático Social de Direito Ambiental)**, a exemplo da portuguesa (1976) e da espanhola (1978), que tiveram influência direta na elaboração da Constituição da República Federativa do Brasil de 1988, notadamente na redação do artigo 225, principal fonte legal do patrimônio ambiental natural.

Segundo ANTÔNIO HERMAN BENJAMIN (2007, p. 66-67), há traços comuns entre os modelos constitucionais ambientais comparados, com mínimas variações, destacando o competente Ministro do STJ as seguintes similitudes:[60]

a) adoção de uma compreensão sistêmica e legalmente autônoma do meio ambiente;

b) compromisso ético de não empobrecer a Terra e a sua biodiversidade;

c) estimulação da atualização do direito de propriedade para adequá-lo à proteção ambiental;

d) opção por processos decisórios abertos, transparentes, bem-informados e democráticos (devido processo ambiental);

e) preocupação com a implementação das normas constitucionais ambientais, trazendo as constituições instrumentos de efetivação.

Hoje, no Brasil, toda a base do Direito Ambiental se encontra cristalizada na Lei Maior: **competências legislativas** (artigos 22, IV, XII e XXVI, 24, VI, VII e VIII, e 30, I e II); **competências administrativas** (artigo 23, III, IV, VI, VII e XI); **Ordem Econômica Ambiental** (artigo 170, VI); **meio ambiente artificial** (artigo 182); **meio ambiente cultural** (artigos 215 e 216); **meio ambiente natural** (artigo 225), *entre outras disposições esparsas não menos importantes,*[61] formando o denominado **Direito Constitucional Ambiental**.

ANTÔNIO HERMAN BENJAMIN (2007, p. 69-80) ainda aponta os benefícios da constitucionalização do Direito Ambiental, sob as vertentes substanciais e formais.

Substancialmente, lista o Ministro do STJ **seis ganhos**: *estabelecimento de um dever constitucional genérico de não degradar; base do regime de explorabilidade limitada e condicionada; a ecologização da propriedade e da sua função social; a proteção ambiental como direito fundamental; a legitimação constitucional da função estatal reguladora; a redução da discricionariedade administrativa e a ampliação da participação pública.*

De seu turno, sob o prisma **formal**, foram enunciados pelo referido jurista **cinco benefícios**: a *máxima preeminência (superioridade) e proeminência (perceptibilidade) dos direitos; deveres e princípios ambientais; a segurança normativa; a substituição do paradigma da legalidade ambiental para a constitucionalidade ambiental; o controle de constitucionalidade da lei e o reforço exegético pró-ambiente das normas infraconstitucionais.*

60. Foi feita uma sintetização das colocações do referido autor.
61. A exemplo dos artigos 176, 177 e 231.

O legislador constituinte reconheceu expressamente o **direito fundamental ao meio ambiente ecologicamente equilibrado** (artigo 225, *caput*), de terceira dimensão, pois coletivo, transindividual, com aplicabilidade imediata, vez que sua incidência independe de regulamentação.

O bem ambiental é autônomo, imaterial e de natureza difusa, transcendendo à tradicional classificação dos bens em públicos (das pessoas jurídicas de direito público) e privados, pois toda a coletividade é titular desse direito (**bem de uso comum do povo**).

Assim sendo, o meio ambiente ecologicamente equilibrado foi afetado ao uso comum do povo, não podendo ser desafetado (ou desdestinado), sob pena de violação constitucional.

O direito ao meio ambiente ecologicamente equilibrado é formalmente e materialmente fundamental, pois além de estar previsto na Lei Maior (aspecto formal), é condição indispensável para a realização da dignidade da pessoa humana (aspecto material), fonte da qual provêm todos os direitos fundamentais.

Como direito fundamental que é, possui as seguintes características:

- **Historicidade** (decorre de conquistas por lutas dos povos em prol da defesa do meio ambiente);
- **Universalidade** (são dirigidos a toda a população mundial, muito embora exista variações entre as legislações das nações);
- **Irrenunciabilidade** (o povo não poderá abrir mão do direito ao equilíbrio ambiental);
- **Inalienabilidade** (está fora do comércio);
- **Limitabilidade** (são direitos relativos, pois nenhum direito fundamental é absoluto, podendo ceder, no caso concreto, em razão de outro direito fundamental inconciliável na hipótese, mediante o juízo de ponderação, norteada pela proporcionalidade);
- **Imprescritibilidade** (não prescrevem pelo não exercício).

Em decorrência do caráter imprescritível do direito fundamental ao meio ambiente ecologicamente equilibrado, a pretensão de reparação do dano ambiental é perpétua, conforme entendimento referendado pelo STJ.

Ademais, outra consequência do *status* de fundamental atribuído ao direito ao meio ambiente ecologicamente equilibrado é a **vedação ao retrocesso ecológico**, posto que a legislação ambiental deverá ser cada vez mais protetiva dos ecossistemas naturais, inclusive porque a cada dia se acentua a crise ambiental em razão do elevado consumo de recursos naturais da atual sociedade de massa que se pauta pelo consumismo exagerado.

Portanto, as pessoas têm direito a um **mínimo existencial ecológico** para gozar de uma vida digna, pois sem uma água limpa para beber, um ar puro para respirar e um alimento sem agrotóxicos ou outros males todos os demais direitos fundamentais ficarão prejudicados, em especial o direito à saúde.

Impende frisar que é possível a criação de deveres ambientais por simples ato regulamentar, desde que a norma secundária tenha fundamento de validade diretamente na

Constituição, na aplicação direta do direito fundamental ao meio ambiente equilibrado ecologicamente[62] ou em outro dispositivo da Lei Maior.

Esse direito fundamental será realizado por ações positivas ou negativas do Poder Público e de toda a coletividade, por meio da implementação do desenvolvimento sustentável, que compatibilize a necessidade de crescimento econômico com a preservação ambiental, atendendo às necessidades das presentes gerações sem privar as futuras das suas parcelas dos recursos ambientais, a fim de manter a sua perenidade.

O meio ambiente ecologicamente equilibrado é presente no Brasil na **dimensão objetiva e na subjetiva**. A *objetiva* impõe diretrizes ambientais aos poderes constituídos e a toda a coletividade no sentido de respeitar a normatização para a preservação ambiental e o desenvolvimento sustentável. Logo, houve a irradiação desse direito fundamental às relações privadas, bem como a sua elevação à categoria de princípio constitucional.

Da mesma forma, se deflagrou a eficácia vinculante aos três Poderes da República, a sua aplicabilidade direta e eficácia imediata, inclusive entre terceiros, ou seja, entre seus pares, e não só entre particular e Estado.

Por conseguinte, é possível concluir pela **eficácia dirigente** do direito fundamental ao meio ambiente ecologicamente equilibrado (pois este vincula os três Poderes do Estado na busca de sua efetivação) e pela **eficácia irradiante** (que norteia a interpretação e aplicação das disposições infraconstitucionais), da qual decorre a **eficácia horizontal** que alonga tal direito ao plano privado.

Já a *dimensão subjetiva* fez nascer um direito prestacional positivo e negativo ao meio ambiente ecologicamente equilibrado em que todos os integrantes da sociedade brasileira são simultaneamente credores e devedores, obrigando-se a prestações de fazer ou não fazer, conforme prescrito pelas leis ambientais.

Vale frisar que nem em todas as nações existe a referida dimensão subjetiva. **Alguns países adotam apenas a dimensão objetiva, existindo apenas o direito do ambiente, e não o direito ao meio ambiente**, a exemplo da Alemanha, conforme muito bem pontuado pelo mestre J. J. GOMES CANOTILHO (2004, p. 179).

Não é fácil definir o sentido e o alcance da expressão "meio ambiente ecologicamente equilibrado", cuja exegese variará no tempo e no espaço, sendo tema também afeto às ciências ambientais extrajurídicas.

Decerto, ele será alcançado com o controle eficaz estatal da poluição, mantendo-a em padrões aceitáveis, por meio do uso de instrumentos como o licenciamento e os estudos ambientais; com medidas específicas para prevenir a extinção das espécies ameaçadas; com a preservação dos espaços territoriais especialmente protegidos e a criação de novos; com a manutenção da biodiversidade etc.

62. Nesse sentido, no julgamento da ADPF 101, em 24.06.2009, o STF validou vedação de importação de pneus usados de países que não integram o MERCOSUL, feita por meio de atos regulamentares do CONAMA e da Secretaria do Comércio Exterior, aplicando diretamente o direito fundamental ao meio ambiente ecologicamente equilibrado e à saúde.

Já **a sadia qualidade de vida** é o centro do direito ao meio ambiente ecologicamente equilibrado, pois sem boas condições ambientais inexistirá uma vida saudável dos seres racionais e irracionais, formando um elo indissociável como o direito fundamental à saúde.

Bastante interessante foi a técnica adotada pelo legislador constituinte na elaboração do texto do artigo 225, da Constituição Federal, sob forte inspiração do artigo 66, da Constituição portuguesa de 1976.

Inicialmente, conforme dito, a *cabeça do artigo 225* instituiu o direito difuso ao meio ambiente ecologicamente equilibrado, criando um **dever genérico** *para o Poder Público e para a coletividade em defendê-lo e preservá-lo para as presentes e futuras gerações*, que se realizará com ações comissivas (a exemplo da recuperação de áreas degradadas) e omissivas (como a obrigação de não degradar fora dos permissivos legais, ou seja, dentro dos padrões de poluição, após regular licenciamento ambiental).

O Princípio da Solidariedade Intergeracional ou Equidade inspirou a parte final do *caput* do artigo 225 da Constituição, pois as presentes gerações devem preservar o meio ambiente e adotar políticas ambientais para a presente e as futuras gerações, não podendo utilizar os recursos ambientais de maneira irracional de modo que prive seus descendentes do seu desfrute. Não é justo utilizar recursos naturais que devem ser reservados aos que ainda não existem.

Na realidade, o Princípio do Desenvolvimento Sustentável busca a realização deste. Há um pacto fictício com as gerações futuras, que devem também ter acesso aos recursos ambientais para ter uma vida digna, razão pela qual as nações devem tutelar com maior intensidade os animais e vegetais ameaçados de extinção.

Sob essa perspectiva, informa o Princípio 03, da Declaração do RIO: "O direito ao desenvolvimento deve ser exercido de modo a permitir que sejam atendidas equitativamente as necessidades de desenvolvimento e de meio ambiente das gerações presentes e futuras".

Outrossim, o *caput* do artigo 225 contempla o Princípio da Obrigatoriedade da Proteção Ambiental, pois é dever irrenunciável do Poder Público promover a proteção do meio ambiente, por ser bem difuso (de todos, ao mesmo tempo), indispensável à vida humana sadia e também da coletividade.

Deverá o Estado atuar como agente normativo e regulador da **Ordem Econômica Ambiental**, editando normas jurídicas e fiscalizando de maneira eficaz o seu cumprimento.

Por essa razão, entende-se que o exercício do poder de polícia ambiental é vinculado (em regra), inexistindo conveniência e oportunidade na escolha do melhor momento e maneira de sua exteriorização. Outrossim, pelo bem ambiental ser indisponível e autônomo, em regra não poderá ser objeto de transação judicial.

Da mesma forma, também caberá à toda a coletividade defender e preservar o direito fundamental ao meio ambiente ecologicamente equilibrado para as presentes e futuras gerações, de modo que as pessoas também deverão proteger o meio ambiente.

2. JURISPRUDÊNCIA

"MEIO AMBIENTE – DIREITO À PRESERVAÇÃO DE SUA INTEGRIDADE (CF, ART. 225) – PRERROGATIVA QUALIFICADA POR SEU CARÁTER DE METAINDIVIDUALIDADE – DIREITO DE TERCEIRA GERAÇÃO (OU DE NOVÍSSIMA DIMENSÃO) QUE CONSAGRA O POSTULADO DA SOLIDARIEDADE -NECESSIDADE

DE IMPEDIR QUE A TRANSGRESSÃO A ESSE DIREITO FAÇA IRROMPER, NO SEIO DA COLETIVIDADE, CONFLITOS INTERGENERACIONAIS -ESPAÇOS TERRITORIAIS ESPECIALMENTE PROTEGIDOS (CF, ART. 225, § 1.º, III) – ALTERAÇÃO E SUPRESSÃO DO REGIME JURÍDICO A ELES PERTINENTE – MEDIDAS SUJEITAS AO PRINCÍPIO CONSTITUCIONAL DA RESERVA DE LEI – SUPRESSÃO DE VEGETAÇÃO EM ÁREA DE PRESERVAÇÃO PERMANENTE –POSSIBILIDADE DE A ADMINISTRAÇÃO PÚBLICA, CUMPRIDAS AS EXIGÊNCIAS LEGAIS, AUTORIZAR, LICENCIAR OU PERMITIR OBRAS E/OU ATIVIDADES NOS ESPAÇOS TERRITORIAIS PROTEGIDOS, DESDE QUE RESPEITADA, QUANTO A ESTES, A INTEGRIDADE DOS ATRIBUTOS JUSTIFICADORES DO REGIME DE PROTEÇÃO ESPECIAL – RELAÇÕES ENTRE ECONOMIA (CF, ART. 3.º, II, C/C O ART. 170, VI) E ECOLOGIA (CF, ART. 225) – COLISÃO DE DIREITOS FUNDAMENTAIS – CRITÉRIOS DE SUPERAÇÃO DESSE ESTADO DE TENSÃO ENTRE VALORES CONSTITUCIONAIS RELEVANTES – OS DIREITOS BÁSICOS DA PESSOA HUMANA E AS SUCESSIVAS GERAÇÕES (FASES OU DIMENSÕES) DE DIREITOS (RTJ 164/158, 160-161) – A QUESTÃO DA PRECEDÊNCIA DO DIREITO À PRESERVAÇÃO DO MEIO AMBIENTE: UMA LIMITAÇÃO CONSTITUCIONAL EXPLÍCITA À ATIVIDADE ECONÔMICA (CF, ART. 170, VI) – DECISÃO NÃO REFERENDADA- CONSEQÜENTE INDEFERIMENTO DO PEDIDO DE MEDIDA CAUTELAR. A PRESERVAÇÃO DA INTEGRIDADE DO MEIO AMBIENTE: EXPRESSÃO CONSTITUCIONAL DE UM DIREITO FUNDAMENTAL QUE ASSISTE À GENERALIDADE DAS PESSOAS.– **Todos têm direito ao meio ambiente ecologicamente equilibrado. Trata-se de um típico direito de terceira geração (ou de novíssima dimensão), que assiste a todo o gênero humano (*RTJ* 158/205-206). Incumbe, ao Estado e à própria coletividade, a especial obrigação de defender e preservar, em benefício das presentes e futuras gerações, esse direito de titularidade coletiva e de caráter transindividual (*RTJ* 164/158-161). O adimplemento desse encargo, que é irrenunciável, representa a garantia de que não se instaurarão, no seio da coletividade, os graves conflitos intergeneracionais marcados pelo desrespeito ao dever de solidariedade, que a todos se impõe, na proteção desse bem essencial de uso comum das pessoas em geral. Doutrina**. A ATIVIDADE ECONÔMICA NÃO PODE SER EXERCIDA EM DESARMONIA COM OS PRINCÍPIOS DESTINADOS A TORNAR EFETIVA A PROTEÇÃO AO MEIO AMBIENTE. A incolumidade do meio ambiente não pode ser comprometida por interesses empresariais nem ficar dependente de motivações de índole meramente econômica, ainda mais se se tiver presente que a atividade econômica, considerada a disciplina constitucional que a rege, está subordinada, dentre outros princípios gerais, àquele que privilegia a "defesa do meio ambiente" (CF, art. 170, VI), que traduz conceito amplo e abrangente das noções de meio ambiente natural, de meio ambiente cultural, de meio ambiente artificial (espaço urbano) e de meio ambiente laboral. Doutrina. Os instrumentos jurídicos de caráter legal e de natureza constitucional objetivam viabilizar a tutela efetiva do meio ambiente, para que não se alterem as propriedades e os atributos que lhe são inerentes, o que provocaria inaceitável comprometimento da saúde, segurança, cultura, trabalho e bem-estar da população, além de causar graves danos ecológicos ao patrimônio ambiental, considerado este em seu aspecto físico ou natural. A QUESTÃO DO DESENVOLVIMENTO NACIONAL (CF, ART. 3.º, II) E A NECESSIDADE DE PRESERVAÇÃO DA INTEGRIDADE DO MEIO AMBIENTE (CF, ART. 225): O PRINCÍPIO DO DESENVOLVIMENTO SUSTENTÁVEL COMO FATOR DE OBTENÇÃO DO JUSTO EQUILÍBRIO ENTRE AS EXIGÊNCIAS DA ECONOMIA E AS DA ECOLOGIA. **O princípio do desenvolvimento sustentável, além de impregnado de caráter eminentemente constitucional, encontra suporte legitimador em compromissos internacionais assumidos pelo Estado brasileiro e representa fator de obtenção do justo equilíbrio entre as exigências da economia e as da ecologia, subordinada, no entanto, a invocação desse postulado, quando ocorrente situação de conflito entre valores constitucionais relevantes, a uma condição inafastável, cuja observância não comprometa nem esvazie o conteúdo essencial de um dos mais significativos direitos fundamentais: o direito à preservação do meio ambiente, que traduz bem de uso comum da generalidade das pessoas, a ser resguardado em favor das presentes e futuras gerações.** O ART. 4.º DO CÓDIGO FLORESTAL E A MEDIDA PROVISÓRIA 2.166-67/2001: UM AVANÇO EXPRESSIVO NA TUTELA DAS ÁREAS DE PRESERVAÇÃO PERMANENTE. A Medida Provisória 2.166-67, de 24/08/2001, na parte em que introduziu significativas alterações no art. 4.º do Código Florestal, longe de comprometer os valores constitucionais consagrados no art. 225 da Lei Fundamental, estabeleceu, ao contrário, mecanismos que permitem um real controle, pelo Estado, das atividades desenvolvidas no âmbito das áreas de preservação permanente, em ordem a impedir ações predatórias e lesivas ao patrimônio ambiental, cuja situação de maior vulnerabilidade reclama proteção mais intensa, agora propiciada, de modo adequado e compatível com o texto constitucional, pelo diploma normativo em questão.- Somente a alteração e a supressão do regime jurídico pertinente aos espaços territoriais especialmente protegidos qualificam-se, por efeito da cláusula inscrita no art. 225, § 1.º, III, da Constituição, como matérias sujeitas ao princípio da reserva legal. É lícito ao Poder Público – qualquer que seja a dimensão institucional em que se posicione na estrutura federativa (União, Estados-membros, Distrito Federal e Municípios) – autorizar, licenciar ou permitir a execução de obras e/ou a realização de serviços no âmbito dos espaços territoriais especialmente protegidos, desde que, além de observadas as restrições, limitações e exigências abstratamente estabelecidas em lei, não resulte comprometida a integridade dos atributos que justificaram, quanto a tais territórios, a instituição de regime jurídico de proteção especial (CF, art. 225, § 1.º, III" (STF, ADI/MC 3.540, de 01.09.2005).

- **STF, INFORMATIVO 538 – ADPF E IMPORTAÇÃO DE PNEUS USADOS – 1.** *O Tribunal iniciou julgamento de arguição de descumprimento de preceito fundamental, ajuizada pelo Presidente da República, em que se discute se decisões judiciais que autorizam a importação de pneus usados ofendem os preceitos inscritos nos artigos 196 e 225 da CF* ("Art. 196. A saúde é direito de todos e dever do Estado, garantido mediante políticas sociais e econômicas que visem à redução do risco de doença e de outros agravos e ao acesso universal e igualitário às ações e serviços para sua promoção, proteção e recuperação. .... Art. 225. Todos têm direito ao meio ambiente ecologicamente equilibrado, bem de uso comum do povo e essencial à sadia qualidade de vida, impondo-se ao Poder Público e à coletividade o dever de defendê-lo e preservá-lo para as presentes e futuras gerações"). *Sustenta o arguente que numerosas decisões judiciais têm sido proferidas em contrariedade a Portarias do Departamento de Operações de Comércio Exterior – DECEX e da Secretaria de Comércio Exterior – SECEX, Resoluções do Conselho Nacional do Meio Ambiente – CONAMA e Decretos federais que, expressamente, vedam a importação de bens de consumo usados, com especial referência aos pneus usados.* Inicialmente, por maioria, rejeitou-se a preliminar de não cabimento da ação. Reputou-se atendido o princípio da subsidiariedade, tendo em conta a pendência de múltiplas ações judiciais, nos diversos graus de jurisdição, inclusive no Supremo, nas quais há interpretações e decisões divergentes sobre a matéria, o que tem gerado situação de insegurança jurídica, não havendo outro meio hábil a solucionar a polêmica sob exame. Vencido, no ponto, o Min. Marco Aurélio, que, salientando não estar incluída a jurisdição na alusão, contida na parte final do art. 1.º da Lei 9.882/1999, a ato do poder público e, ressaltando não ser a ADPF sucedâneo recursal contra decisões judiciais, reputava inadequada a medida formalizada.

- **ADPF e Importação de Pneus Usados – 2.** *No mérito, a Min. Cármen Lúcia, relatora, julgou parcialmente procedente o pedido formulado para: 1) declarar válidas constitucionalmente as normas do art. 27 da Portaria DECEX 8/91; do Decreto 875/93, que ratificou a Convenção da Basileia; do art. 4.º da Resolução 23/96; do art. 1.º da Resolução CONAMA 235/98; do art. 1.º da Portaria SECEX 8/2000; do art. 1.º da Portaria SECEX 2/2002; do art. 47-A do Decreto 3.179/99 e seu § 2.º, incluído pelo Decreto 4.592/2003; do art. 39 da Portaria SECEX 17/2003; e do art. 40 da Portaria SECEX 14/2004, com efeitos* ex tunc; *2) declarar inconstitucionais, também com efeitos* ex tunc, *as interpretações, incluídas as judicialmente acolhidas, que, afastando a aplicação daquelas normas, permitiram ou permitem a importação de pneus usados de qualquer espécie, aí incluídos os remoldados, ressalvados, quanto a estes, os provenientes dos Países integrantes do MERCOSUL, na forma das normas acima citadas e que tenham incidido sobre os casos; 3) excluir da incidência daqueles efeitos pretéritos determinados as decisões judiciais com trânsito em julgado, que não estejam sendo objeto de nenhum questionamento, uma vez que somente podem ser objeto da ADPF atos ou decisões normativas, administrativas ou judiciais impugnáveis judicialmente.*

- **ADPF e Importação de Pneus Usados – 3.** A relatora, ao iniciar o exame de mérito, salientou que, na espécie em causa, se poria, de um lado, a proteção aos preceitos fundamentais relativos ao direito à saúde e ao meio ambiente ecologicamente equilibrado, cujo descumprimento estaria a ocorrer por decisões judiciais conflitantes; e, de outro, o desenvolvimento econômico sustentável, no qual se abrigaria, na compreensão de alguns, a importação de pneus usados para o seu aproveitamento como matéria-prima, utilizada por várias empresas que gerariam empregos diretos e indiretos. Em seguida, apresentou um breve histórico da legislação sobre o assunto, necessária para o deslinde da causa. No ponto, enfatizou a inclusão da saúde como direito social fundamental no art. 6.º da CF/88, bem como as previsões dos seus artigos 196 e 225. No plano internacional, citou a Convenção da Basileia sobre o Controle de Movimentos Transfronteiriços de Resíduos Perigosos e seu Depósito, de 22.03.1989 — ratificada pelo Decreto 875/93 —, adotada e reconhecida como documento de referência mundial na Conferência de Plenipotenciários, a qual, com reflexos diretos na legislação interna dos Estados signatários, dentre os quais o Brasil, ensejou a edição, pelo Departamento de Operações de Comércio Exterior — órgão subordinado à Secretaria de Comércio Exterior – SECEX –, da Portaria DECEX 8/1991, que vedou a importação de bens de consumo usados. Mencionou, ademais, outras Portarias do DECEX, e do SECEX, Decretos e Resoluções do Conselho Nacional do Meio Ambiente – CONAMA em sentido semelhante. Registrou que, com a edição da Portaria SECEX 8/2000, que proibiu a importação de pneumáticos recauchutados e usados, seja como bem de consumo, seja como matéria-prima, classificados na posição 4012 da Nomenclatura Comum do MERCOSUL, o Uruguai se considerou prejudicado e solicitou ao Brasil negociações diretas sobre a proibição de importações de pneus usados procedentes daquele país, nos termos dos artigos 2.º e 3.º do Protocolo de Brasília. Explicou que isso deu causa ao questionamento do Uruguai perante o Tribunal Arbitral ad hoc do MERCOSUL, que, em 2002, concluiu pela ilegalidade da proibição de importação de pneus remoldados de países integrantes do bloco econômico da América do Sul, o que obrigou o Brasil a adequar sua legislação àquela decisão, irrecorrível. Em decorrência, foi editada a Portaria SECEX 2/2002, que manteve a vedação de importação de pneus usados, à exceção dos pneus remoldados provenientes dos países-partes do MERCOSUL.

▶ **ADPF e Importação de Pneus Usados – 4.** *Prosseguindo, a relatora afirmou que a questão posta na presente ADPF seria saber, portanto, se as decisões judiciais nacionais, que vêm permitindo a importação de pneus usados de Estados que não compõem o MERCOSUL, implicariam descumprimento dos preceitos fundamentais invocados.* Realçou a imprescindibilidade de se solucionar o trato judicial sobre a matéria, que decorreu, sobretudo, da circunstância de ela ter sido objeto de contencioso perante a Organização Mundial do Comércio – OMC, a partir de 20.6.2005, quando houve Solicitação de Consulta da União Europeia ao Brasil. Disse que a União Europeia formulou referida consulta acerca da proibição de importação de pneus usados e reformados dela procedentes e alegou afronta aos princípios do livre comércio e da isonomia entre os países membros da OMC, em razão da mantença da importação de pneus remoldados provenientes dos Estados integrantes do MERCOSUL. Informou que as considerações apresentadas no Relatório do Painel, que circulou entre os Membros da OMC, levaram a União Europeia a apelar, tendo o Órgão de Apelação da OMC mantido a decisão no sentido de que seria justificável a medida adotada pelo Brasil quanto à proibição de pneus usados e reformados, para fins de proteger a vida e a saúde humanas, bem como a sua flora e fauna, mas concluído que a isenção de proibição de importação de pneus usados dada ao MERCOSUL e as importações destes por meio de liminares configurariam uma injustificada e arbitrária discriminação (GATT, art. XX, *caput*). Em face disso, a relatora reafirmou a razão fundamental de se dar uma solução definitiva sobre uma pendência que, no plano internacional, justificaria a derrocada das normas proibitivas sobre a importação de pneus usados, haja vista que, para o Órgão de Apelação da OMC, se uma parte do Poder Judiciário brasileiro libera empresas para importá-los, a despeito da vigência das normas postas, é porque os objetivos alegados pelo Brasil, perante o órgão internacional do comércio, não teriam o fundamento constitucional que as validariam e fundamentariam. Acrescentou, no ponto, que, em 17.12.2007, o Órgão de Solução de Controvérsias – DSB adotou os aludidos relatórios do Painel e do Órgão de Apelação, e que, em 15.12.2008, o Brasil se comprometeu a implementar as recomendações e as regras do Órgão de Solução de Controvérsias, de maneira consistente com as obrigações da OMC.

▶ **ADPF e Importação de Pneus Usados – 5.** Na sequência, a Min. Cármen Lúcia deixou consignado histórico sobre a utilização do pneu e estudos sobre os procedimentos de sua reciclagem, que demonstraram as graves consequências geradas por estes na saúde das populações e nas condições ambientais, em absoluto desatendimento às diretrizes constitucionais que se voltam exatamente ao contrário, ou seja, ao direito à saúde e ao meio ambiente ecologicamente equilibrado. Asseverou que, se há mais benefícios financeiros no aproveitamento de resíduos na produção do asfalto borracha ou na indústria cimenteira, haveria de se ter em conta que o preço industrial a menor não poderia se converter em preço social a maior, a ser pago com a saúde das pessoas e com a contaminação do meio ambiente. Fez ampla consideração sobre o direito ao meio ambiente – salientando a observância do princípio da precaução pelas medidas impostas nas normas brasileiras apontadas como descumpridas pelas decisões ora impugnadas –, e o direito à saúde. Afastou, também, o argumento de que as restrições que o Brasil quer aplicar aos atos de comércio não poderiam ser veiculadas por ato regulamentar, mas apenas por lei em sentido formal. No ponto, reputou plenamente atendido o princípio da legalidade, haja vista que o Ministério do Desenvolvimento, Indústria e Comércio Exterior tem como área de competência o desenvolvimento de políticas de comércio exterior e a regulamentação e execução das atividades relativas a este, sendo que as normas editadas pelo seu Departamento de Comércio Exterior – DECEX, responsável pelo monitoramento e pela fiscalização do comércio exterior, seriam imediatamente aplicáveis, em especial as proibitivas de trânsito de bens, ainda não desembaraçados, no território nacional. Citou diversas normas editadas pelo DECEX e SECEX que, segundo jurisprudência da Corte, teriam fundamento direto na Constituição (art. 237). Após relembrar não ter havido tratamento discriminatório nas relações comerciais adotado pelo Brasil, no que respeita à exceção da importação de pneus remoldados dos países do MERCOSUL, que se deu ante a determinação do Tribunal *ad hoc* a que teve de se submeter, a relatora anotou que os países da União Europeia estariam se aproveitando de brechas na legislação brasileira ou em autorizações judiciais para descartar pneus inservíveis tanto no Brasil quanto em outros países em desenvolvimento. Ressaltou que, se a OMC tivesse acolhido a pretensão da União Europeia, o Brasil poderia ser obrigado a receber, por importação, pneus usados de toda a Europa, que detém um passivo da ordem de 2 a 3 bilhões de unidades.

▶ **ADPF e Importação de Pneus Usados – 6.** *A relatora, tendo em conta o que exposto e, dentre outros, a dificuldade na decomposição dos elementos que compõem o pneu e de seu armazenamento, os problemas que advém com sua incineração, o alto índice de propagação de doenças, como a dengue, decorrente do acúmulo de pneus descartados ou armazenados a céu aberto, o aumento do passivo ambiental — principalmente em face do fato de que os pneus usados importados têm taxa de aproveitamento para fins de recauchutagem de apenas 40%, constituindo o resto matéria inservível, ou seja, lixo ambiental —, considerou demonstrado o risco da segurança interna, compreendida não somente nas agressões ao meio ambiente que podem ocorrer, mas também à saúde pública, e inviável, por conseguinte, a importação de pneus usados.* Rejeitou, ainda, o argumento dos interessados de que haveria ofensa ao princípio da livre concorrência e da livre iniciativa, ao fundamento de que, se fosse possível atribuir peso ou valor jurídico a tais princípios relativamente ao da saúde e do meio ambiente ecologicamente equilibrado, preponderaria a proteção destes, cuja cobertura abrange a atual e as futuras gerações. Concluiu que, apesar da complexidade dos interesses e dos direitos envolvidos, a ponderação dos princípios constitucionais revelaria que as decisões que autorizaram a importação de pneus usados ou remoldados teriam afrontado os preceitos constitucionais da saúde e do meio ambiente ecologicamente equilibrado e, especificamente, os princípios que se expressam nos artigos 170, I e VI, e seu parágrafo único, 196 e 225, todos da CF. *Após, o julgamento foi suspenso em virtude do pedido de vista do Min. Eros Grau.* ADPF 101/DF, rel. Min. Cármen Lúcia, 11.3.2009. (ADPF-101)

▶ **STF, informativo 552 – ADPF e Importação de Pneus Usados – 7. O Tribunal, por maioria, julgou parcialmente procedente pedido formulado em arguição de descumprimento de preceito fundamental, ajuizada pelo Presidente da República, e declarou inconstitucionais, com efeitos *ex tunc*, as interpretações, incluídas as judicialmente acolhidas, que permitiram ou permitem a importação de pneus usados de qualquer espécie, aí insertos os remoldados. Ficaram ressalvados os provimentos judiciais transitados em julgado, com teor já executado e objeto completamente exaurido — v. Informativo 538. Entendeu-se, em síntese, que, apesar da complexidade dos interesses e dos direitos envolvidos, a ponderação dos princípios constitucionais revelaria que as decisões que autorizaram a importação de pneus usados ou remoldados teriam afrontado os preceitos constitucionais da saúde e do meio ambiente ecologicamente equilibrado e, especificamente, os princípios que se expressam nos artigos 170, I e VI, e seu parágrafo único, 196 e 225, todos da CF ("Art. 196. A saúde é direito de todos e dever do Estado, garantido mediante políticas sociais e econômicas que visem à redução do risco de doença e de outros agravos e ao acesso universal e igualitário às ações e serviços para sua promoção, proteção e recuperação. ... Art. 225. Todos têm direito ao meio**

ambiente ecologicamente equilibrado, bem de uso comum do povo e essencial à sadia qualidade de vida, impondo-se ao Poder Público e à coletividade o dever de defendê-lo e preservá-lo para as presentes e futuras gerações"). Vencido o Min. Marco Aurélio que julgava o pleito improcedente. ADPF 101/DF, rel. Min. Cármen Lúcia, 24.6.2009. (ADPF-101)

"Recurso especial. Ação civil pública. Poluição ambiental. Empresas mineradoras. Carvão mineral. Estado de Santa Catarina. Reparação. Responsabilidade do Estado por omissão. Responsabilidade solidária. Responsabilidade Subsidiária. 1. A responsabilidade civil do Estado por omissão é subjetiva, mesmo em se tratando de responsabilidade por dano ao meio ambiente, uma vez que a ilicitude no comportamento omissivo é aferida sob a perspectiva de que deveria o Estado ter agido conforme estabelece a lei. 2. A União tem o dever de fiscalizar as atividades concernentes à extração mineral, de forma que elas sejam equalizadas à conservação ambiental. Esta obrigatoriedade foi alçada à categoria constitucional, encontrando-se inscrita no artigo 225, §§ 1.º, 2.º e 3.º da Carta Magna. **3. Condenada a União a reparação de danos ambientais, é certo que a sociedade mediatamente estará arcando com os custos de tal reparação, como se fora autoindenização. Esse desiderato apresenta-se consentâneo com o princípio da equidade, uma vez que a atividade industrial responsável pela degradação ambiental – por gerar divisas para o país e contribuir com percentual significativo de geração de energia, como ocorre com a atividade extrativa mineral – a toda a sociedade beneficia"** (STJ, recurso especial 647.493, de 22.05.2007).

"[...] O exercício do *ius variandi*, para flexibilizar restrições urbanísticoambientais contratuais, haverá de respeitar o ato jurídico perfeito e o licenciamento do empreendimento, pressuposto geral que, no Direito Urbanístico, como no Direito Ambiental, é decorrência da crescente escassez de espaços verdes e dilapidação da qualidade de vida nas cidades. **Por isso mesmo, submete-se ao princípio da não regressão (ou, por outra terminologia, princípio da proibição de retrocesso), garantia de que os avanços urbanístico-ambientais conquistados no passado não serão diluídos, destruídos ou negados pela geração atual ou pelas seguintes** [...]" (STJ, REsp 302.906, de 26.08.2010).

3. QUESTÕES DE CONCURSOS

01. (Juiz do Bahia 2012/CESPE) A constitucionalização da proteção ambiental, de forma específica e global, ocorreu sob a égide da Constituição de 1967, tendo a CF ampliado o tratamento dado ao tema.

02. TRF 1.ª Região 2011/Juiz Federal/CESPE) Em razão do tratamento dispensado ao meio ambiente pelo texto constitucional, depreende-se que é exigido dos cidadãos, predominantemente, um *non facere* em relação ao meio ambiente.

03. (TRF 1.ª Região 2011/Juiz Federal/CESPE) O direito fundamental ao meio ambiente ecologicamente equilibrado afasta eventual tentativa de desafetação ou desdestinação indireta.

04. (Procurador do Estado do MT 2011 – FCC) São princípios do Direito Ambiental:

a) poluidor pagador, usuário pagador e autonomia da vontade.
b) prevenção, taxatividade e poluidor pagador.
c) função socioambiental da propriedade, usuário pagador e precaução.
d) vedação de retrocesso, prevenção e insignificância.
e) capacidade contributiva, função socioambiental da propriedade e desenvolvimento sustentável.

05. (Prova: FGV – 2009 – TJ-PA – Juiz) A Constituição Federal/88 assevera que "todos têm direito ao meio ambiente ecologicamente equilibrado, bem de uso comum do povo e essencial à sadia qualidade de vida". A esse respeito, é correto inferir que a concepção constitucional sobre meio ambiente é:

a) holística.
b) panteísta.
c) pragmática.
d) antropocêntrica.
e) criacionista.

06. (MPE-PR – 2008 – MPE-PR – Promotor de Justiça) Somente as futuras gerações são destinatárias da preservação do meio ambiente, porquanto a coletividade – que forma a presente geração – tem o dever constitucional de defendê-lo.

07. (MPE-RS – 2011 – MPE-RS – Assessor – Direito) Considerando-se que o artigo 225 da Constituição Federal dispõe que "todos têm direito ao meio ambiente ecologicamente equilibrado, bem de uso comum do povo e essencial à sadia qualidade de vida, impondo-se ao Poder Público e à coletividade o dever de defendê-lo e preservá-lo para as presentes e futuras gerações", é correto afirmar que o bem ambiental, quanto à sua natureza, é um

a) bem privado.
b) bem público.
c) bem difuso.
d) bem comum.
e) bem próprio.

08. (FCC – 2008 – MPE-RS – Assessor – Direito) O Princípio de Direito que prevê que todos têm direito ao meio ambiente ecologicamente equilibrado, bem de uso comum do povo e essencial à sadia qualidade de vida, impondo-se ao Poder Público e à coletividade o dever de defendê-lo e preservá-lo para as presentes e futuras gerações, é o

a) da participação comunitária.
b) da função socioambiental da propriedade.
c) do direito ao desenvolvimento sustentável.
d) da cooperação entre os povos.
e) da prevenção.

09. (FGV – 2008 – TJ-PA – Juiz) O artigo 225 da Constituição da República consagra o princípio da intervenção estatal obrigatória na defesa do meio ambiente.

10. (FGV – 2008 – TJ-PA – Juiz) A Constituição da República consagra o princípio da solidariedade intergeracional, ao conferir ao Poder Público e à coletividade o dever de defender e preservar o meio ambiente para as presentes e futuras gerações.

11. (2019/CESPE/Procurador de Boa Vista/RR) Rafaela capturou, para sua criação doméstica de pássaros, duas jandaias amarelas, espécie que consta na lista federal de fauna ameaçada de extinção. João, fiscal do órgão ambiental competente, assistiu à captura dos animais, mas, por amizade a Rafaela, omitiu-se. Tempo depois, Rafaela, residente em Boa Vista – RR, decidiu pedir autorização para a guarda dos pássaros à Secretaria de Serviços Públicos e Meio Ambiente do Município de Boa Vista. No momento da solicitação, ela relatou ter tido a permissão de João para levar para casa as duas aves.

Acerca dessa situação hipotética, julgue o item a seguir à luz da lei que regulamenta crimes ambientais, do Decreto n.º 6.514/2008 e do entendimento dos tribunais superiores.

O Ministério Público poderá propor ação civil pública em desfavor de Rafaela e do município de Boa Vista, ante a omissão da Secretaria de Serviços Públicos e Meio Ambiente, que não atuou para evitar o dano, apesar da ciência da conduta de Rafaela.

GAB	01	ERRADO	02	ERRADO	03	CERTO	04	C	05	D	06	ERRADO
	07	C	08	A	09	CERTO	10	CERTO	11	CERTO		

§ 1º – Para assegurar a efetividade desse direito, incumbe ao Poder Público:

I – preservar e restaurar os processos ecológicos essenciais e prover o manejo ecológico das espécies e ecossistemas;

1. COMENTÁRIOS

Este parágrafo primeiro traz com destinatário imediato o Poder Público, impondo-lhe deveres a fim de realizar o direito fundamental ao meio ambiente ecologicamente imediato, sem prejuízo de sua aplicação à iniciativa privada, no que couber.

Este inciso I contempla um dever geral de preservação ambiental e de reparação do dano ambiental, assim como de um uso ecologicamente equilibrado dos bens ambientais, através do manejo sustentável.

2. QUESTÃO DE CONCURSO

01. **(FCC – 2012 – PGE-SP – Procurador)** Segundo o § 1.o do artigo 225 da Constituição Federal, são deveres específicos do Poder Público na tutela do meio ambiente,

a) preservar e restaurar os processos ecológicos essenciais e prover o manejo ecológico das espécies e ecossistemas e exigir, na forma da lei, para instalação de obra ou atividade potencialmente causadora de significativa degradação do meio ambiente, estudo prévio de impacto ambiental, a que se dará publicidade.

b) autorizar, por decreto do executivo federal, a produção, a comercialização e o emprego de técnicas, métodos e substâncias que comportem risco para a vida, a qualidade de vida e o meio ambiente e desenvolver a Zona Costeira.

c) preservar a diversidade e a integridade do patrimônio genético do País e fiscalizar as entidades dedicadas à pesquisa e manipulação de material genético e definir, por decreto do executivo federal, a localização de usinas que operem com reatores nucleares.

d) definir, na Floresta Amazônica brasileira, espaços territoriais e seus componentes a serem especialmente protegidos sendo a alteração e a supressão permitidas por decreto do executivo federal, vedada qualquer utilização que comprometa a integridade dos atributos que justifiquem sua proteção.

e) preservar a diversidade e a integridade do patrimônio genético do País e fiscalizar as entidades dedicadas à pesquisa e manipulação de material genético e disciplinar o uso de biocidas que garantam o uso adequado de tecnologia transgênica.

GAB	01	A

II – preservar a diversidade e a integridade do patrimônio genético do País e fiscalizar as entidades dedicadas à pesquisa e manipulação de material genético;

1. COMENTÁRIOS

A Constituição Federal determina que o Poder Público e a coletividade têm que preservar a diversidade e a integridade do patrimônio genético do País e fiscalizar as entidades dedicadas à pesquisa e manipulação de material genético.

A biodiversidade ou diversidade biológica é definida pelo *Dicionário Aurélio da língua portuguesa* como "a existência, numa dada região, de uma grande variedade de espécies, ou de outras categorias taxonômicas de plantas ou de animais".

Deveras, o Brasil ratificou a **Convenção da Biodiversidade**, que ingressou em nosso ordenamento jurídico por meio do Decreto de promulgação 2.519/1998, pois o Decreto Legislativo, por si só, não tem esse condão (DL 2/1994).

Para esse tratado, **diversidade biológica** "significa a variabilidade de organismos vivos de todas as origens, compreendendo, dentre outros, os ecossistemas terrestres, marinhos e outros ecossistemas aquáticos e os complexos ecológicos de que fazem parte; compreendendo ainda a diversidade dentro de espécies, entre espécies e de ecossistemas".

A diversidade biológica brasileira é diferenciada, conforme narrado no sítio do Ministério do Meio Ambiente:

> "O Brasil abriga o maior número de primatas com 55 espécies, o que corresponde a 24% do total mundial; de anfíbios com 516 espécies; e de animais vertebrados com 3.010 espécies de vertebrados vulneráveis, ou em perigo de extinção. O país conta também com a mais diversa flora do mundo, número superior a 55 mil espécies descritas, o que corresponde a 22% do total mundial. Possui por exemplo, a maior riqueza de espécies de palmeiras (390 espécies) e de orquídeas (2.300 espécies). Possui também 3.000 espécies de peixes de água doce totalizando três vezes mais que qualquer outro país do mundo.
>
> Uma em cada onze espécies de mamíferos existentes no mundo é encontrada no Brasil (522 espécies), juntamente com uma em cada seis espécies de aves (1.622), uma em cada quinze espécies de répteis (468), e uma em cada oito espécies de anfíbios (516). Muitas dessas são exclusivas para o Brasil, com 68 espécies endêmicas de mamíferos, 191 espécies endêmicas de aves, 172 espécies endêmicas de répteis e 294 espécies endêmicas de anfíbios. **Esta riqueza de espécies corresponde a, pelo menos, 10% dos anfíbios e mamíferos e 17% das aves descritas em todo o planeta**".

Outrossim, a Convenção da Biodiversidade definiu **biotecnologia** como "qualquer aplicação tecnológica que utilize sistemas biológicos, organismos vivos, ou seus derivados, para fabricar ou modificar produtos ou processos para utilização específica".

Com o desiderato de regulamentação da Constituição e da Convenção da Biodiversidade, foi editada a **Medida Provisória 2.186-16/2001**, que regula o acesso ao patrimônio genético, a proteção e o acesso ao conhecimento tradicional associado, a repartição de benefícios e o acesso à tecnologia e transferência de tecnologia para sua conservação e utilização. Posteriormente, a MP 2.186-16/2001 foi revogada e substituída pela **Lei 13.123/2015**. Pontifica o artigo 7.º, XIX, da Lei Complementar 140/2011, ser competência da União controlar a exportação de componentes da biodiversidade brasileira na forma de espécimes silvestres da flora, micro-organismos e da fauna, partes ou produtos deles derivados.

Patrimônio genético, conhecimento tradicional associado e acesso/transferência de tecnologia

Conforme referido, eram temas disciplinados pela Medida Provisória 2.186-16/2001 e que agora passaram a ser tratados pela Lei 13.123/2015, que busca a proteção da diversidade biológica brasileira, **não se aplicando as suas disposições ao patrimônio genético humano**, pois é tema regulado pela Lei 11.105/2005, conforme será visto.

Embora publicada em 14 de maio de 2015, a Lei 13.123 somente entrou em vigor em cento e oitenta dias após a sua publicação. A sua regulamentação se deu por intermédio do Decreto 8.772/2016. **Nos termos do artigo 7.º, XXIII, da Lei Complementar 140/2011, é competência administrativa de a União gerir o patrimônio genético e o acesso ao conhecimento tradicional associado, respeitadas as atribuições setoriais.**

Inicialmente, para o bom entendimento do assunto, é imprescindível se referir às definições legais. Considera-se **patrimônio genético** a informação de origem genética de espécies vegetais, animais, microbianas ou espécies de outra natureza, incluindo substâncias oriundas do metabolismo desses seres vivos.

Já o **conhecimento tradicional associado** é definido como a informação ou prática de população indígena, comunidade tradicional ou agricultor tradicional sobre as propriedades ou usos diretos ou indiretos associada ao patrimônio genético.

Por sua vez, o **acesso ao patrimônio genético** é pesquisa ou desenvolvimento tecnológico realizado sobre amostra de patrimônio genético, ao passo que o **acesso ao conhecimento tradicional associado** é a pesquisa ou desenvolvimento tecnológico realizado sobre conhecimento tradicional associado ao patrimônio genético que possibilite ou facilite o acesso ao patrimônio genético, ainda que obtido de fontes secundárias, tais como feiras, publicações, inventários, filmes, artigos científicos, cadastros e outras formas de sistematização e registro de conhecimentos tradicionais associados.

Fechando as definições julgadas básicas para a introdução do tema, o **conhecimento tradicional associado de origem não identificável** é o conhecimento tradicional associado em que não há a possibilidade de vincular a sua origem a, pelo menos, uma população indígena, comunidade tradicional ou agricultor tradicional. De efeito, há um grande controle estatal sobre o nosso banco genético, com o desiderato de reprimir a biopiratária, pois o Brasil é a nação mais rica no mundo em diversidade biológica.

Lamentavelmente, o Congresso Nacional ainda não aprovou a Política Nacional de Biodiversidade, mas certamente a sua instituição ocorrerá em breve, já existindo princípios e diretrizes postos pelo Decreto 4.339/2002.

Na atualidade, temos um novo marco regulatório do acesso ao patrimônio genético e ao conhecimento tradicional associado aprovado pela Lei 13.123/2015, que buscou desburocratizar o seu acesso e a promover uma repartição de benefícios justa e equitativa especialmente em favor das comunidades detentoras do conhecimento.

No âmbito do Ministério do Meio Ambiente, foi criado o **Conselho de Gestão do Patrimônio Genético – CGEN**, órgão do Ministério do Meio Ambiente, com composição modificada pela Lei 13.123/2015, colegiado de caráter deliberativo, normativo, consultivo e recursal, responsável por coordenar a elaboração e a implementação de políticas para a gestão do acesso ao patrimônio genético e ao conhecimento tradicional associado e da repartição de benefícios, formado por representação de órgãos e entidades da administração pública federal que detêm competência sobre as diversas ações regidas pela Lei 13.123/2015 com participação máxima de 60% e a representação da sociedade civil em no mínimo 40 dos membros.

Além de proteger o conhecimento tradicional associado das comunidades indígenas e locais, o legislador reconheceu expressamente o direito desses povos de decidir sobre o uso de seus conhecimentos tradicionais associados ao patrimônio genético, inclusive o declarando **patrimônio cultural brasileiro**, e poderá ser depositado em banco de dados, conforme dispuser o CGen ou legislação específica.

Isso porque o Estado reconhece o direito de populações indígenas, de comunidades tradicionais e de agricultores tradicionais de participar da tomada de decisões, no âmbito nacional, sobre assuntos relacionados à conservação e ao uso sustentável de seus conhecimentos tradicionais associados ao patrimônio genético do País.

As publicações científicas, os registros em cadastros ou bancos de dados e os inventários culturais são exemplos de formas de reconhecimento dos conhecimentos tradicionais associados.

Qualquer conhecimento tradicional associado ao patrimônio genético será considerado de natureza coletiva, ainda que apenas um indivíduo de população indígena ou de comunidade tradicional o detenha.

Vale frisar que o intercâmbio e a difusão de patrimônio genético e de conhecimento tradicional associado praticados entre si por populações indígenas, comunidade tradicional ou agricultor tradicional para seu próprio benefício e baseados em seus usos, costumes e tradições são isentos das obrigações instituídas na Lei 13.123/2015.

O acesso ao **conhecimento tradicional associado de origem identificável** está condicionado à obtenção do **consentimento prévio informado.**[63] Por outro lado, o acesso a conhecimento tradicional associado de origem **não identificável independe de consentimento prévio informado.**

O acesso ao patrimônio genético de variedade tradicional local ou crioula ou à raça localmente adaptada ou crioula para atividades agrícolas compreende o acesso ao conhecimento tradicional associado não identificável que deu origem à variedade ou à raça e não depende do consentimento prévio da população indígena, da comunidade tradicional ou do agricultor tradicional que cria, desenvolve, detém ou conserva a variedade ou a raça.

São direitos das populações indígenas, das comunidades tradicionais e dos agricultores tradicionais que criam, desenvolvem, detêm ou conservam conhecimento tradicional associado:

> I – ter reconhecida sua contribuição para o desenvolvimento e conservação de patrimônio genético, em qualquer forma de publicação, utilização, exploração e divulgação;
>
> II – ter indicada a origem do acesso ao conhecimento tradicional associado em todas as publicações, utilizações, explorações e divulgações;
>
> III – perceber benefícios pela exploração econômica por terceiros, direta ou indiretamente, de conhecimento tradicional associado;
>
> IV – participar do processo de tomada de decisão sobre assuntos relacionados ao acesso a conhecimento tradicional associado e à repartição de benefícios decorrente desse acesso, na forma do regulamento;

63. A comprovação do consentimento prévio informado poderá ocorrer, a critério da população indígena, da comunidade tradicional ou do agricultor tradicional, pelos seguintes instrumentos, na forma do regulamento: I – assinatura de termo de consentimento prévio; II – registro audiovisual do consentimento; III – parecer do órgão oficial competente; ou IV – adesão na forma prevista em protocolo comunitário.

V – usar ou vender livremente produtos que contenham patrimônio genético ou conhecimento tradicional associado;

VI – conservar, manejar, guardar, produzir, trocar, desenvolver, melhorar material reprodutivo que contenha patrimônio genético ou conhecimento tradicional associado.

São regulados o acesso ao patrimônio genético ou ao conhecimento tradicional associado; a sua remessa para o exterior de amostras de patrimônio genético e a exploração econômica de produto acabado ou material reprodutivo oriundo de acesso ao patrimônio genético ou ao conhecimento tradicional associado realizado após a vigência do novo marco legal.

Entrementes, é proibido o acesso ao patrimônio genético ou ao conhecimento tradicional associado por pessoa natural estrangeira, sendo que a remessa para o exterior de amostra de patrimônio genético depende de assinatura do termo de transferência de material, na forma prevista pelo CGen.

Na vigência da MP 2.186-16/2001, era custosa a obtenção da autorização de acesso, especialmente pela anuência prévia da comunidade tradicional (algumas vezes sequer conhecida) e da necessidade da celebração prévia de contrato de utilização e repartição.

O acesso ao patrimônio genético existente no País ou ao conhecimento tradicional associado para fins de pesquisa ou desenvolvimento tecnológico e a exploração econômica de produto acabado ou material reprodutivo oriundo desse acesso somente serão realizados mediante **cadastro, autorização ou notificação**, e serão submetidos a fiscalização, restrições e repartição de benefícios nos termos e nas condições estabelecidos nesta Lei e no seu regulamento.

No entanto, **é vedado** o acesso ao patrimônio genético e ao conhecimento tradicional associado para práticas nocivas ao meio ambiente, à reprodução cultural e à saúde humana e para o desenvolvimento de armas biológicas e químicas.

Com a novel legislação, passou a ser possível acessar o patrimônio genético por meio de cadastro de acesso ou remessa de patrimônio genético ou de conhecimento tradicional associado, assim considerado um instrumento declaratório obrigatório das atividades de acesso ou remessa de patrimônio genético ou de conhecimento tradicional associado.[64]

No entanto, a critério da União, poderão ser realizadas atividades de acesso ao patrimônio genérico ou ao conhecimento tradicional associados em área indispensável à segurança nacional, mediante autorização prévia federal, que se dará após anuência do Conselho de

64. Art. 12. Deverão ser cadastradas as seguintes atividades: I – acesso ao patrimônio genético ou ao conhecimento tradicional associado dentro do País realizado por pessoa natural ou jurídica nacional, pública ou privada; II – acesso ao patrimônio genético ou conhecimento tradicional associado por pessoa jurídica sediada no exterior associada a instituição nacional de pesquisa científica e tecnológica, pública ou privada; III – acesso ao patrimônio genético ou ao conhecimento tradicional associado realizado no exterior por pessoa natural ou jurídica nacional, pública ou privada; IV – remessa de amostra de patrimônio genético para o exterior com a finalidade de acesso, nas hipóteses dos incisos II e III deste **caput**; e V – envio de amostra que contenha patrimônio genético por pessoa jurídica nacional, pública ou privada, para prestação de serviços no exterior como parte de pesquisa ou desenvolvimento tecnológico.

Defesa Nacional, bem como o acesso ao patrimônio genético ou ao conhecimento tradicional associado em águas jurisdicionais brasileiras, na plataforma continental e na zona econômica exclusiva, que ocorrerá após anuência da autoridade marítima.

Ademais, a conservação *ex situ*[65] de amostra do patrimônio genético encontrado na condição *in situ*[66] deverá ser preferencialmente realizada no território nacional.

Por sua vez, para a exploração econômica de produto acabado ou material reprodutivo oriundo de acesso ao patrimônio genético ou ao conhecimento tradicional associado serão exigidas a **notificação do produto acabado** ou do material reprodutivo ao CGen e a apresentação do acordo de repartição de benefícios.

A *notificação de produto* é o instrumento declaratório que antecede o início da atividade de exploração econômica de produto acabado ou material reprodutivo oriundo de acesso ao patrimônio genético ou ao conhecimento tradicional associado, no qual o usuário declara o cumprimento dos requisitos da Lei 13.123/2015 e indica a modalidade de **repartição de benefícios**, quando aplicável, a ser estabelecida no acordo para tal.

Os **benefícios** resultantes da exploração econômica de produto acabado ou de material reprodutivo oriundo de acesso ao patrimônio genético de espécies encontradas em condições *in situ* ou ao conhecimento tradicional associado, ainda que produzido fora do País, serão repartidos, de forma justa e equitativa, sendo que no caso do produto acabado o componente do patrimônio genético ou do conhecimento tradicional associado deve ser um dos elementos principais de agregação de valor.

Por outro lado, ficam **isentos** da obrigação de repartição de benefícios, nos termos do regulamento, as microempresas, as empresas de pequeno porte, os microempreendedores individuais e os agricultores tradicionais e suas cooperativas, com receita bruta anual igual ou inferior a R$ 3.600.000,00 (três milhões e seiscentos mil reais).

Os benefícios resultantes da exploração econômica de produto oriundo de acesso ao patrimônio genético ou ao conhecimento tradicional associado para atividades agrícolas serão repartidos sobre a comercialização do material reprodutivo, ainda que o acesso ou a exploração econômica se dê por meio de pessoa física ou jurídica subsidiária, controlada, coligada, contratada, terceirizada ou vinculada.

No entanto, fica isenta da repartição de benefícios a exploração econômica de produto acabado ou de material reprodutivo oriundo do acesso ao patrimônio genético de espécies introduzidas no território nacional pela ação humana, ainda que domesticadas, exceto as que formem populações espontâneas que tenham adquirido características distintivas próprias no País e variedade tradicional local ou crioula ou a raça localmente adaptada ou crioula.

---

65. Condições em que o patrimônio genético é mantido fora de seu **habitat** natural.

66. Condições em que o patrimônio genético existe em ecossistemas e **habitats** naturais e, no caso de espécies domesticadas ou cultivadas, nos meios onde naturalmente tenham desenvolvido suas características distintivas próprias, incluindo as que formem populações espontâneas.

A repartição de benefícios decorrente da exploração econômica de produto acabado ou material reprodutivo oriundo de acesso ao patrimônio genético ou ao conhecimento tradicional associado poderá constituir-se nas seguintes modalidades: **monetária ou não monetária.**[67]

Quando a modalidade escolhida for a repartição de benefícios monetária decorrente da exploração econômica de produto acabado ou de material reprodutivo oriundo de acesso ao patrimônio genético, será devida uma parcela de 1% da receita líquida anual obtida com a exploração econômica, ressalvada a hipótese de redução para até 0,1 (um décimo) por acordo setorial.[68]

Contudo, com o fim de garantir a competitividade do setor contemplado, a União poderá, a pedido do interessado, celebrar acordo setorial que permita reduzir o valor da repartição de benefícios monetária para até 0,1% da receita líquida anual obtida com a exploração econômica do produto acabado ou do material reprodutivo oriundo de acesso ao patrimônio genético ou ao conhecimento tradicional associado de origem não identificável.

A Lei 13.123/2015 instituiu o Fundo Nacional para a Repartição de Benefícios, de natureza financeira, vinculado ao Ministério do Meio Ambiente, com o objetivo de valorizar o patrimônio genético e os conhecimentos tradicionais associados e promover o seu uso de forma sustentável.

Ademais, instituiu o Programa Nacional de Repartição de Benefícios com custeio pelo aludido Fundo, com a finalidade de promover:

> I – conservação da diversidade biológica;
>
> II – recuperação, criação e manutenção de coleções *ex situ* de amostra do patrimônio genético;
>
> III – prospecção e capacitação de recursos humanos associados ao uso e à conservação do patrimônio genético ou do conhecimento tradicional associado;
>
> IV – proteção, promoção do uso e valorização dos conhecimentos tradicionais associados;
>
> V – implantação e desenvolvimento de atividades relacionadas ao uso sustentável da diversidade biológica, sua conservação e repartição de benefícios;
>
> VI – fomento a pesquisa e desenvolvimento tecnológico associado ao patrimônio genético e ao conhecimento tradicional associado;

---

67. Incluindo, entre outras: a) projetos para conservação ou uso sustentável de biodiversidade ou para proteção e manutenção de conhecimentos, inovações ou práticas de populações indígenas, de comunidades tradicionais ou de agricultores tradicionais, preferencialmente no local de ocorrência da espécie em condição **in situ** ou de obtenção da amostra quando não se puder especificar o local original; b) transferência de tecnologias; c) disponibilização em domínio público de produto, sem proteção por direito de propriedade intelectual ou restrição tecnológica; d) licenciamento de produtos livre de ônus; e) capacitação de recursos humanos em temas relacionados à conservação e uso sustentável do patrimônio genético ou do conhecimento tradicional associado; e f) distribuição gratuita de produtos em programas de interesse social.
68. Acordo setorial é o ato de natureza contratual firmado entre o poder público e usuários, tendo em vista a repartição justa e equitativa dos benefícios decorrentes da exploração econômica oriunda de acesso ao patrimônio genético ou ao conhecimento tradicional associado de origem não identificável.

VII – levantamento e inventário do patrimônio genético, considerando a situação e o grau de variação das populações existentes, incluindo aquelas de uso potencial e, quando viável, avaliando qualquer ameaça a elas;

VIII – apoio aos esforços das populações indígenas, das comunidades tradicionais e dos agricultores tradicionais no manejo sustentável e na conservação de patrimônio genético;

IX – conservação das plantas silvestres;

X – desenvolvimento de um sistema eficiente e sustentável de conservação *ex situ* e *in situ* e desenvolvimento e transferência de tecnologias apropriadas para essa finalidade com vistas a melhorar o uso sustentável do patrimônio genético;

XI – monitoramento e manutenção da viabilidade, do grau de variação e da integridade genética das coleções de patrimônio genético;

XII – adoção de medidas para minimizar ou, se possível, eliminar as ameaças ao patrimônio genético;

XIII – desenvolvimento e manutenção dos diversos sistemas de cultivo que favoreçam o uso sustentável do patrimônio genético;

XIV – elaboração e execução dos Planos de Desenvolvimento Sustentável de Populações ou Comunidades Tradicionais; e

XV – outras ações relacionadas ao acesso ao patrimônio genético e aos conhecimentos tradicionais associados, conforme o regulamento.

A concessão de direito de propriedade intelectual sobre produto acabado ou sobre material reprodutivo obtido a partir de acesso a patrimônio genético ou a conhecimento tradicional associado fica condicionada ao cadastramento ou autorização.

As atividades realizadas sobre patrimônio genético ou sobre conhecimento tradicional associado que constarem em **acordos internacionais** aprovados pelo Congresso Nacional e promulgados, quando utilizadas para os fins dos referidos acordos internacionais, deverão ser efetuadas em conformidade com as condições neles definidas, mantidas as exigências deles constantes.

Considera-se infração administrativa contra o patrimônio genético ou contra o conhecimento tradicional associado toda ação ou omissão que viole as normas da Lei 13.123/2015, punidas com as seguintes sanções:

I – advertência;

II – multa;[69]

III – apreensão:

a) das amostras que contêm o patrimônio genético acessado;

b) dos instrumentos utilizados na obtenção ou no processamento do patrimônio genético ou do conhecimento tradicional associado acessado;

69. Art. 27, § 5º, da Lei nº 13.123: "A multa de que trata o inciso II do § 1º será arbitrada pela autoridade competente, por infração, e pode variar: I – de R$ 1.000,00 (mil reais) a R$ 100.000,00 (cem mil reais), quando a infração for cometida por pessoa natural; ou II – de R$ 10.000,00 (dez mil reais) a R$ 10.000.000,00 (dez milhões de reais), quando a infração for cometida por pessoa jurídica, ou com seu concurso."

c) dos produtos derivados de acesso ao patrimônio genético ou ao conhecimento tradicional associado; ou

d) dos produtos obtidos a partir de informação sobre conhecimento tradicional associado;

IV – suspensão temporária da fabricação e venda do produto acabado ou do material reprodutivo derivado de acesso ao patrimônio genético ou ao conhecimento tradicional associado até a regularização;

V – embargo da atividade específica relacionada à infração;

VI – interdição parcial ou total do estabelecimento, atividade ou empreendimento;

VII – suspensão de atestado ou autorização de que trata esta Lei; ou

VIII – cancelamento de atestado ou autorização de que trata esta Lei.

Ademais, os órgãos federais competentes exercerão a fiscalização, a interceptação e a apreensão de amostras que contêm o patrimônio genético acessado, de produtos ou de material reprodutivo oriundos de acesso ao patrimônio genético ou ao conhecimento tradicional associado, quando o acesso ou a exploração econômica tiver sido em desacordo com a legislação.

Por fim, o pedido de autorização ou regularização de acesso e de remessa de patrimônio genético ou de conhecimento tradicional associado ainda em tramitação na data de entrada em vigor da Lei 13.123/2015 deverá ser reformulado pelo usuário como pedido de cadastro ou de autorização de acesso ou remessa, conforme o caso, no prazo de um ano, contado da data da disponibilização do cadastro pelo CGen.

Lei de Biossegurança

Em regulamentação constitucional foi promulgada a Lei 11.105/2005 (Lei de Biossegurança – LB), revogando a Lei 8.974/1995 e a Medida Provisória 2.191/2001.

Nos moldes do seu artigo 1.º, a LB "estabelece normas de segurança e mecanismos de fiscalização sobre a construção, o cultivo, a produção, a manipulação, o transporte, a transferência, a importação, a exportação, o armazenamento, a pesquisa, a comercialização, o consumo, a liberação no meio ambiente e o descarte de organismos geneticamente modificados – OGM e seus derivados, tendo como diretrizes o estímulo ao avanço científico na área de biossegurança e biotecnologia, a proteção à vida e à saúde humana, animal e vegetal, e a observância do **princípio da precaução** para a proteção do meio ambiente".

A LB não se aplica quando a modificação genética for obtida por mutagênese; formação e utilização de células somáticas de hibridoma animal; fusão celular, inclusive a de protoplasma, de células vegetais, que possa ser produzida mediante métodos tradicionais de cultivo e autoclonagem de organismos não patogênicos que se processe de maneira natural, **desde que não implique a utilização de OGM como receptor ou doador**.

A LB define a **atividade de pesquisa** "a realizada em laboratório, regime de contenção ou campo, como parte do processo de obtenção de OGM e seus derivados ou de avaliação da biossegurança de OGM e seus derivados, o que engloba, no âmbito experimental, a construção, o cultivo, a manipulação, o transporte, a transferência, a importação, a exportação, o armazenamento, a liberação no meio ambiente e o descarte de OGM e seus derivados", na forma do § 1.º do artigo 1.º.

Por sua vez, por residualidade, "considera-se **atividade de uso comercial de OGM e seus derivados** a que não se enquadra como atividade de pesquisa, e que trata do cultivo, da produção, da manipulação, do transporte, da transferência, da comercialização, da importação, da exportação, do armazenamento, do consumo, da liberação e do descarte de OGM e seus derivados para fins comerciais" (§ 2.º, do artigo 1.º, da LB).

Em regulamentação, a Comissão Técnica Nacional de Biossegurança – CTNBio editou a Resolução Normativa 05/2008, que trata da liberação comercial de Organismos Geneticamente Modificados – OGM e seus derivados.

O artigo 5.º da LB **permite, para fins de terapia e pesquisa, a utilização de células-tronco embrionárias** (células que têm a capacidade de transformar em células de qualquer tecido) **obtidas de embriões humanos produzidos *in vitro* e não utilizáveis, quer porque inviáveis, quer porquanto congelados há mais de três anos**, sendo necessário, em qualquer caso, o consentimento dos genitores, **vedada a comercialização do material**.

Por outro lado, **vedou-se a clonagem humana, apenas permitindo-se a clonagem para fins terapêuticos**, ou seja, com a finalidade de produção de células-tronco embrionárias para utilização terapêutica.

Esse permissivo legal é altamente polêmico, pois para alguns viola o direito fundamental à vida, que não tem o seu termo inicial definido expressamente na legislação brasileira. Sabe-se apenas que legalmente a morte ocorre com a cessação da atividade cerebral, nos moldes do artigo 3.º, da Lei 9.434/1997.

E a vida, quando se inicia? Há vários entendimentos a respeito, mas entre eles podem-se citar como principais: a fecundação, a nidação (aderência do embrião fecundado na parede do útero), o início de atividade cerebral ou quando o feto já pode existir sem a mãe. Este tema é tão relevante quanto polêmico, pois envolve toda a sociedade, inclusive os religiosos, tendo implicações diretas no âmbito criminal, a exemplo da tipificação do delito de aborto.

Deveras, como a pesquisa autorizada legalmente para fins terapêuticos se dá com embriões fecundados, caso se entenda que já há vida humana com a fecundação, haveria, portanto, atentado contra esse direito fundamental tão caro à humanidade.

Em 2008, **apesar de expressamente não indicar quando começa a vida**, o que foi acertado, ao julgar a ADI 3.510, **o STF declarou a validade do permissivo legal que autoriza a pesquisa com células-tronco embrionárias**.

Outrossim, a **LB veda a pesquisa com organismos geneticamente modificados – OGM** (entidade biológica que teve o seu material genético modificado por qualquer técnica de engenharia genética) **e sua liberação comercial, salvo com prévia autorização do órgão competente, vedada a atuação de pessoas físicas de maneira autônoma**.

Por seu turno, os patrocinadores das pesquisas devem exigir previamente o Certificado de Qualidade em Biossegurança previamente emitido pela Comissão Técnica Nacional de

Biossegurança – CTNBio, sob pena de se tornarem corresponsáveis pelo descumprimento legal, inclusive criminalmente, pois caracterizar-se-á, ao menos, dolo eventual.

Em tema de Biossegurança pesa muito o Princípio da Precaução, pois não é possível prever com certeza científica a repercussão dos OGM's sobre a saúde humana e dos demais seres vivos. Nesse sentido, o artigo 40, da LB, determina que "os alimentos e ingredientes alimentares destinados ao consumo humano ou animal que contenham ou sejam produzidos a partir de OGM ou derivados deverão conter informação nesse sentido em seus rótulos, conforme regulamento".

Toda entidade que utilizar técnicas e métodos de engenharia genética ou realizar pesquisas com OGM e seus derivados deverá instituir uma Comissão Interna de Biossegurança – CIBio, com função fiscalizatória, com as competências previstas no artigo 18 da LB.

A LB criou o Conselho Nacional de Biossegurança – CNBS, órgão subordinado à Presidência da República, incumbido de formular e implementar a Política Nacional de Biossegurança – PNB, a quem compete, entre outras atribuições, decidir em última instância (a pedido da CTNBio ou por avocação) sobre a liberação para uso comercial de OGM e derivados.

Também é da competência do CNBS "analisar, a pedido da CTNBio, quanto aos aspectos da conveniência e oportunidade socioeconômicas e do interesse nacional, os pedidos de liberação para uso comercial de OGM e seus derivados" (artigo 8.º, II, da LB).

Outrossim, foi reestruturada a Comissão Técnica Nacional de Biossegurança – CTNBio, órgão integrante do Ministério da Ciência e Tecnologia, "instância colegiada multidisciplinar de caráter consultivo e deliberativo, para prestar apoio técnico e de assessoramento ao Governo Federal na formulação, atualização e implementação da PNB de OGM e seus derivados, bem como no estabelecimento de normas técnicas de segurança e de pareceres técnicos referentes à autorização para atividades que envolvam pesquisa e uso comercial de OGM e seus derivados, com base na avaliação de seu risco zoofitossanitário, à saúde humana e ao meio ambiente" (artigo 10 da LB).

Com fulcro no artigo 14, da LB, compete à CTNBio, entre outras atribuições:

- estabelecer normas para as pesquisas com OGM e derivados de OGM;
- autorizar, cadastrar e acompanhar as atividades de pesquisa com OGM ou derivado de OGM, nos termos da legislação em vigor;
- autorizar a importação de OGM e seus derivados para atividade de pesquisa;
- emitir Certificado de Qualidade em Biossegurança – CQB para o desenvolvimento de atividades com OGM e seus derivados em laboratório, instituição ou empresa e enviar cópia do processo aos órgãos de registro e fiscalização referidos no artigo 16 desta Lei;
- emitir decisão técnica, caso a caso, sobre a biossegurança de OGM e seus derivados no âmbito das atividades de pesquisa e de uso comercial de OGM e seus derivados, inclusive a classificação quanto ao grau de risco e nível de biossegurança exigido, bem como medidas de segurança exigidas e restrições ao uso;
- emitir resoluções, de natureza normativa, sobre as matérias de sua competência.

A CTNBio poderá realizar **audiências públicas** a fim de ouvir a comunidade, sendo que a sua decisão técnica é **vinculante aos demais órgãos e entidades da Administração Pública**, no que concerne aos aspectos de biossegurança de OGM e derivados, com decisões tomadas pela **maioria absoluta** dos seus membros, nos termos da Lei 11.460/2007, que inseriu o artigo 8.º-A na LB.

Outrossim, **a CTNBio delibera, em última e definitiva instância, sobre os casos em que a atividade é potencial ou efetivamente causadora de degradação ambiental, bem como sobre a necessidade do licenciamento ambiental**.

Ou seja, apesar de a CTNBio não promover o licenciamento ambiental, lhe caberá decidir se é necessário, o que se afigura um retrocesso ambiental, pois essa decisão deveria caber ao órgão licenciador.

O artigo 19, da LB, instituiu o Sistema de Informações em Biossegurança, no âmbito do Ministério da Ciência e Tecnologia, destinado a gerir informações decorrentes das atividades de análise, autorização, registro, monitoramento e acompanhamento das atividades que envolvam OGM e seus derivados.

O artigo 16, da LB, determinou ser da competência de órgãos do Ministério da Saúde, do Ministério da Agricultura, Pecuária e Abastecimento e do Ministério do Meio Ambiente, e da Secretaria Especial de Aquicultura e Pesca da Presidência da República, de acordo com as suas áreas de atuação, a fiscalização das atividades de pesquisa de OGM e derivados, o seu registro e liberação comercial, entre outras atribuições.

A LB trata da responsabilidade civil e administrativa no Capítulo VII, prevendo, inclusive, **solidariedade entre todos aqueles que participaram do dano ambiental, independentemente da existência de culpa**, prevendo como infração administrativa toda ação ou omissão que viole as normas previstas na LB e legislação correlata.

Estão contidas no capítulo IX, da LB, regras de transição, prevendo que "os OGM que tenham obtido decisão técnica da CTNBio favorável à sua liberação comercial até a entrada em vigor desta Lei poderão ser registrados e comercializados, salvo manifestação contrária do CNBS, no prazo de 60 (sessenta) dias, a contar da data da publicação desta Lei".

Outrossim, a CTNBio e os órgãos de controle e fiscalização deverão rever as suas deliberações normativas em até 120 dias da vigência da LB, permanecendo em vigor os Certificados de Qualidade em Biossegurança, comunicados e decisões técnicas já emitidos pela CTNBio, assim como os atos normativos emitidos com amparo na Lei 8.974/1995, desde que não contrariem dispositivos da LB.

Por seu turno, o CONAMA editou a Resolução 305/2002, que dispõe sobre Licenciamento Ambiental, Estudo de Impacto Ambiental e Relatório de Impacto no Meio Ambiente de atividades e empreendimentos com Organismos Geneticamente Modificados e seus derivados, que se encontra em vigor no que não contrariar a LB, pois foi editada anteriormente, tendo como fundamento de validade, na época, a Lei 8.974/1995.

Conforme já falado, a competência para deliberar sobre a necessidade do licenciamento ambiental será da CTNBio, inclusive da exigência ou não de EIA-RIMA.

Entende-se que esse licenciamento será sempre de competência do IBAMA, pois se trata de atividade que poderá gerar danos ambientais regionais ou nacionais, conquanto a Resolução 305/2002 CONAMA apenas preveja expressamente a atribuição da autarquia federal nos casos de licenciamento para liberação comercial de OGM.

Nos casos de licenciamento de OGM para pesquisa em campo e em áreas com restrição, o ato do CONAMA apenas se referiu genericamente a "órgão ambiental competente", sem especificá-lo.

Convenção da Diversidade Biológica (Biodiversidade)

Foi subscrita em 05.06.1992 por 156 nações, ratificada pelo Congresso Nacional brasileiro pelo Decreto legislativo 2/1994 e promulgada pelo Decreto presidencial 2.519/1998.

Conforme informações oficiais, a Convenção sobre Diversidade Biológica – CDB é um dos principais resultados da Conferência das Nações Unidas para o Meio Ambiente e o Desenvolvimento – CNUMAD (Rio 92), realizada no Rio de Janeiro, em junho de 1992. É um dos mais importantes instrumentos internacionais relacionados ao meio ambiente e funciona como um guarda-chuva legal/político para diversas convenções e acordos ambientais mais específicos. A CDB é o principal fórum mundial na definição do marco legal e político para temas e questões relacionados à biodiversidade (168 países assinaram a CDB e 188 países já a ratificaram, tendo estes últimos se tornado Parte da Convenção).

A CDB tem definido importantes marcos legais e políticos mundiais que orientam a gestão da biodiversidade em todo o mundo: o Protocolo de Cartagena sobre Biossegurança, que estabelece as regras para a movimentação transfronteiriça de organismos geneticamente modificados (OGMs) vivos; o Tratado Internacional sobre Recursos Fitogenéticos para a Alimentação e a Agricultura, que estabelece, no âmbito da FAO, as regras para o acesso aos recursos genéticos vegetais e para a repartição de benefícios; as Diretrizes de Bonn, que orientam o estabelecimento das legislações nacionais para regular o acesso aos recursos genéticos e a repartição dos benefícios resultantes da utilização desses recursos (combate à biopirataria); as Diretrizes para o Turismo Sustentável e a Biodiversidade; os Princípios de Addis Abeba para a Utilização Sustentável da Biodiversidade; as Diretrizes para a Prevenção, Controle e Erradicação das Espécies Exóticas Invasoras; e os Princípios e Diretrizes da Abordagem Ecossistêmica para a Gestão da Biodiversidade. Igualmente no âmbito da CDB, foi iniciada a negociação de um Regime Internacional sobre Acesso aos Recursos Genéticos e Repartição dos Benefícios resultantes desse acesso.

A CDB estabeleceu importantes programas de trabalho temáticos nas áreas de biodiversidade marinha e costeira, biodiversidade das águas continentais, biodiversidade florestal, biodiversidade das terras áridas e subúmidas, biodiversidade das montanhas e biodiversidade dos sistemas agrícolas (agrobiodiversidade). Adicionalmente, a CDB criou iniciativas transversais e programas de trabalho sobre áreas protegidas, conservação de plantas, conservação e uso sustentável dos polinizadores, transferência de tecnologias, medidas de incentivo econômico, proteção dos conhecimentos tradicionais dos povos indígenas e comunidades locais associados à biodiversidade, educação e sensibilização pública, entre outras.

O Brasil foi o primeiro país a assinar a Convenção sobre Diversidade Biológica e, para cumprir com os compromissos resultantes, vem criando instrumentos, tais como o Projeto

Estratégia Nacional da Diversidade Biológica, cujo principal objetivo é a formalização da Política Nacional da Biodiversidade; a elaboração do Programa Nacional da Diversidade Biológica – PRONABIO, que viabiliza as ações propostas pela Política Nacional; e o Projeto de Conservação e Utilização Sustentável da Diversidade Biológica Brasileira – PROBIO, o componente executivo do PRONABIO, que tem como objetivo principal apoiar iniciativas que ofereçam informações e subsídios básicos sobre a biodiversidade brasileira. A Secretaria de Biodiversidade e Florestas (SBF), por meio da Diretoria de Conservação da Biodiversidade (DCBio), é o ponto focal técnico da Convenção sobre Diversidade Biológica no país.[70]

O artigo 1.º, da Convenção, já finca como *objetivos*, "a serem observados de acordo com as disposições aqui expressas, **a conservação da biodiversidade, o uso sustentável de seus componentes e a divisão equitativa e justa dos benefícios gerados com a utilização de recursos genéticos**, através do *acesso apropriado a referidos recursos*, e através da *transferência apropriada das tecnologias relevantes*, levando-se em consideração todos os direitos sobre tais recursos e sobre as tecnologias, e através de financiamento adequado".

De efeito, **diversidade biológica** significa a variabilidade de organismos vivos de todas as origens, compreendendo, dentre outros, os ecossistemas terrestres, marinhos e outros ecossistemas aquáticos e os complexos ecológicos de que fazem parte; compreendendo ainda a diversidade dentro de espécies, entre espécies e de ecossistemas.

Por sua vez, **biotecnologia** significa qualquer aplicação tecnológica que utilize sistemas biológicos, organismos vivos, ou seus derivados, para fabricar ou modificar produtos ou processos para utilização específica.

Restou assegurado às nações o direito soberano de explorar seus próprios recursos segundo suas políticas ambientais e a responsabilidade de assegurar que atividades sob sua jurisdição ou controle não causem dano ao meio ambiente de outros Estados ou de áreas além dos limites da jurisdição nacional.

Os signatários da Convenção da Biodiversidade se comprometeram a, na medida do possível e conforme o caso, cooperar com as outras nações, diretamente ou, quando apropriado, mediante organizações internacionais competentes, no que respeita a áreas além da jurisdição nacional e em outros assuntos de mútuo interesse, para a conservação e a utilização sustentável da diversidade biológica.

Cada parte se comprometeu, na medida do possível, a estabelecer procedimentos adequados que exijam a **avaliação de impacto ambiental** de seus projetos propostos que possam ter sensíveis efeitos negativos na diversidade biológica, a fim de evitar ou minimizar tais efeitos e, conforme o caso, permitir a participação pública nesses procedimentos.

Cada nação deverá procurar criar condições para permitir o acesso a recursos genéticos para utilização ambientalmente saudável por outras partes contratantes e não impor restrições contrárias aos objetivos da Convenção.

As nações signatárias da Convenção da Biodiversidade, reconhecendo que a tecnologia inclui biotecnologia, e que tanto o acesso à tecnologia quanto sua transferência entre as partes são

70. Disponível em: <http://www.cdb.gov.br/CDB>.

elementos essenciais para a realização dos seus objetivos, **comprometeram-se a permitir e/ou facilitar a outras partes contratantes acesso a tecnologias que sejam pertinentes à conservação e utilização sustentável da diversidade biológica ou que utilizem recursos genéticos e não causem dano sensível ao meio ambiente, assim como a transferência dessas tecnologias.**

Ademais, **buscou-se facilitar a transferência tecnológica aos países em desenvolvimento**, mediante condições justas e mais favoráveis, inclusive em condições concessionais e preferenciais quando de comum acordo, inclusive com a utilização de mecanismos financeiros.[71]

Também foi prevista a **cooperação técnica e científica** entre os países-partes, no campo da conservação e utilização sustentável da diversidade biológica, em particular países em desenvolvimento, por meio, entre outros, da elaboração e implementação de políticas nacionais.

As nações pactuaram adotar medidas possíveis para a conservação ***ex situ***[72] de componentes da diversidade biológica, de preferência no país de origem desses componentes, assim como a conservação ***in situ***.[73]

Em decorrência da celebração da Convenção da Biodiversidade, o Brasil aderiu ao **Protocolo de Cartagena sobre Biossegurança da Convenção sobre Diversidade Biológica**, celebrado em Montreal em 29.01.2000, ratificado pelo Congresso Nacional por intermédio do Decreto Legislativo 908, de 21 de novembro de 2003, posteriormente promulgado pelo Decreto Presidencial 5.705, de 16.02.2006.

Deveras, **objetiva o Protocolo de Cartagena** contribuir para assegurar um nível adequado de proteção no campo da transferência, da manipulação e do uso seguros dos organismos vivos modificados resultantes da biotecnologia moderna que possam ter efeitos adversos na conservação e no uso sustentável da diversidade biológica, levando em conta os riscos para a saúde humana, e enfocando especificamente os movimentos transfronteiriços.

Demais disso, os signatários do Protocolo de Cartagena velarão para que o desenvolvimento, a manipulação, o transporte, a utilização, a transferência e a liberação de todos os

---

71. De acordo com o artigo 21, I, da Convenção, deve ser estabelecido um mecanismo para prover, por meio de doação ou em bases concessionais, recursos financeiros para os fins desta Convenção, às Partes países em desenvolvimento, cujos elementos essenciais são descritos neste artigo. O mecanismo deve operar, para os fins desta Convenção, sob a autoridade e a orientação da Conferência das Partes, e a ela responder. As operações do mecanismo devem ser realizadas por estrutura institucional a ser decidida pela Conferência das Partes em sua primeira sessão. A Conferência das Partes deve determinar, para os fins desta Convenção, políticas, estratégicas, prioridades programáticas e critérios de aceitabilidade relativos ao acesso e à utilização desses recursos. As Contribuições devem levar em conta a necessidade mencionada no artigo 20 de que o fluxo de recursos seja previsível, adequado e oportuno, de acordo com o montante de recursos necessários, a ser decidido periodicamente pela Conferência das Partes, bem como a importância da distribuição de custos entre as partes contribuintes incluídas na lista a que se refere o § 2.º do artigo 20. Contribuições voluntárias podem também ser feitas pelas Partes países desenvolvidos e por outros países e fontes. O mecanismo deve operar sob um sistema de administração democrático e transparente.
72. Conservação *ex situ* significa a conservação de componentes da diversidade biológica fora de seus hábitats naturais.
73. Conservação *in situ* significa a conservação de ecossistemas e hábitats naturais e a manutenção e recuperação de populações viáveis de espécies em seus meios naturais e, no caso de espécies domesticadas ou cultivadas, nos meios onde tenham desenvolvido suas propriedades características.

organismos vivos modificados se realizem de maneira a evitar ou a reduzir os riscos para a diversidade biológica, levando também em consideração os riscos para a saúde humana.

Outrossim, **nada no Protocolo de Cartagena será interpretado de modo a restringir o direito de uma Parte de adotar medidas que sejam mais rigorosas para a conservação e o uso sustentável da diversidade biológica que as previstas**, desde que essas medidas sejam compatíveis com o objetivo e as disposições do Protocolo e estejam de acordo com as obrigações dessa Parte no âmbito do direito internacional.

O protocolo aplicar-se-á ao movimento transfronteiriço, ao trânsito, à manipulação e à utilização de todos os organismos vivos modificados que possam ter efeitos adversos na conservação e no uso sustentável da diversidade biológica, levando também em conta os riscos para a saúde humana.

Entretanto, **o Protocolo de Cartagena não se aplicará ao movimento transfronteiriço de organismos vivos modificados que sejam fármacos para seres humanos** que estejam contemplados por outras organizações ou outros acordos internacionais relevantes.

Em outubro de 2010, realizou-se em Nagoya (Japão) a 10.ª Conferência das Partes da Convenção sobre Diversidade Biológica – COP/10, tendo sido aprovado o Protocolo sobre Acesso e Repartição de Benefícios dos Recursos Genéticos da Biodiversidade, inclusive pelo Brasil.

O Protocolo de Nagoya sobre Acesso a Recursos Genéticos e a Repartição Justa e Equitativa dos Benefícios Advindos de sua Utilização (ABS) para a Convenção sobre Diversidade Biológica é um acordo complementar à Convenção sobre Diversidade Biológica (CDB). Ele oferece uma estrutura legal transparente para a implementação efetiva de um dos três objetivos da CBD: a repartição justa e equitativa de benefícios advindos da utilização de recursos genéticos[74].

No entanto, o Congresso Nacional brasileiro ainda não a ratificou. O governo encaminhou o assunto ao Congresso em maio de 2012. A Câmara dos Deputados precisa criar uma comissão especial para discutir o tema, mas ainda não criou. Até agora, 18 países ratificaram o protocolo[75].

Na COP/10 ainda ficou acertada a majoração de 10% para 17% da meta de conservação de áreas protegidas terrestres, mantendo-se as marinhas em 10%.

2. JURISPRUDÊNCIA

"CONSTITUCIONAL. AÇÃO DIRETA DE INCONSTITUCIONALIDADE. LEI DE BIOSSEGURANÇA. IMPUGNAÇÃO EM BLOCO DO ART. 5.º DA LEI 11.105, DE 24 DE MARÇO DE 2005 (LEI DE BIOSSEGURANÇA). PESQUISAS COM CÉLULAS-TRONCO EMBRIONÁRIAS. INEXISTÊNCIA DE VIOLAÇÃO DO DIREITO À VIDA. CONSTITUCIONALIDADE DO USO DE CÉLULAS-TRONCO EMBRIONÁRIAS EM PESQUISAS CIENTÍFICAS PARA FINS TERAPÊUTICOS. DESCARACTERIZAÇÃO DO ABORTO. NORMAS CONSTITUCIONAIS CONFORMADORAS DO DIREITO FUNDAMENTAL A UMA VIDA DIGNA, QUE PASSA PELO DIREITO À SAÚDE E AO PLANEJAMENTO FAMILIAR. DESCABIMENTO DE UTILIZAÇÃO DA TÉCNICA DE INTERPRETAÇÃO

74. http://www.rbma.org.br/anuariomataatlantica/protocolo_nagoya.php.

75. 521949-atraso-na-ratificacao-protocolo-de-nagoya-sobre-biodiversidade-pode-prejudicar-pais.

CONFORME PARA ADITAR À LEI DE BIOSSEGURANÇA CONTROLES DESNECESSÁRIOS QUE IMPLICAM RESTRIÇÕES ÀS PESQUISAS E TERAPIAS POR ELA VISADAS. IMPROCEDÊNCIA TOTAL DA AÇÃO. I – O CONHECIMENTO CIENTÍFICO, A CONCEITUAÇÃO JURÍDICA DE CÉLULAS-TRONCO EMBRIONÁRIAS E SEUS REFLEXOS NO CONTROLE DE CONSTITUCIONALIDADE DA LEI DE BIOSSEGURANÇA. As 'células-tronco embrionárias' são células contidas num agrupamento de outras, encontradiças em cada embrião humano de até 14 dias (outros cientistas reduzem esse tempo para a fase de blastocisto, ocorrente em torno de 5 dias depois da fecundação de um óvulo feminino por um espermatozóide masculino). Embriões a que se chega por efeito de manipulação humana em ambiente extracorpóreo, porquanto produzidos laboratorialmente ou *in vitro*, e não espontaneamente ou *in vida*. Não cabe ao Supremo Tribunal Federal decidir sobre qual das duas formas de pesquisa básica é a mais promissora: a pesquisa com células-tronco adultas e aquela incidente sobre células-tronco embrionárias. A certeza científico-tecnológica está em que um tipo de pesquisa não invalida o outro, pois ambos são mutuamente complementares. II – LEGITIMIDADE DAS PESQUISAS COM CÉLULAS-TRONCO EMBRIONÁRIAS PARA FINS TERAPÊUTICOS E O CONSTITUCIONALISMO FRATERNAL. A pesquisa científica com células-tronco embrionárias, autorizada pela Lei 11.105/2005, objetiva o enfrentamento e cura de patologias e traumatismos que severamente limitam, atormentam, infelicitam, desesperam e não raras vezes degradam a vida de expressivo contingente populacional (ilustrativamente, atrofias espinhais progressivas, distrofias musculares, a esclerose múltipla e a lateral amiotrófica, as neuropatias e as doenças do neurônio motor). A escolha feita pela Lei de Biossegurança não significou um desprezo ou desapreço pelo embrião *in vitro*, porém u'a mais firme disposição para encurtar caminhos que possam levar à superação do infortúnio alheio. Isto no âmbito de um ordenamento constitucional que desde o seu preâmbulo qualifica 'a liberdade, a segurança, o bem-estar, o desenvolvimento, a igualdade e a justiça' como valores supremos de uma sociedade mais que tudo 'fraterna'. O que já significa incorporar o advento do constitucionalismo fraternal às relações humanas, a traduzir verdadeira comunhão de vida ou vida social em clima de transbordante solidariedade em benefício da saúde e contra eventuais tramas do acaso e até dos golpes da própria natureza. Contexto de solidária, compassiva ou fraternal legalidade que, longe de traduzir desprezo ou desrespeito aos congelados embriões 'in vitro', significa apreço e reverência a criaturas humanas que sofrem e se desesperam. Inexistência de ofensas ao direito à vida e da dignidade da pessoa humana, pois a pesquisa com células-tronco embrionárias (inviáveis biologicamente ou para os fins a que se destinam) significa a celebração solidária da vida e alento aos que se acham à margem do exercício concreto e inalienável dos direitos à felicidade e do viver com dignidade (Ministro Celso de Mello). III – A PROTEÇÃO CONSTITUCIONAL DO DIREITO À VIDA E OS DIREITOS INFRACONSTITUCIONAIS DO EMBRIÃO PRÉ-IMPLANTO. O Magno Texto Federal não dispõe sobre o início da vida humana ou o preciso instante em que ela começa. Não faz de todo e qualquer estádio da vida humana um autonomizado bem jurídico, mas da vida que já é própria de uma concreta pessoa, porque nativiva (teoria 'natalista', em contraposição às teorias 'concepcionista' ou da 'personalidade condicional'). E quando se reporta a 'direitos da pessoa humana' e até dos 'direitos e garantias individuais' como cláusula pétrea está falando de direitos e garantias do indivíduo-pessoa, que se faz destinatário dos direitos fundamentais 'à vida, à liberdade, à igualdade, à segurança e à propriedade', entre outros direitos e garantias igualmente distinguidos com o timbre da fundamentalidade (como direito à saúde e ao planejamento familiar). Mutismo constitucional hermeneuticamente significante de transpasse de poder normativo para a legislação ordinária. A potencialidade de algo para se tornar pessoa humana já é meritória o bastante para acobertá-la, infraconstitucionalmente, contra tentativas levianas ou frívolas de obstar sua natural continuidade fisiológica. Mas as três realidades não se confundem: o embrião é o embrião, o feto é o feto e a pessoa humana é a pessoa humana. Donde não existir pessoa humana embrionária, mas embrião de pessoa humana. O embrião referido na Lei de Biossegurança (*in vitro* apenas) não é uma vida a caminho de outra vida virginalmente nova, porquanto lhe faltam possibilidades de ganhar as primeiras terminações nervosas, sem as quais o ser humano não tem factibilidade como projeto de vida autônoma e irrepetível. O Direito infraconstitucional protege por modo variado cada etapa do desenvolvimento biológico do ser humano. Os momentos da vida humana anteriores ao nascimento devem ser objeto de proteção pelo direito comum. O embrião pré-implanto é um bem a ser protegido, mas não uma pessoa no sentido biográfico a que se refere a Constituição. IV – AS PESQUISAS

COM CÉLULAS-TRONCO NÃO CARACTERIZAM ABORTO. MATÉRIA ESTRANHA À PRESENTE AÇÃO DIRETA DE INCONSTITUCIONALIDADE. É constitucional a proposição de que toda gestação humana principia com um embrião igualmente humano, claro, mas nem todo embrião humano desencadeia uma gestação igualmente humana, em se tratando de experimento *in vitro*. Situação em que deixam de coincidir concepção e nascituro, pelo menos enquanto o ovócito (óvulo já fecundado) não for introduzido no colo do útero feminino. O modo de irromper em laboratório e permanecer confinado *in vitro* é, para o embrião, insuscetível de progressão reprodutiva. Isto sem prejuízo do reconhecimento de que o zigoto assim extra-corporalmente produzido e também extra-corporalmente cultivado e armazenado é entidade embrionária do ser humano. Não, porém, ser humano em estado de embrião. A Lei de Biossegurança não veicula autorização para extirpar do corpo feminino esse ou aquele embrião. Eliminar ou desentranhar esse ou aquele zigoto a caminho do endométrio, ou nele já fixado. Não se cuida de interromper gravidez humana, pois dela aqui não se pode cogitar. A 'controvérsia constitucional em exame não guarda qualquer vinculação com o problema do aborto' (Ministro Celso de Mello). V – OS DIREITOS FUNDAMENTAIS À AUTONOMIA DA VONTADE, AO PLANEJAMENTO FAMILIAR E À MATERNIDADE. A decisão por uma descendência ou filiação exprime um tipo de autonomia de vontade individual que a própria Constituição rotula como 'direito ao planejamento familiar', fundamentado este nos princípios igualmente constitucionais da 'dignidade da pessoa humana' e da 'paternidade responsável'. A conjugação constitucional da laicidade do Estado e do primado da autonomia da vontade privada, nas palavras do Ministro Joaquim Barbosa. A opção do casal por um processo 'in vitro' de fecundação artificial de óvulos é implícito direito de idêntica matriz constitucional, sem acarretar para esse casal o dever jurídico do aproveitamento reprodutivo de todos os embriões eventualmente formados e que se revelem geneticamente viáveis. O princípio fundamental da dignidade da pessoa humana opera por modo binário, o que propicia a base constitucional para um casal de adultos recorrer a técnicas de reprodução assistida que incluam a fertilização artificial ou 'in vitro'. De uma parte, para aquinhoar o casal com o direito público subjetivo à 'liberdade' (preâmbulo da Constituição e seu art. 5.º), aqui entendida como autonomia de vontade. De outra banda, para contemplar os porvindouros componentes da unidade familiar, se por eles optar o casal, com planejadas condições de bem-estar e assistência físico-afetiva (art. 226 da CF). Mais exatamente, planejamento familiar que, 'fruto da livre decisão do casal', é 'fundado nos princípios da dignidade da pessoa humana e da paternidade responsável' (§ 7.º desse emblemático artigo constitucional de n.º 226). O recurso a processos de fertilização artificial não implica o dever da tentativa de nidação no corpo da mulher de todos os óvulos afinal fecundados. Não existe tal dever (inciso II do art. 5.º da CF), porque incompatível com o próprio instituto do 'planejamento familiar' na citada perspectiva da 'paternidade responsável'. Imposição, além do mais, que implicaria tratar o gênero feminino por modo desumano ou degradante, em contrapasso ao direito fundamental que se lê no inciso II do art. 5.º da Constituição. Para que ao embrião 'in vitro' fosse reconhecido o pleno direito à vida, necessário seria reconhecer a ele o direito a um útero. Proposição não autorizada pela Constituição. VI – DIREITO À SAÚDE COMO COROLÁRIO DO DIREITO FUNDAMENTAL À VIDA DIGNA. O § 4.º do art. 199 da Constituição, versante sobre pesquisas com substâncias humanas para fins terapêuticos, faz parte da seção normativa dedicada à "SAÚDE" (Seção II do Capítulo II do Título VIII). Direito à saúde, positivado como um dos primeiros dos direitos sociais de natureza fundamental (art. 6.º da CF) e também como o primeiro dos direitos constitutivos da seguridade social (cabeça do artigo constitucional de nº 194). Saúde que é 'direito de todos e dever do Estado' (*caput* do art. 196 da Constituição), garantida mediante ações e serviços de pronto qualificados como 'de relevância pública' (parte inicial do art. 197). A Lei de Biossegurança como instrumento de encontro do direito à saúde com a própria Ciência. No caso, ciências médicas, biológicas e correlatas, diretamente postas pela Constituição a serviço desse bem inestimável do indivíduo que é a sua própria higidez físico-mental. VII – O DIREITO CONSTITUCIONAL À LIBERDADE DE EXPRESSÃO CIENTÍFICA E A LEI DE BIOSSEGURANÇA COMO DENSIFICAÇÃO DESSA LIBERDADE. O termo 'ciência', enquanto atividade individual, faz parte do catálogo dos direitos fundamentais da pessoa humana (inciso IX do art. 5.º da CF). Liberdade de expressão que se afigura como clássico direito constitucional-civil ou genuíno direito de personalidade. Por isso que exigente do máximo de proteção jurídica, até como signo de vida coletiva civilizada. Tão qualificadora do indivíduo e da sociedade é essa vocação para os misteres da

Ciência que o Magno Texto Federal abre todo um autonomizado capítulo para prestigiá-la por modo superlativo (capítulo de nº IV do título VIII). A regra de que 'O Estado promoverá e incentivará o desenvolvimento científico, a pesquisa e a capacitação tecnológicas' (art. 218, *caput*) é de logo complementada com o preceito (§ 1.º do mesmo art. 218) que autoriza a edição de normas como a constante do art. 5.º da Lei de Biossegurança. A compatibilização da liberdade de expressão científica com os deveres estatais de propulsão das ciências que sirvam à melhoria das condições de vida para todos os indivíduos. Assegurada, sempre, a dignidade da pessoa humana, a Constituição Federal dota o bloco normativo posto no art. 5.º da Lei 11.105/2005 do necessário fundamento para dele afastar qualquer invalidade jurídica (Ministra Cármen Lúcia). VIII – SUFICIÊNCIA DAS CAUTELAS E RESTRIÇÕES IMPOSTAS PELA LEI DE BIOSSEGURANÇA NA CONDUÇÃO DAS PESQUISAS COM CÉLULAS-TRONCO EMBRIONÁRIAS. A Lei de Biossegurança caracteriza-se como regração legal a salvo da mácula do açodamento, da insuficiência protetiva ou do vício da arbitrariedade em matéria tão religiosa, filosófica e eticamente sensível como a da biotecnologia na área da medicina e da genética humana. Trata-se de um conjunto normativo que parte do pressuposto da intrínseca dignidade de toda forma de vida humana, ou que tenha potencialidade para tanto. A Lei de Biossegurança não conceitua as categorias mentais ou entidades biomédicas a que se refere, mas nem por isso impede a facilitada exegese dos seus textos, pois é de se presumir que recepcionou tais categorias e as que lhe são correlatas com o significado que elas portam no âmbito das ciências médicas e biológicas. IX – IMPROCEDÊNCIA DA AÇÃO. Afasta-se o uso da técnica de 'interpretação conforme' para a feitura de sentença de caráter aditivo que tencione conferir à Lei de Biossegurança exuberância regratória, ou restrições tendentes a inviabilizar as pesquisas com células-tronco embrionárias. Inexistência dos pressupostos para a aplicação da técnica da 'interpretação conforme a Constituição', porquanto a norma impugnada não padece de polissemia ou de plurissignificatidade. Ação direta de inconstitucionalidade julgada totalmente improcedente" (STF, ADI 3.510, de 29.05.2008).

3. QUESTÕES DE CONCURSOS

01. (TRF 5.ª REGIÃO 2013 – Juiz Federal – CESPE) A respeito de atividades que envolvam OGMs e seus derivados, assinale a opção correta à luz da Lei 11.105/2005.

a) As entidades financiadoras ou patrocinadoras das atividades que envolvam OGM e seus derivados devem exigir a apresentação do certificado de qualidade em biossegurança, sob pena de se tornarem corresponsáveis pelos eventuais efeitos decorrentes da atividade.

b) A realização de atividades que envolvam OGM e seus derivados depende de autorização expedida por órgão estadual competente em matéria ambiental.

c) É permitido o registro, o patenteamento e o licenciamento de tecnologias genéticas de restrição de uso.

d) Para fins de pesquisa e terapia, é proibida a utilização de células-tronco embrionárias obtidas de embriões humanos produzidos por fertilização in vitro.

e) As atividades relacionadas à pesquisa científica podem ser desenvolvidas por pessoas físicas, desde que estas mantenham vínculo empregatício, ou de qualquer outra natureza, com pessoas jurídicas.

02. (AGU 2012 – Advogado da União – CESPE) Será responsabilizado administrativamente aquele que utilizar em pesquisas científicas células-tronco embrionárias obtidas a partir de embriões humanos viáveis produzidos por fertilização *in vitro.*

03. (TRF 5.ª REGIÃO 2011 – Juiz Federal – CESPE) Considerando a disciplina legal sobre diversidade biológica e proteção do conhecimento tradicional associado, assinale a opção correta.

a) Em decorrência do princípio da livre-iniciativa, a legislação brasileira não admite o estabelecimento de restrições ao regime de propriedade intelectual sobre microrganismos, permitindo apenas a regulamentação dos meios para se assegurar o livre acesso aos recursos da diversidade biológica do país.

b) Considera-se conhecimento tradicional associado toda amostra de componente do patrimônio genético cuja aplicação industrial ou de outra natureza se preste a fins de pesquisa científica, desenvolvimento tecnológico ou bioprospecção.

c) As comunidades indígenas e as comunidades locais que criam, desenvolvem, detêm ou conservam conhecimento tradicional associado ao patrimônio genético têm o direito de ter indicada a origem do acesso ao conhecimento tradicional em todas as publicações, utilizações, explorações e divulgações, sendo a elas vedada a percepção de benefícios resultantes da exploração econômica do conhecimento de sua titularidade.

d) O patrimônio genético existente no país submete-se ao poder de polícia da União; logo, o uso, a comercialização e o aproveitamento desse patrimônio para quaisquer fins sujeitam-se à fiscalização, às restrições e à repartição de benefícios estabelecidas em legislação federal.

e) O acesso a amostra de componente do patrimônio genético brasileiro e ao conhecimento tradicional associado só pode ocorrer mediante acompanhamento do Conselho de Gestão do Patrimônio Genético, órgão do Ministério do Meio Ambiente, vedadas a utilização comercial de ambos e a remessa de amostra para o exterior.

04. **(TRF 5.ª REGIÃO 2011 – Juiz Federal – CESPE)** Acerca da engenharia genética e de sua relação com o ambiente, assinale a opção correta.

a) A lei que estabelece normas de segurança e mecanismos de fiscalização de atividades que envolvam OGM e seus derivados prevê o estabelecimento de sanções administrativas, mas não criminais, contra as ações ou omissões que as violem.

b) Atividades e projetos que envolvam OGMs e seus derivados somente podem ser desenvolvidos por pessoas físicas ou entidades de direito público ou privado que se dediquem à pesquisa científica, ao desenvolvimento tecnológico e à produção industrial.

c) Estão sujeitos a controle legal a construção, o cultivo, a produção, a manipulação, o transporte, a transferência, a importação, a exportação, o armazenamento, a pesquisa, a comercialização, o consumo, a liberação no ambiente e o descarte de OGM e seus derivados.

d) A comercialização de células-tronco embrionárias obtidas de embriões humanos produzidos por fertilização in vitro e não utilizados no respectivo procedimento só é possível mediante a obtenção de certificado de qualidade em biossegurança, emitido pela Comissão Técnica Nacional de Biossegurança, atendidas as condições estabelecidas na legislação pertinente.

e) Em qualquer hipótese, são vedadas a liberação, a destruição ou o descarte, no ambiente, de OGM ou seus derivados.

05. **(MMA 2011– Analista Ambiental III – CESPE)** Considere que a exploração econômica de produto ou processo desenvolvido a partir de amostra de componente do patrimônio genético ou de conhecimento tradicional associado ocorra em desacordo com as disposições legais vigentes em solo pátrio. Nessa situação, o infrator sujeita-se, exclusivamente, às sanções administrativas pertinentes e as vantagens obtidas a partir do faturamento pela comercialização do produto, ou dos *royalties* obtidos de terceiros, quando decorrentes de licenciamento de processo protegido por propriedade intelectual, também sujeitarão o infrator às sanções penais cabíveis.

06. **(MMA 2011– Analista Ambiental IIII – CESPE)** Os contratos de utilização do patrimônio genético e de repartição de benefícios, que devem ser registrados no Conselho de Gestão, só têm eficácia após a anuência desse Conselho.

07. **(TRF 5.ª REGIÃO 2009 – Juiz Federal – CESPE)** Julgue os itens subsequentes, relativos à biodiversidade e à proteção jurídica do conhecimento tradicional associado.

I. A Convenção sobre Diversidade Biológica, da qual o Brasil é signatário, reconhece o direito soberano de cada Estado de explorar seus recursos naturais segundo suas políticas ambientais, razão pela qual não admite a transferência de tecnologias que utilizem recursos genéticos entre as partes contratantes.

II. Incumbe ao poder público preservar a diversidade e a integridade do patrimônio genético do país e fiscalizar as entidades dedicadas à pesquisa e manipulação de material genético.

III. O Conselho de Gestão do Patrimônio Genético, formado por representantes de órgãos e entidades da administração pública federal com competência para acompanhar as atividades de acesso e de remessa de amostra de componente do patrimônio genético e do conhecimento tradicional associado, é órgão que possui caráter deliberativo, não lhe competindo estabelecer normas relativas à gestão do patrimônio genético.

IV. O direito dos índios ao usufruto exclusivo das riquezas naturais e de todas as utilidades existentes nas terras que habitam compreende o direito à posse, ao uso e à percepção das riquezas naturais e de todas as utilidades existentes, bem como ao produto da exploração econômica de tais riquezas naturais e utilidades.

V. São nulos e extintos, não produzindo efeitos jurídicos, os atos que tenham por objeto a ocupação, o domínio e a posse das terras ocupadas pelos índios, permitida a exploração das riquezas naturais dos rios e dos lagos nelas existentes por pessoas físicas, mediante prévia e expressa autorização da Fundação Nacional do Índio.

Estão CERTOS apenas os itens

a) I e II.

b) I e V.

c) II e IV.

d) III e IV.

e) IV e V.

08. (TRF 1.ª REGIÃO 2006 – Juiz Federal) De acordo com a Lei 11.105/2005 (normas de segurança e fiscalização de atividades que envolvam organismos geneticamente modificados – OGM):

a) todos os OGM que anteriormente obtiveram decisão da Comissão Técnica Nacional de Biossegurança – CTNBio favorável à sua liberação comercial passariam por nova avaliação do Conselho Nacional de Biossegurança – CNBS;

b) todos os OGM que anteriormente obtiveram decisão técnica da CTNBio favorável à sua liberação comercial passariam por reavaliação da própria CTNBio, em sua nova composição;

c) não há hipótese de reapreciação, por CNBS, de ato de liberação comercial de OGM praticado pela CTNBio, pois a decisão da CTNBio é definitiva e vinculante para todos os órgãos da Administração, ressalvando o controle judicial;

d) ficou isenta de reapreciação administrativa decisão da CTNBio favorável à liberação comercial de OGM, salvo manifestação contraria do CNBS, no prazo de sessenta dias.

09. (TRF 1.ª REGIÃO 2013 – Juiz Federal – CESPE) A respeito de biodiversidade e dos conhecimentos tradicionais associados, assinale a opção correta.

a) Somente a partir da Convenção da Diversidade Biológica, na ECO-92, ficou estabelecido, a fim de dificultar a biopirataria, que o uso comercial de genes de qualquer espécie nativa depende do consentimento informado do governo do país de origem.

b) A gestão do acesso ao conhecimento tradicional associado compete aos estados.

c) A Convenção da Diversidade Biológica é uma convenção/quadro que, para a concretização de seus objetivos, vem sendo complementada por protocolos mais específicos, como o de Nagoya.

d) O conhecimento tradicional associado não tem expressão econômica real nem potencial, sendo juridicamente protegido devido à relevância como manifestação do meio ambiente cultural.

e) Incumbe ao poder público e à sociedade o dever de preservar a diversidade e a integridade do patrimônio genético e o de fiscalizar as entidades dedicadas a pesquisa e manipulação de material genético.

10. (TRF 1.ª REGIÃO 2009 – Juiz Federal – CESPE) No que se refere à proteção dada à diversidade biológica, julgue os itens a seguir à luz da Convenção sobre Diversidade Biológica (CDB).

I – A CDB foi assinada pelo governo brasileiro durante a Conferência das Nações Unidas sobre Meio Ambiente e Desenvolvimento, realizada no Rio de Janeiro – a ECO-92.

II – Os objetivos da CDB, a serem cumpridos de acordo com a legislação nacional de cada país signatário, são a conservação da diversidade biológica, a utilização sustentável de seus componentes e a repartição justa e equitativa dos benefícios derivados da utilização dos recursos genéticos.

III – O acesso adequado aos recursos genéticos e a transferência adequada de tecnologias pertinentes deverão levar em conta todos os direitos sobre tais recursos e tecnologias, e não poderão receber financiamento público.

IV – Cada parte contratante deve, ao implementar a CDB, promover a cooperação técnica e científica com outras partes contratantes.

V – Ao se promover a cooperação internacional nessa área, deve ser dada atenção ao desenvolvimento e fortalecimento dos sistemas financeiros nacionais, mediante a exploração econômica da bioprospecção e da biotecnologia. A Conferência das Partes, em sua primeira sessão, determinou a forma de estabelecer mecanismo de intermediação financeira adequado para promover e facilitar o trânsito livre e não tributado de material genético entre os países contratantes.

Estão certos apenas os itens

a) I, II e III.

b) I, II e IV.

c) I, IV e V.

d) II, III e V.

e) III, IV e V.

11. (TRF 2.ª REGIÃO 2009 – Juiz Federal – CESPE) O Protocolo de Cartagena sobre Biossegurança, exigido pela Convenção sobre Diversidade Biológica (CDB), celebrado em janeiro de 2000,

I – visa contribuir para assegurar nível adequado de proteção no campo da transferência, da manipulação e do uso seguros dos organismos vivos modificados resultantes da biotecnologia moderna que possam ter efeitos adversos na conservação e no uso sustentável da diversidade biológica.

II – determina que a utilização da biotecnologia e da bioprospecção, com capacitação em biossegurança, nos países em desenvolvimento, em particular os menos desenvolvidos, deve ser implementada quando houver disponibilização de recursos financeiros suficientes para arcar com a internalização dos custos operacionais.

III – estabelece que a contabilização de todos os possíveis efeitos adversos dos organismos vivos modificados na conservação e no uso sustentável da diversidade biológica e a avaliação dos riscos para a saúde humana são prerrogativas inalienáveis das partes signatárias da CDB.

IV – aplica-se ao movimento transfronteiriço, ao trânsito, à manipulação e à utilização de todos os organismos vivos modificados que possam ter efeitos adversos na conservação e no uso sustentável da diversidade biológica, levando também em conta os riscos para a saúde humana.

Estão certos apenas os itens

a) I e II.

b) I e III.

c) I e IV.

d) II e III.

e) III e IV.

12. (FCC – 2011 – TCM-BA – Procurador Especial de Contas) Dentre os instrumentos de proteção do conhecimento tradicional associado ao patrimônio genético, NÃO se inclui

a) a indicação de origem do conhecimento tradicional em publicações de caráter científico.

b) a aprovação do uso do conhecimento tradicional pelo Conselho Nacional de Biossegurança – CNBS.

c) o direito à percepção de royalties ou qualquer outra remuneração pela exploração econômica do conhecimento tradicional por terceiros.

d) a extensão da proteção jurídica a toda a comunidade indígena ou local, ainda que apenas um membro da comunidade seja detentor do conhecimento tradicional.

e) o direito de impedir a utilização não autorizada do conhecimento tradicional.

13. **(MPE-MG – 2012 – MPE-MG – Promotor de Justiça)** Em 1953, Watson e Crick descobriram a hélice dupla do ácido desoxirribonucleico, o que possibilitou a incorporação no genoma de uma espécie de genes de outra espécie, sem o concurso da reprodução sexual, originando os organismos denominados transgênicos, o que mais tarde redundou em regramento normativo no Brasil. Nesse viés, é INCORRETO asseverar:

a) desde que não impliquem a utilização de OGM como receptor ou doador, não haverá incidência da Lei Federal nº 11.105/05 quando a modificação genética for obtida por meio das técnicas de: mutagênese; formação e utilização de células somáticas de hibridoma animal; fusão nuclear (inclusive a de protoplasma) de células vegetais, que possa ser produzida mediante métodos tradicionais de cultivo; e autoclonagem de organismos não-patogênicos que se processe de maneira natural.

b) é da competência da Comissão Interna de Biossegurança, no âmbito da instituição onde foi constituída: manter informados os trabalhadores e demais membros da coletividade, quando suscetíveis de serem afetados pela atividade, sobre as questões relacionadas com a saúde e a segurança, bem como sobre os procedimentos em caso de acidentes; estabelecer programas preventivos e de inspeção para garantir o funcionamento das instalações sob sua responsabilidade, dentro dos padrões e normas de biossegurança, definidos pela CTNBio; encaminhar à CTNBio os documentos secundariamente exigidos, para efeito de análise, registro ou autorização do órgão competente; manter registro do acompanhamento individual de cada atividade ou projeto em desenvolvimento que envolvam OGM ou seus derivados; notificar à CTNBio, aos órgãos e entidades de registro e fiscalização e às entidades de trabalhadores o resultado de avaliações de risco a que estão submetidas as pessoas expostas, bem como qualquer acidente ou incidente que possa provocar a disseminação de agente biológico; investigar a ocorrência de acidentes e as enfermidades possivelmente relacionados à OGM e seus derivados e notificar suas conclusões e providências à CTNBio.

c) a autorização normativa para pesquisa e manipulação genética tem assento no art. 225, § 1º, inciso II da Constituição Federal, no entanto, mediante fiscalização do Poder Público para assegurar a efetividade do direito ao meio ambiente ecologicamente equilibrado, sendo certo que o princípio da prevenção – já que ausente certeza absoluta científica de ameaça de danos – ganha destacada utilização.

d) referente à manipulação e pesquisa do OGM, são vedadas as seguintes condutas: implementação de projeto relativo à OGM sem a manutenção de registro de seu acompanhamento individual; engenharia genética em organismo vivo ou o manejo in vitro de ADN/ARN natural ou recombinante, realizado em desacordo com as normas previstas; engenharia genética em célula germinal humana, zigoto humano e embrião humano; clonagem humana; destruição ou descarte no meio ambiente de OGM e seus derivados em desacordo com as normas estabelecidas pela CTNBio, pelos órgãos e entidades de registro e fiscalização; liberação no meio ambiente de OGM ou seus derivados, no âmbito de atividades de pesquisa, sem a decisão técnica favorável da CTNBio e, nos casos de liberação comercial, sem o parecer técnico favorável da CTNBio, ou sem o licenciamento do órgão ou entidade ambiental responsável, quando a CTNBio considerar a atividade como potencialmente causadora de degradação ambiental, ou sem a aprovação do Conselho Nacional de Biossegurança – CNBS, quando o processo tenha sido por ele avocado; a utilização, a comercialização, o registro, o patenteamento e o licenciamento de tecnologias genéticas de restrição do uso.

14. **(MPE-SC – 2013 – MPE-SC – Promotor de Justiça – Tarde)** A Lei 11.105/2005 proíbe clonagem humana, engenharia genética em célula germinal humana, zigoto humano e embrião humano.

15. **(MPE-SC – 2012 – MPE-SC – Promotor de Justiça – Tarde)**

I – As atividades e projetos que envolvam Organismo Geneticamente Modificados e seus derivados, relacionados ao ensino com manipulação de organismos vivos, à pesquisa científica, ao desenvolvimento tecnológico e à produção industrial ficam restritos ao âmbito das de entidades de direito público, que serão responsáveis pela obediência aos preceitos da Lei n. 11.105/05 e de sua regulamentação, bem como pelas eventuais consequências ou efeitos advindos de seu descumprimento.

II – Em caso de alienação do terreno, ou do direito de superfície, o superficiário e o proprietário, respectivamente, terão direito de preferência, em igualdade de condições à oferta de terceiros.

III – Segundo disposição do Estatuto das Cidades, decorridos cinco anos de cobrança do IPTU progressivo sem que o proprietário tenha cumprido a obrigação de parcelamento, edificação ou utilização, o Município poderá proceder à desapropriação do imóvel, com pagamento em títulos da dívida pública.

IV – As áreas urbanas com mais de duzentos e cinquenta metros quadrados, ocupadas por população de baixa renda para sua moradia, por cinco anos, ininterruptamente e sem oposição, onde não for possível identificar os terrenos ocupados por cada possuidor, são susceptíveis de serem usucapidas coletivamente, desde que os possuidores não sejam proprietários de outro imóvel urbano ou rural.

V – A Lei n. 11.105/05, veda expressamente que as organizações estrangeiras ou internacionais, financiem ou patrocinem atividades ou de projetos relativos à construção, o cultivo, a produção, a manipulação, o transporte, a transferência, a importação, a exportação, o armazenamento, a pesquisa, a comercialização, o consumo, a liberação no meio ambiente e o descarte de organismos geneticamente modificados – OGM e seus derivados.

a) Apenas as assertivas I, II e III estão corretas.

b) Apenas as assertivas II, III e IV estão corretas.

c) Apenas as assertivas III, IV e V estão corretas.

d) Apenas as assertivas I, III e IV estão corretas.

e) Todas as assertivas estão corretas.

GAB																
	01	A	02	03	D	04	C	CERTO	05	ERRADO	06	CERTO	07	C	08	E
	09	C	10	B	11	C	12	B	13	C	14	CERTO	15	B		

III – definir, em todas as unidades da Federação, espaços territoriais e seus componentes a serem especialmente protegidos, sendo a alteração e a supressão permitidas somente através de lei, vedada qualquer utilização que comprometa a integridade dos atributos que justifiquem sua proteção;

1. COMENTÁRIOS

Mesmo antes do advento da Constituição de 1988, a Lei 6938/81 já previa a criação de espaços ambientais protegidos pelo Poder Público como instrumento de efetivação da Política Nacional do Meio Ambiente.

Cabe ao Poder Público, máxime em espaços com características ambientais diferenciadas, constituir área com regime especial de proteção a fim de realizar o direito fundamental ao meio ambiente ecologicamente equilibrado, garantindo a biodiversidade brasileira.

Esta disposição busca dificultar ao máximo o retrocesso na proteção ambiental no Brasil, sendo consectário do sistema de freios e contrapesos entre os Poderes da República. Isso porque apenas a lei oriunda do órgão legislativo da entidade política criadora do espaço ambiental protegido poderá prever as seguintes situações indesejáveis:

A) Diminuição da sua dimensão;

B) Redução da proteção ambiental;

C) Extinção do espaço protegido.

Logo, mesmo que a área ambiental tenha sido instituída por um decreto, como pode ocorrer com as áreas de preservação permanente e as unidades de conservação, consoante será estudado, apenas a lei em sentido estrito poderá adotar as medidas acima elencadas.

A instituição de um espaço ambiental protegido por lei ou mesmo via decreto não atenta contra a Constituição de 1988. Trata-se de competência administrativa comum da União, dos Estados, do Distrito Federal e dos Municípios, pois todos deverão definir espaços territoriais e seus componentes a serem especialmente protegidos.[76]

Em termos gerais, após o advento do novo Código Florestal, temos os seguintes espaços ambientais com especial proteção mais importantes:

- **Áreas de preservação permanente;**
- **Apicuns e salgados;**
- **Reserva legal;**
- **Unidades de conservação;**
- **Áreas ambientais municipais;**
- **Áreas de uso restrito.**

Mas é possível que áreas específicas com regime especial de proteção sejam criadas, a exemplo do que foi feito pelo artigo 7.º, da Resolução CONAMA 312/2002, que regula o licenciamento das atividades de carcinicultura[77] na Zona Costeira, ao prever que o empreendedor deve destinar, no mínimo, obrigatoriamente, 20% da área total do empreendimento, para preservação integral.[78]

Outro exemplo é a área de, pelo menos, 5% do espaço concedido em termos florestais, destinado à preservação ambiental, com arrimo no artigo 32, da Lei 11.284/2006, que disciplina a gestão de florestas públicas, intitulada **reserva absoluta.**

Ademais disso, insta afirmar que o Poder Público deve se valer de instrumentos fiscais para fomentar a instituição de espaços especiais de proteção, como a criação de incentivos creditícios preferenciais e com juros subsidiados.

Exemplo disso foi feito pela Lei 9.393/1996, por meio do seu artigo 10, que excluiu da área de incidência do ITR: as áreas de preservação permanente; a reserva legal; a servidão ambiental e a florestal; as áreas de interesse ecológico para a proteção dos ecossistemas, assim declaradas mediante ato do órgão competente, federal ou estadual; as áreas cobertas por florestas nativas, primárias ou secundárias em estágio médio ou avançado de regeneração.

76. Artigo 7º, X; artigo 8º, X; artigo 9º, X, todos da LC 140/2011.

77. É uma atividade tradicional que visa à criação racional de camarões em cativeiro.

78. Observe-se ainda a exigência presente no art. 11-A, § 1.º, II, do novo CFlo, que determina a "salvaguarda da absoluta integridade dos manguezais arbustivos e dos processos ecológicos essenciais a eles associados, bem como da sua produtividade biológica e condição de berçário de recursos pesqueiros" nas áreas de apicuns e salgados.

Outro interessante caso é a adoção do **ICMS ecológico** por alguns Estados da federação. Comentando o **caso pioneiro do Paraná**, expõe WILSON LOUREIRO:[79]

> "No Estado do Paraná a Lei do ICMS Ecológico, em relação à conservação da biodiversidade tem por objetivos: (a) aumento do número e da superfície de unidades de conservação e outras áreas especialmente protegidas (dimensão quantitativa); (b) regularização, planejamento, implementação e busca da sustentabilidade das unidades de conservação (dimensão qualitativa); (c) incentivo à construção dos corredores ecológicos, através da busca da conexão de fragmentos vegetais; (d) adoção, desenvolvimento e consolidação institucional, tanto em nível estadual, quanto municipal, com vistas a conservação da biodiversidade e, (e) busca da justiça fiscal pela conservação ambiental.
>
> Todo e qualquer município pode se beneficiar com recursos do ICMS Ecológico quer seja através da criação pelo próprio município ou por outro ente federado, de uma unidade de conservação, ou do aumento da superfície das unidades de conservação já criadas, ou ainda pela melhoria da qualidade da conservação das unidades de conservação, ou outra área especialmente protegida. Visando facilitar o exercício do ICMS Ecológico, os índices percentuais definidos para cada município, são calculados a partir da aplicação de fórmula, que visa mensurar Coeficiente de Conservação da Biodiversidade – CCB".

2. JURISPRUDÊNCIA

EMENTA: MANDADO DE SEGURANÇA. MEIO AMBIENTE. DEFESA. ATRIBUIÇÃO CONFERIDA AO PODER PÚBLICO. ARTIGO 225, § 1.º, III, CB/88. **DELIMITAÇÃO DOS ESPAÇOS TERRITORIAIS PROTEGIDOS. VALIDADE DO DECRETO**. SEGURANÇA DENEGADA. 1. A Constituição do Brasil atribui ao Poder Público e à coletividade o dever de defender um meio ambiente ecologicamente equilibrado. [CB/88, art. 225, § 1.º, III]. **2. A delimitação dos espaços territoriais protegidos pode ser feita por decreto ou por lei, sendo esta imprescindível apenas quando se trate de alteração ou supressão desses espaços**. Precedentes. Segurança denegada para manter os efeitos do decreto do Presidente da República, de 23 de março de 2006 (STF, MS 26.064, Plenário, de 17.6.2010).

STF INFORMATIVO 896

Unidades de conservação: medida provisória e retrocesso socioambiental (2)

O Plenário, em conclusão de julgamento, conheceu em parte de ação direta e, nessa parte, julgou procedente o pedido para, sem pronunciamento de nulidade, declarar a inconstitucionalidade da Medida Provisória 558/2012, convertida na Lei 12.678/2012.

A ação direta foi conhecida apenas na parte em que aponta violação dos artigos 62 e 225, § 1º, III, da Constituição Federal (CF) (1), relativamente às alterações de limites de parques e florestas nacionais, de área de proteção ambiental e de unidades de conservação, as quais foram promovidas com o objetivo de construção de usinas hidrelétricas (Informativo 873).

Quanto ao aspecto formal, o Tribunal reafirmou a possibilidade, ainda que em caráter excepcional, de declaração de inconstitucionalidade de medidas provisórias quando se afigure evidente o abuso do poder de legislar pelo Chefe do Executivo, em razão da indubitável ausência dos requisitos constitucionais de relevância e urgência.

Asseverou que não ficou demonstrado, de forma satisfatória, a presença dos mencionados requisitos. À época da edição da medida provisória, os empreendimentos hidrelétricos que justificariam a desafetação das áreas protegidas ainda dependiam de licenciamentos ambientais, nos quais deveriam ser analisados os impactos e avaliada a conveniência e escolha dos sítios a serem efetivamente alagados.

79. Texto disponível em: <www.ambientebrasil.com.br>.

Reconheceu a impossibilidade de diminuição ou supressão de espaços territoriais especialmente protegidos por meio de medida provisória. A proteção ao meio ambiente é um limite material implícito à edição de medida provisória, ainda que não conste expressamente do elenco das limitações previstas no art. 62, § 1º, da CF (2).

Ademais, normas que importem diminuição da proteção ao meio ambiente equilibrado só podem ser editadas por meio de lei formal, com amplo debate parlamentar e participação da sociedade civil e dos órgãos e instituições de proteção ambiental, como forma de assegurar o direito de todos ao meio ambiente ecologicamente equilibrado. A adoção de medida provisória nessas hipóteses possui evidente potencial de causar prejuízos irreversíveis ao meio ambiente na eventualidade de não ser convertida em lei.

Sob o prisma material, o Colegiado considerou que a norma impugnada contrariou o princípio da proibição de retrocesso socioambiental. Isso porque as alterações legislativas atingiram o núcleo essencial do direito fundamental ao meio ambiente ecologicamente equilibrado (art. 225 da CF).

Enfatizou, ainda, que a aplicação do princípio da proibição do retrocesso socioambiental não pode engessar a ação legislativa e administrativa, sendo forçoso admitir certa margem de discricionariedade às autoridades públicas em matéria ambiental (ADI 4.350/DF).

Contudo, o que se consumou foi a indevida alteração de reservas florestais com gravosa diminuição da proteção de ecossistemas, à revelia do devido processo legislativo, por ato discricionário do Poder Executivo, e em prejuízo da proteção ambiental de parques nacionais.

Por fim, o Tribunal julgou procedente a ação, sem pronunciamento de nulidade, ao fundamento de que o irreversível alagamento das áreas desafetadas e a execução dos empreendimentos hidrelétricos já não permite a invalidação dos efeitos produzidos, dada a impossibilidade material de reversão ao "status quo ante".

(1) Constituição Federal: "Art. 62. Em caso de relevância e urgência, o Presidente da República poderá adotar medidas provisórias, com força de lei, devendo submetê-las de imediato ao Congresso Nacional; e Art. 225. Todos têm direito ao meio ambiente ecologicamente equilibrado, bem de uso comum do povo e essencial à sadia qualidade de vida, impondo-se ao Poder Público e à coletividade o dever de defendê-lo e preservá-lo para as presentes e futuras gerações. § 1º Para assegurar a efetividade desse direito, incumbe ao Poder Público: (...) III – definir, em todas as unidades da Federação, espaços territoriais e seus componentes a serem especialmente protegidos, sendo a alteração e a supressão permitidas somente através de lei, vedada qualquer utilização que comprometa a integridade dos atributos que justifiquem sua proteção".

(2) Constituição Federal: "Art. 62. Em caso de relevância e urgência, o Presidente da República poderá adotar medidas provisórias, com força de lei, devendo submetê-las de imediato ao Congresso Nacional. § 1º É vedada a edição de medidas provisórias sobre matéria: I – relativa a: (...)".
ADI 4717/DF, rel. Min. Cármen Lúcia, julgamento em 5.4.2018. (ADI-4717)

3. QUESTÕES DE CONCURSOS

01. (Advogado da União 2008 – CESPE) A CF apresenta normas ambientais específicas, normas de competência e normas de garantia. Com base em tais normas, julgue o próximo item. Suponha que o Estado do Piauí crie, por decreto do governador, um parque ecológico em Teresina e que, após dez anos dessa criação, outro governante resolva, mediante um novo decreto, suprimir parte da área do referido parque. Nessa situação, a iniciativa do novo governante deve ser considerada válida.

02. (TRF 1.ª REGIÃO 2011 – Juiz Federal – CESPE) Os espaços territoriais previstos na CF dizem respeito apenas às porções do território nacional, isto é, pertencentes à União, não podendo atingir áreas estaduais ou municipais.

03. (FCC – 2013 – PGE-BA – Analista de Procuradoria – Área de Apoio Jurídico) De acordo com a Constituição Federal brasileira, é INCORRETO afirmar:

a) São indisponíveis as terras devolutas ou arrecadadas pelos Estados, por ações discriminatórias, necessárias à proteção dos ecossistemas naturais.

b) As condutas e atividades consideradas lesivas ao meio ambiente sujeitarão os infratores, pessoas físicas ou jurídicas, a sanções penais e administrativas, independentemente da obrigação de reparar os danos causados.

c) Ao Poder Público incumbe definir, em todas as unidades da Federação, os espaços territoriais e seus componentes a serem especialmente protegidos, sendo a alteração e a supressão permitidas por meio de portarias e regulamentos.

d) As usinas que operem com reator nuclear deverão ter sua localização definida em lei federal, sem o que não poderão ser instaladas.

e) A Floresta Amazônica brasileira é patrimônio nacional, e sua utilização far-se-á, na forma da lei, dentro de condições que assegurem a preservação do meio ambiente, inclusive quanto ao uso dos recursos naturais.

04. (FCC – 2009 – TJ-GO – Juiz) Um espaço territorial ambientalmente protegido, instituído por decreto estadual, poderá ser alterado ou suprimido por

a) resolução do Senado Federal.

b) lei estadual.

c) outro decreto estadual.

d) ato administrativo estadual.

e) decreto federal.

GAB	01	ERRADO	02	ERRADO	03	C	04	B

IV – exigir, na forma da lei, para instalação de obra ou atividade potencialmente causadora de significativa degradação do meio ambiente, estudo prévio de impacto ambiental, a que se dará publicidade;

1. COMENTÁRIOS

A avaliação de impactos ambientais ou estudos ambientais constitui um gênero, que engloba desde o famoso e complexo **Estudo de Impacto Ambiental/Relatório de Impacto Ambiental (EIA-RIMA)** às modalidades mais simples, tais como o relatório ambiental, o plano e projeto de controle ambiental, o relatório ambiental preliminar, o diagnóstico ambiental, o plano de manejo, o plano de recuperação de área degradada e a análise preliminar de risco.

O **Estudo de Impacto Ambiental – EIA**[80] (também conhecido como EPIA – Estudo Prévio de Impacto Ambiental) é a modalidade mais complexa, com berço constitucional, sendo incumbência do Poder Público, a fim de assegurar a efetividade do direito fundamental ao meio ambiente ecologicamente equilibrado, **"exigir, na forma da lei, para instalação de obra ou atividade potencialmente causadora de *significativa* degradação do meio ambiente, estudo *prévio* de impacto ambiental, a que se dará *publicidade*"** (artigo 225, § 1.º, IV, da CRFB).

Chama-se a atenção para a **natureza prévia do EIA**, à luz dos Princípios da Prevenção e da Precaução, pois deverá ser realizado antes do início da atividade poluidora, assim como o seu **caráter público**, a fim de permitir o pleno acesso da comunidade sobre o seu conteúdo, visando conferir real eficácia aos instrumentos de participação popular.

80. O EIA-RIMA já era previsto anteriormente do artigo 8.º, II, da Lei 6.938/1981, para atividades aptas a causar significativa degradação ambiental, podendo ser determinada a sua realização pelo CONAMA.

Aliás, em regra, o EIA deverá preceder à concessão da licença prévia, pois este ato administrativo aprova o projeto e declara a sua viabilidade ambiental, tendo o estudo ambiental como pressuposto lógico.[81] De efeito, ante a sua natureza prévia, não deve ser admitido estudo "póstumo" de impacto ambiental.

O EIA vem regulamentado especialmente pela Resolução CONAMA 01/1986, plenamente recepcionada pelo atual ordenamento constitucional, estando ainda previsto o RIMA (Relatório de Impacto Ambiental).

Com efeito, **apenas será exigível o EIA-RIMA se for significativa, efetiva ou potencialmente, a degradação ambiental esperada**, devendo ser a questão avaliada pelo órgão ambiental competente.

Entrementes, **há casos em que a legislação presume a existência de significativa degradação ambiental**, em que deverá ser elaborado o **prévio** EIA-RIMA, conforme **lista exemplificativa** do artigo 2.º, da Resolução CONAMA 01/1986:

"I – Estradas de rodagem com duas ou mais faixas de rolamento;

II – Ferrovias;

III – Portos e terminais de minério, petróleo e produtos químicos;

IV – Aeroportos, conforme definidos pelo inciso I, artigo 48, do Decreto-Lei 32, de 18.11.66;[82]

V – Oleodutos, gasodutos, minerodutos, troncos coletores e emissários de esgotos sanitários;

VI – Linhas de transmissão de energia elétrica, acima de 230KV;

VII – Obras hidráulicas para exploração de recursos hídricos, tais como: barragem para fins hidrelétricos, acima de 10MW, de saneamento ou de irrigação, abertura de canais para navegação, drenagem e irrigação, retificação de cursos d'água, abertura de barras e embocaduras, transposição de bacias, diques;

VIII – Extração de combustível fóssil (petróleo, xisto, carvão);

IX – Extração de minério, inclusive os da classe II,[83] definidas no Código de Mineração;

X – Aterros sanitários, processamento e destino final de resíduos tóxicos ou perigosos;

XI – Usinas de geração de eletricidade, qualquer que seja a fonte de energia primária, acima de 10MW;

---

81. "Artigo 3.º A licença ambiental para empreendimentos e atividades consideradas efetiva ou potencialmente causadoras de significativa degradação do meio dependerá de prévio estudo de impacto ambiental e respectivo relatório de impacto sobre o meio ambiente (EIA/RIMA), ao qual dar-se-á publicidade, garantida a realização de audiências públicas, quando couber, de acordo com a regulamentação" (Resolução CONAMA 237/1997).
82. Este decreto foi revogado pela Lei 7.565, de 19 de dezembro de 1986.
83. A Resolução CONAMA 10/1990 prevê a possibilidade de se dispensar o EIA-RIMA para a extração de minérios classe II.

> XII – Complexo e unidades industriais e agroindustriais (petroquímicos, siderúrgicos, cloroquímicos, destilarias de álcool, hulha, extração e cultivo de recursos hídricos);
>
> XIII – Distritos industriais e zonas estritamente industriais – ZEI;
>
> XIV – Exploração econômica de madeira ou de lenha, em áreas acima de 100 hectares ou menores, quando atingir áreas significativas em termos percentuais ou de importância do ponto de vista ambiental;
>
> XV – Projetos urbanísticos, acima de 100 ha ou em áreas consideradas de relevante interesse ambiental a critério da SEMA e dos órgãos municipais e estaduais competentes;
>
> XVI – Qualquer atividade que utilize carvão vegetal, em quantidade superior a dez toneladas por dia;
>
> XVII – Projetos Agropecuários que contemplem áreas acima de 1.000 ha ou menores, neste caso, quando se tratar de áreas significativas em termos percentuais ou de importância do ponto de vista ambiental, inclusive nas áreas de proteção ambiental;
>
> XVIII – Empreendimentos potencialmente lesivos ao patrimônio espeleológico nacional".

O novo Código Florestal, no seu artigo 11-A, § 3.º, previu hipóteses de exigência do EIA-RIMA como condição para o licenciamento de atividades de carcinicultura e salinas em apicuns e salgados, presumindo o potencial de causação de significativa degradação do meio ambiente:

> "§ 3.º São sujeitos à apresentação de Estudo Prévio de Impacto Ambiental – EPIA e Relatório de Impacto Ambiental – RIMA os novos empreendimentos:
>
> I – com área superior a 50 (cinquenta) hectares, vedada a fragmentação do projeto para ocultar ou camuflar seu porte;
>
> II – com área de até 50 (cinquenta) hectares, se potencialmente causadores de significativa degradação do meio ambiente; ou
>
> III – localizados em região com adensamento de empreendimentos de carcinicultura ou salinas cujo impacto afete áreas comuns".

Outrossim, há flagrante controvérsia doutrinária se a presunção de significativa degradação ambiental das atividades acima arroladas é absoluta ou relativa. Pela sua natureza *iure et de iuri*, leciona PAULO AFFONSO LEME MACHADO (2003, p. 214-215), sendo este o melhor entendimento, tendo em conta a inexistência de flexibilização da norma.

Em sentido contrário, pela relatividade da presunção, pontificam CELSO ANTONIO PACHECO FIORILLO (2008, p. 101) e ÉDIS MILARÉ (2005, p. 501).

Ressalte-se que há outras normas que presumem a necessidade do EIA-RIMA, a exemplo da Resolução CONAMA 305/2002, que o exige no inciso IV, do artigo 6.º, como pressuposto ao licenciamento ambiental das atividades e empreendimentos em área com restrições previstas na legislação ambiental e, quando disponível, em áreas com restrições para determinado OGM e seus derivados previstas no macrozoneamento ambiental.

O problema maior está na exegese do conceito jurídico indeterminado **"significativa degradação ambiental"**, em especial nas atividades não listadas pela legislação.

Crê-se que **inexiste discricionariedade administrativa na interpretação concreta de impacto ambiental significativo para fins de o ente ambiental exigir ou não o EIA-RIMA**, sendo o ato administrativo que determinar ou não a promoção do referido estudo ambiental plenamente sindicável no âmbito do Poder Judiciário.

Sinteticamente, o **conteúdo mínimo do EIA** será: 1) o diagnóstico ambiental da área de influência do projeto; 2) a análise dos impactos ambientais e suas alternativas; 3) a definição das medidas mitigadoras dos impactos negativos; 4) a elaboração do programa de acompanhamento; 5) o monitoramento dos impactos positivos e negativos, indicando os fatores e parâmetros a serem considerados.[84]

Por força da Portaria Conjunta 259/2009, lavra do Ministério do Meio Ambiente e do IBAMA, em proteção ao meio ambiente do trabalho, fica obrigado o empreendedor a incluir no Estudo de Impacto Ambiental e respectivo Relatório de Impacto Ambiental – EIA/RIMA, capítulo específico sobre as alternativas de tecnologias mais limpas para reduzir os impactos na saúde do trabalhador e no meio ambiente, incluindo poluição térmica, sonora e emissões nocivas ao sistema respiratório.

O EIA terá como **diretrizes**: contemplar todas as alternativas tecnológicas e de localização de projeto, confrontando-as com a hipótese de não execução do projeto; identificar e avaliar sistematicamente os impactos ambientais gerados nas fases de implantação e operação da atividade; definir os limites da área geográfica a ser direta ou indiretamente afetada pelos impactos, denominada área de influência do projeto, *considerando, em todos os casos, a bacia hidrográfica na qual se localiza*; considerar os planos e programas governamentais, propostos e em implantação na área de influência do projeto, e sua compatibilidade.[85]

Importa destacar que a área de influência do projeto considerará a respectiva bacia hidrográfica, sob pena de nulidade do estudo.

Por seu turno, **competirá ao proponente arcar com os custos de confecção do EIA-RIMA,**[86] cabendo, posteriormente, ao órgão ambiental competente, analisar o estudo em prazo razoável, que será de acesso público.

O EIA será elaborado por uma **equipe multidisciplinar contratada pelo empreendedor**, com habilitação técnica nos respectivos Conselhos de Classe, devendo o estudo abordar todas as questões exigidas pelo órgão ambiental, constantes do Termo de Referência.

Hoje não vigora mais a vedação de dependência direta ou indireta da equipe multidisciplinar ao proponente do projeto, ante a revogação do artigo 7.º, da Resolução CONAMA 01/1986, pelo artigo 21, da Resolução 237/1997, o que se afigura um retrocesso lamentável, pois certamente profissionais que mantenham vínculo empregatício (que pressupõe subordinação) com o empreendedor não terão a devida independência funcional.

84. Síntese do artigo 6.º da Resolução CONAMA 01/1986.
85. Síntese do artigo 5.º da Resolução CONAMA 01/1986.
86. Nesse sentido, o artigo 17, § 2.º, do Decreto 99.274/1990.

Curial observar que essa equipe técnica poderá ser responsabilizada ulterior e solidariamente com o empreendedor nas esferas civil, administrativa e criminal[87] pelas informações apresentadas, nos termos do artigo 11, parágrafo único, da Resolução CONAMA 237/1997.

A despeito da omissão do tema na regulamentação do CONAMA, entende-se que o órgão ambiental não está vinculado às conclusões do EIA, mas, em caso de discordância, deverá fundamentar o ato administrativo com base nas informações da equipe técnica do próprio órgão ambiental.[88]

Vale transcrever a doutrina de PAULO DE BESSA ANTUNES (2008, p. 291):

> "A matéria referente à vinculação da Administração Pública aos resultados do EIA tem sido bastante controversa. Poucos autores, dentre os quais merece ser citado como exemplo o Magistrado Passos de Freitas, têm a correta compreensão de que o EIA não é vinculante para a Administração".

Aliás, note-se que a Lei 10.650/2003, que regula o acesso às informações nos órgãos ambientais, aduz que é obrigatória a publicação do "registro de apresentação de estudos de impacto ambiental **e sua aprovação ou rejeição**" (artigo 4.º, VII), regra que reforça a tese da ausência de vinculação do conteúdo do EIA.

Contudo, importante frisar tratar-se de tema controvertido no âmbito doutrinário, existindo abalizadas vozes que pregam a vinculação dos resultados do EIA à Administração Pública.[89]

De seu turno, o relatório de impacto ambiental – **RIMA** é o documento que conterá as conclusões do EIA, devendo ser apresentado em linguagem objetiva e adequada à sua compreensão pela população, inclusive podendo ter ilustrações, sendo de acessibilidade pública, **ressalvado o sigilo industrial**.[90]

Insta aduzir que o resguardo do sigilo industrial é medida dotada de razoabilidade, de modo a excepcionalmente mitigar a publicidade que lastreia o EIA-RIMA, devendo também não ser publicizadas eventuais informações que comprometam a segurança da sociedade e do Estado, em aplicação ao inciso XXXIII, do artigo 5.º, da CRFB.

É obrigatório que o RIMA contenha, ao menos: a) os objetivos e justificativas do projeto, sua relação e compatibilidade com as políticas setoriais, planos e programas governamentais; b) a descrição do projeto e suas alternativas tecnológicas e locacionais; c) a síntese dos resultados dos estudos de diagnósticos ambientais da área de influência do projeto; d) a descrição dos prováveis impactos ambientais da implantação e operação da atividade; e) a caracterização da qualidade ambiental futura da área de influência, comparando as diferentes situações da adoção do projeto e suas alternativas, bem como com a hipótese de sua não realização; f) a descrição do efeito esperado das medidas mitigadoras previstas em relação aos impactos

87. Vide comentários ao crime do artigo 69-A da Lei 9.605/1998.

88. Vale ressaltar que esta tem sido a posição adotada pelo CESPE nas provas objetivas de concursos públicos, a exemplo da seleção da OAB unificada realizada em 2008.3 e para provimento de cargos de juiz do Acre em 2006.

89. A exemplo do entendimento de Américo Luís da Silva (2005, v. I, p. 351).

90. Artigo 11 da Resolução CONAMA 01/1986.

negativos, mencionando aqueles que não puderam ser evitados, e o grau de alteração esperado; g) o programa de acompanhamento e monitoramento dos impactos; h) recomendação quanto à alternativa mais favorável (conclusões e comentários de ordem geral).[91]

No mais, dispositivo de constituição estadual que submeta o RIMA ao crivo da Assembleia Legislativa viola o Princípio da Separação dos Poderes, conforme já decidiu o STF.

De acordo com o artigo 2.º, da Resolução CONAMA 09/1987, ratificando a natureza pública do procedimento, ***a critério do órgão licenciador*, poderá ser realizada audiência pública no EIA-RIMA**, exemplo de aplicação do Princípio da Participação Comunitária ou Cidadã, em local de boa acessibilidade.

A *audiência pública* tem por finalidade expor aos interessados o conteúdo do produto em análise e do seu referido RIMA, dirimindo dúvidas e recolhendo dos presentes as críticas e sugestões a respeito, sendo que as ocorrências deverão ser registradas em ata que será considerada para a aprovação ou rejeição do projeto.[92]

Procedem as críticas ofertadas por ANTÔNIO F. G. BELTRÃO (2009, p. 126) que "convidar o público para participar somente após a conclusão do EIA fragiliza todo o processo, pois as pessoas interessadas se deparam com um estudo totalmente consolidado [...]".

Também ocorrerá a audiência pública se for solicitado por **entidade civil, pelo Ministério Público ou por, no mínimo, cinquenta cidadãos.**[93] De acordo com a complexidade do empreendimento e de questões geográficas, é possível a realização de mais de uma audiência pública sobre o mesmo projeto, a critério do órgão licenciador, como ocorreu no projeto de integração do Rio São Francisco.

Durante a pandemia da COVID-19, excepcionalmente a **Resolução CONAMA 494/2020** autorizou a realização de **audiência pública remota** pela internet.

O órgão ambiental competente definirá os procedimentos técnicos relativos à realização de Audiência Pública Virtual, de modo a garantir a efetiva participação dos interessados, conforme previsto na legislação, devendo ser observados os seguintes passos:

> I – ampla divulgação e disponibilização do conteúdo do produto em análise e do seu referido RIMA;
>
> II – viabilização, observada a segurança sanitária dos participantes, de ao menos um ponto de acesso virtual aos diretamente impactados pelo empreendimento e, caso se faça necessário, de outros pontos, conforme a análise do caso pela autoridade licenciadora;
>
> III – Discussão do RIMA;
>
> IV – esclarecimento das dúvidas; e
>
> V – recebimento dos participantes das críticas e sugestões.

91. Síntese do artigo 9º da Resolução CONAMA 01/1986.
92. Digna de aplausos é a legislação ambiental da Bahia, que tornou obrigatória a realização de audiência pública no EIA-RIMA, na forma do artigo 40 da Lei Estadual 10.431/2006.
93. O Órgão de Meio Ambiente, a partir da data do recebimento do RIMA, fixará em edital e anunciará pela imprensa local a abertura do prazo que será, no mínimo, de 45 dias para solicitação de audiência pública.

Caso não ocorra a audiência pública nas hipóteses acima aventadas, a eventual licença concedida será inválida, conforme dicção expressa do § 2.º, do artigo 2.º, da Resolução CONAMA 09/1987, sendo, destarte, condição indispensável de validade da licença ambiental, quando obrigatória.

Pelo exposto, depreende-se que o EIA (este com previsão constitucional) e o RIMA são documentos diversos, conquanto umbilicalmente ligados, sendo o primeiro lastro de validade do segundo, que refletirá as suas conclusões de maneira didática.

Por fim, saliente-se não ser possível que uma constituição estadual crie exceção à obrigatoriedade do EIA-RIMA, conforme já decidiu a Suprema Corte.

2. JURISPRUDÊNCIA

"**1. É inconstitucional preceito da Constituição do Estado do Espírito Santo que submete o Relatório de Impacto Ambiental – RIMA – ao crivo de comissão permanente e específica da Assembleia Legislativa**. 2. A concessão de autorização para desenvolvimento de atividade potencialmente danosa ao meio ambiente consubstancia ato do Poder de Polícia – ato da Administração Pública – entenda-se ato do Poder Executivo" (STF, ADI 1.505, de 24.11.2004).

"Ação direta de inconstitucionalidade. Artigo 182, § 3.º, da Constituição do Estado de Santa Catarina. Estudo de Impacto Ambiental. Contrariedade ao artigo 225, § 1.º, IV, da Carta da República. **A norma impugnada, ao dispensar a elaboração de Estudo Prévio de Impacto Ambiental no caso de áreas de florestamento ou reflorestamento para fins empresariais, cria exceção incompatível com o disposto no mencionado inciso IV do § 1.º do artigo 225 da Constituição Federal.** Ação julgada procedente, para declarar a inconstitucionalidade do dispositivo constitucional catarinense sob enfoque" (STF, ADI 1.086, de 10.08.2001).

"Agravo regimental no recurso extraordinário. Constitucional. Ambiental. Lei 6.938/1981, Lei Estadual 1.356/1988 e Resolução do Conama 1/86. Matéria infraconstitucional. Ofensa indireta. Necessidade de reexame de fatos e provas. Súmula 279 do STF. Impossibilidade de lei estadual dispensar estudo prévio de impacto ambiental. Agravo improvido. I – É inadmissível o recurso extraordinário quando sua análise implica rever a interpretação de norma infraconstitucional que fundamenta a decisão *a quo*. A afronta à Constituição, se ocorrente, seria indireta. II – Inviável em recurso extraordinário o reexame do conjunto fático-probatório constante dos autos. Incidência da Súmula 279 do STF. III – **O Plenário desta Corte, ao julgar a ADI 1.086/SC, Rel. Min. Ilmar Galvão, assentou que a previsão, por norma estadual, de dispensa ao estudo de impacto ambiental viola o art. 225, § 1º, IV, da Constituição Federal**. IV – Agravo regimental improvido" (STF, Recurso Extraordinário 650.909/AgR, de 17.04.2012).

Processo

AREsp 1186280/MG

AGRAVO EM RECURSO ESPECIAL

2017/0262749-1

Relator(a)

Ministro FRANCISCO FALCÃO (1116)

Órgão Julgador

T2 – SEGUNDA TURMA

Data do Julgamento

14/09/2021

Data da Publicação/Fonte

DJe 23/09/2021

Ementa

ADMINISTRATIVO. AMBIENTAL. FRIGORÍFICO DEVIDAMENTE LICENCIADO. RENOVAÇÃO DE LICENÇA DE OPERAÇÃO. IMPOSIÇÃO DE COMPENSAÇÃO AMBIENTAL. IMPRESCINDIBILIDADE DE EIA/RIMA. SÚMULAS N. 283 E 284/STF. AUSÊNCIA DE IMPUGNAÇÃO DE FUNDAMENTO SUFICIENTE. NECESSIDADE DE ENFRENTAMENTO DE DISPOSIÇÕES CONSTITUCIONAIS, LEGISLAÇÃO ESTADUAL E ATO DE NATUREZA NORMATIVA. DESCABIMENTO. SÚMULA 280/STF.

I – Na origem trata-se de ação movida por pessoa jurídica de direito privado contra o Estado de Minas Gerais e o Instituto Estadual de Florestas pleiteando, em suma, a anulação de ato administrativo que lhe impôs o pagamento de compensação ambiental como condicionante para a renovação de licença de operação de frigorífico, sem que se tenha previamente realizado EIA/RIMA.

II – O Tribunal a quo manteve a sentença de procedência dos pedidos.

III – A ausência de impugnação de fundamento suficiente para manter a decisão recorrida, no tocante à ilegitimidade da imposição de compensação ambiental sem a prévia realização de EIA/RIMA, atrai a incidência, por analogia, dos óbices das Súmulas n. 283 e 284, ambas do STF.

IV – Eventual análise da pretensão tal como postulado, demandaria incursão em disposições constitucionais, legislação estadual e até mesmo ato de natureza normativa, que não equivale à lei federal para o fim colimado. Incidência da Súmula n. 280/STF.

V – Tanto a legislação federal quanto a estadual dispõem ser imprescindível a prévia existência de EIA/RIMA para a imposição da condicionante de compensação ambiental, exigência que não pode se dar a puro e simples critério de conveniência e oportunidade do órgão ambiental.

VI – É dever da autoridade ambiental estadual, nos casos em que o empreendimento seja potencialmente causador de significativa degradação ambiental, exigir que o empreendedor realize o EIA/RIMA e, a partir dele e se necessário, exigir eventual compensação ambiental, o que não ocorreu.

VII – Agravo conhecido para não conhecer do recurso especial.

3. QUESTÕES DE CONCURSOS

01. (TRF 5.ª REGIÃO 2013 – Juiz Federal – CESPE) A elaboração de estudo prévio de impacto ambiental, expressamente exigida na CF,

a) pode ser substituída pela realização de relatório de viabilidade ambiental.

b) pode ser dispensada mediante disposição expressa em Constituição estadual.

c) deve anteceder, necessariamente, a implantação da obra ou a realização da atividade.

d) deve ser feita concomitantemente à implantação da obra ou à realização da atividade.

e) pode ser dispensada mediante disposição expressa em lei federal.

02. (TRF 2.ª REGIÃO 2013 – Juiz Federal – CESPE) Acerca do EIA e do RIMA, assinale a opção correta.

a) A resolução do CONAMA que regulamenta a realização de EIA enumera exaustivamente as atividades obrigatoriamente sujeitas a esse tipo de estudo.

b) Cabe ao órgão público competente para o licenciamento estabelecer, *ab initio*, os limites da área geográfica a ser analisada pela equipe multidiscipinar encarregada da elaboração de EIA/RIMA.

c) É crime sujeito a pena de reclusão e multa a elaboração ou apresentação, no licenciamento, de laudo ou relatório ambiental total ou parcialmente falso ou enganoso, inclusive por omissão.

d) A CF prestigia os princípios da informação e participação ao determinar expressamente a realização de audiências públicas para dar publicidade aos estudos prévios de impacto ambiental.

e) Não podem os estados e municípios legislar sobre EIA, pois essa competência foi delegada pela União ao CONAMA.

03. **(Advogado da União 2012 – CESPE)** A concessão de licenciamento para desenvolvimento de atividade potencialmente danosa ao meio ambiente constitui ato do poder de polícia, sendo a análise dos EIAs atividade própria do Poder Executivo.

04. **(Advogado da União 2012 – CESPE)** Lei estadual pode dispensar a realização de EIA se restar comprovado, por perícia, que determinada obra não apresenta potencial poluidor.

05. **(Advogado da União 2012 – CESPE)** Não poderá ser deferida licença ambiental se o EIA e seu respectivo relatório – EIA/RIMA – revelarem possibilidade de danos graves ao meio ambiente.

06. **(TRF 5.ª REGIÃO 2011 – Juiz Federal – CESPE)** A respeito do EIA, assinale a opção correta.

a) Nos casos de licenciamento ambiental de empreendimentos de significativo impacto ambiental, assim considerado pelo órgão ambiental competente, com fundamento em EIA e respectivo relatório (EIA/RIMA), o empreendedor é obrigado a apoiar a implantação e a manutenção de unidade de conservação de proteção integral.

b) A construção, a instalação, a ampliação e o funcionamento de estabelecimentos e atividades considerados efetiva e potencialmente poluidores, bem como os capazes, sob qualquer forma, de causar degradação ambiental, dependem de prévio licenciamento, cuja concessão cabe privativamente ao órgão estadual competente.

c) O EIA deve ser realizado por equipe multidisciplinar habilitada, que, não vinculada direta ou indiretamente ao proponente do projeto, será a responsável técnica pelos resultados apresentados.

d) Compete ao IBAMA determinar, quando julgar necessário, a realização de estudos das alternativas e das possíveis consequências ambientais de projetos públicos ou privados, requisitando aos órgãos federais, estaduais e municipais e às entidades privadas as informações indispensáveis para apreciação dos EIAs, e respectivos relatórios, no caso de obras ou atividades de significativa degradação ambiental.

e) Um dos requisitos técnicos do EIA é a descrição da área de influência do projeto após a realização da obra. Embora não seja necessário caracterizar a situação da área antes da implantação do projeto, a legislação exige que se descreva, no EIA, de forma prospectiva, o modo como o meio físico, o meio biológico e os ecossistemas naturais regem à obra ou ao empreendimento.

07. **(TRF 2.ª REGIÃO 2011 – Juiz Federal – CESPE)** A tutela do meio ambiente, devido à complexidade que engendra, envolve definição de políticas públicas, utilização adequada de instrumentos de prevenção e controle das atividades econômicas e atuação constante do poder público. Acerca desse tema, assinale a opção correta.

a) O estudo de impacto ambiental exigido por órgão ambiental competente pode ser objeto de reforma judicial.

b) Entre as atribuições do Conselho Nacional do Meio Ambiente, integrante do Sistema Nacional de Meio Ambiente, inclui-se o desenvolvimento de projetos para o uso racional e sustentável de recursos naturais e para melhorar a qualidade de vida da população.

c) Comparado à avaliação de impacto ambiental, o estudo de impacto ambiental tem abrangência restrita.

d) O estudo de impacto ambiental tem natureza jurídica de ato administrativo ambiental.

e) A autorização para o funcionamento de atividade potencialmente degradadora do ambiente independe da localização do empreendimento ou de estudos preliminares de uso do solo.

08. **(AGU 2010 – Procurador Federal – CESPE)** Os estudos de impacto ambiental são exigidos, na forma da lei, nos casos de significativa degradação ambiental.

09. **(Advogado da União 2008 – CESPE) É constitucionalmente prevista a realização, por secretaria estadual de meio ambiente, de estudo de impacto ambiental sigiloso, sob o argumento de que a área poderia ser objeto de especulação imobiliária.**

10. **(PGE Alagoas/2008 – CESPE)** A CF dispõe que "todos têm direito ao meio ambiente ecologicamente equilibrado, bem de uso comum do povo". Assim, nada mais justo que a população possa participar da proteção do meio ambiente. Desse modo, assinale a opção incorreta quanto aos mecanismos de participação pública no procedimento EIA e licenciamento ambiental.

a) A participação pública efetiva em um procedimento de EIA pressupõe o direito de acesso às informações existentes na administração pública.

b) Há legislação federal assegurando o acesso público aos dados e informações existentes nos órgãos e entidades integrantes do SISNAMA.

c) O indivíduo pode solicitar informações ambientais de determinada obra, mas, para gozar desse direito, terá de morar na região dessa obra.

d) As informações ambientais coletadas por indivíduos junto ao poder público não podem ser utilizadas para fins comerciais.

e) A audiência pública no procedimento de EIA está regulada em resolução do CONAMA.

11. **(TRF 5.ª Região 2007 – Juiz Federal – CESPE)** Em relação ao licenciamento ambiental, ao estudo de impacto ambiental (EIA) e ao relatório de impacto sobre o meio ambiente (RIMA), julgue o item a seguir. Por se inserir no campo da discricionariedade administrativa, a dispensa de apresentação de EIA e de RIMA como requisito para o licenciamento, nos casos em que o órgão ambiental considerar inexistente risco de significativa degradação ambiental, não está sujeita a controle judicial.

12. **(TRF 5.ª Região 2007 – Juiz Federal – CESPE)** A exigência, ou não, de EIA decorre sempre da discricionariedade do administrador, que deve verificar, em cada caso, o grau de ofensividade ambiental do empreendimento proposto e determinar, se necessária, a formulação do EIA e do RIMA.

13. **(TRF 5.ª Região 2007 – Juiz Federal – CESPE)** Cabe ao órgão ambiental competente indicar ao empreendedor a equipe técnica multidisciplinar que se incumbirá da elaboração do EIA e do RIMA, garantindo-se, assim, a necessária imparcialidade na sua confecção.

14. **(TJ ACRE 2006 – Juiz de Direito – CESPE)** No tocante a aspectos do estudo de impacto ambiental (EIA) e do direito administrativo ambiental, assinale a opção INCORRETA.

a) Na hipótese de atividade potencialmente causadora de significativa deterioração do meio ambiente, a administração pode dispensar a realização do EIA, desde que o empreendedor se comprometa expressamente a reparar os danos ambientais que porventura venha a causar.

b) A elaboração prévia de EIA constitui ônus do empreendedor, cabendo a este todos os custos referentes à contratação de equipe técnica especializada, cujos integrantes podem ser responsabilizados civil e penalmente pela veracidade das informações ali contidas.

c) Caso seja constatado iminente dano ambiental decorrente da atividade licenciada, a licença ambiental expedida poderá ser suspensa ou cancelada pela administração, e seu detentor não poderá reivindicar direito adquirido.

d) Havendo solicitação de uma entidade civil ou do Ministério Público, o órgão ambiental promoverá a realização de audiência pública para análise do EIA e seu respectivo relatório, mas suas conclusões quanto à viabilidade ou não do empreendimento não vincularão a administração, servindo apenas de parâmetro para a aprovação ou não do projeto.

15. **(Prova: FCC – 2012 – TJ-GO – Juiz)** No âmbito dos procedimentos de licenciamento ambiental, a exigência da elaboração de estudo prévio de impacto ambiental e de seu respectivo relatório (EIA/RIMA)

a) depende da ocorrência de uma das hipóteses taxativamente previstas na legislação aplicável e reconhecidas pelo órgão licenciador.

b) poderá ser efetuada em caráter discricionário pelo órgão licenciador, a partir dos elementos trazidos pelo empreendedor e independentemente do dano ambiental potencialmente causado pela atividade.

c) é definida conforme o tipo de atividade exercida, havendo atividades para as quais o EIA/RIMA é sempre exigível e outras para as quais é dispensado.

d) tem como hipótese constitucional a potencial ocorrência de significativo impacto ambiental, a ser verificado mediante estudos e declarações preliminares fornecidos pelo empreendedor ao órgão licenciador.

e) será efetuada, como regra geral, em caráter preliminar ao procedimento, em todas as hipóteses de exercício de atividades potencialmente poluidoras.

16. (FCC – 2012 – TCE-AP – Analista de Controle Externo – Meio Ambiente) Com base na Resolução Conama 001/1986, qual documento relacionado à avaliação de impacto ambiental possui linguagem simplificada de forma a facilitar a compreensão das questões envolvidas pelos diferentes segmentos da sociedade?

a) Estudo de Impacto Ambiental (EIA).

b) Relatório de Controle Ambiental (RCA).

c) Relatório de Impacto Ambiental (RIMA).

d) Plano de Controle Ambiental (PCA).

e) Plano de Recuperação de Áreas Degradadas (PRAD).

17. (FCC – 2012 – TCE-AP – Analista de Controle Externo – Meio Ambiente) Segundo a Resolução CONAMA no 09/1987, um órgão ambiental promoverá uma Audiência Pública quando

a) a obra em questão envolver impactos em ambientes aquáticos utilizados como fonte de água potável.

b) julgar necessário ou for solicitado por entidade civil, pelo Ministério Público ou por cinquenta ou mais cidadãos.

c) o EIA e o RIMA forem incompletos, o que demandaria mais informações por parte das populações afetadas.

d) a União, o governo estadual, o governo municipal ou o Supremo Tribunal Federal solicitarem.

e) o CONAMA for consultado e publicar resolução nesse sentido.

18. (FCC – 2011 – TCM-BA – Procurador Especial de Contas) Considere as afirmações abaixo, a respeito do estudo de impacto ambiental (EIA):

I. O estudo de impacto ambiental é obrigatório em qualquer hipótese de realização de obra ou atividade que cause risco de dano ambiental, independentemente de sua magnitude.

II. O diagnóstico ambiental da área de influência do projeto e a definição de medidas mitigadoras dos eventuais impactos negativos estão entre os elementos obrigatórios do estudo de impacto ambiental.

III. O órgão ambiental licenciador não está obrigado a aceitar as conclusões do estudo de impacto ambiental e poderá solicitar esclarecimentos e complementações.

Está correto o que se afirma APENAS em

a) I.

b) I e II.

c) II e III.

d) II.

e) III.

19. (FCC – 2010 – DPE-SP – Defensor Público) Das atividades econômicas abaixo, NÃO está sujeito a prévio Estudo de Impacto Ambiental (EIA/RIMA) o projeto de

a) portos e terminais de minério, petróleo e produtos químicos.

b) ferrovias.

c) exploração econômica de madeira em área acima de 100 hectares.

d) barragem hidrelétrica com potencial de 9mW.

e) estradas de rodagem com duas faixas de rolamento.

20. (FCC – 2005 – PGE-SE – Procurador) De acordo com as normas constitucionais e legais vigentes sobre a matéria, o prévio licenciamento ambiental de obras e atividades apenas é obrigatório

a) se houver possibilidade de significativa degradação ao meio ambiente, caso em que deverá ser acompanhado de Estudo de Impacto Ambiental (EIA).

b) se houver possibilidade de significativa degradação ao meio ambiente, sendo opcional a realização de Estudo de Impacto Ambiental (EIA).

c) nos casos em que as obras e atividades sejam consideradas efetiva ou potencialmente poluidoras, ainda que a degradação não seja significativa, devendo ser acompanhado de Estudo de Impacto Ambiental (EIA).

d) nos casos em que as obras e atividades sejam consideradas efetiva ou potencialmente poluidoras, devendo ser acompanhado de Estudo de Impacto Ambiental (EIA) apenas na hipótese de a degradação ser significativa.

e) nos casos em que as obras e atividades sejam consideradas efetiva ou potencialmente poluidoras, cabendo ao órgão licenciador definir, discricionariamente, se o Estudo de Impacto Ambiental (EIA) é necessário ou não.

21. (FGV – 2013 – OAB – Exame de Ordem Unificado – XI – Primeira Fase) Em determinado Estado da federação é proposta emenda à Constituição, no sentido de submeter todos os Relatório de Impacto Ambiental à comissão permanente da Assembleia Legislativa. Com relação ao caso proposto, assinale a afirmativa correta.

a) Os Relatórios e os Estudos de Impacto Ambiental são realizados exclusivamente pela União, de modo que a Assembleia Legislativa não é competente para analisar os Relatórios.

b) A análise e a aprovação de atividade potencialmente causadora de risco ambiental são consubstanciadas no poder de polícia, não sendo possível a análise do Relatório de Impacto Ambiental pelo Poder Legislativo.

c) A emenda é constitucional, desde que de iniciativa parlamentar, uma vez que incumbe ao Poder Legislativo a direção superior da Administração Pública, incluindo a análise e a aprovação de atividades potencialmente poluidoras.

d) A emenda é constitucional, desde que seja de iniciativa do Governador do Estado, que detém competência privativa para iniciativa de emendas sobre organização administrativa, judiciária, tributária e ambiental do Estado.

22. (MPE-MG – 2012 – MPE-MG – Promotor de Justiça) Grandes construções, empreendimentos urbanos engajados, projetos habitacionais, contingenciamento de área urbana para distrito industrial, entre outras situações, revelam potencial desequilíbrio ao meio ambiente e transferem, na prática, o risco do empreendedor à população. A legislação nacional preventivamente exige em tais iniciativas o estudo de impacto ambiental. Considerando os requisitos do EIA para projetos que afetam o meio ambiente, é INCORRETO concluir:

a) dentre os requisitos de conteúdo, devem ser observadas: as alternativas tecnológicas e de implantação do projeto; os impactos ambientais gerados na fase de implantação e de operação; a área geográfica a ser diretamente atingida; os programas e planos governamentais; bem como os impactos sociais e humanos, esclarecendo que esses últimos, muito embora não elencados na Resolução nº 1/86 do CONAMA, devem ser abordados, considerando interpretação sistemática abrangente da Constituição Federal e da Lei federal nº 6.938/81.

b) dentre os requisitos técnicos o EIA, deverá: desenvolver, no mínimo, as alternativas relativas ao diagnóstico da área de influência do empreendimento com completa descrição e análise dos recursos ambientais e suas interações caracterizando a situação ambiental da área; proceder às análises e alternativas do impacto a ser produzido pelo projeto, considerando aspectos positivos e negativos, a médio e longo prazo; expressar preceitos relativos à equipe técnica, às despesas do estudo, à independência e responsabilidade da equipe técnica e o relatório de impacto ambiental.

c) o diagnóstico da área de influência deverá observar: o meio físico (subsolo, as águas, o ar e o clima); o meio biológico e os ecossistemas naturais (fauna, flora, espécies indicadoras de qualidade ambiental); e o meio socioeconômico (uso e ocupação do solo, os usos da água e a socioeconomia).

d) A audiência pública faz parte do processo instrutório para pleno conhecimento da comunidade interessada quanto ao EIA e ao RIMA, com previsão expressa na Resolução do CONAMA nº 9/87, Lei Federal nº 9.784/99 (processo administrativo) e Lei Federal nº 11.105/05 (Biossegurança).

23. (MPE-PR – 2008 – MPE-PR – Promotor de Justiça) Visando assegurar a efetividade do direito ao meio ambiente ecologicamente equilibrado, a Constituição Federal estabeleceu ao poder público a incumbência de:

a) exigir, na forma da lei, para a instalação de obra ou atividade potencialmente causadora de significativa degradação do meio ambiente, estudo de impacto ambiental – prévio, concomitante ou posterior –, a que se dará publicidade.

b) exigir, na forma da lei, para a instalação de obra ou atividade potencialmente causadora de significativa degradação do meio ambiente, estudo prévio de impacto ambiental, independentemente de publicidade.

c) exigir, na forma da lei, para a instalação de obra ou atividade potencialmente causadora de qualquer degradação do meio ambiente, estudo de impacto ambiental – prévio, concomitante ou posterior –, independentemente de publicidade.

d) exigir, na forma da lei, para a instalação de obra ou atividade potencialmente causadora de significativa degradação do meio ambiente, estudo prévio de impacto ambiental, a que se dará publicidade.

e) exigir, na forma da lei, para a instalação de obra ou atividade potencialmente causadora de qualquer degradação do meio ambiente, estudo prévio de impacto ambiental, a que se dará publicidade.

24. (2017/FCC/TJ-SC/Juiz Substituto) Os apontamentos levantados em audiência pública

a) não vinculam o órgão licenciador, que tem o dever, por outro lado, de justificar tecnicamente o não acolhimento das sugestões.

b) vinculam o órgão licenciador, que tem o dever, portanto, de acolher as sugestões.

c) são votados e vinculam o órgão licenciador os que obtiverem maioria simples.

d) são votados e vinculam o órgão licenciador os que obtiverem maioria absoluta.

e) são votados e vinculam o órgão licenciador os que obtiverem quórum de 2/3.

25. (2020 Banca: FCC Órgão: TJ-MS Prova: FCC – 2020 – TJ-MS – Juiz Substituto) O Conselho Estadual do Meio Ambiente (CONSEMA) deliberou que os licenciamentos ambientais conduzidos por Estudo de Impacto Ambiental e Respectivo Relatório (EIA-RIMA) serão estaduais e os demais, salvo aqueles de competência da União (Lei Complementar Federal n° 140, de 08 de dezembro de 2011), serão municipais. A presente deliberação

a) é nula, pois o Conselho Estadual do Meio Ambiente não possui atribuição legal para fixar regras de competência para o licenciamento ambiental.

b) é válida, pois compete ao Conselho Estadual do Meio Ambiente definir quais licenciamentos ambientais serão conduzidos pelo Município.

c) depende de regulamentação dos Conselhos Municipais de Meio Ambiente para entrar em vigor.

d) é nula, pois o critério selecionado está em desacordo com a normativa que rege o tema.

e) depende de ratificação do Conselho Nacional do Meio Ambiente (CONAMA) para entrar em vigor.

26. (2020 Banca: CESPE / CEBRASPE Órgão: MPE-CE Prova: CESPE / CEBRASPE – 2020 – MPE-CE – Analista Ministerial – Engenharia Civil) Considerando as disposições da legislação ambiental brasileira, julgue o item que se segue. Durante o procedimento de licenciamento ambiental de uma atividade ou empreendimento, é obrigatória a realização de audiência pública, de acordo com a regulamentação pertinente.

27. (2020 Banca: FCC Órgão: TJ-MS Prova: FCC – 2020 – TJ-MS – Juiz Substituto) A audiência pública no processo de licenciamento ambiental

a) é obrigatória, independentemente do grau de impacto do empreendimento ou da atividade licenciada.

b) deve ser realizada no início do processo de licenciamento ambiental para colheita de críticas e sugestões e, ao final do processo, para a respectiva devolutiva.

c) será realizada na sede do órgão ambiental responsável pelo licenciamento ambiental.

d) não obriga o órgão responsável pelo licenciamento ambiental a acolher as contribuições dela decorrentes, desde que apresente justificativa.

e) ocorre em momento anterior à elaboração do EIA-RIMA.

GAB												
	01	C	02	C	03	CERTO	04	ERRADO	05	ERRADO	06	A
	07	C	08	CERTO	09	ERRADO	10	C	11	ERRADO	12	ERRADO
	13	ERRADO	14	A	15	D	16	C	17	B	18	C
	19	D	20	D	21	B	22	B	23	D	24	A
	25	D	26	ERRADO	27	D						

V – controlar a produção, a comercialização e o emprego de técnicas, métodos e substâncias que comportem risco para a vida, a qualidade de vida e o meio ambiente;

1. COMENTÁRIOS

Este genérico e importante dispositivo constitucional impõe à Administração Pública o controle de atividades que possam gerar danos ao meio ambiente e à vida como um todo.

A sua regulamentação é múltipla na legislação ambiental brasileira, em especial com a criação do processo de licenciamento ambiental como condição para o desenvolvimento de atividades poluidoras, que será estudado no artigo 10 da Lei 6.938/1981.

Nesse sentido, é competência material entre todos os entes federativos controlar a produção, a comercialização e o emprego de técnicas, métodos e substâncias que comportem risco para a vida, a qualidade de vida e o meio ambiente, na forma da lei, consoante previsto na Lei Complementar 140/2011.

Agrotóxicos e afins

Em decorrência dessa imposição constitucional, foi promulgada a Lei 7.802/1989, regulamentada pelo Decreto 4.074/2002, que dispõe sobre a pesquisa, a experimentação, a produção, a embalagem e rotulagem, o transporte, o armazenamento, a comercialização, a propaganda comercial, a utilização, a importação, a exportação, o destino final dos resíduos e embalagens, o registro, a classificação, o controle, a inspeção e a fiscalização de **agrotóxicos, seus componentes e afins.**

Deveras, consideram-se **agrotóxicos** os produtos e os agentes de processos físicos, químicos ou biológicos, destinados ao uso nos setores de produção, no armazenamento e beneficiamento de produtos agrícolas, nas pastagens, na proteção de florestas, nativas ou implantadas, e de outros ecossistemas e também de ambientes urbanos, hídricos e industriais, **cuja finalidade seja alterar a composição da flora ou da fauna, a fim de preservá-las da ação danosa de seres vivos considerados nocivos.**

Já os **afins** são definidos como substâncias e produtos, empregados como desfolhantes, dessecantes, estimuladores e inibidores de crescimento.

A Lei 7.802/1989 também regula os **componentes** dos agrotóxicos e substâncias afins, assim considerados os princípios ativos, os produtos técnicos, suas matérias-primas, os ingredientes inertes e aditivos usados na fabricação de agrotóxicos e afins.

No âmbito do CONAMA, foi editada a Resolução 334/2003, que dispõe sobre os procedimentos de licenciamento ambiental de estabelecimentos destinados ao recebimento de embalagens vazias de agrotóxicos.

Frise-se que é possível a edição de normas jurídicas estaduais, distritais e municipais sobre os agrotóxicos, de acordo com as peculiaridades dos referidos entes políticos, pois se trata de competência legiferante concorrente, nos moldes do artigo 24, VI, da Constituição Federal de 1988.

Os agrotóxicos, seus componentes e afins, só poderão ser produzidos, exportados, importados, comercializados e utilizados, se previamente *registrados* em órgão federal, de acordo com as diretrizes e exigências dos órgãos federais responsáveis pelos setores da saúde, do meio ambiente e da agricultura, nos termos do artigo 3.º da Lei 7.802/1989.

Na hipótese de pesquisa e experimentação, foi criado o **Registro Especial Temporário – RET**. O RET para produtos técnicos, pré-misturas, agrotóxicos e afins que possuam ingredientes ativos já registrados no Brasil será concedido automaticamente pelo órgão registrante, mediante inscrição em sistema informatizado integrado ao Sistema de Informações sobre Agrotóxicos – SAI, conforme autoriza o artigo 25-A do Regulamento.

O artigo 5.º, do Decreto 4.074/2002, **declarou competente o *Ministério da Agricultura, Pecuária e Abastecimento* para conceder o registro, inclusive o RET**, de agrotóxicos, produtos técnicos, pré-misturas e afins para uso nos setores de produção, armazenamento e beneficiamento de produtos agrícolas, nas florestas plantadas e nas pastagens, atendidas as diretrizes e exigências dos Ministérios da Saúde e do Meio Ambiente.

Com o intuito de evitar o registro de agrotóxicos mais agressivos ao ambiente, o registro para novo produto agrotóxico, seus componentes e afins, será concedido se a sua ação tóxica sobre o ser humano e o meio ambiente for comprovadamente igual ou menor do que a daqueles já registrados, para o mesmo fim.

Em razão do grau de **perigo ambiental**, em aplicação ao Princípio da Precaução, foi **proibido o registro de agrotóxicos, componentes e afins**:

A) para os quais o Brasil não disponha de métodos para desativação de seus componentes, de modo a impedir que os seus resíduos remanescentes provoquem riscos ao meio ambiente e à saúde pública;

B) para os quais não haja antídoto ou tratamento eficaz no Brasil;

C) que revelem características teratogênicas, carcinogênicas ou mutagênicas, de acordo com os resultados atualizados de experiências da comunidade científica;

D) que provoquem distúrbios hormonais, danos ao aparelho reprodutor, de acordo com procedimentos e experiências atualizadas na comunidade científica;

E) que se revelem mais perigosos para o homem do que os testes de laboratório, com animais, tenham podido demonstrar, segundo critérios técnicos e científicos atualizados;

F) cujas características causem danos ao meio ambiente.

Da mesma forma, a Lei 11.936/2009 proibiu, em todo o território nacional, a fabricação, a importação, a exportação, a manutenção em estoque, a comercialização e o uso de diclorodifeniltricloretano (DDT).

Há também um controle estatal sobre as pessoas físicas e jurídicas que prestem serviços na aplicação de agrotóxicos, seus componentes e afins, ou que os produzam, importem, exportem ou comercializem. Todos deverão promover registros nos órgãos competentes, do Estado ou do Município, atendidas as diretrizes e exigências dos órgãos federais responsáveis que atuam nas áreas da saúde, do meio ambiente e da agricultura.

Em decorrência do Princípio da Participação Comunitária ou Cidadã, as entidades de classe, representativas de profissões ligadas ao setor; os partidos políticos, com representação no Congresso Nacional e as entidades legalmente constituídas para defesa dos interesses difusos relacionados à proteção do consumidor, do meio ambiente e dos recursos naturais foram legitimadas **para requerer o cancelamento ou a impugnação, em nome próprio, do registro de agrotóxicos e afins**, arguindo prejuízos ao meio ambiente, à saúde humana e dos animais, cabendo aos Ministérios da Agricultura, Pecuária e Abastecimento, Saúde e do Meio Ambiente avaliar esses pedidos de cancelamento ou de impugnação de registro.

A Lei 7.802/1989, visando à proteção ambiental e da saúde pública, instituiu regras para a fabricação das embalagens de agrotóxicos e afins, que devem ser projetadas e fabricadas de forma a impedir qualquer vazamento, evaporação, perda ou alteração de seu conteúdo e de modo a facilitar as operações de lavagem, classificação, reutilização e reciclagem.

Da mesma forma, os materiais de que forem feitas devem ser insuscetíveis de serem atacados pelo conteúdo ou de formar com ele combinações nocivas ou perigosas, devendo ser suficientemente resistentes em todas as suas partes, de forma a não sofrer enfraquecimento e a responder adequadamente às exigências de sua normal conservação.

Há ainda a exigência legal de um lacre que seja irremediavelmente destruído ao ser aberto pela primeira vez, apenas podendo as empresas produtoras ou estabelecimentos credenciados promover o fracionamento e a reembalagem de agrotóxicos e afins com o objetivo de comercialização.

Considerando o passivo ambiental gerado pelo descarte descuidado das embalagens vazias de agrotóxicos, o artigo 6.º, §§ 2.º, 3.º, 4.º e 5.º, da Lei 7.802/1989, criou deveres ambientais para os usuários, fabricantes e importadores de agrotóxicos e afins.

Com efeito, **os usuários de agrotóxicos, seus componentes e afins deverão efetuar a devolução das embalagens vazias dos produtos aos estabelecimentos comerciais em que foram adquiridos**, de acordo com as instruções previstas nas respectivas bulas, no prazo de até um ano, contado da data de compra, ou prazo superior, se autorizado pelo órgão registrante, podendo a devolução ser intermediada por postos ou centros de recolhimento, desde que autorizados e fiscalizados pelo órgão competente.

Em decorrência do Princípio do Poluidor-pagador, **as empresas produtoras e comercializadoras de agrotóxicos, seus componentes e afins, são responsáveis pela destinação das embalagens vazias dos produtos por elas fabricados e comercializados, após a devolução pelos usuários**, e pela dos produtos apreendidos pela ação fiscalizatória e dos impróprios para utilização ou em desuso, com vistas à sua reutilização, reciclagem ou inutilização, obedecidas as normas e instruções dos órgãos registrantes e sanitário-ambientais competentes, sendo o tema regulamentado pela Resolução CONAMA 334/2003.

Há um rígido controle legal sobre as propagandas a respeito de agrotóxicos. Consoante determina o artigo 8.º, da Lei 7.802/1989, a **propaganda comercial de agrotóxicos**, componentes e afins, em qualquer meio de comunicação, conterá, obrigatoriamente, **clara advertência sobre os riscos do produto à saúde dos homens, animais e ao meio ambiente**.

Demais disso, deverá a propaganda estimular os compradores e usuários a ler atentamente o rótulo e, se for o caso, o folheto, ou a pedir que alguém os leia para eles, se não souberem ler, além de não conter nenhuma representação visual de práticas potencialmente perigosas, tais como a manipulação ou aplicação sem equipamento protetor, o uso em proximidade de alimentos ou em presença de crianças.

Não poderá a propaganda induzir em erro o consumidor, perpetrando comparações falsas ou inserindo afirmações como "não tóxico" ou "seguro", não devendo ainda aduzir que há recomendação governamental para a sua utilização.

Para que haja a aquisição de agrotóxicos, exige o artigo 13, da Lei 7.802/1989, o **receituário próprio** prescrito por profissionais legalmente habilitados, salvo casos excepcionais que forem previstos no Regulamento, que prevê apenas a possibilidade de dispensa do receituário para agrotóxicos de baixa periculosidade, devendo constar no rótulo ou bula.

A receita deverá ser expedida em no mínimo duas vias, destinando-se a primeira ao usuário e a segunda ao estabelecimento comercial, que a manterá à disposição dos órgãos fiscalizadores pelo prazo de dois anos, contados da data de sua emissão.

Deverá a receita conter o nome do usuário, da propriedade e sua localização; diagnóstico; recomendação para que o usuário leia atentamente o rótulo e a bula do produto; recomendações técnicas e data, nome, CPF e assinatura do profissional que a emitiu, além do seu registro no órgão fiscalizador do exercício profissional.

O artigo 14, da Lei 7.802/1989, de acordo com a conduta de todos aqueles que participam da cadeia dos agrotóxicos e afins, desde a sua produção até a destinação final, apontou as hipóteses de responsabilização civil, administrativa e criminal pelos danos causados ao ambiente ou à saúde humana, quando a produção, comercialização, utilização, transporte e destinação de embalagens vazias de agrotóxicos, seus componentes e afins, não cumprirem as suas disposições.

Deveras, atribuiu-se o seguinte regime de responsabilidades:

a) **ao profissional**, quando comprovada receita errada, displicente ou indevida;

b) **ao usuário ou ao prestador de serviços**, quando proceder em desacordo com o receituário ou as recomendações do fabricante e órgãos registrantes e sanitário-ambientais;

c) **ao comerciante**, quando efetuar venda sem o respectivo receituário ou em desacordo com a receita ou recomendações do fabricante e órgãos registrantes e sanitário-ambientais;

d) **ao registrante que**, por dolo ou culpa, omitir informações ou fornecer informações incorretas;

e) **ao produtor**, quando produzir mercadorias em desacordo com as especificações constantes do registro do produto, do rótulo, da bula, do folheto e da propaganda, ou não der destinação às embalagens vazias em conformidade com a legislação pertinente;

f) **ao empregador**, quando não fornecer e não fizer manutenção dos equipamentos adequados à proteção da saúde dos trabalhadores ou dos equipamentos na produção, distribuição e aplicação dos produtos.

Dispõe o artigo 15, da Lei 7.802/1989, com redação dada pela Lei 9.974/2000:

> "Artigo 15. Aquele que produzir, comercializar, transportar, aplicar, prestar serviço, der destinação a resíduos e embalagens vazias de agrotóxicos, seus componentes e afins, em descumprimento às exigências estabelecidas na legislação pertinente estará sujeito à pena de reclusão, de dois a quatro anos, além de multa".

Entende-se que este delito não foi revogado pelo artigo 56, da Lei 9.605/1998, por aplicação ao Princípio da Especialidade, tendo em conta a existência da elementar "agrotóxicos, competentes e afins", ao passo que o referido artigo se refere genericamente a substâncias tóxicas, perigosas ou nocivas à saúde humana ou ao meio ambiente.[94]

Ademais, a redação do artigo 15, da Lei 7.802/1989, foi alterada pela Lei 9.974/2000, editada posteriormente à Lei de Crimes Ambientais, o que demonstra que o legislador presumiu a sua vigência.

Mudanças Climáticas e Política Nacional

É crescente no Brasil e no mundo a preocupação com as céleres mudanças climáticas, consistentes no aumento rápido da temperatura na Biosfera, especialmente em razão da emissão cada vez maior dos gases que causam o efeito estufa.[95]

Estima-se que é inevitável uma majoração de temperatura na Terra de 2°C, devendo ser adotadas medidas para impedir um avanço ainda maior, que poderá culminar com a morte de milhões ou mesmo de bilhões de pessoas, especialmente nas nações mais pobres.

Nesse sentido, o Brasil é signatário do Protocolo de Kyoto, que prevê metas de redução dos gases que causam o efeito estufa até 2012 (termo final que será prorrogado, conforme

94. "Artigo 56. Produzir, processar, embalar, importar, exportar, comercializar, fornecer, transportar, armazenar, guardar, ter em depósito ou usar produto ou substância tóxica, perigosa ou nociva à saúde humana ou ao meio ambiente, em desacordo com as exigências estabelecidas em leis ou nos seus regulamentos:

Pena – reclusão, de um a quatro anos, e multa".

95. Constituintes gasosos, naturais ou antrópicos, que, na atmosfera, absorvem e reemitem radiação infravermelha.

acordo das nações na COP 17, em 11 de dezembro de 2011), conquanto não integre o anexo I, que contém os países que deverão reduzir as suas emissões. Ou seja, o Brasil não assumiu, por ocasião da celebração do referido tratado, nenhum compromisso específico nesse sentido.

Conforme relatado pelo Comitê Interministerial sobre Mudança do Clima,

> "O aquecimento do planeta pela interferência humana, apesar de incerto quanto à sua magnitude, tornou-se um fato aceito pela comunidade científica. Para isto contribuiu o Quarto Relatório do Painel Intergovernamental sobre Mudança Climática (IPCC), publicado em 2007. Por ser global, o problema une a todos em torno de si, na busca por caminhos e soluções que permitam que a civilização continue a prosperar em sua trajetória futura.
>
> A mudança do clima é o resultado de um processo de acúmulo de gases de efeito estufa na atmosfera, que está em curso desde a revolução industrial. Os países apresentam diferentes responsabilidades históricas pelo fenômeno, segundo os volumes de suas emissões antrópicas. Isto contribui para a definição, hoje, de responsabilidades comuns porém diferenciadas, que norteiam, por um lado, as obrigações de países desenvolvidos e, por outro, de países em desenvolvimento no âmbito da Convenção-Quadro das Nações Unidas sobre Mudança do Clima. Cabe ao Brasil harmonizar suas ações nesse campo com os processos de crescimento socioeconômico, no marco do desenvolvimento sustentável".[96]

Em razão do fracasso da 15.ª Conferência das Nações Unidas sobre Mudança do Clima, realizada em Copenhague em dezembro de 2009, pois o acordo produzido não é vinculante,[97] não foram fixadas metas de redução a partir do ano de 2013, pois ainda se busca um consenso entre as nações para a celebração de um ajuste vinculante multilateral.

Foi nesse contexto que o Brasil aprovou a sua **Política Nacional de Mudança do Clima**[98] **– PNMC**, por intermédio da Lei 12.187, de 29.12.2009.

Entretanto, merece destaque a iniciativa pioneira do Estado do Amazonas, que já em 2007 editou a Lei 3.135, de 5 de junho, que instituiu a Política Estadual sobre Mudanças Climáticas, Conservação Ambiental e Desenvolvimento Sustentável no Amazonas, destacando-se a criação do Programa Bolsa Floresta, que prevê o pagamento por serviços ambientais em favor de famílias que residam em unidades de conservação e não promovam o desmatamento das áreas.

Finalmente, em 10.12.2010, foi publicado o Decreto 7.390, que regulamenta a Lei 12.187/2009, tornando aplicáveis vários dispositivos da Política Nacional sobre Mudança do Clima.

Vale destacar também que a Lei 12.533/2011 instituiu o **Dia Nacional de Conscientização sobre as Mudanças Climáticas**, a ser comemorado em 16 de março, com o objetivo

---

96. Minuta do Plano Nacional sobre Mudança do Clima – versão para consulta pública.
97. Acordo de Copenhague.
98. Mudança de clima que possa ser direta ou indiretamente atribuída à atividade humana que altere a composição da atmosfera mundial e que se some àquela provocada pela variabilidade climática natural observada ao longo de períodos comparáveis.

de promover nas escolas atos, eventos, debates e mobilizações relacionados a medidas de proteção dos ecossistemas brasileiros.

A responsabilidade pela execução da PNMC será da União, dos estados, do Distrito Federal e dos municípios, assim como dos entes integrantes da Administração Pública Indireta.

Na execução das medidas dessa Política, **todos têm o dever de atuar** (o Poder Público e a sociedade) **em benefício das presentes e futuras gerações, para a redução dos impactos decorrentes das interferências antrópicas sobre o sistema climático**, sendo imprescindível que a população se conscientize sobre a real necessidade de participar ativamente do movimento, sob pena de sua ineficácia.

Por exemplo, o povo brasileiro poderá colaborar com o plantio de árvores, que têm o condão de sequestrar o carbono, pois o CO2 é absorvido no processo de fotossíntese.

Ademais, **serão tomadas medidas para prever, evitar ou minimizar as causas identificadas da mudança climática com origem antrópica no território nacional, sobre as quais haja razoável consenso por parte dos meios científicos e técnicos ocupados no estudo dos fenômenos envolvidos.**

Certamente uma das principais causas de emissão dos gases que causam o efeito estuda no Brasil são as queimadas, que devem ser cada vez mais controladas e restringidas, mediante medidas repressivas e principalmente preventivas.

Outrossim, **as medidas tomadas devem levar em consideração os diferentes contextos socioeconômicos de sua aplicação, distribuindo os ônus e encargos decorrentes entre os setores econômicos e as populações e comunidades interessadas de modo equitativo e equilibrado e sopesar as responsabilidades individuais quanto à origem das fontes emissoras e dos efeitos ocasionados sobre o clima.**

De efeito, a execução da PNMC gerará elevados gastos para a sociedade brasileira, tendo em conta a necessidade de adoção de novos métodos produtivos pela economia menos agressivos ao ambiente, devendo o ônus ser repartido equitativamente entre todos, com a ressalva de se evitar um agravamento das condições sociais das pessoas pobres, que não poderão sofrer uma discriminação negativa ambiental.

O desenvolvimento sustentável foi colocado como condição para enfrentar as alterações climáticas e conciliar o atendimento às necessidades comuns e particulares das populações e comunidades que vivem no território nacional, pois é possível se conciliar o desenvolvimento econômico com a preservação ambiental, por meio da exploração inteligente dos recursos naturais, observando a capacidade de suporte de poluição pelos ecossistemas, mantendo a perenidade dos recursos naturais.

Com propriedade, com o intuito de promover a integração local na execução da PNMC, foi previsto que **as ações de âmbito nacional para o enfrentamento das alterações climáticas, atuais, presentes e futuras, devem considerar e integrar as ações promovidas no âmbito estadual e municipal por entidades públicas e privadas.**

Foi instituído um dever para as instituições financeiras oficiais, que deverão disponibilizar linhas de crédito e financiamento específicas para desenvolver ações e atividades que atendam aos objetivos da Lei 12.187/2009 voltadas para induzir a conduta dos agentes privados à observância e execução da PNMC, no âmbito de suas ações e responsabilidades sociais.

Uma série de princípios ambientais foi arrolada pelo artigo 3.º, da Lei 12.187/2009: **da precaução, da prevenção, da participação cidadã, do desenvolvimento sustentável e das responsabilidades comuns, porém diferenciadas, este último no âmbito internacional.**

Foram instituídos pelo legislador objetivos para a consecução da PNMC, que deverão estar em consonância com o desenvolvimento sustentável a fim de buscar o crescimento econômico, a erradicação da pobreza e a redução das desigualdades sociais.

A PNMC visará à **compatibilização do desenvolvimento econômico e social com a proteção do sistema climático e à redução das emissões antrópicas de gases de efeito estufa em relação às suas diferentes fontes.**

Deveras, não será mais possível a utilização de meios de produção arcaicos, com grande produção de CO2, CH4, N2O, HFCS, PFCS e SF6, que devem ser substituídos progressivamente por tecnologias "limpas", mesmo que tenham um custo maior para a sociedade.

Também é objetivo da PNMC **o fortalecimento das remoções antrópicas por sumidouros de gases de efeito estufa no território nacional**, assim considerados os processos, atividades ou mecanismos que removam da atmosfera gás de efeito estufa, aerossol ou precursor de gás de efeito estufa, a exemplo do plantio de árvores, que deve sofrer incentivos governamentais.

Da mesma forma, a citada Política visará à **implementação de medidas para promover a adaptação à mudança do clima pelas três esferas da Federação, com a participação e a colaboração dos agentes econômicos e sociais interessados ou beneficiários, em particular aqueles especialmente vulneráveis aos seus efeitos adversos.**

Este objetivo torna claro que a efetividade da PNMC dependerá de uma cooperação entre todos os entes políticos em conjunto com a sociedade, visando minorar os efeitos adversos das mudanças climáticas,[99] especialmente aos mais indefesos.

Também serão necessárias a **preservação, a conservação e a recuperação dos recursos ambientais, com particular atenção aos grandes biomas naturais tidos como Patrimônio Nacional.**

De efeito, de acordo com o artigo 225, § 4.º, da Constituição Federal, a Floresta Amazônica brasileira, a Mata Atlântica, a Serra do Mar, o Pantanal Mato-Grossense e a Zona Costeira são patrimônios nacionais, e sua utilização far-se-á, na forma da lei, dentro de condições que assegurem a preservação do meio ambiente, inclusive quanto ao uso dos recursos naturais.

Atualmente, após a Mata Atlântica, que apenas possui resquícios no território brasileiro, o Cerrado é o Bioma mais ameaçado, fruto de uma exploração antrópica irracional.

99. Efeitos adversos da mudança do clima: mudanças no meio físico ou biota resultantes da mudança do clima que tenham efeitos deletérios significativos sobre a composição, resiliência ou produtividade de ecossistemas naturais e manejados, sobre o funcionamento de sistemas socioeconômicos ou sobre a saúde e o bem-estar humanos.

Outrossim, são imprescindíveis **a consolidação e a expansão das áreas legalmente protegidas e o incentivo aos reflorestamentos e à recomposição da cobertura vegetal em áreas degradadas.**

Este objetivo será alcançado por meio da instituição de novos espaços territoriais ambientais especialmente protegidos pelo Poder Público, notadamente as unidades de conservação, bem como pela adoção de medidas de incentivo ao reflorestamento das áreas de preservação permanente e das reservas legais.

Por fim, a PNMC visará ao **estímulo ao desenvolvimento do Mercado Brasileiro de Redução de Emissões – MBRE**, que será operacionalizado em bolsas de mercadorias e futuros, bolsas de valores e entidades de balcão organizado, autorizadas pela Comissão de Valores Mobiliários – CVM, em que se dará a negociação de títulos mobiliários representativos de emissões de gases de efeito estufa evitadas certificadas.

Sobre o MBRE, colaciona-se explicativa notícia extraída da internet:[100]

> "O *Mercado Brasileiro de Redução de Emissões* é resultado de uma iniciativa conjunta do Ministério de Desenvolvimento Indústria e Comércio Exterior (MDIC) e da Bolsa de Mercadorias e Futuros (BM&F), visando estruturar a negociação em bolsa de créditos de carbono, oriundos de projetos de MDL. O mercado, lançado em São Paulo em 6 de dezembro de 2004, é o primeiro desse tipo em um país em desenvolvimento. O MBRE tornou-se operacional em setembro de 2005 com um Banco de Projetos, que pretende dar visibilidade e facilitar a comercialização de Projetos de MDL (potenciais e já estruturados). Sua função econômica é a de atrair investimentos diretos do exterior, que contribuem para o desenvolvimento econômico; estimular projetos de tecnologia limpa; e tornar o país uma referência no mercado internacional, no que se refere aos instrumentos ambientais. Para assegurar a qualidade e consistência dos projetos, a BM&F firmou convênio com institutos de pesquisa e ensino com especialização no tema, para revisão e aprovação das intenções de projetos submetidos a registro, devendo as intenções de cada projeto estar de acordo com a metodologia do *Protocolo de Quioto*. O MBRE conta com um *Sistema de Registro de Contratos a Termo de Reduções Certificadas*, na Bolsa de Valores do Rio de Janeiro (BVRJ), com o objetivo de dar credibilidade e transparência às negociações do mercado de carbono; e um *Programa de Capacitação de Curto Prazo de Participantes do Mercado*. O MBRE foi criado para facilitar o acesso de médios empresários a um mercado relativamente complexo, por causa de exigências como o registro de projetos de MDLs no Conselho Executivo do *Protocolo de Quioto*, sediado na Alemanha".

Uma série de **diretrizes** foi posta no artigo 5.º, da Lei 12.187/2009, a serem observadas na execução da PNMC:

> "**I – os compromissos assumidos pelo Brasil na Convenção-Quadro das Nações Unidas sobre Mudança do Clima, no Protocolo de Quioto e nos demais documentos sobre mudança do clima dos quais vier a ser signatário**;
>
> II – as ações de mitigação da mudança do clima em consonância com o desenvolvimento sustentável, que sejam, sempre que possível, mensuráveis para sua adequada quantificação e verificação *a posteriori*;

100. Disponível em: <http://www.mudancasclimaticas.andi.org.br/content/mercado-brasileiro-de-reducao-de--emissoes-mbre>.

III – as medidas de adaptação para reduzir os efeitos adversos da mudança do clima e a vulnerabilidade dos sistemas ambiental, social e econômico;

IV – as estratégias integradas de mitigação e adaptação à mudança do clima nos âmbitos local, regional e nacional;

V – o estímulo e o apoio à participação dos governos federal, estadual, distrital e municipal, assim como do setor produtivo, do meio acadêmico e da sociedade civil organizada, no desenvolvimento e na execução de políticas, planos, programas e ações relacionados à mudança do clima;

VI – a promoção e o desenvolvimento de pesquisas científico-tecnológicas, e a difusão de tecnologias, processos e práticas orientados a:

a) mitigar a mudança do clima por meio da redução de emissões antrópicas por fontes e do fortalecimento das remoções antrópicas por sumidouros de gases de efeito estufa;

b) reduzir as incertezas nas projeções nacionais e regionais futuras da mudança do clima;

c) identificar vulnerabilidades e adotar medidas de adaptação adequadas;

VII – a utilização de instrumentos financeiros e econômicos para promover ações de mitigação e adaptação à mudança do clima, observado o disposto no artigo 6.º;

VIII – a identificação, e sua articulação com a Política prevista nesta Lei, de instrumentos de ação governamental já estabelecidos aptos a contribuir para proteger o sistema climático;

IX – o apoio e o fomento às atividades que efetivamente reduzam as emissões ou promovam as remoções por sumidouros de gases de efeito estufa;

X – a promoção da **cooperação internacional** no âmbito bilateral, regional e multilateral para o financiamento, a capacitação, o desenvolvimento, a transferência e a difusão de tecnologias e processos para a implementação de ações de mitigação e adaptação, incluindo a pesquisa científica, a observação sistemática e o intercâmbio de informações;

XI – o aperfeiçoamento da observação sistemática e precisa do clima e suas manifestações no território nacional e nas áreas oceânicas contíguas;

XII – a promoção da disseminação de informações, a educação, a capacitação e a conscientização pública sobre mudança do clima;

XIII – o estímulo e o apoio à manutenção e à promoção:

a) de práticas, atividades e tecnologias de baixas emissões de gases de efeito estufa;

b) de padrões sustentáveis de produção e consumo".

De efeito, é preciso que a PNMC observe os tratados internacionais climáticos celebrados pelo Brasil, especialmente a Convenção-Quadro das Nações Unidas sobre Mudança do Clima e o Protocolo de Kyoto.

Chama a atenção a diretriz que determina o apoio e o fomento às atividades que efetivamente reduzam as emissões ou promovam as remoções por sumidouros de gases de efeito estufa, tendo em conta a necessidade de o Poder Público fomentar as ações humanas que reduzam o lançamento dos gases que causam o efeito estufa, podendo ser utilizados créditos subsidiados, redução de tributos ou mesmo isenções.

A *cooperação internacional* também é medida imprescindível ao controle das mudanças climáticas, pois iniciativas isoladas serão ineficazes ao controle da temperatura no planeta Terra, não só com a redução das emissões dos gases, mas também com a transferência gratuita de tecnologias "limpas" dos países ricos aos pobres.

A *transferência de informações* e a *educação ambiental* são indispensáveis para a conscientização dos povos sobre o real perigo de catástrofes em um futuro próximo, com o intuito de engajar a todos na luta pelo controle climático.

As economias das nações deverão se adaptar à realidade que impede o crescimento econômico ilimitado, pois há um banco dos recursos naturais limitados na produção de produtos e prestação de serviços negativamente impactantes ao ambiente, de modo que é preciso se chegar a padrões sustentáveis de produção e consumo.

O artigo 6.º, da Lei 12.187/2009, lista o rol de instrumentos de execução da PNMC:

> "**I – o Plano Nacional sobre Mudança do Clima;**
>
> **II – o Fundo Nacional sobre Mudança do Clima;**
>
> III – os Planos de Ação para a Prevenção e Controle do Desmatamento nos biomas;
>
> IV – a Comunicação Nacional do Brasil à Convenção-Quadro das Nações Unidas sobre Mudança do Clima, de acordo com os critérios estabelecidos por essa Convenção e por suas Conferências das Partes;
>
> V – as resoluções da Comissão Interministerial de Mudança Global do Clima;
>
> VI – as medidas fiscais e tributárias destinadas a estimular a redução das emissões e remoção de gases de efeito estufa, incluindo alíquotas diferenciadas, isenções, compensações e incentivos, a serem estabelecidos em lei específica;
>
> VII – as linhas de crédito e financiamento específicas de agentes financeiros públicos e privados;
>
> VIII – o desenvolvimento de linhas de pesquisa por agências de fomento;
>
> IX – as dotações específicas para ações em mudança do clima no orçamento da União;
>
> X – os mecanismos financeiros e econômicos referentes à mitigação da mudança do clima e à adaptação aos efeitos da mudança do clima que existam no âmbito da Convenção-Quadro das Nações Unidas sobre Mudança do Clima e do Protocolo de Quioto;
>
> XI – os mecanismos financeiros e econômicos, no âmbito nacional, referentes à mitigação e à adaptação à mudança do clima;
>
> XII – as medidas existentes, ou a serem criadas, que estimulem o desenvolvimento de processos e tecnologias, que contribuam para a redução de emissões e remoções de gases de efeito estufa, bem como para a adaptação, dentre as quais o estabelecimento de critérios de preferência nas licitações e concorrências públicas, compreendidas aí as parcerias público-privadas e a autorização, permissão, outorga e concessão para exploração de serviços públicos e recursos naturais, para as propostas que propiciem maior economia de energia, água e outros recursos naturais e redução da emissão de gases de efeito estufa e de resíduos;

> XIII – os registros, inventários, estimativas, avaliações e quaisquer outros estudos de emissões de gases de efeito estufa e de suas fontes, elaborados com base em informações e dados fornecidos por entidades públicas e privadas;
>
> XIV – as medidas de divulgação, educação e conscientização;
>
> XV – o monitoramento climático nacional;
>
> XVI – os indicadores de sustentabilidade;
>
> XVII – o estabelecimento de padrões ambientais e de metas, quantificáveis e verificáveis, para a redução de emissões antrópicas por fontes e para as remoções antrópicas por sumidouros de gases de efeito estufa;
>
> XVIII – a avaliação de impactos ambientais sobre o microclima e o macroclima".

O **Plano Nacional sobre Mudança do Clima** será o plano diretor de execução da PNMC. Mesmo antes da sua previsão legal, foi editado o Decreto 6.263/2007, que instituiu o Comitê Interministerial sobre Mudança do Clima, sendo criado no seu âmbito o Grupo Executivo sobre Mudança do Clima, com a finalidade de elaborar, implementar, monitorar e avaliar o Plano Nacional sobre Mudança do Clima.

Deveras, o Plano Nacional sobre Mudança do Clima definirá ações e medidas que visem à mitigação da mudança do clima, bem como à adaptação à mudança do clima, e será estruturado em quatro eixos temáticos: I – mitigação; II – vulnerabilidade, impacto e adaptação; III – pesquisa e desenvolvimento; e IV – capacitação e divulgação.

A estratégia de elaboração do Plano Nacional sobre Mudança do Clima deverá prever a realização de consultas públicas, para manifestação dos movimentos sociais, das instituições científicas e de todos os demais agentes interessados no tema, com a finalidade de promover a transparência do processo de elaboração e de implementação do Plano, tendo sido disponibilizada uma versão para consulta pública em setembro de 2008.

Outro instrumento de execução da PNMC que merece destaque é o **Fundo Nacional sobre Mudança do Clima – FNMC**, criado pela Lei 12.114, de 09.12.2009, de natureza contábil, vinculado ao Ministério do Meio Ambiente, com a finalidade de assegurar recursos para apoio a projetos ou estudos e financiamento de empreendimentos que visem à mitigação da mudança do clima e à adaptação à mudança do clima e aos seus efeitos.

Os seus recursos serão aplicados em *apoio financeiro reembolsável,* mediante concessão de empréstimo, por intermédio do agente operador ou em *apoio financeiro, não reembolsável,* a projetos relativos à mitigação da mudança do clima ou à adaptação à mudança do clima e aos seus efeitos, aprovados pelo Comitê Gestor do FNMC, conforme diretrizes previamente estabelecidas pelo Comitê.

Sobre o FNMC, se colaciona notícia extraída do sítio do Ministério do Meio Ambiente:

> "**Fundo Clima é o primeiro do mundo a usar recursos do petróleo e está com R$ 200 milhões garantidos para ações de mitigação e adaptações aos efeitos das mudanças climáticas no Brasil em 2011**
>
> 18.08.2010
>
> *Carlos Américo*
>
> O Fundo Nacional de Mudanças Climáticas já tem garantidos R$ 200 milhões para investimento em ações de mitigação e adaptação aos efeitos das mudanças climáticas no Brasil em 2011. A informação é da secretária de Mudanças Climáticas

e Qualidade Ambiental do Ministério do Meio Ambiental, Branca Americano, e foi dada nesta quarta-feira (18), durante mesa redonda Estratégias de Financiamento para o Desenvolvimento Sustentável da Região Semiárida, na II Conferência Internacional: Clima, Sustentabilidade e Desenvolvimento em Regiões Semiáridas (Icid 2010).

A secretária explicou aos participantes que o chamado Fundo Clima terá recursos garantidos todos os anos. '60% dos recursos serão do petróleo. Isso não implicou em nova carga tributária. Era um dinheiro que já existia. Então, foi mudada a lei do petróleo sobre impactos ambientais, que agora direciona parte dos recursos para esse fundo', disse. Segundo a secretária, o comitê gestor do fundo será instalado ainda neste ano.

O Fundo Clima foi criado no final do ano passado e é o primeiro do mundo a usar recursos do petróleo no combate às mudanças climáticas. Com um orçamento que poderá chegar a R$ 1 bilhão por ano, o dinheiro será aplicado em pesquisas e ações de mitigação e adaptação às mudanças climáticas, ajudando regiões vulneráveis, como a região semiárida, que sofre com a seca, e os litorais, com risco de alagamento".[101]

Será editado decreto federal que aprovará os Planos setoriais de mitigação e de adaptação às mudanças climáticas visando à consolidação de uma economia de baixo consumo de carbono, na geração e distribuição de energia elétrica, no transporte público urbano e nos sistemas modais de transporte interestadual de cargas e passageiros, na indústria de transformação e na de bens de consumo duráveis, nas indústrias químicas fina e de base, na indústria de papel e celulose, na mineração, na indústria da construção civil, nos serviços de saúde e na agropecuária, com vistas a atender metas gradativas de redução de emissões antrópicas quantificáveis e verificáveis, considerando as especificidades de cada setor, inclusive por meio do Mecanismo de Desenvolvimento Limpo e das Ações de Mitigação Nacionalmente Apropriadas.

O artigo 7.º, da Lei 12.187/2009, ainda previu os seguintes instrumentos institucionais para a atuação da Política Nacional de Mudança do Clima:

"I – o Comitê Interministerial sobre Mudança do Clima;[102]

II – a Comissão Interministerial de Mudança Global do Clima;

III – o Fórum Brasileiro de Mudança do Clima;

IV – a Rede Brasileira de Pesquisas sobre Mudanças Climáticas Globais – Rede Clima;

V – a Comissão de Coordenação das Atividades de Meteorologia, Climatologia e Hidrologia".

---

101. Disponível em: <http://www.mma.gov.br/sitio/index.php?ido=ascom.noticiaMMA &pag=2&>.

102. É coordenado pela Casa Civil da Presidência da República, sendo composto por dezessete órgãos federais, incluindo a Casa Civil, e o Fórum Brasileiro de Mudanças Climáticas-FBMC. Os órgãos federais que o compõem são: Ministério da Agricultura, Pecuária e Abastecimento, Ministério da Ciência e Tecnologia, Ministério da Defesa, Ministério da Educação, Ministério da Fazenda, Ministério da Integração Nacional, Ministério da Saúde, Ministério das Cidades, Ministério das Relações Exteriores, Ministério de Minas e Energia, Ministério do Desenvolvimento Agrário, Ministério do Desenvolvimento, Indústria e Comércio Exterior, Ministério do Meio Ambiente, Ministério do Planejamento, Orçamento e Gestão, Ministério dos Transportes, e Núcleo de Assuntos Estratégicos da Presidência da República.

O *Comitê Interministerial sobre Mudança do Clima – CIM*, criado pelo Decreto 6.263/2007, tem a função de elaborar a Política Nacional sobre Mudança do Clima e o Plano Nacional sobre Mudança do Clima.

Já a *Comissão Interministerial de Mudança Global do Clima* foi instituída pelo Decreto de 7 de julho de 1999, alterado pelo Decreto de 10 de janeiro de 2006, tendo a finalidade de articular as ações de governo decorrentes da Convenção-Quadro das Nações Unidas sobre Mudança do Clima e seus instrumentos subsidiários de que o Brasil seja parte.

Por sua vez, o *Fórum Brasileiro de Mudanças Climáticas*, criado pelo Decreto 3.515, de 20 de junho de 2000, tem por objetivo conscientizar e mobilizar a sociedade para a discussão e tomada de posição sobre os problemas decorrentes da mudança do clima por gases de efeito estufa, bem como sobre o Mecanismo de Desenvolvimento Limpo (MDL) definido no artigo 12, do Protocolo de Quioto à Convenção-Quadro das Nações Unidas sobre Mudança do Clima.[103]

A *Rede Brasileira de Pesquisas sobre Mudanças Climáticas Globais (Rede CLIMA)* foi instituída pelo Ministério de Ciência e Tecnologia no final de 2007 e tem como objetivo principal gerar e disseminar conhecimentos para que o Brasil possa responder aos desafios representados pelas causas e efeitos das mudanças climáticas globais.[104]

A *Comissão de Coordenação das Atividades de Meteorologia, Climatologia e Hidrologia – CMCH* foi criada pelo Decreto 6.065/2007, sendo órgão colegiado integrante da estrutura básica do Ministério da Ciência e Tecnologia, que tomará decisões de caráter deliberativo sobre a formulação de políticas e ações em Meteorologia, Climatologia e Hidrologia, no âmbito da sua competência.

O Brasil instituiu a sua própria meta de redução dos gases que causam o efeito estufa. De acordo com o artigo 12, da Lei 12.187/2009, para alcançar os objetivos da Política Nacional sobre Mudança do Clima, o país adotará, como compromisso nacional voluntário, ações de mitigação das emissões de gases de efeito estufa, com vistas a **reduzir entre 36,1% e 38,9% suas emissões projetadas até 2020**.

Entretanto, esse dispositivo não é autoaplicável, pois depende da edição de decreto que disponha sobre a projeção das emissões para 2020, assim como o detalhamento das ações para alcançar o objetivo expresso, tendo por base o segundo Inventário Brasileiro de Emissões e Remoções Antrópicas de Gases de Efeito Estufa não Controlados pelo Protocolo de Montreal, a ser concluído em 2010.

Com o advento do Decreto 7.390, de 10.12.2010, que regulamenta a Política Nacional de Mudança do Clima, finalmente foram projetadas as emissões para o ano de 2020 e detalhadas as ações a serem adotadas.

O Inventário Nacional de Emissões e Remoções Antrópicas de Gases de Efeito Estufa não controlados pelo Protocolo de Montreal (Inventário) é parte da Comunicação Nacional à Convenção Quadro da ONU sobre Mudança do Clima (Convenção de Mudança do

103. Disponível em: <http://www.forumclima.org.br/index.php/o-forum/o-que-e>.

104. Disponível em: <http://www.ccst.inpe.br/redeclima>.

Clima), sendo um dos principais compromissos de todos os países signatários da Convenção de Mudança do Clima.[105]

De acordo com o Decreto 7.390/2010, **a projeção das emissões nacionais de gases do efeito estufa para o ano de 2020 é de 3.236 milhões tonCO_2eq,**[106] conforme o detalhamento metodológico descrito no Anexo do referido ato regulamentar.

Assim, para alcançar o compromisso nacional voluntário de que trata o artigo 12, da Lei 12.187/2009, serão implementadas ações que almejem reduzir entre 1.168 milhões de tonCO_2eq e 1.259 milhões de tonCO_2eq do total das emissões estimadas.

Ou seja, em 2020, o Brasil se comprometeu a emitir, no máximo, 2,1 bilhões de toneladas de CO2 por ano.

Para atingir essa audaciosa meta (NÃO FOI ATINGIDA A META), serão considerados os seguintes planos de ação para a prevenção e controle do desmatamento nos biomas e planos setoriais de mitigação e de adaptação às mudanças climáticas:

> I – Plano de Ação para a Prevenção e Controle do Desmatamento na Amazônia Legal – PPCDAm;
>
> II – Plano de Ação para a Prevenção e Controle do Desmatamento e das Queimadas no Cerrado – PPCerrado;
>
> III – Plano Decenal de Expansão de Energia – PDE;
>
> IV – Plano para a Consolidação de uma Economia de Baixa Emissão de Carbono na Agricultura; e
>
> V – Plano de Redução de Emissões da Siderurgia.

Serão adotadas as seguintes ações específicas para atingir a referida meta de redução:

> I – redução de 80% dos índices anuais de desmatamento na Amazônia Legal em relação à média verificada entre os anos de 1996 a 2005;
>
> II – redução de 40% dos índices anuais de desmatamento no Bioma Cerrado em relação à média verificada entre os anos de 1999 a 2008;
>
> III – expansão da oferta hidroelétrica, da oferta de fontes alternativas renováveis, notadamente centrais eólicas, pequenas centrais hidroelétricas e bioeletricidade, da oferta de biocombustíveis, e incremento da eficiência energética;
>
> IV – recuperação de 15 milhões de hectares de pastagens degradadas;
>
> V – ampliação do sistema de integração lavoura-pecuária-floresta em 4 milhões de hectares;
>
> VI – expansão da prática de plantio direto na palha em 8 milhões de hectares;

---

105. Disponível em: <http://www.oc.org.br/cms/arquivos/inventa%C2%A1rio_emissa%C2%B5es_gee-valores_preliminares-25-11-2009.pdf>.

106. I – Mudança de Uso da Terra: 1.404 milhões de tonCO_2eq; II – Energia: 868 milhões de tonCO_2eq; III – Agropecuária: 730 milhões de tonCO_2eq; e IV – Processos Industriais e Tratamento de Resíduos: 234 milhões de tonCO_2eq.

VII – expansão da fixação biológica de nitrogênio em 5,5 milhões de hectares de áreas de cultivo, em substituição ao uso de fertilizantes nitrogenados;

VIII – expansão do plantio de florestas em 3 milhões de hectares;

IX – ampliação do uso de tecnologias para tratamento de 4,4 milhões de m^3 de dejetos de animais; e

X – incremento da utilização na siderurgia do carvão vegetal originário de florestas plantadas e melhoria na eficiência do processo de carbonização.

Por fim, para fins de acompanhamento do cumprimento da meta, **foram publicadas, a partir de 2012, estimativas anuais de emissões de gases de efeito estufa no Brasil** em formato apropriado para facilitar o entendimento por parte dos segmentos da sociedade interessados.

Conforme será estudado, o novo Código Florestal brasileiro, que foi aprovado pela Lei 12.651/2012, demonstrou em diversas passagens a preocupação com as mudanças climáticas no Planeta Terra, especialmente no que concerne à prevenção e repressão aos incêndios, que produzem os gases de carbono, bem como na previsão de incentivos para premiar medidas de redução dos gases causadores do efeito estufa.

Foram identificados os seguintes dispositivos:

A) Artigo 40 – Ao determinar a aprovação pela União da Política Nacional de Manejo e Controle de Queimadas, Prevenção e Combate aos Incêndios Florestais, foram previstos instrumentos para a análise dos impactos das queimadas sobre as mudanças climáticas, bem como a observância dos cenários de mudanças climáticas;

B) Artigo 41 – Ao prever a aprovação pela União do Programa de Apoio e Incentivo à Conservação do Meio Ambiente, foi arrolada a linha de ação consistente no pagamento pelos serviços ambientais que envolvam o sequestro, a conservação, a manutenção, o aumento do estoque e a diminuição do fluxo de carbono; e a regulação do clima;

C) Artigo 41 – As atividades de manutenção das Áreas de Preservação Permanente, de Reserva Legal e de uso restrito são elegíveis para quaisquer pagamentos ou incentivos por serviços ambientais, configurando adicionalidade para fins de mercados nacionais e internacionais de reduções de emissões certificadas de gases de efeito estufa.

Por tudo isso, nota-se que a nova legislação florestal brasileira está alinhada com a Política Nacional de Mudança do Clima, que foi citada no artigo 1º-A, inciso V, da Lei 12.651/2012, que trata da principiologia do novo CFlo.

Resíduos sólidos e Política Nacional

Após tramitar por mais de 20 anos no Congresso Nacional, finalmente foi aprovado o Projeto de Lei 354/1989, por intermédio da **Lei 12.305, de 02.08.2010**, que instituiu a **Política Nacional de Resíduos Sólidos**, que integra a Política Nacional do Meio Ambiente e articula-se com a Política Nacional de Educação Ambiental e com a Política Federal de Saneamento Básico.

Considera-se *resíduo sólido* o material, substância, objeto ou bem descartado resultante de atividades humanas em sociedade, a cuja destinação final se procede, se propõe proceder ou se está obrigado a proceder, nos estados sólido ou semissólido, bem como gases contidos em recipientes e líquidos cujas particularidades tornem inviável o seu lançamento na rede pública de esgotos ou em corpos d'água, ou exijam para isso soluções técnica ou economicamente inviáveis em face da melhor tecnologia disponível.

Sujeitar-se-ão às novas disposições as pessoas físicas ou jurídicas, de direito público ou privado, responsáveis, direta ou indiretamente, pela geração de resíduos sólidos, e as que desenvolvam ações relacionadas à gestão integrada ou ao gerenciamento de resíduos sólidos.

Entretanto, o legislador excluiu expressamente a aplicação da Lei 12.305/2010 aos *rejeitos radioativos*, por já sofrerem regulação especial pela Lei 10.308/2001.

Dentre as inovações, destacam-se:

- A **proibição dos lixões** (observada a regra de transição);
- A atribuição de responsabilidade às indústrias pela destinação dos resíduos sólidos que produzem, verdadeiro corolário do Princípio do Poluidor-pagador;
- A inclusão social das organizações de catadores;
- A **logística reversa**, que determina que fabricantes, importadores, distribuidores e vendedores realizem o recolhimento de embalagens usadas;
- A **responsabilidade compartilhada**, que envolve a sociedade, as empresas, os governos municipais, distrital, estaduais e federal na gestão dos resíduos sólidos;
- A previsão dos **planos de resíduos sólidos**;
- A responsabilidade das pessoas de acondicionar de forma adequada o lixo para o seu recolhimento, devendo fazer a separação onde houver a coleta seletiva.

Na gestão e gerenciamento de resíduos sólidos, deverá ser observada a seguinte *ordem de prioridade*: **não geração, redução, reutilização, reciclagem, tratamento dos resíduos sólidos e disposição final ambientalmente adequada dos rejeitos**. De acordo com a Ministra do Meio Ambiente,

> "hoje os municípios não têm condições de arcar com as despesas, e por isso foram previstos os consórcios. 'Os financiamentos serão assegurados em orçamento. R$ 500 milhões pela Caixa Econômica Federal e R$ 1 bilhão pelo Orçamento Geral da União, por meio dos Ministérios do Meio Ambiente e das Cidades. Para prefeituras, catadores, estados e todos os que forem objeto de financiamento na lei.' Ela explica que a novidade dessa legislação é que ela oferece instrumentos formais para tornar as soluções viáveis".[107]

Segundo o Ministério do Meio Ambiente, "por meio dos incentivos e novas exigências, o país tentará resolver o problema da produção de lixo das cidades, que chega a 150 mil

107. Disponível em: <http://www.mma.gov.br/sitio/index.php?ido=ascom.noticiaMMA& codigo=6021>.

toneladas por dia. Deste total, 59% são destinados aos 'lixões' e apenas 13% têm destinação correta em aterros sanitários".[108]

Já existem Resoluções do CONAMA que tratam dos resíduos sólidos em determinados segmentos, que permanecem em vigor no que não contrariarem a Lei 12.305/2010:

- **Resolução CONAMA 404/2008** – Estabelece critérios e diretrizes para o licenciamento ambiental de aterro sanitário de pequeno porte de resíduos sólidos urbanos;
- **Resolução CONAMA 313/2002** – Dispõe sobre o Inventário Nacional de Resíduos Sólidos Industriais;
- **Resolução CONAMA 005/1993** – Dispõe sobre o gerenciamento de resíduos sólidos gerados nos portos, aeroportos, terminais ferroviários e rodoviários;
- **Resolução CONAMA 006/1991** – Dispõe sobre a incineração de resíduos sólidos provenientes de estabelecimentos de saúde, portos e aeroportos.

Em 23.12.2010, foi publicado o Decreto 7.404, que regulamenta a Lei 12.305/2010, instituindo o **Comitê Interministerial da Política Nacional de Resíduos Sólidos**, com a finalidade de apoiar a estruturação e implementação da Política Nacional de Resíduos Sólidos, por meio da articulação dos órgãos e entidades governamentais, com um representante, titular e suplente, de cada órgão a seguir indicado: I – Ministério do Meio Ambiente, que o coordenará; II – Casa Civil da Presidência da República; III – Ministério das Cidades; IV – Ministério do Desenvolvimento Social e Combate à Fome; V – Ministério da Saúde; VI – Ministério de Minas e Energia; VII – Ministério da Fazenda; VIII – Ministério do Planejamento, Orçamento e Gestão; IX – Ministério do Desenvolvimento, Indústria e Comércio Exterior; X – Ministério da Agricultura, Pecuária e Abastecimento; XI – Ministério da Ciência e Tecnologia; e XII – Secretaria de Relações Institucionais da Presidência da República.

Para a execução da Política Nacional de Resíduos Sólidos, foram invocados os seguintes *princípios ambientais gerais*: **prevenção, precaução, poluidor-pagador, protetor-recebedor, desenvolvimento sustentável, razoabilidade e proporcionalidade**.

Outrossim, ainda foram arrolados os seguintes *princípios*:

- **Visão sistêmica, na gestão dos resíduos sólidos** – deverão ser consideradas as variáveis ambientais, sociais, culturais, econômicas, tecnológicas e de saúde pública;
- **Ecoeficiência** – compatibilização entre o fornecimento, a preços competitivos, de bens e serviços qualificados que satisfaçam as necessidades humanas e tragam qualidade de vida e a redução do impacto ambiental e do consumo de recursos naturais a um nível, no mínimo, equivalente à capacidade de sustentação estimada do planeta;
- **Cooperação entre as diferentes esferas do poder público, o setor empresarial e demais segmentos da sociedade**;
- **Responsabilidade compartilhada pelo ciclo de vida dos produtos** – conjunto de atribuições individualizadas e encadeadas dos fabricantes, importadores, distribuidores e

108. Disponível em: <http://blog.planalto.gov.br/politica-nacional-de-residuos-solidos-une-protecao-ambiental-e-inclusao-social>.

comerciantes, dos consumidores e dos titulares dos serviços públicos de limpeza urbana e de manejo dos resíduos sólidos, para minimizar o volume de resíduos sólidos e rejeitos gerados, bem como para reduzir os impactos causados à saúde humana e à qualidade ambiental decorrentes do ciclo de vida dos produtos;

- **Reconhecimento do resíduo sólido reutilizável e reciclável como um bem econômico e de valor social, gerador de trabalho e renda e promotor de cidadania;**
- **Respeito às diversidades locais e regionais;**
- **Direito da sociedade à informação e ao controle social.**

É possível afirmar que o *objetivo geral* da Política Nacional de Resíduos Sólidos é a **proteção da saúde pública e da qualidade ambiental**. Foram listados os seguintes *objetivos específicos* no artigo 7.º da Lei 12.305/2010:

- Não geração, redução, reutilização, reciclagem[109] e tratamento dos resíduos sólidos, bem como disposição final ambientalmente adequada dos rejeitos;
- Estímulo à adoção de padrões sustentáveis de produção e consumo de bens e serviços;[110]
- Adoção, desenvolvimento e aprimoramento de tecnologias limpas como forma de minimizar impactos ambientais;
- Redução do volume e da periculosidade dos resíduos perigosos;
- Incentivo à indústria da reciclagem, tendo em vista fomentar o uso de matérias-primas e insumos derivados de materiais recicláveis e reciclados;
- Gestão integrada de resíduos sólidos;[111]
- Articulação entre as diferentes esferas do poder público, e destas com o setor empresarial, com vistas à cooperação técnica e financeira para a gestão integrada de resíduos sólidos;
- Capacitação técnica continuada na área de resíduos sólidos;
- Regularidade, continuidade, funcionalidade e universalização da prestação dos serviços públicos de limpeza urbana e de manejo de resíduos sólidos, com adoção de mecanismos gerenciais e econômicos que assegurem a recuperação dos custos dos serviços prestados, como forma de garantir sua sustentabilidade operacional e financeira, observada a Lei 11.445, de 2007;

109. Processo de transformação dos resíduos sólidos que envolve a alteração de suas propriedades físicas, físico-químicas ou biológicas, com vistas à transformação em insumos ou novos produtos, observadas as condições e os padrões estabelecidos pelos órgãos competentes do Sisnama e, se couber, do SNVS e do Suasa.

110. Produção e consumo de bens e serviços de forma a atender as necessidades das atuais gerações e permitir melhores condições de vida, sem comprometer a qualidade ambiental e o atendimento das necessidades das gerações futuras.

111. Conjunto de ações voltadas para a busca de soluções para os resíduos sólidos, de forma a considerar as dimensões política, econômica, ambiental, cultural e social, com controle social e sob a premissa do desenvolvimento sustentável.

- Prioridade, nas aquisições e contratações governamentais, para: produtos reciclados e recicláveis; bens, serviços e obras que considerem critérios compatíveis com padrões de consumo social e ambientalmente sustentáveis;
- Integração dos catadores de materiais reutilizáveis e recicláveis nas ações que envolvam a responsabilidade compartilhada pelo ciclo de vida dos produtos;
- Estímulo à implementação da avaliação do ciclo de vida do produto;
- Incentivo ao desenvolvimento de sistemas de gestão ambiental e empresarial voltados para a melhoria dos processos produtivos e ao reaproveitamento dos resíduos sólidos, incluídos a recuperação e o aproveitamento energético;
- Estímulo à rotulagem ambiental e ao consumo sustentável.

Os principais instrumentos para a consecução da Política Nacional de Resíduos Sólidos são os **planos de resíduos sólidos**, que deverão se publicizados e sofrer controle social em sua formulação, implementação e operacionalização. São previstos os seguintes planos:

> I – o Plano Nacional de Resíduos Sólidos;
>
> II – os planos estaduais de resíduos sólidos;
>
> III – os planos microrregionais de resíduos sólidos e os planos de resíduos sólidos de regiões metropolitanas ou aglomerações urbanas;
>
> IV – os planos intermunicipais de resíduos sólidos;
>
> V – os planos municipais de gestão integrada de resíduos sólidos;
>
> VI – os planos de gerenciamento de resíduos sólidos.

O **Plano Nacional de Resíduos Sólidos** será elaborado pela União, sob a coordenação do Ministério do Meio Ambiente, mediante processo de mobilização e participação social, incluindo a realização de audiências e consultas públicas, com vigência por prazo indeterminado e horizonte de 20 anos, a ser atualizado a cada quatro anos.

Deverá conter, dentre outras disposições, o diagnóstico da situação atual dos resíduos sólidos; proposição dos cenários; metas de redução, reutilização e reciclagem para reduzir a quantidade de resíduos e rejeitos encaminhados para disposição final ambientalmente adequada; metas de aproveitamento energético; metas para a eliminação e recuperação de lixões; medidas para incentivar e viabilizar a gestão regionalizada dos resíduos sólidos.

Também deverão ser elaborados os **planos estaduais de resíduos sólidos**, determinação extensível ao Distrito Federal, que lamentavelmente foi esquecido na elaboração da norma. A aprovação dos planos estaduais é condição para que os estados tenham acesso aos recursos da União, ou por ela controlados, destinados a empreendimentos e serviços relacionados à gestão de resíduos sólidos, ou para serem beneficiados por incentivos ou financiamentos de entidades federais de crédito ou fomento para tal finalidade.

Os planos estaduais de resíduos sólidos serão elaborados para vigência por prazo indeterminado, abrangendo todo o território dos estados, com horizonte de atuação de 20 anos e revisões a cada quatro anos.

Ainda poderão os estados aprovar **planos microrregionais de resíduos sólidos**, bem como **planos específicos direcionados às regiões metropolitanas ou às aglomerações urbanas**, com a participação obrigatória dos municípios envolvidos, o que não exclui ou substitui as prerrogativas a cargo dos municípios, que deverão atender ao previsto para o plano estadual e estabelecer soluções integradas para a coleta seletiva, a recuperação e a reciclagem, o tratamento e a destinação final dos resíduos sólidos urbanos e, consideradas as peculiaridades microrregionais, outros tipos de resíduos.

Deverão os municípios aprovar os seus **planos municipais de gestão integrada de resíduos sólidos**, que também funcionarão como condição para que os municípios tenham acesso a recursos da União, ou por ela controlados, destinados a empreendimentos e serviços relacionados à limpeza urbana e ao manejo de resíduos sólidos, ou para serem beneficiados por incentivos ou financiamentos de entidades federais de crédito ou fomento para tal finalidade.

A existência de plano municipal não dispensará o município da promoção do licenciamento ambiental de aterros sanitários e de outras infraestruturas e instalações operacionais integrantes do serviço público de limpeza urbana e de manejo de resíduos sólidos pelo órgão competente do SISNAMA.

Terão preferência na percepção de recursos federais os municípios que implantarem a coleta seletiva com a participação de cooperativas ou outras formas de associação de catadores de materiais reutilizáveis e recicláveis formadas por pessoas físicas de baixa renda.

Para os municípios com menos de 20.000 habitantes, foi permitida a elaboração de **plano simplificado**, exceto se os entes políticos locais integrarem áreas de especial interesse turístico, estiverem inseridos na área de influência de empreendimentos ou atividades com significativo impacto ambiental de âmbito regional ou nacional ou o território abranja, total ou parcialmente, unidades de conservação.

De maneira atécnica, o artigo 18, da Lei 12.305/2010, previu que o Distrito Federal deverá elaborar o seu plano municipal, ignorando o legislador que essa entidade política não possui municípios, e sim regiões administrativas, a teor do artigo 32, da Constituição Federal.

Foi facultada a elaboração de **planos intermunicipais de resíduos sólidos**, em regime de consórcios públicos, que terão prioridade na percepção de recursos da União, podendo neste caso ser dispensada a elaboração de plano municipal de gestão integrada de resíduos sólidos.

Outrossim, foram previstos os **planos de gerenciamento de resíduos sólidos**, que serão parte integrante do processo de licenciamento ambiental,[112] devendo ser elaborados pelos geradores de resíduos sólidos[113] listados pelo artigo 20, I, da Lei 12.305/2010:

- **Resíduos dos serviços públicos de saneamento básico**: os gerados nessas atividades, excetuados os resíduos domiciliares e de limpeza urbana;
- **Resíduos industriais**: os gerados nos processos produtivos e instalações industriais;

112. Será assegurada oitiva do órgão municipal competente, em especial quanto à disposição final ambientalmente adequada de rejeitos, caso o licenciamento ambiental seja estadual ou federal.
113. Pessoas físicas ou jurídicas, de direito público ou privado, que geram resíduos sólidos por meio de suas atividades, nelas incluído o consumo.

- **Resíduos de serviços de saúde**: os gerados nos serviços de saúde, conforme definido em regulamento ou em normas estabelecidas pelos órgãos do SISNAMA e do Sistema Nacional de Vigilância Sanitária;
- **Resíduos de mineração**: os gerados na atividade de pesquisa, extração ou beneficiamento de minérios;

Deverão ainda aprovar os seus planos de gerenciamento de resíduos sólidos:

- Estabelecimentos comerciais e de prestação de serviços que gerem **resíduos perigosos** ou que gerem resíduos que, mesmo caracterizados como não perigosos, por sua natureza, composição ou volume, não sejam equiparados aos resíduos domiciliares pelo poder público municipal;
- Empresas de **construção civil**, nos termos do regulamento ou de normas estabelecidas pelos órgãos do SISNAMA;
- Responsáveis pelos terminais e outras instalações que gerem **resíduos de serviços de transportes**;
- Responsáveis por **atividades agrossilvopastoris**, se exigido pelo órgão competente do SISNAMA, do Sistema Nacional de Vigilância Sanitária ou do Sistema Único de Atenção à Sanidade Agropecuária.

Vale ressaltar que a inexistência do plano municipal de gestão integrada de resíduos sólidos não obsta a elaboração, a implementação ou a operacionalização do plano de gerenciamento de resíduos sólidos.

Ainda foram previstos os seguintes instrumentos para a consecução da Política Nacional de Resíduos Sólidos:

- Os inventários e o sistema declaratório anual de resíduos sólidos;
- A **coleta seletiva**, os **sistemas de logística reversa** e outras ferramentas relacionadas à implementação da responsabilidade compartilhada pelo ciclo de vida dos produtos;
- O incentivo à criação e ao desenvolvimento de cooperativas ou de outras formas de associação de catadores de materiais reutilizáveis e recicláveis;
- O monitoramento e a fiscalização ambiental, sanitária e agropecuária;
- A cooperação técnica e financeira entre os setores público e privado para o desenvolvimento de pesquisas de novos produtos, métodos, processos e tecnologias de gestão, reciclagem, reutilização, tratamento de resíduos e disposição final ambientalmente adequada de rejeitos;
- A pesquisa científica e tecnológica;
- A educação ambiental;
- Os incentivos fiscais, financeiros e creditícios;
- O Fundo Nacional do Meio Ambiente e o Fundo Nacional de Desenvolvimento Científico e Tecnológico;
- O Sistema Nacional de Informações sobre a Gestão dos Resíduos Sólidos (Sinir);

- O Sistema Nacional de Informações em Saneamento Básico (Sinisa);
- Os conselhos de meio ambiente e, no que couber, os de saúde;
- Os órgãos colegiados municipais destinados ao controle social dos serviços de resíduos sólidos urbanos;
- O Cadastro Nacional de Operadores de Resíduos Perigosos;
- Os acordos setoriais;
- No que couber, os instrumentos da Política Nacional de Meio Ambiente;
- Os termos de compromisso e os termos de ajustamento de conduta;
- O incentivo à adoção de consórcios ou de outras formas de cooperação entre os entes federados, com vistas à elevação das escalas de aproveitamento e à redução dos custos envolvidos.

A **logística reversa** é o instrumento de desenvolvimento econômico e social caracterizado por um conjunto de ações, procedimentos e meios destinados a viabilizar a coleta e a restituição dos resíduos sólidos ao setor empresarial, para reaproveitamento, em seu ciclo ou em outros ciclos produtivos, ou outra destinação final ambientalmente adequada.

De efeito, são obrigados a estruturar e implementar *sistemas de logística reversa*, mediante retorno dos produtos após o uso pelo consumidor, de forma independente do serviço público de limpeza urbana e de manejo dos resíduos sólidos, os fabricantes, importadores, distribuidores e comerciantes de agrotóxicos, seus resíduos e embalagens, assim como outros produtos cuja embalagem, após o uso, constitua resíduo perigoso; pilhas e baterias; pneus; óleos lubrificantes, seus resíduos e embalagens; lâmpadas fluorescentes, de vapor de sódio e mercúrio e de luz mista e produtos eletroeletrônicos e seus componentes.

Caberá aos consumidores promover a devolução após o uso, aos comerciantes ou distribuidores, dos produtos e das embalagens referidos. Por sua vez, os comerciantes e os distribuidores deverão efetuar a sua devolução aos fabricantes ou aos importadores, que finalmente darão destinação ambientalmente adequada aos produtos e às embalagens reunidos ou devolvidos, sendo o rejeito encaminhado para a disposição final ambientalmente adequada.

É possível que haja acordo para que o Poder Público assuma a responsabilidade pelas atividades de logística reversa, mas a prestação desse serviço público deverá ser remunerada.

Na hipótese de o **sistema de coleta seletiva** constar do plano municipal de gestão integrada de resíduos sólidos, os consumidores são obrigados a acondicionar adequadamente e de forma diferenciada os resíduos sólidos gerados e disponibilizar adequadamente os resíduos sólidos reutilizáveis e recicláveis para coleta ou devolução.

O artigo 13, da Lei 12.305/2010, promoveu uma classificação dos resíduos sólidos de acordo com a sua origem ou periculosidade.

Quando à origem, foram classificados em:

a) **resíduos domiciliares**: os originários de atividades domésticas em residências urbanas;

b) **resíduos de limpeza urbana**: os originários da varrição, limpeza de logradouros e vias públicas e outros serviços de limpeza urbana;

c) **resíduos sólidos urbanos**: os englobados nas alíneas "a" e "b";

d) **resíduos de estabelecimentos comerciais e prestadores de serviços**: os gerados nessas atividades, excetuados os referidos nas alíneas "b", "e", "g", "h" e "j";

e) **resíduos dos serviços públicos de saneamento básico**: os gerados nessas atividades, excetuados os referidos na alínea "c";

f) **resíduos industriais**: os gerados nos processos produtivos e instalações industriais;

g) **resíduos de serviços de saúde**: os gerados nos serviços de saúde, conforme definido em regulamento ou em normas estabelecidas pelos órgãos do Sisnama e do SNVS;

h) **resíduos da construção civil**: os gerados nas construções, reformas, reparos e demolições de obras de construção civil, incluídos os resultantes da preparação e escavação de terrenos para obras civis;

i) **resíduos agrossilvopastoris**: os gerados nas atividades agropecuárias e silviculturais, incluídos os relacionados a insumos utilizados nessas atividades;

j) **resíduos de serviços de transportes**: os originários de portos, aeroportos, terminais alfandegários, rodoviários e ferroviários e passagens de fronteira;

k) **resíduos de mineração**: os gerados na atividade de pesquisa, extração ou beneficiamento de minérios.

Quanto à periculosidade, classificou-se da seguinte maneira:

a) **resíduos perigosos**: aqueles que, em razão de suas características de inflamabilidade, corrosividade, reatividade, toxicidade, patogenicidade, carcinogenicidade, teratogenicidade e mutagenicidade, apresentam significativo risco à saúde pública ou à qualidade ambiental, de acordo com lei, regulamento ou norma técnica;

b) **resíduos não perigosos**: aqueles não enquadrados na alínea "a".

A Política Nacional de Resíduos Sólidos atribuiu ao Poder Público, aos empresários e a toda a coletividade a responsabilidade pela efetividade de sua implementação.

Caberá à Administração Pública prestadora dos serviços públicos de limpeza urbana e de manejo de resíduos sólidos a responsabilidade pela organização e prestação direta ou indireta desses serviços.

Já as pessoas físicas e jurídicas geradoras de resíduos sólidos, listadas no artigo 20, da Lei 12.305/2010, deverão implementar e operacionalizar integralmente o seu *plano de gerenciamento de resíduos sólidos*, cuja responsabilidade civil por danos que vierem a ser provocados pelo gerenciamento inadequado dos respectivos resíduos ou rejeitos persistirá, mesmo que tenha sido contratado terceiro para a prestação dos serviços de coleta, armazenamento, transporte, transbordo, tratamento ou destinação final de resíduos sólidos, ou de disposição final de rejeitos.

Caberá ao Poder Público atuar subsidiariamente para minimizar ou cessar o dano, logo que tome conhecimento de evento lesivo ao meio ambiente ou à saúde pública relacionado ao gerenciamento de resíduos sólidos, assegurado o regresso contra os responsáveis para a recomposição do erário.

Por seu turno, o gerador de resíduos sólidos domiciliar terá cessada a sua responsabilidade pelos resíduos com a disponibilização adequada para a coleta ou pela devolução.

Outrossim, restou instituída a **responsabilidade compartilhada pelo ciclo de vida dos produtos**, que engloba os fabricantes, importadores, distribuidores e comerciantes, os consumidores e os titulares dos serviços públicos de limpeza urbana e de manejo de resíduos sólidos, a ser implementada de forma individualizada e encadeada, que **independe da existência de culpa**.

Foi cominado aos manufaturadores ou responsáveis pela circulação o dever ambiental de **fabricação de embalagens com materiais que propiciem a sua reutilização ou reciclagem**.

Alguns fabricantes, importadores, distribuidores e comerciantes são obrigados a estruturar e implementar **sistemas de logística reversa**, mediante retorno dos produtos após o uso pelo consumidor, de forma independente do serviço público de limpeza urbana e de manejo dos resíduos sólidos: *agrotóxicos, seus resíduos e embalagens, assim como outros produtos cuja embalagem, após o uso, constitua resíduo perigoso; pilhas e baterias; pneus; óleos lubrificantes, seus resíduos e embalagens; lâmpadas fluorescentes, de vapor de sódio e mercúrio e de luz mista e produtos eletroeletrônicos e seus componentes.*

Já os **consumidores estão obrigados a devolver os referidos produtos e embalagens após o uso** aos comerciantes ou distribuidores, assim como outros produtos ou embalagens objeto de logística reversa, devendo **acondicionar adequadamente e de forma diferenciada os resíduos sólidos gerados e disponibilizar adequadamente os resíduos sólidos reutilizáveis e recicláveis para coleta ou devolução**.

A logística reversa será implementada mediante a implantação de procedimentos de compra de produtos ou embalagens usados, da disponibilização de postos de entrega de resíduos reutilizáveis e recicláveis e de atuação em parceria com cooperativas ou outras formas de associação de catadores de materiais reutilizáveis e recicláveis.

Será possível a **extensão do sistema de logística reversa** a produtos comercializados em embalagens plásticas, metálicas ou de vidro, e aos demais produtos e embalagens, considerando, prioritariamente, o grau e a extensão do impacto à saúde pública e ao meio ambiente dos resíduos gerados, desde que previsto em Regulamento ou avençado em termos de compromisso ou acordos setoriais.[114]

Em regulamentação ao *Princípio do Poluidor-pagador*, **os fabricantes e os importadores darão destinação ambientalmente adequada aos produtos e às embalagens reunidos ou devolvidos**, sendo o rejeito encaminhado para a disposição final ambientalmente adequada.

Ainda dentro da responsabilidade compartilhada, o titular dos serviços públicos de limpeza urbana e de manejo de resíduos sólidos (normalmente os municípios) deverá adotar procedimentos para reaproveitar os resíduos sólidos reutilizáveis e recicláveis oriundos dos serviços públicos de limpeza urbana e de manejo de resíduos sólidos, estabelecendo **sistema de coleta seletiva**.

114. Poderão ter abrangência nacional, regional, estadual ou municipal.

Outrossim, deverá se articular com os agentes econômicos e sociais medidas para viabilizar o retorno ao ciclo produtivo dos resíduos sólidos reutilizáveis e recicláveis oriundos dos serviços de limpeza urbana e de manejo de resíduos sólidos e implantar sistema de compostagem para resíduos sólidos orgânicos e articular com os agentes econômicos e sociais formas de utilização do composto produzido, dando disposição final ambientalmente adequada aos resíduos e rejeitos oriundos dos serviços públicos de limpeza urbana e de manejo de resíduos sólidos.

São considerados *resíduos perigosos* aqueles que, em razão de suas características de inflamabilidade, corrosividade, reatividade, toxicidade, patogenicidade, carcinogenicidade, teratogenicidade e mutagenicidade, apresentam **significativo risco à saúde pública ou à qualidade ambiental**, de acordo com lei, regulamento ou norma técnica.

De acordo com o artigo 7.º, XXIV e XXV, da Lei Complementar 140/2011, é competência administrativa de a União exercer o controle ambiental sobre o transporte marítimo, interestadual, fluvial ou terrestre de produtos perigosos.

Já aos Estados e ao Distrito Federal competirá apenas exercer comumente com a União o controle ambiental sobre o transporte fluvial e terrestre de produtos perigosos, não tendo a atribuição de controlar o transporte marítimo e interestadual.

Apenas poderão ser licenciados a instalação e o funcionamento de empreendimento ou atividade que gere ou opere com resíduos perigosos se comprovada a capacidade técnica e econômica, além de condições para prover os cuidados necessários ao gerenciamento desses resíduos, devendo as pessoas jurídicas se registrar no *Cadastro Nacional de Operadores de Resíduos Perigosos*, que integra o Cadastro Técnico Federal de Atividades Potencialmente Poluidoras ou Utilizadoras de Recursos Ambientais[115] e o Sistema de Informações.

As pessoas jurídicas que gerem ou operem com resíduos perigosos deverão elaborar **plano de gerenciamento de resíduos perigosos**, a ser aprovado pelo órgão competente do SISNAMA, que poderá integrar o plano de gerenciamento de resíduos sólidos.

Importante inovação é a possibilidade de imposição de contratação de seguro como condição para o deferimento da licença ambiental. De efeito, prevê o artigo 40, da Lei 12.305/2010, que no licenciamento ambiental de empreendimentos ou atividades que operem com resíduos perigosos, o órgão licenciador do SISNAMA pode exigir a **contratação de seguro de responsabilidade civil por danos causados ao meio ambiente ou à saúde pública**, observadas as regras sobre cobertura e os limites máximos de contratação fixados em regulamento.

A União deverá promover a descontaminação de *áreas órfãs*, assim consideradas aquelas cuja responsabilidade ambiental ainda não está definida, ressalvado o direito de regresso contra os causadores da contaminação, se posteriormente identificados.

Foi prevista genericamente a instituição de medidas indutoras para a implementação da Política Nacional de Resíduos Sólidos, a exemplo dos **incentivos fiscais, financeiros ou creditícios**, desde que respeitadas as disposições da Lei de Responsabilidade Fiscal.

115. Instrumento da Política Nacional do Meio Ambiente.

Em termos de *incentivos creditícios*, as instituições oficiais de crédito foram autorizadas a estabelecer critérios diferenciados de acesso dos beneficiários aos créditos do Sistema Financeiro Nacional para investimentos produtivos.

Também será possível que todas as pessoas políticas instituam normas que concedam *incentivos fiscais, financeiros ou creditícios* em favor de indústrias e entidades dedicadas à reutilização, ao tratamento e à reciclagem de resíduos sólidos produzidos no território nacional; de projetos relacionados à responsabilidade pelo ciclo de vida dos produtos, prioritariamente em parceria com cooperativas ou outras formas de associação de catadores de materiais reutilizáveis e recicláveis formadas por pessoas físicas de baixa renda e de empresas dedicadas à limpeza urbana e a atividades a ela relacionadas.

Por sua vez, os *consórcios públicos* com o objetivo de viabilizar a descentralização e a prestação de serviços públicos que envolvam resíduos sólidos terão prioridade na obtenção dos incentivos instituídos pela União.

Observada a regra de transição, pois este dispositivo apenas entrará em vigor após quatro anos contados da data de publicação da Lei 12.305/2010, foram *proibidas* as seguintes *formas de destinação ou disposição final de resíduos sólidos ou rejeitos*:

- **Lançamento em praias, no mar ou em quaisquer corpos hídricos;**[116]
- **Lançamento *in natura* a céu aberto, excetuados os resíduos de mineração;**
- **Queima a céu aberto ou em recipientes, instalações e equipamentos não licenciados para essa finalidade;**[117]
- **Outras formas vedadas pelo poder público.**

Nas *áreas de disposição final de resíduos ou rejeitos foram proibidas* as seguintes atividades:

- **Utilização dos rejeitos dispostos como alimentação;**
- **Catação;**
- **Criação de animais domésticos;**
- **Fixação de habitações temporárias ou permanentes;**
- **Outras atividades vedadas pelo poder público.**

Por fim, **foi proibida a importação de resíduos sólidos perigosos e rejeitos**, bem como de resíduos sólidos cujas características causem dano ao meio ambiente, à saúde pública e animal e à sanidade vegetal, ainda que para tratamento, reforma, reuso, reutilização ou recuperação.

Com o intuito de atender ao Princípio da Segurança Jurídica, alguns dispositivos da Lei 12.305/2010 têm um largo período de vacância, a fim de permitir a preparação da iniciativa privada ou mesmo pública para atendê-los.

116. Assegurada a devida impermeabilização, as bacias de decantação de resíduos ou rejeitos industriais ou de mineração, devidamente licenciadas pelo órgão competente do Sisnama, não são consideradas corpos hídricos.

117. Salvo em caso de emergência sanitária decretada.

Nos termos da **Lei 14.026/2020, a disposição final ambientalmente adequada dos rejeitos** deverá ser implantada até 31 de dezembro de 2020, exceto para os Municípios que até essa data tenham elaborado plano intermunicipal de resíduos sólidos ou plano municipal de gestão integrada de resíduos sólidos e que disponham de mecanismos de cobrança que garantam sua sustentabilidade econômico-financeira, nos termos do art. 29 da Lei nº 11.445, de 5 de janeiro de 2007, para os quais ficam definidos os seguintes prazos:

> I – até 2 de agosto de 2021, para capitais de Estados e Municípios integrantes de Região Metropolitana (RM) ou de Região Integrada de Desenvolvimento (Ride) de capitais;
>
> II – até 2 de agosto de 2022, para Municípios com população superior a 100.000 (cem mil) habitantes no Censo 2010, bem como para Municípios cuja mancha urbana da sede municipal esteja situada a menos de 20 (vinte) quilômetros da fronteira com países limítrofes;
>
> III – até 2 de agosto de 2023, para Municípios com população entre 50.000 (cinquenta mil) e 100.000 (cem mil) habitantes no Censo 2010; e
>
> IV – até 2 de agosto de 2024, para Municípios com população inferior a 50.000 (cinquenta mil) habitantes no Censo 2010.

Nos casos em que a disposição de rejeitos em aterros sanitários for economicamente inviável, poderão ser adotadas outras soluções, observadas normas técnicas e operacionais estabelecidas pelo órgão competente, de modo a evitar danos ou riscos à saúde pública e à segurança e a minimizar os impactos ambientais.

Já o disposto nos artigos 16[118] (plano estadual de resíduos sólidos) e 18[119] (plano municipal de resíduos sólidos) entrou em vigor dois anos após a data de publicação da Lei.

De arremate, a *logística reversa* relativa aos produtos de que tratam os incisos V[120] e VI[121] do *caput* do artigo 33, será implementada progressivamente, segundo cronograma estabelecido em Regulamento.

2. JURISPRUDÊNCIA

- **STJ, INFORMATIVO 459 – AGROTÓXICO IMPORTADO. APOSTILAMENTO.** O art. 3.º da Lei 7.802/1989 prevê que os agrotóxicos, seus componentes e afins só poderão ser produzidos, exportados, importados, comercializados e utilizados após prévio registro em órgão federal. Já o art. 17 do Dec. 98.816/1990 (vigente à época) determinava o cancelamento desse registro acaso constatada a

118. "Artigo 16. A elaboração de plano estadual de resíduos sólidos, nos termos previstos por esta Lei, é condição para os Estados terem acesso a recursos da União, ou por ela controlados, destinados a empreendimentos e serviços relacionados à gestão de resíduos sólidos, ou para serem beneficiados por incentivos ou financiamentos de entidades federais de crédito ou fomento para tal finalidade".

119. "Artigo 18. A elaboração de plano municipal de gestão integrada de resíduos sólidos, nos termos previstos por esta Lei, é condição para o Distrito Federal e os Municípios terem acesso a recursos da União, ou por ela controlados, destinados a empreendimentos e serviços relacionados à limpeza urbana e ao manejo de resíduos sólidos, ou para serem beneficiados por incentivos ou financiamentos de entidades federais de crédito ou fomento para tal finalidade".

120. "V – lâmpadas fluorescentes, de vapor de sódio e mercúrio e de luz mista".

121. "VI – produtos eletroeletrônicos e seus componentes".

modificação não autorizada da fórmula, dosagem, condições de fabricação, indicação de aplicação e especificações constantes de rótulos, folhetos ou bulas dos agrotóxicos ou qualquer modificação em desacordo com o registro concedido. O parágrafo único desse mesmo artigo, contudo, especificava que essas alterações obrigariam o interessado a formular um novo pedido de registro. Por sua vez, o art. 29, § 6.º, do decreto estabelecia que só alterações estatutárias ou contratuais das sociedades empresárias registrantes submeter-se-iam à averbação ou ao apostilamento no registro. Por tudo isso, conclui-se que a transferência da titularidade do registro em questão (de agrotóxicos produzidos no exterior e importados ao país para comercialização) deve sujeitar-se não a simples apostilamento, mas a um novo registro no Ministério da Agricultura, Pecuária e Abastecimento. Há que garantir medida eficaz ao exercício do poder de polícia, o que se inviabilizaria pela utilização do apostilamento no caso, pois ficaria tolhida a prévia avaliação dos setores competentes quanto ao lançamento, no mercado, de considerável quantidade de agrotóxicos. Anote-se que a necessidade de novo registro pactua com o sistema jurídico de proteção do meio ambiente, que se pauta pelos princípios da preservação e da precaução. REsp 1.153.500-DF, Rel. Min. Mauro Campbell Marques, julgado em 07.12.2010.

"ADMINISTRATIVO. RECURSO ORDINÁRIO EM MANDADO DE SEGURANÇA. RECICLAGEM DE EMBALAGENS VAZIAS DE AGROTÓXICOS. RESPONSABILIDADE DAS EMPRESAS PRODUTORAS E COMERCIALIZADORAS.

1. Hipótese em que a impetrante pretender atuar na atividade de reciclagem de embalagens vazias de agrotóxicos. Pugna pelo deferimento da licença ambiental independentemente da celebração de um termo de compromisso com o Instituto Nacional de Processamento de Embalagens Vazias – INPEV.

2. De acordo com o § 5.º do art. 6.º da Lei 7.802/1989, incluído pela Lei 9.974/2000, 'as empresas produtoras e comercializadoras de agrotóxicos, seus componentes e afins, são responsáveis pela destinação das embalagens vazias dos produtos por elas fabricados e comercializados, após a devolução pelos usuários, e pela dos produtos apreendidos pela ação fiscalizatória e dos impróprios para utilização ou em desuso, com vistas à sua reutilização, reciclagem ou inutilização, obedecidas as normas e instruções dos órgãos registrantes e sanitário-ambientais competentes'.

3. O responsável pelo destino final das embalagens vazias de agrotóxicos é o seu fabricante, ou, quando o produto não for fabricado no país, o importador.

4. No exercício dessa obrigação, as empresas produtoras e comercializadoras de agrotóxicos são representadas, atualmente, pelo Instituto Nacional de Processamento de Embalagens Vazias – INPEV, que possui, em seu rol de associados, 99% das empresas fabricantes de defensivos agrícolas do Brasil e as sete principais entidades de classe do setor.

5. Diante desse contexto, é possível afirmar que o INPEV atua como verdadeiro mandatário das empresas produtoras e comercializadoras de agrotóxicos, que são as únicas responsáveis pela destinação final das embalagens vazias.

6. Assim, se essas empresas serão responsabilizadas por eventual dano ao meio ambiente decorrente da reciclagem de embalagens vazias de agrotóxicos, é justo que elas tenham a prerrogativa de firmar parcerias de acordo com suas conveniências.

7. Recurso ordinário em mandado de segurança desprovido" (STJ, RMS 25399, de 17.02.2009).

ADPF 656 MC/DF – DISTRITO FEDERAL

MEDIDA CAUTELAR NA ARGUIÇÃO DE DESCUMPRIMENTO DE PRECEITO FUNDAMENTAL

Relator(a): Min. RICARDO LEWANDOWSKI

Julgamento: 22/06/2020

Publicação: 31/08/2020

Órgão julgador: Tribunal Pleno

Publicação

PROCESSO ELETRÔNICO DJe-216 DIVULG 28-08-2020 PUBLIC 31-08-2020

Ementa

Ementa: AÇÃO DE DESCUMPRIMENTO DE PRECEITO FUNDAMENTAL. MEDIDA CAUTELAR. DIREITO AMBIENTAL. DIREITO À SAÚDE. PORTARIA 43/2020 DA SECRETARIA DE DEFESA AGROPECUÁRIA DO

MINISTÉRIO DA AGRICULTURA, PECUÁRIA E ABASTECIMENTO – MAPA. REGULAMENTAÇÃO DA LEI 13.874/2019, A QUAL DISPÕE SOBRE LIBERDADE ECONÔMICA. PRAZOS PARA APROVAÇÃO TÁCITA DE USO DE AGROTÓXICOS, FERTILIZANTES E OUTROS QUÍMICOS. CONHECIMENTO. ENTRADA, REGISTRO E LIBERAÇÃO DE NOVOS AGROTÓXICOS NO BRASIL, SEM EXAME DA POSSÍVEL NOCIVIDADE DOS PRODUTOS. INADMISSIBILIDADE. AFRONTA AOS PRINCÍPIOS DA PRECAUÇÃO E DA PROIBIÇÃO DO RETROCESSO SOCIOAMBIENTAL. OFENSA, ADEMAIS, AO DIREITO À SAÚDE. PRESENTES O FUMUS BONI IURIS E O PERICULUM IN MORA. CAUTELAR DEFERIDA. I – O ato impugnado consiste em portaria assinada pelo Secretário de Defesa Agropecuária do Ministério da Agricultura, Pecuária e Abastecimento – MAPA, que estabelece prazos para aprovação tácita de utilização de agrotóxicos, independentemente da conclusão de estudos técnicos relacionados aos efeitos nocivos ao meio ambiente ou as consequências à saúde da população brasileira. II – Trata-se de portaria, destinada ao público em geral com função similar a um decreto regulamentar, o qual, à pretexto de interpretar o texto legal, acaba por extrapolar o estreito espaço normativo reservado pela Constituição às autoridades administrativas. III – Exame de atos semelhantes que vêm sendo realizados rotineiramente por esta Corte, a exemplo da ***ADPF*** 489, também proposta pela Rede Sustentabilidade contra a Portaria do Ministério do Trabalho 1.129/2017, a qual redefiniu os conceitos de trabalho forçado, jornada exaustiva e condições análogas às de escravos. IV – A portaria ministerial que, sob a justificativa de regulamentar a atuação estatal acerca do exercício de atividade econômica relacionada a agrotóxicos, para imprimir diretriz governamental voltada a incrementar a liberdade econômica, fere direitos fundamentais consagrados e densificados, há muito tempo, concernentes à Saúde Ambiental. V- Cuida-se de "um campo da Saúde Pública afeita ao conhecimento científico e à formulação de políticas públicas relacionadas à interação entre a saúde humana e os fatores do meio ambiente natural e antrópico que a determinam, condicionam e influenciam, visando à melhoria da qualidade de vida do ser humano, sob o ponto de vista da sustentabilidade". VI – Estudos científicos, inclusive da Universidade de São Paulo, descortinam dados alarmantes, evidenciando que o consumo de agrotóxicos no mundo aumentou em 100 % entre os anos de 2000 e 2010, enquanto no Brasil este acréscimo correspondeu a quase 200 %. VII – Pesquisas mostram também que o agrotóxico mais vendido no Brasil é o Glifosato, altamente cancerígeno, virtualmente banido nos países europeus, e que corresponde, sozinho, a mais da metade do volume total de todos os agrotóxicos comercializados entre nós. VIII – No País, existem 504 ingredientes ativos com registro autorizado, sendo que, desses, 149 são proibidos na União Europeia, correspondendo a cerca de 30% do total, valendo acrescentar que, dos 10 agrotóxicos mais vendidos aqui, 2 são banidos na UE. IX – Permitir a entrada e registro de novos agrotóxicos, de modo tácito, sem a devida análise por parte das autoridades responsáveis, com o fim de proteger o meio ambiente e a saúde de todos, ofende o princípio da precaução, ínsito no art. 225 da Carta de 1988. X – A Lei 7.802/1989, que regulamenta o emprego dos agrotóxicos no Brasil, estabelece diretriz incontornável no sentido de vedar o registro de agrotóxicos, seus componentes e afins, com relação aos quais o País não disponha de métodos para desativação de seus componentes, de modo a impedir que os resíduos remanescentes provoquem riscos ao meio ambiente e à saúde pública. XI – A aprovação tácita dessas substâncias, por decurso de prazo previsto no ato combatido, viola, não apenas os valores acima citados, como também afronta o princípio da proibição de retrocesso socioambiental. XII – Fumus boni iuris e periculum in mora presentes, diante da entrada em vigor da Portaria em questão no dia 1º de abril de 2020. XIII – Medida cautelar concedida para suspender a eficácia dos itens 64 a 68 da Tabela 1 do art. 2º da Portaria 43, de 21 de fevereiro de 2020, do Ministério da Agricultura, Pecuária e Abastecimento/Secretaria de Defesa Agropecuária, até a decisão definitiva do Plenário desta Corte na presente *ADPF*.

3. QUESTÕES DE CONCURSOS

01. **(TRF 5.ª REGIÃO 2011 – Juiz Federal – CESPE)** O transporte de agrotóxicos e de suas embalagens vazias está sujeito aos procedimentos estabelecidos em legislação específica, de responsabilidade exclusiva da União.

02. **(TRF 1.ª REGIÃO 2011 – Juiz Federal – CESPE)** A legislação federal vigente não permite a importação de agrotóxicos, sendo possível, contudo, importar seus componentes em separado, o que dificulta a ação fiscalizadora da administração pública.

03. (TRF 5.ª REGIÃO 2009 – Juiz Federal – CESPE) Com relação ao controle, à inspeção e à fiscalização de produtos tóxicos, julgue os itens que se seguem.

I. Possuem legitimidade para requerer o cancelamento ou a impugnação do registro de agrotóxicos e afins, arguindo prejuízos ao meio ambiente, à saúde humana e dos animais, as entidades de classe representativas de profissões ligadas ao setor e as entidades constituídas para a defesa dos interesses difusos relacionados à proteção do consumidor, do meio ambiente e dos recursos naturais, bem como os partidos políticos com representação no Congresso Nacional.

II. A Lei dos Agrotóxicos (Lei n.º 7.802/1989) proíbe o fracionamento e a reembalagem de agrotóxicos e afins com o objetivo de comercialização.

III. As pessoas físicas e jurídicas que sejam prestadoras de serviços na aplicação de agrotóxicos, seus componentes e afins, ou que os produzam, importem, exportem ou comercializem, ficam obrigadas a promover os seus registros nos órgãos competentes, do estado ou do município, atendidas as diretrizes e exigências dos órgãos federais responsáveis que atuem nas áreas da saúde, do meio ambiente e da agricultura.

IV. Compete exclusivamente à União legislar sobre o uso, a produção, o consumo, o comércio e o armazenamento dos agrotóxicos e de seus componentes e afins.

V. Os agrotóxicos, seus componentes e afins só poderão ser produzidos, exportados, importados, comercializados e utilizados se previamente registrados nos órgãos estaduais de controle ambiental.

Estão certos apenas os itens

A) I e II.

B) I e III.

C) II e V.

D) III e IV.

E) IV e V.

04. (MP Tocantins 2006 – Promotor de Justiça – CESPE) Com relação à doação de agrotóxicos registrados pelo fabricante a escolas de agricultura e de acordo com a legislação do receituário, assinale a opção CORRETA.

a) no caso de a doação ser feita a escolas agrícolas e (ou) a comunidades rurais que praticam agricultura de subsistência, não há necessidade de receituário.

b) a doação deve ser notificada ao Ministério da Agricultura, Pecuária e Abastecimento (MAPA) e, na notificação, devem constar, obrigatoriamente, os componentes do produto, seu grau de toxidade bem como a dosagem de cada elemento constituinte. Com tal notificação, o doador exime-se da necessidade de emitir a receita.

c) a utilização do produto doado ficará sujeita à receita de um profissional.

d) ao receber os produtos agrotóxicos, a escola de agricultura deve notificar o MAPA no prazo de trinta dias a contar da data do recebimento, fazendo constar dessa notificação: a discriminação da área que será pulverizada com o produto; a relação das culturas que serão tratadas e a fórmula do produto. Tais medidas suprem a necessidade da receita de um profissional.

05. (MPE-MG – 2010 – MPE-MG – Promotor de Justiça) O controle do uso de agrotóxicos é um daqueles temas que relacionam o Direito do Ambiente ao Direito do Consumidor. É um tema pluridisciplinar. As pessoas humanas se alimentam de plantas e animais. Bebem água. A saúde e a vida das presentes e futuras gerações estão em jogo. A respeito do controle dos agrotóxicos, considere as assertivas abaixo:

I. Para a venda de agrotóxicos aos usuários, a lei exige o registro prévio nos órgãos responsáveis pelos setores da saúde, do meio ambiente e da agricultura, além de receituário próprio, prescrito por profissionais legalmente habilitados.

II. As empresas produtoras e as comercializadoras de agrotóxicos, seus componentes e afins deverão estruturar-se adequadamente para as operações de recebimento, recolhimento e destinação de embalagens vazias desses produtos.

III. Os alertas feitos pelos organismos pertencentes à Organização das Nações Unidas, tais como a FAO (alimentos e agricultura) ou o PNUMA (meio ambiente), sobre os riscos dos agrotóxicos, devem imediatamente ser levados em consideração pelas autoridades competentes pelo seu controle no Brasil.

IV. A publicidade de agrotóxicos, em qualquer meio de comunicação, conterá obrigatoriamente clara advertência sobre os riscos do produto à saúde dos homens, animais e ao meio ambiente.

V. Cabe exclusiva e obrigatoriamente às empresas titulares de registro, produtoras e comercializadoras comprovarem aos órgãos fiscalizadores a devolução correta das embalagens de agrotóxicos.

Marque a opção CORRETA.

a) I, II, III e IV estão corretas.
b) I, II, IV e V estão corretas.
c) I, II, III e V estão corretas.
d) II, III, IV e V estão corretas.
e) Todas estão corretas.

06. (MPE-PR – 2011 – MPE-PR – Promotor de Justiça) ASSINALE A ALTERNATIVA INCORRETA:

a) É competência do CONAMA, mediante proposta do IBAMA, estabelecer normas e critérios para o licenciamento de atividades efetiva ou potencialmente poluidoras;
b) Licença ambiental é o ato administrativo pelo qual o órgão ambiental competente estabelece as condições, restrições e medidas de controle ambiental que deverão ser obedecidas pelo empreendedor, pessoa física ou jurídica, para localizar, instalar, ampliar e operar empreendimentos ou atividades utilizadoras dos recursos ambientais consideradas efetiva ou potencialmente poluidoras ou aquelas que, sob qualquer forma, possam causar degradação ambiental. Abrange a licença prévia, a licença de instalação e a licença de operação;
c) Constitui obrigação do usuário de agrotóxico efetuar a devolução das embalagens vazias dos produtos aos estabelecimentos comerciais em que foram adquiridos, de acordo com as instruções previstas nas respectivas bulas, no prazo de até um ano, contado da data de compra, ou prazo superior, caso autorizado pelo órgão registrante. Tal operação pode ser intermediada por postos ou centros de recolhimento, desde que autorizados e fiscalizados pelo órgão competente. As embalagens rígidas que contiverem formulações miscíveis ou dispersíveis em água deverão ser submetidas à operação de tríplice lavagem, ou tecnologia equivalente;
d) As empresas produtoras e comercializadoras de agrotóxicos, seus componentes e afins, são responsáveis pela destinação das embalagens vazias dos produtos por elas fabricados e comercializados, após a devolução pelos usuários, e pela dos produtos apreendidos pela ação fiscalizatória e dos impróprios para utilização ou em desuso, com vistas à sua inutilização, vedada a reciclagem ou reutilização;
e) A servidão ambiental é um dos instrumentos econômicos da política nacional do meio ambiente. Por ela, o proprietário rural, com anuência do órgão ambiental competente, voluntariamente renuncia, em caráter permanente ou temporário, total ou parcialmente, a direito de uso, exploração ou supressão de recursos naturais existentes na propriedade. Deve ser averbada no registro de imóveis e não se aplica às áreas de preservação permanente e de reserva legal.

07. (Analista Ambiental IBAMA 2013/CESPE) No âmbito das diretrizes da Política Nacional sobre Mudança do Clima, as atividades de sumidouro que removem gás de efeito estufa, aerossol ou precursor de gás de efeito estufa devem ser apoiadas e fomentadas, como também devem ser utilizados instrumentos financeiros e econômicos para promover ações de mitigação com esse fim.

08. (Defensor Público do Amazonas/2013/FCC) Uma organização não governamental (ONG) está trazendo para o Estado do Amazonas resíduos sólidos perigosos, provenientes dos Estados Unidos da América, cujas características causam dano ao meio ambiente e à saúde pública, para tratamento e posterior reutilização em benefício de população de baixa renda. Tal conduta, segundo a Política Nacional de Resíduos Sólidos (Lei Federal no 12.305/2010),

a) depende de autorização discricionária do Presidente da República por envolver os Ministérios do Meio Ambiente e da Saúde.

b) é permitida, diante da destinação social do resíduo sólido.

c) é proibida, ainda que haja tratamento e posterior reutilização do resíduo sólido.

d) é permitida, desde que exame prévio do material, realizado no país de origem, comprove a possibilidade de adequado tratamento do resíduo sólido.

e) é permitida, desde que exame prévio do material, realizado no Brasil, comprove a possibilidade de adequado tratamento do resíduo sólido.

09. **(PGE-SP 2012/Procurador/FCC)** De acordo com a Lei Federal 12.305/2010, constituem, respectivamente, princípio(s), objetivo(s) e instrumento(s) da Política Nacional de Resíduos Sólidos,

a) os planos de resíduos sólidos; os inventários e o sistema declaratório anual de resíduos sólidos; e a coleta seletiva, os sistemas de logística reversa e outras ferramentas relacionadas à implementação da responsabilidade compartilhada pelo ciclo de vida dos produtos.

b) a prevenção e a precaução; a avaliação de impactos ambientais; os incentivos fiscais financeiros e creditícios.

c) o poluidor-pagador e o protetor-recebedor; o incentivo à indústria da reciclagem, tendo em vista fomentar o uso de matérias-primas e insumos derivados de materiais recicláveis e reciclados e os inventários; e o sistema declaratório anual de resíduos sólidos.

d) a visão sistêmica, na gestão dos resíduos sólidos, que considere as variáveis ambiental, social, cultural, econômica, tecnológica e de saúde pública; o desenvolvimento sustentável; e a cooperação entre as diferentes esferas do poder público, o setor empresarial e demais segmentos da sociedade.

e) o estímulo à adoção de padrões sustentáveis de produção e consumo de bens e serviços; a adoção, desenvolvimento e aprimoramento de tecnologias limpas como forma de minimizar impactos ambientais; e a redução do volume e da periculosidade dos resíduos perigosos.

10. **(PETROBRAS 2011/Analista Ambiental/CESGRANRIO)** A Política Nacional dos Resíduos Sólidos (PNRS), instituída pela Lei 12.305, sancionada em 2 de agosto de 2010, em seu artigo 33, torna obrigatória a logística reversa para agrotóxicos, seus resíduos e embalagens; pilhas e baterias; pneus; óleos lubrificantes, seus resíduos e embalagens; lâmpadas fluorescentes, de vapor de sódio e mercúrio e de luz mista e produtos eletroeletrônicos e seus componentes. Considerando-se as informações acima e o contexto da situação dos produtos após o uso pelo consumidor, a logística reversa recomenda, em relação a esses produtos, que se faça o(a)

a) retorno, através do serviço público de limpeza urbana, sem a atuação dos fabricantes, importadores, distribuidores e comerciantes.

b) retorno, de forma independente do serviço público de limpeza urbana e através da atuação dos fabricantes, importadores, distribuidores e comerciantes.

c) envio para aterros sanitários devidamente monitorados, através da atuação do serviço público de limpeza urbana e sem a participação dos fabricantes e comerciantes.

d) envio para aterros sanitários devidamente monitorados, através da atuação do serviço público de limpeza urbana, com o financiamento e a fiscalização dos fabricantes.

e) separação seletiva por cooperativas de catadores, com o retorno para aterros sanitários devidamente monitorados.

11. **(Ministério do Meio Ambiente 2010/Analista Ambiental/CESPE)** De acordo com a Política Nacional de Resíduos Sólidos, o poder público pode instituir medidas indutoras e linhas de financiamento para atender às iniciativas de descontaminação de áreas contaminadas, incluindo as áreas denominadas órfãs, entendidas estas últimas como o local onde a contaminação foi causada pela disposição de quaisquer substâncias ou resíduos.

12. **(FCC – 2013 – TJ-PE – Juiz)** Considere as afirmações abaixo acerca da política nacional de resíduos sólidos, tal como instituída pela Lei nº 12.305/2010.

I. No gerenciamento de resíduos sólidos, a não geração e a redução de resíduos são objetivos preferíveis à reciclagem e ao seu tratamento adequado.

II. Os fabricantes de produtos em geral têm o dever de implementar sistemas de logística reversa.

III. Os consumidores têm responsabilidade compartilhada pelo ciclo de vida de quaisquer produtos adquiridos.

Está correto o que se afirma em

a) I, II e III.

b) I e III, apenas.

c) II e III, apenas.

d) I e II, apenas.

e) I, apenas.

13. **(2017/CESPE/TRE-BA)** As diretrizes da Política Nacional sobre Mudanças do Clima (Lei n.º 12.187/2009) incluem

a) os mecanismos financeiros e econômicos referentes à mitigação da mudança do clima e à adaptação aos efeitos da mudança do clima no âmbito da Convenção-Quadro das Nações Unidas sobre mudança do Clima e do Protocolo de Quioto.

b) os mecanismos financeiros e econômicos, no âmbito nacional, referentes à mitigação e à adaptação à mudança do clima.

c) a utilização de instrumentos financeiros e econômicos para a promoção de ações de mitigação e de adaptação à mudança do clima.

d) a compatibilização das linhas de crédito e de financiamento específicas de agentes financeiros públicos e privados.

e) a adoção de medidas fiscais e tributárias para a redução das emissões e remoção de gases de efeito estufa, incluindo alíquotas diferenciadas, isenções, compensações e incentivos.

14. **(2017/CESPE/TRE-BA)** Os instrumentos da Política Nacional de Resíduos Sólidos — Lei n.º 12.305/2010 — incluem

I. os planos de resíduos sólidos.

II. a proteção da saúde pública.

III. a coleta seletiva.

IV. o desenvolvimento sustentável.

V. o respeito às diversidades locais e regionais.

Estão certos apenas os itens

a) I e II.

b) I e III.

c) II e V.

d) III e IV.

e) IV e V.

15. **(Ano: 2020 Banca: CESPE/CEBRASPE Órgão: MPE-CE Prova: CESPE – 2020 – MPE-CE – Promotor de Justiça de Entrância Inicial)** Ao avaliar um pedido de autorização do uso de determinado agrotóxico, o órgão ambiental competente, pautado em estudos científicos, autorizou o uso do produto. Para decidir, considerou que, no atual estágio do conhecimento científico, inexiste comprovação de efeitos nocivos à saúde humana decorrentes da exposição ao referido agrotóxico, conforme parâmetros propostos pela Organização Mundial de Saúde.

Considerando-se que, nessa situação hipotética, o risco de exposição ao agrotóxico possa ser mensurado, é correto afirmar, com base na jurisprudência do STF, que a decisão do órgão ambiental está pautada no princípio

a) da precaução.

b) da prevenção.

c) do limite.

d) da equidade.

e) do usuário-pagador.

16. **(2020 Banca: CESPE/CEBRASPE Órgão: MPE-CE Prova: CESPE – 2020 – MPE-CE – Promotor de Justiça de Entrância Inicial)** Os municípios A e B pretendem criar, juntos, uma região metropolitana, com o intuito de compartilhar entre si a gestão de resíduos sólidos e, com isso, ter prioridade na obtenção de incentivos do governo federal previstos na Política Nacional de Resíduos Sólidos.

Considerando essa situação hipotética, assinale a opção correta.

a) Para que seja viável a criação da região metropolitana, os municípios A e B não precisam ser limítrofes, mas devem estar a uma distância máxima de 100 km um do outro.

b) Se a população do município A for de 10.000 habitantes, esse município deverá ter plano diretor para que seja viável a criação da região metropolitana.

c) Para que seja viável a criação da região metropolitana, os municípios A e B precisam aprovar a iniciativa, em primeiro lugar, por lei municipal, para que a criação da região metropolitana ocorra, depois, por lei estadual, ante o respeito da autonomia federativa.

d) Para receber os incentivos da Política Nacional de Resíduos Sólidos, os municípios A e B podem instituir uma microrregião com fundamento em funções públicas de interesse comum com características predominantemente urbanas.

e) Para receber os incentivos da Política Nacional de Resíduos Sólidos, os municípios A e B podem celebrar consórcio como forma de cooperação para a gestão dos resíduos sólidos.

GAB	01	ERRADO	02	ERRADO	03	B	04	C	05	A	06	D	07	CERTO
	08	C	09	C	10	B	11	CERTO	12	B	13	C	14	B
	15	B	16	E										

VI – promover a educação ambiental em todos os níveis de ensino e a conscientização pública para a preservação do meio ambiente;

1. COMENTÁRIOS

A **educação ambiental** talvez seja a saída para o futuro equacionamento da questão ambiental, tendo a Lei 9.795/1999 instituído a *Política Nacional de Educação Ambiental – PNEA*, sendo definida como *o processo por meio do qual o indivíduo e a coletividade constroem valores sociais, conhecimentos, habilidades, atitudes e competências voltadas para a conservação do meio ambiente.*

De acordo com o art. 225, § 1.º, inciso VI, da Constituição, para efetivar o direito fundamental ao meio ambiente ecologicamente equilibrado, incumbe ao Poder Público promover a educação ambiental **em todos os níveis de ensino** e a conscientização pública para a preservação do meio ambiente.

Além dos órgãos componentes do Sistema Nacional do Meio Ambiente – SISNAMA, as instituições de ensino públicas e privadas e as organizações não governamentais que atuem na área têm o dever de executar a PNEA.

A educação ambiental tem os seguintes **princípios:**[122]

122. Artigo 4.º da Lei 9.795/1999.

"I – o enfoque humanista, holístico, democrático e participativo;

II – a concepção do meio ambiente em sua totalidade, considerando a interdependência entre o meio natural, o socioeconômico e o cultural, sob o enfoque da sustentabilidade;

III – o pluralismo de ideias e concepções pedagógicas, na perspectiva da inter, multi e transdisciplinaridade;

IV – a vinculação entre a ética, a educação, o trabalho e as práticas sociais;

V – a garantia de continuidade e permanência do processo educativo;

VI – a permanente avaliação crítica do processo educativo;

VII – a abordagem articulada das questões ambientais locais, regionais, nacionais e globais;

VIII – o reconhecimento e o respeito à pluralidade e à diversidade individual e cultural".

São **objetivos fundamentais** da educação ambiental:[123]

"I – o desenvolvimento de uma compreensão integrada do meio ambiente em suas múltiplas e complexas relações, envolvendo aspectos ecológicos, psicológicos, legais, políticos, sociais, econômicos, científicos, culturais e éticos;

II – a garantia de democratização das informações ambientais;

III – o estímulo e o fortalecimento de uma consciência crítica sobre a problemática ambiental e social;

IV – o incentivo à participação individual e coletiva, permanente e responsável, na preservação do equilíbrio do meio ambiente, entendendo-se a defesa da qualidade ambiental como um valor inseparável do exercício da cidadania;

V – o estímulo à cooperação entre as diversas regiões do País, em níveis micro e macrorregionais, com vistas à construção de uma sociedade ambientalmente equilibrada, fundada nos princípios da liberdade, igualdade, solidariedade, democracia, justiça social, responsabilidade e sustentabilidade;

VI – o fomento e o fortalecimento da integração com a ciência e a tecnologia;

VII – o fortalecimento da cidadania, autodeterminação dos povos e solidariedade como fundamentos para o futuro da humanidade".

A regulamentação foi realizada pelo Decreto 4.281/2002, tendo sido criado o órgão gestor da PNEA, conforme determinado pelo artigo 14, da Lei da PNEA.

Lamentavelmente, o § 1.º, do artigo 10, da Lei 9.795/1999, vedou a implantação da educação ambiental como disciplina específica no currículo de ensino, sendo apenas tema transversal nas demais disciplinas, a ser desenvolvida como uma prática educativa integrada, contínua e permanente em todos os níveis e modalidades do ensino formal.

Ainda foi prevista a *educação ambiental não formal*, assim se entendendo as ações e as práticas educativas voltadas à sensibilização da coletividade sobre as questões ambientais e à sua organização e participação na defesa da qualidade do meio ambiente.

123. Artigo 5.º da Lei 9.795/1999.

2. QUESTÕES DE CONCURSOS

01. (Juiz do Estado do Piauí 2011 – CESPE) Em consonância com o princípio da participação e informação, a CF determina expressamente que o poder público promova a educação ambiental em todos os níveis de ensino.

02. (FCC – 2009 – MPE-SE – Analista do Ministério Público – Especialidade Direito) A educação ambiental deve ser oferecida

a) por meio da conscientização pública para a preservação do meio ambiente.

b) aos interessados, por meio de cursos de extensão universitária.

c) no sistema regular e oficial de ensino e ao público em geral, a quem se garante o acesso gratuito a cursos especializados.

d) no nível superior, apenas.

e) em todos os níveis de ensino público.

03. (MPE-PR – 2008 – MPE-PR – Promotor de Justiça) É dever específico do Poder Público promover a educação ambiental em todos os níveis de ensino e a conscientização pública para a preservação do meio ambiente.

04. (2017/MPE-PR/Promotor Substituto) Assinale a alternativa que não corresponde a um princípio básico da educação ambiental:

a) O enfoque humanista, holístico, democrático e participativo.

b) A permanente avaliação crítica do processo educativo.

c) A preparação de profissionais orientados para as atividades de gestão ambiental.

d) O reconhecimento e o respeito à pluralidade e à diversidade individual e cultural.

e) O pluralismo de ideias e concepções pedagógicas, na perspectiva da inter, multi e transdisciplinaridade.

GAB	01	CERTO	02	A	03	CERTO	04	C

VII – proteger a fauna e a flora, vedadas, na forma da lei, as práticas que coloquem em risco sua função ecológica, provoquem a extinção de espécies ou submetam os animais a crueldade.

1. COMENTÁRIOS

Fauna, vedação à crueldade contra os animais e Lei de Proteção aos Animais

Oportunamente, com boa dose de biocentrismo, **a Constituição Federal proíbe a submissão dos animais à crueldade**, sendo proscrita a "farra do boi", briga de galos, canários e quaisquer atividades cruéis, **independentemente de regulamentação**, pois se trata de norma constitucional de eficácia plena de acordo com o entendimento do STF.

Logo, não é justificável a manutenção de práticas culturais que atentem contra a dignidade dos animais, o que deverá ser ponderado em cada situação concreta.

A fauna é classificada em aquática ou terrestre, nesta considerados os animais alados (avifauna). Serão considerados integrantes da **fauna silvestre**, que tem um regime especial de proteção, inclusive penal, **"os animais de quaisquer espécies, em qualquer fase do seu desenvolvimento e que vivem naturalmente fora do seu cativeiro"** (artigo 1.º da Lei 5.197/1967 – Lei de Proteção à Fauna), que, inclusive, são de **propriedade do Estado por expressa disposição legal**.

Em que pese às vezes ser de difícil identificação, a fauna é composta por animais silvestres, exóticos e domésticos, conforme didaticamente explicitado no sítio do IBAMA:[124]

> "I – *Animais Silvestres*: são aqueles pertencentes às espécies nativas, migratórias e quaisquer outras, aquáticas ou terrestres, que tenham a sua vida ou parte dela ocorrendo naturalmente dentro dos limites do Território Brasileiro e suas águas jurisdicionais.
>
> Exemplos: mico, morcego, quati, onça, tamanduá, ema, papagaio, arara, canário-da-terra, tico-tico, galo-da-campina, teiú, jiboia, jacaré, jabuti, tartaruga-da--amazônia, abelha sem ferrão, vespa, borboleta, aranha e outros. O acesso, uso e comércio de animais silvestres é controlado pelo IBAMA.
>
> II – *Animais exóticos*: são aqueles cuja distribuição geográfica não inclui o Território Brasileiro. As espécies ou subespécies introduzidas pelo homem, inclusive domésticas, em estado selvagem, também são consideradas exóticas. Outras espécies consideradas exóticas são aquelas que tenham sido introduzidas fora das fronteiras brasileiras e suas águas jurisdicionais e que tenham entrado espontaneamente em Território Brasileiro.
>
> Exemplos: leão, zebra, elefante, urso, ferret, lebre-europeia, javali, crocodilo-do-nilo, naja, piton, esquilo-da-mongólia, tartaruga-japonesa, tartaruga-mordedora, tartaruga-tigre-d'água, cacatua, arara-da-patagônia, escorpião-do-Nilo, entre outros.
>
> III – *Animais domésticos*: são aqueles animais que através de processos tradicionais e sistematizados de manejo e melhoramento zootécnico tornaram-se domésticos, possuindo características biológicas e comportamentais em estreita dependência do homem, podendo inclusive apresentar aparência diferente da espécie silvestre que os originou.
>
> Exemplos: gato, cachorro, cavalo, vaca, búfalo, porco, galinha, pato, marreco, peru, avestruz, codorna-chinesa, perdiz-chucar, canário-belga, periquito-australiano, abelha-europeia, escargot, manon, mandarim, entre outros".

De acordo com o Supremo Tribunal Federal, em precedente anterior à Constituição Federal de 1988, a expressão "propriedade do Estado", prevista no artigo 1.º, da Lei 5.197/1967.

O artigo 2.º, da Lei 5.197/1967, **veda a caça profissional. Ou seja, no Brasil, ninguém poderá fazer da caça a sua profissão.**

Por outro lado, de acordo com o artigo 1.º, § 1.º, da citada norma, se peculiaridades regionais comportarem o exercício da caça, é possível que seja autorizada, a exemplo da **caça com finalidades esportivas (caça amadorista) e da caça de controle**, esta considerada como aquela que vise à destruição de animais silvestres considerados nocivos à agricultura ou à saúde pública, sendo defeso o uso de visgos, atiradeiras, fundas, bodoques, veneno, incêndio ou armadilhas que maltratem a caça, entre outros.

Contudo, é forte a tese de que mesmo a caça esportiva ou amadorista deveria ser proibida, pois há norma constitucional que veda as práticas que coloquem em risco sua função ecológica, provoquem a extinção de espécies **ou submetam os animais à crueldade**.

De seu turno, o artigo 14 da Lei de Proteção à Fauna permite a **caça científica**, por meio de licença especial, sendo o tema regulado detalhadamente por intermédio da Lei

124. Disponível em: <www.ibama.gov.br>.

11.794/2008, que dispõe sobre a criação e a utilização de animais em atividades de ensino e pesquisa científica,[125] em todo o território nacional.

As disposições da Lei 11.794/2008 não se aplicam a todos os animais, mas apenas aos do filo Chordata,[126] subfilo Vertebrata,[127] sendo apenas permitida a utilização de animais em atividades educacionais em estabelecimentos de ensino superior ou estabelecimentos de educação profissional técnica de nível médio da área biomédica.

Com propriedade, as atividades destinadas à criação de animais, ao ensino e à pesquisa científica deverão ser previamente licenciadas pelo Ministério da Ciência e Tecnologia, exclusivamente em favor de instituições credenciadas no Conselho Nacional de Controle de Experimentação Animal – CONCEA.

Nesta norma sente-se uma carga biocêntrica que busca evitar atos cruéis contra os animais, que só poderão ser submetidos às intervenções recomendadas nos protocolos dos experimentos que constituem a pesquisa ou programa de aprendizado quando, antes, durante e após o experimento, **receber cuidados especiais**, conforme estabelecido pelo CONCEA.

Demais disso, o animal será submetido à **eutanásia**, sob estrita obediência às prescrições pertinentes a cada espécie, conforme as diretrizes do Ministério da Ciência e Tecnologia, sempre que, encerrado o experimento ou em qualquer de suas fases, for tecnicamente recomendado aquele procedimento **ou quando ocorrer intenso sofrimento.**

Outrossim, **experimentos que possam causar dor ou angústia desenvolver-se-ão sob sedação, analgesia ou anestesia adequadas**, sendo vedado o uso de bloqueadores neuromusculares ou de relaxantes musculares em substituição a substâncias sedativas, analgésicas ou anestésicas. **É também proibida a reutilização do mesmo animal depois de alcançado o objetivo principal do projeto de pesquisa.**

Caça Profissional	É proibida.
Caça Esportiva	Com base na Lei 5.197/1967, pode ser licenciada, de acordo com as peculiaridades regionais. Contudo, é possível sustentar que viola a vedação constitucional de crueldade contra os animais.
Caça de Controle	Poderá ser licenciada para a destruição de animais silvestres considerados nocivos à agricultura ou à saúde pública.
Caça Científica	Poderá ser concedida a cientistas, pertencentes a instituições científicas, oficiais ou oficializadas, ou por estas indicadas, licença especial para a coleta de material destinado a fins científicos, em qualquer época.

125. São consideradas como atividades de pesquisa científica todas aquelas relacionadas com ciência básica, ciência aplicada, desenvolvimento tecnológico, produção e controle da qualidade de drogas, medicamentos, alimentos, imunobiológicos, instrumentos, ou quaisquer outros testados em animais, conforme definido em regulamento próprio. Não são consideradas como atividades de pesquisa as práticas zootécnicas relacionadas à agropecuária.

126. Animais que possuem, como características exclusivas, ao menos na fase embrionária, a presença de notocorda, fendas branquiais na faringe e tubo nervoso dorsal único.

127. Animais cordados que têm, como características exclusivas, um encéfalo grande encerrado numa caixa craniana e uma coluna vertebral.

O artigo 3.º, da Lei 5.197/1967, **proíbe o comércio de espécimes da fauna silvestre e de seus produtos e objetos, exceto os provenientes de criadouros previamente legalizados, que poderão apanhar ovos, larvas e filhotes se licenciados**, ressaltando que os crimes contra a fauna estão previstos no Capítulo V, Seção I, da Lei 9.605/1998, que revogou os tipos da Lei de Proteção à Fauna.

É proibida a inserção de espécie no Brasil sem o devido licenciamento ambiental, de competência do IBAMA, pois poderá haver prejuízos ao equilíbrio ecológico, sendo o fato inclusive tipificado na Lei 9.605/1998.

Ademais, é **proibida a exportação para o exterior, de peles e couros de anfíbios e répteis, em bruto**, na forma do artigo 18 da Lei 5.197/1967.

Por sua vez, a **Resolução CONAMA 384/2006** disciplinava a concessão de depósito doméstico provisório de animais silvestres apreendidos, observados os critérios ambientais listados no artigo 4.º do citado diploma.

No entanto, este ato regulamentar foi expressamente revogado pela Resolução 457, de 25/06/2013, que passou a dispor sobre o depósito e a guarda provisórios de animais silvestres apreendidos ou resgatados pelos órgãos ambientais integrantes do Sistema Nacional do Meio Ambiente, como também oriundos de entrega espontânea, quando houver justificada impossibilidade das destinações previstas no §1o do art. 25, da Lei no 9.605, de 12 de fevereiro de 1998.

Por força da **Lei 14.228/2021**, ficou vedada a eliminação da vida de cães e de gatos pelos órgãos de controle de zoonoses, canis públicos e estabelecimentos oficiais congêneres, com exceção da eutanásia nos casos de males, doenças graves ou enfermidades infectocontagiosas incuráveis que coloquem em risco a saúde humana e a de outros animais, sob pena de tipificação do delito do artigo 32 da Lei 9.605/98.

Proteção à Flora

Além de vedar a extinção dos animais, a Constituição também proíbe qualquer prática que leve à extinção da flora brasileira.

Para o *Dicionário Aurélio da língua portuguesa*, **flora** "é o conjunto das espécies vegetais de uma determinada localidade". Para alguns, chega a abarcar os micro-organismos, a exemplo das bactérias e fungos.

Por sua vez, **floresta** é expressão mais restrita, compreendendo para o *Dicionário Aurélio da língua portuguesa* "uma formação arbórea densa", valendo ressaltar que a Lei 12.651/2012 (novo Código Florestal) não traz uma definição legal de floresta, o que deve ser analisado de acordo com cada espécie, com o auxílio das ciências afins.

A elaboração da lista nacional das espécies da flora ameaçadas de extinção será de competência da União, através do Ministério do Meio Ambiente.

Por sua vez, a inserção no Brasil de espécies da flora provenientes de outros ecossistemas (exóticas) que possam gerar desequilíbrio ecológico ou a aprovação da sua liberação em ecossistemas frágeis ou protegidos também é de competência federal, a ser exercida pelo IBAMA.

Competirá aos Estados e ao Distrito Federal elaborar a **relação de espécies da flora ameaçadas de extinção no respectivo território**, mediante laudos e estudos técnico-científicos, fomentando as atividades que conservem essas espécies *in situ*.

Portanto, os Estados e o Distrito Federal também deverão listar as espécies da flora ameaçadas de extinção, desde que dentro do seu território, pois a listagem nacional será de competência da União.

2. JURISPRUDÊNCIA

STF INFORMATIVO 1030

DIREITO AMBIENTAL – PROTEÇÃO DA FAUNA

Animais apreendidos em situação de maus-tratos e abate – ADPF 640 MC-Ref/DF

Resumo:

É inconstitucional a interpretação da legislação federal que possibilita o abate imediato de animais apreendidos em situação de maus-tratos (1).

Essa exegese — proposta por órgãos administrativos e adotada por autoridades judiciais — ofende normas materiais da Constituição Federal (CF), em especial o art. 225, § 1º, VII (2), que impõe a proteção à fauna e proíbe qualquer espécie de maus-tratos aos animais.

Embora sejam relevantes, os problemas estruturais e financeiros, mencionados nas decisões judiciais e nas manifestações administrativas, não autorizam o abate, e sim o uso de instrumentos descritos na legislação infraconstitucional, como a soltura em **habitat** natural ou em cativeiros, a doação a entidades especializadas ou a pessoas habilitadas e, inclusive, o leilão. A finalidade das normas protetivas não autoriza concluir que os animais devam ser resgatados de situações de maus-tratos para, logo em seguida, serem abatidos.

As decisões judiciais e as interpretações administrativas que justificam o abate preferencial e imediato desses animais violam também o princípio da legalidade (CF, art. 37, **caput**) (3). Isso, porque inexiste autorização legal expressa que possibilite o abate no caso específico de apreensão em situação de maus-tratos, conforme se observa da literalidade do art. 25, §§ 1º e 2º, combinado com o art. 32 da Lei 9.605/1998 (Lei dos Crimes Ambientais) (4) (5), bem assim dos arts. 101, 102 e 103 do Decreto 6.514/2008 (6).

Com base nesse entendimento, o Plenário, por unanimidade, julgou procedente o pedido formulado em arguição de descumprimento de preceito fundamental para declarar a ilegitimidade da interpretação dos arts. 25, §§ 1º e 2º da Lei 9.605/1998, bem como dos artigos 101, 102 e 103 do Decreto 6.514/2008 e demais normas infraconstitucionais, que autorizem o abate de animais apreendidos em situação de maus-tratos.

(1) Precedentes: ADI 4.983, ADI 2.514 e ADI 1.856.

(2) CF: "Art. 225. Todos têm direito ao meio ambiente ecologicamente equilibrado, bem de uso comum do povo e essencial à sadia qualidade de vida, impondo-se ao Poder Público e à coletividade o dever de defendê-lo e preservá-lo para as presentes e futuras gerações. § 1º Para assegurar a efetividade desse direito, incumbe ao Poder Público: (...) VII – proteger a fauna e a flora, vedadas, na forma da lei, as práticas que coloquem em risco sua função ecológica, provoquem a extinção de espécies ou submetam os animais a crueldade."

(3) CF: "Art. 37. A administração pública direta e indireta de qualquer dos Poderes da União, dos Estados, do Distrito Federal e dos Municípios obedecerá aos princípios de legalidade, impessoalidade, moralidade, publicidade e eficiência e, também, ao seguinte:"

(4) Lei 9.605/1998: "Art. 25. Verificada a infração, serão apreendidos seus produtos e instrumentos, lavrando-se os respectivos autos. § 1º Os animais serão prioritariamente libertados em seu habitat ou, sendo tal medida inviável ou não recomendável por questões sanitárias, entregues a jardins

zoológicos, fundações ou entidades assemelhadas, para guarda e cuidados sob a responsabilidade de técnicos habilitados. § 2º Até que os animais sejam entregues às instituições mencionadas no § 1º deste artigo, o órgão autuante zelará para que eles sejam mantidos em condições adequadas de acondicionamento e transporte que garantam o seu bem-estar físico."

(5) Lei 9.605/1998: "Art. 32. Praticar ato de abuso, maus-tratos, ferir ou mutilar animais silvestres, domésticos ou domesticados, nativos ou exóticos: Pena – detenção, de três meses a um ano, e multa. § 1º Incorre nas mesmas penas quem realiza experiência dolorosa ou cruel em animal vivo, ainda que para fins didáticos ou científicos, quando existirem recursos alternativos. § 2º A pena é aumentada de um sexto a um terço, se ocorre morte do animal."

(6) Decreto 6.514/2008: "Art. 101. Constatada a infração ambiental, o agente autuante, no uso do seu poder de polícia, poderá adotar as seguintes medidas administrativas: I – apreensão; II – embargo de obra ou atividade e suas respectivas áreas; III – suspensão de venda ou fabricação de produto; IV – suspensão parcial ou total de atividades; V – destruição ou inutilização dos produtos, subprodutos e instrumentos da infração; e VI – demolição. § 1º As medidas de que trata este artigo têm como objetivo prevenir a ocorrência de novas infrações, resguardar a recuperação ambiental e garantir o resultado prático do processo administrativo. (...) Art. 102. Os animais, produtos, subprodutos, instrumentos, petrechos, veículos de qualquer natureza referidos no inciso IV do art. 72 da Lei 9.605, de 1998, serão objeto da apreensão de que trata o inciso I do art. 101, salvo impossibilidade justificada. (...) Art. 103. Os animais domésticos e exóticos serão apreendidos quando: I – forem encontrados no interior de unidade de conservação de proteção integral; ou II – forem encontrados em área de preservação permanente ou quando impedirem a regeneração natural de vegetação em área cujo corte não tenha sido autorizado, desde que, em todos os casos, tenha havido prévio embargo. § 1º Na hipótese prevista no inciso II, os proprietários deverão ser previamente notificados para que promovam a remoção dos animais do local no prazo assinalado pela autoridade competente. § 2º Não será adotado o procedimento previsto no § 1º quando não for possível identificar o proprietário dos animais apreendidos, seu preposto ou representante. § 3º O disposto no **caput** não será aplicado quando a atividade tenha sido caracterizada como de baixo impacto e previamente autorizada, quando couber, nos termos da legislação em vigor."

ADPF 640 MC-Ref/DF, relator Min. Gilmar Mendes, julgamento virtual finalizado em 17.9.2021 (sexta-feira), às 23:59.

STF INFORMATIVO 1019

DIREITO CONSTITUCIONAL – MEIO AMBIENTE

DIREITO AMBIENTAL – PROTEÇÃO AOS ANIMAIS

Proibição de uso de animais para desenvolvimento de produtos cosméticos, higiene pessoal e afins – ADI 5995/RJ

Resumo:

Não havendo norma federal disciplinadora, é constitucional lei estadual que proíba a utilização de animais para desenvolvimento, experimento e teste de produtos cosméticos, higiene pessoal, perfumes, limpeza e seus componentes.

Ante a inexistência de disciplina da matéria em nível federal, nos termos do art. 24, § 3º, da Constituição Federal (CF) (1), é permitido aos estados exercitar a competência legislativa plena.

Na hipótese, apesar da proximidade temática da norma impugnada em relação ao conteúdo da Lei federal 11.794/2008, esta possui objeto distinto, pois dispõe tão somente acerca do uso de animais para afins de atividade de ensino e pesquisa científica.

Portanto, e no mesmo sentido de recente julgamento de questão análoga (2), não há, no caso, invasão da competência da União para editar normas gerais sobre fauna, conservação da natureza e proteção do meio ambiente (art. 24, VI, da CF).

É inconstitucional norma estadual que vede a comercialização de produtos desenvolvidos a partir de teste em animais, bem como a que determina conste no rótulo informação acerca da não realização de testes em animais.

Isso porque esses dispositivos legais violam a competência legislativa da União para editar normas gerais sobre produção e consumo, e para legislar sobre comércio interestadual.

Ademais, a vedação imposta genericamente à comercialização de todo e qualquer produto sem distinção da sua respectiva origem invade a competência da União para legislar sobre comércio interestadual, nos termos do art. 22, VIII, da CF (3).

Com base nesse entendimento, o Plenário, por maioria, julgou parcialmente procedente pedido formulado em ação direta para declarar a inconstitucionalidade do parágrafo único do art. 1º e do art. 4º da Lei 7.814/2017 do estado do Rio de Janeiro.

(1) CF: "Art. 24. Compete à União, aos Estados e ao Distrito Federal legislar concorrentemente sobre: (...) § 3º Inexistindo lei federal sobre normas gerais, os Estados exercerão a competência legislativa plena, para atender a suas peculiaridades."

(2) Precedente citado: ADI 5.996/AM, relator Min. Alexandre de Moraes (DJe de 30.4.2020).

(3) CF: "Art. 22. Compete privativamente à União legislar sobre: (...) VIII – comércio exterior e interestadual;"

ADI 5995/RJ, relator Min. Gilmar Mendes, julgamento em 26 e 27.5.2021

STF INFORMATIVO 1022

DIREITO CONSTITUCIONAL – CONTROLE DE CONSTITUCIONALIDADE

DIREITO AMBIENTAL – PROTEÇÃO À FAUNA

Proibição de caça pela Constituição do estado de São Paulo - ADI 350/SP

Resumo:

Não afronta a competência legislativa da União o dispositivo de Constituição do estado de São Paulo (art. 240) (1) que proíbe a caça em seu respectivo território.

Considerando as regras de repartição de competência previstas nos arts. 23, VI e VII, e 24, VI, da Constituição Federal (CF) (2), o constituinte estadual apenas reforçou a proibição de caça prevista no art. 1º da Lei 5.197/1967, norma geral editada pela União.

No entanto, cabe destacar que, na interpretação do art. 240 da Constituição do estado de São Paulo, não devem ser incluídas a vedação às modalidades conhecidas como caça de controle e caça científica. Isso porque essas modalidades de caça destinam-se ao reequilíbrio do ecossistema, tendo, portanto, natureza protetiva em relação ao meio ambiente.

Apesar de o **caput** do art. 1º da Lei 5.197/1967 também vedar o exercício da caça, os arts. 3º, § 2º, e 14 admitem as atividades de "destruição" para fins de controle e de "coleta" para fins científicos (3).

Com base nesse entendimento, o Plenário, por unanimidade, julgou parcialmente procedente o pedido formulado na ação direta, para tão somente conferir interpretação conforme à expressão "sob qualquer pretexto", esclarecendo que não se incluem nessa vedação a destruição para fins de controle e a coleta para fins científicos, previstas, respectivamente, nos arts. 3º, § 2º, e 14, ambos da Lei federal 5.197/1967.

(1) CE-SP: "Art. 204. Fica proibida a caça, sob qualquer pretexto, em todo o Estado."

(2) CF/1988: "Art. 23. É competência comum da União, dos Estados, do Distrito Federal e dos Municípios: (...) VI – proteger o meio ambiente e combater a poluição em qualquer de suas formas; VII – preservar as florestas, a fauna e a flora; (...) Art. 24. Compete à União, aos Estados e ao Distrito Federal legislar concorrentemente sobre: (...) VI – florestas, caça, pesca, fauna, conservação da natureza, defesa do solo e dos recursos naturais, proteção do meio ambiente e controle da poluição;"

(3) Lei 5.197/1967: "Art. 1º. Os animais de quaisquer espécies, em qualquer fase do seu desenvolvimento e que vivem naturalmente fora do cativeiro, constituindo a fauna silvestre, bem como seus ninhos, abrigos e criadouros naturais são propriedades do Estado, sendo proibida a sua utilização, perseguição, destruição, caça ou apanha. § 1º Se peculiaridades regionais comportarem o exercício da caça, a permissão será estabelecida em ato regulamentador do Poder Público Federal; (...) Art. 3º. É proibido o comércio de espécimes da fauna silvestre e de produtos e objetos que impliquem

na sua caça, perseguição, destruição ou apanha. (...) § 2º Será permitida mediante licença da autoridade competente, a apanha de ovos, lavras e filhotes que se destinem aos estabelecimentos acima referidos, bem como a destruição de animais silvestres considerados nocivos à agricultura ou à saúde pública. (...) Art. 14. Poderá ser concedida a cientistas, pertencentes a instituições científicas, oficiais ou oficializadas, ou por estas indicadas, licença especial para a coleta de material destinado a fins científicos, em qualquer época. § 1º Quando se tratar de cientistas estrangeiros, devidamente credenciados pelo país de origem, deverá o pedido de licença ser aprovado e encaminhado ao órgão público federal competente, por intermédio de instituição científica oficial do país. § 2º As instituições a que se refere este artigo, para efeito da renovação anual da licença, darão ciência ao órgão público federal competente das atividades dos cientistas licenciados no ano anterior. § 3º As licenças referidas neste artigo não poderão ser utilizadas para fins comerciais ou esportivos. § 4º Aos cientistas das instituições nacionais que tenham por Lei, a atribuição de coletar material zoológico, para fins científicos, serão concedidas licenças permanentes."

ADI 350/SP, relator Min. Dias Toffoli, julgamento virtual finalizado em 18.6.2021 (sexta-feira), às 23:59

STF ADI 5447

Órgão julgador: Tribunal Pleno

Relator(a): Min. ROBERTO BARROSO

Julgamento: 22/05/2020

Publicação: 07/08/2020

Ementa

Ementa: Direito ambiental. Ação direta de inconstitucionalidade. **Suspensão do período de defeso da pesca por ato do Executivo. Violação ao princípio da precaução. Ameaça à fauna brasileira, à segurança alimentar e à pesca artesanal.** 1. Ação que tem por objeto a (in)constitucionalidade do Decreto Legislativo nº 293/2015, que sustou os efeitos da Portaria Interministerial nº 192/2015, a qual, por sua vez, suspendeu períodos de defeso da pesca de algumas espécies por 120 dias, prorrogáveis por igual prazo. O Decreto Legislativo restabeleceu os períodos originais de defeso, ao argumento de que o Executivo, ao editá-la, teria exorbitado de seu poder regulamentar. 2. Ausência de estudos técnicos que comprovem a desnecessidade do defeso nas hipóteses em que foi suspenso pela Portaria. Não apresentação de indícios mínimos da alegada ocorrência de fraude, em proporção que justifique a interrupção do pagamento de seguro-defeso. 3. Inobservância do princípio ambiental da precaução. Risco ao meio ambiente equilibrado, à fauna brasileira, à segurança alimentar da população e à preservação de grupos vulneráveis, que se dedicam à pesca artesanal. Nesse sentido: ADPF 101, Rel. Min. Cármen Lúcia; RE 835.559, Rel. Min. Luiz Fux; RE 627.189, Rel. Min. Dias Toffoli; AI 781.547, Rel. Min. Luiz Fux. 4. Modulação de efeitos da decisão para preservar os atos praticados entre 7/1/2016 e 11/3/2016, período em que o defeso esteve suspenso com respaldo em cautelar deferida pelo Supremo Tribunal Federal e posteriormente revogada (art. 27 da Lei 9.868/1999). 5. Ação julgada improcedente.

STF, INFORMATIVO 628 – "Rinha de galos" e crueldade contra animais. *Por entender caracterizada ofensa ao art. 225, § 1º, VII, da CF, que veda práticas que submetam os animais a crueldade, o Plenário julgou procedente pedido formulado em ação direta ajuizada pelo Procurador-Geral da República para declarar a inconstitucionalidade da Lei fluminense 2.895/98. A norma impugnada autoriza a criação e a realização de exposições e competições entre aves das raças combatentes (fauna não silvestre).* Rejeitaram-se as preliminares de inépcia da petição inicial e de necessidade de se refutar, artigo por artigo, o diploma legislativo invocado. Aduziu-se que o requerente questionara a validade constitucional da integridade da norma adversada, citara o parâmetro por ela alegadamente transgredido, estabelecera a situação de antagonismo entre a lei e a Constituição, bem como expusera as razões que fundamentariam sua pretensão. Ademais, destacou-se que a impugnação dirigir-se-ia a todo o complexo normativo com que disciplinadas as "rinhas de galo" naquela unidade federativa, qualificando-as como competições. Assim, despicienda a indicação de cada um dos seus vários artigos. No mérito, enfatizou-se que o constituinte objetivara assegurar a efetividade do direito fundamental à preservação da integridade do meio ambiente, que traduziria conceito amplo e abrangente das noções de meio ambiente natural, cultural, artificial (espaço urbano) e laboral. Salientou-se, de um lado, a íntima conexão entre o dever ético-jurídico de preservação da fauna e o de não incidência em práticas de crueldade e, de outro, a subsistência do gênero humano em um meio ambiente ecologicamente equilibrado (direito de terceira geração). Assinalou-se que a proteção conferida aos animais pela parte final do art. 225, § 1º, VII, da CF teria, na Lei 9.605/1998 (art. 32), o seu preceito incriminador, o qual pune, a título de crime ambiental, a inflição de maus-tratos contra animais. Frisou-se que tanto os animais silvestres, quanto os domésticos ou domesticados – aqui incluídos os galos utilizados em rinhas – estariam ao abrigo constitucional. Por fim, rejeitou-se o argumento de que a "briga de galos" qualificar-se-ia como atividade desportiva, prática cultural ou expressão folclórica, em tentativa de fraude à aplicação da regra constitucional de proteção à fauna. Os Ministros Marco Aurélio e Dias Toffoli assentaram apenas a inconstitucionalidade formal da norma. Precedentes citados: RE 153531/SC (*DJU* 13.03.98); ADI 2514/SC (DJU de 3.8.2005); ADI 3.776/RN (*DJe* 29.6.2007). ADI 1856/RJ, rel. Min. Celso de Mello, 26.5.2011. (ADI-1856).

STJ, INFORMATIVO 405 – CONTROLE. ZOONOSE. MEIO CRUEL. *Os centros dedicados ao controle de zoonoses (doenças que podem migrar de animais aos seres humanos) devem priorizar medidas que controlem a reprodução dos animais (injeção de hormônio ou esterilização), pois elas se mostram mais eficazes no combate dessas enfermidades (Informe Técnico n. 8 da OMS).* Porém, há que se permitir o extermínio dos animais quando, em casos extremos, tal medida mostre-se imprescindível para o resguardo da saúde humana. *No entanto, a utilização de meio cruel para esse fim está proibida sob pena de violação do art. 225 da CF/1988, do art. 3º da Declaração Universal dos Direitos dos Animais e do art. 32 da Lei n. 9.605/1998.* Assim, o uso de gás asfixiante nesses centros é tido por medida de extrema crueldade que viola o sistema normativo de proteção aos animais. *O uso do gás sequer se justifica pelo fundamento de que o administrador público está a exercer o dever discricionário.* Não se pode acolher que, com base nessa discricionariedade, o administrador realize prática ilícita, certo que há liberdade na escolha do método a ser utilizado, caso haja meios que se equivalham entre os não cruéis, mas nunca o exercício da discricionariedade que implique violação da própria finalidade legal. REsp 1.115.916-MG, Rel. Min. Humberto Martins, julgado em 1º/9/2009.

"*Inconstitucionalidade.* Ação direta. Lei 7.380/1998, do Estado do Rio Grande do Norte. Atividades esportivas com aves das raças combatentes. 'Rinhas' ou 'Brigas de galo'. Regulamentação. Inadmissibilidade. Meio ambiente. Animais. Submissão a tratamento cruel. Ofensa ao artigo 225, § 1.º, VII, da CF. Ação julgada procedente. Precedentes. **É inconstitucional a lei estadual que autorize e regulamente, sob título de práticas ou atividades esportivas com aves de raças ditas combatentes, as chamadas 'rinhas' ou 'brigas de galo'**" (STF, ADI 3.776, de 14.06.2007).

"Costume. Manifestação cultural. Estímulo. Razoabilidade. Preservação da fauna e da flora. Animais. Crueldade. A obrigação de o Estado garantir a todos o pleno exercício de direitos culturais, incentivando a valorização e a difusão das manifestações, não prescinde da observância da norma do inciso VII do artigo 225 da Constituição Federal, no que veda prática que acabe por submeter os animais à crueldade. **Procedimento discrepante da norma constitucional denominado 'farra do boi'**" (STF, RE 153.531, de 03.06.1997).

3. QUESTÃO DE CONCURSO

01. (TJ PI 2007– Juiz Estadual – CESPE) A Lei de Proteção da Fauna estabelece que a caça de controle

A) necessita de permissão expressamente motivada pela autoridade pública, indicando os perigos concretos ou iminentes, a área de abrangência, as espécies nocivas e a duração da atividade destruidora.

B) só pode ser realizada no período reprodutivo das espécies nocivas, não sendo permitida a destruição dos ovos já fecundados nem das matrizes prenhes.

C) só pode ser realizada antes do período reprodutivo, sendo expressamente proibida a destruição dos ovos já fecundados e das matrizes prenhes, e deve limitar-se à eliminação dos machos da espécie nociva.

D) é totalmente proibida no ordenamento pátrio, sendo permitida apenas a caça para fins científicos.

E) só é permitida quando houver reprodução de animais silvestres nocivos à saúde humana em área urbana densamente povoada.

GAB	01	A

§ 2º – Aquele que explorar recursos minerais fica obrigado a recuperar o meio ambiente degradado, de acordo com solução técnica exigida pelo órgão público competente, na forma da lei.

1. COMENTÁRIOS

A extração de recursos minerais é uma atividade altamente impactante ao meio ambiente, pois é preciso o desmate da vegetação para a sua extração. Em razão disso, o legislador constituinte expressou sua preocupação ao exigir expressamente do poluidor a recuperação do meio ambiente degradado, de acordo com a solução técnica exigida pelo órgão público competente, na forma da lei.

Assim, pontifica o artigo 1.º, do Decreto 97.632/1989, que "os empreendimentos que se destinam à exploração de recursos minerais deverão, quando da apresentação do Estudo de Impacto Ambiental – EIA e do Relatório de Impacto Ambiental – RIMA, submeter à aprovação do órgão ambiental competente, plano de recuperação de área degradada".

Aliás, é crime ambiental comissivo por omissão, de acordo com o parágrafo único do art. 55 da Lei 9.605/1998, deixar de recuperar a área pesquisada ou explorada, nos termos da autorização, permissão, licença, concessão ou determinação do órgão competente.

2. QUESTÕES DE CONCURSOS

01. (AGU 2004 – Advogado da União – CESPE) Além de exigir estudo prévio de impacto ambiental, a exploração de recursos minerais que cause significativa degradação ambiental impõe àquele que a promove obrigação de recuperar o meio ambiente degradado, de acordo com a solução técnica exigida pelo órgão público competente.

02. (2017/CESPE/TJ-PR/Juiz Substituto) Com relação à tutela constitucional ao meio ambiente e à PNMA, assinale a opção correta.

a) Compete aos municípios, por intermédio do plano diretor, instituir diretrizes para o desenvolvimento urbano, inclusive habitação, saneamento básico e transportes urbanos.

b) Embora não seja classificada como recurso ambiental devido a sua natureza incompatível com a apropriação, a atmosfera é protegida pelo direito ambiental, assim como a água, o solo e o subsolo.

c) São metas da PNMA o estabelecimento de padrões de qualidade ambiental e o incentivo à criação de tecnologia voltada para a melhoria da qualidade ambiental.

d) A recuperação de áreas degradadas é exigida das mineradoras por previsão constitucional expressa e, sob aspectos gerais, é prevista na lei como um dos princípios da PNMA.

GAB	01	CERTO	02	D

§ 3º – As condutas e atividades consideradas lesivas ao meio ambiente sujeitarão os infratores, pessoas físicas ou jurídicas, a sanções penais e administrativas, independentemente da obrigação de reparar os danos causados.

1. COMENTÁRIOS

Este dispositivo contempla as três instâncias de responsabilização ambiental: civil, administrativa e criminal. Inexiste *bis in idem* na aplicação das sanções penais e administrativas juntamente com a indenização, uma vez que a regra é a independência das instâncias.

No ordenamento jurídico brasileiro, em especial no Código Civil, a indenização apenas visa recompor o bem jurídico lesado, não tendo normalmente caráter sancionatório e pedagógico, não sendo este um regime jurídico adequado à proteção ambiental, pois não atende ao Princípio da Prevenção.

A **responsabilidade civil por danos ambientais** é objetiva por força do artigo 14, § 1º, da Lei 6.938/81, sendo aprofundada neste dispositivo da Lei de Política Nacional do Meio Ambiente. É solidária, ilimitada e imprescritível, havendo a obrigação *propter rem* de reparar o dano ambiental pelo novo adquirente, possuidor ou detentor de bem com passivo ecológico, existindo precedentes do STJ pela aplicação da Teoria do Risco Integral, conquanto doutrinariamente haja polêmica sobre este tema.

Por outro lado, vale registrar que o **dano pessoal** decorrente de acidente ambiental está sujeito ao **prazo prescricional**, a exemplo da contaminação ecológica geradora de doença,

A responsabilidade administrativa e criminal será estudada à luz da Lei 9.605/95, que dispõe sobre as sanções penais e administrativas derivadas de condutas e atividades lesivas ao meio ambiente.

Inclusive, pioneiramente, este dispositivo permitiu no Brasil a imputação de responsabilidade criminal à pessoa jurídica pelo cometimento de delito ambiental, rompendo com a exclusividade de cometimento de crimes ambientais apenas por pessoas naturais.

2. JURISPRUDÊNCIA

STJ INFORMATIVO 671 – TERCEIRA TURMA

PROCESSO	REsp 1.612.887-PR, Rel. Min. Nancy Andrighi, Terceira Turma, por unanimidade, julgado em 28/04/2020, DJe 07/05/2020
RAMO DO DIREITO	DIREITO AMBIENTAL
TEMA	Dano ambiental. Concessão de licença ambiental. Fato de terceiro capaz de interromper o nexo causal. Não configuração.
DESTAQUE	
O erro na concessão de licença ambiental não configura fato de terceiro capaz de interromper o nexo causal na reparação por lesão ao meio ambiente.	
INFORMAÇÕES DO INTEIRO TEOR	
A exoneração da responsabilidade pela interrupção do nexo causal é admitida na responsabilidade subjetiva e em algumas teorias do risco que regem a responsabilidade objetiva, mas não pode ser alegada quando se tratar de dano subordinado à teoria do risco integral. Os danos ambientais são regidos pela teoria do risco integral, colocando-se aquele que explora a atividade econômica na posição de garantidor da preservação ambiental, sendo sempre considerado responsável pelos danos vinculados à atividade, descabendo questionar a exclusão da responsabilidade pelo suposto rompimento do nexo causal (fato exclusivo de terceiro ou força maior).	

No caso, mesmo que se considere que a instalação do posto de combustível somente tenha ocorrido em razão de erro na concessão da licença ambiental, é o exercício dessa atividade, de responsabilidade da recorrente, que gera o risco concretizado no dano ambiental, razão pela qual não há possibilidade de eximir-se da obrigação de reparar a lesão verificada.

Tal entendimento encontra-se consolidado na jurisprudência desta Corte em diversos julgados, proferidos, inclusive, em sede de recurso especial repetitivo (Temas 438, 681 e 707 deste STJ), não é possível ao responsável arguir qualquer causa exonerativa da responsabilidade, que decorre de mero exercício da atividade de risco ambiental.

Processo

AgInt no AREsp 1734250/MA

AGRAVO INTERNO NO AGRAVO EM RECURSO ESPECIAL

2020/0185232-3

Relator(a)

Ministro FRANCISCO FALCÃO (1116)

Órgão Julgador

T2 – SEGUNDA TURMA

Data do Julgamento

10/05/2021

Data da Publicação/Fonte

DJe 14/05/2021

Ementa

PROCESSUAL CIVIL. **AÇÃO DE REPARAÇÃO DE DANOS MATERIAIS E MORAIS. USINA HIDRELÉTRICA DE ESTREITO. PRESCRIÇÃO.** TERMO INICIAL. TEORIA DA ACTIO NATA. CONTROVÉRSIA RESOLVIDA PELO TRIBUNAL DE ORIGEM, À LUZ DAS PROVAS DOS AUTOS. IMPOSSIBILIDADE DE REVISÃO, NA VIA ESPECIAL. SÚMULA N. 7/STJ. DIVERGÊNCIA JURISPRUDENCIAL. PREJUDICADA.

I – Trata-se de ação objetivando tutela jurisdicional com vistas à reparação de danos morais e materiais sofridos em decorrência de danos ambientais havidos pelo represamento das águas do Rio Tocantins, para implantação da Usina Hidrelétrica de Estreito, com a consequente diminuição/esgotamento da população de peixes no local.

II – O Tribunal a quo negou provimento à apelação do particular, mantendo incólume a decisão monocrática que julgou improcedente o pedido, em razão da ocorrência da prescrição do direito de ação autoral.

III – No que trata da alegação da existência de dissídio jurisprudencial, relacionado à deflagração do termo inicial do prazo prescricional da pretensão indenizatória, previsto no art. 206, § 3º, V, do Código Civil, verifica-se que o entendimento adotado pelo Tribunal a quo alinha-se à jurisprudência desta Corte, firmada no sentido de que o prazo prescricional da ação indenizatória, por danos causados em razão da construção de usina hidrelétrica, inicia-se a partir da data em que o titular do direito toma conhecimento inequívoco do fato e da extensão de suas consequências, nos termos do princípio da actio nata, podendo esse momento coincidir ou não com o do alagamento do reservatório da usina hidrelétrica.

IV – De igual forma, também correto o entendimento esposado no decisum recorrido, de que as demandas indenizatórias ajuizadas com vistas à reparação de interesses de cunho individual e patrimonial, como é o caso dos autos, devem sujeitar-se ao prazo prescricional trienal, estabelecido no art. 206, § 3º, V, do CC, o que afasta a tese de dano ambiental contínuo.

Nesse passo, tendo o Tribunal a quo, com base nos elementos fáticos dos autos, concluído, categoricamente, pela prescrição da pretensão indenizatória do recorrente, porquanto o termo inicial prescricional da indenização se deu em maio de 2011, mês em que o recorrente teve ciência da

"grande mortandade de peixes" devido ao funcionamento das turbinas da usina hidrelétrica (fl. 613), para se deduzir de modo diverso, de que a ciência do recorrente de seu direito violado teria sido em outra data, a posteriori, na forma pretendida no apelo especial, seria necessário proceder ao revolvimento do mesmo acervo fático-probatório já analisado, providência impossível pela via estreita do recurso especial, ante o óbice do enunciado da Súmula n. 7/STJ.

V – Agravo interno improvido.

▶ **STJ, INFORMATIVO 388 – DANOS AMBIENTAIS. RESPONSABILIDADE SOLIDÁRIA.** A questão em causa diz respeito à responsabilização do Estado por danos ambientais causados pela invasão e construção, por particular, em unidade de conservação (parque estadual). A Turma entendeu haver responsabilidade solidária do Estado quando, devendo agir para evitar o dano ambiental, mantém-se inerte ou atua de forma deficiente. A responsabilização decorre da omissão ilícita, a exemplo da falta de fiscalização e de adoção de outras medidas preventivas inerentes ao poder de polícia, as quais, ao menos indiretamente, contribuem para provocar o dano, até porque o poder de polícia ambiental não se exaure com o embargo à obra, como ocorreu no caso. Há que ponderar, entretanto, que essa cláusula de solidariedade não pode implicar benefício para o particular que causou a degradação ambiental com sua ação, em detrimento do erário. *Assim, sem prejuízo da responsabilidade solidária, deve o Estado – que não provocou diretamente o dano nem obteve proveito com sua omissão – buscar o ressarcimento dos valores despendidos do responsável direto, evitando, com isso, injusta oneração da sociedade*. Com esses fundamentos, deu-se provimento ao recurso. Precedentes citados: AgRg no Ag 973.577-SP, *DJ* 19/12/2008; REsp 604.725-PR, *DJ* 22/8/2005; AgRg no Ag 822.764-MG, *DJ* 2/8/2007, e REsp 647.493-SC, *DJ* 22/10/2007. REsp 1.071.741-SP, Rel. Min. Herman Benjamin, julgado em 24/3/2009.

▶ **STJ, INFORMATIVO 404 – MEIO AMBIENTE. INDENIZAÇÃO. ADQUIRENTE.** Trata-se de ação civil pública (ACP) na qual o MP objetiva a recuperação de área degradada devido à construção de usina hidrelétrica, bem como indenização pelo dano causado ao meio ambiente. A Turma entendeu que a responsabilidade por danos ambientais é objetiva e, como tal, não exige a comprovação de culpa, bastando a constatação do dano e do nexo de causalidade. *Contudo, não obstante a comprovação do nexo de causalidade ser a regra, em algumas situações dispensa-se tal necessidade em prol de uma efetiva proteção do bem jurídico tutelado.* É isso que ocorre na esfera ambiental, nos casos em que o adquirente do imóvel é responsabilizado pelos danos ambientais causados na propriedade, independentemente de ter sido ele ou o dono anterior o real causador dos estragos. A responsabilidade por danos ao meio ambiente, além de objetiva, também é solidária. A possibilidade de responsabilizar o novo adquirente de imóvel já danificado apenas busca dar maior proteção ao meio ambiente, tendo em vista a extrema dificuldade de precisar qual foi a conduta poluente e quem foi seu autor. *Assim, na espécie, conforme a análise das provas feitas pelo Tribunal a quo, foi possível verificar o real causador do desastre ambiental, ficando ele responsável por reparar o dano, ainda que solidariamente com o atual proprietário do imóvel danificado.* Precedentes citados: REsp 185.675-SP, *DJ* 2/10/2000; REsp 843.036-PR, *DJ* 9/11/2006; REsp 263.383-PR, *DJ* 22/8/2005, e REsp 327.254-PR, *DJ* 19/12/2002. REsp 1.025.574-RS, Rel. Min. Eliana Calmon, julgado em 25/8/2009.

▶ **STJ, INFORMATIVO 427 – MEIO AMBIENTE. LEGITIMIDADE PASSIVA. ESTADO.** *A jurisprudência do STJ firmou-se no sentido de reconhecer a legitimidade passiva de pessoa jurídica de direito público (no caso, estado-membro) na ação que busca a responsabilidade pela degradação do meio ambiente, em razão da conduta omissiva quanto a seu dever de fiscalizá-lo.* Essa orientação coaduna-se com o art. 23, VI, da CF/1988, que firma ser competência comum da União, estados, Distrito Federal e municípios a proteção do meio ambiente e o combate à poluição em qualquer de suas formas. Anote-se que o art. 225, *caput*, da CF/1988 prevê o direito de todos a um meio ambiente ecologicamente equilibrado, além de impor ao Poder Público e à coletividade o dever de defendê-lo e preservá-lo em benefício das presentes e futuras gerações. AgRg no REsp 958.766-MS, Rel. Min. Mauro Campbell Marques, julgado em 16.03.2010.

▶ **STJ, INFORMATIVO 559 – HC: Pessoa Jurídica e Representante Legal.** A Turma, em votação majoritária, negou provimento a agravo regimental interposto contra decisão que não conhecera, por ausência de interesse processual, de *habeas corpus* impetrado em favor de representante legal de pessoa jurídica, o qual fora citado para, nessa qualidade, presentá-la (CPC, art. 12, I) em ação penal contra ela instaurada pela suposta prática de *crimes ambientais*. A decisão impugnada assentara a inexistência de risco de constrangimento ilegal à liberdade de locomoção do paciente, uma vez que ele não figurava como réu no mencionado processo-crime. Tendo em conta que, no caso, a denúncia fora oferecida contra a pessoa jurídica da qual o ora agravante seria representante legal, afirmou-se existir óbice ao processamento do writ. *Enfatizou-se não haver, segundo o ordenamento jurídico pátrio e a partir da Constituição, possibilidade de pessoa jurídica que se encontre no polo passivo de ação penal valer-se do habeas corpus porque o bem jurídico por ele tutelado é a liberdade corporal, própria das pessoas naturais.* Vencido o Min. Marco Aurélio que, sem apreciar o mérito do *habeas corpus*, provia o agravo para que viesse, devidamente aparelhado, ao Colegiado. HC 88747Agr/ES, rel. Min. Carlos Britto, 15.9.2009. (HC-88747).

▶ **STF, INFORMATIVO 559 – HC: Pessoa Jurídica e Representante Legal.** A Turma, em votação majoritária, negou provimento a agravo regimental interposto contra decisão que não conhecera, por ausência de interesse processual, de *habeas corpus* impetrado em favor de representante legal de pessoa jurídica, o qual fora citado para, nessa qualidade, presentá-la (CPC, art. 12, I) em ação penal contra ela instaurada pela suposta prática de *crimes ambientais*. A decisão impugnada assentara a inexistência de risco de constrangimento ilegal à liberdade de locomoção do paciente, uma vez que ele não figurava como réu no mencionado processo-crime. Tendo em conta que, no caso, a denúncia fora oferecida contra a pessoa jurídica da qual o ora agravante seria representante legal, afirmou-se existir óbice ao processamento do writ. *Enfatizou-se não haver, segundo o ordenamento jurídico pátrio e a partir da Constituição, possibilidade de pessoa jurídica que se encontre no polo passivo de ação penal valer-se do habeas corpus porque o bem jurídico por ele tutelado é a liberdade corporal, própria das pessoas naturais.* Vencido o Min. Marco Aurélio que, sem apreciar o mérito do *habeas corpus*, provia o agravo para que viesse, devidamente aparelhado, ao Colegiado. HC 88747Agr/ES, rel. Min. Carlos Britto, 15.09.2009. (HC-88747).

▶ **STF, INFORMATIVO 639 – Absolvição de pessoa física e condenação penal de pessoa jurídica.** *É possível a condenação de pessoa jurídica pela prática de crime ambiental, ainda que haja absolvição da pessoa física relativamente ao mesmo delito.* Com base nesse entendimento, a 1ª Turma manteve decisão de turma recursal criminal que absolvera gerente administrativo financeiro, diante de sua falta de ingerência, da imputação da prática do crime de licenciamento de instalação de antena por pessoa jurídica sem autorização dos órgãos ambientais. Salientou-se que a conduta atribuída estaria contida no tipo penal previsto no art. 60 da Lei 9.605/98 ("Construir, reformar, ampliar, instalar ou fazer funcionar, em qualquer parte do território nacional, estabelecimentos, obras ou serviços potencialmente poluidores, sem licença ou autorização dos órgãos ambientais competentes, ou contrariando as normas legais e regulamentares pertinentes: Pena – detenção, de um a seis meses, ou multa, ou ambas as penas cumulativamente"). *Reputou-se que a Constituição respaldaria a cisão da responsabilidade das pessoas física e jurídica para efeito penal* ("Art. 225. Todos têm direito ao meio ambiente ecologicamente equilibrado, bem de uso comum do povo e essencial à sadia qualidade de vida, impondo-se ao Poder Público e à coletividade o dever de defendê-lo e preservá-lo para as presentes e futuras gerações. ... § 3º As condutas e atividades consideradas lesivas ao meio ambiente sujeitarão os infratores, pessoas físicas ou jurídicas, a sanções penais e administrativas, independentemente da obrigação de reparar os danos causados"). RE 628582 AgR/RS rel. Min. Dias Toffoli, 6.9.2011. (RE-628582).

▶ **STF, INFORMATIVO 714- Crime ambiental: absolvição de pessoa física e responsabilidade penal de pessoa jurídica – 1.** É admissível a condenação de pessoa jurídica pela prática de crime ambiental, ainda que absolvidas as pessoas físicas ocupantes de cargo de presidência ou de direção do órgão responsável pela prática criminosa. Com base nesse entendimento, a 1ª Turma, por maioria, conheceu, em parte, de recurso extraordinário e, nessa parte, deu-lhe provimento para cassar o acórdão recorrido. Neste, a imputação aos dirigentes responsáveis pelas condutas incriminadas (Lei 9.605/98, art. 54) teria sido excluída e, por isso, trancada a ação penal relativamente à pessoa jurídica. Em preliminar, a Turma, por maioria, decidiu não apreciar a prescrição da ação penal, porquanto ausentes elementos para sua aferição. Pontuou-se que o presente recurso originara-se de mandado de segurança impetrado para trancar ação penal em face de responsabilização, por crime ambiental, de pessoa jurídica. Enfatizou-se que a problemática da prescrição não estaria em debate, e apenas fora aventada em razão da demora no julgamento. Assinalou-se que caberia ao magistrado, nos autos da ação penal, pronunciar-se sobre essa questão. Vencidos os Ministros Marco Aurélio e Luiz Fux, que reconheciam a prescrição. O Min. Marco Aurélio considerava a data do recebimento da denúncia como fator interruptivo da prescrição. Destacava que não poderia interpretar a norma de modo a prejudicar aquele a quem visaria beneficiar. Consignava que a lei não exigiria a publicação da denúncia, apenas o seu recebimento e, quer considerada a data de seu recebimento ou de sua devolução ao cartório, a prescrição já teria incidido. RE 548181/PR, rel. Min. Rosa Weber, 6.8.2013. (RE-548181).

▶ **STF, INFORMATIVO 714 – Crime ambiental: absolvição de pessoa física e responsabilidade penal de pessoa jurídica – 2.** No mérito, anotou-se que a tese do STJ, no sentido de que a persecução penal dos entes morais somente se poderia ocorrer se houvesse, concomitantemente, a descrição e imputação de uma ação humana individual, sem o que não seria admissível a responsabilização da pessoa jurídica, afrontaria o art. 225, § 3º, da CF. Sublinhou-se que, ao se condicionar a imputabilidade da pessoa jurídica à da pessoa humana, estar-se-ia quase que a subordinar a responsabilização jurídico-criminal do ente moral à efetiva condenação da pessoa física. Ressaltou-se que, ainda que se concluísse que o legislador ordinário não estabelecera por completo os critérios de imputação da pessoa jurídica por crimes ambientais, não haveria como pretender transpor o paradigma de imputação das pessoas físicas aos entes coletivos. Vencidos os Ministros Marco Aurélio e Luiz Fux, que negavam provimento ao extraordinário. Afirmavam que o art. 225, § 3º, da CF não teria criado a responsabilidade penal da pessoa jurídica. Para o Min. Luiz Fux, a mencionada regra constitucional, ao afirmar que os ilícitos ambientais sujeitariam "os infratores, pessoas físicas ou jurídicas, a sanções penais e administrativas", teria apenas imposto sanções administrativas às pessoas jurídicas. Discorria, ainda, que o art. 5º, XLV, da CF teria trazido o princípio da pessoalidade da pena, o que vedaria qualquer exegese a implicar a responsabilidade penal da pessoa jurídica. Por fim, reputava que a pena visaria à ressocialização, o que tornaria impossível o seu alcance em relação às pessoas jurídicas. RE 548181/PR, rel. Min. Rosa Weber, 6.8.2013.(RE-548181).

▶ **STJ, INFORMATIVO 407 – INUNDAÇÃO. CRIME AMBIENTAL.** Trata-se de HC em que se alega, em favor dos ora pacientes, que as indústrias pertencentes a eles não eram mais proprietárias do imóvel onde ocorreu o delito ambiental, não podendo, dessa forma, agir para evitar o dano causado pelo rompimento da barragem de resíduos industriais, motivo por que se pretende o trancamento da ação penal pela ausência de justa causa. A Turma, ao prosseguir o julgamento, por maioria, concedeu a ordem ao entendimento de que, mesmo se encontrando presentes, na hipótese, o perigo para o bem jurídico tutelado e a posição de garantidor dos diretores da empresa, ora pacientes, no que se refere ao poder de agir, carece desse elemento para configurar a conduta omissiva deles. De fato, na época em que a propriedade inundada encontrava-se sob o domínio das indústrias pertencentes aos pacientes, poder-se-ia imputar a eles a omissão de desativar o reservatório que deu causa ao desastre ambiental, visto que, com a não realização da ação devida ou esperada, os diretores assumiram o risco da ocorrência do resultado (dolo eventual). *Entretanto, na data em que ocorreu tal evento, a propriedade inundada já não pertencia ao grupo empresarial há mais de nove anos, motivo pelo qual os diretores não detinham mais o poder de agir para interromper o processo causal que levaria ao resultado, ou seja, evitar a ocorrência da inundação. Portanto, ausente um dos elementos objetivos – poder de agir – previstos no art. 13 do CP, falta efetivamente justa causa para o prosseguimento da ação penal, em face de atipicidade da conduta.* HC 94.543-RJ, Rel. originário Min. Napoleão Nunes Maia Filho, Rel. para o acórdão Min. Arnaldo Esteves Lima, julgado em 17/9/2009.

▶ **STJ, INFORMATIVO 427 – MEIO AMBIENTE. REPARAÇÃO. INDENIZAÇÃO.** *O princípio da reparação in integrum aplica-se ao dano ambiental. Com isso, a obrigação de recuperar o meio ambiente degradado é compatível com a indenização pecuniária por eventuais prejuízos, até sua restauração plena.* Contudo, se quem degradou promoveu a restauração imediata e completa do bem lesado ao status quo ante, em regra, não se fala em indenização. Já os benefícios econômicos que aquele auferiu com a exploração ilegal do meio ambiente (bem de uso comum do povo, conforme o art. 225, *caput*, da CF/1988) devem reverter à coletividade, tal qual no caso, em que se explorou garimpo ilegal de ouro em área de preservação permanente sem qualquer licença ambiental de funcionamento ou autorização para desmatamento. Com esse entendimento, a Turma deu parcial provimento ao recurso para reconhecer, em tese, a possibilidade de cumulação de indenização pecuniária e obrigações de fazer voltadas à recomposição in natura do bem lesado, o que impõe a devolução dos autos ao tribunal de origem para que verifique existir dano indenizável e seu eventual *quantum debeatur*. Precedente citado: REsp 1.120.117-AC, Dje 19/11/2009. REsp 1.114.893-MG, Rel. Min. Herman Benjamin, julgado em 16/3/2010.

▶ **STJ, INFORMATIVO 438 – CRIME. MEIO AMBIENTE. PESSOA JURÍDICA.** Conforme a jurisprudência deste Superior Tribunal, nos crimes que envolvem sociedades empresárias (nos quais a autoria nem sempre se mostra bem definida), a acusação tem que estabelecer, mesmo que minimamente, a ligação entre a empreitada criminosa e o denunciado. O simples fato de ser sócio, gerente ou administrador não permite a instauração da persecução penal pelos crimes praticados no âmbito da sociedade, se não se comprovar, ainda que mediante elemento a ser aprofundado no decorrer da ação penal, a relação de causa e efeito entre as imputações e a função do denunciado na sociedade, sob pena de acolher indevida responsabilidade penal objetiva. Na hipótese, foi denunciada, primeiramente, a pessoa jurídica e, por meio de aditamento, a pessoa física. Em relação a esta última, o MP, quando do aditamento à denúncia, não se preocupou em apontar o vínculo entre ela e a ação poluidora. Só isso bastaria para tachar de inepto o aditamento à denúncia. Contudo, soma-se a isso o fato de haver, nos autos, procuração pública que dá poderes para outrem gerir a sociedade. Daí que o aditamento não se sustenta ao incluir a recorrente apenas por sua qualidade de proprietária da sociedade. *A inépcia do aditamento também contamina a denúncia como um todo, em razão de agora só figurar a pessoa jurídica como denunciada, o que é formalmente inviável, pois é impossível a responsabilização penal da pessoa jurídica dissociada da pessoa física, a qual age com elemento subjetivo próprio.* Precedentes citados: RHC 19.734-RO, *DJ* 23/10/2006; HC 86.259-MG, *DJe* 18/8/2008, e REsp 800.817-SC, *DJe* 22/2/2010. RHC 24.239-ES, Rel. Min. Og Fernandes, julgado em 10/6/2010.

▶ **STJ, INFORMATIVO 471 – REFLORESTAMENTO. OBRIGAÇÃO *PROPTER REM*.** *In casu*, o recorrente propôs, na origem, ação ordinária contra o Ibama com o objetivo de anular auto de infração e embargo devido ao cultivo (utilização econômica) de área de preservação permanente em parte do imóvel rural do qual é proprietário. O tribunal *a quo* entendeu ser legal o procedimento adotado pelo Ibama, mantendo a multa e o embargo na propriedade particular. Contudo, no especial, o recorrente alega, entre outras questões, que sua propriedade foi objeto de desmatamento nas décadas de 40 e 50 do século passado, muito antes da vigência do Código Florestal (Lei n. 4.771/1965). Ressalta o Min. Relator ser inconteste nos autos que o recorrente é o proprietário da região na qual se encontra a área de preservação permanente objeto do litígio. *Explica que, conforme prevê o art. 1º, § 2º, II, do Código Florestal, se a área de preservação permanente estiver com a cobertura florestal nativa, o proprietário terá o dever de preservá-la; se não estiver, sua obrigação será restaurar ou, ao menos, recuperar a área degradada. Assim, o fato de a região não estar coberta por vegetação nativa não retira a condição de área de preservação permanente. Dessa forma, embora esteja a área há muito tempo desmatada, o proprietário é que tem a obrigação de recuperá-la, em vez de explorá-la economicamente, como vinha ocorrendo. Essa obrigação de recuperá-la independe do fato de ter sido o proprietário o autor da degradação ambiental, mas decorre de obrigação propter rem, que adere ao título de domínio ou posse.* Para o Min. Relator, o reflorestamento é medida tão ou mais importante que a própria preservação da vegetação ainda existente, visto considerar a imensidão de áreas devastadas ao longo do processo de desenvolvimento do país. Assevera não ser por outro motivo que o Código Florestal, em seu art. 18, determina que, nas terras de propriedade privada onde seja necessário o florestamento ou o reflorestamento de área de preservação permanente, o poder público federal poderá fazê-lo sem desapropriá-las, se não o fizer o proprietário. Com isso, o citado artigo não retirou do particular a obrigação de recuperar a área desmatada, mas apenas autorizou ao poder público adiantar-se no processo de recuperação, mas com a transferência dos custos ao proprietário, que é o obrigado principal. Para o Min. Relator, ficou prejudicada a controvérsia no REsp a respeito da ocorrência da prescrição da pretensão indenizatória da área cultivada em razão de não existir direito à reparação dos danos no caso. Diante do exposto, a Turma negou provimento ao recurso. Precedente citado: AgRg no REsp 1.206.484-SP, DJe 29/3/2011. REsp 1.237.071-PR, Rel. Min. Humberto Martins, julgado em 3/5/2011.

▶ **STJ, INFORMATIVO 507 – DIREITO CIVIL. RESPONSABILIDADE CIVIL OBJETIVA. DANO AMBIENTAL.** *A responsabilidade por dano ambiental é objetiva e pautada no risco integral, não se admitindo a aplicação de excludentes de responsabilidade.* Conforme a previsão do art. 14, § 1º, da Lei n. 6.938/1981, recepcionado pelo art. 225, §§ 2º e 3º, da CF, a responsabilidade por dano ambiental, fundamentada na teoria do risco integral, pressupõe a existência de uma atividade que implique riscos para a saúde e para o meio ambiente, impondo-se ao empreendedor a obrigação de prevenir tais riscos (princípio da prevenção) e de internalizá-los em seu processo produtivo (princípio do poluidor-pagador). Pressupõe, ainda, o dano ou risco de dano e o nexo de causalidade entre a atividade e o resultado, efetivo ou potencial, não cabendo invocar a aplicação de excludentes de responsabilidade. Precedente citado: REsp 1.114.398-PR, DJe 16/2/2012 (REPETITIVO). REsp 1.346.430-PR, Rel. Min. Luis Felipe Salomão, julgado em 18/10/2012.

3. QUESTÕES DE CONCURSOS

01. (FCC – 2012 – MPE-AP – Promotor de Justiça) A responsabilidade civil por dano ambiental

a) é solidária e objetiva.

b) não admite exclusão do nexo de causalidade.

c) é alternativa e subjetiva.

d) é concorrente e disjuntiva.

e) é disjuntiva e subjetiva.

02. (FCC – 2012 – MPE-AP – Analista Ministerial – Direito) Vítor, empreiteiro autônomo, ao realizar a reforma de um galpão causa grande lesão ao meio ambiente. Diante dessa lesão, de acordo com a Constituição Federal brasileira, Vítor

a) estará sujeito a sanções penais e administrativas, independentemente da obrigação de reparar os danos causados.

b) não estará sujeito a sanções penais e administrativas, pois estas cabem somente a pessoas jurídicas quando a infração seja cometida por decisão de seu representante legal.

c) estará sujeito a sanções penais e administrativas somente se for condenado a reparar os danos causados na esfera cível.

d) estará sujeito apenas a obrigação de reparar os danos causados na esfera cível, não cabendo sanções penais ou administrativas.

e) não estará sujeito a sanções penais e administrativas, tampouco à reparação dos danos causados, tendo em vista não ter praticado ato ilícito, já que não agiu com dolo.

03. (FCC – 2009 – PGE-SP – Procurador) Pelo disposto na Constituição Federal, em especial no seu artigo 225, e na Lei Federal nº 9.605/98, as condutas e atividades consideradas lesivas ao meio ambiente sujeitarão os infratores, pessoas físicas ou jurídicas, a sanções penais e administrativas,

a) dependendo a obrigação de reparação dos danos causados da comprovação da existência de dolo, quando se tratar de pessoa física.

b) independentemente da obrigação de reparar os danos causados.

c) dependendo a obrigação de reparação dos danos causados de condenação criminal transitada em julgado.

d) independentemente da obrigação de reparação de danos ambientais, sendo que a responsabilidade penal não se aplica à pessoa jurídica.

e) sendo subjetiva a responsabilidade pela reparação de danos ambientais, quando se tratar de pessoa física e objetiva a responsabilidade quando se tratar de pessoa jurídica.

GAB	01	A	02	A	03	B

§ 4º – A Floresta Amazônica brasileira, a Mata Atlântica, a Serra do Mar, o Pantanal Mato-Grossense e a Zona Costeira são patrimônio nacional, e sua utilização far-se-á, na forma da lei, dentro de condições que assegurem a preservação do meio ambiente, inclusive quanto ao uso dos recursos naturais.

1. COMENTÁRIOS

A Constituição, ao prever que a Floresta Amazônica, a Mata Atlântica, a Serra do Mar, o Pantanal Mato-Grossense e a Zona Costeira (foram esquecidos dois grandes ecossistemas: o cerrado e a caatinga[128]) são *patrimônio nacional*, **não os transformou em bens públicos**, apenas expressando o **domínio eminente estatal** (expressão ampla que abarca o conjunto de bens destinados ao uso direto ou indireto do poder público e da coletividade) decorrente da soberania e do interesse geral em sua conservação.

Floresta Amazônica

Ao contrário da Mata Atlântica, existem dispositivos do Código Florestal especialmente criados para regular condutas humanas que interfiram na Floresta Amazônica, a exemplo da **reserva legal de no mínimo 80% da propriedade rural**, prevista no artigo 12, I, "a", do novo CFlo, já comentada anteriormente.

Inicialmente, é preciso ressaltar que a expressão Amazônia Legal, prevista no artigo 3.º, inciso I, do novo CFlo, não é necessariamente sinônima da Floresta Amazônica, pois nessa área existem outros biomas, a exemplo do cerrado, abarcando os Estados do Acre, Pará, Amazonas, Roraima, Rondônia, Amapá e Mato Grosso e as regiões situadas ao norte do paralelo 13° S, dos Estados de Tocantins e Goiás, e ao oeste do meridiano de 44° W, do Estado do Maranhão. Ademais, a Floresta Amazônica não está exclusivamente erigida no Brasil.

O artigo 11-A da Lei 12.651/2012 limitou as atividades de carcinicultura e salinas em apicuns e salgados a 10% da área total ocupada, em cada Estado, dessa modalidade de fitofisionomia no bioma amazônico.

Mata Atlântica

A tutela da Mata Atlântica, patrimônio nacional, foi intensificada com a edição da Lei 11.428/2006 (Lei do Bioma Mata Atlântica – LBMA), regulamentada pelo Decreto 6.660/2008.

128. Tramita no Congresso Nacional o Projeto de Emenda 131/2003, que também declara esses dois grandes Biomas como patrimônio nacional.

Deveras, a Mata Atlântica é um bioma com alta diversidade biológica, mas que tem hoje menos de 8% da sua cobertura original, clamando por socorro. É formada por várias florestas, já tendo sido um bioma contínuo, como é atualmente a Floresta Amazônica, mas a ação antrópica a reduziu a núcleos relativamente isolados.

A primeira controvérsia sobre a Mata Atlântica está na identificação do seu conteúdo. Uma primeira corrente sustenta que a Mata Atlântica se limita a **floresta ombrófila densa**, composta pela faixa litorânea.

Um segundo entendimento, seguindo o Mapa de Vegetação do IBGE de 1988, abarca, além da **floresta ombrófila densa**, a **ombrófila com araucária**, as **florestas estacionais deciduais** e **semidecidual**, ainda inserindo ecossistemas ligados às ilhas oceânicas, restingas, manguezais, ilhas costeiras e campos de altitude.

A Lei 11.428/2006 – LBMA, para os seus fins, adotou uma definição ampla (artigo 2.º): "Para os efeitos desta Lei, consideram-se **integrantes do Bioma Mata Atlântica** as seguintes formações florestais nativas e ecossistemas associados, com as respectivas delimitações estabelecidas em mapa do Instituto Brasileiro de Geografia e Estatística – IBGE, conforme regulamento: **Floresta Ombrófila Densa; Floresta Ombrófila Mista**, também denominada de Mata de Araucárias; **Floresta Ombrófila Aberta; Floresta Estacional Semidecidual**; e **Floresta Estacional Decidual**, bem como os manguezais, as **vegetações de restingas, campos de altitude, brejos interioranos** e **encraves florestais do Nordeste**". Ressalte-se que a nova lei apenas se aplica na área de abrangência referida.

O artigo 3.º, da LBMA, traz uma série de conceitos imprescindíveis para a sua interpretação, sendo curial transcrever a definição de **utilidade pública** e de **interesse social**:

> **"VII – utilidade pública:**
>
> a) atividades de segurança nacional e proteção sanitária;
>
> b) as obras essenciais de infraestrutura de interesse nacional destinadas aos serviços públicos de transporte, saneamento e energia, declaradas pelo poder público federal ou dos Estados;
>
> **VIII – interesse social:**
>
> a) as atividades imprescindíveis à proteção da integridade da vegetação nativa, tais como: prevenção, combate e controle do fogo, controle da erosão, erradicação de invasoras e proteção de plantios com espécies nativas, conforme resolução do Conselho Nacional do Meio Ambiente – CONAMA;
>
> b) as atividades de manejo agroflorestal sustentável praticadas na pequena propriedade ou posse rural familiar que não descaracterizem a cobertura vegetal e não prejudiquem a função ambiental da área;
>
> c) demais obras, planos, atividades ou projetos definidos em resolução do Conselho Nacional do Meio Ambiente".

São elencados como **objetivo geral** o desenvolvimento sustentável e **como objetivo específico** a salvaguarda da biodiversidade, da saúde humana, dos valores paisagísticos, estéticos e turísticos, do regime hídrico e da estabilidade social, havendo previsão expressa dos **princípios da função socioambiental da propriedade, da equidade intergeracional,**

da prevenção, da precaução, do usuário-pagador, da transparência das informações e atos, da gestão democrática, da celeridade procedimental, da gratuidade dos serviços administrativos prestados ao pequeno produtor rural e às populações tradicionais e do respeito ao direito de propriedade.

Com propriedade, a tutela legal variará a depender da natureza e do estágio da Mata Atlântica, classificada em:

- vegetação primária;
- vegetação secundária em estágio avançado de regeneração;
- vegetação secundária em estágio médio de regeneração;
- vegetação secundária em estágio inicial de regeneração.

Entrementes, a definição se dará casuisticamente pelo CONAMA, vedada a intervenção na vegetação primária e secundária em estágio avançado e médio de regeneração antes da edição do ato regulamentar. Nesse sentido, foi editada a Resolução CONAMA 388/2007, que ratificou os atos anteriores listados.

A LBMA ainda prevê que a citada classificação será mantida nos casos de incêndio, desmatamento ou qualquer outro tipo de intervenção não autorizada ou não licenciada.

O tema ainda é regulamentado pela Resolução CONAMA 417/2009, que dispõe sobre os parâmetros básicos para definição de vegetação primária e dos estágios sucessionais secundários da vegetação de Restinga na Mata Atlântica, bem como pela Resolução CONAMA 423/2010, que define os parâmetros básicos para identificação e análise da vegetação primária e dos estágios sucessionais da vegetação secundária nos Campos de Altitude associados ou abrangidos pela Mata Atlântica.

De acordo com o artigo 11, da LBMA, o corte e a supressão de vegetação primária e secundária em estágio avançado e médio de regeneração são proibidos nas seguintes hipóteses:

> **"I – a vegetação:**
>
> a) abrigar espécies da flora e da fauna silvestres ameaçadas de extinção, em território nacional ou em âmbito estadual, assim declaradas pela União ou pelos Estados, e a intervenção ou o parcelamento puserem em risco a sobrevivência dessas espécies;
>
> b) exercer a função de proteção de mananciais ou de prevenção e controle de erosão;
>
> c) formar corredores entre remanescentes de vegetação primária ou secundária em estágio avançado de regeneração;
>
> d) proteger o entorno das unidades de conservação; ou
>
> e) possuir excepcional valor paisagístico, reconhecido pelos órgãos executivos competentes do Sistema Nacional do Meio Ambiente – SISNAMA;
>
> **II – o proprietário ou posseiro não cumprir os dispositivos da legislação ambiental, em especial as exigências da Lei 4.771, de 15 de setembro de 1965, no que respeita às Áreas de Preservação Permanente e à Reserva Legal".**

Por seu turno, nos termos do artigo 14, da LBMA, caso não se verifique as hipóteses acima, a supressão de **vegetação primária e secundária em avançado estágio de regeneração** apenas poderá se dar no caso de **utilidade pública** ou para pesquisas científicas e práticas preservacionistas.

A **vegetação secundária em estágio médio de regeneração** apenas poderá se dar nas hipóteses de **utilidade pública ou interesse social**, em todos os casos em procedimento administrativo próprio, quando inexistir alternativa técnica e locacional ao empreendimento proposto.

Os artigos 23, III, e 30, I e § 2.º, da LBMA, ainda permitem a exploração da **vegetação secundária em estágio médio de regeneração** nas seguintes hipóteses:

A) Quando necessários **ao pequeno produtor rural e populações tradicionais** para o exercício de atividades ou usos agrícolas, pecuários ou silviculturais imprescindíveis à sua subsistência e de sua família, ressalvadas as áreas de preservação permanente e, quando for o caso, após averbação da reserva legal, nos termos da Lei 4.771, de 15 de setembro de 1965;

B) **Nos perímetros urbanos aprovados até a data de início de vigência desta Lei**, a supressão de vegetação secundária em estágio médio de regeneração somente será admitida, para fins de loteamento ou edificação, no caso de empreendimentos que garantam a preservação de vegetação nativa em estágio médio de regeneração em no mínimo **30%** (trinta por cento) da área total coberta por esta vegetação;

C) **Nos perímetros urbanos delimitados após a data de início de vigência desta Lei**, a supressão de vegetação secundária em estágio médio de regeneração fica condicionada à manutenção de vegetação em estágio médio de regeneração em no mínimo **50%** (cinquenta por cento) da área total coberta por esta vegetação.

A citada supressão da vegetação secundária em estágio médio de regeneração poderá ser licenciada pelo respectivo município, se este possuir conselho de meio ambiente deliberativo e plano diretor, mesmo assim mediante prévia anuência do órgão estadual competente.

A LBMA, nos artigos 30 e 31, restringiu ainda mais a exploração da Mata Atlântica nas **áreas urbanas e regiões metropolitanas**, proibindo a supressão de **vegetação primária para fins de loteamento ou edificação.**

Nessas áreas, caso se trate de **vegetação secundária em estágio avançado de regeneração,** dependerá da data da aprovação do perímetro urbano, conforme previsto nos incisos I e II do artigo 30, a saber:

> "I – **nos perímetros urbanos aprovados até a data de início de vigência desta Lei**, a supressão de vegetação secundária em estágio avançado de regeneração dependerá de prévia autorização do órgão estadual competente e somente será admitida, para fins de loteamento ou edificação, **no caso de empreendimentos que garantam a preservação de vegetação nativa em estágio avançado de regeneração em no mínimo 50% (cinquenta por cento) da área total coberta por esta vegetação**, ressalvado o disposto nos arts. 11, 12 e 17 desta Lei e atendido o disposto no Plano Diretor do Município e demais normas urbanísticas e ambientais aplicáveis;
>
> II – **nos perímetros urbanos aprovados após a data de início de vigência desta Lei, é vedada a supressão de vegetação secundária em estágio avançado de regeneração do Bioma Mata Atlântica para fins de loteamento ou edificação".**

Demais disso, nos termos do artigo 25, da LBMA, a exploração da **vegetação secundária em estágio inicial de regeneração** poderá ser licenciada. Contudo, **nos estados em que a vegetação primária e secundária remanescente do Bioma Mata Atlântica for inferior a 5% (cinco por cento) da área original, submeter-se-ão ao regime jurídico aplicável à vegetação secundária em estágio médio de regeneração, ressalvadas as áreas urbanas e regiões metropolitanas.**

Para fins de **MINERAÇÃO**, conforme preceitua o artigo 32, da LBMA, a exploração de vegetação secundária em estágio avançado e médio de regeneração poderá ser licenciada, desde que haja EIA-RIMA, inexistência de alternativa técnica e recuperação de área degradada.

De acordo com o artigo 9.º, da LBMA, "a exploração eventual, sem propósito comercial direto ou indireto, de espécies da flora nativa, para consumo nas propriedades ou posses das populações tradicionais ou de pequenos produtores rurais, independe de autorização dos órgãos competentes, conforme regulamento".

O artigo 2.º, do Decreto 6.660/2008, regulamentou esse dispositivo:

> "**§ 1.º Considera-se exploração eventual sem propósito comercial direto ou indireto:**
>
> I – quando se tratar de lenha para uso doméstico:
>
> a) a retirada não superior a quinze metros cúbicos por ano por propriedade ou posse; e
>
> b) a exploração preferencial de espécies pioneiras definidas de acordo com o § 2.º do artigo 35;
>
> II – quando se tratar de madeira para construção de benfeitorias e utensílios na posse ou propriedade rural:
>
> *a)* a retirada não superior a vinte metros cúbicos por propriedade ou posse, a cada período de três anos; e
>
> *b)* a manutenção de exemplares da flora nativa, vivos ou mortos, que tenham função relevante na alimentação, reprodução e abrigo da fauna silvestre.
>
> § 2.º Para os efeitos do que dispõe o artigo 8.º da Lei 11.428, de 2006, a exploração prevista no *caput* fica limitada às áreas de vegetação secundária nos estágios inicial, médio e avançado de regeneração e à exploração ou corte de árvores nativas isoladas provenientes de formações naturais".

Contudo, neste caso, é vedada a exploração de espécies incluídas na Lista Oficial de Espécies da Flora Brasileira Ameaçadas de Extinção ou constantes de listas dos estados, bem como aquelas constantes de listas de proibição de corte objeto de proteção por atos normativos dos entes federativos.

Em aplicação ao Princípio do Poluidor-pagador, o artigo 17 da LBMA instituiu uma **medida de compensação ambiental**, condição indispensável ao licenciamento de supressão vegetal primária ou secundário em estágio médio ou avançado de regeneração, consistente na destinação de área equivalente à extensão da área desmatada, com as mesmas características ecológicas, na mesma bacia hidrográfica, sempre que possível na mesma microbacia hidrográfica, e, nos casos previstos nos artigos 30 e 31, em áreas localizadas no mesmo Município ou região metropolitana, **não se aplicando aos pequenos produtores rurais e às populações tradicionais, assim como nas supressões ilegais.**

Caso não seja possível a citada compensação ambiental, deverá o empreendedor perpetrar a reposição florestal, com espécies nativas, em área equivalente à desmatada, na mesma bacia hidrográfica (**região compreendida entre divisores de água, na qual toda a água aí precipitada escoa por um único exutório**) e, se possível, na mesma microbacia.

A LBMA determina que o Poder Público estimulará, por meio da criação de incentivos econômicos, a proteção da Mata Atlântica, conforme ulterior regulamentação, consoante seu artigo 33, mas já traz uma medida no artigo 35, em que "a conservação, em imóvel rural ou urbano, da **vegetação primária ou da vegetação secundária em qualquer estágio de regeneração do Bioma Mata Atlântica** cumpre função social e é de interesse público, podendo, a critério do proprietário, as áreas sujeitas à restrição de que trata esta Lei ser computadas para efeito da **Reserva Legal** e seu excedente utilizado para fins de **compensação ambiental ou instituição de cota de reserva ambiental**".

Os pequenos produtores rurais e as populações tradicionais que conservem em suas áreas a Mata Atlântica primária ou em estágio avançado ou médio de regeneração terão prioridade na concessão de créditos agrícolas pelas instituições financeiras.

A LBMA também tem conteúdo penal, ao instituir um tipo especial de tutela da Mata Atlântica, inserindo o artigo 38-A na Lei 9.605/1998, a ser comentado mais adiante:

> "**Artigo 38-A.** Destruir ou danificar vegetação primária ou secundária, em estágio avançado ou médio de regeneração, do **Bioma Mata Atlântica**, ou utilizá-la com infringência das normas de proteção:
>
> Pena – detenção, de 1 (um) a 3 (três) anos, ou multa, ou ambas as penas cumulativamente.
>
> Parágrafo único. Se o crime for culposo, a pena será reduzida à metade".

Instituiu-se, outrossim, o **Fundo de Restauração do Bioma Mata Atlântica**, composto por recursos da União, doações e outros previstos em lei, a serem aplicados em projetos que envolvam conservação de remanescentes de vegetação nativa, pesquisa científica ou áreas a serem restauradas, implementados em Municípios que possuam plano municipal de conservação e recuperação da Mata Atlântica, devidamente aprovado pelo Conselho Municipal de Meio Ambiente, prioritariamente visando à conservação e recuperação das áreas de preservação permanente, reservas legais, reservas particulares do patrimônio natural e áreas do entorno de unidades de conservação.

Veja-se a tabela que tenta sistematizar o complexo regime de exploração da Mata Atlântica:

Proibição absoluta de exploração	**Vegetação primária e secundária avançada e média**, nas hipóteses do artigo 11 da LBMA (espécies da fauna e flora ameaçadas de extinção, proteção de mananciais, formação de corredores, entorno de unidade de conservação, excepcional valor paisagístico e não respeito à APP e RL).
Exploração da vegetação primária	**Casos de utilidade pública:** (a) atividades de segurança nacional e proteção sanitária; (b) as obras essenciais de infraestrutura de interesse nacional destinadas aos serviços públicos de transporte, saneamento e energia, declaradas pelo poder público federal ou dos Estados. **Para pesquisas científicas ou práticas preservacionistas.**

Exploração da vegetação secundária em estado avançado de regeneração	Casos de **utilidade pública.** **Para pesquisa científica ou práticas preservacionistas.** Nas **áreas urbanas/regiões metropolitanas**, no caso do artigo 30, inciso I, da LBMA (nos perímetros urbanos aprovados até a data de início de vigência desta Lei, a supressão de vegetação secundária em estágio avançado de regeneração dependerá de prévia autorização do órgão estadual competente e somente será admitida, para fins de loteamento ou edificação, no caso de empreendimentos que garantam a preservação de vegetação nativa em estágio avançado de regeneração em no mínimo 50% (cinquenta por cento) da área total coberta por esta vegetação, ressalvado o disposto nos artigos 11, 12 e 17 desta Lei e atendido o disposto no Plano Diretor do Município e demais normas urbanísticas e ambientais aplicáveis). **Atividades de mineração**, com as condições do artigo 32 da LBMA.
Exploração da vegetação secundária em estado médio de regeneração	**Casos de utilidade pública.** **Casos de interesse social:** (a) as atividades imprescindíveis à proteção da integridade da vegetação nativa, tais como: prevenção, combate e controle do fogo, controle da erosão, erradicação de invasoras e proteção de plantios com espécies nativas, conforme resolução do Conselho Nacional do Meio Ambiente – CONAMA; (b) as atividades de manejo agroflorestal sustentável praticadas na pequena propriedade ou posse rural familiar que não descaracterizem a cobertura vegetal e não prejudiquem a função ambiental da área; (c) demais obras, planos, atividades ou projetos definidos em resolução do Conselho Nacional do Meio Ambiente. **Casos do artigo 23, III** (pequeno produtor e populações tradicionais) **e IV, da LBMA.** **Atividades de mineração**, com as condições do artigo 32 da LBMA.
Exploração da vegetação secundária em estado inicial de regeneração	**Possibilidade de exploração com licenciamento**. Contudo, nos Estados em que a vegetação primária e secundária remanescente do Bioma Mata Atlântica for inferior a 5% (cinco por cento) da área original, submeter-se-ão ao regime jurídico aplicável à vegetação secundária em estágio médio de regeneração, ressalvadas as áreas urbanas e regiões metropolitanas.

Pantanal Mato-Grossense

Pantanais são superfícies terrestres cobertas de forma periódica por águas, cobertas originalmente por florestas ou outras formas de vegetação adaptadas à inundação.

O Pantanal se estende pelos territórios dos estados do Mato Grosso (região sul), do Mato Grosso do Sul (noroeste) e de países vizinhos (Paraguai e Bolívia), tendo no total mais de 200.000 quilômetros quadrados, situando-se na Bacia Hidrográfica do Alto do Paraguai.

Para a sua proteção, os artigos 10 e 11 da Lei 12.651/2012 criaram as áreas de uso restrito no pantanal e nas planícies pantaneiras.

Zona Costeira

A Zona Costeira é considerada constitucionalmente como patrimônio nacional. Corresponde ao espaço geográfico de interação do ar, do mar e da terra, incluindo seus recursos renováveis ou não, abrangendo uma faixa marítima e uma faixa terrestre, com os seguintes limites:

I – **faixa marítima**: espaço que se estende por doze milhas náuticas, medido a partir das linhas de base, compreendendo, dessa forma, a totalidade do mar territorial;

II – **faixa terrestre**: espaço compreendido pelos limites dos Municípios que sofrem influência direta dos fenômenos ocorrentes na zona costeira.

De acordo com informações do site do Ministério do Meio Ambiente,

> "A Zona Costeira do Brasil é uma unidade territorial que se estende, na sua porção terrestre, por mais de 8.500 km, abrangendo 17 estados e mais de quatrocentos municípios, distribuídos do Norte equatorial ao Sul temperado do país. Inclui ainda a faixa marítima formada por mar territorial, com largura de 12 milhas náuticas a partir da linha da costa. Possuímos uma das maiores faixas costeiras do mundo, entre a foz do rio Oiapoque, no Amapá e Chuí, no Rio Grande do Sul. A Zona Marinha tem início na região costeira e compreende a plataforma continental marinha e a Zona Econômica Exclusiva – ZEE que, no caso brasileiro, alonga-se até 200 milhas da costa."

Além de toda essa área, segundo os preceitos da Convenção das Nações Unidas sobre os Direitos do MAR – CNUDM, o Brasil pleiteou, junto à Organização das Nações Unidas – ONU, um acréscimo de 900 mil km2 a essa área, em pontos onde a Plataforma Continental vai além das 200 milhas náuticas (segundo a CNUDM, podendo ir até um máximo de 350 milhas). O pleito foi aceito aumentando a área das águas jurisdicionais brasileiras para aproximadamente 4,5 milhões de km2, cuja área total está sendo chamada pela Comissão Interministerial sobre os Recursos do Mar – CIRM, de Amazônia Azul.

Os sistemas ambientais costeiros no Brasil são extraordinariamente diversos. Nosso litoral é composto por águas frias, no sul e sudeste, e águas quentes, no norte e nordeste, dando suporte a uma grande variedade de ecossistemas que incluem manguezais, recifes de corais, dunas, restingas, praias arenosas, costões rochosos, lagoas, estuários e marismas que abrigam inúmeras espécies de flora e fauna, muitas das quais só ocorrem em nossas águas e algumas ameaçadas de extinção. Desses ecossistemas destacam-se os manguezais, berçários de diversas espécies marinhas e de água doce e os recifes de coral, aclamados como os mais diversos habitats marinhos do mundo.

Coube à Lei **7.661/1988** instituir o **Plano Nacional de Gerenciamento Costeiro (PNGC)**, como parte integrante da Política Nacional para os Recursos do Mar e da Política Nacional do Meio Ambiente.

O Plano Nacional de Gerenciamento Costeiro visará especificamente a orientar a utilização nacional dos recursos na Zona Costeira, de forma a contribuir para elevar a qualidade da vida de sua população, e a proteção do seu patrimônio natural, histórico, étnico e cultural.

O PNGC será elaborado e executado observando normas, critérios e padrões relativos ao controle e à manutenção da qualidade do meio ambiente, estabelecidos pelo CONAMA.

Por sua vez, os estados e municípios inseridos na Zona Costeira poderão aprovar, mediante lei local, Planos Estaduais ou Municipais de Gerenciamento Costeiro, observadas as normas e diretrizes do Plano Nacional.

Os Planos Nacional, estaduais ou municipais poderão instituir normas e diretrizes sobre o uso do solo, do subsolo e das águas, **bem como limitações à utilização de imóveis, prevalecendo sempre as disposições de natureza mais restritiva.**

As praias são bens públicos de uso comum do povo, sendo assegurado, sempre, livre e franco acesso a elas e ao mar, em qualquer direção e sentido, ressalvados os trechos considerados de interesse de segurança nacional ou incluídos em áreas protegidas por legislação específica.

Considera-se **praia** a área coberta e descoberta periodicamente pelas águas, acrescida da faixa subsequente de material detrítico, tal como areias, cascalhos, seixos e pedregulhos, até o limite onde se inicie a vegetação natural, ou, em sua ausência, onde comece um outro ecossistema.

Já a **orla marítima** é a faixa contida na zona costeira, de largura variável, compreendendo uma porção marítima e outra terrestre, caracterizada pela interface entre a terra e o mar. A sua gestão terá como objetivo planejar e implementar ações nas áreas que apresentem maior demanda por intervenções na zona costeira, a fim de disciplinar o uso e ocupação do território.

A gestão da zona costeira deverá observar os seguintes princípios:

> I – a observância dos compromissos internacionais assumidos pelo Brasil na matéria;
>
> II – a observância dos direitos de liberdade de navegação, na forma da legislação vigente;
>
> III – a utilização sustentável dos recursos costeiros em observância aos critérios previstos em lei e neste Decreto;
>
> IV – a integração da gestão dos ambientes terrestres e marinhos da zona costeira, com a construção e manutenção de mecanismos participativos e na compatibilidade das políticas públicas, em todas as esferas de atuação;
>
> V – a consideração, na faixa marítima, da área de ocorrência de processos de transporte sedimentar e modificação topográfica do fundo marinho e daquela onde o efeito dos aportes terrestres sobre os ecossistemas marinhos é mais significativo;
>
> VI – a não-fragmentação, na faixa terrestre, da unidade natural dos ecossistemas costeiros, de forma a permitir a regulamentação do uso de seus recursos, respeitando sua integridade;
>
> VII – a consideração, na faixa terrestre, das áreas marcadas por atividade socioeconômico-cultural de características costeiras e sua área de influência imediata, em função dos efeitos dessas atividades sobre a conformação do território costeiro;
>
> VIII – a consideração dos limites municipais, dada a operacionalidade das articulações necessárias ao processo de gestão;
>
> IX – a preservação, conservação e controle de áreas que sejam representativas dos ecossistemas da zona costeira, com recuperação e reabilitação das áreas degradadas ou descaracterizadas;
>
> X – a aplicação do princípio da precaução tal como definido na Agenda 21, adotando-se medidas eficazes para impedir ou minimizar a degradação do meio ambiente, sempre que houver perigo de dano grave ou irreversível, mesmo na falta de dados científicos completos e atualizados;
>
> XI – o comprometimento e a cooperação entre as esferas de governo, e dessas com a sociedade, no estabelecimento de políticas, planos e programas federais, estaduais e municipais.

Os municípios integrantes da faixa terrestre da zona costeira são classificados em:

I – defrontantes com o mar, assim definidos em listagem estabelecida pela Fundação Instituto Brasileiro de Geografia e Estatística – IBGE;

II – não defrontantes com o mar, localizados nas regiões metropolitanas litorâneas;

III – não defrontantes com o mar, contíguos às capitais e às grandes cidades litorâneas, que apresentem conurbação;

IV – não defrontantes com o mar, distantes até cinqüenta quilômetros da linha da costa, que contemplem, em seu território, atividades ou infra-estruturas de grande impacto ambiental na zona costeira ou ecossistemas costeiros de alta relevância;

V – estuarino-lagunares, mesmo que não diretamente defrontantes com o mar;

VI – não defrontantes com o mar, mas que tenham todos os seus limites com Municípios referidos nos incisos I a V;

VII – desmembrados daqueles já inseridos na zona costeira.

São instrumentos para a gestão da zona costeira:

I – Plano Nacional de Gerenciamento Costeiro – PNGC: conjunto de diretrizes gerais aplicáveis nas diferentes esferas de governo e escalas de atuação, orientando a implementação de políticas, planos e programas voltados ao desenvolvimento sustentável da zona costeira;

II – Plano de Ação Federal da Zona Costeira – PAF: planejamento de ações estratégicas para a integração de políticas públicas incidentes na zona costeira, buscando responsabilidades compartilhadas de atuação;

III – Plano Estadual de Gerenciamento Costeiro – PEGC: implementa a Política Estadual de Gerenciamento Costeiro, define responsabilidades e procedimentos institucionais para a sua execução, tendo como base o PNGC;

IV – Plano Municipal de Gerenciamento Costeiro – PMGC: implementa a Política Municipal de Gerenciamento Costeiro, define responsabilidades e procedimentos institucionais para a sua execução, tendo como base o PNGC e o PEGC, devendo observar, ainda, os demais planos de uso e ocupação territorial ou outros instrumentos de planejamento municipal;

V – Sistema de Informações do Gerenciamento Costeiro – SIGERCO: componente do Sistema Nacional de Informações sobre Meio Ambiente – SINIMA, que integra informações georreferenciadas sobre a zona costeira;

VI – Sistema de Monitoramento Ambiental da Zona Costeira – SMA: estrutura operacional de coleta contínua de dados e informações, para o acompanhamento da dinâmica de uso e ocupação da zona costeira e avaliação das metas de qualidade socioambiental;

VII – Relatório de Qualidade Ambiental da Zona Costeira – RQA-ZC: consolida, periodicamente, os resultados produzidos pelo monitoramento ambiental e avalia a eficiência e eficácia das ações da gestão;

VIII – Zoneamento Ecológico-Econômico Costeiro – ZEEC: orienta o processo de ordenamento territorial, necessário para a obtenção das condições de sustentabilidade do desenvolvimento da zona costeira, em consonância com as diretrizes do Zoneamento Ecológico-Econômico do território nacional, como mecanismo de apoio às ações de monitoramento, licenciamento, fiscalização e gestão;

> **IX – macrodiagnóstico da zona costeira:** reúne informações, em escala nacional, sobre as características físico-naturais e socioeconômicas da zona costeira, com a finalidade de orientar ações de preservação, conservação, regulamentação e fiscalização dos patrimônios naturais e culturais.

Vale registrar que a aprovação de financiamentos com recursos da União, de fontes externas por ela avalizadas ou de entidades de crédito oficiais, bem como a concessão de benefícios fiscais e de outras formas de incentivos públicos para projetos novos ou ampliação de empreendimentos na zona costeira, que envolvam a instalação, ampliação e realocação de obras, atividades e empreendimentos, ficará condicionada à sua compatibilidade com as normas e diretrizes de planejamento territorial e ambiental do Estado e do Município.

Por sua vez, a área a ser desmatada para instalação, ampliação ou realocação de empreendimentos ou atividades na zona costeira que implicar a supressão de vegetação nativa, quando permitido em lei, **será compensada por averbação de, no mínimo, uma área equivalente, na mesma zona afetada.**

Deverão os bancos de moluscos e formações coralíneas e rochosas na zona costeira ser identificados e delimitados, para efeito de proteção, pelo órgão ambiental.

Serra do Mar

A **Serra do Mar** é um maciço rochoso que percorre quase toda a extensão do litoral sul e sudeste brasileiro. Segundo a geologia, a origem da Serra do Mar está relacionada ao evento geológico ocorrido a cerca de 130 milhões de anos atrás e que foi o responsável por separar o super continente da Gondwana formando a América do Sul e a África, e dando origem ao Oceano Atlântico.

Ao se separar do continente africano a placa tectônica sul-americana se chocou com a placa de nazca (do Oceano Pacífico) dando origem a cadeia andina e soerguendo a placa sul-americana na parte oriental, a costa brasileira. Esse soerguimento, ocorrido a cerca de 80 milhões de anos, foi o responsável por expor rochas muito antigas (cerca de 600 milhões de anos) dando início à formação do sistema Serra do Mar – Mantiqueira.

Os intemperismos físicos, químicos e biológicos e a continuação dos eventos geológicos (como o soerguimento do litoral brasileiro que ocorre até hoje) se encarregariam de continuar esculpindo a Serra do Mar.

Com uma extensão de cerca de 1.000 km, a Serra do Mar passa pelo litoral de São Paulo, Santa Catarina, Paraná e rio de Janeiro recebendo um nome variado em cada local: Serra do Mar, Juréia – Itatins ou Serra da Paranapiacaba em São Paulo, Serra do Itajaí ou Serra do Tabuleiro em Santa Catarina, Serra da Prata, Marumbi, Graciosa ou Ibitiraquire no Paraná e Serra da Bocaina ou dos Órgãos no Rio de Janeiro.

Devido à sua grande extensão e variação de altitudes (de 1200 a 2200 m acima do nível do mar), a Serra do Mar apresenta uma grande variedade de vegetações que vão desde a Floresta Ombrófila Densa até aos Manguezais. Infelizmente, a rápida ocupação do litoral brasileiro e o desenvolvimento das regiões sul e sudeste quase acabaram com essa riqueza de biodiversidade: só no Estado de São Paulo cerca de 90% da vegetação que cobria a Serra do Mar foi devastada.

Uma curiosidade sobre a Serra do Mar: ela continua crescendo. Estudos apontam que o movimento de soerguimento da costa brasileira atingiu uma elevação de 25 metros durante os últimos 300 mil anos[129].

2. JURISPRUDÊNCIA

"Recurso extraordinário – Estação ecológica – Reserva florestal na serra do mar – Patrimônio nacional (CF, artigo 225, § 4.º) – Limitação administrativa que afeta o conteúdo econômico do direito de propriedade – Direito do proprietário a indenização – Dever estatal de ressarcir os prejuízos de ordem patrimonial sofridos pelo particular – RE não conhecido. – A norma inscrita no artigo 225, *§* 4.º, da Constituição deve ser interpretada de modo harmonioso com o sistema jurídico consagrado pelo ordenamento fundamental, notadamente com a cláusula que, proclamada pelo artigo 5.º, XXII, da Carta Política, garante e assegura o direito de propriedade em todas as suas projeções, inclusive aquela concernente a compensação financeira devida pelo Poder Público ao proprietário atingido por atos imputáveis a atividade estatal. **O preceito consubstanciado no artigo 225, § 4.º, da Carta da República, além de não haver convertido em bens públicos os imóveis particulares abrangidos pelas florestas e pelas matas nele referidas (Mata Atlântica, Serra do Mar, Floresta Amazônica brasileira), também não impede a utilização, pelos próprios particulares, dos recursos naturais existentes naquelas áreas que estejam sujeitas ao domínio privado, desde que observadas as prescrições legais e respeitadas as condições necessárias à preservação ambiental.** – A ordem constitucional dispensa tutela efetiva ao direito de propriedade (CF/1988, artigo 5.º, XXII). Essa proteção outorgada pela Lei Fundamental da República estende-se, na abrangência normativa de sua incidência tutelar, ao reconhecimento, em favor do *dominus*, da garantia de compensação financeira, sempre que o Estado, mediante atividade que lhe seja juridicamente imputável, atingir o direito de propriedade em seu conteúdo econômico, ainda que o imóvel particular afetado pela ação do Poder Público esteja localizado em qualquer das áreas referidas no artigo 225, *§* 4, da Constituição. **Direito ao meio ambiente ecologicamente equilibrado: a consagração constitucional de um típico direito de terceira geração** (CF, artigo 225, *caput*)" (STF, RE 134.297, de 13.06.1995).

STJ, INFORMATIVO 402 – COMPETÊNCIA. DESMATAMENTO. FLORESTA AMAZÔNICA. *A questão está em definir a competência para processar e julgar o crime de desmatamento da floresta amazônica em terreno objeto de propriedade particular. A Seção conheceu do conflito e declarou competente o juízo de Direito, o suscitante, ao entendimento de que não há que confundir patrimônio nacional com bem da União. Aquela locução revela proclamação de defesa de interesses do Brasil diante de eventuais ingerências estrangeiras. Tendo o crime de desmatamento ocorrido em propriedade particular, área que já pertenceu, mas hoje não mais, a parque estadual, não há que se falar em lesão a bem da União. Ademais, como o delito não foi praticado em detrimento do Ibama, que apenas fiscalizou a fazenda do réu, ausente prejuízo para a União.* Precedentes citados do STF: RE 458.227-TO, *DJ* 15/2/2006; do STJ: HC 18.366-PA, *DJ* 1º/4/2002, e REsp 592.012-TO, *DJ* 20/6/2005. CC 99.294-RO, Rel. Min. Maria Thereza de Assis Moura, julgado em 12/8/2009.

3. QUESTÕES DE CONCURSOS

01. (Juiz Pernambuco/2013/FCC) As praias marítimas definem-se legalmente como

(a) bens públicos de uso especial da União, localizados na faixa litorânea essencial à defesa do território nacional.

(b) espaço geográfico de interação do ar, do mar e da terra, compreendendo uma faixa terrestre com acumulação de material arenoso e uma faixa marítima de largura variável.

(c) a área coberta e descoberta periodicamente pelas águas, acrescida da faixa subsequente de material detrítico, até o limite onde se inicie a vegetação natural ou outro ecossistema.

---

129. Disponível em: <http://www.infoescola.com/geografia/serra-do-mar/>.

(d) a faixa de terra de 33 (trinta e três) metros medidos horizontalmente, para a parte da terra, a partir da linha do preamar médio de 1831.

(e) os terrenos situados no continente, na costa marítima e nas margens dos rios e lagoas, onde se façam sentir a influência das marés.

02. (AGU 2012 – Advogado da União – CESPE) Apesar de a Floresta Amazônica, a Mata Atlântica, a Serra do Mar, o Pantanal Mato-grossense e a Zona Costeira serem, conforme dispõe a CF, patrimônio nacional, não há determinação constitucional que converta em bens públicos os imóveis particulares situados nessas áreas.

03. (Advogado da União 2008 – CESPE) Para efetiva garantia do direito ao meio ambiente ecologicamente equilibrado, cabe ao poder público proteger a fauna e a flora, que não se formam isoladamente, mas da interação constante de matérias orgânicas e não orgânicas. Toda comunidade de seres vivos interage com o meio circundante, com o qual estabelece intercâmbio recíproco. Da interação entre biocenose (elementos vivos) e biótopo (elementos não vivos) forma-se o ecossistema, que, na CF, é protegido de forma macro e micro. A respeito da proteção macro dos ecossistemas, no que concerne a florestas e unidades de conservação, julgue o próximo item. Lei complementar ou ordinária não tem o poder de retirar da floresta amazônica brasileira a condição de bioma relevante para o patrimônio nacional.

04. (Procurador do Estado de São Paulo/2012/FCC) Um proprietário rural pretende implantar um projeto agrícola de plantio de cana-de-açúcar e, para tanto, requereu autorização para o corte de uma área 1.200 hectares de cobertura vegetal situada no Bioma da Mata Atlântica, sendo que a metade desta área contém vegetação em estágio avançado de regeneração e a outra metade atinge vegetação primária. A propriedade rural em questão já possui reserva legal devidamente averbada. Este proprietário apresenta ao órgão ambiental competente um pedido para supressão da vegetação. A área jurídica do órgão, instada a se manifestar, examinando a legislação federal a respeito da proteção do Bioma da Mata Atlântica deverá se pronunciar de acordo com a Lei Federal no 11.428/06, que dispõe sobre a utilização e proteção da vegetação nativa do Bioma Mata Atlântica pelo

(a) indeferimento parcial do pedido, porque apenas a supressão da vegetação em estágio avançado pode ser autorizada em casos de utilidade pública, quando não houver alternativa locacional demonstrada em procedimento próprio, não sendo necessário em nenhuma hipótese, que o pedido seja acompanhado de Estudo Prévio de Impacto Ambiental.

(b) deferimento do pedido, porque tanto a supressão da vegetação em estágio avançado como a supressão da vegetação primária situadas no referido bioma podem ser autorizadas, inclusive para projetos privados, quando não houver alternativa locacional demonstrada em procedimento próprio, desde que o pedido seja acompanhado de Estudo Prévio de Impacto Ambiental.

(c) deferimento parcial do pedido, porque apenas a supressão da vegetação em estágio avançado pode ser autorizada, inclusive para projetos de interesse privado, quando não houver alternativa locacional demonstrada em procedimento próprio, desde que o pedido seja acompanhado de Estudo Prévio de Impacto Ambiental.

(d) indeferimento do pedido, porque tanto a supressão da vegetação em estágio avançado como a supressão da vegetação primária situadas no referido bioma somente podem ser autorizadas em caso de utilidade pública, e, nessa hipótese, quando não houver alternativa locacional demonstrada em procedimento próprio, sendo também obrigatória a apresentação de Estudo Prévio de Impacto Ambiental.

(e) deferimento do pedido, porque tanto a supressão da vegetação em estágio avançado como a supressão da vegetação primária situadas no referido bioma podem ser autorizadas, inclusive para projetos privados, quando não houver alternativa locacional demonstrada em procedimento próprio, não sendo necessário em nenhuma hipótese que o pedido seja acompanhado de Estudo Prévio de Impacto Ambiental.

05. (OAB 2011 FGV) A supressão de vegetação primária e secundária no estágio avançado de regeneração somente poderá ser autorizada em caso de utilidade pública, sendo que a vegetação secundária em estágio médio de regeneração poderá ser suprimida nos casos de utilidade pública e interesse social, em todos os casos devidamente caracterizados e motivados em procedimento administrativo próprio, quando inexistir alternativa técnica e locacional ao empreendimento proposto, conforme o disposto no art. 14 da Lei 11.428/2006, que dispõe sobre a utilização e proteção da vegetação nativa do bioma Mata Atlântica. A esse respeito, assinale a alternativa correta:

a) Um advogado de proprietário de terreno urbano afirma ser possível a obtenção de licença ambiental para edificação de condomínio residencial com supressão de Mata Atlântica com base em utilidade pública.

b) A licença ambiental de empreendimento de relevante e significativo impacto ambiental localizado em terreno recoberto de Mata Atlântica não pode ser concedida em hipótese alguma.

c) Um produtor de pequena propriedade ou posse rural entende que é possível a obtenção de licença ambiental para atividade agroflorestal sustentável, tendo como motivo o interesse social.

d) Desde que obtida a autorização de supressão de vegetação de Mata Atlântica, com base na Lei 11.428/2006, não é aplicável a legislação que exige a licença ambiental, de acordo com a CRFB/88, a Lei 6.938/1981 e o Decreto 99.274/1990.

06. **(Advogado da União 2008 – CESPE)** A proteção constitucional da mata atlântica impede que haja propriedade privada nas áreas abrangidas por esse macroecossistema.

07. **(PGE ES 2008 – CESPE)** A Constituição Federal, ao consagrar a mata atlântica como patrimônio nacional, indiretamente converteu em bens públicos os imóveis particulares nela abrangidos, impedindo, por consequência, a utilização dos recursos naturais existentes naquelas áreas, em prol da restauração dos processos ecológicos essenciais e da preservação da diversidade do ecossistema.

08. **(TRF 5.ª Região 2007/Juiz Federal – CESPE)** Nos termos da legislação, a supressão de vegetação primária e secundária em avançado estágio de regeneração em áreas integrantes do bioma mata atlântica depende de autorização do órgão ambiental estadual, com anuência prévia, quando couber, do órgão federal ou municipal de meio ambiente.

09. **(FCC – 2012 – PGE-SP – Procurador)** O artigo 225 da Constituição Federal estabelece que constituem patrimônio nacional, com utilização prevista na forma da lei, dentro de condições que assegurem a preservação do meio ambiente, inclusive quanto ao uso dos recursos naturais, as seguintes regiões do Brasil:

a) a Floresta Amazônica brasileira, a Mata Atlântica, o Cerrado, a Serra do Mar, o Pantanal Mato-Grossense e a Zona Costeira.

b) a Floresta Amazônica brasileira, a Mata Atlântica, a Caatinga, o Pantanal Mato-Grossense e a Zona Costeira.

c) a Floresta Amazônica brasileira, a Mata Atlântica, a Serra do Mar, o Pantanal Mato-Grossense e a Zona Costeira.

d) a Floresta Amazônica brasileira, a Mata Atlântica, a Serra do Mar, o Pantanal Mato-Grossense e o Pampa gaúcho.

e) a Floresta Amazônica brasileira, a Mata Atlântica, a Caatinga, o Cerrado, o Pampa gaúcho e a Zona Costeira.

10. **(FCC – 2012 – PGE-SP – Procurador)** Um proprietário rural pretende implantar um projeto agrícola de plantio de cana-de-açúcar e, para tanto, requereu autorização para o corte de uma área 1.200 hectares de cobertura vegetal situada no Bioma da Mata Atlântica, sendo que a metade desta área contém vegetação em estágio avançado de regeneração e a outra metade atinge vegetação primária. A propriedade rural em questão já possui reserva legal devidamente averbada. Este proprietário apresenta ao órgão ambiental competente um pedido para supressão da vegetação. A área jurídica do órgão, instada a se manifestar, examinando a legislação federal a respeito da proteção do Bioma da Mata Atlântica deverá se pronunciar de acordo com a Lei Federal nº 11.428/06, que dispõe sobre a utilização e proteção da vegetação nativa do Bioma Mata Atlântica pelo

a) indeferimento parcial do pedido, porque apenas a supressão da vegetação em estágio avançado pode ser autorizada em casos de utilidade pública, quando não houver alternativa locacional demonstrada em procedimento próprio, não sendo necessário em nenhuma hipótese, que o pedido seja acompanhado de Estudo Prévio de Impacto Ambiental.

b) deferimento do pedido, porque tanto a supressão da vegetação em estágio avançado como a supressão da vegetação primária situadas no referido bioma podem ser autorizadas, inclusive para projetos privados, quando não houver alternativa locacional demonstrada em procedimento próprio, desde que o pedido seja acompanhado de Estudo Prévio de Impacto Ambiental.

c) deferimento parcial do pedido, porque apenas a supressão da vegetação em estágio avançado pode ser autorizada, inclusive para projetos de interesse privado, quando não houver alternativa locacional demonstrada em procedimento próprio, desde que o pedido seja acompanhado de Estudo Prévio de Impacto Ambiental.

d) indeferimento do pedido, porque tanto a supressão da vegetação em estágio avançado como a supressão da vegetação primária situadas no referido bioma somente podem ser autorizadas em caso de utilidade pública, e, nessa hipótese, quando não houver alternativa locacional demonstrada em procedimento próprio, sendo também obrigatória a apresentação de Estudo Prévio de Impacto Ambiental.

e) deferimento do pedido, porque tanto a supressão da vegetação em estágio avançado como a supressão da vegetação primária situadas no referido bioma podem ser autorizadas, inclusive para projetos privados, quando não houver alternativa locacional demonstrada em procedimento próprio, não sendo necessário em nenhuma hipótese que o pedido seja acompanhado de Estudo Prévio de Impacto Ambiental.

11. (FCC – 2012 – PGM-Joao Pessoa-PB – Procurador Municipal) A supressão de vegetação primária do bioma Mata Atlântica, em empreendimentos imobiliários localizados em perímetro urbano instituído após a vigência da Lei no 11.428/06, é

a) permitida em limite fixado pelo órgão ambiental.

b) permitida em até 70% (setenta por cento) do lote.

c) permitida em até 50% (cinquenta por cento) do lote.

d) permitida em até 30% (trinta por cento) do lote.

e) proibida.

12. (FCC – 2009 – PGE-SP – Procurador) A Lei Federal no 11.428/2006, em relação à utilização e proteção da vegetação nativa do Bioma Mata Atlântica, estabelece ser de iniciativa do

a) CONAMA a definição de vegetação primária, cabendo ao Instituto Brasileiro do Meio Ambiente e dos Recursos Naturais Renováveis – IBAMA a definição de vegetação secundária nos estágios avançado, médio e inicial de regeneração.

b) CONAMA a definição de vegetação primária, cabendo aos conselhos estaduais de meio ambiente a definição de vegetação secundária nos estágios avançado, médio e inicial de regeneração.

c) Instituto Chico Mendes de Conservação da Biodiversidade a definição de vegetação primária e de vegetação secundária nos estágios avançado, médio e inicial de regeneração.

d) CONAMA a definição de vegetação primária, cabendo ao Instituto Chico Mendes de Conservação da Biodiversidade a definição de vegetação secundária nos estágios avançado, médio e inicial de regeneração.

e) CONAMA a definição de vegetação primária e de vegetação secundária nos estágios avançado, médio e inicial de regeneração.

13. (Prova: FGV – 2013 – OAB – Exame de Ordem Unificado – XII – Primeira Fase) Com relação aos ecossistemas Floresta Amazônica, Mata Atlântica, Serra do Mar, Pantanal mato-grossense e Zona Costeira, assinale a afirmativa correta.

a) Tais ecossistemas são considerados pela CRFB/1988 patrimônio difuso, logo todos os empreendimentos nessas áreas devem ser precedidos de licenciamento e estudo prévio de impacto ambiental.

b) Tais ecossistemas são considerados patrimônio nacional, devendo a lei infraconstitucional disciplinar as condições de utilização e de uso dos recursos naturais, de modo a garantir a preservação do meio ambiente.

c) Tais ecossistemas são considerados bens públicos, pertencentes à União, devendo a lei infraconstitucional disciplinar suas condições de utilização, o uso dos recursos naturais e as formas de preservação.

d) Tais ecossistemas possuem terras devolutas que são, a partir da edição da Lei n. 9985/2000, consideradas unidades de conservação de uso sustentável, devendo a lei especificar as regras de ocupação humana nessas áreas.

14. **(FGV – 2011 – OAB – Exame de Ordem Unificado – III – Primeira Fase)** A supressão de vegetação primária e secundária no estágio avançado de regeneração somente poderá ser autorizada em caso de utilidade pública, sendo que a vegetação secundária em estágio médio de regeneração poderá ser suprimida nos casos de utilidade pública e interesse social, em todos os casos devidamente caracterizados e motivados em procedimento administrativo próprio, quando inexistir alternativa técnica e locacional ao empreendimento proposto, conforme o disposto no art. 14 da Lei 11.428/2006, que dispõe sobre a utilização e proteção da vegetação nativa do bioma Mata Atlântica. A esse respeito, assinale a alternativa correta.

a) Um advogado de proprietário de terreno urbano afirma ser possível a obtenção de licença ambiental para edificação de condomínio residencial com supressão de Mata Atlântica com base em utilidade pública.

b) A licença ambiental de empreendimento de relevante e significativo impacto ambiental localizado em terreno recoberto de Mata Atlântica não pode ser concedida em hipótese alguma.

c) Um produtor de pequena propriedade ou posse rural entende que é possível a obtenção de licença ambiental para atividade agroflorestal sustentável, tendo como motivo o interesse social.

d) Desde que obtida a autorização de supressão de vegetação de Mata Atlântica, com base na Lei 11.428/2006, não é aplicável a legislação que exige a licença ambiental, de acordo com a CRFB/88, a Lei 6.938/81 e o Decreto 99.274/90.

15. **(MPE-PR – 2011 – MPE-PR – Promotor de Justiça)** São considerados patrimônio nacional a Floresta Amazônica brasileira, a Mata Atlântica, a Serra do Mar, o Pantanal Mato-Grossense e a Zona Costeira, os quais somente podem ser utilizados, nos termos da lei, dentro de condições que assegurem a preservação do meio ambiente, inclusive quanto ao uso dos recursos naturais. Consideram-se integrantes do Bioma Mata Atlântica as seguintes formações florestais nativas e ecossistemas associados, com as respectivas delimitações estabelecidas em mapa do Instituto Brasileiro de Geografia e Estatística – IBGE, conforme regulamento: Floresta Ombrófila Densa; Floresta Ombrófila Mista, também denominada de Mata de Araucárias; Floresta Ombrófila Aberta; Floresta Estacional Semidecidual; e Floresta Estacional Decidual, bem como os manguezais, as vegetações de restingas, campos de altitude, brejos interioranos e encraves florestais do Nordeste.

16. **(MPE-SC – 2013 – MPE-SC – Promotor de Justiça – Tarde)** Conforme a Lei 11.428/2006, a vegetação primária ou a vegetação secundária em qualquer estágio de regeneração do Bioma Mata Atlântica não perderão esta classificação nos casos de incêndio, desmatamento ou qualquer outro tipo de intervenção não autorizada ou não licenciada.

17. **(MPE-SC – 2013 – MPE-SC – Promotor de Justiça – Tarde)** De acordo com a Lei 11.428/2006, é vedada a supressão da vegetação secundária em estágio avançado de regeneração do Bioma Mata Atlântica, para fins de loteamento ou edificação, nas regiões metropolitanas e áreas urbanas consideradas como tal em lei específica.

18. **(MPE-SC – 2013 – MPE-SC – Promotor de Justiça – Tarde)** Conforme a Lei 7.661/88, normas e diretrizes sobre o uso do solo, do subsolo e das águas, bem como limitações à utilização de imóveis, poderão ser estabelecidas nos Planos de Gerenciamento Costeiro, Nacional, Estadual e Municipal, prevalecendo sempre as disposições de natureza mais restritiva.

19. (2017/ FCC/TJ-SC/Juiz Substituto) Segundo o Plano Nacional de Gerenciamento Costeiro, os

a) Estados e os Municípios poderão instituir, através de lei, os respectivos Planos Estaduais ou Municipais de Gerenciamento Costeiro, observadas as normas e diretrizes fixadas no Plano Nacional e em lei federal.

b) Estados e os Municípios poderão instituir, através de decreto, os respectivos Planos Estaduais ou Municipais de Gerenciamento Costeiro, observadas as normas e diretrizes fixadas no Plano Nacional e em lei federal.

c) Estados poderão instituir, através de decreto, Planos Regionais de Gerenciamento Costeiro, observadas as normas e diretrizes fixadas no Plano Nacional e em lei federal, estando o país dividido, para este fim, em quatro regiões costeiras: sul, sudeste, nordeste e norte.

d) Estados poderão instituir, através de lei, Planos Regionais de Gerenciamento Costeiro, observadas as normas e diretrizes fixadas no Plano Nacional e em lei federal, estando o país dividido, para este fim, em quatro regiões costeiras: sul, sudeste, nordeste e norte.

e) Municípios da costa deverão instituir, através de decreto, Planos Setoriais de Gerenciamento Costeiro, que se limitarão a, no máximo, quatro Municípios.

GAB												
	01	C	02	CERTO	03	CERTO	04	D	05	C	06	ERRADO
	07	ERRADO	08	CERTO	09	C	10	D	11	E	12	E
	13	B	14	C	15	CERTO	16	CERTO	17	ERRADO	18	CERTO
	19	A										

§ 5º – São indisponíveis as terras devolutas ou arrecadadas pelos Estados, por ações discriminatórias, necessárias à proteção dos ecossistemas naturais.

1. COMENTÁRIOS

Este dispositivo afeta as terras devolutas estaduais necessárias à proteção ambiental, impedindo que esses entes políticos as alienem, porquanto constitucionalmente pronunciadas como indisponíveis.

Vale frisar que são de propriedade dos estados da federação as terras devolutas não compreendidas entre as da União (terras devolutas indispensáveis à defesa das fronteiras, das fortificações e construções militares, das vias federais de comunicação e à preservação ambiental, definidas em lei).

2. QUESTÕES DE CONCURSOS

01. (FGV – 2008 – TJ-MS – Juiz) Com base no artigo 225 da Constituição da República Federativa do Brasil, analise as afirmativas a seguir:

I. As condutas e atividades consideradas lesivas ao meio ambiente sujeitarão os infratores, pessoas físicas ou jurídicas, a sanções penais e administrativas, independentemente da obrigação de reparar os danos causados.

II. São indisponíveis as terras devolutas ou arrecadadas pelos Estados, por ações discriminatórias, necessárias à proteção dos ecossistemas naturais.

III. As usinas que operem com reator nuclear deverão ter sua localização definida em lei estadual e federal, sem o que não poderão ser instaladas.

Assinale:

a) se nenhuma afirmativa estiver correta.

b) se somente as afirmativas I e II estiverem corretas.

c) se somente as afirmativas I e III estiverem corretas.

d) se somente as afirmativas II e III estiverem corretas.

02. (FCC – 2014 – Prefeitura de Recife – PE – Procurador) A proteção constitucional do meio ambiente

a) impõe aos Municípios a obrigação de promover a educação ambiental no ensino fundamental, sendo facultado aos demais entes da federação esta mesma obrigação nos ensinos médio e superior.

b) não configura um direito fundamental, pois está prevista fora do rol do artigo 5º da Constituição Federal de 1988.

c) impõe apenas ao Poder Público o dever de defender e preservar o meio ambiente ecologicamente equilibrado.

d) estabelece que as terras devolutas ou arrecadadas pelos Estados, por ações discriminatórias, necessárias à proteção dos ecossistemas naturais são indisponíveis.

e) determina que as usinas que operem com reator nuclear deverão ter sua localização definida pelo licenciamento ambiental, assegurada a participação popular por meio de audiência pública.

GAB	01	B	02	D

§ 6º – As usinas que operem com reator nuclear deverão ter sua localização definida em lei federal, sem o que não poderão ser instaladas.

1. COMENTÁRIOS

Conforme dispõe o artigo 22 da Constituição, apenas a União poderá legislar sobre energias e atividades nucleares. Nesse sentido, as usinas nucleares terão localização definida apenas por lei federal.

2. JURISPRUDÊNCIA

▶ **STF, INFORMATIVO 581 – Atividades Nucleares e Competência da União.** O Tribunal, por maioria, julgou procedente pedido formulado em ação direta ajuizada pelo Governador do Estado de São Paulo para declarar a inconstitucionalidade da Lei paulista 6.263/88, que prevê medidas de polícia sanitária para o setor de energia nuclear no território da referida unidade federada. *Entendeu-se que a norma estadual invade a competência da União para legislar sobre atividades nucleares (CF, art. 22, XXVI), na qual se inclui a competência para fiscalizar a execução dessas atividades e legislar sobre essa fiscalização. Aduziu-se competir, também, à União, explorar os serviços e instalações nucleares de qualquer natureza e exercer monopólio estatal sobre a pesquisa, a lavra, o enriquecimento e reprocessamento, a industrialização e o comércio de minérios nucleares e seus derivados, atendidos os princípios e condições que estabelece (CF, art. 21, XXIII).* Observou-se que toda a atividade nuclear desenvolvida no país, portanto, está exclusivamente centralizada na União, com exceção dos radioisótopos, cuja produção, comercialização e utilização poderão ser autorizadas sob o regime de permissão, conforme as alíneas b e c do inciso XXIII do *caput* do art. 21 da CF (art. 177, V, com a redação dada pela EC 49/2006). Vencidos os Ministros Marco Aurélio, Celso de Mello e Ayres Britto que julgavam o pleito improcedente, por considerar que a lei impugnada não incidiria na esfera da competência federal, limitando-se a viabilizar, no âmbito do Estado de São Paulo, medidas que tornassem efetiva a proteção do meio ambiente e a defesa da saúde, matérias em relação às quais haveria situação de condomínio legislativo entre a União e os Estados-membros. ADI 1575/SP, rel. Min. Joaquim Barbosa, 7.4.2010. (ADI-1575).

3. QUESTÕES DE CONCURSOS

01. (Advogado da União 2008 – CESPE) A implantação de usina nuclear em unidade de conservação estadual depende de autorização específica em lei estadual.

02. (FCC – 2009 – PGE-SP – Procurador) Considere as seguintes assertivas:

I. A desafetação de espaços territoriais especialmente protegidos depende de lei.

II. O dever de proteção dos animais contra práticas que os submetam à crueldade não tem nível constitucional, sendo previsto na legislação ordinária.

III. Compete supletivamente aos Estados legislar sobre atividades nucleares em seu território.

IV. O controle da poluição do ar é de responsabilidade exclusiva do Município.

Considerando a Constituição Federal, está correto o que se afirma SOMENTE em

a) I.

b) III.

c) I e IV.

d) II e III.

e) II e IV.

03. (MPE-PR – 2011 – MPE-PR – Promotor de Justiça) Para assegurar a todos o direito ao meio ambiente ecologicamente equilibrado, bem de uso comum do povo e essencial à sadia qualidade de vida, as usinas que operem com reator nuclear deverão ter sua localização definida em lei federal, sem o que não poderão ser instaladas;

GAB	01	ERRADO	02	A	03	CERTO

§ 7º Para fins do disposto na parte final do inciso VII do § 1º deste artigo, não se consideram cruéis as práticas desportivas que utilizem animais, desde que sejam manifestações culturais, conforme o § 1º do art. 215 desta Constituição Federal, registradas como bem de natureza imaterial integrante do patrimônio cultural brasileiro, devendo ser regulamentadas por lei específica que assegure o bem-estar dos animais envolvidos. **(inserido pela Emenda 96/2017).**

1. COMENTÁRIOS

Oportunamente, com boa dose de biocentrismo, no inciso VI,[130] do § 1.º do artigo 225, **a Constituição Federal proíbe a submissão dos animais à crueldade**, sendo proscrita a “farra do boi”, briga de galos, canários e quaisquer atividades cruéis, **independentemente de regulamentação**, pois se trata de norma constitucional de eficácia plena.

De acordo com o STF, “a promoção de briga de galos, além de caracterizar prática criminosa tipificada na legislação ambiental, configura conduta atentatória à Constituição da República, que veda a submissão de animais a atos de crueldade, cuja natureza perversa, à semelhança da ‘farra do boi’ (RE 153.531/SC), não permite sejam eles qualificados como inocente manifestação cultural, de caráter meramente folclórico. Precedentes. – A proteção jurídico-constitucional dispensada à fauna abrange tanto os animais silvestres quanto os domésticos ou domesticados, nesta classe incluídos os galos utilizados em rinhas, pois o texto da Lei Fundamental vedou, em cláusula genérica, qualquer forma de submissão de animais a atos de crueldade. – Essa especial tutela, que tem por fundamento legitimador a autoridade da Constituição da República, é motivada pela necessidade de impedir a ocorrência de situações de risco que ameacem ou que façam periclitar todas as formas de vida, não só a do gênero

130. Incumbe ao Poder Público proteger a fauna e a flora, vedadas, na forma da lei, as práticas que coloquem em risco sua função ecológica, provoquem a extinção de espécies ou submetam os animais à crueldade.

humano, **mas, também, a própria vida animal, cuja integridade restaria comprometida, não fora a vedação constitucional, por práticas aviltantes, perversas e violentas contra os seres irracionais, como os galos de briga (gallus-gallus)**" – (ADI 1.856, de 26.05.2011).

Logo, não é justificável a manutenção de práticas culturais que atentem contra a dignidade dos animais, o que deverá ser ponderado em cada situação concreta.

Mais recentemente, por 6 votos contra 5, a vaquejada também foi declarada inconstitucional no julgamento do ADI 4.983, em 6/10/2016, invalidando lei do Estado do Ceará que regulamentava a vaquejada.

A maioria dos ministros acompanhou o voto do relator, ministro Marco Aurélio, que considerou haver "crueldade intrínseca" aplicada aos animais na vaquejada. Em seu voto vencedor, o ministro Marco Aurélio afirmou que laudos técnicos contidos no processo demonstram consequências nocivas à saúde dos animais: fraturas nas patas e rabo, ruptura de ligamentos e vasos sanguíneos, eventual arrancamento do rabo e comprometimento da medula óssea. Também os cavalos, de acordo com os laudos, sofrem lesões.

Agora a controvérsia é sobre os efeitos da decisão. Isso porque foi avaliada a vaquejada no Ceará em um caso concreto, podendo existir diferenças de tratamento dos animais nos demais estados da federação. A questão é saber se a vedação é *erga omnes* ou se limita à vaquejada cearense avaliada na decisão.

No que concerne aos **rodeios**,[131] trata-se de atividade que o legislador entende não atentar contra os animais, desde que observadas as vedações contidas na Lei 10.519/2002, por meio da utilização de apetrechos que não causem injúrias ou ferimentos nos animais.

Por serem práticas com certa similitude, deve ser colocada a seguinte questão: se a vaquejada é inconstitucional, por que o rodeio é constitucional? Vamos aguardar se a validade do rodeio será questionada no STF.

Curiosamente, no dia 30 de novembro de 2016, foi publicada a Lei 13.364/2016, que elevou **o Rodeio, a Vaquejada**, bem como as respectivas expressões artístico-culturais, à condição de manifestações da cultura nacional e de **patrimônio cultural imaterial**, abarcando, inclusive, as seguintes expressões: I – montarias; II – provas de laço; III – apartação; IV – bulldog; V – provas de rédeas; VI – provas dos Três Tambores, Team Penning e Work Penning; VII – paleteadas; e VIII – outras provas típicas, tais como Queima do Alho e concurso do berrante, bem como apresentações folclóricas e de músicas de raiz. Resta saber qual será o posicionamento do STF a respeito do tema, pois se a decisão de pronúncia de inconstitucionalidade da vaquejada cearense for *erga omnes*, certamente essa passagem da Lei 13.364/2016 será invalidada.

Posteriormente ao aprovar a **Emenda Constitucional 96/2017**, que inseriu o §7º no artigo 225, da Constituição, dispondo que "para fins do disposto na parte final do inciso VII do § 1º deste artigo, não se consideram cruéis as práticas desportivas que utilizem animais, desde que sejam manifestações culturais, conforme o § 1º do art. 215 desta Constituição

131. Atividades de montaria ou de cronometragem e as provas de laço, nas quais são avaliados a habilidade do atleta em dominar o animal com perícia e o desempenho do próprio animal.

Federal, registradas como bem de natureza imaterial integrante do patrimônio cultural brasileiro, devendo ser regulamentadas por lei específica que assegure o bem-estar dos animais envolvidos".

Em seguida adveio a Lei 13.873/2019, que modificou a Lei 13.364/2016:

> "Art. 1º Esta Lei reconhece o rodeio, a vaquejada e o laço, bem como as respectivas expressões artísticas e esportivas, como manifestações culturais nacionais, eleva essas atividades à condição de bens de natureza imaterial integrantes do patrimônio cultural brasileiro e dispõe sobre as modalidades esportivas equestres tradicionais e sobre a proteção ao bem-estar animal.
>
> Art. 2º O rodeio, a vaquejada e o laço, bem como as respectivas expressões artísticas e esportivas, são reconhecidos como manifestações culturais nacionais e elevados à condição de bens de natureza imaterial integrantes do patrimônio cultural brasileiro, enquanto atividades intrinsecamente ligadas à vida, à identidade, à ação e à memória de grupos formadores da sociedade brasileira.
>
> Art. 3º São consideradas expressões artísticas e esportivas do rodeio, da vaquejada e do laço atividades como:
>
> I – montarias;
>
> II – provas de laço;
>
> III – apartação;
>
> IV – bulldog;
>
> V – provas de rédeas;
>
> VI – provas dos Três Tambores, Team Penning e Work Penning;
>
> VII – paleteadas; e
>
> VIII – outras provas típicas, tais como Queima do Alho e concurso do berrante, bem como apresentações folclóricas e de músicas de raiz.
>
> Art. 3º-A. Sem prejuízo do disposto no art. 3º desta Lei, são consideradas modalidades esportivas equestres tradicionais as seguintes atividades:
>
> I – adestramento, atrelagem, concurso completo de equitação, enduro, hipismo rural, salto e volteio;
>
> II – apartação, time de curral, trabalho de gado, trabalho de mangueira;
>
> III – provas de laço;
>
> IV – provas de velocidade: cinco tambores, maneabilidade e velocidade, seis balizas e três tambores;
>
> V – argolinha, cavalgada, cavalhada e concurso de marcha;
>
> VI – julgamento de morfologia;
>
> VII – corrida;
>
> VIII – campereada, doma de ouro e freio de ouro;
>
> IX – paleteada e vaquejada;
>
> X – provas de rodeio;
>
> XI – rédeas;

XII – polo equestre;

XIII – paraequestre.

Art. 3º-B. Serão aprovados regulamentos específicos para o rodeio, a vaquejada, o laço e as modalidades esportivas equestres por suas respectivas associações ou entidades legais reconhecidas pelo Ministério da Agricultura, Pecuária e Abastecimento.

§ 1º Os regulamentos referidos no caput deste artigo devem estabelecer regras que assegurem a proteção ao bem-estar animal e prever sanções para os casos de descumprimento.

§ 2º Sem prejuízo das demais disposições que garantam o bem-estar animal, deve-se, em relação à vaquejada:

I – assegurar aos animais água, alimentação e local apropriado para descanso;

II – prevenir ferimentos e doenças por meio de instalações, ferramentas e utensílios adequados e da prestação de assistência médico-veterinária;

III – utilizar protetor de cauda nos bovinos;

IV – garantir quantidade suficiente de areia lavada na faixa onde ocorre a pontuação, respeitada a profundidade mínima de 40 cm (quarenta centímetros)".

O STF parece não querer comprar briga com o Congresso Nacional. Isso porque não tem dado provimento às reclamações.

2. JURISPRUDÊNCIA

"PROCESSO OBJETIVO – AÇÃO DIRETA DE INCONSTITUCIONALIDADE – ATUAÇÃO DO ADVOGADO-GERAL DA UNIÃO. Consoante dispõe a norma imperativa do § 3º do artigo 103 do Diploma Maior, incumbe ao Advogado-Geral da União a defesa do ato ou texto impugnado na ação direta de inconstitucionalidade, não lhe cabendo emissão de simples parecer, a ponto de vir a concluir pela pecha de inconstitucionalidade. VAQUEJADA – MANIFESTAÇÃO CULTURAL – ANIMAIS – CRUELDADE MANIFESTA – PRESERVAÇÃO DA FAUNA E DA FLORA – INCONSTITUCIONALIDADE. **A obrigação de o Estado garantir a todos o pleno exercício de direitos culturais, incentivando a valorização e a difusão das manifestações, não prescinde da observância do disposto no inciso VII do artigo 225 da Carta Federal, o qual veda prática que acabe por submeter os animais à crueldade. Discrepa da norma constitucional a denominada vaquejada" (ADI 4.983, de 6/10/2016).**

Rcl 25869 AgR/PI – PIAUÍ

AG.REG. NA RECLAMAÇÃO

Relator(a): Min. ALEXANDRE DE MORAES

Julgamento: 11/09/2017

Publicação: 21/09/2017

Órgão julgador: Primeira Turma

Publicação

PROCESSO ELETRÔNICO DJe-214 DIVULG 20-09-2017 PUBLIC 21-09-2017

Partes

AGTE.(S): ASSOCIACAO BRASILEIRA DOS DEFENSORES DOS DIREITOS E BEM ESTAR DOS ANIMAIS AGTE.(S): FEDERAÇÃO DAS ASSOCIAÇÕES, ORGANIZAÇÕES NÃO GOVERNAMENTAIS, SOCIEDADES PROTETORAS DOS ANIMAIS E SINDICATOS DE PROFISSIONAIS DA PROTEÇÃO ANIMAL DO ESTADO DO PIAUÍ – FAOS PI ADV.(A/S): TIZIANE MARIA ONOFRE MACHADO AGDO.(A/S): ESTADO DO PIAUÍ PROC.(A/S)(ES): PROCURADOR-GERAL DO ESTADO DO PIAUÍ AGDO.(A/S): MUNICÍPIO DE TERESINA PROC.(A/S)(ES):

PROCURADOR-GERAL DO MUNICÍPIO DE TERESINA AGDO.(A/S): ASSOCIAÇÃO DE VAQUEIROS DO PIAUÍ ADV.(A/S): SEM REPRESENTAÇÃO NOS AUTOS INTDO.(A/S): JUIZ DE DIREITO DA 2ª VARA DOS FEITOS DA FAZENDA PÚBLICA DA CAMARCA DE TERESINA PROC.(A/S)(ES): SEM REPRESENTAÇÃO NOS AUTOS

Ementa

PROCESSUAL CIVIL E CONSTITUCIONAL. AGRAVO REGIMENTAL NA **RECLAMAÇÃO**. MANIFESTAÇÃO CULTURAL ENVOLVENDO ANIMAIS. "**VAQUEJADA**". ALEGADA CONTRARIEDADE À ADI 4.983/CE. INOCORRÊNCIA. AUSÊNCIA DE ESTRITA ADERÊNCIA ENTRE O DECIDIDO NO ATO RECLAMADO E NO PARADIGMA APONTADO. AGRAVO REGIMENTAL A QUE SE NEGA PROVIMENTO.

Decisão

A Turma, por unanimidade, negou provimento ao agravo regimental, nos termos do voto do Relator. Primeira Turma, Sessão Virtual de 1º a 8.9.2017.

Rcl 25869/PI – PIAUÍ

RECLAMAÇÃO

Relator(a): Min. TEORI ZAVASCKI

Julgamento: 07/12/2016

Publicação: 13/12/2016

Publicação

PROCESSO ELETRÔNICO DJe-264 DIVULG 12/12/2016 PUBLIC 13/12/2016

Partes

RECLTE.(S): ASSOCIACAO BRASILEIRA DOS DEFENSORES DOS DIREITOS E BEM ESTAR DOS ANIMAIS RECLTE.(S): FEDERAÇÃO DAS ASSOCIAÇÕES, ORGANIZAÇÕES NÃO GOVERNAMENTAIS, SOCIEDADES PROTETORAS DOS ANIMAIS E SINDICATOS DE PROFISSIONAIS DA PROTEÇÃO ANIMAL DO ESTADO DO PIAUÍ – FAOS PI ADV.(A/S): TIZIANE MARIA ONOFRE MACHADO RECLDO.(A/S): JUIZ DE DIREITO DA 2ª VARA DOS FEITOS DA FAZENDA PÚBLICA DA CAMARCA DE TERESINA PROC.(A/S)(ES): SEM REPRESENTAÇÃO NOS AUTOS INTDO.(A/S): ESTADO DO PIAUÍ PROC.(A/S)(ES): PROCURADOR-GERAL DO ESTADO DO PIAUÍ INTDO.(A/S): MUNICÍPIO DE TERESINA PROC.(A/S)(ES): PROCURADOR-GERAL DO MUNICÍPIO DE TERESINA INTDO.(A/S): ASSOCIAÇÃO DE VAQUEIROS DO PIAUÍ ADV.(A/S): SEM REPRESENTAÇÃO NOS AUTOS

Decisão

Decisão: 1. Trata-se de *reclamação*, com pedido de liminar, contra decisão proferida pelo Juízo da 2ª Vara dos Feitos da Fazenda Pública da Comarca de Teresina/PI em sede de ação civil pública, que teria violado o decidido na ADI 4.983/CE (Rel. Min. Marco Aurélio, j. em 6/10/2016). Alegam as associações reclamantes, em síntese, que: (a) o Estado do Piauí divulgou amplamente sua parceria com a Associação de Vaqueiros para incluir o evento *Vaquejada* na programação 66ª Exposição Agropecuária, marcada para os dias 3 a 11/12/2016; e (b) em ação coletiva, o juízo reclamado denegou a pleiteada tutela provisória de urgência e, nessas circunstâncias, deixou de reconhecer o caráter vinculante e geral da decisão proferida por esta Corte em controle concentrado. Pedem as reclamantes o deferimento da liminar e, ao final, a cassação do ato impugnado. 2. É importante, antes de mais nada, delimitar adequadamente o âmbito de cognição que se pode desenvolver no julgamento da presente *reclamação*. Aqui não será cabível examinar a justiça ou a injustiça da decisão reclamada, notadamente sob o ponto de vista dos fatos da causa. Esse é tema próprio da demanda original, no âmbito da qual as partes envolvidas na relação de direito material têm oportunidade de deduzir suas razões e exercer com amplitude o direito ao contraditório, o que não ocorre nesta específica via da *reclamação constitucional*. O tema central da controvérsia a ser aqui dirimida é unicamente o de saber se a decisão reclamada, tal como proferida, ofendeu ou não a autoridade do acórdão prolatado no julgamento da ADI 4.983-CE (Rel. Min. Marco Aurélio, j. em 6/10/2016), em que esta Corte julgou inconstitucional a Lei 15.299/2013, do Estado do Ceará. 3. No caso, as associações reclamantes ajuizaram ação civil pública em que pleitearam o definitivo cancelamento do evento *vaquejada*, inclusive para os anos subsequentes. O juízo reclamado, ao examinar os requisitos da medida de natureza cautelar requerida, indeferiu-a nos seguintes termos: (...) Passo, portanto, à análise do pedido da tutela de urgência pleiteada, para fins de aferição da comprovação dos requisitos supracitados. A celeuma em comento cinge-se na possibilidade jurídica de se determinar que o evento de *vaquejada* seja cancelado definitivamente, sem possibilidade de realização em anos vindouros. O pedido é instruído e fundamentado, basicamente, em dois pontos. Primeiro, o julgamento pelo STF da ADI 4.983/2013, que declarou a inconstitucionalidade de Lei Estadual do Ceará visando regular a prática das *Vaquejadas*. Segundo, sobre atos de crueldade e de maus tratos contra animais durante tais eventos. A mencionada decisão, relativa a inconstitucionalidade de Lei Estadual cearense, a princípio, não se impõe erga omnes. Aplica-se a tentativa daquele Estado de regular a prática, mas não determina formalmente o impedimento para tais eventos de uma forma geral. Quanto aos atos de crueldade e de maus tratos contra animais, não se demonstra, contudo, que no âmbito do Estado do Piauí, e mais especificamente no Parque de Exposição em questão, estes tenham ocorrido ou estejam ocorrendo. Assim, não vislumbro presente a prova inequívoca como suporte à concessão de liminar de cancelamento definitivo do evento de *vaquejada*, sem possibilidade de realização em anos vindouros. Ressalto, outrossim, que qualquer dano ou maus tratos a animais, efetivamente ocorrido durante a *Vaquejada*, deverá ser investigado e punido, conforme legislação pertinente, ficando este risco imposto aos suplicados (doc. 4, fls. 2-3). 4. O cabimento da *reclamação*, instituto jurídico de natureza constitucional, deve ser aferido nos estritos limites das normas de regência, que só a concebem para preservação da competência do Tribunal e para garantia da autoridade de suas decisões (art. 102, I, l, CF/88), bem como contra atos que contrariem ou indevidamente apliquem súmula vinculante (art. 103-A, § 3º, CF/88). É da jurisprudência da Corte, ainda, que os atos reclamados devem estrita aderência ao conteúdo das suas decisões: (...) Os atos questionados em qualquer *reclamação* nos casos em que se sustenta desrespeito à autoridade de decisão do Supremo Tribunal Federal hão de se ajustar, com exatidão e pertinência, aos julgamentos desta Suprema Corte invocados como paradigmas de confronto, em ordem a permitir, pela análise comparativa, a verificação da conformidade, ou não, da deliberação estatal impugnada em relação ao parâmetro de controle emanado deste Tribunal. (Rcl 6.534-AgR, Rel. Min. Celso de Mello, Pleno, DJe de 17.10.2008, Ementário 2337-1). **No caso concreto, não está suficientemente demonstrada a aderência estrita entre o ato reclamado e o decidido por esta Corte no julgamento da ADI 4.983. Isso porque a decisão ora questionada, que tem natureza precária e provisória, não apreciou a matéria em caráter definitivo, fazendo juízo apenas sobre o preenchimento dos requisitos próprios para o deferimento do pedido de antecipação dos efeitos da tutela (para impedir a vaquejada no ano corrente e nos vindouros), baseando seu entendimento na ausência de prova inequívoca que desse ensejo ao cancelamento definitivo do evento em questão. Por outro lado, no julgado indicado como paradigma, o que esta Corte efetivamente assentou foi a inconstitucionalidade da lei cearense que regulamentava a vaquejada, não sendo cabível, até o presente momento, extrair conclusão no sentido da proibição de sua prática em todo o território nacional.** 5. Diante do exposto, nego seguimento ao pedido. Publique-se. Intime-se. Brasília, 7 de dezembro de 2016. Ministro Teori Zavascki Relator.

Art. 231. São reconhecidos aos índios sua organização social, costumes, línguas, crenças e tradições, e os direitos originários sobre as terras que tradicionalmente ocupam, competindo à União demarcá-las, proteger e fazer respeitar todos os seus bens.

§ 1º – São terras tradicionalmente ocupadas pelos índios as por eles habitadas em caráter permanente, as utilizadas para suas atividades produtivas, as imprescindíveis à preservação dos recursos ambientais necessários a seu bem-estar e as necessárias a sua reprodução física e cultural, segundo seus usos, costumes e tradições.

§ 2º – As terras tradicionalmente ocupadas pelos índios destinam-se a sua posse permanente, cabendo-lhes o usufruto exclusivo das riquezas do solo, dos rios e dos lagos nelas existentes.

§ 3º – O aproveitamento dos recursos hídricos, incluídos os potenciais energéticos, a pesquisa e a lavra das riquezas minerais em terras indígenas só podem ser efetivados com autorização do Congresso Nacional, ouvidas as comunidades afetadas, ficando-lhes assegurada participação nos resultados da lavra, na forma da lei.

§ 4º – As terras de que trata este artigo são inalienáveis e indisponíveis, e os direitos sobre elas, imprescritíveis.

§ 5º – É vedada a remoção dos grupos indígenas de suas terras, salvo, "ad referendum" do Congresso Nacional, em caso de catástrofe ou epidemia que ponha em risco sua população, ou no interesse da soberania do País, após deliberação do Congresso Nacional, garantido, em qualquer hipótese, o retorno imediato logo que cesse o risco.

§ 6º – São nulos e extintos, não produzindo efeitos jurídicos, os atos que tenham por objeto a ocupação, o domínio e a posse das terras a que se refere este artigo, ou a exploração das riquezas naturais do solo, dos rios e dos lagos nelas existentes, ressalvado relevante interesse público da União, segundo o que dispuser lei complementar, não gerando a nulidade e a extinção direito a indenização ou a ações contra a União, salvo, na forma da lei, quanto às benfeitorias derivadas da ocupação de boa fé.

§ 7º – Não se aplica às terras indígenas o disposto no art. 174, § 3º e § 4º.

1. COMENTÁRIOS

Os índios são os únicos seres humanos originalmente nativos desta Terra de Vera Cruz, como já foi designado o Brasil após o descobrimento (ou invasão, a depender do ponto de vista), tendo sido quase que totalmente dizimados pelos portugueses a partir do ano de 1.500.

De acordo com o artigo 3.º, I, da Lei 6.001/1973 (Estatuto do Índio), considera-se índio ou silvícola "todo indivíduo de origem e ascendência pré-colombiana que se identifica e é identificado como pertencente a um grupo étnico cujas características culturais o distinguem da sociedade nacional".

Ainda com arrimo no Estatuto do Índio, é possível dividi-los em:

> **I – Isolados** – Quando vivem em grupos desconhecidos ou de que se possuem poucos e vagos informes através de contatos eventuais com elementos da comunhão nacional;
>
> **II – Em vias de integração** – Quando, em contato intermitente ou permanente com grupos estranhos, conservam menor ou maior parte das condições de sua vida nativa, mas aceitam algumas práticas e modos de existência comuns aos demais setores da comunhão nacional, da qual vão necessitando cada vez mais para o próprio sustento;
>
> **III – Integrados** – Quando incorporados à comunhão nacional e reconhecidos no pleno exercício dos direitos civis, ainda que conservem usos, costumes e tradições característicos da sua cultura.

Consoante afirmado pelo STF, "o substantivo 'índios' é usado pela Constituição Federal de 1988 por um modo invariavelmente plural, para exprimir a diferenciação dos aborígenes por numerosas etnias. Propósito constitucional de retratar uma diversidade indígena tanto interétnica quanto intraétnica. Índios em processo de aculturação permanecem índios para o fim de proteção constitucional. Proteção constitucional que não se limita aos silvícolas, estes, sim, índios ainda em primitivo estádio [*sic*] de habitantes da selva" (Pet 3.388, de 19.03.2009).

Desde as Cartas Régias de 30.07.1609 e de 10.09.1611, outorgadas por Filipe III, reconheceu-se o direito dos indígenas brasileiros sobre as terras alocadas nos aldeamentos.

Posteriormente, empós o silêncio da Constituição Imperial de 1824 e da Republicana de 1890, a Constituição da República de 1934 preconizou, em seu artigo 129 que "será respeitada a posse de terras dos silvícolas que nelas se achem permanentemente localizados, sendo-lhes, no entanto, vedado aliená-las".

A proteção foi mantida pela Constituição de 1937, a "Polaca", assim como pela Constituição de 1946. Por sua vez, a Constituição de 1967 previu, em seu artigo 14, que as terras ocupadas pelos silvícolas passavam a integrar o patrimônio da União, e, mais adiante, no artigo 186, foi garantida a posse permanente dos indígenas sobre as terras que habitam, assim como o usufruto exclusivo dos recursos naturais e de todas as utilidades neles existentes.

Com o advento da **Constituição Federal de 1988**, a tutela em prol dos indígenas foi reforçada, tendo sido instituído o **Capítulo VIII**, que engloba os **artigos 231 e 232**, restando reconhecido o direito originário dos índios (declaratório, e não constitutivo) sobre as terras que tradicionalmente ocupam, ou seja, as ocupadas em caráter permanente, as utilizadas para suas atividades produtivas, as imprescindíveis à preservação dos recursos ambientais necessários ao seu bem-estar e as necessárias a sua reprodução física e cultural.

Deveras, **a Lei Maior assegura às comunidades indígenas a posse permanente sobre tais terras**, bens da União, tendo este estado de fato contornos constitucionais, não se aplicando o regime jurídico tradicional do Código Civil acerca da posse, apenas utilizado supletivamente, no que for compatível com o direito publicístico constitucional.

O artigo 231 da Constituição de 1988 reconhece aos índios sua organização social, costumes, línguas, crenças e tradições, **e os direitos originários sobre as terras que tradicionalmente ocupam, competindo à União demarcá-las**, proteger e fazer respeitar todos os seus bens.

Foram consideradas **terras tradicionalmente ocupadas pelos índios** as por eles habitadas em caráter permanente, as utilizadas para suas atividades produtivas, as imprescindíveis à preservação dos recursos ambientais necessários a seu bem-estar e as necessárias à sua reprodução física e cultural, segundo seus usos, costumes e tradições.

É que os índios têm direito congênito às terras tradicionalmente ocupadas, revelando-se o **indigenato** o fundamento da sua posse constitucional especial, sendo mais que um direito adquirido, pois já nasceu com os silvícolas como um direito natural reconhecido pelo ordenamento jurídico brasileiro.

Assim, a posse permanente dos índios funda-se no indigenato, sendo direito independente de legitimação, conforme lições do mestre José Afonso da Silva:[132]

> "O INDIGENATO. Os dispositivos constitucionais sobre a relação dos índios com suas terras e o reconhecimento de seus direitos originários sobre elas nada mais fizeram do que consagrar e consolidar o indigenato, velha e tradicional instituição jurídica luso-brasileira que dita suas raízes já nos primeiros tempos da Colônia, quando o Alvará de 1.º de abril de 1680, confirmado pela Lei de 06 de junho de 1755, firmara o princípio de que, nas terras outorgadas a particulares, seria sempre reservado o direito dos índios, primários e naturais senhores delas".

132. SILVA, José Afonso da. *Curso de Direito Constitucional Positivo*. Editora Malheiros, 18.ª edição, 2000, p. 831.

A identificação das terras tradicionalmente ocupadas pelos índios é tarefa árdua e foi enfrentada pelo STF no julgamento do decreto que demarcou a Terra Indígena Raposa Serra do Sol (Pet 3.388, de 19.03.2009), que admitiu como tradicionais terras não mais ocupadas pelos silvícolas em razão do esbulho possessório de não índios.

Ademais, neste julgado, a Suprema Corte deixou muito claro que as terras indígenas são patrimônio da União, e não territórios soberanos, conquanto os índios possuam o usufruto vitalício.

O processo administrativo de demarcação das terras indígenas é regulado pelo Decreto 1.775/1996, validado pelo Supremo Tribunal Federal, no julgamento do MS 24.045, de 28.04.2005.

Com propriedade, restou assentado pelo Tribunal Regional Federal da 3.ª Região, no julgamento do agravo de instrumento 2001.33.00.029599-3 que "a orientação jurisprudencial é no sentido da necessidade de produção de estudo histórico-antropológico para quaisquer questões acerca da posse de imóvel que estaria localizado em região tradicionalmente ocupada por indígenas."

Não é outro o ensinamento de Roberto Lemos dos Santos Filho:

> "Considerando que a posse tradicional a que se refere o art. 231 da Constituição não se confunde com a posse do Direito Civil, ao contrário do sustentado por J. Cretella Jr., entende-se que, para que sejam reconhecidas como terras tradicionais indígenas, é impositiva a realização de perícia histórico-antropológica, meio hábil a possibilitar conclusão científica de serem determinadas terras habitat natural dos índios, merecendo, dessa forma, garantia para o futuro, tornando-se inalienáveis, imprescritíveis e indisponíveis para sempre".[133]

Uma vez apresentado o relatório delimitando a área a ser demarcada, caberá ao Presidente da FUNAI aprová-lo e publicá-lo no Diário Oficial da União.

De efeito, as terras indígenas serão administrativamente demarcadas por iniciativa e sob a orientação da FUNAI – Fundação Nacional do Índio, com fundamento em **estudo antropológico de identificação**, com a participação da comunidade indígena interessada.

Em seguida, caberá a participação do Ministro da Justiça no processo de demarcação, a quem competirá declarar mediante portaria, os limites da terra indígena e determinando a sua demarcação, ou então desaprovar a identificação e fazer retornar os autos ao órgão federal de assistência ao índio.

O ato final será do Presidente da República que, via decreto, irá homologar a demarcação da terra indígena, a sofrer registro imobiliário e na Secretaria de Patrimônio da União, devendo ser diligenciado o reassentamento dos não índios que esteja ocupando a área demarcada.

De acordo com o STF, "a demarcação administrativa, homologada pelo Presidente da República, é ato estatal que se reveste da presunção *juris tantum* de legitimidade e de veracidade (RE 183.188, da relatoria do ministro Celso de Mello), além de se revestir de natureza declaratória e força autoexecutória" (Pet 3.388, de 19.03.2009).

---

133. *Apontamentos sobre o Direito Indigenista*, Juruá, 2005, p. 96.

No julgamento do MS 25.483, de 04.06.2007, o STF decidiu que **"a manifestação do Conselho de Defesa Nacional não é requisito de validade da demarcação de terras indígenas, mesmo daquelas situadas em região de fronteira"**, existindo compatibilidade entre as faixas de fronteira e as terras indígenas.

Nos termos do artigo 231, § 6.º, da Constituição de 1988, **são nulos e extintos, não produzindo efeitos jurídicos, os atos que tenham por objeto a ocupação, o domínio e a posse das terras a que se refere este artigo**, ou a exploração das riquezas naturais do solo, dos rios e dos lagos nelas existentes, ressalvado relevante interesse público da União, segundo o que dispuser lei complementar, não gerando a nulidade e a extinção direito a indenização ou ações contra a União, salvo, na forma da lei, quanto às benfeitorias derivadas da ocupação de boa-fé.

Aliás, desde a Constituição de 1934, **todos os atos de disposição de terras indígenas são considerados nulos**, consoante obtempera GILMAR FERREIRA MENDES:

> "Tal constatação permite abordar o segundo aspecto mencionado, isto é, a situação jurídica das terras que, na vigência das Constituições de 1934, de 1937 ou de 1946, eram ocupadas pelos silvícolas e, não obstante, foram alienadas a particulares. É fácil de ver, no império das Constituições de 1934, de 1937 e de 1946, configura alienação a *non domino*, sendo inevitável o reconhecimento da nulidade de pleno direito".[134]

Vale frisar ainda, nos moldes do artigo 232 da Constituição de 1998, que os índios, suas comunidades e organizações são partes legítimas para ingressar em juízo em defesa de seus direitos e interesses, intervindo o Ministério Público em todos os atos do processo, tendo, destarte, personalidade judiciária.

No dia 17 de julho de 2012, o Advogado-Geral da União fez publicar a Portaria AGU 303, que dispõe sobre as salvaguardas institucionais às terras indígenas conforme entendimento fixado pelo Supremo Tribunal Federal na Petição 3.388-RR.

Este ato regulamentar da AGU vem sendo alvo de extremas críticas oriundas de vários segmentos do meio jurídico, inclusive de Ministros do STF, do Ministro da Justiça e das comunidades indígenas, pois vários pontos aparentemente restringiram, em demasia, direitos dos índios, não refletindo a decisão tomada pela Suprema Corte do julgamento da Petição 3.388, em 19.03.2009.

O seu art. 1º fixa "a interpretação das salvaguardas às terras indígenas, a ser uniformemente seguida pelos órgãos jurídicos da Administração Pública Federal direta e indireta, determinando que se observe o decidido pelo STF na Pet. 3.888-Roraima, na forma das condicionantes abaixo:

> (I) o usufruto das riquezas do solo, dos rios e dos lagos existentes nas terras indígenas (art. 231, § 2º, da Constituição Federal) pode ser relativizado sempre que houver, como dispõe o art. 231, § 6º, da Constituição, relevante interesse público da União, na forma de lei complementar.
>
> (II) o usufruto dos índios não abrange o aproveitamento de recursos hídricos e potenciais energéticos, que dependerá sempre de autorização do Congresso Nacional.

134. Terras ocupadas pelos índios, artigo publicado na *Revista de Direito Público*, v. 86, p. 122.

(III) o usufruto dos índios não abrange a pesquisa e lavra das riquezas minerais, que dependerá sempre de autorização do Congresso Nacional, assegurando-lhes a participação nos resultados da lavra, na forma da Lei.

(IV) o usufruto dos índios não abrange a garimpagem nem a faiscação, devendo, se for o caso, ser obtida a permissão de lavra garimpeira.

(V) o usufruto dos índios não se sobrepõe ao interesse da política de defesa nacional; a instalação de bases, unidades e postos militares e demais intervenções militares, a expansão estratégica da malha viária, a exploração de alternativas energéticas de cunho estratégico e o resguardo das riquezas de cunho estratégico, a critério dos órgãos competentes (Ministério da Defesa e Conselho de Defesa Nacional), serão implementados independentemente de consulta às comunidades indígenas envolvidas ou à FUNAI.

(VI) a atuação das Forças Armadas e da Polícia Federal na área indígena, no âmbito de suas atribuições, fica assegurada e se dará independentemente de consulta às comunidades indígenas envolvidas ou à FUNAI.

(VII) o usufruto dos índios não impede a instalação, pela União Federal, de equipamentos públicos, redes de comunicação, estradas e vias de transporte, além das construções necessárias à prestação de serviços públicos pela União, especialmente os de saúde e educação.

(VIII) o usufruto dos índios na área afetada por unidades de conservação fica sob a responsabilidade do Instituto Chico Mendes de Conservação da Biodiversidade.

(IX) o Instituto Chico Mendes de Conservação da Biodiversidade responderá pela administração da área da unidade de conservação também afetada pela terra indígena com a participação das comunidades indígenas, que deverão ser ouvidas, levando-se em conta os usos, tradições e costumes dos indígenas, podendo para tanto contar com a consultoria da FUNAI.

(X) o trânsito de visitantes e pesquisadores não índios deve ser admitido na área afetada à unidade de conservação nos horários e condições estipulados pelo Instituto Chico Mendes de Conservação da Biodiversidade.

(XI) devem ser admitidos o ingresso, o trânsito e a permanência de não índios no restante da área da terra indígena, observadas as condições estabelecidas pela FUNAI.

(XII) o ingresso, o trânsito e a permanência de não índios não pode ser objeto de cobrança de quaisquer tarifas ou quantias de qualquer natureza por parte das comunidades indígenas.

(XIII) a cobrança de tarifas ou quantias de qualquer natureza também não poderá incidir ou ser exigida em troca da utilização das estradas, equipamentos públicos, linhas de transmissão de energia ou de quaisquer outros equipamentos e instalações colocadas a serviço do público, tenham sido excluídos expressamente da homologação, ou não.

(XIV) as terras indígenas não poderão ser objeto de arrendamento ou de qualquer ato ou negócio jurídico que restrinja o pleno exercício do usufruto e da posse direta pela comunidade indígena ou pelos índios (art. 231, § 2º, Constituição Federal, c/c art. 18, *caput*, Lei 6.001/1973).

(XV) é vedada, nas terras indígenas, a qualquer pessoa estranha aos grupos tribais ou comunidades indígenas, a prática de caça, pesca ou coleta de frutos, assim como de atividade agropecuária ou extrativa (art. 231, § 2º, Constituição Federal, c/c art. 18, § 1º da Lei 6.001/1973).

(XVI) as terras sob ocupação e posse dos grupos e das comunidades indígenas, o usufruto exclusivo das riquezas naturais e das utilidades existentes nas terras ocupadas, observado o disposto nos arts. 49, XVI, e 231, § 3º, da CR/1988, bem como a renda indígena (art. 43 da Lei 6.001/1973), gozam de plena imunidade tributária, não cabendo à cobrança de quaisquer impostos, taxas ou contribuições sobre uns e outros.

(XVII) é vedada a ampliação da terra indígena já demarcada.

(XVIII) os direitos dos índios relacionados às suas terras são imprescritíveis e estas são inalienáveis e indisponíveis (art. 231, § 4º, CR/1988).

(XIX) é assegurada a participação dos entes federados no procedimento administrativo de demarcação das terras indígenas, encravadas em seus territórios, observada a fase em que se encontrar o procedimento".

Em razão dos protestos contra a Portaria 303, o Advogado-Geral da União suspendeu a sua vigência por meio da Portaria 415, de 17 de setembro de 2012, declarando que a entrada em vigor da Portaria 303 ocorrerá apenas no dia seguinte ao da publicação do acórdão nos embargos declaratórios a ser proferido na Pet 3.388-RR, que tramita no Supremo Tribunal Federal.

Certamente um dos pontos inconstitucionais da Portaria AGU 303 é a vedação de ampliação de terra indígena já demarcada. Espera-se bom sendo da AGU para que possa rever os pontos polêmicos do ato regulamentar, inclusive perpetrando audiências públicas que envolvam a FUNAI e as comunidades indígenas, a fim de não violar a Convenção 169 da OIT, cujo Brasil é signatário, tendo sido incorporada ao ordenamento jurídico brasileiro por meio do Decreto 5.051, de 19 de abril de 2004.

Isso porque o art. 6º da Convenção 169 da OIT, prevê que os governos deverão consultar os povos interessados, mediante procedimentos apropriados e, particularmente, por meio de suas instituições representativas, cada vez que sejam previstas medidas legislativas ou administrativas suscetíveis de afetá-los diretamente, o que não ocorreu com a Portaria AGU 103/2012.

Além das terras indígenas tradicionalmente ocupadas e indispensáveis à sua subsistência, às quais os índios têm direito congênito, a União poderá estabelecer, em qualquer parte do território nacional, áreas destinadas à posse e ocupação pelos índios, onde possam viver e obter meios de subsistência, com direito ao usufruto e utilização das riquezas naturais e dos bens nelas existentes, respeitadas as restrições legais, **que não se confundem com as de posse imemorial das tribos indígenas.**

De acordo com o artigo 26 e seguintes do Estatuto do Índio, podem ser criadas as seguintes áreas reservadas:

a) **reserva indígena** – é uma área destinada a servir de habitat a grupo indígena, com os meios suficientes à sua subsistência;

b) **parque indígena** – é a área contida em terra na posse de índios, cujo grau de integração permita assistência econômica, educacional e sanitária dos órgãos da União, em que se preservem as reservas de flora e fauna e as belezas naturais da região;

c) **colônia agrícola indígena** – é a área destinada à exploração agropecuária, administrada pelo órgão de assistência ao índio, onde convivam tribos aculturadas e membros da comunidade nacional.

Ademais, ainda é possível a criação de um **território federal indígena**, consistente em uma unidade administrativa subordinada à União, instituída em região na qual pelo menos um terço da população seja formado por índios.

Frise-se, ainda, que é possível que os índios e suas comunidades adquiram terras da mesma maneira que os não índios, na forma da legislação civil.

A Constituição Federal de 1988 assegura aos índios o usufruto exclusivo das riquezas do solo, dos rios e dos lagos existentes nas terras que tradicionalmente ocupam, assim consideradas as por eles habitadas em caráter permanente, as utilizadas para suas atividades produtivas, as imprescindíveis à preservação dos recursos ambientais necessários a seu bem-estar e as necessárias à sua reprodução física e cultural, segundo seus usos, costumes e tradições.

Essas terras são de propriedade da União, sendo inalienáveis e indisponíveis, e os direitos sobre elas, imprescritíveis, pois afetadas aos índios.

Em regra, é vedado o aproveitamento dos recursos hídricos, incluídos os potenciais energéticos, a pesquisa e a lavra das riquezas minerais em terras indígenas, salvo autorização do Congresso Nacional, ouvidas as comunidades afetadas, ficando-lhes assegurada participação nos resultados da lavra, conforme regulamentação infraconstitucional.

Ademais, não é permitida a atividade garimpeira nas terras indígenas, inclusive por meio de cooperativas, bem como são nulos e extintos, não produzindo efeitos jurídicos, os atos que tenham por objeto a exploração das riquezas naturais do solo, dos rios e dos lagos nelas existentes, ressalvado relevante interesse público da União, segundo o que dispuser lei complementar.

Para o STF, conforme noticiado no Informativo 539, no julgamento da Pet 3.388, de 19.03.2009, "**2) o usufruto dos índios não abrange o aproveitamento de recursos hídricos e potenciais energéticos, que dependerá sempre da autorização do Congresso Nacional; 3) o usufruto dos índios não abrange a pesquisa e lavra das riquezas minerais, que dependerá sempre de autorização do Congresso Nacional, assegurando-se-lhes a participação nos resultados da lavra, na forma da lei; 4) o usufruto dos índios não abrange a garimpagem nem a faiscação, devendo, se for o caso, ser obtida a permissão da lavra garimpeira**".

De acordo com o artigo 3.º-A do antigo Código Florestal, inserido pela MP 2.166-67/2001, "**a exploração dos recursos florestais em terras indígenas somente poderá ser realizada pelas comunidades indígenas em regime de manejo florestal sustentável, para atender a sua subsistência**, respeitados os arts. 2.º e 3.º deste Código".

Contudo, a Lei 12.651/2012, que aprovou o novo Código Florestal brasileiro, não tratou expressamente do tema, deixando de reproduzir a mencionada redação do Código revogado.

Apesar disso, entende-se que é possível que os índios promovam a exploração dos recursos naturais florestais de suas terras, mas apenas poderão fazê-lo de maneira sustentável, e não predatória.

No que concerne aos índios, o novo Código Florestal (artigo 3.º, parágrafo único) apenas estendeu o tratamento dispensado às propriedades e posses rurais com até quatro módulos fiscais às terras indígenas demarcadas.

Ademais, o artigo 38, § 2.º, do novo CFlo, excluiu a agricultura de subsistência dos índios da proibição do uso do fogo na vegetação nativa.

Vale ressaltar que inexiste norma jurídica que isente os índios do processo administrativo de licenciamento ambiental como condição para praticar atividades lesivas ao meio ambiente, devendo os índios respeitar as áreas de preservação permanente e demais restrições ambientais, bem como obter licenças ambientais com a assessoria da FUNAI.

Nos termos da **Lei 12.854/2013**, o Governo Federal incentivará e fomentará, dentro dos programas e políticas públicas ambientais já existentes, ações de recuperação florestal e implantação de sistemas agroflorestais em áreas de assentamento rural desapropriadas pelo Poder Público ou em áreas degradadas que estejam em posse de agricultores familiares assentados, **em especial, de comunidades quilombolas e indígenas**, devendo as ações de reflorestamento deverão representar alternativa econômica e de segurança alimentar e energética para o público beneficiado.

As ações de recuperação florestal e a implantação de sistemas agroflorestais poderão ser financiadas com recursos de fundos nacionais como o de Mudança do Clima, o da Amazônia, o do Meio Ambiente e o de Desenvolvimento Florestal, além de outras fontes provenientes de acordos bilaterais ou multilaterais, de acordos decorrentes de ajustes, contratos de gestão e convênios celebrados com órgãos e entidades da Administração Pública federal, estadual ou municipal, de doações e, ainda, de verbas do orçamento da União ou privadas.

De resto, impende lembrar que as terras indígenas não poderão ser alvo de contrato de concessão florestal, na forma do artigo 11, IV, da Lei 11.284/2006.

É muito comum que áreas tradicionalmente ocupadas pelos índios também sejam unidades de conservação federais, administradas pelo Instituto Chico Mendes. Neste caso, as áreas terão duplo regime jurídico, incidindo simultaneamente as normas das terras indígenas e desses espaços ambientais protegidos, o que, não raro, gera enormes conflitos.

Esse também é o entendimento do STF, que afirmou que "há perfeita compatibilidade entre meio ambiente e terras indígenas, ainda que estas envolvam áreas de 'conservação' e 'preservação' ambiental. Essa compatibilidade é que autoriza a dupla afetação, sob a administração do competente órgão de defesa ambiental" (Pet 3.388, de 19.03.2009).

Ainda para a Suprema Corte, conforme noticiado no Informativo 539, "8) o usufruto dos índios na área afetada por unidades de conservação fica sob a responsabilidade do Instituto Chico Mendes de Conservação da Biodiversidade; **9) o Instituto Chico Mendes de Conservação da Biodiversidade responderá pela administração da área da unidade de conservação também afetada pela terra indígena com a participação das comunidades indígenas, que deverão ser ouvidas, levando-se em conta os usos, as tradições e os costumes dos indígenas, podendo para tanto contar com a consultoria da FUNAI**; 10) o trânsito de visitantes e pesquisadores não índios deve ser admitido na área afetada à unidade de conservação nos horários e condições estipulados pelo Instituto Chico Mendes de Conservação da Biodiversidade".

A Medida Provisória 2.186-16/2001 assegura às comunidades indígenas o direito ao seu conhecimento tradicional associado ao patrimônio genético, inclusive com garantia de participação dos benefícios econômicos decorrentes de exploração comercial.

De efeito, o legislador reconheceu expressamente o direito desses povos de decidir sobre o uso de seus conhecimentos tradicionais associados ao patrimônio genético, inclusive o declarando **patrimônio cultural brasileiro**, não podendo ser obstados a preservação, a utilização e o desenvolvimento de conhecimento tradicional de comunidade indígena ou comunidade local.

Como consectário dessa titularidade, foram conferidos **direitos às comunidades indígenas**, como ter indicada a origem do acesso ao conhecimento tradicional em todas as publicações, utilizações, explorações e divulgações, assim como impedir terceiros não autorizados de utilizá-la ou divulgá-la.

2. JURISPRUDÊNCIA

"AÇÃO POPULAR. DEMARCAÇÃO DA TERRA INDÍGENA RAPOSA SERRA DO SOL. INEXISTÊNCIA DE VÍCIOS NO PROCESSO ADMINISTRATIVO- DEMARCATÓRIO. OBSERVÂNCIA DOS ARTS. 231 E 232 DA CONSTITUIÇÃO FEDERAL, BEM COMO DA LEI Nº 6.001/73 E SEUS DECRETOS REGULAMENTARES. CONSTITUCIONALIDADE E LEGALIDADE DA PORTARIA Nº 534/2005, DO MINISTRO DA JUSTIÇA, ASSIM COMO DO DECRETO PRESIDENCIAL HOMOLOGATÓRIO. RECONHECIMENTO DA CONDIÇÃO INDÍGENA DA ÁREA DEMARCADA, EM SUA TOTALIDADE. MODELO CONTÍNUO DE DEMARCAÇÃO. CONSTITUCIONALIDADE. REVELAÇÃO DO REGIME CONSTITUCIONAL DE DEMARCAÇÃO DAS TERRAS INDÍGENAS. A CONSTITUIÇÃO FEDERAL COMO ESTATUTO JURÍDICO DA CAUSA INDÍGENA. A DEMARCAÇÃO DAS TERRAS INDÍGENAS COMO CAPÍTULO AVANÇADO DO CONSTITUCIONALISMO FRATERNAL. INCLUSÃO COMUNITÁRIA PELA VIA DA IDENTIDADE ÉTNICA. VOTO DO RELATOR QUE FAZ AGREGAR AOS RESPECTIVOS FUNDAMENTOS SALVAGUARDAS INSTITUCIONAIS DITADAS PELA SUPERLATIVA IMPORTÂNCIA HISTÓRICO-CULTURAL DA CAUSA. SALVAGUARDAS AMPLIADAS A PARTIR DE VOTO-VISTA DO MINISTRO MENEZES DIREITO E DESLOCADAS PARA A PARTE DISPOSITIVA DA DECISÃO. 1. AÇÃO NÃO CONHECIDA EM PARTE. Ação não-conhecida quanto à pretensão autoral de excluir da área demarcada o que dela já fora excluída: o 6º Pelotão Especial de Fronteira, os núcleos urbanos dos Municípios de Uiramutã e Normandia, os equipamentos e instalações públicos federais e estaduais atualmente existentes, as linhas de transmissão de energia elétrica e os leitos das rodovias federais e estaduais também já existentes. Ausência de interesse jurídico. Pedidos já contemplados na Portaria nº 534/2005 do Ministro da Justiça. Quanto à sede do Município de Pacaraima, cuida-se de território encravado na "Terra Indígena São Marcos", matéria estranha à presente demanda. Pleito, por igual, não conhecido. 2. INEXISTÊNCIA DE VÍCIOS PROCESSUAIS NA AÇÃO POPULAR. 2.1. Nulidade dos atos, ainda que formais, tendo por objeto a ocupação, o domínio e a posse das terras situadas na área indígena Raposa Serra do Sol. Pretensos titulares privados que não são partes na presente ação popular. Ação que se destina à proteção do patrimônio público ou de entidade de que o Estado participe (inciso LXXIII do artigo 5º da Constituição Federal), e não à defesa de interesses particulares. 2.2. Ilegitimidade passiva do Estado de Roraima, que não foi acusado de praticar ato lesivo ao tipo de bem jurídico para cuja proteção se preordena a ação popular. Impossibilidade de ingresso do Estado-membro na condição de autor, tendo em vista que a legitimidade ativa da ação popular é tão-somente do cidadão. 2.3. Ingresso do Estado de Roraima e de outros interessados, inclusive de representantes das comunidades indígenas, exclusivamente como assistentes simples. 2.4. Regular atuação do Ministério Público. **3. INEXISTÊNCIA DE VÍCIOS NO PROCESSO ADMINISTRATIVO DEMARCATÓRIO.** 3.1. Processo que observou as regras do Decreto nº 1.775/96, já declaradas constitucionais pelo Supremo Tribunal Federal no Mandado de Segurança nº 24.045, da relatoria do ministro Joaquim Barbosa. Os interessados tiveram a oportunidade de se habilitar no processo administrativo de demarcação das terras indígenas, como de fato assim procederam o Estado de Roraima, o Município de Normandia, os pretensos posseiros e comunidades indígenas, estas por meio de petições, cartas e prestação de informações. Observância das garantias constitucionais do contraditório e da ampla defesa. 3.2. Os dados e peças de caráter antropológico foram revelados e subscritos por profissionais de reconhecidas qualificação científica e se dotaram de todos os elementos exigidos pela Constituição e pelo Direito infraconstitucional para a demarcação de terras indígenas, não sendo obrigatória a subscrição do laudo por todos os integrantes do grupo técnico (Decretos nos 22/91 e 1.775/96). 3.3. A demarcação administrativa, homologada pelo Presidente da República, é "ato estatal que se reveste da presunção juris tantum de legitimidade e de veracidade" (RE 183.188, da relatoria do ministro Celso de Mello), além de se revestir de natureza declaratória e força auto-executória. Não comprovação das fraudes alegadas pelo autor popular e seu originário assistente. **4. O SIGNIFICADO DO SUBSTANTIVO "ÍNDIOS" NA CONSTITUIÇÃO FEDERAL. O substantivo "índios" é usado pela Constituição Federal de 1988 por um modo invariavelmente plural, para exprimir a diferenciação dos aborígenes por numerosas etnias. Propósito constitucional de retratar uma diversidade indígena tanto interétnica quanto intra-étnica. Índios em processo de aculturação permanecem índios para o fim de proteção constitucional. Proteção constitucional que não se limita aos silvícolas, estes, sim, índios ainda em primitivo estádio de habitantes da selva. 5. AS TERRAS INDÍGENAS COMO PARTE ESSENCIAL DO TERRITÓRIO BRASILEIRO**. 5.1. As "terras indígenas" versadas pela Constituição Federal de 1988 fazem parte de um território estatal-brasileiro sobre o qual incide, com exclusividade, o Direito nacional. E como tudo o mais que faz parte do domínio de qualquer das pessoas federadas brasileiras, são terras que se submetem unicamente ao primeiro dos princípios regentes das relações internacionais da República Federativa do Brasil: a soberania ou "independência nacional" (inciso I do art. 1º da CF). 5.2. Todas as "terras indígenas" são um bem público federal (inciso XI do art. 20 da CF), o que não significa dizer que o ato em si da demarcação extinga ou amesquinhe qualquer unidade federada. Primeiro, porque as unidades federadas pós-Constituição de 1988 já nascem com seu território jungido ao regime constitucional de preexistência dos direitos originários dos índios sobre as terras por eles "tradicionalmente ocupadas". Segundo, porque a titularidade de bens não se confunde com o senhorio de um território político. Nenhuma terra indígena se eleva ao patamar de território político, assim como nenhuma etnia ou comunidade indígena se constitui em unidade federada. Cuida-se, cada etnia indígena, de realidade sócio-cultural, e não de natureza político-territorial. **6. NECESSÁRIA LIDERANÇA INSTITUCIONAL DA UNIÃO, SEMPRE QUE OS ESTADOS E MUNICÍPIOS ATUAREM NO PRÓPRIO INTERIOR DAS TERRAS JÁ DEMARCADAS COMO DE AFETAÇÃO INDÍGENA.** A vontade objetiva da Constituição obriga a efetiva presença de todas as pessoas federadas em terras indígenas, desde que em sintonia com o modelo de ocupação por ela concebido, que é de centralidade da União. Modelo de ocupação que tanto preserva a identidade de cada etnia quanto sua abertura para um relacionamento de mútuo proveito com outras etnias indígenas e grupamentos de não-índios. A atuação complementar de Estados e Municípios em terras já demarcadas como indígenas há de se fazer, contudo, em regime de concerto com a União e sob a liderança desta. Papel de centralidade institucional desempenhado pela União, que não pode deixar de ser imediatamente coadjuvado pelos próprios índios, suas comunidades e organizações, além da protagonização de tutela e fiscalização do Ministério Público (inciso V do art. 129 e art. 232, ambos da CF). **7. AS TERRAS INDÍGENAS COMO CATEGORIA JURÍDICA DISTINTA DE TERRITÓRIOS INDÍGENAS. O DESABONO CONSTITUCIONAL AOS VOCÁBULOS "POVO", "PAÍS", "TERRITÓRIO", "PÁTRIA" OU "NAÇÃO" INDÍGENA.** Somente o "território" enquanto categoria jurídico-política é que se põe como o preciso âmbito espacial de incidência de uma dada Ordem Jurídica soberana, ou autônoma. O substantivo "terras" é termo que assume compostura nitidamente sócio-cultural, e não política. A Constituição teve o cuidado de não falar em territórios indígenas, mas, tão-só, em "terras indígenas". A traduzir que os "grupos", "organizações", "populações" ou "comunidades" indígenas não constituem pessoa federada. Não formam circunscrição ou instância espacial que se orne de dimensão política. Daí não se reconhecer a qualquer das organizações sociais indígenas, ao conjunto delas, ou à sua base peculiarmente antropológica a dimensão de instância transnacional. Pelo que nenhuma das comunidades indígenas brasileiras detém estatura normativa para comparecer perante a Ordem Jurídica Internacional como "Nação", "País", "Pátria", "território nacional" ou "povo" independente. Sendo de fácil percepção que todas as vezes em que a Constituição de 1988 tratou de "nacionalidade" e dos demais vocábulos aspeados (País, Pátria, território nacional e povo) foi para se referir ao Brasil por inteiro. **8. A DEMARCAÇÃO COMO COMPETÊNCIA DO PODER EXECUTIVO DA UNIÃO.** Somente à União, por atos situados na esfera de atuação do Poder Executivo, compete instaurar, sequenciar e concluir formalmente o processo demarcatório das terras indígenas, tanto quanto efetivá-lo materialmente, nada impedindo que o Presidente da República venha a consultar o Conselho de Defesa Nacional (inciso III do § 1º do art. 91 da CF), especialmente se as terras indígenas a demarcar coincidirem com faixa de fronteira. As competências deferidas ao Congresso Nacional, com efeito concreto ou sem densidade normativa, exaurem-se nos fazeres a que se referem o inciso XVI do art. 49 e o § 5º do art. 231, ambos da Constituição Federal. **9. A DEMARCAÇÃO DE TERRAS INDÍGENAS COMO CAPÍTULO AVANÇADO DO CONSTITUCIONALISMO FRATERNAL.** Os arts. 231 e 232 da Constituição Federal são de finalidade nitidamente fraternal ou solidária, própria de uma quadra constitucional que se volta para a efetivação de um novo tipo de igualdade: a igualdade civil-moral de minorias, tendo em vista o proto-valor da integração comunitária. Era constitucional compensatória de desvantagens historicamente acumuladas, a se viabilizar por mecanismos oficiais de ações afirmativas. No caso, os índios a desfrutar de um espaço fundiário que lhes assegure meios dignos de subsistência econômica para mais eficazmente poderem preservar sua identidade somática, linguística e cultural. Processo de uma aculturação que não se dilui no convívio com os não-índios, pois a aculturação de que trata a Constituição não é perda de identidade étnica, mas somatório de mundividências. Uma soma, e não uma subtração. Ganho, e não perda. Relações interétnicas de mútuo proveito, a caracterizar ganhos culturais incessantemente cumulativos. Concretização constitucional do valor da inclusão comunitária pela via da identidade étnica. **10. O FALSO ANTAGONISMO ENTRE A QUESTÃO INDÍGENA E O DESENVOLVIMENTO.** Ao Poder Público de todas as dimensões federativas o que incumbe não é subestimar, e muito menos hostilizar comunidades indígenas brasileiras, mas tirar proveito delas para diversificar o potencial econômico-cultural dos seus territórios (dos entes federativos). O desenvolvimento que se fizer sem ou contra os índios, ali onde eles se encontrarem instalados por modo tradicional, à data da Constituição de 1988, desrespeita o objetivo fundamental do inciso II do art. 3º da Constituição Federal, assecuratório de um tipo de "desenvolvimento nacional" tão ecologicamente equilibrado quanto humanizado e culturalmente diversificado, de modo a incorporar a realidade indígena. **11. O CONTEÚDO POSITIVO DO ATO DE DEMARCAÇÃO DAS TERRAS INDÍGENAS.** 11.1. O marco temporal de ocupação. A Constituição Federal trabalhou com data certa -- a data da promulgação dela própria (5 de outubro de 1988) -- como insubstituível referencial para o dado da ocupação de um determinado espaço geográfico por essa ou aquela etnia aborígene; ou seja, para o reconhecimento, aos índios, dos direitos originários sobre as terras que tradicionalmente ocupam. 11.2. O marco da tradicionalidade da ocupação. É preciso que esse estar coletivamente situado em certo espaço fundiário também ostente o caráter da perdurabilidade, no sentido anímico e psíquico de continuidade etnográfica. A tradicionalidade da posse nativa, no entanto, não se perde onde, ao tempo da promulgação da Lei Maior de 1988, a reocupação apenas não ocorreu por efeito de renitente esbulho por parte de não-índios. Caso das "fazendas" situadas na Terra Indígena Raposa Serra do Sol, cuja ocupação não arrefeceu nos índios sua capacidade de resistência e de afirmação da sua peculiar presença em todo o complexo geográfico da "Raposa Serra do Sol". 11.3. O marco da concreta abrangência fundiária e da finalidade prática da ocupação tradicional. Áreas indígenas são demarcadas para servir concretamente de habitação permanente dos índios de uma determinada etnia, de par com as terras utilizadas para suas atividades produtivas, mais as "imprescindíveis à preservação dos recursos ambientais necessários a seu bem-estar" e ainda aquelas que se revelarem "necessárias à reprodução física e cultural" de cada qual das comunidades étnico-indígenas, "segundo seus usos, costumes e tradições" (usos, costumes e tradições deles, indígenas, e não usos, costumes e tradições dos não-índios). Terra indígena, no imaginário coletivo aborígine, não é um simples objeto de direito, mas ganha a dimensão de verdadeiro ente ou ser que resume em si toda ancestralidade, toda coetaneidade e toda posteridade de uma etnia. Donde a proibição constitucional de se remover os índios das terras por eles tradicionalmente ocupadas, assim como o reconhecimento do direito a uma posse permanente e usufruto exclusivo, de parelha com a regra de que todas essas terras "são inalienáveis e indisponíveis, e os direitos sobre elas, imprescritíveis" (§ 4º do art. 231 da Constituição Federal). O que termina por fazer desse tipo tradicional de posse um heterodoxo instituto de Direito Constitucional, e não uma ortodoxa figura de Direito Civil. Donde a clara intelecção de que OS ARTIGOS 231 E 232 DA CONSTITUIÇÃO FEDERAL CONSTITUEM UM COMPLETO ESTATUTO JURÍDICO DA CAUSA INDÍGENA. 11.4. O marco do conceito fundiariamente extensivo do chamado "princípio da proporcionalidade". A Constituição de 1988 faz dos usos, costumes e tradições indígenas o engate lógico para a compreensão, entre outras, das semânticas da posse, da permanência, da habitação, da produção econômica e da reprodução física e cultural das etnias nativas. O próprio conceito do chamado "princípio da proporcionalidade", quando aplicado ao tema da demarcação das terras indígenas, ganha um conteúdo peculiarmente extensivo. **12. DIREITOS "ORIGINÁRIOS". Os direitos dos índios sobre as terras que tradicionalmente ocupam foram constitucionalmente "reconhecidos", e não simplesmente outorgados, com o que o ato de demarcação se orna de natureza declaratória, e não propriamente constitutiva. Ato declaratório de uma situação jurídica ativa preexistente. Essa a razão de a Carta Magna havê-los chamado de "originários", a traduzir um direito mais antigo do que qualquer outro, de maneira a preponderar sobre pretensos direitos adquiridos, mesmo os materializados em escrituras públicas ou títulos de legitimação de posse em favor de não-índios. Atos, estes, que a própria Constituição declarou como "nulos e extintos" (§ 6º do art. 231 da CF). 13. O MODELO PECULIARMENTE CONTÍNUO DE DEMARCAÇÃO DAS TERRAS INDÍGENAS.** O modelo de demarcação das terras indígenas é orientado pela ideia de continuidade. Demarcação por fronteiras vivas ou abertas em seu interior, para que se forme um perfil coletivo e se afirme a auto-suficiência econômica de toda uma comunidade usufrutuária. Modelo bem mais serviente da ideia cultural e econômica de abertura de horizontes do que de fechamento em "bolsões", "ilhas", "blocos" ou "clusters", a evitar que se dizime o espírito pela eliminação progressiva dos elementos de uma dada cultura (etnocídio). **14. A CONCILIAÇÃO ENTRE TERRAS INDÍGENAS E A VISITA DE NÃO-ÍNDIOS, TANTO QUANTO COM A ABERTURA DE VIAS DE COMUNICAÇÃO E A MONTAGEM DE BASES FÍSICAS PARA A PRESTAÇÃO DE SERVIÇOS PÚBLICOS OU DE RELEVÂNCIA PÚBLICA.** A exclusividade de usufruto das riquezas do solo, dos rios e dos lagos nas terras indígenas é conciliável com a eventual presença de não-índios, bem assim com a instalação de equipamentos públicos, a abertura de estradas e outras vias de comunicação, a montagem ou construção de bases físicas para a prestação de serviços públicos ou de relevância pública, desde que tudo se processe sob a liderança institucional da União, controle do Ministério Público e atuação coadjuvante de entidades tanto da Administração Federal quanto representativas dos próprios indígenas. O que já impede os próprios índios e suas comunidades, por exemplo, de interditar ou bloquear estradas, cobrar pedágio pelo uso delas e inibir o regular funcionamento das repartições públicas. **15. A RELAÇÃO DE PERTINÊNCIA ENTRE TERRAS INDÍGENAS E MEIO AMBIENTE. Há perfeita compatibilidade entre meio ambiente e terras indígenas, ainda que estas envolvam áreas de "conservação" e "preservação" ambiental. Essa compatibilidade é que autoriza a dupla afetação, sob a administração do competente órgão de defesa ambiental. 16. A DEMARCAÇÃO NECESSARIAMENTE ENDÓGENA OU INTRAÉTNICA.** Cada etnia autóctone tem para si, com exclusividade, uma porção de terra compatível com sua peculiar forma de organização social. Daí o modelo contínuo de demarcação, que é monoétnico, excluindo-se os intervalados espaços fundiários entre uma etnia e outra. Modelo intraétnico que subsiste mesmo nos casos de etnias lindeiras, salvo se as prolongadas relações amistosas entre etnias aborígines venham a gerar, como no caso da Raposa Serra do Sol, uma condivisão empírica de espaços que impossibilite uma precisa fixação de fronteiras interétnicas. Sendo assim, se essa mais entranhada aproximação física ocorrer no plano dos fatos, como efetivamente se deu na Terra Indígena Raposa Serra do Sol, não há como falar de demarcação intraétnica, menos ainda de espaços intervalados para legítima ocupação por não-índios, caracterização de terras estaduais devolutas, ou implantação de Municípios. **17. COMPATIBILIDADE ENTRE FAIXA DE FRONTEIRA E TERRAS INDÍGENAS.** Há compatibilidade entre o usufruto de terras indígenas e faixa de fronteira. Longe de se pôr como um ponto de fragilidade estrutural das faixas de fronteira, a permanente alocação indígena nesses estratégicos espaços em muito facilita e até obriga que as instituições de Estado (Forças Armadas e Polícia Federal, principalmente) se façam também presentes com seus postos de vigilância, equipamentos, batalhões, companhias e agentes. Sem precisar de licença de quem quer que seja para fazê-lo. Mecanismos, esses, a serem aproveitados como oportunidade ímpar para conscientizar ainda mais os nossos indígenas, instruí-los (a partir dos conscritos), alertá-los contra a influência eventualmente malsã de certas organizações não-governamentais estrangeiras, mobilizá-los em defesa da soberania nacional e reforçar neles o inato sentimento de brasilidade. Missão favorecida pelo fato de serem os nossos índios as primeiras pessoas a revelar devoção pelo nosso País (eles, os índios, que em toda nossa história contribuíram decisivamente para a defesa e integridade do território nacional) e até hoje dar mostras de conhecerem o seu interior e as suas bordas mais que ninguém. **18. FUNDAMENTOS JURÍDICOS E SALVAGUARDAS INSTITUCIONAIS QUE SE COMPLEMENTAM.** Voto do relator que faz agregar aos respectivos fundamentos salvaguardas institucionais ditadas pela superlativa importância histórico-cultural da causa. Salvaguardas ampliadas a partir de voto-vista do Ministro Menezes Direito e deslocadas, por iniciativa deste, para a parte dispositiva da decisão. Técnica de decidibilidade que se adota para conferir maior teor de operacionalidade ao acórdão" (STF, PET 3.388, de 19.03.2009).

"Mandado de Segurança. Demarcação de terras indígenas. Respeito ao contraditório e à ampla defesa. Segurança indeferida. Imprescindibilidade de citação da FUNAI como litisconsorte passiva necessária e ausência de direito líquido e certo, por tratar a questão de matéria fática. Preliminares rejeitadas. **Ao estabelecer um procedimento diferenciado para a contestação de processos demarcatórios que se iniciaram antes de sua vigência, o Decreto 1.775/1996 não fere o direito ao contraditório e à ampla defesa**. Proporcionalidade das normas impugnadas. Precedentes. Segurança indeferida". **STF, MS 24.045, de 28.04.2005.**

▶ **STJ, INFORMATIVO 415 – ACP. REPARAÇÃO. DANO AMBIENTAL.** Cuida-se, originariamente, de ação civil pública (ACP) com pedido de reparação dos prejuízos causados pelos ora recorrentes à comunidade indígena, tendo em vista os danos materiais e morais decorrentes da extração ilegal de madeira indígena. Os recorrentes alegam a incompetência da Justiça Federal para processar e julgar a causa, uma vez que caberia à Justiça estadual a competência para julgar as causas em que o local do dano experimentado não seja sede de vara da Justiça Federal. Porém a Min. Relatora entendeu que a Justiça Federal, segundo a jurisprudência deste Superior Tribunal e do STF, tem competência territorial e funcional nas ações civis públicas intentadas pela União ou contra ela, em razão de o município onde ocorreu o dano ambiental não integrar apenas o foro estadual da comarca local, mas também o das varas federais. Do ponto de vista do sujeito passivo (causador de eventual dano), a prescrição cria em seu favor a faculdade de articular (usar da ferramenta) exceção substancial peremptória. *A prescrição tutela interesse privado, podendo ser compreendida como mecanismo de segurança jurídica e estabilidade. O dano ambiental refere-se àquele que oferece grande risco a toda humanidade e à coletividade, que é a titular do bem ambiental que constitui direito difuso.* Destacou a Min. Relatora que a reparação civil do dano ambiental assumiu grande amplitude no Brasil, com profundas implicações, na espécie, de responsabilidade do degradador do meio ambiente, inclusive imputando-lhe responsabilidade objetiva, fundada no simples risco ou no simples fato da atividade danosa, independentemente da culpa do agente causador do dano. *O direito ao pedido de reparação de danos ambientais, dentro da logicidade hermenêutica, também está protegido pelo manto da imprescritibilidade, por se tratar de direito inerente à vida, fundamental e essencial à afirmação dos povos, independentemente de estar expresso ou não em texto legal.* No conflito entre estabelecer um prazo prescricional em favor do causador do dano ambiental, a fim de lhe atribuir segurança jurídica e estabilidade com natureza eminentemente privada, e tutelar de forma mais benéfica bem jurídico coletivo, indisponível, fundamental, que antecede todos os demais direitos – pois sem ele não há vida, nem saúde, nem trabalho, nem lazer – o último prevalece, por óbvio, concluindo pela imprescritibilidade do direito à reparação do dano ambiental. Mesmo que o pedido seja genérico, havendo elementos suficientes nos autos, pode o magistrado determinar, desde já, o montante da reparação. REsp 1.120.117-AC, Rel. Min. Eliana Calmon, julgado em 10/11/2009.

3. QUESTÕES DE CONCURSOS

01. **(Advogado da União 2008 – CESPE)** As áreas de reservas indígenas situadas nos biomas constitucionalmente protegidos estão sujeitas à atividade fiscalizatória ambiental da União.

02. **(AGU 2004 – Advogado da União – CESPE)** Com a demarcação de uma reserva indígena que encampe uma área de garimpo de ouro, explorada por uma cooperativa de garimpeiros, a continuação da exploração desse recurso mineral dependerá de autorização do Congresso Nacional, ouvidas as comunidades indígenas envolvidas, assegurada, nos termos da Constituição Federal, a prioridade da lavra da jazida à cooperativa que estava atuando na área.

03. **(Defensor Público do Amazonas 2013/FCC)** A Constituição Federal reconhece aos índios os direitos originários sobre as terras que tradicionalmente ocupam, competindo à União demarcá-las, proteger e fazer respeitar todos os seus bens, prescrevendo ainda que:

I. São terras tradicionalmente ocupadas pelos índios as por eles habitadas em caráter permanente, as utilizadas para suas atividades produtivas, as imprescindíveis à preservação dos recursos ambientais necessários a seu bem-estar e as necessárias a sua reprodução física e cultural, segundo seus usos, costumes e tradições.

II. As terras tradicionalmente ocupadas pelos índios destinam-se a sua posse permanente, cabendo-lhes o usufruto exclusivo das riquezas do solo, dos rios e dos lagos nelas existentes.

III. O aproveitamento dos recursos hídricos, incluídos os potenciais energéticos, a pesquisa e a lavra das riquezas minerais em terras indígenas só podem ser efetivados com autorização do Presidente da República, ouvidas as comunidades afetadas, que não poderão participar nos resultados da lavra.

IV. As terras tradicionalmente ocupadas pelos índios são inalienáveis e indisponíveis, mas os direitos sobre elas são passíveis de prescrição, na forma da lei.

Está correto o que se afirma APENAS em

a) I, II e III.
b) II, III e IV.
c) I e II.
d) II e III.
e) III e IV.

04. **(TRF 5.ª REGIÃO 2009 – Juiz Federal – CESPE)** O direito dos índios ao usufruto exclusivo das riquezas naturais e de todas as utilidades existentes nas terras que habitam compreende o direito à posse, ao uso e à percepção das riquezas naturais e de todas as utilidades existentes, bem como ao produto da exploração econômica de tais riquezas naturais e utilidades.

05. **(TRF 5.ª REGIÃO 2009 – Juiz Federal – CESPE)** São nulos e extintos, não produzindo efeitos jurídicos, os atos que tenham por objeto a ocupação, o domínio e a posse das terras ocupadas pelos índios, permitida a exploração das riquezas naturais dos rios e dos lagos nelas existentes por pessoas físicas, mediante prévia e expressa autorização da Fundação Nacional do Índio.

06. **(AGU 2007 – Procurador Federal – CESPE)** A CF, ao assegurar aos índios direitos sobre as terras que tradicionalmente ocupam, foi coerente com a tradição do direito indigenista que consagrou o indigenato, ou seja, o instituto jurídico por meio do qual se reconhece, no Brasil, o direito dos índios sobre as terras que ocupam, independentemente de título aquisitivo, nos mesmos moldes do sistema romanístico da posse e da propriedade, previsto pela legislação civil.

07. **(AGU 2007 – Procurador Federal – CESPE)** No processo de demarcação de terra indígena situada em região de fronteira, o STF considera dispensável a manifestação do Conselho de Defesa Nacional no processo homologatório.

GAB	01	CERTO	02	ERRADO	03	CERTO	04	CERTO
	05	ERRADO	06	ERRADO	07	CERTO		

LEI 6.938, DE 31 DE AGOSTO DE 1981

▸ **LEI DA POLÍTICA NACIONAL DO MEIO AMBIENTE**

Dispõe sobre a Política Nacional do Meio Ambiente, seus fins e mecanismos de formulação e aplicação, e dá outras providências

Art. 1.º Esta lei, com fundamento nos incisos VI e VII do art. 23 e no art. 235 da Constituição, estabelece a Política Nacional do Meio Ambiente, seus fins e mecanismos de formulação e aplicação, constitui o Sistema Nacional do Meio Ambiente (Sisnama) e institui o Cadastro de Defesa Ambiental.

1. COMENTÁRIOS

Esta Lei aprovou a única e vigente Política Nacional do Meio Ambiente brasileira, tendo sido editada ainda sob a égide da Constituição de 1967. No entanto, foi plenamente recepcionada pela Constituição de 1988, devendo, em alguns pontos, ser interpretada de acordo com o novo ordenamento Constituição, que contempla uma série de normas protetivas do ambiente.

▸ **DA POLÍTICA NACIONAL DO MEIO AMBIENTE**

Art. 2.º A Política Nacional do Meio Ambiente tem por objetivo a preservação, melhoria e recuperação da qualidade ambiental propícia à vida, visando assegurar, no País, condições ao desenvolvimento socioeconômico, aos interesses da segurança nacional e à proteção da dignidade da vida humana, atendidos os seguintes princípios:

I – ação governamental na manutenção do equilíbrio ecológico, considerando o meio ambiente como um patrimônio público a ser necessariamente assegurado e protegido, tendo em vista o uso coletivo;

II – racionalização do uso do solo, do subsolo, da água e do ar;

III – planejamento e fiscalização do uso dos recursos ambientais;

IV – proteção dos ecossistemas, com a preservação de áreas representativas;

V – controle e zoneamento das atividades potencial ou efetivamente poluidoras;

VI – incentivos ao estudo e à pesquisa de tecnologias orientadas para o uso racional e a proteção dos recursos ambientais;

VII – acompanhamento do estado da qualidade ambiental;

VIII – recuperação de áreas degradadas;

IX – proteção de áreas ameaçadas de degradação;

X – educação ambiental a todos os níveis do ensino, inclusive a educação da comunidade, objetivando capacitá-la para participação ativa na defesa do meio ambiente.

1. COMENTÁRIOS

O **objetivo geral da Política Nacional do Meio Ambiente** é a preservação, melhoria e recuperação da qualidade ambiental propícia à vida, visando assegurar, no País, condições ao desenvolvimento socioeconômico, aos interesses da segurança nacional e à proteção da dignidade da vida humana.

Foram arrolados princípios neste artigo, que, na realidade, são verdadeiras diretrizes para a consecução da Política Nacional do Meio Ambiente, a ser promovida conjuntamente pela União, estados, Distrito Federal e municípios brasileiros.

O inciso I considera o **meio ambiente** como um **patrimônio público** a ser necessariamente assegurado e protegido, tendo em vista o uso coletivo, sendo a expressão utilizada não no sentido de bem de pessoa jurídica pública, e sim expressando o interesse de toda a coletividade na preservação ambiental.

Deve-se buscar o uso racional e adequado dos recursos naturais, a fim de se alcançar o desenvolvimento econômico com o mínimo de degradação ambiental, assegurando-se a realização do desenvolvimento sustentável.

Deverá o Poder Público em parceria com a sociedade promover o planejamento ambiental a fim de elaboração uma prévia programação das atividades poluidora a fim de reduzir ao máximo os impactos ambientais negativos.

O Poder Público deverá exercer a fiscalização ambiental das atividades poluidoras para prevenir e reprimir ações ilícitas contra o meio ambiente, sendo atribuição comum entre todas as esferas de governo.

A proteção aos ecossistemas mais representativos será se operar através da criação de espaços territoriais com regime protetivo diferenciado, consoante determina o artigo 225, § 1.º, inciso III, da Constituição, tais como unidades de conservação, áreas de preservação permanente, áreas de reserva legal e outros espaços protegidos, inclusive as áreas mais ameaçadas de degradação e evitando a extinção de espécies da fauna e flora nativas e recuperando áreas degradadas.

O controle da poluição será promovido pela Administração Pública especialmente pelo processo administrativo de licenciamento ambiental, cabendo a todos os entes políticos ordenar o território para a proteção dos ecossistemas através do zoneamento ambiental.

Cabe ao Poder Público incentivar as pesquisas para o uso de tecnologias menos impactantes ao ambiente, podendo manejar a tributação ambiental, créditos subsidiados, benefícios financeiros diretos ou qualquer outro instrumento para fomentar essas condutas.

Outrossim, deverá promover a avaliação constante do estado dos bens ambientais a fim de mantê-los dentro dos padrões de qualidade estatuídos pelas regras ambientais, a exemplo dos padrões de qualidade do ar e das águas.

A **educação ambiental** talvez seja a saída para o futuro equacionamento da questão ambiental, tendo a Lei 9.795/1999 instituído a *Política Nacional de Educação Ambiental – PNEA*, sendo definida como *o processo por meio do qual o indivíduo e a coletividade constroem valores sociais, conhecimentos, habilidades, atitudes e competências voltadas para a conservação do meio ambiente.*

De acordo com o art. 225, § 1.º, inciso VI, da Constituição, para efetivar o direito fundamental ao meio ambiente ecologicamente equilibrado, incumbe ao Poder Público promover a educação ambiental **em todos os níveis de ensino** e a conscientização pública para a preservação do meio ambiente.

Além dos órgãos componentes do Sistema Nacional do Meio Ambiente – SISNAMA, as instituições de ensino públicas e privadas e as organizações não governamentais que atuem na área têm o dever de executar a PNEA.

A educação ambiental tem os seguintes **princípios**:[1]

> "I – o enfoque humanista, holístico, democrático e participativo;
>
> II – a concepção do meio ambiente em sua totalidade, considerando a interdependência entre o meio natural, o socioeconômico e o cultural, sob o enfoque da sustentabilidade;
>
> III – o pluralismo de ideias e concepções pedagógicas, na perspectiva da inter, multi e transdisciplinaridade;
>
> IV – a vinculação entre a ética, a educação, o trabalho e as práticas sociais;
>
> V – a garantia de continuidade e permanência do processo educativo;
>
> VI – a permanente avaliação crítica do processo educativo;
>
> VII – a abordagem articulada das questões ambientais locais, regionais, nacionais e globais;
>
> VIII – o reconhecimento e o respeito à pluralidade e à diversidade individual e cultural".

São **objetivos fundamentais** da educação ambiental:[2]

> "I – o desenvolvimento de uma compreensão integrada do meio ambiente em suas múltiplas e complexas relações, envolvendo aspectos ecológicos, psicológicos, legais, políticos, sociais, econômicos, científicos, culturais e éticos;
>
> II – a garantia de democratização das informações ambientais;
>
> III – o estímulo e o fortalecimento de uma consciência crítica sobre a problemática ambiental e social;
>
> IV – o incentivo à participação individual e coletiva, permanente e responsável, na preservação do equilíbrio do meio ambiente, entendendo-se a defesa da qualidade ambiental como um valor inseparável do exercício da cidadania;
>
> V – o estímulo à cooperação entre as diversas regiões do País, em níveis micro e macrorregionais, com vistas à construção de uma sociedade ambientalmente equilibrada, fundada nos princípios da liberdade, igualdade, solidariedade, democracia, justiça social, responsabilidade e sustentabilidade;
>
> VI – o fomento e o fortalecimento da integração com a ciência e a tecnologia;
>
> VII – o fortalecimento da cidadania, autodeterminação dos povos e solidariedade como fundamentos para o futuro da humanidade".

---

1. Artigo 4.º da Lei 9.795/1999.
2. Artigo 5.º da Lei 9.795/1999.

A regulamentação foi realizada pelo Decreto 4.281/2002, tendo sido criado o órgão gestor da PNEA, conforme determinado pelo artigo 14 da Lei da PNEA.

Lamentavelmente, o § 1.º, do artigo 10, da Lei 9.795/1999, vedou a implantação da educação ambiental como disciplina específica no currículo de ensino, sendo apenas tema transversal nas demais disciplinas, a ser desenvolvida como uma prática educativa integrada, contínua e permanente em todos os níveis e modalidades do ensino formal.

Ainda foi prevista a *educação ambiental não formal*, assim se entendendo as ações e as práticas educativas voltadas à sensibilização da coletividade sobre as questões ambientais e à sua organização e participação na defesa da qualidade do meio ambiente.

2. QUESTÃO DE CONCURSO

01. (MPE-MG – 2010 – MPE-MG – Promotor de Justiça) São princípios da Política Nacional do Meio Ambiente a proteção dos ecossistemas, com a preservação de áreas representativas, a proteção das áreas ameaçadas de degradação, bem como a recuperação das áreas degradadas.

GAB	01	CERTO

Art. 3.º Para os fins previstos nesta Lei, entende-se por:

I – meio ambiente, o conjunto de condições, leis, influências e interações de ordem física, química e biológica, que permite, abriga e rege a vida em todas as suas formas;

II – degradação da qualidade ambiental, a alteração adversa das características do meio ambiente;

III – poluição, a degradação da qualidade ambiental resultante de atividades que direta ou indiretamente:

a) prejudiquem a saúde, a segurança e o bem-estar da população;

b) criem condições adversas às atividades sociais e econômicas;

c) afetem desfavoravelmente a biota;

d) afetem as condições estéticas ou sanitárias do meio ambiente;

e) lancem matérias ou energia em desacordo com os padrões ambientais estabelecidos;

IV – poluidor, a pessoa física ou jurídica, de direito público ou privado, responsável, direta ou indiretamente, por atividade causadora de degradação ambiental;

V – recursos ambientais: a atmosfera, as águas interiores, superficiais e subterrâneas, os estuários, o mar territorial, o solo, o subsolo, os elementos da biosfera, a fauna e a flora.

1. COMENTÁRIOS

Este artigo contempla uma série de definições importantes para a compreensão não apenas desta Lei de Política Nacional do Meio Ambiente, mas também de todo o Direito Ambiental brasileiro.

1.1. Meio Ambiente: definição e modalidades

Para o *Dicionário Aurélio da língua portuguesa*, **ambiente** é o "que cerca ou envolve os seres vivos ou as coisas, por todos os lados". Por isso, alguns entendem que a expressão meio ambiente é redundante, podendo se referir à ambiente.

A definição legal do meio ambiente se encontra insculpida no artigo 3.º, I, da Lei 6.938/1981, que pontifica que o meio ambiente é "o conjunto de condições, leis, influências e interações de ordem física, química e biológica, que permite, abriga e rege a vida em todas as suas formas".

Alguns estados da federação brasileira optaram por inserir em suas leis um conceito próprio, a exemplo da Bahia, para quem meio ambiente é "a totalidade dos elementos e condições que, em sua complexidade de ordem física, química, biológica, socioeconômica e cultural, e em suas inter-relações, dão suporte a todas as formas de vida e determinam sua existência, manutenção e propagação, abrangendo o ambiente natural e o artificial".[3]

Apesar de a definição de meio ambiente perpetrada pela Lei da Boa Terra ser até de melhor técnica que a federal, vez que há referência expressa aos elementos socioeconômicos e culturais, não se acha recomendável que cada entidade política regional ou local trace conceitos próprios, porquanto se cuida de norma geral de Direito Ambiental, cuja competência legiferante é da União.

Afinal, os elementos bióticos (com vida) e abióticos (sem vida) que integram o meio ambiente são os mesmos dentro do Brasil, não cabendo nenhum tipo de diferenciação.

Aliás, o próprio Conselho Nacional do Meio Ambiente – CONAMA nos trouxe um conceito de meio ambiente mais completo do que o posto na Lei 6.938/1981, englobando o patrimônio cultural e artificial, o definindo como o "conjunto de condições, leis, influências e interações de ordem física, química, biológica, social, cultural e urbanística, que permite, abriga e rege a vida em todas as suas formas".[4]

Não há uniformidade doutrinária para a definição de meio ambiente, havendo inúmeras críticas ao conceito legal acima transcrito (artigo 3.º, I, da Lei 6.938/1981), pois apenas foi dada ênfase ao elemento biológico, não ao social. Entrementes, **é certo que o meio ambiente em sentido amplo é gênero que abarca o meio ambiente natural, cultural e artificial.**

Já há quem entenda existirem, ainda, o **meio ambiente do trabalho**[5] e o **genético**, mas crê-se que o primeiro integra o artificial e o segundo o natural, ressalvando-se que não há uniformidade doutrinária sobre a questão. **Contudo, ressalte-se que o STF já reconheceu a existência do meio ambiente do trabalho, ao lado do natural, do cultural e do artificial.**

É possível afirmar que o meio ambiente do trabalho, extensão do meio ambiente artificial, é respeitado quando as empresas cumprem as normas de segurança e medicina do trabalho,

---

3. Artigo 5.º, I, da Lei Estadual 10.430/2006.
4. Anexo I, XII, da Resolução CONAMA 306/2002.
5. O artigo 200, VIII, da CRFB, ao tratar das competências do SUS, prevê a colaboração na proteção ao meio ambiente, nele compreendido o do trabalho.

proporcionando ao obreiro condições dignas e seguras para o desenvolvimento de sua atividade laborativa remunerada, a exemplo da disponibilização dos equipamentos de proteção individual, a fim de preservar a sua incolumidade física e psicológica.

Para quem admite a sua existência autônoma, o meio ambiente genético é composto pelos organismos vivos do planeta Terra, que formam a sua diversidade biológica.[6]

É prevalente que a expressão "Direito Ecológico" não deve ser tomada como sinônimo de "Direito Ambiental", pois aquela apenas abarca o meio ambiente natural, excluindo o cultural e o artificial.

1.2. Degradação, poluição e poluidor

Será responsável por danos ambientais (não só contra o meio ambiente natural, mas cultural e artificial também) o **poluidor**, que tem o seu conceito legal fornecido pelo artigo 3.º, IV, da Lei 6.938/1981, sendo a "**a pessoa física ou jurídica, de direito público ou privado, responsável, diretamente ou indiretamente, por atividade causadora de degradação ambiental**".

A **degradação ambiental**, por sua vez, é uma expressão com acepção mais ampla que poluição, pois é qualquer alteração adversa das características do meio ambiente, enquanto a **poluição**, na forma do artigo 3.º, III, da Lei 6.938/1981, é a degradação da qualidade ambiental resultante de atividades que, direta ou indiretamente:

- prejudiquem a saúde, a segurança e o bem-estar da população;
- criem condições adversas às atividades sociais e econômicas;
- afetem desfavoravelmente a biota;
- afetem as condições estéticas ou sanitárias do meio ambiente;
- lancem matérias ou energia em desacordo com os padrões ambientais estabelecidos.

Inclusive, na definição de poluição também se enquadra a emissão de sons e ruídos em desacordo com os padrões ambientais estabelecidos (**poluição sonora**), conforme já reconhecido pelo STJ.

A poluição poderá ser lícita ou ilícita. Se uma pessoa desmata parte da vegetação de sua fazenda amparada por regular licenciamento ambiental, haverá uma poluição lícita, pois realizada dentro dos padrões de tolerância da legislação ambiental e com base em licença, o que exclui qualquer responsabilidade administrativa ou criminal do poluidor.

De maneira inexorável, o homem precisa poluir para viver, a exemplo do corte de árvores e do lançamento de esgotos, mas deve fazê-lo de maneira sustentável, ou seja, observando a capacidade de suporte dos ecossistemas, conforme padrões máximos de poluição editados pelo Poder Público.

6. Celso Antônio Pacheco Fiorillo e Terence Trennepohl admitem a existência do meio ambiente genético.

A depender do grau, muitas vezes a poluição consegue ser absorvida pelos ecossistemas, de modo a não gerar necessariamente um dano ambiental.

Contudo, mesmo a poluição licenciada não exclui a responsabilidade civil do poluidor, na hipótese de geração de danos ambientais, pois esta não é sancionatória, e sim reparatória.

Note-se que mesmo as pessoas jurídicas de direito público poderão ser consideradas poluidoras, por atos comissivos ou omissivos. Assim, quando explora diretamente atividade econômica,[7] a exemplo da atividade petrolífera, por meio de empresa estatal, a Administração Pública poderá se enquadrar como poluidora direta.

1.3. Recursos Ambientais

Este artigo enumera em rol exemplificativo alguns recursos do meio ambiente, tais como a atmosfera, as águas interiores, superficiais e subterrâneas, os estuários, o mar territorial, o solo, o subsolo, os elementos da biosfera, a fauna e a flora.

Os recursos ambientais são elementos da natureza que possuem utilidade ao homem, podendo ser renováveis (como a fauna e flora) ou não renováveis (como os recursos minerais).

2. JURISPRUDÊNCIA

"MEIO AMBIENTE – DIREITO À PRESERVAÇÃO DE SUA INTEGRIDADE (CF, ART. 225) – PRERROGATIVA QUALIFICADA POR SEU CARÁTER DE METAINDIVIDUALIDADE – DIREITO DE TERCEIRA GERAÇÃO (OU DE NOVÍSSIMA DIMENSÃO) QUE CONSAGRA O POSTULADO DA SOLIDARIEDADE – NECESSIDADE DE IMPEDIR QUE A TRANSGRESSÃO A ESSE DIREITO FAÇA IRROMPER, NO SEIO DA COLETIVIDADE, CONFLITOS INTERGENERACIONAIS – ESPAÇOS TERRITORIAIS ESPECIALMENTE PROTEGIDOS (CF, ART. 225, § 1º, III) – ALTERAÇÃO E SUPRESSÃO DO REGIME JURÍDICO A ELES PERTINENTE – MEDIDAS SUJEITAS AO PRINCÍPIO CONSTITUCIONAL DA RESERVA DE LEI – SUPRESSÃO DE VEGETAÇÃO EM ÁREA DE PRESERVAÇÃO PERMANENTE – POSSIBILIDADE DE A ADMINISTRAÇÃO PÚBLICA, CUMPRIDAS AS EXIGÊNCIAS LEGAIS, AUTORIZAR, LICENCIAR OU PERMITIR OBRAS E/OU ATIVIDADES NOS ESPAÇOS TERRITORIAIS PROTEGIDOS, DESDE QUE RESPEITADA, QUANTO A ESTES, A INTEGRIDADE DOS ATRIBUTOS JUSTIFICADORES DO REGIME DE PROTEÇÃO ESPECIAL – RELAÇÕES ENTRE ECONOMIA (CF, ART. 3º, II, C/C O ART. 170, VI) E ECOLOGIA (CF, ART. 225) – COLISÃO DE DIREITOS FUNDAMENTAIS – CRITÉRIOS DE SUPERAÇÃO DESSE ESTADO DE TENSÃO ENTRE VALORES CONSTITUCIONAIS RELEVANTES – OS DIREITOS BÁSICOS DA PESSOA HUMANA E AS SUCESSIVAS GERAÇÕES (FASES OU DIMENSÕES) DE DIREITOS (RTJ 164/158, 160-161) – A QUESTÃO DA PRECEDÊNCIA DO DIREITO À PRESERVAÇÃO DO MEIO AMBIENTE: UMA LIMITAÇÃO CONSTITUCIONAL EXPLÍCITA À ATIVIDADE ECONÔMICA (CF, ART. 170, VI) – DECISÃO NÃO REFERENDADA – CONSEQUENTE INDEFERIMENTO DO PEDIDO DE MEDIDA CAUTELAR. A PRESERVAÇÃO DA INTEGRIDADE DO MEIO AMBIENTE: EXPRESSÃO CONSTITUCIONAL DE UM DIREITO FUNDAMENTAL QUE ASSISTE À GENERALIDADE DAS PESSOAS. – Todos têm direito ao meio ambiente ecologicamente equilibrado. Trata-se de um típico direito de terceira geração (ou de novíssima dimensão), que assiste a todo o gênero humano (RTJ 158/205-206). Incumbe, ao Estado e à própria coletividade, a especial obrigação de defender e preservar, em benefício das presentes e futuras gerações, esse direito de titularidade coletiva e de caráter transindividual (RTJ 164/158-161). O adimplemento desse encargo, que é irrenunciável, representa a garantia de que não se instaurarão, no seio da coletividade, os graves conflitos intergeneracionais marcados pelo desrespeito ao dever de solidariedade, que a todos se impõe, na proteção desse bem essencial de uso comum das pessoas em geral. Doutrina. A ATIVIDADE ECONÔMICA NÃO PODE SER EXERCIDA EM DESARMONIA COM OS PRINCÍPIOS DESTINADOS A TORNAR EFETIVA

7. O artigo 173 da CRFB permite, em caráter excepcional, que o Estado explore diretamente atividade econômica, desde que atenda aos imperativos da segurança nacional ou relevante interesse coletivo.

A PROTEÇÃO AO MEIO AMBIENTE. – **A incolumidade do meio ambiente não pode ser comprometida por interesses empresariais nem ficar dependente de motivações de índole meramente econômica, ainda mais se se tiver presente que a atividade econômica, considerada a disciplina constitucional que a rege, está subordinada, dentre outros princípios gerais, àquele que privilegia a 'defesa do meio ambiente' (CF, art. 170, VI), que traduz conceito amplo e abrangente das noções de meio ambiente natural, de meio ambiente cultural, de meio ambiente artificial (espaço urbano) e de meio ambiente laboral**. Doutrina. Os instrumentos jurídicos de caráter legal e de natureza constitucional objetivam viabilizar a tutela efetiva do meio ambiente, para que não se alterem as propriedades e os atributos que lhe são inerentes, o que provocaria inaceitável comprometimento da saúde, segurança, cultura, trabalho e bem-estar da população, além de causar graves danos ecológicos ao patrimônio ambiental, considerado este em seu aspecto físico ou natural. A QUESTÃO DO DESENVOLVIMENTO NACIONAL (CF, ART. 3.º, II) E A NECESSIDADE DE PRESERVAÇÃO DA INTEGRIDADE DO MEIO AMBIENTE (CF, ART. 225): O PRINCÍPIO DO DESENVOLVIMENTO SUSTENTÁVEL COMO FATOR DE OBTENÇÃO DO JUSTO EQUILÍBRIO ENTRE AS EXIGÊNCIAS DA ECONOMIA E AS DA ECOLOGIA. – O princípio do desenvolvimento sustentável, além de impregnado de caráter eminentemente constitucional, encontra suporte legitimador em compromissos internacionais assumidos pelo Estado brasileiro e representa fator de obtenção do justo equilíbrio entre as exigências da economia e as da ecologia, subordinada, no entanto, a invocação desse postulado, quando ocorrente situação de conflito entre valores constitucionais relevantes, a uma condição inafastável, cuja observância não comprometa nem esvazie o conteúdo essencial de um dos mais significativos direitos fundamentais: o direito à preservação do meio ambiente, que traduz bem de uso comum da generalidade das pessoas, a ser resguardado em favor das presentes e futuras gerações. O ART. 4.º DO CÓDIGO FLORESTAL E A MEDIDA PROVISÓRIA Nº 2.166-67/2001: UM AVANÇO EXPRESSIVO NA TUTELA DAS ÁREAS DE PRESERVAÇÃO PERMANENTE. – A Medida Provisória nº 2.166-67, de 24/08/2001, na parte em que introduziu significativas alterações no art. 4.º do Código Florestal, longe de comprometer os valores constitucionais consagrados no art. 225 da Lei Fundamental, estabeleceu, ao contrário, mecanismos que permitem um real controle, pelo Estado, das atividades desenvolvidas no âmbito das áreas de preservação permanente, em ordem a impedir ações predatórias e lesivas ao patrimônio ambiental, cuja situação de maior vulnerabilidade reclama proteção mais intensa, agora propiciada, de modo adequado e compatível com o texto constitucional, pelo diploma normativo em questão. – Somente a alteração e a supressão do regime jurídico pertinente aos espaços territoriais especialmente protegidos qualificam-se, por efeito da cláusula inscrita no art. 225, § 1.º, III, da Constituição, como matérias sujeitas ao princípio da reserva legal. – É lícito ao Poder Público – qualquer que seja a dimensão institucional em que se posicione na estrutura federativa (União, Estados-membros, Distrito Federal e Municípios) – autorizar, licenciar ou permitir a execução de obras e/ou a realização de serviços no âmbito dos espaços territoriais especialmente protegidos, desde que, além de observadas as restrições, limitações e exigências abstratamente estabelecidas em lei, não resulte comprometida a integridade dos atributos que justificaram, quanto a tais territórios, a instituição de regime jurídico de proteção especial (CF, art. 225, § 1.º, III" (STF, ADI/MC 3.540, de 01.09.2005).

▶ **STJ, INFORMATIVO 433 – DANO AMBIENTAL. BREJO. LITISCONSÓRCIO.** Foi ajuizada ação civil pública contra a usina ora recorrida, pois se constatou que ela promovia a drenagem de um reservatório natural (brejo). Por sua vez, as instâncias ordinárias consideraram improcedente o pedido ao fundamento de que a usina só deu continuidade ao que o próprio Poder Público começou. Nesse panorama, afastou-se, preliminarmente, a necessidade de o órgão federal, também reputado degradador, integrar a lide; pois, mesmo havendo vários agentes poluidores, ***a jurisprudência do STJ é firme quanto a não ser obrigatória a formação de litisconsórcio, visto que a responsabilidade de reparação integral do dano ambiental é solidária (permite demandar qualquer um ou todos eles). Pela mesma razão, a jurisprudência deste Superior Tribunal entende que os envolvidos não podem alegar que não contribuíram de forma direta e própria para o dano ambiental, como forma de afastar a responsabilidade de reparar.*** Estão assentadas, no acórdão e na sentença, a premissa de que a usina continuou as atividades degradantes iniciadas pelo Poder Público, o que aumentou a lesão ao meio ambiente, e a de que sua atividade preservaria uma rodovia construída sobre aterro contíguo ao brejeiro. Contudo, não há dúvidas de que houve dano ambiental e contribuição da usina para tanto, mesmo que reconhecido pelas instâncias ordinárias ser o Poder Público, também, degradador. **Assim, aplicam-se os arts. 3.º**, IV, e 4.º, VII, da Lei n. 6.938/1981. Anote-se que a usina poderá, em outra ação, cobrar de quem considere cabível parte das despesas de recuperação. REsp 880.160-RJ, Rel. Min. Mauro Campbell Marques, julgado em 04.05.2010.

"PROCESSUAL CIVIL. AÇÃO CIVIL PÚBLICA. MEIO AMBIENTE. DIREITO AO SILÊNCIO. POLUIÇÃO SONORA. ART. 3.º, III, ALÍNEA 'E', DA LEI 6.938/1981. INTERESSE DIFUSO. LEGITIMIDADE *AD CAUSAM* DO MINISTÉRIO PÚBLICO.

1. Hipótese de Ação Civil Pública ajuizada com o fito de cessar poluição sonora causada por estabelecimento comercial. 2. Embora tenha reconhecido a existência de poluição sonora, o Tribunal de origem asseverou que os interesses envolvidos são individuais, porquanto afetos a apenas uma parcela da população municipal. **3. A poluição sonora, mesmo em área urbana, mostra-se tão nefasta aos seres humanos e ao meio ambiente como outras atividades que atingem a 'sadia qualidade de vida', referida no art. 225, *caput*, da Constituição Federal**. 4. O direito ao silêncio é uma das manifestações jurídicas mais atuais da pós-modernidade e da vida em sociedade, inclusive nos grandes centros urbanos. 5. O fato de as cidades, em todo o mundo, serem associadas à ubiquidade de ruídos de toda ordem e de vivermos no país do carnaval e de inumeráveis manifestações musicais não retira de cada brasileiro o direito de descansar e dormir, duas das expressões do direito ao silêncio, que encontram justificativa não apenas ética, mas sobretudo fisiológica. **6. Nos termos da Lei 6.938/81 (Lei da Política Nacional do Meio Ambiente), também é poluição a atividade que lance, no meio ambiente, 'energia em desacordo com os padrões ambientais estabelecidos' (art. 3.º, III, alínea 'e', grifei), exatamente a hipótese do som e ruídos. Por isso mesmo, inafastável a aplicação do art. 14, § 1.°, da mesma Lei, que confere legitimação para agir ao Ministério Público. 7. Tratando-se de poluição sonora, e não de simples incômodo restrito aos lindeiros de parede, a atuação do Ministério Público não se dirige à tutela de direitos individuais de vizinhança, na acepção civilística tradicional, e, sim, à defesa do meio ambiente, da saúde e da tranquilidade pública, bens de natureza difusa.** 8. O Ministério Público possui legitimidade para propor Ação Civil Pública com o fito de prevenir ou cessar qualquer tipo de poluição, inclusive sonora, bem como buscar a reparação pelos danos dela decorrentes. 9. A indeterminação dos sujeitos, considerada ao se fixar a legitimação para agir na Ação Civil Pública, não é incompatível com a existência de vítimas individualizadas ou individualizáveis, bastando que os bens jurídicos afetados sejam, no atacado, associados a valores maiores da sociedade, compartilhados por todos, e a todos igualmente garantidos, pela norma constitucional ou legal, como é o caso do meio ambiente ecologicamente equilibrado e da saúde" (STJ, REsp 1.051.306, de 16.10.2008).

3. QUESTÕES DE CONCURSOS

01. **(Juiz de Direito do ES/2011 – CESPE)** Meio ambiente é definido como o conjunto de interações, condições, leis e influências físicas e bioquímicas que origina e mantém a vida em todas as suas formas, e dano ambiental, como o prejuízo transgeracional, de acordo com a PNMA.

02. **(Juiz de Direito do ES/2011 – CESPE)** A definição legal de meio ambiente encontra-se no próprio texto constitucional, que se refere ao ambiente cultural, natural, artificial e do trabalho; o conceito legal de dano ambiental, fundado na teoria do risco, materializa-se no conceito de ecocídio: sendo o direito ao ambiente ecologicamente equilibrado direito fundamental do ser humano, as condutas lesivas ao ambiente devem ser consideradas crimes contra a humanidade.

03. **(Juiz de Direito do ES 2011 – CESPE)** Meio ambiente é definido como o conjunto de condições, leis, influências e interações de ordem física, química e biológica que permite, abriga e rege a vida em todas as suas formas; a definição de dano ambiental infere-se a partir dos conceitos legais de poluição e degradação.

04. **(MPE Roraima 2008 – CESPE)** Até o advento da lei que instituiu a Política Nacional do Meio Ambiente, não existia uma definição legal e (ou) regular de meio ambiente. A partir de então, conceituou-se meio ambiente como o conjunto de condições, leis, influências e interações de ordem física, química e biológica que permite, abriga e rege a vida em todas as suas formas.

05. (FCC – 2010 – PGM-TERESINA-PI – Procurador Municipal – Prova tipo 3) A Política Nacional do Meio Ambiente (PNMA), estabelecida pela Lei Federal 6.938/1981, NÃO

a) adota instrumentos econômicos, como a concessão florestal, a servidão ambiental, o seguro ambiental, entre outros.

b) tem por objetivo geral a preservação, melhoria e recuperação da qualidade ambiental propícia à vida, visando assegurar, no País, condições ao desenvolvimento socioeconômico, aos interesses da segurança nacional e à proteção da dignidade da vida humana.

c) define que poluidor é a pessoa física ou jurídica, de direito público ou privado, apenas diretamente responsável por atividade causadora de degradação ambiental.

d) define poluição como a degradação da qualidade ambiental resultante de atividades que, direta ou indiretamente, prejudiquem a saúde, a segurança e o bem-estar da população; criem condições adversas às atividades sociais e econômicas; afetem desfavoravelmente a biota; afetem as condições estéticas ou sanitárias do meio ambiente; lancem matérias ou energia em desacordo com os padrões ambientais estabelecidos.

e) adota instrumentos de comando e controle como, por exemplo, a avaliação de impacto ambiental, o zoneamento e o licenciamento.

06. (FGV – 2008 – TJ-MS – Juiz) Entende-se por recursos ambientais a atmosfera, as águas interiores, superficiais e subterrâneas, os estuários, o mar territorial, o solo, o subsolo, os elementos da biosfera, a fauna e a flora.

07. (MPE-MS – 2011 – MPE-MS – Promotor de Justiça) Para os fins da Lei 6.938 de 31 de agosto de 1981 – Lei da Política Nacional do Meio Ambiente é incorreto afirmar que:

a) a degradação da qualidade ambiental é toda alteração adversa das características do meio ambiente;

b) o meio ambiente é o conjunto de condições, leis, influências e interações de ordem física, química e biológica, que permite, abriga e rege a vida em todas as suas formas;

c) a poluição é a degradação da qualidade ambiental resultante de atividades que direta ou indiretamente, por exemplo, afetem desfavoravelmente a biota.

d) a poluição é a degradação da qualidade ambiental resultante de atividades que direta ou indiretamente, por exemplo, prejudiquem a saúde, a segurança e o bem-estar da população;

e) o poluidor é somente a pessoa física responsável, direta ou indiretamente, por atividade causadora de degradação ambiental.

08. (MPE-PR – 2011 – MPE-PR – Promotor de Justiça) Poluição, na definição legal, é a degradação da qualidade ambiental resultante de atividades que direta ou indiretamente: (i) prejudiquem a saúde, a segurança e o bem-estar da população; (ii) criem condições adversas às atividades sociais e econômicas; (iii) afetem desfavoravelmente a biota; (iv) afetem as condições estéticas ou sanitárias do meio ambiente; e (v) lancem matérias ou energia em desacordo com os padrões ambientais estabelecidos.

09. (MPE-SC – 2013 – MPE-SC – Promotor de Justiça – Tarde) De acordo com a Lei 6.938/1981, entende-se por poluidor, a pessoa física, ou jurídica de direito privado, responsável, direta ou indiretamente, por atividade causadora de degradação ambiental.

10. (2019/CESPE/PGM CAMPO GRANDE/PROCURADOR) Poluição é a alteração adversa das características do meio ambiente mediante o lançamento de matérias ou energia em desacordo com padrões ambientais estabelecidos.

GAB	01	ERRADO	02	ERRADO	03	CERTO	04	CERTO	05	C
	06	CERTO	07	E	08	CERTO	09	CERTO	10	CERTO

▸ DOS OBJETIVOS DA POLÍTICA NACIONAL DO MEIO AMBIENTE

Art. 4.º A Política Nacional do Meio Ambiente visará:

I – à compatibilização do desenvolvimento econômico social com a preservação da qualidade do meio ambiente e do equilíbrio ecológico;

II – à definição de áreas prioritárias de ação governamental relativa à qualidade e ao equilíbrio ecológico, atendendo aos interesses da União, dos Estados, do Distrito Federal, dos Territórios e dos Municípios;

III – ao estabelecimento de critérios e padrões da qualidade ambiental e de normas relativas ao uso e manejo de recursos ambientais;

IV – ao desenvolvimento de pesquisas e de tecnologias nacionais orientadas para o uso racional de recursos ambientais;

V – à difusão de tecnologias de manejo do meio ambiente, à divulgação de dados e informações ambientais e à formação de uma consciência pública sobre a necessidade de preservação da qualidade ambiental e do equilíbrio ecológico;

VI – à preservação e restauração dos recursos ambientais com vistas à sua utilização racional e disponibilidade permanente, concorrendo para a manutenção do equilíbrio ecológico propício à vida;

VII – à imposição, ao poluidor e ao predador, da obrigação de recuperar e/ou indenizar os danos causados, e ao usuário, de contribuição pela utilização de recursos ambientais com fins econômicos.

1. COMENTÁRIOS

Cabe ao Poder Público definir **áreas prioritárias** destinadas à proteção ambiental. Nesse sentido, determina o artigo 225, § 1.º, **inciso III da Constituição que as entidades políticas deverão constituir espaços ambientais especialmente protegidos em áreas com características ambientais diferenciadas.**

Outrossim, devem ser definidos **critérios e padrões da qualidade ambiental e de normas relativas ao uso e manejo de recursos ambientais**. Os padrões de qualidade ambiental constituem um dos instrumentos de efetivação da Política Nacional do Meio Ambiente, consistindo na medição de um bem da natureza. Demais disso, as entidades políticas concorrentemente deverão editar normas jurídicas objetivando a proteção ambiental.

Devem ser desenvolvidas **tecnologias menos impactantes ao meio ambiente**, a fim de permitir o crescimento da economia com menor degradação ecológica, que deverão ser fomentadas e difundidas pelo Poder Público, formando-se, através da **educação ambiental**, uma consciência pública sobre a necessidade de preservação da qualidade ambiental e do equilíbrio ecológico.

Incisos I e VI

Os incisos I e VI decorrem do Princípio do Desenvolvimento Sustentável, pois se deve buscar a compatibilização do desenvolvimento econômico social com a preservação da qualidade do meio ambiente e do equilíbrio ecológico, devendo se operar a restauração dos recursos ambientais com vistas à sua utilização racional e disponibilidade permanente, concorrendo para a manutenção do equilíbrio ecológico propício à vida.

Tal princípio possui previsão implícita na cabeça do artigo 225, combinado com o artigo 170, VI, ambos da Constituição Federal e expressa no **Princípio 04 da Declaração do Rio:** "Para se alcançar um desenvolvimento sustentável, a proteção ambiental deve constituir parte integrante do processo de desenvolvimento e não pode ser considerada separadamente", tendo sido plantada a sua semente mundial na Conferência de Estocolmo de 1972.

Antes, em 1950, a IUCN (World Conservation/International Union Conservation of Nature) ofertou ao mundo um trabalho que pela primeira vez utilizou a expressão "desenvolvimento sustentável".

Posteriormente, em 1987, o Relatório Brundtland[8] (Nosso Futuro Comum), elaborado pela Comissão Mundial sobre Meio Ambiente e Desenvolvimento, delimitou o desenvolvimento sustentável como "o desenvolvimento que satisfaz as necessidades presentes, sem comprometer a capacidade das gerações futuras de suprir suas próprias necessidades".

No Brasil, não se trata de inovação do atual ordenamento constitucional ou da RIO 1992, pois já presente anteriormente em nosso ordenamento jurídico, vez que a Política Nacional do Meio Ambiente visará "à compatibilização do desenvolvimento econômico social com a preservação da qualidade do meio ambiente e do equilíbrio ecológico", nos termos do artigo 4.º, I, da Lei 6.938/1981.

Deveras, **as necessidades humanas são ilimitadas** (fruto de um consumismo exagerado incentivado pelos fornecedores de produtos e serviços ou mesmo pelo Estado), **mas os recursos ambientais naturais não, tendo o planeta Terra uma capacidade máxima de suporte**, sendo curial buscar a SUSTENTABILIDADE.

Este princípio decorre de uma ponderação que deverá ser feita casuisticamente entre o direito fundamental ao desenvolvimento econômico e o direito à preservação ambiental, à luz do Princípio da Proporcionalidade.

Assim, caso a caso, é preciso que o Poder Público verifique a viabilidade ambiental da atividade a ser desenvolvida, de modo que os proveitos justifiquem os eventuais danos ambientais que possam dela advir (como exemplo, a construção de uma hidrelétrica normalmente traz sérios danos ambientais, tais como a destruição das florestas que serão cobertas pelas águas, sem falar na necessidade de transferência de animais silvestres. Assim, para licenciar a obra, caberá ao órgão ambiental competente tomar a difícil decisão: a energia a ser gerada justificará os danos? Não há resposta geral, devendo ser analisado o caso concreto).

Normalmente, em alguns casos, o Poder Judiciário vem dando a última palavra sobre a viabilidade ambiental de projetos significativamente poluidores, sendo discutível a possibilidade do controle judicial do mérito do ato administrativo que licencia empreendimento ambiental, ponderando os fins com a degradação-meio.

Destarte, **desenvolvimento sustentável é aquele que atende às necessidades do presente sem comprometer a possibilidade de existência digna das gerações futuras**, sendo

8. Recebeu esta designação porque a Comissão foi chefiada pela primeira ministra da Noruega, Gro Harlem Brundtland.

possível melhorar a qualidade de vida dos vivos sem prejudicar o potencial desenvolvimento das novas gerações.

Será sustentável apenas o desenvolvimento que observe a capacidade de suporte da poluição pelos ecossistemas, respeitando a perenidade dos recursos naturais, a fim de manter bons padrões de qualidade ambiental.

Todavia, o Princípio do Desenvolvimento Sustentável não possui apenas uma vertente econômico-ambiental, mas também tem uma **acepção social**, consistente na justa repartição das riquezas do mundo, pois inexiste qualquer razoabilidade em se determinar a alguém que preserve os recursos naturais sem previamente disponibilizar as mínimas condições de dignidade humana.

Nesse sentido, de acordo com o artigo 3.º, II, da Lei Complementar 140/2011, a atuação ambiental comum dos entes federativos terá como objetivo fundamental garantir o equilíbrio do desenvolvimento socioeconômico com a proteção do meio ambiente, observando a dignidade da pessoa humana, a erradicação da pobreza e a redução das desigualdades sociais e regionais.

Aliás, importante aduzir que desenvolvimento não será necessariamente sinônimo de crescimento, pois não implica obrigatoriamente na majoração de produtos e serviços no bojo da economia, sendo teoricamente possível a redução da poluição e das desigualdades sociais sem o crescimento da economia, mas com desenvolvimento sustentável.

Um instrumento de implantação que aos poucos vem sendo utilizado mundialmente para se atingir o ideal da sustentabilidade é o **pagamento pelos serviços ambientais**,[9] pois imprescindíveis à manutenção da vida na Terra, sendo um dos principais exemplos o mercado de créditos de carbono instituído pelo Protocolo de Kyoto, estudado no Capítulo sobre Direito Internacional Ambiental.

É cada vez mais difundida a denominada **economia verde**, assim considerada a que adota métodos produtivos menos impactantes ao ambiente com o propósito de realizar um verdadeiro desenvolvimento sustentável.

Este princípio decorre de uma vertente conservadorista do ambientalismo, que parece ter sido a opção do poder constituinte originário no Brasil, ao promulgar a atual Constituição, visto que os preservacionistas são radicais ao pregarem a intangibilidade dos recursos naturais.

Saliente-se que **este princípio tem aplicação aos recursos naturais renováveis, a exemplo das florestas e animais, e não aos não renováveis, como os minérios**. Nestes casos,

9. De acordo com o Vocabulário Básico de Recursos Naturais e do Meio Ambiente do IBGE, entende-se por serviços ambientais: "conceito associado a tentativa de valoração dos benefícios ambientais que a manutenção de áreas naturais pouco alteradas pela ação humana traz para o conjunto da sociedade. Entre os serviços ambientais mais importantes estão a produção de água de boa qualidade, a depuração e a descontaminação natural de águas servidas (esgotos) no ambiente, a produção de oxigênio e a absorção de gases tóxicos pela vegetação, a manutenção de estoques de predadores de pragas agrícolas, de polinizadores, de exemplares silvestres de organismos utilizados pelo homem (fonte de genes usados em programas de melhoramento genético), a proteção do solo contra a erosão, a manutenção dos ciclos biogeoquímicos etc. Os serviços ambientais são imprescindíveis à manutenção da vida na Terra".

a sua utilização deve ser racional e prolongada ao máximo, devendo-se optar, sempre que possível, pela substituição por um recurso renovável, a exemplo do etanol em vez da gasolina, que, inclusive, é menos agressivo ao ar atmosférico.

Entretanto, é duvidosa a possibilidade real da implantação de um verdadeiro modelo de desenvolvimento sustentável das nações, podendo ser um mero discurso capitalista para manter as coisas como estão.

Vale ressaltar que há uma doutrina política da maioria das nações e das grandes empresas privadas em prol do desenvolvimento econômico sustentável, mas de pouca efetividade prática, pois ainda são tímidas as medidas concretizadas.

Inclusive, o discurso da sustentabilidade poderá atender apenas aos interesses capitalistas ao se negar a discutir a essência das relações capitalistas de produção e respectivos impactos na natureza, pois parte da premissa de que é possível compatibilizar o desenvolvimento econômico com a preservação ambiental, sem questionar profundamente o modo de produção.

Inciso VII

O inciso VII foi inspirado nos Princípios do Poluidor e do Usuário-pagador. De acordo com o Princípio do Poluidor-pagador, **deve o poluidor responder pelos custos sociais da degradação causada por sua atividade impactante (as chamadas externalidades negativas)**, devendo-se agregar esse valor no custo produtivo da atividade, para evitar que se privatizem os lucros e se socializem os prejuízos. Ele se volta principalmente aos grandes poluidores.

Logo, caberá ao poluidor compensar ou reparar o dano causado. **Ressalte-se que este Princípio não deve ser interpretado de forma que haja abertura incondicional à poluição, desde que se pague** (não é pagador-poluidor), **só podendo o poluidor degradar o meio ambiente dentro dos limites de tolerância previstos na legislação ambiental, após licenciado.**

Inclusive, o mesmo consta na Declaração do Rio de 1992, no **Princípio 16**: "Tendo em vista que o poluidor deve, em princípio, arcar com o custo decorrente da poluição, as autoridades nacionais devem procurar promover a internalização dos custos ambientais e o uso de instrumentos econômicos, levando na devida conta o interesse público, sem distorcer o comércio e os investimentos internacionais".

Este Princípio inspirou o § 1.º, do artigo 14, da Lei 6.938/1981, que prevê que "é o poluidor obrigado, independentemente da existência de culpa, a indenizar ou reparar os danos causados ao meio ambiente e a terceiros, afetados por sua atividade".

Como exemplo de aplicação específica deste Princípio, pode-se citar a reposição florestal (artigo 33 do novo Código Florestal) que deve ser feita nos relevantes desmatamentos, bem como a indenização prevista no artigo 36, § 1.º, da Lei 9.985/2005, que prevê que o empreendedor que causar significativo impacto ambiental licenciado em unidade de conservação deverá aplicar da unidade o equivalente a, pelo menos, 0,5% dos custos totais do empreendimento.

Por sua vez, de acordo com o **Princípio do Usuário-pagador, as pessoas que utilizam recursos naturais devem pagar pela sua utilização, mesmo que não haja poluição, a exemplo do uso racional da água**.

Veja-se que difere do Princípio do Poluidor-Pagador, pois neste há poluição e a quantia paga pelo empreendedor funciona também como sanção social ambiental, além de indenização.

Para PAULO AFFONSO LEME MACHADO (2003, p. 53), "o princípio usuário-pagador contém também o princípio poluidor-pagador", sendo acertada esta posição do grande mestre, porquanto a poluição pressupõe o uso, mas é possível o uso sem poluição.

2. JURISPRUDÊNCIA

"Pacífica a jurisprudência do STJ de que, nos termos do art. 14, § 1.º, da Lei 6.938/1981, o degradador, em decorrência do princípio do poluidor-pagador, previsto no art. 4.º, VII (primeira parte), do mesmo estatuto, é obrigado, independentemente da existência de culpa, a reparar – por óbvio que às suas expensas – todos os danos que cause ao meio ambiente e a terceiros afetados por sua atividade, sendo prescindível perquirir acerca do elemento subjetivo, o que, consequentemente, torna irrelevante eventual boa ou má-fé para fins de acertamento da natureza, conteúdo e extensão dos deveres de restauração do *status quo* ante ecológico e de indenização" (STJ, passagem do REsp 769.753, de 08.09.2009).

3. QUESTÕES DE CONCURSOS

01. (Juiz do Estado do Piauí 2011 – CESPE) Sendo o ambiente classificado como bem de uso comum do povo, não se admite que sua utilização tenha caráter oneroso ou que haja necessidade de contraprestação pelo usuário.

02. (FCC – 2011 – PGE-MT – Procurador) De acordo com a Lei Federal 6.938/81, a política nacional do meio ambiente tem como objetivos

a) promover a adoção de práticas adequadas de conservação e uso racional dos combustíveis e de preservação do meio ambiente.

b) assegurar à atual e às futuras gerações a necessária disponibilidade de água, em padrões de qualidade adequados aos respectivos usos.

c) a utilização racional e adequada dos recursos hídricos, incluindo o transporte aquaviário, com vistas ao desenvolvimento sustentável.

d) a prevenção e a defesa contra eventos hidrológicos críticos de origem natural ou decorrentes do uso inadequado dos recursos naturais.

e) a preservação e restauração dos recursos ambientais com vistas à sua utilização racional e disponibilidade permanente, concorrendo para a manutenção do equilíbrio ecológico propício à vida.

GAB	01	ERRADO	02	E

Art. 5.º As diretrizes da Política Nacional do Meio Ambiente serão formuladas em normas e planos, destinados a orientar a ação dos Governos da União, dos Estados, do Distrito Federal, dos Territórios e dos Municípios no que se relaciona com a preservação da qualidade ambiental e manutenção do equilíbrio ecológico, observados os princípios estabelecidos no art. 2.º desta Lei.

Parágrafo único. As atividades empresariais públicas ou privadas serão exercidas em consonância com as diretrizes da Política Nacional do Meio Ambiente.

1. COMENTÁRIOS

Este artigo é uma cláusula aberta à legislação sobre proteção ambiental aprovada pelas entidades políticas.

É interessante notar que o desenvolvimento de atividades empresariais deverá respeitar as normas ambientais, estando este dispositivo em consonância com o artigo 170, inciso VI, da Constituição, que coloca a Defesa do Meio Ambiente como Princípio da Ordem Econômica no Brasil.

DO SISTEMA NACIONAL DO MEIO AMBIENTE

Art. 6.º Os órgãos e entidades da União, dos Estados, do Distrito Federal, dos Territórios e dos Municípios, bem como as fundações instituídas pelo Poder Público, responsáveis pela proteção e melhoria da qualidade ambiental, constituirão o Sistema Nacional do Meio Ambiente – SISNAMA, assim estruturado:

I – órgão superior: o Conselho de Governo, com a função de assessorar o Presidente da República na formulação da política nacional e nas diretrizes governamentais para o meio ambiente e os recursos ambientais;

II – órgão consultivo e deliberativo: o Conselho Nacional do Meio Ambiente (CONAMA), com a finalidade de assessorar, estudar e propor ao Conselho de Governo, diretrizes de políticas governamentais para o meio ambiente e os recursos naturais e deliberar, no âmbito de sua competência, sobre normas e padrões compatíveis com o meio ambiente ecologicamente equilibrado e essencial à sadia qualidade de vida;

III – órgão central: a Secretaria do Meio Ambiente da Presidência da República, com a finalidade de planejar, coordenar, supervisionar e controlar, como órgão federal, a política nacional e as diretrizes governamentais fixadas para o meio ambiente;

IV – órgãos executores: o Instituto Brasileiro do Meio Ambiente e dos Recursos Naturais Renováveis – IBAMA e o Instituto Chico Mendes de Conservação da Biodiversidade – Instituto Chico Mendes, com a finalidade de executar e fazer executar a política e as diretrizes governamentais fixadas para o meio ambiente, de acordo com as respectivas competências; *(Redação dada pela Lei nº 12.856, de 2013)*

V – Órgãos Seccionais: os órgãos ou entidades estaduais responsáveis pela execução de programas, projetos e pelo controle e fiscalização de atividades capazes de provocar a degradação ambiental;

VI – Órgãos Locais: os órgãos ou entidades municipais, responsáveis pelo controle e fiscalização dessas atividades, nas suas respectivas jurisdições;

§ 1.º Os Estados, na esfera de suas competências e nas áreas de sua jurisdição, elaborarão normas supletivas e complementares e padrões relacionados com o meio ambiente, observados os que forem estabelecidos pelo CONAMA.

§ 2.º Os Municípios, observadas as normas e os padrões federais e estaduais, também poderão elaborar as normas mencionadas no parágrafo anterior.

§ 3.º Os órgãos central, setoriais, seccionais e locais mencionados neste artigo deverão fornecer os resultados das análises efetuadas e sua fundamentação, quando solicitados por pessoa legitimamente interessada.

§ 4.º De acordo com a legislação em vigor, é o Poder Executivo autorizado a criar uma Fundação de apoio técnico científico às atividades do IBAMA.

1. COMENTÁRIOS

Esse artigo apresenta a composição do SISNAMA – Sistema Nacional do Meio Ambiente, composto por órgãos e entidades de todas as esferas de governo que atuam na proteção ambiental e que terão a responsabilidade de implementar a Política Nacional do Meio Ambiente.

O **Conselho de Governo**, presidido pelo Presidente da República ou, por sua determinação, pelo Ministro de Estado Chefe da Casa Civil, é o órgão superior, com função de assessorar diretamente o Presidente da República na formulação de diretrizes de ação governamental, integrado pelos Ministros de Estado e pelo titular do Gabinete Pessoal do Presidente da República.[10]

A sua atuação poderá ser direta ou por meio de Câmaras, criadas por ato do Poder Executivo, com destaque para a *Câmara de Política dos Recursos Naturais*,[11] com a finalidade de formular políticas públicas e diretrizes de matérias relacionadas com a área de recursos naturais do Governo Federal, aprovar, promover a articulação e acompanhar a implementação dos programas e ações estabelecidos, no âmbito de ações cujo escopo ultrapasse a competência de um único Ministério.

Já o **CONAMA** é o órgão consultivo e deliberativo, integrante da estrutura do Ministério do Meio Ambiente, com poder normativo de amplitude muito controversa, com a finalidade de assessorar, estudar e propor ao Conselho de Governo diretrizes de políticas governamentais para o meio ambiente e os recursos naturais e deliberar, no âmbito de sua competência, sobre normas e padrões compatíveis com o meio ambiente ecologicamente equilibrado e essencial à sadia qualidade de vida, presidido pelo Ministro do Meio Ambiente, com as seguintes competências, nos moldes do artigo 8.º da Lei 6.938/1981:

De acordo com o artigo 4.º do Decreto 99.274/1990, o CONAMA é composto pelo *Plenário*,[12] *pela Câmara Especial Recursal*,[13] *pelo Comitê de Integração de Políticas Ambientais, pelas Câmaras Técnicas, pelos Grupos de Trabalho e Grupos Assessores*, cabendo ao Ministro do Meio Ambiente presidir o Plenário, sendo a participação dos membros do CONAMA considerada serviço de natureza relevante e não remunerada, cabendo às instituições representadas o custeio das despesas de deslocamento e estadia.

Integram o Plenário do CONAMA:[14]

- o Ministro de Estado do Meio Ambiente, que o presidirá;

10. Artigo 7.º, I, da Lei 10.683/2003, com redação dada pela Lei 12.314, de 2010.
11. Criada pelo Decreto 4.792/2003.
12. Na forma do artigo 5.º do Decreto 99.274/1990, a composição do Plenário do CONAMA atende ao Princípio da Participação Comunitária, pois além de representantes do Poder Público federal, estadual, distrital e municipal, há ainda 21 representantes dos trabalhadores e da sociedade civil, 8 representantes de entidades empresarias e 1 membro honorário indicado pelo Plenário, além dos Conselheiros Convidados sem direito a voto: 1 representante do MPF, 1 do MPE e 1 da Comissão de Defesa do Consumidor, Meio Ambiente e Minorias da Câmara dos Deputados.
13. Órgão inserido pelo Decreto 6.792/2009.
14. Disponível em: <http://www.mma.gov.br/port/conama/estr.cfm>.

- o Secretário-Executivo do Ministério do Meio Ambiente, que será o seu Secretário-Executivo;
- um representante do IBAMA;
- um representante da Agência Nacional de Águas-ANA;
- um representante de cada um dos Ministérios, das Secretarias da Presidência da República e dos Comandos Militares do Ministério da Defesa, indicados pelos respectivos titulares;
- um representante de cada um dos Governos Estaduais e do Distrito Federal, indicados pelos respectivos governadores;
- oito representantes dos Governos Municipais que possuam órgão ambiental estruturado e Conselho de Meio Ambiente com caráter deliberativo, sendo:
  - um representante de cada região geográfica do País;
  - um representante da Associação Nacional de Municípios e Meio Ambiente-ANAMMA;
  - dois representantes de entidades municipalistas de âmbito nacional;
- vinte e dois representantes de entidades de trabalhadores e da sociedade civil, sendo:
  - dois representantes de entidades ambientalistas de cada uma das Regiões Geográficas do País;
  - um representante de entidade ambientalista de âmbito nacional;
  - três representantes de associações legalmente constituídas para a defesa dos recursos naturais e do combate à poluição, de livre escolha do Presidente da República; (*uma vaga não possui indicação*)
  - um representante de entidades profissionais, de âmbito nacional, com atuação na área ambiental e de saneamento, indicado pela Associação Brasileira de Engenharia Sanitária e Ambiental-ABES;
  - um representante de trabalhadores indicado pelas centrais sindicais e confederações de trabalhadores da área urbana (Central Única dos Trabalhadores-CUT, Força Sindical, Confederação Geral dos Trabalhadores-CGT, Confederação Nacional dos Trabalhadores na Indústria-CNTI e Confederação Nacional dos Trabalhadores no Comércio-CNTC), escolhido em processo coordenado pela CNTI e CNTC;
  - um representante de trabalhadores da área rural, indicado pela Confederação Nacional dos Trabalhadores na Agricultura-CONTAG;
  - um representante de populações tradicionais, escolhido em processo coordenado pelo Centro Nacional de Desenvolvimento Sustentável das Populações Tradicionais-CNPT/IBAMA;
  - um representante da comunidade indígena indicado pelo Conselho de Articulação dos Povos e Organizações Indígenas do Brasil-CAPOIB;
  - um representante da comunidade científica, indicado pela Sociedade Brasileira para o Progresso da Ciência-SBPC;

- o um representante do Conselho Nacional de Comandantes Gerais das Polícias Militares e Corpos de Bombeiros Militares-CNCG;
- o um representante da Fundação Brasileira para a Conservação da Natureza-FBCN;
- oito representantes de entidades empresariais; e
- um membro honorário indicado pelo Plenário;
- integram também o Plenário do CONAMA, na condição de Conselheiros Convidados, sem direito a voto:
  - o um representante do Ministério Público Federal;
  - o um representante dos Ministérios Públicos Estaduais, indicado pelo Conselho Nacional dos Procuradores-Gerais de Justiça; e
  - o um representante da Comissão de Defesa do Consumidor, Meio Ambiente e Minorias da Câmara dos Deputados.

Já o órgão central do SISNAMA é o **Ministério do Meio Ambiente – MMA,**[15] antiga Secretaria do Meio Ambiente da Presidência da República, que planeja, coordena, supervisiona e controla a execução da PNMA e as diretrizes governamentais fixadas para o meio ambiente.[16]

O órgão executor[17] é o **Instituto Brasileiro do Meio Ambiente e dos Recursos Naturais Renováveis – IBAMA,**[18] autarquia federal em regime especial, criado pela Lei 7.735/1989, vinculado ao MMA,[19] a quem compete exercer o poder de polícia ambiental federal, executar ações da Política Nacional do Meio Ambiente na esfera federal e ações supletivas.

O IBAMA possui um Presidente e cinco Diretores designados em cargo em comissão pelo Presidente da República, nos termos do seu Regimento Interno, aprovado pelo Decreto 6.099/2007, tendo a seguinte estrutura organizacional (art. 3.º):

> I – órgão colegiado: Conselho Gestor;
>
> II – órgão de assistência direta e imediata ao Presidente: Gabinete;
>
> III – órgãos seccionais:
>
> a) Procuradoria Federal Especializada;
>
> b) Auditoria Interna;

---

15. De acordo com o artigo 29, XV, da Lei 10.683/2003, alterado pela Lei 11.284/2006, integram a estrutura do MMA: o Conselho Nacional do Meio Ambiente, o Conselho Nacional da Amazônia Legal, o Conselho Nacional de Recursos Hídricos, o Conselho de Gestão do Patrimônio Genético, o Conselho Deliberativo do Fundo Nacional do Meio Ambiente, o Serviço Florestal Brasileiro, a Comissão de Gestão de Florestas Públicas e até 5 (cinco) Secretarias.
16. As competências administrativas do MMA se encontram descritas no artigo 27, XV, da Lei 10.683/2003.
17. É tecnicamente equivocado falar em órgão, como o faz a lei, pois há personalidade jurídica.
18. O IBAMA decorre da fusão da Superintendência da Borracha, do Instituto Brasileiro de Desenvolvimento Florestal, da Superintendência do Desenvolvimento da Pesca e Secretaria Especial do Meio Ambiente.
19. Em tese, não há hierarquia entre MMA e IBAMA, e sim controle finalístico do primeiro sobre o segundo.

c) Corregedoria; e

d) Diretoria de Planejamento, Administração e Logística;

IV – órgãos específicos singulares:

a) Diretoria de Qualidade Ambiental;

b) Diretoria de Licenciamento Ambiental;

c) Diretoria de Proteção Ambiental; e

d) Diretoria de Uso Sustentável da Biodiversidade e Florestas;

V – órgãos descentralizados:

a) Superintendências;

b) Gerências Executivas;

c) Centros Especializados; e

d) Unidades Avançadas – Bases Operativas.

Lamentavelmente, os cargos em comissão do IBAMA serão providos, **preferencialmente**, por servidores públicos dos quadros de pessoal dos órgãos integrantes do SISNAMA, ao contrário de o INSS, em que o provimento de cargos em comissão e designação para funções comissionadas e gratificadas de integrantes das Superintendências-Regionais, das Gerências-Executivas e das Agências da Previdência Social, fixas e móveis, recairá, **exclusivamente**, em servidores ocupantes de cargos efetivos pertencentes ao quadro de pessoal do INSS.

A despeito da omissão do artigo 6.º, IV, da Lei 6.938/1981, o artigo 3.º, IV, do Decreto 99.274/1990, alterado pelo Decreto 6.792/2009, já havia inserido o **Instituto Chico Mendes de Conservação da Biodiversidade como executor do SISNAMA.**

O Instituto Chico Mendes de Conservação da Biodiversidade – ICMBIO,[20] autarquia federal criada pela Lei 11.516/2007,[21] retirou do IBAMA a tarefa da conservação ambiental, mediante a gestão das unidades de conservação federais.

Deveras, de acordo com o artigo 1.º, da citada norma, compete ao ICMBIO:

> "I – executar ações da política nacional de unidades de conservação da natureza, referentes às atribuições federais relativas à proposição, implantação, gestão, proteção, fiscalização e monitoramento das unidades de conservação instituídas pela União;
>
> II – executar as políticas relativas ao uso sustentável dos recursos naturais renováveis e ao apoio ao extrativismo e às populações tradicionais nas unidades de conservação de uso sustentável instituídas pela União;

20. Autarquia federal vinculada ao MMA.

21. Esta Lei foi fruto da conversão da MP 366/2007. Vale registrar que o STF, por questões de segurança jurídica, no dia 09.03.2012, validou a criação do ICMBIO pela Medida Provisória 366/2007, convertida na Lei 11.516/2007, em que pese a inexistência de emissão de parecer por comissão mista de Deputados e Senadores antes do exame, em sessão separada, pelo Plenário de cada uma das casas do Congresso Nacional.

III – fomentar e executar programas de pesquisa, proteção, preservação e conservação da biodiversidade e de educação ambiental;

IV – exercer o poder de polícia ambiental para a proteção das unidades de conservação instituídas pela União; e

V – promover e executar, em articulação com os demais órgãos e entidades envolvidos, programas recreacionais, de uso público e de ecoturismo nas unidades de conservação, onde estas atividades sejam permitidas.

Parágrafo único. O disposto no inciso IV do *caput* deste artigo não exclui o exercício supletivo do poder de polícia ambiental pelo Instituto Brasileiro do Meio Ambiente e dos Recursos Naturais Renováveis – IBAMA".

Posteriormente, **a Lei 12.856/2013 inseriu o Instituto Chico Mendes de Conservação da Biodiversidade – Instituto Chico Mendes como executor do SISNAMA.**

Os **órgãos seccionais** serão definidos pelos Estados-membros e Distrito Federal, a exemplo da Secretaria do Meio Ambiente – SEMA, do Conselho Estadual do Meio Ambiente – CEPRAM e do Instituto do Meio Ambiente e Recursos Hídricos – INEMA, no Estado da Bahia.

São compostos pelos órgãos ou entidades estaduais (e por analogia do Distrito Federal) responsáveis pela execução de programas, projetos e pelo controle e fiscalização de atividades capazes de provocar a degradação ambiental.

Deveras, nos termos do artigo 8.º da LC 140/2011, compete aos Estados executar e fazer cumprir, em âmbito estadual, a Política Nacional do Meio Ambiente e demais políticas nacionais relacionadas à proteção ambiental, bem como exercer a gestão dos recursos ambientais no âmbito de suas atribuições.

Aliás, os Estados deverão aprovar e executar a sua Política Estadual do Meio Ambiente, a exemplo do Estado da Bahia, que o fez através da Lei Estadual 10.431/2006, promovendo, no âmbito estadual, a integração de programas e ações de órgãos e entidades da Administração Pública da União, dos Estados, do Distrito Federal e dos Municípios, relacionados à proteção e à gestão ambiental.

Os **órgãos locais** terão natureza municipal, responsáveis pelo controle e fiscalização de atividades capazes de provocar a degradação ambiental, não sendo comum a sua criação na maioria dos municípios brasileiros, mormente os mais pobres e menos populosos, ante a precária estrutura administrativa que assola grande parte dos entes locais neste país.

Nos moldes do artigo 9.º da LC 140/2011, é competência administrativa dos Municípios executar e fazer cumprir, em âmbito municipal, as Políticas Nacional e Estadual de Meio Ambiente e demais políticas nacionais e estaduais relacionadas à proteção do meio ambiente, exercendo a gestão dos recursos ambientais no âmbito de suas atribuições.

Além disso, deverão formular, executar e fazer cumprir a Política Municipal de Meio Ambiente, promovendo no seu âmbito a integração de programas e ações de órgãos e entidades da administração pública federal, estadual e municipal, relacionados à proteção e à gestão ambiental.

Com base no artigo 6.º da Lei 6.938/1981, é importante aduzir que existem na atualidade entidades federais ligadas à área ambiental que *legalmente* não estão formalmente inseridos no SISNAMA, a exemplo da **Agência Nacional de Águas – ANA.**[22]

Todavia, em inovação não admitida via ato regulamentar, conquanto louvável, o artigo 3.º, V,[23] do Decreto 99.274/1990, colocou os órgãos e entidades da Administração Pública Federal direta e indireta, cujas atividades estejam associadas às de proteção da qualidade ambiental ou àquelas de disciplinamento do uso dos recursos ambientais, como órgãos seccionais do SISNAMA.

De acordo com o artigo 82 do novo Código Florestal, são a União, os Estados, o Distrito Federal e os Municípios autorizados a instituir, adaptar ou reformular, no prazo de seis meses, no âmbito do SISNAMA, instituições florestais ou afins, devidamente aparelhadas para assegurar a plena consecução da nova legislação florestal.

TABELA DO SISNAMA

ÓRGÃO SUPERIOR: CONSELHO DE GOVERNO	Com a função de assessorar o Presidente da República na formulação da política nacional e nas diretrizes governamentais para o meio ambiente e os recursos ambientais.
ÓRGÃO CONSULTIVO E DELIBERATIVO: CONAMA	Com a finalidade de assessorar, estudar e propor ao Conselho de Governo, diretrizes de políticas governamentais para o meio ambiente e os recursos naturais e deliberar, no âmbito de sua competência, sobre normas e padrões compatíveis com o meio ambiente ecologicamente equilibrado e essencial à sadia qualidade de vida: – estabelecer, mediante proposta do IBAMA, normas e critérios para o licenciamento de atividades efetiva ou potencialmente poluidoras, a ser concedido pelos Estados e supervisionado pelo IBAMA;
ÓRGÃO CONSULTIVO E DELIBERATIVO: CONAMA	– determinar, quando julgar necessário, a realização de estudos das alternativas e das possíveis consequências ambientais de projetos públicos ou privados, requisitando aos órgãos federais, estaduais e municipais, bem assim a entidades privadas, as informações indispensáveis para apreciação dos estudos de impacto ambiental, e respectivos relatórios, no caso de obras ou atividades de significativa degradação ambiental, especialmente nas áreas consideradas patrimônio nacional; – homologar acordos visando à transformação de penalidades pecuniárias na obrigação de executar medidas de interesse para a proteção ambiental;

22. Autarquia federal em regime especial, vinculada ao MMA, criada pela Lei 9.984/2000, com a função de implementação da Política Nacional de Recursos Hídricos, integrante do Sistema Nacional de Gerenciamento de Recursos Hídricos.

23. "V – Órgãos Seccionais: os órgãos ou entidades da Administração Pública Federal direta e indireta, as fundações instituídas pelo Poder Público cujas atividades estejam associadas às de proteção da qualidade ambiental ou àquelas de disciplinamento do uso de recursos ambientais, bem assim os órgãos e entidades estaduais responsáveis pela execução de programas e projetos e pelo controle e fiscalização de atividades capazes de provocar a degradação ambiental".

ÓRGÃO CONSULTIVO E DELIBERATIVO: CONAMA	– determinar, mediante representação do IBAMA, a perda ou restrição de benefícios fiscais concedidos pelo Poder Público, em caráter geral ou condicional, e a perda ou suspensão de participação em linhas de financiamento em estabelecimentos oficiais de crédito; – estabelecer, privativamente, normas e padrões nacionais de controle da poluição por veículos automotores, aeronaves e embarcações, mediante audiência dos Ministérios competentes; – estabelecer normas, critérios e padrões relativos ao controle e à manutenção da qualidade do meio ambiente com vistas ao uso racional dos recursos ambientais, principalmente os hídricos.
ÓRGÃO CENTRAL: MINISTÉRIO DO MEIO AMBIENTE (ANTIGA SECRETARIA DO MEIO AMBIENTE DA PRESIDÊNCIA DA REPÚBLICA)	Com a finalidade de planejar, coordenar, supervisionar e controlar, como órgão federal, a política nacional e as diretrizes governamentais fixadas para o meio ambiente.
ÓRGÃOS EXECUTORES: IBAMA e ICMBIO	Com a finalidade de executar e fazer executar a política e as diretrizes governamentais fixadas para o meio ambiente, de acordo com as respectivas competências
ÓRGÃOS SECCIONAIS: ESTADUAIS E DO DISTRITO FEDERAL	Os órgãos ou entidades estaduais responsáveis pela execução de programas, projetos e pelo controle e fiscalização de atividades capazes de provocar a degradação ambiental.
ÓRGÃOS LOCAIS: MUNICIPAIS	Os órgãos ou entidades municipais, responsáveis pelo controle e fiscalização de atividades de atividades capazes de provocar a degradação ambiental, nas suas respectivas jurisdições.

2. QUESTÕES DE CONCURSOS

01. (IBAMA 2012 – Técnico – CESPE) Apesar de o IBAMA integrar o Sistema Nacional do Meio Ambiente (SISNAMA), não é exigido, pela norma que aprova a estrutura regimental da autarquia, que os cargos em comissão sejam providos, exclusivamente, por servidores públicos dos quadros de pessoal dos órgãos integrantes do SISNAMA.

02. (IBAMA 2012 – Técnico – CESPE) Compete ao IBAMA o exercício do poder de polícia ambiental nos âmbitos federal, estadual e municipal, dado que esse órgão tem jurisdição em todo o território nacional.

03. (TRF 5.ª REGIÃO 2009 – Juiz Federal – CESPE) O SISNAMA constitui-se de órgãos e entidades da União, dos estados, do DF e dos municípios, bem como de fundações instituídas pelo poder público, responsáveis pela proteção e melhoria da qualidade ambiental.

04. (TRF 5.ª REGIÃO 2009 – Juiz Federal – CESPE) Integram o plenário do CONAMA, na qualidade de conselheiros permanentes, um representante do MP Federal e três representantes dos MPs estaduais, indicados pelo procurador-geral da República.

05. (TRF 5.ª REGIÃO 2009 – Juiz Federal – CESPE) Cabe ao IBAMA, como órgão central do SISNAMA, prover os serviços de apoio técnico e administrativo do CONAMA.

06. (OAB UNIFICADA 2008.1 – CESPE) Quanto à constituição e ao funcionamento do Conselho Nacional do Meio Ambiente (CONAMA), julgue os itens que se seguem.

I – A participação dos membros do CONAMA é considerada serviço de natureza relevante e não será remunerada, cabendo às instituições representadas o custeio das despesas de deslocamento e estadia.

II – O CONAMA é composto pelo plenário, pelas câmaras técnicas e pelos diretórios regionais de políticas socioambientais.

III – Nesse conselho, é obrigatória a presença de um representante de sociedade civil legalmente constituída de cada uma das regiões geográficas do país, cuja atuação esteja diretamente ligada à preservação da qualidade ambiental e cadastrada no Cadastro Internacional das Organizações Não Governamentais Ambientalistas.

Assinale **a opção CORRETA.**

a) Apenas o item I está certo.

b) Apenas o item II está certo.

c) Apenas o item III está certo.

d) Todos os itens estão certos.

07. (FCC – 2013 – MPE-SE – Analista – Direito) Os órgãos e entidades da União, dos Estados, do Distrito Federal e dos Municípios, bem como as fundações instituídas pelo Poder Público, responsáveis pela proteção e melhoria da qualidade ambiental, constituirão o Sistema Nacional do Meio Ambiente – SISNAMA. Inclui-se nessa estrutura,

a) o órgão superior composto pela Secretaria do Meio Ambiente da Presidência da República, com a finalidade de planejar, coordenar, supervisionar e controlar, como órgão federal, a política nacional e as diretrizes governamentais fixadas para o meio ambiente.

b) o órgão consultivo e deliberativo composto pelo Conselho de Governo, com a função de assessorar o Presidente da República na formulação da política nacional e nas diretrizes governamentais para o meio ambiente e os recursos ambientais.

c) o órgão central composto pelo Instituto Brasileiro do Meio Ambiente e dos Recursos Naturais Renováveis, com a finalidade de executar e fazer executar, como órgão federal, a política e diretrizes governamentais fixadas para o meio ambiente.

d) o órgão executor composto pelos órgãos ou entidades municipais, responsáveis pelo controle e fiscalização dessas atividades, nas suas respectivas jurisdições.

e) os órgãos Seccionais compostos pelos órgãos ou entidades estaduais responsáveis pela execução de programas, projetos e pelo controle e fiscalização de atividades capazes de provocar a degradação ambiental.

08. (FCC – 2012 – PGE-SP – Procurador) De acordo com o artigo 6o da Lei Federal no 6.938/81, que dispõe sobre a Política Nacional do Meio Ambiente, dentre os órgãos e entidades da União, Estados, Distrito Federal e Municípios que constituem o Sistema Nacional de Meio Ambiente – SISNAMA – temos, respectivamente, como órgãos Superior; Consultivo e Deliberativo; Executor e Seccionais, os seguintes:

a) Conselho Nacional do Meio Ambiente – CONAMA; Conselho de Governo; Instituto Brasileiro do Meio Ambiente e dos Recursos Naturais Renováveis – IBAMA; e os órgãos ou entidades estaduais responsáveis pela execução de programas, projetos e pelo controle e fiscalização de atividades capazes de provocar a degradação ambiental.

b) Conselho de Governo; Conselho Nacional do Meio Ambiente – CONAMA; Instituto Brasileiro do Meio Ambiente e dos Recursos Naturais Renováveis – IBAMA; e os órgãos ou entidades municipais, responsáveis pelo controle e fiscalização dessas atividades, nas suas respectivas jurisdições.

c) Instituto Brasileiro do Meio Ambiente e dos Recursos Naturais Renováveis – IBAMA; Conselho de Governo; Conselho Nacional do Meio Ambiente – CONAMA; e os órgãos ou entidades estaduais responsáveis pela execução de programas, projetos e pelo controle e fiscalização de atividades capazes de provocar a degradação ambiental.

d) Conselho de Governo; Conselho Nacional do Meio Ambiente – CONAMA; Instituto Brasileiro do Meio Ambiente e dos Recursos Naturais Renováveis – IBAMA; e os órgãos ou entidades estaduais responsáveis pela execução de programas, projetos e pelo controle e fiscalização de atividades capazes de provocar a degradação ambiental.

e) Instituto Brasileiro do Meio Ambiente e dos Recursos Naturais Renováveis – IBAMA; Conselho de Governo; Conselho Nacional do Meio Ambiente – CONAMA; e os órgãos ou entidades municipais, responsáveis pelo controle e fiscalização dessas atividades, nas suas respectivas jurisdições.

09. (FCC – 2012 – MPE-AP – Analista Ministerial – Direito) De acordo com a Lei 6.938/1981, o Sistema Nacional do Meio Ambiente – SISNAMA possui o Conselho Nacional do Meio Ambiente – CONAMA em sua estrutura como órgão

a) superior, com a finalidade de planejar, coordenar, supervisionar e controlar, como órgão federal, a política nacional e as diretrizes governamentais fixadas para o meio ambiente.

b) consultivo e deliberativo, com a finalidade de assessorar, estudar e propor ao Conselho de Governo, diretrizes de políticas governamentais para o meio ambiente e os recursos naturais e deliberar, no âmbito de sua competência, sobre normas e padrões compatíveis com o meio ambiente ecologicamente equilibrado e essencial à sadia qualidade de vida.

c) central, com a função de assessorar o Presidente da República na formulação da política nacional e nas diretrizes governamentais para o meio ambiente e os recursos ambientais.

d) executor, com a finalidade de executar e fazer executar, como órgão federal, a política e diretrizes governamentais fixadas para o meio ambiente.

e) seccional, com a responsabilidade de divulgar anualmente o Relatório de Qualidade do Meio Ambiente, bem como de administrar o Cadastro Técnico Federal de Atividades e Instrumentos de Defesa Ambiental, além do Cadastro Técnico Federal de Atividades Potencialmente Poluidoras ou Utilizadoras de Recursos Ambientais.

10. (FCC – 2011 – TJ-PE – Juiz) O Conselho Nacional do Meio Ambiente – CONAMA é órgão encarregado de

a) reunir em um sistema único os órgãos da administração ambiental federal, estadual e municipal, promovendo reuniões trimestrais entre eles para tornar efetiva a proteção do meio ambiente.

b) gerir o Fundo Nacional do Meio Ambiente e a distribuição de recursos para projetos ambientais.

c) estudar e propor diretrizes de políticas governamentais para o meio ambiente e executar a política nacional do meio ambiente, podendo agir administrativa ou judicialmente.

d) estudar e propor diretrizes de políticas governamentais para o meio ambiente e deliberar, no âmbito de suas competências, sobre normas e padrões compatíveis com a proteção do meio ambiente.

e) expedir Resoluções para a manutenção da qualidade do meio ambiente no âmbito federal.

11. (VUNESP – 2010 – MPE-SP – Analista de Promotoria I) Sobre a estrutura do Sistema Nacional do Meio Ambiente (SISNAMA), é correto afirmar que caberá

a) ao órgão central, formado pela Secretaria do Meio Ambiente da Presidência da República, planejar, coordenar, supervisionar e controlar a política nacional e diretrizes governamentais fixadas para o meio ambiente.

b) ao órgão superior, formado pelo CONAMA (Conselho Nacional do Meio Ambiente), propor e estudar diretrizes e políticas governamentais para o meio ambiente.

c) ao órgão executor, formado pelo Conselho do Governo, a função de assessorar o Presidente da República na formulação da política nacional para o meio ambiente e recursos ambientais.

d) aos órgãos seccionais, compostos basicamente pelo Instituto Brasileiro do Meio Ambiente e dos Recursos Naturais, executar e fazer executar como órgão federal, as políticas e diretrizes fixadas para o meio ambiente.

e) ao órgão executor, composto pelos órgãos municipais, controlar e verificar a correta execução das políticas ambientais.

GAB	01	CERTO	02	ERRADO	03	CERTO	04	ERRADO	05	ERRADO	06	A
	07	E	08	D	09	B	10	D	11	A		

▸ DO CONSELHO NACIONAL DO MEIO AMBIENTE

Art. 7.º *(Revogado pela Lei nº 8.028, de 1990)*

Art. 8.º Compete ao CONAMA:

I – estabelecer, mediante proposta do IBAMA, normas e critérios para o licenciamento de atividades efetiva ou potencialmente poluidoras, a ser concedido pelos Estados e supervisionado pelo IBAMA;

II – determinar, quando julgar necessário, a realização de estudos das alternativas e das possíveis consequências ambientais de projetos públicos ou privados, requisitando aos órgãos federais, estaduais e municipais, bem assim a entidades privadas, as informações indispensáveis para apreciação dos estudos de impacto ambiental, e respectivos relatórios, no caso de obras ou atividades de significativa degradação ambiental, especialmente nas áreas consideradas patrimônio nacional.

III – *(Revogado pela Lei nº 11.941, de 2009)*

IV – homologar acordos visando à transformação de penalidades pecuniárias na obrigação de executar medidas de interesse para a proteção ambiental; (VETADO);

V – determinar, mediante representação do IBAMA, a perda ou restrição de benefícios fiscais concedidos pelo Poder Público, em caráter geral ou condicional, e a perda ou suspensão de participação em linhas de financiamento em estabelecimentos oficiais de crédito;

VI – estabelecer, privativamente, normas e padrões nacionais de controle da poluição por veículos automotores, aeronaves e embarcações, mediante audiência dos Ministérios competentes;

VII – estabelecer normas, critérios e padrões relativos ao controle e à manutenção da qualidade do meio ambiente com vistas ao uso racional dos recursos ambientais, principalmente os hídricos.

Parágrafo único. O Secretário do Meio Ambiente é, sem prejuízo de suas funções, o Presidente do Conama.

1. COMENTÁRIOS

Este artigo enumera as competências administrativas do CONAMA. Vale ressaltar que ainda existem outras competências atribuídas ao CONAMA pelo artigo 7.º[24] do Decreto 99.274/1990, não listadas expressamente no artigo 8.º da Lei 6.938/1981.

24. VIII – deliberar, no âmbito de sua competência, sobre normas e padrões compatíveis com o meio ambiente ecologicamente equilibrado e essencial à sadia qualidade de vida; IX – estabelecer os critérios técnicos para declaração de áreas críticas, saturadas ou em vias de saturação; X – acompanhar a implementação do Sistema Nacional de Unidades de Conservação da Natureza-SNUC, conforme disposto no inciso I do art. 6.º da Lei nº 9.985, de 18 de julho de 2000; XI – propor sistemática de monitoramento, avaliação e cumprimento das normas ambientais; XII – incentivar a instituição e o fortalecimento institucional dos Conselhos Estaduais e Municipais de Meio Ambiente, de gestão de recursos ambientais e dos Comitês de Bacia Hidrográfica; XIII – avaliar a implementação e a execução da política ambiental do País; XIV – recomendar ao órgão ambiental competente a elaboração do Relatório de Qualidade Ambiental, previsto no art. 9º inciso X da Lei nº 6.938, de 31 de agosto de 1981; XV – estabelecer sistema de divulgação de seus trabalhos; XVI – promover a integração dos órgãos colegiados de meio ambiente; XVII – elaborar, aprovar e acompanhar a implementação da Agenda Nacional de Meio Ambiente, a ser proposta aos órgãos e às entidades do SISNAMA, sob a forma de recomendação; XVIII – deliberar, sob a forma de resoluções, proposições, recomendações e moções, visando o cumprimento dos objetivos da Política Nacional de Meio Ambiente; XIX – elaborar o seu regimento interno.

Até o advento da Lei 11.941/2009, cabia ao CONAMA julgar em última instância os recursos interpostos contra as multas e demais penalidades imposta pelo IBAMA, competência esta que foi revogada expressamente pela citada lei.

Assim, a Câmara Especial Recursal, órgão do CONAMA, apenas irá funcionar provisoriamente até que haja o julgamento de todos os recursos pendentes, das decisões proferidas até o dia 27.05.2009, nos termos do Parecer 560/2009 CONJUR/MMA.

São atos praticados pelo CONAMA:[25]

- **Resoluções**, quando se tratar de deliberação vinculada a diretrizes e normas técnicas, critérios e padrões relativos à proteção ambiental e ao uso sustentável dos recursos ambientais;
- **Moções**, quando se tratar de manifestação, de qualquer natureza, relacionada com a temática ambiental;
- **Recomendações**, quando se tratar de manifestação acerca da implementação de políticas, programas públicos e normas com repercussão na área ambiental, inclusive sobre os termos de parceria de que trata a Lei 9.790, de 23 de março de 1999;
- **Proposições**, quando se tratar de matéria ambiental a ser encaminhada ao Conselho de Governo ou às Comissões do Senado Federal e da Câmara dos Deputados.

Compete ao CONAMA estabelecer, mediante proposta do IBAMA, normas e critérios para o licenciamento de atividades efetiva ou potencialmente poluidoras, tendo sido editados diversos atos regulamentares neste sentido, sendo o principal a resolução 237/97, que traz as regras gerais sobre o licenciamento ambiental.

Vale registrar que não cabe mais ao IBAMA supervisionar o licenciamento ambiental concedido pelos Estados, pois estes possuem as suas autônomas competências licenciatórias.

De acordo com o texto do inciso II, compete ao CONAMA determinar, quando julgar necessário, a realização de estudos das alternativas e das possíveis consequências ambientais de projetos públicos ou privados, requisitando aos órgãos federais, estaduais e municipais, bem assim a entidades privadas, as informações indispensáveis para apreciação dos estudos de impacto ambiental, e respectivos relatórios, no caso de obras ou atividades de significativa degradação ambiental, especialmente nas áreas consideradas patrimônio nacional.

No entanto, fazendo-se uma interpretação sistemática da legislação ambiental, nota-se que os órgãos ambientais licenciadores, a exemplo do IBAMA, é que na atualidade determinam a realização de estudos ambientais e os apreciam.

Ainda de acordo com texto legal, compete ao CONAMA homologar acordos visando à transformação de penalidades pecuniárias na obrigação de executar medidas de interesse para a proteção ambiental.

25. Disponível em: <http://www.mma.gov.br/port/conama/estr.cfm>.

Na atualidade, esta competência também é desenvolvida pelos órgãos ambientais licenciadores, sendo possível a conversão de multa em serviços preservação, melhoria e recuperação da qualidade ambiental, conforme autoriza o artigo 72, § 4.º, da Lei 9.605/1998[26].

Na hipótese de cometimento de graves infrações administrativas, compete ao CONAMA determinar, mediante representação do IBAMA, a perda ou restrição de benefícios fiscais concedidos pelo Poder Público, em caráter geral ou condicional, e a perda ou suspensão de participação em linhas de financiamento em estabelecimentos oficiais de crédito.

Para que o IBAMA representar ao CONAMA pela aplicação desta penalidade, a autoridade julgadora deverá considerar a relação direta entre a infração ambiental e o exercício da atividade econômica que possa ser financiada com recursos públicos ou beneficiada com incentivo ou benefício fiscal[27].

É evidente que é uma penalidade administrativa temporária e que deve observar a proporcionalidade, o contraditório e a ampla defesa.

O inciso VII é genérico e conceder poder normativo ao CONAMA para estabelecer normas, critérios e padrões relativos ao controle e à manutenção da qualidade do meio ambiente com vistas ao uso racional dos recursos ambientais, principalmente os hídricos.

A questão dos limites do poder normativo do CONAMA, *mutatis mutandis*, gera a mesma polêmica do poder normativo das agências reguladoras, pois é sabido que, em regra, o poder regulamentar tem por fundamento de validade a lei em sentido estrito, que deve fixar, ao menos, os parâmetros a serem pormenorizados pelo ato regulamentar, ou seja, é vedada a delegação incondicionada do Poder Legislativo ao Poder executivo (Princípio da Estrita Legalidade), sendo a função política legiferante irrenunciável e indelegável, salvo as exceções previstas constitucionalmente.

Contudo, por questões de conveniência ambiental ou em aplicação direta ao direito fundamental ao meio ambiente ecologicamente equilibrado, considerado como fundamento primário de inúmeros atos do Conselho, pois é preciso uma regulação estatal específica da matéria, aliada ao fato de as resoluções do CONAMA serem, normalmente, regras de boa qualidade técnica, não é comum a sua invalidação pelo Poder Judiciário.

Nesse sentido, no julgamento da ADPF 101, o STF validou resolução do CONAMA que vedava a importação de pneus usados no mesmo sem a existência de lei proibitiva, ao argumento de que a resolução se lastreava no direito fundamental à saúde e ao meio ambiente ecologicamente equilibrado.

Importante frisar que o poder normativo do CONAMA não sucumbiu diante do artigo 25 dos ADCT, da CRFB,[28] pois não se trata de delegação de função legislativa ao Poder Exe-

---

26. A multa simples pode ser convertida em serviços de preservação, melhoria e recuperação da qualidade do meio ambiente.

27. Artigo 113, § 5.º, da IN IBAMA 14/2009.

28. "Artigo 25. Ficam revogados, a partir de cento e oitenta dias da promulgação da Constituição, sujeito este prazo a prorrogação por lei, todos os dispositivos legais que atribuam ou deleguem a órgão do Poder Executivo competência assinalada pela Constituição ao Congresso Nacional, especialmente no que tange a: I – ação normativa".

cutivo, haja vista o estabelecimento de parâmetros legais em sentido estrito para o exercício das atribuições do Conselho, sendo, portanto, legítimos os regulamentos editados.

De resto, o CONAMA tem competência para instituir padrões nacionais de controle de poluição dos veículos automotores, embarcações e aeronaves, o que vem sendo concretizado especialmente através do PROCONVE – Programa de Controle da Poluição do Ar por Veículos Automotores, bem como estabelecer normas, critérios e padrões relativos ao controle e à manutenção da qualidade do meio ambiente com vistas ao uso racional dos recursos ambientais, principalmente os hídricos.

2. JURISPRUDÊNCIA

O STF não tem conhecido ação direta de inconstitucionalidade proposta contra ato normativo do CONAMA: "É incabível a ação direta de inconstitucionalidade quando destinada a examinar atos normativos de natureza secundária que não regulem diretamente dispositivos constitucionais, mas sim normas legais" (STF, ADI 2.714, de 13.03.2003).

"ARGUIÇÃO DE DESCUMPRIMENTO DE PRECEITO FUNDAMENTAL: ADEQUAÇÃO. OBSERVÂNCIA DO PRINCÍPIO DA SUBSIDIARIEDADE. **ARTS. 170, 196 E 225 DA CONSTITUIÇÃO DA REPÚBLICA. CONSTITUCIONALIDADE DE ATOS NORMATIVOS PROIBITIVOS DA IMPORTAÇÃO DE PNEUS USADOS. RECICLAGEM DE PNEUS USADOS: AUSÊNCIA DE ELIMINAÇÃO TOTAL DE SEUS EFEITOS NOCIVOS À SAÚDE E AO MEIO AMBIENTE EQUILIBRADO. AFRONTA AOS PRINCÍPIOS CONSTITUCIONAIS DA SAÚDE E DO MEIO AMBIENTE ECOLOGICAMENTE EQUILIBRADO**. COISA JULGADA COM CONTEÚDO EXECUTADO OU EXAURIDO: IMPOSSIBILIDADE DE ALTERAÇÃO. DECISÕES JUDICIAIS COM CONTEÚDO INDETERMINADO NO TEMPO: PROIBIÇÃO DE NOVOS EFEITOS A PARTIR DO JULGAMENTO. ARGUIÇÃO JULGADA PARCIALMENTE PROCEDENTE. 1. Adequação da arguição pela correta indicação de preceitos fundamentais atingidos, a saber, o direito à saúde, direito ao meio ambiente ecologicamente equilibrado (arts. 196 e 225 da Constituição Brasileira) e a busca de desenvolvimento econômico sustentável: princípios constitucionais da livre iniciativa e da liberdade de comércio interpretados e aplicados em harmonia com o do desenvolvimento social saudável. Multiplicidade de ações judiciais, nos diversos graus de jurisdição, nas quais se têm interpretações e decisões divergentes sobre a matéria: situação de insegurança jurídica acrescida da ausência de outro meio processual hábil para solucionar a polêmica pendente: observância do princípio da subsidiariedade. Cabimento da presente ação. 2. Arguição de descumprimento dos preceitos fundamentais constitucionalmente estabelecidos: decisões judiciais nacionais permitindo a importação de pneus usados de Países que não compõem o Mercosul: objeto de contencioso na Organização Mundial do Comércio – OMC, a partir de 20.6.2005, pela Solicitação de Consulta da União Europeia ao Brasil. 3. Crescente aumento da frota de veículos no mundo a acarretar também aumento de pneus novos e, consequentemente, necessidade de sua substituição em decorrência do seu desgaste. Necessidade de destinação ecologicamente correta dos pneus usados para submissão dos procedimentos às normas constitucionais e legais vigentes. Ausência de eliminação total dos efeitos nocivos da destinação dos pneus usados, com malefícios ao meio ambiente: demonstração pelos dados. 4. Princípios constitucionais (art. 225) a) do desenvolvimento sustentável e b) da equidade e responsabilidade intergeracional. Meio ambiente ecologicamente equilibrado: preservação para a geração atual e para as gerações futuras. Desenvolvimento sustentável: crescimento econômico com garantia paralela e superiormente respeitada da saúde da população, cujos direitos devem ser observados em face das necessidades atuais e daquelas previsíveis e a serem prevenidas para garantia e respeito às gerações futuras. Atendimento ao princípio da precaução, acolhido constitucionalmente, harmonizado com os demais princípios da ordem social e econômica. 5. Direito à saúde: o depósito de pneus ao ar livre, inexorável com a falta de utilização dos pneus inservíveis, fomentado pela importação é fator de disseminação de doenças tropicais. Legitimidade e razoabilidade da atuação estatal preventiva, prudente e precavida, na adoção de políticas públicas que evitem causas do aumento de doenças graves ou contagiosas. Direito à saúde: bem não patrimonial, cuja tutela se impõe de forma inibitória, preventiva, impedindo-se atos de importação de pneus usados, idêntico procedimento adotado pelos Estados desenvolvidos, que deles se livram. 6. Recurso Extraordinário n. 202.313, Relator o Ministro Carlos Velloso, Plenário, DJ 19.12.1996, e Recurso Extraordinário n. 203.954, Relator o Ministro Ilmar Galvão, Plenário, DJ 7.2.1997: Portarias emitidas pelo Departamento de Comércio Exterior do Ministério do Desenvolvimento, Indústria e Comércio Exterior – Decex harmonizadas com o princípio da legalidade; fundamento direto no art. 237 da Constituição da República. 7. Autorização para importação de remoldados provenientes de Estados integrantes do Mercosul limitados ao produto final, pneu, e não às carcaças: determinação do Tribunal *ad hoc,* à qual teve de se submeter o Brasil em decorrência dos acordos firmados pelo bloco econômico: ausência de tratamento discriminatório nas relações comerciais firmadas pelo Brasil. 8. Demonstração de que: a) os elementos que compõem o pneus, dando-lhe durabilidade, é responsável pela demora na sua decomposição quando descartado em aterros; b) a dificuldade de seu armazenamento impele a sua queima, o que libera substâncias tóxicas e cancerígenas no ar; c) quando compactados inteiros, os pneus tendem a voltar à sua forma original e retornam à superfície, ocupando espaços que são escassos e de grande valia, em especial nas grandes cidades; d) pneus inservíveis e descartados a céu aberto são criadouros de insetos e outros transmissores de doenças; e) o alto índice calorífico dos pneus, interessante para as indústrias cimenteiras, quando queimados a céu aberto se tornam focos de incêndio difíceis de extinguir, podendo durar dias, meses e até anos; f) o Brasil produz pneus usados em quantitativo suficiente para abastecer as fábricas de remoldagem de pneus, do que decorre não faltar matéria-prima a impedir a atividade econômica. Ponderação dos princípios constitucionais: demonstração de que a importação de pneus usados ou remoldados afronta os preceitos constitucionais de saúde e do meio ambiente ecologicamente equilibrado (arts. 170, inc. I e VI e seu parágrafo único, 196 e 225 da Constituição do Brasil). 9. Decisões judiciais com trânsito em julgado, cujo conteúdo já tenha sido executado e exaurido o seu objeto não são desfeitas: efeitos acabados. Efeitos cessados de decisões judiciais pretéritas, com indeterminação temporal quanto à autorização concedida para importação de pneus: proibição a partir deste julgamento por submissão ao que decidido nesta arguição. 10. Arguição de Descumprimento de Preceito Fundamental julgada parcialmente procedente". (STF, ADPF 101, em 24.06.2009).

3. QUESTÕES DE CONCURSOS

01. (PETROBRAS 2011 – Advogado – VUNESP) Compete ao Conselho Nacional do Meio Ambiente (Conama) estabelecer normas, critérios e padrões relativos ao controle e à manutenção da qualidade do meio ambiente, bem como estabelecer, privativamente, normas e padrões nacionais de controle da poluição por veículos automotores.

02. (FUNDEP – 2011 – MPE-MG – Promotor de Justiça) Compete ao CONAMA determinar, quando julgar necessário, a realização de estudos das alternativas e das possíveis consequências ambientais de projetos públicos ou privados, requisitando aos órgãos federais, estaduais e municipais, bem assim a entidades privadas, as informações indispensáveis para apreciação dos estudos de impacto ambiental, e respectivos relatórios, no caso de obras ou atividades de significativa degradação ambiental, especialmente nas áreas consideradas patrimônio nacional.

03. (FCC – 2013 – TJ-PE – Juiz) A Lei Federal 6.938/1981 impõe a obrigatoriedade de licenciamento ambiental para as atividades consideradas "efetiva e potencialmente poluidoras", assim como as "capazes, sob qualquer forma, de causar degradação ambiental". Nesse contexto, as competências do Conselho Nacional do Meio Ambiente – CONAMA incluem, dentre outras,

a) a fixação de critérios e padrões de qualidade do meio ambiente e a supervisão da atividade de licenciamento exercida pelos órgãos estaduais e municipais integrantes do Sistema Nacional do Meio Ambiente – SISNAMA.

b) homologar o licenciamento ambiental a cargo de órgãos estaduais e municipais integrantes do Sistema Nacional do Meio Ambiente – SISNAMA e estabelecer normas e critérios para o licenciamento das atividades efetiva ou potencialmente poluidoras.

c) o estabelecimento de normas e critérios para o licenciamento, especificando quais atividades estarão a ele desde logo sujeitas, bem como o efetivo exercício do licenciamento ambiental, sempre que este estiver sob a alçada da União.

d) a definição de quais entidades da Federação são competentes para o licenciamento ambiental, bem como o procedimento administrativo que deverá ser seguido em seus respectivos âmbitos.

e) relacionar atividades que estão aprioristicamente sujeitas ao estudo de impacto ambiental (EIA), bem como disciplinar as espécies de licenças ambientais passíveis de expedição e suas respectivas hipóteses de cabimento.

04. (2017/FCC-Órgão: TJ-SC/Juiz Substituto) As resoluções normativas do Conselho Nacional do Meio Ambiente

a) vinculam a União e possuem caráter sugestivo em relação aos Estados e Municípios.

b) vinculam os entes federativos que optarem por integrar o Sistema Nacional de Meio Ambiente.

c) vinculam todos os entes federativos diante do Sistema Nacional de Meio Ambiente.

d) estabelecem regramento apenas para o Ministério do Meio Ambiente, uma vez que o Conselho Nacional do Meio Ambiente é órgão do citado ministério.

e) não possuem caráter cogente.

GAB	01	CERTO	02	CERTO	03	E	04	C

▸ DOS INSTRUMENTOS DA POLÍTICA NACIONAL DO MEIO AMBIENTE

Art. 9.º São Instrumentos da Política Nacional do Meio Ambiente:

I – o estabelecimento de padrões de qualidade ambiental;

II – o zoneamento ambiental;

III – a avaliação de impactos ambientais;

IV – o licenciamento e a revisão de atividades efetiva ou potencialmente poluidoras;

V – os incentivos à produção e instalação de equipamentos e a criação ou absorção de tecnologia, voltados para a melhoria da qualidade ambiental;

VI – a criação de espaços territoriais especialmente protegidos pelo Poder Público federal, estadual e municipal, tais como áreas de proteção ambiental, de relevante interesse ecológico e reservas extrativistas;

VII – o sistema nacional de informações sobre o meio ambiente;

VIII – o Cadastro Técnico Federal de Atividades e Instrumento de Defesa Ambiental;

IX – as penalidades disciplinares ou compensatórias ao não cumprimento das medidas necessárias à preservação ou correção da degradação ambiental;

X – a instituição do Relatório de Qualidade do Meio Ambiente, a ser divulgado anualmente pelo Instituto Brasileiro do Meio Ambiente e Recursos Naturais Renováveis – IBAMA;

XI – a garantia da prestação de informações relativas ao Meio Ambiente, obrigando-se o Poder Público a produzi-las, quando inexistentes;

XII – o Cadastro Técnico Federal de atividades potencialmente poluidoras e/ou utilizadoras dos recursos ambientais;

XIII – instrumentos econômicos, como concessão florestal, servidão ambiental, seguro ambiental e outros

1. COMENTÁRIOS

Inciso I – PADRÕES DE QUALIDADE AMBIENTAL

O estabelecimento de **padrões de qualidade ambiental** é indispensável para o controle e prevenção da poluição, sendo estudado em tópico separado no que concerne à qualidade da água e do ar.

É possível definir os padrões de qualidade ambiental como o reflexo do estado ambiental de determinado ou determinados recursos ambientais, usualmente fixados numericamente em normas ambientais lastreadas em fundamentos técnicos, com o objetivo de manter o equilíbrio ambiental e a saúde humana.

De efeito, compete ao CONAMA estabelecer padrões relativos ao controle e à manutenção da qualidade do meio ambiente com vistas ao uso racional dos recursos ambientais, principalmente os hídricos, bem como os padrões nacionais de controle da poluição por veículos automotores, aeronaves e embarcações, mediante audiência dos Ministérios competentes.

É possível a edição de padrões de qualidade de acordo com cada recurso natural isoladamente, a exemplo do ar. Nesse sentido, de acordo com a Resolução CONAMA 03/1990, são padrões de qualidade do ar as concentrações de poluentes atmosféricos que, ultrapassadas, poderão afetar a saúde, a segurança e o bem-estar da população, bem como ocasionar danos à flora e à fauna, aos materiais e ao meio ambiente em geral.

Os estados, o Distrito Federal e os Municípios também poderão fixar padrões de qualidade ambiental, normalmente podendo editar normas mais restritivas, de acordo com os interesses regionais e locais.

Inciso II – ZONEAMENTO AMBIENTAL

O zoneamento[29] ambiental, que pode ser chamado de zoneamento ecológico-econômico (ZEE),[30] é um dos instrumentos para a efetivação da Política Nacional do Meio Ambiente, consoante previsto no inciso II, do artigo 9.º, da Lei 6.938/1981. Tardiamente, foi regulamentado pelo Decreto 4.297/2002, que felizmente traça o perfil de tão importante ferramenta para o planejamento ambiental, ainda de pouco uso pelo Poder Público. Trata-se de uma modalidade de intervenção estatal sobre o território, a fim de reparti-lo em zonas consoante o melhor interesse na preservação ambiental e no uso sustentável dos recursos naturais.

O ZEE deverá observar os princípios da função socioambiental da propriedade, da prevenção, **da precaução**, do poluidor-pagador, do usuário-pagador, da participação informada, do acesso equitativo e da integração, conforme expressa previsão regulamentar.

De acordo com o artigo 13, § 2.º, do novo Código Florestal, os Estados que não possuem seus Zoneamentos Ecológico-Econômicos segundo a metodologia unificada, estabelecida em

29. Existem outras espécies de zoneamento, a exemplo do agrícola, previsto no artigo 43, da Lei 4.504/1964, assim como o da Zona Costeira, na forma do artigo 3.º da Lei 7.661/1988.

30. Alguns autores colocam o ZEE como espécie de zoneamento ambiental, a exemplo de Luís Paulo Sirvinskas (2008, p. 145-146), mas não se consegue vislumbrar relevante diferenciação para criar uma relação gênero-espécie. Pela identidade das expressões, também é a doutrina de Édis Milaré (2005, p. 473).

norma federal, terão o prazo de cinco anos, a partir da data da sua publicação (28.05.2012), para a sua elaboração e aprovação.

A definição do ZEE vem estampada no artigo 2.º do Decreto 4.297/2002, sendo o *instrumento de organização do território a ser obrigatoriamente seguido na implantação de planos, obras e atividades públicas e privadas, estabelecendo medidas e padrões de proteção ambiental destinados a assegurar a qualidade ambiental, dos recursos hídricos e do solo e a conservação da biodiversidade, garantindo o desenvolvimento sustentável e a melhoria das condições de vida da população.*

De acordo com o artigo 3.º do regulamento, o ZEE tem por objetivo geral organizar, **de forma vinculada**, as decisões dos agentes públicos e privados quanto a planos, programas, projetos e atividades que, direta ou indiretamente, utilizem recursos naturais, assegurando a plena manutenção do capital e dos serviços ambientais dos ecossistemas.

Deverão ser consideradas no ZEE a importância ecológica, as limitações e as fragilidades dos ecossistemas, estabelecendo-se vedações, restrições e alternativas de exploração do território e determinando-se, quando for o caso, inclusive a relocalização de atividades incompatíveis com suas diretrizes gerais.

De acordo com o artigo 6.º do Decreto 4.297/2002, com nova redação dada pelo Decreto 6.288/2007, compete ao Poder Público Federal elaborar e executar o ZEE nacional e os regionais, quando tiver por objeto biomas brasileiros ou territórios abrangidos por planos e projetos prioritários estabelecidos pelo Governo Federal.

Note-se que se trata de competência administrativa comum entre as entidades políticas, de modo que caberá aos Estados, ao Distrito Federal e aos municípios[31] elaborar zoneamentos que atendam as suas peculiaridades regionais e locais, respectivamente, observados os parâmetros do ZEE federal,[32] que não poderá adentrar em detalhes de forma a retirar a competência material das demais entidades políticas, salvo se promovido de maneira conjunta.

Com efeito, o artigo 18 do Decreto 4.297/2002 aduz que o ZEE deverá ser analisado e aprovado pela Comissão Coordenadora de que trata o Decreto de 28.12.2001, composta por membros do Poder Executivo Federal.

A competência para a promoção do zoneamento ambiental foi tratada pela Lei Complementar 140/2011. Competirá à União, na forma do seu artigo 7.º, IX, elaborar o zoneamento ambiental de âmbito nacional e regional. Já os Estados terão a incumbência de elaborar o zoneamento ambiental de âmbito estadual, em conformidade com os zoneamentos de âmbito nacional e regional.

Contudo, inexiste previsão expressa na LC 140/2011 para que os municípios promovam zoneamentos ambientais locais, sendo apenas elencada a competência de elaborar o Plano

31. Determina o artigo 30, VIII, da CRFB, que compete aos Municípios promover, no que couber, adequado ordenamento territorial, mediante planejamento e controle do uso, do parcelamento e da ocupação do solo urbano.

32. Na forma do artigo 21, IX, da CRFB, compete à União elaborar e executar planos nacionais e regionais de ordenação do território e de desenvolvimento econômico social.

Diretor, observando os zoneamentos ambientais (artigo 9.º, IX), o que não impede o ente político local de realizá-los, desde que sejam compatíveis com o zoneamento nacional, regional ou estadual.

O citado regulamento aponta uma série de pressupostos a serem observados pelo ZEE, nos artigos 7.º *usque* 10, de índole técnica,[33] institucional[34] e financeira, neste último caso fazendo-se remissão à legislação pertinente.

O ZEE *dividirá o território em zonas*, nos moldes das necessidades de proteção, conservação e recuperação dos recursos naturais e do desenvolvimento sustentável, orientando-se pelos *princípios da utilidade* e da *simplicidade*, de modo a facilitar a implementação de seus limites e restrições pelo Poder Público, bem como sua compreensão pelos cidadãos.[35] Curioso dispositivo, que pode ser positivo ou negativo, a depender da situação, está insculpido no artigo 19 do regulamento, que prevê que a alteração dos produtos do ZEE, bem como mudanças nos limites das zonas e indicação de novas diretrizes gerais e específicas, somente poderão ser realizadas depois de decorrido prazo mínimo de **dez anos de sua conclusão**, ou de sua última modificação, prazo este não exigível na hipótese de ampliação do rigor da proteção ambiental da zona a ser alterada, ou de atualizações decorrentes de aprimoramento técnico-científico.

Conforme literalidade do § 1.º, do artigo 19, do Decreto 4.297/2002, mesmo assim essa alteração dependerá de consulta pública e aprovação pela comissão estadual do ZEE e pela Comissão Coordenadora do ZEE, mediante processo legislativo de iniciativa do Poder Executivo.[36]

Por seu turno, o § 3.º do artigo 19 do regulamento aduz que alteração do ZEE não poderá reduzir o percentual da reserva legal definido em legislação específica, nem as áreas protegidas, com unidades de conservação ou não.

---

33. Pressupostos técnicos (art. 8º): "I – termo de referência detalhado; II – equipe de coordenação composta por pessoal técnico habilitado; III – compatibilidade metodológica com os princípios e critérios aprovados pela Comissão Coordenadora do Zoneamento Ecológico-Econômico do Território Nacional, instituída pelo Decreto de 28 de dezembro de 2001; IV – produtos gerados por meio do Sistema de Informações Geográficas, compatíveis com os padrões aprovados pela Comissão Coordenadora do ZEE; V – entrada de dados no Sistema de Informações Geográficas compatíveis com as normas e padrões do Sistema Cartográfico Nacional; VI – normatização técnica com base nos referenciais da Associação Brasileira de Normas Técnicas e da Comissão Nacional de Cartografia para produção e publicação de mapas e relatórios técnicos; VII – compromisso de disponibilizar informações necessárias à execução do ZEE; e VIII – projeto específico de mobilização social e envolvimento de grupos sociais interessados".

34. Pressupostos institucionais: I – arranjos institucionais destinados a assegurar a inserção do ZEE em programa de gestão territorial, mediante a criação de comissão de coordenação estadual, com caráter deliberativo e participativo, e de coordenação técnica, com equipe multidisciplinar; II – base de informações compartilhadas entre os diversos órgãos da administração pública; III – proposta de divulgação da base de dados e dos resultados do ZEE; e IV – compromisso de encaminhamento periódico dos resultados e produtos gerados à Comissão Coordenadora do ZEE.

35. Vide artigo 11 do Decreto 4.297/2007.

36. Não parece ser constitucionalmente válida a restrição de iniciativa legislativa ao Poder Executivo por um simples Decreto, especialmente pela inexistência dessa reserva no artigo 61 da CRFB.

No que concerne ao **zoneamento ambiental industrial nas áreas críticas de poluição**,[37] mesmo antes do advento do vigente sistema constitucional, já vigorava a Lei 6.803/1980, que disciplina a matéria, ante a necessidade do controle da poluição causada pelas indústrias.[38]

O zoneamento deverá ser aprovado por lei, observada a seguinte divisão: **zonas de uso estritamente industrial, zonas de uso predominantemente industrial, zonas de uso diversificado e zonas de reserva ambiental**.

As *zonas de uso estritamente industrial* destinam-se, preferencialmente, à localização de estabelecimentos industriais cujos resíduos sólidos, líquidos e gasosos, ruídos, vibrações, emanações e radiações possam causar perigo à saúde, ao bem-estar e à segurança das populações, mesmo depois da aplicação de métodos adequados de controle e tratamento de efluentes, nos termos da legislação vigente.[39]

A sua localização deverá ser promovida em áreas com elevada capacidade de suporte de poluição, com a manutenção, no seu entorno, de anéis verdes de isolamento capazes de proteger as zonas circunvizinhas contra possíveis efeitos residuais e acidentes. Nestas zonas apenas deverão operar atividades essenciais às funções básicas das indústrias.

Quando se tratar de delimitação e autorização de implantação de zonas de uso estritamente industrial que se destinem à **localização de polos petroquímicos, cloroquímicos, carboquímicos**, bem como a **instalações nucleares** e outras definidas em lei, **a competência será exclusiva da União**, ouvidos os Estados e Municípios.

Por sua vez, as *zonas de uso predominantemente industrial* destinam-se, preferencialmente, à instalação de indústrias cujos processos, submetidos a métodos adequados de controle e tratamento de efluentes, não causem incômodos sensíveis às demais atividades urbanas e nem perturbem o repouso noturno das populações.[40]

Deverão localizar-se em áreas cujas condições favoreçam a instalação adequada de infraestrutura de serviços básicos necessária a seu funcionamento e segurança; bem como dispor, em seu interior, de áreas de proteção ambiental que minimizem os efeitos da poluição, em relação a outros usos.

As zonas de uso estritamente industrial e as de uso predominantemente industrial deverão ser classificadas em **não saturadas, em vias de saturação e saturadas**, de acordo com os padrões e normas ambientais em vigor, o que definirá a formulação das políticas públicas ambientais em cada área.

Já as *zonas de uso diversificado* destinam-se à localização de estabelecimentos industriais, cujo processo produtivo seja complementar das atividades do meio urbano ou rural que se situem, e com elas se compatibilizem, independentemente do uso de métodos especiais de

---

37. O zoneamento industrial teve origem em 1897, em Manchester, Inglaterra.
38. Antes, a matéria foi regulada pelo Decreto-lei 1.413/1975, que dispunha sobre o controle da poluição do meio ambiente provocada por atividades industriais, exigindo o esquema de zoneamento urbano nas áreas críticas.
39. Artigo 2.º da Lei 6.803/1980.
40. Artigo 3.º da Lei 6.803/1980.

controle da poluição, não ocasionando, em qualquer caso, inconvenientes à saúde, ao bem-estar e à segurança das populações vizinhas.[41]

Ainda estão previstas *as zonas de reserva ambiental*, nas quais, por suas características culturais, ecológicas, paisagísticas, ou pela necessidade de preservação de mananciais e proteção de áreas especiais, ficará vedada a localização de estabelecimentos industriais.

Ressalte-se que "as indústrias ou grupos de indústrias já existentes, que não resultarem confinadas nas zonas industriais definidas de acordo com esta Lei, serão submetidas à instalação de equipamentos especiais de controle e, **nos casos mais graves, à relocalização**", conforme dicção do § 3.º, do artigo 1.º, haja vista a inexistência de direito adquirido de poluir.

Em casos extremos será necessária a relocalização da indústria, medida extrema de difícil operacionalização, tanto que a própria Lei 6.803/1980 já prevê que "os projetos destinados à relocalização de indústrias e à redução da poluição ambiental, em especial aqueles em zonas saturadas, terão condições especiais de financiamento, a serem definidos pelos órgãos competentes".[42]

É comum que uma indústria inicie a sua produção geograficamente isolada e ao longo dos anos vá ficando ilhada por conglomerados urbanos, muitos formados por ocupações irregulares toleradas tacitamente pelo Poder Público, a ponto de inviabilizar a convivência harmônica entre ambos, ou mesmo poderá ocorrer que o zoneamento industrial seja posterior, ficando a indústria fora das zonas industriais, nascendo a necessidade de relocalizar a empresa.

Veja-se que **a legislação não concede às indústrias o direito adquirido de preocupação**, mas a questão do direito de indenização no caso da relocalização dependerá da análise casuística da situação, a fim de se mensurar se os prejuízos experimentados pela empresa decorreram ou não diretamente de uma postura comissiva ou omissiva da Administração Pública.

Zonas de uso estritamente industrial	destinam-se, preferencialmente, à localização de estabelecimentos industriais cujos resíduos sólidos, líquidos e gasosos, ruídos, vibrações, emanações e radiações possam causar perigo à saúde, ao bem-estar e à segurança das populações, mesmo depois da aplicação de métodos adequados de controle e tratamento de efluentes, nos termos da legislação vigente.
Zonas de uso predominantemente industrial	destinam-se, preferencialmente, à instalação de indústrias cujos processos, submetidos a métodos adequados de controle e tratamento de efluentes, não causem incômodos sensíveis às demais atividades urbanas e nem perturbem o repouso noturno das populações.
Zonas de uso diversificado	destinam-se à localização de estabelecimentos industriais, cujo processo produtivo seja complementar das atividades do meio urbano ou rural que se situem, e com elas se compatibilizem, independentemente do uso de métodos especiais de controle da poluição, não ocasionando, em qualquer caso, inconvenientes à saúde, ao bem-estar e à segurança das populações vizinhas.
Zonas de reserva ambiental	nas quais, por suas características culturais, ecológicas, paisagísticas, ou pela necessidade de preservação de mananciais e proteção de áreas especiais, ficará vedada a localização de estabelecimentos industriais.

41. Artigo 4.º da Lei 6.803/1980.

42. Artigo 12, parágrafo único, da Lei 6.803/1980.

Inciso III – AVALIAÇÃO DE IMPACTOS AMBIENTAIS

A Avaliação de Impactos Ambientais (AIA), que também poderá ser intitulada de estudos ambientais,[43] é mais um instrumento para a consecução da Política Nacional do Meio Ambiente, consoante previsto no artigo 9.º, III, da Lei 6.938/1981.[44]

Impacto ambiental é considerado como "qualquer alteração das propriedades físicas, químicas e biológicas do meio ambiente, causada por qualquer forma de matéria ou energia resultante das atividades humanas que, direta ou indiretamente, afetam: I – a saúde, a segurança e o bem-estar da população; II – as atividades sociais e econômicas; III – a biota; IV – as condições estéticas e sanitárias do meio ambiente; V – a qualidade dos recursos ambientais".[45]

O nascimento da AIA se operou nos EUA em 1969, com a aprovação pelo Congresso americano da Lei da Política Nacional do Meio Ambiente daquela nação, com vigência a partir de 1.º de janeiro de 1970.[46]

Essa importante ferramenta não passou ao largo da *Declaração do Rio*, pontificando o *Princípio 17* que "a avaliação do impacto ambiental, como instrumento nacional, deve ser empreendida para atividades planejadas que possam vir a ter impacto negativo considerável sobre o meio ambiente, e que dependam de uma decisão de autoridade nacional competente".

Deveras, o CONAMA definiu os ***estudos ambientais*** como **"todos e quaisquer estudos relativos aos aspectos ambientais relacionados à localização, instalação, operação e ampliação de uma atividade ou empreendimento, apresentado como subsídio para a análise da licença requerida"** (artigo 1.º, III, da Resolução 237/1997).

A avaliação de impactos ambientais ou estudos ambientais constitui um gênero, que engloba desde o famoso e complexo **Estudo de Impacto Ambiental/Relatório de Impacto Ambiental (EIA-RIMA)** às modalidades mais simples, tais como o relatório ambiental, o plano e projeto de controle ambiental, o relatório ambiental preliminar, o diagnóstico ambiental, o plano de manejo, o plano de recuperação de área degradada e a análise preliminar de risco.

O **Estudo de Impacto Ambiental – EIA**[47] (também conhecido como EPIA – Estudo Prévio de Impacto Ambiental) é a modalidade mais complexa, com berço constitucional, sendo incumbência do Poder Público, a fim de assegurar a efetividade do direito fundamental ao meio ambiente ecologicamente equilibrado, **"exigir, na forma da lei, para instalação de obra ou atividade potencialmente causadora de *significativa* degradação do meio ambiente, estudo *prévio* de impacto ambiental, a que se dará *publicidade*"** (artigo 225, § 1.º, IV, da CRFB).

43. Entende-se que a legislação ambiental brasileira utiliza ambas as expressões como sinônimas, em que pese extrajuridicamente não serem expressões idênticas. Nesse sentido também é a opinião de Édis Milaré (2005, p. 489).

44. Antes, já existia previsão específica de estudo ambiental no § 3.º, do artigo 10, da Lei 6.803/1980, que regula o zoneamento industrial nas áreas críticas de poluição.

45. Artigo 1.º da Resolução CONAMA 01/1986.

46. Conforme historiado por Luis Enrique Sánchez (2006, p. 46).

47. O EIA-RIMA já era previsto anteriormente do artigo 8.º, II, da Lei 6.938/1981, para atividades aptas a causar significativa degradação ambiental, podendo ser determinada a sua realização pelo CONAMA.

Inciso IV – LICENCIAMENTO AMBIENTAL

Com arrimo no artigo 1.º, I, da Resolução CONAMA 237/1997, cuida-se o **licenciamento ambiental** de "*procedimento administrativo* pelo qual o órgão ambiental competente licencia a localização, instalação, ampliação e a operação de empreendimentos e atividades utilizadoras de recursos ambientais, consideradas efetiva ou potencialmente poluidoras ou daquelas que, sob qualquer forma, possam causar degradação ambiental, considerando as disposições legais e regulamentares e as normas técnicas aplicáveis ao caso".

Em Direito Ambiental normalmente se utiliza a expressão licenciamento ambiental em sua acepção ampla, abarcando, além das licenças propriamente ditas, as autorizações ambientais, que têm caráter precário e não vinculado.

Vale destacar que o licenciamento ambiental também passou a ser definido pelo artigo 2.º, I, da Lei Complementar 140/2011, assim considerado "**o procedimento administrativo destinado a licenciar atividades ou empreendimentos utilizadores de recursos ambientais, efetiva ou potencialmente poluidores ou capazes, sob qualquer forma, de causar degradação ambiental**".

O seu estudo será aprofundado quando for visto o artigo 10 desta Lei.

Inciso V – incentivos à produção e instalação de equipamentos e a criação ou absorção de tecnologia, voltados para a melhoria da qualidade ambiental

É indispensável o investimento em pesquisas para se criarem tecnologias que reduzam ou eliminem a poluição, visando melhorar a qualidade do meio ambiente, a exemplo da produção de energia com fontes "limpas", como a solar. O Poder Público deve criar incentivos em favor das empresas que empreendam com o manejo de técnicas menos impactantes ao ambiente, objetivando reduzir a emissão da poluição. Nesse sentido, existe autorização constitucional no artigo 170, VI, para tratamento diferenciado conforme o impacto ambiental dos produtos e serviços e de seus processos de elaboração e prestação.

Inciso VI – CRIAÇÃO DE ESPAÇOS AMBIENTAIS PROTEGIDOS

Este inciso já previa a criação a criação de espaços territoriais especialmente protegidos pelo Poder Público federal, estadual e municipal como instrumento de implementação da Política Nacional do Meio Ambiente.

Por seu turno, consoante determinação constitucional, o Poder Público deverá criar espaços especialmente protegidos, a exemplo de unidades de conservação. Também são exemplos as áreas de preservação permanente, as unidades de conservação, as áreas verdes urbanas, as áreas de uso restrito e a reserva florestal legal, sendo todos estudados na Lei 9.985/2000 (unidades de conservação) e na Lei 12.651/2012 (novo Código Florestal).

De acordo com o artigo 225, § 1.º, III, da Constituição, incumbe ao Poder Público definir, em todas as unidades da Federação, espaços territoriais e seus componentes a serem especialmente protegidos, *sendo a alteração e a supressão permitidas somente através de lei*, vedada qualquer utilização que comprometa a integridade dos atributos que justifiquem sua proteção.

Inciso VII – SINIMA

O **Sistema Nacional de Informações sobre o Meio Ambiente – SINIMA** é um importante instrumento da PNMA, sofrendo regulamentação pelo artigo 11, II, do Decreto 99.274/1990, competindo ao Ministério do Meio Ambiente coordenar a troca de informações entre as entidades e órgãos que compõem o SISNAMA.

Veja-se o que consta do sítio do Ministério do Meio Ambiente:[48]

> "O SINIMA é gerido pela Secretaria de Articulação Institucional e Cidadania Ambiental do Ministério do Meio Ambiente – SAIC (Artigo 31, Decreto 6.101/2007), por meio do Departamento de Coordenação do SISNAMA – DSIS (Artigo 32), e possui três eixos estruturantes: o desenvolvimento de ferramentas de acesso à informação baseadas em programas computacionais livres; a sistematização de estatísticas e elaboração de indicadores ambientais; a integração e interoperabilidade de sistemas de informação de acordo com uma Arquitetura Orientada a Serviços – SOA. Este processo de implementação conta com o apoio do Comitê Gestor do SINIMA, instituído pela Portaria n.º 310, de 13 de dezembro de 2004, no sentido da definição das diretrizes, acordos e padrões nacionais para a integração da informação ambiental".

Nesse sentido, consoante pontifica o artigo 7.º, VIII, da LC 140/2011, compete à União organizar e manter, com a colaboração dos órgãos e entidades da administração pública dos Estados, do Distrito Federal e dos Municípios, o Sistema Nacional de Informação sobre Meio Ambiente – SINIMA.

Inclusive, essa norma passou a prever a criação do Sistema Municipal de Informações sobre o Meio Ambiente, a ser organizado e mantido pelos municípios.

Por sua vez, o novo Código Florestal (Lei 12.651/2012) instituiu o **CAR – Cadastro Ambiental Rural**, no âmbito do SINIMA. Trata-se de **registro público eletrônico** de âmbito nacional, **obrigatório para todos os imóveis rurais**, com a finalidade de integrar as informações ambientais das propriedades e posses rurais, compondo base de dados para controle, monitoramento, planejamento ambiental e econômico e combate ao desmatamento, devendo a inscrição ser feita preferencialmente por órgão ambiental municipal ou estadual.

Inciso VIII – Cadastro Técnico Federal de Atividades e Instrumento de Defesa Ambiental

O **Cadastro Técnico Federal de Atividades e Instrumentos de Defesa Ambiental**, também instrumento da PNMA, administrado pelo IBAMA, é de registro obrigatório para pessoas físicas ou jurídicas que se dedicam à consultoria técnica sobre problemas ecológicos e ambientais e à indústria e comércio de equipamentos, aparelhos e instrumentos destinados ao controle de atividades efetiva ou potencialmente poluidoras, nos termos do artigo 17, I, da Lei 6.938/1981.

48. Disponível em: <www.mma.gov.br/sinima>.

Inciso IX – PENALIDADES DISCIPLINARES OU COMPENSATÓRIAS

A **imposição de penalidades disciplinares ou compensatórias** tem natureza repressiva, corolário do poder de polícia ambiental, em decorrência do cometimento de ilícito administrativo-ambiental, sendo objeto de estudo apartado, sendo estudada no artigo 72 da Lei 9.605/98.

Inciso X – RELATÓRIO DE QUALIDADE DO MEIO AMBIENTE

O **Relatório de Qualidade do Meio Ambiente – RQMA**, a ser divulgado anualmente pelo IBAMA, é raramente executado. É um importante instrumento de gestão ambiental, pois dará conhecimento amplo à sociedade sobre as condições ambientais gerais do Brasil, necessitando ser efetivado, além de servir de lastro para a formulação de políticas públicas ambientais.

Inciso XI – PRESTAÇÃO DE INFORMAÇÕES AMBIENTAIS

Este inciso garante a prestação de informações relativas ao Meio Ambiente, obrigando-se o Poder Público a produzi-las, quando inexistentes.

Ele decorre do **Princípio da Informação**, que norteia a atuação da Administração Pública, notadamente no que concerne aos órgãos e entidades ambientais, que ficam obrigados a permitir o acesso público aos documentos, expedientes e processos administrativos que tratem de matéria ambiental e a fornecer todas as informações ambientais que estejam sob sua guarda, em meio escrito, visual, sonoro ou eletrônico.[49]

Por seu turno, "qualquer indivíduo, **independentemente da comprovação de interesse específico**, terá acesso às informações de que trata esta Lei, mediante requerimento escrito, no qual assumirá a obrigação de não utilizar as informações colhidas para fins comerciais, sob as penas da lei civil, penal, de direito autoral e de propriedade industrial, assim como de citar as fontes, caso, por qualquer meio, venha a divulgar os aludidos dados".[50]

O acesso às informações ambientais é imprescindível à formação do bom convencimento da população, que precisa inicialmente conhecer para participar da decisão política ambiental, a exemplo das consultas e audiências públicas.

Por isso, os órgãos e entidades ambientais deverão publicar em Diário Oficial e disponibilizar em 30 dias, em local de fácil acesso: os pedidos de licenciamento, sua renovação e a respectiva concessão; pedidos e licenças para supressão de vegetação; autos de infrações e respectivas penalidades impostas pelos órgãos ambientais; lavratura de termos de compromisso de ajustamento de conduta; reincidências em infrações ambientais; recursos interpostos em processo administrativo ambiental e respectivas decisões; registro de apresentação de estudos de impacto ambiental e sua aprovação ou rejeição.[51]

---

49. Artigo 2.º, *caput*, da Lei 10.650/2003.
50. Artigo 2.º, § 1.º, da Lei 10.650/2003.
51. Artigo 4.º da Lei 10.650/2003.

Inciso XII – Cadastro Técnico Federal de atividades potencialmente poluidoras e/ou utilizadoras dos recursos ambientais

O **Cadastro Técnico Federal de atividades potencialmente poluidoras e/ou utilizadoras dos recursos ambientais**, gerido pelo IBAMA, para registro obrigatório de pessoas físicas ou jurídicas que se dedicam a atividades potencialmente poluidoras e/ou à extração, produção, transporte e comercialização de produtos potencialmente perigosos ao meio ambiente, assim como de produtos e subprodutos da fauna e flora, nos moldes do artigo 17, II, da Lei 6.938/1981.[52]

Nos termos do artigo 37 do novo Código Florestal, o comércio de plantas vivas e outros produtos oriundos da flora nativa dependerá de licença do órgão estadual competente do SISNAMA e de registro no Cadastro Técnico Federal de Atividades Potencialmente Poluidoras ou Utilizadoras de Recursos Ambientais.

Inciso XIII – CONCESSÃO FLORESTAL

A instituição de instrumentos econômicos em prol do meio ambiente é uma medida crescente no mundo, ao lado da tradicional regulação estatal direta.

É possível defini-los como medidas estatais que interferem na Ordem Econômica visando estimular condutas favoráveis à redução da poluição ou que buscam inibir posturas lesivas ao meio ambiente.

A **concessão florestal** é contrato de concessão oneroso celebrado por entidades políticas com pessoas jurídicas, consorciadas ou não, precedido de licitação na modalidade concorrência, visando a transferir ao concessionário o direito de explorar de maneira sustentável os recursos florestais por prazo determinado. Apenas pessoas jurídicas instituídas sob as leis brasileiras e com sede e administração no Brasil poderão celebrar este ajuste.

A concessão poderá ser feita para uma **floresta pública** (natural ou plantada, de propriedade da Administração Direta ou Indireta) ou **floresta nacional, distrital, estadual ou municipal** (unidade de conservação prevista no artigo 17 da Lei 9.985/2000), vedada a subconcessão.

Observe-se que, em regra, não poderão ser objeto de concessão florestal as **unidades de conservação de proteção integral** e quatro modalidades de uso sustentável (**reservas do desenvolvimento sustentável, reservas extrativistas, reservas da fauna e áreas de relevante interesse ecológico**), nos termos do artigo 11, III, da Lei 11.284/2006.

No entanto, será possível a concessão dessas áreas quando expressamente admitidas no respectivo plano de manejo.

Ou seja, entre as unidades de conservação, apenas a APA – Área de Proteção Ambiental – (pode ser de domínio público ou privado) e a RPPN – Reserva Particular do Patrimônio Natural – (domínio privado) não poderão ser objeto de concessão florestal. As terras indígenas, naturalmente, em razão da tutela constitucional especial, também não poderão ser objeto da concessão florestal.

52. A sua regulamentação se deu por meio das Instruções Normativas IBAMA 10/2001 e 37/2004.

Anualmente, as florestas públicas objeto de concessão deverão constar do PAOF – Plano Anual de Concessão Florestal, e, se forem federais, deverá ser submetido ao crivo da Secretaria de Patrimônio da União. Se a área for integrante da faixa de fronteira, ainda deverá ser ouvido o Conselho de Defesa Nacional.

A concessão não transferirá a titularidade imobiliária ou direito de preferência na aquisição, o acesso ao patrimônio genético, o uso dos recursos hídricos e minerais, a exploração da fauna e a comercialização de créditos decorrentes da emissão evitada de carbono em florestas naturais.

O processo licitatório tem regras especiais, apenas aplicando-se supletivamente a Lei 8.987/1995 (Lei Geral de Concessões) e a 8.666/1993 (Lei de Licitações e Contratos Administrativos). Assim, por exemplo, é condição de habilitação a inexistência de débitos inscritos em Dívida Ativa em órgãos do SISNAMA, bem como a não condenação transitada em julgado em crimes ambientais ou tributários.

É **vedada a inexigibilidade de licitação**, assim como, no julgamento das propostas, serão combinados os **critérios do maior preço ofertado como pagamento ao poder concedente e melhor técnica** (menor impacto ambiental, maiores benefícios sociais diretos, maior eficiência e maior agregação de valor ao produto ou serviço florestal na região da concessão), consoante parâmetros editalícios. Outrossim, o edital da licitação deverá ser apresentado em audiência pública.

O concessionário poderá oferecer em garantia creditícia os direitos emergentes da concessão, desde que não comprometa a execução do contrato, conforme limite instituído pelo órgão gestor.

Regra geral, o prazo mínimo da concessão será o equivalente a um ciclo de corte, e o máximo de 40 anos. Caso a concessão seja de serviços florestais, a exemplo do turismo ou outras ações que não envolvam o consumo de produtos florestais, o lapso de tempo será entre 5 e 20 anos.

A Licença Prévia será requerida pelo órgão gestor, mediante a apresentação de relatório ambiental preliminar ao órgão licenciador, sendo os custos ulteriormente repassados ao concessionário.

No caso de concessão em floresta nacional, estadual, distrital ou municipal, a aprovação do manejo substitui a Licença Prévia. Se for significativa a degradação ambiental, será exigido prévio EIA-RIMA. A legislação excluiu a Licença de Instalação, passando-se direto para a Licença de Operação.

Além disso, o início da execução pressupõe PMFS – Plano de Manejo Florestal Sustentável previamente aprovado pelo órgão ambiental competente, que é uma modalidade de estudo ambiental que prima pelo uso sustentável dos recursos florestais.

Ressalte-se que pelo menos 5% do total da área concedida (**reserva absoluta**) deverá ser objeto de conservação da biodiversidade e monitoramento, não podendo ser objeto de exploração econômica de qualquer espécie, excluídas as eventuais áreas de preservação permanente.

Visando salvaguardar a livre concorrência, a lei veda mais de duas concessões por lote para cada concessionário, individualmente ou em consórcio. Outrossim, deverá o PAOF prever um percentual máximo de área concedida por concessionário.

Uma questão que vem trazendo polêmica é a necessidade ou não de autorização do Congresso Nacional para a concessão de florestas públicas com área superior a 2.500 hectares, conforme determina o artigo 49, XVII, da CRFB.

O Presidente do STF, no julgamento da STA (suspensão de tutela antecipada) 235, em 5 de maio de 2008, cassou a tutela antecipada concedida pelo TRF da 1.ª Região (*Informativo* 505), aduzindo que a aquiescência do Congresso Nacional não é necessária para a concessão florestal.

Extinguir-se-á pelo esgotamento do prazo contratual, por rescisão, anulação, falência ou extinção do concessionário e por desistência ou devolução do objeto da concessão.

Foi criado o FNDF, de natureza contábil, gerido pelo órgão gestor federal, com o objetivo de fomentar o desenvolvimento de atividades sustentáveis de base florestal no Brasil e a promover a inovação tecnológica do setor.

O artigo 54 da Lei 11.284/2006, criou o Serviço Florestal Brasileiro – SFB, órgão integrante do Ministério do Meio Ambiente, a quem foi confiada a tarefa de gerir as concessões florestais na esfera federal.

Inciso XIII – SERVIDÃO AMBIENTAL

A *servidão ambiental* está regulamentada no artigo 9.º-A da Lei 6.938/1981, com redação alterada pela Lei 12.651/2012 (novo Código Florestal), que também inseriu os artigos 9.º-B e 9.º-C, sendo espécie de servidão administrativa, com natureza de direito real sobre coisa alheia, devendo, destarte, ser registrada imobiliariamente, em que o proprietário (pessoa física ou jurídica) renuncia de maneira permanente ou temporária, total ou parcialmente, ao uso, exploração e supressão dos recursos naturais do prédio rústico. O seu estudo será aprofundado nos respectivos artigos.

Inciso XIII – SEGURO AMBIENTAL

Também foi previsto o *seguro ambiental*, que é relevante, pois facilita a reparação de danos ao meio ambiente. Há uma tendência de instituição do seguro ambiental obrigatório, tramitando no Congresso Nacional o Projeto de Lei 2.313/2003, que objetiva implementar o seguro de responsabilidade civil do poluidor, pessoa física ou jurídica, que exerça atividade econômica potencialmente causadora de degradação ambiental, que possibilitará garantir com celeridade recursos para a reparação dos danos ambientais até o limite da apólice, que infelizmente se encontra estagnado desde 12.06.2007.

A Lei 12.305/2010, que aprovou a Política Nacional de Resíduos Sólidos, regulamentada pelo Decreto 7.404/2010, trouxe importante dispositivo sobre os segurados ambientais. De acordo com o seu artigo 40, no licenciamento ambiental de empreendimentos ou atividades que operem com resíduos perigosos o órgão licenciador do SISNAMA pode exigir a contratação de **seguro de responsabilidade civil por danos causados ao meio ambiente ou à saúde pública**, observadas as regras sobre cobertura e os limites máximos de contratação fixados em regulamento.

Tendo em conta que a listagem é meramente exemplificativa, entende-se que também devem considerados como instrumentos econômicos em prol da sustentabilidade ambiental a instituição de tributos que favoreçam o equilíbrio ambiental, a concessão de subsídios fiscais e o crédito com grandes prazos de pagamento e com juros módicos.

Nesse sentido, os **fundos públicos e privados** são exemplos de outros instrumentos econômicos para a consecução da PNMA, nos termos do artigo 4.º, inciso IV, da Lei Complementar 140/2011.

2. JURISPRUDÊNCIA

"A decisão impugnada suspendeu o processo de concessão da Floresta Nacional do Jamari-RO até que o Serviço Florestal Brasileiro obtenha autorização prévia do Congresso Nacional. **Conforme demonstrou a Advocacia-Geral da União, 'quando a concorrência (processo licitatório) objetivar a concessão de florestas públicas (exploração de produtos e serviços de uma unidade de manejo), não se mostra indispensável a submissão prévia ao Parlamento Nacional (como previsto no artigo 49, XVII, da Constituição) para a aprovação ou não de tal certame' (fl. 13)**. Parece razoável, também, o argumento de que 'não se pode confundir a concessão florestal com a concessão dominial (ou concessão de terras públicas)'. Segundo bem descreve a AGU, 'a primeira (concessão florestal), nos termos da Constituição da República e da Lei 11.284/2006, não implica a transferência da posse da terra pública, mas sim a delegação onerosa, feita pelo poder concedente, do direito de praticar manejo florestal sustentável para exploração de produtos e serviços numa unidade de manejo, mediante licitação, à pessoa jurídica, em consórcio ou não, que atenda às exigências do respectivo edital de licitação e demonstre capacidade para seu desempenho, por sua conta e risco e por prazo determinado' (fl. 15). O processo de licitação para a concessão florestal está disciplinado pela Lei 11.284, de 2 de março de 2006, a qual não exige a submissão do Plano Anual de Outorga Florestal – PAOF à prévia aprovação do Congresso Nacional. Ao contrário, conforme descreve a União, o § 4.º do artigo 10, 'que determinava a submissão prévia do PAOF à apreciação do Congresso Nacional (nas hipóteses de concessões de florestas públicas com área superior a 2.500 hectares), foi vetado pelo Presidente da República, sob a justificativa de que 'o texto aprovado pelo Congresso Nacional se contrapõe ao princípio apontado no inciso VIII do artigo 2.º que diz: 'a garantia de condições estáveis e seguras que estimulem investimentos de longo prazo no manejo, na conservação e na recuperação das florestas'; uma vez que determina sistemática de submeter o Plano Anual de Outorga Florestal ao Congresso Nacional, o que vincula sua aprovação, inclusive, a contingências políticas de curto prazo, além de criar novos processos administrativos para a tramitação da matéria'. Ressalte-se que a questão relacionada à eventual inconstitucionalidade da referida lei em relação ao artigo 49, inciso VII, da Constituição da República, é objeto da ADI 3.989/DF, Rel. Min. Eros Grau, e deverá ser apreciada, no momento oportuno, por esta Corte. Ademais, também está presente a probabilidade de concretização do denominado 'efeito multiplicador' (SS 1.836-AgR/RJ, rel. Min. Carlos Velloso, Plenário, unânime, *DJ* 11.10.2001), ante a possibilidade de multiplicação de medidas liminares em demandas que contenham o mesmo objeto. Ante o exposto, defiro o pedido para suspender a execução da decisão proferida pela Des. Selene Maria de Almeida, do Tribunal Regional Federal da 1ª Região – TRF da 1ª Região, nos autos do Agravo de Instrumento nº 2008.01.00.004474-1/RO" (STF, STA 235, de 5 de maio de 2008).

3. QUESTÕES DE CONCURSOS

01. (PETROBRAS 2011 – Advogado – VUNESP) São instrumentos da Política Nacional do Meio Ambiente, dentre outros, o estabelecimento de padrões de qualidade ambiental, o zoneamento ambiental e a criação de espaços territoriais especialmente protegidos e instrumentos econômicos, a exemplo da servidão ambiental.

02. (OAB UNIFICADA 2008.1 – CESPE) São instrumentos da Política Nacional do Meio Ambiente.

I – O estabelecimento de padrões de qualidade ambiental e o zoneamento ambiental.

II – A avaliação de impacto ambiental e o licenciamento e a revisão de atividades efetivamente ou potencialmente poluidoras.

III – Os incentivos à produção e instalação de equipamentos e a criação ou absorção de tecnologia, voltados para a melhoria da qualidade ambiental e a criação de espaços territoriais especialmente protegidos pelo poder público federal, estadual e municipal, tais como áreas de proteção ambiental de relevante interesse ecológico e reservas extrativistas.

Assinale a opção correta.

a) Apenas os itens I e II estão corretos.

b) Apenas os itens I e III estão corretos.

c) Apenas os itens II e III estão corretos.

d) Todos os itens estão corretos.

03. (Juiz do Estado do Espírito Santo 2011/CESPE) A respeito do zoneamento ambiental, instrumento da PNMA, assinale a opção correta.

a) O citado instrumento foi instituído como consequência do processo de licenciamento ambiental, para o devido controle de instalação e(ou) operacionalização de atividade ou empreendimento que utilizem recursos ambientais ou que sejam potencialmente lesivos ao ambiente.

b) No interior das zonas de uso predominantemente industrial, ao contrário do que ocorre com as zonas de uso estritamente industrial, prescinde-se de área de proteção ambiental destinada à redução dos efeitos da poluição, uma vez que, nelas, o controle e o tratamento de efluentes são meios suficientes para a manutenção da qualidade ambiental.

c) Esse instrumento divide-se em duas categorias: zoneamento preventivo e zoneamento correcional; o primeiro objetiva regular o uso e a ocupação do solo, e o segundo, vetar, total ou parcialmente, a realização de atividades potencialmente lesivas ao meio ambiente.

d) No referido zoneamento, são previstas as chamadas zonas de uso diversificado, destinadas à localização de estabelecimentos industriais cujo processo produtivo complemente atividades do meio urbano ou rural em que se encontrem situados e com elas se compatibilizem sem que seja necessário o uso de métodos especiais de controle de poluição.

e) O referido zoneamento compreende as zonas de uso estritamente industrial, destinadas às atividades industriais de impacto reduzido, que podem ser compatibilizadas com as zonas residenciais em seu interior ou entorno, desde que sujeitas a monitoramento intensivo.

04. (Juiz do Estado do Maranhão 2012/CESPE) O zoneamento ambiental, que consiste em limitação do uso do solo, atende ao princípio segundo o qual a propriedade deve cumprir sua função social e configura aspecto do exercício do poder de polícia.

05. (PGE Piauí 2008 – Procurador do Estado – CESPE) O zoneamento ambiental, como instrumento da Política Nacional de Meio Ambiente, deve ser consequência do planejamento. Um plano abrangente deve ser sempre o requisito tanto do zoneamento quanto de outras atuações do poder de polícia, por meio do controle do uso do solo. Um planejamento inadequado, mal estruturado, poderá dar origem a um zoneamento equivocado. Acerca do zoneamento ambiental, assinale a opção CORRETA.

a) O zoneamento ambiental consiste na divisão em parcelas do território das áreas definidas constitucionalmente como de relevante função ecológica, nas quais interdita-se, de modo absoluto, o exercício de quaisquer atividades humanas.

b) O zoneamento ambiental, por ser um aspecto do poder de polícia administrativa, atua exclusivamente com a finalidade de garantir a salubridade dos povos autóctones, ribeirinhos e silvícolas, frente a ações nefandas das organizações não governamentais que atuam destruindo o patrimônio genético das populações tradicionais.

c) Os zoneamentos a serem estabelecidos nas esferas federal, estadual ou municipal deverão cumprir os objetivos do plano nacional. A contrariedade às finalidades mencionadas vicia o conteúdo do zoneamento e pode ser arguida judicialmente.

d) O zoneamento agro-hídrico das regiões costeiras deve ser feito pela Marinha do Brasil em consonância com o que dispõe o Conselho de Defesa Nacional. A este cabe dar assentimento prévio a todo planejamento territorial de áreas estratégicas para a política de segurança nacional.

e) O zoneamento ambiental é de competência exclusiva do presidente da República, não podendo o Congresso Nacional legislar irrestritamente sobre a matéria.

06. (TJ/MS 2008 – Juiz de Direito – FGV) A respeito do Zoneamento Ambiental Urbano, julgue as definições a seguir:

I. As Zonas de Uso Industrial são aquelas cuja localização se dá em função de um planejamento econômico resultante de determinada política do governo.

II. As Zonas de Uso Predominantemente Industrial são destinadas preferencialmente à localização de estabelecimentos industriais cujos resíduos sólidos, líquidos e gasosos, ruídos, vibrações e radiações possam causar perigo à saúde, ao bem-estar e à segurança da população, independente da aplicação adequada de métodos de controle de efluentes.

III. As Zonas de Uso Estritamente Ambiental se destinam preferencialmente à instalação de indústrias cujos processos, submetidos a métodos adequados de controle e tratamento de efluentes, não causem incômodos sensíveis às demais atividades urbanas e nem perturbem o repouso das populações.

Assinale:

a) se nenhuma afirmativa estiver correta.

b) se somente a afirmativa I estiver correta.

c) se somente a afirmativa II estiver correta.

d) se somente a afirmativa III estiver correta.

e) se todas as afirmativas estiverem corretas.

07. (TRF 1.ª Região 2013 – Juiz Federal – CESPE) No que concerne a proteção florestal e gestão de florestas, assinale a opção correta.

a) A destinação de florestas públicas a comunidades locais é incompatível com os princípios constitucionais da impessoalidade e da isonomia.

b) As concessões florestais são formalizadas mediante contratos administrativos, precedidos de licitação, salvo nas hipóteses de declaração de inexigibilidade.

c) As florestas naturais, bem como as plantadas, localizadas nos diversos biomas, em bens da União, dos estados, do DF, dos municípios ou de entidades da administração indireta são consideradas florestas públicas.

d) A gestão do patrimônio florestal brasileiro, em especial das florestas públicas, é disciplinada em lei ordinária, comumente chamada de Código Florestal.

e) É vedado ao poder público delegar o direito de praticar manejo florestal sustentável a consórcio de pessoas jurídicas.

08. (TRF 1.ª Região 2011 – Juiz Federal – CESPE) Na estrutura do Ministério do Meio Ambiente, o Serviço Florestal Brasileiro atua exclusivamente na gestão das florestas públicas, com competência para exercer a função de órgão gestor.

09. (TRF 1.ª Região 2011 – Juiz Federal – CESPE) A concessão florestal consiste em delegação onerosa do direito de realizar manejo florestal sustentável a pessoa física ou jurídica, mediante licitação.

10. (TCE AP 2010 – Procurador – FCC) A licitação para a concessão florestal, nos termos da Lei 11.284/2006,

a) dispensa o oferecimento de garantia para o cumprimento do contrato.

b) é aberta à participação de pessoas jurídicas brasileiras e estrangeiras.

c) será julgada apenas com base no critério de melhor preço oferecido pelo particular.

d) poderá ter a participação de empresas em consórcio, as quais serão solidariamente responsáveis perante o poder concedente.

e) constitui espécie de licitação à parte daquela prevista na Lei 8.666/1993, que não é aplicável.

11. (PGM Recife 2008 – Procurador do Município – FCC) O instituto da concessão florestal aplica-se a florestas

a) públicas ou privadas, desde que sejam incluídas, previamente, aquelas no Cadastro Nacional de Florestas Públicas e estas no Plano Anual de Outorga Florestal;

b) privadas apenas, necessariamente localizadas na região da Amazônia Legal;

c) privadas apenas, excetuadas aquelas que já integrem unidades de conservação;

d) públicas apenas, assim compreendidas, em seu conjunto, as unidades de conservação denominadas florestas nacionais, florestas estaduais e florestas municipais;

e) públicas apenas, desde que sejam incluídas, previamente, no Cadastro Nacional de Florestas Públicas e no Plano Anual de Outorga Florestal.

12. (FCC – 2013 – AL-PB – Procurador) Das alternativas abaixo, é instrumento da Política Nacional do Meio Ambiente o

a) zoneamento urbano.

b) estabelecimento de padrões de qualidade ambiental.

c) licenciamento de toda e qualquer atividade.

d) instrumento social da concessão florestal.

e) sistema de informações sobre o meio ambiente exclusivo para órgãos governamentais.

13. (FCC – 2010 – TCE-AP – Procurador) A licitação para a concessão florestal, nos termos da Lei 11.284/2006,

a) dispensa o oferecimento de garantia para o cumprimento do contrato.

b) é aberta à participação de pessoas jurídicas brasileiras e estrangeiras.

c) será julgada apenas com base no critério de melhor preço oferecido pelo particular.

d) poderá ter a participação de empresas em consórcio, as quais serão solidariamente responsáveis perante o poder concedente.

e) constitui espécie de licitação à parte daquela prevista na Lei 8.666/1993, que não é aplicável.

14. (2011 – OAB – Exame de Ordem Unificado – IV – Primeira Fase) Assinale a alternativa correta quanto ao licenciamento ambiental e ao acesso aos dados e informações existentes nos órgãos e entidades integrantes do Sisnama.

a) Caso a área que sofrerá o impacto ambiental seja considerada estratégica para o zoneamento industrial nacional de petróleo e gás e em áreas do pré-sal, o órgão ambiental poderá elaborar estudo prévio de impacto ambiental sigiloso.

b) Um cidadão brasileiro pode solicitar informações sobre a qualidade do meio ambiente em um município aos órgãos integrantes do Sisnama, mediante a apresentação de título de eleitor e comprovação de domicílio eleitoral no local.

c) A exigência de Estudo Prévio de Impacto Ambiental para aterros sanitários depende de decisão discricionária do órgão ambiental, que avaliará no caso concreto o potencial ofensivo da obra.

d) Uma pessoa jurídica com sede na França poderá solicitar, aos órgãos integrantes do Sisnama, mediante requerimento escrito, mesmo sem comprovação de interesse específico, informações sobre resultados de monitoramento e auditoria nos sistemas de controle de poluição e de atividades potencialmente poluidoras das empresas brasileiras.

15. **(FUNDEP – 2011 – MPE-MG – Promotor de Justiça)** Mediante anuência do órgão ambiental competente, o proprietário rural pode instituir servidão ambiental, pela qual voluntariamente renuncia, em caráter permanente ou temporário, total ou parcialmente, a direito de uso, exploração ou supressão de recursos naturais existentes na propriedade. A servidão ambiental aplica-se às áreas de preservação permanente e de reserva legal.

16. **(FUNDEP – 2011 – MPE-MG – Promotor de Justiça)** São alguns dos instrumentos da Política Nacional do Meio Ambiente: o estabelecimento de padrões de qualidade ambiental; o zoneamento ambiental; a avaliação de impactos ambientais; o licenciamento e a revisão de atividades efetiva ou potencialmente poluidoras; os incentivos à produção e instalação de equipamentos e a criação ou absorção de tecnologia, voltados para a melhoria da qualidade ambiental; a criação de espaços territoriais especialmente protegidos pelo Poder Público federal, estadual e municipal, tais como áreas de proteção ambiental, de relevante interesse ecológico e reservas extrativistas; o sistema nacional de informações sobre o meio ambiente; o Cadastro Técnico Federal de Atividades e Instrumentos de Defesa Ambiental.

17. **(2020 Banca: FCC Órgão: TJ-MS Prova: FCC - 2020 - TJ-MS - Juiz Substituto)** Em ação civil pública ajuizada pelo Ministério Público, pretende-se a declaração de nulidade de processo de licitação para a concessão da área de uso público de um parque estadual. A ação será:

a) julgada procedente, tendo em vista a impossibilidade de concessão de unidade de conservação da natureza.

b) extinta, sem resolução de mérito, por falta de interesse de agir diante da ausência do início efetivo do período de concessão de uso do bem público.

c) julgada parcialmente procedente para condicionar o processo licitatório à concessão integral da unidade de conservação.

d) extinta, sem resolução de mérito, por ilegitimidade de parte no polo ativo.

e) julgada improcedente pela ausência de ilegalidade no modelo proposto.

GAB														
	01	CERTO	02	D	03	D	04	CERTO	05	C	06	B	07	C
	08	CERTO	09	ERRADO	10	D	11	E	12	B	13	D	14	D
	15	ERRADO	16	CERTO	17	E								

Art. 9.º-A. O proprietário ou possuidor de imóvel, pessoa natural ou jurídica, pode, por instrumento público ou particular ou por termo administrativo firmado perante órgão integrante do Sisnama, limitar o uso de toda a sua propriedade ou de parte dela para preservar, conservar ou recuperar os recursos ambientais existentes, instituindo servidão ambiental. *(Redação dada pela Lei nº 12.651, de 2012).*

§ 1.º O instrumento ou termo de instituição da servidão ambiental deve incluir, no mínimo, os seguintes itens:

I – memorial descritivo da área da servidão ambiental, contendo pelo menos um ponto de amarração georreferenciado;

II – objeto da servidão ambiental;

III – direitos e deveres do proprietário ou possuidor instituidor;

IV – prazo durante o qual a área permanecerá como servidão ambiental.

§ 2.º A servidão ambiental não se aplica às Áreas de Preservação Permanente e à Reserva Legal mínima exigida.

§ 3.º A restrição ao uso ou à exploração da vegetação da área sob servidão ambiental deve ser, no mínimo, a mesma estabelecida para a Reserva Legal.

§ 4.º Devem ser objeto de averbação na matrícula do imóvel no registro de imóveis competente:

I – o instrumento ou termo de instituição da servidão ambiental;

II – o contrato de alienação, cessão ou transferência da servidão ambiental.

§ 5.º Na hipótese de compensação de Reserva Legal, a servidão ambiental deve ser averbada na matrícula de todos os imóveis envolvidos.

§ 6.º É vedada, durante o prazo de vigência da servidão ambiental, a alteração da destinação da área, nos casos de transmissão do imóvel a qualquer título, de desmembramento ou de retificação dos limites do imóvel.

§ 7.º As áreas que tenham sido instituídas na forma de servidão florestal, nos termos do art. 44-A da Lei nº 4.771, de 15 de setembro de 1965, passam a ser consideradas, pelo efeito desta Lei, como de servidão ambiental.

Art. 9.º-B. A servidão ambiental poderá ser onerosa ou gratuita, temporária ou perpétua. *(Incluído pela Lei nº 12.651, de 2012).*

§ 1.º O prazo mínimo da servidão ambiental temporária é de 15 (quinze) anos.

§ 2.º A servidão ambiental perpétua equivale, para fins creditícios, tributários e de acesso aos recursos de fundos públicos, à Reserva Particular do Patrimônio Natural – RPPN, definida no art. 21 da Lei nº 9.985, de 18 de julho de 2000.

§ 3.º O detentor da servidão ambiental poderá aliená-la, cedê-la ou transferi-la, total ou parcialmente, por prazo determinado ou em caráter definitivo, em favor de outro proprietário ou de entidade pública ou privada que tenha a conservação ambiental como fim social.

Art. 9.º-C. O contrato de alienação, cessão ou transferência da servidão ambiental deve ser averbado na matrícula do imóvel. *(Incluído pela Lei nº 12.651, de 2012).*

§ 1.º O contrato referido no *caput* deve conter, no mínimo, os seguintes itens:

I – a delimitação da área submetida a preservação, conservação ou recuperação ambiental;

II – o objeto da servidão ambiental;

III – os direitos e deveres do proprietário instituidor e dos futuros adquirentes ou sucessores;

IV – os direitos e deveres do detentor da servidão ambiental;

V – os benefícios de ordem econômica do instituidor e do detentor da servidão ambiental;

VI – a previsão legal para garantir o seu cumprimento, inclusive medidas judiciais necessárias, em caso de ser descumprido.

§ 2.º São deveres do proprietário do imóvel serviente, entre outras obrigações estipuladas no contrato:

I – manter a área sob servidão ambiental;

II – prestar contas ao detentor da servidão ambiental sobre as condições dos recursos naturais ou artificiais;

III – permitir a inspeção e a fiscalização da área pelo detentor da servidão ambiental;

IV – defender a posse da área serviente, por todos os meios em direito admitidos.

§ 3.º São deveres do detentor da servidão ambiental, entre outras obrigações estipuladas no contrato:

I – documentar as características ambientais da propriedade;

II – monitorar periodicamente a propriedade para verificar se a servidão ambiental está sendo mantida;

III – prestar informações necessárias a quaisquer interessados na aquisição ou aos sucessores da propriedade;

IV – manter relatórios e arquivos atualizados com as atividades da área objeto da servidão;

V – defender judicialmente a servidão ambiental.

1. COMENTÁRIOS

A *servidão ambiental* está regulamentada no artigo 9.º-A da Lei 6.938/1981, com redação alterada pela Lei 12.651/2012 (novo Código Florestal), que também inseriu os artigos 9.º-B e 9.º-C, sendo espécie de servidão administrativa, com natureza de direito real sobre coisa alheia, devendo, destarte, ser registrada imobiliariamente, em que o proprietário (pessoa física ou jurídica) renuncia de maneira permanente ou temporária, total ou parcialmente, ao uso, exploração e supressão dos recursos naturais do prédio rústico.

Será instituída por instrumento público ou particular ou por termo administrativo firmado perante órgão integrante do SISNAMA, que deve ser averbado no Cartório de Registro de Imóveis.

O *prazo mínimo* da servidão ambiental será de 15 anos para as novas instituições após a vigência do novo Código Florestal, sendo que anteriormente a legislação não previa esse lapso temporal mínimo.

É vedada a instituição de servidão ambiental nas áreas de preservação permanente ou de reserva legal, justamente por já existir um regime especial de proteção nesses espaços, ou seja, destina-se a servidão à área de uso alternativo do solo.

Deveras, o regime de proteção deve ser, ao menos, o mesmo da reserva legal, o que implica a impossibilidade de supressão vegetal, salvo sob a forma de manejo sustentável. Ressalte-se que a servidão florestal, espécie de servidão ambiental, era prevista no artigo 44-A da Lei 4.771/1965 (antigo CFlo), tendo sido inserida por meio da MP 2.166-67/2001.[53] Contudo, com o advento do novo Código Florestal, a servidão florestal foi extinta e substituída pela servidão ambiental, que já existia, mas que teve o regime jurídico alterado pela Lei 12.651/2012.

---

53. "Artigo 44-A. O proprietário rural poderá instituir **servidão florestal**, mediante a qual voluntariamente renuncia, em caráter permanente ou temporário, a direitos de supressão ou exploração da vegetação nativa, localizada fora da reserva legal e da área com vegetação de preservação permanente.

§ 1.º A limitação ao uso da vegetação da área sob regime de servidão florestal deve ser, no mínimo, a mesma estabelecida para a Reserva Legal.

§ 2.º A servidão florestal deve ser averbada à margem da inscrição de matrícula do imóvel, no registro de imóveis competente, após anuência do órgão ambiental estadual competente, sendo vedada, durante o prazo de sua vigência, a alteração da destinação da área, nos casos de transmissão a qualquer título, de desmembramento ou de retificação dos limites da propriedade".

Da mesma forma, é vedada, durante o prazo de vigência da servidão ambiental, a alteração da destinação da área, nos casos de transmissão do imóvel a qualquer título, de desmembramento ou de retificação dos limites do imóvel.

Ademais, o detentor da servidão ambiental poderá aliená-la, cedê-la ou transferi-la, total ou parcialmente, por prazo determinado ou em caráter definitivo, em favor de outro proprietário ou de entidade pública ou privada que tenha a conservação ambiental como fim social, devendo o contrato de alienação, cessão ou transferência da servidão ambiental ser averbado na matrícula do imóvel.

Poderá a servidão ambiental ser *gratuita ou onerosa*, tendo o objetivo de limitar o uso de toda a propriedade ou de parte dela para preservar, conservar ou recuperar os recursos ambientais existentes.

Existe interesse econômico de um proprietário imobiliário de instituir servidão onerosa no seu imóvel para favorecer terceiro (detentor da servidão) para que este compense a reserva legal no seu imóvel rural que não possua os percentuais mínimos.

2. QUESTÕES DE CONCURSOS

01. (IBAMA 2012 – Técnico – CESPE) A servidão ambiental pode ser instituída pelo proprietário ou possuidor de imóvel, mediante instrumento público ou particular ou por termo administrativo firmado perante órgão integrante do SISNAMA. Contudo, ela não se aplica às áreas de preservação permanente e à reserva legal mínima exigida.

02. (Prova: MPE-SC – 2012 – MPE-SC – Promotor de Justiça – Tarde)

I – Mediante anuência do órgão ambiental competente, o proprietário rural pode instituir servidão ambiental, pela qual voluntariamente renuncia, em caráter permanente ou temporário, total ou parcialmente, a direito de uso, exploração ou supressão de recursos naturais existentes na propriedade.

II – A servidão ambiental não se aplica às áreas de preservação permanente e de reserva legal.

III – A limitação ao uso ou exploração da vegetação da área sob servidão instituída em relação aos recursos florestais deve ser, no mínimo, a mesma estabelecida para a reserva legal.

IV – Na hipótese de compensação de reserva legal, a servidão pode ser dispensada da averbação na matrícula de todos os imóveis envolvidos.

V – No prazo de vigência da servidão ambiental, é permitida a alteração da destinação da área, nos casos de desmembramento ou de retificação dos limites da propriedade.

a) Apenas as assertivas I, II e III estão corretas.

b) Apenas as assertivas II, III e IV estão corretas.

c) Apenas as assertivas III, IV e V estão corretas.

d) Apenas as assertivas I, II e V estão corretas.

e) Todas as assertivas estão corretas.

03. (2017/CESPE/MPE-RR/Promotor de Justiça Substituto) O possuidor de um imóvel rural instituiu servidão ambiental perpétua, gratuitamente, por instrumento particular, limitando o uso de parte da propriedade, com o objetivo de conservar recursos ambientais existentes. Na situação apresentada, a servidão instituída consiste em instrumento

a) técnico da PNAMA, mas deveria ter sido instituída pelo prazo determinado de, no mínimo, quinze anos.

b) econômico da PNAMA e não se aplica à área de preservação permanente nem à reserva legal mínima exigida.

c) técnico da PNAMA, mas deveria ter sido instituída pelo proprietário do imóvel.

d) econômico da PNAMA e não poderia ter sido instituída por instrumento particular.

GAB	01	CERTO	02	A	03	B

Art. 10. A construção, instalação, ampliação e funcionamento de estabelecimentos e atividades utilizadores de recursos ambientais, efetiva ou potencialmente poluidores ou capazes, sob qualquer forma, de causar degradação ambiental dependerão de prévio licenciamento ambiental. *(Redação dada pela Lei Complementar nº 140, de 2011)*

§ 1.º Os pedidos de licenciamento, sua renovação e a respectiva concessão serão publicados no jornal oficial, bem como em periódico regional ou local de grande circulação, ou em meio eletrônico de comunicação mantido pelo órgão ambiental competente.

§ 2.º (Revogado).

§ 3.º (Revogado).

§ 4.º (Revogado).

1. COMENTÁRIOS

O licenciamento ambiental é mais um dos importantes instrumentos para a consecução da Política Nacional do Meio Ambiente, listado no inciso IV, do artigo 9.º, da Lei 6.938/1981, sendo corolário da determinação constitucional direcionada ao Poder Público para controlar a poluição (artigo 225, § 1.º, V).

Por sua vez, prevê o *caput* do artigo 10 da Lei 6.938/1981, com redação dada pela Lei Complementar 140/2011, que **a construção, instalação, ampliação e funcionamento de estabelecimentos e atividades utilizadores de recursos ambientais, efetiva ou potencialmente poluidores ou capazes, sob qualquer forma, de causar degradação ambiental dependerão de prévio licenciamento ambiental**, sendo, portanto, **prévia condição para o exercício das atividades econômicas poluidoras**, realizando a exceção esculpida no parágrafo único, do artigo 170, da Lei Maior.[54]

Com a modificação da sua redação dada pela LC 140/2011, o artigo 10 da Lei 6.938/1981, não mais trata da competência para a promoção do licenciamento ambiental,[55] pois essa matéria passou a ter como principal norma de regulamentação no Brasil a referida Lei Complementar.

Vale registrar que, excepcionalmente, o novo Código Florestal **dispensou a autorização** do órgão ambiental competente para a execução, em **caráter de urgência**, de atividades de

54. "Parágrafo único. É assegurado a todos o livre exercício de qualquer atividade econômica, independentemente de autorização de órgãos públicos, **salvo nos casos previstos em lei**".

55. A redação anterior do artigo 10, *caput*, da Lei 6.938/1981, era a seguinte: "A construção, instalação, ampliação e funcionamento de estabelecimentos e atividades utilizadoras de recursos ambientais, considerados efetiva e potencialmente poluidores, bem como os capazes, sob qualquer forma, de causar degradação ambiental, dependerão de prévio licenciamento de órgão estadual competente, integrante do Sistema Nacional do Meio Ambiente – SISNAMA, e do Instituto Brasileiro do Meio Ambiente e Recursos Naturais Renováveis – IBAMA, em caráter supletivo, sem prejuízo de outras licenças exigíveis".

segurança nacional e **obras de interesse da defesa civil destinadas à prevenção e mitigação de acidentes em áreas urbanas situadas em áreas de preservação permanente.**

Outrossim, ainda de acordo com o novo CFlo, **o manejo sustentável para exploração florestal eventual sem propósito comercial**, para consumo no próprio imóvel, **independe de autorização dos órgãos competentes**, devendo apenas ser declarados previamente ao órgão ambiental a motivação da exploração e o volume explorado, limitada a exploração anual a 20 metros cúbicos (art. 23).

No caso do plantio ou do reflorestamento com espécies florestais nativas ou exóticas, o novo CFlo dispensou a autorização ambiental prévia, justamente em razão da ausência de lesividade, desde que observadas as limitações e condições da normatização florestal, devendo ser informados ao órgão competente, no prazo de até um ano, para fins de controle de origem (art. 35, § 1.º).

Outra hipótese de dispensa do licenciamento ambiental é a permissão de livre extração de lenha e demais produtos de florestas plantadas nas áreas não consideradas Áreas de Preservação Permanente e Reserva Legal, certamente em razão de se tratar de área de uso alternativo do solo, cuja vegetação foi plantada pelo proprietário ou possuidor, disposição do novo CFlo (artigo 35) extremamente infeliz, pois com certeza gerará danos ambientais sem o prévio controle estatal.

No entanto, o transporte, por qualquer meio, e o armazenamento de madeira, lenha, carvão e outros produtos ou subprodutos florestais oriundos de florestas de espécies nativas, para fins comerciais ou industriais, ainda requerem licença do órgão competente do SISNAMA (art. 36), o que é medida imprescindível para evitar o desmatamento ilegal.

Salutar, ainda, com o advento do novo Código Florestal, a exigência de inscrição dos imóveis rurais no Cadastro Ambiental Rural – CAR, que passou a ser pressuposto para a concessão de novas licenças e autorizações ambientais.

Importante também destacar o conteúdo do artigo 12 da Lei 6.938/1981, que coloca o licenciamento ambiental como condição para a concessão de benefícios por parte das entidades e órgãos de financiamento e incentivos governamentais.

Com arrimo no artigo 1.º, I, da Resolução CONAMA 237/1997, cuida-se o **licenciamento ambiental** de "*procedimento administrativo* pelo qual o órgão ambiental competente licencia a localização, instalação, ampliação e a operação de empreendimentos e atividades utilizadoras de recursos ambientais, consideradas efetiva ou potencialmente poluidoras ou daquelas que, sob qualquer forma, possam causar degradação ambiental, considerando as disposições legais e regulamentares e as normas técnicas aplicáveis ao caso".

Em Direito Ambiental normalmente se utiliza a expressão licenciamento ambiental em sua acepção ampla, abarcando, além das licenças propriamente ditas, as autorizações ambientais, que têm caráter precário e não vinculado.

Vale destacar que o licenciamento ambiental também passou a ser definido pelo artigo 2.º, I, da Lei Complementar 140/2011, assim considerado **"o procedimento administrativo**

destinado a licenciar atividades ou empreendimentos utilizadores de recursos ambientais, efetiva ou potencialmente poluidores ou capazes, sob qualquer forma, de causar degradação ambiental".

Trata-se de definição mais simplória do que a fornecida pela Resolução CONAMA 237/1997, mas que em nada é conflitante, pois apenas o Conselho Nacional do Meio Ambiente foi mais descritivo.

Na omissão da legislação ambiental sobre o tema, nada impede a aplicação supletiva ao licenciamento ambiental federal, no que for compatível, da Lei 9.784/1999, que rege o procedimento administrativo no âmbito federal.[56]

O processo de licenciamento ambiental terá as seguintes etapas, nos termos do artigo 10 da Resolução CONAMA 237/1997:

> I – **Definição pelo órgão ambiental competente**, com a participação do empreendedor, dos documentos, projetos e estudos ambientais, necessários ao início do processo de licenciamento correspondente à licença a ser requerida;
>
> II – **Requerimento da licença ambiental pelo empreendedor**, acompanhado dos documentos, projetos e estudos ambientais pertinentes, dando-se a devida publicidade;
>
> III – **Análise pelo órgão ambiental competente**, integrante do SISNAMA, dos documentos, projetos e estudos ambientais apresentados e a realização de vistorias técnicas, quando necessárias;
>
> IV – **Solicitação de esclarecimentos e complementações pelo órgão ambiental competente**, integrante do SISNAMA, uma única vez, em decorrência da análise dos documentos, projetos e estudos ambientais apresentados, quando couber, podendo haver a reiteração da mesma solicitação caso os esclarecimentos e complementações não tenham sido satisfatórios;
>
> V – **Audiência pública, quando couber**, de acordo com a regulamentação pertinente;
>
> VI – **Solicitação de esclarecimentos e complementações pelo órgão ambiental competente**, decorrentes de audiências públicas, quando couber, podendo haver reiteração da solicitação quando os esclarecimentos e complementações não tenham sido satisfatórios;
>
> VII – **Emissão de parecer técnico conclusivo** e, quando couber, parecer jurídico;
>
> VIII – **Deferimento ou indeferimento do pedido de licença**, dando-se a devida publicidade.

Ademais, deverá constar, obrigatoriamente, a **certidão da Prefeitura Municipal**, declarando que o local e o tipo de empreendimento ou atividade estão em conformidade com a legislação aplicável ao uso e ocupação do solo e, quando for o caso, a autorização para supressão de vegetação e a outorga para o uso da água, emitidas pelos órgãos competentes.

Isso porque, nos moldes do artigo 30, inciso VIII, da Constituição, compete ao município promover, no que couber, o adequado ordenamento territorial, mediante planejamento e

56. Note-se que se trata de lei federal em sentido estrito, e não nacional, não se aplicando às demais entidades políticas, que detêm competência para legislar sobre a matéria.

controle do uso, do parcelamento e da ocupação do solo urbano, sendo necessária a aquiescência da prefeitura municipal sobre a regularidade urbanística do empreendimento licenciando.

Digna de aplausos foi a edição da Lei 10.650/2003, que regulamenta a acessibilidade pública dos dados das entidades e órgãos componentes do SISNAMA, facilitando a fiscalização dos órgãos de controle e de toda a sociedade.

Deveras, em regra, todos os documentos são acessíveis ao público, independentemente da comprovação de interesse específico, ressalvados os sigilos com proteção especial, a exemplo do industrial, devendo a entidade ambiental publicar em Diário Oficial e manter disponíveis após 30 dias da publicação os pedidos de licenciamento, renovação e concessão, bem como os pedidos de licença para supressão vegetal, entre outras hipóteses listadas, apenas podendo-se cobrar os custos para o seu fornecimento (a exemplo das despesas para fotocópia).

Em que pese o silêncio da citada norma jurídica, é possível sustentar que a ausência de publicação do extrato da concessão, alteração ou renovação de licença ou autorização ambiental é causa de sobrestamento de sua eficácia, tal qual ocorre no âmbito do Direito Administrativo.

Da mesma forma, de acordo com o artigo 10, § 1.º, da Lei 6.938/1981, os pedidos de licenciamento, sua renovação e a respectiva concessão serão publicados no jornal oficial, bem como em periódico regional ou local de grande circulação, ou em meio eletrônico de comunicação mantido pelo órgão ambiental competente.

Frise-se que, nos moldes do artigo 2.º da Resolução CONAMA 237/1997, estarão sujeitas ao licenciamento ambiental as atividades relacionadas no *anexo I*, da citada Resolução, que traz um **rol não taxativo**, pois o ente ambiental poderá complementá-lo, fundamentando a necessidade, conforme as especificidades, os riscos ambientais, o porte e outras características do empreendimento ou atividade.

Ressalte-se que os valores alusivos às taxas de licenciamento ambiental e outros serviços afins devem guardar relação de proporcionalidade com o custo e a complexidade do serviço prestado pelo ente federativo, sendo necessária a previsão de um sistema de gratuidade para as pessoas de baixa renda que desenvolvam regular agricultura de subsistência e práticas ecológicas sustentáveis.

Vale registrar que a divisão de competências entre as entidades políticas para o licenciamento ambiental é tratada na Lei Complementar 140/2011 que será estudada nesta obra.

Por sua vez, em Direito Administrativo, é certo que a autorização é ato administrativo discricionário e precário, ao passo que a licença é vinculada e não precária, inexistindo, neste caso, para a Administração Pública, conveniência (melhor caminho) e oportunidade (momento que atende ao interesse público) para a sua concessão via alvará, bastando que o administrado preencha os requisitos legais, haja vista a ausência de margem de balizamento na configuração de todos os elementos constitutivos do ato (competência, forma, finalidade, objeto e motivação).

Sucede que a questão é tormentosa no âmbito do Direito Ambiental, **o que vem trazendo grande controvérsia a respeito do tema**. Com efeito, pontifica ÉDIS MILARÉ (2005, p. 536), *litteris*:

> "[...] no tocante às licenças ambientais, entretanto, dúvidas podem surgir, já que é muito difícil, senão impossível, em dado caso concreto, proclamar cumpridas todas as exigências legais. Sim, porque, ao contrário do que ocorre, por exemplo, na legislação urbanística, as normas ambientais são, por vezes, muito genéricas, não estabelecendo, via de regra, padrões específicos e determinados para esta ou aquela atividade. Nestes casos, o vazio da norma legal é geralmente preenchido por exame técnico apropriado, ou seja, pela chamada discricionariedade técnica, deferida à autoridade".

Prossegue o festejado autor (2005, p. 539-540):

> "[...] pelo dito, podemos apontar alguns traços que distinguem a licença ambiental das licenças administrativas. Uma primeira peculiaridade pode ser enxergada no desdobramento da licença ambiental em três subespécies de licença – licença prévia, licença de instalação e licença de operação –, destinadas a melhor detectar, monitorar, mitigar e, quando possível, conjurar a danosidade ambiental.
>
> [...]
>
> Uma segunda tem a ver com a exigência de alguma forma de avaliação prévia de impactos, que se consubstanciará num EIA-RIMA, sempre que a obra ou atividade a ser licenciada puder causar significativa degradação do ambiente. Uma terceira, e talvez a mais importante, é que a licença ambiental não assegura ao seu titular a manutenção do *status quo* vigorante ao tempo de sua expedição, sujeita que se encontra a prazos de validade, obrigando à renovação com exigências supervenientes à vista do estado da técnica, cuja evolução é rapidíssima, e da própria alteração das características, ambientais de determinada época e de determinado local".

Da mesma forma, salienta PAULO DE BESSA ANTUNES (2005, p. 107) que "a licença ambiental, *in casu*, não pode ser entendida como uma licença de Direito Administrativo. As licenças de Direito Administrativo, uma vez concedidas, passam a integrar o patrimônio jurídico de seu titular como direito adquirido".

Também obtempera CELSO ANTONIO PACHECO FIORILLO (2008, p. 92) para quem "podemos afirmar que a licença ambiental – enquanto licença – deixa de ser um ato vinculado para ser um ato com discricionariedade *sui generis*".

Mais incisiva é a lição do mestre PAULO AFFONSO LEME MACHADO (2002, p. 258):

> "A CF utilizou o termo 'autorização' em seu Tít. VII – Da Ordem Econômica e Financeira, dizendo no artigo 170, parágrafo único: 'É assegurado a todos o livre exercício de qualquer atividade econômica, independentemente de autorização de órgãos públicos, salvo nos casos previstos em lei'. Dessa forma, razoável é concluir que o sistema de licenciamento ambiental passa a ser feito pelo sistema de autorizações, conforme entendeu o texto constitucional".

Nesse sentido, o artigo 19 da Resolução CONAMA 237/1997, estatui que **o órgão ambiental** poderá modificar os condicionantes e as medidas de controle e adequação da licença ambiental, assim como **suspendê-la ou cancelá-la**, quando ocorrer:

> "I – Violação ou inadequação de quaisquer condicionantes ou normas legais.
>
> II – Omissão ou falsa descrição de informações relevantes que subsidiaram a expedição da licença.
>
> **III – superveniência de graves riscos ambientais e de saúde**".

Ou seja, **pode ocorrer que a licença ambiental tenha o regime jurídico similar ou idêntico ao da autorização administrativista**, em razão da possibilidade de alteração ulterior do interesse ambiental, da certa margem de discricionariedade e da presença constante de conceitos abertos na legislação ambiental (conceitos jurídicos e ajurídicos indeterminados), muitos ligados a outras ciências (como não poderia deixar de ser, dado o caráter multidisciplinar do Direito Ambiental), a exemplo da biologia, engenharia florestal e oceanografia, fato que obriga o profissional do Direito que atue na área ambiental a ter noções básicas dos outros campos, quando não for imprescindível a assessoria técnica de um profissional da área afim.

Crê-se não ser possível que o Poder Judiciário analise a viabilidade ambiental de determinado empreendimento poluidor, sendo atribuição do Poder Executivo, cujo licenciamento apenas poderá ser revisto se constatada alguma ilegalidade, conforme já decidiu o STF no caso das obras de integração do Rio São Francisco.

Conquanto seja discutível a possibilidade de revogação da licença administrativa, pois é ato vinculado, chegando uma corrente doutrinária a não a admitir, pois a revogação pressupõe conveniência e oportunidade, é plenamente possível a revogação da licença ambiental.

Mas é certo que **a licença ambiental não gera direito adquirido ao seu titular**, podendo a qualquer momento ter o seu regime jurídico alterado, a exemplo da incidência de nova legislação mais restritiva, ou da descoberta de impactos negativos não previstos anteriormente. Ou seja, **inexiste direito adquirido de poluir**.

Com propriedade, no procedimento administrativo de licenciamento, caso aprovado o empreendimento, será expedida ao menos uma **licença ambiental** que, nos termos do artigo 1.º, II, da Resolução CONAMA 237/1997, caracteriza-se como "*ato administrativo* pelo qual o órgão ambiental competente estabelece as condições, restrições e medidas de controle ambiental que deverão ser obedecidas pelo empreendedor, pessoa física ou jurídica, para localizar, instalar, ampliar e operar empreendimentos ou atividades utilizadoras dos recursos ambientais consideradas efetiva ou potencialmente poluidoras ou aquelas que, sob qualquer forma, possam causar degradação ambiental".

Em regra, as licenças ambientais são de três espécies,[57] a saber: **Licença Prévia (LP)**, concedida preliminarmente, apenas aprovando o projeto, atestando a sua viabilidade ambiental e os respectivos condicionantes e requisitos básicos para as próximas fases de sua implementação; **Licença de Instalação (LI)**, que autoriza a instalação do empreendimento, impondo condicionantes que deverão ser observados; e a **Licença de Operação (LO)**, que permite o início das atividades de acordo com o projeto aprovado, apontando as medidas ambientais de controle e os condicionantes.

Elas poderão ser concedidas *isoladas* ou *sucessivamente*, de acordo com a natureza, características e fase do empreendimento ou atividade.

A **LP** tem prazo de validade de **até cinco anos**, não podendo ter lapso de tempo inferior ao necessário para a elaboração dos programas técnicos, ao passo que a **LI** não poderá ter

57. Conforme previsão do artigo 8.º, da Resolução CONAMA 237/1997, e do artigo 19, do Decreto 99.274/1990.

validade superior a **seis anos.** Já os prazos da **LO** variarão **entre quatro e dez anos**, a critério do órgão ambiental, sendo que a sua **renovação** deverá ser requerida com a **antecedência mínima de cento e vinte dias do seu vencimento**, ficando automaticamente renovada até a manifestação do ente licenciante.[58]

No mesmo caminho pontifica o artigo 14, § 4.º, da LC 140/2011, que aduz que "a renovação de licenças ambientais deve ser requerida com antecedência mínima de 120 (cento e vinte) dias da expiração de seu prazo de validade, fixado na respectiva licença, **ficando este automaticamente prorrogado até a manifestação definitiva do órgão ambiental competente**".

É plenamente possível que, na renovação da LO, o órgão ambiental, motivadamente, majore ou reduza o seu prazo de validade, após avaliação do desempenho ambiental da atividade ou empreendimento no período de vigência anterior, observado o limite mínimo de 4 e máximo de 10 anos.

De outro vértice, o desenvolvimento de atividades poluidoras sujeitas ao licenciamento ambiental, precisamente todas as listadas no anexo I da Resolução CONAMA 237/1997, **sem a Licença de Operação, constitui o crime tipificado no artigo 60 da Lei 9.605/1998,** com pena de detenção de um a seis meses e multa, cumulativamente ou alternadamente, além de infração administrativa.

Caso a atividade não traga considerável impacto ambiental, poder-se-á dispensar o procedimento trifásico (LP, LI e LO) e adotar **licenciamento unifásico.**[59]

O artigo 14 da Resolução CONAMA 237/1997, prevê o prazo máximo de seis meses para o ente ambiental analisar as postulações da LP, LI e LO, que será majorado para 12 meses, quando exigível audiência pública ou EIA-RIMA, naturalmente se sobrestando o lapso de tempo quando forem exigidos do empreendedor estudos complementares ou esclarecimentos, **sob pena de atuação supletiva do órgão ambiental competente de outra esfera de governo**.

O tema também passou a ser tratado genericamente pelo artigo 14 da Lei Complementar 140/2011, sendo previsto que os órgãos licenciadores devem observar os prazos estabelecidos para tramitação dos processos de licenciamento. As exigências de complementação oriundas da análise do empreendimento ou atividade devem ser comunicadas pela autoridade licenciadora de **uma única vez ao empreendedor**, ressalvadas aquelas decorrentes de fatos novos, **suspendendo o prazo de aprovação**, que continua a fluir após o seu atendimento integral pelo empreendedor.

Ademais, a referida Lei Complementar ainda previu que **o decurso dos prazos de licenciamento, sem a emissão da licença ambiental, não implica emissão tácita nem autoriza a prática de ato que dela dependa ou decorra, apenas instaurando a *competência supletiva***, assim considerada a ação do ente da federação que se substitui ao ente federativo originariamente detentor das atribuições.

58. É um raro exemplo do silêncio administrativo como manifestação de vontade em favor do administrado.

59. Artigo 12 da Resolução CONAMA 237/1997.

Importante destacar que a **Resolução CONAMA 237/1997 é norma geral sobre licenciamento ambiental**, existindo outras específicas, a exemplo das seguintes Resoluções do CONAMA: 05/1988 (obras de saneamento), 06/1988 (resíduos industriais), 279/2001 (energia elétrica), 404/2008 (aterro sanitário de pequeno porte de resíduos sólidos urbanos), 412/2009 (novos empreendimentos destinados à construção de habitações de Interesse Social) etc.

Destarte, **é possível que a legislação ambiental preveja licenças específicas para determinados empreendimentos, a depender das suas especificidades**, a exemplo do licenciamento petrolífero, em que a Resolução CONAMA 23/1994 instituiu duas licenças prévias, a de perfuração (LPper) e a de produção para pesquisa (LPpro), respectivamente no artigo 5.º, I e II.

2. JURISPRUDÊNCIA

"**Agravo regimental. Medida liminar indeferida. Ação civil originária. Projeto de Integração do Rio São Francisco com as Bacias Hidrográficas do Nordeste Setentrional. *Periculum in mora* não evidenciado.** [...] 2. A Licença de Instalação levou em conta o fato de que as condicionantes para a Licença Prévia estão sendo cumpridas, tendo o IBAMA apresentado programas e planos relevantes para o sucesso da obra, dos quais resultaram novas condicionantes para a validade da referida Licença de Instalação. A correta execução do projeto depende, primordialmente, da efetiva fiscalização e empenho do Estado para proteger o meio ambiente e as sociedades próximas. 3. Havendo, tão somente, a construção de canal passando dentro de terra indígena, sem evidência maior de que recursos naturais hídricos serão utilizados, não há necessidade da autorização do Congresso Nacional. 4. O meio ambiente não é incompatível com projetos de desenvolvimento econômico e social que cuidem de preservá-lo como patrimônio da humanidade. Com isso, pode-se afirmar que o meio ambiente pode ser palco para a promoção do homem todo e de todos os homens. 5. **Se não é possível considerar o projeto como inviável do ponto de vista ambiental**, ausente nesta fase processual qualquer violação de norma constitucional ou legal, potente para o deferimento da cautela pretendida, **a opção por esse projeto escapa inteiramente do âmbito desta Suprema Corte. Dizer sim ou não à transposição não compete ao Juiz, que se limita a examinar os aspectos normativos, no caso, para proteger o meio ambiente.** 6. Agravos regimentais desprovidos" (STF, ACO-MC-AgR 876, de 19.12.2007).

3. QUESTÕES DE CONCURSOS

01. (TRF 5.ª Região 2007 – Juiz Federal – CESPE) O licenciamento ambiental é um procedimento por meio do qual o Estado desenvolve seu poder de polícia no âmbito preventivo, exercendo controle prévio sobre atividades potencialmente causadoras de dano ao meio ambiente.

02. (TRF 5.ª Região 2007 – Juiz Federal – CESPE) A licença prévia é um instrumento pelo qual a administração atesta a viabilidade da obra ou da atividade, mas a sua expedição independe de EIA e de RIMA, visto que, por ela, ainda não se acha autorizada a operação do empreendimento.

03. (FCC – 2012 – MPE-AP – Analista Ministerial – Direito) A Construtora RS possui como projeto a construção de um estabelecimento que, para o seu funcionamento, precisará utilizar recursos ambientais capazes de causar degradação ambiental. Dessa forma, de acordo com a Lei no 6.938/81, referida construção

a) não dependerá de prévio licenciamento ambiental, pois este somente é necessário se a atividade for potencialmente poluidora.

b) dependerá de prévio licenciamento ambiental, já que utilizará recursos ambientais capazes, sob qualquer forma, de causar degradação ambiental.

c) não dependerá de prévio licenciamento ambiental, pois trata-se de construção e o licenciamento ambiental somente é necessário quando há a ampliação de estabelecimentos que causar degradação ambiental.

d) dependerá de prévio licenciamento ambiental apenas se a atividade for efetivamente poluidora.

e) dependerá de prévio licenciamento ambiental apenas se o proprietário limitar o uso de toda a sua propriedade para preservar os recursos ambientais.

04. (FCC – 2011 – TCM-BA – Procurador Especial de Contas) A sujeição de determinadas atividades ao licenciamento ambiental é tida como manifestação do poder de polícia voltada à proteção do meio ambiente porque

a) a outorga de licença é ato de império da Administração, de caráter discricionário e não sujeito a controle jurisdicional.

b) a ausência do licenciamento, quando devido, implica a prática de crime ambiental, passível de persecução por órgãos policiais.

c) existe, no curso do licenciamento, a possibilidade de negociação e concertação entre o interesse público e o particular, de modo que em certos casos possa haver o afastamento da supremacia do primeiro.

d) se trata do condicionamento do exercício de direitos individuais por razões de interesse público, o que corresponde à definição do poder de polícia administrativa.

e) é instituto disciplinado pela Constituição e pelas leis estaduais, voltado à atividade da Administração Pública.

05. (FCC – 2010 – TCE-AP – Procurador) De acordo com a sistemática atualmente vigente relativamente ao licenciamento ambiental e ao estudo de impacto ambiental (EIA),

a) ambos são exigíveis para qualquer obra ou atividade, por expressa disposição constitucional.

b) ambos são exigíveis em obras ou atividades potencialmente causadoras de poluição, independentemente da decisão do órgão ambiental.

c) o licenciamento é cabível em caso de obras e atividades efetiva ou potencialmente poluidoras, ao passo que o EIA será exigido quando houver possibilidade de significativa degradação, ficando a critério do órgão ambiental dispensá-lo, se esta não for verificada.

d) o licenciamento é cabível em caso de obras e atividades efetiva ou potencialmente poluidoras, ao passo que o EIA será exigido quando houver possibilidade de significativa degradação, a critério do empreendedor.

e) as hipóteses de licenciamento e de exigência do EIA são tipificadas em resoluções do Conselho Nacional do Meio Ambiente – CONAMA, sem espaço para decisões por parte do empreendedor ou do órgão ambiental.

06. (FCC – 2010 – TJ-MS – Juiz) O tipo de licença ambiental, expedida na fase preliminar do planejamento do empreendimento, destinada, entre outras finalidades, a atestar a sua viabilidade ambiental e a estabelecer as condições para a sua instalação denomina- se

a) auditoria ambiental.

b) licença prévia.

c) relatório ambiental preliminar.

d) licença de instalação.

e) estudo prévio de impacto ambiental.

07. (FGV – 2012 – OAB – Exame de Ordem Unificado – VII – Primeira Fase) Um *shopping center,* que possui cerca de 250 lojas e estacionamento para dois mil veículos, foi construído há doze anos sobre um antigo aterro sanitário e, desde sua inauguração, sofre com a decomposição de material orgânico do subsolo, havendo emissão diária de gás metano, em níveis considerados perigosos à saúde humana, podendo causar explosões. Em razão do caso exposto, assinale a alternativa correta:

a) Como o shopping foi construído há mais de cinco anos, a obrigação de elaborar estudo prévio de impacto ambiental e de se submeter a licenciamento já prescreveu. Assim o empreendimento poderá continuar funcionando.

b) A licença de operação ambiental tem prazo de validade de dez anos. Logo o *shopping* já cumpriu com suas obrigações referentes ao licenciamento e ao estudo prévio de impacto ambiental, e poderá continuar com suas atividades regularmente.

c) A decomposição de material orgânico continua ocorrendo, e é considerada perigosa à saúde humana e ao meio ambiente. Logo, o *shopping center* em questão poderá ser obrigado pelo órgão ambiental competente a adotar medidas para promover a dispersão do gás metano, de forma a minimizar ou anular os riscos ambientais, mesmo que já possua licença de operação válida.

d) Caso o *shopping center* possua licença de operação válida, não poderá ser obrigado pelo órgão ambiental competente, no caso exposto, a adotar novas medidas para a dispersão do gás metano. Apenas no momento da renovação de sua licença de operação poderá ser obrigado a adquirir novo equipamento para tal fim.

08. (FGV – 2010 – OAB – Exame de Ordem Unificado – II – Primeira Fase) Considerando a repartição de competências ambientais estabelecida na Constituição Federal, assinale a alternativa correta.

a) Deverá ser editada lei ordinária com as normas para a cooperação entre a União e os Estados, o Distrito Federal e os Municípios para o exercício da competência comum de defesa do meio ambiente.

b) A exigência de apresentação, no processo de licenciamento ambiental, de certidão da Prefeitura Municipal sobre a conformidade do empreendimento com a legislação de uso e ocupação do solo decorre da competência do município para o planejamento e controle do uso, do parcelamento e da ocupação do solo urbano.

c) Legislar sobre proteção do meio ambiente e controle da poluição é de competência concorrente da União, dos Estados, do Distrito Federal e dos Municípios, com fundamento no artigo 24 da Constituição Federal.

d) A competência executiva em matéria ambiental não alcança a aplicação de sanções administrativas por infração à legislação de meio ambiente.

09. (2017/CESPE/PGE-SE/Procurador do Estado) Caio deseja iniciar uma criação de pacas (Cuniculus paca), com um plantel de quatro animais, para o fornecimento de carnes a um mercado consumidor desejoso de novidades. Para tanto, Caio apresentou ao órgão ambiental competente um pedido de licenciamento ambiental.

Nesse caso, Caio poderá iniciar a atividade

a) automaticamente após apresentar aos órgãos responsáveis o estudo de impacto ambiental e o relatório de impacto ambiental.

b) imediatamente após a concessão do licenciamento ambiental por ele requerido.

c) imediatamente após protocolar o pedido de licenciamento ambiental no órgão competente.

d) automaticamente, após o prazo de cento e vinte dias, caso o órgão ambiental se mantenha omisso na apreciação do pedido apresentado por ele.

e) imediatamente após protocolar novo pedido, a outro órgão ambiental, caso ocorra demora na análise do pedido apresentado originalmente.

10. (2020 Banca: FCC Órgão: TJ-MS Prova: FCC - 2020 - TJ-MS - Juiz Substituto) O Ministério Público ajuizou uma ação civil pública visando à declaração de nulidade de licenciamento ambiental conduzido por estudo ambiental diverso do Estudo de Impacto Ambiental e Respectivo Relatório (EIA-RIMA). O Magistrado deverá

a) julgar, de forma antecipada, a ação procedente, uma vez que o EIA-RIMA é obrigatório no licenciamento ambiental.

b) julgar, de forma antecipada, a ação improcedente, diante da presunção de legalidade do ato administrativo.

c) determinar a produção de prova pericial para aferir a necessidade de elaboração do EIA-RIMA no licenciamento ambiental.

d) determinar a produção de prova testemunhal para aferir a necessidade de elaboração do EIA-RIMA.

e) extinguir o processo, sem resolução de mérito, por verificar a ausência de interesse processual.

11. **(Prova: FUNDATEC - 2021 - GHC-RS – Advogado)** Considerando o disposto na Lei nº 6.938/1981, que dispõe sobre a Política Nacional do Meio Ambiente, seus fins e mecanismos de formulação e aplicação e dá outras providências, assinale a alternativa INCORRETA.

a) O proprietário ou possuidor de imóvel, pessoa natural ou jurídica, pode, por instrumento público ou particular ou por termo administrativo firmado perante órgão integrante do Sisnama, limitar o uso de toda a sua propriedade ou de parte dela para preservar, conservar ou recuperar os recursos ambientais existentes, instituindo servidão ambiental.

b) A construção, instalação, ampliação e funcionamento de estabelecimentos e atividades utilizadores de recursos ambientais, apenas quando efetivamente poluidores ou capazes, sob qualquer forma, de causar degradação ambiental, dependerão de prévio licenciamento ambiental.

c) As entidades e órgãos de financiamento e incentivos governamentais condicionarão a aprovação de projetos habilitados a esses benefícios ao licenciamento, na forma desta Lei, e ao cumprimento das normas, dos critérios e dos padrões expedidos pelo CONAMA.

d) As ações de licenciamento, registro, autorizações, concessões e permissões relacionadas à fauna, à flora, e ao controle ambiental são de competência exclusiva dos órgãos integrantes do Sistema Nacional do Meio Ambiente.

e) O Ministério Público da União e dos Estados terá legitimidade para propor ação de responsabilidade civil e criminal, por danos causados ao meio ambiente.

GAB	01	CERTO	02	ERRADO	03	B	04	D	05	C	06	B
	07	C	08	B	09	B	10	C	11	B		

Art. 11. Compete ao IBAMA propor ao CONAMA normas e padrões para implantação, acompanhamento e fiscalização do licenciamento previsto no artigo anterior, além das que forem oriundas do próprio CONAMA.

§ 1.º *(Revogado pela Lei Complementar nº 140, de 2011)*

§ 2.º Inclui-se na competência da fiscalização e controle a análise de projetos de entidades, públicas ou privadas, objetivando a preservação ou a recuperação de recursos ambientais, afetados por processos de exploração predatórios ou poluidores.

1. COMENTÁRIOS

Este artigo apenas reforça o artigo 8.º, inciso I, sendo competência do CONAMA estabelecer, mediante proposta do IBAMA, normas e critérios para o licenciamento de atividades efetiva ou potencialmente poluidoras.

Art. 12. As entidades e órgãos de financiamento e incentivos governamentais condicionarão a aprovação de projetos habilitados a esses benefícios ao licenciamento, na forma desta Lei, e ao cumprimento das normas, dos critérios e dos padrões expedidos pelo CONAMA.

Parágrafo único. As entidades e órgãos referidos no *caput* deste artigo deverão fazer constar dos projetos a realização de obras e aquisição de equipamentos destinados ao controle de degradação ambiental e a melhoria da qualidade do meio ambiente.

1. COMENTÁRIOS

Os recursos públicos não poderão financiar empreendimentos poluidores ilegais. Seria uma ilegal e imoral. Nesse sentido, no caso de empreendimentos poluidores, antes da liberação do crédito, devem ser exigidas as licenças ambientais. Acerca deste tema, colaciona-se notícia extraída do sítio do Ministério do Meio Ambiente:[60]

> "**Caixa exigirá madeira legal em empreendimentos imobiliários**
>
> A Caixa Econômica Federal divulgou nesta terça-feira (30) índices surpreendentes sobre matéria-prima utilizada na construção de imóveis: 78% da madeira utilizada nos andaimes e escoramentos dos empreendimentos que financia são oriundos da Amazônia. O índice sobe para 83% no caso de forros, pisos e esquadrias e para 88% nas estruturas de cobertura. Grande parte dessa madeira é nativa dos estados do Pará, Mato Grosso e Rondônia. A situação vai mudar a partir de janeiro, quando a Caixa passará a exigir comprovação da origem legal das madeiras utilizadas pelas construtoras e empresas do segmento imobiliário que prestam serviços para a Caixa".

Note-se que a Caixa Econômica Federal, integrante da Administração Pública Indireta, não está mais do que cumprindo um dever legal, pois, se não exigir a comprovação de origem lícita da extração de madeira, mediante a exibição de licença ambiental, estará cometendo **poluição indireta**. Nessa trilha, o percuciente entendimento de PAULO BESSA ANTUNES (2008, p. 214):

> "Há que se considerar que, da análise de risco ambiental, pode resultar uma considerável variação da taxa de juros. Esta é uma percepção que começa lenta, mas, firmemente, a tomar conta do cenário financeiro. Além do risco do investimento, as instituições financeiras devem considerar que é crescente a tendência a responsabilizar os agentes financeiros por danos causados pelos mutuários. Há que se considerar que a Lei 6.938/1981 (Lei da Política Nacional do Meio Ambiente) criou a figura do poluidor indireto, que é todo aquele responsável indiretamente pela degradação ambiental (artigo 3.º, IV)".

Art. 13. O Poder Executivo incentivará as atividades voltadas ao meio ambiente, visando:

I – ao desenvolvimento, no País, de pesquisas e processos tecnológicos destinados a reduzir a degradação da qualidade ambiental;

II – à fabricação de equipamentos antipoluidores;

III – a outras iniciativas que propiciem a racionalização do uso de recursos ambientais.

Parágrafo único. Os órgãos, entidades e programas do Poder Público, destinados ao incentivo das pesquisas científicas e tecnológicas, considerarão, entre as suas metas prioritárias, o apoio aos projetos que visem a adquirir e desenvolver conhecimentos básicos e aplicáveis na área ambiental e ecológica.

1. COMENTÁRIOS

É instrumento da Política Nacional do Meio Ambiente a instituição de incentivos à produção e instalação de equipamentos e a criação ou absorção de tecnologia, voltados para a melhoria da qualidade ambiental.

60. Disponível em: <http://www.mma.gov.br>. Acesso em: 1.º.10. 2008.

Outrossim, de acordo com o artigo 170, VI, da Constituição, deve ser dado tratamento diferenciado conforme o impacto ambiental dos produtos e serviços e seus processos de elaboração e prestação.

Logo, as entidades políticas deverão adotar medidas para a redução da poluição através do fomento e apoio às tecnologias limpas ou menos impactantes ao ambiente.

Art. 14. Sem prejuízo das penalidades definidas pela legislação federal, estadual e municipal, o não cumprimento das medidas necessárias à preservação ou correção dos inconvenientes e danos causados pela degradação da qualidade ambiental sujeitará os transgressores:

I – à multa simples ou diária, nos valores correspondentes, no mínimo, a 10 (dez) e, no máximo, a 1.000 (mil) Obrigações Reajustáveis do Tesouro Nacional – ORTNs, agravada em casos de reincidência específica, conforme dispuser o regulamento, vedada a sua cobrança pela União se já tiver sido aplicada pelo Estado, Distrito Federal, Territórios ou pelos Municípios;

II – à perda ou restrição de incentivos e benefícios fiscais concedidos pelo Poder Público;

III – à perda ou suspensão de participação em linhas de financiamento em estabelecimentos oficiais de crédito;

IV – à suspensão de sua atividade.

§ 1.º Sem obstar a aplicação das penalidades previstas neste artigo, é o poluidor obrigado, independentemente da existência de culpa, a indenizar ou reparar os danos causados ao meio ambiente e a terceiros, afetados por sua atividade. O Ministério Público da União e dos Estados terá legitimidade para propor ação de responsabilidade civil e criminal, por danos causados ao meio ambiente.

§ 2.º No caso de omissão da autoridade estadual ou municipal, caberá ao Secretário do Meio Ambiente a aplicação das penalidades pecuniárias prevista neste artigo.

§ 3.º Nos casos previstos nos incisos II e III deste artigo, o ato declaratório da perda, restrição ou suspensão será atribuição da autoridade administrativa ou financeira que concedeu os benefícios, incentivos ou financiamento, cumprindo resolução do CONAMA.

§ 4.º *(Revogado pela Lei nº 9.966, de 2000)*

§ 5.º A execução das garantias exigidas do poluidor não impede a aplicação das obrigações de indenização e reparação de danos previstas no § 1º deste artigo.

1. COMENTÁRIOS

O *caput* deste artigo, os incisos, os §§ 2.º e 5.º estão tacitamente revogados pela Lei 9.605/1998 (artigos 70/76), que passou a dispor sobre as infrações administrativas praticas contra o meio ambiente e a imposição das respectivas penalidades.

O § 1.º continua em pleno vigor e disciplina a responsabilidade civil objetiva pela reparação dos danos ambientais.

Responsabilidade civil por danos ambientais

A responsabilidade civil por danos ambientais é um tema alvo de grandes polêmicas e inúmeras indefinições, sendo certo que possui um regime jurídico próprio, pois sofre o influxo de normas específicas ambientais, apenas se utilizando as normas dos demais ramos jurídicos supletivamente no que for compatível, especialmente do Direito Civil e Administrativo.

De acordo com o **Princípio 13, da Declaração do Rio**, "os Estados deverão desenvolver a legislação nacional relativa à responsabilidade e à indenização referente às vítimas da contaminação e outros danos ambientais. Os Estados deverão cooperar de maneira inteligente e mais decidida no preparo de novas leis internacionais sobre responsabilidade e indenização pelos efeitos adversos dos danos ambientais causados pelas atividades realizadas dentro de sua jurisdição, ou sob seu controle, em zonas situadas fora de sua jurisdição".

Esta espécie de responsabilidade ambiental goza de expressa previsão constitucional, pois as condutas e atividades consideradas lesivas ao meio ambiente sujeitarão os infratores, pessoas físicas ou jurídicas, a sanções penais e administrativas, **independentemente da obrigação de reparar os danos causados**, na forma do artigo 225, § 3.º, da Lei Maior.

Ademais, a responsabilidade civil por danos ambientais do minerador é também descrita expressamente pela Constituição, pois **aquele que explorar recursos minerais fica obrigado a recuperar o meio ambiente degradado**, de acordo com solução técnica exigida pelo órgão público competente, na forma da lei, a teor do § 2.º, do citado artigo.

Ainda em termos constitucionais, **é competência concorrente entre a União, os Estados e o Distrito Federal legislar sobre a responsabilidade por dano ao meio ambiente**, com espeque no artigo 24, VIII, cabendo aos Municípios editar normas suplementando as federais e estaduais, de acordo com o interesse local.

Inicialmente, será responsável por danos ambientais (não só contra o meio ambiente natural, mas cultural e artificial também) o **poluidor**, que tem o seu conceito legal fornecido pelo artigo 3.º, IV, da Lei 6.938/1981, sendo a **"a pessoa física ou jurídica, de direito público ou privado, responsável, diretamente ou indiretamente, por atividade causadora de degradação ambiental"**.

A **degradação ambiental**, por sua vez, é uma expressão com acepção mais ampla que poluição, pois é qualquer alteração adversa das características do meio ambiente, enquanto a **poluição**, na forma do artigo 3.º, III, da Lei 6.938/1981, é a degradação da qualidade ambiental resultante de atividades que, direta ou indiretamente:

- prejudiquem a saúde, a segurança e o bem-estar da população;
- criem condições adversas às atividades sociais e econômicas;
- afetem desfavoravelmente a biota;
- afetem as condições estéticas ou sanitárias do meio ambiente;
- lancem matérias ou energia em desacordo com os padrões ambientais estabelecidos.

Inclusive, na definição de poluição também se enquadra a emissão de sons e ruídos em desacordo com os padrões ambientais estabelecidos **(poluição sonora)**, conforme já reconhecido pelo STJ (REsp 1.051.306, de 16.10.2008).

A poluição poderá ser lícita ou ilícita. Se uma pessoa desmata parte da vegetação de sua fazenda amparada por regular licenciamento ambiental, haverá uma poluição lícita, pois realizada dentro dos padrões de tolerância da legislação ambiental e com base em licença, o que exclui qualquer responsabilidade administrativa ou criminal do poluidor.

De maneira inexorável, o homem precisa poluir para viver, a exemplo do corte de árvores e do lançamento de esgotos, mas deve fazê-lo de maneira sustentável, ou seja, observando a capacidade de suporte dos ecossistemas, conforme padrões máximos de poluição editados pelo Poder Público.

A depender do grau, muitas vezes a poluição consegue ser absorvida pelos ecossistemas, de modo a não gerar necessariamente um dano ambiental.

Contudo, mesmo a poluição licenciada não exclui a responsabilidade civil do poluidor, na hipótese de geração de danos ambientais, pois esta não é sancionatória, e sim reparatória.

Note-se que mesmo as pessoas jurídicas de direito público poderão ser consideradas poluidoras, por atos comissivos ou omissivos. Assim, quando explora diretamente atividade econômica,[61] a exemplo da atividade petrolífera, por meio de empresa estatal, a Administração Pública poderá se enquadrar como poluidora direta.

Outrossim, a concessão de uma licença ambiental irregular por um órgão ambiental que culmine em degradação ambiental colocará o Poder Público na condição de poluidor indireto.

Os últimos precedentes do STJ, inclusive da sua 2.ª Turma, declararam a responsabilidade objetiva do Estado por danos ambientais, mesmo em se tratando de omissão na fiscalização ambiental.

Mesmo que o Estado se enquadre como poluidor indireto por sua inércia em evitar o dano ambiental, após a reparação deverá regressar contra o poluidor direto. **Contudo, apesar de ser solidária, a atual jurisprudência dominante no STJ (1.ª e 2.ª Turmas) é no sentido de que a responsabilidade civil do Poder Público é de *execução subsidiária*, na hipótese de omissão de cumprimento adequado do seu dever de fiscalizar que foi determinante para a concretização ou o agravamento do dano causado pelo seu causador direto.**

Desta forma, apenas se a execução não puder alcançar o patrimônio do poluidor direto, a exemplo da insolvência, é que o processo executivo será direcionado ao Poder Público, vez que, neste caso, toda a sociedade acaba respondendo pelo dano ambiental causado diretamente por agentes privados.

Por tanto o exposto, pela dicção legal, não apenas o causador direto pelos danos ambientais será responsabilizado, mas também o indireto, existindo dois responsáveis: **poluidor direto e poluidor indireto.**

Há uma tendência específica no Direito Ambiental em buscar responsabilizar quem tem mais condições de arcar com os prejuízos ambientais, com base na doutrina americana do "bolso profundo", uma vez que prevalece que **todos os poluidores são responsáveis solidariamente pelos danos ambientais.**

Inclusive, visando a celeridade processual e a prática viabilidade da reparação, **há forte entendimento vedando a denunciação da lide** (modalidade de intervenção de terceiros provocada, com o fito de garantir o direito de regresso no mesmo processo) **ou o chamamento**

61. O artigo 173 da CRFB permite, em caráter excepcional, que o Estado explore diretamente atividade econômica, desde que atenda aos imperativos da segurança nacional ou relevante interesse coletivo.

ao processo (intervenção provocada de codevedores) nos processos de reparação por danos ambientais, sendo necessário o ajuizamento de ação própria contra os codevedores ou responsáveis subsidiários.

Este entendimento da Corte Superior é louvável, pois agiliza a reparação dos danos ambientais, que seria retardada pelo excesso de réus no processo, assim como pela discussão de eventual culpa para repartição de responsabilidades entre os poluidores, irrelevante para a caracterização da responsabilidade civil ambiental que é objetiva.

De efeito, a jurisprudência do STJ é firme quanto a não ser obrigatória a formação de litisconsórcio, visto que a responsabilidade de reparação integral do dano ambiental é solidária (permite demandar qualquer um ou todos eles). Pela mesma razão, a jurisprudência do Superior Tribunal entende que os envolvidos não podem alegar que não contribuíram de forma direta e própria para o dano ambiental, como forma de afastar a responsabilidade de reparar.

Um caso com previsão legal expressa de poluidor indireto encontra-se insculpido no artigo 2.º, § 4.º, da Lei 11.105/2005 (Lei de Biossegurança), em que os financiadores de atividades que envolvam organismos geneticamente modificados – OGNs devem exigir dos executores Certificado de Qualidade em Biossegurança, emitido pela CTNBio, **"sob pena de se tornarem corresponsáveis pelos eventuais efeitos decorrentes do descumprimento desta Lei ou de sua regulamentação"**.

Também nessa trilha o **artigo 12 da Lei 6.938/1981**, exige que as entidades e órgãos oficiais de crédito condicionem a sua concessão ao prévio licenciamento ambiental das suas atividades, mediante a aprovação dos respectivos projetos.

Conquanto a responsabilidade civil entre todos os poluidores seja solidária – entre diretos e indiretos –, entende-se que é possível que o poluidor indireto que tenha indenizado entre com ação regressiva, em processo próprio, contra o poluidor direto, pois a responsabilidade deste é principal.

A conduta do poluidor poderá ainda ser comissiva ou omissiva. Neste último caso, que também dispensa a análise da culpa (negligência), é preciso que o agente tenha o dever de atuar para evitar a ocorrência do dano ambiental, em decorrência de previsão legal, contratual ou por um comportamento anterior que tenha criado ou majorado um risco ambiental.

Impende salientar que **o STJ passou a admitir a inversão do ônus da prova nas ações de reparação dos danos ambientais**, com base no interesse público da reparação e no Princípio da Precaução, sendo uma ótima técnica de julgamento na hipótese de dúvida probatória (*non liquet*), pois poderá ser carreado ao suposto poluidor o ônus de comprovar que inexiste dano ambiental a ser reparado, ou, se existente, que este não foi de sua autoria.

Ademais, além de se fundamentar no **aspecto material** (*ope legis*), mormente no Princípio da Precaução (*in dubio pro natura ou salute*), a inversão do ônus da prova na ação de reparação do dano ambiental também encontra **fundamento processual** (*ope judicis*), pois a regra do artigo 6.º do CDC tem aplicação em defesa de todos os direitos coletivos e difusos.

Vale destacar que inversão do ônus da prova não deverá se proceder apenas por ocasião da sentença, e sim anteriormente, preferencialmente no despacho saneador, em respeito ao

Princípio do Contraditório, para que o réu saiba perfeitamente que terá a missão de desconstituir a presunção de veracidade dos fatos declinados pelo autor, não sendo surpreendido apenas na sentença, consoante acertada jurisprudência do STJ (REsp 802.832, j. 13.04.2011).

Para fins da responsabilidade pelo Fato do Produto e do Serviço (acidente de consumo) **equiparam-se aos consumidores** todas as vítimas do evento, nos termos do artigo 17 do CDC. Esse dispositivo pode ser invocado em ação de reparação por danos materiais e morais em decorrência de dano ambiental. Um exemplo foi a contaminação ambiental decorrente dos produtos venenosos utilizados no tratamento dos postes de luz destinados à distribuição de energia elétrica aos consumidores **(REsp 1354348/RS, Rel. Ministro LUIS FELIPE SALOMÃO, QUARTA TURMA, julgado em 26/08/2014, DJe 16/09/2014).**

Outro instrumento importante para garantir a reparação dos danos ambientais é a **desconsideração da personalidade jurídica**, que na esfera ambiental é informada pela Teoria Menor, pois não se exige o abuso da personalidade jurídica para a sua concretização.

De acordo com o artigo 4.º da Lei 9.605/1998, "poderá ser desconsiderada a pessoa jurídica sempre que sua personalidade for obstáculo ao ressarcimento de prejuízos causados à qualidade do meio ambiente".

Nota-se que literalmente **a CRFB não prevê a responsabilidade civil objetiva do poluidor** por danos ambientais (salvo danos nucleares, a teor do artigo 21, XXIII, "d", da Lei Maior), valendo registrar que muitos doutrinadores entendem-na presente implicitamente, a exemplo de CELSO ANTONIO PACHECO FIOROLLO (2008, p. 57).

Vê-se que mundialmente a responsabilidade civil subjetiva perde campo para a objetiva, afastando-se a culpa e inserindo-se o risco, especialmente na esfera ambiental, pois o poluidor deve adicionar por estimativa o custo de eventuais danos ambientais nas despesas do empreendimento que mantém.

Deveras, é posição amplamente prevalecente que é **objetiva** essa responsabilidade civil ambiental no Brasil, em razão do **§ 1.º do artigo 14 da Lei 6.938/1981.**

Esse dispositivo foi recepcionado pelo novo ordenamento constitucional, havendo precedente do **Superior Tribunal de Justiça** afirmando que se trata de responsabilidade civil objetiva na sua modalidade mais forte, ou seja, norteada pela **Teoria do Risco Integral, em que não se quebra o vínculo de causalidade pelo fato de terceiro, caso fortuito ou força maior, conforme precedentes do STJ.**

A Corte Superior continua mantendo o mesmo entendimento de que a obrigação de reparar o dano ambiental é *propter rem*, sendo o proprietário obrigado a reparar o dano ambiental em seu prédio rústico, mesmo que não o tenha causado:

Esse regime de responsabilização ambiental do proprietário ou possuidor do bem degradado, independentemente de ter sido o autor do ato lesivo ao ambiente, foi positivado pela Lei 12.651/2012, que aprovou o **novo Código Florestal brasileiro.**

De acordo com o seu artigo 2.º, § 2.º, "**as obrigações previstas nesta Lei têm natureza real e são transmitidas ao sucessor, de qualquer natureza, no caso de transferência de domínio ou posse do imóvel rural**".

Por conseguinte, o regime de reparação civil dos danos ambientais pela obrigação *propter rem* passou a ter previsão expressa na legislação florestal brasileira, sendo reproduzida em outras passagens do novo CFlo (artigos 7.º, § 2.º, e 66, § 1.º).

Aliás, frise-se que a **pretensão reparatória ambiental imaterial é perpétua, porquanto não sujeita a prazo prescricional,**[62] conforme já decidido pelo Superior Tribunal de Justiça.

Na seara privada, liga-se o dano ao prejuízo ao patrimônio de alguém. Mesmo nos casos de danos extrapatrimoniais (morais, em sentido amplo), acaba-se indenizando em pecúnia, ante a sua irreparabilidade natural.

Embora eu não tenha localizado decisão direta do STJ sobre o tema, entende-se nesta obra que o dano privado consectário do dano ambiental está sujeito normalmente ao prazo trienal de prescrição do Código Civil para ação de reparação.

Conquanto não tenha conhecido do Recurso Especial 1.437.847, em 26/8/2015, o STJ manteve decisão do TJ RJ que acolheu a tese da prescrição trienal ao caso de pedido de indenização de pescador decorrente de vazamento de óleo na Baía de Guanabara.

No Direito Ambiental existem inúmeras especificidades que impedem a adoção integral da linha privatística. Em primeiro lugar, tecnicamente, o dano ambiental normalmente é irreparável *in natura*, pois um jacaré retirado do seu *habitat* por certo lapso de tempo não mais se readaptará ou uma floresta desmatada não poderá ser colada, podendo-se no máximo reflorestar e constituir novo ecossistema similar.

Assim, uma vez **impossibilitada a reparação (ou restauração) em espécie, que é prioritária, dever-se-á partir para uma compensação ambiental ou, em último caso, para a indenização em pecúnia**.

Como exemplo, tome-se o caso do desmate de uma floresta nativa amazônica. Tecnicamente, conforme afirmam os técnicos, os danos serão irreparáveis, pois o mesmo ecossistema não terá as mesmas características de outrora, não só em relação à mata, mas também no que concerne aos animais, solo, eventuais águas etc.

Neste caso, deve-se partir para a compensação ambiental, ou seja, buscar-se-á a adoção de medidas específicas com o intuito de aproximar ao máximo o ecossistema degradado de suas condições originais.

Logo, o poluidor deverá ser compelido a reflorestar a área com as espécies nativas e, se viável, reinserir animais silvestres da mesma espécie, entre outras medidas indicadas. Em termos de ação civil pública, apenas em último caso recolher-se-á a indenização para o fundo instituído pelo artigo 13 da Lei 7.347/1985 (Lei da Ação Civil Pública), que destina à recuperação de bens coletivos lesados.

Portanto, o dano ambiental é peculiar, exigindo o desenvolvimento de uma teoria geral de responsabilização específica para atender a suas características. Isso porque se trata de uma lesão ao meio ambiente ecologicamente equilibrado, bem de uso comum do povo, que

62. Por ser fundamental, o direito ao meio ambiente ecologicamente equilibrado é inalienável, intransferível e **imprescritível**.

possui natureza coletiva, sendo ainda incorpóreo, autônomo, indivisível e imprescritível, não sendo possível, via de regra, a restauração total do ecossistema degradado.

Por outro lado, vale registrar que o **dano pessoal** decorrente de acidente ambiental está sujeito ao **prazo prescricional**, a exemplo da contaminação ecológica geradora de doença, tal como o câncer.

Ademais, não raro é difícil estabelecer o nexo causal entre a conduta poluidora e o dano ambiental, pois é comum que o prejuízo ao meio ambiente só se manifeste após muitos anos, normalmente após o efeito cumulativo da degradação (caráter sinergético), muitas vezes oriundo de mais de uma fonte de emissão, a exemplo da poluição atmosférica que causa o efeito estufa.

Outra característica *sui generis* do dano ambiental é que, em certas situações, ele poderá ser tolerado socialmente, sem a exigência específica de reparação, compensação ou indenização, a exemplo do desmatamento de árvores situadas na área de uso alternativo do solo das fazendas, lastreado em licenciamento ambiental, assim como a emissão regular de gases poluidores pelos veículos automotores.

De acordo com o STJ, é plenamente possível a cominação de obrigação de reparação com a indenização pecuniária cumulativamente, até que haja a recuperação total do dano, se possível.

Outrossim, por meio da sua 2ª Turma, o STJ vem admitindo a condenação em **dano moral coletivo** do poluidor, presumindo a ocorrência dos danos às presentes e futuras gerações.

Normalmente a **obrigação de não fazer** imposta ao poluidor objetiva a cessação da lesão ao meio ambiente a fim de não agravar, ao passo que a **obrigação de fazer** se destina à reparação ou compensação do dano ambiental.

Pode-se definir o **dano ambiental** como um prejuízo causado ao meio ambiente por uma ação ou omissão humana, que afeta de modo negativo o direito fundamental ao meio ambiente ecologicamente equilibrado e, por consequência, atinge, também de modo negativo, todas as pessoas, de maneira direta ou indireta, inexistindo uma definição legal de dano ambiental no Brasil.

Em sentido amplo, o dano ambiental é aquele que afeta todas as modalidades de meio ambiente (natural, artificial, cultural e laboral), ao passo que o dano ambiental *stricto sensu* afeta os elementos bióticos e/ou abióticos da natureza, sendo denominado puramente ecológico.

Para JOSÉ RUBENS MORATO LEITE e PATRYCK DE ARAÚJO AYALA (2010, p. 94), "dano ambiental significa, em uma primeira acepção, uma alteração indesejável ao conjunto de elementos chamados meio ambiente, como, por exemplo, a poluição atmosférica; seria, assim, a lesão ao direito fundamental que todos têm de gozar e aproveitar do meio ambiente apropriado. Contudo, em sua segunda conceituação, dano ambiental engloba os efeitos que esta modificação gera na saúde das pessoas e em seus interesses".

Na primeira acepção, define-se o **dano ao patrimônio (imaterial) ambiental**, ao macrobem tutelado, ao passo que a segunda se reporta aos efeitos da lesão à sadia qualidade de vida das pessoas, ou seja, ao **dano extrapatrimonial ambiental**.

Note-se que a norma determina que o poluidor responderá pela degradação ambiental, assim considerada qualquer alteração adversa das características do meio ambiente.

Todavia, é preciso vislumbrar que **nem toda atividade humana impactante ao meio ambiente configurará dano ambiental, mas apenas quando se ultrapassar a capacidade natural de absorção ambiental**, o que deve ser feito casuisticamente e com proporcionalidade, sem se descurar da natureza sinergética dos danos ambientais.

Logo, para a caracterização do dano ambiental, é necessário que exista um **prejuízo anormal ao meio ambiente, dotado de mínima gravidade**, ou seja, algo que afete o equilíbrio do ecossistema, não se enquadrando como dano ao ambiente qualquer alteração de suas propriedades.

Assim, suponha-se que uma indústria tenha recebido licença ambiental e outorga para lançar efluentes tratados em determinado curso d'água. Após os lançamentos, verificou-se através de exames laboratoriais que a água continua mantendo o padrão de qualidade classe I (utilização para o consumo humano, após tratamento).

Neste caso, inexiste dano ambiental, pois os efluentes foram diluídos na água e absorvidos pelo ecossistema aquático, inexistindo qualquer afetação do equilíbrio ambiental.

JOSÉ RUBENS MORATO LEITE e PATRYCK DE ARAÚJO AYALA (2010, p. 104) concluem afirmando que "da análise empreendida na lei brasileira, pode-se concluir que o dano ambiental deve ser compreendido como toda lesão intolerável causada por qualquer ação humana (culposa ou não) ao meio ambiente, diretamente, como macrobem de interesse da coletividade, em uma concepção totalizante, e indiretamente, a terceiros, tendo em vista interesses próprios e individualizáveis e que refletem no macrobem".

Por tudo isso, mais do que nunca, **tratando-se do meio ambiente, é curial prevenir, pois em regra não é possível remediar**. Nesse sentido, cresce em importância o manejo da **tutela inibitória do dano ambiental**, em que se busca impedir a ocorrência dos prejuízos intoleráveis ao meio ambiente, notadamente por meio da ação civil pública ou popular, os mesmo com o uso de medidas administrativas e criminais, a exemplo da interdição e da instituição de crimes de perigo.

Ainda é necessário apontar o **caráter multifacetário do dano ambiental**, que se apresenta na seara ecológica, ética, patrimonial e temporal.

Insta aduzir que a **degradação tolerada socialmente, amparada em regular licenciamento ambiental, dentro dos padrões fixados pela legislação ambiental, não isenta o poluidor de responder civilmente pelos danos ambientais, pois a reparação não tem a natureza jurídica de sanção civil, já que visa recompor o estado ambiental anterior ou compensá-lo.**

Apesar de poder parecer em uma análise jurídica mais apressada, não há nenhum contrassenso jurídico em permitir administrativamente uma atividade impactante para depois exigir do poluidor a reparação do dano ambiental, justamente em razão da independência das esferas e da natureza não sancionatória da reparação.

Ressalte-se que o **meio ambiente equilibrado é bem difuso, de uso comum do povo, diverso dos bens que o integram**, adquirindo natureza própria. Assim, uma pessoa poderá ser proprietária de uma floresta, mas todas as outras terão o direito ao uso sustentável daqueles recursos naturais, apenas podendo o seu titular utilizá-los nos limites tolerados pela legislação ambiental, após regular licenciamento ambiental.

Destarte, **o dano ambiental sempre terá uma vertente não patrimonial difusa, podendo, por via reflexa, atingir o patrimônio material, público ou privado.** Isso não impede que pessoas determináveis (interesses coletivos em sentido estrito), ou um grupo determinado (interesses individuais homogêneos) ou mesmo um indivíduo, tenham maiores prejuízos com o dano ambiental, a exemplo do proprietário de uma floresta desmatada ilicitamente por invasores, o que poderá gerar a concorrência de ações individuais com coletivas.

Entretanto, apesar de terem origem comum, não se confunde o dano ambiental com o dano ao patrimônio material de uma pessoa física ou jurídica, em decorrência do dano ecológico.

Destarte, se a propriedade de uma pessoa é invadida e toda a vegetação é clandestinamente desmatada, é possível a identificação de danos de naturezas distintas:

A) Dano ambiental – prejuízo ao direito fundamental ao meio ambiente ecologicamente equilibrado, pois toda a população presente e futura experimentará o sofrimento de não mais poder contar com a vegetação nativa irregularmente desmatada;

B) Dano patrimonial – redução do valor econômico do prédio rústico pelo desmate da vegetação.

Uma forma interessante de assegurar a reparação integral ou parcial do dano tem sido a celebração do seguro ambiental, a exemplo do que ocorre nos EUA e Inglaterra, mas ainda de pouco uso no Brasil, apesar de ser instrumento da Política Nacional do Meio Ambiente.

A instituição pelo Poder Público de fundos ambientais afetados à reparação civil ambiental também é uma opção política interessante, que ainda não foi implementada efetivamente no Brasil.

A jurisprudência do STJ vem aplicando o **Princípio da Reparação Integral** nas ações civis públicas que objetivam a reparação do dano ambiental (*v.g.* REsp 625.249, de 15.08.2006), a fim de impedir qualquer margem de lucro para os responsáveis.

Aliás, uma questão extremamente complexa é a valoração pecuniária do dano ambiental, especialmente quando é incabível concretamente a sua reparação ou compensação, pois os bens ambientais são de valor inestimável.

Quanto vale 100 árvores desmatadas para o meio ambiente ecologicamente equilibrado? E 1.300 pássaros mortos?

É preciso se encontrar uma fórmula concreta razoável para calcular a indenização que irá se destinar ao Fundo de Recomposição de Bens Lesados, que ainda terá a função de prevenção geral educativa, sendo improvável a adoção de uma equação a ser aplicada com generalidade.

Com efeito, certamente a valoração do dano ambiental deverá considerar a gravidade da lesão ao meio ambiente e a coletividade, o tempo que o ecossistema levará para se recompor (se isso for possível) e a afetação direta da saúde das pessoas.

A Corte Superior manteve a condenação de uma empresa que liberou no ambiente agrotóxico ilegal, que gerou a morte de 1.300 pássaros. Determinou-se o recolhimento de indenização no importe de R$ 150.000,00, pois incabível a reparação *in natura* da lesão, tendo em vista que "o valor da condenação por dano ambiental não se exaure com a simples mensuração matemática do valor dos pássaros mortos, mas deve também considerar o grau de desequilíbrio ecológico causado".

Assim, a morte de cada pássaro gerou a indenização de aproximadamente R$ 115,00, tendo sido utilizado como parâmetro o revogado Decreto 3.179/1999 (artigo 11), que previa a imposição de multa administrativa de R$ 500,00 por ave morta.

Uma questão que merece uma análise diferenciada é o regime jurídico de reparação do **dano ambiental em unidades de conservação**, nos casos em que o empreendedor já honrou previamente com o pagamento da compensação ambiental de que trata o artigo 36 da Lei 9.985/2000, nos casos de atividade apta a gerar significativa degradação ambiental, consoante previsto no EIA-RIMA.

A dúvida é se existe a possibilidade de cumulação da compensação ambiental com a reparação ou indenização pelos danos ambientais posteriormente causados, ou se haveria *bis in idem* que impediria a suposta duplicidade.

Entende-se que a resposta demanda uma análise casuística, sendo necessário se verificar se o dano ambiental causado foi previsto ou não no EIA-RIMA. Caso a resposta seja positiva, fica demonstrado que a compensação ambiental paga pelo proponente do projeto já abarcou o dano ambiental, não sendo possível uma nova responsabilização civil, sob pena de *bis in idem*.

Contudo, caso o dano ambiental em unidade de conservação tenha sido mais extenso do que o previsto no EIA-RIMA, ou então não tenha sido considerado no cálculo da compensação ambiental, deverá o empreendedor ser responsabilizado civilmente por sua ocorrência, não existindo *bis in idem* nesta hipótese. Inclusive, esta também foi a linha de pensamento seguida pelo STJ.

RESPONSABILIDADE CIVIL POR	DANOS AO MEIO AMBIENTE
Previsão legal	Artigos 225, § 3.º, da CRFB e 14, § 1.º, da Lei 6.938/1981.
Responsável	Poluidor direto e indireto, pessoa física ou jurídica, de direito público ou privado, que causar degradação ambiental. Novo proprietário, possuidor ou detentor a qualquer título de imóvel com passivo ambiental.
Natureza	Objetiva, norteada pela Teoria do Risco Integral (há precedentes do STJ, mas o tema é polêmico).
Excludentes	Inexistência de dano ambiental ou quando a degradação não tem nexo com a atividade da pessoa.
Espécies de danos	Patrimonial (patrimônio ambiental) e extrapatrimonial (moral) individual e coletivo.

RESPONSABILIDADE CIVIL POR	DANOS AO MEIO AMBIENTE
Imprescritibilidade	De acordo com o STJ, a pretensão para a reparação do dano ambiental é perpétua.
Inversão do ônus da prova	É admitida pelo STJ nas ações de reparação com base no Princípio da Precaução e no interesse público da reparação do dano ambiental.
Desconsideração da personalidade jurídica	De acordo com o artigo 4.º da Lei 9.605/1998, poderá ser desconsiderada a pessoa jurídica sempre que sua personalidade for obstáculo ao ressarcimento de prejuízos causados à qualidade do meio ambiente.

2. JURISPRUDÊNCIA

RE 654833/AC – ACRE

RECURSO EXTRAORDINÁRIO

Relator(a): Min. ALEXANDRE DE MORAES

Julgamento: 20/04/2020

Publicação: 24/06/2020

Órgão julgador: Tribunal Pleno

Publicação

PROCESSO ELETRÔNICO DJe-157 DIVULG 23-06-2020 PUBLIC 24-06-2020

Ementa

Ementa: RECURSO EXTRAORDINÁRIO. **REPERCUSSÃO GERAL. TEMA 999. CONSTITUCIONAL. DANO AMBIENTAL. REPARAÇÃO. IMPRESCRITIBILIDADE**. 1. Debate-se nestes autos se deve prevalecer o princípio da segurança jurídica, que beneficia o autor do dano ambiental diante da inércia do Poder Público; ou se devem prevalecer os princípios constitucionais de proteção, preservação e reparação do meio ambiente, que beneficiam toda a coletividade. 2. Em nosso ordenamento jurídico, a regra é a prescrição da pretensão reparatória. A imprescritibilidade, por sua vez, é exceção. Depende, portanto, de fatores externos, que o ordenamento jurídico reputa inderrogáveis pelo tempo. 3. Embora a Constituição e as leis ordinárias não disponham acerca do prazo prescricional para a reparação de danos civis ambientais, sendo regra a estipulação de prazo para pretensão ressarcitória, a tutela constitucional a determinados valores impõe o reconhecimento de pretensões imprescritíveis. 4. O meio ambiente deve ser considerado patrimônio comum de toda humanidade, para a garantia de sua integral proteção, especialmente em relação às gerações futuras. Todas as condutas do Poder Público estatal devem ser direcionadas no sentido de integral proteção legislativa interna e de adesão aos pactos e tratados internacionais protetivos desse direito humano fundamental de 3ª geração, para evitar prejuízo da coletividade em face de uma afetação de certo bem (recurso natural) a uma finalidade individual. **5. A reparação do dano ao meio ambiente é direito fundamental indisponível, sendo imperativo o reconhecimento da imprescritibilidade no que toca à recomposição dos danos ambientais.** 6. Extinção do processo, com julgamento de mérito, em relação ao Espólio de Orleir Messias Cameli e a Marmud Cameli Ltda, com base no art. 487, III, b do Código de Processo Civil de 2015, ficando prejudicado o Recurso Extraordinário. Afirmação de tese segundo a qual é imprescritível a pretensão de reparação civil de dano ambiental.

Decisão

O Tribunal, por maioria, apreciando o **tema 999** da repercussão geral, extinguiu o processo, com julgamento de mérito, em relação ao Espólio de Orleir Messias Cameli e a Marmud Cameli Ltda, com base no art. 487, III, b, do Código de Processo Civil de 2015, ficando prejudicado o recurso extraordinário, nos termos do voto do Relator, vencidos os Ministros Gilmar Mendes, Marco Aurélio e Dias Toffoli (Presidente), que davam provimento ao recurso. O Ministro Roberto Barroso acompanhou o Relator com ressalvas. Foi fixada a seguinte tese: **"É imprescritível a pretensão de reparação civil de dano ambiental"**. Falou, pela assistente, o Dr. Antonio Rodrigo Machado de Sousa. Não participou deste julgamento, por motivo de licença médica no início da sessão, o Ministro Celso de Mello (art. 2º, § 5º, da Res. 642/2019) Plenário, Sessão Virtual de 10.4.2020 a 17.4.2020.

STJ/SÚMULA N. 613

Não se admite a aplicação da teoria do fato consumado em tema de Direito Ambiental. **Primeira Seção, aprovada em 09/05/2018, DJe 14/05/2018.**

STJ/SÚMULA N. 618

A inversão do ônus da prova aplica-se às ações de degradação ambiental. **Corte Especial, julgado em 24/10/2018, DJe 30/10/2018.**

STJ/SÚMULA N. 623

As obrigações ambientais possuem natureza *propter rem*, sendo admissível cobrá-las do proprietário ou possuidor atual e/ou dos anteriores, à escolha do credor. **Primeira Seção, julgado em 12/12/2018, DJe 17/12/2018.**

STJ/SÚMULA N. 629

Quanto ao dano ambiental, é admitida a condenação do réu à obrigação de fazer ou à de não fazer cumulada com a de indenizar. **Primeira Seção, julgado em 12/12/2018, DJe 17/12/2018.**

Processo

AgInt no AREsp 1734250 / MA

AGRAVO INTERNO NO AGRAVO EM RECURSO ESPECIAL

2020/0185232-3

Relator(a)

Ministro FRANCISCO FALCÃO (1116)

Órgão Julgador

T2 - SEGUNDA TURMA

Data do Julgamento

10/05/2021

Data da Publicação/Fonte

DJe 14/05/2021

Ementa

PROCESSUAL CIVIL. **AÇÃO DE REPARAÇÃO DE DANOS MATERIAIS E MORAIS. USINA HIDRELÉTRICA DE ESTREITO. PRESCRIÇÃO.** TERMO INICIAL. TEORIA DA ACTIO NATA. CONTROVÉRSIA RESOLVIDA PELO TRIBUNAL DE ORIGEM, À LUZ DAS PROVAS DOS AUTOS. IMPOSSIBILIDADE DE REVISÃO, NA VIA ESPECIAL. SÚMULA N. 7/STJ. DIVERGÊNCIA JURISPRUDENCIAL. PREJUDICADA.

I - Trata-se de ação objetivando tutela jurisdicional com vistas à reparação de danos morais e materiais sofridos em decorrência de danos ambientais havidos pelo represamento das águas do Rio Tocantins, para implantação da Usina Hidrelétrica de Estreito, com a consequente diminuição/esgotamento da população de peixes no local.

II - O Tribunal a quo negou provimento à apelação do particular, mantendo incólume a decisão monocrática que julgou improcedente o pedido, em razão da ocorrência da prescrição do direito de ação autoral.

III - No que trata da alegação da existência de dissídio jurisprudencial, relacionado à deflagração do termo inicial do prazo prescricional da pretensão indenizatória, previsto no art. 206, § 3º, V, do Código Civil, verifica-se que o entendimento adotado pelo Tribunal a quo alinha-se à jurisprudência desta Corte, firmada no sentido de que o prazo prescricional da ação indenizatória, por danos causados em razão da construção de usina hidrelétrica, inicia-se a partir da data em que o titular do direito toma conhecimento inequívoco do fato e da extensão de suas consequências, nos termos do princípio da actio nata, podendo esse momento coincidir ou não com o do alagamento do reservatório da usina hidrelétrica.

IV - De igual forma, também correto o entendimento esposado no decisum recorrido, de que as demandas indenizatórias ajuizadas com vistas à reparação de interesses de cunho individual e patrimonial, como é o caso dos autos, devem sujeitar-se ao prazo prescricional trienal, estabelecido no art. 206, § 3º, V, do CC, o que afasta a tese de dano ambiental contínuo.

Nesse passo, tendo o Tribunal a quo, com base nos elementos fáticos dos autos, concluído, categoricamente, pela prescrição da pretensão indenizatória do recorrente, porquanto o termo inicial prescricional da indenização se deu em maio de 2011, mês em que o recorrente teve ciência da "grande mortandade de peixes" devido ao funcionamento das turbinas da usina hidrelétrica (fl. 613), para se deduzir de modo diverso, de que a ciência do recorrente de seu direito violado teria sido em outra data, a posteriori, na forma pretendida no apelo especial, seria necessário proceder ao revolvimento do mesmo acervo fático-probatório já analisado, providência impossível pela via estreita do recurso especial, ante o óbice do enunciado da Súmula n. 7/STJ.

V - Agravo interno improvido.

STJ INFORMATIVO 671 - TERCEIRA TURMA

PROCESSO	REsp 1.612.887-PR, Rel. Min. Nancy Andrighi, Terceira Turma, por unanimidade, julgado em 28/04/2020, DJe 07/05/2020
RAMO DO DIREITO	DIREITO AMBIENTAL
TEMA	Dano ambiental. Concessão de licença ambiental. Fato de terceiro capaz de interromper o nexo causal. Não configuração.

DESTAQUE

O erro na concessão de licença ambiental não configura fato de terceiro capaz de interromper o nexo causal na reparação por lesão ao meio ambiente.

INFORMAÇÕES DO INTEIRO TEOR

A exoneração da responsabilidade pela interrupção do nexo causal é admitida na responsabilidade subjetiva e em algumas teorias do risco que regem a responsabilidade objetiva, mas não pode ser alegada quando se tratar de dano subordinado à teoria do risco integral.

Os danos ambientais são regidos pela teoria do risco integral, colocando-se aquele que explora a atividade econômica na posição de garantidor da preservação ambiental, sendo sempre considerado responsável pelos danos vinculados à atividade, descabendo questionar a exclusão da responsabilidade pelo suposto rompimento do nexo causal (fato exclusivo de terceiro ou força maior).

No caso, mesmo que se considere que a instalação do posto de combustível somente tenha ocorrido em razão de erro na concessão da licença ambiental, é o exercício dessa atividade, de responsabilidade da recorrente, que gera o risco concretizado no dano ambiental, razão pela qual não há possibilidade de eximir-se da obrigação de reparar a lesão verificada.

Tal entendimento encontra-se consolidado na jurisprudência desta Corte em diversos julgados, proferidos, inclusive, em sede de recurso especial repetitivo (Temas 438, 681 e 707 deste STJ), não é possível ao responsável arguir qualquer causa exonerativa da responsabilidade, que decorre de mero exercício da atividade de risco ambiental.

Processo

AgInt no REsp 1833216 / RO

AGRAVO INTERNO NO RECURSO ESPECIAL

2019/0248851-4

Relator(a)

Ministro LUIS FELIPE SALOMÃO (1140)

Órgão Julgador

T4 - QUARTA TURMA

Data do Julgamento

20/09/2021

Data da Publicação/Fonte

DJe 27/09/2021

Ementa

AGRAVO INTERNO NO RECURSO ESPECIAL. DANO **AMBIENTAL.** REPARAÇÃO POR DANOS MORAIS E MATERIAIS. CONSUMIDOR POR EQUIPARAÇÃO. ART. 17 DO CDC. POSSIBILIDADE DE AÇÃO INDIVIDUAL. AGRAVO NÃO PROVIDO.

1. O sistema processual brasileiro admite a coexistência de ação coletiva e ação individual que postulem o reconhecimento de um mesmo **direito**, inexistindo litispendência entre as demandas.

2. A jurisprudência desta Corte Superior admite, nos termos do art. 17 do CDC, a existência da figura do consumidor por equiparação nas hipóteses de danos ambientais.

"Considera-se como termo a quo da contagem do prazo prescricional quinquenal previsto no art. 27 do CDC, para ajuizamento de ação de reparação de dano moral decorrente de prejuízos à saúde advindos do acidente ambiental, a data da ciência inequívoca pelo autor de que a doença diagnosticada (câncer) decorreu da contaminação do solo e do lençol freático por produtos químicos lançados pela ré. A notificação pública da poluição ambiental não pode ser considerada como termo inicial da contagem do referido prazo prescricional, porquanto os efeitos nocivos à saúde da população não surgiram imediatamente a ela, mas nos anos subsequentes (STJ, AgRg no AgRg no AREsp 608324 / RS, de 5/5/2016).

"O julgado atacado concluiu pela incidência da prescrição trienal à ação de reparação civil de caráter individual fundado no derramamento de **óleo** na Baía de Guanabara que obstou o prosseguimento da atividade pesqueira desempenhada pelos demandantes. No recurso especial, entretanto, os recorrentes, a título de divergência pretoriana, colacionam julgado que decidiu pela imprescritibilidade de ações coletivas em que se pleiteia indenização por danos ambientais ante a natureza difusa do interesse em litígio. Nesse contexto, não há semelhança entre as bases fáticas dos acórdãos confrontados, razão pela qual não são aptos para demonstrar o dissídio jurisprudencial" (Recurso Especial 1.437.847, em 26/8/2015).

"PROCESSUAL CIVIL. AGRAVO INTERNO. EMBARGOS DE DIVERGÊNCIA. RESPONSABILIDADE CIVIL OBJETIVA. INDENIZAÇÃO POR DANO AMBIENTAL. TERMO INICIAL DA CORREÇÃO MONETÁRIA. SÚMULA 43 DO STJ. **1. A indenização por dano material oriunda de responsabilidade civil objetiva extracontratual, tem, como termo inicial da correção monetária, a data do evento danoso, nos termos da Súmula 43 do STJ**. Precedentes" (STJ, AgInt nos EDcl nos EREsp 1312355, de 5/10/2016).

"Termo inicial de incidência dos **juros** moratórios na data do evento danoso. Nos termos da Súmula 54/STJ, os **juros** moratórios incidem a partir da data do fato, no tocante aos valores devidos a título de **dano** material e moral" (STJ, REsp 1114398, de 8/2/2012, 2ª Seção, repetitivo).

▶ **STJ, INFORMATIVO 388 – DANOS AMBIENTAIS. RESPONSABILIDADE SOLIDÁRIA.** A questão em causa diz respeito à responsabilização do Estado por danos ambientais causados pela invasão e construção, por particular, em unidade de conservação (parque estadual). A Turma entendeu haver responsabilidade solidária do Estado quando, devendo agir para evitar o dano ambiental, mantém-se inerte ou atua de forma deficiente. A responsabilização decorre da omissão ilícita, a exemplo da falta de fiscalização e de adoção de outras medidas preventivas inerentes ao poder de polícia, as quais, ao menos indiretamente, contribuem para provocar o dano, até porque o poder de polícia ambiental não se exaure com o embargo à obra, como ocorreu no caso. Há que ponderar, entretanto, que essa cláusula de solidariedade não pode implicar benefício para o particular que causou a degradação ambiental com sua ação, em detrimento do erário. *Assim, sem prejuízo da responsabilidade solidária,* *deve o Estado – que não provocou diretamente o dano nem obteve proveito com sua omissão – buscar o ressarcimento dos valores despendidos do responsável direto, evitando, com isso, injusta oneração da sociedade.* Com esses fundamentos, deu-se provimento ao recurso. Precedentes citados: AgRg no Ag 973.577-SP, *DJ* 19.12.2008; REsp 604.725-PR, *DJ* 22.08.2005; AgRg no Ag 822.764-MG, *DJ* 02.08.2007, e REsp 647.493-SC, *DJ* 22.10.2007. REsp 1.071.741-SP, Rel. Min. Herman Benjamin, julgado em 24.03.2009.

STJ, INFORMATIVO 404 – MEIO AMBIENTE. INDENIZAÇÃO. ADQUIRENTE. Trata-se de ação civil pública (ACP) na qual o MP objetiva a recuperação de área degradada devido à construção de usina hidrelétrica, bem como indenização pelo dano causado ao meio ambiente. A Turma entendeu que a responsabilidade por danos ambientais é objetiva e, como tal, não exige a comprovação de culpa, bastando a constatação do dano e do nexo de causalidade. *Contudo, não obstante a comprovação do nexo de causalidade ser a regra, em algumas situações dispensa-se tal necessidade em prol de uma efetiva proteção do bem jurídico tutelado.* É isso que ocorre na esfera ambiental, nos casos em que o adquirente do imóvel é responsabilizado pelos danos ambientais causados na propriedade, independentemente de ter sido ele ou o dono anterior o real causador dos estragos. A responsabilidade por danos ao meio ambiente, além de objetiva, também é solidária. A possibilidade de responsabilizar o novo adquirente de imóvel já danificado apenas busca dar maior proteção ao meio ambiente, tendo em vista a extrema dificuldade de precisar qual foi a conduta poluente e quem foi seu autor. *Assim, na espécie, conforme a análise das provas feitas pelo Tribunal* a quo, *foi possível verificar o real causador do desastre ambiental, ficando ele responsável por reparar o dano, ainda que solidariamente com o atual proprietário do imóvel danificado.* Precedentes citados: REsp 185.675-SP, *DJ* 02.10.2000; REsp 843.036-PR, *DJ* 09.11.2006; REsp 263.383-PR, *DJ* 22.08.2005, e REsp 327.254-PR, *DJ* 19.12.2002. REsp 1.025.574-RS, Rel. Min. Eliana Calmon, julgado em 25.08.2009.

STJ, INFORMATIVO 406 – ÁREA *NON AEDIFICANDI*. PROMONTÓRIO. PRESERVAÇÃO AMBIENTAL. *Trata-se de ação civil pública (ACP) proposta pela União com a finalidade de demolir a obra de hotel (construído em 1993) situada em terreno de marinha ante a lesividade ao patrimônio público e ao meio ambiente e anular o auto pelo qual o município autorizou a construção e a cassação do direito de ocupação da área.* O Ministério Público Federal recorre adesivamente, sob o fundamento de que não foi observado o art. 14, § 1.º, da Lei n. 6.938/1981. Afirma que a ausência de culpa não deve afastar a aplicação da responsabilidade, que, de qualquer modo deve recair sobre o causador do dano – o agente agressor –, ainda que se possa responsabilizar solidariamente o Estado pela conduta que permitiu a ação ilícita. Para o Min. Relator, é incontroverso que a obra foi construída em promontório, que pode ser conceituado como um acidente geográfico no litoral do continente. Conforme examinada pelo Tribunal de origem, a legislação veta a edificação de prédios ou construção de qualquer natureza em faixa de até dois mil metros de extensão a partir da ponta mais avançada do promontório; considera zona de preservação permanente as áreas destinadas à preservação das faixas de areia existentes em todo o município, bem como as áreas acrescidas de marinha natural ou artificialmente, pertencentes ao patrimônio da União e destinadas exclusivamente ao uso público. A licença prévia foi concedida ao arrepio da legislação e da Constituição federais. A área objeto do litígio está sujeita a licenciamento ambiental do Ibama, razão pela qual não pode ser ratificada ou servir de suporte para a manutenção de obra realizada sem estudo de impacto ambiental. Conforme o acórdão recorrido, o secretário de planejamento municipal e urbanismo que assinou o alvará de construção é o próprio engenheiro responsável pela obra. Entendeu o Min. Relator que, conforme disposição legal, o poluidor é obrigado, independentemente da existência de culpa, a indenizar ou reparar os danos causados ao meio ambiente e a terceiros afetados por sua atividade. Diante do exposto, a Turma negou provimento ao recurso do terceiro recorrente e proveu os recursos da União e do MPF. Precedentes citados: REsp 1.045.746-RS, *DJe* 04.08.2009; REsp 604.725-PR, *DJ* 22.08.2005; REsp 786.550-RS, *DJ* 05.12.2005; REsp 193.815-SP, *DJ* 19.09.2005; REsp 551.418-PR, *DJ* 22.03.2004; REsp 570.194-RS, *DJ* 12.11.2007; EDcl no AgRg no REsp 255.170-SP, *DJ* 22.04.2003; EDcl AgRg nos EDcl no CC 34.001-ES, *DJ* 29.11.2004, e REsp 745.363-PR, *DJ* 18.10.2007. REsp 769.753-SC, Rel. Min. Herman Benjamin, julgado em 08.09.2009.

STJ, INFORMATIVO 427 – MEIO AMBIENTE. REPARAÇÃO. INDENIZAÇÃO. *O princípio da reparação* in integrum *aplica-se ao dano ambiental. Com isso, a obrigação de recuperar o meio ambiente degradado* *é compatível com a indenização pecuniária por eventuais prejuízos, até sua restauração plena.* Contudo, se quem degradou promoveu a restauração imediata e completa do bem lesado ao *status quo ante*, em regra, não se fala em indenização. Já os benefícios econômicos que aquele auferiu com a exploração ilegal do meio ambiente (bem de uso comum do povo, conforme o art. 225, *caput*, da CF/1988) devem reverter à coletividade, tal qual no caso, em que se explorou garimpo ilegal de ouro em área de preservação permanente sem qualquer licença ambiental de funcionamento ou autorização para desmatamento. Com esse entendimento, a Turma deu parcial provimento ao recurso para reconhecer, em tese, a possibilidade de cumulação de indenização pecuniária e obrigações de fazer voltadas à recomposição in natura do bem lesado, o que impõe a devolução dos autos ao tribunal de origem para que verifique existir dano indenizável e seu eventual *quantum debeatur.* Precedente citado: REsp 1.120.117-AC, *DJe* 19.11.2009. REsp 1.114.893-MG, Rel. Min. Herman Benjamin, julgado em 16.03.2010.

▶ **STJ, INFORMATIVO 427 – MEIO AMBIENTE. LEGITIMIDADE PASSIVA. ESTADO.** *A jurisprudência do STJ firmou-se no sentido de reconhecer a legitimidade passiva de pessoa jurídica de direito público (no caso, estado-membro) na ação que busca a responsabilidade pela degradação do meio ambiente, em razão da conduta omissiva quanto a seu dever de fiscalizá-lo.* Essa orientação coaduna-se com o art. 23, VI, da CF/1988, que firma ser competência comum da União, estados, Distrito Federal e municípios a proteção do meio ambiente e o combate à poluição em qualquer de suas formas. Anote-se que o art. 225, *caput*, da CF/1988 prevê o direito de todos a um meio ambiente ecologicamente equilibrado, além de impor ao Poder Público e à coletividade o dever de defendê-lo e preservá-lo em benefício das presentes e futuras gerações. AgRg no REsp 958.766-MS, Rel. Min. Mauro Campbell Marques, julgado em 16.03.2010.

▶ **STJ, INFORMATIVO 429 – ACP. DANOS AMBIENTAIS. PÁSSAROS SILVESTRES.** Trata-se de ação civil pública (ACP) ajuizada pelo MP estadual, ora recorrente, em desfavor do ora recorrido, aduzindo que ele vem impondo à coletividade degradação da qualidade ambiental com a captura e manutenção em cativeiro de seis exemplares da fauna brasileira (pássaros silvestres), sem autorização do Ibama. Em sede de apelação, o tribunal *a quo* confirmou a sentença pela improcedência da demanda. No REsp, o recorrente pretendia a desconstituição do acórdão recorrido sob o fundamento de que o dano perfaz-se com a manutenção dos pássaros silvestres em cativeiro, sem autorização do órgão ambiental. Para tanto, sustentava violação do art. 3.º, III, *a*, e IV; art. 4.º, VII, e art. 14, § 1.º, todos da Lei n. 6.938/1981 (Política Nacional do Meio Ambiente). Nesta instância especial, *entendeu-se que, tendo em conta todos os elementos dos autos, é inviável o acolhimento da pretensão do MP, que, com base em descumprimento de norma administrativa (necessidade de autorização do Ibama para manter em cativeiro aves silvestres), pleiteava a responsabilização civil sem a devida comprovação de efetivo dano ambiental. Isso porque, em se tratando de reparação civil, seria fundamental a comprovação de tal dano, o que não aconteceu na hipótese.* REsp 1.140.549-MG, Rel. Min. Eliana Calmon, julgado em 06.04.2010.

▶ **STJ, INFORMATIVO 456 – DANO AMBIENTAL. MORTANDADE. PÁSSAROS.** O MP estadual, recorrido, ajuizou, na origem, ação civil pública em desfavor da empresa agrícola, recorrente, sob a alegação de que essa seria responsável por dano ambiental por uso de agrotóxico ilegal, o que teria causado grande mortandade de pássaros. A recorrente, em contestação, entre outras alegações, sustentou a descaracterização do mencionado dano, arguindo que pouco mais de trezentas aves teriam morrido, sem que tenha havido efetivo comprometimento do meio ambiente. A sentença julgou procedente a ação, condenando a recorrente a pagar a importância de R$ 150 mil em indenização a ser revertida para o meio ambiente local, em recomposição do dano ambiental causado com a morte de 1.300 pássaros da fauna silvestre, o que se manteve em grau de apelação. *Nesta instância especial, ao apreciar a controvérsia, consignou o Min. Relator que a existência de um dano ambiental não só encerra a necessidade de reconstituição do meio ambiente no que for possível, com a necessária punição do poluidor (princípio do poluidor-pagador), mas também traz em seu bojo a necessidade de evitar que o fato venha a repetir-se, o que justifica medidas coercitivas e punições que terão, inclusive, natureza educativa.* Observou não haver como fracionar o meio ambiente e, dessa forma, deve ser responsabilizado o agente pela morte dos pássaros em decorrência de sua ação poluidora. Quanto ao valor estabelecido na condenação, entendeu que o pleito da recorrente para que se tome como base de cálculo o valor unitário de cada pássaro não pode prosperar, já que *a mensuração do dano ecológico não se exaure na simples recomposição numérica dos animais mortos, devendo-se também considerar os nefastos efeitos decorrentes do desequilíbrio ecológico em face da ação praticada pela recorrente.* Diante desses fundamentos, entre outros, a Turma negou provimento ao recurso Precedentes citados: REsp 1.120.117-AC, *DJe* 19.11.2009, e REsp 1.114.893-MG. REsp 1.164.630-MG, Rel. Min. Castro Meira, julgado em 18.11.2010.

▸ **STJ, INFORMATIVO 490 – RECURSO REPETITIVO. INDENIZAÇÃO. DANO AMBIENTAL. ATIVIDADE DE PESCA SUSPENSA.** A Segunda Seção, ao apreciar o REsp sob o rito do art. 543-C do CPC e Res. n. 8/2008-STJ, *manteve a condenação da Petróleo Brasileiro S/A Petrobras, ora recorrente, ao pagamento de indenização por danos morais e materiais causados ao recorrido, pescador profissional, em razão de acidente ambiental. In casu*, o presente apelo especial, admitido como representativo de controvérsia, busca especificamente equalizar o julgamento das ações de indenização por danos patrimoniais e extrapatrimoniais causados por vazamento de nafta do navio NT-Norma, de propriedade da recorrente, ocorrido em outubro de 2001, no Porto de Paranaguá, fato que suspendeu a atividade de pesca na região pelo prazo de um mês. Inicialmente, asseverou-se inexistir cerceamento de defesa no julgamento antecipado da lide, pois o magistrado considerou que os aspectos decisivos da causa estavam suficientemente maduros para embasar seu convencimento. Segundo se observou, cabe ao juiz, como único destinatário da prova, aferir a necessidade ou não de colher outros elementos probatórios para análise das alegações das partes. Quanto à alegada ilegitimidade *ad causam*, reputou-se estar devidamente comprovada a qualidade de pescador do recorrido à época dos fatos. A carteira de identificação profissional fornecida pelo Ministério da Agricultura, apesar de ter sido emitida após o acidente ambiental, demonstra claramente que ele estava registrado no Departamento de Pesca e Aquicultura como trabalhador de atividade pesqueira, desde 1988. *Em relação às hipóteses de excludentes do nexo de causalidade levantadas pela defesa, afirmou-se estar diante do caso de responsabilidade objetiva do transportador de carga perigosa, na modalidade **"risco integral"**, em que não se admite qualquer causa de excludente de responsabilidade.* Destacou-se, ademais, que, segundo o acórdão objurgado, o vazamento de nafta teria sido ocasionado pela colisão do navio de propriedade da recorrente, e não pelo deslocamento da boia de sinalização da entrada do canal. *Entendeu-se, ainda, ser cabível o pagamento de indenização por danos extrapatrimoniais, diante do sofrimento de monta causado ao recorrido, que ficou impossibilitado de exercer seu trabalho por tempo considerável.* Reafirmou-se o entendimento do enunciado da Súm. n. 54 deste Tribunal Superior, no sentido de que, tratando-se de responsabilidade extracontratual, os juros de mora incidirão a partir do evento danoso. Por fim, quanto à redistribuição do ônus da prova, sustentou-se que, uma vez caracterizada a sucumbência mínima do autor, cabe ao réu o pagamento integral das custas processuais e honorários advocatícios (Súm. n. 326-STJ). REsp 1.114.398-PR, Rel. Min. Sidnei Beneti, julgado em 08.02.2012.

▸ **STJ, INFORMATIVO 507 – DIREITO CIVIL. RESPONSABILIDADE CIVIL OBJETIVA. DANO AMBIENTAL.** *A responsabilidade por dano ambiental é objetiva e pautada no risco integral, não se admitindo a aplicação de excludentes de responsabilidade.* Conforme a previsão do art. 14, § 1.º, da Lei n. 6.938/1981, recepcionado pelo art. 225, §§ 2.º e 3.º, da CF, a responsabilidade por dano ambiental, fundamentada na teoria do risco integral, pressupõe a existência de uma atividade que implique riscos para a saúde e para o meio ambiente, impondo-se ao empreendedor a obrigação de prevenir tais riscos (princípio da prevenção) e de internalizá-los em seu processo produtivo (princípio do poluidor-pagador). Pressupõe, ainda, o dano ou risco de dano e o nexo de causalidade entre a atividade e o resultado, efetivo ou potencial, não cabendo invocar a aplicação de excludentes de responsabilidade. Precedente citado: REsp 1.114.398-PR, *DJe* 16.02.2012 (REPETITIVO). REsp 1.346.430-PR, Rel. Min. Luis Felipe Salomão, julgado em 18.10.2012.

▸ **STJ, INFORMATIVO 538 – DIREITO CIVIL E AMBIENTAL. RESPONSABILIDADE POR DANOS AMBIENTAIS DECORRENTES DE ACIDENTE CAUSADO POR SUBSIDIÁRIA DA PETROBRAS. RECURSO REPETITIVO (ART. 543-C DO CPC E RES. 8/2008 DO STJ). Relativamente ao acidente ocorrido no dia 5 de outubro de 2008, quando a indústria Fertilizantes Nitrogenados de Sergipe (Fafen), subsidiária da**

Petrobras, deixou vazar para as águas do rio Sergipe cerca de 43 mil litros de amônia, que resultou em dano ambiental provocando a morte de peixes, camarões, mariscos, crustáceos e moluscos e consequente quebra da cadeia alimentar do ecossistema fluvial local: a responsabilidade por dano ambiental é objetiva, informada pela teoria do risco integral, sendo o nexo de causalidade o fator aglutinante que permite que o risco se integre na unidade do ato, sendo descabida a invocação, pela empresa responsável pelo dano ambiental, de excludentes de responsabilidade civil para afastar a sua obrigação de indenizar. A doutrina menciona que, conforme o art. 14, § 1.º, da Lei 6.938/1981, a responsabilidade por dano ambiental é objetiva, tendo por pressuposto a existência de atividade que implique riscos para a saúde e para o meio ambiente, sendo o nexo de causalidade o fator aglutinante que permite que o risco se integre na unidade do ato que é fonte da obrigação de indenizar, de modo que, aquele que explora a atividade econômica coloca-se na posição de garantidor da preservação ambiental, e os danos que digam respeito à atividade estarão sempre vinculados a ela. Por isso descabe a invocação, pelo responsável pelo dano ambiental, de excludentes de responsabilidade civil. No mesmo sentido, há recurso repetitivo do STJ em situação análoga (REsp 1.114.398/PR, Segunda Seção, *DJe* 16.02.2012). Com efeito, está consolidando no âmbito do STJ a aplicação aos casos de dano ambiental da teoria do risco integral, vindo daí o caráter objetivo da responsabilidade. (AgRg no REsp 1.412.664-SP, Quarta Turma, *DJe* 11.03.2014, AgRg no AREsp 201.350-PR, Quarta Turma, *Dje* 08.10.2013). REsp 1.354.536-SE, Rel. Min. Luis Felipe Salomão, julgado em 26.03.2014.

▶ **STJ, INFORMATIVO 538 – DIREITO CIVIL E AMBIENTAL. CARÁTER DA RESPONSABILIDADE POR DANOS MORAIS DECORRENTES DE ACIDENTE AMBIENTAL CAUSADO POR SUBSIDIÁRIA DA PETROBRAS. RECURSO REPETITIVO (ART. 543-C DO CPC E RES. 8/2008 DO STJ). Relativamente ao acidente ocorrido no dia 5 de outubro de 2008, quando a indústria Fertilizantes Nitrogenados de Sergipe (Fafen), subsidiária da Petrobras, deixou vazar para as águas do rio Sergipe cerca de 43 mil litros de amônia, que resultou em dano ambiental provocando a morte de peixes, camarões, mariscos, crustáceos e moluscos e consequente quebra da cadeia alimentar do ecossistema fluvial local: é inadequado pretender conferir à reparação civil dos danos ambientais caráter punitivo imediato, pois a punição é função que incumbe ao direito penal e administrativo.** O art. 225, § 3.º, da CF estabelece que todos têm direito ao meio ambiente ecologicamente equilibrado, bem de uso comum do povo e essencial à sadia qualidade de vida, e que “as condutas e atividades consideradas lesivas ao meio ambiente sujeitarão os infratores, pessoas físicas ou jurídicas, a sanções penais e administrativas, independentemente da obrigação de reparar os danos causados”. Nesse passo, no REsp 1.114.398/PR, (julgado sob o rito do art. 543-C do CPC, *DJe* 16.02.2012) foi consignado ser patente o sofrimento intenso de pescador profissional artesanal, causado pela privação das condições de trabalho, em consequência do dano ambiental, sendo devida compensação por dano moral, fixada, por equidade. A doutrina realça que, no caso da compensação de danos morais decorrentes de dano ambiental, a função preventiva essencial da responsabilidade civil é a eliminação de fatores capazes de produzir riscos intoleráveis, visto que a função punitiva cabe ao direito penal e administrativo, propugnando que os principais critérios para arbitramento da compensação devem ser a intensidade do risco criado e a gravidade do dano, devendo o juiz considerar o tempo durante o qual a degradação persistirá, avaliando se o dano é ou não reversível, sendo relevante analisar o grau de proteção jurídica atribuído ao bem ambiental lesado. Assim, não há falar em caráter de punição à luz do ordenamento jurídico brasileiro – que não consagra o instituto de direito comparado dos danos punitivos (*punitive damages*) –, haja vista que a responsabilidade civil por dano ambiental prescinde da culpa e que, revestir a compensação de caráter punitivo propiciaria o *bis in idem* (pois, como firmado, a punição imediata é tarefa específica do direito administrativo e penal). Dessa forma, conforme consignado no REsp 214.053-SP, para “se estipular o valor do dano moral devem ser consideradas as condições pessoais dos envolvidos, evitando-se que sejam desbordados os limites dos bons princípios e da igualdade que regem as relações de direito, para que não importe em um prêmio indevido ao ofendido, indo muito além da recompensa ao desconforto, ao desagrado, aos efeitos do gravame suportado” (Quarta Turma, *DJ* 19.03,2001). Com efeito, na fixação da indenização por danos morais, recomendável que o arbitramento seja feito com moderação, proporcionalmente ao grau de culpa, ao nível socioeconômico dos autores e, ainda, ao porte da empresa recorrida, orientando-se o juiz pelos critérios sugeridos pela doutrina e jurisprudência, com razoabilidade, valendo-se de sua experiência e do bom senso, atento à realidade da vida e às peculiaridades de cada caso. Assim, é preciso ponderar diversos fatores para se alcançar um valor adequado ao caso concreto, para que, de um lado, não haja nem enriquecimento sem causa de quem recebe a indenização e, de outro lado, haja efetiva compensação pelos danos morais experimentados por aquele que fora lesado. REsp 1.354.536-SE, Rel. Min. Luis Felipe Salomão, julgado em 26.03.2014.

STJ, INFORMATIVO 538 – DIREITO CIVIL E AMBIENTAL. VALOR DA INDENIZAÇÃO POR DANOS MORAIS DECORRENTES DE ACIDENTE AMBIENTAL CAUSADO POR SUBSIDIÁRIA DA PETROBRAS. RECURSO REPETITIVO (ART. 543-C DO CPC E RES. 8/2008 DO STJ). Relativamente ao acidente ocorrido no dia 5 de outubro de 2008, quando a indústria Fertilizantes Nitrogenados de Sergipe (Fafen), subsidiária da Petrobras, deixou vazar para as águas do rio Sergipe cerca de 43 mil litros de amônia, que resultou em dano ambiental provocando a morte de peixes, camarões, mariscos, crustáceos e moluscos e consequente quebra da cadeia alimentar do ecossistema fluvial local: em vista das circunstâncias específicas e homogeneidade dos efeitos do dano ambiental verificado no ecossistema do rio Sergipe – afetando significativamente, por cerca de seis meses, o volume pescado e a renda dos pescadores na região afetada –, sem que tenha sido dado amparo pela poluidora para mitigação dos danos morais experimentados e demonstrados por aqueles que extraem o sustento da pesca profissional, não se justifica, em sede de recurso especial, a revisão do *quantum* arbitrado, a título de compensação por danos morais, em R$ 3.000,00. REsp 1.354.536-SE, Rel. Min. Luis Felipe Salomão, julgado em 26.03.2014.

STJ, INFORMATIVO 538 – DIREITO CIVIL E AMBIENTAL. INDENIZAÇÃO POR LUCROS CESSANTES DECORRENTES DE ACIDENTE AMBIENTAL CAUSADO POR SUBSIDIÁRIA DA PETROBRAS. RECURSO REPETITIVO (ART. 543-C DO CPC E RES. 8/2008 DO STJ). Relativamente ao acidente ocorrido no dia 5 de outubro de 2008, quando a indústria Fertilizantes Nitrogenados de Sergipe (Fafen), subsidiária da Petrobras, deixou vazar para as águas do rio Sergipe cerca de 43 mil litros de amônia, que resultou em dano ambiental provocando a morte de peixes, camarões, mariscos, crustáceos e moluscos e consequente quebra da cadeia alimentar do ecossistema fluvial local: o dano material somente é indenizável mediante prova efetiva de sua ocorrência, não havendo falar em indenização por lucros cessantes dissociada do dano efetivamente demonstrado nos autos; assim, se durante o interregno em que foi experimentado os efeitos do dano ambiental, houve o período de "defeso" – incidindo a proibição sobre toda atividade de pesca do lesado –, não há que se cogitar em indenização por lucros cessantes durante essa vedação. Nesse passo, o art. 402 do CC estabelece que, salvo as exceções expressamente previstas em lei, as perdas e danos devidos ao credor abrangem, além do que efetivamente perdeu, o que razoavelmente deixou de lucrar por consequência do evento danoso. Esse é o entendimento do STJ (REsp 615.203-MS, Quarta Turma, *DJe* 08.09.2009; REsp 1.110.417-MA, Quarta Turma, *DJe* 28.04.2011). Dessarte, tendo sido apurado que, durante o interregno em que foi experimentado os efeitos do dano ambiental, havia o "defeso", em que, a teor do art. 1.º, *caput*, da Lei 10.779/2003, é vedada a atividade pesqueira, não há cogitar em indenização por lucros cessantes. Ademais, no caso de recebimento do seguro-desemprego durante o período de "defeso", é bem de ver que o art. 4.º, I, II e IV, do mencionado diploma legal estabelece ser proibido o recebimento do benefício simultaneamente ao exercício de atividade remunerada, início de percepção de outra renda ou desrespeito ao período de defeso. REsp 1.354.536-SE, Rel. Min. Luis Felipe Salomão, julgado em 26.03.2014.

"AMBIENTAL, ADMINISTRATIVO E PROCESSUAL CIVIL. AÇÃO CIVIL PÚBLICA. PROTEÇÃO E PRESERVAÇÃO DO MEIO AMBIENTE. COMPLEXO PARQUE DO SABIÁ. OFENSA AO ART. 535, II, DO CPC NÃO CONFIGURADA. CUMULAÇÃO DE OBRIGAÇÕES DE FAZER COM INDENIZAÇÃO PECUNIÁRIA. ART. 3.º DA LEI 7.347/1985. POSSIBILIDADE. **DANOS MORAIS COLETIVOS. CABIMENTO**. 1. Não ocorre ofensa ao art. 535 do CPC, se o Tribunal de origem decide, fundamentadamente, as questões essenciais ao julgamento da lide. 2. Segundo a jurisprudência do STJ, a logicidade hermenêutica do art. 3.º da Lei 7.347/1985 permite a cumulação das condenações em obrigações de fazer ou não fazer e indenização pecuniária em sede de ação civil pública, a fim de possibilitar a concreta e cabal reparação do dano ambiental pretérito, já consumado. Microssistema de tutela coletiva. 3. O dano ao meio ambiente, por ser bem público, gera repercussão geral, impondo conscientização coletiva à sua reparação, a fim de resguardar o direito das futuras gerações a um meio ambiente ecologicamente equilibrado. **4. O dano moral coletivo ambiental atinge direitos de personalidade do grupo massificado, sendo desnecessária a demonstração de que a coletividade sinta a dor, a repulsa, a indignação, tal qual fosse um indivíduo isolado. 5. Recurso especial provido, para reconhecer, em tese, a possibilidade de cumulação de indenização pecuniária com as obrigações de fazer, bem como a condenação em danos morais coletivos, com a devolução dos autos ao Tribunal de origem para que verifique se, no caso, há dano indenizável e fixação do eventual *quantum debeatur*"** (STJ, REsp 1.269.494, de 24.09.2013).

"5. Nas demandas ambientais, por força dos princípios do poluidor-pagador e da reparação *in integrum*, admite-se a condenação do réu, simultânea e agregadamente, em obrigação de fazer, não fazer e indenizar. Aí se encontra típica obrigação cumulativa ou conjuntiva. Assim, na interpretação dos arts. 4.º, VII, e 14, § 1.º, da Lei da Política Nacional do Meio Ambiente (Lei 6.938/1981), e do art. 3.º da Lei 7.347/1985, a conjunção 'ou' opera com valor aditivo, não introduz alternativa excludente. **Essa posição jurisprudencial leva em conta que o dano ambiental é multifacetário (ética, temporal, ecológica e patrimonialmente falando, sensível ainda à diversidade do vasto universo de vítimas, que vão do indivíduo isolado à coletividade, às gerações futuras e aos próprios processos ecológicos em si mesmos considerados).** 6. Se o bem ambiental lesado for imediata e completamente restaurado ao *status quo ante* (*reductio ad pristinum statum*, isto é, restabelecimento à condição original), não há falar, ordinariamente, em indenização. Contudo, a possibilidade técnica, no futuro (= prestação jurisdicional prospectiva), de restauração in natura nem sempre se mostra suficiente para reverter ou recompor integralmente, no terreno da responsabilidade civil, as várias dimensões do dano ambiental causado; por isso não exaure os deveres associados aos princípios do poluidor-pagador e da reparação *in integrum*" (STJ, Recurso Especial 1.198.727, de 14.08.2012).

"Processo civil e ambiental. Violação do art. 535, II, do CPC. Omissão não configurada. **Compensação ambiental. Art. 36 da Lei 9.985/2000**. 1. Não há violação do art. 535 do CPC quando o Tribunal de origem resolve a controvérsia de maneira sólida e fundamentada. 2. O artigo 36 da Lei 9.985/2000 prevê o instituto de compensação ambiental com base em conclusão de EIA/RIMA, de que o empreendimento teria significativo impacto ambiental e mensuração do dano previsível e indispensável a sua realização. **3. A compensação tem conteúdo reparatório, em que o empreendedor destina parte considerável de seus esforços em ações que sirvam para contrabalançar o uso de recursos naturais indispensáveis à realização do empreendimento previsto no estudo de impacto ambiental e devidamente autorizados pelo órgão competente. 4. O montante da compensação deve ater-se àqueles danos inevitáveis e imprescindíveis ao empreendimento previsto no EIA/RIMA, não se incluindo aqueles que possam ser objeto de medidas mitigadoras ou preventivas. 5. A indenização por dano ambiental, por seu turno, tem assento no artigo 225, § 3.º, da Carta da República, que cuida de hipótese de dano já ocorrido em que o autor terá obrigação de repará-lo ou indenizar a coletividade. Não há como se incluir nesse contexto aquele que foi previsto e autorizado pelos órgãos ambientais já devidamente compensado. 6. Os dois institutos têm natureza distinta, não havendo *bis in idem* na cobrança de indenização, desde que nela não se inclua a compensação anteriormente realizada ainda na fase de implantação do projeto.** 7. O pleito de compensação por meio do oferecimento de gleba feito previamente pelo Governo do Distrito Federal como meio de reparar a construção da estrada em área de conservação não pode ser acolhido, seja pela inexistência de EIA/RIMA – requisito para aplicação do artigo 36 da Lei 9.985/2000 –, seja pela existência de danos que não foram identificados nos relatórios técnicos que justificaram a dispensa do estudo. 8. A indenização fixada em R$ 116.532,00 (cento e dezesseis mil, quinhentos e trinta e dois reais) já se justificaria pela existência dos danos ambientais gerados pela obra que não foram contemplados por medidas que os minorassem ou evitassem. O simples fato de o Governo do Distrito Federal gravar determinado espaço como área de conservação ambiental não lhe permite degradar como melhor lhe aprouver outra extensão da mesma unidade sem observar os princípios estabelecidos na Carta da República. 9. Recursos especiais não providos" (STJ, REsp 896.863, j. 19.05.2011).

"PROCESSUAL CIVIL. AÇÃO CIVIL PÚBLICA. MEIO AMBIENTE. DIREITO AO SILÊNCIO. POLUIÇÃO SONORA. ART. 3.º, III, ALÍNEA 'E', DA LEI 6.938/1981. INTERESSE DIFUSO. LEGITIMIDADE AD CAUSAM DO MINISTÉRIO PÚBLICO.

1. Hipótese de Ação Civil Pública ajuizada com o fito de cessar poluição sonora causada por estabelecimento comercial.

2. Embora tenha reconhecido a existência de poluição sonora, o Tribunal de origem asseverou que os interesses envolvidos são individuais, porquanto afetos a apenas uma parcela da população municipal.

3. A poluição sonora, mesmo em área urbana, mostra-se tão nefasta aos seres humanos e ao meio ambiente como outras atividades que atingem a 'sadia qualidade de vida', referida no art. 225, *caput*, da Constituição Federal.

4. O direito ao silêncio é uma das manifestações jurídicas mais atuais da pós-modernidade e da vida em sociedade, inclusive nos grandes centros urbanos.

5. O fato de as cidades, em todo o mundo, serem associadas à ubiquidade de ruídos de toda ordem e de vivermos no país do carnaval e de inumeráveis manifestações musicais não retira de cada brasileiro o direito de descansar e dormir, duas das expressões do direito ao silêncio, que encontram justificativa não apenas ética, mas sobretudo fisiológica.

6. Nos termos da Lei 6.938/1981 (Lei da Política Nacional do Meio Ambiente), também é poluição a atividade que lance, no meio ambiente, 'energia em desacordo com os padrões ambientais estabelecidos' (art. 3.°, III, alínea 'e', grifei), exatamente a hipótese do som e ruídos. Por isso mesmo, inafastável a aplicação do art. 14, § 1.°, da mesma Lei, que confere legitimação para agir ao Ministério Público.

7. Tratando-se de poluição sonora, e não de simples incômodo restrito aos lindeiros de parede, a atuação do Ministério Público não se dirige à tutela de direitos individuais de vizinhança, na acepção civilística tradicional, e, sim, à defesa do meio ambiente, da saúde e da tranquilidade pública, bens de natureza difusa.

8. O Ministério Público possui legitimidade para propor Ação Civil Pública com o fito de prevenir ou cessar qualquer tipo de poluição, inclusive sonora, bem como buscar a reparação pelos danos dela decorrentes.

9. A indeterminação dos sujeitos, considerada ao se fixar a legitimação para agir na Ação Civil Pública, não é incompatível com a existência de vítimas individualizadas ou individualizáveis, bastando que os bens jurídicos afetados sejam, no atacado, associados a valores maiores da sociedade, compartilhados por todos, e a todos igualmente garantidos, pela norma constitucional ou legal, como é o caso do meio ambiente ecologicamente equilibrado e da saúde" (STJ, REsp 1.051.306, de 16.10.2008).

"4. **Qualquer que seja a qualificação jurídica do degradador, público ou privado, no Direito brasileiro a responsabilidade civil pelo dano ambiental é de natureza objetiva, solidária e ilimitada**, sendo regida pelos princípios do poluidor-pagador, da reparação *in integrum*, da prioridade da reparação *in natura*, e do favor *debilis*, este último a legitimar uma série de técnicas de facilitação do acesso à Justiça, entre as quais se inclui a inversão do ônus da prova em favor da vítima ambiental. Precedentes do STJ. 5. Ordinariamente, a responsabilidade civil do Estado, por omissão, é subjetiva ou por culpa, regime comum ou geral esse que, assentado no art. 37 da Constituição Federal, enfrenta duas exceções principais. **Primeiro, quando a responsabilização objetiva do ente público decorrer de expressa previsão legal, em microssistema especial, como na proteção do meio ambiente (Lei 6.938/1981, art. 3.º, IV, c/c o art. 14, § 1.º)**. Segundo, quando as circunstâncias indicarem a presença de um *standard* ou dever de ação estatal mais rigoroso do que aquele que jorra, consoante a construção doutrinária e jurisprudencial, do texto constitucional" (STJ, REsp 1.071.741, de 24.03.2009).

"Processual civil, administrativo e ambiental. Adoção como razões de decidir de parecer exarado pelo Ministério Público. Inexistência de nulidade. Art. 2.º, parágrafo único, da Lei 4.771/1965. Dano ao meio ambiente. Responsabilidade civil do Estado por omissão. Arts. 3.º, IV, c/c 14, § 1.º, da Lei 6.938/1981. Dever de controle e fiscalização. 1. A jurisprudência predominante no STJ é no sentido de que, em matéria de proteção ambiental, há responsabilidade civil do Estado quando a omissão de cumprimento adequado do seu dever de fiscalizar for determinante para a concretização ou o agravamento do dano causado pelo seu causador direto. **Trata-se, todavia, de responsabilidade subsidiária, cuja execução poderá ser promovida caso o degradador direto não cumprir a obrigação, 'seja por total ou parcial exaurimento patrimonial ou insolvência, seja por impossibilidade ou incapacidade, por qualquer razão, inclusive técnica, de cumprimento da prestação judicialmente imposta, assegurado, sempre, o direito de regresso (art. 934 do Código Civil), com a desconsideração da personalidade jurídica, conforme preceitua o art. 50 do Código Civil' (REsp 1.071.741/SP, 2.ª T., Min. Herman Benjamin, *DJe* de 16.12.2010).** 2. Examinar se, no caso, a omissão foi ou não 'determinante' (vale dizer, causa suficiente ou concorrente) para a 'concretização ou o agravamento do dano' é juízo que envolve exame das circunstâncias fáticas da causa, o que encontra óbice na Súmula 07/STJ. 3. Agravos regimentais desprovidos" (STJ, AgRg no REsp 1001780, 1.ª T., j. 27.09.2011).

"*Ação civil pública. Dano causado ao meio ambiente. Legitimidade passiva do ente estatal.* ***Responsabilidade objetiva. Responsável direto e indireto. Solidariedade.*** *Litisconsórcio facultativo. Artigo 267, IV, do CPC. Prequestionamento. Ausência. Súmulas 282 e 356 do STF.* [...] 5. Assim, **independentemente da existência de culpa, o poluidor, ainda que indireto (Estado-recorrente) (artigo 3.º da Lei 6.938/1981), é obrigado a indenizar e reparar o dano causado ao meio ambiente (responsabilidade objetiva).** 6. Fixada a legitimidade passiva do ente recorrente, eis que preenchidos os requisitos para a configuração da responsabilidade civil (ação ou omissão, nexo de causalidade e dano), ressalta-se, também, **que tal responsabilidade (objetiva) é solidária**, o que legitima a inclusão das três esferas de poder no polo passivo na demanda, conforme realizado pelo Ministério Público (litisconsórcio facultativo)" (REsp 604.725, *DJ* 22.08.2005).

"A questão em causa diz respeito à responsabilização do Estado por danos ambientais causados pela invasão e construção, por particular, em unidade de conservação (parque estadual). A Turma entendeu haver responsabilidade solidária do Estado quando, devendo agir para evitar o dano ambiental, mantém-se inerte ou atua de forma deficiente. A responsabilização decorre da omissão ilícita, a exemplo da falta de fiscalização e de adoção de outras medidas preventivas inerentes ao poder de polícia, as quais, ao menos indiretamente, contribuem para provocar o dano, até porque o poder de polícia ambiental não se exaure com o embargo à obra, como ocorreu no caso. Há que ponderar, entretanto, que essa cláusula de solidariedade não pode implicar benefício para o particular que causou a degradação ambiental com sua ação, em detrimento do erário. Assim, sem prejuízo da responsabilidade solidária, deve o Estado – que não provocou diretamente o dano nem obteve proveito com sua omissão – buscar o ressarcimento dos valores despendidos do responsável direto, evitando, com isso, injusta oneração da sociedade. Com esses fundamentos, deu-se provimento ao recurso" (STJ, REsp 1.071.741-SP, Rel. Min. Herman Benjamin, j. 24.03.2009).

"2. A Ação Civil Pública deve discutir, unicamente, a relação jurídica referente à proteção do meio ambiente e das suas consequências pela violação a ele praticada. [...] 3. **Incabível, por essa afirmação, a denunciação da lide.** 4. **Direito de regresso, se decorrente do fenômeno de violação ao meio ambiente, deve ser discutido em ação própria**" (STJ, REsp 232.187, de 23.03.2000).

"Processual civil e ambiental. Agravo regimental. Ofensa ao art. 535 do CPC. Inocorrência. **Dano ao meio ambiente. Responsabilidade objetiva. Denunciação à lide. Impossibilidade**. Relação entre pretensos denunciante e denunciado. Responsabilidade subjetiva. princípios da economia e celeridade processuais. 1. Em primeiro lugar, não existe a alegada ofensa ao art. 535 do CPC. A contradição que autoriza o manejo dos aclaratórios é aquela que ocorre entre a fundamentação e o dispositivo, e não a interna à fundamentação. A obscuridade apontada confunde-se com o inconformismo da parte acerca do julgamento da controvérsia de fundo proferido pelo Tribunal, situação não enquadrada entre os vícios do art. 535 do CPC. **2. Em segundo lugar, pacífico o entendimento desta Corte Superior a respeito da impossibilidade de denunciação à lide quando a relação processual entre o autor e o denunciante é fundada em causa de pedir diversa da relação passível de instauração entre o denunciante e o denunciado, à luz dos princípios da economia e celeridade processuais. Precedentes.** 3. Na espécie, a responsabilidade por danos ao meio ambiente é objetiva e a responsabilidade existente entre os pretensos denunciante e denunciado é do tipo subjetiva, razão pela qual inviável a incidência do art. 70, III, do CPC. 4. Agravo regimental não provido" (STJ, AgRg no Ag 1.213.458, j. 24.08.2010).

"PROCESSUAL CIVIL. LOTEAMENTO CLANDESTINO. ADQUIRENTES POSSUIDORES. RESPONSABILIDADE SOLIDÁRIA. LITISCONSÓRCIO PASSIVO.

1. Trata-se, na origem remota, de Ação Civil Pública movida contra loteadores e representantes de vendas, sob o fundamento de implantação de loteamento não registrado (clandestino).

2. No dano ambiental e urbanístico, a regra geral é a do litisconsórcio facultativo. Segundo a jurisprudência do STJ, nesse campo a 'responsabilidade (objetiva) é solidária' (REsp 604.725/PR, Rel. Ministro Castro Meira, Segunda Turma, *DJ* 22.08.2005, p. 202); logo, mesmo havendo 'múltiplos agentes poluidores, não existe obrigatoriedade na formação do litisconsórcio', abrindo-se ao autor a possibilidade de 'demandar de qualquer um deles, isoladamente ou em conjunto, pelo todo' (REsp 880.160/RJ, Rel. Ministro Mauro Campbell Marques, Segunda Turma, *DJe* 27.05.2010).

3. Contudo, como única forma de garantir plena utilidade e eficácia à prestação jurisdicional, impõe-se o litisconsórcio necessário entre o loteador e o adquirente se este, por mão própria, altera a situação física ou realiza obras no lote que, ao final, precisarão ser demolidas ou removidas. Precedentes: REsp 901.422/SP, Rel. Ministra Eliana Calmon, Segunda Turma, *DJe* 14.12.2009; REsp 1.194.236/RJ, Rel. Ministro Teori Albino Zavascki, Primeira Turma, *DJe* 27.10.2010; REsp 405.706/SP, Rel. Ministro Luiz Fux, Primeira Turma, *DJ* 23.09.2002.

4. A Segunda Turma do STJ, com a composição atual, em julgamento unânime e em relação ao mesmo loteamento ora em questão, assim já se posicionou: 'Na ação civil pública de reparação a danos contra o meio ambiente os empreendedores de loteamento em área de preservação ambiental, bem como os adquirentes de lotes e seus ocupantes que, em tese, tenham promovido degradação ambiental, formam litisconsórcio passivo necessário' (REsp 901.422/SP, Rel. Ministra Eliana Calmon, Segunda Turma, *DJe* 14.12.2009, grifo acrescentado).

5. No citado precedente, acrescentou a eminente Relatora, Ministra Eliana Calmon, em seu Voto: 'Ora, como julgar a validade do parcelamento e as alterações empreendidas no meio ambiente unicamente com relação aos empreendedores, excluindo os adquirentes e ocupantes que também possam ou já tenham realizado alterações no bioma protegido pelas normas ambientais? De fato, a tutela do meio ambiente, como direito difuso, pressupõe a máxima concentração de medidas para que sua eficácia seja ótima, revelando-se a ação civil pública como instrumento concretizador dessa máxima efetividade da reparação e precaução do meio ambiente' (REsp 901.422/SP, Segunda Turma, *DJe* 14.12.2009).

6. 'O litisconsórcio, quando necessário, é condição de validade do processo e, nessa linha, pode ser formado a qualquer tempo, enquanto não concluída a fase de conhecimento (...)' (AgRg no Ag 420.256/RJ, Rel. Ministro Ari Pargendler, Terceira Turma, *DJ* 18.11.2002). No mesmo sentido: REsp 146.099/ES, Rel. Ministro Sálvio de Figueiredo Teixeira, Quarta Turma, *DJ* 14.02.2000; REsp 260.079/SP, Rel. Ministro Fernando Gonçalves, Quarta Turma, *DJ* 20.06.2005" (STJ, EDcl no REsp 843.978, de 07.03.2013).

"**No Direito Ambiental brasileiro, a inversão do ônus da prova é de ordem substantiva e *ope legis*, direta ou indireta (esta última se manifesta, p. ex., na derivação inevitável do princípio da precaução), como também de cunho estritamente processual e *ope judicis* (assim no caso de hipossuficiência da vítima, verossimilhança da alegação ou outras hipóteses inseridas nos poderes genéricos do juiz, emanação natural do seu ofício de condutor e administrador do processo). Como corolário do princípio *in dubio pro natura*, 'Justifica-se a inversão do ônus da prova, transferindo para o empreendedor da atividade potencialmente perigosa o ônus de demonstrar a segurança do empreendimento, a partir da interpretação do art. 6.º**, VIII, da Lei 8.078/1990 c/c o art. 21 da Lei 7.347/1985, conjugado ao Princípio Ambiental da Precaução' (REsp 972.902/RS, Rel. Min. Eliana Calmon, Segunda Turma, *DJe* 14.09.2009), técnica que sujeita aquele que supostamente gerou o dano ambiental a comprovar 'que não o causou ou que a substância lançada ao meio ambiente não lhe é potencialmente lesiva' (REsp 1.060.753/SP, Rel. Min. Eliana Calmon, Segunda Turma, *DJe* 14.12.2009)" (STJ, REsp 883.656 , de 09.03.2010).

"5. Para fins da Lei 6.938, de 31 de agosto de 1981, artigo 3.º, qualifica-se como poluidor a pessoa física ou jurídica, de direito público ou privado, responsável, direta ou indiretamente, por atividade causadora de degradação ambiental. 6. Sob essa ótica, **o fretador de embarcação que causa dano objetivo ao meio ambiente é responsável pelo mesmo, sem prejuízo de preservar o seu direito regressivo e em demanda infensa à administração, *inter partes*, discutir a culpa e o regresso pelo evento.** 7. O poluidor (responsável direto ou indireto), por seu turno, com base na mesma legislação, artigo 14 – 'sem obstar a aplicação das penalidades administrativas' é obrigado, 'independentemente da existência de culpa', a indenizar ou reparar os danos causados ao meio ambiente e a terceiros, 'afetados por sua atividade'. 8. Merecem tratamento diverso os danos ambientais provocados por embarcação de bandeira estrangeira contratada por empresa nacional cuja atividade, ainda que de forma indireta, seja a causadora do derramamento de óleo, daqueles danos perpetrados por navio estrangeiro a serviço de empresa estrangeira, quando então resta irretorquível a aplicação do artigo 2.º do Decreto 83.540/1979. 9. De toda sorte, **em ambos os casos há garantia de regresso**, porquanto, mesmo na responsabilidade objetiva, o imputado, após suportar o impacto indenizatório não está inibido de regredir contra o culpado" (STJ, REsp 467.212, *DJ* de 15.12.2003, Rel. Min. Luiz Fux).

"Processual civil e ambiental. Ação civil pública. Dano ambiental. Construção de hidrelétrica. Responsabilidade objetiva e solidária. Artigos 3.º, inc. IV, e 14, § 1.º, da Lei 6.398/1981. Irretroatividade da lei. Prequestionamento ausente: Súmula 282/STF. Prescrição. Deficiência na fundamentação: Súmula 284/STF. Inadmissibilidade. **1. A responsabilidade por danos ambientais é objetiva e, como tal, não exige a comprovação de culpa, bastando a constatação do dano e do nexo de causalidade. 2. Excetuam-se à regra, dispensando a prova do nexo de causalidade, a responsabilidade de adquirente de imóvel já danificado porque, independentemente de ter sido ele ou o dono anterior o real causador dos estragos, imputa-se ao novo proprietário a responsabilidade pelos danos. Precedentes do STJ.** 3. A solidariedade nessa hipótese decorre da dicção dos artigos 3.º, inc. IV, e 14, § 1.º, da Lei 6.398/1981 (Lei da Política Nacional do Meio Ambiente). 4. Se possível identificar o real causador do desastre ambiental, a ele cabe a responsabilidade de reparar o dano, ainda que solidariamente com o atual proprietário do imóvel danificado. 5. Comprovado que a empresa Furnas foi responsável pelo ato lesivo ao meio ambiente a ela cabe a reparação, apesar de o imóvel já ser de propriedade de outra pessoa jurídica. 6. É inadmissível discutir em recurso especial questão não decidida pelo Tribunal de origem, pela ausência de prequestionamento. 7. É deficiente a fundamentação do especial que não demonstra contrariedade ou negativa de vigência a tratado ou lei federal. 8. Recurso especial parcialmente conhecido e não provido" (STJ, REsp 1.056.540, de 25.08.2009).

"As obrigações ambientais derivadas do depósito ilegal de lixo ou resíduos no solo são de natureza *propter rem,* o que significa dizer que aderem ao título e se transferem ao futuro proprietário, prescindindo-se de debate sobre a boa ou má-fé do adquirente, pois não se está no âmbito da responsabilidade subjetiva, baseada em culpa. **Para o fim de apuração do nexo de causalidade no dano ambiental, equiparam-se quem faz, quem não faz quando deveria fazer, quem deixa fazer, quem não se importa que façam, quem financia para que façam, e quem se beneficia quando outros fazem.** Constatado o nexo causal entre a ação e a omissão das recorrentes com o dano ambiental em questão, surge, objetivamente, o dever de promover a recuperação da área afetada e indenizar eventuais danos remanescentes, na forma do art. 14, § 1.º, da Lei 6.938/1981" (STJ, REsp 650.728, de 23.10.2007).

"CIVIL E PROCESSUAL CIVIL. AGRAVO REGIMENTAL NO AGRAVO EM RECURSO ESPECIAL. CERCEAMENTO DE DEFESA E HONORÁRIOS DE SUCUMBÊNCIA. SÚMULA N. 7/STJ. **RESPONSABILIDADE CIVIL. ROMPIMENTO DO POLIDUTO 'OLAPA' E VAZAMENTO DE ÓLEO COMBUSTÍVEL. DANO AMBIENTAL. PETROBRÁS. TEORIA DO RISCO INTEGRAL**. RESPONSABILIDADE OBJETIVA. PRECEDENTE DA SEGUNDA SEÇÃO. ART. 543-C DO CPC. APLICABILIDADE. DESPROVIMENTO. 1. O Tribunal de origem afastou a alegação de cerceamento de defesa por entender comprovada a ocorrência e a extensão do dano ambiental, bem como a legitimidade do autor da ação. Alterar esse entendimento demandaria o reexame das provas produzidas nos autos, o que é vedado em recurso especial, a teor da Súmula n. 7/STJ. 2. O reexame dos critérios fáticos sopesados de forma equitativa para a fixação dos honorários advocatícios (art. 20, §§ 3.º e 4.º, do CPC) encontram óbice na Súmula n. 7/STJ. Somente se admite a revisão do valor quando for evidente a desproporcionalidade da quantia arbitrada, situação não verificada nos autos. **3. A tese contemplada no julgamento do REsp 1.114.398/PR (Relator Ministro SIDNEI BENETI, julgado em 08.02.2012, *DJe* 16.02.2012), sob o rito do art. 543-C, no tocante à teoria do risco integral e da responsabilidade objetiva ínsita ao dano ambiental (arts. 225, § 3.º**, da CF e 14, § 1.º, da Lei 6.938/1981), aplica-se perfeitamente à espécie, sendo irrelevante o questionamento sobre a diferença entre as excludentes de responsabilidade civil suscitadas na defesa de cada caso. Precedentes. 4. Ademais, no caso, o Tribunal de origem, analisando a prova dos autos, concluiu pela inexistência de força maior, o que atrai a incidência da Súmula n. 7/STJ. 5. Agravo regimental desprovido" (STJ, AgRg no AREsp 71.324/PR, de 26.02.2013).

"*Processual civil. Administrativo. Danos ambientais. Ação civil pública. Responsabilidade do adquirente. Terras rurais. Recomposição. Matas. Incidente de uniformização de jurisprudência. Artigo 476 do CPC. Faculdade do órgão julgador.* 1. A responsabilidade pelo dano ambiental é objetiva, ante a *ratio essendi* da Lei 6.938/1981, que em seu artigo 14, § 1.º, determina que o poluidor seja obrigado a indenizar ou reparar os danos ao meio-ambiente e, quanto ao terceiro, preceitua que a obrigação persiste, mesmo sem culpa. Precedentes do STJ: REsp 826.976/PR, Relator Ministro Castro Meira, *DJ* de 1.º.09.2006; AgRg no REsp 504.626/PR, Relator Ministro Francisco Falcão, *DJ* de 17.05.2004; REsp 263.383/PR, Relator Ministro João Otávio de Noronha, *DJ* de 22.08.2005 e EDcl no AgRg no REsp 255.170/SP, desta relatoria, *DJ* de 22.04.2003. 2. **A obrigação de reparação dos danos ambientais é *propter rem*,** por isso que a Lei 8.171/1991 vigora para **todos os proprietários rurais, ainda que não sejam eles os responsáveis por eventuais desmatamentos anteriores**, máxime porque a referida norma referendou o próprio Código Florestal (Lei 4.771/1965) que estabelecia uma limitação administrativa às propriedades rurais, obrigando os seus proprietários a instituírem áreas de **reservas legais, de no mínimo 20% de cada propriedade, em prol do interesse coletivo**. Precedente do STJ: REsp 343.741/PR, Relator Ministro Franciulli Netto, *DJ* de 07.10.2002. 3. Paulo Affonso Leme Machado, em sua obra Direito Ambiental Brasileiro, ressalta que '[...] A responsabilidade objetiva ambiental significa que quem danificar o ambiente tem o dever jurídico de repará-lo. Presente, pois, o binômio dano/reparação. Não se pergunta a razão da degradação para que haja o dever de indenizar e/ou reparar. A responsabilidade sem culpa tem incidência na indenização ou na reparação dos 'danos causados ao meio ambiente e aos terceiros afetados por sua atividade' (artigo 14, § III, da Lei 6.938/1981). Não interessa que tipo de obra ou atividade seja exercida pelo que degrada, pois não há necessidade de que ela apresente risco ou seja perigosa. Procura-se quem foi atingido e, se for o meio ambiente e o homem, inicia-se o processo lógico-jurídico da imputação civil objetiva ambienta! Só depois é que se entrará na fase do estabelecimento do nexo de causalidade entre a ação ou omissão e o dano. É contra o Direito enriquecer-se ou ter lucro à custa da degradação do meio ambiente. O artigo 927, parágrafo único, do CC de 2002 dispõe: 'Haverá obrigarão de reparar o dano, independentemente de culpa, nos casos especificados em lei, ou quando a atividade normalmente desenvolvida pelo autor do dano implicar, por sua natureza, risco para os direitos de outrem'. Quanto à primeira parte, em matéria ambiental, já temos a Lei 6.938/1981, que instituiu a responsabilidade sem culpa. Quanto à segunda parte, quando nos defrontarmos com atividades de risco, cujo regime de responsabilidade não tenha sido especificado em lei, o juiz analisará, caso a caso, ou o Poder Público fará a classificação dessas atividades. 'É a responsabilidade pelo risco da atividade.' Na conceituação do risco aplicam-se os princípios da precaução, da prevenção e da reparação. Repara-se por força do Direito Positivo e, também, por um princípio de Direito Natural, pois não é justo prejudicar nem os outros e nem a si mesmo. Facilita-se a obtenção da prova da responsabilidade, sem se exigir a intenção, a imprudência e a negligência para serem protegidos bens de alto interesse de todos e cuja lesão ou destruição terá consequências não só para a geração presente, como para a geração futura. Nenhum dos poderes da República, ninguém, está autorizado, moral e constitucionalmente, a concordar ou a praticar uma transação que acarrete a perda de chance de vida e de saúde das gerações [...]' in *Direito Ambiental Brasileiro*. 12. ed. São Paulo: Malheiros, 2004, p. 326-327" (STJ, REsp 745.363/2007).

"Ambiental e processual civil. Área de preservação permanente. possibilidade de reflorestamento por parte do poder público sem desapropriação. Transferência dos custos ao proprietário. Obrigação *propter rem*. Indenização do art. 18, § 1.º, do Código Florestal. Regra de transição. Cultivos após a criação da APP. Conduta ilícita não indenizável. Discussão sobre a prescrição prejudicada. 1. O Código Florestal, em seu art. 18, determina que, nas terras de propriedade privada onde seja necessário o florestamento ou o reflorestamento de preservação permanente, o Poder Público Federal poderá fazê-lo sem desapropriá-las, se não o fizer o proprietário. 2. Com isso, não está o art. 18 da Lei 4.771/1965 retirando do particular a obrigação de recuperar a área desmatada, mas apenas autorizando ao Poder Público que se adiante no processo de recuperação, com a transferência dos custos ao proprietário, que nunca deixou de ser o obrigado principal. **3. Tal obrigação, aliás, independe do fato de ter sido o proprietário o autor da degradação ambiental, mas decorre de obrigação *propter rem*, que adere ao título de domínio ou posse**. Precedente: (AgRg no REsp 1.206.484/SP, Rel. Min. Humberto Martins, 2.ª T. j. 17.03.2011, *DJe* 29.03.2011). 4. O § 1.º do art. 18 do Código Florestal quando dispôs que, 'se tais áreas estiverem sendo utilizadas com culturas, de seu valor deverá ser indenizado o proprietário' apenas criou uma regra de transição para proprietários ou possuidores que, à época da criação da limitação administrativa, ainda possuíam culturas nessas áreas. 5. Aqueles que, como no caso do recorrente, cultivaram em área de preservação permanente, após a entrada em vigor da norma restritiva, praticaram conduta ilícita, exploraram economicamente quando deveriam recuperar a vegetação. Obviamente que, em tais situações, não há que se falar em indenização. 6. A conclusão de que inexiste direito à reparação dos danos torna inócua qualquer discussão a respeito da ocorrência ou não da prescrição da pretensão indenizatória. Recurso especial improvido" (STJ, REsp 1.237.071, j. 03.05.2011).

"Administrativo e processo civil. Direito ambiental. Ação civil pública. Competência da Justiça Federal. Imprescritibilidade da reparação do dano ambiental. Pedido genérico. Arbitramento do *quantum debeatur* na sentença: revisão, possibilidade. Súmulas 284/STF e 7/STJ. 1. É da competência da Justiça Federal o processo e julgamento de Ação Civil Pública visando indenizar a comunidade indígena Ashaninka-Kampa do rio Amônia. 2. Segundo a jurisprudência do STJ e STF trata-se de competência territorial e funcional, eis que o dano ambiental não integra apenas o foro estadual da Comarca local, sendo bem mais abrangente espraiando-se por todo o território do Estado, dentro da esfera de competência do Juiz Federal. 3. Reparação pelos danos materiais e morais, consubstanciados na extração ilegal de madeira da área indígena. 4. O dano ambiental além de atingir de imediato o bem jurídico que lhe está próximo, a comunidade indígena, também atinge a todos os integrantes do Estado, espraiando-se para toda a comunidade local, não indígena e para futuras gerações pela irreversibilidade do mal ocasionado. **5. Tratando-se de direito difuso, a reparação civil assume grande amplitude, com profundas implicações na espécie de responsabilidade do degradador que é objetiva, fundada no simples risco ou no simples fato da atividade danosa, independentemente da culpa do agente causador do dano. 6. O direito ao pedido de reparação de danos ambientais, dentro da logicidade hermenêutica, está protegido pelo manto da imprescritibilidade, por se tratar de direito inerente à vida, fundamental e essencial à afirmação dos povos, independentemente de não estar expresso em texto legal. 7. Em matéria de prescrição cumpre distinguir qual o bem jurídico tutelado: se eminentemente privado seguem-se os prazos normais das ações indenizatórias; se o bem jurídico é indisponível, fundamental, antecedendo a todos os demais direitos, pois sem ele não há vida, nem saúde, nem trabalho, nem lazer, considera-se imprescritível o direito à reparação. 8. O dano ambiental inclui-se dentre os direitos indisponíveis e como tal está dentre os poucos acobertados pelo manto da imprescritibilidade a ação que visa reparar o dano ambiental.** 9. Quando o pedido é genérico, pode o magistrado determinar, desde já, o montante da reparação, havendo elementos suficientes nos autos. Precedentes do STJ. 10. Inviável, no presente recurso especial modificar o entendimento adotado pela instância ordinária, no que tange aos valores arbitrados a título de indenização, por incidência das Súmulas 284/STF e 7/STJ. 11. Recurso especial parcialmente conhecido e não provido" (STJ, REsp 1.112.117, de 10.11.2009).

Diante da enorme incidência em concursos públicos, compilamos neste tópico as **teses repetitivas sobre responsabilidade civil por dano ambiental aprovadas pelo Superior Tribunal de Justiça:**

<table>
<tr><th>Tema/ Repetitivo</th><th>680</th><th>Situação do Tema</th><th colspan="3">Trânsito em Julgado</th><th>Ramo do Direito</th><th colspan="2">DIREITO PROCESSUAL CIVIL E DO TRABALHO</th><th></th></tr>
<tr><td colspan="2">Questão submetida a julgamento</td><td colspan="9">Questão referente à ação indenizatória por danos materiais e morais promovida por pescadores em razão de acidente ambiental ocorrido no rio Sergipe, em que se discute a legitimidade processual do autor da ação.</td></tr>
<tr><td colspan="2">Tese Firmada</td><td colspan="9">Para demonstração da legitimidade para vindicar indenização por dano ambiental que resultou na redução da pesca na área atingida, o registro de pescador profissional e a habilitação ao benefício do seguro-desemprego, durante o período de defeso, somados a outros elementos de prova que permitam o convencimento do magistrado acerca do exercício dessa atividade, são idôneos à sua comprovação.</td></tr>
<tr><td colspan="2">Anotações Nugep</td><td colspan="9">1. Controvérsia: “caracterização da condição de pescador profissional em ação indenizatória por danos materiais e morais promovida por pescadores em razão de acidente ambiental ocorrido no rio Sergipe.”
2. “Ação indenizatória em face de PETRÓLEO BRASILEIRO S.A. – PETROBRAS em virtude de vazamento de cerca de 43.000 litros de amônia da Fábrica de Fertilizantes – Fafen/SE, subsidiária da Petrobrás, ocorrido em 05 de outubro de 2008, na área de vegetação permanente, margens, mangues e águas do Rio Sergipe”.</td></tr>
<tr><th colspan="2">Processo</th><th>Tribunal de Origem</th><th>RRC</th><th>Órgão Julgador</th><th>Relator</th><th>Data de Afetação</th><th>Julgado em</th><th>Acórdão Publicado em</th><th>Embargos de Declaração</th><th>Trânsito em Julgado</th></tr>
<tr><td colspan="2">REsp 1354536/SE</td><td>TJSE</td><td>Sim</td><td>2ª Seção</td><td>LUIS FELIPE SALOMÃO</td><td>29/05/2013</td><td>26/03/2014</td><td>05/05/2014</td><td>-</td><td>12/06/2014</td></tr>
</table>

<table>
<tr><th>Tema/ Repetitivo</th><th>681</th><th>Situação do Tema</th><th colspan="2">Trânsito em Julgado</th><th>Ramo do Direito</th><th colspan="3">DIREITO CIVIL</th><th></th></tr>
<tr><td>Questão submetida a julgamento</td><td colspan="9">Questão referente à ação indenizatória por danos materiais e morais promovida por pescadores em razão de acidente ambiental ocorrido no rio Sergipe, em que se discute a aplicabilidade da Teoria do Risco Integral.</td></tr>
<tr><td>Tese Firmada</td><td colspan="9">A responsabilidade por dano ambiental é objetiva, informada pela teoria do risco integral, sendo o nexo de causalidade o fator aglutinante que permite que o risco se integre na unidade do ato, sendo descabida a invocação, pela empresa responsável pelo dano ambiental, de excludentes de responsabilidade civil para afastar a sua obrigação de indenizar.</td></tr>
<tr><td>Anotações Nugep</td><td colspan="9">1. Controvérsia: “aplicabilidade da Teoria do Risco Integral em ação indenizatória por danos materiais e morais promovida por pescadores em razão de acidente ambiental ocorrido no rio Sergipe.”
2. “Ação indenizatória em face de PETRÓLEO BRASILEIRO S.A. – PETROBRAS em virtude de vazamento de amônia da Fábrica de Fertilizantes – Fafen/SE, subsidiária da Petrobrás, ocorrido em 05 de outubro de 2008, na área de vegetação permanente, margens, mangues e águas do Rio Sergipe”.</td></tr>
<tr><th>Processo</th><th>Tribunal de Origem</th><th>RRC</th><th>Órgão Julgador</th><th>Relator</th><th>Data de Afetação</th><th>Julgado em</th><th>Acórdão Publicado em</th><th>Embargos de Declaração</th><th>Trânsito em Julgado</th></tr>
<tr><td>REsp 1354536/SE</td><td>TJSE</td><td>Sim</td><td>2ª Seção</td><td>LUIS FELIPE SALOMÃO</td><td></td><td></td><td></td><td></td><td></td></tr>
</table>

Tema/ Repetitivo	683	Situação do Tema	Trânsito em Julgado	Ramo do Direito	DIREITO CIVIL				
Questão submetida a julgamento	Questão referente à ação indenizatória por danos morais promovida por pescadores em razão de acidente ambiental ocorrido no rio Sergipe, em que se discute os valores arbitrados a título de dano moral.								
Tese Firmada	**Em vista das circunstâncias específicas e homogeneidade dos efeitos do dano ambiental verificado no ecossistema do rio Sergipe – afetando significativamente, por cerca de seis meses, o volume pescado e a renda dos pescadores na região afetada –, sem que tenha sido dado amparo pela poluidora para mitigação dos danos morais experimentados e demonstrados por aqueles que extraem o sustento da pesca profissional, não se justifica, em sede de recurso especial, a revisão do quantum arbitrado, a título de compensação por danos morais, em R$ 3.000,00 (três mil reais).**								
Anotações Nugep	1. Controvérsia: "valores arbitrados a título de reparação por lucros cessantes e por dano moral em ação indenizatória por danos materiais e morais promovida por pescadores em razão de acidente ambiental ocorrido no rio Sergipe." 2. Desmembramento: o TEMA 683 passou a tratar apenas da tese referente ao dano moral. 3. A tese referente aos lucros cessantes passou a ser tratada no TEMA 834. 4. "Ação indenizatória em face de PETRÓLEO BRASILEIRO S.A. – PETROBRAS em virtude de vazamento de amônia da Fábrica de Fertilizantes – Fafen/SE, subsidiária da Petrobrás, ocorrido em 05 de outubro de 2008, na área de vegetação permanente, margens, mangues e águas do Rio Sergipe."								
Processo	Tribunal de Origem	RRC	Órgão Julgador	Relator	Data de Afetação	Julgado em	Acórdão Publicado em	Embargos de Declaração	Trânsito em Julgado
REsp 1354536/SE	TJSE	Sim	2ª Seção	LUIS FELIPE SALOMÃO	29/05/2013	26/03/2014	05/05/2014	-	12/06/2014

Tema/ Repetitivo	834	Situação do Tema	Trânsito em Julgado	Ramo do Direito	DIREITO CIVIL

Questão submetida a julgamento	Questão referente à ação indenizatória por danos materiais e morais promovida por pescadores em razão de acidente ambiental ocorrido no rio Sergipe, em que se discute os valores arbitrados a título de reparação por lucros cessantes e por dano moral.
Tese Firmada	**O dano material somente é indenizável mediante prova efetiva de sua ocorrência, não havendo falar em indenização por lucros cessantes dissociada do dano efetivamente demonstrado nos autos; assim, se durante o interregno em que foram experimentados os efeitos do dano ambiental houve o período de 'defeso' – incidindo a proibição sobre toda atividade de pesca do lesado –, não há cogitar em indenização por lucros cessantes durante essa vedação.**
Anotações Nugep	1. Controvérsia: "valores arbitrados a título de reparação por lucros cessantes e por dano moral em ação indenizatória por danos materiais e morais promovida por pescadores em razão de acidente ambiental ocorrido no rio Sergipe." 2. Desmembramento: o TEMA 683 passou a tratar apenas da tese referente ao dano moral. 3. A tese referente aos lucros cessantes passou a ser tratada no TEMA 834. 4. "Ação indenizatória em face de PETRÓLEO BRASILEIRO S.A. – PETROBRAS em virtude de vazamento de amônia da Fábrica de Fertilizantes – Fafen/SE, subsidiária da Petrobrás, ocorrido em 05 de outubro de 2008, na área de vegetação permanente, margens, mangues e águas do Rio Sergipe".

Processo	Tribunal de Origem	RRC	Órgão Julgador	Relator	Data de Afetação	Julgado em	Acórdão Publicado em	Embargos de Declaração	Trânsito em Julgado
REsp 1354536/SE	TJSE	Sim	2ª Seção	LUIS FELIPE SALOMÃO	29/05/2013	26/03/2014	05/05/2014	-	12/06/2014

Tema/ Repetitivo	707	Situação do Tema	Trânsito em Julgado		Ramo do Direito	DIREITO CIVIL			
Questão submetida a julgamento	Questão referente à responsabilidade civil em caso de acidente ambiental (rompimento de barragem) ocorrido nos Municípios de Miraí e Muriaé, Estado de Minas Gerais.								
Tese Firmada	**a) a responsabilidade por dano ambiental é objetiva, informada pela teoria do risco integral, sendo o nexo de causalidade o fator aglutinante que permite que o risco se integre na unidade do ato, sendo descabida a invocação, pela empresa responsável pelo dano ambiental, de excludentes de responsabilidade civil para afastar sua obrigação de indenizar; b) em decorrência do acidente, a empresa deve recompor os danos materiais e morais causados; c) na fixação da indenização por danos morais, recomendável que o arbitramento seja feito caso a caso e com moderação, proporcionalmente ao grau de culpa, ao nível socioeconômico do autor, e, ainda, ao porte da empresa, orientando-se o juiz pelos critérios sugeridos pela doutrina e jurisprudência, com razoabilidade, valendo-se de sua experiência e bom senso, atento à realidade da vida e às peculiaridades de cada caso, de modo a que, de um lado, não haja enriquecimento sem causa de quem recebe a indenização e, de outro, haja efetiva compensação pelos danos morais experimentados por aquele que fora lesado.**								
Anotações Nugep	Responsabilidade civil em caso de acidente ambiental (rompimento de barragem) ocorrido nos Municípios de Miraí e Muriaé, Estado de Minas Gerais.								
Processo	Tribunal de Origem	RRC	Órgão Julgador	Relator	Data de Afetação	Julgado em	Acórdão Publicado em	Embargos de Declaração	Trânsito em Julgado
REsp 1374284/MG	TJMG	Não	2ª Seção	LUIS FELIPE SALOMÃO	06/11/2013	27/08/2014	05/09/2014	30/09/2014	03/12/2014

Tema/ Repetitivo	436	Situação do Tema	Trânsito em Julgado	Ramo do Direito	DIREITO PROCESSUAL CIVIL E DO TRABALHO				
Questão submetida a julgamento	Discute-se a ilegitimidade ativa ad causam em ação de indenização por danos materiais e morais em razão de acidente ambiental ocorrido no Porto de Paranaguá com o navio N/T.Norma								
Tese Firmada	É parte legítima para ação de indenização o pescador profissional artesanal, com início de atividade profissional registrada no Departamento de Pesca e Agricultura do Ministério da Agricultura e do Abastecimento anteriormente ao fato, ainda que a emissão da carteira de pescador profissional tenha ocorrido posteriormente.								
Anotações Nugep	Configura-se a legitimidade ativa ante a qualidade de pescador profissional do autor, fato comprovado por documento de identidade, como pescador profissional, fornecido pelo Ministério da Agricultura, em cujo registro o autor consta como exercente da profissão desde data anterior à do evento, embora emitida a cédula profissional em data ulterior.								
Informações Complementares	"O julgamento das teses ora firmadas visa a equalizar especificamente o julgamento das ações de indenização efetivamente movidas diante do acidente ocorrido com o Navio N-T Norma, no Porto de Paranaguá, no dia 18.10.2001, mas, naquilo que encerram teses gerais, aplicáveis a consequências de danos ambientais causados em outros acidentes semelhantes, serão, como natural, evidentemente considerados nos julgamentos a se realizarem."								
Processo	Tribunal de Origem	RRC	Órgão Julgador	Relator	Data de Afetação	Julgado em	Acórdão Publicado em	Embargos de Declaração	Trânsito em Julgado
REsp 1114398/PR	TJPR	Sim	2ª Seção	SIDNEI BENETI	18/10/2010	08/02/2012	16/02/2012	09/05/2012	14/06/2012

Tema/ Repetitivo	438	Situação do Tema	Trânsito em Julgado		Ramo do Direito	DIREITO CIVIL			
Questão submetida a julgamento	Discute-se presença de culpa exclusiva de terceiro como excludente de responsabilidade, o que importaria na não aplicação da teoria do risco integral em acidente ambiental.								
Tese Firmada	**A alegação de culpa exclusiva de terceiro pelo acidente em causa, como excludente de responsabilidade, deve ser afastada, ante a incidência da teoria do risco integral e da responsabilidade objetiva ínsita ao dano ambiental (art. 225, § 3º, da CF e do art. 14, § 1º, da Lei nº 6.938/81), responsabilizando o degradador em decorrência do princípio do poluidor-pagador.**								
Anotações Nugep	O degradador, em decorrência do princípio do poluidor-pagador, é obrigado, independentemente da existência de culpa, a reparar – por óbvio que às suas expensas – todos os danos que cause ao meio ambiente e a terceiros afetados por sua atividade, sendo prescindível perquirir acerca do elemento subjetivo, o que, consequentemente, torna irrelevante eventual boa ou má-fé para fins de acertamento da natureza, conteúdo e extensão dos deveres de restauração do status quo ante ecológico e de indenização.								
Informações Complementares	"O julgamento das teses ora firmadas visa a equalizar especificamente o julgamento das ações de indenização efetivamente movidas diante do acidente ocorrido com o Navio N-T Norma, no Porto de Paranaguá, no dia 18.10.2001, mas, naquilo que encerram teses gerais, aplicáveis a consequências de danos ambientais causados em outros acidentes semelhantes, serão, como natural, evidentemente considerados nos julgamentos a se realizarem."								
Processo	**Tribunal de Origem**	**RRC**	**Órgão Julgador**	**Relator**	**Data de Afetação**	**Julgado em**	**Acórdão Publicado em**	**Embargos de Declaração**	**Trânsito em Julgado**
REsp 1114398/PR	TJPR	Sim	2ª Seção	SIDNEI BENETI	18/10/2010	08/02/2012	16/02/2012	09/05/2012	14/06/2012

Tema/ Repetitivo	439	Situação do Tema	Trânsito em Julgado		Ramo do Direito	DIREITO CIVIL			
Questão submetida a julgamento	Discute-se a inexistência de dano moral em razão de acidente ambiental ocorrido no Porto de Paranaguá com o navio N/T Norma.								
Tese Firmada	É devida a **indenização por dano moral patente o sofrimento intenso do pescador profissional artesanal, causado pela privação das condições de trabalho, em consequência do dano ambiental.**								
Anotações Nugep	Ocorre dano moral no caso de trabalhador profissional da pesca que, em virtude de acidente ambiental, resta impossibilitado de realizar seu trabalho.								
Informações Complementares	"O julgamento das teses ora firmadas visa a equalizar especificamente o julgamento das ações de indenização efetivamente movidas diante do acidente ocorrido com o Navio N-T Norma, no Porto de Paranaguá, no dia 18.10.2001, mas, naquilo que encerram teses gerais, aplicáveis a consequências de danos ambientais causados em outros acidentes semelhantes, serão, como natural, evidentemente considerados nos julgamentos a se realizarem."								
Processo	**Tribunal de Origem**	**RRC**	**Órgão Julgador**	**Relator**	**Data de Afetação**	**Julgado em**	**Acórdão Publicado em**	**Embargos de Declaração**	**Trânsito em Julgado**
REsp 1114398/PR	TJPR	Sim	2ª Seção	SIDNEI BENETI	18/10/2010	08/02/2012	16/02/2012	09/05/2012	14/06/2012

Tema/ Repetitivo	440	Situação do Tema	Trânsito em Julgado		Ramo do Direito	DIREITO CIVIL			
Questão submetida a julgamento	Discute o termo inicial da incidência dos juros moratórios para a reparação a título de danos morais e materiais decorrentes de acidente ambiental.								
Tese Firmada	**Os juros moratórios incidem a partir da data do fato, no tocante aos valores devidos a título de dano material e moral.**								
Referência Sumular	Súmula 54/STJ								
Processo	**Tribunal de Origem**	**RRC**	**Órgão Julgador**	**Relator**	**Data de Afetação**	**Julgado em**	**Acórdão Publicado em**	**Embargos de Declaração**	**Trânsito em Julgado**
REsp 1114398/PR	TJPR	Sim	2ª Seção	SIDNEI BENETI	18/10/2010	08/02/2012	16/02/2012	09/05/2012	14/06/2012

3. QUESTÕES DE CONCURSOS

01. **(TRF 5.ª REGIÃO 2013 – Juiz Federal – CESPE)** A responsabilidade por possíveis danos ao meio ambiente decorrentes de atividade ou empreendimento

a) condiciona-se à demonstração do elemento subjetivo pelo agente.

b) restringe-se ao ressarcimento do dano, caso a licença ambiental tenha sido concedida regularmente.

c) pode ensejar, na esfera administrativa, a sanção de intervenção na empresa infratora.

d) enseja o dever de reparar, caso a conduta consista, no mínimo, em ilicitude administrativa.

e) não abrange a pessoa jurídica na esfera penal.

02. **(AGU 2012 – Advogado da União – CESPE)** Tratando-se de matéria ambiental, admite-se a desconsideração da pessoa jurídica sempre que sua personalidade seja obstáculo ao ressarcimento de prejuízos causados à qualidade do meio ambiente.

03. **(AGU 2012 – Advogado da União – CESPE)** Se tiver ocorrido, antes da transferência de prioridade (*rectius* propriedade) de imóvel rural, supressão parcial da vegetação situada em área de preservação permanente, o adquirente desse imóvel, comprovada sua boa-fé, não será parte legítima para responder a ação cível com pedido de restauração da área deteriorada.

04. **(TRF 5.ª REGIÃO 2011 – Juiz Federal – CESPE)** A pessoa jurídica de direito público ou privado responsável, direta ou indiretamente, por atividade causadora de degradação ambiental fica obrigada, independentemente de culpa, a indenizar ou reparar os danos causados ao ambiente; no que se refere à pessoa física, porém, faz-se necessário o elemento subjetivo para configurar sua responsabilidade civil.

05. **(TRF 5.ª REGIÃO 2009 – Juiz Federal – CESPE)** Acerca da responsabilidade civil no direito ambiental, assinale a opção CORRETA.

a) A manipulação de produtos geneticamente modificados só ensejará a responsabilidade dos seus agentes se ficar comprovada a existência de culpa *stricto sensu*.

b) Cabem ao produtor, em qualquer caso, as responsabilidades administrativa, civil e penal pelos danos causados à saúde das pessoas e ao meio ambiente, quando a produção, comercialização, utilização, transporte e destinação de embalagens vazias de agrotóxicos, seus componentes e afins não cumprirem o disposto na legislação pertinente.

c) Na medida em que o mar territorial é bem da União, a responsabilidade por dano causado, ainda que por terceiros, aos ecossistemas, ao patrimônio genético e aos recursos naturais de suas águas é exclusiva daquele ente federativo.

d) Aquele que, com autorização do poder público, executar atividade de pesquisa, lavra ou extração de recursos minerais somente fica obrigado a recuperar o meio ambiente degradado se ficar comprovada a existência de dolo ou culpa.

e) A responsabilidade civil por dano causado por atividade poluidora é objetiva, razão pela qual o poluidor é obrigado, independentemente da existência de culpa, a indenizar ou reparar os danos causados ao meio ambiente e a terceiros afetados por sua atividade.

06. **(PGE ES 2008 – Procurador do Estado – CESPE)** Com a finalidade de resguardar o meio ambiente, a legislação prevê controles prévios por parte de autoridades públicas, materializados mediante licenças, autorizações, permissões, estudos e relatórios de impactos ambientais destinados a verificar a observância das normas de direito ambiental pelos respectivos destinatários. Assim, a aprovação da atividade e a outorga de licença pela autoridade competente liberam o empreendedor da responsabilidade pelo eventual dano que vier a causar ao meio ambiente e a terceiro.

07. **(FCC – 2012 – TRF – 5ª REGIÃO – Analista Judiciário – Área Judiciária)** Sobre a responsabilidade pelo dano ambiental, é correto afirmar:

a) A responsabilidade penal está condicionada à comprovação de responsabilidade administrativa do infrator.

b) As pessoas jurídicas não podem ser responsabilizadas penalmente, mas tão somente seus sócios e administradores, no caso de infração praticada no interesse ou benefício da empresa.

c) A Lei 6.938/1981 estabelece a responsabilidade civil objetiva em tema de dano ambiental, o que significa o afastamento da investigação e discussão da culpa.

d) A Constituição Federal prevê, em matéria ambiental, que um mesmo ato danoso sobre o ambiente pode deflagrar a imposição de sanções criminais e administrativas, mas não pode impor sanções civis.

e) A sanção penal não pode ser aplicada ao infrator que houver reparado o dano ambiental causado.

08. **(FCC – 2012 – DPE-SP – Defensor Público)** A Lei da Política Nacional do Meio Ambiente (Lei 6.938/1981), após seus 30 anos de vigência, cumpre, de certa forma, o papel de Código Ambiental Brasileiro, assegurando normativamente:

a) a exigência de licença ambiental e de estudo de impacto de vizinhança para atividades efetiva ou potencialmente poluidoras.

b) a consagração da responsabilidade penal da pessoa jurídica.

c) o reconhecimento da legitimidade do Ministério Público para propor ação de responsabilidade civil e criminal em decorrência de danos causados ao ambiente.

d) a consagração expressa do princípio da precaução.

e) a caracterização da responsabilidade subjetiva do poluidor pela reparação ou indenização do dano ecológico causado.

09. **(FCC – 2005 – PGE-SE – Procurador)** Três indústrias estão instaladas ao longo de um mesmo rio. A primeira, localizada rio acima (a montante), e a segunda, localizada em ponto intermediário, expelem no rio substâncias poluentes em níveis de emissão tolerados pelas normas administrativas pertinentes. A terceira, localizada em ponto mais abaixo do rio (a jusante), também deságua no rio substância poluente da mesma espécie das anteriores, em níveis de emissão igualmente tolerados pelas normas administrativas pertinentes. Porém, com a emissão da terceira indústria, o rio passa a apresentar níveis de concentração da substância poluente superiores aos permitidos. Nessa situação,

a) a emissão de poluentes não se enquadra no conceito jurídico de poluição.

b) a terceira indústria passa automaticamente a estar proibida de jogar substâncias poluentes no rio, por força do princípio da precaução.

c) as três indústrias respondem solidariamente pelos danos causados ao meio ambiente, independentemente de não terem concorrido, individualmente, com culpa para o resultado danoso.

d) apenas a terceira indústria responde civilmente pelos danos causados ao meio ambiente, porque as outras duas não se enquadram no conceito jurídico de poluidor.

e) inexistiu dano ambiental, porque cada uma das três indústrias observou rigorosamente as normas administrativas relativas à emissão de poluentes.

10. **(FGV – 2013 – OAB – Exame de Ordem Unificado – X – Primeira Fase)** João, militante ambientalista, adquire chácara em área rural já degradada, com o objetivo de cultivar alimentos orgânicos para consumo próprio. Alguns meses depois, ele é notificado pela autoridade ambiental local de que a área é de preservação permanente. Sobre o caso, assinale a afirmativa correta.

a) João é responsável pela regeneração da área, mesmo não tendo sido responsável por sua degradação, uma vez que se trata de obrigação *propter rem*.

b) João somente teria a obrigação de regenerar a área caso soubesse do dano ambiental cometido pelo antigo proprietário, em homenagem ao princípio da boa-fé.

c) O único responsável pelo dano é o antigo proprietário, causador do dano, uma vez que João não pode ser responsabilizado por ato ilícito que não cometeu.

d) Não há responsabilidade do antigo proprietário ou de João, mas da Administração Pública, em razão da omissão na fiscalização ambiental quando da transmissão da propriedade.

11. **(FGV – 2011 – OAB – Exame de Ordem Unificado – V – Primeira Fase)** João adquiriu em maio de 2000 um imóvel em área rural, banhado pelo Rio Formoso. Em 2010, foi citado para responder a uma ação civil pública proposta pelo Município de Belas Veredas, que o responsabiliza civilmente por ter cometido corte raso na mata ciliar da propriedade. João alega que o desmatamento foi cometido pelo antigo proprietário da fazenda, que já praticava o plantio de milho no local. Em razão do exposto, é correto afirmar que

a) a responsabilidade por dano ambiental é objetiva, mas, como não há nexo de causalidade entre a ação do novo proprietário e o corte raso na área, verifica-se a excludente de responsabilidade, e João não será obrigado a reparar o dano.

b) a responsabilidade civil por dano ambiental difuso prescreve em cinco anos por força da Lei 9.873/1999. Logo, João não será obrigado a reparar o dano.

c) João será obrigado a recuperar a área, mas, como não poderá mais utilizá-la para o plantio do milho, terá direito a indenização, a ser paga pelo Poder Público, por força do princípio do protetor-recebedor.

d) a manutenção de área de mata ciliar é obrigação *propter rem*; sendo obrigação de conservação, é automaticamente transferida do alienante ao adquirente. Logo, João terá que reparar a área.

12. **(FGV – 2008 – TJ-PA – Juiz)** Assinale a afirmativa incorreta.

a) O patrimônio cultural brasileiro é constituído por bens de natureza material e imaterial, tomados individualmente ou em conjunto, portadores de referência à identidade, à ação e à memória dos diferentes grupos formadores da sociedade brasileira.

b) Até a promulgação da Constituição da República, a responsabilidade civil por danos ambientais no Brasil dependia da prova de que a conduta do agente causador do dano foi culposa.

c) É responsável pela reparação de danos ambientais, independentemente de culpa, a pessoa física ou jurídica, de direito público ou privado, responsável, direta ou indiretamente, por atividade causadora de degradação ambiental.

d) A utilização adequada dos recursos naturais disponíveis e a preservação do meio ambiente são requisitos para que a propriedade rural cumpra a sua função social.

e) As florestas existentes no território nacional e as demais formas de vegetação, reconhecidas de utilidade às terras que revestem, são bens de interesse comum a todos os habitantes do País, exercendo-se os direitos de propriedade com as limitações que a legislação em geral e especialmente o Código Florestal (Lei 4.771/1965) estabelecem.

13. **(MPE-MS – 2011 – MPE-MS – Promotor de Justiça)** Assinale a alternativa correta. Acerca da responsabilidade civil ambiental na legislação brasileira, pode-se afirmar.

a) É subjetiva, nos mesmos moldes da responsabilidade civil, ou seja, é imprescindível a investigação e a discussão da culpa, embora não seja necessária a prova do nexo causal, vale dizer, da relação de causa e efeito entre a atividade do agente e o dano dela advindo;

b) É considerada como de natureza objetiva, em razão de previsão constitucional e do regime adotado na Lei nº 6.931/1981, que afastou a investigação e a discussão da culpa, embora não tenha prescindido do nexo causal, vale dizer, da relação de causa e efeito entre a atividade do agente e o dano dela advindo;

c) Na apuração da responsabilidade do poluidor, o Ministério Público ou qualquer legitimado, autor da ação civil pública, além da aplicação da teoria do risco integral quanto a culpa, ainda tem a vantagem da inversão do ônus da prova, como acontece na seara da defesa do consumidor;

d) O poluidor não será responsabilizado civilmente caso o evento danoso tenha sido causado por motivo de força maior (da natureza) ou caso fortuito (obra do acaso), sendo estas circunstâncias, uma das exceções na aplicação da teoria do risco integral;

e) É mista, ora assumindo características objetivas, ora demonstrando subjetividade, cabendo ao Juiz, na análise do caso concreto, decidir a prevalência de uma das duas e a justa indenização.

14. **(MPE-RS – 2011 – MPE-RS – Assessor – Direito)** Assinale a alternativa correta.

a) A responsabilidade civil por danos ambientais depende da comprovação de dolo ou de culpa e de nexo causal, não bastando a prova inequívoca da ação lesiva.

b) Para que se origine a responsabilidade civil por dano ambiental, não é imprescindível que seja evidenciada a prática de um ato ilícito, bastando que se demonstre a existência da lesão para o qual o exercício de uma atividade perigosa exerceu uma influência causal decisiva.

c) O Princípio de Direito Ambiental do Poluidor-Pagador não guarda relação com a responsabilidade civil por danos ambientais, já que, ao incorporar em seus custos o preço da degradação, o poluidor fica autorizado à prática lesiva.

d) Tendo o legislador brasileiro adotado a responsabilidade civil objetiva por danos ambientais, é correto afirmar que os danos extrapatrimoniais, por se referirem a aspectos psicológicos, não estão sujeitos à reparação.

e) A prática de atos lícitos exclui a responsabilidade civil por danos ambientais, mesmo que tais práticas resultem em lesões ao meio ambiente, pois se trata de exercício legal de direito.

15. (Prova: MPE-SC – 2013 – MPE-SC – Promotor de Justiça – Tarde) Nos termos da Lei 6.938/1981, a responsabilidade do poluidor por indenizar ou reparar os danos causados ao meio ambiente e a terceiros, afetados por sua atividade, é independente da existência de culpa.

16. (MPE-SC – 2010 – MPE-SC – Promotor de Justiça – Vespertina)

I – O dano ambiental, quando de impossível reparação, deve ser evitado através de medidas judiciais urgentes, invocando-se para tanto o "princípio da prevenção".

II – Em que pese certa relutância jurisprudencial, ainda arraigada ao cunho civilista do instituto, é possível admitir-se o dano moral, ainda que difuso, em consequência de lesão ao meio ambiente.

III – A responsabilidade por dano ambiental no Brasil, diversamente de outros sistemas legais é objetiva, logo, independe da aferição de culpa do causador do dano.

IV – No caso de omissão fiscalizatória no âmbito do meio ambiente, a culpa do ente estatal ou de seu preposto, não tem influência na definição da responsabilidade de tal ente.

V – Segundo o "princípio da responsabilidade" em matéria ambiental, se pode afirmar que a indenização pelo dano causado deve restringir-se ao maior valor de avaliação da área degradada.

a) apenas I e V estão corretos.

b) apenas III e IV estão corretos.

c) apenas I, II e III estão corretos.

d) apenas I e II estão corretos.

e) apenas III, IV e V estão corretos

17. (Juiz do Estado do Piauí 2011– CESPE) Como forma de buscar a responsabilização pessoal do agente da degradação ambiental, considera-se poluidor, consoante o princípio do poluidor-pagador, apenas o autor direto e imediatamente identificável do dano ambiental.

18. (Juiz do Estado do Piauí 2011– CESPE) Em decorrência do princípio do poluidor-pagador, segundo a lei que dispõe acerca da PNMA, aquele que agrida o ambiente deve ser responsabilizado pelo prejuízo causado a este e a terceiros, na medida de sua culpa e participação no dano.

19. (CESPE 2017/Juiz Federal da 5ª Região) O Ministério Público ajuizou ações na esfera cível e criminal contra empresa exploradora de petróleo, alegando prejuízos decorrentes de vazamento de óleo combustível em águas marinhas. O vazamento de óleo resultou na mortandade da fauna aquática e o Instituto Brasileiro do Meio Ambiente e dos Recursos Naturais Renováveis (IBAMA) determinou, então, a imediata proibição de pesca na região, por seis meses. Na fase de provas, foram provadas a regularidade das instalações da empresa, que contava com as melhores tecnologias disponíveis, e a idoneidade dos esforços para a reparação do problema, tendo o prejuízo ocorrido por motivo de força maior. Determinado pescador profissional ajuizou ação indenizatória individual pelos mesmos fatos, requerendo danos materiais e morais. A respeito dessa situação hipotética, assinale a opção **correta**:

a) A pretensão indenizatória na ação civil pública pelo dano ambiental difuso é imprescritível.

b) A pretensão do pescador é imprescritível.

c) A responsabilidade da empresa pela poluição gerada é objetiva em todas as ações.

d) Se reconhecida processualmente, a força maior afastará a obrigação de indenizar.

e) O reconhecimento da força maior como determinante do dano não tem repercussão na ação criminal.

20. (Ano: 2021/Banca: CESPE / CEBRASPE/Órgão: PGE-PB/Prova: CESPE / CEBRASPE - 2021 - PGE--PB - Procurador do Estado) A marinha brasileira tornou pública a conclusão de que o óleo que apareceu em praias de todos os estados do Nordeste e em dois do Sudeste em 2019 foi derramado por três navios-tanques. O relatório final da investigação foi entregue à Polícia Federal e ao Ministério Público Federal (MPF) em agosto de 2020, mas o sigilo do documento terminou apenas em maio de 2021. O vazamento foi classificado como crime ambiental. Seus primeiros registros apareceram na Paraíba, em 30 de agosto de 2019, nas praias de Jacumã e Gramame, no Conde, e também nas praias Bela, Tambaba e Acaú, em Pitimbu. Também foram atingidas as praias de Camboinha, Poço, Intermares e Formosa, em Cabedelo, e Cabo Branco e Tambaú, em João Pessoa, no dia 1.º de setembro de 2019.

Jornal da Paraíba, 10/5/2021 (com adaptações).

Acerca da responsabilidade civil por dano ambiental em situações como a apresentada pela notícia, assinale a opção correta.

a) A pretensão reparatória contra as empresas proprietárias dos navios prescreve em 5 anos contados do término do processo administrativo de apuração do dano.

b) É devida indenização por danos morais ao pescador profissional artesanal, dada a privação das condições de trabalho em consequência do dano ambiental.

c) O estado da Paraíba deve ser responsabilizado solidariamente às empresas proprietárias dos navios, por falha no dever de fiscalizar.

d) Os responsáveis pela degradação ambiental são coobrigados solidários, devendo ser demandados em ações coletivas em litisconsórcio necessário.

e) A responsabilidade por dano ambiental é objetiva e informada pela teoria do risco integral, admitindo-se apenas o caso fortuito e a força maior como excludentes de responsabilidade.

21. (Ano: 2021 Banca: INSTITUTO AOCP Órgão: PC-PA/DELEGADO) Acerca da responsabilidade civil por danos ambientais, assinale a alternativa correta.

a) A jurisprudência dominante do Superior Tribunal de Justiça compreende que a legislação brasileira adotou a Teoria do Risco Integral em matéria de responsabilidade civil decorrente de danos ambientais, pelo que basta a comprovação da conduta do agente e do dano, dispensando-se a presença do nexo de causalidade.

b) A Teoria do Risco Integral pressupõe a aplicação da Teoria da Equivalência das Condições para a caracterização do nexo de causalidade e responsabilização do agente pelos danos ambientais verificados.

c) Segundo a jurisprudência pacífica do Superior Tribunal de Justiça, o adquirente das cargas transportadas por navio de terceiro que cause danos ambientais é responsável solidário por repará-los, em razão da aplicação da teoria do risco-proveito.

d) A Teoria do Risco Integral, majoritariamente indicada como a adotada pelo ordenamento jurídico brasileiro para fins de responsabilização civil em casos de danos ambientais, atrai para o Direito Ambiental a responsabilidade subjetiva, pautada na presunção de culpabilidade do agente que deve ser ilidida por prova em contrário que comprove a presença de uma das excludentes de responsabilidade aplicáveis no Direito brasileiro.

e) Ainda que se adote a Teoria do Risco Integral, é indispensável que seja demonstrada a existência do nexo causal na hipótese de pretensão de responsabilizar o agente por danos ambientais, atuando o nexo de causalidade como elemento aglutinador entre a conduta e o resultado.

GAB														
	01	B	02	CERTO	03	ERRADO	04	ERRADO	05	E	06	ERRADO	07	C
	08	C	09	C	10	A	11	D	12	B	13	B	14	B
	15	CERTO	16	C	17	ERRADO	18	ERRADO	19	A	20	B	21	E

Art. 15. O poluidor que expuser a perigo a incolumidade humana, animal ou vegetal, ou estiver tornando mais grave situação de perigo existente, fica sujeito à pena de reclusão de 1 (um) a 3 (três) anos e multa de 100 (cem) a 1.000 (mil) MVR.

§ 1.º A pena e aumentada até o dobro se:

I – resultar:

a) dano irreversível à fauna, à flora e ao meio ambiente;

b) lesão corporal grave;

II – a poluição é decorrente de atividade industrial ou de transporte;

III – o crime é praticado durante a noite, em domingo ou em feriado.

§ 2.º Incorre no mesmo crime a autoridade competente que deixar de promover as medidas tendentes a impedir a prática das condutas acima descritas.

1. COMENTÁRIOS

Este artigo foi tacitamente revogado pelo delito de poluição do artigo 54 da Lei 9.605/1998.

Art. 16. *(Revogado pela Lei nº 7.804, de 1989).*

Art. 17. Fica instituído, sob a administração do Instituto Brasileiro do Meio Ambiente e Recursos Naturais Renováveis – IBAMA:

I – Cadastro Técnico Federal de Atividades e Instrumentos de Defesa Ambiental, para registro obrigatório de pessoas físicas ou jurídicas que se dedicam a consultoria técnica sobre problemas ecológicos e ambientais e à indústria e comércio de equipamentos, aparelhos e instrumentos destinados ao controle de atividades efetiva ou potencialmente poluidoras;

II – Cadastro Técnico Federal de Atividades Potencialmente Poluidoras ou Utilizadoras de Recursos Ambientais, para registro obrigatório de pessoas físicas ou jurídicas que se dedicam a atividades potencialmente poluidoras e/ou à extração, produção, transporte e comercialização de produtos potencialmente perigosos ao meio ambiente, assim como de produtos e subprodutos da fauna e flora.

1. COMENTÁRIOS

O Cadastro Técnico Federal é um registro a ser promovido no IBAMA. Existem duas espécies:

A) Cadastro Técnico Federal de Atividades e Instrumentos de Defesa Ambiental, a ser realizado por pessoas físicas ou jurídicas que se dedicam à consultoria ambiental;

B) Cadastro Técnico Federal de Atividades Potencialmente Poluidoras ou Utilizadoras de Recursos Ambientais, a ser promovido por pessoas físicas ou jurídicas que desenvolvem atividades poluidoras.

A efetivação do CTF é condição para o regular andamento do processo administrativo de licenciamento ambiental, sob pena de denegação da licença ou autorização.

2. QUESTÃO DE CONCURSO

01. (TRF 5.ª REGIÃO 2009 – Juiz Federal – CESPE) Cada estado da Federação deve instituir e manter, sob sua administração, um cadastro técnico de atividades potencialmente poluidoras ou utilizadoras de recursos ambientais, para registro obrigatório de pessoas físicas ou jurídicas que se dediquem a atividades potencialmente poluidoras e(ou) à extração, produção, transporte e comercialização de produtos potencialmente perigosos ao meio ambiente.

GAB 01 **ERRADO**

Art. 17-A. São estabelecidos os preços dos serviços e produtos do Instituto Brasileiro do Meio Ambiente e dos Recursos Naturais Renováveis – Ibama, a serem aplicados em âmbito nacional, conforme Anexo a esta Lei.

1. COMENTÁRIOS

A Lei 6.938/1981 possui um anexo inserido pela Lei 9.960/2000, que contém os valores das taxas de polícia cobradas pelos serviços prestados pelo IBAMA. Veja-se uma passagem da tabela:

2. LICENCIAMENTO AMBIENTAL	
2.1 – Criadouro de espécimes da fauna exótica para fins comerciais:	
2.1.1 – Pessoa física	600,00
2.1.2 – Microempresa	800,00
2.1.3 – Demais empresas	1.200,00
2.2 – Mantenedor de fauna exótica:	
2.2.1 – Pessoa física	300,00
2.2.2 – Microempresa	400,00
2.2.3 – Demais empresas	500,00
2.3. Importador de animais vivos, abatidos, partes, produtos e subprodutos da fauna silvestre brasileira e exótica:	
2.3.1. Microempresa	500,00
2.3.2. Demais empresas	600,00
2.4. Circo:	
2.4.1. Microempresa	300,00
2.4.2. Demais empresas	600,00
Obs.: O licenciamento ambiental da fauna será renovável a cada dois anos	

Art. 17-B. Fica instituída a Taxa de Controle e Fiscalização Ambiental – TCFA, cujo fato gerador é o exercício regular do poder de polícia conferido ao Instituto Brasileiro do Meio Ambiente e dos Recursos Naturais Renováveis – Ibama para controle e fiscalização das atividades potencialmente poluidoras e utilizadoras de recursos naturais." *(Redação dada pela Lei nº 10.165, de 2000)*

§ 1.º Revogado.

§ 2.º Revogado.

1. COMENTÁRIOS

A Taxa de Controle e Fiscalização Ambiental (TCFA) é tributo instituído pela Lei 10.165/2000 e possui como hipótese de incidência em seu aspecto material o exercício do poder de polícia ambiental pelo IBAMA, autarquia que possui a capacidade tributária ativa para arrecadá-la, fiscalizá-la e cobrá-la.

2. JURISPRUDÊNCIA

"TAXA DE CONTROLE E FISCALIZAÇÃO AMBIENTAL – CONSTITUCIONALIDADE. **O Tribunal, no julgamento do Recurso Extraordinário nº 416.601/DF, da relatoria do Ministro Carlos Velloso, concluiu pela constitucionalidade da Taxa de Controle e Fiscalização Ambiental.** AGRAVO – CARÁTER INFUNDADO – MULTA. Surgindo do exame do agravo a convicção sobre o caráter manifestamente infundado, impõe-se a aplicação da multa prevista no § 2.º **do artigo 557 do Código de Processo Civil**" (STF, RE 682168 AgR, de 03.09.2013).

3. QUESTÃO DE CONCURSO

01. (TRF 5.ª REGIÃO 2009 – Juiz Federal – CESPE) A lei que dispõe sobre a PNMA prevê a instituição de uma taxa de controle e fiscalização ambiental, a ser cobrada pelos diversos órgãos estaduais e municipais de meio ambiente, cujo fato gerador é o exercício regular do poder de polícia para controle e fiscalização das atividades potencialmente poluidoras e utilizadoras de recursos naturais.

GAB	01	ERRADO

Art. 17-C. É sujeito passivo da TCFA todo aquele que exerça as atividades constantes do Anexo VIII desta Lei.

§ 1.º O sujeito passivo da TCFA é obrigado a entregar até o dia 31 de março de cada ano relatório das atividades exercidas no ano anterior, cujo modelo será definido pelo Ibama, para o fim de colaborar com os procedimentos de controle e fiscalização.

§ 2.º O descumprimento da providência determinada no § 1.º sujeita o infrator a multa equivalente a vinte por cento da TCFA devida, sem prejuízo da exigência desta.

§ 3.º Revogado. (Redação dada pela Lei nº 10.165, de 2000)

1. COMENTÁRIOS

Os sujeitos passivos da TCFA são pessoas físicas e jurídicas que desenvolvem atividades potencialmente poluidoras e utilizadoras de recursos ambientais, conforme o anexo VIII da Lei 10.165/2000:

Anexo VIII
Atividades potencialmente poluidoras e utilizadoras de recursos ambientais

Código	Categoria	Descrição	Pp/gu
01	Extração e Tratamento de Minerais	– pesquisa mineral com guia de utilização; lavra a céu aberto, inclusive de aluvião, com ou sem beneficiamento; lavra subterrânea com ou sem beneficiamento, lavra garimpeira, perfuração de poços e produção de petróleo e gás natural.	Alto
02	Indústria de Produtos Minerais Não Metálicos	– beneficiamento de minerais não metálicos, não associados a extração; fabricação e elaboração de produtos minerais não metálicos tais como produção de material cerâmico, cimento, gesso, amianto, vidro e similares.	Médio
03	Indústria Metalúrgica	– fabricação de aço e de produtos siderúrgicos, produção de fundidos de ferro e aço, forjados, arames, relaminados com ou sem tratamento; de superfície, inclusive galvanoplastia, metalurgia dos metais não ferrosos, em formas primárias e secundárias, inclusive ouro; produção de laminados, ligas, artefatos de metais não ferrosos com ou sem tratamento de superfície, inclusive galvanoplastia; relaminação de metais não ferrosos, inclusive ligas, produção de soldas e anodos; metalurgia de metais preciosos; metalurgia do pó, inclusive peças moldadas; fabricação de estruturas metálicas com ou sem tratamento de superfície, inclusive; galvanoplastia, fabricação de artefatos de ferro, aço e de metais não ferrosos com ou sem tratamento de superfície, inclusive galvanoplastia, têmpera e cementação de aço, recozimento de arames, tratamento de superfície.	Alto
04	Indústria Mecânica	– fabricação de máquinas, aparelhos, peças, utensílios e acessórios com e sem tratamento térmico ou de superfície.	Médio
05	Indústria de material Elétrico, Eletrônico e Comunicações	– fabricação de pilhas, baterias e outros acumuladores, fabricação de material elétrico, eletrônico e equipamentos para telecomunicação e informática; fabricação de aparelhos elétricos e eletrodomésticos.	Médio
06	Indústria de Material de Transporte	– fabricação e montagem de veículos rodoviários e ferroviários, peças e acessórios; fabricação e montagem de aeronaves; fabricação e reparo de embarcações e estruturas flutuantes.	Médio
07	Indústria de Madeira	– serraria e desdobramento de madeira; preservação de madeira; fabricação de chapas, placas de madeira aglomerada, prensada e compensada; fabricação de estruturas de madeira e de móveis.	Médio
08	Indústria de Papel e Celulose	– fabricação de celulose e pasta mecânica; fabricação de papel e papelão; fabricação de artefatos de papel, papelão, cartolina, cartão e fibra prensada.	Alto
09	Indústria de Borracha	– beneficiamento de borracha natural, fabricação de câmara de ar, fabricação e recondicionamento de pneumáticos; fabricação de laminados e fios de borracha; fabricação de espuma de borracha e de artefatos de espuma de borracha, inclusive látex.	Pequeno

Código	Categoria	Descrição	Pp/gu
10	Indústria de Couros e Peles	– secagem e salga de couros e peles, curtimento e outras preparações de couros e peles; fabricação de artefatos diversos de couros e peles; fabricação de cola animal.	Alto
11	Indústria Têxtil, de Vestuário, Calçados e Artefatos de Tecidos	– beneficiamento de fibras têxteis, vegetais, de origem animal e sintéticos; fabricação e acabamento de fios e tecidos; tingimento, estamparia e outros acabamentos em peças do vestuário e artigos diversos de tecidos; fabricação de calçados e componentes para calçados.	Médio
12	Indústria de Produtos de Matéria Plástica.	– fabricação de laminados plásticos, fabricação de artefatos de material plástico.	Pequeno
13	Indústria do Fumo	– fabricação de cigarros, charutos, cigarrilhas e outras atividades de beneficiamento do fumo.	Médio
14	Indústrias Diversas	– usinas de produção de concreto e de asfalto.	Pequeno
15	Indústria Química	– produção de substâncias e fabricação de produtos químicos, fabricação de produtos derivados do processamento de petróleo, de rochas betuminosas e da madeira; fabricação de combustíveis não derivados de petróleo, produção de óleos, gorduras, ceras, vegetais e animais, óleos essenciais, vegetais e produtos similares, da destilação da madeira, fabricação de resinas e de fibras e fios artificiais e sintéticos e de borracha e látex sintéticos, fabricação de pólvora, explosivos, detonantes, munição para caça e desporto, fósforo de segurança e artigos pirotécnicos; recuperação e refino de solventes, óleos minerais, vegetais e animais; fabricação de concentrados aromáticos naturais, artificiais e sintéticos; fabricação de preparados para limpeza e polimento, desinfetantes, inseticidas, germicidas e fungicidas; fabricação de tintas, esmaltes, lacas, vernizes, impermeabilizantes, solventes e secantes; fabricação de fertilizantes e agroquímicos; fabricação de produtos farmacêuticos e veterinários; fabricação de sabões, detergentes e velas; fabricação de perfumarias e cosméticos; produção de álcool etílico, metanol e similares.	Alto
16	Indústria de Produtos Alimentares e Bebidas	– beneficiamento, moagem, torrefação e fabricação de produtos alimentares; matadouros, abatedouros, frigoríficos, charqueadas e derivados de origem animal; fabricação de conservas; preparação de pescados e fabricação de conservas de pescados; beneficiamento e industrialização de leite e derivados; fabricação e refinação de açúcar; refino e preparação de óleo e gorduras vegetais; produção de manteiga, cacau, gorduras de origem animal para alimentação; fabricação de fermentos e leveduras; fabricação de rações balanceadas e de alimentos preparados para animais; fabricação de vinhos e vinagre; fabricação de cervejas, chopes e maltes; fabricação de bebidas não alcoólicas, bem como engarrafamento e gaseificação e águas minerais; fabricação de bebidas alcoólicas.	Médio

Código	Categoria	Descrição	Pp/gu
17	Serviços de Utilidade	– produção de energia termoelétrica; tratamento e destinação de resíduos industriais líquidos e sólidos; disposição de resíduos especiais tais como: de agroquímicos e suas embalagens; usadas e de serviço de saúde e similares; destinação de resíduos de esgotos sanitários e de resíduos sólidos urbanos, inclusive aqueles provenientes de fossas; dragagem e derrocamentos em corpos d'água; recuperação de áreas contaminadas ou degradadas.	Médio
18	Transporte, Terminais, Depósitos e Comércio	– transporte de cargas perigosas, transporte por dutos; marinas, portos e aeroportos; terminais de minério, petróleo e derivados e produtos químicos; depósitos de produtos químicos e produtos perigosos; comércio de combustíveis, derivados de petróleo e produtos químicos e produtos perigosos.	Alto
19	Turismo	– complexos turísticos e de lazer, inclusive parques temáticos.	Pequeno
20	Uso de Recursos Naturais	– silvicultura; exploração econômica da madeira ou lenha e subprodutos florestais; importação ou exportação da fauna e flora nativas brasileiras; atividade de criação e exploração econômica de fauna exótica e de fauna silvestre; utilização do patrimônio genético natural; exploração de recursos aquáticos vivos; introdução de espécies exóticas ou geneticamente modificadas; uso da diversidade biológica pela biotecnologia.	Médio
21	(VETADO)	x	x
22	(VETADO)	x	x

Por sua vez, foi instituída uma obrigação tributária acessória consistente na entrega até o fim de março de cada ano de um relatório com as atividades desenvolvidas no ano anterior, com o objetivo de facilitar a fiscalização do IBAMA.

Art. 17-D. A TCFA é devida por estabelecimento e os seus valores são os fixados no Anexo IX desta Lei." *(Redação dada pela Lei nº 10.165, de 2000)*

§ 1.º Para os fins desta Lei, consideram-se:

I – microempresa e empresa de pequeno porte, as pessoas jurídicas que se enquadrem, respectivamente, nas descrições dos incisos I e II do *caput* do art. 2º da Lei nº 9.841, de 5 de outubro de 1999;

II – empresa de médio porte, a pessoa jurídica que tiver receita bruta anual superior a R$ 1.200.000,00 (um milhão e duzentos mil reais) e igual ou inferior a R$ 12.000.000,00 (doze milhões de reais);

III – empresa de grande porte, a pessoa jurídica que tiver receita bruta anual superior a R$ 12.000.000,00 (doze milhões de reais).

§ 2.º O potencial de poluição (PP) e o grau de utilização (GU) de recursos naturais de cada uma das atividades sujeitas à fiscalização encontram-se definidos no Anexo VIII desta Lei.

§ 3.º Caso o estabelecimento exerça mais de uma atividade sujeita à fiscalização, pagará a taxa relativamente a apenas uma delas, pelo valor mais elevado.

1. COMENTÁRIOS

O valor da TCFA a ser pago pelo sujeito passivo é proporcional ao porte da empresa, conforme a tabela do Anexo IX da Lei 10.165/2000. Ademais, o PP (potencial de poluição) e o GU (grau de utilização dos recursos naturais) serão considerados, tendo sido fixado na tabela do anexo VIII à direita. Caso a empresa exerça mais de uma atividade, será paga apenas uma TCFA pelo maio valor.

Anexo IX
(Incluído pela Lei nº 10.165, de 27.12.2000)
VALORES, EM REAIS, DEVIDOS A TÍTULOS DE TCFA POR ESTABELECIMENTO POR TRIMESTRE

Potencial de Poluição, Grau de utilização de Recursos Naturais	Pessoa Física	Microempresa	Empresa de Pequeno Porte	Empresa de Médio Porte	Empresa de Grande Porte
Pequeno	-	-	112,50	225,00	450,00
Médio	-	-	180,00	360,00	900,00
Alto	-	50,00	225,00	450,00	2.250,00

Art. 17-E. É o Ibama autorizado a cancelar débitos de valores inferiores a R$ 40,00 (quarenta reais), existentes até 31 de dezembro de 1999.

1. COMENTÁRIOS

Este artigo foi inserido pela Lei 9.960/2000 e permitiu o cancelamento de dívidas inferiores a R$ 40,00 existentes até o final de 1999, vez que não é razoável e econômico mover a custosa máquina administrativa para cobrar ínfimos valores.

Art. 17-F. São isentas do pagamento da TCFA as entidades públicas federais, distritais, estaduais e municipais, as entidades filantrópicas, aqueles que praticam agricultura de subsistência e as populações tradicionais.

1. COMENTÁRIOS

Este artigo isentou as entidades políticas, autarquias e fundações públicas do pagamento de TCFA quando desenvolvam atividades poluidoras.

Outrossim, pessoas jurídicas de direito privado sem fins lucrativos enquadradas como entidades filantrópicas também foram beneficiadas pela isenção. Os povos tradicionais e os agricultores de subsistência, a exemplo dos segurados especiais da Previdência Social, também foram beneficiados.

Art. 17-G. A TCFA será devida no último dia útil de cada trimestre do ano civil, nos valores fixados no Anexo IX desta Lei, e o recolhimento será efetuado em conta bancária vinculada ao Ibama, por intermédio de documento próprio de arrecadação, até o quinto dia útil do mês subsequente.

Parágrafo único. Revogado.

§ 2.º Os recursos arrecadados com a TCFA terão utilização restrita em atividades de controle e fiscalização ambiental.

1. COMENTÁRIOS

O aspecto temporal do fato gerador da TCFA é trimestral, sendo os recursos depositados em conta do IBAMA, que possui a capacidade tributária ativa delegada pela União. Estes recursos foram afetados ao exercício da fiscalização ambiental da autarquia. A TCFA deverá ser paga até 31 de março, até 30 de junho, até 30 de setembro e até 31 de dezembro.

Art. 17-H. A TCFA não recolhida nos prazos e nas condições estabelecidas no artigo anterior será cobrada com os seguintes acréscimos:

I – juros de mora, na via administrativa ou judicial, contados do mês seguinte ao do vencimento, à razão de um por cento;

II – multa de mora de vinte por cento, reduzida a dez por cento se o pagamento for efetuado até o último dia útil do mês subsequente ao do vencimento;

III – encargo de vinte por cento, substitutivo da condenação do devedor em honorários de advogado, calculado sobre o total do débito inscrito como Dívida Ativa, reduzido para dez por cento se o pagamento for efetuado antes do ajuizamento da execução.

§ 1.º-A. Os juros de mora não incidem sobre o valor da multa de mora.

§ 1.º Os débitos relativos à TCFA poderão ser parcelados de acordo com os critérios fixados na legislação tributária, conforme dispuser o regulamento desta Lei.

1. COMENTÁRIOS

Este artigo apresenta os encargos pelo inadimplemento da TCFA:

A) Juros de mora de 1%;

B) Multa de mora de 20%, podendo ser reduzida para 10%;

C) Encargo legal de 20%, podendo ser reduzido para 10% a título de sucumbência.

As normas tributárias sobre o parcelamento aplicar-se-ão à TCFA. O regramento é dado pelos artigos 10 a 16 da Lei 10.522/2002, sendo possível o parcelamento em até 60 parcelas mensais, condicionado ao pagamento da primeira parcela, com previsão de garantia real ou fidejussória, caso o débito esteja inscrito em Dívida Ativa, sendo admitida a fiança bancária.

O pedido de parcelamento deferido constitui confissão de dívida e instrumento hábil e suficiente para a exigência do crédito tributário, podendo a exatidão dos valores parcelados ser objeto de verificação, cabendo ao devedor, enquanto o pedido estiver pendente de deferimento, recolher, a cada mês, como antecipação, valor correspondente a uma parcela.

Art. 17-I. As pessoas físicas e jurídicas que exerçam as atividades mencionadas nos incisos I e II do art. 17 e que não estiverem inscritas nos respectivos cadastros até o último dia útil do terceiro mês que se seguir ao da publicação desta Lei incorrerão em infração punível com multa de:

I – R$ 50,00 (cinquenta reais), se pessoa física;

II – R$ 150,00 (cento e cinquenta reais), se microempresa;

III – R$ 900,00 (novecentos reais), se empresa de pequeno porte;

IV – R$ 1.800,00 (mil e oitocentos reais), se empresa de médio porte;

V – R$ 9.000,00 (nove mil reais), se empresa de grande porte.

Parágrafo único. Revogado.

1. COMENTÁRIOS

Este artigo, inserido pela Lei 10.165/2000, comina multas às pessoas físicas ou jurídicas que desenvolvam atividades poluidoras ou de consultoria ambiental não inscritas nos Cadastros Técnicos Federais do artigo 17 até o final do terceiro mês da sua publicação, perpetrada em 28.10.2000.

Art. 17-J. *(Revogado pela Lei nº 10.165, de 2000)*

Art. 17-L. As ações de licenciamento, registro, autorizações, concessões e permissões relacionadas à fauna, à flora, e ao controle ambiental são de competência exclusiva dos órgãos integrantes do Sistema Nacional do Meio Ambiente.

1. COMENTÁRIOS

Este artigo foi inserido pela Lei 9.960/2000 e tornou exclusiva a competência para o exercício do licenciamento ambiental aos órgãos do SISNAMA, razão pela qual descabe delegação em favor de órgão que não componha o SISNAMA.

Art. 17-M. Os preços dos serviços administrativos prestados pelo Ibama, inclusive os referentes à venda de impressos e publicações, assim como os de entrada, permanência e utilização de áreas ou instalações nas unidades de conservação, serão definidos em portaria do Ministro de Estado do Meio Ambiente, mediante proposta do Presidente daquele Instituto.

1. COMENTÁRIOS

Uma Portaria do Ministro do Meio Ambiente proposta pelo Presidente do IBAMA irá definir os preços de serviços administrativos no âmbito do IBAMA. No entanto, o Anexo VII da Lei 9.960/2000 traz a tabela de preços dos serviços e produtos cobrados pelo IBAMA.

Art. 17-N. Os preços dos serviços técnicos do Laboratório de Produtos Florestais do Ibama, assim como os para venda de produtos da flora, serão, também, definidos em portaria do Ministro de Estado do Meio Ambiente, mediante proposta do Presidente daquele Instituto.

1. COMENTÁRIOS

Uma Portaria do Ministro do Meio Ambiente proposta pelo Presidente do IBAMA irá definir os preços dos serviços técnicos do Laboratório de Produtos Florestais do IBAMA

Art. 17-O. Os proprietários rurais que se beneficiarem com redução do valor do Imposto sobre a Propriedade Territorial Rural – ITR, com base em Ato Declaratório Ambiental – ADA, deverão recolher ao Ibama a importância prevista no item 3.11 do Anexo VII da Lei 9.960, de 29 de janeiro de 2000, a título de Taxa de Vistoria.

§ 1.º-A. A Taxa de Vistoria a que se refere o *caput* deste artigo não poderá exceder a dez por cento do valor da redução do imposto proporcionada pelo ADA.

§ 1.º A utilização do ADA para efeito de redução do valor a pagar do ITR é obrigatória.

§ 2.º O pagamento de que trata o *caput* deste artigo poderá ser efetivado em cota única ou em parcelas, nos mesmos moldes escolhidos pelo contribuinte para o pagamento do ITR, em documento próprio de arrecadação do Ibama.

§ 3.º Para efeito de pagamento parcelado, nenhuma parcela poderá ser inferior a R$ 50,00 (cinquenta reais).

§ 4.º O inadimplemento de qualquer parcela ensejará a cobrança de juros e multa nos termos dos incisos I e II do *caput* e §§ 1.º-A e 1.º, todos do art. 17-H desta Lei.

§ 5.º Após a vistoria, realizada por amostragem, caso os dados constantes do ADA não coincidam com os efetivamente levantados pelos técnicos do Ibama, estes lavrarão, de ofício, novo ADA, contendo os dados reais, o qual será encaminhado à Secretaria da Receita Federal, para as providências cabíveis.

1. COMENTÁRIOS

Este artigo, inserido pela Lei 10.165/2000, exige o pagamento da Taxa de Vistoria dos proprietários rurais que se beneficiaram da redução do valor do Imposto sobre a Propriedade Territorial Rural – ITR, com base em Ato Declaratório Ambiental – ADA.

O Ato Declaratório Ambiental – ADA é um instrumento legal que possibilita ao Proprietário Rural uma redução do Imposto Territorial Rural – ITR, em até 100%, sobre a área efetivamente protegida, quando declarar no Documento de Informação e Apuração – DIAT/ITR, Áreas de Preservação Permanente (APPs), Reserva Legal, Reserva Particular do Patrimônio Natural, Interesse Ecológico, Servidão Ambiental, áreas cobertas por Floresta Nativa e áreas Alagadas para fins de Constituição de Reservatório de Usinas Hidrelétricas.

O Ato Declaratório Ambiental-ADA é documento de cadastro das áreas do imóvel rural junto ao IBAMA e das áreas de interesse ambiental que o integram para fins de isenção do Imposto sobre a Propriedade Territorial Rural-ITR, sobre estas últimas. Deve ser preenchido e apresentado pelos declarantes de imóveis rurais obrigados à apresentação do ITR. O cadastramento das áreas de interesse ambiental declaradas permite a redução do Imposto Territorial Rural do imóvel rural. Com isso, se procura estimular a preservação e proteção da flora e das florestas e, consequentemente, contribuir para a conservação da natureza e melhor qualidade de vida.

O proprietário rural deverá declarar o ADA quando lançar no DIAT as áreas de Preservação Permanente. Além delas, as áreas de Reserva Legal, Reserva Particular do Patrimônio Natural – RPPN, de Servidão Ambiental – estas devidamente averbadas –, de Declarado Interesse Ecológico, áreas cobertas por Floresta Nativa e áreas Alagadas para Usinas Hidrelétricas.

Assim, a declaração do ADA será feita quando do lançamento de áreas sujeitas ao desconto do ITR no DIAT (item 01). O IBAMA, a qualquer tempo, poderá solicitar que sejam informadas as áreas tributáveis constantes do Relatório de Atividades do Cadastro Técnico Federal. Além disso, deverão constar no ADA os imóveis rurais daqueles declarantes que pleiteiam autorizações ou licenças junto ao IBAMA.[63]

Isso porque, de acordo com a Lei 9.393/1996, são excluídas da incidência do ITR as seguintes áreas:

a) de preservação permanente e de reserva legal, previstas na Lei 12.651, de 25 de maio de 2012;

b) de interesse ecológico para a proteção dos ecossistemas, assim declaradas mediante ato do órgão competente, federal ou estadual, e que ampliem as restrições de uso previstas na alínea anterior;

c) comprovadamente imprestáveis para qualquer exploração agrícola, pecuária, granjeira, aquícola ou florestal, declaradas de interesse ecológico mediante ato do órgão competente, federal ou estadual;

d) sob regime de servidão ambiental;

e) cobertas por florestas nativas, primárias ou secundárias em estágio médio ou avançado de regeneração;

f) alagadas para fins de constituição de reservatório de usinas hidrelétricas autorizada pelo poder público.

Art. 17-P. Constitui crédito para compensação com o valor devido a título de TCFA, até o limite de sessenta por cento e relativamente ao mesmo ano, o montante efetivamente pago pelo estabelecimento ao Estado, ao Município e ao Distrito Federal em razão de taxa de fiscalização ambiental.

§ 1.º Valores recolhidos ao Estado, ao Município e ao Distrital Federal a qualquer outro título, tais como taxas ou preços públicos de licenciamento e venda de produtos, não constituem crédito para compensação com a TCFA.

§ 2.º A restituição, administrativa ou judicial, qualquer que seja a causa que a determine, da taxa de fiscalização ambiental estadual ou distrital compensada com a TCFA restaura o direito de crédito do Ibama contra o estabelecimento, relativamente ao valor compensado.

1. COMENTÁRIOS

Desde que haja previsão legal no seu âmbito e efetivo exercício do poder de polícia ambiental, as demais esferas de governo poderão cobrar taxa de polícia ambiental. Este artigo permite a compensação de até 60% da taxa paga a estados, Distrito Federal e municípios do valor devido de TCFA. Se a taxa estadual ou municipal for restituída, a compensação será desfeita até o mesmo montante.

63. http://www.ibama.gov.br/servicos/ato-declaratorio-ambiental-ada.

A compensação de que trata o art. 17-P da Lei 6.938/1981 entre a Taxa de Controle e Fiscalização Ambiental (TCFA) e o tributo de igual natureza pago ao Estado-membro não pode se efetivar de forma presumida, pois se consubstancia em direito subjetivo do contribuinte, necessitando de prévia comprovação do pagamento feito ao fisco estadual e do requerimento dirigido ao Ibama, por parte do sujeito passivo, conforme entendimento exarado pela Procuradoria Federal Especializada junto a esta Autarquia Federal e o constante no art. 10 da Instrução Normativa do Ibama 17 de 30.12.2011.

Visando aprimorar esse procedimento, o Ibama colocou à disposição dos estados que possuem a Taxa Ambiental Estadual o instrumento da GRU-ÚNICA, que permite ao contribuinte quitar os débitos relativos à TCFA/Ibama e à Taxa Estadual em um único documento de arrecadação, situação possível após a assinatura do Termo de Adesão à GRU-Única e Acordo de Cooperação Técnica.

Nos casos em que não for feita a adesão pelo Estado-membro ao instrumento da GRU-ÚNICA, existe a obrigatoriedade da cobrança do valor integral mencionado na legislação federal, já que, ausente esse mecanismo, é inviável em tais situações a compensação automática ou presumida.

Assim, para o cumprimento da legislação, e até que sejam assinados os Termos de Adesão à GRU-Única, o contribuinte deverá apresentar o comprovante de pagamento realizado ao fisco estadual, em seu original ou cópia devidamente autenticada, acompanhado do requerimento que solicita a compensação do tributo federal, conforme art. 10 da Instrução Normativa do Ibama 17 de 30.12.2011. Para ocorrer a compensação do tributo estadual deve ser pago antes a TCFA e está limitado a 60% do valor pago pelo tributo federal[64].

Art. 17-Q. É o Ibama autorizado a celebrar convênios com os Estados, os Municípios e o Distrito Federal para desempenharem atividades de fiscalização ambiental, podendo repassar-lhes parcela da receita obtida com a TCFA."

1. COMENTÁRIOS

É plenamente possível à delegação de competência via convênio pelo IBAMA para outras esferas de governo a fim de exercer a fiscalização ambiental, a exemplo de ajuste firmado com a Polícia Militar dos estados da federação, podendo, inclusive, ser repassada parcela da TCFA.

Nesse sentido, de acordo com o artigo 5.º **da LC 140/2011, o** ente federativo poderá delegar, mediante convênio, a execução de ações administrativas ambientais a ele atribuídas, desde que o ente destinatário da delegação disponha de órgão ambiental capacitado a executar as ações administrativas a serem delegadas e de conselho de meio ambiente, considerando-se órgão ambiental capacitado aquele que possui técnicos próprios ou em consórcio, devidamente habilitados e em número compatível com a demanda das ações administrativas a serem delegadas.

64. Disponível em: <https://servicos.ibama.gov.br/index.php/taxas/gru-guia-de-recolhimento-da-uniao-tcfa>.

2. JURISPRUDÊNCIA

- **STJ, INFORMATIVO 390 – COMPETÊNCIA. POLÍCIA MILITAR AMBIENTAL.** *In casu*, constatou-se dos autos que foi celebrado convênio entre o Ibama e a Polícia Militar Ambiental de estado-membro, tendo por objeto estabelecer um regime de mútua cooperação entre convenentes a fim de executar ações fiscalizatórias voltadas para a preservação e conservação do meio ambiente e dos recursos naturais renováveis, conforme prevê o art. 17-Q da Lei n. 6.938/1981, que trata da Política Nacional do Meio Ambiente. *Diante disso, a Turma negou provimento ao recurso ao entendimento de que, sendo a Polícia Militar Ambiental órgão do Estado, atua em nome dele e, assim, é competente para a lavratura de auto de infração ambiental.* REsp 1.109.333-SC, Rel. Min. Francisco Falcão, julgado em 14.04.2009.

"Um dos objetivos da Política Nacional de Energia é 'proteger o meio ambiente' (art. 1.º, IV), cabendo à Agência Nacional de Petróleo – ANP, entre outras competências legais, a "fiscalização das atividades econômicas integrantes da indústria do petróleo, do gás natural e dos biocombustíveis", sobretudo quanto a "fazer cumprir as boas práticas de (...) preservação do meio ambiente" (art. 8.º, IX, da Lei 9.478/1997). A multa administrativa, por sua vez, está embasada no art. 3.º, IX, da Lei 9.847/1999, que pune construir ou operar instalações e equipamentos necessários ao exercício das atividades abrangidas por esta Lei em desacordo com a legislação aplicável (...) Assim, por força de disposição legal, a proteção do meio ambiente encontra-se imbricada no poder de polícia da ANP, sem que tal provoque ingerência indevida nas atribuições específicas dos órgãos ambientais, que mantêm sua natural competência à medida que a exploração e comercialização de petróleo, gás natural e biocombustíveis caracterizam atividade potencialmente poluidora, nos termos do art. 3.º, II e III, da Lei 6.938/1981. No ordenamento jurídico brasileiro, o poder de polícia ambiental é prerrogativa inafastável dos órgãos de proteção do meio ambiente. Isso, porém, não quer dizer que o legislador esteja impedido de, em adição, atribuí-lo também a outras entidades públicas, postura que, antes de significar *bis in idem*, representa em verdade o reconhecimento de que o dano ambiental e as atividades capazes de causá-lo exigem, pela sua complexidade e múltiplas facetas, a conjugação do expertise de toda a Administração Pública, no sentido de assegurar a máxima efetividade nos esforços de prevenção, reparação e repressão" (STJ, passagem do REsp 1.142.377, de 18.03.2010).

3. QUESTÃO DE CONCURSO

01. (CESPE – 2013 – IBAMA – Analista Ambiental) É cabível a celebração de convênios entre o IBAMA, estados e municípios para o desempenho de atividades de fiscalização ambiental, podendo o IBAMA repassar a esses entes parcela da receita proveniente da taxa de controle e fiscalização ambiental.

GAB	01	CERTO

Art. 18. *(Revogado pela Lei nº 9.985, de 2000)*

Art. 19. Ressalvado o disposto nas Leis 5.357, de 17 de novembro de 1967, e 7.661, de 16 de maio de 1988, a receita proveniente da aplicação desta Lei será recolhida de acordo com o disposto no art. 4.º da Lei 7.735, de 22 de fevereiro de 1989.

1. COMENTÁRIOS

De acordo com o artigo 4.º da Lei 7.735/1989, o patrimônio, os recursos orçamentários, extraorçamentários e financeiros, a competência, as atribuições, o pessoal, inclusive inativos e pensionistas, os cargos, funções e empregos da Superintendência da Borracha – SUDHEVEA e do Instituto Brasileiro de Desenvolvimento Florestal – IBDF, extintos pela Lei 7.732, de 14 de fevereiro de 1989, bem assim os da Superintendência do Desenvolvimento da Pesca – SUDEPE e da Secretaria Especial do Meio Ambiente – SEMA são transferidos para o Instituto Brasileiro do Meio Ambiente e dos Recursos Naturais Renováveis, que os sucederá, ainda, nos direitos, créditos e obrigações, decorrentes de lei, ato administrativo ou contrato, inclusive nas respectivas receitas.

Art. 20. Esta Lei entrará em vigor na data de sua publicação.

1. COMENTÁRIOS

A Lei de Política Nacional do Meio Ambiente não teve período de vacância, entrando em vigor no dia da sua publicação ocorrida em 02 de setembro de 1981.

Art. 21. Revogam-se as disposições em contrário.

1. COMENTÁRIOS

Esta Lei não promoveu nenhuma revogação expressa específica de normas jurídicas, mas apenas a revogação de eventuais normas não citadas que dispunham dos seus temas de maneira diversa.

Brasília, 31 de agosto de 1981; 160º da Independência e 93º da República.

JOÃO FIGUEIREDO
Mário David Andreazza

Este texto não substitui o Publicado no *DOU* de 02.09.1981

LEI 9.433, DE 8 DE JANEIRO DE 1997

▸ POLÍTICA NACIONAL DE RECURSOS HÍDRICOS

Institui a Política Nacional de Recursos Hídricos, cria o Sistema Nacional de Gerenciamento de Recursos Hídricos, regulamenta o inciso XIX do art. 21 da Constituição Federal, e altera o art. 1.º da Lei 8.001, de 13 de março de 1990, que modificou a Lei 7.990, de 28 de dezembro de 1989.

O PRESIDENTE DA REPÚBLICA Faço saber que o Congresso Nacional decreta e eu sanciono a seguinte Lei:

▸ TÍTULO I
DA POLÍTICA NACIONAL DE RECURSOS HÍDRICOS

▸ CAPÍTULO I
DOS FUNDAMENTOS

Art. 1.º A Política Nacional de Recursos Hídricos baseia-se nos seguintes fundamentos:

I – a água é um bem de domínio público;

II – a água é um recurso natural limitado, dotado de valor econômico;

III – em situações de escassez, o uso prioritário dos recursos hídricos é o consumo humano e a dessedentação de animais;

IV – a gestão dos recursos hídricos deve sempre proporcionar o uso múltiplo das águas;

V – a bacia hidrográfica é a unidade territorial para implementação da Política Nacional de Recursos Hídricos e atuação do Sistema Nacional de Gerenciamento de Recursos Hídricos;

VI – a gestão dos recursos hídricos deve ser descentralizada e contar com a participação do Poder Público, dos usuários e das comunidades.

1. COMENTÁRIOS

O primeiro fundamento da PNRH é a ***natureza pública das águas (bem de domínio público)***, inalienáveis, sendo permitida apenas a sua utilização, pois são bens de uso comum do povo federal, estadual ou distrital. De acordo com o Decreto 24.643/1934 (Código de Águas), conforme a titularidade da propriedade das águas,[1] existiam:

- **águas públicas** (dominiais ou de uso comum do povo, listadas no artigo 2.º);
- **águas comuns** (de domínio público, bens sem dono, de correntes não navegáveis, nos moldes do artigo 7.º);
- **águas particulares** (nascentes e todas as águas situadas em terrenos particulares, quando não se enquadrarem como públicas ou comuns, nos termos do artigo 8.º).

Hoje prevalece que inexistem águas de propriedade particular no Brasil, uma vez que, de acordo com os artigos 20, III, VI e VIII, e 26, I, da CRFB, as águas, quando não

1. De acordo com a precisa lição de Cid Tomanik Pompeu (2006, p. 71), a expressão água é gênero, sendo recurso hídrico a água como bem econômico.

forem bens da União, serão dos Estados e, por analogia, do Distrito Federal, não havendo previsão de titularidade municipal. Veja-se:

> "Artigo 20. São bens da União:
>
> [...]
>
> III – os lagos, rios e quaisquer correntes de água em terrenos de seu domínio, ou que banhem mais de um Estado, sirvam de limites com outros países, ou se estendam a território estrangeiro ou dele provenham, bem como os terrenos marginais e as praias fluviais;
>
> [...]
>
> VI – o mar territorial;
>
> [...]
>
> VIII – os potenciais de energia hidráulica;
>
> Artigo 26. Incluem-se entre os bens dos Estados:
>
> I – as águas superficiais ou subterrâneas, fluentes, emergentes e em depósito, ressalvadas, neste caso, na forma da lei, as decorrentes de obras da União".

Destarte, muitos dispositivos do Código de Águas não foram recepcionados pela Constituição Federal de 1988. Demais disso, **a Lei 9.433/1997, que instituiu a Política Nacional de Recursos Hídricos,** pontifica que a **água é bem de domínio público**, expressão que deve ser interpretada em sentido estrito, conforme a Constituição, como bem público de uso comum do povo, da União, Estados ou Distrito Federal, a depender.

Esse **processo de publicização das águas** decorre da sua escassez, especificamente das águas doces, em virtude do desperdício mundial e da poluição irracional das correntes de água, sendo estratégico para o Estado brasileiro converter as águas em bens públicos, visando uma tutela mais rígida para preservar os interesses nacionais, pois preservá-las com boa qualidade é imprescindível condição para a continuidade da vida em todas as suas formas.[2]

Atualmente se reconhece a água como um *recurso natural* renovável (ciclo hidrológico), porém *limitado*, dotado de *economicidade*, pois há um custo ambiental no seu uso que deverá ser mensurado pecuniariamente a fim de racionalizar o seu consumo, mas sem privar a população carente do mínimo necessário à sua dignidade.

A regra será o uso múltiplo das águas, a exemplo do consumo humano, desde para atender às necessidades básicas à recreação; dos animais; da indústria; da agricultura; para a navegação e geração de energia elétrica; recepção de esgotos etc.

Contudo, há permissivo legal para a instituição de prioridades no uso da água pelos Planos de Recursos Hídricos, na forma do artigo 7.º, VIII, da Lei 9.433/1997.

Na hipótese do enfrentamento de ***situações de escassez*, já há uma *ordem de preferência de utilização para o consumo humano*** (para atender necessidades básicas, e não

2. O Decreto federal de 22.03.2005 instituiu a Década Brasileira da Água, que objetiva promover e intensificar a formulação e a implementação de políticas, programas e projetos relativos ao gerenciamento e uso sustentável da água, em todos os níveis.

supérfluas) ***e a dessedentação de animais*** (esta prioridade possui carga biocêntrica), sendo válida a adoção de medidas administrativas restritivas temporárias.

No caso de ocorrência de eventos críticos na bacia hidrográfica, a autoridade outorgante poderá instituir regime de racionamento de água para os usuários, pelo período que se fizer necessário, ouvido o respectivo Comitê.

A ***bacia hidrográfica*** é a área onde ocorre a drenagem das águas destinadas a um curso de água, normalmente um grande rio. Ou seja, normalmente vários cursos de água convergem para um rio principal, formando uma bacia hidrográfica. No Brasil, as principais são a Amazônica, a Araguaia-Tocantins, a dos rios Paraíba, São Francisco, Paraná, Paraguai, Paraíba do Sul e Uruguai.

Trata-se da unidade territorial sobre a qual será construída a PNRH e pautará a atuação dos órgãos e entidades responsáveis por sua execução.

Nos termos do novo Código Florestal, em bacias hidrográficas consideradas críticas, conforme previsto em legislação específica, o Chefe do Poder Executivo poderá, em ato próprio, estabelecer metas e diretrizes de recuperação ou conservação da vegetação nativa superiores às definidas no seu artigo 61-A, como projeto prioritário, ouvidos o Comitê de Bacia Hidrográfica e o Conselho Estadual de Meio Ambiente.

Com a finalidade de orientar, fundamentar e implementar o Plano Nacional de Recursos Hídricos, o Conselho Nacional de Recursos Hídricos editou a **Resolução 32/2003**, que instituiu **12 Regiões Hidrográficas**, assim consideradas como "o espaço territorial brasileiro compreendido por uma bacia, grupo de bacias ou sub-bacias hidrográficas contíguas com características naturais, sociais e econômicas homogêneas ou similares, com vistas a orientar o planejamento e gerenciamento dos recursos hídricos":

Regiões Hidrográficas

O sexto fundamento da PNRH é a ***gestão descentralizada dos recursos hídricos***, que será tripartite, com a participação do Poder Público, das comunidades e dos usuários, atendendo o Princípio da Participação Comunitária ou Cidadã.

Importante destacar que os referidos fundamentos se encontram consentâneos com a **Declaração de Dublin**, fruto da Conferência Internacional sobre Água e Meio Ambiente, organizada pela ONU em janeiro de 1992, como preparação para a RIO 92, especialmente os seus mais relevantes princípios:

> "1. A água doce é um recurso finito e vulnerável, essencial para a conservação da vida, a manutenção do desenvolvimento e do meio ambiente.
>
> 2. O desenvolvimento e a gestão da água devem ser baseados em participação dos usuários, dos planejadores e dos decisores políticos, em todos os níveis.
>
> 3. As mulheres devem assumir papel essencial na conservação e gestão da água.
>
> 4. A água tem valor econômico em todos os seus usos competitivos; deve-se promover sua conservação e proteção".

De seu turno, as águas foram tratadas no Capítulo 18 da Agenda 21,[3] tendo como objetivo geral "assegurar a oferta de água de boa qualidade para todos os habitantes, mantendo as funções hidrológicas, biológicas e químicas dos ecossistemas, adaptando as atividades do homem aos limites da natureza e lutando para combater as moléstias ligadas a água" (item 18.2).

No mais, por expressa disposição do artigo 4.º da Lei 11.445/2007, que estabeleceu diretrizes básicas para o saneamento básico,[4] **os recursos hídricos não integram os serviços públicos de saneamento básico**, vez que a sua utilização depende de outorga do Poder Público, regido pela Lei 9.433/1997.

2. JURISPRUDÊNCIA

> "Tributário. ICMS. Fornecimento de água tratada por concessionárias de serviço público. Não incidência. Ausência de fato gerador. 1. O fornecimento de água potável por empresas concessionárias desse serviço público não é tributável por meio do ICMS. **2. As águas em estado natural são bens públicos e só podem ser exploradas por particulares mediante concessão, permissão ou autorização.** 3. O fornecimento de água tratada à população por empresas concessionárias, permissionárias ou autorizadas não caracteriza uma operação de circulação de mercadoria. 4. Precedentes da Corte. Tema já analisado na liminar concedida na ADI nº 567, de relatoria do Ministro Ilmar Galvão, e na ADI nº 2.224-5-DF, Relator o Ministro Néri da Silveira. 5. Recurso extraordinário a que se nega provimento" (STF, RE 607.056, de 10.04.2013).
>
> "4. **A água é bem público de uso comum** (artigo 1.º da Lei 9.433/1997), **motivo pelo qual é insuscetível de apropriação pelo particular**. 5. **O particular tem, apenas, o direito à exploração das águas**

3. Documento aprovado na RIO 92 que visa nortear de maneira não vinculante a formulação de políticas públicas ambientais no mundo.

4. O saneamento básico engloba o abastecimento de água potável, o esgotamento sanitário, a limpeza urbana e o manejo de resíduos sólidos, assim como a drenagem e manejo das águas pluviais urbanas (artigo 3.º da Lei 11.445/2007).

subterrâneas mediante autorização do Poder Público, cobrada à devida contraprestação (artigos 12, II, e 20 da Lei 9.433/1997)" (STJ, REsp 518.744, de 03.02.2004).

"Hodiernamente, a Segunda Turma, por ocasião do julgamento do Resp 508.377/MS, em sessão realizada em 23/10/2007, sob a relatoria do eminente Ministro João Otávio de Noronha e voto-vista do Ministro Herman Benjamin, **reviu o seu posicionamento para firmar-se na linha de que a Constituição Federal aboliu expressamente a dominialidade privada dos cursos de** água, terrenos reservados e terrenos marginais, ao tratar do assunto em seu art. 20, inciso III" (STJ, passagem do REsp 763.591, de 26.08.2008).

"A Lei da Política Nacional de Recursos Hídricos significou notável avanço na proteção das águas no Brasil e deve ser interpretada segundo seus objetivos e princípios. Três são os objetivos dorsais da Lei 9.433/1997, todos eles com repercussão na solução da presente demanda: a preservação da disponibilidade quantitativa e qualitativa de água, para as presentes e futuras gerações; a sustentabilidade dos usos da água, admitidos somente os de cunho racional; e a proteção das pessoas e do meio ambiente contra os eventos hidrológicos críticos, desiderato que ganha maior dimensão em época de mudanças climáticas. Além disso, a Lei da Política Nacional de Recursos Hídricos apoia-se em uma série de princípios fundamentais, cabendo citar, entre os que incidem diretamente no litígio, o princípio da dominialidade pública (a água, dispõe a lei expressamente, é bem de domínio público), o princípio da finitude (a água é recurso natural limitado) e o princípio da gestão descentralizada e democrática" (STJ, REsp 994.120, de 25.08.2009).

"ADMINISTRATIVO. DESAPROPRIAÇÃO. TERRENOS SITUADOS NA MARGEM DOS RIOS. FAIXA DE RESERVA. DOMÍNIO PARTICULAR. IMPOSSIBILIDADE. 1. Hipótese em que se discute ocupação privada do antigo leito do Rio Tietê, no Município de São Paulo, referente ao curso das águas anterior à retificação, e do respectivo terreno marginal (reservado ou faixa de reserva). 2. O particular 'confessa a ocupação da área pública, contudo afirma que a área referente à faixa de reserva é de sua propriedade, não pertencendo ao Município' (trecho do acórdão). Inexiste discussão em relação ao álveo (leito) do rio, pois houve concordância da recorrida com o domínio municipal. 3. O TJ-SP acolheu o pleito, decidindo que 'a área de reserva é de propriedade dos réus que sobre ela exercem posse'. **4. O Código de Águas (Decreto 24.643/1934) deve ser interpretado à luz do sistema da Constituição Federal de 1988 e da Lei 9.433/1997 (Lei da Política Nacional de Recursos Hídricos), que só admitem domínio público sobre os recursos hídricos. 5. Na forma dos arts. 20, III, e 26, I, da Constituição, não mais existe propriedade privada de lagos, rios, águas superficiais ou subterrâneas, fluentes, emergentes ou em depósito, e quaisquer correntes de água.**

6. Nesse sentido, a interpretação do art. 31 do Código de Águas, segundo o qual 'pertencem aos Estados os terrenos reservados às margens das correntes e lagos navegáveis, se, por algum título, não forem do domínio federal, municipal ou particular', implica a propriedade do Estado sobre todas as margens dos rios estaduais, tais como definidos pelo art. 26 da CF, excluídos os federais (art. 20 da CF), tendo em vista que já não existem, repito, rios municipais ou particulares. **7. O título legítimo em favor de particular, previsto nos arts. 11 e 31 do Código de Águas, que poderia, em tese, subsidiar pleito do particular, é apenas o decorrente de enfiteuse ou concessão, jamais dominial, pois juridicamente impossível.** Precedentes da Segunda Turma (STJ, REsp 508.377/MS, rel. Min. João Otávio de Noronha, j. 23.10.2007; REsp 995.290/SP, Rel. Min. Castro Meira, j. 11/11/2008). 8. Considerando a premissa incontroversa de que a legislação paulista transferiu para o Município de São Paulo o trecho do Rio Tietê, que cruza a cidade e suas margens, conclui-se pelo acolhimento da pretensão recursal" (STJ, REsp 1.184.624, de 02.12.2010).

3. QUESTÕES DE CONCURSOS

01. (Petrobras 2011 – Advogado – CESGRANRIO) A Política Nacional de Recursos Hídricos considera a água um bem de domínio público e dotado de valor econômico, sendo que a gestão dos recursos hídricos deve sempre proporcionar o uso múltiplo das águas.

02. (TEC AP 2010 – Procurador – FCC) Os recursos hídricos

a) são bens de domínio público exploráveis em regime de monopólio, objeto de concessão a empresas públicas de saneamento.

b) são bens de uso comum do povo e, como tal, de livre apropriação e utilização por qualquer cidadão.

c) são bens de uso comum do povo e, embora não possam ser objeto de propriedade privada, compete ao Poder Público disciplinar a sua utilização gratuita por qualquer cidadão.

d) constituem bens dominiais da União, que como tal poderá instituir taxas para sua utilização pelos particulares.

e) são bens de domínio público cuja utilização está sujeita a regime de outorga, bem como à cobrança pelo seu uso.

03. (PGE Amapá 2006 – Procurador do Estado – CESPE) A água, como um bem dominical, integra o patrimônio privado do poder público; sua outorga, portanto, não implica a alienação parcial, mas, sim, o simples direito de uso.

04. (FCC – 2013 – DPE-AM – Defensor Público) Sobre a Política Nacional de Recursos Hídricos, analise as afirmações abaixo.

I. A água é um bem de domínio público.

II. A água é um recurso natural ilimitado.

III. A gestão dos recursos hídricos deve sempre proporcionar o uso múltiplo das águas.

IV. A gestão dos recursos hídricos deve ser centralizada e contar com a participação do Poder Público, dos usuários e das comunidades.

É correto o que se afirma APENAS em

a) I.

b) II e IV.

c) II e III.

d) II.

e) I e III.

05. (FCC – 2010 – TCE-AP – Procurador) Os recursos hídricos

a) são bens de domínio público exploráveis em regime de monopólio, objeto de concessão a empresas públicas de saneamento.

b) são bens de uso comum do povo e, como tal, de livre apropriação e utilização por qualquer cidadão.

c) são bens de uso comum do povo e, embora não possam ser objeto de propriedade privada, compete ao Poder Público disciplinar a sua utilização gratuita por qualquer cidadão.

d) constituem bens dominiais da União, que como tal poderá instituir taxas para sua utilização pelos particulares.

e) são bens de domínio público cuja utilização está sujeita a regime de outorga, bem como à cobrança pelo seu uso.

06. (2017/CESPE/Prefeitura de Fortaleza/Procurador do Município) A respeito da Política Nacional de Meio Ambiente, dos recursos hídricos e florestais e dos espaços territoriais especialmente protegidos, julgue o item a seguir. De acordo com a Lei n.º 9.433/1997, a unidade territorial para a implementação da Política Nacional de Recursos Hídricos é a bacia hidrográfica, cuja gestão é centralizada e de responsabilidade dos entes da Federação por ela abrangidos.

07. (2016/FGV/CODEBA/Analista Portuário/Advogado) Analise o fragmento a seguir.

"Acerca da disciplina legal dos recursos hídricos no ordenamento jurídico brasileiro, é correto afirmar que a água é bem de domínio _____, recurso natural _____, sendo possível a sua _____ pelo Poder Público, a qual não é necessária nos casos de _____."

Assinale a opção que completa corretamente as lacunas do fragmento acima.

a) compartilhado – limitado – concessão – captações consideradas insignificantes

b) público – limitado – outorga – captações consideradas insignificantes

c) público – ilimitado – concessão – aproveitamento hidrelétrico de menor capacidade
d) semipúblico – limitado – outorga – aproveitamento hidrelétrico de menos capacidade
e) semipúblico – ilimitado – concessão – acumulação de volumes de água considerados insignificantes

08. (Ano: 2021 Banca: FCC Órgão: TJ-GO Prova: FCC - 2021 - TJ-GO - Juiz Substituto) Diante de uma crise hídrica, o setor energético propõe uma gestão mais austera de seus reservatórios de água para garantir o abastecimento de energia elétrica. Nesse cenário,

a) o uso do reservatório será compartilhado, de forma equânime e exclusiva, entre a produção energética e o consumo humano.
b) deve ser garantido o uso múltiplo e igualitário dos reservatórios sem que haja qualquer grau de prioridade.
c) deve ser assegurado o uso prioritário dos recursos hídricos para o consumo humano e para a dessedentação de animais.
d) é obrigação do Poder Público buscar alternativas para o consumo humano diante da prioridade do setor energético no uso de seus reservatórios de água.
e) a prioridade de uso dos reservatórios de água será do setor energético, que deverá, diante da ausência de alternativa viável, ceder até dez por cento do reservatório para consumo exclusivo humano.

GAB	01	VERDADEIRO	02	E	03	ERRADO	04	E	05	E	6	ERRADA	07	B
	08	C												

▸ CAPÍTULO II
DOS OBJETIVOS

Art. 2.º São objetivos da Política Nacional de Recursos Hídricos:

I – assegurar à atual e às futuras gerações a necessária disponibilidade de água, em padrões de qualidade adequados aos respectivos usos;

II – a utilização racional e integrada dos recursos hídricos, incluindo o transporte aquaviário, com vistas ao desenvolvimento sustentável;

III – a prevenção e a defesa contra eventos hidrológicos críticos de origem natural ou decorrentes do uso inadequado dos recursos naturais;

IV – incentivar e promover a captação, a preservação e o aproveitamento de águas pluviais. *(Incluído pela Lei nº 13.501, de 2017)*

1. COMENTÁRIOS

A preocupação com a disponibilidade de águas de boa qualidade para as futuras gerações realiza o Princípio do Pacto Intergeracional ou Equidade, por meio da sua utilização sustentável, sendo finalidade da PNRH.

Também se mostrou sensível o legislador com a prevenção das catástrofes naturais ou provocadas pelo homem, de modo que se utilizem os recursos hídricos com as devidas cautelas, a exemplo da manutenção da vegetação de preservação permanente ao longo dos rios ou quaisquer cursos de água (mata ciliar), pois tem a função ecológica de evitar o assoreamento dos rios e absorver parte na água na hipótese de enchentes.

Coube à Lei 13.501/17 acrescer um novo objetivo à Política Nacional do Meio Ambiente, demonstrando a preocupação em captar e aproveitar a água da chuva, a exemplo dos projetos domiciliares de captação de água pluvial como prática de sustentabilidade.

▸ CAPÍTULO III
DAS DIRETRIZES GERAIS DE AÇÃO

Art. 3.º Constituem diretrizes gerais de ação para implementação da Política Nacional de Recursos Hídricos:

I – a gestão sistemática dos recursos hídricos, sem dissociação dos aspectos de quantidade e qualidade;

II – a adequação da gestão de recursos hídricos às diversidades físicas, bióticas, demográficas, econômicas, sociais e culturais das diversas regiões do País;

III – a integração da gestão de recursos hídricos com a gestão ambiental;

IV – a articulação do planejamento de recursos hídricos com o dos setores usuários e com os planejamentos regional, estadual e nacional;

V – a articulação da gestão de recursos hídricos com a do uso do solo;

VI – a integração da gestão das bacias hidrográficas com a dos sistemas estuarinos e zonas costeiras.

1. COMENTÁRIOS

A gestão dos recursos hídricos será promovida pelos órgãos e entidades do SINGREH – Sistema Nacional de Gerenciamento de Recursos Hídricos com a participação dos usuários para assegurar o uso múltiplo das águas com recursos hídricos com qualidade e quantidade suficiente.

As bacias hidrográficas, fundamento da Política Nacional de Recursos Hídricos – PNRH, devem ter regimes jurídicos integrados e compatibilizados, pois reunidas formam o conjunto das águas superficiais brasileiras.

Por integrar a Política Nacional do Meio Ambiente, a PNRH deverá observar toda a legislação ambiental, na medida em que o meio ambiente é uno e as águas interagem com os demais recursos naturais de maneira indissociável, como a fauna, flora, solo, ar e recursos minerais.

O planejamento na gestão dos recursos hídricos dar-se-á pela aprovação do Plano Nacional de Recursos Hídricos, dos planos estaduais e por bacia hidrográfica, conforme será estudado.

2. QUESTÃO DE CONCURSO

01. (FCC – 2008 – MPE-RS – Assessor – Direito) Segundo a Lei 9.433/1997, não constitui diretriz geral de ação para implementação da Política Nacional de Recursos Hídricos a

a) gestão sistemática dos recursos hídricos, sem dissociação dos aspectos de quantidade e qualidade.

b) prevenção e a defesa contra eventos hidrológicos críticos de origem natural ou decorrentes do uso inadequado dos recursos naturais.

c) adequação da gestão de recursos hídricos às diversidades físicas, bióticas, demográficas, econômicas, sociais e culturais das diversas regiões do País.

d) articulação do planejamento de recursos hídricos com o dos setores usuários e com os planejamentos regional, estadual e nacional.

e) integração da gestão das bacias hidrográficas com a dos sistemas estuarinos e zonas costeiras.

GAB	01	B

Art. 4.º A União articular-se-á com os Estados tendo em vista o gerenciamento dos recursos hídricos de interesse comum.

1. COMENTÁRIOS

Vários corpos d'água de propriedade da União, a exemplo dos rios interestaduais, fazem parte do território dos estados da federação. Ademais, existem cursos d'água de propriedade dos estados que abastecem rios federais, fazendo parte da mesma bacia hidrográfica.

Assim, é imprescindível uma atuação conjunta entre a União e os estados da federação no SINGREH – Sistema Nacional de Gerenciamento de Recursos Hídricos, devendo os planos estaduais de recursos hídricos observarem o plano nacional.

CAPÍTULO IV
DOS INSTRUMENTOS

Art. 5.º São instrumentos da Política Nacional de Recursos Hídricos:

I – os Planos de Recursos Hídricos;

II – o enquadramento dos corpos de água em classes, segundo os usos preponderantes da água;

III – a outorga dos direitos de uso de recursos hídricos;

IV – a cobrança pelo uso de recursos hídricos;

V – a compensação a municípios;

VI – o Sistema de Informações sobre Recursos Hídricos.

1. COMENTÁRIOS

Este artigo lista os instrumentos que os órgãos e entidades do Sistema Nacional de Gerenciamento de Recursos Hídricos irão manejar para a execução da Política Nacional de Recursos Hídricos, sendo estudados detalhadamente nos artigos subsequentes.

SEÇÃO I
DOS PLANOS DE RECURSOS HÍDRICOS

Art. 6.º Os Planos de Recursos Hídricos são planos diretores que visam a fundamentar e orientar a implementação da Política Nacional de Recursos Hídricos e o gerenciamento dos recursos hídricos.

1. COMENTÁRIOS

Os **Planos de Recursos Hídricos** são planos diretores que visam fundamentar e orientar a implementação da PNRH e o seu gerenciamento, devendo ser elaborados por bacia hidrográfica, por Estado e nacionalmente.

O Plano Nacional de Recursos Hídricos foi aprovado em 2006, por meio da Resolução CNRH 58. O seu objetivo geral do Plano é estabelecer um pacto nacional para a definição de diretrizes e políticas públicas voltadas para a melhoria da oferta de água, em quantidade e qualidade, gerenciando as demandas e considerando ser a água um elemento estruturante para a implementação das políticas setoriais, sob a ótica do desenvolvimento sustentável e da inclusão social". Os objetivos específicos são assegurar: 1) a melhoria das disponibilidades hídricas, superficiais e subterrâneas, em qualidade e quantidade; 2) a redução dos conflitos reais e potenciais de uso da água, bem como dos eventos hidrológicos críticos; e 3) a percepção da conservação da água como valor socioambiental relevante.

Art. 7.º Os Planos de Recursos Hídricos são planos de longo prazo, com horizonte de planejamento compatível com o período de implantação de seus programas e projetos e terão o seguinte conteúdo mínimo:

I – diagnóstico da situação atual dos recursos hídricos;

II – análise de alternativas de crescimento demográfico, de evolução de atividades produtivas e de modificações dos padrões de ocupação do solo;

III – balanço entre disponibilidades e demandas futuras dos recursos hídricos, em quantidade e qualidade, com identificação de conflitos potenciais;

IV – metas de racionalização de uso, aumento da quantidade e melhoria da qualidade dos recursos hídricos disponíveis;

V – medidas a serem tomadas, programas a serem desenvolvidos e projetos a serem implantados, para o atendimento das metas previstas;

VI – (VETADO)

VII – (VETADO)

VIII – prioridades para outorga de direitos de uso de recursos hídricos;

IX – diretrizes e critérios para a cobrança pelo uso dos recursos hídricos;

X – propostas para a criação de áreas sujeitas a restrição de uso, com vistas à proteção dos recursos hídricos.

1. COMENTÁRIOS

Este artigo define o conteúdo mínimo dos planos de recursos hídricos: nacional, estaduais e por bacia hidrográfica, que deverão ser de longa duração.

Dentre outras previsões, deverá o Plano perpetrar um diagnóstico da atual situação de utilização das águas de determinada bacia hidrográfica, notadamente traçando os cenários futuros de consumo e as respectivas disponibilidades, promovendo um planejamento hídrico.

Deverá conter também as metas de racionalização e os projetos que deverão ser implementados para o seu atendimento, elencando as prioridades para a outorga de recursos hídricos, desde que respeite o consumo humano e a dessedentação de animais, quando houver situações de escassez.

Os critérios de cobrança pelo uso da água também deverão constar dos planos de recursos hídricos, bem como propostas para restringir o uso das águas em determinadas áreas ecologicamente diferenciadas.

Art. 8.º Os Planos de Recursos Hídricos serão elaborados por bacia hidrográfica, por Estado e para o País.

1. COMENTÁRIOS

Existe previsão legal para os seguintes planos de recursos hídricos:

A) **Nacional;**

B) **Estaduais;**

C) **Por bacia hidrográfica.**

O *Plano Nacional de Recursos Hídricos* (PNRH) foi aprovado pelo Conselho Nacional de Recursos Hídricos – CNRH em 30 de janeiro de 2006, após amplo processo de planejamento participativo. É constituído pelos seguintes documentos principais: Síntese Executiva; Panorama e Estado dos Recursos Hídricos no Brasil (volume 1); Águas para o Futuro – Uma Visão para 2020 (volume 2); Diretrizes (volume 3); Programas Nacionais e Metas (volume 4).

Cada *estado* deverá aprovar o seu *plano de recursos hídricos*. Como exemplo, em 22 de março de 2005, dia Mundial da Água, foi lançado pelo Governo do Estado da Bahia o primeiro Plano Estadual de Recursos Hídricos (PERH), com horizonte de implementação 2004-2020. Devido à dinâmica das ações humanas no território, o PERH deve ser ajustado periodicamente de acordo com novas demandas e alterações apresentadas pela sociedade.

Cada *bacia hidrográfica* também deverá ter aprovado o seu plano. Nesse sentido, por exemplo, o Conselho Nacional de Recursos Hídricos aprovou em sua 25ª Reunião Ordinária do CNRH, ocorrida em 29 de junho de 2011, o PLANO ESTRATÉGICO DE RECURSOS HÍDRICOS DOS AFLUENTES DA MARGEM DIREITA DO RIO AMAZONAS (PERH-MDA), desenvolvido pela Superintendência de Recursos Hídricos da ANA, no período de 2007-2010.

O Plano tem o objetivo de produzir um instrumento que possibilite aos Órgãos Gestores de Recursos Hídricos – e demais componentes do Sistema de Gestão de Recursos Hídricos com responsabilidade sobre as bacias dos rios afluentes da margem direita do rio Amazonas – orientar a gestão efetiva e sustentável dos recursos hídricos superficiais e subterrâneos, de modo a garantir o seu uso múltiplo e racional em benefício das gerações presentes e futuras.

A região compreendida pelas bacias hidrográficas dos afluentes da margem direita do rio Amazonas possui uma área de cerca de 2,54 milhões km^2 e está localizada nas regiões Norte e Centro-Oeste do Brasil, abrangendo territórios dos Estados do Amazonas, Acre, Rondônia, Mato Grosso e Pará. Na porção brasileira, os principais tributários do Amazonas pela margem direita são os rios Javari, Jutaí, Juruá, Purus, Madeira, Tapajós e Xingu[5].

O Plano Estratégico de Recursos Hídricos dos Afluentes da Margem Direita do Rio Amazonas está estruturado em três volumes:

– Diagnóstico;

– Cenários, Diretrizes e Intervenções; e

– Mapas Temáticos.

---

5. Disponível em: <http://www2.ana.gov.br/Paginas/servicos/planejamento/planoderecursos/MargemDireitaRioAmazonas.aspx>.

Muitos estados, a exemplo da Bahia, também já aprovaram o seu *Plano Estadual de Recursos Hídricos*. Nesse sentido, a Resolução 01/2005 do Conselho Estadual de Recursos Hídricos aprovou o Plano Estadual de Recursos Hídricos do Estado da Bahia – PERH-BA.

3. QUESTÕES DE CONCURSOS

01. (MPE-SC – 2013 – MPE-SC – Promotor de Justiça) De acordo com a Lei 9.433/1997, os Planos de Recursos Hídricos serão elaborados por Município, por Estado e para o País.

02. (CESPE – 2013 – DPE-TO – Defensor Público) Considerando os instrumentos de gestão de recursos hídricos previstos na Lei n.º 9.433/1997, que institui a Política Nacional de Recursos Hídricos e cria o Sistema Nacional de Gerenciamento de Recursos Hídricos, assinale a opção correta.

a) São princípios básicos do funcionamento do Sistema de Informações sobre Recursos Hídricos, de acordo com a citada lei, a centralização na obtenção e produção de dados e informações e a gestão compartilhada do sistema por todos os entes federativos.

b) A outorga de direito de uso de recursos hídricos implica a alienação parcial das águas, não sua alienação total.

c) A extração de água de aquífero subterrâneo para insumo de processo produtivo está condicionada à outorga pelo poder público; a captação de parcela da água existente em um corpo de água para abastecimento público independe de outorga.

d) Os valores arrecadados com a cobrança pelo uso de recursos hídricos devem ser aplicados na bacia hidrográfica correspondente, vedada sua destinação ao pagamento de despesas de custeio administrativo de qualquer natureza.

e) Constituindo-se em um dos instrumentos da política nacional de recursos hídricos, os planos de recursos hídricos devem ser elaborados por bacia hidrográfica, por estado e para o país.

GAB	01	ERRADO	02	E

SEÇÃO II
DO ENQUADRAMENTO DOS CORPOS DE ÁGUA EM CLASSES, SEGUNDO OS USOS PREPONDERANTES DA ÁGUA

Art. 9.º O enquadramento dos corpos de água em classes, segundo os usos preponderantes da água, visa a:

I – assegurar às águas qualidade compatível com os usos mais exigentes a que forem destinadas;

II – diminuir os custos de combate à poluição das águas, mediante ações preventivas permanentes.

1. COMENTÁRIOS

O estabelecimento de padrões de qualidade ambiental é um dos instrumentos legais para a execução da Política Nacional do Meio Ambiente, cabendo ao CONAMA instituir normas, critérios e padrões relativos ao controle e à manutenção da qualidade do meio ambiente com vistas ao uso racional dos recursos ambientais, **principalmente os hídricos.**[6]

6. Artigos 8.º, VI, e 9.º, I, ambos da Lei 6.938/1981.

De sua vez, o **enquadramento das águas,** de modo a identificar as classes adequadas aos usos múltiplos definidos nos Planos de Recursos Hídricos, é medida de extrema importância, pois prima pelo uso racional desse elemento indispensável à manutenção da vida, sendo considerado como "o estabelecimento da meta ou objetivo de qualidade da água (classe) a ser, obrigatoriamente, alcançado ou mantido em um segmento de corpo de água, de acordo com os usos preponderantes pretendidos, ao longo do tempo".[7]

Art. 10. As classes de corpos de água serão estabelecidas pela legislação ambiental.

1. COMENTÁRIOS

O **CONAMA** editou a **Resolução 357/2005**, complementada pela Resolução 430/2011, que dispõe sobre a classificação e diretrizes ambientais para o enquadramento dos corpos de água superficiais, bem como estabelece as condições e padrões de lançamento de efluentes, classificando as águas em **doces** (salinidade de até 0,5%), **salobras** (salinidade acima de 0,5% e inferior a 30%) e **salinas** (acima de 30%), todas repartidas em **13 classes** de destinação no total, ainda havendo uma subdivisão em classes. Nessa Resolução foram estabelecidos padrões de qualidade da água, sendo curial a realização de exames laboratoriais.

De efeito, as águas doces são classificadas em:

> I – **classe especial**: águas destinadas:
>
> a) ao abastecimento para consumo humano, com desinfecção;
>
> b) a preservação do equilíbrio natural das comunidades aquáticas; e,
>
> c) a preservação dos ambientes aquáticos em unidades de conservação de proteção integral.
>
> II – **classe 1**: águas que podem ser destinadas:
>
> a) ao abastecimento para consumo humano, após tratamento simplificado;
>
> b) a proteção das comunidades aquáticas;
>
> c) a recreação de contato primário, tais como natação, esqui aquático e mergulho, conforme Resolução CONAMA 274, de 2000;
>
> d) a irrigação de hortaliças que são consumidas cruas e de frutas que se desenvolvam rentes ao solo e que sejam ingeridas cruas sem remoção de película; e
>
> e) a proteção das comunidades aquáticas em Terras Indígenas.
>
> III – **classe 2**: águas que podem ser destinadas:
>
> a) ao abastecimento para consumo humano, após tratamento convencional;
>
> b) a proteção das comunidades aquáticas;
>
> c) a recreação de contato primário, tais como natação, esqui aquático e mergulho, conforme Resolução CONAMA 274, de 2000;
>
> d) a irrigação de hortaliças, plantas frutíferas e de parques, jardins, campos de esporte e lazer, com os quais o público possa vir a ter contato direto; e
>
> e) a aquicultura e a atividade de pesca.
>
> IV – **classe 3**: águas que podem ser destinadas:
>
> a) ao abastecimento para consumo humano, após tratamento convencional ou avançado;

7. Artigo 2.º, XX, da Resolução CONAMA 357/2005.

b) a irrigação de culturas arbóreas, cerealíferas e forrageiras;

c) a pesca amadora;

d) a recreação de contato secundário; e

e) a dessedentação de animais.

V – **classe 4**: águas que podem ser destinadas:

a) a navegação; e

b) a harmonia paisagística.

A citada Resolução criou padrões de qualidade para as águas, bem como determinou em seu artigo 24 que o lançamento de efluentes de fonte poluidora em corpos de águas apenas poderá ocorrer após o devido tratamento, observados os padrões do ato regulamentar.

Já a **Resolução CONAMA 274/2000** define os padrões de qualidade da água destinada a balneabilidade (recreação e contato primário), podendo haver águas **próprias** (excelentes, muito boas ou satisfatórias) e **impróprias**, devendo, neste último, caso se justifique a medida, ser interditada a praia ou o balneário.

Por sua vez, a **Resolução CONAMA 396/2008** disciplina as águas subterrâneas, ou seja, as que correm natural ou artificialmente no subsolo, sendo bens dos Estados federados e do Distrito Federal, promovendo a sua classificação de acordo com os padrões de qualidade.

2. QUESTÃO DE CONCURSO

01. (TJ-GOIÁS 2012/Juiz de Direito/FCC) A técnica vigente de proteção dos recursos hídricos prevê a classificação dos corpos d'água em

a) três classes (doces, salobras e salinas) e o estabelecimento de diferentes padrões, assim entendidos os usos permitidos e tolerados em cada uma das classes.

b) três classes (especial, classe 1 e classe 2) e o estabelecimento de diferentes padrões, assim entendidos os usos permitidos e tolerados em cada uma das classes.

c) classes previamente definidas segundo a salubridade, variáveis conforme a bacia hidrográfica e as condições especiais fixadas pelos respectivos comitês.

d) diversas classes e o estabelecimento de padrões compatíveis, segundo a qualidade requerida para os seus usos preponderantes.

e) diversas classes, conforme o grau de poluição existente, e o estabelecimento de diferentes padrões, de acordo com as metas de regeneração do meio aquático fixadas pela autoridade ambiental.

GAB	01	D

SEÇÃO III
DA OUTORGA DE DIREITOS DE USO DE RECURSOS HÍDRICOS

Art. 11. O regime de outorga de direitos de uso de recursos hídricos tem como objetivos assegurar o controle quantitativo e qualitativo dos usos da água e o efetivo exercício dos direitos de acesso à água.

1. COMENTÁRIOS

Outro indispensável instrumento é a **outorga dos direitos de uso de recursos hídricos,** que tem como objetivo assegurar o controle quantitativo e qualitativo dos usos de água e o efetivo exercício dos direitos de acesso à água.

A outorga de direito de uso de recursos hídricos é definida como o ato administrativo mediante o qual a autoridade outorgante competente faculta ao requerente o direito de uso dos recursos hídricos, por prazo determinado, nos termos e condições expressas no respectivo ato, consideradas as legislações específicas vigentes.[8]

Outrossim, importante lembrar que a concessão da outorga não dispensa o prévio licenciamento ambiental,[9] inclusive a elaboração do EIA-RIMA, caso a atividade seja apta a causar significativa degradação ambiental, a exemplo da atividade prevista no inciso VII, do artigo 2.º, da Resolução CONAMA 01/1986.[10]

Nesse sentido, antes da concessão da licença prévia, quando prevista na legislação estadual, deverá o órgão ambiental licenciador exigir do empreendedor a **manifestação prévia**, definida como "todo ato administrativo emitido pela autoridade outorgante competente, inserido no procedimento de obtenção da outorga de direito de uso de recursos hídricos, que corresponda à outorga preventiva ou à declaração de reserva de disponibilidade hídrica, como definidas na Lei 9.984, de 17 de julho de 2000, destinado a reservar a vazão passível de outorga, possibilitando aos investidores o planejamento de empreendimentos que necessitem desses recursos".[11]

Outrossim, **a outorga de uso de recursos hídricos é pressuposto para a concessão da licença de instalação e de operação** para empreendimentos que utilizem recursos hídricos acima dos limites de isenção, devendo ser previamente exigida pelo órgão do SISNAMA.[12]

Ademais, por determinação constitucional, o aproveitamento dos recursos hídricos em terras indígenas, inclusive os potenciais energéticos, depende de autorização do Congresso Nacional, ouvidas as comunidades afetadas.[13]

2. QUESTÕES DE CONCURSOS

01. (PGE Amapá 2006 – Procurador do Estado – CESPE) O regime de outorga de direitos de uso de recursos hídricos objetiva assegurar o controle dos usos e o efetivo exercício dos direitos de acesso à água, o que acarreta a necessidade de concessão ou autorização dos governos estaduais aos usos que agridam a qualidade e quantidade das águas.

02. (CESPE – 2009 – TRF – 2ª REGIÃO – Juiz Federal) É objetivo do regime de outorga do direito de uso de recursos

a) conceder direitos alternativos ao uso, ao consumo e à captação das águas servidas.

b) assegurar o controle quantitativo e qualitativo dos usos da água e o efetivo exercício do direito de acesso a ela.

---

8. Artigo 3.º, II, da Resolução 65/2006, do Conselho Nacional de Recursos Hídricos.
9. Pontifica o artigo 30, da Resolução CNRH 16/2001 que "o ato administrativo de outorga não exime o outorgado do cumprimento da legislação ambiental pertinente ou das exigências que venham a ser feitas por outros órgãos e entidades competentes".
10. Obras hidráulicas para exploração de recursos hídricos, tais como: barragem para fins hidrelétricos, acima de 10MW, de saneamento ou de irrigação, abertura de canais para navegação, drenagem e irrigação, retificação de cursos d'água, abertura de barras e embocaduras, transposição de bacias, diques.
11. Artigo 3.º, I, da Resolução 65/2006 do Conselho Nacional de Recursos Hídricos.
12. Vide artigos 4.º e 5.º da Resolução 65/2006 do Conselho Nacional de Recursos Hídricos.
13. Artigo 231, § 3.º, da CRFB.

c) autorizar a extração de água de aquífero subterrâneo para consumo final ou como insumo de processo produtivo.

d) aperfeiçoar o aproveitamento dos potenciais hidrelétricos.

e) regular os usos que alterem o regime, a quantidade ou a qualidade da água existente em um corpo de água.

GAB	01	ERRADO	02	B

Art. 12. Estão sujeitos a outorga pelo Poder Público os direitos dos seguintes usos de recursos hídricos:

I – derivação ou captação de parcela da água existente em um corpo de água para consumo final, inclusive abastecimento público, ou insumo de processo produtivo;

II – extração de água de aquífero subterrâneo para consumo final ou insumo de processo produtivo;

III – lançamento em corpo de água de esgotos e demais resíduos líquidos ou gasosos, tratados ou não, com o fim de sua diluição, transporte ou disposição final;

IV – aproveitamento dos potenciais hidrelétricos;

V – outros usos que alterem o regime, a quantidade ou a qualidade da água existente em um corpo de água.

§ 1.º **Independem de outorga pelo Poder Público**, conforme definido em regulamento:

I – o uso de recursos hídricos para a satisfação das necessidades de pequenos núcleos populacionais, distribuídos no meio rural;

II – as derivações, captações e lançamentos considerados insignificantes;

III – as acumulações de volumes de água consideradas insignificantes.

§ 2.º A outorga e a utilização de recursos hídricos para fins de geração de energia elétrica estará subordinada ao Plano Nacional de Recursos Hídricos, aprovado na forma do disposto no inciso VIII do art. 35 desta Lei, obedecida a disciplina da legislação setorial específica.

1. COMENTÁRIOS

Em regra, o uso de recursos hídricos depende de prévia outorga do Poder Público, a exemplo da derivação ou captação de parcela da água existente em um corpo de água para consumo final, inclusive abastecimento público, ou insumo de processo produtivo; da perfuração de poços; do lançamento de efluentes em corpos d'água; do uso da água para a geração de energia elétrica.

De acordo com o artigo 3.º, da Resolução CONAMA 430/2011, os efluentes de qualquer fonte poluidora somente poderão ser lançados diretamente nos corpos receptores após o devido tratamento e desde que obedeçam às condições, padrões e exigências dispostos nesta Resolução e em outras normas aplicáveis.

Assim sendo, a falha deste artigo, que prevê lançamento em corpo de água de esgotos e demais resíduos líquidos ou gasosos, **tratados ou não**, com o fim de sua diluição, transporte ou disposição final, foi corrigida pela Resolução 430/2001.

No entanto, excepcionalmente, os usos insignificantes de água e a utilização das águas para satisfazer as necessidades de pequenos núcleos populacionais, distribuídos no meio rural, **independe de outorga.**

Andou bem o legislador ao não definir genericamente na Lei 9.433/1997 o que é considerado como uso insignificante da água para fins de dispensa de outorga, uma vez que essa análise deve ser casuística. Nessa trilha, caberá ao Conselho Nacional de Recursos Hídricos ou ao Conselho Estadual, a depender da titularidade das águas, definir a quantidade considerada insignificante, mediante proposta do respectivo Comitê de Bacia Hidrográfica (artigo 38, V, da Lei 9.433/1997).

Ademais, coube à **Resolução 1.175/2013** da ANA dispor sobre critérios para definição de derivações, captações e lançamentos de efluentes insignificantes, bem como serviços e outras interferências em corpos d'água de domínio da União não sujeitos a outorga.

Foram considerados insignificantes os seguintes usos nos corpos d'água federais:

> **I** – derivações, captações, lançamentos de efluentes em corpos d'água de domínio da União que se enquadrem nos limites estabelecidos pelo **Anexo I** abaixo colacionado:
>
> ANEXO I
>
> Tabela 1. Derivações, captações e lançamentos de efluentes que independem de outorga de direito de uso de recursos hídricos.

Corpo Hídrico Federal	Captação ou derivação máxima de água (m³/dia)	Lançamento máximo de carga orgânica ($DBO_{5,20}$ em kg/dia)	Lançamento máximo de efluente com temperatura superior à do corpo hídrico (*) (m³/dia)
Rio Paraíba do Sul (a partir do reservatório da UHE Funil, inclusive, até a foz)	(Definido pelo CNRH)	15,0	850,0
Rio Doce no Estado do Espírito Santo	(Definido pelo CNRH)	70,0	4.500,0
Rio São Francisco (a partir do reservatório da UHE Três Marias, inclusive, até a foz).	(Definido pelo CNRH)	50,0	3.300,00
Rio Paranapanema (a partir do reservatório da UHE Jurumirim, inclusive, até a foz)	750,0	30,0	1.900,0
Rio Tocantins (a partir do reservatório da UHE Serra da Mesa, inclusive, até a foz do Araguaia)	1.400,0	50,0	3.500,0
Rio Iguaçu (a partir do reservatório da UHE Foz do Areia, inclusive, até a foz)	1.450,0	60,0	3700,0
Rio Parnaíba (a partir do reservatório da UHE Boa Esperança, inclusive, até a foz)	1.700,0	70,0	4.300,0
Rio Araguaia (exceto no trecho de divisa entre Goiás e Mato Grosso)	1.800,0	70,0	4.600,0
Rio Uruguai (a partir do reservatório da UHE Itá, inclusive)	2.250,0	90,0	5.650,0
Rio Grande (a partir do reservatório da UHE Furnas, inclusive, até a foz)	2.500,0	100,0	6.250,0
Rio Paranaíba (a partir do reservatório da UHE Itumbiara, inclusive, até a foz)	2.750,0	110,0	6.900,0
Lagoa Mirim	1.500,0	60,0	3.950,0
Rio Paraguai no Estado de Mato Grosso do Sul	4.150,0	170,0	10.400,0
Rio Paraná (reservatórios das UHE Ilha Solteira, Jupiá e Porto Primavera)	13.000,0	520,0	32.600,0
Rio Tocantins-Araguaia (a jusante da confluência entre os rios Tocantins e Araguaia)	15.650,0	630,0	39.150,0
Bacia Amazônica (rios Solimões, Amazonas, Negro, Xingu, Tapajós, Madeira) e Rio Paraná (a jusante da UHE Porto Primavera até a foz do rio Iguaçu)	19.000,0	760,0	47.650,0

> $DBO_{5,20}$: Demanda Bioquímica de Oxigênio (carga orgânica).
> (*) Para os casos de lançamento de efluentes com temperaturas superiores à do corpo hídrico da União e inferiores a 40ºC.
>
> **II** – as captações iguais ou inferiores a 86,4 m³/dia; os lançamentos de efluentes com carga máxima de DBO5,20 igual ou inferior a 1,0 kg/dia e lançamento máximo de efluente com temperatura superior à do corpo hídrico igual a 216 m³/dia (para lançamento de efluentes com temperatura superior à do corpo hídrico e inferior a 40°C), para os corpos hídricos de domínio da União não relacionados no Anexo I desta Resolução, exceto quando Resolução específica da ANA dispuser em outro sentido.

III – usos de recursos hídricos em corpos d'água de domínio da União destinados ao atendimento emergencial de atividade de interesse público;

IV – usos de recursos hídricos em corpos d'água de domínio da União de curta duração que não se estabeleçam como uso permanente.

Outrossim, para licitar a concessão ou autorizar o uso de potencial de energia hidráulica em corpo de água de domínio da União, a Agência Nacional de Energia Elétrica – ANEEL deverá promover, junto à ANA, a prévia obtenção de **declaração de reserva de disponibilidade hídrica.**

A outorga e a utilização de recursos hídricos para fins de geração de energia elétrica estará subordinada ao Plano Nacional de Recursos Hídricos, obedecida a disciplina da legislação setorial específica.

2. JURISPRUDÊNCIA

- **STJ, INFORMATIVO 525 – DIREITO ADMINISTRATIVO E AMBIENTAL. REGULAMENTAÇÃO DO ACESSO A FONTES DE ABASTECIMENTO DE ÁGUA. É possível que decreto e portaria estaduais disponham sobre a obrigatoriedade de conexão do usuário à rede pública de água, bem como sobre a vedação ao abastecimento por poço artesiano, ressalvada a hipótese de inexistência de rede pública de saneamento básico.** Os estados membros da Federação possuem domínio de águas subterrâneas (art. 26, I, da CF), competência para legislar sobre a defesa dos recursos naturais e a proteção do meio ambiente (art. 24, VI, da CF) e poder de polícia para precaver e prevenir danos ao meio ambiente (art. 23, VI e XI, da CF). Assim, a intervenção desses entes sobre o tema não só é permitida como também imperativa. **Vale acrescentar que o inciso II do art. 12 da Lei 9.433/1997 condiciona a extração de água do subterrâneo à respectiva outorga, o que se justifica pela notória escassez do bem, considerado como recurso limitado, de domínio público e de expressivo valor econômico.** Nesse contexto, apesar de o art. 45 da Lei 11.445/2007 admitir soluções individuais de abastecimento de água, a interpretação sistemática do dispositivo não afasta o poder normativo e de polícia dos estados no que diz respeito ao acesso às fontes de abastecimento de água e à determinação de conexão obrigatória à rede pública. (REsp 1.306.093-RJ, **Rel. Min. Herman Benjamin, julgado em 28.05.2013).**

  "ADMINISTRATIVO. PROCESSUAL CIVIL. AMBIENTAL. AÇÃO CIVIL PÚBLICA. LICITAÇÃO DE CONCESSÃO DE USO PARA EXPLORAÇÃO DE APROVEITAMENTO HIDRELÉTRICO NO RIO URUGUAI. DECLARAÇÃO DE RESERVA DE DISPONIBILIDADE HÍDRICA. IMPRESCINDIBILIDADE. INTERPRETAÇÃO SISTEMÁTICA DO ART. 52 DA LEI Nº 9.433/1997, BEM COMO DOS ARTS. 7º E 26 DA LEI 9.984/2000. ALEGAÇÃO DE LITISPENDÊNCIA. NECESSIDADE DE REVOLVIMENTO DO CONJUNTO FÁTICO E PROBATÓRIO CONSTANTE DOS AUTOS. INVIABILIDADE NA VIA RECURSAL ELEITA. INCIDÊNCIA DA SÚMULA 7/STJ.

  1. No que tange à prescindibilidade ou não da declaração de disponibilidade de recursos hídricos como requisito para a concessão de uso para exploração de aproveitamento hidrelétrico, é certo que, da interpretação sistemática das Leis nº 9.433/1997 e 9.984/2000 é possível obter as seguintes conclusões: (a) até a aprovação do Plano Nacional de Recursos Hídricos: a utilização dos potenciais hidráulicos para fins de geração de energia elétrica ficou subordinada à disciplina da legislação setorial específica (inteligência do art. 52 da Lei nº 9.433/1997); (b) após a aprovação do Plano Nacional de Recursos Hídricos no âmbito da Lei nº 9.984/2000 e até a estruturação da Agência Nacional de Águas: atribuição à Agência Nacional de Energia Elétrica para a emissão de tais declarações enquanto vigorasse a fase de implementação das atividades da ANA (inteligência dos arts. 7º e 26 da Lei nº 9.984/2000); e, (c) após a efetiva estruturação da Agência Nacional de Águas: atribuição a esta agência reguladora para a expedição do referido documento.

  2. Do recurso especial interposto pela Agência Nacional de Energia Elétrica: esta Agência Reguladora, nas razões de seu recurso especial, alega, em síntese, pela prescindibilidade da declaração de disponibilidade hídrica no referido período de transição previsto no art. 26 da Lei nº 9.984/2000.

3. Não obstante, a interpretação da cronologia acima exposta aponta no sentido de que, após a edição da Lei nº 9.984, em 17 de julho de 2000, a expedição do ato administrativo tornou etapa obrigatória do processo de outorga de concessão ou de autorização do direito de uso dos recursos hidráulicos pertencentes à União para fins de produção de energia hidroelétrica. De forma transitória foi conferida à Agência Nacional de Energia Elétrica a atribuição para expedi-la, apenas e tão somente enquanto ainda não fosse estruturada efetivamente a Agência Nacional de Águas. Vale dizer, a inteligência do referido art. 26 da Lei nº 9.984/2000 não dispensou a ANEEL de outorgar a referida declaração, que se tornou obrigatória a partir da edição do referido diploma normativo.

4. No caso em concreto, consta do acórdão recorrido que o empreendimento da Usina Hidroelétrica Foz do Chapecó foi construído sem que houvesse a prévia emissão do referido ato administrativo, sob o argumento de que, no referido período de transição, a Agência Nacional de Águas, por meio de sua Resolução nº 131/2003 indiretamente homologou todas as concessões e autorizações de uso de energia hidráulica expedidas antes de sua data, desde o advento da Lei nº 9.984/2000.

5. Cumpre observar que, ainda que seja impossível a análise do conteúdo de resoluções e atos infralegais na via recursal eleita (categoria na qual se integra a referida Resolução nº 131/2003), não me afigura ser possível que, por meio da edição de tais atos possa o Poder Público – aqui entendido em acepção ampla, abrangendo não só os órgãos públicos, mas também as demais pessoas jurídicas que integram o conceito de Fazenda Pública – se eximir da obrigação que lhe é legalmente imposta. Entendimento em sentido diverso implicaria no desvirtuamento das características do próprio poder regulamentar que assiste à Administração Pública no exercício de suas atribuições, dentre as quais a sua subordinação ao comando normativo legal que lhe deu ensejo.

6. Destaco, outrossim, que este Sodalício possui jurisprudência no sentido da inadmissibilidade dos regulamentos autônomos no ordenamento jurídico brasileiro, fora das hipóteses constitucionalmente admitidas, por subverter a própria estrutura hierárquico normativa que rege a ordem jurídica nacional. Precedentes.

7. Do recurso especial interposto pela União: duas são as alegações que foram deduzidas no recurso especial interposto pela União, quais sejam: (a) falta de interesse jurídico superveniente por parte do Ministério Público Federal, ora recorrente; e, (b) regularidade do processo administrativo de concessão de uso.

8. No que tange à regularidade do processo administrativo, esta alegação já foi devidamente analisada porque coincide com a insurgência suscitada pela Agência Nacional de Energia Elétrica. Por este motivo, por razões de economia processual, não serão novamente analisadas.

9. Em relação à alegada falta de interesse jurídico superveniente da parte ora recorrente, verifico a ausência de interesse recursal neste ponto, tendo em vista que, conforme consta no acórdão recorrido, somente foi analisado o pedido referente à necessidade de prévia declaração de reserva de disponibilidade hídrica com base no Plano de Recursos Hídricos, ponto em que não objeto de análise em relação aos autos nº 2003.72.02.00237-0. Afastada a litispendência com base nos elementos fáticos e probatórios constantes dos autos, fica vedado o revolvimento deste ponto alegado a teor da Súmula 7/STJ.

10. Recurso especial da ANEEL conhecido e conhecido parcialmente o da UNIÃO para, tão somente na parte conhecida, NEGAR PROVIMENTO a ambas as insurgências" (STJ, 1.068.612, de 11.04.2013).

3. QUESTÕES DE CONCURSOS

01. (TRF 2ª Região 2013/Juiz Federal/CESPE) Tendo em vista as normas que regem os recursos hídricos nacionais, assinale a opção correta.

a) A outorga e a utilização de recursos hídricos para fins de geração de energia elétrica estarão subordinadas ao Plano Nacional de Recursos Hídricos.

b) A apropriação de águas subterrâneas por meio de poços é permitida aos proprietários de terrenos rurais, desde que para consumo final.

c) As águas subterrâneas e os rios que provenham de outros países ou banhem mais de um estado são bens da União.

d) As águas públicas podem ser de uso comum ou dominicais, sendo que apenas as últimas podem ser objeto de outorga.

e) A lei que regulamenta a Política Nacional de Recursos Hídricos instituiu o direito de venda das águas como forma de conscientizar a coletividade acerca da importância de sua preservação.

02. (PGE-SP 2012/Procurador/FCC) Considerando o disposto no art. 12 da Lei Federal 9.433/1977, que instituiu a Política Nacional de Recursos Hídricos e criou o Sistema Nacional de Gerenciamento de Recursos Hídricos, duas das hipóteses de uso de recursos hídricos cujos direitos de uso estão sujeitos a outorga pelo Poder Público, são

a) derivações, captações e lançamentos considerados insignificantes; e uso de recursos hídricos para a satisfação das necessidades de pequenos núcleos populacionais, distribuídos no meio rural.

b) extração de água de aquífero subterrâneo para consumo final ou insumo de processo produtivo; e lançamento em corpo de água de esgotos e demais resíduos líquidos ou gasosos, tratados ou não, com o fim de sua diluição, transporte ou disposição final.

c) extração de água de aquífero subterrâneo para consumo final ou insumo de processo produtivo; e uso de recursos hídricos para a satisfação das necessidades de pequenos núcleos populacionais, distribuídos no meio rural.

d) uso de recursos hídricos para a satisfação das necessidades de pequenos núcleos populacionais, distribuídos no meio rural; e lançamento em corpo de água de esgotos e demais resíduos líquidos ou gasosos, tratados ou não, com o fim de sua diluição, transporte ou disposição final.

e) lançamento em corpo de água de esgotos e demais resíduos líquidos ou gasosos, tratados ou não, com o fim de sua diluição, transporte ou disposição final e derivações, captações; e lançamentos considerados insignificantes.

03. (PGE Amapá 2006 – Procurador do Estado – CESPE) A perfuração de poços para extração de água subterrânea sem a devida autorização configura infração às normas de utilização dos recursos hídricos.

04. (FCC – 2012 – PGE-SP – Procurador) Considerando o disposto no artigo 12 da Lei Federal no 9.433/77, que instituiu a Política Nacional de Recursos Hídricos e criou o Sistema Nacional de Gerenciamento de Recursos Hídricos, duas das hipóteses de uso de recursos hídricos cujos direitos de uso estão sujeitos a outorga pelo Poder Público, são

a) extração de água de aquífero subterrâneo para consumo final ou insumo de processo produtivo; e lançamento em corpo de água de esgotos e demais resíduos líquidos ou gasosos, tratados ou não, com o fim de sua diluição, transporte ou disposição final.

b) extração de água de aquífero subterrâneo para consumo final ou insumo de processo produtivo; e uso de recursos hídricos para a satisfação das necessidades de pequenos núcleos populacionais, distribuídos no meio rural.

c) uso de recursos hídricos para a satisfação das necessidades de pequenos núcleos populacionais, distribuídos no meio rural; e lançamento em corpo de água de esgotos e demais resíduos líquidos ou gasosos, tratados ou não, com o fim de sua diluição, transporte ou disposição final.

d) lançamento em corpo de água de esgotos e demais resíduos líquidos ou gasosos, tratados ou não, com o fim de sua diluição, transporte ou disposição final e derivações, captações; e lançamentos considerados insignificantes.

e) derivações, captações e lançamentos considerados insignificantes; e uso de recursos hídricos para a satisfação das necessidades de pequenos núcleos populacionais, distribuídos no meio rural.

05. (FCC – 2010 – AL-SP – Agente Técnico Legislativo Especializado – Direito) Em relação à Política Nacional de Recursos Hídricos, é correto afirmar que independe de outorga do Poder Público, conforme definido em regulamento,

a) a extração de água de aquífero subterrâneo para consumo final ou insumo de processo produtivo.

b) a derivação ou captação de parcela da água existente em um corpo de água para consumo final, inclusive abastecimento público, ou insumo de processo produtivo.

c) o uso de recursos hídricos para a satisfação das necessidades de pequenos núcleos populacionais, distribuídos no meio rural.

d) o lançamento em corpo de água de esgotos e demais resíduos líquidos ou gasosos, tratados ou não, com o fim de sua diluição, transporte ou disposição final.

e) o aproveitamento dos potenciais hidrelétricos.

06. (MPE-SC – 2012 – MPE-SC – Promotor de Justiça)

I – Entendem-se por educação ambiental não formal, as ações e práticas educativas voltadas à sensibilização da coletividade sobre as questões ambientais e à sua organização e participação na defesa da qualidade do meio ambiente.

II – Segundo a Política Nacional de Recursos Hídricos, a água é um bem de domínio público, um recurso natural limitado, dotado de valor econômico.

III – São instrumentos da Política Nacional de Recursos Hídricos, a outorga dos direitos de uso de recursos hídricos.

IV – Segundo a Lei n. 9.433/ 97, os Planos de Recursos Hídricos são planos de médio prazo, com planejamento compatível com o período de implantação de seus programas e projetos.

V – Estão sujeitos a outorga pelo Poder Público os direitos dos usos de recursos hídricos, para a satisfação das necessidades de pequenos núcleos populacionais, distribuídos no meio rural.

a) Apenas as assertivas I, II e III estão corretas.

b) Apenas as assertivas I, III e IV estão corretas.

c) Apenas as assertivas III, IV e V estão corretas.

d) Apenas as assertivas I, II e V estão corretas.

e) Todas as assertivas estão corretas.

07. (FGV – 2013 – CONDER – Advogado) Qualquer atividade e empreendimento que utilize água em seu processo de industrialização ou produção deve se adequar à Política Nacional de Recursos Hídricos (PNRH). A esse respeito, assinale a afirmativa correta.

a) A gestão dos recursos hídricos no Brasil é feita de forma centralizada, tendo em vista a necessidade de tratamento uniforme das bacias hidrográficas.

b) A captação de recursos hídricos e seu lançamento, quando considerados insignificantes, independem de outorga do Poder Público.

c) Tendo em vista o caráter fundamental e a ausência de valor econômico, não é possível a cobrança pela utilização dos recursos hídricos.

d) A PNRH não tem compromisso com o desenvolvimento sustentável, não tratando de qualquer forma de prevenção ou compensação ambiental.

e) A propriedade da água segue a do terreno em que se encontrar, podendo, assim, ser explorada economicamente por particulares.

08. (VUNESP – 2013 – MPE-ES – Promotor de Justiça) No que tange aos recursos hídricos, é correto afirmar que independe do regime de outorga.

a) o lançamento em corpo de água de esgotos e demais resíduos líquidos ou gasosos, tratados ou não, com o fim de sua diluição, transporte ou disposição final.

b) a derivação ou captação de parcela da água existente em um corpo de água para consumo final, inclusive abastecimento público, ou insumo de processo produtivo.

c) o uso de recursos hídricos para a satisfação das necessidades de pequenos núcleos populacionais, distribuídos no meio rural, conforme definido em regulamento.

d) o aproveitamento dos potenciais hidrelétricos.

e) a extração de água de aquífero subterrâneo para consumo final ou insumo de processo produtivo.

09. (2016/TRF – 3ª REGIÃO/Juiz Federal Substituto) Dadas as assertivas abaixo, assinale a alternativa correta. Sobre a gestão de recursos hídricos nacionais, é possível afirmar que:

I – A jurisprudência do STJ firmou entendimento no sentido de que, como regra, tendo em vista a legislação vigente, há necessidade de outorga para a extração de água do subterrâneo por meio de poço artesiano.

II – Na forma dos arts. 20, III, e 26, I, da Constituição Federal, não mais existe propriedade privada de lagos, rios, águas superficiais ou subterrâneas, fluentes, emergentes ou em depósito, e quaisquer correntes de água. Nesses termos, a interpretação a ser conferida ao art. 11, caput, do Código de Águas ("São públicos dominicais, se não estiverem destinados ao uso comum, ou por algum título legítimo não pertencerem ao domínio particular"), que, teoricamente, coaduna-se com o sistema constitucional vigente e com a Lei das Águas (Lei 9.433/1997), é a de que, no que concerne a rios federais e estaduais, o título legítimo em favor do particular que afastaria o domínio pleno da União seria somente o decorrente de enfiteuse ou concessão, este último de natureza real.

III – Segundo a Lei nº 9433/1997, estão sujeitos a outorga pelo Poder Público os direitos dos usos de recursos hídricos, dentre outros, de derivação ou captação de parcela da água existente em um corpo de água para consumo final, inclusive abastecimento público, ou insumo de processo produtivo e de lançamento em corpo de água de esgotos e demais resíduos líquidos ou gasosos, tratados ou não, com o fim de sua diluição, transporte ou disposição final.

Estão corretas as assertivas:

a) I e III.

b) I, II e III.

c) II e III.

d) III.

GAB	01	A	02	B	03	CERTO	04	A	05	C	06	A	07	B	08	C	09	A

Art. 13. Toda outorga estará condicionada às prioridades de uso estabelecidas nos Planos de Recursos Hídricos e deverá respeitar a classe em que o corpo de água estiver enquadrado e a manutenção de condições adequadas ao transporte aquaviário, quando for o caso.

Parágrafo único. A outorga de uso dos recursos hídricos deverá preservar o uso múltiplo destes.

1. COMENTÁRIOS

Ao expedir uma outorga, a autoridade do órgão de águas deverá observar o Plano Nacional de Recursos Hídricos, o plano estadual e o plano da bacia hidrográfica, que poderão prever novas prioridades além do consumo humano e da dessedentação dos animais.

Outrossim, a classe da água deverá lastrear a concessão da outorga, que, em regra, deve buscar assegurar o uso múltiplo das águas.

Art. 14. A outorga efetivar-se-á por ato da autoridade competente do Poder Executivo Federal, dos Estados ou do Distrito Federal.

§ 1.º O Poder Executivo Federal poderá delegar aos Estados e ao Distrito Federal competência para conceder outorga de direito de uso de recurso hídrico de domínio da União.

§ 2.º (VETADO)

1. COMENTÁRIOS

Se a água for bem da União, competirá à **Agência Nacional de Águas – ANA outorgar** o seu uso, mediante **autorização**, cabendo delegação aos estados e ao Distrito Federal. Caso a água seja estadual ou distrital, a estes entes caberá exercer essa competência.

A título de exemplo de delegação, foi editada a Resolução 51/2008 – ANA –, que transferiu o exercício da competência para outorga no uso da água das bacias dos rios Poti e Longa ao Estado do Ceará.

A análise dos pleitos de outorga deverá considerar a interdependência das águas superficiais e subterrâneas e as interações observadas no ciclo hidrológico visando a gestão integrada dos recursos hídricos.

Será possível haver transferência da outorga a terceiros, desde que seja aprovada pela autoridade outorgante e devendo objeto de novo ato administrativo indicando o novo titular.

A outorga de direito de uso da água para o lançamento de efluentes será dada em quantidade de água necessária para a diluição da carga poluente, que pode variar ao longo do prazo de validade da outorga, com base nos padrões de qualidade da água correspondentes à classe de enquadramento do respectivo corpo receptor e/ou em critérios específicos definidos no correspondente plano de recursos hídricos ou pelos órgãos competentes.

O artigo 6.º, da Lei 9.984/2000, ainda prevê que a ANA poderá perpetrar **outorgas preventivas**, com a finalidade de declarar a disponibilidade de água para os usos requeridos, não conferindo direito de uso de recursos hídricos e se destinando a reservar a vazão passível de outorga, possibilitando aos investidores o planejamento de empreendimentos que necessitem desses recursos. O prazo de validade da outorga preventiva será fixado levando-se em conta a complexidade do planejamento do empreendimento, *limitando-se ao máximo de três anos*, cabível prorrogação.

Na outorga de águas federais, a ANA ainda deverá fixar os prazos máximos de até dois anos (para início da implantação do empreendimento objeto da outorga) e de até seis anos (para conclusão da implantação do empreendimento projetado), podendo ser ampliados, quando o porte e a importância social e econômica do empreendimento o justificarem, ouvido o Conselho Nacional de Recursos Hídricos.

Já as outorgas de direito de uso de recursos hídricos para concessionárias e autorizadas de serviços públicos e de geração de energia hidrelétrica vigorarão por prazos coincidentes com os dos correspondentes contratos de concessão ou atos administrativos de autorização, na forma do artigo 5.º, § 4.º, da Lei 9.984/2000.

A despeito de não constar a sua definição em algum texto legal, a expressão **"outorga coletiva"** ou **"outorga em lote"** é utilizada pela ANA para referir-se a um ato da autoridade outorgante, onde são outorgados diversos usuários e suas respectivas utilizações dos recursos hídricos. Apesar de ser uma única resolução, a responsabilidade é individualizada, ou seja, cada usuário relacionado é individualmente responsável pelo uso que lhe foi outorgado[14].

---

14. Manual de Procedimentos Técnicos e Administrativos de Outorga de Direito de Uso de Recursos Hídricos da ANA.

2. QUESTÃO DE CONCURSO

01. (Juiz Federal 1ª Região 2011/CESPE) Assinale a opção correta com referência ao ordenamento jurídico brasileiro sobre a proteção dos recursos hídricos.

a) A lei de gestão de recursos hídricos permite ao Poder Executivo federal delegar aos estados e ao DF competência para conceder outorga de direito de uso de recurso hídrico de domínio da União.

b) Quando se tratar de bacia hidrográfica situada em terras indígenas, a comunidade indígena deverá ser representada por membros de entidades ambientais federais.

c) A CF divide o domínio das águas entre a União e os municípios conforme a localização dos corpos de água.

d) As associações intermunicipais de bacias hidrográficas integram o Sistema Nacional de Gerenciamento de Recursos Hídricos como órgão colegiado.

e) A atual legislação de gestão de recursos hídricos autoriza os estados a, de forma unilateral, organizar a cobrança pelo uso dos recursos hídricos.

GAB	01	A

Art. 15. A outorga de direito de uso de recursos hídricos poderá ser suspensa parcial ou totalmente, em definitivo ou por prazo determinado, nas seguintes circunstâncias:

I – não cumprimento pelo outorgado dos termos da outorga;

II – ausência de uso por três anos consecutivos;

III – necessidade premente de água para atender a situações de calamidade, inclusive as decorrentes de condições climáticas adversas;

IV – necessidade de se prevenir ou reverter grave degradação ambiental;

V – necessidade de se atender a usos prioritários, de interesse coletivo, para os quais não se disponha de fontes alternativas;

VI – necessidade de serem mantidas as características de navegabilidade do corpo de água.

1. COMENTÁRIOS

O ato de outorga não passa a integrar o patrimônio do beneficiário, sendo ato precário passível de revogação ou suspensão nas hipóteses acima listadas, razão pela qual ostenta a **natureza de autorização administrativa**, conquanto tenha prazo que limite a sua precariedade, desnaturando, em parte, o seu regime jurídico, pois a revogação apenas poderá se dar nas hipóteses previstas acima. O seu pagamento não tem índole tributária, podendo se enquadrar como um preço público.

Por isso, já há precedente pela insindicabilidade do mérito do ato de outorga pelo Poder Judiciário. Outrossim, de acordo com o STJ, não caberá ao magistrado deferir tutela de sub-rogação caso a Administração Pública quede-se inerte na concessão da outorga, sendo cabível a cominação de obrigação de fazer em lapso razoável consistente na determinação para que o gestor aprecie o pleito ofertado pelo administrado.

Nos termos do artigo 25, da Resolução 16/2001-CNRH, a outorga de direito de uso de recursos hídricos extingue-se, sem qualquer direito de indenização ao usuário, nas seguintes circunstâncias:

I – morte do usuário – pessoa física;

II – liquidação judicial ou extrajudicial do usuário – pessoa jurídica, e

III – término do prazo de validade de outorga sem que tenha havido tempestivo pedido de renovação.

No entanto, no caso de morte do outorgado, os herdeiros ou inventariantes do usuário outorgado, se interessados em prosseguir com a utilização da outorga, deverão solicitar em até cento e oitenta dias da data do óbito, a retificação do ato administrativo da portaria, que manterá seu prazo e condições originais, quando da definição do(s) legítimo(s) herdeiro(s), sendo emitida nova portaria, em nome deste(s).

A outorga de direito de uso de recursos hídricos poderá ser suspensa parcial ou totalmente, em definitivo ou por prazo determinado, nas circunstâncias previstas no artigo 3º da Resolução ANA nº 833, de 05 de dezembro de 2011, quais sejam:

I – não cumprimento pelo outorgado dos termos da outorga;

II – ausência de uso por três anos consecutivos;

III – necessidade premente de água para atender a situações de calamidade, inclusive decorrentes de condições climáticas adversas;

IV – necessidade de prevenir ou reverter grave degradação ambiental;

V – necessidade de atender a usos prioritários de interesse coletivo para os quais não se disponha de fontes alternativas;

VI – necessidade de serem mantidas as características de navegabilidade do corpo de água;

VII – conflito com normas posteriores sobre prioridade de usos de recursos hídricos;

VIII – indeferimento ou cassação da licença ambiental, se for o caso desta exigência;

XIX – não início da implantação do empreendimento objeto da outorga em até dois anos, contados da data de publicação da outorga de direito de uso de recursos hídricos;

X – não conclusão da implantação do empreendimento projetado em até seis anos, contados da data de publicação da outorga de direito de uso de recursos hídricos;

XI – de ser instituído regime de racionamento de uso de recursos hídricos;

XII – se o Conselho de Defesa Nacional (CND) vier a estabelecer critérios e condições de utilização dos recursos naturais em Faixa de Fronteira, se for o caso;

XIII – usuário de recursos hídricos fraudar as medições dos volumes de água utilizados ou declarar valores diferentes dos medidos;

XIV – usuário de recursos hídricos obstar ou dificultar a ação fiscalizadora das autoridades competentes no exercício de suas funções.

2. JURISPRUDÊNCIA

"Processual civil. Administrativo. Mandado de segurança. Captação de recursos hídricos. Outorga. Não comprovação. Falta de prova pré-constituída. Atribuição do poder executivo. Dilação probatória. Descabimento. 1. A Lei 9.433/1997, que institui a Política Nacional de Recursos Hídricos, estipula que a exploração de recursos hídricos está sujeita a outorga pelo Poder Público (artigo 12), de modo que somente se legitima a questionar judicialmente, em mandado de segurança, ato da autoridade pública que visa impedir a captação de água, quem é detentor de outorga do Poder Público para a referida exploração. 2. A inexistência de comprovação, no ato da impetração, da referida outorga impede o exame de eventual direito líquido e certo do impetrante à captação de recursos hídricos, uma vez que o mandado de segurança pressupõe a juntada aos autos de prova pré-constituída do direito alegado, não podendo haver dilação probatória, nessa via. **3. A concessão da outorga não pode ser conferida pelo Poder Judiciário, em sede de mandado de segurança, pois, nos termos do artigo 14 da citada Lei, a competência de tal ato é atribuída exclusivamente a autoridade do Poder Executivo Federal, Estadual ou Distrital.** Ademais, os requisitos para essa concessão não podem ser aferidos nesta seara processual, que sequer admite dilação probatória. 4. Recurso especial improvido" (STJ, ROMS 200501594346, de 20.06.2007).

Art. 16. Toda outorga de direitos de uso de recursos hídricos far-se-á por prazo não excedente a trinta e cinco anos, renovável.

1. COMENTÁRIOS

O prazo máximo de vigência da outorga será de **35 anos**, admitindo-se renovação. De acordo com o artigo 6.º, da Resolução 16/2001-CNRH, deverão ser respeitados os seguintes limites de prazo, que serão prorrogáveis:

> I – até dois anos, para início da implantação do empreendimento objeto da outorga;
>
> II – até seis anos, para conclusão da implantação do empreendimento projetado.

Estes prazos poderão ser ampliados quando o porte e a importância social e econômica do empreendimento o justificar, ouvido o Conselho de Recursos Hídricos competente.

A outorga de direito de uso de recursos hídricos para concessionárias e autorizadas de serviços públicos e de geração de energia hidrelétrica, bem como suas prorrogações, vigorará por prazo coincidente com o do correspondente contrato de concessão ou ato administrativo de autorização.

A Resolução CNRH 16/2001 estabelece no artigo 22, que o outorgado interessado em renovar a outorga, deva apresentar requerimento à autoridade outorgante competente com antecedência mínima de 90 (noventa) dias da data do término de sua vigência.

Cumprida essa exigência, haverá prorrogação automática da outorga se a ANA não se manifestar expressamente a respeito do pedido de renovação até a data de término da sua vigência. A prorrogação se dará até a data que ocorra deferimento ou indeferimento do pedido. Observa-se que o usuário só terá direito à prorrogação automática de sua outorga se, e somente se, ele solicitar renovação até 90 dias do seu vencimento e se a ANA não tiver se manifestado até essa data[15].

De acordo com o Manual de Outorgas da ANA, o prazo de validade das outorgas de direito de uso de recursos hídricos de domínio da União para as finalidades abaixo mencionadas será de 10 (dez) anos:

---

15. Manual de Procedimentos Técnicos e Administrativos de Outorga de Direito de Uso de Recursos Hídricos da ANA.

I. Irrigação de lavouras de até 2.000 ha;

II. Unidades industriais e afins com vazão de captação máxima instantânea de até 1m³/s;

III. Aquicultura e dessedentação animal;

IV. Extração de areia em leito de rio e outras atividades minerárias;

V. Outras finalidades não mencionadas acima.

No caso de atividades minerárias em fase de pesquisa mineral, o prazo de validade da outorga mencionado acima poderá ser reduzido para 5 (cinco) anos.

O prazo de validade das outorgas de direito de uso de recursos hídricos de domínio da União para as finalidades abaixo mencionadas será de 20 (vinte) anos:

I. Irrigação de lavouras superiores a 2.000 ha;

II. Unidades industriais e afins com vazão de captação máxima instantânea superiores 1 m³/s;

O prazo de validade das outorgas de direito de uso de recursos hídricos de domínio da União para as finalidades ou interferências abaixo mencionadas será de 35 (trinta e cinco) anos:

I. Barragens de regularização de vazões ou de aproveitamento hidrelétrico sem concessão ou ato administrativo de autorização e outras obras hidráulicas que necessitem de outorga.

II. Abastecimento público e esgotamento sanitário operados por prestadores de serviços que independem de concessão ou ato administrativo de autorização.

Para concessionárias e autorizadas de serviços públicos e de geração de energia hidrelétrica, o prazo de validade da outorga deverá coincidir com os prazos constantes dos correspondentes contratos de concessão e atos administrativos de autorização.

O prazo de validade das outorgas para abastecimento público e esgotamento sanitário em casos não previstos acima será de 10 (dez) anos.

Os quantitativos outorgados para prestadores de serviços de abastecimento público e esgotamento sanitário deverão corresponder a uma população estimada para um horizonte de 10 (dez) anos, independentemente da existência de concessão ou autorização.

Os prazos de validade da outorga definidos anteriormente poderão ser ampliados quando a natureza, finalidade, horizonte do projeto, vida útil ou porte do empreendimento justificar, levando-se em consideração o período de retorno do investimento, quando for o caso, respeitado o limite máximo de 35 (trinta e cinco) anos.

Nos casos em que o uso outorgado se localizar em trechos de corpos hídricos de especial interesse para a gestão de recursos hídricos, definidos nos anexos I e II da Portaria 62, de 26 de março de 2012, ou ainda em situações tecnicamente justificadas, inclusive quanto à racionalidade do uso da água, todos os prazos de validade da outorga mencionados anteriormente poderão ser reduzidos.

Art. 17. (VETADO)

Art. 18. A outorga não implica a alienação parcial das águas, que são inalienáveis, mas o simples direito de seu uso.

1. COMENTÁRIOS

Por se tratar de bem de uso comum do povo, quer da União, quer dos estados ou do Distrito Federal, as águas são bens fora do comércio, sendo **inalienáveis**. Isso porque a emissão de outorga apenas concede o direito ao uso das águas, mantendo-se a propriedade pública.

2. JURISPRUDÊNCIA

- **"TRIBUTÁRIO – ICMS – FORNECIMENTO DE ÁGUA – NÃO INCIDÊNCIA DO ICMS – PRECEDENTES.** 1. A água fornecida à população, após ser tratada pelas empresas concessionárias, permissionárias ou autorizadas, **não caracteriza mercadoria**, razão pela qual é insuscetível de cobrança de ICMS. 2. Inteligência do art. 46 do Código de Águas e do art. 18 da Lei que institui a Política Nacional de Recursos Hídricos, que determinam ser a concessão do serviço público de distribuição de água canalizada mera outorga que **não implica a alienação das águas, uma vez que se trata de bem de uso comum do povo inalienável**. 3. Precedente: AgRg no REsp 1.014.113/RJ, Rel. Min. José Delgado, Primeira Turma, julgado em 27.5.2008, *DJe* 23.06.2008" (STJ, AgRg no REsp 1.056.579, de 22.09.2009).

3. QUESTÕES DE CONCURSOS

01. (PGE Amapá 2006 – Procurador do Estado – CESPE) O governo federal e os governos estaduais podem, livremente, comercializar suas águas.

02. (CESPE – 2012 – MPE-PI – Promotor de Justiça) Discorrendo sobre a regulamentação do uso da água, o ministro Luiz Fux sustentou, no STJ, que "o particular tem, apenas, o direito à exploração das águas subterrâneas, mediante autorização do poder público e cobrada a devida contraprestação". Acerca desse tema, assinale a opção correta.

a) Exercem o papel de secretarias executivas dos comitês de bacia hidrográfica as organizações civis de recursos hídricos integrantes do Sistema Nacional de Gerenciamento de Recursos Hídricos.

b) A outorga de direito de uso da água constitui ato precário, tendo o seu pagamento natureza tributária.

c) Entre os instrumentos previstos na Política Nacional de Recursos Hídricos incluem-se os planos diretores, de âmbito nacional, empregados para fundamentar e orientar o gerenciamento da referida política.

d) O fato de a água ser considerada bem inalienável reflete-se no pagamento da conta de água, o que constitui exemplo da aplicação do princípio do usuário-pagador.

e) De acordo com a legislação atual, a extração, para consumo final ou para insumo de processo produtivo, de água de aquífero subterrâneo não se inclui entre os recursos hídricos sujeitos a outorga.

GAB	01	ERRADO	02	D

SEÇÃO IV
DA COBRANÇA DO USO DE RECURSOS HÍDRICOS

Art. 19. A cobrança pelo uso de recursos hídricos objetiva:

I – reconhecer a água como bem econômico e dar ao usuário uma indicação de seu real valor;

II – incentivar a racionalização do uso da água;

III – obter recursos financeiros para o financiamento dos programas e intervenções contemplados nos planos de recursos hídricos.

1. COMENTÁRIOS

A **cobrança do uso de recursos hídricos** é o quarto instrumento que visa reconhecer a água como bem econômico e dar notoriedade ao seu real valor à vida, bem como incentivar a racionalização do seu uso e obter recursos financeiros para o financiamento de programas e intervenções contemplados nos planos de recursos hídricos.

De acordo com o novo Código Florestal (art. 41, II, *d*), o programa de apoio e incentivo à conservação do meio ambiente poderá destinar parte dos recursos arrecadados com a cobrança pelo uso da água para a manutenção, recuperação ou recomposição das Áreas de Preservação Permanente, de Reserva Legal e de uso restrito na bacia de geração da receita como medida de compensação pelas medidas de conservação ambiental necessárias para o cumprimento dos objetivos do CFlo.

Na fixação dos valores cobrados deverão ser observados a quantidade de água retirada, bem como o montante de esgotos lançados e sua nocividade ao meio ambiente, sendo os valores arrecadados prioritariamente aplicados na respectiva bacia hidrográfica no financiamento de estudos, programas, projetos ou obras previstos nos Planos de Recursos Hídricos.[16]

2. JURISPRUDÊNCIA

▶ **SÚMULA N. 407-STJ.** *É legítima a cobrança da tarifa de água fixada de acordo com as categorias de usuários e as faixas de consumo.* Rel. Min. Eliana Calmon, em 28.10.2009.

Art. 20. Serão cobrados os usos de recursos hídricos sujeitos a outorga, nos termos do art. 12 desta Lei.

Parágrafo único. (VETADO).

1. COMENTÁRIOS

A outorga é necessariamente onerosa. Isso porque é instrumento da Política Nacional de Recursos Hídricos a cobrança pelo uso de recursos hídricos.

É entendimento do STJ que o faturamento do serviço de fornecimento de água com base na tarifa progressiva, de acordo com as categorias de usuários e as faixas de consumo, é legítimo e atende ao interesse público, porquanto estimula o uso racional dos recursos hídricos.

2. JURISPRUDÊNCIA

"PROCESSUAL CIVIL. ADMINISTRATIVO. RECURSO ESPECIAL. SERVIÇO PÚBLICO. FORNECIMENTO DE ÁGUA. POLÍTICA TARIFÁRIA. TARIFA PROGRESSIVA. LEGITIMIDADE (LEI 6.528/1978, ART. 4.º; LEI 8.987/1995, ART. 13). DOUTRINA. PRECEDENTES. PROVIMENTO. 1. O faturamento do serviço de fornecimento de água com base na tarifa progressiva, de acordo com as categorias de usuários e

16. É possível que esses recursos também sejam aplicados no custeio de despesas administrativas dos órgãos do SINGREH, desde que não ultrapassem 7,5% do total arrecadado.

as faixas de consumo, é legítimo e atende ao interesse público, porquanto estimula o uso racional dos recursos hídricos. Interpretação dos arts. 4.º da Lei 6.528/1978, e 13 da Lei 8.987/1995. 2. 'A política de tarifação dos serviços públicos concedidos, prevista na CF (art. 175), foi estabelecida pela Lei 8.987/95, com escalonamento na tarifação, de modo a pagar menos pelo serviço o consumidor com menor gasto, em nome da política das ações afirmativas, devidamente chanceladas pelo Judiciário (precedentes desta Corte)' (REsp 485.842/RS, Rel. Min. Eliana Calmon, *DJ* de 24.05.2004). 3. Recurso especial provido, para se reconhecer a legalidade da cobrança do serviço de fornecimento de água com base na tarifa progressiva e para julgar improcedente o pedido" (STJ, REsp 861.661, de 13.11.2007).

Art. 21. Na fixação dos valores a serem cobrados pelo uso dos recursos hídricos devem ser observados, dentre outros:

I – nas derivações, captações e extrações de água, o volume retirado e seu regime de variação;

II – nos lançamentos de esgotos e demais resíduos líquidos ou gasosos, o volume lançado e seu regime de variação e as características físico-químicas, biológicas e de toxidade do afluente.

1. COMENTÁRIOS

Cabe ao Comitê da Bacia Hidrográfica fixar os valores a serem cobrados pelos usos dos recursos hídricos. Deverão ser consideradas a vazão de águas captada e o volume de efluentes lançados e a sua natureza poluidora, vez que quanto mais lesivo ao ambiente maior deverá ser o preço público cobrado.

A Cobrança não é um imposto, mas uma remuneração pelo uso de um bem público, cujo preço é fixado a partir de um pacto entre os usuários da água, a sociedade civil e o poder público no âmbito dos Comitês de Bacia Hidrográfica – CBHs, a quem a Legislação Brasileira estabelece a competência de pactuar e propor ao respectivo Conselho de Recursos Hídricos os mecanismos e valores de Cobrança a serem adotados na sua área de atuação.[17]

Art. 22. Os valores arrecadados com a cobrança pelo uso de recursos hídricos serão aplicados prioritariamente na bacia hidrográfica em que foram gerados e serão utilizados:

I – no financiamento de estudos, programas, projetos e obras incluídos nos Planos de Recursos Hídricos;

II – no pagamento de despesas de implantação e custeio administrativo dos órgãos e entidades integrantes do Sistema Nacional de Gerenciamento de Recursos Hídricos.

§ 1.º A aplicação nas despesas previstas no inciso II deste artigo é limitada a sete e meio por cento do total arrecadado.

§ 2.º Os valores previstos no *caput* deste artigo poderão ser aplicados a fundo perdido em projetos e obras que alterem, de modo considerado benéfico à coletividade, a qualidade, a quantidade e o regime de vazão de um corpo de água.

§ 3.º (VETADO)

Art. 23. (VETADO)

17. http://www2.ana.gov.br/Paginas/servicos/cobrancaearrecadacao/cobrancaearrecadacao.aspx.

1. COMENTÁRIOS

A cobrança pelo uso dos recursos hídricos deve ser aplicada prioritariamente na respectiva bacia hidrográfica, a exemplo do custeio de projetos previstos nos planos de recursos hídricos e no pagamento de despesas dos órgãos do SINGREH, limitado neste caso a 7,5% do total arrecadado.

Compete à Agência Nacional de Águas – ANA, criada pela Lei nº 9.984/2000, arrecadar e repassar os valores arrecadados à Agência de Água da bacia, ou à entidade delegatária de funções de Agência de Água, conforme determina a Lei nº 10.881/2004.

Situação da Cobrança no País:

Até o momento, em rios de domínio da União, a cobrança foi implementada na Bacia do Rio Paraíba do Sul, nas Bacias dos Rios Piracicaba, Capivari e Jundiaí, na Bacia do Rio São Francisco e na Bacia do Rio Doce. Em rios de domínio do Estado do Rio de Janeiro, além das bacias afluentes ao rio Paraíba do Sul, o instrumento foi implementado nas bacias do rio Guandu, da Baía da Ilha Grande, da Baía da Guanabara, do Lago São João, do rio Macaé e rio das Ostras e do rio Itabapoana.

Em rios de domínio do Estado de São Paulo, além das bacias afluentes ao rio Paraíba do Sul e aos rios Piracicaba, Capivari e Jundiaí, a cobrança foi implementada nas bacias dos rios Sorocaba-Médio Tietê, Alto Tietê, Baixo Tietê e Baixada Santista. Em rios de domínio do Estado de Minas Gerais, além das bacias afluentes aos rios Piracicaba, Capivari e Jundiaí e ao rio Doce a cobrança foi implementada nas bacias dos rios Velhas e Araguari. Em rios de domínio do Estado do Paraná, a cobrança já foi iniciada nas bacias do Alto Iguaçu e Afluentes do Alto Ribeira.

No Estado do Ceará, desde 1996, está instituída tarifa de cobrança pelo uso de recursos hídricos superficiais e subterrâneos cuja a arrecadação, dentre outras, é destinada ao custeio das atividades do gerenciamento dos recursos hídricos, envolvendo os serviços de operação e manutenção dos dispositivos e da infraestrutura hidráulica (embora denominada tarifa, parte da cobrança no Ceará tem características de preço público).

No Estado da Bahia, desde 2006, está instituída tarifa de cobrança pelo fornecimento de água bruta dos reservatórios, sendo parte da receita destinada à CERB que é responsável pela administração, operação e manutenção da infraestrutura hídrica destes reservatórios (a cobrança na Bahia tem características típicas de tarifa).

SEÇÃO V
DA COMPENSAÇÃO A MUNICÍPIOS

Art. 24. (VETADO)

1. COMENTÁRIOS

O quinto instrumento arrolado é a **compensação aos municípios**. Contudo, o artigo 24, que o regulamentava, foi vetado pelo Presidente da República, com as seguintes razões:

"O estabelecimento de mecanismo compensatório aos Municípios não encontra apoio no texto da Carta Magna, como é o caso da compensação financeira prevista no § 1.º do artigo 20 da Constituição, que abrange exclusivamente a exploração de recursos hídricos para fins de geração de energia elétrica.

A par de acarretar despesas adicionais para a União, o disposto no § 2.º trará como consequência a impossibilidade de utilização da receita decorrente da cobrança pelo uso de recursos hídricos para financiar eventuais compensações. Como decorrência, a União deverá deslocar recursos escassos de fontes existentes para o pagamento da nova despesa.

Além disso, a compensação financeira poderia ser devida em casos em que o poder concedente fosse diverso do federal, como, por exemplo, decisões de construção de reservatórios por parte de Estado ou Município que trouxesse impacto sobre outro Município, com incidência da compensação sobre os cofres da União".

Logo, este instrumento da PNRH não é aplicado, pois carente de regulamentação.

SEÇÃO VI
DO SISTEMA DE INFORMAÇÕES SOBRE RECURSOS HÍDRICOS

Art. 25. O Sistema de Informações sobre Recursos Hídricos é um sistema de coleta, tratamento, armazenamento e recuperação de informações sobre recursos hídricos e fatores intervenientes em sua gestão.

Parágrafo único. Os dados gerados pelos órgãos integrantes do Sistema Nacional de Gerenciamento de Recursos Hídricos serão incorporados ao Sistema Nacional de Informações sobre Recursos Hídricos.

1. COMENTÁRIOS

O Sistema Nacional de Informações sobre Recursos Hídricos (SNIRH) é um dos instrumentos da Lei 9.433/1997, a conhecida "Lei das Águas", que estabelece a Política Nacional de Recursos Hídricos no Brasil. Trata-se de um amplo sistema de coleta, tratamento, armazenamento e recuperação de informações sobre recursos hídricos, bem como fatores intervenientes para sua gestão.

Neste Portal estão disponíveis o Sistema de Monitoramento Hidrológico (Telemetria), o Cadastro Nacional de Usuários de Recursos Hídricos, mapas diversos (de outorgas, domínio de cursos d'água, abastecimento urbano de água, etc.), além de muitas outras informações[18].

Art. 26. São princípios básicos para o funcionamento do Sistema de Informações sobre Recursos Hídricos:

I – descentralização da obtenção e produção de dados e informações;

II – coordenação unificada do sistema;

III – acesso aos dados e informações garantido à toda a sociedade.

18. Disponível em: <http://www2.snirh.gov.br>.

1. COMENTÁRIOS

Sistema de Informações sobre Recursos Hídricos é descentralizado na medida em que todos os órgãos do Sistema Nacional de Gerenciamento de Recursos Hídricos deverão abastecê-lo, tendo publicidade.

A Agência Nacional de Águas (ANA) é a entidade federal responsável pela coordenação do Sistema Nacional de Gerenciamento de Recursos Hídricos (SINGREH) e do SNIRH, como determina o artigo 4.º, inciso XIV da Lei nº 9.984/2000[19].

2. QUESTÃO DE CONCURSO

01. (FCC – 2010 – AL-SP – Agente Técnico Legislativo Especializado – Direito) É princípio básico para o funcionamento do Sistema de Informações sobre Recursos Hídricos

a) o fornecimento de subsídios para a elaboração dos Planos de Recursos Hídricos.

b) a centralização da obtenção e produção de dados e informações.

c) a reunião de informações sobre a situação qualitativa e quantitativa dos recursos hídricos no Brasil.

d) a atualização permanente das informações sobre disponibilidade e demanda de recursos hídricos em todo o território nacional.

e) a coordenação unificada do sistema.

GAB	01	E

Art. 27. São objetivos do Sistema Nacional de Informações sobre Recursos Hídricos:

I – reunir, dar consistência e divulgar os dados e informações sobre a situação qualitativa e quantitativa dos recursos hídricos no Brasil;

II – atualizar permanentemente as informações sobre disponibilidade e demanda de recursos hídricos em todo o território nacional;

III – fornecer subsídios para a elaboração dos Planos de Recursos Hídricos.

1. COMENTÁRIOS

O Sistema Nacional de Informações sobre Recursos Hídricos tem por objetivo formar um banco de dados consistente a respeito da quantidade e qualidade das águas brasileiras a fim de permitir o acesso público, realizando os Princípios da Informação e da Publicidade.

As suas informações irão lastrear a formulação das políticas públicas na gestão dos recursos hídricos, inclusive os planos nacional, estaduais e por bacia hidrográfica.

CAPÍTULO V
DO RATEIO DE CUSTOS DAS OBRAS DE USO MÚLTIPLO, DE INTERESSE COMUM OU COLETIVO

Art. 28. (VETADO)

19. http://www2.snirh.gov.br.

▸ CAPÍTULO VI
DA AÇÃO DO PODER PÚBLICO

Art. 29. Na implementação da Política Nacional de Recursos Hídricos, compete ao Poder Executivo Federal:

I – tomar as providências necessárias à implementação e ao funcionamento do Sistema Nacional de Gerenciamento de Recursos Hídricos;

II – outorgar os direitos de uso de recursos hídricos, e regulamentar e fiscalizar os usos, na sua esfera de competência;

III – implantar e gerir o Sistema de Informações sobre Recursos Hídricos, em âmbito nacional;

IV – promover a integração da gestão de recursos hídricos com a gestão ambiental.

Parágrafo único. O Poder Executivo Federal indicará, por decreto, a autoridade responsável pela efetivação de outorgas de direito de uso dos recursos hídricos sob domínio da União.

1. COMENTÁRIOS

Este artigo contempla competências administrativas **federais** para a implementação da Política Nacional de Recursos Hídricos. Nesse sentido, a Lei 9.984/2000 instituiu a **Agência Nacional de Águas – ANA**, entidade federal de implementação da Política Nacional de Recursos Hídricos, integrante do Sistema Nacional de Gerenciamento de Recursos Hídricos, estabelecendo regras para a sua atuação, sua estrutura administrativa e suas fontes de recursos.

Cuida-se de uma autarquia sob regime especial, com autonomia administrativa e financeira, vinculada ao Ministério do Meio Ambiente, com a finalidade de implementar, em sua esfera de atribuições, a Política Nacional de Recursos Hídricos, integrando o Sistema Nacional de Gerenciamento de Recursos Hídricos.

As suas competências serão estudadas detalhadamente no artigo 33 desta Lei, cabendo-lhe a outorga do uso dos recursos hídricos das águas da União e a coordenação do Sistema Nacional de Informações sobre Recursos Hídricos.

Por sua vez, compete ao **Conselho Nacional de Recursos Hídricos** promover a articulação dos planejamentos nacional, regionais, estaduais e dos setores usuários elaborados pelas entidades que integram o Sistema Nacional de Gerenciamento de Recursos Hídricos e formular a Política Nacional de Recursos Hídricos

Art. 30. Na implementação da Política Nacional de Recursos Hídricos, cabe aos Poderes Executivos Estaduais e do Distrito Federal, na sua esfera de competência:

I – outorgar os direitos de uso de recursos hídricos e regulamentar e fiscalizar os seus usos;

II – realizar o controle técnico das obras de oferta hídrica;

III – implantar e gerir o Sistema de Informações sobre Recursos Hídricos, em âmbito estadual e do Distrito Federal;

IV – promover a integração da gestão de recursos hídricos com a gestão ambiental.

1. COMENTÁRIOS

Este artigo contempla competências administrativas **estaduais e do Distrito Federal** para a implementação da Política Nacional de Recursos Hídricos. A outorga do uso das águas que não são federais será de competência estadual ou distrital, gerenciado os seus recursos hídricos.

Outrossim, deverão criar e manter Sistema Estadual (e distrital) de Informações sobre Recursos Hídricos no seu âmbito, assim como realizar o controle técnico das obras de oferta hídrica.

Nesse sentido, *v.g.*, o Governador do Estado do Ceará editou o Decreto 23.068, que regulamenta o controle técnico das obras de oferta hídrica e dá outras providências, da mesma forma que o Governador do Estado da Paraíba publicou o Decreto 19.258.

2. QUESTÃO DE CONCURSO

01. (CESPE – 2013 – PG-DF – Procurador) Relativamente à PNRH, julgue os itens seguintes. Cabe aos Poderes Executivos estaduais e do DF, obedecidas suas respectivas competências, outorgar os direitos de uso de recursos hídricos, sendo responsáveis por regulá-los e fiscalizá-los.

GAB	01	CERTO

Art. 31. Na implementação da Política Nacional de Recursos Hídricos, os Poderes Executivos do Distrito Federal e dos municípios promoverão a integração das políticas locais de saneamento básico, de uso, ocupação e conservação do solo e de meio ambiente com as políticas federal e estaduais de recursos hídricos.

1. COMENTÁRIOS

Este artigo determina que os municípios e o Distrito Federal, este no que couber, harmonizem as suas políticas ambientais, de saneamento básico e de ocupação do solo urbano às Políticas Nacional e Estadual de Recursos Hídricos.

TÍTULO II
DO SISTEMA NACIONAL DE GERENCIAMENTO DE RECURSOS HÍDRICOS

CAPÍTULO I
DOS OBJETIVOS E DA COMPOSIÇÃO

Art. 32. Fica criado o Sistema Nacional de Gerenciamento de Recursos Hídricos, com os seguintes objetivos:

I – coordenar a gestão integrada das águas;

II – arbitrar administrativamente os conflitos relacionados com os recursos hídricos;

III – implementar a Política Nacional de Recursos Hídricos;

IV – planejar, regular e controlar o uso, a preservação e a recuperação dos recursos hídricos;

V – promover a cobrança pelo uso de recursos hídricos.

1. COMENTÁRIOS

Este artigo regulamenta do artigo 21, inciso XIX, da Constituição Federal, que prevê se da competência da União instituir sistema nacional de gerenciamento de recursos hídricos.

De efeito, o SINGREH é formado por órgãos e entidades de todas as esferas de governo que atuam na área de gestão dos recursos hídricos, tendo a função de implementar a Política Nacional de Recursos Hídricos. Ademais, a gestão de conflitos administrativos, a cobrança pelo uso da água e a coordenação da gestão nacional das águas é de competência do SINGREH, cuja composição será estudada no próximo artigo.

Ademais, vale registrar que os estados (e o Distrito Federal) possuem competência para instituir o Sistema Estadual de Gerenciamento de Recursos Hídricos.

Art. 33. Integram o Sistema Nacional de Gerenciamento de Recursos Hídricos:

I – o Conselho Nacional de Recursos Hídricos;

I-A – a Agência Nacional de Águas;

II – os Conselhos de Recursos Hídricos dos Estados e do Distrito Federal;

III – os Comitês de Bacia Hidrográfica;

IV – os órgãos dos poderes públicos federal, estaduais, do Distrito Federal e municipais cujas competências se relacionem com a gestão de recursos hídricos;

V – as Agências de Água.

1. COMENTÁRIOS

Este artigo apresenta a composição federativa dos órgãos e entidades integrantes do Sistema Nacional de Gerenciamento de Recursos Hídricos. Em relação ao Conselho Nacional de Recursos Hídricos, os Comitês de Bacia Hidrográfica e as Agências de Água, o estudo será feito nos artigos subsequentes.

Vale frisar que é uma composição aberta, pois qualquer órgão público de qualquer esfera de governo que tenham competência na gestão de águas integrará o SINGREH, a exemplo de Secretaria Estadual do Meio Ambiente e do Ministério do Meio Ambiente.

Agência Nacional de Águas – ANA

A **Agência Nacional de Águas – ANA** é uma autarquia federal em regime especial criada pela Lei 9.984/2000, que atua como agente normativo e regulador do setor, vinculada ao Ministério do Meio Ambiente, com a função de implementar a PNRH.

A ANA será dirigida por uma Diretoria Colegiada, composta por cinco membros, nomeados pelo Presidente da República, com mandatos não coincidentes de quatro anos, admitida uma única recondução consecutiva, e contará com uma Procuradoria.

Os dirigentes da ANA somente perderão o mandato em decorrência de renúncia, de condenação judicial transitada em julgado, ou de decisão definitiva em processo administrativo disciplinar. No entanto, nos primeiros quatro meses da sua gestão, será cabível a exoneração imotivada dos dirigentes da ANA.

As suas competências específicas vêm listadas em um extenso rol constante do artigo 4.º da Lei 9.984/2000:

- **supervisionar, controlar e avaliar as ações e atividades decorrentes do cumprimento da legislação federal pertinente aos recursos hídricos;**
- **disciplinar, em caráter normativo, a implementação, a operacionalização, o controle e a avaliação dos instrumentos da Política Nacional de Recursos Hídricos;**
- **outorgar, por intermédio de autorização, o direito de uso de recursos hídricos em corpos de água de domínio da União;**
- **fiscalizar os usos de recursos hídricos nos corpos de água de domínio da União;**
- elaborar estudos técnicos para subsidiar a definição, pelo Conselho Nacional de Recursos Hídricos, dos valores a serem cobrados pelo uso de recursos hídricos de domínio da União, com base nos mecanismos e quantitativos sugeridos pelos Comitês de Bacia Hidrográfica, na forma do inciso VI do art. 38 da Lei 9.433, de 1997;
- estimular e apoiar as iniciativas voltadas para a criação de Comitês de Bacia Hidrográfica;
- implementar, em articulação com os Comitês de Bacia Hidrográfica, a cobrança pelo uso de recursos hídricos de domínio da União;
- arrecadar, distribuir e aplicar receitas auferidas por intermédio da cobrança pelo uso de recursos hídricos de domínio da União, na forma do disposto no art. 22 da Lei 9.433 de 1997;
- planejar e promover ações destinadas a prevenir ou minimizar os efeitos de secas e inundações, no âmbito do Sistema Nacional de Gerenciamento de Recursos Hídricos, em articulação com o órgão central do Sistema Nacional de Defesa Civil, em apoio aos Estados e Municípios;
- promover a elaboração de estudos para subsidiar a aplicação de recursos financeiros da União em obras e serviços de regularização de cursos de água, de alocação e distribuição de água, e de controle da poluição hídrica, em consonância com o estabelecido nos planos de recursos hídricos;
- definir e fiscalizar as condições de operação de reservatórios por agentes públicos e privados, visando a garantir o uso múltiplo dos recursos hídricos, conforme estabelecido nos planos de recursos hídricos das respectivas bacias hidrográficas;
- promover a coordenação das atividades desenvolvidas no âmbito da rede hidrometeorológica nacional, em articulação com órgãos e entidades públicas ou privadas que a integram, ou que dela sejam usuárias;
- organizar, implantar e gerir o Sistema Nacional de Informações sobre Recursos Hídricos;
- estimular a pesquisa e a capacitação de recursos humanos para a gestão de recursos hídricos;
- prestar apoio aos Estados na criação de órgãos gestores de recursos hídricos;
- propor ao Conselho Nacional de Recursos Hídricos o estabelecimento de incentivos, inclusive financeiros, à conservação qualitativa e quantitativa de recursos hídricos;

- participar da elaboração do Plano Nacional de Recursos Hídricos e supervisionar a sua implementação;
- organizar, implantar e gerir o Sistema Nacional de Informações sobre Segurança de Barragens (SNISB);
- promover a articulação entre os órgãos fiscalizadores de barragens;
- coordenar a elaboração do Relatório de Segurança de Barragens e encaminhá-lo, anualmente, ao Conselho Nacional de Recursos Hídricos (CNRH), de forma consolidada;
- **regular e fiscalizar, quando envolverem corpos d'água de domínio da União, a prestação dos serviços públicos de irrigação, se em regime de concessão, e adução de água bruta, cabendo-lhe, inclusive, a disciplina, em caráter normativo, da prestação desses serviços, bem como a fixação de padrões de eficiência e o estabelecimento de tarifa, quando cabíveis, e a gestão e auditagem de todos os aspectos dos respectivos contratos de concessão, quando existentes;**
- Vale frisar que a ANA poderá delegar ou atribuir a agências de água ou de bacia hidrográfica a execução de atividades de sua competência.

Conselhos de Recursos Hídricos dos Estados e do Distrito Federal

Por sua vez, os **Conselhos de Recursos Hídricos dos Estados e do Distrito Federal** não tiveram as suas estruturas e competências discriminadas na Lei 9.433/1997, pois as respectivas entidades políticas deverão aprovar as suas próprias leis, que devem ser compatíveis com a norma federal.[20]

Contudo, dentro das competências de outros integrantes do SINGREH, já foram presumidas duas atribuições dos Conselhos Estaduais ou do Distrito Federal: fixar acumulações, derivações, captações e lançamentos de pouca expressão, para efeito de isenção da obrigatoriedade de outorga de direitos de uso de recursos hídricos, de acordo com os domínios destes;[21] autorizar a criação das Agências de Águas das suas bacias hidrográficas.[22]

Ademais, será da competência dos Conselhos de Meio Ambiente dos Estados e do Distrito Federal aprovar o plano de recursos hídricos do seu território e estabelecer normas para implementação da Política Estadual de Recursos Hídricos e para a aplicação de seus instrumentos.

2. QUESTÕES DE CONCURSOS

01. (TRF 5ª Região 2013/Juiz Federal/CESPE) No que se refere à Agência Nacional de Águas (ANA), agência reguladora cuja autonomia administrativa e financeira é mais ampla do que a das demais autarquias, assinale a opção correta.

a) Compete à ANA definir os critérios para a aplicação dos recursos arrecadados com a cobrança do uso de recursos hídricos.

---

20. No Estado da Bahia, por exemplo, o Conselho Estadual de Recursos Hídricos tem as suas competências e composição fixadas nos artigos 46, 47 e 48, da Lei 11.612/2009.
21. Artigo 38, V, da Lei 9.433/1997.
22. Artigo 42, parágrafo único, da Lei 9.433/1997.

b) A concessão, pela ANA, de outorga do direito de uso de recursos hídricos da União depende de homologação do Conselho Nacional de Recursos Hídricos.

c) Desde sua nomeação, o diretor da ANA está sujeito à perda de mandato em decorrência de renúncia, condenação judicial transitada em julgado ou decisão definitiva em processo administrativo disciplinar.

d) As outorgas de direito de uso de recursos hídricos para concessionárias e autorizadas de serviços públicos e de geração de energia hidrelétrica vigoram por prazos iguais aos prazos dos correspondentes contratos de concessão ou atos administrativos de autorização.

e) Não se pode delegar a execução de atividades de competência da ANA às agências de água ou de bacia hidrográfica.

02. (PGE Amapá 2006 – Procurador do Estado – CESPE) A Agência Nacional de Águas (ANA) poderá emitir outorgas preventivas de uso dos recursos hídricos, com a finalidade de declarar a disponibilidade de água para os fins requeridos, possibilitando aos investidores o planejamento de empreendimentos que necessitem desses recursos. Essa outorga, contudo, não confere direito de uso dos recursos hídricos.

GAB	01	D	02	CERTO

CAPÍTULO II
DO CONSELHO NACIONAL DE RECURSOS HÍDRICOS

Art. 34. O Conselho Nacional de Recursos Hídricos é composto por:

I – representantes dos Ministérios e Secretarias da Presidência da República com atuação no gerenciamento ou no uso de recursos hídricos;

II – representantes indicados pelos Conselhos Estaduais de Recursos Hídricos;

III – representantes dos usuários dos recursos hídricos;

IV – representantes das organizações civis de recursos hídricos.

Parágrafo único. O número de representantes do Poder Executivo Federal não poderá exceder à metade mais um do total dos membros do Conselho Nacional de Recursos Hídricos.

1. COMENTÁRIOS

O Conselho Nacional de Recursos Hídricos foi regulamentado pelo Decreto 4.613/2003, sendo presidido pelo Ministro de Estado do Meio Ambiente e tendo a seguinte composição:

I – um representante de cada um dos seguintes Ministérios:

a) da Fazenda;

b) do Planejamento, Orçamento e Gestão;

c) das Relações Exteriores;

d) dos Transportes;

e) da Educação;

f) da Justiça;

g) da Saúde;

h) da Cultura;

i) do Desenvolvimento Agrário;

j) do Turismo; e

l) das Cidades;

II – dois representantes de cada um dos seguintes Ministérios:

a) da Integração Nacional;

b) da Defesa;

c) do Desenvolvimento, Indústria e Comércio Exterior;

d) da Agricultura, Pecuária e Abastecimento; e

e) da Ciência e Tecnologia;

III – três representantes de cada um dos seguintes Ministérios:

a) do Meio Ambiente; e

b) de Minas e Energia;

IV – um representante de cada uma das seguintes Secretarias Especiais da Presidência da República:

a) de Aquicultura e Pesca; e

b) de Políticas para as Mulheres;

V – dez representantes dos Conselhos Estaduais de Recursos Hídricos;

VI – doze representantes de usuários de recursos hídricos; e

VII – seis representantes de organizações civis de recursos hídricos.

O CNRH é composto pelo Plenário e por 10 Câmaras Técnicas Permanentes: Assuntos Legais e Institucionais; Plano Nacional de Recursos Hídrico; Integração de Procedimentos, Ações de Outorga e Ações Reguladoras; Análise de Projeto; Águas Subterrâneas; Gestão de Recursos Hídricos Transfronteiriços; Ciência e Tecnologia; Cobrança pelo Uso de Recursos Hídricos; Educação, Capacitação, Mobilização Social e Informação em Recursos Hídricos; Integração da Gestão das Bacias Hidrográficas e dos Sistemas Estuarinos e Zona Costeira. **A sua Secretaria Executiva será exercida por órgão do Ministério do Meio Ambiente.**

Com fulcro no artigo 4.º, VI, da Lei 9.984/2000, também competirá ao Conselho Nacional de Recursos Hídricos definir os valores a serem cobrados pelo uso de recursos hídricos de domínio da União,[23] com base nos mecanismos e quantitativos sugeridos pelos Comitês de Bacia Hidrográfica.

Outrossim, nas bacias federais, será o Conselho Nacional de Recursos Hídricos quem definirá as acumulações, derivações, captações e lançamentos considerados como insignificantes para fins de dispensa de outorga de uso de recursos hídricos,[24] na forma do quanto previsto no artigo 1.º, XX, do seu Regimento Interno.

---

23. Nesse sentido, foi editada a Resolução CNRH 48/2005, que estabelece critérios gerais para a cobrança pelo uso dos recursos hídricos.

24. Esta é a interpretação que faço, por força do artigo 38, V, da Lei 9.433/1997. Em sentido contrário, registre-se a posição de Paulo Affonso Leme Machado (2009, p. 521), que sustenta ser matéria sujeita a regulamento, a teor do artigo 12, § 1.º, do citado diploma.

Art. 35. Compete ao Conselho Nacional de Recursos Hídricos:

I – promover a articulação do planejamento de recursos hídricos com os planejamentos nacional, regional, estaduais e dos setores usuários;

II – arbitrar, em última instância administrativa, os conflitos existentes entre Conselhos Estaduais de Recursos Hídricos;

III – deliberar sobre os projetos de aproveitamento de recursos hídricos cujas repercussões extrapolem o âmbito dos Estados em que serão implantados;

IV – deliberar sobre as questões que lhe tenham sido encaminhadas pelos Conselhos Estaduais de Recursos Hídricos ou pelos Comitês de Bacia Hidrográfica;

V – analisar propostas de alteração da legislação pertinente a recursos hídricos e à Política Nacional de Recursos Hídricos;

VI – estabelecer diretrizes complementares para implementação da Política Nacional de Recursos Hídricos, aplicação de seus instrumentos e atuação do Sistema Nacional de Gerenciamento de Recursos Hídricos;

VII – aprovar propostas de instituição dos Comitês de Bacia Hidrográfica e estabelecer critérios gerais para a elaboração de seus regimentos;

VIII – (VETADO);

IX – acompanhar a execução do Plano Nacional de Recursos Hídricos e determinar as providências necessárias ao cumprimento de suas metas;

IX – acompanhar a execução e aprovar o Plano Nacional de Recursos Hídricos e determinar as providências necessárias ao cumprimento de suas metas;

X – estabelecer critérios gerais para a outorga de direitos de uso de recursos hídricos e para a cobrança por seu uso;

XI – zelar pela implementação da Política Nacional de Segurança de Barragens (PNSB);

XII – estabelecer diretrizes para implementação da PNSB, aplicação de seus instrumentos e atuação do Sistema Nacional de Informações sobre Segurança de Barragens (SNISB);

XIII – apreciar o Relatório de Segurança de Barragens, fazendo, se necessário, recomendações para melhoria da segurança das obras, bem como encaminhá-lo ao Congresso Nacional.

1. COMENTÁRIOS

Este artigo apresenta o rol de competência do Conselho Nacional de Recursos Hídricos. Destaca-se a competência para decidir sobre conflitos de competência entre Conselhos Estaduais de Recursos Hídricos e para constituir comitês de bacia hidrográfica.

Outrossim, coube ao CNRH aprovar o Plano Nacional de Recursos Hídricos, bem como editar ato normativo a respeito da regulamentação da outorga de uso dos recursos hídricos (Resolução CNRH 16/2001).

Com o advento da Lei 12.334/2010, passou a ser de sua competência zelar pela implementação da Política Nacional de Segurança de Barragens, estabelecendo as suas diretrizes para implementação, aplicação de seus instrumentos e atuação do Sistema Nacional de Informações sobre Segurança de Barragens.

O artigo 1º, do Decreto 4.613/2003, trouxe um leque maior de competência para o CNRH. De efeito, o Conselho Nacional de Recursos Hídricos, órgão consultivo e deliberativo, integrante da estrutura regimental do Ministério do Meio Ambiente, tem por competência:

> I – promover a articulação do planejamento de recursos hídricos com os planejamentos nacional, regionais, estaduais e dos setores usuários;
>
> II – arbitrar, em última instância administrativa, os conflitos existentes entre Conselhos Estaduais de Recursos Hídricos;
>
> III – deliberar sobre os projetos de aproveitamento de recursos hídricos, cujas repercussões extrapolem o âmbito dos Estados em que serão implantados;
>
> IV – deliberar sobre as questões que lhe tenham sido encaminhadas pelos Conselhos Estaduais de Recursos Hídricos ou pelos Comitês de Bacia Hidrográfica;
>
> V – analisar propostas de alteração da legislação pertinente a recursos hídricos e à Política Nacional de Recursos Hídricos;
>
> VI – estabelecer diretrizes complementares para implementação da Política Nacional de Recursos Hídricos, aplicação de seus instrumentos e atuação do Sistema Nacional de Gerenciamento de Recursos Hídricos;
>
> VII – aprovar propostas de instituição dos Comitês de Bacias Hidrográficas e estabelecer critérios gerais para a elaboração de seus regimentos;
>
> VIII – deliberar sobre os recursos administrativos que lhe forem interpostos;
>
> IX – acompanhar a execução e aprovar o Plano Nacional de Recursos Hídricos e determinar as providências necessárias ao cumprimento de suas metas;
>
> X – estabelecer critérios gerais para outorga de direito de uso de recursos hídricos e para a cobrança por seu uso;
>
> XI – aprovar o enquadramento dos corpos de água em classes, em consonância com as diretrizes do Conselho Nacional do Meio Ambiente – CONAMA e de acordo com a classificação estabelecida na legislação ambiental;
>
> XII – formular a Política Nacional de Recursos Hídricos nos termos da Lei no 9.433, de 8 de janeiro de 1997, e do art. 2.º da Lei no 9.984, de 17 de julho de 2000;
>
> XIII – manifestar-se sobre propostas encaminhadas pela Agência Nacional de Águas – ANA, relativas ao estabelecimento de incentivos, inclusive financeiros, para a conservação qualitativa e quantitativa de recursos hídricos, nos termos do inciso XVII do art. 4.º da Lei no 9.984, de 2000;
>
> XIV – definir os valores a serem cobrados pelo uso de recursos hídricos de domínio da União, nos termos do inciso VI do art. 4.º da Lei no 9.984, de 2000;
>
> XV – definir, em articulação com os Comitês de Bacia Hidrográfica, as prioridades de aplicação dos recursos a que se refere o *caput* do art. 22 da Lei no 9.433, de 1997, nos termos do § 4.º do art. 21 da Lei no 9.984, de 2000;
>
> XVI – autorizar a criação das Agências de Água, nos termos do parágrafo único do art. 42 e do art. 43 da Lei no 9.433, de 1997;
>
> XVII – deliberar sobre as acumulações, derivações, captações e lançamentos de pouca expressão, para efeito de isenção da obrigatoriedade de outorga de direitos de uso de recursos hídricos de domínio da União, nos termos do inciso V do art. 38 da Lei no 9.433, de 1997;

XVIII – manifestar-se sobre os pedidos de ampliação dos prazos para as outorgas de direito de uso de recursos hídricos de domínio da União, estabelecidos nos incisos I e II do art. 5.º e seu § 2.º da Lei no 9.984, de 2000;

XIX – delegar, quando couber, por prazo determinado, nos termos do art. 51 da Lei no 9.433, de 1997, aos consórcios e associações intermunicipais de bacias hidrográficas, com autonomia administrativa e financeira, o exercício de funções de competência das Agências de Água, enquanto estas não estiverem constituídas.

O Conselho Nacional de Recursos Hídricos reunir-se-á em caráter ordinário a cada seis meses, no Distrito Federal, e, extraordinariamente, sempre que convocado pelo Presidente, por iniciativa própria ou a requerimento de um terço de seus membros.

2. QUESTÃO DE CONCURSO

01. (CESPE – 2013 – CPRM – Analista em Geociências – Direito) Com relação ao Sistema Nacional de Gerenciamento de Recursos Hídricos e seus instrumentos de gestão, julgue os itens subsequentes. Compete ao Conselho Nacional de Recursos Hídricos a emissão das outorgas dos recursos hídricos subterrâneos de aquíferos que se estendam a mais de uma unidade da Federação, cabendo à Agência Nacional de Águas arbitrar eventual conflito que envolva o uso dessas águas subterrâneas.

GAB	01	ERRADO

Art. 36. O Conselho Nacional de Recursos Hídricos será gerido por:

I – 1 (um) Presidente, que será o Ministro de Estado do Desenvolvimento Regional; (Redação dada pela Lei nº 13.844, de 2019)

II – 1 (um) Secretário-Executivo, que será o titular do órgão integrante da estrutura do Ministério do Desenvolvimento Regional responsável pela gestão dos recursos hídricos. (Redação dada pela Lei nº 13.844, de 2019)

1. COMENTÁRIOS

A Presidência do CNRH era do Ministro do Meio Ambiente e passou para o Ministério do Desenvolvimento Regional em 2019. Outrossim, desde 2019, é gerido por um Secretário-Executivo da citada Pasta responsável pela gestão dos recursos hídricos.

Compete à Secretaria-Executiva do Conselho Nacional de Recursos Hídricos:

I – prestar apoio administrativo, técnico e financeiro ao Conselho Nacional de Recursos Hídricos;

II – instruir os expedientes provenientes dos Conselhos Estaduais de Recursos Hídricos e dos Comitês de Bacia Hidrográfica; e

III – elaborar seu programa de trabalho e respectiva proposta orçamentária anual e submetê-los à aprovação do Conselho Nacional de Recursos Hídricos.

CAPÍTULO III
DOS COMITÊS DE BACIA HIDROGRÁFICA

Art. 37. Os Comitês de Bacia Hidrográfica terão como área de atuação:

I – a totalidade de uma bacia hidrográfica;

II – sub-bacia hidrográfica de tributário do curso de água principal da bacia, ou de tributário desse tributário; ou

III – grupo de bacias ou sub-bacias hidrográficas contíguas.

Parágrafo único. A instituição de Comitês de Bacia Hidrográfica em rios de domínio da União será efetivada por ato do Presidente da República.

1. COMENTÁRIOS

Os **Comitês de Bacia Hidrográfica** são órgãos colegiados com atribuições normativas, deliberativas e consultivas a serem exercidas na bacia hidrográfica de sua jurisdição,[25] estando vinculados ao Conselho Nacional, Estadual ou Distrital de Recursos Hídricos,[26] a depender da entidade política proprietária da bacia hidrográfica,[27] sendo as suas reuniões e votações públicas, dando-se à sua convocação ampla divulgação.

Eles não terão necessariamente como zona de atuação uma determinada bacia hidrográfica, podendo chegar a abarcar um grupo de bacias hidrográficas contíguas, ou, por outro lado, se limitar a uma sub-bacia hidrográfica de tributário do curso de água principal da bacia, ou de tributário desse tributário.

Art. 38. Compete aos Comitês de Bacia Hidrográfica, no âmbito de sua área de atuação:

I – promover o debate das questões relacionadas a recursos hídricos e articular a atuação das entidades intervenientes;

II – arbitrar, em primeira instância administrativa, os conflitos relacionados aos recursos hídricos;

III – aprovar o Plano de Recursos Hídricos da bacia;

IV – acompanhar a execução do Plano de Recursos Hídricos da bacia e sugerir as providências necessárias ao cumprimento de suas metas;

V – propor ao Conselho Nacional e aos Conselhos Estaduais de Recursos Hídricos as acumulações, derivações, captações e lançamentos de pouca expressão, para efeito de isenção da obrigatoriedade de outorga de direitos de uso de recursos hídricos, de acordo com os domínios destes;

VI – estabelecer os mecanismos de cobrança pelo uso de recursos hídricos e sugerir os valores a serem cobrados;

VII – (VETADO)

VIII – (VETADO)

---

25. Artigo 1.º, § 1.º, da Resolução 05/2000 – CNRH.

26. A criação de um Comitê de Bacia Hidrográfica depende de ato do respectivo Conselho a que estiver vinculado. Se for federal, além de manifestação do Conselho Nacional de Recursos Hídricos, ainda exige-se ato do Presidente da República, na forma do parágrafo único, do artigo 37, da Lei 9.433/1997.

27. Dispõe o artigo 1.º, § 2.º, da Resolução 05/2000 – CNRH, que "os Comitês de Bacia Hidrográfica cujo curso de água principal seja de domínio da União serão vinculados ao Conselho Nacional de Recursos Hídricos".

IX – estabelecer critérios e promover o rateio de custo das obras de uso múltiplo, de interesse comum ou coletivo.

Parágrafo único. Das decisões dos Comitês de Bacia Hidrográfica caberá recurso ao Conselho Nacional ou aos Conselhos Estaduais de Recursos Hídricos, de acordo com sua esfera de competência.

1. COMENTÁRIOS

Compete aos Comitês aprovar o Plano de Recursos Hídricos da respectiva bacia e acompanhar a sua execução, assim como arbitrar em primeira instância os conflitos atinentes aos recursos hídricos.

Também é sua atribuição propor ao Conselho Nacional e aos Conselhos Estaduais (ou do Distrito Federal) de Recursos Hídricos as acumulações, derivações, captações e lançamentos de pouca expressão, para efeito de isenção da obrigatoriedade de outorga de direitos de uso de recursos hídricos, de acordo com os domínios destes, e estabelecer os mecanismos de cobrança pelo uso de recursos hídricos e sugerir os valores a serem cobrados.

Deverão, ainda, promover o debate sobre os recursos hídricos e a articulação das entidades intervenientes, bem como estabelecer critérios e promover o rateio de custo das obras de uso múltiplo, de interesse comum ou coletivo.

As decisões tomadas pelos Comitês de Bacia Hidrográfica poderão ser objeto de recurso de competência do Conselho Nacional ou Estadual de Recursos Hídricos, conforme seja federal ou estadual a respectiva bacia.

2. QUESTÕES DE CONCURSOS

01. (FCC – 2009 – PGE-SP – Procurador) De acordo com a Lei Federal no 9.433/97, que instituiu a Política Nacional de Recursos Hídricos, é correto afirmar que

a) é vedada a delegação de outorga de direito de uso de recurso hídrico da União para os Estados e Distrito Federal.

b) a gestão dos recursos hídricos deve ser implementada de forma centralizada.

c) compete aos Comitês de Bacia Hidrográfica, no âmbito de sua área de atuação, estabelecer os mecanismos de cobrança pelo uso de recursos hídricos.

d) na fixação dos valores a serem cobrados pelo uso dos recursos hídricos nos lançamentos de esgotos não devem ser observadas as características de toxidade do afluente.

e) os Municípios são a unidade territorial para implementação da Política Nacional de Recursos Hídricos.

02. (CESPE 2017/Juiz Federal da 5ª Região) Os comitês de bacias hidrográficas são:

A) competentes para implantar e gerir o Sistema Nacional de Informações sobre Segurança de Barragens.

B) competentes para outorgar o direito de uso de recursos hídricos em corpos de água de domínio da União, mediante permissão.

C) incompetentes para aprovar o Plano de Recursos Hídricos da bacia.

D) incompetentes para arbitrar administrativamente conflitos relacionados a recursos hídricos.

E) incompetentes para o exercício do poder de polícia.

GAB	01	C	02	E

Art. 39. Os Comitês de Bacia Hidrográfica são compostos por representantes:

I – da União;

II – dos Estados e do Distrito Federal cujos territórios se situem, ainda que parcialmente, em suas respectivas áreas de atuação;

III – dos Municípios situados, no todo ou em parte, em sua área de atuação;

IV – dos usuários das águas de sua área de atuação;

V – das entidades civis de recursos hídricos com atuação comprovada na bacia.

§ 1.º O número de representantes de cada setor mencionado neste artigo, bem como os critérios para sua indicação, serão estabelecidos nos regimentos dos comitês, limitada a representação dos poderes executivos da União, Estados, Distrito Federal e Municípios à metade do total de membros.

§ 2.º Nos Comitês de Bacia Hidrográfica de bacias de rios fronteiriços e transfronteiriços de gestão compartilhada, a representação da União deverá incluir um representante do Ministério das Relações Exteriores.

§ 3.º Nos Comitês de Bacia Hidrográfica de bacias cujos territórios abranjam terras indígenas devem ser incluídos representantes:

I – da Fundação Nacional do Índio – FUNAI, como parte da representação da União;

II – das comunidades indígenas ali residentes ou com interesses na bacia.

§ 4.º A participação da União nos Comitês de Bacia Hidrográfica com área de atuação restrita a bacias de rios sob domínio estadual, dar-se-á na forma estabelecida nos respectivos regimentos.

1. COMENTÁRIOS

Na composição dos comitês de bacia hidrográfica far-se-ão presentes representantes da União, dos Estados ou Distrito Federal e dos municípios da respectiva bacia hidrográfica, bem como representantes dos usuários e das entidades civis de recursos hídricos com comprovada atuação na bacia.

Caso a bacia envolva terras indígenas, ainda farão parte do Comitê representantes da FUNAI (na cota da União) e da respectiva comunidade indígena. Se abarcar rios fronteiriços e transfronteiriços de gestão compartilhada, a representação da União deverá incluir um representante do Ministério das Relações Exteriores.

Importante dispositivo legal assegura a efetividade da participação da sociedade civil organizada, pois a representação do Poder Público foi limitada à metade do total de membros, cabendo aos respectivos regimentos internos disciplinar especificamente a composição e as formas de indicação, observadas as regras gerais instituídas pela Resolução 05/2000, da lavra do Conselho Nacional de Recursos Hídricos.[28]

2. QUESTÕES DE CONCURSOS

01. (MPF 24.º CONCURSO – 2007) É membro do Comitê de Bacia Hidrográfica (e, como tal, participa da aprovação do plano de recursos hídricos da respectiva bacia) representante:

28. De acordo com o artigo 4.º desta Resolução, até 40% dos membros representarão o Poder Público; pelo menos 20%, as entidades civis; e 40% representarão os usuários.

a) do Município.

b) do Ministério Público.

c) do Comitê Gestor de Hidrelétricas.

d) do Tribunal de Águas.

02. (CESPE – 2014 – PGE-BA – Procurador) No que se refere ao direito ambiental, julgue os itens a seguir. Os comitês de bacia hidrográfica são constituídos por usuários das águas e por entidades civis de recursos hídricos com atuação comprovada na bacia, entre outros membros, conforme dispõe a Lei n.º 9.433/1997.

03. (2016/CESPE/TJ-AM/Juiz Substituto) Com relação aos recursos hídricos, assinale a opção correta.

a) Compete ao Comitê Nacional de Recursos Hídricos organizar, implantar e gerir o Sistema Nacional de Informações sobre Segurança de Barragens.

b) Além do representante da FUNAI, os comitês de bacias hidrográficas de rios que abranjam terras indígenas incluirão representante das comunidades indígenas.

c) Conforme a localização dos corpos d'água, seu domínio divide-se entre a União, os estados (e por analogia o DF) e os municípios.

d) As competências dos comitês de bacias hidrográficas incluem o exercício do poder de polícia.

e) Cabe à Agência Nacional de Águas, outorgar, mediante permissão, o direito de uso de recursos hídricos em corpos de água de domínio da União, dos estados e do DF.

GAB	01	A	02	CERTO	03	B

Art. 40. Os Comitês de Bacia Hidrográfica serão dirigidos por um Presidente e um Secretário, eleitos dentre seus membros.

1. COMENTÁRIOS

Em até cinco meses, contados a partir da data de sua nomeação, o Presidente Interino deverá realizar a eleição do Presidente e do Secretário do Comitê da Bacia Hidrográfica, nos termos da Resolução 05/2010 do Conselho Nacional dos Recursos Hídricos.

CAPÍTULO IV
DAS AGÊNCIAS DE ÁGUA

Art. 41. As Agências de Água exercerão a função de secretaria executiva do respectivo ou respectivos Comitês de Bacia Hidrográfica.

1. COMENTÁRIOS

As Agências de Água integram o Sistema Nacional de Gerenciamento dos Recursos Hídricos e a sua criação deve ser solicitada pelo Comitê de Bacia Hidrográfica e autorizada pelo respectivo Conselho de Recursos Hídricos. A viabilidade financeira de uma Agência deve ser assegurada pela cobrança pelo uso de recursos hídricos em sua área de atuação. A sua principal função é conferir todo o apoio administrativo aos Comitês de Bacia hidrográfica.

Art. 42. As Agências de Água terão a mesma área de atuação de um ou mais Comitês de Bacia Hidrográfica.

Parágrafo único. A criação das Agências de Água será autorizada pelo Conselho Nacional de Recursos Hídricos ou pelos Conselhos Estaduais de Recursos Hídricos mediante solicitação de um ou mais Comitês de Bacia Hidrográfica.

1. COMENTÁRIOS

As Agências de Água poderão exercer a função de secretaria executiva de mais de um comitê de bacia hidrográfica.

Art. 43. A criação de uma Agência de Água é condicionada ao atendimento dos seguintes requisitos:

I – prévia existência do respectivo ou respectivos Comitês de Bacia Hidrográfica;

II – viabilidade financeira assegurada pela cobrança do uso dos recursos hídricos em sua área de atuação.

1. COMENTÁRIOS

Considerando que a função de uma Agência de Água é prestar apoio administrativo a um ou mais Comitês de Bacia Hidrográfica, é pressuposto de sua autorização de criação por Conselho de Recursos Hídricos a existência de um Comitê de Bacia a qual irá assessorar.

Ademais, é necessário que existam recursos financeiros para manter os custos do funcionamento de uma agência de água, que deverá ser oriundo da cobrança pelo uso da água.

Art. 44. Compete às Agências de Água, no âmbito de sua área de atuação:

I – manter balanço atualizado da disponibilidade de recursos hídricos em sua área de atuação;

II – manter o cadastro de usuários de recursos hídricos;

III – efetuar, mediante delegação do outorgante, a cobrança pelo uso de recursos hídricos;

IV – analisar e emitir pareceres sobre os projetos e obras a serem financiados com recursos gerados pela cobrança pelo uso de Recursos Hídricos e encaminhá-los à instituição financeira responsável pela administração desses recursos;

V – acompanhar a administração financeira dos recursos arrecadados com a cobrança pelo uso de recursos hídricos em sua área de atuação;

VI – gerir o Sistema de Informações sobre Recursos Hídricos em sua área de atuação;

VII – celebrar convênios e contratar financiamentos e serviços para a execução de suas competências;

VIII – elaborar a sua proposta orçamentária e submetê-la à apreciação do respectivo ou respectivos Comitês de Bacia Hidrográfica;

IX – promover os estudos necessários para a gestão dos recursos hídricos em sua área de atuação;

X – elaborar o Plano de Recursos Hídricos para apreciação do respectivo Comitê de Bacia Hidrográfica;

XI – propor ao respectivo ou respectivos Comitês de Bacia Hidrográfica:

a) o enquadramento dos corpos de água nas classes de uso, para encaminhamento ao respectivo Conselho Nacional ou Conselhos Estaduais de Recursos Hídricos, de acordo com o domínio destes;

b) os valores a serem cobrados pelo uso de recursos hídricos;

c) o plano de aplicação dos recursos arrecadados com a cobrança pelo uso de recursos hídricos;

d) o rateio de custo das obras de uso múltiplo, de interesse comum ou coletivo.

1. COMENTÁRIOS

Este artigo contempla as competências das Agências de Água na atuação como secretaria executiva do respectivo ou dos respectivos Comitês de Bacia Hidrográfica.

É de sua atribuição cobrar pelo uso dos recursos hídricos, cadastrar os usuários, elaborar o plano de recursos hídricos para deliberação pelo comitê da bacia hidrográfica e opinar sobre projetos a serem custeados com os recursos arrecadados com o pagamento pela água da bacia.

Outrossim, deverá avaliar constantemente a qualidade e a quantidade de água disponível na bacia hidrográfica, propondo ao Comitê o enquadramento dos corpos de água nas classes de uso, os valores a serem cobrados e os planos para a aplicação.

Demais disso, são responsáveis pela elaboração do seu orçamento, pela realização de estudos necessários para a gestão dos recursos hídricos na sua bacia de atuação e pelo gerenciamento do sistema de informações de recursos hídricos da sua bacia. Poderão ainda celebrar convênios e contratar terceiros para a execução de suas atribuições.

CAPÍTULO V
DA SECRETARIA EXECUTIVA DO CONSELHO NACIONAL DE RECURSOS HÍDRICOS

Art. 45. A Secretaria-Executiva do Conselho Nacional de Recursos Hídricos será exercida pelo órgão integrante da estrutura do Ministério do Desenvolvimento Regional responsável pela gestão dos recursos hídricos (Redação dada pela Lei nº 13.844, de 2019)

1. COMENTÁRIOS

Alteração perpetrada com a Lei 13.844/2019 com a modificação do Ministério do Meio Ambiente para o Ministério do Desenvolvimento Regional.

Art. 46. Compete à Secretaria Executiva do Conselho Nacional de Recursos Hídricos:

I – prestar apoio administrativo, técnico e financeiro ao Conselho Nacional de Recursos Hídricos;

II – revogado;

III – instruir os expedientes provenientes dos Conselhos Estaduais de Recursos Hídricos e dos Comitês de Bacia Hidrográfica;

IV – revogado;

V – elaborar seu programa de trabalho e respectiva proposta orçamentária anual e submetê-los à aprovação do Conselho Nacional de Recursos Hídricos.

1. COMENTÁRIOS

Este artigo teve a sua redação dada pela Lei 9.984/2000, trazendo as competências da Secretaria Executiva do Conselho Nacional de Recursos Hídricos, que deverá dar o suporte administrativo.

Caberá à Secretaria de Recursos Hídricos do Ministério do Meio Ambiente, sem prejuízo das demais competências que lhe são conferidas, prover os serviços de Secretaria-Executiva do Conselho Nacional de Recursos Hídricos.

CAPÍTULO VI
DAS ORGANIZAÇÕES CIVIS DE RECURSOS HÍDRICOS

Art. 47. São consideradas, para os efeitos desta Lei, organizações civis de recursos hídricos:

I – consórcios e associações intermunicipais de bacias hidrográficas;

II – associações regionais, locais ou setoriais de usuários de recursos hídricos;

III – organizações técnicas e de ensino e pesquisa com interesse na área de recursos hídricos;

IV – organizações não governamentais com objetivos de defesa de interesses difusos e coletivos da sociedade;

V – outras organizações reconhecidas pelo Conselho Nacional ou pelos Conselhos Estaduais de Recursos Hídricos.

Art. 48. Para integrar o Sistema Nacional de Recursos Hídricos, as organizações civis de recursos hídricos devem ser legalmente constituídas.

1. COMENTÁRIOS

Será possível que organizações civis de recursos hídricos possam integrar o SINGREH, desde que sejam legalmente constituídas e sejam reconhecidas pelo CNRH ou pelos conselhos estaduais de recursos hídricos, podendo, inclusive, exercer temporariamente a função de Agência de Água (vide artigo 51).

TÍTULO III
DAS INFRAÇÕES E PENALIDADES

Art. 49. Constitui infração das normas de utilização de recursos hídricos superficiais ou subterrâneos:

I – derivar ou utilizar recursos hídricos para qualquer finalidade, sem a respectiva outorga de direito de uso;

II – iniciar a implantação ou implantar empreendimento relacionado com a derivação ou a utilização de recursos hídricos, superficiais ou subterrâneos, que implique alterações no regime, quantidade ou qualidade dos mesmos, sem autorização dos órgãos ou entidades competentes;

III – (VETADO);

IV – utilizar-se dos recursos hídricos ou executar obras ou serviços relacionados com os mesmos em desacordo com as condições estabelecidas na outorga;

V – perfurar poços para extração de água subterrânea ou operá-los sem a devida autorização;

VI – fraudar as medições dos volumes de água utilizados ou declarar valores diferentes dos medidos;

VII – infringir normas estabelecidas no regulamento desta Lei e nos regulamentos administrativos, compreendendo instruções e procedimentos fixados pelos órgãos ou entidades competentes;

VIII – obstar ou dificultar a ação fiscalizadora das autoridades competentes no exercício de suas funções.

1. COMENTÁRIOS

Este artigo traz infrações administrativas pelo descumprimento nas normas de gestão de uso dos recursos hídricos, coexistindo com o Decreto 6.514/2008. É infração o uso de recursos hídricos desprovido de outorga, salvo nos casos legais de dispensa, a exemplo de captação de águas, lançamento de efluentes e perfurações de poços irregularmente.

Ademais, o descumprimento dos termos da outorga também constitui ilícito administrativo, a exemplo da captação de água acima da vazão concedida. Existe uma infração deveras aberta e que consiste em infringir normas estabelecidas no regulamento desta Lei e nos regulamentos administrativos, compreendendo instruções e procedimentos fixados pelos órgãos ou entidades competentes.

Outrossim, é ilícito administrativo obstar ou dificultar a ação fiscalizadora das autoridades competentes no exercício das suas funções de polícia, a exemplo dos agentes da Agência Nacional de Água.

2. QUESTÕES DE CONCURSOS

01. (MPE-SC – 2013 – MPE-SC – Promotor de Justiça) Segundo a Lei 9.433/1997, constitui infração das normas de utilização de recursos hídricos superficiais ou subterrâneos perfurar poços para extração de água subterrânea ou operá-los sem a devida autorização.

02. (Ano: 2021 Banca: INSTITUTO AOCP Órgão: PC-PA/DELEGADO) João é dono de uma pequena propriedade rural no interior do Pará. Buscando ampliar a sua cultura de coco-verde, João decide por si próprio desviar parcialmente o curso de um córrego que margeia sua propriedade, diminuindo a sua vazão, a fim de irrigar a plantação de coqueiros. Considerando essa situação hipotética, a conduta de João:

a) é infração contra a qual cabe aplicação de pena de advertência ou multa, mas que não permite embargar, provisória ou definitivamente, a exploração da plantação de coqueiros.

b) não constitui infração, tendo em vista o córrego tratar-se de pequeno curso de água cuja exploração não provoca danos ao meio ambiente.

c) é ilícita, em razão do descumprimento da Política Nacional de Recursos Hídricos, mas não gera qualquer penalidade ou reembolso de despesas à Administração, pois é direcionada à exploração de pequena propriedade rural.

d) constitui infração das normas de utilização de recursos hídricos superficiais.

e) não constitui infração, já que promove a utilização integrada dos recursos hídricos ao desviar apenas parcialmente o curso do córrego, nos moldes do art. 32, I, da Lei nº 9.433/1997.

GAB	01	CERTO	02	D

Art. 50. Por infração de qualquer disposição legal ou regulamentar referente à execução de obras e serviços hidráulicos, derivação ou utilização de recursos hídricos, ou pelo não atendimento das solicitações feitas, o infrator, a critério da autoridade competente, ficará sujeito às seguintes penalidades, independentemente de sua ordem de enumeração: (Redação dada pela Lei nº 14.066, de 2020)

I – advertência por escrito, na qual serão estabelecidos prazos para correção das irregularidades;

II – multa, simples ou diária, proporcional à gravidade da infração, de R$ 100,00 (cem reais) a R$ 50.000.000,00 (cinquenta milhões de reais); (Redação dada pela Lei nº 14.066, de 2020)

III – embargo provisório, por prazo determinado, para execução de serviços e obras necessárias ao efetivo cumprimento das condições de outorga ou para o cumprimento de normas referentes ao uso, controle, conservação e proteção dos recursos hídricos;

IV – embargo definitivo, com revogação da outorga, se for o caso, para repor incontinenti, no seu antigo estado, os recursos hídricos, leitos e margens, nos termos dos arts. 58 e 59 do Código de Águas ou tamponar os poços de extração de água subterrânea.

§ 1.º Sempre que da infração cometida resultar prejuízo a serviço público de abastecimento de água, riscos à saúde ou à vida, perecimento de bens ou animais, ou prejuízos de qualquer natureza a terceiros, a multa a ser aplicada nunca será inferior à metade do valor máximo cominado em abstrato.

§ 2.º No caso dos incisos III e IV, independentemente da pena de multa, serão cobradas do infrator as despesas em que incorrer a Administração para tornar efetivas as medidas previstas nos citados incisos, na forma dos arts. 36, 53, 56 e 58 do Código de Águas, sem prejuízo de responder pela indenização dos danos a que der causa.

§ 3.º Da aplicação das sanções previstas neste título caberá recurso à autoridade administrativa competente, nos termos do regulamento.

§ 4.º Em caso de reincidência, a multa será aplicada em dobro.

1. COMENTÁRIOS

Este artigo define as penalidades administrativas a serem impostas pelos órgãos do SINGREH com competência para exercer poder de polícia aos infratores que praticaram infração prevista no artigo anterior.

Poderá ser imposta advertência, multa entre 100 Reais e 50 milhões de Reais desde a Lei 14.066/2020 (antes era de R$ 100,00 a R$ 10.000,00), embargo provisório ou embargo definitivo, neste caso com cancelamento da outorga. A reincidência é causa de incidência em dobro da multa.

Se a infração cometida resultar prejuízo a serviço público de abastecimento de água, riscos à saúde ou à vida, perecimento de bens ou animais, ou prejuízos de qualquer natureza a terceiros, a multa deverá ser, ao menos, de 25 milhões de Reais.

TÍTULO IV
DAS DISPOSIÇÕES GERAIS E TRANSITÓRIAS

Art. 51. O Conselho Nacional de Recursos Hídricos e os Conselhos Estaduais de Recursos Hídricos poderão delegar a organizações sem fins lucrativos relacionadas no art. 47 desta Lei, por prazo determinado, o exercício de funções de competência das Agências de Água, enquanto esses organismos não estiverem constituídos.

1. COMENTÁRIOS

Este artigo possui redação dada pela Lei 10.881/2004, que permite que organizações civis de recursos hídricos podem exercer a função de Agências de Água temporariamente.

Como exemplo, a Resolução CNRH 114/2010 delegou competência à Associação Executiva de Apoio à Gestão de Bacias Hidrográficas Peixe Vivo para o exercício de funções inerentes à Agência de Água da Bacia Hidrográfica do Rio São Francisco.

De acordo com o artigo 1.º da Lei 10.881/2004, a Agência Nacional de Águas – ANA poderá firmar contratos de gestão, por prazo determinado, com entidades sem fins lucrativos que se enquadrem no disposto pelo art. 47 da Lei nº 9.433, de 8 de janeiro de 1997, que receberem delegação do Conselho Nacional de Recursos Hídricos – CNRH para exercer funções de competência das Agências de Água, previstas nos arts. 41 e 44 da mesma Lei, relativas a recursos hídricos de domínio da União.

Art. 52. Enquanto não estiver aprovado e regulamentado o Plano Nacional de Recursos Hídricos, a utilização dos potenciais hidráulicos para fins de geração de energia elétrica continuará subordinada à disciplina da legislação setorial específica.

1. COMENTÁRIOS

O Plano Nacional de Recursos Hídricos foi aprovado em 2006, por meio da Resolução CNRH 58, tendo sido exaurida esta regra de transição.

Art. 53. O Poder Executivo, no prazo de cento e vinte dias a partir da publicação desta Lei, encaminhará ao Congresso Nacional projeto de lei dispondo sobre a criação das Agências de Água.

1. COMENTÁRIOS

Esta lei não foi aprovada pelo Congresso Nacional.

Art. 54. O art. 1.º da Lei nº 8.001, de 13 de março de 1990, passa a vigorar com a seguinte redação:

"Art. 1.º ....

(...)

III – quatro inteiros e quatro décimos por cento à Secretaria de Recursos Hídricos do Ministério do Meio Ambiente, dos Recursos Hídricos e da Amazônia Legal;

IV – três inteiros e seis décimos por cento ao Departamento Nacional de Águas e Energia Elétrica – DNAEE, do Ministério de Minas e Energia;

V – dois por cento ao Ministério da Ciência e Tecnologia.

(...)

§ 4.º A cota destinada à Secretaria de Recursos Hídricos do Ministério do Meio Ambiente, dos Recursos Hídricos e da Amazônia Legal será empregada na implementação da Política Nacional de Recursos Hídricos e do Sistema Nacional de Gerenciamento de Recursos Hídricos e na gestão da rede hidrometeorológica nacional.

§ 5.º A cota destinada ao DNAEE será empregada na operação e expansão de sua rede hidrometeorológica, no estudo dos recursos hídricos e em serviços relacionados ao aproveitamento da energia hidráulica.

Parágrafo único. Os novos percentuais definidos no *caput* deste artigo entrarão em vigor no prazo de cento e oitenta dias contados a partir da data de publicação desta Lei.

1. COMENTÁRIOS

Este artigo alterou a Lei 8.001/1990, que define os percentuais da distribuição da compensação financeira de que trata a Lei 7.990, de 28 de dezembro de 1989 (exploração de petróleo ou gás natural, de recursos hídricos para fins de geração de energia elétrica, de recursos minerais em seus respectivos territórios, plataformas continental, mar territorial ou zona econômica exclusiva).

Art. 55. O Poder Executivo Federal regulamentará esta Lei no prazo de cento e oitenta dias, contados da data de sua publicação.

1. COMENTÁRIOS

Lamentavelmente, ainda não foi aprovado um decreto de regulamentação desta Lei.

Art. 56. Esta Lei entra em vigor na data de sua publicação.

1. COMENTÁRIOS

Esta Lei não teve período de vacância, tendo entrado em vigor no dia da sua publicação em 9 de janeiro de 1997.

Art. 57. Revogam-se as disposições em contrário.

1. COMENTÁRIOS

Não existia no Brasil uma Lei de Política Nacional de Recursos Hídricos. Deste modo, somente eventuais disposições contrárias foram tacitamente revogadas.

Brasília, 8 de janeiro de 1997; 176º da Independência e 109º da República.

FERNANDO HENRIQUE CARDOSO

Gustavo Krause

Este texto não substitui o publicado no *DOU* de 09.01.1997

LEI 9.605, DE 12 DE FEVEREIRO DE 1998

▸ **CRIMES E INFRAÇÕES ADMINISTRATIVAS AMBIENTAIS**

Dispõe sobre as sanções penais e administrativas derivadas de condutas e atividades lesivas ao meio ambiente, e dá outras providências

O PRESIDENTE DA REPÚBLICA Faço saber que o Congresso Nacional decreta e eu sanciono a seguinte Lei:

▸ **CAPÍTULO I**
DISPOSIÇÕES GERAIS

Art. 1.º (VETADO)

Art. 2.º Quem, de qualquer forma, concorre para a prática dos crimes previstos nesta Lei, incide nas penas a estes cominadas, na medida da sua culpabilidade, bem como o diretor, o administrador, o membro de conselho e de órgão técnico, o auditor, o gerente, o preposto ou mandatário de pessoa jurídica, que, sabendo da conduta criminosa de outrem, deixar de impedir a sua prática, quando podia agir para evitá-la.

1. COMENTÁRIOS

Este dispositivo criou nova hipótese de **garantidor** para as pessoas naturais que mantenham vínculos com pessoa jurídica, a exemplo do artigo 13, § 2.º, do Código Penal, sendo possível a consumação de crimes ambientais omissivos impróprios (comissivos por omissão), ou seja, que exijam resultado naturalístico.

Logo, se uma das pessoas acima listadas sabia que um crime ambiental material iria se consumar, a exemplo do desmatamento ou da poluição irregular, mas queda-se inerte, quando podia agir para evitá-los, responderá por um crime comissivo pela simples omissão.

Nesse sentido, o STF manteve o curso de ação penal movida contra administrador de pessoa jurídica com base no artigo 2.º, da Lei 9.605/1998 (HC 94.842, de 26.05.2009).

2. JURISPRUDÊNCIA

▸ **INFORMATIVO 548 – Crime Ambiental e Trancamento de Ação Penal – 2.** Em seguida, de igual forma, rejeitou-se o pretendido trancamento da ação penal por ausência de justa causa. Enfatizou-se que a denúncia, apesar de sucinta, descreveria fato em tese delituoso, imputando-o aos pacientes e outros corréus. *Ademais, mencionou-se que o art. 2º da Lei dos Crimes Ambientais responsabiliza expressamente os administradores de pessoas jurídicas cujas atividades tenham acarretado danos que configurem crime contra o meio ambiente.* Asseverou-se, ainda, que o reconhecimento da alegação de falta de materialidade quanto ao crime previsto no art. 54 da lei demandaria exame aprofundado do acervo fático-probatório, incabível na via escolhida. Também se afastou o pleito dos pacientes no tocante ao argumento de que não teria sido indicada a norma de segurança supostamente violada quando do armazenamento dos produtos da empresa. Registrou-se, nesse ponto, que a inicial acusatória apontaria irregularidade na armazenagem, fato que, em tese, encontra-se tipificado no art. 56 da mesma lei. Alguns precedentes citados: HC 92.797 AgR/SP (*DJe* de 19.12.2007); HC 90326 QO/

RS (*DJe* de 29.02.20088); HC 85190/SC (*DJU* de 08.11.2005) e HC 86.361/SP (*DJe* de 1º.02.2008). HC 94842/RS, rel. Min. Eros Grau, 26.05.2009. (HC-94.842)

"A conduta omissiva não deve ser tida como irrelevante para o crime ambiental, devendo da mesma forma ser penalizado aquele que, na condição de diretor, administrador, membro do conselho e de órgão técnico, auditor, gerente, preposto ou mandatário da pessoa jurídica, tenha conhecimento da conduta criminosa e, tendo poder para impedi-la, não o fez" (STJ, HC 92.822/SP, Rel. Ministro ARNALDO ESTEVES LIMA, Rel. p/ Acórdão Ministro NAPOLEÃO NUNES MAIA FILHO, QUINTA TURMA, julgado em 17/06/2008, DJe 13/10/2008).

3. QUESTÃO DE CONCURSO

01. (TJ-PR – 2010 – TJ-PR – Juiz) Quem, de qualquer forma, concorre para a prática dos crimes previstos nesta Lei, incide nas penas a estes cominadas, na medida da sua culpabilidade, bem como o diretor, o administrador, o membro de conselho e de órgão técnico, o auditor, o gerente, o preposto ou mandatário de pessoa jurídica, que, sabendo da conduta criminosa de outrem, deixar de impedir a sua prática, quando podia agir para evitá-la.

GAB	01	CERTO

Art. 3.º As pessoas jurídicas serão responsabilizadas administrativa, civil e penalmente conforme o disposto nesta Lei, nos casos em que a infração seja cometida por decisão de seu representante legal ou contratual, ou de seu órgão colegiado, no interesse ou benefício da sua entidade.

Parágrafo único. A responsabilidade das pessoas jurídicas não exclui a das pessoas físicas, autoras, coautoras ou partícipes do mesmo fato.

1. COMENTÁRIOS

É comum a responsabilização criminal das pessoas jurídicas nos países que adotam o sistema jurídico consuetudinário (*Common Law*). Nas nações que seguem o sistema romano-germânico, como a França (desde 1994) e o Brasil, já se admite a responsabilização penal de pessoas jurídicas, neste último nos crimes ambientais e nos delitos contra a ordem econômica, financeira e economia popular.[1]

A tutela penal do meio ambiente tem o seu núcleo na Lei 9.605/1998 (Lei dos Crimes Ambientais), que revogou quase todos os tipos do Código Penal, bem como a legislação extravagante que tutelava o meio ambiente.

Essa lei regulamentou o quanto disposto no artigo 225, § 3.º, da Constituição Federal de 1988,[2] ao se prever pioneiramente no Brasil a responsabilidade penal da pessoa jurídica, conjuntamente com as pessoas físicas (sistema da dupla imputação). Ou seja, o legislador ordinário, ao regulamentar o citado preceito constitucional, adotou a corrente doutrinária que

1. De acordo com o § 5.º, do artigo 173, da CRFB, ainda pendente de regulamentação, "a lei, sem prejuízo da responsabilidade individual dos dirigentes da pessoa jurídica, estabelecerá a responsabilidade desta, sujeitando-a às punições compatíveis com sua natureza, nos atos praticados contra a ordem econômica e financeira e contra a economia popular".
2. "§ 3.º As condutas e atividades consideradas lesivas ao meio ambiente sujeitarão os infratores, pessoas físicas ou jurídicas, a sanções penais e administrativas, independentemente da obrigação de reparar os danos causados".

aceita a responsabilização penal da pessoa jurídica, porém com condicionantes, ao contrário dos EUA, que não impõem maiores requisitos.

Destarte, para que a pessoa jurídica responda por um crime ambiental, será preciso que dois pressupostos sejam preenchidos cumulativamente, conforme previsto no artigo 3.º da Lei 9.605/1998:

- A infração penal seja cometida **por decisão de seu representante legal ou contratual, ou de seu órgão colegiado;**
- A infração penal seja cometida **no interesse ou benefício da sua entidade.**

Por conseguinte, se no exercício da gestão da empresa o seu dirigente determina a prática de um crime ambiental apenas em benefício próprio, sem qualquer proveito ou interesse da pessoa jurídica, esta não poderá ser responsabilizada.

Outrossim, se um funcionário de uma pessoa jurídica sem poder de gestão, por si só, comete um delito ambiental do exercício do trabalho, a pessoa jurídica não responderá criminalmente, haja vista que o crime não foi cometido por determinação do representante da empresa.

Sucede que a imposição dessas duas condições cumulativas restringe demasiadamente a possibilidade de responsabilizar criminalmente o ente jurídico, o que não foi feito constitucionalmente, pondo em dúvida a sua validade.

Com propriedade, a responsabilização penal da pessoa jurídica é mais uma garantia para realizar o direito fundamental ao meio ambiente ecologicamente equilibrado, apenas podendo ser limitada com razoabilidade, o que parece não ter se operado, em aparente violação ao Princípio da Máxima Efetividade da Constituição, que lastreia a exegese dos direitos e garantias fundamentais.

Destarte, como os direitos e garantias fundamentais têm aplicabilidade imediata, bem como em razão do Princípio da Supremacia da Constituição, entende-se que mesmo antes do advento da Lei 9.605/1998 já era possível responsabilizar criminalmente um ente moral.

Inclusive, esta não é uma questão ultrapassada, uma vez que ainda existem delitos ambientais previstos em outras leis extravagantes, em que não há disposição similar à do artigo 3.º da Lei 9.605/1998.

Ainda é predominante entre os penalistas brasileiros a posição sobre a impossibilidade da responsabilização criminal da pessoa jurídica (*societas delinquere non potest*), pois esse regime é incomum ao Direito Penal. Eles lançam os mais diversos argumentos, a exemplo da impossibilidade de imputar culpabilidade à pessoa jurídica; a existência apenas moral do ente, que não tem vontade própria; a desnecessidade da tutela penal, ante a suficiência da administrativa etc.

Contudo, todos esses argumentos devem ser rechaçados. Considerando que a Constituição é a decisão política fundamental, tomada por quem detém a soma dos fatores reais do poder, que institui o dever-ser, deve-se aceitar a opção do poder constituinte originário, ao inaugurar o novel regime constitucional, que adotou o sistema da dupla imputação na seara penal, alcançando pessoas físicas e jurídicas pelo cometimento de crimes ambientais.

Deveras, o Código Penal e respectiva legislação extravagante é que devem girar em torno da Constituição, astro-rei no nosso ordenamento jurídico, e não o contrário. É decorrência natural do Princípio da Supremacia da Constituição, notadamente empós o constitucionalismo contemporâneo, devendo ser criada, se necessário, uma teoria geral do delito e das penas adaptada às características peculiares da responsabilização criminal da pessoa jurídica na seara ambiental.

Ademais, a tutela penal do meio ambiente realiza o Princípio da Intervenção Mínima, pois os recursos ambientais são bens de extrema relevância jurídica, pressupostos indispensáveis a uma existência humana digna, devendo ser tutelados também na esfera criminal.

Com percuciência lecionam VLADIMIR e GILBERTO PASSOS DE FREITAS (2006, p. 68):

> "Posteriormente, obedecendo ao comando constitucional, o legislador especificou esta responsabilidade. Com efeito, a Lei 9.605/1998, de 12.02.1998, no artigo 3.º, expressamente atribuiu responsabilidade penal à pessoa jurídica. Portanto, temos agora a previsão constitucional e a norma legal. Impossível, assim, cogitar de eventual inconstitucionalidade, como ofensa a outros princípios previstos explícita ou implicitamente na Carta Magna. Se a própria Constituição admite expressamente a sanção penal à pessoa jurídica, é inviável interpretar a lei como inconstitucional, porque ofenderia outra norma que não é específica sobre o assunto. Tal tipo de interpretação, em verdade, significaria estar o Judiciário a rebelar-se contra o que o Legislativo deliberou, cumprindo a Constituição Federal. Portanto, cabe a todos, agora, dar efetividade ao dispositivo legal".

Impende ressaltar que o STF e o STJ vêm admitindo a responsabilidade penal da pessoa jurídica por crime ambiental. Será colacionada abaixo passagem de didático julgado do Superior Tribunal de Justiça, que, alterando entendimento preliminar, aceitou a responsabilização penal da pessoa jurídica.

Considerando que a atuação da pessoa jurídica ocorre por intermédio das pessoas físicas que a presentam, **o STJ não vem acatando denúncia por crime ambiental apenas contra o ente moral**, pois "excluindo-se da denúncia a pessoa física, torna-se inviável o prosseguimento da ação penal, tão somente, contra a pessoa jurídica. Não é possível que haja a responsabilização penal da pessoa jurídica dissociada da pessoa física, que age com elemento subjetivo próprio".

Destaque-se que, de acordo com o STJ, a necessidade de dupla imputação nos crimes ambientais **não tem como fundamento o princípio da indivisibilidade**, o qual não tem aplicação na ação penal pública. Aplica-se em razão de não se admitir a responsabilização penal da pessoa jurídica dissociada da pessoa física.

No entanto, o Supremo Tribunal Federal não acatou o entendimento do STJ. Em 06 de agosto de 2013, no julgamento do RE 548.181, por 3 votos a 2, a 1ª Turma do STF admitiu em tese a possibilidade de condenação da pessoa jurídica por crime ambiental e a absolvição das pessoas físicas, inclusive o gestor da empresa. Isso porque o STF desvinculou a responsabilidade penal da pessoa jurídica em relação às pessoas físicas supostamente autoras e partícipes do delito ambiental, em interpretação ao artigo 225, § 3º, da Constituição.

Vale registrar que o Plenário do STF ainda não se manifestou a respeito e, considerando que a votação foi apertada (3 x 2), é possível que este tema seja apreciado de maneira diversa pelo órgão pleno no futuro.

Ademais, note-se que para ser responsabilizado **o representante legal de empresa de grande porte deverá ter ingerência direta sobre o fato penalmente relevante, pois inexiste responsabilidade penal objetiva**, ante o Princípio Constitucional da Culpabilidade, uma vez que deverá haver nexo causal, conforme já decidiu a Suprema Corte.

Mas no caso de pequena empresa é possível presumir a responsabilidade do gestor pelo delito ambiental, pois inexistem variados agentes que poderiam cometer o crime, conforme o STJ.

Questão polêmica é saber se as pessoas jurídicas de direito público também poderão ser responsabilizadas criminalmente na esfera ambiental, entendendo PAULO AFFONSO LEME MACHADO (2003, p. 668) que é plenamente possível, uma vez que a Lei 9.605/1998, muito menos a Constituição Federal, restringiu o alcance da tutela penal, devendo-se aplicar apenas as sanções compatíveis com a sua condição.

Contudo, tendo em conta que a Administração Pública deve sempre se pautar pela legalidade dos seus atos buscando a finalidade pública, crê-se que é irrazoável tentar imputar aos entes públicos eventual responsabilização criminal, devendo-se alcançar apenas os seus agentes, mesmo porque é impossível juridicamente a aplicação de determinadas sanções, a exemplo da despersonalização.

Ademais, inexiste funcionalidade na aplicação de pena às pessoas jurídicas públicas, pois por via transversa toda a coletividade estará sendo sancionada, sendo mais efetivo responsabilizar os agentes públicos ímprobos.

Nessa trilha, obtemperam VLADIMIR e GILBERTO PASSOS DE FREITAS (2006, p. 70):

> "A pessoa jurídica, a nosso ver, deve ser de Direito Privado. Isto porque a pessoa jurídica de Direito Público (União, Estados, Distrito Federal, Municípios, autarquias e fundações públicas) não podem cometer ilícito penal no seu interesse ou benefício. Elas, ao contrário das pessoas de natureza privada, só podem perseguir fins que alcancem o interesse público. Quando isso não acontece é porque o administrador público agiu com desvio de poder. Em tal hipótese só a pessoa natural pode ser responsabilizada penalmente. A norma legal não foi expressa a respeito. Além disso, eventual punição não teria sentido. Imagine-se um município condenado à pena de multa: ela acabaria recaindo sobre os municípios que recolhem tributos à pessoa jurídica. Idem restrição de direitos – por exemplo, a pena restritiva de prestação de serviços à comunidade (artigo 9.º) seria inviável, já que cabe ao Poder Público prestar tais serviços. Seria redundância".

Outro tema intrigante é saber se a extinção da pessoa jurídica tem o condão de extinguir a punibilidade dos crimes ambientais. Conquanto seja uma tese tecnicamente sustentável, entende-se que não, pois bastaria a ulterior extinção do ente moral para se furtar ao cumprimento das penas, o que atenta contra a preservação do meio ambiente.

Logo, em que pese a inexistência de previsão legal expressa, o cumprimento das penas impostas às pessoas jurídicas deverá figurar como condição suspensiva da despersonalização das mesmas, que não poderão ser extintas sem a natural finalização da punibilidade pelas causas tradicionais.

Por fim, registre-se que as pessoas jurídicas não poderão ser pacientes na ação constitucional de *habeas corpus*, uma vez que obviamente não têm direito de locomoção, consoante já decidiu o STF (HC 92.921, 1.ª Turma, de 19.08.2008; HC 88.747, 1.ª Turma, de 15.09.2009) e o STJ (HC 93.967, 5.ª Turma, de 08.04.2008).

Responsabilidade Penal de Pessoa Jurídica por Delito Ambiental	É possível, desde que atendidos simultaneamente os seguintes pressupostos: – nos casos em que a infração seja cometida por decisão de seu representante legal ou contratual, ou de seu órgão colegiado; – nos casos em que a infração seja cometida no interesse ou benefício da sua entidade.
Denúncia Apenas Ajuizada Contra a Pessoa Jurídica	A jurisprudência do STJ não vem admitindo a propositura de denúncia por crime ambiental apenas contra a pessoa jurídica, por não admitir a responsabilidade da pessoa jurídica dissociada da pessoa natural. Por outro lado, o STF admite a propositura de denúncia apenas contra a pessoa jurídica e a condenação exclusiva do ente moral.
Pessoa Jurídica como Paciente em *Habeas Corpus*	O STF não admite, pois o *habeas corpus* objetiva apenas tutelar a liberdade de locomoção. O STJ não admite.

2. JURISPRUDÊNCIA

"Tem esta Turma entendido que, não sendo o caso de grande pessoa jurídica, onde variados agentes poderiam praticar a conduta criminosa em favor da empresa, mas sim de **pessoa jurídica de pequeno porte**, onde as decisões são unificadas no gestor e vem o crime da pessoa jurídica em seu favor, **pode então admitir-se o nexo causal entre o resultado da conduta constatado pela atividade da empresa e a responsabilidade pessoal**, por culpa subjetiva, de seu gestor" (STJ, RHC 71019, 6ª Turma, de 16/8/2016).

▶ **STF, INFORMATIVO 714 – Crime ambiental: absolvição de pessoa física e responsabilidade penal de pessoa jurídica – 1.** É admissível a condenação de pessoa jurídica pela prática de crime ambiental, ainda que absolvidas as pessoas físicas ocupantes de cargo de presidência ou de direção do órgão responsável pela prática criminosa. Com base nesse entendimento, a 1.ª Turma, por maioria, conheceu, em parte, de recurso extraordinário e, nessa parte, deu-lhe provimento para cassar o acórdão recorrido. Neste, a imputação aos dirigentes responsáveis pelas condutas incriminadas (Lei 9.605/1998, art. 54) teria sido excluída e, por isso, trancada a ação penal relativamente à pessoa jurídica. Em preliminar, a Turma, por maioria, decidiu não apreciar a prescrição da ação penal, porquanto ausentes elementos para sua aferição. Pontuou-se que o presente recurso originara-se de mandado de segurança impetrado para trancar ação penal em face de responsabilização, por crime ambiental, de pessoa jurídica. Enfatizou-se que a problemática da prescrição não estaria em debate, e apenas fora aventada em razão da demora no julgamento. Assinalou-se que caberia ao magistrado, nos autos da ação penal, pronunciar-se sobre essa questão. Vencidos os Ministros Marco Aurélio e Luiz Fux, que reconheciam a prescrição. O Min. Marco Aurélio considerava a data do recebimento da denúncia como fator interruptivo da prescrição. Destacava que não poderia interpretar a norma de modo a prejudicar aquele a quem visaria beneficiar. Consignava que a lei não exigiria a publicação da denúncia, apenas o seu recebimento e, quer considerada a data de seu recebimento ou de sua devolução ao cartório, a prescrição já teria incidido. RE 548.181/PR, rel. Min. Rosa Weber, 06.08.2013. (RE-548181).

▶ **Crime ambiental: absolvição de pessoa física e responsabilidade penal de pessoa jurídica – 2. No mérito, anotou-se que a tese do STJ, no sentido de que a persecução penal dos entes morais somente se poderia ocorrer se houvesse, concomitantemente, a descrição e imputação de uma ação humana individual, sem o que não seria admissível a responsabilização da pessoa jurídica, afrontaria o art. 225, § 3.º, da CF.** Sublinhou-se que, ao se condicionar a imputabilidade da pessoa jurídica à da pessoa humana, estar-se-ia quase que a subordinar a responsabilização jurídico-criminal do ente moral à efetiva condenação da pessoa física. Ressaltou-se que, ainda que se concluísse que o legislador ordinário não estabelecera por completo os critérios de imputação da pessoa jurídica por crimes ambientais, não haveria como pretender transpor o paradigma de imputação das pessoas físicas aos entes coletivos. Vencidos os Ministros Marco Aurélio e Luiz Fux, que negavam provimento ao extraordinário. Afirmavam que o art. 225, § 3.º, da CF não teria criado a responsabilidade penal da pessoa jurídica. Para o Min. Luiz Fux, a mencionada regra constitucional, ao afirmar que os ilícitos ambientais sujeitariam "os infratores, pessoas físicas ou jurídicas, a sanções penais e administrativas", teria apenas imposto sanções administrativas às pessoas jurídicas. Discorria, ainda, que o art. 5.º, XLV, da CF teria trazido o princípio da pessoalidade da pena, o que vedaria qualquer exegese a implicar a responsabilidade penal da pessoa jurídica. Por fim, reputava que a pena visaria à ressocialização, o que tornaria impossível o seu alcance em relação às pessoas jurídicas. RE 548.181/PR, rel. Min. Rosa Weber, 06.08.2013.(RE-548.181).

▶ **STF, INFORMATIVO 639 – Absolvição de pessoa física e condenação penal de pessoa jurídica.** *É possível a condenação de pessoa jurídica pela prática de crime ambiental, ainda que haja absolvição da pessoa física relativamente ao mesmo delito.* Com base nesse entendimento, a 1ª Turma manteve decisão de turma recursal criminal que absolvera gerente administrativo financeiro, diante de sua falta de ingerência, da imputação da prática do crime de licenciamento de instalação de antena por pessoa jurídica sem autorização dos órgãos ambientais. Salientou-se que a conduta atribuída estaria contida no tipo penal previsto no art. 60 da Lei 9.605/1998 ("Construir, reformar, ampliar, instalar ou fazer funcionar, em qualquer parte do território nacional, estabelecimentos, obras ou serviços potencialmente poluidores, sem licença ou autorização dos órgãos ambientais competentes, ou contrariando as normas legais e regulamentares pertinentes: Pena – detenção, de um a seis meses, ou multa, ou ambas as penas cumulativamente"). *Reputou-se que a Constituição respaldaria a cisão da responsabilidade das pessoas física e jurídica para efeito penal* ("Art. 225. Todos têm direito ao meio ambiente ecologicamente equilibrado, bem de uso comum do povo e essencial à sadia qualidade de vida, impondo-se ao Poder Público e à coletividade o dever de defendê-lo e preservá-lo para as presentes e futuras gerações. (...) § 3.º As condutas e atividades consideradas lesivas ao meio ambiente sujeitarão os infratores, pessoas físicas ou jurídicas, a sanções penais e administrativas, independentemente da obrigação de reparar os danos causados"). RE 628.582 AgR/RS rel. Min. Dias Toffoli, 06.09.2011. (RE-628.582).

▶ **STF, INFORMATIVO 559 – HC: Pessoa Jurídica e Representante Legal.** A Turma, em votação majoritária, negou provimento a agravo regimental interposto contra decisão que não conhecera, por ausência de interesse processual, de *habeas corpus* impetrado em favor de representante legal de pessoa jurídica, o qual fora citado para, nessa qualidade, presentá-la (CPC, art. 12, I) em ação penal contra ela instaurada pela suposta prática de *crimes ambientais*. A decisão impugnada assentara a inexistência de risco de constrangimento ilegal à liberdade de locomoção do paciente, uma vez que ele não figurava como réu no mencionado processo-crime. Tendo em conta que, no caso, a denúncia fora oferecida contra a pessoa jurídica da qual o ora agravante seria representante legal, afirmou-se existir óbice ao processamento do writ. *Enfatizou-se não haver, segundo o ordenamento jurídico pátrio e a partir da Constituição, possibilidade de pessoa jurídica que se encontre no polo passivo de ação penal valer-se do habeas corpus porque o bem jurídico por ele tutelado é a liberdade corporal, própria das pessoas naturais.* Vencido o Min. Marco Aurélio que, sem apreciar o mérito do *habeas corpus*, provia o agravo para que viesse, devidamente aparelhado, ao Colegiado. HC 88747Agr/ES, rel. Min. Carlos Britto, 15.09.2009. (HC-88.747)

- **STJ, INFORMATIVO 407 – INUNDAÇÃO. CRIME AMBIENTAL.** Trata-se de HC em que se alega, em favor dos ora pacientes, que as indústrias pertencentes a eles não eram mais proprietárias do imóvel onde ocorreu o delito ambiental, não podendo, dessa forma, agir para evitar o dano causado pelo rompimento da barragem de resíduos industriais, motivo por que se pretende o trancamento da ação penal pela ausência de justa causa. A Turma, ao prosseguir o julgamento, por maioria, concedeu a ordem ao entendimento de que, mesmo se encontrando presentes, na hipótese, o perigo para o bem jurídico tutelado e a posição de garantidor dos diretores da empresa, ora pacientes, no que se refere ao poder de agir, carece desse elemento para configurar a conduta omissiva deles. De fato, na época em que a propriedade inundada encontrava-se sob o domínio das indústrias pertencentes aos pacientes, poder-se-ia imputar a eles a omissão de desativar o reservatório que deu causa ao desastre ambiental, visto que, com a não realização da ação devida ou esperada, os diretores assumiram o risco da ocorrência do resultado (dolo eventual). *Entretanto, na data em que ocorreu tal evento, a propriedade inundada já não pertencia ao grupo empresarial há mais de nove anos, motivo pelo qual os diretores não detinham mais o poder de agir para interromper o processo causal que levaria ao resultado, ou seja, evitar a ocorrência da inundação. Portanto, ausente um dos elementos objetivos – poder de agir – previstos no art. 13 do CP, falta efetivamente justa causa para o prosseguimento da ação penal, em face de atipicidade da conduta.* HC 94.543-RJ, Rel. originário Min. Napoleão Nunes Maia Filho, Rel. para o acórdão Min. Arnaldo Esteves Lima, julgado em 17.09.2009.

- **STJ, INFORMATIVO 438 – CRIME. MEIO AMBIENTE. PESSOA JURÍDICA.** Conforme a jurisprudência deste Superior Tribunal, nos crimes que envolvem sociedades empresárias (nos quais a autoria nem sempre se mostra bem definida), a acusação tem que estabelecer, mesmo que minimamente, a ligação entre a empreitada criminosa e o denunciado. O simples fato de ser sócio, gerente ou administrador não permite a instauração da persecução penal pelos crimes praticados no âmbito da sociedade, se não se comprovar, ainda que mediante elemento a ser aprofundado no decorrer da ação penal, a relação de causa e efeito entre as imputações e a função do denunciado na sociedade, sob pena de acolher indevida responsabilidade penal objetiva. Na hipótese, foi denunciada, primeiramente, a pessoa jurídica e, por meio de aditamento, a pessoa física. Em relação a esta última, o MP, quando do aditamento à denúncia, não se preocupou em apontar o vínculo entre ela e a ação poluidora. Só isso bastaria para tachar de inepto o aditamento à denúncia. Contudo, soma-se a isso o fato de haver, nos autos, procuração pública que dá poderes para outrem gerir a sociedade. Daí que o aditamento não se sustenta ao incluir a recorrente apenas por sua qualidade de proprietária da sociedade. *A inépcia do aditamento também contamina a denúncia como um todo, em razão de agora só figurar a pessoa jurídica como denunciada, o que é formalmente inviável, pois é impossível a responsabilização penal da pessoa jurídica dissociada da pessoa física, a qual age com elemento subjetivo próprio.* Precedentes citados: RHC 19.734-RO, *DJ* 23.10.2006; HC 86.259-MG, *DJe* 18.08.2008, e REsp 800.817-SC, *DJe* 22.02.2010. RHC 24.239-ES, Rel. Min. Og Fernandes, j. 10.06.2010.

  "Para a validade da tramitação de feito criminal em que se apura o cometimento de delito ambiental, na peça exordial devem ser denunciados tanto a pessoa jurídica como a pessoa física (sistema ou teoria da dupla imputação). Isso porque a responsabilização penal da pessoa jurídica não pode ser desassociada da pessoa física – quem pratica a conduta com elemento subjetivo próprio. Oferecida denúncia somente contra a pessoa jurídica, falta pressuposto para que o processo-crime desenvolva-se corretamente. Recurso ordinário provido, para declarar a inépcia da denúncia e trancar, consequentemente, o processo-crime instaurado contra a Empresa Recorrente, sem prejuízo de que seja oferecida outra exordial, válida" (STJ, RMS 37.293, de 02.05.2013).

  "Crime ambiental praticado por pessoa jurídica. Responsabilização penal do ente coletivo. Possibilidade. Previsão constitucional regulamentada por lei federal. Opção política do legislador. Forma de prevenção de danos ao meio ambiente. Capacidade de ação. Existência jurídica. Atuação dos administradores em nome e proveito da pessoa jurídica. Culpabilidade como responsabilidade social. Corresponsabilidade. Penas adaptadas à natureza jurídica do ente coletivo. Acusação isolada do ente coletivo. Impossibilidade. Atuação dos administradores em nome e proveito da pessoa jurídica.

Demonstração necessária. Denúncia inepta. Recurso desprovido. I. A Lei ambiental, regulamentando preceito constitucional, passou a prever, de forma inequívoca, a possibilidade de penalização criminal das pessoas jurídicas por danos ao meio ambiente. [...] III. A responsabilização penal da pessoa jurídica pela prática de delitos ambientais advém de uma escolha política, como forma não apenas de punição das condutas lesivas ao meio ambiente, mas como forma mesmo de prevenção geral e especial. IV. A imputação penal às pessoas jurídicas encontra barreiras na suposta incapacidade de praticarem uma ação de relevância penal, de serem culpáveis e de sofrerem penalidades. V. Se a pessoa jurídica tem existência própria no ordenamento jurídico e pratica atos no meio social através da atuação de seus administradores, poderá vir a praticar condutas típicas e, portanto, ser passível de responsabilização penal. VI. **A culpabilidade, no conceito moderno, é a responsabilidade social, e a culpabilidade da pessoa jurídica, neste contexto, limita-se à vontade do seu administrador ao agir em seu nome e proveito.** VII. A pessoa jurídica só pode ser responsabilizada quando houver intervenção de uma pessoa física, que atua em nome e em benefício do ente moral. VIII. De qualquer modo, **a pessoa jurídica deve ser beneficiária direta ou indiretamente pela conduta praticada por decisão do seu representante legal ou contratual ou de seu órgão colegiado.** IX. A Lei Ambiental previu para as pessoas jurídicas penas autônomas de multas, de prestação de serviços à comunidade, restritivas de direitos, liquidação forçada e desconsideração da pessoa jurídica, todas adaptadas à sua natureza jurídica. X. Não há ofensa ao princípio constitucional de que 'nenhuma pena passará da pessoa do condenado (...)', pois é incontroversa a existência de duas pessoas distintas: uma física – que de qualquer forma contribui para a prática do delito – e uma jurídica, cada qual recebendo a punição de forma individualizada, decorrente de sua atividade lesiva. XI. Há legitimidade da pessoa jurídica para figurar no polo passivo da relação processual-penal. XII. Hipótese em que pessoa jurídica de direito privado foi denunciada isoladamente por crime ambiental porque, em decorrência de lançamento de elementos residuais nos mananciais dos Rios do Carmo e Mossoró, foram constatadas, em extensão aproximada de 5 quilômetros, a salinização de suas águas, bem como a degradação das respectivas faunas e floras aquáticas e silvestres. XIII. A pessoa jurídica só pode ser responsabilizada quando houver intervenção de uma pessoa física, que atua em nome e em benefício do ente moral. XIV. A atuação do colegiado em nome e proveito da pessoa jurídica é a própria vontade da empresa. XV. A ausência de identificação das pessoas físicas que, atuando em nome e proveito da pessoa jurídica, participaram do evento delituoso, inviabiliza o recebimento da exordial acusatória" (STJ, REsp 610.114, de 17.11.2005).

"*Habeas corpus*. 2. **Responsabilidade penal objetiva**. 3. Crime ambiental previsto no artigo 2.º da Lei 9.605/1998. 4. **Evento danoso: vazamento em um oleoduto da Petrobras** 5. **Ausência de nexo causal**. 6. Responsabilidade pelo dano ao meio ambiente não atribuível diretamente ao dirigente da Petrobras. 7. **Existência de instâncias gerenciais e de operação para fiscalizar o estado de conservação dos 14 mil quilômetros de oleodutos**. 8. Não configuração de relação de causalidade entre o fato imputado e o suposto agente criminoso. 8. Diferenças entre conduta dos dirigentes da empresa e atividades da própria empresa. 9. Problema da assinalagmaticidade em uma sociedade de risco. 10. Impossibilidade de se atribuir ao indivíduo e à pessoa jurídica os mesmos riscos. 11. *Habeas corpus* concedido" (STF, HC 83.554, de 16.08.2005).

"Somente deve ser punido aquele que tem o poder de direcionar a ação da pessoa jurídica e que tem responsabilidade pelos atos praticados, sempre tendo como fundamento a existência de culpa e dolo – sob pena de operar-se a responsabilidade objetiva" (STJ, HC 119.511, de 21.10.2010).

"*Habeas corpus*. Negativa de seguimento. Agravo regimental. Pessoa física. representante legal de pessoa jurídica que se acha processada criminalmente por delito ambiental. Ausência de constrangimento ilegal a ser reparado. Cabimento do HC. Agravo regimental desprovido. 1. **O *habeas corpus* é via de verdadeiro atalho que só pode ter por alvo – lógico – a 'liberdade de locomoção' do indivíduo, pessoa física**. E o fato é que esse tipo de liberdade espacial ou geográfica é o bem jurídico mais fortemente protegido por uma ação constitucional. Não podia ser diferente, no corpo de uma Constituição que faz a mais avançada democracia coincidir com o mais depurado humanismo. Afinal, *habeas corpus* é, literalmente, ter a posse desse bem personalíssimo que é o próprio corpo. Significa requerer ao Poder Judiciário um salvo-conduto que outra coisa não é senão uma expressa ordem para que o requerente preserve, ou, então, recupere a sua autonomia de vontade para fazer do seu corpo um instrumento de geográficas idas e vindas. Ou de espontânea imobilidade, que já corresponde ao direito de nem ir nem vir, mas simplesmente ficar. Autonomia de vontade, enfim, protegida contra 'ilegalidade ou abuso de poder' – parta de quem partir –, e que somente é de cessar por motivo de 'flagrante delito ou por ordem escrita e fundamentada de autoridade judiciária competente, salvo nos casos de transgressão militar ou crime propriamente militar, definidos em lei' (inciso LXI do art. 5.º da Constituição). 2. **Na concreta situação dos autos, a pessoa jurídica da qual o paciente é representante legal se acha processada por delitos ambientais. Pessoa Jurídica que somente poderá ser punida com multa e pena restritiva de direitos. Noutro falar: a liberdade de locomoção do agravante não está, nem mesmo indiretamente, ameaçada ou restringida**. 3. Agravo regimental desprovido" (STF, HC 88.747, 1.ª T., j. 15.09.2009).

"Por não configurar ofensa à liberdade de locomoção, deve ser mantido o entendimento do Tribunal de origem, de que a via do habeas corpus é inadequada para pleitear o trancamento da ação penal em relação à pessoa jurídica" (STJ, RHC 48172, de 20/10/2015).

3. QUESTÕES DE CONCURSOS

01. (FCC – 2011 – INFRAERO – Advogado) A responsabilidade penal da pessoa jurídica por crime ambiental não exclui a das pessoas físicas autoras, coautoras ou partícipes do mesmo fato.

02. (FCC – 2010 – MPE-RS – Secretário de Diligências) Considerando a Lei nº 9.605/1998, que trata das sanções decorrentes de condutas e atividades lesivas ao Meio Ambiente, é INCORRETO afirmar:

a) O prazo para a autoridade competente julgar o auto de infração é de trinta dias, contados da sua lavratura.

b) A pessoa jurídica não é passível de sanção penal.

c) A responsabilidade das pessoas jurídicas não exclui a das pessoas físicas coautoras do mesmo fato.

d) Sempre que a infração administrativa se prolongar no tempo, será aplicada a sanção de multa diária.

e) A autoridade ambiental que tiver conhecimento de infração ambiental é obrigada a promover a sua apuração imediata, sob pena de co-responsabilidade.

03. (FCC – 2010 – PGM-TERESINA-PI – Procurador Municipal – Prova tipo 3) Indústria lança resíduos de tinta de lavagem de jeans diretamente em curso d'água no Município de Teresina e provoca dano ambiental, constando-se mortandade de animais e a destruição significativa da flora. Nesse caso,

a) na hipótese de o lançamento de resíduos de tinta ter ocorrido em razão de um acidente, configura-se uma excludente em matéria de responsabilidade civil ambiental, já que a empresa não deve assumir todos os riscos da atividade.

b) a responsabilidade civil dessa indústria, pessoa jurídica, é subjetiva e depende da constatação de negligência, imprudência ou imperícia.

c) a responsabilidade penal da indústria será apurada observando-se se a conduta foi realizada por decisão de seu representante legal ou contratual, ou de seu órgão colegiado, no interesse ou benefício da empresa.

d) na hipótese de a indústria realizar o lançamento de resíduos de tinta de lavagem de jeans em curso d'água respeitando os parâmetros estabelecidos na licença ambiental, constata-se a responsabilidade administrativa da empresa.

e) a responsabilidade penal da indústria, pessoa jurídica, exclui a responsabilidade penal das pessoas físicas, autoras, coautoras ou partícipes do mesmo fato e é objetiva no caso em tela, já que o bem ambiental e, notadamente, as águas, merecem uma proteção especial.

04. (FCC – 2010 – PGE-AM – Procurador) É requisito para a responsabilização penal da pessoa jurídica, pela prática de algum dos crimes previstos na Lei Federal 9.605/98,

a) a concomitante responsabilização civil e administrativa, estas duas tidas como pré-condições da responsabilidade penal.

b) que a infração tenha sido cometida por decisão de representante legal ou contratual, ou de órgão colegiado, no interesse ou benefício da pessoa jurídica.

c) que a sua personalidade jurídica seja obstáculo à efetiva reparação dos danos causados ao meio ambiente.

d) que o ato típico praticado não esteja compreendido no objeto social da pessoa jurídica, tal como definido em seus atos constitutivos.

e) que seus representantes legais tenham agido com excesso de poderes, em desacordo com a lei, o estatuto ou o contrato social.

05. (TRF 5.ª REGIÃO 2011 – Juiz Federal – CESPE) Consoante a jurisprudência do STJ, a necessidade de dupla imputação nos crimes ambientais tem como fundamento o princípio da indivisibilidade, o qual se aplica, por exceção, nessa hipótese, e por não se admitir responsabilização penal da pessoa jurídica dissociada da pessoa física.

06. (MP Paraná 2008 – Promotor de Justiça) A responsabilidade penal em sede de crimes ambientais pode colher a pessoa jurídica de direito público? Justifique a resposta, lançando os argumentos que embasam a posição adotada.

07. (PGE-AM 2010 – Procurador – FCC) É requisito para a responsabilização penal da pessoa jurídica, pela prática de algum dos crimes previstos na Lei Federal 9.605/98,

a) a concomitante responsabilização civil e administrativa, estas duas tidas como pré-condições da responsabilidade penal.

b) que a infração tenha sido cometida por decisão de representante legal ou contratual, ou de órgão colegiado, no interesse ou benefício da pessoa jurídica.

c) que a sua personalidade jurídica seja obstáculo à efetiva reparação dos danos causados ao meio ambiente.

d) que o ato típico praticado não esteja compreendido no objeto social da pessoa jurídica, tal como definido em seus atos constitutivos.

08. (MP Paraná 2008 – Promotor de Justiça) A pessoa jurídica pode ser responsabilizada pela prática de crimes ambientais, desde que a infração tenha sido cometida no seu interesse ou benefício e que decorra de decisão de seu representante legal ou contratual, ou de seu colegiado. As penas aplicáveis à pessoa jurídica em decorrência da prática de crimes ambientais, isolada, cumulativamente ou alternativamente, são multa, restritivas de direitos e prestação de serviços à comunidade.

09. (MP Paraná 2008 – Promotor de Justiça) A pessoa jurídica pode ser responsabilizada pela prática de crimes ambientais, desde que a infração tenha sido cometida no seu interesse ou benefício, independentemente da decisão ter decorrido de seu representante legal ou contratual, ou de seu colegiado. As penas aplicáveis à pessoa jurídica em decorrência da prática de crimes ambientais, isolada, cumulativamente ou alternativamente, são multa, restritivas de direitos e prestação de serviços à comunidade.

10. (MP Paraná 2008 – Promotor de Justiça) A pessoa jurídica pode ser responsabilizada pela prática de crimes ambientais, independentemente da infração ter sido cometida no seu interesse ou benefício e independentemente da decisão ter decorrido de seu representante legal ou contratual, ou de seu colegiado. As penas aplicáveis à pessoa jurídica em decorrência da prática de crimes ambientais, isolada, cumulativamente ou alternativamente, são multa, restritivas de direitos, prestação de serviços à comunidade e suspensão de registro.

11. (MP Paraná 2008 – Promotor de Justiça) A pessoa jurídica pode ser responsabilizada pela prática de crimes ambientais, independentemente da infração ter sido cometida no seu interesse ou benefício, mas deve ter decorrido de decisão de seu representante legal ou contratual, ou de seu colegiado. As penas aplicáveis à pessoa jurídica em decorrência da prática de crimes ambientais isolada, cumulativamente ou alternativamente, são multa, restritivas de direitos, prestação de serviços à comunidade e suspensão de registro.

12. (MP Paraná 2008 – Promotor de Justiça) A pessoa jurídica não pode ser responsabilizada criminalmente, uma vez que a legislação ambiental acolheu os postulados da chamada *disregard doctrine*, com vistas a viabilizar o ressarcimento de danos ambientais praticados por empresas.

13. **(OAB/SP 135.º CONCURSO 2008)** As pessoas jurídicas devem ser responsabilizadas administrativa, civil e penalmente nos casos em que a infração seja cometida por decisão de seu representante legal ou contratual, ou de seu órgão colegiado, no interesse ou benefício da sua entidade.

14. **(OAB/SP 135.º CONCURSO 2008)** Punem-se pelo crime ambiental o autor e os coautores, mas não o partícipe.

15. **(OAB UNIFICADA 2007.2 – CESPE)** Admite-se, na legislação brasileira, em caráter excepcional, a responsabilidade penal objetiva da pessoa jurídica por crime ambiental, exigindo-se, para sua caracterização, a culpabilidade social da empresa.

16. **(OAB UNIFICADA 2007.2 – CESPE)** Na hipótese de o diretor de uma empresa determinar a seus empregados que utilizem veículos e instrumentos a ela pertencentes, em horário normal de expediente, para extraírem e transportarem madeira de lei, sem autorização do órgão ambiental competente, destinada a construção particular daquele dirigente, fica caracterizada a responsabilidade penal da pessoa jurídica e da pessoa física.

17. **(TJ Acre 2006 – Juiz de Direito – CESPE)** A responsabilidade penal da pessoa jurídica independe da cominação de sanção administrativa em relação ao mesmo fato e somente pode existir nos casos em que a ação ou a omissão ocorrerem no interesse ou no benefício do ente coletivo.

18. **(Prova: MPDFT – 2021 – MPDFT – Promotor de Justiça Adjunto)** responsabilidade penal da pessoa jurídica nos crimes ambientais está condicionada à simultânea persecução penal da pessoa física, em tese, responsável no âmbito da empresa.

GAB												
	01	CERTO	02	B	03	C	04	B	05	ERRADO	06	DISSERTATIVA
	07	B	08	CERTO	09	ERRADO	10	ERRADO	11	ERRADO	12	ERRADO
	13	CERTO	14	ERRADO	15	ERRADO	16	ERRADO	17	CERTO	18	ERRADO

Art. 4.º Poderá ser desconsiderada a pessoa jurídica sempre que sua personalidade for obstáculo ao ressarcimento de prejuízos causados à qualidade do meio ambiente.

1. COMENTÁRIOS

De índole civil e mesmo administrativa, disposição interessante para a proteção ao meio ambiente é a contida neste artigo que aduz que poderá ser **desconsiderada a pessoa jurídica** sempre que sua personalidade for obstáculo ao ressarcimento de prejuízos causados à qualidade do meio ambiente.

Em que pese se tratar de lei predominantemente criminal, cuida-se de uma hipótese de **desconsideração da personalidade jurídica**, em que se poderá declarar a ineficácia da personalidade notadamente nas ações indenizatórias por danos ambientais.

Entende-se que é uma modalidade de *disregard of legal entity* norteada pela **Teoria Menor**, não se exigindo abuso da personalidade jurídica, bastando, por exemplo, a simples impossibilidade de a pessoa jurídica arcar com a reparação ambiental, podendo atingir os sócios e os gestores do ente de existência moral, a exemplo do que ocorre no Código de Defesa do Consumidor. Nesse sentido, o Superior Tribunal de Justiça.

O STJ vem acatando a desconsideração da personalidade jurídica na fase de execução processual, não sendo obrigatória a sua pronúncia na fase de conhecimento, pois mesmo após a formação da coisa julgada o sócio ou gestor da empresa terá direito ao contraditório e à ampla defesa.

2. JURISPRUDÊNCIA

"A **teoria menor da desconsideração**, acolhida em nosso ordenamento jurídico excepcionalmente no Direito do Consumidor **e no Direito Ambiental, incide com a mera prova de insolvência da pessoa jurídica para o pagamento de suas obrigações, independentemente da existência de desvio de finalidade ou de confusão patrimonial**. Para a teoria menor, o risco empresarial normal às atividades econômicas não pode ser suportado pelo terceiro que contratou com a pessoa jurídica, mas pelos sócios e/ou administradores desta, ainda que estes demonstrem conduta administrativa proba, isto é, mesmo que não exista qualquer prova capaz de identificar conduta culposa ou dolosa por parte dos sócios e/ou administradores da pessoa jurídica" (STJ, REsp 279.273, de 04.12.2003).

STJ, INFORMATIVO 501 – DESCONSIDERAÇÃO DA PERSONALIDADE JURÍDICA. INTIMAÇÃO DO SÓCIO. A Turma, por maioria, entendeu *pela desnecessidade da citação do sócio para compor o polo passivo da relação processual, na qual o autor/recorrido pediu a aplicação da teoria da desconsideração da personalidade jurídica da empresa*, haja vista o uso abusivo da sua personalidade e a ausência de bens para serem penhorados. *In casu*, o recorrido entabulou contrato particular de compromisso de compra e venda de imóvel com a construtora recorrente, porém, apesar de cumprir a sua parte no contrato, não recebeu a contraprestação. *No entendimento da douta maioria, é suficiente a intimação do sócio da empresa, ocasião em que será oportunizada a sua defesa, ainda mais quando o processo encontra-se na fase de cumprimento de sentença, onde o recorrente fará jus à ampla defesa e ao contraditório*, pois, poderá impugnar o pedido ou oferecer exceção de pré-executividade. REsp 1.096.604-DF, Rel. Luis Felipe Salomão, julgado em 02.08.2012.

3. QUESTÕES DE CONCURSOS

01. (FCC – 2009 – TJ-PI – Analista Judiciário – Área Judiciária – Execução de Mandados) A desconsideração da pessoa jurídica prevista no art. 4.º da Lei 9.605/1998 (Lei dos Crimes Ambientais) diz respeito

a) às áreas administrativa e penal.
b) à área penal.
c) à área administrativa.
d) às áreas civil e penal.
e) à área civil.

02. (FGV – 2011 – OAB – Exame de Ordem Unificado – V – Primeira Fase) A Lei 9.605/1998, regulamentada pelo Decreto 6.514/2008, que dispõe sobre sanções penais e administrativas derivadas de condutas e atividades lesivas ao meio ambiente, trouxe novidades nas normas ambientais. Entre elas está a

a) desconsideração da pessoa jurídica, que foi estabelecida para responsabilizar a pessoa física sempre que sua personalidade for obstáculo ao ressarcimento de prejuízos causados à qualidade do meio ambiente.
b) possibilidade de assinatura de termos de ajustamento de conduta, que somente é possível pelo cometimento de ilícito ambiental.
c) responsabilidade penal objetiva pelo cometimento de crimes ambientais.
d) substituição da pena privativa de liberdade pela restritiva de direito quando tratar-se de crime doloso.

03. (TJ-PR – 2010 – TJ-PR – Juiz) Poderá ser desconsiderada a pessoa jurídica sempre que sua personalidade for obstáculo ao ressarcimento de prejuízos causados à qualidade do meio ambiente.

04. (TJ MT 2004 – Juiz Estadual – CESPE) A legislação brasileira consagrou a responsabilidade penal da pessoa jurídica, contudo não previu a desconsideração da pessoa jurídica na hipótese de sua personalidade ser obstáculo à reparação dos prejuízos causados à qualidade do meio ambiente.

GAB	01	E	02	A	03	CERTO	04	ERRADO

Art. 5.º (VETADO)

▸ CAPÍTULO II
DA APLICAÇÃO DA PENA

Art. 6.º Para imposição e gradação da penalidade, a autoridade competente observará:

I – a gravidade do fato, tendo em vista os motivos da infração e suas consequências para a saúde pública e para o meio ambiente;

II – os antecedentes do infrator quanto ao cumprimento da legislação de interesse ambiental;

III – a situação econômica do infrator, no caso de multa.

1. COMENTÁRIOS

É certo que a Lei 9.605/1998 forma um microssistema jurídico, apenas se aplicando as disposições do CP e CPP subsidiariamente (artigo 79 da Lei 9.605/1998).

Existem regras especiais para a dosimetria da sanção penal, que se juntam às circunstâncias do artigo 59 do Código Penal, utilizadas na primeira fase na dosimetria.

2. QUESTÕES DE CONCURSOS

01. (FCC – 2012 – MPE-AP – Promotor de Justiça) Sobre a responsabilidade penal prevista na Lei Federal 9.605, de 12.02.1998, é INCORRETO afirmar que

a) a responsabilidade das pessoas jurídicas não exclui a das pessoas físicas, autoras, coautoras ou partícipes do mesmo fato.
b) para imposição e gradação da pena, o juiz levará em conta apenas os requisitos do Código Penal.
c) o baixo grau de instrução ou escolaridade do agente configura causa atenuante da pena.
d) cometer infração ambiental aos domingos configura circunstância agravante da pena.
e) nos crimes ambientais, a suspensão condicional da pena pode ser aplicada nos casos de condenação a pena privativa de liberdade não superior a três anos.

02. (Defensor Público de Roraima 2012/CESPE) Acerca dos crimes contra o meio ambiente, previstos na Lei 9.605/1998, assinale a opção correta.

a) Nos crimes ambientais, a responsabilidade penal da pessoa jurídica será sempre reflexa, e, de acordo com entendimento consolidado na doutrina e na jurisprudência dos tribunais superiores, a pessoa jurídica não poderá ser responsabilizada por crime culposo, salvo quando essa infração for imputada única e exclusivamente ao ente moral.
b) Admite-se a aplicação das circunstâncias agravantes genéricas previstas no CP aos crimes ambientais e, de igual modo, a aplicação das agravantes genéricas ambientais aos delitos comuns da lei ambiental em apreço, em face do princípio da subsidiariedade, preconizado de forma expressa em ambos os diplomas legais.
c) Nos crimes ambientais, a concessão do *sursis* (comum e especial) segue idênticos requisitos do CP; neles, são igualmente cabíveis o sursis etário e o sursis humanitário nas condenações não superiores a quatro anos.
d) Os crimes ambientais, em relação aos entes morais, são plurissubjetivos ou de concurso necessário; contudo, não se pode imputar concomitantemente a mesma infração penal a pessoa física e a pessoa jurídica, sob pena de ofensa ao princípio do no *bis in idem.*
e) Na fixação da pena por delitos ambientais, o juiz deverá levar em conta, de forma preponderante, os bons ou maus antecedentes ambientais do infrator e, apenas supletivamente, os outros antecedentes.

03. (Advogado da Petrobras 2010 – CESGRANRIO) Para imposição e gradação da penalidade, a autoridade competente observará a gravidade do fato, tendo em vista os motivos da infração e suas consequências para a saúde pública e o meio ambiente.

04. **(Advogado da Petrobras 2010 – CESGRANRIO)** Para imposição e gradação da penalidade, no caso de multa, a autoridade competente observará a situação econômica do infrator.

05. **(2020 Banca: CESPE / CEBRASPE Órgão: MPE-CE Prova: CESPE / CEBRASPE – 2020 – MPE-CE – Analista Ministerial – Direito)** À luz da Lei de Crimes Ambientais (Lei n.º 9.605/1998), julgue o item seguinte. A situação econômica do infrator de crime ambiental deverá ser observada pela autoridade competente na gradação da penalidade de multa.

GAB	01	B	02	E	03	CERTO	04	CERTO	05	CERTO

Art. 7º As penas restritivas de direitos são autônomas e substituem as privativas de liberdade quando:

I – tratar-se de crime culposo ou for aplicada a pena privativa de liberdade inferior a quatro anos;

II – a culpabilidade, os antecedentes, a conduta social e a personalidade do condenado, bem como os motivos e as circunstâncias do crime indicarem que a substituição seja suficiente para efeitos de reprovação e prevenção do crime.

Parágrafo único. As penas restritivas de direitos a que se refere este artigo terão a mesma duração da pena privativa de liberdade substituída.

1. COMENTÁRIOS

O artigo 7.º da Lei 9.605/1998 seguiu **quase** a mesma sistemática do Código Penal, prevendo a substituição da pena privativa de liberdade pela restritiva de direitos nos delitos culposos ou dolosos **com pena inferior a quatro anos**, caso as circunstâncias sejam favoráveis.

Há uma sutil diferença porque a substituição prevista no artigo 44, I, do CP, menciona pena privativa de liberdade não superior a quatro anos.

Ou seja, uma pena privativa de liberdade de exatos quatro anos não poderá ser convertida em restritiva de direitos à luz do artigo 7.º da Lei 9.605/1998, o que não ocorre nos crimes que não sejam ambientais.

2. QUESTÃO DE CONCURSO

01. **(TRF 2.ª REGIÃO 2013 – Juiz Federal – CESPE)** Acerca dos crimes ambientais e de suas respectivas sanções penais, assinale a opção correta.

a) Devido à importância crescente atribuída ao meio ambiente, a lei que dispõe sobre as sanções penais e administrativas aplicáveis a condutas e atividades lesivas ao meio ambiente instituiu penas mais rigorosas para as pessoas físicas, prestigiando as penas de encarceramento como regra geral.

b) A pena de prestação de serviços à comunidade nos crimes ambientais inclui prestação de serviços em entidades assistenciais, hospitais, escolas e orfanatos.

c) As pessoas jurídicas estão sujeitas a responder por crimes ambientais nas modalidades dolosa ou culposa, cometidos por decisão de seu representante legal ou contratual, ou de seu órgão colegiado, no interesse ou benefício da entidade.

d) O valor pago a título de pena de prestação pecuniária não será deduzido do montante de eventual reparação civil a que for condenado o infrator.

e) Se ao crime ambiental for aplicada pena privativa de liberdade inferior a quatro anos, deverá ocorrer sua substituição por pena restritiva de direito.

GAB	01	E

Art. 8.º As penas restritivas de direito são:

I – prestação de serviços à comunidade;

II – interdição temporária de direitos;

III – suspensão parcial ou total de atividades;

IV – prestação pecuniária;

V – recolhimento domiciliar.

1. COMENTÁRIOS

As penas restritivas de direito para **pessoas físicas** estão previstas no artigo 8.º, da Lei 9.605/1998, **inovando-se** com relação ao Código Penal ao arrolar a ***suspensão parcial ou total de atividades e o recolhimento domiciliar***, e não se prevendo a **limitação de fim de semana e a perda de bens e valores**

2. QUESTÕES DE CONCURSOS

01. (FGV – 2008 – TJ-MS – Juiz) Segundo a Lei 9605/98, as penas restritivas de direito por condutas e atividades lesivas ao meio ambiente estão relacionadas nas alternativas a seguir, à exceção de uma. Assinale-a:

a) prestação de serviços à comunidade

b) interdição temporária de direitos

c) prestação pecuniária não inferior a um salário mínimo nem superior a quatrocentos e vinte salários mínimos

d) suspensão parcial ou total de atividades

e) recolhimento domiciliar

02. (FEPESE – 2012 – FATMA – Advogado Fundacional) A pena de prestação de serviços à comunidade é uma modalidade de sanção cujo cabimento é exclusivo às pessoas físicas.

03. (TJ Sergipe 2008 – Juiz Estadual – CESPE) As penas restritivas de direito especificamente aplicáveis aos crimes ambientais, previstas na Lei 9.605/1998, NÃO INCLUEM

a) o recolhimento domiciliar.

b) a prestação pecuniária à vítima ou à entidade pública ou privada com fim social.

c) a prestação de serviços à comunidade junto a parques públicos.

d) a suspensão total de atividade que não obedecer à prescrição legal.

e) a proibição de participar de licitação por prazo indeterminado.

04. (2016/Planejar Consultoria/Prefeitura de Lauro de Freitas – BA/Procurador Municipal) As penas restritivas de direito, conforme dispõe a Lei n° 9.605, de 12 de fevereiro de 1998, sobre as sanções penais e administrativas derivadas de condutas e atividades lesivas ao meio ambiente são elencadas abaixo, exceto:

a) prestação de serviços à comunidade;

b) interdição temporária de direitos;

c) suspensão parcial ou total de atividades;

d) prestação pecuniária;

e) recolhimento em sistema prisional.

GAB	01	C	02	ERRADO	03	E	04	E

Art. 9.º A prestação de serviços à comunidade consiste na atribuição ao condenado de tarefas gratuitas junto a parques e jardins públicos e unidades de conservação, e, no caso de dano da coisa particular, pública ou tombada, na restauração desta, se possível.

1. COMENTÁRIOS

No âmbito dos crimes ambientais, a pena alternativa de prestação de serviços à comunidade possui características de gerar um benefício ambiental, consistindo em tarefas gratuitas em espaços ambientais protegidos e na restauração de eventual bem prejudicado, como um imóvel tombado.

Art. 10. As penas de interdição temporária de direito são a proibição de o condenado contratar com o Poder Público, de receber incentivos fiscais ou quaisquer outros benefícios, bem como de participar de licitações, pelo prazo de cinco anos, no caso de crimes dolosos, e de três anos, no de crimes culposos.

1. COMENTÁRIOS

Este artigo contempla as penas alternativas de interdição temporária de direitos, que irá impedir o condenado, durante cincos ou três, conforme se trate de crime doloso ou culposo, respectivamente, de contratar com a Administração Pública, impedindo a percepção de qualquer incentivo público.

Art. 11. A suspensão de atividades será aplicada quando estas não estiverem obedecendo às prescrições legais.

1. COMENTÁRIOS

A pena alternativa de suspensão da atividade será cabível quando o empreendimento poluidor não estiver cumprindo as normas ambientais, a exemplo da ausência de licença ambiental de operação.

Art. 12. A prestação pecuniária consiste no pagamento em dinheiro à vítima ou à entidade pública ou privada com fim social, de importância, fixada pelo juiz, não inferior a um salário mínimo nem superior a trezentos e sessenta salários mínimos. O valor pago será deduzido do montante de eventual reparação civil a que for condenado o infrator.

1. COMENTÁRIOS

A prestação pecuniária objetiva punir o infrator através de uma indenização à vítima, a entidade pública ou privada de utilidade pública, variando de um a trezentos e sessenta salários mínimos, sendo dedutível da indenização civil.

Art. 13. O recolhimento domiciliar baseia-se na autodisciplina e senso de responsabilidade do condenado, que deverá, sem vigilância, trabalhar, frequentar curso ou exercer atividade autorizada, permanecendo recolhido nos dias e horários de folga em residência ou em qualquer local destinado a sua moradia habitual, conforme estabelecido na sentença condenatória.

1. COMENTÁRIOS

No recolhimento domiciliar o condenado por crime ambiental ficará recolhido em sua moradia habitual, sendo apenas liberado para trabalhar, estudar ou exercer outra atividade judicialmente autorizada.

Art. 14. São circunstâncias que atenuam a pena:

I – baixo grau de instrução ou escolaridade do agente;

II – arrependimento do infrator, manifestado pela espontânea reparação do dano, ou limitação significativa da degradação ambiental causada;

III – comunicação prévia pelo agente do perigo iminente de degradação ambiental;

IV – colaboração com os agentes encarregados da vigilância e do controle ambiental.

1. COMENTÁRIOS

Em razão do seu rol especial, entende-se que estas atenuantes afastam as previstas no Código Penal, à exceção da cláusula aberta insculpida no artigo 66, do Código Penal, em que se prevê que a pena poderá ser ainda atenuada em razão de circunstância relevante, anterior ou posterior ao crime, embora não prevista expressamente em lei.

A baixa escolaridade do autor de crime ambiental não exclui o delito, mas irá funcionar como circunstância que atenua a sua pena, o mesmo ocorrendo com o arrependimento posterior concretizado em medida para reduzir o dano ambiental.

Outrossim, comunicar previamente a degradação ambiental iminente e colaborar com os agentes ambientais são circunstâncias que atenuarão a pena pelo cometimento de crime ambiental.

2. QUESTÕES DE CONCURSOS

01. **(FCC – 2011 – INFRAERO – Advogado)** É isento de pena o infrator que manifestar arrependimento e providenciar a espontânea reparação do dano ambiental causado.

02. **(FCC – 2009 – TJ-GO – Juiz)** O arrependimento do infrator, manifestado pela espontânea reparação do dano que causou,

a) desconstitui o tipo penal.

b) constitui excludente de criminalidade.

c) constitui circunstância atenuante da pena.

d) não altera a gradação da pena.

e) é ineficaz, face à irreversibilidade dos danos ambientais.

03. (MPE-SP – 2010 – Promotor de Justiça) Assinale a alternativa correta:

a) constitui crime de poluição, descrito no art. 54 da Lei nº 9.605/1998 (Crimes ambientais), o ato de causar poluição de qualquer natureza, que resulte em danos à saúde humana, na mortandade de animais ou na destruição, ainda que não significativa, da flora.

b) os crimes contra o meio ambiente, previstos na Lei nº 9.605/1998, não admitem a modalidade culposa.

c) nos crimes contra o meio ambiente, previstos na Lei nº 9.605/1998, a colaboração do réu com os agentes de vigilância e controle ambiental constitui circunstância atenuante.

d) nos crimes contra o meio ambiente, previstos na Lei nº 9.605/1998, a responsabilidade das pessoas jurídicas exclui a das pessoas físicas partícipes do mesmo fato, mas não as que atuam como autoras ou coautoras.

e) constitui crime, previsto na Lei nº 9.605/1998, a realização de experiência dolorosa ou cruel em animal vivo, para fins didáticos ou científicos, ainda que, para tanto, não existam recursos alternativos.

04. (MP RO 2010 – Promotor de Justiça – CESPE) Um residente de cidade marginal a um igarapé, afluente do rio Negro, preso portando espécimes de animais selvagens em extinção, aprisionados em gaiolas e prontos para serem transportados para fora do território nacional, não pode alegar arrependimento como circunstância atenuante em seu favor.

05. (TJ-GO 2009- Juiz – FCC) O arrependimento do infrator, manifestado pela espontânea reparação do dano que causou,

a) desconstitui o tipo penal.

b) constitui excludente de criminalidade.

c) constitui circunstância atenuante da pena.

d) não altera a gradação da pena.

e) é ineficaz, face à irreversibilidade dos danos ambientais.

06. (Advogado do Senado 2008 – FGV) Nos crimes previstos na Lei 9.605/1998, o baixo grau de instrução ou escolaridade do agente constitui circunstância que atenua a pena.

07. (TJ MT 2004 – Juiz Estadual – CESPE) Considere a seguinte situação hipotética. Um comerciante com baixíssimo grau de escolaridade aproveitou-se de uma área de cerrado pertencente a um parque nacional, próxima ao seu estabelecimento, e passou a depositar ali produtos químicos com validade vencida, provocando a morte da vegetação circundante ao local de rejeitos, além da contaminação do solo, incorrendo, assim, em crime ambiental por causar dano à unidade de conservação. Nessa situação, o fato de o comerciante ter pouca instrução em nada influenciará na dosimetria da pena a que ele for condenado.

GAB	01	ERRADO	02	C	03	C	04	ERRADO	05	C	06	CERTO	07	ERRADO

Art. 15. São circunstâncias que agravam a pena, quando não constituem ou qualificam o crime:

I – reincidência nos crimes de natureza ambiental;

II – ter o agente cometido a infração:

a) para obter vantagem pecuniária;

b) coagindo outrem para a execução material da infração;

c) afetando ou expondo a perigo, de maneira grave, a saúde pública ou o meio ambiente;

d) concorrendo para danos à propriedade alheia;

e) atingindo áreas de unidades de conservação ou áreas sujeitas, por ato do Poder Público, a regime especial de uso;

f) atingindo áreas urbanas ou quaisquer assentamentos humanos;

g) em período de defeso à fauna;

h) em domingos ou feriados;

i) à noite;

j) em épocas de seca ou inundações;

l) no interior do espaço territorial especialmente protegido;

m) com o emprego de métodos cruéis para abate ou captura de animais;

n) mediante fraude ou abuso de confiança;

o) mediante abuso do direito de licença, permissão ou autorização ambiental;

p) no interesse de pessoa jurídica mantida, total ou parcialmente, por verbas públicas ou beneficiada por incentivos fiscais;

q) atingindo espécies ameaçadas, listadas em relatórios oficiais das autoridades competentes;

r) facilitada por funcionário público no exercício de suas funções.

1. COMENTÁRIOS

Em razão do extenso rol e pela aplicação do Princípio da Especialidade, entende-se que resta afastado o rol de circunstâncias agravantes do Código Penal.

Estas agravantes decorrem do maior desvalor da conduta ou mesmo do maior desvalor do resultado lesivo ao ambiente. A reincidência específica em crimes ambientais irá agravar a pena do agente.

Decorrem da **maior reprovabilidade da conduta**:

a) para obter vantagem pecuniária;

b) coagindo outrem para a execução material da infração;

h) em domingos ou feriados;

i) à noite;

n) mediante fraude ou abuso de confiança;

o) mediante abuso do direito de licença, permissão ou autorização ambiental;

p) no interesse de pessoa jurídica mantida, total ou parcialmente, por verbas públicas ou beneficiada por incentivos fiscais;

r) facilitada por funcionário público no exercício de suas funções.

Decorrem do **maior desvalor do resultado lesivo ao ambiente**:

c) afetando ou expondo a perigo, de maneira grave, a saúde pública ou o meio ambiente;

d) concorrendo para danos à propriedade alheia;

e) atingindo áreas de unidades de conservação ou áreas sujeitas, por ato do Poder Público, a regime especial de uso;

f) atingindo áreas urbanas ou quaisquer assentamentos humanos;

g) em período de defeso à fauna;

j) em épocas de seca ou inundações;

l) no interior do espaço territorial especialmente protegido;

m) com o emprego de métodos cruéis para abate ou captura de animais;

q) atingindo espécies ameaçadas, listadas em relatórios oficiais das autoridades competentes.

2. QUESTÕES DE CONCURSOS

01. (FCC – 2007 – MPU – Analista Pericial – Biologia) Entre as circunstâncias que agravam a pena prevista pela Lei de Crimes Ambientais estão a

a) reincidência nos crimes de natureza ambiental e o baixo grau de instrução do agente.
b) infração cometida em épocas de seca e inundação e a reincidência nos crimes de natureza ambiental.
c) infração cometida através da coação de outrem e a colaboração com os agentes encarregados da vigilância.
d) infração cometida em período de defeso à fauna e o baixo grau de escolaridade do agente.
e) infração cometida em áreas de unidades de conservação e a colaboração com os agentes encarregados da vigilância.

02. (FCC – 2012 – TJ-GO – Juiz) Se o resultado de determinado crime ambiental tiver atingido área integrante de unidade de conservação, tem-se como ocorrida

a) qualificadora genérica do crime.
b) circunstância agravante, desde que não constitua ou qualifique o crime.
c) circunstância atenuante do crime.
d) circunstância que impede a aplicação de pena restritiva de direito.
e) vedação automática da suspensão condicional da pena.

03. (FCC – 2012 – TJ-GO – Juiz) Se o resultado de determinado crime ambiental tiver atingido área integrante de unidade de conservação, tem-se como ocorrida

a) qualificadora genérica do crime.
b) circunstância agravante, desde que não constitua ou qualifique o crime.
c) circunstância atenuante do crime.
d) circunstância que impede a aplicação de pena restritiva de direito.
e) vedação automática da suspensão condicional da pena.

04. (DPE PI 2009/Defensor Público/CESPE) Os crimes contra a fauna praticados durante a noite, aos sábados e aos domingos aumentam as respectivas penas.

05. (Advogado do Senado 2008 – FGV) Nos crimes previstos na Lei 9.605/1998, a prática do crime no domingo é circunstância que agrava a pena, quando não constitui ou qualifica o crime.

06. (TJ MT 2004 – Juiz Estadual – CESPE) Considere a seguinte situação hipotética. Um navio com produtos químicos altamente tóxicos chocou-se contra uma rocha e derramou em um rio grande quantidade da carga, provocando enorme poluição hídrica, com graves ameaças de danos à saúde dos ribeirinhos e pescadores. Nessa situação, se – segundo listagem do IBAMA – algumas espécies animais ameaçadas de extinção forem atingidas, o autor do crime de poluição, no caso, terá sua pena agravada.

07. (2017/FCC/TJ-SC/Juiz Substituto) São agravantes expressamente previstas na Lei ambiental n° 9.605/98 cometer a infração

I. concorrendo para danos à propriedade alheia.

II. em domingos ou feriados.

III. mediante fraude ou abuso de confiança.

IV. com abuso de poder ou violação de dever inerente a cargo, ofício, ministério ou profissão.

V. à noite.

Está correto o que se afirma APENAS em

a) II e III.

b) I, III e IV.

c) I, III e V.

d) I, II, III e V.

e) II, IV e V.

GAB	01	B	02	B	03	B	04	ERRADO	05	CERTO	06	CERTO	07	D

Art. 16. Nos crimes previstos nesta Lei, a suspensão condicional da pena pode ser aplicada nos casos de condenação a pena privativa de liberdade não superior a três anos.

1. COMENTÁRIOS

De sua vez, o ***sursis*** (suspensão condicional da pena) também tem regra especial, pois será cabível quando a pena privativa de liberdade não for superior a **três anos**:

De acordo com o artigo 77, do Código Penal, em regra, observadas outras condições, será cabível o *sursis* se a condenação em pena privativa de liberdade não ultrapassar a dois anos.

2. QUESTÕES DE CONCURSOS

01. (MPE-GO – 2010 – MPE-GO – Promotor de Justiça) Assinale a alternativa incorreta, segundo a Lei n. 9.605/98 (Lei dos Crimes Ambientais).

a) Poderá ser desconsiderada a pessoa jurídica sempre que sua personalidade for obstáculo ao ressarcimento de prejuízos causados à qualidade do meio ambiente.

b) Dentre outras, são circunstâncias que atenuam a pena imposta pelo crime ambiental, o baixo grau de escolaridade do agente e a colaboração com os agentes encarregados da vigilância e do controle ambiental.

c) Para a pessoa jurídica, a proibição de contratar com o Poder Público e dele obter subsídios, subvenções ou doações não poderá exceder o prazo de 10 (dez) anos.

d) Nos delitos tipificados nessa lei, é admitida a suspensão condicional da pena nos casos de condenação a pena privativa de liberdade não superior a 2 (dois) anos.

02. (AGU 2008 – Advogado da União – CESPE) A Lei de Crimes Ambientais prevê a suspensão condicional da pena nos casos de condenação a pena privativa de liberdade não superior a três anos.

GAB	01	D	02	CERTO

Art. 17. A verificação da reparação a que se refere o § 2º do art. 78 do Código Penal será feita mediante laudo de reparação do dano ambiental, e as condições a serem impostas pelo juiz deverão relacionar-se com a proteção ao meio ambiente.

1. COMENTÁRIOS

Na suspensão condicional da pena, nos termos do artigo 78, § 2.º, do Código Penal, se o condenado houver reparado o dano, salvo impossibilidade de fazê-lo, e se as circunstâncias do art. 59 deste Código lhe forem inteiramente favoráveis, o juiz poderá substituir a exigência de, no primeiro ano do prazo, o condenado prestar serviços à comunidade ou submeter-se à limitação de fim de semana pelas seguintes condições, aplicadas cumulativamente:

a) proibição de frequentar determinados lugares;

b) proibição de ausentar-se da comarca onde reside, sem autorização do juiz;

c) comparecimento pessoal e obrigatório a juízo, mensalmente, para informar e justificar suas atividades.

Logo, neste caso, será necessária a apresentação de laudo de reparação do dano ambiental e as condições devem ter pertinência à proteção ambiental.

Art. 18. A multa será calculada segundo os critérios do Código Penal; se revelar-se ineficaz, ainda que aplicada no valor máximo, poderá ser aumentada até três vezes, tendo em vista o valor da vantagem econômica auferida.

1. COMENTÁRIOS

Nos crimes ambientais será possível que o juiz triplique o valor da pena de multa, se constatar que o autor do crime obteve maior vantagem econômica.

2. QUESTÃO DE CONCURSO

01. (FCC – 2009 – MPE-CE – Promotor de Justiça) A pena de multa nos crimes ambientais poderá ser aumentada até

a) quatro vezes, ainda que aplicada no valor máximo, em virtude da situação econômica do réu.

b) cinco vezes, ainda que aplicada no valor máximo, tendo em vista o valor da vantagem econômica auferida.

c) três vezes, ainda que aplicada no valor máximo, tendo em vista o valor da vantagem econômica auferida.

d) três vezes, se não aplicada no valor máximo, em virtude da situação econômica do réu.

e) cinco vezes, ainda que aplicada no valor máximo, em virtude da situação econômica do réu.

GAB	01	C

Art. 19. A perícia de constatação do dano ambiental, sempre que possível, fixará o montante do prejuízo causado para efeitos de prestação de fiança e cálculo de multa.

Parágrafo único. A perícia produzida no inquérito civil ou no juízo cível poderá ser aproveitada no processo penal, instaurando-se o contraditório.

1. COMENTÁRIOS

A fim de também quantificar a reparação do dano ambiental, a perícia buscará fixar o prejuízo causado ao ambiente, sendo o lastro a ser manejado pelo julgador para a fixação da fiança e dosimetria da multa, podendo ser utilizada a prova emprestada com respeito ao Princípio do Contraditório e da Ampla Defesa.

Art. 20. A sentença penal condenatória, sempre que possível, fixará o valor mínimo para reparação dos danos causados pela infração, considerando os prejuízos sofridos pelo ofendido ou pelo meio ambiente.

Parágrafo único. Transitada em julgado a sentença condenatória, a execução poderá efetuar-se pelo valor fixado nos termos do *caput*, sem prejuízo da liquidação para apuração do dano efetivamente sofrido.

1. COMENTÁRIOS

Nos moldes do artigo 20, da Lei 9.605/1998, a sentença condenatória, sempre que possível, deverá fixar o valor mínimo para a reparação dos danos causados, quer para o eventual ofendido direto ou para a coletividade em geral.

Isso porque, nos termos do artigo 91 do Código Penal, é efeito da condenação tornar certa a obrigação de indenizar o dano causado pelo crime.

2. QUESTÃO DE CONCURSO

01. (FEPESE – 2012 – FATMA – Advogado Fundacional) A sentença penal condenatória deve, sempre que possível, fixar o valor mínimo para reparação dos danos causados.

GAB	01	CERTO

Art. 21. As penas aplicáveis isolada, cumulativa ou alternativamente às pessoas jurídicas, de acordo com o disposto no art. 3.º, são:

I – multa;

II – restritivas de direitos;

III – prestação de serviços à comunidade.

1. COMENTÁRIOS

Para as pessoas jurídicas, o artigo 21 da Lei de Crimes Ambientais prevê as sanções de **multa, restritiva de direitos e prestação de serviços à comunidade**, como se esta última não fosse uma espécie da segunda.

Com propriedade, a multa será calculada segundo os critérios do Código Penal que, revelando-se ineficaz, ainda que aplicada no valor máximo, poderá ser aumentada até três vezes, tendo em vista o valor da vantagem econômica auferida.

Já a prestação de serviços à comunidade consistirá no custeio de programas e de projetos ambientais, na execução de obras de recuperação de áreas degradadas, na manutenção de espaços públicos ou em contribuições a entidades ambientais ou culturais públicas.

2. QUESTÕES DE CONCURSOS

01. (TJ/PE 2011 – Juiz de Direito – FCC) Em razão da prática de crime previsto na Lei no 9.605/1998, as pessoas jurídicas, desde que a infração tenha sido cometida por decisão de seu representante legal ou contratual ou de seu órgão colegiado, no interesse ou benefício da sua entidade, podem ser sancionadas com

a) multa, penas restritivas de direitos ou de prestação de serviços à comunidade, isolada, cumulativa ou alternativamente.

b) multa e obrigação de ressarcir o dano ambiental causado.

c) multa e prestação de serviços à comunidade.

d) declaração de perda da personalidade jurídica com consequente responsabilidade pessoal dos sócios.

e) penas restritivas de direitos, consistentes em suspensão parcial ou total de atividades, interdição temporária de estabelecimento, obra ou atividade ou proibição de contratar com o Poder Público, bem como dele obter subsídios, subvenções ou doações.

02. (MP Paraná 2008 – Promotor de Justiça) Assinale a opção CORRETA:

a) a pessoa jurídica pode ser responsabilizada pela prática de crimes ambientais, desde que a infração tenha sido cometida no seu interesse ou benefício e que decorra de decisão de seu representante legal ou contratual, ou de seu colegiado. As penas aplicáveis à pessoa jurídica em decorrência da prática de crimes ambientais, isolada, cumulativamente ou alternativamente, são multa, restritivas de direitos e prestação de serviços à comunidade.

b) a pessoa jurídica pode ser responsabilizada pela prática de crimes ambientais, desde que a infração tenha sido cometida no seu interesse ou benefício, independentemente da decisão ter decorrido de seu representante legal ou contratual, ou de seu colegiado. As penas aplicáveis à pessoa jurídica em decorrência da prática de crimes ambientais, isolada, cumulativamente ou alternativamente, são multa, restritivas de direitos e prestação de serviços à comunidade.

c) a pessoa jurídica pode ser responsabilizada pela prática de crimes ambientais, independentemente da infração ter sido cometida no seu interesse ou benefício e independentemente da decisão ter decorrido de seu representante legal ou contratual, ou de seu colegiado. As penas aplicáveis à pessoa jurídica em decorrência da prática de crimes ambientais, isolada, cumulativamente ou alternativamente, são multa, restritivas de direitos, prestação de serviços à comunidade e suspensão de registro.

d) a pessoa jurídica pode ser responsabilizada pela prática de crimes ambientais, independentemente da infração ter sido cometida no seu interesse ou benefício, mas deve ter decorrido de decisão de seu representante legal ou contratual, ou de seu colegiado. As penas aplicáveis à pessoa jurídica em decorrência da prática de crimes ambientais isolada, cumulativamente ou alternativamente, são multa, restritivas de direitos, prestação de serviços à comunidade e suspensão de registro.

e) a pessoa jurídica não pode ser responsabilizada criminalmente, uma vez que a legislação ambiental acolheu os postulados da chamada *disregard doctrine*, com vistas a viabilizar o ressarcimento de danos ambientais praticados por empresas.

03. (AGU 2008 – Advogado da União – CESPE) Com relação à tutela penal do meio ambiente, julgue os itens seguintes. As pessoas físicas e as jurídicas estão sujeitas às mesmas sanções penais decorrentes da prática de crime ambiental, quais sejam: penas privativas de liberdade, restritivas de direito e multas.

04. (2016/INSTITUTO AOCP/CASAN/Advogado) Quanto ao Direito Ambiental Penal e Processual, previsto na Lei 9.605/98, assinale a alternativa correta.

a) A responsabilidade das pessoas jurídicas exclui a das pessoas físicas, autoras, coautoras ou partícipes do mesmo fato.

b) As penas restritivas de direitos da pessoa jurídica são a suspensão parcial ou total de atividades, interdição temporária de estabelecimento, obra ou atividade ou proibição de contratar com o Poder Público, bem como dele obter subsídios, subvenções ou doações.

c) A sentença penal condenatória, em todas as hipóteses, fixará o valor mínimo para reparação dos danos causados pela infração, considerando os prejuízos sofridos pelo ofendido ou pelo meio ambiente.

d) A prestação de serviços à comunidade consiste na atribuição ao condenado de tarefas gratuitas junto a entidades beneficentes, creches, escolas, abrigos e outros similares.

e) A prestação de serviços à comunidade pela pessoa jurídica consistirá em comprar e doar para a Administração Pública área de preservação permanente.

GAB	01	A	02	A	03	ERRADO	04	B

Art. 22. As penas restritivas de direitos da pessoa jurídica são:

I – suspensão parcial ou total de atividades;

II – interdição temporária de estabelecimento, obra ou atividade;

III – proibição de contratar com o Poder Público, bem como dele obter subsídios, subvenções ou doações.

§ 1.º A suspensão de atividades será aplicada quando estas não estiverem obedecendo às disposições legais ou regulamentares, relativas à proteção do meio ambiente.

§ 2.º A interdição será aplicada quando o estabelecimento, obra ou atividade estiver funcionando sem a devida autorização, ou em desacordo com a concedida, ou com violação de disposição legal ou regulamentar.

§ 3.º A proibição de contratar com o Poder Público e dele obter subsídios, subvenções ou doações não poderá exceder o prazo de dez anos.

1. COMENTÁRIOS

Este artigo especifica as modalidades de penas de restrição de direitos a serem impostas às pessoas jurídicas pelo cometimento de delitos ambientais.

A suspensão das atividades, em caráter total ou parcial, será aplicada pelo juiz quando a empresa descumprir as normas ambientais, mesmo que amparada por regular licença ou autorização ambiental.

Já a interdição temporária do estabelecimento será cabível quando a atividade da empresa for irregular, no todo ou em parte, a exemplo de irregularidade na licença ambiental, que não foi concedida, está vencida ou sendo descumprida.

Outrossim, poderá o magistrado proibir a empresa de contratar com o Poder Público e dele obter subsídios, subvenções ou doações por até dez anos, em especial nos casos em que recursos públicos subsidiaram o cometimento de crime ambiental.

2. QUESTÃO DE CONCURSO

01. (MPE-PR – 2008 – Promotor de Justiça) Assinale a opção correta:

a) a pessoa jurídica pode ser responsabilizada pela prática de crimes ambientais, desde que a infração tenha sido cometida no seu interesse ou benefício e que decorra de decisão de seu representante legal ou contratual, ou de seu colegiado. As penas aplicáveis à pessoa jurídica em decorrência da prática de crimes ambientais, isolada, cumulativamente ou alternativamente, são multa, restritivas de direitos e prestação de serviços à comunidade.

b) a pessoa jurídica pode ser responsabilizada pela prática de crimes ambientais, desde que a infração tenha sido cometida no seu interesse ou benefício, independentemente da decisão ter decorrido de seu representante legal ou contratual, ou de seu colegiado. As penas aplicáveis à pessoa jurídica em decorrência da prática de crimes ambientais, isolada, cumulativamente ou alternativamente, são multa, restritivas de direitos e prestação de serviços à comunidade.

c) a pessoa jurídica pode ser responsabilizada pela prática de crimes ambientais, independentemente da infração ter sido cometida no seu interesse ou benefício e independentemente da decisão ter decorrido de seu representante legal ou contratual, ou de seu colegiado. As penas aplicáveis à pessoa jurídica em decorrência da prática de crimes ambientais, isolada, cumulativamente ou alternativamente, são multa, restritivas de direitos, prestação de serviços à comunidade e suspensão de registro.

d) a pessoa jurídica pode ser responsabilizada pela prática de crimes ambientais, independentemente da infração ter sido cometida no seu interesse ou benefício, mas deve ter decorrido de decisão de seu representante legal ou contratual, ou de seu colegiado. As penas aplicáveis à pessoa jurídica em decorrência da prática de crimes ambientais isolada, cumulativamente ou alternativamente, são multa, restritivas de direitos, prestação de serviços à comunidade e suspensão de registro.

e) a pessoa jurídica não pode ser responsabilizada criminalmente, uma vez que a legislação ambiental acolheu os postulados da chamada *disregard doctrine*, com vistas a viabilizar o ressarcimento de danos ambientais praticados por empresas.

GAB	01	A

Art. 23. A prestação de serviços à comunidade pela pessoa jurídica consistirá em:

I – custeio de programas e de projetos ambientais;

II – execução de obras de recuperação de áreas degradadas;

III – manutenção de espaços públicos;

IV – contribuições a entidades ambientais ou culturais públicas.

1. COMENTÁRIOS

A pessoa jurídica também poderá ser condenada na prestação de serviços à comunidade, devendo ser algo ligado à proteção ambiental, a exemplo do reflorestamento de áreas, custeio de programas de educação ambiental, fornecimento de bens ou recursos financeiros a órgãos ambientais ou entidades filantrópicas que atuem em proteção ao meio ambiente.

2. QUESTÃO DE CONCURSO

01. (2016/IBEG/Prefeitura de Guarapari/Procurador Municipal) Acerca dos crimes ambientais, previstos na Lei n.º 9.605/1998, assinale a opção incorreta.

a) A responsabilidade das pessoas jurídicas não exclui a das pessoas físicas, autoras, coautoras ou partícipes do mesmo fato.

b) A Lei 9.605/1998 é omissa sobre a aplicação das agravantes do Código Penal aos delitos ambientais. Considerando que o rol das agravantes do artigo 15 da Lei 9.605/1998 é amplo e à luz do Princípio da Especialidade, entende-se que não serão aplicáveis as agravantes do Código Penal aos crimes ambientais, ante a inexistência de omissão que justifique sua aplicação supletiva.

c) Se ao crime ambiental for aplicada pena privativa de liberdade inferior a quatro anos, deverá ocorrer sua substituição por pena restritiva de direito.

d) A pena de prestação de serviços à comunidade nos crimes ambientais inclui, dentre outros, a prestação de serviços em entidades assistenciais, hospitais, escolas e orfanatos.

e) Na fixação da pena por delitos ambientais, o juiz deverá levar em conta, de forma preponderante, os bons ou maus antecedentes ambientais do infrator e, apenas supletivamente, os outros antecedentes.

GAB	01	D

Art. 24. A pessoa jurídica constituída ou utilizada, preponderantemente, com o fim de permitir, facilitar ou ocultar a prática de crime definido nesta Lei terá decretada sua liquidação forçada, seu patrimônio será considerado instrumento do crime e como tal perdido em favor do Fundo Penitenciário Nacional.

1. COMENTÁRIOS

Conquanto não listada expressamente como sanção, o artigo 24 permite a liquidação forçada da pessoa jurídica, quando foi constituída preponderantemente para praticar delitos ambientais, sendo o patrimônio considerado instrumento do crime.

Há quem entenda que é efeito secundário da sentença condenatória, equivalente à "morte civil", sendo para parte da doutrina inconstitucional.

Crê-se que é regra válida, pois a Constituição Federal possibilita a extinção de associações após a coisa julgada (artigo 5.º, XIX). Além disso, a vedação a penas cruéis apenas se volta às pessoas físicas, e não às pessoas jurídicas.

2. QUESTÕES DE CONCURSOS

01. (MPE-PR – 2008 – Promotor de Justiça) A pessoa jurídica constituída ou utilizada, preponderantemente, com o fim de permitir, facilitar ou ocultar a prática de crime ambiental terá decretada sua liquidação forçada, seu patrimônio será considerado instrumento do crime e como tal perdido em favor do Fundo Penitenciário Nacional.

02. (FCC – 2014 – TJ-AP – Juiz) Provou-se em ação penal que a empresa Alfa Ltda. foi constituída com o fim de facilitar a prática de crime definido na Lei de Crimes Ambientais (Lei Federal nº 9.605/1998). De acordo com a citada Lei, o Juiz, na sentença, deverá

a) suspender as atividades da empresa pelo prazo máximo de 5 anos.
b) decretar a liquidação forçada da empresa, sendo seu patrimônio considerado instrumento do crime e como tal perdido em favor do Fundo Penitenciário Nacional.
c) dar ciência ao Ministério Público para que apure eventuais irregularidades no campo do direito civil.
d) notificar a Junta Comercial.
e) proibir a empresa de operar sem licença ambiental.

GAB	01	CERTO	02	B

CAPÍTULO III
DA APREENSÃO DO PRODUTO E DO INSTRUMENTO DE INFRAÇÃO ADMINISTRATIVA OU DE CRIME

Art. 25. Verificada a infração, serão apreendidos seus produtos e instrumentos, lavrando-se os respectivos autos. (Vide ADPF 640)

§ 1º Os animais serão prioritariamente libertados em seu habitat ou, sendo tal medida inviável ou não recomendável por questões sanitárias, entregues a jardins zoológicos, fundações ou entidades assemelhadas, para guarda e cuidados sob a responsabilidade de técnicos habilitados. (Redação dada pela Lei nº 13.052, de 2014)

§ 2º Até que os animais sejam entregues às instituições mencionadas no § 1o deste artigo, o órgão autuante zelará para que eles sejam mantidos em condições adequadas de acondicionamento e transporte que garantam o seu bem-estar físico. (Redação dada pela Lei nº 13.052, de 2014) (Vide ADPF 640)

§ 3º Tratando-se de produtos perecíveis ou madeiras, serão estes avaliados e doados a instituições científicas, hospitalares, penais e outras com fins beneficentes. (Renumerando do §2º para §3º pela Lei nº 13.052, de 2014)

§ 4º Os produtos e subprodutos da fauna não perecíveis serão destruídos ou doados a instituições científicas, culturais ou educacionais. (Renumerando do §3º para §4º pela Lei nº 13.052, de 2014)

§ 5º Os instrumentos utilizados na prática da infração serão vendidos, garantida a sua descaracterização por meio da reciclagem. (Renumerando do §4º para §5º pela Lei nº 13.052, de 2014)

1. COMENTÁRIOS

Verificada a ocorrência de um delito contra o meio ambiente, a autoridade policial deverá promover a apreensão dos produtos e dos instrumentos do crime, mediante a lavratura do respectivo auto de apreensão, na forma do artigo 25, da Lei 9.605/1998.

Se possível a sua readaptação, os animais serão libertados em seu *habitat*. Como em muitas hipóteses essa medida não será possível, pois o animal não conseguirá sobreviver com a sua reinserção natural, deverão ser entregues a jardins zoológicos, fundações ou entidades assemelhadas, desde que fiquem sob a responsabilidade de técnicos habilitados.

Normalmente os animais são os produtos dos crimes ambientais contra a fauna, mas excepcionalmente poderão figurar como instrumentos do delito, a exemplo de cães utilizados para a prática da caça clandestina.

Em razão do *periculum in mora*, na hipótese de produtos perecíveis ou madeiras, serão estes avaliados e doados a instituições científicas, hospitalares, penais e outras com fins beneficentes.

Por outro lado, os produtos e subprodutos da fauna não perecíveis serão destruídos (se não for possível o seu aproveitamento) ou doados a instituições científicas, culturais ou educacionais.

Ademais, os instrumentos utilizados na prática da infração serão vendidos, garantida a sua descaracterização por meio da reciclagem, a exemplo do que ocorre com os motosserras, em que os motores poderão ser utilizados em cadeiras de rodas em favor de pessoas portadoras de necessidades especiais.

Devem ser evitados os maus-tratos ao animal apreendido. **O abate de animais apreendidos em situação de maus-tratos só pode ocorrer como *ultima ratio*** (STF).

Por força da **Lei 14.228/2021**, ficou vedada a eliminação da vida de cães e de gatos pelos órgãos de controle de zoonoses, canis públicos e estabelecimentos oficiais congêneres, com exceção da eutanásia nos casos de males, doenças graves ou enfermidades infectocontagiosas incuráveis que coloquem em risco a saúde humana e a de outros animais, sob pena de tipificação do delito do artigo 32 da Lei 9.605/98.

Vale salientar que o perdimento dos instrumentos e produtos do crime em favor da União é um efeito automático da sentença penal condenatória, na forma do artigo 91, do Código Penal, ressalvado o direito do lesado ou de terceiro de boa-fé.

A peculiaridade da Lei Ambiental é que todos os instrumentos utilizados para a prática da infração penal contra o meio ambiente serão alvo de perdimento, enquanto a regra geral adotada pelo Código Penal apenas abarca os instrumentos que consistam em coisas cujo fabrico, alienação, uso, porte ou detenção constituam fato ilícito.

Por fim, a apreensão do instrumento utilizado na infração ambiental, fundada na atual redação do § 4º do art. 25 da Lei n. 9.605/1998, independe do uso específico, exclusivo ou habitual para a empreitada infracional (STJ).

A autoridade administrativa deve notificar o proprietário do veículo locado para oportunizar que comprove a sua boa-fé antes de decidir sobre a destinação do bem apreendido pela prática de infração ambiental (STJ).

2. JURISPRUDÊNCIA

STJ, INFORMATIVO 426 – EXTRAÇÃO ILEGAL. MADEIRA. INTERPRETAÇÃO. ART. 25, § 2.º, DA LEI 9.605/1998. Na espécie, discute-se a possibilidade de doação de toras de madeira apreendidas pelo Ibama (art. 25, § 2.º, da Lei 9.605/1998) que, no caso, foram extraídas por invasores, sem qualquer contribuição dos proprietários do terreno. Houve crime ambiental (extração ilegal de madeira) e os criminosos não são os proprietários da plantação ou do terreno no qual esta foi erguida. No caso, há dúvida apenas quanto à propriedade do imóvel donde retirada a madeira. *A Turma, ao prosseguir o julgamento, entendeu que, na busca de conciliar a mencionada norma com o direito de propriedade, em regra, aplica-se aquele dispositivo independentemente de autorização judicial. Contudo, havendo fundada dúvida sobre a dominialidade dos bens apreendidos e não sendo caso de os proprietários ou terceiros de boa-fé estarem diretamente envolvidos com a prática da infração (penal ou administrativa), a alienação deveria ser onerosa, com o depósito dos valores líquidos auferidos (descontadas as despesas de apreensão, transporte, armazenagem e processamento da venda) em conta bancária à disposição do juízo, cuja destinação final (se a União ou quem ela determinar, se os proprietários da terra) será auferida após incidente processual cabível.* Na hipótese de inviabilidade (técnica, de fato ou por ausência de compradores) da alienação onerosa, o órgão ambiental poderá doar, de imediato, os bens apreendidos conforme disposto no art. 25, § 2.º, da mencionada lei, garantindo-se aos prejudicados o direito de indenização contra os criminosos. REsp 730.034-PA, Rel. Min. Mauro Campbell Marques, julgado em 09.03.2010.

STF INFORMATIVO 1030

DIREITO AMBIENTAL – PROTEÇÃO DA FAUNA

Animais apreendidos em situação de maus-tratos e abate – ADPF 640 MC-Ref/DF

Resumo:

É inconstitucional a interpretação da legislação federal que possibilita o abate imediato de animais apreendidos em situação de maus-tratos (1).

Essa exegese — proposta por órgãos administrativos e adotada por autoridades judiciais — ofende normas materiais da Constituição Federal (CF), em especial o art. 225, § 1º, VII (2), que impõe a proteção à fauna e proíbe qualquer espécie de maus-tratos aos animais.

Embora sejam relevantes, os problemas estruturais e financeiros, mencionados nas decisões judiciais e nas manifestações administrativas, não autorizam o abate, e sim o uso de instrumentos descritos na legislação infraconstitucional, como a soltura em habitat natural ou em cativeiros, a doação a entidades especializadas ou a pessoas habilitadas e, inclusive, o leilão. A finalidade das normas protetivas não autoriza concluir que os animais devam ser resgatados de situações de maus-tratos para, logo em seguida, serem abatidos.

As decisões judiciais e as interpretações administrativas que justificam o abate preferencial e imediato desses animais violam também o princípio da legalidade (CF, art. 37, caput) (3). Isso, porque inexiste autorização legal expressa que possibilite o abate no caso específico de apreensão em situação de maus-tratos, conforme se observa da literalidade do art. 25, §§ 1º e 2º, combinado com o art. 32 da Lei 9.605/1998 (Lei dos Crimes Ambientais) (4) (5), bem assim dos arts. 101, 102 e 103 do Decreto 6.514/2008 (6).

Com base nesse entendimento, o Plenário, por unanimidade, julgou procedente o pedido formulado em arguição de descumprimento de preceito fundamental para declarar a ilegitimidade da interpretação dos arts. 25, §§ 1º e 2º da Lei 9.605/1998, bem como dos artigos 101, 102 e 103 do Decreto 6.514/2008 e demais normas infraconstitucionais, que autorizem o abate de animais apreendidos em situação de maus-tratos.

(1) Precedentes: ADI 4.983, ADI 2.514 e ADI 1.856.

(2) CF: "Art. 225. Todos têm direito ao meio ambiente ecologicamente equilibrado, bem de uso comum do povo e essencial à sadia qualidade de vida, impondo-se ao Poder Público e à coletividade o dever

de defendê-lo e preservá-lo para as presentes e futuras gerações. § 1º Para assegurar a efetividade desse direito, incumbe ao Poder Público: (...) VII – proteger a fauna e a flora, vedadas, na forma da lei, as práticas que coloquem em risco sua função ecológica, provoquem a extinção de espécies ou submetam os animais a crueldade."

(3) CF: "Art. 37. A administração pública direta e indireta de qualquer dos Poderes da União, dos Estados, do Distrito Federal e dos Municípios obedecerá aos princípios de legalidade, impessoalidade, moralidade, publicidade e eficiência e, também, ao seguinte:"

(4) Lei 9.605/1998: "Art. 25. Verificada a infração, serão apreendidos seus produtos e instrumentos, lavrando-se os respectivos autos. § 1º Os animais serão prioritariamente libertados em seu habitat ou, sendo tal medida inviável ou não recomendável por questões sanitárias, entregues a jardins zoológicos, fundações ou entidades assemelhadas, para guarda e cuidados sob a responsabilidade de técnicos habilitados. § 2º Até que os animais sejam entregues às instituições mencionadas no § 1º deste artigo, o órgão autuante zelará para que eles sejam mantidos em condições adequadas de acondicionamento e transporte que garantam o seu bem-estar físico."

(5) Lei 9.605/1998: "Art. 32. Praticar ato de abuso, maus-tratos, ferir ou mutilar animais silvestres, domésticos ou domesticados, nativos ou exóticos: Pena – detenção, de três meses a um ano, e multa. § 1º Incorre nas mesmas penas quem realiza experiência dolorosa ou cruel em animal vivo, ainda que para fins didáticos ou científicos, quando existirem recursos alternativos. § 2º A pena é aumentada de um sexto a um terço, se ocorre morte do animal."

(6) Decreto 6.514/2008: "Art. 101. Constatada a infração ambiental, o agente autuante, no uso do seu poder de polícia, poderá adotar as seguintes medidas administrativas: I – apreensão; II – embargo de obra ou atividade e suas respectivas áreas; III – suspensão de venda ou fabricação de produto; IV – suspensão parcial ou total de atividades; V – destruição ou inutilização dos produtos, subprodutos e instrumentos da infração; e VI – demolição. § 1º As medidas de que trata este artigo têm como objetivo prevenir a ocorrência de novas infrações, resguardar a recuperação ambiental e garantir o resultado prático do processo administrativo. (...) Art. 102. Os animais, produtos, subprodutos, instrumentos, petrechos, veículos de qualquer natureza referidos no inciso IV do art. 72 da Lei 9.605, de 1998, serão objeto da apreensão de que trata o inciso I do art. 101, salvo impossibilidade justificada. (...) Art. 103. Os animais domésticos e exóticos serão apreendidos quando: I – forem encontrados no interior de unidade de conservação de proteção integral; ou II – forem encontrados em área de preservação permanente ou quando impedirem a regeneração natural de vegetação em área cujo corte não tenha sido autorizado, desde que, em todos os casos, tenha havido prévio embargo. § 1º Na hipótese prevista no inciso II, os proprietários deverão ser previamente notificados para que promovam a remoção dos animais do local no prazo assinalado pela autoridade competente. § 2º Não será adotado o procedimento previsto no § 1º quando não for possível identificar o proprietário dos animais apreendidos, seu preposto ou representante. § 3º O disposto no caput não será aplicado quando a atividade tenha sido caracterizada como de baixo impacto e previamente autorizada, quando couber, nos termos da legislação em vigor." ADPF 640 MC-Ref/DF, relator Min. Gilmar Mendes, julgamento virtual finalizado em 17.9.2021 (sexta-feira), às 23:59

Informativo 625 PROCESSO	REsp 1.133.965-BA, Rel. Min. Mauro Campbell Marques, Primeira Seção, por unanimidade, julgado em 25/04/2018, DJe 11/05/2018 **(Tema 405)**
RAMO DO DIREITO	DIREITO ADMINISTRATIVO, DIREITO AMBIENTAL
TEMA	Poder de polícia. Apreensão de veículo utilizado no carregamento de madeira sem autorização. Art. 25, § 4º, da Lei n. 9.605/1998. Art. 2º, § 6º, inc. VIII, do Decreto n. 3.179/1999. Liberação condicionada ao pagamento de multa. Inviabilidade. Liberação condicionada ao oferecimento de defesa administrativa. Possibilidade. Fiel depositário na pessoa do proprietário. Tema 405.

DESTAQUE

O art. 2º, § 6º, inc. VIII, do Decreto n. 3.179/1999 (redação original), quando permite a liberação de veículos e embarcações mediante pagamento de multa, não é compatível com o que dispõe o art. 25, § 4º, da Lei n. 9.605/1998; entretanto, não há ilegalidade quando o referido dispositivo regulamentar admite a instituição do depositário fiel na figura do proprietário do bem apreendido por ocasião de infração nos casos em que é apresentada defesa administrativa – anote-se que não se está defendendo a simplória liberação do veículo, mas a devolução com a instituição de depósito (e os consectários legais que daí advêm), observado, entretanto, que a liberação só poderá ocorrer caso o veículo ou a embarcação estejam regulares na forma das legislações de regência (Código de Trânsito Brasileiro, p. ex.).

INFORMAÇÕES DO INTEIRO TEOR

Cinge-se a controvérsia a analisar a compatibilidade entre as disposições da Lei n. 9.605/1998 (Lei de Crimes Ambientais – LCA) e a redação original do Decreto n. 3.179/1999. É que o § 4º do art. 25 da LCA determina, de forma peremptória, a alienação dos instrumentos do crime (compreendidos em sentido lato), mas, a seu turno, a legislação infralegal possibilita a liberação dos veículos e embarcações apreendidos pela prática de infração administrativa ambiental mediante pagamento de multa ou oferecimento de defesa. A redação original do art. 2º, § 6º, inc. VIII, primeira parte, do Decreto n. 3.179/1999, que prevê a possibilidade do pagamento de multa, constitui verdadeira inovação no ordenamento jurídico, destituída de qualquer base legal, o que afronta os incs. IV e VI do art. 84 da CR/88. Nada obstante, dizer que a autoridade administrativa deve seguir pura e simplesmente o art. 25, § 4º, da LCA em qualquer caso poderia levar à perpetração de violação aos princípios do devido processo legal, do contraditório e da ampla defesa. Especialmente em situações nas quais o suposto infrator oferecesse defesa administrativa seria incabível o perdimento do bem. Para estes casos, é constitucional admitir que a apresentação de defesa administrativa impeça a imediata alienação dos bens apreendidos, pois esta conclusão necessariamente deve vir precedida da apreciação da demanda instaurada entre a Administração e o infrator. E, neste sentido, por este interregno até a decisão, veículos e embarcações ficariam depositados em nome do proprietário. Este recorte na ilegalidade do Decreto n. 3.179/1999 (redação primeva) é tão importante que o superveniente Decreto n. 5.523/2005, o qual deu nova disciplina à matéria, acabou consagrando-a, de modo que "os veículos e as embarcações utilizados na prática da infração, apreendidos pela autoridade ambiental competente, poderão ser confiados a fiel depositário até a sua alienação". Além disso, a aplicação da LCA deve observar as disposições do Código Penal e do Código de Processo Penal (CPP). Segundo os arts. 118 e ss. do CPP, existem regras próprias, as quais também guardam consonância com o dever de promover o devido processo legal, o contraditório e a ampla defesa. E estas regras, muito mais densas do que as da Lei n. 9.605/1998 e seus decretos, não permitem sob qualquer condição a alienação imediata de veículos e embarcações utilizadas como instrumentos de crime. Este regramento também nada dispõe sobre a possibilidade de deferimento da liberação do veículo ao proprietário que assume sua guarda e conservação na condição de depositário fiel. Acontece que, ao contrário da imediata restituição dos bens apreendidos ao proprietário ou sua alienação, a instituição da liberação com ônus de depósito é perfeitamente compatível com as previsões dos arts. 118 e ss. do CPP. Tem-se, aí, uma integração possível entre a norma do art. 25, § 4º, da LCA, na forma como regulamentada pelo Decreto n. 3.179/1999 (na redação original e conforme o Decreto n. 5.523/2005), e o CPP. Por isto, pode ser plenamente aplicada a interpretação firmada nos casos em que, além de infração administrativa, a conduta também pode ser enquadrada como crime ambiental. Então, qualquer destino dado aos bens apreendidos, seja em razão de infração administrativa, seja em razão de crime ambiental, deve ser precedido do devido processo legal. No primeiro caso, evidente que haverá sumarização, na forma das regulamentações da Lei n. 9.605/1995; no segundo caso, do modo como previsto no CPP, sendo facultada, pela peculiaridade do tipo penal (crime ambiental), as inflexões da LCA e decretos no que for compatível (p. ex., a liberação ao proprietário com instituição do depósito em seu nome).

PROCESSO	REsp 1.784.755-MT, Rel. Min. Og Fernandes, Segunda Turma, por unanimidade, julgado em 17/09/2019, DJe 01/10/2019
RAMO DO DIREITO	DIREITO AMBIENTAL
TEMA	Madeira transportada irregularmente. Guia de autorização de transporte. Inobservância dos limites. Apreensão de toda a mercadoria. Possibilidade.

STJ INFORMATIVO 658 – DESTAQUE

O transporte em quantidade excessiva de madeira, não acobertada pela respectiva guia de autorização, legitima a apreensão de toda a mercadoria.

INFORMAÇÕES DO INTEIRO TEOR

Os arts. 46, parágrafo único, 50, 50-A e 70, da Lei n. 9.605/1998 tipificam simultaneamente como crime e infração administrativa o transporte ou a guarda de madeira, lenha, carvão ou outros produtos de origem vegetal, assim como a atividade de desmatar, explorar economicamente ou degradar floresta, plantada ou nativa, sem a devida licença por parte da autoridade competente. **Os arts. 25 e 72, IV, do referido normativo, por sua vez, disciplinam a apreensão dos produtos e instrumentos utilizados na prática da infração ambiental**. Reduzir a apreensão de madeira ao quantitativo de carga efetivamente excedente ao indicado na respectiva guia de transporte, além de caracterizar medida não prevista na legislação de regência, traduz-se em providência contrária aos objetivos das leis de proteção ao meio ambiente. **A medida de apreensão da totalidade da carga transportada consiste em importante mecanismo para a tutela do meio ambiente, em razão do efeito dissuasório imediato que produz sobre o infrator ou aquele que contribuiu para a prática da conduta ilícita.** Isso porque a apreensão de bens gera, ainda que provisoriamente, a descapitalização da parte envolvida no ilícito, evita a reiteração da prática, facilita a recuperação do dano e, ainda, contribui para a garantia do resultado prático do processo administrativo. Ademais, tratando-se da infração ambiental, a aplicação da técnica de ponderação deve ter como premissa a especial proteção jurídica conferida pela Constituição Federal ao tema, a exemplo do direito ao meio ambiente ecologicamente equilibrado, assim como a conscientização de que o fundamento da livre iniciativa, previsto no art. 170 da Carta Magna, tem por finalidade assegurar a todos uma existência digna, e também deve obediência ao princípio de defesa do meio ambiente. Na situação em debate, tem-se, de um lado, a proteção do patrimônio daquele flagrado com quantidade de madeira em descompasso com a autorizada e, de outro, a magnitude dos direitos e interesses difusos em matéria ambiental, bem como a própria efetividade da legislação de proteção ao meio ambiente. Diante desse cenário, não há dúvida de que eventual interesse na liberação da quantidade de madeira autorizada na guia de transporte deve ceder em função da gravidade da lesão consistente no desrespeito aos limites previamente estipulados pela autoridade competente.

PROCESSO	AREsp 1.084.396-RO, Rel. Min. Og Fernandes, Segunda Turma, por unanimidade, julgado em 19/09/2019, DJe 18/10/2019
RAMO DO DIREITO	DIREITO AMBIENTAL
TEMA	Ilícito ambiental. Veículo utilizado objeto de locação. Apreensão. Possibilidade. Garantia do direito de defesa do proprietário antes da decisão sobre a destinação do bem. Necessidade.

STJ INFORMATIVO 659 – DESTAQUE

A autoridade administrativa deve notificar o proprietário do veículo locado para oportunizar que comprove a sua boa-fé antes de decidir sobre a destinação do bem apreendido pela prática de infração ambiental.

INFORMAÇÕES DO INTEIRO TEOR

Os arts. 25 e 72, IV, da Lei n. 9.605/1998 estabelecem como efeito imediato a apreensão dos bens e instrumentos utilizados na prática do ilícito ambiental. A exigência de requisito não expressamente previsto na legislação de regência para a aplicação dessas sanções compromete a eficácia dissuasória inerente à medida, consistindo em incentivo, sob a perspectiva da teoria econômica do crime, às condutas lesivas ao meio ambiente. Nesse sentido, exigir que a autoridade ambiental comprove que o veículo é utilizado específica, exclusiva, reiterada ou rotineiramente para a prática de delito ambiental caracteriza verdadeira prova diabólica, tornando letra morta a legislação que ampara a atividade fiscalizatória. Ainda que se trate de bem locado ao real infrator, a apreensão do bem não representa injusta restrição a quem não deu causa à infração ambiental, permitindo, por outro lado, trazer o risco da exploração da atividade econômica a quem a exerce. Seja em razão do conceito legal de poluidor, seja em função do princípio da solidariedade que rege o direito ambiental, a responsabilidade administrativa pelo ilícito recai sobre quem, de qualquer forma, contribuiu para a prática da infração ambiental, por ação ou omissão. Após a medida de apreensão, a autoridade administrativa oportunizará o direito de defesa ao proprietário do bem antes de decidir sobre sua destinação. Cumpre ao proprietário do veículo comprovar sua boa-fé, demonstrando que, pelas circunstâncias da prática envolvida e apesar de ter tomado as precauções necessárias, não tinha condições de prever a utilização do bem no ilícito ambiental. Ademais, aquele que realiza a atividade de locação de veículos deve adotar garantias para a prevenção e o ressarcimento dos danos causados pelo locatário. Não é possível admitir que o Judiciário comprometa a eficácia da legislação ambiental e impeça a apreensão do veículo tão somente porque o instrumento utilizado no ilícito originou-se de um contrato de locação, cessão ou de qualquer outro meio juridicamente previsto.

STJ Informativo 685 – PRIMEIRA SEÇÃO

Processo

REsp 1.814.944-RN, Rel. Min. Mauro Campbell Marques, Primeira Seção, por unanimidade, julgado em 10/02/2021 (Tema 1036)

Ramo do Direito

DIREITO AMBIENTAL

Tema

Apreensão de veículo utilizado na prática de infração ambiental. Desnecessidade de comprovação de uso específico e exclusivo com essa finalidade. Tema 1036.

Destaque

A apreensão do instrumento utilizado na infração ambiental, fundada na atual redação do § 4º do art. 25 da Lei n. 9.605/1998, independe do uso específico, exclusivo ou habitual para a empreitada infracional.

Informações do Inteiro Teor

No caso, entendeu a Corte de origem a retenção é justificável somente nos casos em que a posse em si do veículo constitui ilícito.

Ocorre que essa não é a interpretação mais adequada da norma, que não prevê tal condição para a sua aplicação, conforme entendimento recentemente adotado na Segunda Turma no julgamento do REsp 1.820.640/PE (Rel. Min. Og Fernandes, Segunda Turma, DJe de 09/10/2019).

Nesse julgado, observou-se que "[a] efetividade da política de preservação do meio ambiente, especialmente no momento em que a comunidade internacional lança os olhos sobre o papel das autoridades públicas brasileiras no exercício de tal mister, atrai para o Judiciário o dever de interpretar a legislação à luz de tal realidade, recrudescendo a proteção ambiental e a correspondente atividade fiscalizatória"; assim, "[m]erece ser superada a orientação jurisprudencial desta Corte Superior que condiciona a apreensão de veículos utilizados na prática de infração ambiental à comprovação de que os bens sejam específica e exclusivamente empregados na atividade ilícita".

Em conclusão, restou assentado que "[o]s arts. 25 e 72, IV, da Lei n. 9.605/1998 estabelecem como efeito imediato da infração a apreensão dos bens e instrumentos utilizados na prática do ilícito ambiental", por isso "[a] exigência de requisito não expressamente previsto na legislação de regência para a aplicação dessas sanções compromete a eficácia dissuasória inerente à medida, consistindo em incentivo, sob a perspectiva da teoria econômica do crime, às condutas lesivas ao meio ambiente".

Com efeito, a apreensão definitiva do veículo impede a sua reutilização na prática de infração ambiental – além de desestimular a participação de outros agentes nessa mesma prática, caso cientificados dos inerentes e relevantes riscos dessa atividade, em especial os de ordem patrimonial –, dando maior eficácia à legislação que dispõe as sanções penais e administrativas derivadas de condutas e atividades lesivas ao meio ambiente.

3. QUESTÕES DE CONCURSOS

01. (FGV – 2009 – TJ-PA – Juiz) No que se refere à apreensão pela autoridade de produtos e instrumentos em razão de infrações administrativas ambientais, quanto à destinação dos objetos apreendidos, analise as afirmativas a seguir.

I. As madeiras ilegalmente extraídas poderão ser doadas a instituições hospitalares e penais.

II. Os produtos e subprodutos da fauna não perecíveis poderão ser destruídos.

III. Os instrumentos utilizados na prática da infração serão vendidos, garantida a sua descaracterização por meio da reciclagem.

IV. Os animais que estiverem presos não poderão mais ser libertados, devendo ser entregues a jardins zoológicos, fundações ou entidades assemelhadas.

Assinale:

a) se somente as afirmativas I, II e III estiverem corretas.
b) se somente as afirmativas II, III e IV estiverem corretas.
c) se somente as afirmativas I, III e IV estiverem corretas.
d) se somente as afirmativas I, II e IV estiverem corretas.
e) se todas as afirmativas estiverem corretas.

02. (Ano: 2020 Banca: FCC Órgão: TJ-MS Prova: FCC – 2020 – TJ-MS – Juiz Substituto) Em mandado de segurança impetrado contra ato de fiscal ambiental que apreendeu animal silvestre (papagaio-verdadeiro) adquirido irregularmente, o impetrante confessa a origem ilícita da ave, mas alega que a adquiriu para sua filha pequena há 01 (um) ano, sendo a ave um verdadeiro membro da família. Alega, por fim, que a menina sente muita falta do papagaio. A ordem deverá ser

a) negada, diante da origem ilícita do animal silvestre.
b) concedida, tendo em vista a adaptabilidade do animal ao convívio humano.
c) concedida em parte para permitir visitas da família ao cativeiro do animal.
d) concedida em parte para permitir a permanência do animal com a família por mais 02 (dois) anos.
e) negada com fundamento no princípio da pessoalidade da sanção.

03. (Ano: 2021/Banca: VUNESP/Órgão: Prefeitura de Guarujá – SP/ Prova: VUNESP – 2021 – Prefeitura de Guarujá – SP – Procurador Jurídico) Considera-se infração administrativa ambiental toda ação ou omissão que viole as regras jurídicas de uso, gozo, promoção, proteção e recuperação do meio ambiente. Assim sendo, a norma jurídica aplicável à espécie prevê, dentre outras, a seguinte sanção para sua punição:

a) repreensão.
b) multa diária, semanal ou mensal.
c) apreensão dos produtos e subprodutos da fauna e flora.
d) destruição de equipamentos ou veículos de qualquer natureza, utilizados ou não na infração.
e) constritiva de direitos.

GAB	01	A	02	C	03	C

▸ CAPÍTULO IV
DA AÇÃO E DO PROCESSO PENAL

Art. 26. Nas infrações penais previstas nesta Lei, a ação penal é pública incondicionada.

Parágrafo único. (VETADO)

1. COMENTÁRIOS

A ação penal será de **iniciativa pública incondicionada**, em todos os crimes previstos na Lei 9.605/1998, nos termos do artigo 26, tendo em conta que a coletividade sempre será afetada por um delito ambiental, pois a preservação ambiental é bem difusa, em que pese poder afetar de maneira direta um grupo de pessoas.

2. QUESTÃO DE CONCURSO

01. (FCC – 2011 – INFRAERO – Advogado) A ação penal nas infrações penais previstas na Lei 9.605/1998 depende de representação dos órgãos setoriais responsáveis pelo controle e fiscalização de atividades capazes de provocar a degradação ambiental.

GAB	01	ERRADO

Art. 27. Nos crimes ambientais de menor potencial ofensivo, a proposta de aplicação imediata de pena restritiva de direitos ou multa, prevista no art. 76 da Lei 9.099, de 26 de setembro de 1995, somente poderá ser formulada desde que tenha havido a prévia composição do dano ambiental, de que trata o art. 74 da mesma lei, salvo em caso de comprovada impossibilidade.

1. COMENTÁRIOS

Caso o delito ambiental seja de menor potencial ofensivo, a proposta de aplicação de pena restritiva de direitos (transação penal), prevista no artigo 76, da Lei 9.099/1995, tem um requisito especial previsto no artigo 27, da Lei 9.605/1998, que é a prévia composição do dano ambiental, salvo em casos de comprovada impossibilidade.

2. QUESTÕES DE CONCURSOS

01. (FCC – 2011 – INFRAERO – Advogado) A proposta de aplicação imediata de pena restritiva de direitos ou multa, prevista no art. 76 da Lei nº 9.099/1995, é inaplicável aos crimes ambientais, mesmo de menor potencial ofensivo.

02. (FCC – 2010 – TJ-MS – Juiz) Nos crimes ambientais,

a) a reparação do dano ambiental deve ocorrer até o término do prazo da suspensão condicional do processo, não se admitindo prorrogação.

b) é cabível a transação penal, se a infração for de menor potencial ofensivo e desde que haja prévia composição do dano ambiental, salvo em caso de comprovada impossibilidade.

c) a suspensão condicional da pena pode ser aplicada nos casos de condenação a pena privativa de liberdade não superior a quatro anos.

d) a pena de multa poderá ser aumentada até cinco vezes, ainda que aplicada no valor máximo, tendo em vista o valor da vantagem econômica auferida.

e) a pessoa jurídica poderá ser condenada a pena de proibição de contratar com o Poder Público por até quinze anos.

03. **(MPE-SC – 2013 – Promotor de Justiça – Tarde)** Nos crimes ambientais de menor potencial ofensivo, conforme a Lei 9.605/1998, a proposta de aplicação imediata de pena não privativa de liberdade somente poderá ser formulada desde que tenha havido a prévia composição do dano ambiental, salvo comprovada impossibilidade.

GAB	01	ERRADO	02	B	03	CERTO

Art. 28. As disposições do art. 89 da Lei 9.099, de 26 de setembro de 1995, aplicam-se aos crimes de menor potencial ofensivo definidos nesta Lei, com as seguintes modificações:

I – a declaração de extinção de punibilidade, de que trata o § 5.º do artigo referido no *caput*, dependerá de laudo de constatação de reparação do dano ambiental, ressalvada a impossibilidade prevista no inciso I do § 1.º do mesmo artigo;

II – na hipótese de o laudo de constatação comprovar não ter sido completa a reparação, o prazo de suspensão do processo será prorrogado, até o período máximo previsto no artigo referido no *caput*, acrescido de mais um ano, com suspensão do prazo da prescrição;

III – no período de prorrogação, não se aplicarão as condições dos incisos II, III e IV do § 1.º do artigo mencionado no *caput*;

IV – findo o prazo de prorrogação, proceder-se-á à lavratura de novo laudo de constatação de reparação do dano ambiental, podendo, conforme seu resultado, ser novamente prorrogado o período de suspensão, até o máximo previsto no inciso II deste artigo, observado o disposto no inciso III;

V – esgotado o prazo máximo de prorrogação, a declaração de extinção de punibilidade dependerá de laudo de constatação que comprove ter o acusado tomado as providências necessárias à reparação integral do dano.

1. COMENTÁRIOS

Existem regras especiais para a suspensão condicional do processo (artigo 28), também conhecida impropriamente como *sursis* processual.

Entre outros requisitos, é certo que o artigo 89, da Lei 9.099/1995, prevê a possibilidade da concessão da suspensão condicional do processo nos crimes cuja pena mínima não ultrapasse um ano. Contudo, de maneira confusa, o artigo 28, da Lei 9.605/1998, prevê a aplicabilidade desse instituto aos crimes de menor potencial ofensivo, o que dificulta a exegese do dispositivo.

Ademais disso, a extinção da punibilidade após o período de prova depende da reparação do dano ambiental, conforme atestado em laudo de constatação, salvo impossibilidade comprovada de fazê-lo.

2. QUESTÕES DE CONCURSOS

01. **(FCC – 2013 – TJ-PE – Juiz)** Em casos envolvendo crime ambiental de menor potencial ofensivo, a suspensão do processo

a) é providência necessária, que pode ser, a qualquer tempo, também condicionada à proibição de frequentar determinados lugares ou à proibição de ausentar-se da comarca sem autorização do juiz.

b) não é cabível, excepcionando as regras da Lei 9.099/1995.

c) é condicionada à prévia reparação do dano ambiental, apurada mediante laudo de constatação.

d) poderá ser prorrogada sem tempo máximo de duração, enquanto não for reparado o dano ambiental.

e) poderá ser deferida, mas a extinção da punibilidade depende da reparação do dano ambiental ou da comprovação de que o acusado tomou as providências necessárias à sua reparação integral.

02. (MPE-SC – 2013 – Promotor de Justiça – Tarde) De acordo com a Lei 9.605/1998, em caso de suspensão condicional do processo por crime ambiental, declara-se extinta a punibilidade do acusado ao final do prazo de suspensão do processo, independentemente da constatação de reparação do dano ambiental.

GAB	01	E	02	ERRADO

CAPÍTULO V
DOS CRIMES CONTRA O MEIO AMBIENTE

1. COMENTÁRIOS

Em tipos penais, a tutela penal é assim dividida no Capítulo V:

- Crimes contra a Fauna (Seção I);
- Contra a Flora (Seção II);
- Poluição e outros Crimes Ambientais (Seção III);
- Contra o Ordenamento Urbano e o Patrimônio Cultural (Seção IV);
- Contra a Administração Ambiental (Seção V).

Como não poderia deixar de ser nesta área, em que pese o Princípio da Estrita Legalidade, o legislador utilizou inúmeros conceitos jurídicos indeterminados que em Direito Penal são chamados de **elementos normativos do tipo**, pois é nítido o caráter interdisciplinar do Direito Ambiental.

Além disso, por serem abertos, muitos tipos precisam ser complementados por outros atos (**normas penais em branco ou descontinuidade normativo-típica**), que normalmente são produzidos pelo Poder Executivo (normas penais em branco heterogêneas), uma vez que não é possível a especificação pela lei ante as peculiaridades de cada situação concreta, a exemplo do delito capitulado no artigo 34.

Com propriedade, em muitos casos não há outra saída para a tipificação dos delitos ambientais, em que o legislador instituiu uma descontinuidade normativo-típica, exigindo-se os complementos por atos do Poder Executivo, a quem cabe exercer tipicamente a função administrativa de proteção ao meio ambiente.

Todavia, uma questão deve ser ponderada. Se é certo que ninguém pode se escusar de cumprir a lei alegando que a desconhece – conforme disposto no artigo 3.º, da Lei de Introdução ao Direito brasileiro, aplicável a todo o ordenamento jurídico nacional, em decorrência de uma ficção jurídica que busca garantir a efetividade da legislação – crê-se que esse dispositivo deve ser aplicado com reservas aos atos do Poder Público que não sejam lei em sentido estrito, no caso os complementos às normais penais em branco contidas de maneira esparsa na Lei 9.605/1998.

Deveras, deve haver uma presunção relativa de conhecimento desses complementos heterogêneos, facultando-se ao agente demonstrar que realmente não tinha ciência da ilicitude de sua conduta (erro de proibição).

Como exemplo, cite-se o período de vedação da pesca em razão da reprodução dos peixes. Esse período normalmente é fixado anualmente com variações, por inúmeros atos da Administração Pública ambiental, às vezes variando em um mesmo rio, a depender da localização. São dezenas ou até centenas de atos todos os anos!

Logo, se uma pessoa é flagrada pescando no primeiro dia da proibição e comprova que no ano anterior a proibição ainda não estava vigente naquele mesmo dia, não tendo sido veiculado na imprensa o novo período anual, não é razoável que se puna o agente. A interpretação do Direito não pode conduzir a absurdos.

Por seu turno, boa parte dos delitos é de menor potencial ofensivo, existindo **figuras culposas nos artigos 38, 40, 41, 49, 54, 62, 67 e 68** da Lei 9.605/1998. Poucos delitos não se sujeitam à substituição da pena privativa de liberdade pela restritiva de direitos (a partir de quatro anos), a exemplo dos artigos 35 e 40. Existem crimes de dano e de perigo, sendo que estes devem ser privilegiados ante o caráter irreparável dos danos ambientais, em regra, à luz do Princípio da Prevenção.

Sempre a coletividade será sujeito passivo dos crimes ambientais, mesmo que o delito afete diretamente algum membro da sociedade, a exemplo do desmatamento ilegal de floresta particular.

Existem causas **excludentes de ilicitude** no que concerne ao **abate de animais**, previstas no artigo 37, da Lei 9.605/1998, por estado de necessidade, proteção de lavouras ou animal nocivo, o que é despiciendo, ante a previsão geral do Código Penal.

De sua vez, existem alguns **crimes ambientais de perigo**, os quais não exigem um efetivo dano ao bem ambiental protegido pela norma penal para a sua consumação, havendo a tipificação com a mera ameaça de dano, a exemplo do tipo do artigo 52 da Lei 9.605/1998, pois neste caso é criminalizada a conduta daquele que apenas penetra em unidade de conservação com petrechos para a caça ou exploração de produtos florestais.

Entende-se que, na esfera ambiental, os delitos de perigo realizam o Princípio da Prevenção, pois ao meio ambiente ecologicamente equilibrado mais interessa prevenir o dano, e não apenas punir, pois normalmente o dano ambiental é irreparável *in natura*.

Logo, é preferível que a norma penal proteja o meio ambiente antes da ocorrência dos prejuízos ambientais, sendo os delitos de perigo um eficaz instrumento.

Contudo, conquanto se trate de tema polêmico entre os penalistas, crêse que o ordenamento jurídico brasileiro apenas admite os crimes de perigo concreto, devendo ser banidos os delitos de perigo abstrato, em decorrência do Princípio da Lesividade.

Vale registrar que mesmo em se tratando de delitos ambientais materiais, o Ministério Público poderá ajuizar a denúncia durante o trâmite do processo administrativo no órgão ambiental, não sendo a conclusão da atuação administrativa condição de procedibilidade da ação penal, em razão da independência das instâncias de responsabilização ambiental. Nesse sentido, o STJ:

Por fim, vale frisar que a celebração e o cumprimento de termo de ajustamento de conduta não exclui o delito ambiental, muito embora atenue e pena.

Isso porque, salvo se houver previsão legal expressa em sentido contrário, a celebração e o cumprimento do TAC não poderão excluir o crime ambiental, conquanto tenham relevância na dosimetria da pena em favor do réu, tendo em vista ser um instrumento de resolução da responsabilidade civil por danos ambientais.

Logo, apenas se a lei impuser a exclusão do crime ou da punibilidade, o cumprimento de TAC irá livrar o autor do delito ambiental das reprimendas criminais, como ocorreu no Código Florestal de 2012 com alguns delitos ambientais praticados antes de 23 de julho de 2008[3].

Por fim, conforme será visto em julgados inseridos nesta obra, o STF e o STJ vêm admitindo a aplicação do Princípio da Insignificância aos crimes ambientais, havendo precedentes nos delitos nos artigos 29, 34 e 40 desta Lei de Crimes Ambientais.

2. JURISPRUDÊNCIA

"**CRIMES CONTRA O MEIO AMBIENTE (ARTIGOS 39 E 40 DA LEI 9.605/1998). ALEGADA FALTA DE JUSTA CAUSA PARA A PERSECUÇÃO PENAL. DESNECESSIDADE DE CONCLUSÃO DO PROCESSO ADMINISTRATIVO PARA O OFERECIMENTO DA DENÚNCIA. INDEPENDÊNCIA ENTRE AS ESFERAS ADMINISTRATIVA E CRIMINAL**. CONSTRANGIMENTO ILEGAL INEXISTENTE. 1. O trancamento de ação penal na via do *habeas corpus* é medida excepcional, só admitida quando restar provada, inequivocamente, sem a necessidade de exame valorativo do conjunto fático ou probatório, a atipicidade da conduta, a ocorrência de causa extintiva da punibilidade, ou, ainda, a ausência de indícios de autoria ou de prova da materialidade do delito. Precedentes. **2. No caso dos autos, muito embora os crimes ambientais pelos quais o paciente foi acusado (artigos 39 e 40 da Lei 9.605/1998) sejam materiais, dependendo da ocorrência de dano para que possam se caracterizar, não há dúvidas de que o Ministério Público não precisa aguardar a conclusão do processo administrativo instaurado junto ao IBAMA para deflagrar a respectiva ação penal. 3. Isso porque as esferas administrativa e penal são independentes, razão pela qual o *Parquet*, dispondo de elementos mínimos para oferecer a denúncia, pode fazê-lo, prescindindo-se da apuração dos fatos pelo órgão administrativo competente.** 4. Eventual celebração de termo de ajustamento de conduta não impede a persecução criminal, repercutindo apenas na dosimetria da eventual pena a ser cominada ao autor do ilícito ambiental. Precedentes" (HC 160.525, de 05.03.2013).

"A assinatura de termo de ajustamento de conduta, com a reparação do dano ambiental são circunstâncias que possuem relevo para a seara penal, a serem consideradas na hipótese de eventual condenação, não se prestando para elidir a tipicidade penal". (STJ, *Habeas Corpus* 183.047, de 22.03.2011).

3. QUESTÕES DE CONCURSOS

01. (FGV – 2010 – OAB – Exame de Ordem Unificado – II – Primeira Fase) Diante das disposições estabelecidas pela Lei 9.605/1998 sobre as sanções penais e administrativas derivadas de condutas e atividades lesivas ao meio ambiente, assinale a alternativa correta.

a) A desconsideração da pessoa jurídica somente será admitida se a pena restritiva de direitos se revelar inócua para os fins a que se destina.

---

3. Art. 60. A assinatura de termo de compromisso para regularização de imóvel ou posse rural perante o órgão ambiental competente, mencionado no art. 59, suspenderá a punibilidade dos crimes previstos nos arts. 38, 39 e 48 da Lei nº 9.605, de 12 de fevereiro de 1998, enquanto o termo estiver sendo cumprido.

§ 1º A prescrição ficará interrompida durante o período de suspensão da pretensão punitiva.

§ 2º Extingue-se a punibilidade com a efetiva regularização prevista nesta Lei.

b) A pena restritiva de direitos da pessoa jurídica, no que tange a proibição de contratar com o poder público, terá duração equivalente ao tempo de permanência dos efeitos negativos da conduta delituosa sobre o meio ambiente.

c) Constitui inovação da lei de crimes ambientais a excludente de antijuridicidade relativamente ao comércio não autorizado de animais da fauna silvestre voltado exclusivamente à subsistência da entidade familiar.

d) Os tipos penais ambientais, em regra, descrevem crimes de perigo abstrato, que se consumam com a própria criação do risco, efetivo ou presumido, independentemente de qualquer resultado danoso.

02. (CESPE – 2012 – TRE-RJ – Analista Judiciário – Área Judiciária) Não se aplica o princípio da insignificância às infrações penais que atinjam o meio ambiente, uma vez que não se pode mensurar de forma segura o grau de lesão ambiental.

03. (Prova: MPDFT – 2021 – MPDFT – Promotor de Justiça Adjunto) A assinatura do Termo de Ajustamento de Conduta com órgão ambiental impede a instauração de ação penal.

GAB	01	D	02	ERRADO	03	ERRADO

SEÇÃO I
DOS CRIMES CONTRA A FAUNA

Art. 29. Matar, perseguir, caçar, apanhar, utilizar espécimes da fauna silvestre, nativos ou em rota migratória, sem a devida permissão, licença ou autorização da autoridade competente, ou em desacordo com a obtida:

Pena – detenção de seis meses a um ano, e multa.

§ 1.º Incorre nas mesmas penas:

I – quem impede a procriação da fauna, sem licença, autorização ou em desacordo com a obtida;

II – quem modifica, danifica ou destrói ninho, abrigo ou criadouro natural;

III – quem vende, expõe à venda, exporta ou adquire, guarda, tem em cativeiro ou depósito, utiliza ou transporta ovos, larvas ou espécimes da fauna silvestre, nativa ou em rota migratória, bem como produtos e objetos dela oriundos, provenientes de criadouros não autorizados ou sem a devida permissão, licença ou autorização da autoridade competente.

§ 2.º No caso de guarda doméstica de espécie silvestre não considerada ameaçada de extinção, pode o juiz, considerando as circunstâncias, deixar de aplicar a pena.

§ 3.º São espécimes da fauna silvestre todos aqueles pertencentes às espécies nativas, migratórias e quaisquer outras, aquáticas ou terrestres, que tenham todo ou parte de seu ciclo de vida ocorrendo dentro dos limites do território brasileiro, ou águas jurisdicionais brasileiras.

§ 4.º A pena é aumentada de metade, se o crime é praticado:

I – contra espécie rara ou considerada ameaçada de extinção, ainda que somente no local da infração;

II – em período proibido à caça;

III – durante a noite;

IV – com abuso de licença;

V – em unidade de conservação;

VI – com emprego de métodos ou instrumentos capazes de provocar destruição em massa.

§ 5.º A pena é aumentada até o triplo, se o crime decorre do exercício de caça profissional.

§ 6.º As disposições deste artigo não se aplicam aos atos de pesca.

1. COMENTÁRIOS

Trata-se de um **delito doloso** (requer intenção direta ou eventual), **comum** (pode ser consumado por qualquer pessoa, inexigindo características especiais do sujeito ativo), **material** (exige resultado naturalístico para a sua consumação), **de perigo ou dano** (depende do núcleo do tipo realizado), **não transeunte** (deixa vestígios), **unissubjetivo** (pode ser praticado por um só agente), **plurissubsistente** (pode ser realizado por mais de um ato), **instantâneo ou permanente** (depende do núcleo do tipo) e **de ação múltipla** (são vários os núcleos do tipo, de índole alternativa neste caso).

Busca a **tutela de espécimes da fauna silvestre, nativos ou em rota migratória**, tendo sua definição no § 3.º, do artigo 29: "São espécimes da fauna silvestre todos aqueles pertencentes às espécies nativas, migratórias e quaisquer outras, aquáticas ou terrestres, que tenham todo ou parte de seu ciclo de vida ocorrendo dentro dos limites do território brasileiro, ou águas jurisdicionais brasileiras".

Com propriedade, pela definição legal de fauna silvestre, apenas as que tenham parte ou totalmente o seu ciclo de vida no Brasil gozarão da proteção do tipo em comento, inclusive nas águas jurisdicionais, constituídas pelas águas interiores e pelo mar territorial.

Convém ressaltar que a Lei de Proteção a Fauna – Lei 5.197/1967, no seu artigo 1.º, define fauna silvestre como "os animais de quaisquer espécies, em qualquer fase do seu desenvolvimento e que vivem naturalmente fora do seu cativeiro...", inclusive aduzindo que são de propriedade do Estado. Destarte, é incongruente que a legislação adote definições diversas de fauna silvestre, uma para fins penais e outra extrapenais.

Por sua vez, será atípica a conduta se houver licenciamento ambiental legítimo e adequadamente executado, a exemplo da caça esportiva, que em tese é possível, nos moldes do § 1.º do artigo 1.º da Lei 5.197/1967, de duvidosa recepção constitucional, pois a Constituição Federal veda condutas que sejam cruéis aos animais, máxime por mera diversão do homem.

Outrossim, o apanho ou utilização de espécimes da fauna silvestre por criadouros previamente licenciados é fato atípico, inclusive ovos, larvas e filhotes, por expressa autorização do artigo 3.º da Lei 5.197/1967.

Saliente-se que os crimes contra a fauna silvestre são, em regra, de competência da Justiça Estadual, salvo se houver alguma causa que atraia a competência da Justiça Federal, a exemplo da consumação dos crimes em bens federais, como unidades de conservação, rios interestaduais e mar territorial, bem como os praticados contra espécimes ameaçados de extinção, conforme listagem oficial.

Em regra, veja-se que a lei penal tipifica como delito o comércio de animais silvestres, bem como os produtos decorrentes, uma vez que é prática vedada pelo artigo 3.º da Lei 5.197/1967. Entrementes, será possível para os criadouros previamente licenciados, conforme insculpido do § 1.º, do artigo 3.º, da mesma Lei.

Nestes casos, boa parte dos autores aduz que há exclusão da ilicitude, mas, na realidade, não há sequer tipicidade da conduta, pois para o fechamento do tipo exige-se a ausência de licenciamento ambiental da autoridade competente, além de outros atos administrativos de práxis.

Mais adiante, no § 2.º, do artigo 29, da Lei 9.605/1998, por questões de política criminal, **é possível que o magistrado deixe de aplicar a pena caso haja guarda doméstica de animal silvestre** (não há intenção de exploração comercial do animal), **desde que não seja ameaçado de extinção**, conforme listagem elaborada pelo Ministério do Meio Ambiente (Lista Nacional das Espécies da Fauna Brasileira Ameaçadas de Extinção), observadas as circunstâncias do caso.

Conforme previsto na Lei Complementar 140/2011, além da lista nacional das espécies da fauna ameaçadas de extinção, é possível que os Estados e o Distrito Federal também editem listas para os seus territórios. Claramente, trata-se de hipótese de extinção da punibilidade pelo perdão judicial.

Ressalte-se que a guarda doméstica de animal silvestre é crime permanente, ou seja, sua consumação se protrai no tempo, não correndo a prescrição enquanto não cessar a conduta.

Por sua vez, se o apanho ou utilização estiver amparada na Resolução CONAMA 394, de 06.11.2007, que permite, em caráter excepcional, a criação doméstica de animais integrantes da fauna silvestre, em lista regulamentar a ser editada pelo IBAMA, observados os critérios ambientais listados no artigo 4.º do citado diploma, não haverá crime.

Vale ressaltar que o STJ já aplicou o Princípio da Insignificância à guarda doméstica de animal silvestre (uma arara vermelha, um passarinho concriz e um xexéu, dois galos de campina e um papagaio), no julgamento do HC 72.234, em 09.10.2007.

No mais, foram instituídas pelo artigo 29 da Lei 9.605/1998 causas de aumento de pena, tanto em razão do desvalor da conduta quanto do resultado.

Espécie rara é a de difícil localização e a ameaçada de extinção é a listada oficialmente pelo Ministério do Meio Ambiente e pelo IBAMA, ou então pelos Estados e pelo Distrito Federal, justificando-se o aumento de pena pela maior lesividade do dano ao meio ambiente natural.

Poderá haver um período que mesmo a caça esportiva, científica ou de controle seja proibida, em razão, por exemplo, da procriação das espécies. Assim, como o desvalor do resultado será maior, justifica-se o aumento de pena.

No período noturno a fiscalização é bem mais difícil, bem como a possibilidade de defesa de alguns animais, tendo maior desvalor a conduta, de maior reprovação social.

Há uma maior reprovação de conduta, em que o agente obtém regular licença, mas a utiliza fora ou além dos limites permitidos pelo ente ambiental.

A prática deste delito em unidade de conservação avulta o desvalor do resultado, máxime se o crime foi praticado em unidade de conservação de proteção integral, em que não é permitido o uso direto dos recursos ambientais, a exemplo da estação ecológica e da reserva biológica.

Contudo, ressalve-se que há um tipo que tutela especificamente as unidades de conservação, no caso o artigo 40 da Lei 9.605/1998. Logo, é possível que se desloque a tipicidade para o citado artigo, em aplicação do Princípio da Especialidade, também sendo defensável a ocorrência de concurso formal, aplicando-se a maior pena com exasperação de 1/6 a 1/2.

Aqui há um maior perigo de dano ambiental em massa, a exemplo do uso de explosivos ou mesmo de veneno, que são proibidos.

Se o crime for praticado em razão do exercício de caça profissional, a pena poderá ser majorada até o triplo, tendo em conta que esta espécie de caça é proibida pela Lei 5.197/1967.

No caso da pesca irregular, existem artigos específicos para a incriminação de condutas, razão pela qual não incide este artigo, que é geral.

2. JURISPRUDÊNCIA

- **STJ, INFORMATIVO 466 – COMPETÊNCIA. CRIME. FAUNA.** Trata-se de conflito negativo de competência para processar e julgar o crime tipificado no **art. 29, § 1.º, III, da Lei 9.605/1998** em razão de apreensão em residência de *Oryzoborus angolensis* (curió), espécime que pertence à fauna silvestre. Sucede que o juízo de direito do juizado especial, suscitado, encaminhou os autos ao juizado especial federal com fulcro no enunciado da Súm. n. 91-STJ, que foi cancelada pela Terceira Seção deste Superior Tribunal em 8/11/2000, em razão da edição da Lei n. 9.605/1998, já que o entendimento sumulado tinha como base a Lei n. 5.197/1967, que até então tratava da proteção à fauna. **Após o cancelamento da citada súmula, o STJ firmou o entendimento, em vários acórdãos, de que, quando não há evidente lesão a bens, serviços ou interesse da União, autarquias ou empresas públicas (art. 109 da CF), compete à Justiça estadual, de regra, processar e julgar crime contra a fauna**, visto que a proteção ao meio ambiente constitui matéria de competência comum à União, aos estados, aos municípios e ao Distrito Federal (art. 23, VI e VII, da CF). Com esse entendimento, a Seção declarou competente o juízo suscitado. Precedentes citados: AgRg no CC 36.405-MG, *DJ* 26.09.2005; REsp 499.065-RS, *DJ* 13.10.2003; AgRg no CC 33.381-MS, *DJ* 07.04.2003; CC 34.081-MG, *DJ* 14.10.2002; CC 32.722-SP, *DJ* 04.02.2002, e CC 39.891-PR, *DJ* 15.12.2003. CC 114.798-RJ, Rel. Min. Maria Thereza de Assis Moura, julgado em 14.03.2011.

  "Criminal. Conflito de competência. Crime contra a fauna. Manutenção em cativeiro de espécies em extinção. IBAMA. Interesse de Autarquia Federal. Competência da Justiça Federal. I – A teor do disposto no artigo 54 da Lei 9.985/2000, cabe ao IBAMA, autarquia federal, autorizar a captura de exemplares de espécies ameaçadas de extinção destinada a programas de criação em cativeiro ou formação de coleções científicas. **II – Compete à Justiça Federal, dado o manifesto interesse do IBAMA, o processamento e julgamento de ação penal cujo objeto é a suposta prática de crime ambiental que envolve animais em perigo de extinção.** Conflito conhecido para declarar a competência do Juízo Federal da 3.ª Vara Federal de Uberlândia (MG)" (STJ, CC 37.137, *DJ* 14.04.2003, p. 178).

  No mesmo sentido o julgamento do CC 145875, 3ª Seção do STJ, de 10/8/2016: "Assim sendo, o interesse a reger a atração da competência para a justiça federal não deve ser geral, mas específico. Seja dizer, é necessária a indicação de um animal cuja espécie esteja indicada na Lista Nacional de Espécies da Fauna Brasileira Ameaçada de Extinção, previsto na Instrução Normativa n. 3, de 27 de maio de 2003, do Ministério do Meio Ambiente".

  "O crime contra a fauna atingiu bens e interesses da União, uma vez que a caça ocorreu às margens do Rio Grande, bem de propriedade da União, nos termos do art. 20, III da Constituição Federal e os animais abatidos estavam integrados ao ecossistema do mencionado rio, sendo este o seu habitat. Assim, firma-se a competência da Justiça Federal para o julgamento desse crime" (STJ, CC 120218, de 08.05.2013).

  "CONFLITO NEGATIVO DE COMPETÊNCIA. CRIME AMBIENTAL. APREENSÃO DE ESPÉCIMES DA FAUNA SILVESTRE SEM A DEVIDA LICENÇA DO ÓRGÃO COMPETENTE. AUSÊNCIA DE INTERESSE DIRETO DA UNIÃO. COMPETÊNCIA DA JUSTIÇA ESTADUAL. 1. A preservação do meio ambiente é matéria de competência comum da União, dos Estados, do Distrito Federal e dos Municípios, nos termos do art. 23, incisos VI e VII, da Constituição Federal. 2. A Justiça Federal somente será competente para processar e julgar crimes ambientais quando caracterizada lesão a bens, serviços ou interesses da União, de suas autarquias ou empresas públicas, em conformidade com o art. 109, inciso IV, da Carta Magna. 3. Na hipótese, verifica-se que o Juízo Estadual declinou de sua competência tão somente pelo fato de o auto de infração ter sido lavrado pelo IBAMA, circunstância que se justifica em razão da competência comum da União para apurar possível crime ambiental, não sendo suficiente, todavia, por si só, para atrair a competência da Justiça Federal" (STJ, CC 113.345, de 22.08.2012).

*"**Crime ambiental. Guarda, em residência, de aves silvestres não ameaçados de extinção (uma arara vermelha, um passarinho concriz e um xexéu, dois galos de campina e um papagaio).** Flagrante durante busca e apreensão realizada por determinação judicial em outro processo, que apurava crime tributário (operação cevada). Interceptações telefônicas do paciente desautorizadas, naqueles autos, por falta de condição objetiva de punibilidade (lançamento definitivo de crédito tributário). Contaminação das provas. Frutos da árvore envenenada. Inexistência. Desnecessidade de mandado judicial. Crime permanente. Estado de flagrância. artigo 5.º, XI, da CF. Precedentes do STJ. **Trancamento do inquérito policial. Falta de justa causa. Aplicação do princípio da insignificância penal. Impossibilidade de lesão ao bem jurídico protegido pela norma penal de proteção à fauna.** Ordem concedida, para trancar o inquérito policial instaurado contra o paciente.* 1. No HC 57.624/RJ, relatado pelo Ministro PAULO MEDINA (*DJU* 12.03.2007), a que faz referência a inicial, restaram cassadas as autorizações judiciais para a quebra do sigilo das comunicações telefônicas do paciente, para o efeito de investigação de crime de sonegação fiscal, porque deferidas antes de configurada a condição objetiva de punibilidade do delito, qual seja, o lançamento definitivo do crédito tributário. Como o que ocorreu, no tocante ao crime ora em apuração, foi o flagrante, realizado no momento de busca e apreensão em sua residência, não vislumbro a ocorrência de contaminação das provas, até porque não está devidamente provado que essa busca resultou daquelas interceptações. 2. Afastam-se as teses de necessidade de mandado judicial ou de existência de violação de domicílio, pois o crime em questão, nas modalidades de guardar ou ter em cativeiro animal silvestre, é de natureza permanente, prolongando-se sua consumação no tempo e, consequentemente, o estado de flagrância, o que permite à autoridade policial adentrar na residência do paciente sem qualquer determinação judicial, *ex vi* do artigo 5.º, inciso XI, da Carta Magna. 3. A Lei 9.605/1998 objetiva concretizar o direito dos cidadãos ao meio ambiente ecologicamente equilibrado e preservado para as futuras gerações, referido no artigo 225, *caput,* da Constituição Federal, que, em seu § 1.º, inciso VII, dispõe ser dever do Poder Público, para assegurar a efetividade desse direito, proteger a fauna e a flora, vedadas, na forma da Lei, as práticas que coloquem em risco sua função ecológica, provoquem a extinção de espécies ou submetam os animais a crueldade. 4. **Dessa forma, para incidir a norma penal incriminadora, é indispensável que a guarda, a manutenção em cativeiro ou em depósito de animais silvestres, possa, efetivamente, causar risco às espécies ou ao ecossistema, o que não se verifica no caso concreto, razão pela qual é plenamente aplicável, à hipótese, *o princípio da insignificância penal*.** 5. A própria lei relativiza a conduta do paciente, quando, no § 2.º do artigo 29, estabelece o chamado perdão judicial, conferindo ao Juiz o poder de não aplicar a pena no caso de guarda doméstica de espécie silvestre não ameaçada de extinção, como no caso, restando evidente, por conseguinte, a ausência de justa causa para o prosseguimento do Inquérito Policial, pela desnecessidade de movimentar a máquina estatal, com todas as implicações conhecidas, para apurar conduta desimportante para o Direito Penal, por não representar ofensa a qualquer bem jurídico tutelado pela Lei Ambiental" (STJ, HC 72.234, de 09.10.2007).

3. QUESTÕES DE CONCURSOS

01. (Prova: FCC – 2013 – PGE-BA – Analista de Procuradoria – Área de Apoio Jurídico) Considera-se condutas tipificadoras de crime contra o meio ambiente passível da aplicação de pena de detenção de seis meses a um ano, e multa: matar, perseguir, caçar, apanhar, utilizar espécimes da fauna silvestre, nativos ou em rota migratória, sem a devida permissão, licença ou autorização da autoridade competente, ou em desacordo com a obtida. Neste caso, quem modifica, danifica ou destrói ninho, abrigo ou criadouro natural

a) pratica conduta atípica.

b) incorre nas mesmas penas.

c) incorre nas mesmas penas, mas terá a pena corporal reduzida de um sexto a um terço.

d) estará sujeito apenas a aplicação da penalidade de multa.

e) incorre nas mesmas penas, mas terá a pena corporal reduzida à metade.

02. (FCC – 2010 – TRF – 4ª REGIÃO – Analista Judiciário – Área Judiciária) No que se refere aos crimes ambientais, de acordo com a Lei nº 9.605/1998, é certo que

a) não incorre nas mesmas penas o indivíduo que causar poluição de qualquer natureza, a ponto de dificultar ou impedir o uso público das praias, e o indivíduo que deixar de adotar, quando assim o exigir a autoridade competente, medidas de precaução em caso de risco de dano ambiental grave ou irreversível.

b) o crime de matar espécimes de fauna silvestre, nativos ou em rota migratória, sem a devida permissão, licença ou autorização da autoridade competente, ou em desacordo com a obtida não se aplica aos atos de pesca.

c) o crime de destruição de floresta considerada de preservação permanente não admite a modalidade culposa.

d) é fato atípico a realização de experiência dolorosa em animal vivo para fins didáticos, inclusive se existirem recursos alternativos.

e) incorre nas mesmas penas o indivíduo que pesca em período no qual a pesca seja proibida e o indivíduo que pesca mediante a utilização de explosivo.

03. (FCC – 2007 – TRF – 2ª REGIÃO – Analista Judiciário – Área Judiciária – Execução de Mandados) "A" mantém em cativeiro, na sua casa, sem permissão, licença ou autorização da autoridade competente, oriundos de criadouro NÃO autorizado, dois espécimes de ave ameaçada de extinção apenas na região onde reside. Ele

a) não pratica nenhum crime porque são aves nascidas em criadouros e não apreendidas no ambiente em que vivem.

b) não pratica nenhum crime porque são apenas dois espécimes.

c) não pratica nenhum crime porque as aves estão bem tratadas.

d) pratica crime ambiental com pena agravada porque a espécie está ameaçada de extinção.

e) pratica crime ambiental simples, porque a espécie está ameaçada de extinção apenas na região onde ocorreram os fatos.

04. (Ano: 2021 Banca: NC-UFPR Órgão: PC-PR Delegado de Polícia) Sobre os crimes contra o meio ambiente (Lei nº 9.605/1998), considere as seguintes afirmativas:

1. Com relação aos crimes ambientais de menor potencial ofensivo, não é possível ao infrator a realização de suspensão condicional do processo.
2. De acordo com o entendimento atual do STF, a responsabilização penal da pessoa jurídica por crimes ambientais, prevista no art. 3º da Lei nº 9.605/1998, fica condicionada à simultânea persecução penal de pessoa física (teoria da dupla imputação).
3. A prática de crime ambiental em domingos ou feriados constitui circunstância que agrava a pena, quando não constitui ou qualifica o crime.
4. De acordo com o STF, compete à Justiça Federal processar e julgar o crime ambiental de caráter transnacional que envolva animais silvestres ameaçados de extinção e espécimes exóticas ou protegidas por compromissos internacionais assumidos pelo Brasil.

Assinale a alternativa correta.

a) Somente a afirmativa 2 é verdadeira.

b) Somente as afirmativas 1 e 3 são verdadeiras.

c) Somente as afirmativas 3 e 4 são verdadeiras.

d) Somente as afirmativas 1, 2 e 4 são verdadeiras.

e) As afirmativas 1, 2, 3 e 4 são verdadeiras.

GAB	01	B	02	B	03	D	04	C

Art. 30. Exportar para o exterior peles e couros de anfíbios e répteis em bruto, sem a autorização da autoridade ambiental competente:

Pena – reclusão, de um a três anos, e multa.

1. COMENTÁRIOS

Cuida-se de um **delito doloso, comum, material, de dano, não transeunte, instantâneo, unissubjetivo, de ação única e plurissubsistente**, que visa reprimir o comércio clandestino de peles e couros de anfíbios e répteis em estado bruto. Deveras, salvo se provenientes de criadouros legalizados, a mercancia desses produtos é proibida, nos termos do artigo 3.º da Lei 5.197/1967.

Conquanto possa aparentemente parecer redundante, a expressão "exportar para o exterior" é tecnicamente correta, pois é possível a exportação para outro estado da federação ou municípios, com a consumação na saída do território nacional.

Outrossim, para a realização do tipo, é curial que as peles ou couros estejam em **estado bruto**, ou seja, não beneficiadas pela ação humana.

Veja-se a definição de anfíbios e répteis de acordo com a Wikipédia (http://pt.wikipedia.org):

> "Os anfíbios (latim científico: *Amphibia*) constituem uma classe de animais vertebrados, pecilotérmicos que não possuem bolsa amniótica agrupados na classe *Amphibia*. A característica mais marcante dos seres vivos da classe é o seu ciclo de vida dividido em duas fases: uma aquática e outra terrestre, apesar de haver exceções. Os répteis (latim científico: *Reptilia*) constituem uma classe de animais vertebrados tetrápodes e ectotérmicos, ou seja, não possuem temperatura corporal constante. São todos amniotas (animais cujos embriões são rodeados por uma membrana amniótica), esta característica permitiu que os répteis ficassem independentes da água para reprodução".

Ressalte-se que este tipo afasta a incidência do artigo 29, § 1.º, III, da Lei 9.605/1998, em razão do Princípio da Especialidade, assim como do artigo 334 do CP, que tipifica o crime de contrabando.

2. QUESTÃO DE CONCURSO

01. (TRF 5ª REGIÃO 2004 – JUIZ FEDERAL – CESPE) Considere a seguinte situação hipotética.

Uma empresa brasileira de exportação e importação exportava para o exterior, sem a autorização ambiental competente, peles e couros de anfíbios processadas e industrializadas.

Nessa situação, por incidir em crime ambiental, a empresa poderá ser sancionada no âmbito penal com a decretação de sua liquidação forçada, sendo seu patrimônio considerado como instrumento do crime e por isso perdido em favor do Fundo Penitenciário Nacional.

GAB	01	E

Art. 31. Introduzir espécime animal no País, sem parecer técnico oficial favorável e licença expedida por autoridade competente:

Pena – detenção, de três meses a um ano, e multa.

1. COMENTÁRIOS

Cuida-se de um **delito doloso, comum, material, de perigo, não transeunte, unissubjetivo, plurissubsistente, de ação única e instantâneo**, que objetiva tutelar o equilíbrio dos ecossistemas brasileiros.

Em tese, a introdução de qualquer animal no território nacional sem o devido licenciamento e parecer técnico favorável federal (IBAMA) tem o condão de realizar o núcleo do tipo, independentemente da existência de prejuízos ao equilíbrio ecológico.

Nesse sentido, pontifica o artigo 7.º, XVII, da LC 140/2011, ser competência federal controlar a introdução no País de espécies exóticas potencialmente invasoras que possam ameaçar os ecossistemas, hábitats e espécies nativas.

Tendo em conta a tutela de bens jurídicos distintos, há concurso formal entre este delito e o capitulado no artigo 334 do CP (contrabando), devendo-se aplicar a maior pena, exasperada de 1/6 a 1/2.

Assevere-se que cuida de **crime de competência da Justiça Federal**, pois há o interesse direto federal, tendo em conta o risco nacional que corre a fauna silvestre em razão da introdução irregular de espécie exótica, além de atentar contra serviço federal do IBAMA.

2. JURISPRUDÊNCIA

"***Conflito negativo de competência. Crime ambiental. Artigo 31 da Lei 9.605/1998. Introdução de espécimes de fauna exógena no País sem autorização. Competência da Justiça Federal.*** 1. Comprovado pelo laudo de vistoria realizado que nenhum dos animais possuía marcação ou comprovação de origem e sendo esta atividade diretamente relacionada com as atribuições do IBAMA, autarquia federal responsável pela autorização de ingresso e posse de animais exóticos no País, de acordo com Instrução Normativa 02/01 do citado órgão, há indícios de crime perpetrado em desfavor da União. 2. Uma vez que o ingresso de espécimes exóticos no País está condicionado à autorização do IBAMA, firma-se a competência da Justiça Federal, haja vista a existência de interesse de autarquia federal. 3. Conheço do conflito e declaro competente o suscitado, Juízo Federal da 3.ª Vara Criminal da Seção Judiciária do Estado do Rio Grande do Sul" (STJ, CC 96.853/RS, 3.ª Seção, j. 08.10.2008).

3. QUESTÕES DE CONCURSOS

01. (FGV – 2012 – OAB – Exame de Ordem Unificado – VIII – Primeira Fase) Luísa, residente e domiciliada na cidade de Recife, após visitar a Austrália, traz consigo para a sua casa um filhote de coala, animal típico daquele país e inexistente no Brasil. Tendo em vista tal situação, assinale a afirmativa correta.

a) Ao trazer o animal, Luísa não cometeu qualquer ilícito ambiental já que a propriedade de animais domésticos é livre no Brasil.

b) Ao trazer o animal, Luísa, em princípio, não cometeu qualquer ilícito ambiental, pois o crime contra o meio ambiente só se configuraria caso Luísa abandonasse ou praticasse ações de crueldade contra o animal por ela adotado.

c) Ao trazer o animal, Luísa cometeu crime ambiental, pois o introduziu no Brasil sem prévio licenciamento ambiental, sendo a Justiça estadual de Pernambuco competente para julgar a eventual ação.

d) Ao trazer o animal, Luísa cometeu crime ambiental, pois o introduziu no Brasil sem licença e sem parecer técnico oficial favorável, sendo a Justiça Federal competente para julgar a eventual ação.

02. **(AGU 2010 – Procurador Federal – CESPE)** A configuração do fato típico consistente em introduzir espécime animal no país, sem parecer técnico oficial favorável e licença expedida por autoridade competente, deve ser apurada e julgada pela justiça comum estadual, já que não há ofensa de bem, serviço ou interesse da União, de suas entidades autárquicas ou empresas públicas.

GAB	01	D	02	ERRADO

Art. 32. Praticar ato de abuso, maus-tratos, ferir ou mutilar animais silvestres, domésticos ou domesticados, nativos ou exóticos:

Pena – detenção, de três meses a um ano, e multa.

§ 1.º Incorre nas mesmas penas quem realiza experiência dolorosa ou cruel em animal vivo, ainda que para fins didáticos ou científicos, quando existirem recursos alternativos.

§ 1º-A Quando se tratar de cão ou gato, a pena para as condutas descritas no caput deste artigo será de reclusão, de 2 (dois) a 5 (cinco) anos, multa e proibição da guarda. (Incluído pela Lei nº 14.064, de 2020)

§ 2.º A pena é aumentada de um sexto a um terço, se ocorre morte do animal.

1. COMENTÁRIOS

Revela-se um **crime doloso, comum, material, de dano, não transeunte, unissubjetivo, plurissubsistente e de ação múltipla**, que objetiva tutelar a incolumidade dos animais.

Normalmente será instantâneo, mas se a conduta se protrair no tempo, é possível que seja permanente. Também será, em regra, comissivo, porém é possível a sua consumação pela omissão imprópria, a exemplo do proprietário de um cão que o deixa sem alimentação visando maltratá-lo, já que ele tem a condição penal de garantidor.

Considerando que a Constituição Federal veda a crueldade contra os animais,[4] adotando, neste ponto, uma linha filosófica ecocêntrica ou mesmo biocêntrica, andou bem o legislador ao tutelar todos os animais, mesmo os não silvestres.

Frise-se que, se o agente causa maus-tratos a um animal silvestre e, posteriormente o mata, com desígnios autônomos, haverá concurso material entre este tipo e o artigo 29 desta Lei.

Note-se que, ao contrário dos animais silvestres que são de propriedade do Estado, conforme previsto na Lei 5.197/1967, os não silvestres podem ser de propriedade privada, mas o seu regime jurídico civilista deve ser adaptado à sua condição de seres vivos.

Os atos de abuso constituem a utilização do animal sem os devidos cuidados que devem ser observados, abarcando os maus-tratos. Ferir um animal é lesioná-lo, ao passo que mutilá-lo é extrair parte do seu corpo.

Uma desproporcionalidade é a comparação da pena deste delito com a do artigo 136 do CP, que tipifica os maus-tratos a seres humanos, com a mesma pena máxima, mas com pena mínima inferior (dois meses).

---

4. Incumbe ao Poder Público proteger a fauna e a flora, vedadas, na forma da lei, as práticas que coloquem em risco sua função ecológica, provoquem a extinção de espécies ou submetam os animais à crueldade, na forma do artigo 225, § 1.º, VII, da CRFB.

Aduza-se que a morte de animal não silvestre sem a intenção de abuso, maus-tratos, lesão ou mutilação não é fato típico, a exemplo do abate de frangos para o consumo humano. Não há ilicitude na mutilação justificada de animais, a exemplo do corte de rabo de cão, exceto se a intervenção não for útil para o animal, como para fins estéticos.

Constituem crimes tradicionais e lamentáveis abusos contra os animais, as brigas de galos e canários e a farra do boi, sendo injustificável a manutenção de uma cultura à custa do sofrimento dos animais.

A dolorosa ou cruel experiência em animal vivo, ainda quando para fins didáticos ou científicos, constitui o delito, salvo se inexistir alternativa técnica, devendo a questão ser ponderada casuisticamente, ressaltando que o artigo 14 da Lei 5.197/1967 exige uma licença especial, sendo o tema regulamentado especificamente pela Lei 11.794/2008.

Há, ainda, uma causa de aumento de pena decorrente da morte culposa do animal, sendo modalidade preterdolosa.

Por força da Lei 14.064/2020, quando se tratar de cão ou gato, a pena para as condutas descritas será de reclusão, de 2 (dois) a 5 (cinco) anos, multa e proibição da guarda, tendo, portanto, sido criado um tipo qualificado.

Por força da **Lei 14.228/2021**, ficou vedada a eliminação da vida de cães e de gatos pelos órgãos de controle de zoonoses, canis públicos e estabelecimentos oficiais congêneres, com exceção da eutanásia nos casos de males, doenças graves ou enfermidades infectocontagiosas incuráveis que coloquem em risco a saúde humana e a de outros animais, sob pena de tipificação do delito do artigo 32 da Lei 9.605/98.

2. QUESTÕES DE CONCURSOS

01. (OAB UNIFICADA 2008.3 – CESPE) É crime abusar de animais domésticos ou domesticados, maltratá-los bem como realizar experiência dolorosa ou cruel em animal vivo, ainda que para fins didáticos ou científicos, quando existirem recursos alternativos.

02. (OAB UNIFICADA 2008.3 – CESPE) É contravenção abusar de animais domésticos ou domesticados, maltratá-los bem como realizar experiência dolorosa ou cruel em animal vivo, ainda que para fins didáticos ou científicos, salvo quando estas experiências resultarem em benefícios para a espécie humana.

03. (2016/UFMT/TJ-MT/Analista Judiciário/Direito) O renomado Professor Dr. Tibélio, em seu magistério, costuma realizar com fins didáticos dissecação de animais silvestres vivos, por entender mais conveniente apesar de existirem recursos alternativos viáveis cientificamente. É correto afirmar que o ato do Professor Dr. Tibélio

a) não se enquadra no crime de maus-tratos, disposto no Art. 32 da Lei de Crimes Ambientais, uma vez que havia fins didáticos.

b) só se enquadraria no crime de maus tratos se fossem animais domésticos.

c) enquadra-se no crime de maus-tratos, disposto no Art. 32 da Lei de Crimes Ambientais.

d) só se enquadraria no crime de maus tratos se fossem animais em extinção.

GAB	01	CERTO	02	ERRADO	03	C

Art. 33. Provocar, pela emissão de efluentes ou carreamento de materiais, o perecimento de espécimes da fauna aquática existentes em rios, lagos, açudes, lagoas, baías ou águas jurisdicionais brasileiras:

Pena – detenção, de um a três anos, ou multa, ou ambas cumulativamente.

Parágrafo único. Incorre nas mesmas penas:

I – quem causa degradação em viveiros, açudes ou estações de aquicultura de domínio público;

II – quem explora campos naturais de invertebrados aquáticos e algas, sem licença, permissão ou autorização da autoridade competente;

III – quem fundeia embarcações ou lança detritos de qualquer natureza sobre bancos de moluscos ou corais, devidamente demarcados em carta náutica.

1. COMENTÁRIOS

É um **crime doloso, comum, material, de dano, não transeunte, unissubjetivo, plurissubsistente e de ação única**, que objetiva tutelar a incolumidade da fauna aquática, composta por animais que habitam o meio aquático, de água doce ou marinha, inclusive os anfíbios, que têm parte do seu ciclo de vida nas águas.

Pode ser instantâneo, caso o perecimento seja em um único momento, mas é possível que se estenda no tempo, hipótese na qual será um delito permanente. Todas as águas brasileiras estão abarcadas pelo núcleo do tipo, uma vez que a expressão "águas jurisdicionais brasileiras" abarca as águas internas (continentais, aquém da linha da base territorial) e o mar territorial (doze milhas náuticas após a linha da base territorial), ressaltando que as ilhas brasileiras têm o seu próprio mar territorial, a exemplo de Fernando de Noronha.

Rio é um curso de água natural, que deságua no mar ou em outro rio. Os *lagos* são extensões de água cercadas por terra. As *lagoas* são pequenos lagos. Os *açudes* são construções destinadas a represar águas, sendo sinônimo de barragens. *Baías* são pequenos golfos, de boca estreita, que se alarga para o interior.

O tipo se realiza pela *emissão de efluentes* – que são águas poluídas – ou pelo *carreamento de materiais* – elementos corpóreos naturais – que trazem o perecimento de espécimes da fauna aquática, ou seja, seu esgotamento ou destruição. Estaria melhor localizado este tipo na Seção III, que é específica para a poluição.

Aliás, além do prévio licenciamento ambiental, a emissão de efluentes depende de outorga do Poder Público, nos termos do artigo 12, III, da Lei 9.433/1997, que na área federal é de competência da Agência Nacional de Águas – ANA, quando as águas forem federais.

Eventualmente, vale aduzir que a emissão ou o carreamento de poluentes que estejam amparados por regular licenciamento ambiental e outorga, dentro dos padrões de tolerância da legislação ambiental, mesmo que cause a mortandade de espécies da fauna silvestre, não constitui crime, em razão da exclusão da ilicitude pelo exercício regular do direito, conquanto não seja aconselhável esse licenciamento, mantendo-se, neste caso, a responsabilização civil.

Não é válido que o Direito permita administrativamente uma conduta e venha a repudiá-la na esfera criminal, que é a *ultima ratio*, em que a regra é que o ilícito criminal pressuponha o administrativo, pois o Direito Penal se reserva a tutelar os bens jurídicos mais relevantes ante a sua função fragmentária, apenas quando as demais esferas não se mostrem suficientes.

É bom ressaltar que este tipo é especial ao crime do artigo 54 desta Lei, que trata genericamente da poluição em níveis que afetem ou possam afetar a saúde do homem, a mortandade de animais ou a destruição significativa da flora. Neste caso, tutela-se apenas a fauna aquática, afastando-se o tipo genérico de poluição, que, inclusive, tem uma sanção maior.

Contudo, é possível a ocorrência de concurso formal entre os tipos dos artigos 33 e 54, quando, por exemplo, a poluição afetar a fauna aquática e a saúde humana, pois são dois bens penalmente tutelados, aplicando-se a pena do artigo 54, com a exasperação de 1/6 a 1/2.

Nesse sentido, o percuciente magistério de FLÁVIO DINO DE CASTRO COSTA – obra conjunta – (2001, p. 218):

> "Cumpre observar que a norma do artigo 33 apenas afasta a norma do artigo 54 quando se tratar da mortandade de espécimes da fauna ictiológica. Se for o caso de poluição naqueles termos que ensejem perigos à saúde humana, ou mortandade de animais e perecimento da flora, será caso de concurso formal entre a norma do artigo 33 e a do artigo 54".

Quem causa a degradação de viveiros (locais onde se criam ou se reproduzem animais), açudes e estações de aquicultura de domínio público (locais onde se criam ou multiplicam animais ou plantas aquáticas, de propriedade das pessoas jurídicas de direito público) também estará sujeito a mesma reprimenda da cabeça deste artigo.

Nestes casos, o tipo não exige o perecimento dos animais da fauna, mas a simples degradação, considerada como alteração adversa das características ambientais, à luz do artigo 3.º, II, da Lei 6.938/1981.

A tutela penal se alarga para proteger os campos naturais dos invertebrados – que são os locais onde os animais sem vértebras aquáticos se localizam – e das algas (plantas que vivem no fundo ou superfície de águas salgadas ou doces, da classe criptogâmicas). A simples exploração dessas áreas já realiza o tipo, salvo se houver licenciamento ambiental e outros atos permissivos que se façam eventualmente necessários.

Outrossim, incorre nas mesmas penas quem fundeia embarcações ou lança detritos de qualquer natureza sobre bancos de moluscos ou corais, devidamente demarcados em carta náutica.

Fundear significa, neste caso, ancorar; também é proibido lançar detritos de quaisquer espécies nos bancos de moluscos ou corais. Os moluscos são animais de corpo mole e mucoso coberto por um manto que normalmente segrega uma carapaça ou concha calcária, entre os quais se destacam a classe dos gastrópodes (búzios, caracóis etc.), pelecípodes (ostras, mexilhões etc.) e cefalópodes (lulas, polvos), **sendo que este tipo apenas tutela os moluscos marinhos**, não os terrestres.

> "Os corais ou recife de corais ou ainda antozoários são animais cnidários e uma das maravilhas do mundo submarino. Os corais constituem colônias coloridas e de formas espantosas que crescem nos mares e podem formar recifes de grandes dimensões que albergam um ecossistema com uma biodiversidade e produtividade extraordinárias" (http://pt.wikipedia.org).

Ressalve-se que o tipo exige a demarcação náutica em carta para a tipicidade da conduta, sendo as cartas náuticas, documentos cartográficos fruto de levantamentos de áreas oceânicas, mares, baías, rios ou qualquer outra massa navegável de água, que auxiliam a navegação.

2. QUESTÃO DE CONCURSO

01. (FCC – 2008 – MPE-RS – Assessor – Direito) Com relação aos Crimes contra a Fauna, considere as seguintes assertivas:

I. No caso de guarda doméstica de espécie silvestre não considerada ameaçada de extinção, pode o juiz, considerando as circunstâncias, deixar de aplicar a pena.

II. Não é crime introduzir espécime animal no País, sem parecer técnico oficial favorável e licença expedida por autoridade competente.

III. Não comete crime quem fundeia embarcações sobre bancos de moluscos, devidamente demarcados em carta náutica.

IV. Não constitui crime o abate de animal, quando realizado em estado de necessidade, para saciar a fome do agente ou de sua família.

De acordo com a Lei n.º 9.605/98, está INCORRETO o que consta APENAS em

a) II e IV.

b) I e IV.

c) I e III.

d) II e III.

e) I e II.

GAB	01	D

Art. 34. Pescar em período no qual a pesca seja proibida ou em lugares interditados por órgão competente:

Pena – detenção de um ano a três anos ou multa, ou ambas as penas cumulativamente.

Parágrafo único. Incorre nas mesmas penas quem:

I – pesca espécies que devam ser preservadas ou espécimes com tamanhos inferiores aos permitidos;

II – pesca quantidades superiores às permitidas, ou mediante a utilização de aparelhos, petrechos, técnicas e métodos não permitidos;

III – transporta, comercializa, beneficia ou industrializa espécimes provenientes da coleta, apanha e pesca proibidas.

1. COMENTÁRIOS

É um **crime doloso, comum, material, de dano ou de perigo, não transeunte, unissubjetivo, plurissubsistente e de ação única**, que objetiva tutelar a incolumidade da fauna e flora aquática.

De acordo com o **artigo 36**, da Lei 9.605/1998, considera-se **pesca** ***todo ato tendente*** a retirar, extrair, coletar, apanhar, apreender ou capturar espécimes dos grupos dos peixes, crustáceos, moluscos **e vegetais hidróbios**, suscetíveis ou não de aproveitamento econômico, ressalvadas as espécies ameaçadas de extinção, constantes nas listas oficiais da fauna e da flora.

É uma definição de pesca para efeitos apenas da Lei 9.605/1998, que é mais abrangente que o conceito de pesca que vigorava no artigo 1.º, do Decreto-lei 221/1967 (Código de Pesca), que era considerada todo ato tendente a **capturar ou extrair** elementos animais ou vegetais que tenham na água seu normal ou mais frequente meio de vida.

Com a revogação de quase todo o Código de Pesca pela Lei 11.959/2009, que aprovou a Política Nacional de Desenvolvimento Sustentável da Aquicultura e da Pesca, é considerada pesca toda operação, ação ou ato tendente a extrair, colher, apanhar, apreender ou capturar recursos pesqueiros (os animais e os vegetais hidróbios passíveis de exploração, estudo ou pesquisa pela pesca amadora, de subsistência, científica, comercial e pela aquicultura).

Pela dicção legal, **é possível sustentar a tipicidade dos atos preparatórios**, o que é excepcional penalmente, a exemplo da posse de petrechos para a fabricação de moeda falsa, **uma vez que todo ato tendente é considerado pesca**. Veja-se a sempre valiosa opinião de VLADIMIR e GILBERTO PASSOS DE FREITAS (2006, p. 130):

> "Feitas essas considerações, cumpre enfrentar o momento em que tem início da execução dos crimes contra a pesca. O artigo 36 da Lei 9.605/1998 considera pesca todo ato tendente a retirar espécimes dos grupos dos peixes e outras condutas. A questão é saber se o legislador quis punir o mero ato antecipatório de tais ações ou se a palavra tendente foi mal colocada, um mero equívoco de redação".

Caso se interprete na literalidade, **inexistirá tentativa para o crime de pesca, pois a mera preparação já será considerada pesca**, sendo a interpretação que mais atende ao Princípio da Prevenção, que busca se antecipar ao dano ambiental que normalmente é irreparável em espécie. Além disso, o crime poderá ser de dano ou mesmo de perigo, pois neste caso os espécimes não foram efetivamente retirados da água. É certo que não se exige a captura do recurso pesqueiro para a consumação deste delito.

Entrementes, conforme a parte final do conceito de pesca do artigo 36, não se considerará pesca se os animais ou vegetais aquáticos constarem em lista oficial como ameaçadas de extinção, disposição legal que não tem nenhuma razoabilidade, uma vez que, por exemplo, a sanção do artigo 29, com o aumento de pena do § 4.º, I (morte de animal contra espécie ameaçada de extinção), é muito inferior.

Para que haja a tipicidade, além da pesca, é curial que tenha sido realizado em período proibido ou em locais interditados pelo Poder Público, havendo a necessidade de um complemento para a concretização do tipo, o que faz com que o tipo tenha a natureza jurídica de norma penal em branco, pois não é possível que a lei especifique tais elementos do tipo que variarão no tempo e no espaço, conforme cada situação concreta.

Esses complementos normalmente se dão por atos do Poder Executivo, por meio das respectivas entidades ambientais, a exemplo da fixação do período de reprodução (piracema) anual das espécies, de acordo com cada bacia hidrográfica. Ressalte-se que todas as entidades políticas têm competência para tanto, sendo interessante que o IBAMA fixe o período de defeso das bacias que ultrapassem mais de um estado da federação, de modo a evitar a eventual edição de atos administrativos contraditórios.

A jurisprudência tem ratificado essa regulamentação, pois não há outro caminho a ser trilhado, a exemplo dos tipos culposos, que são necessariamente abertos. Ressalte-se que o órgão de acusação deve instruir a denúncia com o complemento da norma penal em branco com o fim de demonstrar a realização do núcleo do tipo, sob pena de inépcia.

Como exemplo, a Instrução Normativa IBAMA 206, de 14 de novembro de 2008, que objetiva garantir a proteção da lagosta no período de reprodução e, consequentemente, a sobrevivência da espécie e da atividade pesqueira, proibiu, nas águas sob jurisdição brasileira, o exercício da pesca das lagostas vermelha (*Panulirus argus*) e verde (*P. Laevicauda*), anualmente, no período de 1.º de dezembro a 31 de maio.

Um exemplo de vedação de pesca em determinados locais delimitados pelo Poder Público é dado pela Portaria IBAMA 18, de 11 de junho de 2008:

> "Artigo 2.º Proibir, na bacia hidrográfica do rio São Francisco:
>
> III – A pesca nos seguintes locais:
>
> a) em lagoas marginais;
>
> b) a menos de 200m (duzentos metros) a montante e a jusante de cachoeiras e corredeiras;
>
> c) a menos de 200m (duzentos metros) da confluência do rio São Francisco com os seus afluentes; e
>
> d) a 500m (quinhentos metros) a montante e a jusante de barragens".

Ressalte-se que era permitido que o pescador artesanal e o amador pescassem no período de reprodução, desde que apenas utilizassem linha de mão ou vara, linha e anzol, consoante liberação expressa do § 1.º, do artigo 1.º, da Lei 7.679/1987. Todavia, essa norma foi revogada pela Lei 11.959/2009.

No mais, pelo Princípio da Especialidade, a **pesca de cetáceos** – mamíferos adaptados à água, com barbatanas, a exemplo das baleias, golfinhos e botos – **realiza o tipo do artigo 2.º, da Lei 7.643/1987**, com pena de dois a cinco anos de reclusão e multa, sendo a sua pesca vedada sem quaisquer exceções ou mesmo o seu molestamento.

Incorre nas mesmas penas quem pesca espécies que devam ser preservadas ou espécimes com tamanhos inferiores aos permitidos. Inicialmente, é possível que o Poder Público proíba a pesca de certos espécimes, a exemplo daqueles em perigo de extinção, assim como fixe um tamanho mínimo para o apanho, a fim de preservar os filhotes.

Veja-se que essas proibições são expressas no artigo 6.º, § 1.º, II, da Lei 11.959/2009. Há uma lista oficial de espécies de peixes ameaçados de extinção aprovada pela Instrução Normativa do Ministério do Meio Ambiente 5, de 21.05.2004, em que se proíbe o seu apanho, exceto para fins científicos, mediante autorização especial do IBAMA.

É comum que o Poder Público limite a quantidade de pescados ou vede alguns instrumentos de pesca desproporcionalmente lesivos à fauna aquática, conforme autoriza o artigo 6.º, § 1.º, da Lei 11.959/2009.

Um exemplo mais específico é dado pela Instrução Normativa do Ministério do Meio Ambiente 29/2004, que proíbe qualquer tipo de pesca de arrasto com portas, a menos de uma milha náutica da Costa do Estado do Paraná.

Contudo, pelo Princípio da Especialidade, a pesca com explosivos ou substâncias tóxicas desloca a tipicidade para o artigo 35 da Lei 9.605/1998.

De acordo com o artigo 6.º, § 2.º, da Lei 11.959/2009, são vedados o transporte, a comercialização, o processamento e a industrialização de espécimes provenientes da atividade pesqueira proibida.

A proteção penal foi além da conduta do pescador. A pesca ilícita só é possível se existirem outras pessoas interessadas no pescado. Por isso, quem transporta o pescado, vende, compra, transforma em produto industrializado ou beneficia também comete o crime se houver ilicitude na apanha ou pesca. Trata-se de uma ***receptação especial***.

Logo, a comercialização nesse período só é possível se os peixes tiverem sido pescados em período ainda permitido e devidamente estocado, havendo o controle do IBAMA e dos demais órgãos ambientais, que exigem dos estabelecimentos comerciais a declaração de estoque.

O tipo naturalmente exige o dolo, direto ou eventual, devendo ser apurado casuisticamente. Assim, não é razoável que uma pessoa compre peixes de um pescador no período da reprodução, em que há grande divulgação na imprensa e posteriormente venha alegar que não tinha ciência da ilicitude de sua conduta.

Aliás, esse é outro grande problema das normas penais em branco, pois, além do potencial conflito com o Princípio da Estrita Legalidade, ainda são casuísticas e em grande número, o que dificulta o seu conhecimento mesmo por técnicos da área. Assim, por exemplo, a piracema variará de acordo com cada bacia hidrográfica, podendo ainda ter variações internamente, existindo portarias e instruções normativas que são editadas em regra anualmente.

Mas a atual jurisprudência do **STJ** passou a ser restritiva na interpretação da competência federal, **pois entende que não basta que este crime seja praticado em rio federal para deslocamento de competência para a justiça federal, sendo necessário causar dano regional ou nacional para que haja o deslocamento de competência.**

2. JURISPRUDÊNCIA

STF INFORMATIVO 901

Princípio da insignificância e pesca no período de defeso

O princípio da bagatela não se aplica ao crime previsto no art. 34, "caput" c/c parágrafo único, II, da Lei 9.605/1998 (1).

Com base nesse entendimento, a Primeira Turma denegou a ordem de "habeas corpus" em que se pleiteava a aplicação do princípio da insignificância à realização de pesca em período de defeso com o **uso de método não permitido**, ante a alegada irrelevância do dano ambiental causado pela pesca de sete quilos de camarão.

A Turma afirmou que as circunstâncias da prática delituosa não afastam a configuração do tipo penal. Tais circunstâncias devem repercutir na fixação da pena. Ademais, a natureza do bem protegido — o meio ambiente — afasta a construção jurisprudencial do crime de bagatela.

(1) Lei 9.605/1998: "Art. 34. Pescar em período no qual a pesca seja proibida ou em lugares interditados por órgão competente: Pena – detenção de um ano a três anos ou multa, ou ambas as penas cumulativamente. Parágrafo único. Incorre nas mesmas penas quem: (...) II – pesca quantidades superiores às permitidas, ou mediante a utilização de aparelhos, petrechos, técnicas e métodos não permitidos". HC 122560/SC, rel. Min. Marco Aurélio, julgamento em 8.5.2018. (HC-122560).

1. A preservação do meio ambiente é matéria de competência comum da União, dos Estados, do Distrito Federal e dos Municípios, nos termos do art. 23, incisos VI e VII, da Constituição Federal. 2. Com o cancelamento do enunciado n. 91 da Súmula STJ, após a edição da Lei n. 9.605/1998, esta Corte tem entendido que a competência federal para julgamento de crimes contra a fauna demanda demonstração de que a ofensa atingiu interesse direto e específico da União, de suas entidades autárquicas ou de empresas públicas federais. Precedentes. **3. Assim sendo, para atrair a competência**

da Justiça Federal, o dano decorrente de pesca proibida em rio interestadual deveria gerar reflexos em âmbito regional ou nacional, afetando trecho do rio que se alongasse por mais de um Estado da Federação, como ocorreria se ficasse demonstrado que a atividade pesqueira ilegal teria o condão de repercutir negativamente sobre parte significativa da população de peixes ao longo do rio, por exemplo, impedindo ou prejudicando seu período de reprodução sazonal. 4. Situação em que os danos ambientais afetaram apenas a parte do rio próxima ao Município em que a infração foi verificada, visto que a denúncia informa que apenas dois espécimes, dentre os 85 Kg (oitenta e cinco quilos) de peixes capturados, tinham tamanho inferior ao mínimo permitido e os apetrechos de pesca apresentavam irregularidades como falta de plaquetas de identificação, **prejuízos que não chegam a atingir a esfera de interesses da União.** 5. Conflito conhecido, para declarar a competência do Juízo de Direito da Vara Única da Comarca de Coromandel/MG, o suscitado **(STJ, CC 146373, de 11/5/2016).**

▶ "Ambiental. Pesca. Infração. Lei n. 9.605/1998. Caracterização.

Trata-se, na origem, de ação ajuizada a fim de anular auto de infração lavrado com base nos arts. 34 e 35 da Lei 9.605/1998, uma vez que o recorrido largou uma rede em um rio, em época de piracema, por assustar-se com a presença de agentes. O Min. Relator asseverou que a Administração Pública é regida pelo princípio da legalidade e, em especial, no exercício de atividade sancionadora, da tipicidade/taxatividade, de modo que, se ela não comprova, na esfera judicial, que foi correta a qualificação jurídica feita no lançamento, a autuação não pode subsistir. Todavia, no caso, a autuação foi correta ao enquadrar a ação do infrator. O próprio legislador cuidou, no art. 36, de enunciar o que deve ser entendido como pesca: 'ato tendente a retirar, extrair, coletar, apanhar, apreender ou capturar espécimes dos grupos dos peixes'. Assim, ao analisar as condutas previstas nos arts. 34 e 35 e o conceito de pesca disposto no art. 36, a Turma concluiu que o recorrido, ao abandonar uma rede (material proibido e predatório) em um rio, em época de piracema, pescou, uma vez que, pela análise de todo o contexto apresentado no acórdão, houve a demonstração de prática de ato tendente a retirar peixe ou qualquer das outras espécies de seu *habitat* próprio elencadas no art. 36" (STJ, REsp 1.223.132-PR, Rel. Min. Mauro Campbell Marques, j. 05.06.2012, *Informativo* 499).

▶ ***"Meio ambiente (crimes). Pesca em lugar interditado/obstáculo à ação fiscalizadora. Denúncia (inépcia formal).***

1. Conquanto se admita denúncia sintética, não se admite, porém, denúncia vaga, imprecisa e omissa. Em casos de ordem tal, a denúncia deixa de conter a exposição do fato criminoso de acordo com o que está escrito no artigo 41 do Cód. de Pr. Penal.

2. **A norma que incrimina e apena a pesca em lugar interditado é norma penal em branco, havendo o denunciante, quando do oferecimento da denúncia, de apresentar a norma complementadora.**

3. *Habeas corpus* deferido" (STJ, HC 42.486, *DJ* 22.05.2006).

"A Segunda Turma, em conclusão de julgamento, reputou improcedente acusação formulada contra deputado federal pela suposta prática do crime previsto no art. 34, "caput", da Lei 9.605/1998 ("Pescar em período no qual a pesca seja proibida ou em lugares interditados por órgão competente: Pena – detenção de um ano a três anos ou multa, ou ambas as penas cumulativamente") — v. Informativo 791. No caso, de acordo com o relatório de fiscalização, a autoridade ambiental abordara o deputado e outras duas pessoas em embarcação fundeada em área marítima pertencente à unidade de conservação federal de proteção integral. A Turma, de início, afastou a preliminar de inépcia da denúncia. Observou que essa peça processual descreveria de forma detalhada a ação empreendida, com menção ao dia, ao local e às circunstâncias do ato tido por criminoso, a possibilitar o pleno exercício da ampla defesa e do contraditório. Em seguida, reputou não existir, no caso concreto, o requisito da justa causa a propiciar o prosseguimento da ação penal, especialmente pela mínima ofensividade da conduta do agente, pela ausência de periculosidade social da ação, pelo reduzido grau de reprovabilidade do comportamento e pela inexpressividade da lesão jurídica provocada. Assim, apesar de a conduta do denunciado amoldar-se à tipicidade formal e subjetiva, não haveria a tipicidade material, consistente na relevância penal da conduta e no resultado típico, em razão da insignificância da lesão produzida no bem jurídico tutelado. **A jurisprudência seria no sentido da aplicabilidade do princípio da insignificância aos crimes ambientais, tanto com relação aos de perigo concreto — em que haveria dano efetivo ao bem jurídico tutelado —, quanto aos de perigo abstrato, como no art. 34, "caput", da Lei 9.605/1998.** No processo em exame, não se produzira prova material de qualquer dano efetivo ao meio ambiente. Ademais, mesmo diante de crime de perigo abstrato, não seria possível dispensar a verificação "in concreto" do perigo real ou mesmo potencial da conduta praticada pelo acusado com relação ao bem jurídico tutelado. Esse perigo real não se verificaria na espécie vertente. Portanto, seria imperioso assentar a atipicidade material da conduta, pela completa ausência de ofensividade ao bem jurídico tutelado pela norma penal. **O acusado estaria em pequena embarcação quando teria sido surpreendido em contexto de pesca rústica, com vara de pescar, linha e anzol. Não estaria em barco grande, munido de redes, arrasto nem com instrumentos de maior potencialidade lesiva ao meio ambiente. STF, Inq 3788/DF, rel. Min. Cármen Lúcia, 1°.3.2016. (Inq-3788).**

"Em que pese a ausência de apreensão de redes ou outros instrumentos, é significativo o desvalor da conduta do recorrente, porquanto a quantidade apreendida (7 kg de peixes) não pode ser considerada ínfima" (STJ, RHC 60419, de 9/8/2016).

▶ **STF, INFORMATIVO 676 – Princípio da insignificância e crime ambiental.** A 2ª Turma, por maioria, *concedeu habeas corpus para aplicar o princípio da insignificância em favor de condenado pelo delito descrito no art. 34, caput, parágrafo único, II, da Lei 9.605/1998* ("Art. 34: Pescar em período no qual a pesca seja proibida ou em lugares interditados por órgão competente: (...) Parágrafo único. Incorre nas mesmas penas quem: (...) II – pesca quantidades superiores às permitidas, ou mediante a utilização de aparelhos, petrechos, técnicas e métodos não permitidos"). No caso, o paciente fora flagrado ao portar 12 camarões e rede de pesca fora das especificações da Portaria 84/2002 do IBAMA. *Prevaleceu o voto do Min. Cezar Peluso, que reputou irrelevante a conduta em face do número de espécimes encontrados na posse do paciente.* O Min. Gilmar Mendes acresceu ser evidente a desproporcionalidade da situação, porquanto se estaria diante de típico crime famélico. Asseverou que outros meios deveriam reprimir este tipo eventual de falta, pois não seria razoável a imposição de sanção penal à hipótese. Vencido o Min. Ricardo Lewandowski, que denegava a ordem, tendo em conta a objetividade da lei de defesa do meio ambiente. Esclarecia que, apesar do valor do bem ser insignificante, o dispositivo visaria preservar a época de reprodução da espécie que poderia estar em extinção. Ressaltava que o paciente teria reiterado essa prática, embora não houvesse antecedente específico nesse sentido. HC 112.563/SC, rel. orig. Min. Ricardo Lewandowski, red. p/ o acórdão Min. Cezar Peluso, 21.08.2012. (HC-112563).

▶ **STJ, INFORMATIVO 402 – PRINCÍPIO. INSIGNIFICÂNCIA. PESCA. APETRECHO PROIBIDO.** *Consta da denúncia que o paciente foi flagrado ao pescar em represa mediante a utilização de uma rede de nylon, apetrecho de uso proibido.* Vem daí a imputação do crime previsto no art. 34, parágrafo único, II, da Lei n. 9.605/1998. Anote-se que foram encontrados com ele apenas *dois quilos de peixes de variadas espécies*. Quanto a isso, vê-se da norma incriminadora que se trata de crime formal (crime de perigo abstrato), delito que prescinde de resultado danoso específico (no caso, ao meio ambiente). Porém, apesar de não se desconhecer que o enquadramento da lei de crimes ambientais no ordenamento jurídico brasileiro ainda é tema tormentoso a causar inúmeras discussões jurídicas, sobretudo quanto à configuração dos delitos penais nela insculpidos, chegando alguns a entender até que os princípios nela edificados, tais como os da prevenção e da precaução, sobrepõem-se aos próprios princípios penais de garantia ao cidadão, destaca-se que a hipótese em apreço resolve-se mesmo pela pouca invasão naquilo que a sociedade, mediante o ordenamento jurídico, espera quanto à proteção de sua existência, visto que há um mínimo de probabilidade de a conduta do paciente atingir o bem jurídico tutelado na espécie, a fauna aquática. *Daí não se hesitar em consignar a presença da insignificância a ponto de, ao reconhecer a atipicidade material da conduta, conceder a ordem para trancar a ação penal por falta de justa causa.* HC 93.859-SP, Rel. Min. Maria Thereza de Assis Moura, julgado em 13.08.2009.

▶ **STJ, INFORMATIVO 466 – PESCA PREDATÓRIA. PEQUENA QUANTIDADE. PRINCÍPIO. INSIGNIFICÂNCIA.** Trata-se de *habeas corpus* impetrado em favor de réu denunciado como incurso nas penas do art. 34, parágrafo único, II, da Lei n. 9.605/1998, uma vez que foi flagrado pela Polícia Militar de Proteção Ambiental praticando pesca predatória de camarão, com a utilização de petrechos proibidos em período defeso para a fauna aquática e sem autorização dos órgãos competentes. Postula o paciente a atipicidade da conduta com a aplicação do princípio da insignificância, visto que pescara aproximadamente quatro quilos de camarão, que foram devolvidos ao habitat natural. *A Turma denegou a ordem* *com o entendimento de que a quantidade de pescado apreendido não desnatura o delito descrito no art. 34 da Lei n. 9.605/1998, que pune a atividade durante o período em que a pesca seja proibida, exatamente como no caso, ou seja, em época da reprodução da espécie e com utilização de petrechos não permitidos (parágrafo único, II, do referido artigo).* Há interesse estatal na repreensão da conduta em se tratando de delito contra o meio ambiente, dada sua relevância penal, tendo a CF destinado um capítulo inteiro à sua proteção. HC 192.696-SC, Rel. Min. Gilson Dipp, julgado em 17.03.2011.

"Não obstante seja possível a aplicação do princípio da insignificância aos tipos penais que tutelam a proteção do meio ambiente, a depender do grau de reprovabilidade, relevância da periculosidade social e ofensividade da conduta cometida pelo agente, **tal aferição deve ser realizada com cautela, dada a fundamentalidade do direito ao meio ambiente ecologicamente equilibrado, inerente às presentes e futuras gerações (princípio da equidade intergeracional)**". STJ, HC 238.344, de 15.08.2013.

"A aplicabilidade do princípio da insignificância deve observar as peculiaridades do caso concreto, de forma a aferir o potencial grau de reprovabilidade da conduta, valendo ressaltar que delitos contra o meio ambiente, a depender da extensão das agressões, têm potencial capacidade de afetar ecossistemas inteiros, podendo gerar dano ambiental irrecuperável, bem como a destruição e até a extinção de espécies da flora e da fauna, a merecer especial atenção do julgador" (STJ, REsp 1.372.370, de 27.08.2013).

"Pesca predatória em rio interestadual. Possível crime ambiental. Lesão a bens, serviços ou interesses da União evidenciada. Competência da Justiça Federal. – Compete, em regra, à Justiça Estadual, o processo e julgamento de feitos que visam à apuração de crimes ambientais. – A competência da Justiça Federal é restrita aos crimes ambientais perpetrados em detrimento de bens, serviços ou interesses da União, ou de suas autarquias ou empresas públicas. **– Tratando-se de possível pesca predatória em rio interestadual, que banha mais de um Estado da Federação, evidencia-se situação indicativa da existência de eventual lesão a bens, serviços ou interesses da União, a ensejar a competência da Justiça Federal.** – Conflito conhecido para declarar a competência do Juízo Federal da Segunda Vara de Uruguaiana/RS" (STJ, CC 39.055, de 23.02.2005).

Conflito de competência. Penal. **Crime contra o meio ambiente. Pesca com petrechos proibidos. Art. 34, II, da Lei 9.605/1998. Lagoa situada no entorno de unidade de conservação federal**. Competência do suscitado. Inexistência de lesão ao meio ambiente. Atipicidade material da conduta. Concessão de *habeas corpus* de ofício para determinar o trancamento da ação penal. 1. A competência da Justiça Federal, expressa no art. 109, IV, da Carta Magna, restringe-se às hipóteses em que os crimes ambientais são perpetrados em detrimento de bens, serviços ou interesses da União, suas autarquias ou empresas públicas. **2. Delito em tese cometido no entorno da Estação Ecológica do Taim, unidade de conservação federal, criada pelo Decreto nº 92.963/1986. 3. Logo, sendo a área vizinha a outra submetida a regime especial (bem da União), compete à Justiça Federal processar e julgar o feito, nos termos do art. 109, IV, da Carta Magna**. 4. Considerando-se a inexistência de lesão ao meio ambiente (fauna aquática), tendo em vista que não foi apreendido com o acusado nenhum pescado, deve ser reconhecida a atipicidade material da conduta. 5. Conflito conhecido para declarar competente o Juízo Federal da 1.ª Vara de Rio Grande – RS, concedendo-se, de ofício, ordem de *habeas corpus* para trancar a ação penal (STJ, 100.852, 3.ª Seção, de 28.04.2010).

3. QUESTÃO DE CONCURSO

01. (MPE-PR – 2012 – MPE-PR – Promotor de Justiça) São crimes ambientais:

I – pescar em período no qual a pesca seja proibida ou em lugares interditados por órgão competente;

II – pescar mediante a utilização de explosivos ou substâncias que, em contato com a água, produzam efeito semelhante;

III – exportar para o exterior peles e couros de anfíbios e répteis em bruto, sem autorização da autoridade ambiental competente;

IV – introduzir espécie animal no país, sem parecer técnico oficial favorável e licença expedida por autoridade competente;

V – praticar ato de abuso, maus-tratos, ferir ou mutilar animais silvestres, domésticos ou domesticados, nativos ou exóticos.

a) Todas as alternativas são corretas;

b) Todas as alternativas são incorretas;

c) As alternativas I, II, III e V são corretas;

d) As alternativas I, II,III e IV são corretas;

e) As alternativas II, III, IV e V são corretas.

02. (AGU 2007 – Procurador Federal – CESPE) Crime de pesca realizado em rio interestadual deve ser julgado no juízo federal competente, ao passo que crime de pesca realizado em rio estadual deve ser objeto de denúncia de membro do Ministério Público estadual respectivo.

03. (DPE PI 2009/Defensor Público/CESPE) Abater um animal para proteger lavoura é um ato que independe de autorização.

04. (DPE PI 2009/Defensor Público/CESPE) O abate de animal, ainda que este seja considerado nocivo pelo órgão competente, é considerado crime.

05. (DPE PI 2009/Defensor Público/CESPE) Se um indivíduo, em estado de necessidade, abate um animal para saciar a sua fome, sua conduta não será considerada crime.

06. (Prova: MPDFT – 2021 – MPDFT – Promotor de Justiça Adjunto) Não cabe a aplicação do princípio da insignificância no crime de pesca em local proibido (art. 34 da Lei 9.605/1998).

GAB	01	A	02	CERTO	03	ERRADO	04	ERRADO	05	CERTO	06	ERRADO

Art. 35. Pescar mediante a utilização de:

I – explosivos ou substâncias que, em contato com a água, produzam efeito semelhante;

II – substâncias tóxicas, ou outro meio proibido pela autoridade competente:

Pena – reclusão de um ano a cinco anos.

1. COMENTÁRIOS

É um **crime doloso, comum, material, de dano ou de perigo, não transeunte, unissubjetivo, plurissubsistente e de ação única**, que objetiva tutelar a incolumidade da fauna e flora aquática. É especial ao artigo 34, II, em razão do maior desvalor do resultado, ante o grande potencial lesivo dos explosivos e substâncias tóxicas.

De efeito, o artigo 6.º, § 1.º, VII, da Lei 11.959/2009, veda a pesca mediante a utilização de explosivos; processos, técnicas ou substâncias que, em contato com a água, produzam efeito semelhante ao de explosivos; substâncias tóxicas ou químicas que alterem as condições naturais da água e petrechos, técnicas e métodos não permitidos ou predatórios.

Como a parte final do inciso II, do artigo 35, se refere a outro meio proibido, na prática, não há como incidir a parte final do inciso II do artigo 34 desta Lei, pois esta disposição lista alguns meios proibidos. É preciso verificar cada corrente de água para identificar especificamente os meios de pesca proibidos, sendo também uma norma penal em branco.

2. JURISPRUDÊNCIA

▶ **STJ, INFORMATIVO 499 – AMBIENTAL. PESCA. INFRAÇÃO. LEI 9.605/1998. CARACTERIZAÇÃO.** Trata-se, na origem, de ação ajuizada a fim de anular auto de infração lavrado com base nos arts. 34 e 35 da Lei 9.605/1998, uma vez que o recorrido largou uma rede em um rio, em época de piracema, por assustar-se com a presença de agentes. O Min. Relator asseverou que a Administração Pública é regida pelo princípio da legalidade e, em especial, no exercício de atividade sancionadora, da tipicidade/taxatividade, de modo que, se ela não comprova, na esfera judicial, que foi correta a qualificação jurídica feita no lançamento, a autuação não pode subsistir. Todavia, no caso, a autuação foi correta ao enquadrar a ação do infrator. *O próprio legislador cuidou, no art. 36, de enunciar o que deve ser entendido como pesca: "ato tendente a retirar, extrair, coletar, apanhar, apreender ou capturar espécimes dos grupos dos peixes". Assim, ao analisar as condutas previstas nos arts. 34 e 35 e o conceito de pesca disposto no art. 36, a Turma concluiu que o recorrido, ao abandonar uma rede (material proibido e predatório) em um rio, em época de piracema, pescou, uma vez que, pela análise de todo o contexto apresentado no acórdão, houve a demonstração de prática de ato tendente a retirar peixe ou qualquer das outras espécies de seu* habitat *próprio elencadas no art. 36.* REsp 1.223.132-PR, Rel. Min. Mauro Campbell Marques, julgado em 05.06.2012.

"Crime ambiental. Pesca com petrecho não permitido. Lesão a bem da União. Mar territorial. Interesse de entidade autárquica federal. IBAMA. Competência da Justiça Federal. Irregularidades nos autos de infração e necessidade do prévio esgotamento da via administrativa. Teses não apreciadas pelo e. Tribunal *a quo*. Supressão de instância. Ocorrência de dano ambiental. Necessidade de dilação probatória inviável na via eleita. Responsabilidade do comandante e do armador. I – A competência da Justiça Federal, expressa no artigo 109, IV, da Constituição Federal, restringe-se às hipóteses em que os crimes ambientais são perpetrados em detrimento de bens, serviços ou interesses da União, ou de suas autarquias ou empresas públicas. II – **Ficando configurado, na espécie, a evidente possibilidade de lesão a bem pertencente à União, qual seja, *o mar territorial*, bem como o interesse de entidade autárquica federal no desfecho da controvérsia, no caso o IBAMA, a competência para processar e julgar o feito é da Justiça Federal**" (STJ, ROHC 15.852, de 28.09.2004).

▶ **STJ, INFORMATIVO 476 – COMPETÊNCIA. CRIME. MEIO AMBIENTE.** O suposto delito contra o meio ambiente (pesca sem autorização mediante petrechos proibidos) foi praticado em *área adjacente à unidade de conservação federal. Assim, vislumbra-se prejuízo à União, autarquia ou empresa pública federais a ponto de determinar a competência da Justiça Federal para seu processo e julgamento.* Precedentes citados: CC 100.852-RS, *DJe* 08.09.2010, e CC 92.722-RJ, *DJe* 19.04.2010. CC 115.282-RS, Rel. Min. Maria Thereza de Assis Moura, julgado em 08.06.2011.

3. QUESTÕES DE CONCURSOS

01. (MPE-PR – 2012 – MPE-PR – Promotor de Justiça) São crimes ambientais:

I – pescar em período no qual a pesca seja proibida ou em lugares interditados por órgão competente;

II – pescar mediante a utilização de explosivos ou substâncias que, em contato com a água, produzam efeito semelhante;

III – exportar para o exterior peles e couros de anfíbios e répteis em bruto, sem autorização da autoridade ambiental competente;

IV – introduzir espécie animal no país, sem parecer técnico oficial favorável e licença expedida por autoridade competente;

V – praticar ato de abuso, maus-tratos, ferir ou mutilar animais silvestres, domésticos ou domesticados, nativos ou exóticos.

a) Todas as alternativas são corretas;

b) Todas as alternativas são incorretas;

c) As alternativas I, II, III e V são corretas;

d) As alternativas I, II, III e IV são corretas;

e) As alternativas II, III, IV e V são corretas.

GAB	01	A

Art. 36. Para os efeitos desta Lei, considera-se pesca todo ato tendente a retirar, extrair, coletar, apanhar, apreender ou capturar espécimes dos grupos dos peixes, crustáceos, moluscos e vegetais hidróbios, suscetíveis ou não de aproveitamento econômico, ressalvadas as espécies ameaçadas de extinção, constantes nas listas oficiais da fauna e da flora.

1. COMENTÁRIOS

Vide comentários ao artigo 34 conjuntamente visto.

Art. 37. Não é crime o abate de animal, quando realizado:

I – em estado de necessidade, para saciar a fome do agente ou de sua família;

II – para proteger lavouras, pomares e rebanhos da ação predatória ou destruidora de animais, desde que legal e expressamente autorizado pela autoridade competente;

III – (VETADO)

IV – por ser nocivo o animal, desde que assim caracterizado pelo órgão competente.

1. COMENTÁRIOS

São hipóteses de **exclusão da antijuridicidade (ou ilicitude) da conduta**. Não haveria necessidade de previsão destas hipóteses, pois todas são modalidades de estado de necessidade, já previsto no Código Penal.

O primeiro caso é o abate de animais para saciar a fome do agente ou de sua família. Deve ser analisado casuisticamente, sendo que a função indiciária da tipicidade penal conduz à presunção relativa da ilicitude da conduta, que deve ser elidida pelo agente. Não será a mera alegação de fome que excluirá a antijuridicidade, devendo ser analisada com cautela e ponderação, sob pena de tornar a proteção penal inócua na prática.

A proteção de pomares, lavouras ou rebanhos como justificativa para o abate de animais também é listada como causa de exclusão da antijuridicidade, desde que expressamente autorizada pela autoridade competente. Contudo, é natural que situações emergenciais façam com que não haja tempo hábil para o prévio licenciamento, o que deve ser também apreciado no caso concreto.

O inciso III foi corretamente vetado, pois seria uma verdadeira aberração jurídica ao prever a legítima defesa contra a ação de animais ferozes, uma vez que essa excludente de ilicitude pressupõe a repulsa proporcional à ofensa humana, jamais animal, salvo quando este é instrumento de agressão por outro homem, a exemplo de um cão instigado por seu dono a ferir alguém.

Outrossim, o abate de animais nocivos não é contrário ao Direito, desde que ele seja caracterizado pelo órgão competente. A Instrução Normativa IBAMA 141/2006 regula o controle da fauna sinantrópica nociva,[5] dispensando autorização do IBAMA para o seu controle, conforme listagem abaixo, pois há uma presunção de nocividade:

> "Artigo 5.º Pessoas físicas ou jurídicas interessadas no manejo ambiental ou controle da fauna sinantrópica nociva, devem solicitar autorização junto ao órgão ambiental competente nos respectivos Estados.
>
> § 1.º Observada a legislação e as demais regulamentações vigentes, são espécies sinantrópicas nocivas passíveis de controle por pessoas físicas e jurídicas devidamente habilitadas para tal atividade, sem a necessidade de autorização por parte do IBAMA:
>
> a) artrópodes nocivos: abelhas, cupins, formigas, pulgas, piolhos, mosquitos, moscas e demais espécies nocivas comuns ao ambiente antrópico, que impliquem em transtornos sociais ambientais e econômicos significativos.
>
> b) Roedores sinantrópicos comensais (*Rattus rattus*, *Rattus norvegicus* e *Mus musculus*) e pombos (*Columba livia*), observada a legislação vigente, especialmente no que se refere a maus-tratos, translocação e utilização de produtos químicos".

Logo, a eliminação de abelhas ou cupins não constitui crime e independe de prévio licenciamento ambiental, desde que impliquem transtornos sociais ambientais e econômicos significativos.

O Poder Público também pode eliminar outros animais como última saída, independentemente de licenciamento, a exemplo dos cães abandonados, conforme o § 1.º, do artigo 4.º, da Instrução Normativa IBAMA 141/2006:

> "§ 1.º Observada a legislação e as demais regulamentações vigentes, são espécies passíveis de controle por órgãos de governo da Saúde, da Agricultura e do Meio Ambiente, sem a necessidade de autorização por parte do IBAMA:
>
> a) invertebrados de interesse epidemiológico, previstos em programas e ações de governo, tal como: insetos hematófagos (hemípteros e dípteros), ácaros, helmintos e moluscos de interesse epidemiológico, artrópodes peçonhentos e invertebrados classificados como pragas agrícolas pelo Ministério da Agricultura;
>
> b) artrópodes nocivos: abelhas, cupins, formigas, pulgas, piolhos, mosquitos, moscas e demais espécies nocivas comuns ao ambiente antrópico, que impliquem transtornos sociais ambientais e econômicos significativos;
>
> c) animais domésticos ou de produção, bem como quando estes se encontram em situação de abandono ou alçados (e.g. *Columba livia*, *Canis familiaris*, *Felis catus*) e roedores sinantrópicos comensais (e.g. *Rattus rattus*, *Rattus norvegicus* e *Mus musculus*);
>
> d) quirópteros em áreas urbanas e periurbanas e quirópteros hematófagos da espécie *Desmodus rotundus* em regiões endêmicas para a raiva e em regiões consideradas de risco de ocorrência para a raiva, a serem caracterizadas e determinadas por órgãos de governo da Agricultura e da Saúde, de acordo com os respectivos planos e programas oficiais;

5. Populações animais de espécies silvestres nativas ou exóticas, que utilizam recursos de áreas antrópicas, de forma transitória em seu deslocamento, como via de passagem ou local de descanso; ou permanente, utilizando-as como área de vida.

e) espécies exóticas invasoras comprovadamente nocivas à agricultura, pecuária, saúde pública e ao meio ambiente.

§ 2.º Para as demais espécies que não se enquadram nos critérios estabelecidos nos itens anteriores, o manejo e controle somente serão permitidos mediante aprovação e autorização expressa do IBAMA.

§ 3.º A eliminação direta de indivíduos das espécies em questão deve ser efetuada somente quando tiverem sido esgotadas as medidas de manejo ambiental definidas no artigo 2.º".

2. QUESTÕES DE CONCURSOS

01. (FCC – 2013 – DPE-AM – Defensor Público) Pedro, em estado de necessidade, para saciar sua fome e de sua família, composta por esposa e cinco filhos, abateu animal da fauna amazônica. Segundo a Lei Federal no 9.605/98, que dispõe sobre as sanções penais e administrativas derivadas de condutas e atividades lesivas ao meio ambiente, tal fato

a) é tipificado como crime.

b) é tipificado como contravenção penal.

c) é tipificado como crime, sendo a situação descrita circunstância atenuante da pena.

d) não é considerado crime.

e) é tipificado como crime, sendo a ação penal neste caso pública condicionada à representação.

02. (CESPE – 2010 – DPE-BA – Defensor Público) Nélson foi flagrado na lagoa do Abaeté, área de proteção ambiental, portando apetrechos para pesca artesanal – duas varas de pescar, isca, caixa de isopor, faca de cozinha. Constatou-se, na ocasião, que Nélson pretendia pescar para alimentar a família, que passava grandes privações. Nessa situação, resta configurado o crime ambiental de penetração, com porte de instrumentos para pesca, em área de proteção ambiental, delito considerado de mera conduta, o que obsta a incidência das causas excludentes de ilicitude.

GAB	01	D	02	ERRADO

SEÇÃO II
DOS CRIMES CONTRA A FLORA

Art. 38. Destruir ou danificar floresta considerada de preservação permanente, mesmo que em formação, ou utilizá-la com infringência das normas de proteção:

Pena – detenção, de um a três anos, ou multa, ou ambas as penas cumulativamente.

Parágrafo único. Se o crime for culposo, a pena será reduzida à metade.

1. COMENTÁRIOS

É um **crime doloso ou culposo, comum, material, de dano, não transeunte, unissubjetivo, plurissubsistente e de ação múltipla** que visa proteger a floresta situada em APP, que revogou a contravenção que existia no artigo 26, *a*, do antigo Código Florestal. Poderá ter consumação instantânea ou permanente, a depender da hipótese, pois é possível que o dano ambiental se protraia no tempo.

Destruir significa arrasar, devastar ou aniquilar. *Danificar* significa estragar, deteriorar. *Utilizar* significa fazer uso, sendo exigível que a utilização contrarie a legislação em vigor.

É um tipo plurinuclear alternativo, realizando-se por quaisquer dessas condutas, sendo a destruição a mais grave, merecendo uma maior sanção penal.

Floresta não se confunde exatamente com vegetação ou mesmo flora, sendo um vocábulo com acepção mais estrita. Em termos comuns, significa uma vegetação arbórea densa, devendo, em casos fronteiriços, ser definida por perícia. Para o Vocabulário Básico dos Recursos Naturais e Meio Ambiente é o "conjunto de sinúsias dominado por fanerófitos de alto porte, e apresentando quatro estratos bem definidos: herbáceo, arbustivo, arvoreta e arbóreo. Deve ser também levada em consideração a altura, para diferenciá-la das outras formações lenhosas campestres".

Consumar-se-á o delito mesmo que se trate de floresta em formação, que é aquela que ainda não atingiu todo o seu potencial, em crescimento original ou em regeneração natural. **Contudo, este tipo apenas tutela as florestas de preservação permanente, ou seja, as localizadas nas áreas descritas nos artigos 4.º e 6.º do novo Código Florestal**. Trata-se de outro caso de norma penal em branco.

Conforme já abordado nesta obra, as áreas do artigo 4.º do novo Código Florestal já incidem diretamente de lei, sendo a sua vegetação considerada de preservação permanente (ao longo de rios, ao redor de lagoas e de nascentes etc.). Neste caso, como o complemento se dá por lei em sentido estrito, tem-se uma norma penal em branco homogênea.

Por outro lado, os locais descritos pelo artigo 6.º do novo Código Florestal como de preservação permanente, para existirem, dependem de prévio ato do Chefe do Poder Executivo, que pode se dar em todas as esferas, ante a competência material comum ambiental.

Destarte, não basta que o fato tenha ocorrido nessas áreas, sendo exigível que se trate realmente de floresta, mesmo em formação. Aliás, a "capoeira" poderá ou não ser caracterizada como floresta em formação, a depender do seu estágio, conforme já decidiu o STJ.

Ressalte-se que a supressão vegetal de floresta de preservação permanente previamente licenciada, nas taxativas hipóteses de baixo impacto ambiental, utilidade pública ou interesse social, conforme pontificado pelo artigo 8.º, do novo Código Florestal, tem o condão de excluir a ilicitude da conduta.

Se o delito for praticado por imprudência, imperícia ou negligência, a pena será reduzida à metade. É um verdadeiro avanço a instituição de modalidade culposa, inovação da Lei 9.605/1998 no que concerne aos crimes ambientais.

Vale registrar que para este delito existe a previsão de suspensão e extinção da punibilidade no artigo 60 da Lei 12.651/2012 (novo Código Florestal). No seu Capítulo XIII foi previsto que no período entre a publicação do novo CFlo (28.05.2012) e a implantação do Programa de Recuperação Ambiental em cada Estado e no Distrito Federal, bem como após a adesão do interessado ao PRA e enquanto estiver sendo cumprido o termo de compromisso, **o proprietário ou possuidor não poderá ser autuado por infrações administrativas cometidas antes de 22 de julho de 2008**, relativas à supressão irregular de vegetação em Áreas de Preservação Permanente, de Reserva Legal e de uso restrito.

Já na esfera criminal, a assinatura do mencionado termo de compromisso para a regularização de imóvel ou posse rural perante o órgão ambiental competente suspenderá a punibilidade deste crime enquanto o termo estiver sendo cumprido.

Ficará interrompida a prescrição durante o período de suspensão da pretensão punitiva, bem como, se integralmente cumprido o termo de compromisso, dar-se-á a extinção da punibilidade.

2. JURISPRUDÊNCIA

- **STF, INFORMATIVO 684 – Art. 38 da Lei 9.605/1998 e potencial ofensivo.** O delito tipificado no art. 38 da Lei 9.605/1998 (*"Destruir ou danificar floresta considerada de preservação permanente, mesmo que em formação, ou utilizá-la com infringência das normas de proteção: Pena – detenção, de um a três anos, ou multa, ou ambas as penas cumulativamente. Parágrafo único. Se o crime for culposo, a pena será reduzida à metade"*) não constitui infração de menor potencial ofensivo. Essa a conclusão da 2ª Turma ao denegar *habeas corpus* em que se pleiteava a declaração da competência do juizado especial federal criminal para apreciação do processo na origem, em face da possibilidade de imposição de multa como reprimenda. Na espécie, tratava-se de denunciado por, supostamente, edificar obras de forma ilícita às margens de lago de preservação ambiental. Salientou-se que a competência do juizado estaria afastada, uma vez que a pena máxima cominada superaria o limite de 2 anos (art. 2.º da Lei 10.259/2001 c/c o art. 61 da Lei 9.099/1995). Concluiu-se ser competente a justiça federal comum. HC 112.758/TO, rel. Min. Ricardo Lewandowski, 16.10.2012. (HC-112.758).

- **STJ, INFORMATIVO 472 – CRIME CONTRA FLORA. INDICIAMENTO POSTERIOR. DENÚNCIA.** O paciente foi denunciado como incurso nas penas do art. 38 da Lei n. 9.605/1998 por ter danificado área de floresta em formação considerada de preservação permanente, fatos supostamente ocorridos em 02.10.2007. No *habeas corpus*, o impetrante/paciente busca que seja determinada a revogação do seu indiciamento formal após já ter sido oferecida a denúncia sobre os mesmos fatos. Registra o Min. Relator que, por ocasião da impetração do *writ* (no STJ) ainda não havia julgamento do HC originário impetrado no tribunal de origem; somente depois sobreveio o acórdão denegando a ordem, motivo pelo qual examina esse *habeas corpus* como substitutivo de recurso ordinário. Observa ser cediço que este Superior Tribunal, em reiterados julgados, vem afirmando seu posicionamento jurisprudencial de que caracteriza constrangimento ilegal o formal indiciamento do paciente que já teve contra si oferecida denúncia, como no caso, inclusive esta já foi recebida pelo juízo *a quo*. Diante do exposto, a Turma concedeu a ordem. Precedentes citados: RHC 21.657-SP, *DJe* 15.03.2010, e HC 145.935-SP, *DJe* 07.06.2010. HC 179.951-SP, Rel. Min. Gilson Dipp, julgado em 10.05.2011 *(ver Informativo n. 471).*

  "A conduta de devastação de vegetação do tipo capoeira pode estar subsumida ao tipo penal previsto no artigo 38 da Lei 9.605/1998, já que determinados tipos de capoeira permitem um processo de regeneração natural da floresta, caracterizando, portanto, 'floresta em formação', daí porque não é viável o trancamento da ação penal via *habeas corpus*, se não é inequívoca a atipicidade" (STJ, HC 52.722, j. 25.03.2008).

3. QUESTÃO DE CONCURSO

01. (FCC – 2010 – TCE-AP – Procurador) A conduta consistente em destruir ou danificar floresta de preservação permanente é

a) atípica, sem também ensejar infração administrativa.

b) objeto de tipo penal autônomo.

c) circunstância agravante do crime de dano a unidade de conservação.

d) circunstância agravante do crime de dano a reserva legal.

e) atípica, consistindo apenas em infração administrativa.

GAB	01	B

Art. 38-A. Destruir ou danificar vegetação primária ou secundária, em estágio avançado ou médio de regeneração, do Bioma Mata Atlântica, ou utilizá-la com infringência das normas de proteção: *(Incluído pela Lei nº 11.428, de 2006).*

Pena – detenção, de 1 (um) a 3 (três) anos, ou multa, ou ambas as penas cumulativamente. *(Incluído pela Lei nº 11.428, de 2006).*

Parágrafo único. Se o crime for culposo, a pena será reduzida à metade. *(Incluído pela Lei nº 11.428, de 2006).*

1. COMENTÁRIOS

Esse novo tipo penal foi inserido pela Lei 11.428, de 22 de dezembro de 2006, que disciplina o uso e a preservação do Bioma Mata Atlântica. É um **crime doloso ou culposo, comum, material, de dano, não transeunte, unissubjetivo, plurissubsistente e de ação múltipla**, que poderá ter consumação instantânea ou permanente, a depender da hipótese.

Destruir significa arrasar, devastar ou aniquilar. *Danificar* significa estragar, deteriorar. *Utilizar* significa fazer uso, sendo exigível que a utilização contrarie a legislação em vigor. É um tipo plurinuclear alternativo, realizando-se por quaisquer dessas condutas, sendo a destruição a mais grave, merecendo uma maior sanção penal.

Apenas será objeto de tutela a Mata Atlântica, que tem a sua abrangência fornecida pelo artigo 2.º da Lei 11.428/2006: "Para os efeitos desta Lei, consideram-se integrantes do Bioma Mata Atlântica as seguintes formações florestais nativas e ecossistemas associados, com as respectivas delimitações estabelecidas em mapa do Instituto Brasileiro de Geografia e Estatística – IBGE, conforme regulamento: Floresta Ombrófila Densa; Floresta Ombrófila Mista, também denominada de Mata de Araucárias; Floresta Ombrófila Aberta; Floresta Estacional Semidecidual; e Floresta Estacional Decidual, bem como os manguezais, as vegetações de restingas, campos de altitude, brejos interioranos e encraves florestais do Nordeste".

Mesmo assim, **apenas a vegetação Atlântica primária ou secundária em estágio avançado ou médio de regeneração está protegida pelo tipo**, que não tutela a vegetação secundária em estágio inicial de regeneração, salvo quando esta for equiparada expressamente às demais.

Ressalte-se que a destruição ou danificação devidamente licenciada exclui a tipicidade da conduta, bem como a exploração sem autorização dos órgãos competentes feita pelas populações tradicionais ou pequenos produtores rurais, nos limites do artigo 9.º da Lei 11.428/2006, regulamentado pelo artigo 2.º, § 1.º, do Decreto 6.660/2008.

A caracterização do estado da Mata Atlântica é feita casuisticamente por resoluções do CONAMA, nos moldes do artigo 4.º, da Lei 11.428/2006, o que ratifica se tratar de uma norma penal em branco heterogênea. Admite-se a modalidade culposa, com pena pela metade.

Este crime será de competência da Justiça Estadual, salvo se houver uma causa que atraia a competência federal.

2. JURISPRUDÊNCIA

"Conflito de competência (Justiça Federal e Justiça Estadual). Infração ambiental (desmatamento). Floresta nativa (Mata Atlântica). **1. Conforme o entendimento consolidado no Superior Tribunal, compete à Justiça estadual o processamento e o julgamento de procedimento que apura eventual infração ambiental consistente no desmatamento de floresta nativa da Mata Atlântica"** (STJ, AgRg no CC 93.083, j. 27.07.2008).

Art. 39. Cortar árvores em floresta considerada de preservação permanente, sem permissão da autoridade competente:

Pena – detenção, de um a três anos, ou multa, ou ambas as penas cumulativamente.

1. COMENTÁRIOS

É um **crime doloso, comum, material, de dano, não transeunte, unissubjetivo, plurissubsistente e de ação única,** que tutela árvores situadas em florestas localizadas em área de preservação permanente, ou seja, as listadas nos artigos 4.º e 6.º do novo Código Florestal.

É um tipo completamente desnecessário, pois é abarcado pelo tipo do artigo 38, sendo mais restrito por não proteger as florestas em formação e apenas conter um núcleo do tipo que é o corte de uma árvore, a sua derrubada, uma vez que quem corta está necessariamente destruindo ou danificando.

Inclusive, tem a mesma pena do crime do artigo 38, mas não admite a modalidade culposa. No mais, aplicam-se os comentários ao artigo 38, ressaltando que não é possível o concurso material entre esses tipos, conforme já decidiu o STJ.

Também para este delito existe a previsão de suspensão e extinção da punibilidade no artigo 60 da Lei 12.651/2012 (novo Código Florestal), conforme anteriormente detalhado, com a extinção da punibilidade pelo cumprimento do termo de compromisso para a recomposição da área de preservação permanente com exploração consolidada até 22.07.2008.

2. JURISPRUDÊNCIA

- **STJ, INFORMATIVO 428 – COMPETÊNCIA. CRIME AMBIENTAL.** A Seção decidiu que *compete ao juizado especial federal* processar e julgar crime ambiental (art. 39 da Lei n. 9.605/1998) decorrente do corte de árvores (palmito) em floresta de preservação permanente sem autorização do IBAMA, que administra o Parque Nacional de Itatiaia, *por ser área particular vizinha à unidade de conservação* (art. 9.º da Lei n. 4.771/1965). Precedente citado: CC 89.811-SC, *DJe* 03.04.2008. CC 92.722-RJ, Rel. Min. Jorge Mussi, julgado em 24.03.2010.

  "3. É de ser reconhecido o excesso acusatório relativamente ao concurso material entre os artigos 38 e 39 da Lei 9.605/1998, já que o artigo 38 engloba também a hipótese em que o dano à floresta de preservação permanente decorre do corte de árvores" (STJ, HC 52.722, j. 25.03.2008).

3. QUESTÃO DE CONCURSO

01. (TJ Acre 2006 – Juiz de Direito – CESPE) A existência de autorização válida do órgão ambiental para o corte de árvores em floresta de preservação permanente atua como causa de exclusão de pena no crime previsto no art. 39 da Lei nº 9.605/1998 ("Cortar árvores em floresta considerada de preservação permanente, sem permissão da autoridade competente").

GAB 01 ERRADO

Art. 40. Causar dano direto ou indireto às Unidades de Conservação e às áreas de que trata o art. 27 do Decreto nº 99.274, de 6 de junho de 1990, independentemente de sua localização:

Pena – reclusão, de um a cinco anos.

§ 1.º Entende-se por Unidades de Conservação de Proteção Integral as Estações Ecológicas, as Reservas Biológicas, os Parques Nacionais, os Monumentos Naturais e os Refúgios de Vida Silvestre. (Redação dada pela Lei nº 9.985, de 18.07.2000)

§ 2.º A ocorrência de dano afetando espécies ameaçadas de extinção no interior das Unidades de Conservação de Proteção Integral será considerada circunstância agravante para a fixação da pena. (Redação dada pela Lei nº 9.985, de 18.07.2000)

§ 3.º Se o crime for culposo, a pena será reduzida à metade.

Art. 40-A. (VETADO) (Incluído pela Lei nº 9.985, de 18.07.2000)

§ 1.º Entende-se por Unidades de Conservação de Uso Sustentável as Áreas de Proteção Ambiental, as Áreas de Relevante Interesse Ecológico, as Florestas Nacionais, as Reservas Extrativistas, as Reservas de Fauna, as Reservas de Desenvolvimento Sustentável e as Reservas Particulares do Patrimônio Natural. (Incluído pela Lei nº 9.985, de 18.07.2000)

§ 2.º A ocorrência de dano afetando espécies ameaçadas de extinção no interior das Unidades de Conservação de Uso Sustentável será considerada circunstância agravante para a fixação da pena. (Incluído pela Lei nº 9.985, de 18.07.2000)

§ 3.º Se o crime for culposo, a pena será reduzida à metade. (Incluído pela Lei nº 9.985, de 18.07.2000)

1. COMENTÁRIOS

É um **crime doloso ou culposo, comum, material, de dano, não transeunte, unissubjetivo, plurissubsistente e de ação múltipla** que visa tutelar as unidades de conservação e as zonas de entorno de até 10km.

Cuida-se de um tipo que gera controvérsia na sua interpretação, uma vez que há lei posterior (Lei 9.985/2000) regendo de maneira geral as unidades de conservação, objeto material da tutela penal, regulamentada pelo Decreto 4.340/2002.

Consoante já visto anteriormente, unidade de conservação é o espaço territorial e seus recursos ambientais, incluindo as águas jurisdicionais, com as características naturais relevantes, legalmente instituído pelo Poder Público, com objetivos de conservação e limites definidos, sob regime especial de administração, ao qual se aplicam garantias adequadas de proteção, podendo abarcar o espaço aéreo e o subsolo, criado por ato do Poder Público, que só poderá ser extinta ou reduzida por lei em sentido estrito.

Hoje, há uma norma geral de índole nacional que regulamenta esses espaços territoriais com regime especial de proteção, que é a Lei 9.985/2000, que instituiu o **SNUC – Sistema Nacional das Unidades de Conservação** –, as quais podem ser **de proteção integral** (onde se veda o uso direto dos recursos ambientais) ou **de uso sustentável** (é possível a utilização direta dos recursos, observados os limites legais e o plano de manejo).

Todas as unidades de conservação previstas na Lei do SNUC são alvo da tutela deste artigo, estando as de proteção integral listadas no § 1.º, do artigo 40, e as de uso sustentável, no § 1.º, do artigo 40-A.

Na atualidade, as unidades de conservação formam um rol taxativo, exceto se, a critério do CONAMA, áreas estaduais ou municipais possuírem atributos ambientais tão singulares que não se enquadram em nenhuma das doze modalidades previstas, nos moldes do artigo 6.º, parágrafo único, da Lei 9.985/2000. As que não se enquadraram em nenhuma das doze modalidades tiveram o prazo de dois anos para uma reclassificação obrigatória.

Por seu turno, todas as unidades de conservação, salvo a Área de Proteção Ambiental – APA e a Reserva Particular do Patrimônio Natural – RPPN, terão uma zona de amortecimento, consistente no seu entorno, onde as atividades humanas estarão sujeitas a normas e restrições específicas, sendo que não há prefixação legal dessa área, que deve ser definida no ato de criação ou posteriormente (artigo 25 da Lei 9.985/2000).

Tecidas essas considerações iniciais, proceder-se-á à análise do tipo. *Causar dano direto* é prejudicar de alguma forma uma unidade de conservação, havendo claro nexo causal entre o dano e a conduta. Já o dano indireto exige uma maior investigação, pois a conduta do agente não gerou imediatamente um prejuízo, mas se somou ou desencadeou outra causa para a ocorrência de dano, a exemplo da disponibilização de equipamentos dolosamente, que posteriormente foram utilizados por terceiros para a derrubada de árvores.

Crê-se que eventuais unidades de conservação não previstas na Lei 9.895/2000 não estarão protegidas por este tipo, uma vez que houve a listagem expressa dos 12 espaços tutelados, não sendo válido perpetrar uma interpretação extensiva para uma incriminação.

Por seu turno, além de tutelar as unidades de conservação, o *caput* do artigo 40 se refere às áreas do artigo 27, do Decreto 99.274/1990, que pontifica:

> "Artigo 27. Nas áreas circundantes das Unidades de Conservação, num raio de dez quilômetros, qualquer atividade que possa afetar a biota ficará subordinada às normas editadas pelo CONAMA".

Sucede que essa proteção penal deve ser interpretada à luz da Lei 9.985/2000, uma vez que atualmente a zona de amortecimento não é mais prefixada pela legislação. Assim, entende-se que os danos causados na distância de até 10 km de uma APA ou RPPN não constituem o crime do artigo 40, pois, apesar de típica a conduta, não há zona de amortecimento que justifique uma proteção penal especial, devendo a conduta ser desclassificada para um tipo geral.

Outrossim, se o dano foi causado a 8km de um parque nacional que tem uma zona de amortecimento de 5km, também não responderá o agente pelo crime do artigo 40. Ao revés, se a referida unidade tiver uma zona de amortecimento de 15km e o autor do fato tiver causado dano em área que diste 12km, também não responderá pelo crime do artigo 40, pois se veda interpretação extensiva incriminatória não previamente autorizada pelo tipo.

Contudo, nota-se que a jurisprudência vem utilizando sem as devidas adaptações o critério fixo de 10 km para o entorno:

> "6. O artigo 40 da Lei 9.605/1998 prevê a conduta de causar dano direto ou indireto às Unidades de Conservação e as áreas que a circundam, num raio de 10km (dez quilômetros). O parágrafo 1.º deste artigo esclarece que se entende por Unidade de Conservação de Proteção Integral, as Estações Ecológicas, as Reservas Ecológicas, as Reservas Biológicas, os Parques Nacionais, os Monumentos Naturais

e os Refúgios de Vida Silvestre; e o § 1.º-A da mesma lei esclarece que se entende por União de Conservação de Uso Sustentável, as Áreas de Proteção Ambiental, as Áreas de Relevante Interesse Ecológico, as Florestas Nacionais, as Reservas Extrativistas, as Reservas de Fauna, as Reservas de Desenvolvimento Sustentável e as Reservas Particulares do Patrimônio Natural" (TRF 3.ª Região, RSE 4.023/SP, 2.ª Turma, j. 22.04.2008).

Frise-se que eventuais condutas que aparentemente realizem tipos diversos, como a destruição de floresta de preservação permanente (artigo 38), a pesca ilícita (artigo 34), se realizadas em unidades de conservação ou a 10km delas, realizam o tipo deste artigo, pela aplicação do Princípio da Especialidade, sendo sustentável também a tese do concurso formal de delitos.

Outrossim, no momento da dosimetria da sentença penal condenatória, deverá o julgador na primeira fase considerar a maior culpabilidade e consequências do delito, caso se trate de unidade de conservação de proteção integral, onde se veda o uso direto dos recursos ambientais, sendo maior o desvalor do resultado que uma conduta que afete direta ou indiretamente uma unidade de conservação de uso sustentável ou o seu entorno.

O Superior Tribunal de Justiça absolveu uma pessoa que desmatou 22m² em uma unidade de conservação, ao argumento da inexistência de dolo de dano, incidência do Princípio da Bagatela e concretização do direito fundamental à moradia

No mais, **agrava-se a pena quando o dano direto ou indireto afetar espécimes listados oficialmente como ameaçados de extinção**. Por fim, instituiu-se uma relativa novidade penal que é o **dano culposo**, com pena reduzida à metade, alvo de muitas críticas, pois é comum ao Direito Penal apenas prever o dano doloso, como o faz o artigo 163 do CP, ressaltando que o Código Penal Militar já prevê o dano culposo no seu artigo 262, razão pela qual se demonstra acertada a opção do legislador.

2. JURISPRUDÊNCIA

▶ **STJ, INFORMATIVO 471 – DANO AMBIENTAL. CASEBRE.** O paciente foi condenado pela prática do crime previsto no art. 40 da Lei n. 9.605/1998, pois em 1996 invadiu área de preservação ambiental e construiu uma moradia de madeirite de 22m², depois convertida em outra, de barro. Nesse contexto, vê-se que o dano não deriva da construção da casa, mas sim da retirada da vegetação ali existente, ou seja, quando da construção, o dano já ocorrera, além do fato de que não havia a norma incriminadora à época. A reforma da casa nada acrescenta ao dano ambiental, visto não se poder dizer que o barro utilizado na obra consubstanciasse nova infração, pois isso não está na denúncia. Outrossim, a afirmativa feita pelo MP de que os danos também decorrem da permanência ilegal na área não se relacionam com o referido tipo penal, mas sim com a ocupação de área pública. Anote-se, também, que o depoimento do paciente nos autos bem mostra que não se cuida de dolo necessário ao tipo do art. 40 da Lei n. 9.605/1998, mas, sim, que o dolo era o de construir moradia para si e para sua família, mesmo ciente de que a área não lhe pertencia: trata-se de caso de política ambiental, não de política criminal. Por último, ressalte-se que a área degradada é diminuta, menor do que a admitida no programa "Minha Casa, Minha Vida", que a dimensão do dano causado à vegetação perde relevância diante do direito de morar, garantido, no art. 6º da CF/1988, como direito fundamental e que o paciente, reconhecidamente, tem baixo grau de instrução ou escolaridade. Com esses fundamentos, a Turma concedeu a ordem para restaurar a sentença absolutória. Precedentes citados: REsp 897.426-SP, *DJe* 28.04.2008, e HC 148.061-SC, *DJe* 23.08.2010. HC 124.820-DF, Rel. Min. Celso Limongi (Desembargador convocado do TJ-SP), julgado em 05.05.2011.

"Justiça Federal e Justiça Estadual. Inquérito policial. Apuração de suposto crime ambiental ocorrido em área que passou a integrar parque nacional administrado pelo IBAMA. Alteração da competência em razão da matéria. Inaplicabilidade do instituto da *perpetuatio jurisdictionis*. Lesão a bens, serviços ou interesses da União caracterizada. Conflito conhecido, para declarar a competência do juízo federal suscitante. 1. Terceira Seção desta Corte firmou o entendimento de que, **em sendo a proteção do meio ambiente matéria de competência comum da União, dos Estados, do Distrito Federal e dos Municípios, e inexistindo dispositivo constitucional ou legal fixando expressamente qual a Justiça competente para o julgamento de ações penais por crimes ambientes, tem-se que, em regra, a competência é da Justiça Estadual.** O processamento do Inquérito ou da Ação Penal perante a Justiça Federal impõe seja demonstrada a lesão a bens, serviços ou interesses da União (artigo 109, IV, da CF/1988). 2. À época dos fatos, o local onde o crime teria sido cometido pertencia ao Município de Blumenau/SC; **entretanto, posteriormente, passou a fazer parte do Parque Nacional da Serra de Itajaí, administrado pelo IBAMA, responsável por sua manutenção e preservação**, nos termos do artigo 4.º do Decreto Presidencial de 04.06.2004, que criou a referida área de proteção ambiental permanente; **assim sendo, configurado o interesse público da União, desloca-se a competência para a Justiça Federal.** 3. Havendo alteração da competência em razão da matéria, os autos não sentenciados devem ser remetidos ao juízo competente superveniente, não se aplicando, nesses casos, o instituto da *perpetuatio jurisdictionis*. Precedentes do STJ. 4. Ante o exposto, em consonância com o parecer ministerial, conhece-se do conflito para declarar a competência do Juízo Federal suscitante" (STJ, CC 88.013, de 27.02.2008).

"Delito em tese cometido no interior de área de proteção ambiental localizada no Entorno do Parque Nacional do Itatiaia, criado pelo Decreto 1.713/1937, floresta contígua à aludida unidade de conservação, o que faz incidir na espécie o disposto no artigo 9.º da Lei 4.771/65 (Código Florestal), *verbis*: as florestas de propriedade particular, enquanto indivisas com outras, sujeitas a regime especial, ficam subordinadas às disposições que vigorarem para estas. 3. Logo, **tendo em vista que a área na qual houve o prejuízo ambiental é vizinha a outra submetida a regime especial (bem da União), compete à Justiça Federal processar e julgar o feito**, nos termos do artigo 109, inciso IV, da Carta Magna" (STJ, CC 92.722, de 24.03.2010).

"Conflito positivo de competência. Crime contra o meio ambiente. Artigo 38, *caput*, da Lei 9.605/1998. **Desmatamento em área de preservação permanente. Zona de amortecimento.** Nos termos da Portaria 508/2002 do Ministério do Meio Ambiente. Preservação do Parque Nacional de Araucárias. Existência de duas ações penais em face dos mesmos fatos. Competência da Justiça Federal. **1. A pretensa conduta criminosa contra o meio ambiente teria ocorrido em uma Zona de Amortecimento do Parque Nacional de Araucárias, que foi criada pela União**, por intermédio da Portaria 508/2002 do MMA, com objetivo de limitar as atividades humanas e minimizar os impactos negativos sobre a área de preservação. 2. **Evidencia-se, pois, a competência da Justiça Federal** para processar e julgar a presente querela, *ex vi* do artigo 109, inciso IV, da Constituição Federal, **na medida em que o pretenso delito atenta contra bem e interesses da União**" (STJ, CC 89.811, de 03.04.2008).

"Processo penal. Conflito negativo de competência. Desmatamento. **Floresta Amazônica**. Dano ocorrido em propriedade privada. Área de parque estadual. Competência estadual. 1. **Não há se confundir patrimônio nacional com bem da União**. Aquela locução revela proclamação de defesa de interesses do Brasil diante de eventuais ingerências estrangeiras. **Tendo o crime de desmatamento ocorrido em propriedade particular, área que já pertenceu – hoje não mais – a Parque Estadual, não há que se falar em lesão a bem da União. Ademais, como o delito não foi praticado em detrimento do IBAMA, que apenas fiscalizou a fazenda do réu, ausente prejuízo para a União**. 2. Conflito conhecido para julgar competente o Juízo de Direito da 1.ª Vara de Cerejeiras – RO, suscitante" (STJ, CC 99.294, de 12.08.2009).

"Crime ambiental. Competência. Justiça Federal. Necessidade de demonstração de interesse direto da União. APA do Anhatomirim. Decreto 528/1992. Crime praticado próximo à APA. Normas do CONAMA. Fiscalização pelo IBAMA. Falta de interesse direto da autarquia. Competência da Justiça Estadual. Anulação do processo. prescrição. Extinção da punibilidade. Ordem concedida. 1. A partir da edição da Lei 9.605/1998, os delitos contra o meio ambiente passaram a ter disciplina própria, não se definindo, contudo, a Justiça competente para conhecer das respectivas ações penais, certamente em decorrência do contido nos artigos 23 e 24 da Constituição Federal, que estabelecem ser da competência comum da União, Estados, Distrito Federal e Municípios proteger o meio ambiente, preservando a fauna, bem como legislar concorrentemente sobre essa matéria. 2. Impõe-se a verificação de ser o delito praticado em detrimento de bens, serviços ou interesse da União ou de suas entidades autárquicas ou empresas públicas, a teor do disposto no artigo 109, IV, da Carta Magna, de forma a firmar ou não a competência da Justiça Federal. 3. A APA do Anhatomirim foi criada pelo Decreto 528, de 20 de maio de 1992, evidenciando o interesse federal que a envolve, não havendo dúvida de que, se estivesse dentro da APA a construção, seria da Justiça Federal a competência para julgar o crime ambiental, independentemente de ser o IBAMA o responsável pela administração e fiscalização da área. 4. **A proximidade da APA, por si só, não serve para determinar o interesse da União, visto que o Decreto 99.274/1990 estabelece tão somente que a atividade que possa causar dano na área situada num raio de 10 km da Unidade de Conservação ficará sujeita às normas editadas pelo CONAMA, o que não significa que a referida área será tratada como a própria Unidade de Conservação, tampouco que haverá interesse direto da União sobre ela. O fato de o IBAMA ser responsável pela administração e a fiscalização da APA, conforme entendimento desta Corte Superior, não atrai, por si só, a competência da Justiça Federal, notadamente no caso em que a edificação foi erguida fora da APA, sendo cancelado o Enunciado 91/STJ, que dispunha que 'compete à Justiça Federal processar e julgar os crimes praticados contra a fauna'**" (STJ, HC 38.649, de 25.04.2006).

"**Penal. Conflito de competência negativo. Juízo de direito e juízo federal. Crime contra o meio ambiente. Flora. Área de proteção ambiental criada por decreto federal. Dano ocorrido em propriedade privada. Inexistência de interesse da União. Competência da Justiça Estadual suscitada.** 1. Em regra, os crimes ambientais são da competência da Justiça Estadual, tendo em vista que a pretensão punitiva estatal somente é deduzida perante o Juízo Federal quando a conduta típica for praticada em detrimento de bens, serviços ou interesses diretos da União, suas entidades autárquicas, empresas públicas ou fundações de direito público. **2. A criação de uma APA por meio de Decreto Federal não transfere integralmente a gestão ambiental das áreas nela inseridas à União, não subsistindo, portanto, o interesse direto e específico desse ente federativo, a justificar a competência da Justiça Federal para o processamento do feito.** 3. Compete a todos os entes da federação a proteção do meio ambiente, independente do ilícito ser praticado em propriedade privada inserida em APA criada por Decreto Federal. 4. A atribuição do IBAMA de fiscalizar a preservação do meio ambiente também não atrai a competência da Justiça Federal para processamento e julgamento de ação penal referente a delitos ambientais" (STJ, CC 97.372, 3.ª Seção, de 24.03.2010).

3. QUESTÕES DE CONCURSOS

01. (FCC – 2012 – TCE-AP – Analista de Controle Externo – Meio Ambiente) Na Lei de Crimes Ambientais (Lei 9.605/1998), o artigo 40, que trata de dano direto ou indireto às Unidades de Conservação, está incluído na

a) Seção I – Dos Crimes contra a Fauna.

b) Seção II – Dos Crimes contra a Flora.

c) Seção III – Da Poluição e outros Crimes Ambientais.

d) Seção IV – Dos Crimes contra o Ordenamento Urbano e o patrimônio Cultural.

e) Seção V – Dos Crimes contra a Administração Ambiental.

02. (AGU 2007 – Procurador Federal – CESPE) Em caso de desmatamento criminoso em unidade de conservação no DF, administrada pela União, o autor do crime será processado e julgado pela justiça do DF.

03. (OAB/SP 135.º CONCURSO 2008) Quando animais forem exterminados dentro de unidade de conservação ambiental mantida pela União, a competência para julgamento do crime ambiental será da justiça estadual.

GAB	01	B	02	ERRADO	03	ERRADO

Art. 41. Provocar incêndio em mata ou floresta:

Pena – reclusão, de dois a quatro anos, e multa.

Parágrafo único. Se o crime é culposo, a pena é de detenção de seis meses a um ano, e multa.

1. COMENTÁRIOS

É um **crime doloso ou culposo, comum, material, de dano, não transeunte, unissubjetivo, plurissubsistente e de ação única** que visa tutelar diretamente a flora e indiretamente os demais recursos ambientais, a exemplo da fauna e do solo.

Para a realização do tipo é necessário que o agente cause *incêndio*, e não qualquer fogo sem maiores proporções, ou seja, fogo que lavra com intensidade. Por sua vez, o tipo não tutela toda a flora, e sim as *florestas*, que são formações arbóreas com densidade, e as *matas*, consideradas como árvores que não precisam ser de grande porte. Logo, a elementar mata abarca a floresta, havendo uma relação de gênero-espécie.

Por sua vez, frise-se que, a princípio, não é possível o uso de fogo na vegetação em geral, nos moldes do artigo 38, do novo Código Florestal, salvo nas seguintes hipóteses, que devem ser precedidas de licenciamento ambiental:

- em locais ou regiões cujas peculiaridades justifiquem o emprego do fogo em práticas agropastoris ou florestais, mediante prévia aprovação do órgão estadual ambiental competente do Sisnama, para cada imóvel rural ou de forma regionalizada, que estabelecerá os critérios de monitoramento e controle;
- emprego da queima controlada em Unidades de Conservação, em conformidade com o respectivo plano de manejo e mediante prévia aprovação do órgão gestor da Unidade de Conservação, visando ao manejo conservacionista da vegetação nativa, cujas características ecológicas estejam associadas evolutivamente à ocorrência do fogo;
- atividades de pesquisa científica vinculada a projeto de pesquisa devidamente aprovado pelos órgãos competentes e realizada por instituição de pesquisa reconhecida, mediante prévia aprovação do órgão ambiental competente do SISNAMA;
- práticas de prevenção e combate aos incêndios e as de agricultura de subsistência exercidas pelas populações tradicionais e indígenas.

Insta ressaltar que a contravenção penal estatuída no artigo 26, alínea *e*, do antigo Código Florestal,[6] não havia sido revogada, pois este crime-anão era de tipicidade mais ampla, tutelando todas as formas de vegetação, tendo aplicabilidade subsidiária. A sua revogação expressa apenas se verificou com a aprovação da Lei 12.651/2012, que expressamente revogou a Lei 4.771/1965.

---

6. "Artigo 26. Constituem contravenções penais, puníveis com três meses a um ano de prisão simples ou multa de uma a cem vezes o salário mínimo mensal, do lugar e da data da infração ou ambas as penas cumulativamente:

(...)

e) fazer fogo, por qualquer modo, em florestas e demais formas de vegetação, sem tomar as precauções adequadas."

Outrossim, também convive este tipo com o delito de incêndio previsto no artigo 250, do CP ("causar incêndio, expondo a perigo a vida, a integridade física ou o patrimônio de outrem"), com a sua causa de aumento de pena do § 1.º, alínea *e* ("em lavoura, pastagem, mata ou floresta"), pois aqui se tutela diretamente a incolumidade física das pessoas ou o seu patrimônio, podendo haver concurso formal ante a tutela de bens jurídicos diversos.

Também foi prevista a **modalidade culposa** com reprimenda penal naturalmente menor, o que configura um avanço, pois boa parte dos incêndios decorre da imprudência humana, a exemplo do lançamento de um resto de cigarro aceso na mata ou floresta que venha a desencadear um incêndio.

2. QUESTÕES DE CONCURSOS

01. (FCC – 2013 – PGE-BA – Analista de Procuradoria – Área de Apoio Jurídico) Marius provocou incêndio culposo em mata. Neste caso, ele praticou conduta

a) tipificadora de crime contra o meio ambiente passível de pena de detenção e multa.

b) atípica, mas considerada infração administrativa.

c) tipificadora de crime contra o meio ambiente passível apenas de pena de detenção.

d) atípica e também não considerada infração administrativa.

e) tipificadora de crime contra o meio ambiente passível apenas de pena de multa limitada a dez salários mínimos.

02. (Ano: 2021 Banca: CESPE / CEBRASPE Órgão: MPE-SC Prova: CESPE / CEBRASPE – 2021 – MPE-SC – Promotor de Justiça Substituto) Um cidadão, por descuido, iniciou um incêndio em sua propriedade, situada em área rural coberta pelo bioma campos, o que resultou na destruição da vegetação nativa de outras duas propriedades vizinhas. A respeito da situação hipotética apresentada e de aspectos legais a ela relacionados, julgue o próximo item. Provocar incêndio é crime ambiental passível de responsabilização, mesmo que praticado na modalidade culposa.

GAB	01	A	02	CERTO

Art. 42. Fabricar, vender, transportar ou soltar balões que possam provocar incêndios nas florestas e demais formas de vegetação, em áreas urbanas ou qualquer tipo de assentamento humano:

Pena – detenção de um a três anos ou multa, ou ambas as penas cumulativamente.

Art. 43. (VETADO)

1. COMENTÁRIOS

É um **crime doloso, comum, material, de perigo, não transeunte, unissubjetivo, plurissubsistente, de ação múltipla, instantâneo ou permanente (a depender do núcleo do tipo)** que visa tutelar não só os recursos ambientais, mas também a incolumidade pública como um todo, revogando a contravenção penal do artigo 26, *f*, do antigo Código Florestal.

O tipo é plurinuclear alternativo, realizando-se com a *fabricação* (produção do bem), *a venda* (transferência onerosa), *o transporte* (a mudança de local) ou *a soltura* (os procedimentos que o fazem decolar) de *balões*, que são artefatos de papel colados com madeira lançados ao ar e que lá se sustentam por certo período, em razão do ar quente produzido. Deveriam ter sido tipificados a compra e o recebimento de balões a qualquer título, havendo uma brecha legal.

Note-se que para a realização do tipo não se exige dano, e sim **perigo concreto de incêndio** a florestas, demais formas de vegetação, áreas urbanas ou outras modalidades de assentamento humano, havendo até tipificação de condutas que naturalmente seriam meros atos preparatórios, como a fabricação.

Logo, é **preciso que o balão tenha potencialidade de provocar incêndio para que ocorra este delito**, a exemplo da presença de combustíveis, sob pena de a conduta ser atípica, sendo, destarte, importante a realização de perícia para aferir a sua lesividade.

A ocorrência de efetivo incêndio é indiferente para a realização do tipo, podendo-se verificar o concurso formal com o crime do artigo 41 desta Lei, ou, supletivamente, a contravenção do artigo 26, alínea *e*, do Código Florestal, se a vegetação não for caracterizada como mata ou floresta.

Art. 44. Extrair de florestas de domínio público ou consideradas de preservação permanente, sem prévia autorização, pedra, areia, cal ou qualquer espécie de minerais:

Pena – detenção, de seis meses a um ano, e multa.

1. COMENTÁRIOS

É um **crime doloso, comum, material, de dano, não transeunte, unissubjetivo, plurissubsistente, de ação única, instantâneo ou permanente (a extração poderá se protrair no tempo)** que visa tutelar as florestas de domínio público e as de preservação permanente, bem como os recursos minerais, sendo especial ao tipo do artigo 55 desta Lei.

Este tipo revogou a contravenção do artigo 26, *o*, do Código Florestal. *Extrair* significa retirar. Mas para a realização do tipo é curial que a extração se dê em *florestas de domínio público*, uma expressão de larga amplitude que abarca todos os bens sob o domínio eminente estatal, mas que neste caso deve ser interpretada em sua acepção estrita, ou seja, florestas de propriedade das pessoas jurídicas de direito público.

As florestas consideradas de preservação permanente são as situadas nas áreas dos artigos 4.º (incidência automática legal) e 6.º (dependente de ato do Chefe do Poder Executivo) do novo Código Florestal, sendo necessário que realmente se trate de *floresta*, ou seja, de vegetação arbórea densa.

A autorização a que se refere o tipo não é apenas a decorrente do licenciamento ambiental para atividades minerárias, feita pela entidade ambiental competente, mas também o licenciamento a ser promovido pelo DNPM – Departamento Nacional de Produção Mineral (atual Agência Nacional de Mineração – ANM) e/ou pelo Ministério de Minas e Energia, nos moldes dos artigos 2.º, 36, 38 e 46 do Decreto-lei 227/1967 (Código de Mineração), ressaltando que os recursos minerais são bens da União, por força do artigo 20, IX, da CRFB, o que atrai a competência para julgar este delito para a Justiça Federal.

Vale registrar que a legislação minerária sofreu significativa reforma normativa no ano de 2017, através da edição da **13.575/2017**. Inclusive, o DNPM foi extinto e foi constituída

Agência Nacional de Mineração – ANM, integrante da administração pública federal indireta, submetida a regime autárquico especial e vinculada ao Ministério de Minas e Energia, que tem como finalidade implementar as políticas nacionais para as atividades integrantes do setor de mineração, compreendidas a normatização, a gestão de informações e a fiscalização do aproveitamento dos recursos minerais no País.

Este crime não revogou o do artigo 2.º, da Lei 8.176/1991, que atenta contra a Ordem Econômica, em que constitui crime contra o patrimônio, na modalidade usurpação, produzir bens ou explorar matérias-primas pertencentes à União, sem autorização legal ou em desacordo com as obrigações impostas pelo título autorizativo, ensejando um concurso formal de crimes, ante a tutela de bens jurídicos diversos (meio ambiente e patrimônio).

2. QUESTÃO DE CONCURSO

01. (DPE PI 2009/Defensor Público/CESPE) A extração de areia em floresta de domínio público independe de autorização, e, portanto, não é considerada crime quando for destinada a manutenção de viveiro de avifauna nativa.

GAB	01	ERRADO

Art. 45. Cortar ou transformar em carvão madeira de lei, assim classificada por ato do Poder Público, para fins industriais, energéticos ou para qualquer outra exploração, econômica ou não, em desacordo com as determinações legais:

Pena – reclusão, de um a dois anos, e multa.

1. COMENTÁRIOS

É um **crime doloso, comum, material, de dano, não transeunte, unissubjetivo, plurissubsistente e de ação múltipla**, que visa tutelar a flora, especificamente as madeiras consideradas de lei, que revogou a contravenção do artigo 26, *q*, do antigo Código Florestal, por ser mais abrangente.

A previsão deste tipo legal busca tutelar as *madeiras de lei*, que são tidas como nobres, de melhor qualidade e maior valor comercial, a exemplo do PauBrasil, Mogno e do Ipê. Realiza-se o tipo tanto pelo corte, que é a separação do tronco da raiz da árvore, quanto pela transformação em carvão (ou hulha), no caso o vegetal, que é produzido pelo aquecimento da madeira acima de 600°C.

Não há ato oficial do Poder Público listando as madeiras de lei, razão pela qual não deveria ter sido utilizada a expressão "madeira de lei" pelo tipo. Abaixo se colaciona informação do sítio do IBAMA (www.ibama.gov.br/duvidas/madeira.htm):

> "A expressão madeira de lei tem origem em uma lei do período imperial e, apesar de muito conhecida, não tem definição técnica.
>
> Segundo Osny Duarte Pereira, em obra intitulada Direito Florestal Brasileiro, publicada em 1950, página 96, 'A Carta de Lei de 15 de outubro de 1827, no § 12 do artigo 5.º, incumbia aos juízes de paz das províncias a fiscalização das matas e zelar pela interdição do corte das madeiras de construção em geral, por isso chamadas madeiras de lei'.

Segundo a mesma obra, página 100, 'no Império, o artigo 70 da Lei de 21 de outubro de 1843, o Regulamento 363, de 20 de junho de 1844, e a circular de 5 de fevereiro de 1858 está enumerando as madeiras cujo corte era reservado mesmo em terras particulares. Esse esclarecimento era fornecido anteriormente pelas Ord. do Livro I, Tít. 66, § 26 e Livro V, Tít. 75, classificando as chamadas 'madeira de lei'.

Continuando, o autor diz: 'Portanto, o corte de madeiras de construção, comumente denominadas madeiras de lei, estava interditado quer em terras particulares, quer em terras devolutas'.

A expressão madeira de lei chegou até nossos dias ainda como sinônimo de madeira de construção, civil e naval, ou seja, conforme o dicionário Aurélio: 'madeira dura ou rija, própria para construções e trabalhos expostos às intempéries'. O contrário de madeira de lei é madeira-branca que não se refere necessariamente à cor da madeira e, conforme o Aurélio: 'qualquer essência florestal de contextura mole, e de segunda qualidade, seja qual for a cor do seu lenho'.

Entretanto, há variações no entendimento desta expressão. Madeira de lei pode, ainda, se referir àquelas madeiras de alto valor no mercado, independente de sua resistência. Aqui também madeira de lei se opõe a madeira-branca significando madeira de pouco valor comercial. Em Rondônia, quando mogno e cerejeira eram as madeiras mais valorizadas, até o ipê já foi considerado como madeira-branca.

No dia a dia, a expressão madeira de lei pode ainda ser utilizada como sinônimo de madeira boa. Aqui temos um outro problema. Boa para quê? Se madeiras duras e resistentes podem ser excelentes para a construção civil e naval, só as madeiras moles são boas para a fabricação de compensados.

Usar a expressão madeira de lei pode ainda ser uma forma de não se referir a madeira nenhuma. É comum vermos anúncio de tábua de carne em madeira de lei, portas em madeira de lei, móveis em madeira de lei. Até a caixa de engraxate do Pelé foi feita em madeira de lei, segundo a revista Veja. Mas afinal: qual a madeira utilizada nesses artigos? Ninguém sabe.

Assim sendo, sempre que consultado, o Laboratório de Produtos Florestais recomenda que a expressão madeira de lei não seja utilizada em documentos oficiais como contratos, licitações, textos legislativos etc. Sempre que necessário, as madeiras devem ser citadas pelos seus nomes comuns mais conhecidos e principalmente pelo nome científico".

Destarte, ante a inexistência de ato do Poder Público declarando determinada espécie como madeira de lei, ainda não há o fechamento do tipo penal. Além disso, o tipo exige uma intenção especial consistente em finalidade energética, industrial ou qualquer outra, econômica ou não. Outrossim, só será típica a conduta que viole a legislação de regência, de modo que, se houver licenciamento ambiental que permita a conduta, inexistirá tipicidade.

Art. 46. Receber ou adquirir, para fins comerciais ou industriais, madeira, lenha, carvão e outros produtos de origem vegetal, sem exigir a exibição de licença do vendedor, outorgada pela autoridade competente, e sem munir-se da via que deverá acompanhar o produto até final beneficiamento:

Pena – detenção, de seis meses a um ano, e multa.

Parágrafo único. Incorre nas mesmas penas quem vende, expõe à venda, tem em depósito, transporta ou guarda madeira, lenha, carvão e outros produtos de origem vegetal, sem licença válida para todo o tempo da viagem ou do armazenamento, outorgada pela autoridade competente.

Art. 47. (VETADO)

1. COMENTÁRIOS

É um **crime doloso, comum, material, de dano, não transeunte, unissubjetivo, plurissubsistente, de ação múltipla, permanente ou instantâneo**, que visa proteger produtos de origem vegetal das extrações clandestinas, tendo revogado as contravenções do artigo 26, *h* e *i*, do antigo Código Florestal.

O tipo constante da cabeça do artigo se realiza pelo *recebimento* ou *aquisição* (uma espécie de recebimento a título oneroso) de produtos florestais, a exemplo da lenha, madeira ou carvão, quando a legislação ambiental exija licença para o acompanhamento e/ou a transferência do bem vegetal e o receptor não a exige e não tem a posse da mesma ou de outra licença que deva acompanhar o produto até o seu beneficiamento final.

Logo, é preciso que o receptor exija do fornecedor a licença na transferência e obtenha outra (caso a mesma não seja válida para isso) para prosseguir com o produto vegetal. O tipo também necessita de uma intenção especial que é a finalidade comercial ou industrial, ou seja, o produto florestal tem que destinar à circulação empresarial com o intuito de lucro ou a uma atividade industrial, que também é um tipo de mercancia.

Pontifica o artigo 31, do novo Código Florestal, que a exploração de florestas e formações sucessoras, tanto de domínio público como de domínio privado, dependerá de prévia aprovação pelo órgão estadual competente do Sistema Nacional do Meio Ambiente – SISNAMA, bem como da adoção de técnicas de condução, exploração, reposição florestal e manejo compatíveis com os variados ecossistemas que a cobertura arbórea forme.

Por sua vez, prevê o artigo 20, do Decreto 5.975/2006, que o transporte e o armazenamento de produtos e subprodutos florestais de origem nativa no território nacional deverão estar acompanhados de documento válido para todo o tempo da viagem ou do armazenamento.

No âmbito federal, a licença obrigatória para o transporte e armazenamento de produtos e subprodutos florestais de origem nativa denomina-se DOF – Documento de Origem Florestal, instituído pela Portaria MMA 253/2006, havendo um rastreamento eletrônico, que substituiu a ATPF – Autorização de Transporte de Produto Florestal, regida pela revogada Portaria IBAMA 44-N/1993.

Em regulamentação a esse ato do Ministério do Meio Ambiente, o IBAMA editou a Instrução Normativa 112/2006, prevendo os produtos e subprodutos florestais nativos que devem estar acompanhados do DOF, inclusive o carvão vegetal, tendo a licença o prazo de validade de até cinco dias, em regra, ficando dispensados da licença os subprodutos florestais já acabados, como portas e janelas; o bambu; a vegetação arbustiva de origem plantada para qualquer finalidade, entre outros.

Nesse sentido, de acordo com o artigo 36 do novo Código Florestal, o transporte, por qualquer meio, e o armazenamento de madeira, lenha, carvão e outros produtos ou subprodutos florestais oriundos de florestas de espécies nativas, para fins comerciais ou industriais, requerem licença do órgão competente do SISNAMA, bem como todo aquele que recebe ou adquire, para fins comerciais ou industriais, madeira, lenha, carvão e outros produtos ou subprodutos de florestas de espécies nativas é obrigado a exigir a apresentação do DOF e munir-se da via que deverá acompanhar o material até o beneficiamento final.

Nota-se que o tipo não poderá ser fechado sem o complemento, sendo mais um exemplo de norma penal em branco heterogênea, pois é curial verificar se o produto florestal necessita de licença para a operação, bem como é necessário analisar o conteúdo da licença para constatar se há validade, a exemplo do prazo e da conferência dos produtos descritos no ato administrativo e o efetivamente negociado.

Questão interessante é a discussão administrativa sobre a validade ou não da licença neste caso. Crê-se que, enquanto o órgão ambiental não se pronunciar de maneira definitiva a respeito, não é possível a instauração de processo penal, figurando esta pendência como uma condição objetiva de procedibilidade, tal qual, *mutatis mutandis*, o lançamento definitivo para os crimes contra a Ordem Tributária.

O parágrafo único traz norma de equiparação para quem vende, expõe à venda, deposita, transporta ou guarda produtos florestais sem licença ambiental válida, sendo nestes últimos três núcleos hipóteses de crime permanente, pois a consumação se protrai no tempo.

Por fim, mesmo que o transporte tenha se operado sem licença do IBAMA, lamentavelmente o STF entende que se trata de delito de competência da Justiça Estadual.

2. JURISPRUDÊNCIA

"Competência. Crime ambiental. Artigo 46, parágrafo único, da Lei 9.605/1998. Transporte de madeira sem autorização do IBAMA, autarquia federal. Justiça comum estadual. Hipótese em que **não se configura a competência da Justiça Federal para o processo e julgamento do feito, nos termos do artigo 109, inciso IV, da Carta Magna, porque o interesse da União, no caso, se manifesta de forma genérica ou indireta**" (**STF, RE 349.186, de 22.10.2002**).

"RECURSO EXTRAORDINÁRIO – MATÉRIA LEGAL. O recurso extraordinário não é meio próprio a alcançar-se exame de controvérsia equacionada sob o ângulo estritamente legal. COMPETÊNCIA – CRIME AMBIENTAL – LEI Nº 9.605/1998 – JUSTIÇA COMUM – PRECEDENTES. No entendimento de ambas as Turmas deste Tribunal, a competência para julgar o crime ambiental previsto no artigo 46, parágrafo único, da Lei nº 9.605/98 é da Justiça comum, porquanto o interesse da União seria apenas genérico ou indireto. Precedentes: *Habeas Corpus* **nº 81.916-8 e Recurso Extraordinário nº 349.191-1" (STF,** RE 598.524 AgR, de 21.06.2011).

"RECURSO ORDINÁRIO EM *HABEAS CORPUS*. 1. CRIME AMBIENTAL. ART. 46. DA LEI Nº 9.605/98. INSERÇÃO DE DADOS FALSOS EM SISTEMA ESTADUAL DE CONTROLE DE MOVIMENTAÇÃO DE PRODUTO FLORESTAL (EXTRAÇÃO IRREGULAR DE MADEIRA). 2. COMPETÊNCIA DA JUSTIÇA ESTADUAL. 3. RECURSO PROVIDO. 1. A proteção ao meio ambiente é matéria de competência comum da União, Estados, Distrito Federal e dos Municípios, nos termos do art. 23, inciso VI, da Constituição Federal. Inexistindo dispositivo expresso, constitucional ou legal, sobre qual a Justiça competente quanto aos crimes ambientais, tem-se, em regra, que o processo e o julgamento desses crimes é da competência da Justiça Comum Estadual. 2. A caracterização da fraude na inserção de dados inseridos no sistema SISFLORA/PA – sistema eletrônico de controle de dados ambiental mantido e organizado pelo Estado do Pará –, cujo objetivo era a obtenção de guias florestais para dar aparência de legalidade à atividade ilícita de extração de madeira, representa apenas violação reflexa aos bens, serviços e interesses da União, não atraindo, assim, a competência da Justiça Federal para julgar o feito, pois não caracterizada a violação ao art. 109, IV, da Constituição Federal" (STJ, RHC 35.551, de 11.06.2013).

"Embora a emissão e o controle o DOF (Documento de Origem Florestal) recaiam sobre o IBAMA, isso não pode significar, tout court, que qualquer prática delitiva que envolva a inserção de dados no sistema dessa autarquia (em qualquer de suas unidades) que armazena os registros, contenha, em si, elemento suficiente para caracterizar o interesse da União ou da própria autarquia. Isso porque a proteção ao meio ambiente é de competência comum e, em alguns casos, embora o registro seja feito no Ibama, o interesse envolvido é nitidamente estadual. Vale dizer, irregularidades no registro, oriundas de prática criminosa, por si, não têm o condão de atrair a competência federal. Raciocínio diverso ensejaria a competência federal para todo e qualquer caso, haja vista que a proteção, a fiscalização e a conservação ambiental são propósitos ínsitos à própria existência (criação) do Ibama. A atividade lesiva ao meio ambiente é que deve nortear, portanto, a existência de interesse direto da União ou de sua autarquia e, na hipótese, não há nenhum elemento que aponte, com segurança, qual seria o interesse específico do investigado que pudesse atrair a competência federal. Em princípio, mostra-se salutar que a competência se estabeleça no Juízo comum estadual, à mingua de elementos seguros que apontem o interesse direto da União ou de sua autarquia, ressalvando-se, evidentemente, a possibilidade de sua modificação se verificados elementos novos que indiquem a necessidade de remessa do feito à Justiça Federal" (STJ, 3ª Seção, CC 141822, de 9/9/2015).

3. QUESTÕES DE CONCURSOS

01. **(CESPE – 2011 – MMA – Analista Ambiental – I)** Constitui crime ambiental, sujeito à pena de detenção e multa, vender ou expor à venda, ter em depósito, transportar ou guardar madeira, lenha, carvão e outros produtos de origem vegetal, sem licença válida para todo o tempo da viagem ou do armazenamento, outorgada pela autoridade competente.

02. **(Prova: MPDFT – 2021 – MPDFT – Promotor de Justiça Adjunto)** O crime de vender lenha sem licença válida para todo o tempo de viagem ou do armazenamento, outorgada pela autoridade competente (art. 46, § único, da Lei 9.605/1998) é norma penal em branco, sendo obrigatório narrar na denúncia qual seria a licença exigida, bem como a autoridade competente para a prática do ato administrativo.

GAB	01	CERTO	02	CERTO

Art. 48. Impedir ou dificultar a regeneração natural de florestas e demais formas de vegetação:

Pena – detenção, de seis meses a um ano, e multa.

1. COMENTÁRIOS

É um **crime doloso, comum, material, de dano, não transeunte, unissubjetivo, plurissubsistente, de ação múltipla, instantâneo de efeitos permanentes ou permanente (depende da conduta)**, que visa proteger diretamente a flora, tendo revogado a contravenção do artigo 26, *g*, do antigo Código Florestal.

É tipificada tanto a conduta "impedir" (obstar), a exemplo da construção de uma casa, como "dificultar" (criar barreiras vencíveis), *v.g.*, o lançamento de veneno que atrasou a regeneração natural, tendo naturalmente o primeiro núcleo maior culpabilidade.

A natureza é sábia. Muitas vezes um desmatamento será naturalmente recomposto sem a intervenção humana, que costumeiramente só faz atrapalhar. O vento ou mesmo as aves poderão trasladar sementes que sob a influência da água e do sol germinarão e reconstituirão a vegetação primitiva, com espécies não exóticas.

Assim, é curial verificar se na área fruto da ação antrópica era potencialmente viável a regeneração natural, pois, se ficar demonstrado que não em absoluto, ter-se-á uma hipótese de crime impossível, por impropriedade total do objeto, nos moldes do artigo 17 do CP.

Frise-se que este tipo tutela não só as florestas, mas todas as formas de vegetação. É possível que haja dificuldade na tipificação de algumas condutas, a exemplo do impedimento da regeneração com o emprego de fogo que cause incêndio em floresta. Neste caso, este tipo é absorvido pelo do artigo 41, com sanção mais grave. Outras vezes a conduta poderá figurar como fato posterior impunível.

A jurisprudência vacila ao classificar este tipo em permanente ou instantâneo de efeitos permanentes, o que importará diretamente para o termo inicial da prescrição. Em minha opinião este crime poderá ser instantâneo de efeitos permanentes ou permanente, a depender da hipótese. Veja-se o caso de um agricultor que queira impedir a regeneração natural lançando sementes por um dia inteiro em uma área. Durante esse dia, o delito será permanente. Após, será instantâneo de efeitos permanentes. **Há precedentes do STF e STJ declarando se cuidar de crime permanente.**

Outrossim, para este delito, existe a previsão de suspensão e extinção da punibilidade no artigo 60 da Lei 12.651/2012 (novo Código Florestal), desde que a regeneração natural impedida ou dificultada tenha ocorrido em área de reserva legal, de preservação permanente ou de uso restrito até 22 de julho de 2008.

A assinatura do termo de compromisso para a regularização de imóvel ou posse rural perante o órgão ambiental competente suspenderá a punibilidade deste crime enquanto o termo estiver sendo cumprido.

Ficará interrompida a prescrição durante o período de suspensão da pretensão punitiva, bem como, se integralmente cumprido o termo de compromisso, dar-se-á a extinção da punibilidade.

2. JURISPRUDÊNCIA

- **STJ, INFORMATIVO 447 – CRIME PERMANENTE. MEIO AMBIENTE. TIPICIDADE.** O ato do paciente de impedir a regeneração natural de flora ao cercar e construir duas quadras esportivas em área pública estendeu-se no tempo, sendo constantemente violado o bem jurídico tutelado (meio ambiente). *Assim, ainda que a vegetação tenha sido retirada quando a área não era considerada de preservação ambiental e antes da vigência da Lei do Meio Ambiente, a conduta acima descrita é típica (art. 48 da Lei n. 9.605/1998).* Houve prorrogação do momento consumativo, pois o paciente poderia fazer cessar sua atividade delitiva, bastando retirar a cerca que anexa seu terreno à área pública de preservação permanente invadida quando foi notificado para tanto, e assim não o fez. *Logo, a conduta narrada caracteriza-se como crime permanente,* em que não é possível precisar o início da atividade delituosa, bastando apenas provar, a qualquer momento, que a conduta persiste. *Assim, o lapso prescricional somente começa a fluir do momento em que cessa a permanência.* Desse modo, a Turma denegou a ordem. Precedentes citados do STF: RHC 83.437-SP, *DJe* 18.04.2008; do STJ: RHC 16.171-SP, *DJ* 30.08.2004. HC 116.088-DF, Rel. Min. Laurita Vaz, julgado em 16.09.2010.

  "Processual penal. **Crime contra o meio ambiente. Impedir ou dificultar a regeneração natural da vegetação (art. 48 da Lei nº 9.605/98).** Pedido de trancamento da ação penal. Alegações de inépcia da denúncia, atipicidade do fato e falta de justa causa. Não ocorrência. Ordem denegada. 1. É firme a jurisprudência consagrada por esta Corte no sentido de que a concessão de *habeas corpus* com a finalidade de trancamento de ação penal em curso só é possível em situações excepcionais, quando estiverem comprovadas, de plano, a atipicidade da conduta, causa extintiva da punibilidade ou ausência de indícios de autoria, o que não se vislumbra neste writ. Precedentes. **2. A denúncia, embora não expondo data precisa em que se teria consumado a infração ambiental, que é de cunho permanente,** foi capaz de situá-la em período certo e determinado, com a possibilidade de estabelecer-se, para fins de aferição de alegada causa extintiva da punibilidade do agente, como último marco consumativo, data em que pericialmente atestada a permanência da infração. **Prescrição não verificada.** 3. Preenchidos os requisitos do art. 41 do Código de Processo Penal, a análise das demais questões postas na impetração, para seu correto equacionamento, demanda regular dilação probatória, escapando, portanto, da possibilidade de análise mais aprofundada dos fatos, máxime quando se considera o viés estreito do writ constitucional. Constrangimento ilegal inexistente. 4. Ordem denegada" (STF, HC 107.412, 1ª Turma, de 08.05.2012).

3. QUESTÃO DE CONCURSO

01. (Defensor Público do Tocantins 2012/CESPE) O crime ambiental que consiste em impedir o nascimento de nova vegetação ou dificultar a regeneração natural de florestas e demais formas de vegetação é crime permanente, visto que a consumação do delito se protrai no tempo, violando o bem jurídico tutelado de forma contínua e duradoura, renovando-se, a cada momento a consumação, consoante entendimento do STF.

GAB	01	CERTO

Art. 49. Destruir, danificar, lesar ou maltratar, por qualquer modo ou meio, plantas de ornamentação de logradouros públicos ou em propriedade privada alheia:

Pena – detenção, de três meses a um ano, ou multa, ou ambas as penas cumulativamente.

Parágrafo único. No crime culposo, a pena é de um a seis meses, ou multa.

1. COMENTÁRIOS

É um **crime doloso ou culposo, comum, material, de dano, não transeunte, unissubjetivo, plurissubsistente, de ação múltipla e instantâneo** que visa proteger a flora, especificamente as plantas ornamentais, sob o enfoque natural e paisagístico, tendo revogado a contravenção do artigo 26, *n*, do antigo Código Florestal.

Cuida-se de crime de mínima aplicabilidade prática. "Destruir" significa acabar, aniquilar. "Danificar" significa causar prejuízo. "Lesar" parece figurar como sinônimo de danificar. "Maltratar" significa não observar os cuidados básicos com a planta, podendo trazer uma espécie de dano.

Apenas encontram-se tuteladas pelo tipo as plantas de ornamentação, ou seja, qualquer ser vivo do reino vegetal que sirva como enfeite, em áreas públicas ou privadas. Há casos em que será necessário analisar a intenção de quem plantou o vegetal, ou seja, se há ou não fins ornamentais para definir se há tipicidade por este artigo.

Também é prevista a **modalidade culposa**, quando o agente lesar plantas ornamentais sem a observância do dever objetivo de cuidado, opção que se configura excessiva nesta hipótese, por violação ao Princípio da Intervenção Mínima.

2. JURISPRUDÊNCIA

1. (TJ MT 2004 – Juiz Estadual – CESPE) Alguém que, ao passar por um logradouro público, em manobra imprudente, desgoverna o carro e derruba uma árvore pode incorrer em sanção administrativa, mas nunca em sanção penal, pois a conduta de destruir ou maltratar plantas de logradouros públicos só admite a modalidade dolosa e não a culposa.

3. QUESTÃO DE CONCURSO

01. (TJ MT 2004 – Juiz Estadual – CESPE) Alguém que, ao passar por um logradouro público, em manobra imprudente, desgoverna o carro e derruba uma árvore pode incorrer em sanção administrativa, mas nunca em sanção penal, pois a conduta de destruir ou maltratar plantas de logradouros públicos só admite a modalidade dolosa e não a culposa.

GAB	01	ERRADO

Art. 50. Destruir ou danificar florestas nativas ou plantadas ou vegetação fixadora de dunas, protetora de mangues, objeto de especial preservação:

Pena – detenção, de três meses a um ano, e multa.

1. COMENTÁRIOS

É um **crime doloso, comum, material, de dano, não transeunte, unissubjetivo, plurissubsistente e de ação múltipla** que objetiva tutelar parte da flora objeto de especial preservação. *Destruir* significa arrasar, devastar ou aniquilar. *Danificar* quer dizer estragar, deteriorar.

Abarca as florestas nativas (naturais de determinada região), as florestas plantadas (semeadas pelo homem), a vegetação que fixa as dunas (servem para fixar esses montes de areias formados pela ação do vento) e vegetação protetora de mangues (espécies da flora presentes nesse ecossistema litorâneo que ocorre em terrenos baixos, constituído normalmente por vasas lodosas recentes).

É um tipo que pode gerar inúmeras dificuldades, pois só haverá crime se a conduta destruir ou danificar a vegetação acima listada, sendo *objeto de especial preservação*, que pode figurar como elemento normativo do tipo ou mesmo norma penal em branco.

Assim, é possível sustentar que a vegetação integrante de área de preservação permanente, conforme incidência direta do artigo 4.º da Lei 12.651/2012, é objeto de especial preservação, como ocorre com as restingas, como fixadora de dunas ou estabilizadoras de mangues (inciso IV), ressaltando que o tipo do artigo 38 desta Lei é claramente especial a este.

Por seu turno, quais seriam as florestas nativas e plantadas objeto de especial preservação? É possível sustentar as florestas presentes na reserva legal (artigo 12 do novo Código Florestal) ou mesmo as integrantes dos cinco grandes ecossistemas listados no § 4.º do artigo 225 da CRFB, elencados como "patrimônio nacional". Como se nota, o tipo é desnecessariamente aberto, pois, neste caso, seria possível o legislador definir o significa "objeto de especial preservação".

A conduta que realize o tipo, desde que regularmente licenciada pelo órgão ambiental, está amparada por excludente de ilicitude pelo exercício regular do direito, a exemplo da destruição de vegetação protetora de dunas com amparo no artigo 8.º do novo Código Florestal, nos casos de utilidade pública.

Art. 50-A. Desmatar, explorar economicamente ou degradar floresta, plantada ou nativa, em terras de domínio público ou devolutas, sem autorização do órgão competente: (Incluído pela Lei nº 11.284, de 2006)

Pena – reclusão de 2 (dois) a 4 (quatro) anos e multa. (Incluído pela Lei nº 11.284, de 2006)

§ 1.º Não é crime a conduta praticada quando necessária à subsistência imediata pessoal do agente ou de sua família. (Incluído pela Lei nº 11.284, de 2006)

§ 2.º Se a área explorada for superior a 1.000 ha (mil hectares), a pena será aumentada de 1 (um) ano por milhar de hectare. (Incluído pela Lei nº 11.284, de 2006)

1. COMENTÁRIOS

É um **crime doloso, comum, material, de dano, não transeunte, unissubjetivo, plurissubsistente e de ação múltipla** que objetiva tutelar as florestas públicas contra a exploração clandestina, inserido por meio da ***Lei 11.284/2006***, que trata da gestão de florestas públicas.

"Desmatar" significa desflorestar, derrubar árvores. "Explorar economicamente" significa qualquer utilização dos recursos naturais que caracterize uma atividade econômica, a exemplo do próprio desmatamento ou mesmo do manejo florestal sustentável. "Degradar" significa trazer algum prejuízo. Naturalmente, a dosimetria da reprimenda deve ser mais enérgica no desmatamento que nos dois outros núcleos do tipo.

São objeto de proteção por este tipo somente as florestas, quer plantadas ou nativas, desde que situadas em terras de domínio público ou devolutas. Deveria o legislador ter sido mais preciso, notadamente porque se trata de uma elementar. A expressão domínio público é muito vaga, tendo mais de um sentido, conforme leciona com brilhantismo JOSÉ DOS SANTOS CARVALHO FILHO (2007, p. 963):

> "A expressão domínio público não tem um sentido preciso e induvidoso, como se extrai da lição dos autores que escreveram sobre o tema. Ao contrário, ela é empregada em sentidos variados, ora sendo dado o enfoque voltado para o Estado, ora sendo considerada a própria coletividade como usuária de alguns bens".

Neste caso, a expressão deve ser interpretada em seu sentido estrito, pois, em sentido amplo, todas as florestas estariam abarcadas pelo tipo. Ademais, a Lei 11.284/2006, da qual proveio este artigo, rege a gestão de florestas públicas, que são as de propriedade das entidades da Administração Pública Direta e Indireta (União, Estados, Distrito Federal, municípios e respectivas autarquias, fundações e empresas estatais), nos moldes do artigo 3.º, I, da citada Lei.

Não seria curial fazer referência às florestas situadas em terras devolutas, pois estas são bens públicos dominicais, não afetadas ao serviço administrativo ou ao uso comum do povo, sendo, em regra, bens dos estados, salvo quando indispensáveis à preservação ambiental, à defesa das fronteiras, das fortificações e construções militares e das vias federais de comunicação, nos termos da lei, conforme pontifica o artigo 20, II, da CRFB.

Deveras, são consideradas terras devolutas as que não integram de maneira idônea o patrimônio particular e não estão sendo utilizadas pelo Poder Público, consoante os ditames da vetusta e vigente Lei Imperial de Terras de 1850.

Apenas haverá tipicidade se a conduta não estiver amparada em autorização da autoridade competente, ou seja, a concessão florestal da respectiva entidade política (em regra), bem como o regular licenciamento ambiental.

Cumpre registrar que este artigo traz um tipo especialíssimo, em razão da elementar "floresta de domínio público", em que há um maior desvalor da conduta e do resultado, pois também haverá uma lesão ao Erário, que poderá ter o condão de afastar a incidência de alguns tipos, em razão do Princípio da Especialidade ou da Consunção.

Outrossim, poderá haver um concurso formal de delitos, a exemplo do agente que desmate floresta de preservação permanente em área pública, realizando-se, com uma conduta, simultaneamente, os tipos dos artigos 38 e 50-A.

O § 1.º traz uma **causa de justificação** – que de qualquer modo incidiria pela aplicação do estado de necessidade insculpido pelo Código Penal – **consistente na exploração para fins de subsistência própria ou familiar, sem autorização da autoridade competente**.

Relevante inovação, pois poderá ser elevada a pena para as grandes explorações em florestas públicas, é a **causa de aumento de pena à razão de um ano para cada 1.000ha desmatados**, de modo que agora é possível uma tutela realmente eficiente contra os grandes desmatamentos, especialmente na floresta amazônica, onde a maioria das áreas degradadas é pública, federal ou estadual.

2. JURISPRUDÊNCIA

Processo

AgRg no AgRg no AREsp 1814644 / PA

AGRAVO REGIMENTAL NO AGRAVO REGIMENTAL NO AGRAVO EM RECURSO ESPECIAL

2021/0011003-0

Relator(a)

Ministro REYNALDO SOARES DA FONSECA (1170)

Órgão Julgador

T5 – QUINTA TURMA

Data do Julgamento

18/05/2021

Data da Publicação/Fonte

DJe 24/05/2021

Ementa

PENAL E PROCESSUAL PENAL. **CRIME AMBIENTAL. DESMATAMENTO. ART. 50-A.** LEI 9.605/1998. PENA-BASE. CIRCUNSTÂNCIAS E CONSEQUÊNCIAS DO CRIME. FUNDAMENTAÇÃO IDÔNEA. AGRAVO REGIMENTAL NÃO PROVIDO.

1. No tocante à fixação da pena-base acima do mínimo legal, cumpre registrar que a dosimetria da pena está inserida no âmbito de discricionariedade do julgador, estando atrelada às particularidades fáticas do caso concreto e subjetivas dos agentes, elementos que somente podem ser revistos por esta Corte em situações excepcionais, quando malferida alguma regra de direito.

2. A jurisprudência desta Corte Superior de Justiça é no sentido de que a pena-base não pode ser fixada acima do mínimo legal com fundamento em elementos constitutivos do crime ou com base em referências vagas, genéricas, desprovidas de fundamentação objetiva para justificar a sua exasperação.

3. Pode haver a valoração negativa das circunstâncias do crime, pois o fato do desmatamento ter ocorrido na Amazônia, cuja floresta é vital ao equilíbrio ecológico, não somente para a região Norte, mas para todo o Brasil, o que causa enorme desequilíbrio ambiental (crises hídrica e elétrica,

extinção de diversas espécies de animais), denota um grau de reprovabilidade mais acentuado, aumentando a censurabilidade da conduta praticada.

4. Quanto ao desvalor das consequências do crime, que devem ser entendidas como o resultado da ação do agente, a avaliação negativa de tal circunstância judicial mostra-se escorreita se o dano material ou moral causado ao bem jurídico tutelado se revelar superior ao inerente ao tipo penal. No presente caso, as consequências foram mais graves do que a decorrente do tipo penal, considerando a extensa área desmatada, superior a 100 ha, o que configura justificativa idônea para a exasperação da pena-base, exigindo uma reprimenda superior.

5. Agravo regimental não provido.

Art. 51. Comercializar motosserra ou utilizá-la em florestas e nas demais formas de vegetação, sem licença ou registro da autoridade competente:

Pena – detenção, de três meses a um ano, e multa.

1. COMENTÁRIOS

É um **crime doloso, comum, material, de perigo ou de dano, não transeunte, unissubjetivo, plurissubsistente e de ação múltipla** que visa preservar a vegetação contra a utilização clandestina de motosserras, que revogou a contravenção do § 3.º, do artigo 45, do Código Florestal.

De acordo com o artigo 69 do novo Código Florestal, são obrigados a registro no IBAMA os estabelecimentos comerciais responsáveis pela comercialização de motosserras, bem como aqueles que as adquirirem, devendo a licença para o porte e uso de motosserras ser renovada a cada dois anos.

Além disso, os fabricantes de motosserras são obrigados a imprimir, em local visível do equipamento, numeração cuja sequência será encaminhada ao IBAMA e constará nas correspondentes notas fiscais.

Em regulamentação a este dispositivo, o IBAMA editou a Portaria 149-P, de 30.12.1992, que define ***motosserra*** como todo e qualquer equipamento utilizado para o corte de árvore e/ou madeira em geral, constituído de motor de combustão interna, sabre e corrente, bem como nominou o ato administrativo de Licença para Porte e Uso de Motosserra.

O tipo tem dois núcleos alternativos, o primeiro de perigo e o segundo de dano. Em primeiro lugar, é defeso comercializar motosserra sem licença ou registro da autoridade, alcançando a conduta de quem vende, mas não de quem adquire, pois este não está comercializando.

Deveria o tipo ser mais amplo para abarcar a transferência a qualquer título e o recebimento, pois um ato de comércio visa o lucro, objetivo natural da mercancia, mediante o exercício profissional de atividade organizada para a produção ou circulação de bens e de serviços, nos moldes do artigo 966, do Código Civil, que disciplina o Direito de Empresa.

Assim – salvo uma interpretação extensiva, que em regra é vedada para um dispositivo incriminador, exceto se expressamente autorizado –, a doação de uma motosserra não se configura como "comercializar", não realizando o tipo o doador e o donatário.

Por sua vez, o segundo núcleo do tipo é de dano, sendo crime a utilização de motosserra em florestas ou demais formas de vegetação sem licença ou registro do IBAMA. Contudo, crê-se que esse dispositivo deve ser interpretado à luz de toda a legislação ambiental.

Logo, nos casos excepcionais em que é possível o recebimento e o transporte de produtos florestais sem o DOF, conforme comentários ao artigo 46, a exemplo do bambu, não haverá crime, pois a conduta não será antinormativa.

Insta destacar que é comum que este crime seja absorvido por outros, especificamente o segundo núcleo do tipo, a exemplo dos delitos dos artigos 38, 39, 45, 50 e 50-A, quando a motosserra for utilizada como instrumento, em aplicação do Princípio da Consunção, sendo, destarte, um delito de aplicação subsidiária.

2. QUESTÕES DE CONCURSOS

01. (FGV – 2008 – TJ-MS – Juiz) Assinale a afirmativa incorreta a respeito dos crimes ambientais.

a) Comercializar motosserra ou utilizá-la em florestas e nas demais formas de vegetação, sem licença ou registro da autoridade competente: Pena – detenção, de um a três anos, e multa.

b) Destruir ou danificar floresta considerada de preservação permanente, mesmo que em formação, ou utilizá-la com infringência das normas de proteção: Pena – detenção, de um a três anos, ou multa, ou ambas as penas cumulativamente.

c) Exportar para o exterior peles e couros de anfíbios e répteis em bruto, sem a autorização da autoridade ambiental competente: Pena – reclusão, de um a três anos, e multa.

d) Causar poluição de qualquer natureza em níveis tais que resultem ou possam resultar em danos à saúde humana, ou que provoquem a mortandade de animais ou a destruição significativa da flora: Pena – reclusão, de um a quatro anos, e multa.

e) Promover construção em solo não edificável, ou no seu entorno, assim considerado em razão de seu valor paisagístico, ecológico, artístico, turístico, histórico, cultural, religioso, arqueológico, etnográfico ou monumental, sem autorização da autoridade competente ou em desacordo com a concedida: Pena – detenção, de seis meses a um ano, e multa.

02. (MP SP 86.º CONCURSO – Promotor de Justiça – 2008) Indique a conduta que NÃO ESTÁ descrita na Lei 9.605/1998 como crime contra o meio ambiente.

a) Extrair de florestas de domínio público ou consideradas de preservação permanente, sem prévia autorização, pedra, areia, cal ou qualquer espécie de minerais.

b) Causar dano direto ou indireto às Unidades de Conservação e às áreas de que trata o artigo 27 do Decreto 99.274, de 6 de junho de 1990, independentemente de sua localização.

c) Introduzir espécime animal no País, sem parecer técnico oficial favorável e licença expedida por autoridade competente.

d) Fazer ou usar fogo, por qualquer modo, em floresta ou nas demais formas de vegetação, ou em sua borda, sem tomar as precauções necessárias para evitar propagação.

e) Comercializar motosserra ou utilizá-la em florestas e nas demais formas de vegetação, sem licença ou registro da autoridade competente.

GAB	01	A	02	D

Art. 52. Penetrar em Unidades de Conservação conduzindo substâncias ou instrumentos próprios para caça ou para exploração de produtos ou subprodutos florestais, sem licença da autoridade competente:

Pena – detenção, de seis meses a um ano, e multa.

1. COMENTÁRIOS

É um **crime doloso, comum, formal, de perigo concreto, não transeunte, unissubjetivo, plurissubsistente e de ação única** que busca a tutela preventiva das unidades de conservação, espaços territoriais especialmente protegidos e regidos pela Lei 9.985/2000.

É um crime de *perigo concreto*, pois não se exige lesão à unidade de conservação, bastando adentrar portando substâncias ou instrumentos típicos para caça ou exploração de produtos/subprodutos florestais, como atiradeiras, armadilhas, correntes etc. Note-se que o tipo não alcança os instrumentos para a pesca nem tutela as zonas de amortecimento. Também não requer a intenção de prejudicar o espaço territorial.

O Direito é um todo harmônico composto por regras e princípios que regem a conduta humana. Não é lógico que ele permita, tolere ou fomente uma atividade e, simultaneamente, a descreva como delito. Por isso, esse tipo merece ser interpretado sistematicamente a fim de verificar se realmente a entrada na unidade de conservação com os referidos instrumentos demanda licenciamento ambiental.

Não é toda penetração em unidades de conservação portando os citados petrechos que constitui este crime. Se um proprietário-residente de uma RPPN – Reserva Particular do Patrimônio Natural (unidade de conservação formalmente de uso sustentável, mas com regime jurígeno de proteção integral, onde se veda o uso direto dos recursos ambientais) adentra em sua propriedade com instrumentos típicos de caça sem nenhuma intenção lesiva, haverá apenas tipicidade formal, pois sua conduta não será antinormativa, uma vez que a Lei 9.985/2000 não exige licenciamento nesta hipótese, inexistindo qualquer possibilidade de lesividade, haja vista que o próprio agente requereu ao Poder Público a criação da RPPN por filantropia ambiental, como normalmente se observa na prática.

Outrossim, este tipo é de aplicação supletiva, sendo comum que seja absorvido por outros, em especial o do artigo 40 (causar dano direto ou indireto às unidades de conservação).

2. QUESTÕES DE CONCURSOS

01. (2019/CESPE/PGM CAMPO GRANDE/PROCURADOR) Portando uma arma de fogo, mas sem licença de autoridade ambiental competente, João penetrou em uma unidade de conservação. Assertiva: Ainda que não abata nenhum animal nem mesmo tente fazê-lo na referida unidade de conservação, João cometeu um crime ambiental.

02. (Prova: FCC – 2021 – TJ-GO – Juiz Substituto) José Bento, que cursou até a terceira série do ensino fundamental, foi denunciado por adentrar, sem autorização, um Refúgio da Vida Silvestre portando um facão. Confessou que sabia da ilegalidade da conduta, mas sua intenção era colher sementes para confecção de artesanato. A ação penal deverá ser julgada:

a) procedente com circunstância atenuante.

b) procedente com aplicação do perdão judicial.

c) improcedente pela atipicidade formal do fato.

d) improcedente pela ausência de dolo.

e) procedente com aplicação da pena dentro do balizamento trazido pelo tipo penal, sem circunstâncias agravantes ou atenuantes.

GAB	01	CERTO	02	A

Art. 53. Nos crimes previstos nesta Seção, a pena é aumentada de um sexto a um terço se:

I – do fato resulta a diminuição de águas naturais, a erosão do solo ou a modificação do regime climático;

II – o crime é cometido:

a) no período de queda das sementes;

b) no período de formação de vegetações;

c) contra espécies raras ou ameaçadas de extinção, ainda que a ameaça ocorra somente no local da infração;

d) em época de seca ou inundação;

e) durante a noite, em domingo ou feriado.

1. COMENTÁRIOS

Em razão do maior desvalor do resultado e/ou da conduta, o legislador instituiu causas de aumento de pena aplicáveis apenas aos crimes contra a flora (Seção II), que incidem na terceira fase da sentença penal condenatória, quando não já constituírem ou qualificarem o delito, a fim de não incorrer em *bis in idem*.

Destarte, não incidirá a causa de aumento "no período de formação de vegetações" no delito do artigo 48, pois o impedimento da regeneração natural já a pressupõe.

SEÇÃO III
DA POLUIÇÃO E OUTROS CRIMES AMBIENTAIS

Art. 54. Causar poluição de qualquer natureza em níveis tais que resultem ou possam resultar em danos à saúde humana, ou que provoquem a mortandade de animais ou a destruição significativa da flora:

Pena – reclusão, de um a quatro anos, e multa.

§ 1.º Se o crime é culposo:

Pena – detenção, de seis meses a um ano, e multa.

§ 2.º Se o crime:

I – tornar uma área, urbana ou rural, imprópria para a ocupação humana;

II – causar poluição atmosférica que provoque a retirada, ainda que momentânea, dos habitantes das áreas afetadas, ou que cause danos diretos à saúde da população;

III – causar poluição hídrica que torne necessária a interrupção do abastecimento público de água de uma comunidade;

IV – dificultar ou impedir o uso público das praias;

V – ocorrer por lançamento de resíduos sólidos, líquidos ou gasosos, ou detritos, óleos ou substâncias oleosas, em desacordo com as exigências estabelecidas em leis ou regulamentos:

Pena – reclusão, de um a cinco anos.

§ 3.º Incorre nas mesmas penas previstas no parágrafo anterior quem deixar de adotar, quando assim o exigir a autoridade competente, medidas de precaução em caso de risco de dano ambiental grave ou irreversível.

1. COMENTÁRIOS

É um **crime doloso ou culposo, comum, material, de dano ou de perigo concreto, não transeunte, unissubjetivo, plurissubsistente, instantâneo ou permanente e de ação única** que tem o propósito de proteger a saúde humana, a fauna e a flora, além dos outros recursos ambientais como as águas e o ar, revogando tacitamente os delitos dos artigos 15 da Lei 6.938/1981 e 271 do CP, por ser de maior abrangência.

"Causar poluição", juridicamente falando, nos moldes do artigo 3.º, III, da Lei 6.938/1981, é ocasionar a degradação da qualidade ambiental resultante de atividades que, direta ou indiretamente, prejudiquem a saúde, a segurança e o bem-estar da população; afetem desfavoravelmente a biota; afetem as condições estéticas ou sanitárias do meio ambiente; lancem matérias ou energia em desacordo com os padrões ambientais estabelecidos.

É um termo com acepção mais estrita que degradação, que é qualquer alteração adversa das características do meio ambiente.

De acordo com o tipo, há quatro caminhos para a sua realização, ou seja, quando o agente causar poluição de qualquer natureza que:

a) possa resultar danos à saúde humana (crime de perigo concreto);

b) resulte danos à saúde humana (crime de dano);

c) provoque a morte de animais (dano);

d) provoque a destruição significativa da flora (dano).

Ou seja, não é qualquer poluição que foi criminalizada neste tipo, sendo especificadas abaixo as quatro hipóteses:

a) Nesta hipótese basta a potencialidade lesiva concreta da atividade poluidora, não sendo necessário nenhum prejuízo efetivo à saúde humana, a exemplo do despejo de dejetos venenosos em um rio que não chegaram ao consumo humano, em razão da rápida atuação da Administração Pública.

b) Aqui é curial que a poluição tenha resultado algum prejuízo à saúde humana, não sendo muitas vezes fácil comprovar esse nexo causal entre a poluição e a enfermidade.

c) Também haverá crime se a poluição provocar a morte de animais, ou seja, pela literalidade do tipo o perecimento de apenas um animal não realizará o seu núcleo.

d) Apenas a destruição significativa da flora em decorrência da poluição será considerada crime. A questão tormentosa aqui é interpretar esse elemento normativo do tipo "destruição significativa", o que deverá ocorrer de maneira casuística, de acordo com cada ecossistema, a fim de analisar se o dano é relevante ou não. "Flora" é um termo com acepção ampla que abrange o conjunto das espécies vegetais de uma determinada localidade, chegando a abarcar os micro-organismos, a exemplo das bactérias e fungos.

Sobre a exegese deste crime, veja-se a jurisprudência:

> "[...] Não é qualquer poluição que ensejará enquadramento criminal. A realização do tipo objetivo é dependente de prova técnica delimitadora da potencialidade lesiva à saúde humana ou a vida de animais e plantas. Qualquer introdução de elementos exógenos no meio é poluição, mas é poluição criminosa somente aquela que é capaz de gerar risco à saúde humana ou a que causa os danos que o tipo legal prevê. O conceito de poluição é mais amplo do que a caracterização administrativa da poluição, e o conceito de poluição criminosa é, ainda, mais estreito" (TRF 2.ª Região, AC 4.086, *DJU* 03.02.2006).

É natural que para este tipo de delito seja curial uma perícia, a fim de aferir o grau de poluição, a potencialidade lesiva à saúde humana ou o eventual nexo entre a atividade e os prejuízos ambientais, ressaltando que o Código Penal adota a Teoria da Equivalência das Condições Causais (Teoria da *Conditio Sine Qua Non*), em que toda condição será causa, independentemente de, por si só, não ser apta a realizar a lesão ou o perigo de lesão ao bem jurídico tutelado.

Apenas não haverá crime nas hipóteses de ausência de dolo, culpa, concausas que quebrem o nexo e, mais modernamente, pela aplicação da Teoria da Imputação Objetiva, em que juridicamente determinado resultado não poderá ser atribuído ao agente, apesar de o ser naturalisticamente, quando este não criar ou majorar risco tolerado pela sociedade.

Poder-se-ão ter diversas espécies de poluição, como a sonora, a visual, a atmosférica, das águas, do solo e do ar. Tecnicamente, pelo conceito legal, a morte de animais silvestres e o desmatamento de florestas de preservação permanente que tragam significativos prejuízos à flora também configuram poluição, mas existem tipos específicos que os tutelam (artigos 29 e 36), o que pode gerar uma antinomia aparente de normas incriminadoras, também presente com outros crimes desta Lei, sendo necessário analisar casuisticamente se são tipos especiais ou se haverá concurso formal de delitos, pois em alguns casos as penas são bem inferiores a esta, podendo ocasionar uma desproporcionalidade no afastamento do crime de poluição.

Outrossim, há uma poluição especial tipificada no artigo 33 desta Lei, já comentada, que tutela a fauna aquática, podendo ser um tipo especial ou geral, ou mesmo haver um concurso formal de crimes, a depender do caso em análise. Assim, se a poluição afetar a saúde humana e faz perecer animais da fauna aquática, haverá o citado concurso ideal.

Também é especial a este crime o tipo do artigo 270, do CP, que prevê o envenenamento de água potável, substância medicinal ou alimentícia destinada ao consumo humano, em tutela à saúde pública, com pena de reclusão de dez a quinze anos, assim como o delito do artigo 252, do CP, que incrimina a exposição a perigo de vida, a integridade física ou o patrimônio de outrem, usando de gás tóxico ou asfixiante, com pena de reclusão de um a quatro anos, e multa.

Por sua vez, a poluição tolerada socialmente, precedida de regular licenciamento ambiental e de outros atos do Poder Público eventualmente necessários, a exemplo da emissão de efluentes ou de gases nocivos à atmosfera dentro dos padrões regulamentares, não constitui crime, uma vez que a ilicitude da conduta é excluída pelo exercício regular de um direito.

Não é lógico que o Estado permita ou tolere uma conduta e, ao mesmo tempo, a criminalize. É possível sustentar que sequer existe tipicidade, pois o ato não é antinormativo, havendo crime apenas formalmente.

A depender do caso, este tipo pode ser caracterizado como uma norma penal em branco. Assim, no caso da poluição de águas é preciso analisar os padrões de tolerância de emissão, o que é fixado pela Resolução CONAMA 357/2005; para o ar atmosférico, deve-se observar a Resolução CONAMA 03/1990; para os sons, a Resolução CONAMA 01/1990, que ainda remete a normas da ABNT e do CONTRAN, a depender.

Normalmente permite-se que normas estaduais, distritais e municipais possam adotar padrões mais restritivos, de acordo com as suas peculiaridades, já que a competência legislativa neste caso é concorrente.

Entende-se que a poluição acima dos índices de tolerância da legislação ambiental presume-se relativamente lesiva à saúde humana, a fim de configurar a tipicidade do artigo 54, cabendo ao poluidor demonstrar o contrário.

A jurisprudência já reconhece a tipificação deste artigo pela **poluição sonora**, ou, supletivamente, caso não possa resultar danos à saúde humana, a contravenção penal do artigo 42 da Lei de Contravenções Penais (perturbação do trabalho e do sossego alheios).

De acordo com o STJ, a conduta de realizar atividades em bar com a emissão de sons e ruídos, ainda que muito acima do volume permitido, não realiza o crime do artigo 54, da Lei 9.605/1998,[7] pois não é suficiente para ameaçar a saúde humana.

Da mesma forma, se a poluição atmosférica não for suficiente para realizar o tipo do artigo 54, é possível a aplicação supletiva da contravenção do artigo 38 da Lei de Contravenções Penais, que tipifica "provocar, abusivamente, emissão de fumaça, vapor ou gás, que possa ofender ou molestar alguém".

Em inegável avanço, o § 1.º prevê a **modalidade culposa** quando o agente causa poluição de acordo com a cabeça do artigo sem intenção direta ou eventual, mas não observando o dever objetivo de cuidado, a exemplo de uma indústria que, por lapso de um funcionário, esquece de tratar efluentes antes de perpetrar sua emissão em um rio.

Ainda existe um **tipo de poluição qualificada** em razão do maior desvalor do resultado, mais lesivo ao meio ambiente. Além das elementares e circunstâncias comuns da cabeça do artigo, é preciso que a poluição ocasione um desses efeitos:

I – tornar uma área, urbana ou rural, imprópria para a ocupação humana;

II – causar poluição atmosférica que provoque a retirada, ainda que momentânea, dos habitantes das áreas afetadas, ou que cause danos diretos à saúde da população;

III – causar poluição hídrica que torne necessária a interrupção do abastecimento público de água de uma comunidade;

IV – dificultar ou impedir o uso público das praias;

V – ocorrer por lançamento de resíduos sólidos, líquidos ou gasosos, ou detritos, óleos ou substâncias oleosas, em desacordo com as exigências estabelecidas em leis ou regulamentos:

7. HC 60.654, de 11.12.2008.

Outrossim, **a poluição culposa apenas poderá ser simples, não qualificada**, pois um tipo qualificado parte do tipo primitivo da cabeça do artigo. A poluição qualificada poderá ser preterintencional, quando por culpa do agente ocorre uma ou mais das circunstâncias qualificadoras *suso* listadas, ou inteiramente dolosa, quando o autor do fato queria o resultado qualificado ou assumiu o seu risco conscientemente.

Ressalte-se que a pessoa que comete poluição que resulte danos à saúde humana, nos termos do *caput* do artigo 54, não responderá pela modalidade qualificada da parte final do § 2.º do inciso II, sob pena de *bis in idem*.

Por seu turno, é importante lembrar que as praias, não só são as marítimas mas também as fluviais, são protegidas, sendo legalmente conceituadas como "a área coberta e descoberta periodicamente pelas águas, acrescida da faixa subsequente de material detrítico, tal como areias, cascalhos, seixos e pedregulhos, até o limite onde se inicie a vegetação natural, ou, em sua ausência, onde comece um outro ecossistema", nos termos do § 3.º, do artigo 10, da Lei 7.661/1988, sendo bem público de uso comum do povo.

Ademais, incorre nas mesmas penas previstas no parágrafo 2º quem deixar de adotar, quando assim o exigir a autoridade competente, medidas de precaução em caso de risco de dano ambiental grave ou irreversível.

Além da hipótese genérica prevista na parte final do artigo 2.º, da Lei 9.605/1998 (pessoas naturais com vínculo com entes morais que são garantes), em que é possível a consumação de um crime ambiental comissivo por omissão (omissivo impróprio), desde que material, este dispositivo prevê uma hipótese específica apenas para o crime de poluição qualificada, não a modalidade simples.

Assim, nas hipóteses do § 3.º, no caso de risco de dano ambiental grave ou irreversível, se a autoridade competente fizer determinações para precaver os prejuízos ambientais, o agente que se quedar inerte também responderá pelo crime de poluição qualificada por sua simples omissão.

Pelo Princípio da Precaução, quando não existir certeza científica da existência ou extensão de danos ambientais, na dúvida, deverá a autoridade ambiental exigir medidas para precaver a ocorrência da degradação (*in dubio pro natura*).

Contudo, note-se que o agente tem o dever de adotar as medidas de precaução, em razão de disposição legal, contratual ou por seu comportamento anterior, não sendo possível impor essa exigência a qualquer do povo sem vinculação com o fato.

Essas determinações poderão ser concretas ou abstratas; prévias, concomitantes ou posteriores ao fato. Por conseguinte, se um navio petroleiro está em vias de derramar grande volume de óleo no mar, devem os funcionários da empresa transportadora adotar as medidas estabelecidas pelo órgão ambiental.

2. JURISPRUDÊNCIA

STJ INFORMATIVO 624 TERCEIRA SEÇÃO

PROCESSO	EREsp 1.417.279-SC, Rel. Min. Joel Ilan Paciornik, por unanimidade, julgado em 11/04/2018, DJe 20/04/2018
RAMO DO DIREITO	DIREITO AMBIENTAL, DIREITO PENAL
TEMA	Crime do art. 54 da Lei n. 9.605/1998. Natureza formal do delito. Realização de perícia. Desnecessidade. Potencialidade de dano à saúde.

DESTAQUE

O delito previsto na primeira parte do artigo 54 da Lei n. 9.605/1998 possui natureza formal, sendo suficiente a potencialidade de dano à saúde humana para configuração da conduta delitiva.

INFORMAÇÕES DO INTEIRO TEOR

Cinge-se a controvérsia a saber se é necessária a realização de perícia técnica para a comprovação do dano efetivo à saúde humana no que tange à caracterização de crime ambiental consubstanciado em causar poluição de qualquer natureza. Quanto ao ponto, o acórdão embargado entendeu que "o delito previsto na primeira parte do art. 54 da Lei n. 9.605/1998 exige prova do risco de dano, sendo insuficiente para configurar a conduta delitiva a mera potencialidade de dano à saúde humana". Já para o acórdão paradigma, "o delito previsto na primeira parte do artigo 54, da Lei n. 9.605/1998, possui natureza formal, porquanto o risco, a potencialidade de dano à saúde humana, é suficiente para configurar a conduta delitiva, não se exigindo, portanto, resultado naturalístico e, consequentemente, a realização de perícia" (AgRg no REsp 1.418.795-SC, Rel. Ministro Marco Aurélio Bellize, Rel. para acórdão Regina Helena Costa, Quinta Turma, DJe 7/8/2014). Deve prevalecer o entendimento do acórdão paradigma e nos casos em que forem reconhecidas a autoria e a materialidade da conduta descrita no art. 54, § 2º, V, da Lei n. 9.605/1998, a potencialidade de dano à saúde humana é suficiente para configuração da conduta delitiva, haja vista a natureza formal do crime, não se exigindo, portanto, a realização de perícia.

STJ INFORMATIVO 667 – QUINTA TURMA

PROCESSO	AgRg no REsp 1.847.097-PA, Rel. Min. Joel Ilan Paciornik, Quinta Turma, por unanimidade, julgado em 05/03/2020, DJe 13/03/2020
RAMO DO DIREITO	DIREITO AMBIENTAL, DIREITO PENAL
TEMA	Poluição ambiental qualificada. Artigos 54 § 1º, I, II, III e IV e § 3º e 56, § 1º, I e II, c/c 58, I, da Lei n. 9.605/1998. Envio e armazenamento de resíduos tóxicos. Providências para reparação do dano causado. Não efetivação. Natureza permanente da conduta. Não cessação da atividade. Impossibilidade de aferição da prescrição.

DESTAQUE

As condutas delituosas previstas nos artigos 54, § 1º, I, II, III e IV e § 3º e 56, § 1º, I e II, c/c 58, I, da Lei n. 9.605/1998, que se resumem na ação de causar poluição ambiental que provoque danos à população e ao próprio ambiente, em desacordo com as exigências estabelecidas na legislação de proteção, e na omissão em adotar medidas de precaução nos casos de risco de dano grave ou irreversível ao ecossistema, são de natureza permanente, para fins de aferição da prescrição.

INFORMAÇÕES DO INTEIRO TEOR

A controvérsia cinge-se a estabelecer se os delitos pelos quais a empresa foi condenada – poluição, na sua modalidade qualificada (arts. 54, § 2º, I, II, III e IV e § 3º e 56, § 1º, I e II, c/c 58, I, da Lei n. 9.605/98), considerado o momento de sua consumação, são de natureza permanente ou instantânea de efeitos permanentes, para fins de reconhecimento de prescrição.

De antemão, é necessário fazer a distinção dos conceitos legais – crime permanente e crime instantâneo de efeitos permanentes – de modo a tornar claro o raciocínio jurídico empregado.

A diferença de classificação consiste na ação tomada pelo agente quanto aos efeitos gerados pela conduta delitiva inicial, pois para o crime permanente, realizada a ação típica, os efeitos só perduram no tempo por nova ação do autor ou diante da sua inércia em cumprir determinação estipulada, enquanto que nos crimes instantâneos de efeitos permanentes o delito se consuma tão somente no primeiro momento, sendo as consequências daí geradas independentes da sua vontade.

As condutas delituosas previstas nos artigos 54, § 1º, I, II, III e IV e § 3º e 56, § 1º, I e II, c/c 58, I, da Lei n. 9.605/1998, se resumem na ação de causar poluição ambiental que provoque danos à população e ao próprio ambiente, em desacordo com as exigências estabelecidas na legislação de proteção, e na omissão em adotar medidas de precaução nos casos de risco de dano grave ou irreversível ao ecossistema.

Percebe-se a dificuldade de classificação do tipo legal quanto ao momento de sua consumação, na medida em que podemos visualizar uma conduta inicial definida – causar poluição – que pode restar configurada simplesmente na primeira ação ou omissão do autor, ou perdurar no tempo.

Recorre-se à doutrina, que em comentários à Lei n. 9.605/1998, salienta que: "A consumação do crime ocorre quando há descumprimento de medidas determinadas pelo Órgão competente. Trata-se de crime permanente, que se protrai no tempo enquanto durar a desobediência à ordem administrativa. Entretanto, se essa ordem se consubstanciar em um ato instantâneo, o crime vai se configurar no exato momento em que o ato agressor da determinação administrativa é praticado".

Ademais, verifica-se que a conduta criminosa ultrapassou a ação inicial, ou seja, os efeitos decorrentes da poluição permaneceram diante da própria omissão da empresa recorrente em corrigir ou diminuir os efeitos geradores da conduta inaugural.

Registra-se que esta Corte tem se posicionado pela impossibilidade de aferição do transcurso do lapso prescricional quanto a delito cometido em desfavor do meio ambiente, quando pautado na continuidade das atividades ilícitas.

Esse posicionamento vem tomando força e deve ser a linha de orientação a ser seguida, considerado o bem jurídico-constitucional de elevado valor a que a lei faz referência – direito ao meio ambiente ecologicamente equilibrado – que legitima a intervenção do Estado no controle das ações praticadas a seu desfavor, devendo ser promovida a efetiva aplicação das normas penais.

- **STJ, INFORMATIVO 455 – CRIME AMBIENTAL. PREFEITO. ALTERIDADE.** A Turma concedeu a ordem de *habeas corpus* para trancar a ação penal instaurada em desfavor de ex-prefeito denunciado pela suposta prática do crime de poluição ambiental (art. 54, § 3º, da Lei n. 9.605/1998). *In casu*, o tribunal *a quo* consignou que a autoridade emissora da medida de controle ambiental descumprida seria o próprio paciente, a quem, na condição de representante máximo do município, caberia tomar providências para fazer cessar o dano e recuperar a área atingida. Contudo, segundo a Min. Relatora, essa conclusão conduz ao entendimento de que o acusado seria, ao mesmo tempo, o agente e o sujeito passivo mediato do delito, o que contraria característica inerente ao direito penal moderno consubstanciada na alteridade e na necessidade de intersubjetividade nas relações penalmente relevantes. Com essas considerações, reconheceu a atipicidade da conduta por ausência de elementar do tipo. Precedentes citados: HC 95.941-RJ, *DJe* 30.11.2009, e HC 75.329-PR, *DJ* 18.06.2007. HC 81.175-SC, Rel. Min. Maria Thereza de Assis Moura, julgado em 09.11.2010.

  "Quando se trata de poluição que possa resultar em danos à saúde humana, está-se diante de crime formal, que não exige a presença de resultado naturalístico, consistente na efetiva afetação da saúde das pessoas. Desse modo, o fato de existir nos autos da ação penal laudo judicial no qual se afirmaria a inexistência de danos ambientais vigentes, por si só, não tem o condão de atestar a inocorrência do delito denunciado, de cunho formal, sendo certo que a aludida prova pericial deve ser valorada em conjunto com os demais elementos de prova pelo magistrado competente por ocasião da análise do mérito da acusação" (STJ, RHC 40.317, de 22.10.2013).

"Penal. Habeas corpus. ***Artigo 54 da Lei 9.605/1998. Poluição sonora. Trancamento da ação penal. Desclassificação. Artigo 42 da Lei de Contravenções Penais.*** *Prescrição.* I – Para a caracterização do delito previsto no artigo 54 da Lei 9.605/1998, a poluição gerada deve ter o condão de, ao menos, poder causar danos à saúde humana, fato inocorrente na espécie. II – Uma vez dada nova qualificação jurídica ao fato, qual seja: artigo 42 da Lei de Contravenções Penais, e, levando-se em consideração que o fato se deu em 30.09.2003, e desde então não se verificou a ocorrência de qualquer marco interruptivo da prescrição – uma vez que a denúncia não mais subsiste – é de se declarar a extinção da punibilidade do paciente *ex vi* do artigo 107, IV, c/c o artigo 109, VI do CP. Ordem concedida. Extinta a punibilidade" (STJ, HC 54.536, *DE* 06.06.2006).

"**É imprescindível a realização de perícia oficial para comprovar a prática do crime previsto no art. 54 da Lei 9.605/1998.** O tipo penal do art. 54 da Lei 9.605/1998 ("Causar poluição de qualquer natureza em níveis tais que resultem ou possam resultar em danos à saúde humana, ou que provoquem a mortandade de animais ou a destruição significativa da flora") divide-se em duas modalidades: de perigo ("possa resultar em dano à saúde humana") e de dano ("resulte em dano à saúde humana" ou "provoque a mortandade de animais ou a destruição significativa da flora"). Mesmo na parte em que se tutela o crime de perigo, faz-se imprescindível a prova do risco de dano à saúde. Isso porque, para a caracterização do delito, não basta ficar caracterizada a ação de poluir; é necessário que a poluição seja capaz de causar danos à saúde humana (HC 54.536, Quinta Turma, DJ 1º/8/2006; e RHC 17.429, Quinta Turma, DJ 1º/8/2005), e não há como verificar se tal condição se encontra presente sem prova técnica. **STJ, REsp 1.417.279-SC**, Rel. Min. Sebastião Reis Júnior, julgado em **22/9/2015**, DJe 15/10/2015" (Informativo 571).

3. QUESTÕES DE CONCURSOS

01. (MPE-SP – 2006 – MPE-SP – Promotor de Justiça) A propósito do crime de poluição previsto no art. 54 da Lei nº 9.605/1998, analise as seguintes afirmações:

I. O crime se caracteriza quando o agente causa ou produz poluição atmosférica em níveis de que resultem, ou possam resultar danos à saúde humana.

II. O crime se caracteriza quando o agente causa ou produz poluição de qualquer natureza, de que resulte a mortandade de animais.

III. O crime se caracteriza quando o agente causa ou produz poluição de qualquer natureza que venha a provocar destruição de qualquer parcela da flora.

a) Todas as afirmativas acima são corretas.

b) As afirmativas I e III são corretas.

c) As afirmativas II e III são corretas.

d) Apenas a afirmativa I é correta.

e) Apenas a afirmativa III é incorreta.

02. (Defensor Público do Tocantins 2012/CESPE) Considere que Gil, a fim de comemorar, durante a madrugada, em zona urbana, a vitória de determinado time de futebol, tenha ajustado o aparelho de som do veículo em volume muito acima do limite permitido na legislação local, perturbando o sono e o sossego da vizinhança, e que esta tenha acionado o órgão municipal responsável. Considere, ainda, que o referido aparelho de som tenha sido apreendido, e Gil, conduzido à delegacia de polícia. Nessa situação, a conduta de Gil é atípica, visto que a poluição sonora não está expressamente prevista na lei de crimes ambientais.

03. (TJ Acre 2006 – Juiz de Direito – CESPE) Lei 9.605/1998:

Art. 54. Causar poluição de qualquer natureza em níveis tais que resultem ou possam resultar em danos à saúde humana, ou que provoquem a mortandade de animais ou a destruição significativa da flora:

Pena – reclusão, de um a quatro anos, e multa.

§ 1.º Se o crime é culposo:

Pena – detenção, de seis meses a um ano, e multa.

§ 2.º Se o crime:

I – tornar uma área, urbana ou rural, imprópria para a ocupação humana;

II – causar poluição atmosférica que provoque a retirada, ainda que momentânea, dos habitantes das áreas afetadas, ou que cause danos diretos à saúde da população;

III – causar poluição hídrica que torne necessária a interrupção do abastecimento público de água de uma comunidade;

IV – dificultar ou impedir o uso público das praias;

V – ocorrer por lançamento de resíduos sólidos, líquidos ou gasosos, ou detritos, óleos ou substâncias oleosas, em desacordo com as exigências estabelecidas em leis ou regulamentos:

Pena – reclusão, de um a cinco anos.

§ 3.º Incorre nas mesmas penas previstas no parágrafo anterior quem deixar de adotar, quando assim o exigir a autoridade competente, medidas de precaução em caso de risco de dano ambiental grave ou irreversível.

Com base no disposto no artigo em tela e em seus desdobramentos, assinale a opção CORRETA.

a) A expressão "em níveis tais", contida no *caput* do artigo, revela a existência de um tipo penal aberto, determinando que o tipo só restará configurado se forem desrespeitados os padrões de emissão de resíduos fixados pela administração ambiental.

b) A poluição que tornar uma área urbana ou rural imprópria para a ocupação humana (§ 2.º, inciso I) configura um delito autônomo, independentemente das cláusulas normativas dispostas no *caput*.

c) O *caput* do art. 54 traz a descrição de um crime de perigo abstrato e, também, um tipo aberto, em razão da presença de cláusulas normativas de caráter valorativo.

d) O § 3.º do art. 54 contém um delito autônomo de natureza omissiva e constitui uma norma penal em branco.

04. (PUC-PR – 2012 – TJ-MS – Juiz) José da Silva, diretor executivo da "Indústria de Cal JS Ltda.", foi indiciado pela Delegacia de Crimes Ambientais da SSP/MS pela prática do crime de poluição atmosférica, praticado através do lançamento de grande quantidade de fumaça emitida pelos fornos da sociedade comercial que dirige, comprovadamente em níveis superiores aos permitidos pelo órgão ambiental estadual conforme perícia realizada. Do ponto de vista da responsabilidade penal, o acusado está sujeito a ser denunciado pelo Ministério Público e:

a) a responder pela prática da contravenção penal prevista no artigo 38 do Decreto-lei 3.668, de 1941 (emissão de fumaça, vapor ou gás), ainda que não cause ofensa física, molestamento ou perigo a terceiros.

b) a responder por crime de poluição, previsto no art. 54 da Lei 9.605/98, desde que os efeitos da conduta resultem ou possam ter resultado danos à saúde humana, ou que provoquem a mortandade de animais ou a destruição significativa da flora.

c) a responder por crime de poluição previsto no art. 54 da Lei 9.605/98 em concurso material com o art.132 do Código Penal (perigo para a vida ou a saúde de outrem), desde que os efeitos da conduta resultem ou possam resultar danos de natureza grave exclusivamente à saúde humana.

d) a responder por crime de poluição, independentemente do resultado da conduta, uma vez que no crime de poluição aplica-se o princípio da responsabilidade objetiva.

e) a responder por crime de poluição, previsto no art. 54 da Lei 9.605/98, perante o Juizado Especial Criminal, facultando-se-lhe a possibilidade de firmar transação com o Promotor de Justiça.

05. (TJ Acre 2006 – Juiz de Direito – CESPE) O § 3.º do art. 54 contém um delito autônomo de natureza omissiva e constitui uma norma penal em branco.

06. (TRF 5ª REGIÃO 2004 – Juiz Federal – CESPE) A poluição eletromagnética e a poluição térmica podem ser consideradas crime, porquanto a conduta penal referente a poluição e descrita na Lei de Crimes Ambientais fala em causar poluição de qualquer natureza, não especificando a forma.

GAB	01	E	02	ERRADO	03	D	04	B	05	CERTO	06	CERTO

Art. 55. Executar pesquisa, lavra ou extração de recursos minerais sem a competente autorização, permissão, concessão ou licença, ou em desacordo com a obtida:

Pena – detenção, de seis meses a um ano, e multa.

Parágrafo único. Nas mesmas penas incorre quem deixa de recuperar a área pesquisada ou explorada, nos termos da autorização, permissão, licença, concessão ou determinação do órgão competente.

1. COMENTÁRIOS

É um **crime doloso, comum, material, de dano, não transeunte, unissubjetivo, plurissubsistente, instantâneo ou permanente e de ação múltipla** que visa proteger diretamente os recursos minerais e os demais recursos naturais, uma vez que as atividades minerárias e garimpeiras são altamente impactantes ao ambiente, revogando os crimes descritos nos artigos 21 da Lei 7.805/1989 e 24 da Lei 6.453/1977.

Trata-se de tipo geral com relação ao do artigo 44, que apenas criminaliza a extração de recursos minerais em florestas de domínio público ou consideradas de preservação permanente. Logo, se a conduta não se enquadrar no artigo 44, deve-se então partir para a tipificação neste tipo.

Conforme já dito nos comentários ao artigo 44, o exercício regular da atividade minerária se dá mediante a autorização ou concessão de lavra promovida pelo DNPM – Departamento Nacional de Produção Mineral (autarquia federal) (atual Agência Nacional de Mineração – ANM) e/ou pelo Ministério de Minas e Energia ou permissão de garimpagem, bem como pelo prévio licenciamento ambiental, nos moldes das Resoluções CONAMA 09 e 10/1990, ressaltando que os recursos minerais são bens da União, por força do artigo 20, IX, da CRFB, o que poderá atrair a competência para julgar este delito para a Justiça Federal, em que pese a não uniformidade da jurisprudência do STJ nesse sentido em alguns casos peculiares.

Assim, a mera ausência do licenciamento minerário na execução da lavra, pesquisa ou extração de recursos minerais já tipifica este delito. Não poderia ser outro o posicionamento o STJ, noticiado pelo Informativo 466.

A "pesquisa" significa execução de trabalhos necessários à definição da jazida, sua avaliação e a determinação da exequibilidade do seu aproveitamento econômico, nos moldes do artigo 14, do Decreto-lei 227/1967 (Código de Mineração). Já a "lavra" é o conjunto de operações coordenadas objetivando o aproveitamento industrial da jazida, desde a atração das substâncias minerais úteis que contiver, até o beneficiamento destas, consoante o artigo 36, do Código de Mineração.

Outrossim, cometerá este crime o agente que realizar a garimpagem, a faiscação e a cata, formas rudimentares de extração de recursos minerais previstas no artigo 70, do Código de Mineração, pois são outras modalidades de extração de minérios.

A conduta será típica não só quando a pesquisa, a lavra ou a extração se derem sem o devido licenciamento, mas também quando em desconformidade com os parâmetros estabelecidos no obtido. Note-se que a culpabilidade na pesquisa clandestina é menor, em comparação com a lavra, ante o menor impacto ambiental, o que deve ser considerado pelo julgador na dosimetria da sanção, na forma do artigo 6.º, I, da Lei 9.605/1998.

É possível que a extração de recursos minerais sem o licenciamento também seja praticada em concurso com outros delitos da Lei 9.605/1998, a exemplo da poluição, tipificada no artigo 54. Como a atividade de extração de recursos minerais pressupõe o desmate de vegetação, sendo condutas conexas, mas diversas, é possível sustentar a ocorrência de concurso material, somando-se as penas.

Note-se que este crime não revogou o do artigo 2.º, da Lei 8.176/1991, normalmente havendo concurso ideal ou formal, pois este tutela a Ordem Econômica e o artigo 55, o meio ambiente, conforme jurisprudência do STF e do STJ.

Embora os recursos minerais sejam originariamente bens da União, a atual posição do STJ prevê que este delito do **artigo 55 é de competência da Justiça Estadual**, mas, apenas pela conexão com o delito do artigo 2º da Lei 8.176/91, será atraído para a Justiça Federal.

De acordo com o artigo 2º, parágrafo único, do Decreto-lei 227/1967, é permitido aos órgãos da administração direta e autárquica da União, dos Estados, do Distrito Federal e dos Municípios, a extração de substâncias minerais de emprego imediato na construção civil, definidas em Portaria do Ministério de Minas e Energia, para uso exclusivo em obras públicas por eles executadas diretamente.

Logo, o gestor municipal não tipifica este crime quando utiliza recursos minerais sem licenciamento minerário para obras municipais, sendo este o posicionamento do STJ.

O parágrafo único prevê a mesma punibilidade para quem deixar de promover a recuperação da área degradada, nos termos do licenciamento outorgado, sendo um tipo omissivo próprio.

Esse dispositivo está em plena harmonia com o § 2.º, do artigo 225, da CRFB, que determina que aquele que explorar recursos minerais fica obrigado a recuperar o meio ambiente degradado, de acordo com solução técnica exigida pelo órgão público competente.

Essa tutela especial constitucional se justifica pelos enormes danos ambientais advindos da atividade de mineração, tanto que o artigo 2.º, IX, da Resolução CONAMA 01/1986, presume a significativa degradação ambiental para fins de exigir previamente o EIA-RIMA, que poderá ser dispensado caso se trate de minérios da classe II, conforme autorizado pela Resolução CONAMA 10/1990.

Nesse caminho, pontifica o artigo 1.º, do Decreto 97.632/1989, que "os empreendimentos que se destinam à exploração de recursos minerais deverão, quando da apresentação do Estudo de Impacto Ambiental – EIA e do Relatório de Impacto Ambiental – RIMA, submeter à aprovação do órgão ambiental competente, plano de recuperação de área degradada".

Para que haja crime, é preciso que o empreendedor não recupere a área no prazo estabelecido no licenciamento, que deve ser suficiente para a efetivação do projeto, a ser aferido casualmente.

2. JURISPRUDÊNCIA

"A denúncia relata a prática dos crimes previstos nos arts. 55 da Lei n. 9.605/98 e 2º da Lei n. 8.176/91, este de competência da Justiça Federal, aquele de competência da Justiça Estadual. A conexão entre ambas as condutas impõe o processamento do feito perante a Justiça Federal, a teor do que preceitua a Súmula n. 122 do STJ (STJ, RHC 50160 / MG, de 16/9/2014).

▶ **INFORMATIVO 568- DIREITO PENAL. IMPORTAÇÃO E TRANSPORTE ILEGAIS DE AGROTÓXICO.** A conduta consistente em transportar, no território nacional, em desacordo com as exigê**ncias estabelecidas na legislação pertinente, agrotóxicos importados por terceiro de forma clandestina não se adequa ao tipo de importação ilegal de substância tóxica (art. 56 da Lei 9.605/1998) caso o agente não tenha ajustado ou posteriormente aderido à importação ilegal antes da entrada do produto no país, ainda que o autor saiba da procedência estrangeira e ilegal do produto, subsumindo-se ao tipo de transporte ilegal de agrotóxicos (art. 15 da Lei 7.802/1989).** De fato, o art. 56 da Lei 9.605/1998 dispõe: "Produzir, processar, embalar, importar, exportar, comercializar, fornecer, transportar, armazenar, guardar, ter em depósito ou usar produto ou substância tóxica, perigosa ou nociva à saúde humana ou ao meio ambiente, em desacordo com as exigências estabelecidas em leis ou nos seus regulamentos: Pena – reclusão, de um a quatro anos, e multa". Por sua vez, o art. 15 da Lei 7.802/1989 (Lei dos Agrotóxicos) prescreve: "Aquele que produzir, comercializar, transportar, aplicar, prestar serviço, der destinação a resíduos e embalagens vazias de agrotóxicos, seus componentes e afins, em descumprimento as exigências estabelecidas na legislação pertinente estará sujeito à pena de reclusão, de dois a quatro anos, além de multa". Ocorre que, não havendo elementos no sentido de que o agente, tendo recebido os produtos dentro do Brasil, sabendo da procedência estrangeira, tenha previamente ajustado ou posteriormente aderido à importação ilegal antes da consumação do crime, que, sendo formal instantâneo, ocorre com a simples entrada do produto no país, não se pode falar em participação na importação de substância tóxica (art. 56 da Lei 9.605/1998), mas tão somente em delito autônomo de transporte de agrotóxico (art. 15 da Lei 7.802/1989). Isso porque a participação na modalidade de coautoria sucessiva, em que o partícipe resolve aderir à conduta delituosa após o início da sua execução, exige, além do liame subjetivo comum a todo concurso de agentes, que a adesão do partícipe ocorra antes da consumação do delito, caso contrário restará configurado delito autônomo. Vale lembrar ilustrativamente que, assim como o receptador não responde por participação em contrabando pelo simples fato de conhecer a procedência estrangeira da mercadoria que recebe, o réu, no presente caso, também não responde pela importação do produto tóxico que transporta ilegalmente dentro do território nacional apenas por "achar que estaria levando mercadoria estrangeira". **STJ, REsp 1.449.266-PR, Rel. Min. Maria Thereza de Assis Moura, julgado em 6/8/2015, DJe 26/8/2015.**

▶ **STJ, INFORMATIVO 466 – INDENIZAÇÃO. ATIVIDADE ILÍCITA. LICENÇA. DNPM.** A Turma, entre outras questões, entendeu que *a ausência de autorização do Departamento Nacional de Produção Mineral (DNPM) para a atividade de exploração de areia e seixo não constitui apenas uma irregularidade administrativa passível de futura conformação, mas uma ilicitude (art. 55 da Lei n. 9.605/1998), sendo proibida sua realização sem a devida permissão, concessão ou licença.* A referida atividade realizada indevidamente acarreta sanções tanto administrativas como penais, logo não cabe indenização decorrente da desativação das atividades extrativas minerais dos recorridos em razão de construção de reservatório de usina hidrelétrica. Assim, a Turma deu provimento ao recurso. Precedentes citados: REsp 1.021.556-TO, *DJe* 05.11.2010, e REsp 1.021.568-TO, *DJe* 05.06.2008. REsp 1.188.683-TO, Rel. Min. Luis Felipe Salomão, julgado em 15.03.2011.

STJ, INFORMATIVO 474 – COMPETÊNCIA. JF. CRIME AMBIENTAL. EXTRAÇÃO. CASCALHO. *Os recursos minerais, inclusive os do subsolo, são bens da União, assim, os delitos relativos a eles devem ser julgados na Justiça Federal nos termos do art. 109, IV, da CF/1988. Com esse entendimento, a Seção conheceu do conflito de competência e declarou competente o juízo federal suscitante para processar e julgar o suposto crime de extração de cascalho, bem da União, sem autorização do órgão ambiental em área particular (fazenda).* No caso, o MPF, ao receber os autos do inquérito, manifestou-se pela competência da Justiça estadual ao argumento de que o ato supostamente delituoso teria sido praticado em propriedade particular, não havendo laudo ou constatação de a área estar próxima a ou localizada em faixa litorânea, terras ou rio cujo domínio estaria afeto à União; então, o juízo federal suscitou o conflito de competência. Destacou a Min. Relatora que, de acordo com a jurisprudência deste Superior Tribunal, não são todos os crimes ambientais que se sujeitam à competência da Justiça Federal, apesar de, na CF/1988, não haver determinação nesse sentido. Daí esclarecer que realmente não se pode entender a designação "patrimônio nacional" contida no art. 225, § 4.º, da CF/1988 como sinônimo de bens da União, visto que, a seu ver, essa locução é uma espécie de proclamação concitando todos à defesa dos ecossistemas citados no mencionado artigo, até porque há casos em que o particular será dono de parcelas de trechos contidos nesses ecossistemas, como também dentro deles foram criados parques nacionais e municipais, o que irá determinar, conforme o caso concreto, a competência federal ou estadual. No entanto, observou não ser pacífica a jurisprudência quanto à fixação da competência para o julgamento do delito de extração de recursos minerais sem autorização. Assim, com esse julgamento, com base no voto da Min. Relatora, reafirmou-se o posicionamento de serem mais adequados perante a CF/1988 e a posição do STF os acórdãos do STJ segundo os quais, para definir a competência do julgamento, não basta analisar o local da prática dos crimes contra os recursos minerais (previstos no art. 55 da Lei n. 9.605/1998). Isso porque os recursos minerais, inclusive os do subsolo, são bens da União, como, expressamente e sem ressalva, prevê o inciso IX do art. 20 da CF/1988. Ademais, o art. 176, *caput*, da mesma Constituição dispõe serem as jazidas, em lavra ou não, e os demais recursos minerais propriedade distinta da do solo para efeito de exploração ou aproveitamento e pertencerem à União, garantida ao concessionário a propriedade do produto da lavra. Por essa razão, assevera só se poder concluir que os delitos relativos aos recursos minerais, por estes serem bens da União, são da competência da Justiça Federal. Precedentes citados do STF: AgRg no RE 140.254-SP, *DJ* 6.6.1997; do STJ: HC 23.286-SP, *DJ* 19.12.2003; CC 33.377-RJ, *DJ* 24.02.2003; CC 29.975-MG, *DJ* 20.11.2000; CC 30.042-MG, *DJ* 27.11.2000; CC 7.673-RJ, *DJ* 13.06.1994; CC 4.167-RJ, *DJ* 22.11.1993, e CC 99.294-RO, *DJe* 21.08.2009. CC 116.447-MT, Rel. Min. Maria Thereza de Assis Moura, julgado em 25.05.2011.

"Penal. Recurso especial. ***Extração de areia sem autorização do órgão competente. Inexistência de conflito aparente de normas. Artigo 2.º da Lei 8.176/1991 e artigo 55 da Lei 9.605/1998. Distinção de objetivos quanto à tutela jurídica. Inocorrência de retroatividade da Lei mais benigna.*** Uma vez tutelados bens jurídicos diversos não há que se falar no denominado conflito de leis penais no tempo, não sendo hipótese, portanto, de derrogação. O artigo 2.º da Lei 8.176/1991 cuida de delito contra o patrimônio público, consistente em produzir bens ou explorar matéria-prima pertencente à União, sem autorização legal ou em desacordo com as obrigações impostas por título autorizativo. O artigo 55 da Lei 9.605/1998, por sua vez, descreve crime contra o meio ambiente" (STJ, REsp 646.869/SP, 5.ª Turma, j. 18.11.2004).

"Penal. Recurso especial. Extração ilegal de areia. Art. 55 da Lei 9.605/1998. Art. 2.º da Lei 8.176/1991. Princípio da especialidade. Não incidência. Objetividades jurídicas distintas. Denúncia. Recebimento. Recurso provido. 1. 'O art. 2.º da Lei 8.176/1991 descreve o crime de usurpação, como modalidade de delito contra o patrimônio público, consistente em produzir bens ou explorar matéria-prima pertencente à União, sem autorização legal ou em desacordo com as obrigações impostas pelo título autorizativo. Já o art. 55 da Lei 9.605/1998 descreve delito contra o meio-ambiente, consubstanciado na extração de recursos minerais sem a competente autorização, permissão concessão ou licença, ou em desacordo com a obtida' (HC 35.559/SP). 2. As Leis 8.176/1991 e 9.605/1998 possuem objetividades jurídicas distintas, razão pela qual não incide o princípio da especialidade. 3. Recurso provido para que seja recebida a denúncia em relação ao crime do art. 2.º da Lei 8.176/1991" (REsp 930.781, de 18.08.2009).

"*HABEAS CORPUS*. PENAL. PROCESSUAL PENAL. EXTRAÇÃO DE OURO. INTERESSE PATRIMONIAL DA UNIÃO. **ART. 2.º DA LEI N. 8.176/1991. CRIME CONTRA O MEIO AMBIENTE. ART. 55 DA LEI N. 9.605/1998. BENS JURÍDICOS DISTINTOS. CONCURSO FORMAL.** INEXISTÊNCIA DE CONFLITO APARENTE DE NORMAS. AFASTAMENTO DO PRINCÍPIO DA ESPECIALIDADE. INCOMPETÊNCIA DO JUIZADO ESPECIAL FEDERAL. 1. Como se trata, na espécie vertente, de concurso formal entre os delitos do art. 2.º da Lei n. 8.176/1991 e do art. 55 da Lei n. 9.605/1998, que dispõem sobre bens jurídicos distintos (patrimônio da União e meio ambiente, respectivamente), não há falar em aplicação do princípio da especialidade para fixar a competência do Juizado Especial Federal. 2. Ordem denegada" (STF, HC 111.762, de 13.11.2012).

"RECURSO ORDINÁRIO EM *HABEAS CORPUS*. CRIME AMBIENTAL. EXTRAÇÃO DE RECURSOS MINERAIS PELO MUNICÍPIO. TRANCAMENTO DA AÇÃO PENAL. AUSÊNCIA DE JUSTA CAUSA. ATIPICIDADE DA CONDUTA. DESNECESSIDADE DE AUTORIZAÇÃO. ART. 2.º, PARÁGRAFO ÚNICO, DO DL 227/67. RECURSO PROVIDO. **1. Por expressa previsão do art. 2.º, parágrafo único, do Decreto-Lei n.º 227/1967 que deu nova redação à Lei n.º 9.827/1999, não há a caracterização da tipicidade da conduta do art. 55 da Lei nº 9.605/98, quando a extração da substância mineral é realizada para emprego imediato na obra pública executada diretamente pelo Município.** 2. Recurso provido para extinguir a ação penal a que respondem os recorrentes" (STJ, RHC 33.669, de 20.06.2013).

3. QUESTÕES DE CONCURSOS

01. (Prova: MPE-PR – 2011 – MPE-PR – Promotor de Justiça) ASSINALE A ALTERNATIVA INCORRETA:

a) Os estabelecimentos comerciais que vendem motosserras são obrigados ao registro junto ao IBAMA, assim como aqueles que adquirem os equipamentos. O porte e uso de motosserras, por sua vez, depende de licença concedida pelo IBAMA, que deve ser renovada a cada 02 (dois) anos;

b) A legislação ambiental permite a responsabilização criminal da pessoa jurídica, sendo-lhe aplicáveis as penas de multa, restritivas de direitos e de prestação de serviços à comunidade. Dentre as modalidades desta última, encontram-se o custeio de programas e de projetos ambientais, bem como, a manutenção de espaços públicos;

c) Caracteriza crime ambiental manter em cativeiro animal da fauna silvestre, proveniente de criadouro não autorizado e sem a devida permissão, licença ou autorização da autoridade competente. Em tal hipótese, apreendido o animal, este será libertado em seu habitat ou entregue a jardim zoológico, fundações ou entidades assemelhadas, desde que fique sob a responsabilidade de técnicos habilitados;

d) Constitui crime contra o meio ambiente executar pesquisa, lavra ou extração de recursos minerais sem a competente autorização, permissão, concessão ou licença, ou em desacordo com a obtida. Já a conduta de deixar de recuperar a área explorada, nos termos da determinação do órgão competente, caracteriza apenas infração administrativa, punida com multa diária;

e) Constituem espécies de sanções para a prática de infrações administrativas ambientais, dentre outras: advertência, multa simples, multa diária, destruição ou inutilização do produto, embargo de obra ou atividade e demolição de obra.

02. (TRF 5.ª REGIÃO 2011 – Juiz Federal – CESPE) O conflito aparente de normas referentes ao delito ambiental de extração de recursos minerais sem a competente autorização e ao previsto na Lei 8.176/1991, relativo à exploração, sem autorização legal, de matéria-prima pertencente à União, resolve-se pelo princípio da consunção, uma vez que as figuras típicas tutelam o mesmo bem jurídico.

03. (CESPE – 2008 – PGE-ES – Procurador) Juvenal, penalmente responsável, com intuito comercial e sem autorização legal, extraiu grande quantidade de areia em área pertencente à União, tendo sido flagrado pela fiscalização ambiental no momento da extração. Nessa situação, Juvenal responderá por crime de usurpação do patrimônio da União, em concurso formal com crime contra o meio ambiente, ambos decorrentes de uma única conduta.

GAB	01	D	02	ERRADO	03	CERTO

Art. 56. Produzir, processar, embalar, importar, exportar, comercializar, fornecer, transportar, armazenar, guardar, ter em depósito ou usar produto ou substância tóxica, perigosa ou nociva à saúde humana ou ao meio ambiente, em desacordo com as exigências estabelecidas em leis ou nos seus regulamentos:

Pena – reclusão, de um a quatro anos, e multa.

§ 1.º Nas mesmas penas incorre quem: (Redação dada pela Lei nº 12.305, de 2010)

I – abandona os produtos ou substâncias referidos no *caput* ou os utiliza em desacordo com as normas ambientais ou de segurança; (Incluído pela Lei nº 12.305, de 2010)

II – manipula, acondiciona, armazena, coleta, transporta, reutiliza, recicla ou dá destinação final a resíduos perigosos de forma diversa da estabelecida em lei ou regulamento. (Incluído pela Lei nº 12.305, de 2010)

§ 2.º Se o produto ou a substância for nuclear ou radioativa, a pena é aumentada de um sexto a um terço.

§ 3.º Se o crime é culposo:

Pena – detenção, de seis meses a um ano, e multa.

1. COMENTÁRIOS

É um **crime doloso (*caput*) ou culposo (§ 3.º), comum, formal, de perigo, não transeunte, unissubjetivo, plurissubsistente, instantâneo ou permanente e de ação múltipla** que visa proteger o meio ambiente e a saúde pública.

O tipo é plurinuclear alternativo. "Produzir" significa criar. "Embalar" quer dizer pôr em embalagem. "Importar" significa fazer vir de outro país, estado ou município. "Exportar" importa dizer a saída do país, estado ou município. "Comercializar" significa praticar um ato de empresa, de mercancia, ou seja, com o intuito de lucro. "Fornecer" é entregar a alguém. "Transportar" é mudar de local. "Armazenar" significa guardar em local apropriado. "Guardar" é manter consigo algo. "Ter em depósito" quer dizer guardar algo com base em contrato de depósito. "Usar" é fazer qualquer utilização.

Pela sua amplitude, dificilmente alguém que faça parte da cadeia de produção, distribuição e uso dos citados produtos não cometerá este crime. Mas, para que haja tipicidade, além de realizar pelo menos um dos núcleos do tipo, é preciso que o agente ainda satisfaça cumulativamente outras duas elementares:

a) Que se trate de produto ou substância tóxica, perigosa ou nociva à saúde humana ou ao meio ambiente;

O tipo naturalmente não diz quais são as substâncias perigosas, razão pela qual se faz necessário um complemento regulamentar, sendo mais um caso de norma penal em branco. Assim, casuisticamente, deverá o aplicador da lei verificar se o produto ou substância se encontra listado como tóxico, perigoso ou nocivo.

Por exemplo, a Resolução CONAMA 452/2012, que regulamentou a Convenção da Basileia sobre o Controle de Movimentos Transfronteiriços de Resíduos Perigosos e seu Depósito, recepcionada pelo Brasil, tendo força de lei ordinária, lista os resíduos perigosos classe I, cuja importação para o Brasil é proibida.

Ademais, deve o exegeta casuisticamente analisar se o produto ou substância em análise é lesivo ao meio ambiente ou à saúde pública, mas, se realmente for, provavelmente existirá um controle estatal sobre sua produção e distribuição, a exemplo da gasolina, apta a realizar o tipo.

b) Que haja violação de exigências estabelecidas em lei ou em regulamento.

É curial que a conduta do agente desrespeite exigências legais ou regulamentares, a exemplo da ausência de licenciamento da ANVISA – Agência Nacional de Vigilância Sanitária ou mesmo ambiental, se for necessária. Mesmo o regular licenciamento não excluirá a tipicidade, quando não for rigorosamente observado, a exemplo do transporte de combustíveis em recipientes julgados inadequados pelo Poder Público.

Logo, a utilização de agrotóxicos sem registro no órgão federal competente constitui este crime, pois só poderão ser produzidos, exportados, importados, comercializados e utilizados com o registro, nos termos do artigo 3.º da Lei 7.802/1989.

Com a lucidez que lhes é peculiar, VLADIMIR e GILBERTO PASSOS DE FREITAS (2006, p. 221-222) sustentam que este tipo não revogou o crime do artigo 15, da Lei 7.802/1989, que se refere à produção, comercialização, transporte e uso de agrotóxicos, com a mesma pena máxima, mas com pena mínima de dois anos, em razão de sua especialidade.

Por seu turno, este delito não afasta o crime de contrabando, capitulado no artigo 334, pois se tutelam bens jurídicos diversos. Ademais, o contrabando se consuma com a entrada do produto de uso proibido no País, e este crime tem outros núcleos do tipo que se realizarão posteriormente, com o transporte, a comercialização e o uso. Por isso, crê-se em um concurso formal ou material, a depender do caso concreto. Contudo, há jurisprudência em sentido contrário:

> "Penal. Contrabando. Artigo 334, *caput*, do CP. Crime ambiental. Artigo 56, *caput*, da Lei 9.605/1998. Concurso material. Inexistência. Aplicação do Princípio da Especialidade. Pena aplicada igual a um ano. 'Sursis' processual. Possibilidade" (TRF 4.ª Região, ACR 2004.71.04.007356-5/RS, 8.ª Turma, j. 10.05.2006).

De acordo com o STJ, no julgamento do Conflito de Competência 115.159, de 13.06.2012, "apenas o fato de ser de propriedade da Marinha do Brasil, o produto tóxico transportado, sem observância das normas de segurança (art. 56 da Lei 9.605/1998), não tem o condão de deslocar a competência da ação penal para a Justiça Federal, já que o bem jurídico tutelado é o meio ambiente" (*Informativo* 492).

O § 1.º instituiu uma norma de equiparação com a mesma reprimenda da cabeça do artigo para quem abandonar os citados produtos ou substâncias, ou os utilizar em desacordo com as normas de segurança, na forma do seu inciso I.

Apenas será necessária a aplicação deste dispositivo se o agente não realizou a conduta do *caput*, a exemplo da pessoa que produziu e transportou substância nociva com o regular licenciamento, mas depois a abandonou clandestinamente.

"Abandonar" significa deixar, largar. Esse delito é instantâneo de efeitos permanentes, bem como omissivo próprio e, se o abandono estiver de acordo com o quanto determinado pela autoridade administrativa, não haverá ilicitude, a exemplo do descarte de rejeitos nocivos à saúde por indicação do órgão ambiental. Não é possível que uma norma administrativa seja permissiva e uma criminal proibitiva, ante a uniformidade dos bens jurídicos em tutela.

A utilização em desconformidade com as normas de segurança também é conduta abrangida pela norma de equiparação, mas crê-se que é disposição dispensável, pois já contemplada na cabeça do artigo.

Já o inciso II é inovação trazida pela Lei 12.305/2010, que finalmente instituiu a Política Nacional de Resíduos Sólidos, criminalizando a conduta daqueles que manipulem, acondicionem, armazenem, coletem, transportem, reutilizem, reciclem ou deem destinação final a resíduos perigosos de forma diversa da estabelecida em lei ou regulamento.

Deveras, estão sujeitos à elaboração de *plano de gerenciamento de resíduos sólidos* os estabelecimentos comerciais e de prestação de serviços que gerem resíduos perigosos, nos termos do artigo 20, II, *a*, da Lei 12.305/2010.

Por seu turno, o § 2.º cria uma causa de aumento de pena em razão do maior desvalor do resultado, caso se trate de substância nuclear ou radioativa. O artigo 1.º, II, da Lei 6.453/1977, define combustível nuclear como o material capaz de produzir energia, mediante processo autossustentado de fissão nuclear.

Já o inciso III do citado diploma conceitua produtos ou rejeitos radioativos como os materiais radioativos obtidos durante o processo de produção ou de utilização de combustíveis nucleares, ou cuja radioatividade tenha se originado da exposição às irradiações inerentes a tal processo, salvo os radioisótopos que tenham alcançado o estágio final de elaboração e já se possam utilizar para fins científicos, médicos, agrícolas, comerciais ou industriais.

A questão aqui é saber se alguns tipos penais estatuídos na Lei 6.453/1977 foram ou não revogados pelo artigo 56, especificamente os artigos 20, 22, 24 e 25, uma vez que o § 2.º dá a entender que sim, pois se refere diretamente à substância nuclear ou radioativa. Para uma melhor análise, abaixo se transcrevem os citados delitos:

> "Artigo 20. Produzir, processar, fornecer ou usar material nuclear sem a necessária autorização ou para fim diverso do permitido em lei.
>
> Pena: reclusão, de quatro a dez anos.
>
> (...)
>
> Artigo 22. Possuir, adquirir, transferir, transportar, guardar ou trazer consigo material nuclear, sem a necessária autorização.
>
> Pena: reclusão, de dois a seis anos.
>
> (...)
>
> Artigo 24. Extrair, beneficiar ou comerciar ilegalmente minério nuclear.
>
> Pena: reclusão, de dois a seis anos.
>
> Artigo 25. Exportar ou importar, sem a necessária licença, material nuclear, minérios nucleares e seus concentrados, minérios de interesse para a energia nuclear e minérios e concentrados que contenham elementos nucleares.
>
> Pena: reclusão, de dois a oito anos".

Vale trazer novamente à colação o entendimento de VLADIMIR e GILBERTO PASSOS DE FREITAS (2006, p. 226):

> "Acresce notar que, tendo o citado artigo 56 tacitamente revogado os artigos 20, 22, 24 e 25 da Lei 6.453, de 17.10.1977, que cuida da responsabilidade civil por danos nucleares e da responsabilidade criminal por atos relacionados com atividades nucleares, a agravante se fazia necessária".

Nesse caminho, mas pregando uma revogação mais restritiva, a opinião de FLÁVIO DINO DE CASTRO E COSTA e outros (2001, p. 337):

> "Assim, os tipos penais dos artigos 20, 22 e parte do 25 da Lei 6.453/1977 foram revogados pelo § 2.º do artigo 56, pois as condutas de produzir, processar, fornecer, usar, transportar, guardar, exportar e importar estão previstas no artigo 56".

Pensa-se diferente dos respeitáveis autores. Conquanto o tipo do artigo 56 possua uma amplitude maior nas condutas, cuidando-se de um tipo geral para o manuseio de produtos e substâncias perigosas, inexiste a elementar "substâncias nucleares ou radioativas", razão pela qual todos os crimes da Lei 6.453/1977 sobrevivem à Lei 9.605/1998 por serem especiais, em face da necessidade de uma tutela mais rígida nesse campo, altamente perigoso ao meio ambiente e à saúde humana.

Veja-se que a pena máxima do artigo 56 da Lei 9.605/1998 é de quatro anos de reclusão, enquanto nos crimes dos artigos 20, 22, 24 e 25 da Lei 6.453/1977, a pena máxima varia de seis a dez anos. E não se advogue a revogação diante da citação expressa do § 2.º à substância nuclear ou radioativa, pois o tipo do artigo 56 poderá ter aplicação supletiva, uma vez que é mais amplo, o que possibilitará a utilização residual da referida causa de majoração de pena.

Por fim, o § 3.º prevê a **modalidade culposa**, apenas aplicável à cabeça do artigo e não à conduta capitulada no § 1.º, pois não é possível ao intérprete fazer incidir sobre um tipo culposo constante de um parágrafo uma conduta de outro parágrafo, sem expressa autorização legal, sendo defesas exegeses ampliativas incriminatórias em Direito Penal.

2. JURISPRUDÊNCIA

▶ **STJ, INFORMATIVO 492 – COMPETÊNCIA. CRIME AMBIENTAL. TRANSPORTE. PRODUTO TÓXICO. PROPRIEDADE DA MARINHA.** *Apenas o fato de ser de propriedade da Marinha do Brasil, o produto tóxico transportado, sem observância das normas de segurança* (art. 56 da Lei n. 9.605/1998), *não tem o condão de deslocar a competência da ação penal para a Justiça Federal, já que o bem jurídico tutelado é o meio ambiente.* No caso dos autos, laudo emitido pela ABACC (Agência Brasileiro-Argentina de Contabilidade e Controle de Materiais Nucleares) informando que o material poderia ser transportado por qualquer meio de transporte, exceto por via postal, não requerendo cuidados adicionais. O Min. Relator reiterou o entendimento consolidado na Terceira Seção de que a Justiça estadual é competente para julgar as ações penais relativas a crime ambiental (Lei n. 9.605/1998), salvo se evidenciado interesse jurídico direto e específico da União, suas autarquias e fundações (art. 109, IV, da CF). Precedentes citados: CC 39.891-PR, *DJ* 15.12.2003, e REsp 437.959-TO, *DJ* 06.10.2003. AgRg no CC 115.159-SP, Rel. Min. Og Fernandes, julgado em 13.06.2012.

"O art. 56 da Lei 9.605/1998 descreve crime ambiental formal de perigo abstrato, ante a presunção absoluta do legislador de perigo na realização da conduta típica e a prescindibilidade de resultado naturalístico, e pluridimensional, pois, além de proteger o meio ambiente em si, tutela diretamente a saúde pública, haja vista a periclitância de seus objetos, altamente nocivos e prejudiciais, com alta capacidade ofensiva" (STJ, RHC 64039, de 24/5/2016).

Processo

CC 178198 / SC

CONFLITO DE COMPETÊNCIA

2021/0076776-4

Relator(a)

Ministro SEBASTIÃO REIS JÚNIOR (1148)

Órgão Julgador

S3 – TERCEIRA SEÇÃO

Data do Julgamento

12/05/2021

Data da Publicação/Fonte

REPDJe 27/08/2021

DJe 14/05/2021

Ementa

CONFLITO NEGATIVO DE COMPETÊNCIA. AÇÃO PENAL. CRIMES AMBIENTAIS. POLUIÇÃO EM RIO POR LANÇAMENTO DE EFLUENTES EM DESACORDO COM A LEGISLAÇÃO AMBIENTAL E MANUTENÇÃO EM DEPÓSITO DE SUBSTÂNCIAS NOCIVAS AO MEIO AMBIENTE EM CONTRARIEDADE AO REGULAMENTO. AÇÃO PENAL INICIADA NA JUSTIÇA FEDERAL. DECLINAÇÃO SUSEQUENTE DA COMPETÊNCIA EM FAVOR DA JUSTIÇA ESTADUAL. DECISÃO MANTIDA PELO TRF DA 4ª REGIÃO. CONFLITO SUSCITADO PELO JUÍZO ESTADUAL. CRIME TIPIFICADO NO ART. 54 DA LEI N. 9.605/1998. COMPETÊNCIA DA JUSTIÇA ESTADUAL. AUSÊNCIA DE DESCRIÇÃO, NA DENÚNCIA, DE QUE A POLUIÇÃO TENHA ATINGIDO BEM DA UNIÃO. **CRIME TIPIFICADO NO ART. 56 DA LEI N. 9.605/1998. COMPETÊNCIA DA JUSTIÇA FEDERAL. CONDUTA QUE ATINGIU INTERESSE DIRETO E ESPECÍFICO DA AUTARQUIA FEDERAL (DNPM).** FALTA DE APRESENTAÇÃO DE PLANO DE FECHAMENTO DE MINA E DESCUMPRIMENTO DE DIVERSAS EXIGÊNCIAS PREVISTAS EM REGULAMENTO. AÇÃO CIVIL PÚBLICA ENCARTADA NA DENÚNCIA, FIGURANDO A AUTARQUIA FEDERAL NO POLO PASSIVO. CONEXÃO PROBATÓRIA VERIFICADA ENTRE OS CRIMES. COMPETÊNCIA FEDERAL PARA O JULGAMENTO DE AMBOS OS DELITOS. SÚMULA 122/STJ.

1 No que se refere ao crime tipificado no art. 54 da Lei n. 9.605/1998, não há interesse federal, pois a denúncia não descreve nenhum dano ambiental perpetrado contra bem da União.

2. A atividade fiscalizatória exercida pela autarquia federal não é suficiente, por si só, para atrair a competência federal, sendo possível cogitar da competência federal apenas quando evidenciado interesse direto e específico do ente federal no crime sob apuração.

3. No caso, quanto ao crime tipificado no art. 56 da Lei n. 9.605/1998, há interesse direito e específico da autarquia federal (DNPM) na conduta tipificada, pois a peça acusatória descreveu o absoluto descumprimento de diversas exigências da autarquia reguladora, atinentes à atividade de exploração mineral, inclusive a falta de apresentação do devido plano de fechamento da mina e da barragem, além de outras exigências previstas em normas do órgão federal, a fim de impedir a contaminação da água subterrânea por óleos, combustíveis e outros produtos tóxicos, evitar o lançamento de efluentes e corrigir a instabilidade de taludes de barragens de depósito de rejeitos.

4. Convicção robustecida, considerando o teor da ação civil pública ajuizada pelo Ministério Público Federal (Processo n. 5001646-68.2016.4.04.7204/SC), que acompanha a peça acusatória, em que figura, entre outras partes, no polo passivo da demanda, a autarquia federal.

5. Considerando a existência de interesse do ente federal no crime tipificado no art. 56 da Lei n. 9.605/1998 e a conexão probatória verificada entre a referida conduta e aquela tipificada no art. 54 da Lei n. 9.605/1998, é competente o Juízo federal para o julgamento de ambos os crimes, nos termos da Súmula 122/STJ.

6. Conflito conhecido para declarar a competência do Juízo Federal da 1ª Vara de Criciúma – SJ/SC, o suscitado.

Art. 57. (VETADO)

Art. 58. Nos crimes dolosos previstos nesta Seção, as penas serão aumentadas:

I – de um sexto a um terço, se resulta dano irreversível à flora ou ao meio ambiente em geral;

II – de um terço até a metade, se resulta lesão corporal de natureza grave em outrem;

III – até o dobro, se resultar a morte de outrem.

Parágrafo único. As penalidades previstas neste artigo somente serão aplicadas se do fato não resultar crime mais grave.

Art. 59. (VETADO)

1. COMENTÁRIOS

São causas especiais de aumento de pena somente aplicáveis aos crimes dos artigos 54, 55, 56, 60 e 61 da Lei 9.605/1998, em razão da maior lesividade da conduta, quando não constituírem o tipo, sob pena de incorrer em *bis in idem*. Apenas se aplicam aos crimes dolosos da Seção III.

A sua aplicação será apenas supletiva, caso não configure crime mais grave. Logo, se o agente pretendia matar pessoas por meio da poluição ambiental, esta será absorvida pelo homicídio doloso. Ao revés, se da poluição ocorre morte, sem a intenção de matar, sequer cogitada pelo agente, aqui sim a pena deve ser dobrada, sendo um delito preterintencional.

Chama a atenção a atecnia da majorante do inciso I, uma vez que, a rigor, a regra é o caráter irreversível do dano ambiental, razão pela qual o julgador deverá aplicá-la com proporcionalidade, para os danos irreversíveis mais graves, a fim de evitar a sua banalização.

Art. 60. Construir, reformar, ampliar, instalar ou fazer funcionar, em qualquer parte do território nacional, estabelecimentos, obras ou serviços potencialmente poluidores, sem licença ou autorização dos órgãos ambientais competentes, ou contrariando as normas legais e regulamentares pertinentes:

Pena – detenção, de um a seis meses, ou multa, ou ambas as penas cumulativamente.

1. COMENTÁRIOS

É um **crime doloso, comum, formal, de perigo, não transeunte, unissubjetivo, plurissubsistente, instantâneo ou permanente e de ação múltipla** que visa proteger o meio ambiente.

"Construir" significa edificar, fabricar; "reformar" significa melhorar, reconstruir; "ampliar" é aumentar algo já existente; "instalar" quer dizer estabelecer; "fazer funcionar" significa operar. Para haver tipicidade é curial que a atividade exija licenciamento ambiental, razão pela qual o tipo requer complemento.

Nesse sentido, em regulamentação ao artigo 10, da Lei 6.938/1981, foi editada a Resolução CONAMA 237/1997 que, em seu anexo I, lista as atividades sujeitas ao licenciamento ambiental, em rol não taxativo, pois poderá ser complementado por cada órgão ambiental (artigo 2.º).

Logo, essas atividades devem ser previamente licenciadas, por meio da Licença Prévia (LP), que declara a viabilidade ambiental e aprova o projeto; da Licença de Instalação (LI), que permite a implantação do empreendimento; da Licença de Operação (LO), que libera o início das atividades. Excepcionalmente, nas atividades que causem pequeno impacto ambiental, são possíveis o abandono do sistema trifásico e a adoção de licença única.

Note-se que não se exige dano ambiental neste tipo, que é de perigo concreto, pois as atividades são potencialmente lesivas ao meio ambiente por presunção regulamentar, em excelente realização ao Princípio da Prevenção, pois pouco adiantaria ao meio ambiente uma tutela penal repressiva.

Para o Superior Tribunal de Justiça, no julgamento do *habeas corpus* 147.541, de 16.12.2010, "para a caracterização do delito previsto no art. 60 da Lei 9.605/1998, a poluição gerada deve ter a capacidade de, ao menos, poder causar danos à saúde humana".

Ressalte-se que apenas as atividades realizadas no território nacional são abarcadas pelo tipo, ou seja, a base territorial do Brasil, o respectivo espaço aéreo e o mar territorial (12 milhas náuticas), não alcançando a zona econômica exclusiva.

Também constituirá crime a conduta que contrarie o licenciamento ambiental obtido, a exemplo da operação de fábrica de biscoitos sem a instalação do filtro adequado para minorar a poluição atmosférica.

É comum que haja concurso de delitos envolvendo este tipo, que poderá ser formal ou material. Assim, a pessoa jurídica que opere sem LO e que venha posteriormente a causar poluição que afete a saúde humana responderá, em concurso material, pelos artigos 54 e 60.

2. JURISPRUDÊNCIA

- "**CRIME AMBIENTAL. ART. 60 DA LEI N. 9.605/1998. INÉPCIA DA DENÚNCIA. FALTA DE JUSTA CAUSA PARA AÇÃO PENAL. ORDEM CONCEDIDA.** 1. O trancamento de uma ação penal, no âmbito do *habeas corpus*, só é admissível excepcionalmente, quando evidente a ausência de indícios de autoria e de prova da materialidade delitiva, a atipicidade da conduta ou a extinção da punibilidade.

  2. Quando falta à denúncia a descrição individualizada da conduta do acusado, com a exposição do fato criminoso e todas as suas circunstâncias, isto é, se não reúne a peça as exigências do art. 41 do Código de Processo Penal, é formalmente inepta.

  3. Na espécie, a peça acusatória não relata, nem singelamente, o nexo de imputação correspondente, não esclarece de que forma o gerente de redes da empresa de telefonia celular teria contribuído para a consecução do delito – instalar e fazer funcionar as Estações de Rádio Base (ERB) potencialmente poluidoras –, tampouco aponta o eventual dolo na ausência de licença ou de autorização dos órgãos ambientais competentes.

  4. Além disso, para a caracterização do delito previsto no art. 60 da Lei n. 9.605/1998, a poluição gerada deve ter a capacidade de, ao menos, poder causar danos à saúde humana. No caso, não se justifica a ação penal, pois o próprio Ministério Público estadual atestou que 'os níveis de radiação praticados pelas investigadas estão regulamentados pela Anatel e que os possíveis efeitos biológicos em seres humanos ainda não são completamente conhecidos'.

  5. Como somente se admite a responsabilização penal da pessoa jurídica em crimes ambientais nas hipóteses de imputação simultânea da pessoa física que atua em seu nome, responsável por sua gerência, *in casu*, concedida a ordem em relação ao gerente da TIM CELULAR S.A., não há como manter o feito apenas em relação à empresa" (STJ, HC 147.541, de 16.02.2010).

3. QUESTÕES DE CONCURSOS

01. (FGV – 2008 – Senado Federal – Advogado) Relativamente aos crimes contra o meio ambiente, analise as afirmativas a seguir:

I. Nos crimes previstos na Lei 9.605/1998, o baixo grau de instrução ou escolaridade do agente constitui circunstância que atenua a pena.

II. Nos crimes previstos na Lei 9.605/1998, a prática do crime no domingo é circunstância que agrava a pena, quando não constitui ou qualifica o crime.

III. Constitui crime reformar estabelecimentos potencialmente poluidores, sem licença ou autorização dos órgãos ambientais competentes.

IV. Constitui crime impedir ou dificultar a regeneração natural de florestas e demais formas de vegetação.

Assinale:

a) se apenas as afirmativas I e II estiverem corretas.
b) se apenas as afirmativas II e III estiverem corretas.
c) se apenas as afirmativas III e IV estiverem corretas.
d) se todas as afirmativas estiverem corretas.
e) se apenas a afirmativa II estiver correta.

02. (FGV – 2008 – TJ-PA – Juiz) Iniciar a construção, a instalação, a ampliação, a reforma ou o funcionamento de estabelecimentos, obras ou serviços potencialmente poluidores sem a prévia obtenção de licença ambiental constitui infração administrativa ambiental.

03. (TRF 5.ª REGIÃO 2011 – Juiz Federal – CESPE) O delito ambiental consistente em instalar, sem licença dos órgãos ambientais competentes, em qualquer parte do território nacional, estabelecimento potencialmente poluidor só se configura se a poluição gerada tiver potencial de, ao menos, causar danos à saúde humana.

04. (FCC – 2014 – SABESP – Advogado) Ao promover a ampliação de uma de suas Estações de Tratamento de Esgoto, sem a prévia obtenção de Licença de Instalação, a empresa TEM S.A. ocasionou danos ao meio ambiente. Esta conduta acarretará:

a) responsabilidade Civil da TEM S.A., subjetivamente; responsabilidade Penal da TEM S.A. e seus dirigentes, objetivamente, por ampliar obra potencialmente poluidora sem licença; e responsabilidade Administrativa da TEM S.A., com provável imposição de multa.
b) responsabilidade Civil da TEM S.A., objetivamente; responsabilidade Penal da TEM S.A. e seus dirigentes, subjetivamente, por ampliar obra potencialmente poluidora sem licença; e responsabilidade Administrativa da TEM S.A., com provável imposição de multa.
c) apenas responsabilidade Civil da TEM S.A., tendo em vista que a conduta descrita configura um ilícito civil e que a prática de uma única conduta não poderá gerar mais de uma consequência jurídica, sob pena de ofensa ao princípio do *non bis in idem.*
d) apenas responsabilidade Penal da TEM S.A. e seus dirigentes, tendo em vista que a conduta descrita configura um crime ambiental e que a prática de uma única conduta não poderá gerar mais de uma consequência jurídica, sob pena de ofensa ao princípio do *non bis in idem.*
e) apenas responsabilidade Administrativa da TEM S.A., tendo em vista que a conduta descrita configura uma infração administrativa e que a prática de uma única conduta não poderá gerar mais de uma consequência jurídica, sob pena de ofensa ao princípio do *non bis in idem.*

GAB	01	D	02	ERRADO	03	CERTO	04	B

Art. 61. Disseminar doença ou praga ou espécies que possam causar dano à agricultura, à pecuária, à fauna, à flora ou aos ecossistemas:

Pena – reclusão, de um a quatro anos, e multa.

1. COMENTÁRIOS

É um **crime doloso, comum, material, de perigo, não transeunte, unissubjetivo, plurissubsistente, instantâneo e de ação múltipla** que visa proteger o equilíbrio do meio ambiente como um todo, inibindo a biopiratariá, que revogou o delito capitulado no artigo 259, do CP, por ser mais abrangente, tendo uma dose de visão ecocêntrica, pois tutela o meio ambiente por si só, não apenas como um patrimônio do homem.

O tipo se realizará com a ocorrência de um dos três núcleos previstos. "Disseminar doença" quer dizer difundir moléstia, mal, enfermidade. "Disseminar praga", no sentido deste tipo, significa espalhar insetos ou moléstias que atacam as plantas ou animais. "Disseminar espécie" significa espalhar indivíduos do gênero animal ou vegetal.

Além disso, é preciso que a conduta tenha potencialidade lesiva, não se exigindo a efetiva ocorrência de dano ambiental, que é presumido absolutamente, pois se trata de crime de perigo abstrato. É imprescindível que a disseminação possa afetar a agricultura (arte de cultivar nos campos), a pecuária (criação de gado), a fauna (animais de uma determinada região), a flora (vegetais de uma região, abarcando bactérias e fungos), ou os ecossistemas (é um sistema aberto, um elemento normativo do tipo, que compreende todos os elementos bióticos e abióticos de um setor ambiental).

A dificuldade neste crime é a demonstração de autoria, pois é dificílima a prova, a exemplo do que pode ter acontecido nas lavouras de cacau no sul da Bahia, onde se aventa a hipótese da introdução intencional da praga.

SEÇÃO IV
DOS CRIMES CONTRA O ORDENAMENTO URBANO E O PATRIMÔNIO CULTURAL

Art. 62. Destruir, inutilizar ou deteriorar:

I – bem especialmente protegido por lei, ato administrativo ou decisão judicial;

II – arquivo, registro, museu, biblioteca, pinacoteca, instalação científica ou similar protegido por lei, ato administrativo ou decisão judicial:

Pena – reclusão, de um a três anos, e multa.

Parágrafo único. Se o crime for culposo, a pena é de seis meses a um ano de detenção, sem prejuízo da multa.

1. COMENTÁRIOS

É um **crime doloso ou culposo, comum, material, de dano, não transeunte, unissubjetivo, plurissubsistente, instantâneo ou permanente e de ação múltipla,** que objetiva tutelar o patrimônio cultural, que revogou o delito do artigo 165 do CP.

"Destruir" significa arrasar, devastar ou aniquilar. "Inutilizar" quer dizer retirar o uso de algo. "Deteriorar" é sinônimo de danificar, estragar.

Para a ocorrência deste crime, na hipótese do **inciso I**, é preciso que o bem seja protegido por lei, ato administrativo ou decisão judicial, necessitando o tipo de complemento. Como não houve restrição, os bens em tutela não são apenas os tangíveis, mas também os imateriais, como as criações científicas, artísticas e tecnológicas dotadas de valor cultural.

Logo, por exemplo, os bens materiais tombados e os imateriais registrados (o acarajé e a capoeira, por exemplo) são bens protegidos por este tipo, além das áreas culturais integrantes de uma APA – Área de Proteção Ambiental, única unidade de conservação vocacionada à proteção do meio ambiente cultural.

Deveras, há uma zona de toque entre a proteção ao meio ambiente cultural e o natural, a exemplo da proteção simultânea de uma paisagem natural que, ao mesmo tempo, seja objeto de tutela nos dois campos, por ter valor paisagístico e por reunir valores naturais importantes, podendo, destarte, ser ao mesmo tempo tombada e uma unidade de conservação, o que pode gerar uma dupla tutela penal, mediante o reconhecimento do concurso formal de delitos em caso de agressão.

Note-se que é possível que um bem seja tombado por decisão judicial ou mesmo por lei, existindo, inclusive, o tombamento constitucional dos documentos e os sítios detentores de reminiscências dos antigos quilombos (artigo 216, § 5.º, da CRFB).

Assim, é possível que o Ministério Público Federal ajuíze ação civil pública visando o tombamento judicial de um imóvel ou móvel, caso o IPHAN não concorde que determinado bem integre o patrimônio cultural brasileiro, uma vez que o *Parquet* não detém poder de polícia.

É plenamente possível a deterioração de um bem intangível, quando, por exemplo, o agente atua para estigmatizar um bem imaterial ou apaga informações sobre uma cultura, com o fim de eliminar dados a respeito desta.

Para o STJ, o tipo do inciso I pressupõe uma conduta comissiva, só podendo se realizar omissivamente se o agente ostentar a condição de garantidor, tendo o dever de impedir o dano ambiental cultural.

Já o **inciso II**, lista especificamente os bens tutelados, desde que protegidos por lei, decisão judicial ou ato administrativo, a exemplo do tombamento de uma biblioteca ou dos bens móveis integrantes de um museu.

Importante destacar que o registro e o tombamento apenas declaram um bem intangível e tangível, respectivamente, como integrantes do patrimônio cultural, não tendo natureza constitutiva. Contudo, para haver crime, é preciso que haja o reconhecimento por uma das três vias indicadas (administrativa, judicial ou legal), pois se trata de uma elementar do tipo.

Vale destacar que os tipos dos artigos 63 e 64 são especiais a este, pois tutelam bens específicos culturais, conforme os comentários que se seguem. Por fim, o parágrafo único, em inegável avanço, ainda prevê a *modalidade culposa*, quando a deterioração, a destruição ou a inutilização ocorrerem por negligência, imprudência ou imperícia do autor. É mais um exemplo de dano culposo ambiental.

2. JURISPRUDÊNCIA

- **STJ, INFORMATIVO 481 – CRIME AMBIENTAL. SÍTIO ARQUEOLÓGICO.** Narra a denúncia que o paciente teria adquirido terreno no intuito de iniciar uma incorporação imobiliária, tendo, posteriormente, descoberto que o terreno era protegido por registro, pois se tratava de um sítio arqueológico (art. 27 da Lei n. 3.924/1961). Diante da falta de recursos, vendeu o imóvel a uma incorporadora, também do ramo da construção civil, omitindo, para tanto, a informação sobre a existência do sítio arqueológico, além de ter fornecido aos adquirentes projeto de empreendimento imobiliário que, depois de implementado, resultou na destruição da área ambientalmente protegida, sendo denunciado como incurso nas sanções do art. 62, I, da Lei n. 9.605/1998. O Min. Relator asseverou que tal conduta não é suficiente para configurar o referido crime, que pressupõe a prática de uma das três ações descritas no tipo penal, quais sejam: destruir, inutilizar ou deteriorar bem especialmente protegido por lei, ato administrativo ou decisão judicial. Mesmo que se pudesse considerar o comportamento omisso do paciente como a caracterizar o delito ambiental analisado, há que ter presente que sua conduta foi irrelevante para a consecução do resultado. *A conduta de não comunicar aos novos proprietários a existência de área de proteção ambiental poderia, em tese, configurar crime omissivo impróprio ou comissivo por omissão, no qual o agente só pode ser punido se ostentar posição de garante, conforme dispõe o art. 13, § 2.º, do CP. Contudo, no caso, o paciente não tinha por lei obrigação de cuidado, proteção ou vigilância, tampouco assumiu a responsabilidade de impedir o resultado, de modo que só poderia ser incriminado se, com seu comportamento, houvesse criado o risco da ocorrência da lesão.* Daí, a Turma concedeu a ordem para trancar a ação penal. HC 134.409-SP, Rel. Min. Jorge Mussi, julgado em 16.08.2011.

3. QUESTÃO DE CONCURSO

01. (TJ/PE 2011 – Juiz de Direito – FCC) Acatando pedido formulado por uma associação (Organização Não Governamental - ONG), em ação civil pública, o Juiz de Direito da comarca concede liminar impedindo a reforma da fachada do prédio de um clube, construído há cerca de cem anos, bem este que, apesar de não ter sido tombado pelo órgão estadual do patrimônio histórico e cultural, é considerado pela comunidade local como parte de seu patrimônio histórico. O presidente do clube dizendo-se amparado por decisão da diretoria, intimado da ordem judicial, determina a destruição da parte externa do imóvel, o que se realiza em poucas horas. Esta conduta, do ponto de vista penal, pode ser considerada

a) atípica, porque inexiste um tipo penal correspondente no Código Penal e na legislação ambiental.

b) infração penal tipificada no art. 163 do Código Penal, que configura crime de dano.

c) atípica, como crime ambiental previsto na Lei 9.605/1998, na seção IV do Capítulo V, que trata dos "Crimes contra o Ordenamento Urbano e o Patrimônio Cultural", porque o imóvel não se encontrava tombado pela autoridade administrativa competente.

d) típica, como crime ambiental previsto na Lei 9.605/1998, na seção IV do Capítulo V, que trata dos "Crimes contra o Ordenamento Urbano e o Patrimônio Cultural".

e) crime de resistência, previsto no art. 329 do Código Penal.

GAB	01	D

Art. 63. Alterar o aspecto ou estrutura de edificação ou local especialmente protegido por lei, ato administrativo ou decisão judicial, em razão de seu valor paisagístico, ecológico, turístico, artístico, histórico, cultural, religioso, arqueológico, etnográfico ou monumental, sem autorização da autoridade competente ou em desacordo com a concedida:

Pena – reclusão, de um a três anos, e multa.

1. COMENTÁRIOS

É um **crime doloso, comum, material, de dano, não transeunte, unissubjetivo, plurissubsistente, instantâneo e de ação única** que objetiva tutelar o patrimônio cultural, que revogou o delito do artigo 166 do CP.

"Alterar" significa mudar, transformar. "Aspecto" é a aparência, enquanto "estrutura" é o conjunto de partes de uma construção. Os bens tuteláveis são imóveis, com ou sem edificação, desde que tenham valor cultural reconhecido por lei, ato administrativo ou decisão judicial. Veja-se que o ato administrativo poderá ser precário, como o tombamento provisório, assim como a decisão judicial, a exemplo de uma tutela de urgência liminar-satisfativa.

Contudo, o tipo lista a natureza cultural (sentido amplo) desses bens, que devem ter valor *paisagístico* (paisagem singular que a sociedade optou em preservar, com intervenção humana), *ecológico* (decorrente de uma relação entre os seres vivos e o meio ambiente que os cercam), *turístico* (que atrai turistas), *artístico* (referente às artes), *histórico* (ligado a fatos passados), *cultural* (em sentido estrito, significa ligação com o complexo de comportamentos de uma sociedade), *religioso* (ligado às crenças religiosas), *arqueológico* (relativo à ciência que estuda a vida e a cultura dos povos antigos por objetos deixados), *etnográfico* (estudo dos povos, como línguas e religião) ou *monumental* (concernente a uma obra que se destina à posteridade).

Conquanto seja improvável, em tese é possível que um bem seja integrante do patrimônio cultural em sentido amplo e não esteja tutelado por este artigo, tendo em conta que a Constituição Federal de 1988, em seu artigo 216, alargou sua definição para quaisquer bens materiais ou imateriais portadores de referência à identidade, à ação, à memória dos diferentes grupos formadores da sociedade brasileira.

Logo, o conceito de patrimônio cultural insculpido no artigo 1.º, do Decreto-Lei 25/1937, é insuficiente, devendo ser interpretado à luz do atual ordenamento constitucional, sendo meramente exemplificativo.

Por seu turno, cometerá este crime o agente que alterar a estrutura de uma construção tombada sem a prévia autorização da entidade administrativa responsável, que poderá ser das três esferas de governo, pois esta competência é comum entre as entidades políticas da federação. Se a obra violar os parâmetros da autorização, também restará consumado este crime.

Na esfera federal é o IPHAN – Instituto do Patrimônio Histórico e Artístico Nacional (sucessor do órgão SPHAN), autarquia vinculada ao Ministério da Cultura, sendo que qualquer reforma em edifício tombado deverá ter o projeto previamente aprovado pela citada entidade administrativa, nos moldes do artigo 17 do Decreto-Lei 25/1937.

Note-se que a proteção também abarca a zona de entorno do imóvel tombado, conforme definido no tombamento, devendo os imóveis vizinhos obter prévia aprovação da entidade ambiental cultural.

Ressalte-se que este crime é especial ao do artigo 62, pois tutela especificamente os bens imóveis reconhecidos como integrantes do acervo cultural. Entrementes, o tipo abarca apenas a alteração do aspecto ou estrutura do imóvel, de modo que, se houver destruição, o agente consumará o delito do artigo 62, apesar de terem a mesma reprimenda penal.

2. QUESTÃO DE CONCURSO

01. (FCC – 2011 – TJ-PE – Juiz) Acatando pedido formulado por uma associação (Organização Não Governamental – ONG), em ação civil pública, o Juiz de Direito da comarca concede liminar impedindo a reforma da fachada do prédio de um clube, construído há cerca de cem anos, bem este que, apesar de não ter sido tombado pelo órgão estadual do patrimônio histórico e cultural, é considerado pela comunidade local como parte de seu patrimônio histórico. O presidente do clube dizendo-se amparado por decisão da diretoria, intimado da ordem judicial, determina a destruição da parte externa do imóvel, o que se realiza em poucas horas. Esta conduta, do ponto de vista penal, pode ser considerada

a) atípica, porque inexiste um tipo penal correspondente no Código Penal e na legislação ambiental.
b) infração penal tipificada no art. 163 do Código Penal, que configura crime de dano.
c) atípica, como crime ambiental previsto na Lei 9.605/1998, na seção IV do Capítulo V, que trata dos "Crimes contra o Ordenamento Urbano e o Patrimônio Cultural", porque o imóvel não se encontrava tombado pela autoridade administrativa competente.
d) típica, como crime ambiental previsto na Lei 9.605/1998, na seção IV do Capítulo V, que trata dos "Crimes contra o Ordenamento Urbano e o Patrimônio Cultural".
e) crime de resistência, previsto no art. 329 do Código Penal.

GAB 01 D

Art. 64. Promover construção em solo não edificável, ou no seu entorno, assim considerado em razão de seu valor paisagístico, ecológico, artístico, turístico, histórico, cultural, religioso, arqueológico, etnográfico ou monumental, sem autorização da autoridade competente ou em desacordo com a concedida:

Pena – detenção, de seis meses a um ano, e multa.

1. COMENTÁRIOS

É um **crime doloso, comum, material, de dano, não transeunte, unissubjetivo, plurissubsistente, instantâneo ou permanente e de ação única** que objetiva tutelar o patrimônio cultural.

Em que pese esta Seção IV se referir ao patrimônio cultural e ao ordenamento urbano, o tipo se refere a solo não edificável pelo valor ecológico, o que demonstra que o meio ambiente natural também está tutelado.

Cuida-se de tipo especial aos crimes dos artigos 63 e 64, pois tutela bens imóveis integrantes do acervo cultural ou natural contra construções que afetem sua integridade como parte do patrimônio ambiental.

"Promover construção" quer dizer criar uma edificação. É defesa a construção em solo não edificável ou no seu entorno, se a área for integrante do meio ambiente cultural ou natural, especificamente com valor em pelo menos uma área descrita no tipo, sem autorização da autoridade competente ou em desconformidade com a obtida.

O que chama a atenção neste crime é que, ao contrário dos anteriores, o tipo não requer que o bem cultural seja reconhecido por lei, ato administrativo ou judicial. Por um lado, majora-se a tutela, o que é um fator positivo, mas é possível que haja insegurança jurídica, pois o agente pode desconhecer que se trate de solo não edificável por questões culturais/naturais. Neste caso, cabível a exclusão do dolo pela ocorrência do erro de tipo.

A área poderá ser não edificável em virtude de tombamento, da criação de uma APA ou outra unidade de conservação, de previsão do plano diretor municipal etc., mas a causa da proibição de construções sem o licenciamento ambiental deve estar ligada ao meio ambiente cultural ou natural. Logo, se o agente violar uma proibição meramente urbanística, não se realizará este crime.

2. JURISPRUDÊNCIA

STJ INFORMATIVO 698 – QUINTA TURMA

Processo

REsp 1.925.717-SC, Rel. Min. Ribeiro Dantas, Quinta Turma, por unanimidade, julgado em 25/05/2021, DJe 28/05/2021.

Ramo do Direito

DIREITO PENAL

Dano ambiental em unidade de conservação. Art. 40 da Lei n. 9.605/1998. Construção em solo que, por seu valor ecológico, não é edificável. Art. 64 da Lei n. 9.605/1998. Absorção. Possibilidade.

Destaque

O delito de causar dano em unidade de conservação (art. 40 da Lei n. 9.605/1998) pode ser absorvido pelo delito de construir em solo que, por seu valor ecológico, não é edificável (art. 64 da Lei n. 9.605/1998).

Informações do Inteiro Teor

A controvérsia submetida ao exame desta Corte Superior é a (im)possibilidade de aplicação do princípio da consunção, para que o delito do art. 40 da Lei n. 9.605/1998 (causar dano ambiental em unidade de conservação) seja absorvido pelo crime do art. 64 da mesma lei (construir em solo que, por seu valor ecológico, não é edificável).

As unidades de conservação não são o único espaço a receber especial tutela da legislação penal, pois a Lei n. 9.605/1998 tipifica, também, os danos ambientais causados em outras espécies de áreas, como as florestas de preservação permanente (arts. 38, 39, 40, 44), as de domínio público (arts. 44 e 50-A), a Mata Atlântica (art. 38-A), a vegetação fixadora de dunas e mangues (art. 50) e as praias (art. 54, § 2º, IV). Na verdade, considerando a quantidade e diversidade de espaços protegidos pela Lei n. 9.605/1998, é mesmo difícil imaginar uma situação em que o delito do art. 64 (na ação típica de construir em área não edificável por seu valor ecológico) não produza, também, danos sobre algum dos outros espaços referidos naquele diploma legislativo.

A empreitada hermenêutica de bem definir o alcance destes tipos incriminadores é, certamente, dificultada pelo emaranhado de regimes jurídicos de proteção de espaços com relevância ambiental, os quais não receberam do legislador um tratamento sistemático. Não obstante, para avaliar a possibilidade de absorção de um crime por outro, o mais importante é verificar se o delito menor se encontra na cadeia causal do delito continente, como uma etapa do *iter criminis* – seja na preparação, consumação ou exaurimento do crime maior.

Este raciocínio, ao contrário do que defende o órgão acusador, não é obstado pela diversidade de bens jurídicos protegidos por cada tipo incriminador; tampouco impede a consunção o fato de que o crime absorvido tenha pena maior do que a do crime continente.

A Súmula 17/STJ bem exemplifica a linha aqui exposta: os crimes de falsidade (arts. 297 a 299 do CP) e estelionato (art. 171 do CP) localizam-se, topograficamente, em seções diferentes do CP e tutelam bens jurídicos diferentes: a fé pública, nos primeiros, e o patrimônio, no segundo. Também é possível vislumbrar situações em que o estelionato, apenado com 1 a 5 anos de reclusão, absorve a falsidade de documento público, cuja sanção é mais grave (2 a 6 anos de reclusão). Nem por isso fica inviabilizada a consunção, nos exatos termos da Súmula 17/STJ, que mesmo após três décadas de sua edição permanece norteando os julgamentos desta Corte Superior sobre o tema.

A bem da verdade, a distinção entre os bens jurídicos tutelados pelos arts. 40 e 64 da Lei n. 9.605/1998 não é tão intensa como aduz o MPF, pois este último dispositivo se refere, expressamente, à construção em espaços não edificáveis por sua especial relevância ecológica. Por conseguinte, o dispositivo não destina a proteger somente a higidez das posturas locais de ordenação urbanística e da ocupação do solo, como afirma o Parquet, mas abrange textualmente a guarida do meio ambiente.

Estabelecidas estas premissas teóricas, o dano causado pela construção à estação ecológica se encontra, efetivamente, absorvido pela edificação irregular. O dano pode, em tese, ser considerado concomitante à construção, enquanto ato integrante da fase de execução do iter do art. 64, caso em que se aplicaria o princípio da consunção em sua formulação genérica; ou, então, como consequência naturalística inafastável e necessária da construção, de maneira que seu tratamento jurídico seria o de pós-fato impunível. De todo modo, o dano à unidade de conservação se situa na escala causal da construção irregular (seja como ato executório ou como exaurimento), nela exaurindo toda sua potencialidade lesiva.

3. QUESTÃO DE CONCURSO

02. (Prova: MPDFT – 2021 – MPDFT – Promotor de Justiça Adjunto) O agente que destruir área de preservação permanente (art. 38 da Lei 9.605/1998) para construir edificação em solo não edificável (art. 64 da Lei 9.605/1998) responde por ambas as condutas, não sendo possível a aplicação do princípio da consunção.

GAB	01	ERRADO

Art. 65. Pichar ou por outro meio conspurcar edificação ou monumento urbano: (Redação dada pela Lei nº 12.408, de 2011)

Pena – detenção, de 3 (três) meses a 1 (um) ano, e multa. (Redação dada pela Lei nº 12.408, de 2011)

§ 1.º Se o ato for realizado em monumento ou coisa tombada em virtude do seu valor artístico, arqueológico ou histórico, a pena é de 6 (seis) meses a 1 (um) ano de detenção e multa. (Renumerado do parágrafo único pela Lei nº 12.408, de 2011)

§ 2.º Não constitui crime a prática de grafite realizada com o objetivo de valorizar o patrimônio público ou privado mediante manifestação artística, desde que consentida pelo proprietário e, quando couber, pelo locatário ou arrendatário do bem privado e, no caso de bem público, com a autorização do órgão competente e a observância das posturas municipais e das normas editadas pelos órgãos governamentais responsáveis pela preservação e conservação do patrimônio histórico e artístico nacional. (Incluído pela Lei nº 12.408, de 2011)

1. COMENTÁRIOS

É um **crime doloso, comum, material, de dano, não transeunte, unissubjetivo, plurissubsistente, instantâneo ou permanente e de ação múltipla** que objetiva tutelar o patrimônio ambiental artificial e o cultural, especificamente as edificações e os monumentos.

"Pichar" significa escrever em muros ou paredes. Além desse núcleo do tipo, há ainda um aberto, pois qualquer outro meio é admitido.

"Conspurcar" tem o significado de sujar, macular ou manchar. Para que haja o crime, é preciso que a ofensa se dirija a edificação (construção feita pelo homem) ou monumento (obra ou construção que se destina a transmitir à posteridade a memória de fato ou pessoa notável) situado na área urbana, que será definida por lei municipal. Ou seja, se a construção se situar em área rural, não haverá esta tipicidade.

Com o advento da Lei 12.408, de 25.05.2011, foi descriminalizado o ato de grafitar, pois excluída a expressão "grafitar" do tipo penal. Ademais, foi inserido um parágrafo para declarar que o grafite com o objetivo de valorizar o patrimônio público ou privado mediante manifestação artística não constitui crime, se autorizado pelo proprietário ou possuidor do imóvel, assim como pelo Poder Público, quando couber, desde que respeite as normas do meio ambiente artificial e cultural.

Assim, entende-se que o grafite perpetrado sem as exigências *suso* referidas constitui pichação, respondendo o agente por este delito, a exemplo do promovido sem a autorização do proprietário do imóvel.

Por seu turno, se a construção for protegida por lei, ato judicial ou administrativo e o vandalismo for tamanho que afete o seu aspecto, haverá a absorção deste crime pelo do artigo 63. Se chegar a deteriorá-lo ou inutilizá-lo, neste caso o delito do artigo 62 absorverá este.

Em razão do maior desvalor do resultado, se o monumento ou construção for tombado, passando, destarte, a integrar o acervo cultural, haverá uma *causa especial de aumento de pena*. Mas frise-se que não será qualquer tombamento que elevará a pena, mas apenas se for em razão do valor artístico, arqueológico ou histórico. Assim, se a causa do tombamento for o valor etnográfico ou o bibliográfico apenas, não incidirá a majorante, não passível de interpretação extensiva.

2. QUESTÕES DE CONCURSOS

01. (2016/FGV/ Exame de Ordem) Pedro, em visita a determinado Município do interior do Estado do Rio de Janeiro, decide pichar e deteriorar a fachada de uma Igreja local tombada, por seu valor histórico e cultural, pelo Instituto Estadual do Patrimônio Histórico-Cultural – INEPAC, autarquia estadual. Considerando o caso em tela, assinale a afirmativa correta.

a) Pedro será responsabilizado apenas administrativamente, com pena de multa, uma vez que os bens integrantes do patrimônio cultural brasileiro não se sujeitam, para fins de tutela, ao regime de responsabilidade civil ambiental, que trata somente do meio ambiente natural.

b) Pedro será responsabilizado administrativa e penalmente, não podendo ser responsabilizado civilmente, pois o dano, além de não poder ser considerado de natureza ambiental, não pode ser objeto de simultânea recuperação e indenização.

c) Pedro, por ter causado danos ao meio ambiente cultural, poderá ser responsabilizado administrativa, penal e civilmente, sendo admissível o manejo de ação civil pública pelo Ministério Público, demandando a condenação em dinheiro e o cumprimento de obrigação de fazer.

d) Pedro, além de responder administrativa e penalmente, será solidariamente responsável com o INEPAC pela recuperação e indenização do dano, sendo certo que ambos responderão de forma subjetiva, havendo necessidade de inequívoca demonstração de dolo ou culpa por parte de Pedro e dos servidores públicos responsáveis.

02. **(2017/CESPE/MPE-RR/Promotor de Justiça Substituto)** Em um sábado, Pedro, maior e capaz, com baixo grau de instrução, pichou monumento urbano, sem autorização. Nessa situação hipotética,

a) a ação penal será pública condicionada se o monumento pichado for de propriedade particular.

b) a pena a que Pedro está sujeito é de detenção inferior a dois anos, mesmo que o monumento pichado seja tombado pelo patrimônio histórico.

c) o baixo grau de instrução de Pedro é irrelevante para a estipulação da pena.

d) a pena a que Pedro está sujeito deverá ser agravada por ter sido o crime cometido em um sábado.

GAB	01	C	02	B

▸ SEÇÃO V
DOS CRIMES CONTRA A ADMINISTRAÇÃO AMBIENTAL

Art. 66. Fazer o funcionário público afirmação falsa ou enganosa, omitir a verdade, sonegar informações ou dados técnico-científicos em procedimentos de autorização ou de licenciamento ambiental:

Pena – reclusão, de um a três anos, e multa.

1. COMENTÁRIOS

É um **crime doloso, próprio, formal, de dano, não transeunte, unissubjetivo, plurissubsistente, instantâneo ou permanente e de ação múltipla** que objetiva tutelar a Administração Pública ambiental.

É um crime que, a princípio, só poderá ser cometido por funcionário público, ou seja, quem, embora transitoriamente ou sem remuneração, exerça cargo, emprego ou função pública, assim como pelos equiparados (aqueles que trabalham para prestadores de serviços ao poder público para atividades típicas), na forma do artigo 327 do CP. Todavia, poderá um particular consumá-lo, desde que seja coautor ou partícipe deste delito, juntamente com um funcionário público.

Note-se que o tipo não exige que o funcionário público seja ambiental, ou seja, de um órgão ou entidade do Sistema Nacional do Meio Ambiente – SISNAMA, podendo ser qualquer outro, a exemplo de um funcionário do INCRA, apesar de estar inserto na Seção V.

O tipo é plurinuclear alternativo, prevendo condutas comissivas e omissivas puras. Será típica a conduta de perpetrar afirmação que não corresponda à verdade, de acordo com o entendimento do agente (Teoria Subjetiva) ou que vise induzir outrem em erro.

A omissão da verdade, ou seja, de informações ou opiniões corretas que o agente público negligenciou intencionalmente também é prevista, bem como a sonegação de informações (o que não deixa de ser uma forma de omitir a verdade). Os dados técnico-científicos são espécies de informações.

Além de realizar um desses núcleos, é preciso que o agente o faça em procedimento de autorização ou licenciamento ambiental, ou seja, para a concessão de autorização, licença prévia, licença de instalação, licença de operação ou qualquer outra inominada, nos moldes da Resolução CONAMA 237/1997.

O crime é de dano, pois, apesar de o tipo não exigir para a sua consumação que a conduta do agente tenha facilitado ou sido causa determinante para a concessão da licença ou autorização, a atitude do servidor público já viola o Princípio da Legalidade e o da Moralidade Administrativa, previstos no artigo 37, da CRFB, uma vez que se trata de delito contra a

Administração Pública. Assim, este delito se realiza independentemente da outorga do ato administrativo, podendo ser absorvido pelo crime do artigo 67.

Caso seja a hipótese de consumação concorrente do delito do artigo 342 do CP (falso testemunho ou falsa perícia), com este, o primeiro deve ser afastado por ser geral, consumando-se com a afirmação falsa em processo administrativo, pois este contém elementares específicas.

2. QUESTÕES DE CONCURSOS

01. (AGU 2007 – Procurador Federal – CESPE) A CF garante o direito de todos a um meio ambiente ecologicamente equilibrado e essencial à sadia qualidade de vida, conceituando-o como "bem de uso comum do povo" a ser defendido pelo poder público federal, estadual e municipal. Nesse aspecto, considera-se o bem ambiental um valor a ser protegido, também, na esfera criminal. A respeito das disposições acerca desse tema, tratado na CF e na Lei 9.605/1998, julgue os próximos itens. Se Vítor, funcionário federal de ente de fiscalização ambiental pertencente ao SISNAMA, sonegar dados técnicos em procedimento de licenciamento ambiental, será processado em vara criminal da justiça estadual, podendo ser condenado a pena de reclusão de um a três anos.

02. (2016/FUNCAB/Prefeitura de Santa Maria de Jetibá) A Lei nº 9.605, de 12 de fevereiro de 1998, dispõe sobre as sanções penais e administrativas derivadas de condutas e atividades lesivas ao meio ambiente. De acordo com essa lei é correto afirmar que:

a) é permitido construir, reformar, ampliar, instalar ou fazer funcionar, em qualquer parte do território nacional, estabelecimentos potencialmente poluidores, sem licença, desde que em área de terreno inferior a 1000 (mil) metros quadrados.

b) será permitido promover construção em solo não edificável em razão de seu valor paisagístico, somente se a construção se destinar à moradia de interesse social.

c) fazer o funcionário público afirmação falsa ou enganosa, omitir a verdade, sonegar informações ou dados técnico-científicos em procedimentos de autorização ou de licenciamento ambiental está sujeito a uma pena de reclusão de um a três anos e multa.

d) a pesquisa, lavra ou extração de recursos minerais, só poderá ser efetuada, sem a competente autorização, para empresas já cadastradas no CONAMA.

e) destruir, danificar, lesar ou maltratar, por qualquer modo ou meio, plantas frutíferas em passagens de pedestres ou em propriedade privada está sujeita a uma detenção de 4 a 8 meses, ou multa no valor de 101 UFIR'S.

GAB	01	ERRADO	02	C

Art. 67. Conceder o funcionário público licença, autorização ou permissão em desacordo com as normas ambientais, para as atividades, obras ou serviços cuja realização depende de ato autorizativo do Poder Público:

Pena – detenção, de um a três anos, e multa.

Parágrafo único. Se o crime é culposo, a pena é de três meses a um ano de detenção, sem prejuízo da multa.

1. COMENTÁRIOS

É um **crime doloso ou culposo, próprio, formal, de dano, não transeunte, unissubjetivo, plurissubsistente, instantâneo e de ação única** que objetiva tutelar a Administração Pública ambiental e o próprio meio ambiente.

Ao contrário do que pode parecer uma interpretação apressada, não apenas os funcionários públicos ambientais poderão cometer este delito. Assim, a autoridade administrativa do DNPM – Departamento Nacional de Produção Mineral (atual Agência Nacional de Mineração – ANM) que outorgar autorização de lavra sem exigir o prévio licenciamento ambiental também poderá cometer este crime. Não apenas os agentes do SISNAMA deverão observar as leis protetivas do meio ambiente.

Os empreendimentos que demandam licenciamento ambiental (*lato sensu*) são os enumerados no anexo I, da Resolução CONAMA 237/1997, em rol exemplificativo, regulamentando o artigo 10 da Lei 6.938/1981.

O tipo se realiza com a concessão de licença, autorização ou permissão em desacordo com as normas ambientais, no caso de atividades que a exijam. É certo que em Direito Ambiental um dos temas mais polêmicos é a natureza e o regime jurídico da autorização e da licença, tendo o tipo as diferenciado, além de ter inovado ao elencar a permissão.

A *licença* tradicionalmente é um ato administrativo não precário e vinculado, ao contrário da autorização, ambos permitindo o desenvolvimento de uma atividade pelo administrado, havendo o controle estatal diante do interesse público. Já a *permissão* é o ato administrativo discricionário e precário pelo qual a Administração permite o uso de bem público em razão de interesse público, podendo também delegar ao particular a execução de serviço público, sendo neste caso contrato administrativo, razão pela qual foi atécnica a colocação dessa elementar no tipo em comento.

Deveras, se há uma permissão de bem ou de serviço público e vai se desenvolver uma atividade potencialmente poluidora, por certo será exigido do empreendedor o licenciamento ambiental, por meio de autorização ou licença.

Crê-se que normalmente apenas cometerá crime o funcionário público que tem poderes para a outorga do ato administrativo, o que deve ser aferido de acordo com cada estrutura administrativa, a exemplo do IBAMA, em que no âmbito estadual caberá ao seu Superintendente, salvo as exceções. Mas nada impede que um servidor público usurpe competência administrativa e venha a cometer este crime, pois a mera concessão de licença ou autorização sem deter atribuições para tanto já configurará o delito.

Não comete crime o gestor público que utilizar regulamente o seu poder discricionário, se este existir no caso concreto, dentro dos lindes de conveniência e oportunidade balizados por lei. Destarte, o mérito da outorga é insindicável, sendo curial demonstrar que o emissor do ato administrativo violou a legislação ambiental para a subsunção da conduta ao tipo.

Assim, por exemplo, cometerá este delito o funcionário público que praticar as seguintes condutas:

- conceder licença sem a exigência de EIA-RIMA, nos casos exigidos pela Resolução CONAMA 01/1986 ou em outros em que haja significativa degradação ambiental, efetiva ou potencial;
- emitir DOF sem a comprovação de origem da madeira;
- conceder licença de desmatamento sem que o beneficiário comprove a propriedade ou justa posse da área.

Em casos conflituosos, em que haja a discussão administrativa da validade ou não da licença ou autorização, é prudente que o órgão de acusação aguarde o desenrolar do processo administrativo, pois a invalidação administrativa do ato é curial para saber se há ou não tipicidade, funcionando como condição objetiva de procedibilidade, devendo-se suspender o prazo prescricional nesse ínterim.

Se o agente cometer a conduta do artigo 66 como meio para a consumação deste delito, dar-se-á a consunção. Caso não existisse este crime, o agente público responderia pelo delito de prevaricação, capitulado no artigo 319, do CP, afastado neste caso pela aplicação do Princípio da Especialidade.

Este artigo ainda consagrou a *modalidade culposa*, quando o funcionário público licencia ambientalmente de maneira indevida uma atividade sem intenção, mas por negligência ou imperícia, a exemplo da não determinação de realização de prévio EIA-RIMA por desídia, o que deve ser aferido casuisticamente.

2. QUESTÃO DE CONCURSO

01. (CESPE – 2009 – IBRAM-DF – Advogado) O agente que concede licença ambiental em desacordo com a legislação comete crime próprio, de ação penal pública incondicionada e que não admite a modalidade culposa.

GAB 01 ERRADO

Art. 68. Deixar, aquele que tiver o dever legal ou contratual de fazê-lo, de cumprir obrigação de relevante interesse ambiental:

Pena – detenção, de um a três anos, e multa.

Parágrafo único. Se o crime é culposo, a pena é de três meses a um ano, sem prejuízo da multa.

1. COMENTÁRIOS

É um **crime doloso ou culposo, omissivo puro, próprio, formal, de perigo, não transeunte, unissubjetivo, plurissubsistente, instantâneo e de ação única** que objetiva tutelar a Administração Pública ambiental e o próprio meio ambiente.

Trata-se de um crime omissivo próprio ou puro, pois não se exige um resultado naturalístico para a sua consumação, bem como próprio, pois apenas a pessoa física ou jurídica que tiver uma obrigação de agir poderá realizá-lo.

No entanto, para o Superior Tribunal de Justiça, cuida-se de delito omissivo impróprio, muito embora o tipo não exija para a sua consumação resultado no mundo do natural.

Este tipo é desnecessariamente aberto, pois é preciso analisar a legislação ambiental, um ato jurídico unilateral ou um contrato para verificar se existe uma obrigação de natureza ambiental descumprida. Ainda assim, não é qualquer inadimplemento que realiza o tipo, sendo curial que haja um relevante interesse ambiental, a ser aferido casuisticamente, à luz do Princípio da Razoabilidade.

Obrigação é um vínculo jurídico que une devedor e credor, em que aquele deve dar, fazer ou deixar de fazer algo, sendo um instituto jurídico notadamente patrimonialista, razão pela qual teria sido mais adequado se referir a dever.

Já o contrato é uma fonte convencional de obrigações, ao lado da lei e dos atos unilaterais, sendo um negócio jurídico de natureza bilateral que visa repercutir no mundo jurídico, podendo ser gratuito ou oneroso; unilateral ou bilateral (quanto aos efeitos); comutativo ou aleatório; real ou convencional; comum ou personalíssimo.

De acordo com o artigo 52, da Lei 12.305/2010, que aprovou a Política Nacional de Resíduos Sólidos, "a observância do disposto no *caput* do art. 23[8] e no § 2.º[9] do art. 39[10] desta Lei é considerada **obrigação de relevante interesse ambiental** para efeitos do artigo 68 da Lei 9.605, de 1998, sem prejuízo da aplicação de outras sanções cabíveis nas esferas penal e administrativa".

Logo, o descumprimento dos deveres impostos nos referidos artigos da Lei 12.305/2010 fará com que se consume este delito.

Poderão realizá-lo tanto o funcionário público quanto o particular, apesar de ser um delito próprio, conforme já decidiu o STJ.

Ressalve-se que este crime tem aplicação subsidiária aos delitos dos artigos 66 e 67, que são especiais, pois em ambos os casos também há uma violação de dever legal ambiental pelo funcionário público. Também o delito do artigo 69-A é especial em relação a este, conforme será visto, além de inúmeros outros previstos na Lei 9.605/1998.

As faltas aptas a causar considerável lesividade ao meio ambiente ou a probidade administrativa são as que devem ser consideradas como de relevante interesse ambiental, sob pena de violação ao Princípio da Intervenção Mínima.

Outro exemplo de aplicação deste crime, desta feita com origem contratual, é o caso do engenheiro florestal que deixa de acompanhar a execução de manejo florestal ou de desmatamento, pois está vinculado contratualmente com o poluidor e legalmente com o órgão ambiental, inclusive subscrevendo ART – Anotação de Responsabilidade Técnica perante o CREA.

Outrossim, foi prevista a *modalidade culposa*, quando o descumprimento decorrer de negligência, imprudência ou imperícia do funcionário público ou do particular.

2. JURISPRUDÊNCIA

"RECURSO ESPECIAL. PENAL. CRIME CONTRA A ADMINISTRAÇÃO AMBIENTAL. ART. 68 DA LEI N.º 9.605/98. CRIME COMUM QUE PODE SER PRATICADO POR QUALQUER PESSOA INCUMBIDA DO DEVER LEGAL OU CONTRATUAL DE CUMPRIR OBRIGAÇÃO DE RELEVANTE INTERESSE AMBIENTAL. DENÚNCIA

8. "Artigo 23. Os responsáveis por plano de gerenciamento de resíduos sólidos manterão atualizadas e disponíveis ao órgão municipal competente, ao órgão licenciador do Sisnama e a outras autoridades, informações completas sobre a implementação e a operacionalização do plano sob sua responsabilidade".

9. "§ 2.º As informações referidas no *caput* serão repassadas pelos órgãos públicos ao Sinir, na forma do regulamento".

10. "Artigo 39. As pessoas jurídicas referidas no artigo 38 são obrigadas a elaborar plano de gerenciamento de resíduos perigosos e submetê-lo ao órgão competente do Sisnama e, se couber, do SNVS, observado o conteúdo mínimo estabelecido no artigo 21 e demais exigências previstas em regulamento ou em normas técnicas".

QUE DESCREVE, SATISFATORIAMENTE, AS CONDUTAS, EM TESE, DELITUOSAS. RECURSO PROVIDO. 1. O delito previsto no art. 68 da Lei dos Crimes Ambientais, isto é, '[d]eixar, aquele que tiver o dever legal ou contratual de fazê-lo, de cumprir obrigação de relevante interesse ambiental', está inserido no rol dos crimes contra a administração pública ambiental, classificando-se como **crime omissivo impróprio em que o agente deixa de praticar o ato, contrariando o dever de fazê-lo para evitar o resultado lesivo ao meio ambiente.** 2. Com relação ao sujeito ativo, verifica-se que a melhor exegese conduz no sentido de que o crime pode ser praticado por qualquer pessoa incumbida desse dever legal ou contratual, não sendo exigido, como fizeram as instâncias ordinárias, tratar-se de funcionário público" (STJ, REsp 1.032.651, de 28.02.2012).

"3. Da leitura do tipo legal em questão, denota-se que, apesar de se tratar de crime próprio, a posição de sujeito ativo não é exclusiva do funcionário público, pois o delito pode ser cometido por todo aquele que tiver o dever legal ou contratual de cumprir obrigação de relevante interesse ambiental. [...] 6. A conduta do art. 68 da Lei 9.605/1998 não exige resultado naturalístico para a sua consumação, ou seja, não necessita de ser respaldada pela efetiva lesão ao meio ambiente, razão pela qual desimporta, *a priori*, qualquer assertiva de ausência de prejuízo concreto, bem como o fato de o paciente ter pago a multa imposta pelo IBAMA" (STJ, HC 84.498/MT, 5.ª Turma, j. 28.05.2008).

3. QUESTÃO DE CONCURSO

01. (Defensor Público do Tocantins 2012/CESPE) O crime de deixar de cumprir obrigação de relevante interesse ambiental, previsto no rol dos crimes contra a administração pública ambiental, é crime omissivo próprio, punido apenas na forma dolosa, e se caracteriza quando o agente público deixa de praticar o ato, contrariando o dever legal de fazê-lo para evitar o resultado lesivo ao meio ambiente, consoante entendimento do STJ.

GAB	01	ERRADO

Art. 69. Obstar ou dificultar a ação fiscalizadora do Poder Público no trato de questões ambientais:

Pena – detenção, de um a três anos, e multa.

1. COMENTÁRIOS

É um **crime doloso, comum, formal, de dano, não transeunte, unissubjetivo, plurissubsistente, instantâneo ou permanente e de ação múltipla** que objetiva tutelar a Administração Pública ambiental e o próprio meio ambiente.

"Obstar" significa impedir. "Dificultar" quer dizer opor empecilhos que possam ser ultrapassados, sendo o primeiro núcleo do tipo mais reprovável e que merece a maior reprimenda penal.

"Ação fiscalizadora" é qualquer atividade decorrente do poder de polícia exercido pelos órgãos e entidades do SISNAMA, da Capitania dos Portos ou por outras entidades da Administração Pública, a exemplo de inspeções, autuações, interdições e apreensões, desde que com nexo com a questão ambiental.

Assim, uma pessoa que estiver pescando em período ou local proibido e que foge dos agentes ambientais, mas é alcançado, cometerá em concurso material este delito e o do artigo 34.

Entrementes, o dever de persecução administrativo-ambiental não poderá se sobrepor a determinados direitos e garantias fundamentais, a exemplo do direito constitucional ao silêncio, pois ninguém é obrigado a produzir provas contra si mesmo (vedação à autoincriminação), conforme expressamente previsto no Pacto de São José da Costa Rica.

Neste caso, a pessoa que permanecer calada ao ser indagado pelo fiscal do Poder Público não cometerá este crime, pois estará exercendo regularmente um direito, sendo excluída a antijuridicidade.

Art. 69-A. Elaborar ou apresentar, no licenciamento, concessão florestal ou qualquer outro procedimento administrativo, estudo, laudo ou relatório ambiental total ou parcialmente falso ou enganoso, inclusive por omissão: (Incluído pela Lei nº 11.284, de 2006)

Pena – reclusão, de 3 (três) a 6 (seis) anos, e multa. (Incluído pela Lei nº 11.284, de 2006)

§ 1.º Se o crime é culposo: (Incluído pela Lei nº 11.284, de 2006)

Pena – detenção, de 1 (um) a 3 (três) anos. (Incluído pela Lei nº 11.284, de 2006)

§ 2.º A pena é aumentada de 1/3 (um terço) a 2/3 (dois terços), se há dano significativo ao meio ambiente, em decorrência do uso da informação falsa, incompleta ou enganosa. (Incluído pela Lei nº 11.284, de 2006)

1. COMENTÁRIOS

É um **crime doloso ou culposo, comissivo ou omissivo puro, próprio, formal, de perigo, não transeunte, unissubjetivo, plurissubsistente, instantâneo e de ação múltipla** que objetiva tutelar a Administração Pública ambiental e o próprio meio ambiente.

Trata-se de crime inserido pela *Lei 11.284/2006*, que regula a gestão de florestas públicas. "Elaborar" significa fazer, criar. "Apresentar" significa mostrar, exibir. Ou seja, tanto cometerá o crime quem elaborar como quem apresentar, se forem pessoas diversas.

Com arrimo no artigo 1.º, I, da Resolução CONAMA 237/1997, cuida-se o *licenciamento ambiental* de "procedimento administrativo pelo qual o órgão ambiental competente licencia a localização, instalação, ampliação e a operação de empreendimentos e atividades utilizadoras de recursos ambientais, consideradas efetiva ou potencialmente poluidoras ou daquelas que, sob qualquer forma, possam causar degradação ambiental, considerando as disposições legais e regulamentares e as normas técnicas aplicáveis ao caso".

Já a *concessão florestal* é contrato oneroso celebrado por entidades políticas com pessoas jurídicas, consorciadas ou não, precedido de licitação na modalidade concorrência, visando transferir ao concessionário o direito de explorar de maneira sustentável os recursos florestais por prazo determinado. Além do processo administrativo de licenciamento e de concessão florestal, é possível que este crime se realize em qualquer outro, o que demonstra a sua abertura.

Trata-se de crime próprio, pois a elaboração de estudos, laudos ou relatórios ambientais é feita por profissionais habilitados em seus Conselhos de Classe, a exemplo do CREA. Tanto poderão consumar este crime técnicos particulares como funcionários públicos habilitados, admitindo-se concurso com outras pessoas não habilitadas que concorrerem para a sua consumação.

Estudo ambiental é uma expressão de ampla acepção, que significa avaliação de impactos ambientais, a exemplo do EIA-RIMA, plano de recuperação de área degradada, diagnóstico ambiental etc. O *laudo ambiental* é uma peça escrita na qual os técnicos expõem seus fundamentos e conclusões de uma situação ligada ao meio ambiente. Já o *relatório ambiental* é uma descrição fática sem a emissão de juízo de valor.

Para que haja o delito, é preciso que o documento seja total ou parcialmente falso ou enganoso, por ação ou omissão, ou seja, não correspondendo à verdade ou buscando induzir alguém em erro.

Destarte, os técnicos responsáveis pela elaboração de um EIA-RIMA que intencionalmente não listam todos os impactos ambientais decorrentes do empreendimento ou que alteram a área de afetação cometerão este delito.

Outrossim, o funcionário ambiental que elaborar um laudo falso ou enganoso, ao deixar dolosamente de analisar todos os requisitos técnicos para a concessão de uma licença ambiental também realizará o tipo, que absorverá os crimes dos artigos 66 e 68, por ser especial.

Contudo, não haverá crime quando o documento técnico emitido apenas refletir o convencimento pessoal do profissional habilitado, pois é certo que em Direito Ambiental há temas que são altamente controversos, muitas vezes inexistindo certeza científica sobre a ocorrência, natureza e extensão de vários males ambientais.

Logo, só haverá crime se o documento ambiental for enganoso ou falso, por ação ou omissão, quando estiver fundamentado em informações inexistentes ou quando o agente negligenciar intencionalmente dados verdadeiros.

Ainda foi corretamente prevista a **modalidade culposa**, quando o engano ou falsidade no laudo, estudo ou relatório ambiental decorrer de imprudência, negligência ou imperícia, a exemplo do funcionário público que por preguiça não vistoria totalmente uma área a ser desmatada, por achar que inexiste irregularidade, o que influenciará no conteúdo do laudo a ser produzido.

Diante do maior desvalor do resultado, a pena será majorada de 1/3 a 2/3 no caso de ocorrência de dano significativo ao meio ambiente, em decorrência do uso do documento falso ou enganoso. Ou seja, esta causa especial de aumento de pena é material e de dano.

2. QUESTÕES DE CONCURSOS

01. (AGU 2008 – Advogado da União – CESPE) Elaborar, no licenciamento, estudo parcialmente falso é crime que admite as modalidades culposa e dolosa.

02. (FMP-RS – 2011 – TCE-RS – Auditor Público Externo) Considere a seguinte situação hipotética: No dia 30 de julho de 2008, em horário não especificado, o engenheiro químico TÍCIO e o biólogo FÚLVIO elaboraram Estudo Ambiental parcialmente falso, referente ao projeto arquitetônico de edificação denominado Morada dos Pássaros, de responsabilidade da empresa CONSTRUBEM, pois omitiram a existência de três árvores imunes ao corte, bem como a existência de aterramento da área com resíduos sólidos domésticos, conforme foi, posteriormente, constado em laudo contratado pela Associação de Moradores do Bairro, para fins de aprovação e licenciamento ambiental do empreendimento imobiliário. O referido estudo foi apresentado pelo Sr. MÉVIO, sócio-gerente da empresa CONSTRUBEM, para a Secretaria Municipal de Meio Ambiente no dia 5 de agosto de 2008. Em 10 de outubro de 2008, o Secretário Municipal de Meio Ambiente, fiando-se na veracidade do Estudo Ambiental da empresa, emitiu a Licença de Instalação para o referido empreendimento.

Diante disso, julgue as assertivas abaixo:

I. TÍCIO, FÚLVIO, MÉVIO e a empresa CONSTRUBEM responderão criminalmente como incursos nas sanções do art. 69-A da Lei 9.605/1998.

II. O Secretário Municipal de Meio Ambiente responderá na forma do art. 67, parágrafo único, da Lei 9.605/1998, pois deixou de determinar a realização de vistoria na área para confirmar a veracidade do Estudo.

III. Se a empresa CONSTRUBEM, em Termo de Ajustamento de Conduta, assumir a obrigação de descontaminar a área e de proteger as espécies vegetais imunes ao corte, terá excluída a sua responsabilidade criminal.

Quais estão corretas?

a) Apenas I.
b) Apenas a II.
c) Apenas a III.
d) Apenas I e II.
e) I, II e III.

GAB	01	CERTO	02	D

CAPÍTULO VI
DA INFRAÇÃO ADMINISTRATIVA

Art. 70. Considera-se infração administrativa ambiental toda ação ou omissão que viole as regras jurídicas de uso, gozo, promoção, proteção e recuperação do meio ambiente.

§ 1.º São autoridades competentes para lavrar auto de infração ambiental e instaurar processo administrativo os funcionários de órgãos ambientais integrantes do Sistema Nacional de Meio Ambiente – SISNAMA, designados para as atividades de fiscalização, bem como os agentes das Capitanias dos Portos, do Ministério da Marinha.

§ 2.º Qualquer pessoa, constatando infração ambiental, poderá dirigir representação às autoridades relacionadas no parágrafo anterior, para efeito do exercício do seu poder de polícia.

§ 3.º A autoridade ambiental que tiver conhecimento de infração ambiental é obrigada a promover a sua apuração imediata, mediante processo administrativo próprio, sob pena de co-responsabilidade.

§ 4.º As infrações ambientais são apuradas em processo administrativo próprio, assegurado o direito de ampla defesa e o contraditório, observadas as disposições desta Lei.

1. COMENTÁRIOS

A Constituição Federal, no seu artigo 225, § 3.º, prevê a incidência cumulativa das sanções administrativas e penais contra os infratores ambientais, independentemente da reparação civil dos danos.

Logo, uma conduta poderá gerar a responsabilidade das pessoas físicas ou jurídicas nas três instâncias, que normalmente são independentes, salvo quando houver expressa previsão legal em sentido contrário.

Neste caso, tendo em conta que a regra geral é a competência material comum entre todos os entes políticos para proteger o meio ambiente e controlar a poluição em todas as suas formas,[11] assim como legislar concorrente sobre florestas, caça, pesca, fauna, conservação da natureza, defesa do solo e dos recursos naturais, proteção do meio ambiente e controle da poluição,[12] **cada qual terá a atribuição de instituir as suas próprias infrações administrativo-ambientais por lei**, que culminarão com a aplicação de penalidades administrativas com base no poder de polícia ambiental, observado o devido processo legal, especialmente com a ampla possibilidade de defesa, mediante a oportunização de instrução probatória, representação por advogado e recurso a autoridade superior, entre outras garantias.

Contudo, como os atos administrativos gozam dos atributos da presunção de veracidade (os fatos descritos são tidos como existentes) e legitimidade (conformidade com o Direito), cabe ao suposto infrator elidir essa presunção, de índole relativa.

No âmbito federal, a infração administrativa ambiental é tratada pela Lei 9.605/1998, no seu Capítulo VI (artigos 70 a 76). Deveras, essa norma jurídica não é exclusivamente penal, ressaltando-se que os Capítulos I, II e III também se aplicam à responsabilização administrativa, no que for compatível.

A infração administrativa ambiental federal dessa Lei foi regulamentada pelo relevante Decreto 3.179/1999, hoje revogado pelo Decreto 6.514/2008, que veio aperfeiçoar a antiga regulamentação.

De acordo com o *caput* do artigo 70, da Lei 9.605/1998, "considera-se infração administrativa ambiental toda ação ou omissão que viole as regras jurídicas de uso, gozo, promoção, proteção e recuperação do meio ambiente", dispositivo que revogou o tipo administrativo elencado no *caput* do artigo 14 da Lei 6.938/1981.

É importante notar que a ocorrência de dano ambiental não é exigida para a consumação do citado tipo administrativo, em consonância com o Princípio da Prevenção, sendo bastante que o agente, por ação ou omissão, infrinja a legislação administrativa ambiental, existindo infrações de dano e de perigo.

Poderá ser autor dessa infração tanto as pessoas físicas ou jurídicas, mas neste último caso exige-se que o ato tenha sido praticado por seu representante legal ou contratual, no interesse ou benefício da entidade moral, conforme determina o artigo 3.º da Lei 9.605/1998.

Para a definição do nexo de causalidade, deverá ser utilizada a Teoria da Equivalência das Condições Causais, pois o artigo 2.º, da Lei 9.605/1998,[13] tem aplicabilidade aos crimes e infrações administrativas, já que inserido no Capítulo I, que contém as disposições gerais, apesar de o texto se referir a crime, quando deveria ter sido genérico.

---

11. Artigo 23, VI, da CRFB.
12. Artigo 24, VI, da CRFB.
13. "Artigo 2.º Quem, de qualquer forma, concorre para a prática dos crimes previstos nesta Lei, incide nas penas a estes cominadas, na medida da sua culpabilidade, bem como o diretor, o administrador, o membro de conselho e de órgão técnico, o auditor, o gerente, o preposto ou mandatário de pessoa jurídica, que, sabendo da conduta criminosa de outrem, deixar de impedir a sua prática, quando podia agir para evitá-la".

Logo, todos que concorrerem para a consumação de um ilícito administrativo contra o meio ambiente estarão sujeitos às penalidades, apenas admitindo-se a exclusão da responsabilidade nas hipóteses de caso fortuito, força maior ou fato de terceiro, **pois a responsabilidade administrativa é pessoal**.

Para que uma pessoa natural ou jurídica seja penalizada administrativamente, é curial a demonstração da autoria do ilícito, não se admitindo a aplicação da doutrina da responsabilização *propter rem*, restrita à responsabilidade civil por danos causados ao meio ambiente.

Com efeito, uma vez constatada a consumação de infração administrativo-ambiental, a competência para a lavratura de auto de infração será de agente de uma das entidades que compõem o Sistema Nacional do Meio Ambiente – SISNAMA ou das Capitanias dos Portos, do Ministério da Marinha, sendo possível haver delegação às polícias militares ou outros órgãos criados para atuar na área ambiental, pois a regra é a possibilidade de delegação de competências administrativas, salvo quando exclusivas, para a edição de atos regulamentares ou decisão de recursos, nos moldes dos artigos 12 e 13 da Lei 9.784/1999.

Como o ICMBIO faz parte do SISNAMA (art. 6º, inciso III, da Lei 6.938/81), nada impede a lavratura por fiscal da autarquia em unidade de conservação, que, inclusive, multou a SAMARCO no valor total de R$ 143.000.000,00.

A multa é referente aos impactos causados à Área de Proteção Ambiental (APA) Costa das Algas, ao Refúgio de Vida Silvestre (RVS) de Santa Cruz e à zona de amortecimento da Reserva Biológica (Rebio) de Comboios localizadas no Espírito Santo, as três unidades de conservação (UCs) federais são administradas pelo ICMBio e os autos foram lavrados por técnicos da autarquia.

Demais disso, o artigo 17-Q, da Lei 6.938/1981, autoriza expressamente que o IBAMA celebre convênios com os estados, os municípios e o Distrito Federal para desempenharem atividades de fiscalização ambiental.

Inclusive, o STJ vem admitindo que a lavratura dos autos de infração pelo IBAMA não é atividade exclusiva dos analistas ambientais, desde que haja designação para atual na fiscalização ambiental.

Por conseguinte, se o servidor que lavrar o auto de infração não estiver designado para tanto, entende o STJ que o ato administrativo deverá ser anulado.

A autoridade ambiental que se omitir na apuração do ilícito ambiental terá corresponsabilidade pela infração, se dela tiver conhecimento e puder agir.

O auto de infração deverá ser lavrado em impresso próprio, com a identificação do autuado, a descrição clara e objetiva das infrações administrativas constatadas e a indicação dos respectivos dispositivos legais e regulamentares infringidos, não devendo conter emendas ou rasuras que comprometam sua validade.[14]

Caso apresente vício sanável, caberá a convalidação do auto de infração pela autoridade administrativa superior, desde que seja reaberto novo prazo de defesa ao autuado, a exemplo de mácula em sua forma.

14. Artigo 97 do Decreto 6.514/2008.

Todavia, o vício insanável ensejará a pronúncia de nulidade do auto de infração e o arquivamento do processo administrativo, assim considerado aquele em que a correção da autuação implica modificação do fato descrito no auto de infração.

Frise-se que o erro no enquadramento legal da infração não implica vício insanável, podendo ser alterado pela autoridade julgadora mediante decisão fundamentada que retifique o auto de infração.

Mesmo sendo decretada a nulidade do auto de infração, se estiver caracterizada a conduta ou atividade lesiva ao meio ambiente, deverá ser lavrado novo auto, observadas as regras relativas à prescrição.

Questão polêmica é a definição da natureza jurídica da responsabilidade administrativa ambiental, ou seja, se depende ou não da demonstração de culpa do agente.

Para PAULO AFFONSO LEME MACHADO (2003, p. 299), "das dez sanções previstas no artigo 72 da Lei 9.605/1998 (incs. I a XI), somente a multa simples utilizará o critério da responsabilidade com culpa; e as outras nove sanções, inclusive a multa diária, irão utilizar o critério da responsabilidade sem culpa ou objetiva, continuando a seguir o sistema da Lei 6.938/1981, onde não há necessidade de serem aferidos o zelo e a negligência do infrator submetido ao processo". Esta parece ser a interpretação mais consentânea com o texto da Lei 9.605/1998.

Já para VLADIMIR PASSOS DE FREITAS, citado por ÉDIS MILARÉ (2005, p. 761), "a responsabilidade é objetiva e o dever de recuperar o meio ambiente decorre de simples prova do prejuízo. Esta foi a intenção do legislador, pois a Lei 9.605/1998 em momento algum faz a distinção excluindo a responsabilidade de quem não se houve com culpa. Aliás, há casos em que a mera omissão já é suficiente para configurar infração".

Uma terceira posição é adotada por ÉDIS MILARÉ (2005, p. 73):

> "Sendo assim, a responsabilidade administrativa ambiental caracteriza-se por constituir um sistema híbrido entre a responsabilidade civil objetiva e a responsabilidade penal subjetiva: de um lado, de acordo com a definição de infração administrativa no artigo 70 da Lei 9.605/1998, a responsabilidade administrativa prescinde de culpa; de outro, porém, ao contrário da esfera civil, não dispensa a ilicitude da conduta para que seja ela tida como infracional, além de caracterizar-se pela pessoalidade, decorrente de sua índole repressiva".

O tema era bem controverso e oscilante entre as Turmas da 1ª Seção do STJ. No entanto, em 16/8/2016, a 2ª Turma aderiu ao posicionamento da 1ª Turma, adotando a responsabilidade administrativa subjetiva.

Por seu turno, não viola o Princípio da Estrita Legalidade a instituição de um tipo genérico por lei, a ser regulamentado via decreto, como ocorre com o citado diploma, uma vez que até em Direito Penal Ambiental já se admite a criação de normas penais em branco heterogêneas, ante o caráter concretista e interdisciplinar do meio ambiente.

Nesse sentido, a doutrina de VLADIMIR e GILBERTO PASSOS DE FREITAS (2006, p. 360):

> "Poderá acontecer que um artigo de lei seja genérico e atribua à autoridade administrativa o poder de definir as hipóteses em que ocorrerá a infração. Aí é preciso fazer-se uma distinção. A delegação pura e simples à administração é vedada. Mas deixar ao Poder Executivo a especificação das hipóteses é possível, pois nem sempre se consegue, na lei, relacionar todas as situações passíveis de sanção. O que não se admite mesmo é que uma simples portaria ou resolução crie uma figura infracional e imponha multa".

Nessa trilha já decidiu STJ, que manteve autuação do IBAMA em razão da existência do artigo 70, da Lei 9.605/1998. Esse é o entendimento que prevalece amplamente nos tribunais brasileiros. O que deve ser observado é se o ato regulamentar tem fundamento legal em sentido estrito, o que não ocorreu com inúmeros autos de infração lavrados pelo IBAMA no passado, antes do advento da Lei 9.605/1998, culminando com a sua anulação pelo Poder Judiciário.

Nos termos do novo Código Florestal, na apuração da responsabilidade pelo uso irregular do fogo em terras públicas ou particulares, a autoridade competente para fiscalização e autuação deverá comprovar o nexo de causalidade entre a ação do proprietário ou qualquer preposto e o dano efetivamente causado.

Aliás, quando uma conduta for considerada simultaneamente delito e infração administrativa, a absolvição criminal por inexistência do fato ou autoria vinculará a Administração Pública Ambiental, por aplicação analógica do artigo 935, do Código Civil, que visa harmonizar a responsabilidade civil e criminal, uma vez que não é possível que se reconheçam ou se neguem a autoria e a existência de um fato em uma instância e ocorra o contrário em outra, o que geraria uma insegurança jurídica.

Assim, privilegiou-se a instância penal, por normalmente ser a que se cerca de maiores garantias em favor do acusado, em razão do grande peso do direito fundamental de liberdade.

Tipos em espécie – Decreto 6.514/2008

Boa parte das infrações administrativas ambientais previstas no Decreto 6.514/2008 também é considerada crimes ambientais pela Lei 9.605/1998, mas o seu rol é mais extenso, como não poderia deixar de ser, pois o Direito Penal é (ou deveria ser) a *ultima ratio.*

Na Subseção I estão previstas as infrações contra a fauna (artigos 24 a 42); na II as infrações contra a flora (artigos 43 a 60-A); na III as infrações relativas à poluição e outras (artigos 61 a 71); na IV as infrações contra o ordenamento urbano e o patrimônio cultural (artigos 72 a 75); na V as infrações contra a Administração Ambiental (artigos 76 a 83) e na VI as infrações cometidas exclusivamente em unidades de conservação (artigos 84 a 93).

DAS INFRAÇÕES CONTRA A FAUNA

CONDUTA	PENALIDADE
Art. 24. Matar, perseguir, caçar, apanhar, coletar, utilizar espécimes da fauna silvestre, nativos ou em rota migratória, sem a devida permissão, licença ou autorização da autoridade competente, ou em desacordo com a obtida.	Multa de R$ 500,00 por indivíduo de espécie não constante de listas oficiais de risco ou ameaça de extinção; R$ 5.000,00, por indivíduo de espécie constante de listas oficiais de fauna brasileira ameaçada de extinção, inclusive da Convenção de Comércio Internacional das Espécies da Flora e Fauna Selvagens em Perigo de Extinção.

CONDUTA	PENALIDADE
Art. 25. Introduzir espécime animal silvestre, nativo ou exótico, no País ou fora de sua área de distribuição natural, sem parecer técnico oficial favorável e licença expedida pela autoridade ambiental competente, quando exigível.	Multa de R$ 2.000,00, com acréscimo por exemplar excedente.
Art. 26. Exportar peles e couros de anfíbios e répteis em bruto, sem autorização da autoridade competente.	Multa de R$ 2.000,00, com acréscimo.
Art. 27. Praticar caça profissional no País.	Multa de R$ 5.000,00, com acréscimo.
Art. 28. Comercializar produtos, instrumentos e objetos que impliquem a caça, perseguição, destruição ou apanha de espécimes da fauna silvestre.	Multa de R$ 1.000,00, com acréscimo de R$ 200,00, por unidade excedente.
Art. 29. Praticar ato de abuso, maus-tratos, ferir ou mutilar animais silvestres, domésticos ou domesticados, nativos ou exóticos.	Multa de R$ 500,00 a R$ 3.000,00 por indivíduo.
Art. 30. Molestar de forma intencional qualquer espécie de cetáceo, pinípede ou sirênio em águas jurisdicionais brasileiras:	Multa de R$ 2.500,00.
Art. 31. Deixar, o jardim zoológico e os criadouros autorizados, de ter o livro de registro do acervo faunístico ou mantê-lo de forma irregular.	Multa de R$ 500,00 a R$ 5.000,00.
Art. 32. Deixar, o comerciante, de apresentar declaração de estoque e valores oriundos de comércio de animais silvestres.	Multa de R$ 200,00 a R$ 10.000,00.
Art. 33. Explorar ou fazer uso comercial de imagem de animal silvestre mantido irregularmente em cativeiro ou em situação de abuso ou maus-tratos.	Multa de R$ 5.000,00 a R$ 500.000,00.
Art. 34. Causar degradação em viveiros, açudes ou estação de aquicultura de domínio público.	Multa de R$ 5.000,00 a R$ 500.000,00.
Art. 35. Pescar em período ou local no qual a pesca seja proibida.	Multa de R$ 700,00 a R$ 100.000,00, com acréscimo de R$ 20,00, por quilo ou fração do produto da pescaria, ou por espécime quando se tratar de produto de pesca para uso ornamental.
Art. 36. Pescar mediante a utilização de explosivos ou substâncias que, em contato com a água, produzam efeitos semelhantes, ou substâncias tóxicas, ou, ainda, por outro meio proibido pela autoridade competente.	Multa de R$ 700,00 a R$ 100.000,00, com acréscimo de R$ 20,00, por quilo ou fração do produto da pescaria.
Art. 37. Exercer a pesca sem prévio cadastro, inscrição, autorização, licença, permissão ou registro do órgão competente, ou em desacordo com o obtido.	Multa de R$ 300,00 a R$ 10.000,00, com acréscimo de R$ 20,00 por quilo ou fração do produto da pesca, ou por espécime quando se tratar de produto de pesca para ornamentação.

CONDUTA	PENALIDADE
Art. 38. Importar ou exportar quaisquer espécies aquáticas, em qualquer estágio de desenvolvimento, bem como introduzir espécies nativas, exóticas ou não autóctones em águas jurisdicionais brasileiras, sem autorização ou licença do órgão competente, ou em desacordo com a obtida.	Multa de R$ 3.000,00 a R$ 50.000,00, com acréscimo de R$ 20,00 por quilo ou fração do produto da pescaria, ou por espécime quando se tratar de espécies aquáticas, oriundas de produto de pesca para ornamentação.
Art. 39. Explorar campos naturais de invertebrados aquáticos e algas, bem como recifes de coral sem autorização do órgão ambiental competente ou em desacordo com a obtida.	Multa de R$ 500,00 a R$ 50.000,00, com acréscimo de R$ 20,00 por quilo ou espécime do produto.
Art. 41. Deixar, os comandantes de embarcações destinadas à pesca, de preencher e entregar, ao fim de cada viagem ou semanalmente, os mapas fornecidos pelo órgão competente.	Multa de R$ 1.000,00.

DAS INFRAÇÕES CONTRA A FLORA

CONDUTA	PENALIDADE
Art. 43. Destruir ou danificar florestas ou demais formas de vegetação natural ou utilizá-las com infringência das normas de proteção em área considerada de preservação permanente, sem autorização do órgão competente, quando exigível, ou em desacordo com a obtida.	Multa de R$ 5.000,00 a R$ 50.000,00, por hectare ou fração.
Art. 44. Cortar árvores em área considerada de preservação permanente ou cuja espécie seja especialmente protegida, sem permissão da autoridade competente.	Multa de R$ 5.000,00 a R$ 20.000,00 por hectare ou fração, ou R$ 500,00 por árvore, metro cúbico ou fração.
Art. 45. Extrair de florestas de domínio público ou áreas de preservação permanente, sem prévia autorização, pedra, areia, cal ou qualquer espécie de minerais.	Multa simples de R$ 5.000,00 a R$ 50.000,00 por hectare ou fração.
Art. 46. Transformar madeira oriunda de floresta ou demais formas de vegetação nativa em carvão, para fins industriais, energéticos ou para qualquer outra exploração, econômica ou não, sem licença ou em desacordo com as determinações legais.	Multa de R$ 500,00, por metro cúbico de carvão-mdc.
Art. 47. Receber ou adquirir, para fins comerciais ou industriais, madeira serrada ou em tora, lenha, carvão ou outros produtos de origem vegetal, sem exigir a exibição de licença do vendedor, outorgada pela autoridade competente, e sem munir-se da via que deverá acompanhar o produto até final beneficiamento.	Multa de R$ 300,00 por unidade, estéreo, quilo, mdc ou metro cúbico aferido pelo método geométrico.

CONDUTA	PENALIDADE
Art. 48. Impedir ou dificultar a regeneração natural de florestas ou demais formas de vegetação nativa em unidades de conservação ou outras áreas especialmente protegidas, quando couber, área de preservação permanente, reserva legal ou demais locais cuja regeneração tenha sido indicada pela autoridade ambiental competente.	Multa de R$ 5.000,00, por hectare ou fração.
Art. 49. Destruir ou danificar florestas ou qualquer tipo de vegetação nativa, objeto de especial preservação, não passíveis de autorização para exploração ou supressão.	Multa de R$ 6.000,00 por hectare ou fração.
Art. 50. Destruir ou danificar florestas ou qualquer tipo de vegetação nativa ou de espécies nativas plantadas, objeto de especial preservação, sem autorização ou licença da autoridade ambiental competente.	Multa de R$ 5.000,00 por hectare ou fração.
Art. 51. Destruir, desmatar, danificar ou explorar floresta ou qualquer tipo de vegetação nativa ou de espécies nativas plantadas, em área de reserva legal ou servidão florestal, de domínio público ou privado, sem autorização prévia do órgão ambiental competente ou em desacordo com a concedida.	Multa de R$ 5.000,00 por hectare ou fração.
Art. 51-A. Executar manejo florestal sem autorização prévia do órgão ambiental competente, sem observar os requisitos técnicos estabelecidos em PMFS ou em desacordo com a autorização concedida.	Multa de R$ 1.000,00 por hectare ou fração.
Art. 52. Desmatar, a corte raso, florestas ou demais formações nativas, fora da reserva legal, sem autorização da autoridade competente.	Multa de R$ 1.000,00 por hectare ou fração.
Art. 53. Explorar ou danificar floresta ou qualquer tipo de vegetação nativa ou de espécies nativas plantadas, localizada fora de área de reserva legal averbada, de domínio público ou privado, sem aprovação prévia do órgão ambiental competente ou em desacordo com a concedida.	Multa de R$ 300,00, por hectare ou fração, ou por unidade, estéreo, quilo, mdc ou metro cúbico.
Art. 54. Adquirir, intermediar, transportar ou comercializar produto ou subproduto de origem animal ou vegetal produzido sobre área objeto de embargo.	Multa de R$ 500,00 por quilograma ou unidade.
Art. 55. Deixar de averbar a reserva legal. **Obs.:** Esta infração administrativa entrou em vigor no dia 11 de junho de 2012, na forma do Decreto 7.719/2012.	Penalidade de advertência e multa diária de R$ 50,00 a R$ 500,00 por hectare ou fração da área de reserva legal.
Art. 56. Destruir, danificar, lesar ou maltratar, por qualquer modo ou meio, plantas de ornamentação de logradouros públicos ou em propriedade privada alheia.	Multa de R$ 100,00 a R$ 1.000,00 por unidade ou metro quadrado.

CONDUTA	PENALIDADE
Art. 57. Comercializar, portar ou utilizar em floresta ou demais formas de vegetação, motosserra sem licença ou registro da autoridade ambiental competente.	Multa de R$ 1.000,00, por unidade.
Art. 58. Fazer uso de fogo em áreas agropastoris sem autorização do órgão competente ou em desacordo com a obtida.	Multa de R$ 1.000,00, por hectare ou fração.
Art. 59. Fabricar, vender, transportar ou soltar balões que possam provocar incêndios nas florestas e demais formas de vegetação, em áreas urbanas ou qualquer tipo de assentamento humano.	Multa de R$ 1.000,00 a R$ 10.000,00, por unidade.

DAS INFRAÇÕES RELATIVAS À POLUIÇÃO E OUTRAS INFRAÇÕES AMBIENTAIS

CONDUTA	PENALIDADE
Art. 61. Causar poluição de qualquer natureza em níveis tais que resultem ou possam resultar em danos à saúde humana, ou que provoquem a mortandade de animais ou a destruição significativa da biodiversidade.	Multa de R$ 5.000,00 a R$ 50.000.000,00.
Art. 63. Executar pesquisa, lavra ou extração de minerais sem a competente autorização, permissão, concessão ou licença da autoridade ambiental competente ou em desacordo com a obtida.	Multa de R$ 1.500,00 a R$ 3.000,00, por hectare ou fração.
Art. 64. Produzir, processar, embalar, importar, exportar, comercializar, fornecer, transportar, armazenar, guardar, ter em depósito ou usar produto ou substância tóxica, perigosa ou nociva à saúde humana ou ao meio ambiente, em desacordo com as exigências estabelecidas em leis ou em seus regulamentos.	Multa de R$ 500,00 a R$ 2.000.000,00.
Art. 65. Deixar, o fabricante de veículos ou motores, de cumprir os requisitos de garantia ao atendimento dos limites vigentes de emissão de poluentes atmosféricos e de ruído, durante os prazos e quilometragens previstos na legislação.	Multa de R$ 100.000,00 a R$ 1.000.000,00.
Art. 66. Construir, reformar, ampliar, instalar ou fazer funcionar estabelecimentos, atividades, obras ou serviços utilizadores de recursos ambientais, considerados efetiva ou potencialmente poluidores, sem licença ou autorização dos órgãos ambientais competentes, em desacordo com a licença obtida ou contrariando as normas legais e regulamentos pertinentes.	Multa de R$ 500,00 a R$ 10.000.000,00.

CONDUTA	PENALIDADE
Art. 67. Disseminar doença ou praga ou espécies que possam causar dano à fauna, à flora ou aos ecossistemas.	Multa de R$ 5.000,00 a R$ 5.000.000,00.
Art. 68. Conduzir, permitir ou autorizar a condução de veículo automotor em desacordo com os limites e exigências ambientais previstos na legislação.	Multa de R$ 1.000,00 a R$ 10.000,00.
Art. 69. Importar ou comercializar veículo automotor sem Licença para Uso da Configuração de Veículos ou Motor – LCVM expedida pela autoridade competente.	Multa de R$ 1.000,00 a R$ 10.000.000,00 e correção de todas as unidades de veículo ou motor que sofrerem alterações.
Art. 70. Importar pneu usado ou reformado em desacordo com a legislação.	Multa de R$ 400,00, por unidade.
Art. 71. Alterar ou promover a conversão de qualquer item em veículos ou motores novos ou usados que provoque alterações nos limites e exigências ambientais previstas na legislação.	Multa de R$ 500,00 a R$ 10.000,00, por veículo, e correção da irregularidade.
Art. 71-A. Importar resíduos sólidos perigosos e rejeitos, bem como os resíduos sólidos cujas características causem dano ao meio ambiente, à saúde pública e animal e à sanidade vegetal, ainda que para tratamento, reforma, reúso, reutilização ou recuperação.	Multa de R$ 500,00 a R$ 10.000.000,00.

DAS INFRAÇÕES CONTRA O ORDENAMENTO URBANO E O PATRIMÔNIO CULTURAL

CONDUTA	PENALIDADE
Art. 72. Destruir, inutilizar ou deteriorar bem especialmente protegido por lei, ato administrativo ou decisão judicial; ou arquivo, registro, museu, biblioteca, pinacoteca, instalação científica ou similar protegido por lei, ato administrativo ou decisão judicial.	Multa de R$ 10.000,00 a R$ 500.000,00.
Art. 73. Alterar o aspecto ou estrutura de edificação ou local especialmente protegido por lei, ato administrativo ou decisão judicial, em razão de seu valor paisagístico, ecológico, turístico, artístico, histórico, cultural, religioso, arqueológico, etnográfico ou monumental, sem autorização da autoridade competente ou em desacordo com a concedida.	Multa de R$ 10.000,00 a R$ 200.000,00.
Art. 74. Promover construção em solo não edificável, ou no seu entorno, assim considerado em razão de seu valor paisagístico, ecológico, artístico, turístico, histórico, cultural, religioso, arqueológico, etnográfico ou monumental, sem autorização da autoridade competente ou em desacordo com a concedida.	Multa de R$ 10.000,00 a R$ 100.000,00.
Art. 75. Pichar, grafitar ou por outro meio conspurcar edificação alheia ou monumento urbano.	Multa de R$ 1.000,00 a R$ 50.000,00.

DAS INFRAÇÕES ADMINISTRATIVAS CONTRA A ADMINISTRAÇÃO AMBIENTAL

CONDUTA	PENALIDADE
Art. 76. Deixar de inscrever-se no Cadastro Técnico Federal de que trata o art.17 da Lei 6.938, de 1981.	Multa de: R$ 50,00, se pessoa física; R$ 150,00, se microempresa; R$ 900,00, se empresa de pequeno porte; R$ 1.800,00, se empresa de médio porte; e R$ 9.000,00, se empresa de grande porte.
Art. 77. Obstar ou dificultar a ação do Poder Público no exercício de atividades de fiscalização ambiental.	Multa de R$ 500,00 a R$ 100.000,00.
Art. 78. Obstar ou dificultar a ação do órgão ambiental, ou de terceiro por ele encarregado, na coleta de dados para a execução de georreferenciamento de imóveis rurais para fins de fiscalização.	Multa de R$ 100,00 a R$ 300,00 por hectare do imóvel.
Art. 79. Descumprir embargo de obra ou atividade e suas respectivas áreas.	Multa de R$ 10.000,00 a R$ 1.000.000,00.
Art. 80. Deixar de atender a exigências legais ou regulamentares quando devidamente notificado pela autoridade ambiental competente no prazo concedido, visando à regularização, correção ou adoção de medidas de controle para cessar a degradação ambiental.	Multa de R$ 1.000,00 a R$ 1.000.000,00.
Art. 81. Deixar de apresentar relatórios ou informações ambientais nos prazos exigidos pela legislação ou, quando aplicável, naquele determinado pela autoridade ambiental.	Multa de R$ 1.000,00 a R$ 100.000,00.
Art. 82. Elaborar ou apresentar informação, estudo, laudo ou relatório ambiental total ou parcialmente falso, enganoso ou omisso, seja nos sistemas oficiais de controle, seja no licenciamento, na concessão florestal ou em qualquer outro procedimento administrativo ambiental.	Multa de R$ 1.500,00 a R$ 1.000.000,00.
Art. 83. Deixar de cumprir compensação ambiental determinada por lei, na forma e no prazo exigidos pela autoridade ambiental.	Multa de R$ 10.000,00 a R$ 1.000.000,00.

DAS INFRAÇÕES COMETIDAS EXCLUSIVAMENTE EM UNIDADES DE CONSERVAÇÃO

CONDUTA	PENALIDADE
Art. 84. Introduzir em unidade de conservação espécies alóctones.	Multa de R$ 2.000,00 a R$ 100.000,00.
Art. 85. Violar as limitações administrativas provisórias impostas às atividades efetiva ou potencialmente causadoras de degradação ambiental nas áreas delimitadas para realização de estudos com vistas à criação de unidade de conservação.	Multa de R$ 1.500,00 a R$ 1.000.000,00.
Art. 86. Realizar pesquisa científica, envolvendo ou não coleta de material biológico, em unidade de conservação sem a devida autorização, quando esta for exigível.	Multa de R$ 500,00 a R$ 10.000,00.
Art. 87. Explorar comercialmente produtos ou subprodutos não madeireiros, ou ainda serviços obtidos ou desenvolvidos a partir de recursos naturais, biológicos, cênicos ou culturais em unidade de conservação sem autorização ou permissão do órgão gestor da unidade ou em desacordo com a obtida, quando esta for exigível.	Multa de R$ 1.500,00 a R$ 100.000,00.
Art. 88. Explorar ou fazer uso comercial de imagem de unidade de conservação sem autorização do órgão gestor da unidade ou em desacordo com a recebida.	Multa de R$ 5.000,00 a R$ 2.000.000,00.
Art. 89. Realizar liberação planejada ou cultivo de organismos geneticamente modificados em áreas de proteção ambiental, ou zonas de amortecimento das demais categorias de unidades de conservação, em desacordo com o estabelecido em seus respectivos planos de manejo, regulamentos ou recomendações da Comissão Técnica Nacional de Biossegurança – CTNBio.	Multa de R$ 1.500,00 a R$ 1.000.000,00.
Art. 90. Realizar quaisquer atividades ou adotar conduta em desacordo com os objetivos da unidade de conservação, o seu plano de manejo e regulamentos.	Multa de R$ 500,00 a R$ 10.000,00.
Art. 91. Causar dano à unidade de conservação.	Multa de R$ 200,00 a R$ 100.000,00.
Art. 92. Penetrar em unidade de conservação conduzindo substâncias ou instrumentos próprios para caça, pesca ou para exploração de produtos ou subprodutos florestais e minerais, sem licença da autoridade competente, quando esta for exigível.	Multa de R$ 1.000,00 a R$ 10.000,00.

2. JURISPRUDÊNCIA

STJ INFORMATIVO 650 – PRIMEIRA SEÇÃO

PROCESSO	EREsp 1.318.051-RJ, Rel. Min. Mauro Campbell Marques, Primeira Seção, por unanimidade, julgado em 08/05/2019, DJe 12/06/2019
RAMO DO DIREITO	DIREITO AMBIENTAL
TEMA	Dano ambiental. Responsabilidade administrativa ambiental. Dolo ou culpa. Demonstração. Necessidade.
DESTAQUE	
A responsabilidade administrativa ambiental é de natureza subjetiva.	
INFORMAÇÕES DO INTEIRO TEOR	
No caso analisado foi imposta multa por dano ambiental sob o fundamento da responsabilidade objetiva decorrente da propriedade da carga transportada por outrem, que efetivamente teve participação direta no acidente que causou a degradação ambiental. Ocorre que a jurisprudência desta Corte, em casos análogos, assentou que a responsabilidade administrativa ambiental é de natureza subjetiva. A aplicação de penalidades administrativas não obedece à lógica da responsabilidade objetiva da esfera cível (para reparação dos danos causados), mas deve obedecer à sistemática da teoria da culpabilidade, ou seja, a conduta deve ser cometida pelo alegado transgressor, com demonstração de seu elemento subjetivo, e com demonstração do nexo causal entre a conduta e o dano. A diferença entre os dois âmbitos (cível e administrativo) de punição e suas consequências fica bem estampada da leitura do art. 14, *caput* e § 1º, da Lei n. 6.938/1981. Em resumo: a aplicação e a execução das penas limitam-se aos transgressores; a reparação ambiental, de cunho civil, a seu turno, pode abranger todos os poluidores, a quem a própria legislação define como "a pessoa física ou jurídica, de direito público ou privado, responsável, direta ou indiretamente, por atividade causadora de degradação ambiental" (art. 3º, inc. V, do mesmo diploma normativo). Assim, o uso do vocábulo "transgressores" no caput do art. 14, comparado à utilização da palavra "poluidor" no § 1º do mesmo dispositivo, deixa a entender aquilo que já se podia inferir da vigência do princípio da intranscendência das penas: a responsabilidade civil por dano ambiental é subjetivamente mais abrangente do que as responsabilidades administrativa e penal, não admitindo estas últimas que terceiros respondam a título objetivo por ofensas ambientais praticadas por outrem.	

1ª Turma do STJ: "A responsabilidade civil ambiental é objetiva; porém, tratando-se de responsabilidade administrativa ambiental, o terceiro, proprietário da carga, por não ser o efetivo causador do dano ambiental, responde subjetivamente pela degradação ambiental causada pelo transportador" **(AgRg no AREsp 62584, de 18/6/2015).**

2ª Turma do STJ: "Todavia, os presentes autos tratam de questão diversa, a saber a natureza da responsabilidade administrativa ambiental, bem como a demonstração de existência ou não de culpa, já que a controvérsia é referente ao cabimento ou não de multa administrativa. Sendo assim, o STJ possui jurisprudência no sentido de que, 'tratando-se de responsabilidade administrativa ambiental, o terceiro, proprietário da carga, por não ser o efetivo causador do dano ambiental, responde subjetivamente pela degradação ambiental causada pelo transportador' (AgRg no AREsp 62.584/RJ, Rel. Ministro Sérgio Kukina, Rel. p/ acórdão Ministra Regina Helena Costa, Primeira Turma, DJe 7.10.2015). 'Isso porque a aplicação de penalidades administrativas não obedece à lógica da responsabilidade objetiva da esfera cível (para reparação dos danos causados), mas deve obedecer à sistemática da teoria da culpabilidade, ou seja, a conduta deve ser cometida pelo alegado transgressor, com demonstração de seu elemento subjetivo, e com demonstração do nexo causal entre a conduta e o dano'. (REsp 1.251.697/PR, Rel. Ministro Mauro Campbell Marques, Segunda Turma, DJe 17.4.2012)". **(REsp 1401500, de 16/8/2016).**

"Pelo princípio da intranscendência das penas (art. 5.º, inc. XLV, CR/1988), aplicável não só ao âmbito penal, mas também a todo o Direito Sancionador, não é possível ajuizar execução fiscal em face do recorrente para cobrar multa aplicada em face de condutas imputáveis a seu pai. Isso porque a aplicação de penalidades administrativas não obedece à lógica da responsabilidade objetiva da esfera cível (para reparação dos danos causados), mas deve obedecer à sistemática da teoria da culpabilidade, ou seja, a conduta deve ser cometida pelo alegado transgressor, com demonstração de seu elemento subjetivo, e com demonstração do nexo causal entre a conduta e o dano". (STJ, no Recurso Especial 1.251.697, de 12.04.2012).

▶ **STJ, INFORMATIVO 389 – INFRAÇÃO ADMINISTRATIVA AMBIENTAL. PRINCÍPIO. LEGALIDADE.** Consta que foi lavrado, em desfavor do recorrido, auto de infração fundado no art. 46 da Lei n. 9.605/1998, em razão de ele ter recebido vários metros cúbicos de madeira serrada em pranchas desacompanhadas da licença expedida pelo órgão ambiental competente. O acórdão recorrido concluiu que esse artigo tipifica crime cometido contra o meio ambiente, e não infração administrativa. Desse modo, apenas o juiz criminal, em regular processo penal, poderia impor as penalidades previstas naquele dispositivo legal. Diante disso, é certo afirmar que a aplicação de sanção administrativa (exercício do poder de polícia) somente se torna legítima, em respeito ao princípio da legalidade, quando o ato praticado estiver definido em lei como infração administrativa. *Porém, conquanto se refira a tipo penal, a norma em comento, combinada com o disposto no art. 70 da referida lei, o qual define a infração administrativa ambiental, confere toda a sustentação legal necessária à imposição da pena administrativa, sem dar azo à violação do princípio da legalidade estrita.* REsp 1.091.486-RO, Rel. Min. Denise Arruda, julgado em 02.04.2009.

▶ **STJ, INFORMATIVO 392 – IBAMA. FISCALIZAÇÃO. OMISSÃO. ÓRGÃO ESTADUAL.** O nosso pacto federativo atribuiu competência aos entes da Federação para a proteção do meio ambiente, o que se dá mediante o poder de polícia administrativa (art. 78 do CTN). Esse poder envolve vários aspectos, entre eles, o poder de permitir o desempenho de certa atividade (desde que acorde com as determinações normativas) e de sancionar as condutas contrárias à norma. Anote-se que a contrariedade à norma pode ser anterior ou superveniente à outorga da licença, portanto a aplicação da sanção não está necessariamente vinculada àquele ato administrativo. *Isso posto, não há que se confundir a competência do Ibama de licenciar (*caput *do art. 10 da Lei n. 6.938/1981) com sua competência para fiscalizar (§ 3.º do mesmo artigo). Assim, diante da omissão do órgão estadual de fiscalização, mesmo que outorgante da licença ambiental, o Ibama pode exercer seu poder de polícia administrativa, quanto mais se a atividade desenvolvida pode causar dano ambiental em bem da União.* Precedente citado: REsp 588.022-SC, *DJ* 05.04.2004. AgRg no REsp 711.405-PR, Rel. Min. Humberto Martins, julgado em 28.04.2009.

▶ **STJ, INFORMATIVO 443 – COMPETÊNCIA. INFRAÇÃO AMBIENTAL. AUTUAÇÃO.** A Turma, por maioria, manteve a decisão do tribunal de origem que concluiu pela nulidade do auto de infração ambiental lavrado por autarquia estadual. *In casu*, asseverou-se que o servidor responsável pela autuação não foi previamente designado para a atividade fiscalizatória, o que contraria o disposto nos arts. 70, § 1.º, da Lei n. 9.605/1998 e 6º, parágrafo único, da Lei n. 10.410/2002. Ressaltou-se, ainda, que a ratificação de parecer que discutia apenas a competência do órgão ambiental para a referida prática, e não do agente público, não consistiu em convalidação do ato administrativo, já que não houve expressa manifestação da autoridade hierárquica superior com esse objetivo. Precedente citado: REsp 1.057.292-PR, *DJe* 18.08.2008. REsp 1.166.487-MG, Rel. Min. Eliana Calmon, julgado em 17.08.2010.

"Um dos objetivos da Política Nacional de Energia é 'proteger o meio ambiente' (art. 1.º, IV), cabendo à Agência Nacional de Petróleo – ANP, entre outras competências legais, a 'fiscalização das atividades econômicas integrantes da indústria do petróleo, do gás natural e dos biocombustíveis', sobretudo quanto a 'fazer cumprir as boas práticas de (...) preservação do meio ambiente' (art. 8.º, IX, da Lei 9.478/1997). A multa administrativa, por sua vez, está embasada no art. 3.º, IX, da Lei 9.847/1999, que pune construir ou operar instalações e equipamentos necessários ao exercício das atividades abrangidas por esta Lei em desacordo com a legislação aplicável (...) Assim, por força de disposição legal, a proteção do meio ambiente encontra-se imbricada no poder de polícia da ANP, sem que tal provoque ingerência indevida nas atribuições específicas dos órgãos ambientais, que mantêm sua natural competência à medida que a exploração e comercialização de petróleo, gás natural e biocombustíveis caracterizam atividade potencialmente poluidora, nos termos do art. 3.º, II e III, da Lei 6.938/1981. No ordenamento jurídico brasileiro, o poder de polícia ambiental é prerrogativa inafastável dos órgãos de proteção do meio ambiente. Isso, porém, não quer dizer que o legislador esteja impedido de, em adição, atribuí-lo também a outras entidades públicas, postura que, antes de significar *bis in idem*, representa em verdade o reconhecimento de que o dano ambiental e as atividades capazes de causá-lo exigem, pela sua complexidade e múltiplas facetas, a conjugação do expertise de toda a Administração Pública, no sentido de assegurar a máxima efetividade nos esforços de prevenção, reparação e repressão" (STJ, passagem do REsp 1.142.377, de 18.03.2010).

"Competência. Polícia Militar Ambiental. In casu, constatou-se dos autos que foi celebrado convênio entre o Ibama e a Polícia Militar Ambiental de Estado-membro, tendo por objeto estabelecer um regime de mútua cooperação entre convenentes a fim de executar ações fiscalizatórias voltadas para a preservação e conservação do meio ambiente e dos recursos naturais renováveis, conforme prevê o artigo 17-Q da Lei 6.938/1981, que trata da Política Nacional do Meio Ambiente. Diante disso, a Turma negou provimento ao recurso ao entendimento de que, sendo a Polícia Militar Ambiental órgão do Estado, atua em nome dele e, assim, é competente para a lavratura de auto de infração ambiental" (STJ, REsp 1.109.333-SC, Rel. Min. Francisco Falcão, j. 14.04.2009).

"Mandado de segurança. IBAMA. Poder de Polícia. Competência para lavrar a infração. I – Cuida-se mandado de segurança impetrado contra o Superintendente do Instituto Brasileiro do Meio Ambiente e dos Recursos Naturais Renováveis – IBAMA, com o objetivo de anular o Auto de Infração n.º 247103-D, decorrente da apreensão de agrotóxicos originários do Paraguai, lavrado por Técnico Ambiental. Ordem concedida em razão da incompetência da autoridade que lavrou o auto. II – **A Lei 9.605/1998 confere a todos os funcionários dos órgãos ambientais integrantes do SISNAMA, o poder para lavrar autos de infração e instaurar processos administrativos, desde que designados para as atividades de fiscalização, o que para a hipótese, ocorreu com a Portaria n.º 1.273/1998.** III – Este entendimento encontra-se em consonância com o teor da Lei 11.516/2007, que acrescentou o parágrafo único ao artigo 6.º, da Lei 10.410/2002, referendando a atribuição do exercício das atividades de fiscalização aos titulares dos cargos de técnico ambiental" (STJ, REsp 1.057.292, de 23.10.2007).

3. QUESTÕES DE CONCURSOS

01. **(Juiz do Estado da Bahia 2012/CESPE)** A omissão da autoridade ambiental competente, sendo ela obrigada a agir, poderá configurar infração administrativa ambiental.

02. **(TRF 5.ª Região 2011/Juiz Federal/CESPE)** Para efeito de responsabilidade administrativa, considera-se infração administrativa ambiental toda ação ou omissão que viole as regras jurídicas de uso, gozo, promoção, proteção e recuperação do ambiente, podendo qualquer pessoa que constatar infração ambiental dirigir representação às autoridades competentes para que exerçam o poder de polícia.

03. **(PGE Alagoas 2008 – Procurador do Estado – CESPE)** A CF elevou ao *status* de norma constitucional a responsabilização do infrator, nas esferas penal, civil e administrativa, por condutas e atividades lesivas ao meio ambiente. A tutela administrativa decorre do poder de polícia. Com relação ao poder de polícia ambiental, assinale a opção CORRETA.

a) Esse poder constitui faculdade da administração pública e das organizações não governamentais ambientais.

b) É permitido que o poder em questão seja desempenhado independentemente da observância de procedimento legal, uma vez que este é adotado pelo Poder Judiciário.

c) Infração administrativa ambiental é toda ação ou omissão que viole as regras jurídicas de uso, gozo, promoção, proteção e recuperação do meio ambiente.

d) A União e os estados têm competência para multar infrações administrativas. Os municípios cuidam da responsabilidade civil.

e) Em situações específicas elencadas na Lei de Crimes Ambientais, também ao cidadão é permitido exercer referido poder.

04. (TRF 5.ª Região 2004 – Juiz Federal – CESPE) Considere a seguinte situação hipotética.

Um agente da capitania dos Portos do Ministério da Marinha, ao tomar conhecimento do lançamento, em um curso d'água, de esgoto *in natura* de um navio nacional ancorado em porto brasileiro, imediatamente procedeu à lavratura de auto de infração ambiental e instaurou o devido processo administrativo. Na defesa, o infrator alegou, em preliminar, a nulidade do auto infracional por haver sido expedido por autoridade incompetente.

Nessa situação, merece acolhida a preliminar, pois só os órgãos ambientais integrantes do Sistema Nacional de Meio Ambiente podem lavrar auto de infração ambiental.

05. (2019/CESPE/Procurador de Boa Vista/RR) Rafaela capturou, para sua criação doméstica de pássaros, duas jandaias amarelas, espécie que consta na lista federal de fauna ameaçada de extinção. João, fiscal do órgão ambiental competente, assistiu à captura dos animais, mas, por amizade a Rafaela, omitiu-se. Tempo depois, Rafaela, residente em Boa Vista – RR, decidiu pedir autorização para a guarda dos pássaros à Secretaria de Serviços Públicos e Meio Ambiente do Município de Boa Vista. No momento da solicitação, ela relatou ter tido a permissão de João para levar para casa as duas aves.

Acerca dessa situação hipotética, julgue o item a seguir à luz da lei que regulamenta crimes ambientais, do Decreto n.º 6.514/2008 e do entendimento dos tribunais superiores.

João, o fiscal que teve conhecimento da captura irregular dos pássaros, mas não impediu a conduta, responderá solidariamente com Rafaela.

GAB	01	CERTO	02	CERTO	03	C	04	ERRADO	05	CERTO

Art. 71. O processo administrativo para apuração de infração ambiental deve observar os seguintes prazos máximos:

I – vinte dias para o infrator oferecer defesa ou impugnação contra o auto de infração, contados da data da ciência da autuação;

II – trinta dias para a autoridade competente julgar o auto de infração, contados da data da sua lavratura, apresentada ou não a defesa ou impugnação;

III – vinte dias para o infrator recorrer da decisão condenatória à instância superior do Sistema Nacional do Meio Ambiente – SISNAMA, ou à Diretoria de Portos e Costas, do Ministério da Marinha, de acordo com o tipo de autuação;

IV – cinco dias para o pagamento de multa, contados da data do recebimento da notificação.

1. COMENTÁRIOS

Por seu turno, o artigo 71, da Lei 9.605/1998, traz regras gerais sobre o procedimento administrativo, como o prazo de 20 dias para o oferecimento de defesa, de 30 dias para julgamento e de outros 20 para recurso à autoridade administrava superior, tendo aplicação supletiva a Lei 9.784/1999, que trata do processo administrativo federal em termos gerais, no que for compatível.

A matéria é atualmente regulamentada pelos artigos 113 a 133, do Decreto 6.514/2008, bem como pela Instrução Normativa IBAMA 10/2012.

Será autoridade julgadora de **primeira instância**:

a) O Superintendente Estadual do IBAMA ou os Gerentes Executivos, nos processos cujo valor da multa indicada seja menor que R$ 500.000,00 (quinhentos mil reais), podendo, nos processos cuja multa indicada seja de até R$100.000,00 (cem mil reais), ser exercida essa competência por servidor administrativo, preferentemente de nível superior, designado por Portaria do Superintendente Estadual ou Gerente Executivo, publicada em Boletim de Serviço;

b) O Chefe ou Coordenador da Divisão de Cobrança e Avaliação de Créditos de Multas Ambientais ou seu substituto, o Coordenador ou Responsável designado pelo Grupo de Cobrança dos Grandes Devedores, vinculados à Coordenação-Geral de Cobrança e Controle de Créditos Administrativos junto à Sede, nos processos cujo valor da multa indicada seja maior ou igual a R$ 500.000,00 (quinhentos mil reais) e menor que R$ 10.000.000,00 (dez milhões de reais);

c) O Coordenador-Geral de Cobrança e Controle de Créditos Administrativos junto à Sede ou seu substituto, nos processos cujo valor da multa indicada seja igual ou superior a R$ 10.000.000,00 (dez milhões de reais), podendo avocar processos de valor inferior.

Será autoridade julgadora de **segunda instância**:

a) O Presidente do IBAMA, nos recursos cujo valor da multa indicada ou consolidada seja superior a R$ 10.000.000,00 (dez milhões de reais), podendo avocar o julgamento de processos em segunda instância de valor inferior;

b) O Coordenador-Geral de Cobrança e Controle de Créditos Administrativos ou seu substituto, nos recursos cujo valor da multa indicada seja igual ou superior a R$ 500.000,00 (quinhentos mil reais) e inferior a R$ 10.000.000,00 (dez milhões de reais);

c) O Chefe ou Coordenador da Divisão de Cobrança e Avaliação de Créditos de Multas Ambientais junto à Sede, nos recursos cujo valor da multa indicada ou consolidada seja menor que R$ 500.000.00 (quinhentos mil reais), exceto em relação aos recursos cuja competência recaia sobre o Superintendente Estadual ou o Gerente Executivo das unidades do IBAMA, conforme alínea *d*, abaixo;

d) O Superintendente Estadual ou o Gerente Executivo das unidades do IBAMA, nos processos cuja autoridade julgadora de primeira instância seja servidora administrativa por estes designada, nos termos da segunda parte da alínea *a* do inciso II.

Caberá **reexame necessário** (chamado de "recurso de ofício") nas seguintes hipóteses:

> I – decisão que implique redução do valor da sanção de multa em limite superior a R$ 20.000,00 (vinte mil reais);
>
> II – decisão que implique anulação ou cancelamento de autos de infração; e
>
> III – decisão que, ao aplicar atenuantes, reduza a multa para valores aquém do valor unitário multiplicado pelo quantitativo total.

Ante a revogação do inciso III do art. 8.º da Lei 6.938/1981 pela Lei 11.481/2009, o CONAMA não é mais, obrigatoriamente, a última instância administrativa para avaliação das penalidades impostas pelo IBAMA, conquanto o art. 130, do Decreto 6.514/2008, ainda preveja o recurso ao CONAMA.

Assim, a Câmara Especial Recursal, órgão do CONAMA, apenas irá funcionar provisoriamente até que haja o julgamento de todos os recursos pendentes, das decisões proferidas até o dia 27.05.2009, nos termos do Parecer 560/2009 CONJUR/MMA. De acordo com a normatização do IBAMA, na hipótese de falecimento do autuado no curso do processo tendente a constituir definitivamente a multa aplicada, sem que tenha se operado a constituição definitiva, não ocorre a sucessão, devendo o processo ser extinto. Por outro lado, se já constituído definitivamente o auto de infração por ocasião do falecimento do autuado, a cobrança do débito será direcionada aos sucessores.

Vale destacar que a ação judicial que busca anular um auto de infração ambiental deve contar com a participação do Ministério Público como fiscal da lei, pois evidente o interesse público da demanda, conforme posicionamento do STJ.

A prescrição da pretensão punitiva administrativa ambiental federal se encontra regulada pela Lei 9.873/1999. O *caput* do artigo 1.º da Lei 9.873/1999, contempla a regra geral a ser observada para a contagem do prazo prescricional incidente sobre a o *jus puniendi* administrativo federal, a seguir colacionado:

> "Artigo 1.º Prescreve em cinco anos a ação punitiva da Administração Pública Federal, direta e indireta, no exercício do poder de polícia, objetivando apurar infração à legislação em vigor, contados da data da prática do ato ou, no caso de infração permanente ou continuada, do dia em que tiver cessado".

Com efeito, especificamente no que concerne às infrações ambientais, de regra, contar-se-á cinco anos a partir da consumação da infração, sendo que se se tratar de ilícito instantâneo o prazo se iniciará de logo, ao revés do que acontece com as infrações permanentes (àquelas cuja consumação se protrai no tempo), cujo *dies a quo* será o dia da cessação.

Por seu turno, o § 1.º estatui uma hipótese de prescrição administrativa intercorrente, que decorre da contumácia do ente ambiental ao apurar a autoria e materialidade da infração ambiental, *verbis*:

> "§ 1.º Incide a prescrição no procedimento administrativo paralisado por mais de três anos, pendente de julgamento ou despacho, cujos autos serão arquivados de ofício ou mediante requerimento da parte interessada, sem prejuízo da apuração da responsabilidade funcional decorrente da paralisação, se for o caso".

Deveras, uma vez sobrestado o curso de procedimento administrativo por mais de três anos, ou seja, aquele que estiver sem um mísero despacho sequer, operar-se-á a prescrição extintiva intercorrente.

Ademais, destaque-se que se houver dolo ou mesmo negligência do servidor público responsável pelo trâmite processual, este estará sujeito às sanções previstas na Lei 8.112/1990.

Por sua vez, o transcrito § 2.º traz disposição que em muito afeta as infrações administrativo-ambientais, posto que excepciona a regra contida no *caput* nas hipóteses em que a infração ambiental também constitua crime ambiental:

> "§ 2.º Quando o fato objeto da ação punitiva da Administração também constituir crime, a prescrição reger-se-á pelo prazo previsto na lei penal".

Ora, diante deste enunciado, o prazo prescricional das infrações ambientais se divide em dois grandes blocos, a saber: as que não constituem delito ambiental (com prazo de prescrição de cinco anos) e as que também constituem crime ambiental (com prazo de prescrição regulado pelo artigo 109 do Código Penal).

A Lei 9.873/1999 foi alterada pela Lei 11.941/2009, passando a prever o novel art. 1.º-A que: "constituído definitivamente o crédito não tributário, após o término regular do processo administrativo, prescreve em 5 (cinco) anos a ação de execução da administração pública federal relativa a crédito decorrente da aplicação de multa por infração à legislação em vigor". Nesse sentido, o STJ editou a Súmula 467 com este entendimento.

Foram elencadas nos arts. 2.º e 2.º-A da Lei 9.873/1999, respectivamente, as causas de interrupção da prescrição punitiva e executória, que podem ser assim sintetizadas:

Interrupção da Prescrição Punitiva	– pela notificação ou citação do indiciado ou acusado, inclusive por meio de edital; – por qualquer ato inequívoco, que importe apuração do fato; – pela decisão condenatória recorrível; – por qualquer ato inequívoco que importe em manifestação expressa de tentativa de solução conciliatória no âmbito interno da administração pública federal.
Interrupção da Prescrição Executória	– pelo despacho do juiz que ordenar a citação em execução fiscal; – pelo protesto judicial; – por qualquer ato judicial que constitua em mora o devedor; – por qualquer ato inequívoco, ainda que extrajudicial, que importe em reconhecimento do débito pelo devedor; – por qualquer ato inequívoco que importe em manifestação expressa de tentativa de solução conciliatória no âmbito interno da administração pública federal.

Vale frisar que para as multas ambientais estaduais e municipais vem se aplicando a regra de prescrição quinquenal, tomando por base o Decreto 20.910/32, tendo em vista que a Lei 9.873/99 se restringe à Administração Pública federal.

2. JURISPRUDÊNCIA

- **SÚMULA N. 467-STJ.** *Prescreve em cinco anos, contados do término do processo administrativo, a pretensão da Administração Pública de promover a execução da multa por infração ambiental.* Rel. Min. Hamilton Carvalhido, em 13.10.2010.

- **STJ, INFORMATIVO 428 – REPETITIVO. PRESCRIÇÃO. MULTA. MEIO AMBIENTE.** Trata-se de recurso representativo de controvérsia (art. 543-C do CPC e Res. n. 8/2008-STJ) em que a questão em debate resume-se à definição do *prazo prescricional para a cobrança de multa administrativa por infração à legislação federal*, no caso, a Lei n. 9.873/1999 (com os acréscimos da Lei n. 11.941/2009), nos autos de execução fiscal ajuizada pelo Ibama para cobrança de débito inscrito em dívida ativa. Ressaltou o Min. Relator que a questão já foi debatida no REsp 1.112.577-SP, *DJe* 08.02.2010, também sob o regime dos recursos repetitivos, mas somente quando a multa administrativa decorria do poder de polícia ambiental exercido por entidade estadual, situação em que não seria pertinente a discussão sob as duas leis federais citadas. Agora, no caso, como a multa foi aplicada pelo Ibama, entidade federal de fiscalização e controle do meio ambiente, é possível discutir a incidência daquelas leis federais, o que foi feito nessa hipótese. *Diante disso, a Seção entendeu incidente o prazo de cinco anos (art. 1º da citada lei) para que, no exercício do poder de polícia, a Administração Pública Federal (direta ou indireta) apure o cometimento da infração à legislação do meio ambiente. Esse prazo deve ser contado da data da prática do ato ou, no caso de infração permanente ou continuada, do dia em que houver cessado a infração.* Observou que o art. 1º da Lei n. 9.873/2009 estabeleceu o prazo para a constituição do crédito, não para a cobrança judicial do crédito inadimplido. Ressaltou, ainda, que, antes da MP n. 1.708/1998, convertida na Lei n. 9.873/1999, não existia prazo decadencial para o exercício do poder de polícia por parte da Administração Pública Federal, por isso a penalidade aplicada, nesses casos, sujeita-se apenas ao prazo prescricional de cinco anos segundo a jurisprudência deste Superior Tribunal, em razão da aplicação analógica do art. 1º do Dec. n. 20.910/1932. *Ademais, a jurisprudência também já assentou que, por se tratar de multa administrativa, não é aplicável a regra geral de prescrição do CC, seja o de 1916 ou o de 2002.* REsp 1.115.078-RS, Rel. Min. Castro Meira, julgado em 24.03.2010.

STJ, INFORMATIVO 487 – NULIDADE. INFRAÇÃO AMBIENTAL. MANIFESTAÇÃO. MPF. Trata-se de ação ordinária com pedido de declaração de nulidade de auto de infração ambiental. Em primeiro grau, julgou-se procedente o pleito, sendo que o acórdão recorrido anulou de ofício a sentença ao fundamento de ser necessária a manifestação do Ministério Público Federal (MPF) na causa, o que não ocorreu. *A Turma conheceu parcialmente do recurso, mas lhe negou provimento por entender, entre outras questões, que o MPF deve manifestar-se em causa na qual se discute nulidade de auto de infração ambiental porque, no mais das vezes, o interesse envolvido transcende o interesse meramente patrimonial no crédito gerado, abarcando discussões de cunho substancial que dizem respeito ao meio ambiente em si, tal como no caso.* Para tanto, observou-se o disposto no art. 5.º, III, *d*, entre outros, da LC n. 75/1993. REsp 1.264.302-SC, Rel. Min. Mauro Campbell Marques, julgado em 08.11.2011.

Processo

AREsp 1503814 / MG

AGRAVO EM RECURSO ESPECIAL

2019/0137713-7

Relator(a)

Ministra ASSUSETE MAGALHÃES (1151)

Órgão Julgador

T2 – SEGUNDA TURMA

Data do Julgamento

15/06/2021

Data da Publicação/Fonte

DJe 25/06/2021

Ementa

ADMINISTRATIVO E PROCESSUAL CIVIL. AGRAVO EM RECURSO ESPECIAL. INFRAÇÃO **AMBIENTAL. INOBSERVÂNCIA DO PRAZO DE TRINTA DIAS, PREVISTO NO ART. 71, II, DA LEI 9.605/98, PARA O JULGAMENTO DO AUTO DE INFRAÇÃO. NULIDADE NÃO CONFIGURADA. AUSÊNCIA DE PREJUÍZO. PRINCÍPIO PAS DE NULLITÉ SANS GRIEF.** PRECEDENTES. PRETENSÃO RECURSAL QUE DEMANDA REEXAME DE PROVAS. APRECIAÇÃO DE ALEGADA VIOLAÇÃO A DISPOSITIVOS CONSTITUCIONAIS. INVIABILIDADE, NA VIA DE RECURSO ESPECIAL. AGRAVO CONHECIDO, PARA CONHECER PARCIALMENTE DO RECURSO ESPECIAL, E, NESSA EXTENSÃO, NEGAR-LHE PROVIMENTO.

I. Agravo em Recurso Especial aviado contra decisão que inadmitira o Especial, interposto contra acórdão publicado na vigência do CPC/73.

II. Na origem, José de Matos Primo ajuizou ação ordinária em face do Instituto Brasileiro do Meio Ambiente e dos Recursos Naturais Renováveis – IBAMA, postulando a invalidação de auto de infração, no qual lhe fora imposta multa de R$ 1.000,00, pelo fato de manter em cativeiro dois pássaros silvestres da fauna brasileira, sem autorização do órgão **ambiental** competente, postulando, alternativamente, a aplicação da pena de advertência ou a conversão da multa em prestação de serviços. A sentença julgou procedente o pedido, para declarar a nulidade do processo administrativo, por não observado o prazo de 30 (trinta) dias, previsto no art. 71, II, da Lei 9.605/98, para a autoridade competente julgar o auto de infração. O acórdão objeto do Recurso Especial deu parcial provimento à Apelação, interposta pelo IBAMA, para afastar a nulidade reconhecida em 1º Grau, e, com fundamento no § 2º do art. 515 do CPC/73, então vigente, julgou parcialmente procedente a ação, apenas para converter a penalidade de multa em prestação de serviços.

III. No presente Recurso Especial, a parte autora defende a nulidade do processo administrativo, em razão da inobservância do prazo de trinta dias, estabelecido no art. 71, II, da Lei 9.605/98, para julgamento do auto de infração, a ser contado da data da sua lavratura. Segundo concluiu o acórdão recorrido, "o só fato de não ter sido observado o prazo de trinta dias descrito no inciso II do art. 71

da Lei nº 9.605/98 para a autoridade competente julgar o auto de infração contra o qual o autor/apelado se insurge não é suficiente para considerá-lo nulo, até porque inexistente disposição legal nesse sentido. O que ocorre, em verdade, é que, transcorrido o lapso indicado pelo legislador sem o julgamento do auto de infração pela autoridade competente, poderá o interessado pleitear judicialmente resposta imediata da Administração. No mesmo sentido da ausência de nulidade do auto de infração pela inobservância do prazo de trinta dias previsto na legislação de regência é a redação do § 4º do art. 12 da Instrução Normativa IBAMA nº 08/2003, in verbis: 'A inobservância do prazo para julgamento não torna nula a decisão da autoridade julgadora e nem o processo'".

IV. Nos termos da jurisprudência desta Corte, a decretação da nulidade processual exige a comprovação de prejuízo concreto à parte que suscita o vício, pois não se declara nulidade por mera presunção (pas de nullité sans grief). Nesse contexto, conquanto não seja a mesma hipótese fática dos presentes autos, a jurisprudência do STJ, em hipótese análoga, orienta-se no sentido de que o excesso de prazo para a conclusão do processo administrativo disciplinar só causa nulidade se houver a demonstração de prejuízo à defesa do servidor: STJ, RMS 51.856/AP, Rel. Ministra REGINA HELENA COSTA, PRIMEIRA TURMA, DJe de 18/12/2020; REsp 1.762.489/DF, Rel. Ministro HERMAN BENJAMIN, SEGUNDA TURMA, DJe de 16/11/2018; MS 17.868/DF, Rel. Ministro SÉRGIO KUKINA, PRIMEIRA SEÇÃO, DJe de 23/03/2017; MS 17.744/DF, Rel. Ministro HERMAN BENJAMIN, PRIMEIRA SEÇÃO, DJe de 19/12/2017; RMS 35.458/MG, Rel. Ministro OG FERNANDES, SEGUNDA **TURMA, DJe de 26/05/2014.**

V. Esse mesmo entendimento foi aplicado, pela Segunda Turma STJ, em situação como a dos presentes autos, ocasião em que restou decidido que a inobservância do prazo de trinta dias, previsto no art. 71, II, da Lei 9.605/98, para a autoridade competente julgar o auto de infração ambiental, não gera, por si só, a nulidade do processo administrativo, mormente quando não demonstrada a existência de efetivo prejuízo para a parte. No voto condutor do aludido acórdão, destacou-se que "o legislador não impôs nenhuma espécie de sanção à autoridade nem de invalidação do ato acaso esse período fosse ultrapassado. Por outro lado, é certo que vigora como princípio geral de direito a máxima de que não há invocar-se nulidade sem prejuízo correspondente, vale dizer, para que a premissa do recorrente fosse válida, o simples transcurso do prazo deveria causar-lhe um prejuízo o qual deveria ser comprovado por si no processo judicial, circunstância tal que, contudo, não houve" (STJ, REsp 1.420.708/SC, Rel. Ministro MAURO CAMPBELL MARQUES, SEGUNDA TURMA, DJe de 10/11/2014).

VI. No caso, a parte agravante alega que, "diferentemente do aventado no acórdão combatido, houve, sim, prejuízo para o ora recorrente. A demora excessiva na análise da demanda, seja na esfera judicial ou administrativa, por si só já acarreta em malefícios para as partes envolvidas na lide, uma vez que terão de suportar uma aflição excessiva, por tempo indeterminado, em razão da morosidade estatal, sem ter, por óbvio, contribuído para tal situação. Na verdade, o excessivo transcurso de tempo, além daquele fixado em lei, torna o sujeito 'refém' da má prestação dos serviços públicos, o que, de pronto, é plenamente reprovável, tendo, inclusive, como citado acima, sido alvo do legislador constituinte (art. 5°, LXXVIII, CF)". Contudo, além de se alegar um prejuízo genérico, não houve debate, pelas instâncias de origem, acerca da existência de efetivo prejuízo à parte, em decorrência do alegado excesso de prazo para o julgamento do processo administrativo. Nem mesmo a sentença – que julgara procedente a ação, para reconhecer a nulidade do auto de infração -, aponta a existência de qualquer prejuízo à parte, entendendo que a simples inobservância do prazo, previsto no art. 71, II, da Lei 9.605/98, já enseja a nulidade do processo administrativo.

VII. Ademais, concluir pela existência de prejuízo concreto ao agravante, a fim de reconhecer a nulidade do auto de infração, no caso, demandaria o necessário reexame de matéria fática, não cabendo a esta Corte, a fim de alcançar conclusão diversa, reavaliar o conjunto probatório dos autos, em conformidade com a Súmula 7/STJ. No mesmo sentido, mutatis mutandis: STJ, AgInt no AREsp 863.102/MG, Rel. Ministro MARCO BUZZI, QUARTA TURMA, DJe de 07/03/2018.

VIII. A análise de suposta ofensa a dispositivos constitucionais compete exclusivamente ao Supremo Tribunal Federal, nos termos do art. 102, inciso III, da Constituição da República, sendo defeso o seu exame, no âmbito do Recurso Especial, ainda que para fins de prequestionamento, conforme pacífica jurisprudência do STJ.

IX. Agravo conhecido, para conhecer parcialmente do Recurso Especial, e, nessa extensão, negar-lhe provimento.

Sobre o tema, eis as **teses repetitivas** firmadas pelo **Superior Tribunal de Justiça** sobre o tema:

Tema/ Repetitivo	324	Situação do Tema	Trânsito em Julgado		Ramo do Direito	DIREITO ADMINISTRATIVO			
Questão submetida a julgamento	Cinge-se a controvérsia sobre o prazo prescricional para a cobrança de multa administrativa por infração à legislação do meio ambiente aplicada por órgão ou entidade da Administração Pública Federal, direta ou indireta: se quinquenal, nos termos do art. 1º do Decreto 20.910/32, ou vintenária, segundo o art. 177 do Código Civil de 1916.								
Tese Firmada	É de cinco anos o prazo decadencial para se constituir o crédito decorrente de infração à legislação administrativa.								
Delimitação do Julgado	"A questão debatida nos autos é, apenas em parte, coincidente com a veiculada no REsp 1.112.577/SP, também de minha relatoria e já julgado sob o regime do art. 543-C do CPC e da Resolução STJ n.º 08/2008. Neste caso particular, a multa foi aplicada pelo Ibama, entidade federal de fiscalização e controle do meio ambiente, sendo possível discutir a incidência da Lei 9.873, de 23 de novembro de 1999, com os acréscimos da Lei 11.941, de 27 de maio de 2009. No outro processo anterior, a multa decorria do poder de polícia ambiental exercido por entidade vinculada ao Estado de São Paulo, em que não seria pertinente a discussão sobre essas duas leis federais."								
Informações Complementares	Prescrição administrativa.								
Processo	Tribunal de Origem	RRC	Órgão Julgador	Relator	Data de Afetação	Julgado em	Acórdão Publicado em	Embargos de Declaração	Trânsito em Julgado
REsp 1115078/RS	TRF4	Não	1ª Seção	CASTRO MEIRA	25/11/2009	24/03/2010	06/04/2010	-	10/05/2010

Tema/ Repetitivo	325	Situação do Tema	Trânsito em Julgado	Ramo do Direito	DIREITO ADMINISTRATIVO				
Questão submetida a julgamento	Cinge-se a controvérsia sobre o prazo prescricional para a cobrança de multa administrativa por infração à legislação do meio ambiente aplicada por órgão ou entidade da Administração Pública Federal, direta ou indireta: se quinquenal, nos termos do art. 1º do Decreto 20.910/32, ou vintenária, segundo o art. 177 do Código Civil de 1916.								
Tese Firmada	**O prazo decadencial para constituição do crédito decorrente de infração à legislação administrativa 'conta-se da data da infração', 'caso se trate de ilícito instantâneo'.**								
Delimitação do Julgado	"A questão debatida nos autos é, apenas em parte, coincidente com a veiculada no REsp 1.112.577/SP, também de minha relatoria e já julgado sob o regime do art. 543-C do CPC e da Resolução STJ n.º 08/2008. Neste caso particular, a multa foi aplicada pelo Ibama, entidade federal de fiscalização e controle do meio ambiente, sendo possível discutir a incidência da Lei 9.873, de 23 de novembro de 1999, com os acréscimos da Lei 11.941, de 27 de maio de 2009. No outro processo anterior, a multa decorria do poder de polícia ambiental exercido por entidade vinculada ao Estado de São Paulo, em que não seria pertinente a discussão sobre essas duas leis federais."								
Informações Complementares	Prescrição administrativa.								
Processo	**Tribunal de Origem**	**RRC**	**Órgão Julgador**	**Relator**	**Data de Afetação**	**Julgado em**	**Acórdão Publicado em**	**Embargos de Declaração**	**Trânsito em Julgado**
REsp 1115078/RS	TRF4	Não	1ª Seção	CASTRO MEIRA	25/11/2009	24/03/2010	06/04/2010	-	10/05/2010

Tema/ Repetitivo	326	Situação do Tema	Trânsito em Julgado		Ramo do Direito	DIREITO ADMINISTRATIVO			
Questão submetida a julgamento	Cinge-se a controvérsia sobre o prazo prescricional para a cobrança de multa administrativa por infração à legislação do meio ambiente aplicada por órgão ou entidade da Administração Pública Federal, direta ou indireta: se quinquenal, nos termos do art. 1º do Decreto 20.910/32, ou vintenária, segundo o art. 177 do Código Civil de 1916.								
Tese Firmada	**O prazo decadencial para constituição do crédito decorrente de infração à legislação administrativa, 'no caso de infração permanente ou continuada, conta-se do dia em que tiver cessado' o ilícito.**								
Delimitação do Julgado	"A questão debatida nos autos é, apenas em parte, coincidente com a veiculada no REsp 1.112.577/SP, também de minha relatoria e já julgado sob o regime do art. 543-C do CPC e da Resolução STJ n.º 08/2008. Neste caso particular, a multa foi aplicada pelo Ibama, entidade federal de fiscalização e controle do meio ambiente, sendo possível discutir a incidência da Lei 9.873, de 23 de novembro de 1999, com os acréscimos da Lei 11.941, de 27 de maio de 2009. No outro processo anterior, a multa decorria do poder de polícia ambiental exercido por entidade vinculada ao Estado de São Paulo, em que não seria pertinente a discussão sobre essas duas leis federais."								
Informações Complementares	Prescrição administrativa.								
Processo	Tribunal de Origem	RRC	Órgão Julgador	Relator	Data de Afetação	Julgado em	Acórdão Publicado em	Embargos de Declaração	Trânsito em Julgado
REsp 1115078/RS	TRF4	Não	1ª Seção	CASTRO MEIRA	25/11/2009	24/03/2010	06/04/2010	-	10/05/2010

Tema/ Repetitivo	327	Situação do Tema	Trânsito em Julgado	Ramo do Direito	DIREITO ADMINISTRATIVO		
Questão submetida a julgamento	Cinge-se a controvérsia sobre o prazo prescricional para a cobrança de multa administrativa por infração à legislação do meio ambiente aplicada por órgão ou entidade da Administração Pública Federal, direta ou indireta: se quinquenal, nos termos do art. 1º do Decreto 20.910/32, ou vintenária, segundo o art. 177 do Código Civil de 1916.						
Tese Firmada	**Interrompe-se o prazo decadencial para a constituição do crédito decorrente de infração à legislação administrativa: a) pela notificação ou citação do indiciado ou executado, inclusive por meio de edital; b) por qualquer ato inequívoco, que importe apuração do fato; pela decisão condenatória recorrível; por qualquer ato inequívoco que importe em manifestação expressa de tentativa de solução conciliatória no âmbito interno da administração pública federal.**						
Delimitação do Julgado	"A questão debatida nos autos é, apenas em parte, coincidente com a veiculada no REsp 1.112.577/SP, também de minha relatoria e já julgado sob o regime do art. 543-C do CPC e da Resolução STJ n.º 08/2008. Neste caso particular, a multa foi aplicada pelo Ibama, entidade federal de fiscalização e controle do meio ambiente, sendo possível discutir a incidência da Lei 9.873, de 23 de novembro de 1999, com os acréscimos da Lei 11.941, de 27 de maio de 2009. No outro processo anterior, a multa decorria do poder de polícia ambiental exercido por entidade vinculada ao Estado de São Paulo, em que não seria pertinente a discussão sobre essas duas leis federais."						
Informações Complementares	Prescrição administrativa.						

Processo	Tribunal de Origem	RRC	Órgão Julgador	Relator	Data de Afetação	Julgado em	Acórdão Publicado em	Embargos de Declaração	Trânsito em Julgado
REsp 1115078/RS	TRF4	Não	1ª Seção	CASTRO MEIRA	25/11/2009	24/03/2010	06/04/2010	-	10/05/2010

Tema/ Repetitivo 328	Situação do Tema	Trânsito em Julgado			Ramo do Direito	DIREITO ADMINISTRATIVO			
Questão submetida a julgamento	Cinge-se a controvérsia sobre o prazo prescricional para a cobrança de multa administrativa por infração à legislação do meio ambiente aplicada por órgão ou entidade da Administração Pública Federal, direta ou indireta: se quinquenal, nos termos do art. 1º do Decreto 20.910/32, ou vintenária, segundo o art. 177 do Código Civil de 1916.								
Tese Firmada	É de três anos o prazo para a conclusão do processo administrativo instaurado para se apurar a infração administrativa ('prescrição intercorrente').								
Delimitação do Julgado	"A questão debatida nos autos é, apenas em parte, coincidente com a veiculada no REsp 1.112.577/SP, também de minha relatoria e já julgado sob o regime do art. 543-C do CPC e da Resolução STJ n.º 08/2008. Neste caso particular, a multa foi aplicada pelo Ibama, entidade federal de fiscalização e controle do meio ambiente, sendo possível discutir a incidência da Lei 9.873, de 23 de novembro de 1999, com os acréscimos da Lei 11.941, de 27 de maio de 2009. No outro processo anterior, a multa decorria do poder de polícia ambiental exercido por entidade vinculada ao Estado de São Paulo, em que não seria pertinente a discussão sobre essas duas leis federais."								
Processo	Tribunal de Origem	RRC	Órgão Julgador	Relator	Data de Afetação	Julgado em	Acórdão Publicado em	Embargos de Declaração	Trânsito em Julgado
REsp 1115078/RS	TRF4	Não	1ª Seção	CASTRO MEIRA	25/11/2009	24/03/2010	06/04/2010	-	10/05/2010

<table>
<tr><th>Tema/ Repetitivo</th><th>329</th><th>Situação do Tema</th><th colspan="3">Trânsito em Julgado</th><th>Ramo do Direito</th><th colspan="3">DIREITO ADMINISTRATIVO</th><th></th></tr>
<tr><td colspan="2">Questão submetida a julgamento</td><td colspan="10">Cinge-se a controvérsia sobre o prazo prescricional para a cobrança de multa administrativa por infração à legislação do meio ambiente aplicada por órgão ou entidade da Administração Pública Federal, direta ou indireta: se quinquenal, nos termos do art. 1º do Decreto 20.910/32, ou vintenária, segundo o art. 177 do Código Civil de 1916.</td></tr>
<tr><td colspan="2">Tese Firmada</td><td colspan="10">Prescreve em cinco anos, contados do término do processo administrativo, a pretensão da Administração Pública de promover a execução da multa por infração ambiental.</td></tr>
<tr><td colspan="2">Delimitação do Julgado</td><td colspan="10">"A questão debatida nos autos é, apenas em parte, coincidente com a veiculada no REsp 1.112.577/SP, também de minha relatoria e já julgado sob o regime do art. 543-C do CPC e da Resolução STJ n.º 08/2008. Neste caso particular, a multa foi aplicada pelo Ibama, entidade federal de fiscalização e controle do meio ambiente, sendo possível discutir a incidência da Lei 9.873, de 23 de novembro de 1999, com os acréscimos da Lei 11.941, de 27 de maio de 2009. No outro processo anterior, a multa decorria do poder de polícia ambiental exercido por entidade vinculada ao Estado de São Paulo, em que não seria pertinente a discussão sobre essas duas leis federais."</td></tr>
<tr><td colspan="2">Informações Complementares</td><td colspan="10">A Lei 9.873/1999 não se aplica: a) às ações administrativas punitivas desenvolvidas por estados e municípios, pois o âmbito espacial da lei limita-se ao plano federal; b) às ações administrativas que, apesar de potencialmente desfavoráveis aos interesses dos administrados, não possuem natureza punitiva, como as medidas administrativas revogatórias, as cautelares ou as reparatórias; e c) por expressa disposição do art. 5º, às ações punitivas disciplinares e às ações punitivas tributárias, sujeitas a prazos prescricionais próprios, a primeira com base na Lei 8.112/90 e a segunda com fundamento no Código Tributário Nacional.</td></tr>
<tr><td colspan="2">Súmula Originada do Tema</td><td colspan="10">Súmula 467/STJ</td></tr>
<tr><th colspan="2">Processo</th><th>Tribunal de Origem</th><th>RRC</th><th>Órgão Julgador</th><th>Relator</th><th>Data de Afetação</th><th>Julgado em</th><th>Acórdão Publicado em</th><th>Embargos de Declaração</th><th colspan="2">Trânsito em Julgado</th></tr>
<tr><td colspan="2">REsp 1115078/RS</td><td>TRF4</td><td>Não</td><td>1ª Seção</td><td>CASTRO MEIRA</td><td>25/11/2009</td><td>24/03/2010</td><td>06/04/2010</td><td>-</td><td colspan="2">10/05/2010</td></tr>
</table>

<table>
<tr><td>Tema/ Repetitivo</td><td>330</td><td>Situação do Tema</td><td colspan="3">Trânsito em Julgado</td><td>Ramo do Direito</td><td colspan="4">DIREITO ADMINISTRATIVO</td></tr>
<tr><td colspan="2">Questão submetida a julgamento</td><td colspan="9">Cinge-se a controvérsia sobre o prazo prescricional para a cobrança de multa administrativa por infração à legislação do meio ambiente aplicada por órgão ou entidade da Administração Pública Federal, direta ou indireta: se quinquenal, nos termos do art. 1º do Decreto 20.910/32, ou vintenária, segundo o art. 177 do Código Civil de 1916.</td></tr>
<tr><td colspan="2">Tese Firmada</td><td colspan="9">O termo inicial do prazo prescricional para o ajuizamento da ação executória 'é a constituição definitiva do crédito, que se dá com o término do processo administrativo de apuração da infração e constituição da dívida'.</td></tr>
<tr><td colspan="2">Delimitação do Julgado</td><td colspan="9">"A questão debatida nos autos é, apenas em parte, coincidente com a veiculada no REsp 1.112.577/SP, também de minha relatoria e já julgado sob o regime do art. 543-C do CPC e da Resolução STJ n.º 08/2008. Neste caso particular, a multa foi aplicada pelo Ibama, entidade federal de fiscalização e controle do meio ambiente, sendo possível discutir a incidência da Lei 9.873, de 23 de novembro de 1999, com os acréscimos da Lei 11.941, de 27 de maio de 2009. No outro processo anterior, a multa decorria do poder de polícia ambiental exercido por entidade vinculada ao Estado de São Paulo, em que não seria pertinente a discussão sobre essas duas leis federais."</td></tr>
<tr><td colspan="2">Processo</td><td>Tribunal de Origem</td><td>RRC</td><td>Órgão Julgador</td><td>Relator</td><td>Data de Afetação</td><td>Julgado em</td><td>Acórdão Publicado em</td><td>Embargos de Declaração</td><td>Trânsito em Julgado</td></tr>
<tr><td colspan="2">REsp 1115078/RS</td><td>TRF4</td><td>Não</td><td>1ª Seção</td><td>CASTRO MEIRA</td><td>25/11/2009</td><td>24/03/2010</td><td>06/04/2010</td><td>-</td><td>10/05/2010</td></tr>
</table>

<table>
<tr><th>Tema/ Repetitivo</th><th>331</th><th>Situação do Tema</th><th colspan="2">Trânsito em Julgado</th><th>Ramo do Direito</th><th colspan="2">DIREITO ADMINISTRATIVO</th><th></th><th></th></tr>
<tr><td>Questão submetida a julgamento</td><td colspan="9">Cinge-se a controvérsia sobre o prazo prescricional para a cobrança de multa administrativa por infração à legislação do meio ambiente aplicada por órgão ou entidade da Administração Pública Federal, direta ou indireta: se quinquenal, nos termos do art. 1º do Decreto 20.910/32, ou vintenária, segundo o art. 177 do Código Civil de 1916.</td></tr>
<tr><td>Tese Firmada</td><td colspan="9">São causas de interrupção do prazo prescricional: a) o despacho do juiz que ordenar a citação em executivo fiscal; b) o protesto judicial; c) qualquer ato judicial que constitua em mora o devedor; d) qualquer ato inequívoco, ainda que extrajudicial, que importe em reconhecimento do débito pelo devedor; e) qualquer ato inequívoco que importe em manifestação expressa de tentativa de solução conciliatória no âmbito interno da administração pública federal.</td></tr>
<tr><td>Anotações Nugep</td><td colspan="9">Hipótese: execução fiscal para cobrança de multa administrativa por infração ao meio ambiente.</td></tr>
<tr><td>Delimitação do Julgado</td><td colspan="9">"A questão debatida nos autos é, apenas em parte, coincidente com a veiculada no REsp 1.112.577/SP, também de minha relatoria e já julgado sob o regime do art. 543-C do CPC e da Resolução STJ n.º 08/2008. Neste caso particular, a multa foi aplicada pelo Ibama, entidade federal de fiscalização e controle do meio ambiente, sendo possível discutir a incidência da Lei 9.873, de 23 de novembro de 1999, com os acréscimos da Lei 11.941, de 27 de maio de 2009. No outro processo anterior, a multa decorria do poder de polícia ambiental exercido por entidade vinculada ao Estado de São Paulo, em que não seria pertinente a discussão sobre essas duas leis federais."</td></tr>
<tr><td>Processo</td><td>Tribunal de Origem</td><td>RRC</td><td>Órgão Julgador</td><td>Relator</td><td>Data de Afetação</td><td>Julgado em</td><td>Acórdão Publicado em</td><td>Embargos de Declaração</td><td>Trânsito em Julgado</td></tr>
<tr><td>REsp 1115078/RS</td><td>TRF4</td><td>Não</td><td>1ª Seção</td><td>CASTRO MEIRA</td><td>25/11/2009</td><td>24/03/2010</td><td>06/04/2010</td><td>-</td><td>10/05/2010</td></tr>
</table>

Tema/ Repetitivo	146	Situação do Tema	Trânsito em Julgado			Ramo do Direito	DIREITO ADMINISTRATIVO		
Questão submetida a julgamento	Cinge-se a controvérsia sobre o prazo prescricional para cobrança de multa por infração à legislação ambiental.								
Tese Firmada	É de cinco anos o prazo para a cobrança da multa aplicada ante infração administrativa ao meio ambiente, nos termos do Decreto nº 20.910/32, o qual que deve ser aplicado por isonomia, à falta de regra específica para regular esse prazo prescricional.								
Anotações Nugep	**1. Multa decorrente do poder de polícia ambiental exercido por entidade vinculada ao Estado de São Paulo, em que não é pertinente a discussão sobre a Leis Federal 9.873/1999, com os acréscimos da Lei 11.941/2009. (REsp 1115078/RS, Rel. Ministro CASTRO MEIRA, PRIMEIRA SEÇÃO, julgado em 24/03/2010, DJe 06/04/2010)** **2."O prazo prescricional para a cobrança de multa administrativa continua sendo de cinco anos, até 27 de maio de 1999, por força do Decreto 20.910/32, e, a atualmente, de acordo com o art. 1º-A da Lei 9.873/1999 (com os acréscimos da Lei 11.941/2009)." (REsp 1115078/RS, Rel. Ministro CASTRO MEIRA, PRIMEIRA SEÇÃO, julgado em 24/03/2010, DJe 06/04/2010)**								
Processo	**Tribunal de Origem**	**RRC**	**Órgão Julgador**	**Relator**	**Data de Afetação**	**Julgado em**	**Acórdão Publicado em**	**Embargos de Declaração**	**Trânsito em Julgado**
REsp 1112577/SP	TJSP	Sim	1ª Seção	CASTRO MEIRA	30/04/2009	09/12/2009	08/02/2010	-	15/03/2010

Tema/ Repetitivo 147	Situação do Tema	Trânsito em Julgado			Ramo do Direito	DIREITO ADMINISTRATIVO			
Questão submetida a julgamento	Cinge-se a controvérsia sobre o prazo prescricional para cobrança de multa por infração à legislação ambiental.								
Tese Firmada	Em se tratando de multa administrativa, a prescrição da ação de cobrança somente tem início com o vencimento do crédito sem pagamento, quando se torna inadimplente o administrado infrator.								
Anotações Nugep	A **prescrição** de multa por infração à legislação do meio ambiente aplicada por entidade de fiscalização estadual é de cinco anos, **contados do vencimento do crédito sem pagamento**.								
Processo	Tribunal de Origem	RRC	Órgão Julgador	Relator	Data de Afetação	Julgado em	Acórdão Publicado em	Embargos de Declaração	Trânsito em Julgado
REsp 1112577/SP	TJSP	Sim	1ª Seção	CASTRO MEIRA	30/04/2009	09/12/2009	08/02/2010	-	15/03/2010

3. QUESTÕES DE CONCURSOS

01. (Promotor do Estado do Piauí 2012/CESPE) Não é admitida a intervenção do MPF em demanda na qual se discuta a nulidade de auto de infração ambiental, já que a questão se limita ao interesse patrimonial no crédito gerado

02. (TJ-Goiás 2012/Juiz de Direito/FCC) Admite-se prescrição intercorrente em processo administrativo para aplicação de sanção administrativa ambiental, no caso de

a) instrução deficiente do processo, que demande a realização de novas diligências pela autoridade processante.

b) falta de identificação do agente, que leve à suspensão do processo decorrente de auto de infração por um ano.

c) paralisação do processo por mais de três anos, quando pendente de julgamento ou despacho pela autoridade administrativa.

d) decurso do prazo de cinco anos entre a instauração do processo e seu trânsito em julgado na esfera administrativa.

e) suspensão do feito por prazo maior do que aquele definido pela legislação penal para a prescrição do crime respectivo, quando a infração também for capitulada como tipo penal.

03. (TJ-MT 2009/Juiz/VUNESP) No tocante ao prazo máximo a ser observado em um processo administrativo para apuração de infração ambiental, é correto afirmar que será de

a) vinte dias para o infrator oferecer defesa ou impugnação contra o auto de infração, contados da data da ciência da autuação.

b) vinte dias para a autoridade competente julgar o auto de infração, contados da data da sua lavratura, apresentada ou não a defesa ou impugnação.

c) quarenta dias para o infrator oferecer defesa ou impugnação contra o auto de infração, contados da data da sua lavratura.

d) quarenta dias para a autoridade competente julgar o auto de infração, contados da data da ciência da autuação.

e) quarenta dias para o pagamento de multa, contados da data do recebimento da notificação.

04. (FCC – 2013 – TJ-PE – Juiz) Com relação aos prazos prescricionais do poder de polícia sancionador de infrações administrativas ambientais, é correto afirmar que

a) a prescrição varia conforme a gravidade da infração.

b) a extinção da pretensão punitiva pela prescrição estende-se à esfera cível.

c) caso a infração administrativa também seja capitulada como crime, o prazo prescricional é aquele da lei penal.

d) não são admitidas hipóteses de prescrição intercorrente.

e) o prazo prescricional é sempre de 5 (cinco) anos, contado da data da prática do ato ou da sua cessação, no caso de infração permanente ou continuada.

05. (FCC – 2010 – TJ-MS – Juiz) A prescrição para a apuração de infrações administrativas contra o meio ambiente, de caráter permanente ou continuado, é de

a) 3 anos, contados da cessação da prescrição para o crime correspondente.

b) 5 anos, contados do início da prática do ato.

c) 5 anos, contados da cessação da prática do ato.

d) 3 anos, contados do início da prática do ato.

e) 3 anos, contados da cessação da prática do ato.

06. (FEPESE – 2012 – FATMA – Advogado Fundacional) Analise as afirmativas abaixo, considerando a Lei de Crimes Ambientais (Lei 9.605/1998):

A situação econômica do infrator deve ser observada na imposição de multa administrativa por infração ambiental.

A autoridade ambiental que não promover a apuração imediata de infração ambiental de que tiver conhecimento pode ser corresponsabilizada.

O prazo para apresentação de defesa prévia contra auto de infração ambiental é de 10 dias, contados da data da ciência da autuação.

O prazo de recurso da decisão condenatória proferida no julgamento do auto de infração é de 20 dias.

Assinale a alternativa que indica todas as afirmativas **corretas.**

a) São corretas apenas as afirmativas 1 e 2.

b) São corretas apenas as afirmativas 1 e 4.

c) São corretas apenas as afirmativas 2 e 4.

d) São corretas apenas as afirmativas 1, 2 e 3.

e) São corretas apenas as afirmativas 1, 2 e 4.

07. (2016/FCC/Prefeitura de São Luís/Procurador do Município) No que se refere à responsabilidade em matéria ambiental, é INCORRETO afirmar que:

a) nas infrações penais previstas na lei de crimes ambientais (Lei Federal nº 9.605/98), a ação penal é pública incondicionada.

b) a responsabilidade civil por dano ambiental é objetiva.

c) as pessoas jurídicas podem ser penalizadas no âmbito penal.

d) a demolição de obra realizada sem o devido licenciamento ambiental pode ser determinada no âmbito administrativo.

e) prescreve em 5 anos a ação da administração objetivando apurar a prática de infração continuada contra o meio ambiente, contada da data do início da prática do ato lesivo.

08. (2015/CESPE/TRF 1ª Região/Juiz Federal) Acerca do poder de polícia ambiental, da responsabilidade ambiental e das infrações ambientais no âmbito federal, assinale a opção correta de acordo com a legislação vigente.

a) Na apuração de infrações administrativas ambientais, aplicar-se-á prescrição intercorrente quando os processos instaurados ficarem paralisados por mais de dois anos sem julgamento ou despacho.

b) Uma vez aplicada advertência para os casos de infrações de menor potencial ofensivo, o órgão ambiental não poderá aplicar multa pelo mesmo fato.

c) O cumprimento de termo de compromisso perante o órgão ambiental relativo à conversão de multa simples em prestação de serviços de preservação do meio ambiente, obedecidas as exigências legais, provoca efeitos tanto na esfera administrativa quanto na esfera civil.

d) Haverá ilegalidade na aplicação de sanções administrativas cuja fundamentação jurídica específica indique ilícito constante de decreto regulamentar, visto que a responsabilização administrativa ambiental exige descrição de fatos ilícitos em lei.

e) O Instituto Chico Mendes de Conservação da Biodiversidade é incompetente para a lavratura dos autos de infrações cometidas no interior de unidade de conservação federal, dado que o poder de polícia ambiental no âmbito federal é exclusivo do IBAMA.

GAB	01	ERRADO	02	C	03	A	04	C	05	C	06	E	07	E	08	C

Art. 72. As infrações administrativas são punidas com as seguintes sanções, observado o disposto no art. 6.º:

I – advertência;

II – multa simples;

III – multa diária;

IV – apreensão dos animais, produtos e subprodutos da fauna e flora, instrumentos, petrechos, equipamentos ou veículos de qualquer natureza utilizados na infração;

V – destruição ou inutilização do produto;

VI – suspensão de venda e fabricação do produto;

VII – embargo de obra ou atividade;

VIII – demolição de obra;

IX – suspensão parcial ou total de atividades;

X – (VETADO)

XI – restritiva de direitos.

§ 1.º Se o infrator cometer, simultaneamente, duas ou mais infrações, ser-lhe-ão aplicadas, cumulativamente, as sanções a elas cominadas.

§ 2.º A advertência será aplicada pela inobservância das disposições desta Lei e da legislação em vigor, ou de preceitos regulamentares, sem prejuízo das demais sanções previstas neste artigo.

§ 3.º A multa simples será aplicada sempre que o agente, por negligência ou dolo:

I – advertido por irregularidades que tenham sido praticadas, deixar de saná-las, no prazo assinalado por órgão competente do SISNAMA ou pela Capitania dos Portos, do Ministério da Marinha;

II – opuser embaraço à fiscalização dos órgãos do SISNAMA ou da Capitania dos Portos, do Ministério da Marinha.

§ 4.º A multa simples pode ser convertida em serviços de preservação, melhoria e recuperação da qualidade do meio ambiente.

§ 5.º A multa diária será aplicada sempre que o cometimento da infração se prolongar no tempo.

§ 6.º A apreensão e destruição referidas nos incisos IV e V do *caput* obedecerão ao disposto no art. 25 desta Lei.

§ 7.º As sanções indicadas nos incisos VI a IX do *caput* serão aplicadas quando o produto, a obra, a atividade ou o estabelecimento não estiverem obedecendo às prescrições legais ou regulamentares.

§ 8.º As sanções restritivas de direito são:

I – suspensão de registro, licença ou autorização;

II – cancelamento de registro, licença ou autorização;

III – perda ou restrição de incentivos e benefícios fiscais;

IV – perda ou suspensão da participação em linhas de financiamento em estabelecimentos oficiais de crédito;

V – proibição de contratar com a Administração Pública, pelo período de até três anos.

1. COMENTÁRIOS

No artigo 72, da Lei 9.605/1998, foram elencadas as seguintes sanções administrativas:

> "I – advertência;
>
> II – multa simples;
>
> III – multa diária;
>
> IV – apreensão dos animais, produtos e subprodutos da fauna e flora, instrumentos, petrechos, equipamentos ou veículos de qualquer natureza utilizados na infração;
>
> V – destruição ou inutilização do produto;
>
> VI – suspensão de venda e fabricação do produto;
>
> VII – embargo de obra ou atividade;
>
> VIII – demolição de obra;
>
> IX – suspensão parcial ou total de atividades;
>
> X – (*Vetado*)
>
> XI – restritiva de direitos".

A dosimetria das sanções será norteada pelos critérios do artigo 6.º, da Lei 9.605/1998, consoante a gravidade do fato, os antecedentes do infrator e a sua situação econômica.

O cometimento de mais de uma infração administrativa pelo infrator o sujeita à aplicação cumulativa de sanções, conforme texto expresso do § 1.º, do artigo 72 da Lei.

Caberá a **advertência** pelo cometimento de qualquer infração administrativa, sem prejuízo das demais sanções cominadas. O artigo 5.º, do Decreto 6.514/2008, prevê a possibilidade de aplicação dessa penalidade para as infrações de menor lesividade ambiental, quando a multa máxima cominada não ultrapassa R$ 1.000,00.

Já a aplicação da **multa simples** pressupõe negligência ou dolo, nos moldes do § 3.º, do artigo 72, da Lei 9.605/1998, quando o infrator já foi advertido e deixou de sanar as irregularidades, bem como opuser embaraço à fiscalização, cabendo a multa diária nas hipóteses de infração permanente.

A **apreensão** recairá sobre os produtos e instrumentos da infração administrativa ambiental, podendo haver a liberação de animais e a doação de produtos perecíveis ou madeira a entidades beneficentes, que passarão a integrar o patrimônio da entidade ambiental após o perdimento administrativo, com espeque no artigo 25 da Lei 9.605/1998.

Se não houver utilidade ou seu uso for ilícito, aí deverá ser adotada a penalidade da **destruição ou inutilização do produto** da infração ambiental.

As sanções de **destruição ou inutilização do produto; de suspensão de venda e fabricação do produto; de embargo de obra ou atividade; de demolição de obra e de suspensão parcial ou total de atividades** deverão ser aplicadas quando o produto, a obra a atividade ou estabelecimento não estiverem obedecendo às prescrições legais ou regulamentares.

De acordo com o novo Código Florestal, o órgão ambiental competente, ao tomar conhecimento do desmatamento em desacordo com o disposto na legislação florestal, deverá embargar a obra ou atividade que deu causa ao uso alternativo do solo, como medida administrativa voltada a impedir a continuidade do dano ambiental, propiciar a regeneração do meio ambiente e dar viabilidade à recuperação da área degradada (art. 51), devendo ainda disponibilizar publicamente as informações sobre o imóvel embargado, inclusive por meio da rede mundial de computadores, caracterizando o exato local da área embargada e informando em que estágio se encontra o respectivo procedimento administrativo.

Contudo, o embargo irá se restringir aos locais onde efetivamente ocorreu o desmatamento ilegal, não alcançando as atividades de subsistência ou as demais atividades realizadas no imóvel não relacionadas com a infração.

Aliás, **o STJ já decidiu que a penalidade administrativa de demolição não é autoexecutória**, ao menos no caso de obra já conclusa, cabendo ao órgão ambiental postular autorização judicial para a sua execução.

Nos termos do artigo 19 do Decreto 6.514/2008, a sanção de demolição de obra poderá ser aplicada pela autoridade ambiental, após o exercício do contraditório e da ampla defesa, à custa do infrator, quando:

> "I – verificada a construção de obra em área ambientalmente protegida em desacordo com a legislação ambiental; ou
>
> II – quando a obra ou construção realizada não atenda às condicionantes da legislação ambiental e não seja passível de regularização."

No entanto, não será aplicada a penalidade de demolição quando, mediante laudo técnico, for comprovado que o desfazimento poderá trazer piores impactos ambientais que a sua manutenção, caso em que a autoridade ambiental, mediante decisão fundamentada, deverá, sem prejuízo das demais sanções cabíveis, impor as medidas necessárias à cessação e mitigação do dano ambiental, observada a legislação em vigor.

Logo, ao final do processo administrativo ambiental, caso seja necessária a penalidade administrativa de demolição, não sendo possível a regularização da construção residencial ou não residencial, será promovido o desfazimento da obra.

Contudo, há uma hipótese cautelar de demolição pontualmente prevista no art. 112 do Decreto 6.514/2008. É que a demolição de obra, edificação ou construção não habitada e utilizada diretamente para a infração ambiental dar-se-á excepcionalmente no ato da fiscalização nos casos em que se constatar que a ausência da demolição importa em iminente risco de agravamento do dano ambiental ou de graves riscos à saúde.

Assim, a demolição também poderá se dar como medida administrativa cautelar já materializada no ato da fiscalização ambiental, na hipótese de *periculum in mora* contra o meio ambiente, não se admitindo, apenas, em edificações residenciais, dado o caráter irreversível da medida.

Dessa forma, o IBAMA ou qualquer outra entidade ambiental integrante do SISNAMA tem interesse-necessidade de agir para propor ação judicial que vise autorizar a demolição, conforme já se pronunciou o STJ.[15]

---

15. REsp 859.914, de 25.05.2010 – REsp 1.246.443, de 23.08.2011.

Ademais, são elencadas como espécies **de penalidade restritiva de direitos** (artigo 72, § 8.º):

> "I – suspensão de registro, licença ou autorização;
>
> II – cancelamento de registro, licença ou autorização;
>
> III – perda ou restrição de incentivos e benefícios fiscais;
>
> IV – perda ou suspensão da participação em linhas de financiamento em estabelecimentos oficiais de crédito;
>
> V – proibição de contratar com a Administração Pública, pelo período de até três anos".

Outrossim, priorizando a tutela em natura do meio ambiente do que uma arrecadação de recursos financeiros, pois a penalidade administrativa pecuniária tem natureza sancionatória e educativa, sendo apenas um instrumento e não um fim em si mesmo, o § 4.º, do artigo 72, da Lei 9.605/1998, prevê que **a multa simples poderá ser convertida em serviços de preservação, melhoria e recuperação da qualidade ambiental**.

Regulamentando esta disposição, o artigo 141, do Decreto 6.514/2008, alterado pelo Decreto 9.179/2017, aduz que não caberá conversão de multa para reparação de danos decorrentes das próprias infrações.

Nos termos do artigo 140, do Decreto 6.514/2008, alterado pelo Decreto 9.179/2017, são considerados serviços de preservação, melhoria e recuperação da qualidade do meio ambiente, as ações, as atividades e as obras incluídas em projetos com, no mínimo, um dos seguintes objetivos:

> I – recuperação:
>
> a) de áreas degradadas para conservação da biodiversidade e conservação e melhoria da qualidade do meio ambiente;
>
> b) de processos ecológicos essenciais;
>
> c) de vegetação nativa para proteção; e
>
> d) de áreas de recarga de aquíferos;
>
> II – proteção e manejo de espécies da flora nativa e da fauna silvestre;
>
> III – monitoramento da qualidade do meio ambiente e desenvolvimento de indicadores ambientais;
>
> IV – mitigação ou adaptação às mudanças do clima;
>
> V – manutenção de espaços públicos que tenham como objetivo a conservação, a proteção e a recuperação de espécies da flora nativa ou da fauna silvestre e de áreas verdes urbanas destinadas à proteção dos recursos hídricos;
>
> VI – educação ambiental; (Redação dada pelo Decreto nº 9.760, de 2019) (Vigência)
>
> VII – promoção da regularização fundiária de unidades de conservação; (Redação dada pelo Decreto nº 9.760, de 2019) (Vigência)
>
> VIII – saneamento básico; (Incluído pelo Decreto nº 9.760, de 2019) (Vigência)

IX – garantia da sobrevivência de espécies da flora nativa e da fauna silvestre mantidos pelo órgão ou pela entidade federal emissora da multa; ou (Incluído pelo Decreto nº 9.760, de 2019) (Vigência)

X – implantação, gestão, monitoramento e proteção de unidades de conservação.

O valor dos custos dos serviços de preservação, conservação, melhoria e recuperação da qualidade do meio ambiente será igual ou superior ao valor da multa convertida.

Hipóteses de suspensão e conversão da punibilidade administrativa no novo Código Florestal

Vale registrar que o novo Código Florestal previu uma hipótese de suspensão da punibilidade administrativa ambiental (artigo 14, § 2.º). É que, **protocolada a documentação exigida para análise da localização da área de reserva legal, ao proprietário ou possuidor rural não poderá ser imputada sanção administrativa**, inclusive restrição a direitos, por qualquer órgão ambiental competente integrante do SISNAMA, em razão da não formalização da área de reserva legal.

Outrossim, no Capítulo XIII da Lei 12.651/2012, foi previsto que no período entre a publicação do novo CFlo (28.05.2012) e a implantação do Programa de Recuperação Ambiental em cada Estado e no Distrito Federal, bem como após a adesão do interessado ao PRA e enquanto estiver sendo cumprido o termo de compromisso, **o proprietário ou possuidor não poderá ser autuado por infrações cometidas antes de 22 de julho de 2008**, relativas à supressão irregular de vegetação em Áreas de Preservação Permanente, de Reserva Legal e de uso restrito.

Assim sendo, os órgãos ambientais do SISNAMA não poderão autuar os proprietários e possuidores por ocupações consolidadas até 22.07.2008 em APP, reserva legal ou áreas de uso restrito.

Apenas com a aprovação do PRA pelos estados e pelo Distrito Federal, caso não haja adesão pelo interessado no prazo de um ano, contado a partir da sua implantação, prorrogável por uma única vez, por igual período, por ato do Chefe do Poder Executivo, poderão os órgãos ambientais aplicar as penalidades administravas aos antigos infratores nessas áreas protegidas.

Insta salientar que, a partir da **assinatura do termo de compromisso**, serão **suspensas as sanções** decorrentes das infrações relativas à supressão irregular de vegetação em Áreas de Preservação Permanente, de Reserva Legal e de uso restrito até 22 de julho de 2008, e, **cumpridas as obrigações estabelecidas no PRA ou no termo de compromisso** para a regularização ambiental das exigências do novo CFlo, nos prazos e condições neles estabelecidos, **as multas referidas serão consideradas como convertidas em serviços de preservação, melhoria e recuperação da qualidade do meio ambiente**, regularizando o uso de áreas rurais consolidadas conforme definido no PRA.

Os PRAs deverão prever as sanções a serem aplicadas pelo não cumprimento dos Termos de Compromisso, na forma do art. 17 do Decreto 7.830/2012.

O Superior Tribunal de Justiça, através da sua 2.ª Turma, no julgamento da petição no Recurso Especial 1.240.122, de 02.10.2012, relatado pelo Ministro Herman Benjamin, fez a correta interpretação do artigo 59, do Código Florestal de 2012, que traz a necessidade do cumprimento do termo de compromisso de reparação do dano como condição de conversão das multas ambientais.

2. JURISPRUDÊNCIA

- **STJ, INFORMATIVO 407 – IBAMA. DEMOLIÇÃO. EDIFÍCIO IRREGULAR.** Versa o recurso sobre o interesse do Ibama em ajuizar ação civil pública para demolir edificação tida como irregular conforme as leis ambientais vigentes. *A Turma deu provimento ao recurso, ao entender que, à luz do art. 72, VIII, da Lei n. 9.605/1998, não é dotada de auto executoriedade a demolição de obras já concluídas, mesmo como sanções administrativas de cunho ambiental.* Ademais, a presente ação civil pública tem como objetivo, além da demolição, a recuperação de área degradada. Assim, não há que falar em ausência de interesse de agir do Ibama. *REsp 789.640-PB, Rel. Min. Mauro Campbell Marques, julgado em 27.10.2009.*

"Ora, não sendo possível a cobrança por ausência de definitividade do crédito, não há que se falar em início do prazo prescricional, que só começará a correr quando vencido o crédito sem pagamento, o que se dará com o término do processo administrativo – julgamento definitivo do último recurso – ou com a fluência do prazo para a impugnação administrativa do crédito decorrente da multa aplicada. Assim, a tese da recorrente – de que o termo inicial tem início na data da infração – não encontra amparo, pois não se admite que a fluência do prazo seja anterior à data em que se torna possível a exigência do crédito" (STJ, REsp n. 1.112.577/SP, julgado segundo a sistemática do art. 543-C do CPC).

"4. **Ademais, como deixa claro o novo Código Florestal (art. 59), o legislador não anistiou geral e irrestritamente as infrações ou extinguiu a ilicitude de condutas anteriores a 22 de julho de 2008, de modo a implicar perda superveniente de interesse de agir. Ao contrário, a recuperação do meio ambiente degradado nas chamadas áreas rurais consolidadas continua de rigor, agora por meio de procedimento administrativo, no âmbito de Programa de Regularização Ambiental – PRA, após a inscrição do imóvel no Cadastro Ambiental Rural – CAR (§ 2.º) e a assinatura de Termo de Compromisso (TC), valendo este como título extrajudicial (§ 3.º). Apenas a partir daí 'serão suspensas' as sanções aplicadas ou aplicáveis (§ 5.º, grifo acrescentado). Com o cumprimento das obrigações previstas no PRA ou no TC, 'as multas' (e só elas) 'serão consideradas convertidas em serviços de preservação, melhoria e recuperação da qualidade do meio ambiente'**. 5. Ora, se os autos de infração e multas lavrados tivessem sido invalidados pelo novo Código ou houvesse sido decretada anistia geral e irrestrita das violações que lhe deram origem, configuraria patente contradição e ofensa à lógica jurídica a mesma lei referir-se a 'suspensão' e 'conversão' daquilo que não mais existiria: o legislador não suspende, nem converte o nada jurídico. Vale dizer, os autos de infração já constituídos permanecem válidos e blindados como atos jurídicos perfeitos que são – apenas a sua exigibilidade monetária fica suspensa na esfera administrativa, no aguardo do cumprimento integral das obrigações estabelecidas no PRA ou no TC. Tal basta para bem demonstrar que se mantém incólume o interesse de agir nas demandas judiciais em curso, não ocorrendo perda de objeto e extinção do processo sem resolução de mérito (CPC, art. 267, VI)". STJ, Recurso Especial 1.240.122, de 02.10.2012.

3. QUESTÕES DE CONCURSOS

01. (PGE Alagoas 2008 – Procurador do Estado – CESPE) As sanções administrativas de cunho ambiental encontram-se previstas em diferentes normas do SISNAMA, entre elas a Lei 9.605/1998. As sanções administrativas previstas nessa lei não incluem a

a) advertência.

b) multa diária.

c) multa simples.

d) falência da empresa.

e) destruição ou inutilização de produto.

02. (TRF 5.ª Região 2007 – Juiz Federal – CESPE) A proibição de contratar com a administração pública por período de até três anos constitui sanção administrativa autônoma, podendo ser aplicada pela autoridade juntamente com pena de embargo de obra, em caso de concurso de infrações ambientais.

03. (TRF 5.ª região 2005 – Juiz Federal – CESPE) A legislação prevê a apreensão dos produtos e subprodutos da fauna e flora, em caso de constatação de infração, por iniciativa da própria administração. A lei não admite, contudo, a apreensão, pela administração, dos equipamentos ou veículos utilizados na infração administrativa ambiental, salvo se consistirem em objetos cujo fabrico, alienação, uso, porte ou detenção constituam fato ilícito.

04. (FCC – 2011 – TCM-BA – Procurador Especial de Contas) A sanção de multa diária, aplicável às infrações administrativas ambientais,

a) é cabível quando o cometimento da infração se prolongar no tempo.

b) depende da prévia e progressiva aplicação da sanção de multa simples.

c) depende de prévia cominação legal, específica para cada tipo administrativo punível.

d) exclui a aplicação de outras sanções de caráter administrativo.

e) incide naquelas infrações de menor lesividade.

05. (FCC – 2011 – TJ-PE – Juiz) O art. 72 da Lei 9.605/1998 elenca o rol de sanções administrativas cabíveis no caso de infração administrativa ao meio ambiente e prevê como a primeira delas (inc. I) a pena de advertência, sobre a qual é correto afirmar:

a) Trata-se de mera admoestação sem consequência alguma, exceto a de constar nos antecedentes do infrator, podendo, por isso mesmo, ser aplicada independentemente da instauração do devido processo legal.

b) Trata-se de sanção como outra qualquer e que não é pressuposto para a aplicação das demais.

c) Trata-se de sanção que deve preceder a aplicação das demais e que, por isso mesmo, é a primeira a ser prevista.

d) Trata-se de sanção que pode ser aplicada de plano, sem necessidade de contraditório, face ao princípio da verdade sabida.

e) Trata-se de sanção que, por suas próprias características, deve ser aplicada em conjunto com outras previstas nos vários incisos do referido artigo.

06. (TJ-PR – 2010 – TJ-PR – Juiz) A Lei 9.605/1998, além das bases de Responsabilidade Penal em matéria ambiental, também estabelece, em seu artigo 70 e seguintes, o embasamento para as Sanções Administrativas Ambientais. Considerando as previsões da citada Lei avalie as seguintes assertivas em verdadeiras (V) ou falsas (F) e marque a alternativa CORRETA:

1. São autoridades competentes para lavrar auto de infração ambiental e instaurar processo administrativo exclusivamente os funcionários de órgãos ambientais integrantes do Sistema Nacional de Meio Ambiente – SISNAMA.

2. Quando o infrator comete simultaneamente 2 (duas) ou mais infrações ser-lhe-ão aplicadas, cumulativamente, as sanções a elas cominadas.

3. A Advertência prevista no inciso I do artigo 72 da Lei 9.605/1998 é considerada Sanção Administrativa Ambiental.

4. Considera-se infração administrativa ambiental toda ação ou omissão que viole as regras jurídicas de uso, gozo, promoção, proteção e recuperação do meio ambiente, bem como as atividades que causem degradação ambiental por qualquer forma, independente de expressa previsão.

a) V, V, F, F

b) V, F, F, V

c) F, V, V, F

d) F, F, F, V

07. **(Prova: TJ-PR – 2010 – TJ-PR – Juiz)** A Lei 9.605/1998, além das bases de Responsabilidade Penal em matéria ambiental, também estabelece, em seu artigo 70 e seguintes, o embasamento para as Sanções Administrativas Ambientais. Considerando as previsões da citada Lei avalie as seguintes assertivas em Verdadeiras (V) ou Falsas (F) e marque a alternativa **CORRETA:**

( ) São autoridades competentes para lavrar auto de infração ambiental e instaurar processo administrativo exclusivamente os funcionários de órgãos ambientais integrantes do Sistema Nacional de Meio Ambiente – SISNAMA.

( ) Quando o infrator comete simultaneamente 2 (duas) ou mais infrações ser-lhe-ão aplicadas, cumulativamente, as sanções a elas cominadas.

( ) A Advertência prevista no inciso I do artigo 72 da Lei 9.605/98 é considerada Sanção Administrativa Ambiental.

( ) Considera-se infração administrativa ambiental toda ação ou omissão que viole as regras jurídicas de uso, gozo, promoção, proteção e recuperação do meio ambiente, bem como as atividades que causem degradação ambiental por qualquer forma, independente de expressa previsão.

a) V, V, F, F

b) V, F, F, V

c) F, V, V, F

d) F, F, F, V

08. **(2017/CESPE/Prefeitura de Belo Horizonte/Procurador Municipal)** Com relação às responsabilidades ambientais e à atuação administrativa do órgão ambiental, assinale a opção correta.

a) Independentemente de designação prévia para a atividade de fiscalização, servidor do órgão ambiental que constatar infração administrativa ambiental é competente para, no exercício do poder de polícia, lavrar o respectivo auto de infração.

b) É vedada a apreensão, pelo órgão ambiental, de veículo utilizado na prática de infração ambiental, sanção que só é aplicada no âmbito penal e por determinação judicial.

c) Membro de conselho ou auditor pode ser responsabilizado pela prática de crime ambiental no caso de, tendo tomado conhecimento de conduta criminosa de outrem, não a ter impedido, embora pudesse agir para evitá-la.

d) Sendo a conduta definida como infração administrativa ambiental e também como crime, o pagamento da multa ao órgão ambiental substitui a multa determinada judicialmente em ação penal ambiental.

09. **(2016/CESPE/TJ-AM/Juiz Substituto)** O fiscal de determinado órgão ambiental constatou que um madeireiro cortava árvores de espécies protegidas. O madeireiro apresentou autorização para cortar exemplares que apresentavam risco de queda, mas, dado o excesso de espécimes cortados, o fiscal considerou que a situação configurava tanto infração administrativa como crime ambiental. Considerou, ainda, após exame da autorização, que o documento estava em desacordo com as normas ambientais aplicáveis, inclusive por vício de competência. Com base nessa situação hipotética, assinale a opção correta acerca de infrações ambientais e poder de polícia.

a) É correto afirmar que o órgão de lotação do fiscal é o IBAMA.

b) Cabem ao fiscal a lavratura do auto de infração ambiental e a instauração tanto do processo administrativo quanto do inquérito criminal contra o madeireiro.

c) Para a lavratura do auto de infração, é desnecessária análise do elemento subjetivo do madeireiro, pois a responsabilidade civil por dano ambiental é objetiva.

d) Se deixar de proceder à apuração mediante processo administrativo próprio, o fiscal poderá ser corresponsabilizado pelo corte ilegal das árvores.

e) A concessão de autorização em desacordo com as normas ambientais só configura crime se tiver havido dolo do servidor que a concedeu.

GAB	01	D	02	CERTO	03	ERRADO	04	A	05	B
	06	C	07	C	08	C	09	D		

Art. 73. Os valores arrecadados em pagamento de multas por infração ambiental serão revertidos ao Fundo Nacional do Meio Ambiente, criado pela Lei nº 7.797, de 10 de julho de 1989, Fundo Naval, criado pelo Decreto nº 20.923, de 8 de janeiro de 1932, fundos estaduais ou municipais de meio ambiente, ou correlatos, conforme dispuser o órgão arrecadador.

1. COMENTÁRIOS

Os valores das multas ambientais serão destinados ao Fundo Nacional do Meio Ambiente e ao Fundo Naval, podendo uma parcela se destinar a fundos estaduais e municipais do meio ambiente.

O Fundo Nacional de Meio Ambiente tem o objetivo de desenvolver os projetos que visem ao uso racional e sustentável de recursos naturais, incluindo a manutenção, melhoria ou recuperação da qualidade ambiental no sentido de elevar a qualidade de vida da população brasileira.

2. QUESTÃO DE CONCURSO

01. (Juiz do Estado da Bahia 2012/CESPE) Os valores arrecadados em decorrência do pagamento de multas por infração ambiental devem ser integralmente revertidos ao Fundo Nacional do Meio Ambiente.

GAB	01	ERRADO

Art. 74. A multa terá por base a unidade, hectare, metro cúbico, quilograma ou outra medida pertinente, de acordo com o objeto jurídico lesado.

1. COMENTÁRIOS

Este artigo contempla as unidades para a dosimetria da multa a serem contempladas no Decreto 6.514/2008.

Art. 75. O valor da multa de que trata este Capítulo será fixado no regulamento desta Lei e corrigido periodicamente, com base nos índices estabelecidos na legislação pertinente, sendo o mínimo de R$ 50,00 (cinquenta reais) e o máximo de R$ 50.000.000,00 (cinquenta milhões de reais).

1. COMENTÁRIOS

Este artigo fixa o valor mínimo e o teto das multas ambientais a serem impostas pelos órgãos do SISNAMA.

Art. 76. O pagamento de multa imposta pelos Estados, Municípios, Distrito Federal ou Territórios substitui a multa federal na mesma hipótese de incidência.

1. COMENTÁRIOS

É muito importante salientar que **a competência para o licenciamento ambiental não se confunde com a atribuição para exercer a fiscalização ambiental**, podendo ser exercidos por diferentes esferas, já que todos os entes federados possuem competência constitucional para o controle da poluição, na forma do artigo 23, VI, da Constituição.

Visando evitar a imposição de multas pelo mesmo fato em mais de uma esfera, o artigo 76, da Lei 9.605/1998, prevê que "o pagamento de multa imposta pelos Estados, Municípios, Distrito Federal ou Territórios substitui a multa federal na mesma hipótese de incidência".

Trata-se de dispositivo legal de duvidosa constitucionalidade, uma vez que prioriza a aplicação de sanções administrativas pecuniárias pelas entidades ambientais locais, sempre afastando a atuação federal, o que aparentemente viola a competência material comum para a preservação ambiental.

Tal dispositivo poderá gerar um conflito entre entes políticos, pois bastará uma multa estadual, distrital ou municipal pelo mesmo fato para afastar a federal, independentemente do valor e do momento da imposição, o que não se mostra razoável.

Logo, deverá prevalecer a primeira multa imposta, o que privilegia a célere atuação administrativa do órgão ambiental e que melhor respeita a competência comum para a preservação do meio ambiente.

Em regulamentação ao artigo 76 da Lei 9.605/1998, o artigo 12 do Regulamento aponta uma interessante saída que se mostra compatível com o atual ordenamento constitucional, pois prevê que a substituição da multa se dará até o limite do Decreto 6.514/2008, ou seja, se a multa federal for maior a substituição será parcial, bem como será condicionada ao efetivo pagamento ao Poder Público local.

Contudo, o art. 76 da Lei 9.605/1998 deve ser aplicado em harmonia com o art. 17,[16] § 3.º,[17] da Lei Complementar 140/2011, haja vista que na concorrência de autos de infração lavrados por diversos órgãos ambientais, irá prevalecer a autuação da entidade que promoveu o licenciamento ambiental, caso tenha havido este procedimento administrativo.

De acordo com o artigo 17, *caput*, da Lei Complementar 140/2011, "compete ao órgão responsável pelo licenciamento ou autorização, conforme o caso, de um empreendimento ou atividade, lavrar auto de infração ambiental e instaurar processo administrativo para a apuração de infrações à legislação ambiental cometidas pelo empreendimento ou atividade licenciada ou autorizada".

Assim sendo, a LC 140/2011 deu prioridade ao órgão ambiental licenciador para o exercício do poder de polícia ambiental por meio da lavratura de auto de infração, caso consumado um ilícito administrativo-ambiental.

Entende-se que continua sendo possível que os órgãos ambientais das esferas que não licenciaram o empreendimento exerçam o seu poder de polícia ambiental, pois se trata de competência material comum.

---

16. "Art. 17. Compete ao órgão responsável pelo licenciamento ou autorização, conforme o caso, de um empreendimento ou atividade, lavrar auto de infração ambiental e instaurar processo administrativo para a apuração de infrações à legislação ambiental cometidas pelo empreendimento ou atividade licenciada ou autorizada".

17. "§ 3º O disposto no *caput* deste artigo não impede o exercício pelos entes federativos da atribuição comum de fiscalização da conformidade de empreendimentos e atividades efetiva ou potencialmente poluidores ou utilizadores de recursos naturais com a legislação ambiental em vigor, prevalecendo o auto de infração ambiental lavrado por órgão que detenha a atribuição de licenciamento ou autorização a que se refere o *caput*".

Nesse sentido, pontifica o artigo 17, § 3.º, da LC 140/2011, que "o disposto no *caput* deste artigo **não impede o exercício pelos entes federativos da atribuição comum de fiscalização da conformidade de empreendimentos e atividades efetivas ou potencialmente poluidores ou utilizadores de recursos naturais com a legislação ambiental em vigor, prevalecendo o auto de infração ambiental lavrado por órgão que detenha a atribuição de licenciamento ou autorização a que se refere o *caput***".

Pontifica o artigo 7.º, XIII, da LC 140/2011, que compete à União exercer o controle e fiscalizar as atividades e empreendimentos cuja atribuição para licenciar ou autorizar, ambientalmente, for cometida à União.

O mesmo foi previsto para os Estados, o Distrito Federal e os Municípios nos artigos 8.º, XIII, e 9.º, XIII, todos da Lei Complementar 140/2011, sendo esta a **regra geral atual: ordinariamente, quem licenciou é que irá fiscalizar.**

Caso inexista licenciamento ambiental ou as multas pelo mesmo fato tenham sido lavradas por entidades ambientais não concessoras da licença, haverá a aplicação do art. 76 da Lei 9.605/1998.

Veja-se notícia do site do STJ de janeiro de 2017 em que a Corte aplicou o artigo 76, da Lei 9.605/98:

> **DECISÃO**
>
> 20/01/2017 15:46
>
> **Petrobras terá de pagar R$ 10 milhões em multa por derramar petróleo na Baía de Ilha Grande**
>
> Uma sanção imposta pelos estados, municípios ou pelo Distrito Federal substitui a multa imposta pela União em relação ao mesmo fato, mas a multa estabelecida pela União não impossibilita a imposição de multa por município.
>
> Com base nesse entendimento, a Segunda Turma do Superior Tribunal de Justiça (STJ) decidiu que a Petrobras terá de pagar R$ 10 milhões de multa ao município de Angra dos Reis (RJ), em razão do dano ambiental ocasionado pelo derramamento de óleo na Baía de Ilha Grande, em maio de 2002, mesmo já havendo multa aplicada pela União, no valor de R$ 150 mil. O julgamento foi concluído em dezembro, mas o acórdão só será publicado depois do recesso do Judiciário.
>
> O recurso foi apresentado no STJ pelo município de Angra dos Reis, inconformado com a decisão do Tribunal de Justiça do Rio de Janeiro (TJRJ) favorável à Petrobras. A empresa havia alegado que o município não poderia ter aplicado a multa, pois a Capitania dos Portos, que seria o órgão federal competente para tanto, já havia tomado providências nesse sentido. Sustentou, ainda, que a multa da União substituiria a multa municipal.
>
> O TJRJ confirmou a sentença que desconstituiu a multa imposta pelo município, sob o fundamento de que a sanção aplicada em momento anterior pela Capitania dos Portos, e já recolhida pela empresa, substitui eventual penalidade pela mesma conduta por parte dos demais entes federativos.
>
> **Competência inafastável**
>
> O relator do caso no STJ, ministro Herman Benjamin, explicou que o poder-dever de controle e fiscalização ambiental, comum a todos os entes federativos, emerge

da própria Constituição Federal e da legislação infraconstitucional, sobretudo da Lei da Política Nacional do Meio Ambiente (Lei 6.938/81) e da Lei dos Crime e Ilícitos Administrativos contra o Meio Ambiente (Lei 9.605/98), "que fixam normas gerais sobre a matéria".

Para Benjamin, é "inafastável a competência municipal para aplicar multa em virtude dos danos ambientais provocados pelo incidente ocorrido na Baía da Ilha Grande, visto que a área é abrangida pelo município de Angra dos Reis".

Segundo ele, também é "impossível deixar de reconhecer a competência da União, exercida pela Marinha do Brasil/Capitania dos Portos, especialmente considerando que a atividade desenvolvida pela Petrobras implica alto risco de causar lesões a seus bens naturais".

Predominância

Benjamin citou o artigo 76 da Lei 9.605/98, no qual afirma ter-se baseado o tribunal fluminense para anular a multa imposta pelo município. De acordo com o relator, "embora passível de questionamento, o fato é que, no âmbito infraconstitucional, houve uniforme e expressa opção no sentido de que, em relação ao mesmo fato, a sanção imposta por estados, municípios, Distrito Federal e territórios predomina sobre a multa de natureza federal".

Para o ministro, "a situação inversa não foi contemplada de forma intencional". Segundo ele, não há margem para interpretação de que a multa paga à União impossibilita a cobrança daquela aplicada pelo município, sob pena de bitributação, "uma vez que a atuação conjunta dos poderes públicos, de forma cooperada, na tutela do meio ambiente, é dever imposto pela Constituição Federal".

Esta notícia refere-se ao(s) processo(s): REsp 1132682

2. JURISPRUDÊNCIA

"Processual civil. Administrativo. Ambiental. Multa. Conflito de atribuições comuns. Omissão de órgão estadual. Potencialidade de dano ambiental a bem da União. Fiscalização do IBAMA. Possibilidade. **1. Havendo omissão do órgão estadual na fiscalização, mesmo que outorgante da licença ambiental, pode o IBAMA exercer o seu poder de polícia administrativa, pois não há confundir competência para licenciar com competência para fiscalizar.** 2. A contrariedade à norma pode ser anterior ou superveniente à outorga da licença, portanto a aplicação da sanção não está necessariamente vinculada à esfera do ente federal que a outorgou. **3. O pacto federativo atribuiu competência aos quatro entes da federação para proteger o meio ambiente através da fiscalização.** 4. A competência constitucional para fiscalizar é comum aos órgãos do meio ambiente das diversas esferas da federação, inclusive o artigo 76 da Lei Federal 9.605/1998 prevê a possibilidade de atuação concomitante dos integrantes do SISNAMA. **5. Atividade desenvolvida com risco de dano ambiental a bem da União pode ser fiscalizada pelo IBAMA, ainda que a competência para licenciar seja de outro ente federado.** Agravo regimental provido" (STJ, AgRg no REsp 711.405/PR, j. 28.04.2009).

PROCESSO	REsp 1.132.682-RJ, Rel. Min. Herman Benjamin, Segunda Turma, por unanimidade, julgado em 13/12/2016, DJe 12/03/2020
RAMO DO DIREITO	DIREITO AMBIENTAL, DIREITO CONSTITUCIONAL
TEMA	Dano ao meio ambiente. Competência comum. Cooperação dos entes federativos. Aplicação de multa pelo Município e pela União. *Bis in idem*. Inexistência.
STJ INFORMATIVO 667 - DESTAQUE	
A cobrança por Município de multa relativa a danos ambientais já paga à União anteriormente, pelo mesmo fato, não configura *bis in idem*.	

INFORMAÇÕES DO INTEIRO TEOR

A Carta *Magna* atribui aos diversos entes da federação – União, Estados, Distrito Federal e Municípios – competência comum para proteção e preservação do meio ambiente.

O dever-poder de zelar e proteger o meio ambiente – comum entre todos os entes federativos – emerge da própria Constituição Federal e da legislação infraconstitucional, especialmente da Lei da Política Nacional do Meio Ambiente (Lei n. 6.938/1981) e da Lei dos Crimes e Ilícitos Administrativos contra o Meio Ambiente (Lei n. 9.605/1998), que fixam normas gerais sobre a matéria.

O art. 76 da Lei n. 9.605/1998 reproduz, com pequena diferença, preceito contido no art. 14, I, da Lei n. 6.938/1981.

A norma mais recente prescreve que o pagamento de multa imposta pelos Estados, Municípios, Distrito Federal e Territórios substitui a multa federal na mesma hipótese de incidência, ao passo que a anterior vedava a cobrança da sanção pecuniária pela União, se já houve sido aplicada pelos demais entes federativos.

Como se percebe, o critério adotado pelo legislador é de que prevalece a multa lavrada pelos Estados, Municípios, Distrito Federal e Territórios, em detrimento da constituída pela União.

Embora passível de questionamento, sobretudo se considerado o regime de cooperação entre os entes federativos em matéria de proteção do meio ambiente e de combate à poluição (art. 23, VI e VII, da CF), o fato é que, no âmbito infraconstitucional, houve uniforme e expressa opção de que, em relação ao mesmo fato, a sanção imposta por Estados, Municípios, Distrito Federal e Territórios predomina sobre a multa de natureza federal.

Se o pagamento da multa imposta pela União também afastasse a possibilidade de cobrança por Estados, Municípios, Distrito Federal e Territórios, a lei teria afirmado simplesmente que o adimplemento de sanção aplicada por ente federativo afastaria a exigência de pena pecuniária por quaisquer dos outros.

Dessa forma, não há margem para interpretação de que a multa paga à União impossibilita a cobrança daquela aplicada pelo Município, sob pena de *bis in idem*, uma vez que a atuação conjunta dos poderes públicos, de forma cooperada, na tutela do meio ambiente, é dever imposto pela Constituição Federal.

3. QUESTÃO DE CONCURSO

01. (Prova: PUC-PR – 2011 – TJ-RO – Juiz) A Lei 9.605/98, em que pese ser comumente denominada de Lei de Crimes Ambientais, também estabelece a base para as Infrações Administrativas Ambientais em seu artigo 70 e seguintes. Nestes trata do Poder de Polícia e fixa a competência para fiscalização em matéria administrativa ambiental. Considerando tais dispositivos, analise quais das assertivas abaixo são verdadeiras e quais são falsas. Marque, em seguida, a alternativa cuja sequência, de cima para baixo, está **CORRETA:**

( ) Qualquer pessoa, constatando infração ambiental, poderá dirigir representação às autoridades competentes, para efeito do exercício do seu poder de polícia.

( ) São autoridades competentes para lavrar auto de infração ambiental e instaurar processo administrativo exclusivamente os funcionários de órgãos ambientais integrantes do Sistema Nacional de Meio Ambiente – SISNAMA, designados para as atividades de fiscalização.

( ) A autoridade ambiental que tiver conhecimento de infração ambiental é obrigada promover a sua a apuração imediata, mediante processo administrativo próprio, sob pena de corresponsabilidade.

( ) No processo administrativo ambiental o prazo máximo para o infrator oferecer defesa ou impugnação contra o auto de infração é de 15 dias, contados da data da ciência da autuação.

( ) O pagamento de multa imposta pelos Estados, Municípios, Distrito Federal ou Territórios substitui a multa federal na mesma hipótese de incidência.

a) V, V, F, V, V

b) V, F, V, F, V

c) F, F, V, V, F

d) F, V, F, F, V

e) V, F, F, V, F

GAB	01	B

▸ CAPÍTULO VII
DA COOPERAÇÃO INTERNACIONAL PARA A PRESERVAÇÃO DO MEIO AMBIENTE

Art. 77. Resguardados a soberania nacional, a ordem pública e os bons costumes, o Governo brasileiro prestará, no que concerne ao meio ambiente, a necessária cooperação a outro país, sem qualquer ônus, quando solicitado para:

I – produção de prova;

II – exame de objetos e lugares;

III – informações sobre pessoas e coisas;

IV – presença temporária da pessoa presa, cujas declarações tenham relevância para a decisão de uma causa;

V – outras formas de assistência permitidas pela legislação em vigor ou pelos tratados de que o Brasil seja parte.

§ 1.º A solicitação de que trata este artigo será dirigida ao Ministério da Justiça, que a remeterá, quando necessário, ao órgão judiciário competente para decidir a seu respeito, ou a encaminhará à autoridade capaz de atendê-la.

§ 2.º A solicitação deverá conter:

I – o nome e a qualificação da autoridade solicitante;

II – o objeto e o motivo de sua formulação;

III – a descrição sumária do procedimento em curso no país solicitante;

IV – a especificação da assistência solicitada;

V – a documentação indispensável ao seu esclarecimento, quando for o caso.

Art. 78. Para a consecução dos fins visados nesta Lei e especialmente para a reciprocidade da cooperação internacional, deve ser mantido sistema de comunicações apto a facilitar o intercâmbio rápido e seguro de informações com órgãos de outros países.

1. COMENTÁRIOS

Este Capítulo regulamenta a cooperação penal internacional no que concerne aos crimes ambientais, devendo ser requerida ao Ministro da Justiça, em especial para a produção de prova em outro país, a exemplo de investigação sobre o delito de tráfico internacional de animais silvestres.

De acordo com *José Paulo Baltazar Jr.*, "tradicionalmente, a cooperação jurídica internacional em matéria penal, afora os casos de extradição, se dava mediante o procedimento da carta rogatória, que é um pedido oriundo de um juízo ou tribunal e dirigido a um juízo ou tribunal estrangeiro, a fim de que aí seja realizado um ato judicial, como, uma citação ou a oitiva de uma testemunha. As **cartas rogatórias** têm um procedimento complexo e moroso, que envolve a tradução dos documentos, remessa ao Ministério da Justiça, daí ao Ministério das Relações Exteriores, para a embaixada no país destinatário, que encaminha o pedido ao Ministério das Relações exteriores, donde segue ao Ministério da Justiça no país destinatário, para finalmente chegar ao juízo que cumprirá a carta. O retorno se dá pelo mesmo tortuoso caminho. Além da demora, durante todo esse processo é muito difícil obter informações sobre o andamento da carta, em razão do grande número de órgãos envolvidos. Na prática, algumas jamais eram respondidas, outras voltavam anos após a expedição, em virtude de pequenos equívocos, demandando a renovação completa do procedimento.

Nos últimos anos, o sistema de cartas rogatórias passou a ser substituído pela chamada cooperação direta. Atualmente, o Brasil mantém acordos bilaterais de cooperação jurídica internacional em matéria penal com 14 países, além de ser parte da Convenção Interamericana para Assistência Jurídica Mútua em Matéria Criminal e do Protocolo do Mercosul para Assistência Jurídica Mútua em Matéria Penal, instrumentos multilaterais de cooperação internacional em matéria penal"[18].

CAPÍTULO VIII
DISPOSIÇÕES FINAIS

Art. 79. Aplicam-se subsidiariamente a esta Lei as disposições do Código Penal e do Código de Processo Penal.

1. COMENTÁRIOS

Esta Lei é um microssistema jurídico penal e processual dos delitos ambientais. Deste modo, o CP e o CPP apenas serão aplicados supletivamente, quando a Lei 9.605 for omissa, desde que haja compatibilidade.

2. QUESTÃO DE CONCURSO

01. (FEPESE – 2012 – FATMA – Advogado Fundacional) As disposições do Código Penal e o Código de Processo Penal aplicam-se subsidiariamente à Lei de Crimes Ambientais.

GAB | 01 | CERTO

Art. 79-A. Para o cumprimento do disposto nesta Lei, os órgãos ambientais integrantes do SISNAMA, responsáveis pela execução de programas e projetos e pelo controle e fiscalização dos estabelecimentos e das atividades suscetíveis de degradarem a qualidade ambiental, ficam autorizados a celebrar, com força de título executivo extrajudicial, termo de compromisso com pessoas físicas ou jurídicas responsáveis pela construção, instalação, ampliação e funcionamento de estabelecimentos e atividades utilizadores de recursos ambientais, considerados efetiva ou potencialmente poluidores. (Incluído pela Medida Provisória nº 2.163-41, de 23.08.2001)

§ 1.º O termo de compromisso a que se refere este artigo destinar-se-á, exclusivamente, a permitir que as pessoas físicas e jurídicas mencionadas no *caput* possam promover as necessárias correções de suas atividades, para o atendimento das exigências impostas pelas autoridades ambientais competentes, sendo obrigatório que o respectivo instrumento disponha sobre: (Incluído pela Medida Provisória nº 2.163-41, de 23.08.2001)

18. http://www.cartaforense.com.br/conteudo/artigos/cooperacao-juridica-internacional-em-materia-penal/7575.

I – o nome, a qualificação e o endereço das partes compromissadas e dos respectivos representantes legais; (Incluído pela Medida Provisória nº 2.163-41, de 23.08.2001)

II – o prazo de vigência do compromisso, que, em função da complexidade das obrigações nele fixadas, poderá variar entre o mínimo de noventa dias e o máximo de três anos, com possibilidade de prorrogação por igual período; (Incluído pela Medida Provisória nº 2.163-41, de 23.08.2001)

III – a descrição detalhada de seu objeto, o valor do investimento previsto e o cronograma físico de execução e de implantação das obras e serviços exigidos, com metas trimestrais a serem atingidas; (Incluído pela Medida Provisória nº 2.163-41, de 23.08.2001)

IV – as multas que podem ser aplicadas à pessoa física ou jurídica compromissada e os casos de rescisão, em decorrência do não cumprimento das obrigações nele pactuadas; (Incluído pela Medida Provisória nº 2.163-41, de 23.08.2001)

V – o valor da multa de que trata o inciso IV não poderá ser superior ao valor do investimento previsto; (Incluído pela Medida Provisória nº 2.163-41, de 23.08.2001)

VI – o foro competente para dirimir litígios entre as partes. (Incluído pela Medida Provisória nº 2.163-41, de 23.08.2001)

§ 2.º No tocante aos empreendimentos em curso até o dia 30 de março de 1998, envolvendo construção, instalação, ampliação e funcionamento de estabelecimentos e atividades utilizadores de recursos ambientais, considerados efetiva ou potencialmente poluidores, a assinatura do termo de compromisso deverá ser requerida pelas pessoas físicas e jurídicas interessadas, até o dia 31 de dezembro de 1998, mediante requerimento escrito protocolizado junto aos órgãos competentes do SISNAMA, devendo ser firmado pelo dirigente máximo do estabelecimento. (Incluído pela Medida Provisória nº 2.163-41, de 23.08.2001)

§ 3.º Da data da protocolização do requerimento previsto no § 2º e enquanto perdurar a vigência do correspondente termo de compromisso, ficarão suspensas, em relação aos fatos que deram causa à celebração do instrumento, a aplicação de sanções administrativas contra a pessoa física ou jurídica que o houver firmado. (Incluído pela Medida Provisória nº 2.163-41, de 23.08.2001)

§ 4.º A celebração do termo de compromisso de que trata este artigo não impede a execução de eventuais multas aplicadas antes da protocolização do requerimento. (Incluído pela Medida Provisória nº 2.163-41, de 23.08.2001)

§ 5.º Considera-se rescindido de pleno direito o termo de compromisso, quando descumprida qualquer de suas cláusulas, ressalvado o caso fortuito ou de força maior. (Incluído pela Medida Provisória nº 2.163-41, de 23.08.2001)

§ 6.º O termo de compromisso deverá ser firmado em até noventa dias, contados da protocolização do requerimento. (Incluído pela Medida Provisória nº 2.163-41, de 23.08.2001)

§ 7.º O requerimento de celebração do termo de compromisso deverá conter as informações necessárias à verificação da sua viabilidade técnica e jurídica, sob pena de indeferimento do plano. (Incluído pela Medida Provisória nº 2.163-41, de 23.08.2001)

§ 8.º Sob pena de ineficácia, os termos de compromisso deverão ser publicados no órgão oficial competente, mediante extrato. (Incluído pela Medida Provisória nº 2.163-41, de 23.08.2001)

1. COMENTÁRIOS

Os termos de compromissos ambientais, que constituem títulos executivos extrajudiciais, se revelam em importantes instrumentos que os órgãos ambientais do SISNAMA dispõem para adequar a conduta de pessoas físicas ou jurídicas à legislação ambiental.

Em nenhuma hipótese, salvo expressa autorização legal, os órgãos ambientais poderão transacionar sobre o objetivo avençado, mas apenas será possível buscar o melhor modo e prazo razoável para o cumprimento das normas ambientais.

Para os empreendimentos poluidores que começaram a funcionar até 30 de março de 1998, possibilitou-se a celebração de termo de compromisso a ser requerido o dia 31 de dezembro de 1998, mediante requerimento escrito protocolizado junto aos órgãos competentes do SISNAMA, ficando suspensa a punibilidade administrativa durante a sua vigência.

Isso porque a Lei de Crimes e Infrações Ambientais foi um dos marcos mais importantes da história da legislação brasileira em proteção ao meio ambiente.

É previsto que será rescindido de pleno direito o termo de compromisso, quando descumprida qualquer de suas cláusulas, ressalvado o caso fortuito ou de força maior. No entanto, se for conveniente, será possível a sua execução judicial pelo órgão ambiental do SISNAMA, se mais conveniente do que a rescisão de pleno direito.

2. JURISPRUDÊNCIA

▸ **STJ, INFORMATIVO 467 – CRIME AMBIENTAL. TRANSPORTE. PRODUTOS PERIGOSOS.** Em *habeas corpus*, busca-se o trancamento da ação penal a que o paciente responde por suposto crime ambiental, devido ter sido apreendido caminhão de sua empresa que transportava produto considerado perigoso (dióxido de carbono, NR ONU-2187, classe 2.2, grau de risco-22) sem licença do órgão ambiental estatal competente, em desacordo com o Dec. n. 96.044/1988, que regulamenta o transporte de produtos perigosos, e a Res. n. 420/2004 da Agência Nacional de Transportes Terrestres (ANTT). Narra-se, na impetração, que o paciente foi denunciado juntamente com outros diretores da empresa como incurso nos arts. 2.º, 3.º e 56, *caput*, todos da Lei n. 9.605/1998 e, mesmo após ter cumprido o termo de ajustamento de conduta (TAC), a denúncia foi aceita pelo juízo, também foi proposta a suspensão condicional do processo pelo MP estadual, contudo o paciente recusou-a por entender que, no caso, não existe crime. Diante dessas circunstâncias, aponta ausência de justa causa para a instauração da ação penal e argumenta que, lavrado o TAC, perdeu o sentido o ajuizamento de uma ação penal em razão de ilícito ambiental praticado e, por fim, alega a inépcia da denúncia, que reputa genérica por não individualizar a conduta dos acusados. Para a Min. Relatora, o TAC, conforme o disposto nos §§ 2.º e 3.º do art. 79-A da Lei n. 9.605/1998, surgiu em dado momento histórico, para ajuste de comportamentos potencialmente poluidores, inclusive com período delimitado na própria legislação para a suspensão das sanções administrativas, ou seja, empreendimentos em curso até 30.03.1998 e requerido por pessoas físicas e jurídicas interessadas até 31.12.1998. Assim, explica que, pelo princípio da subsidiariedade, como as sanções não penais encontravam-se suspensas, não seria razoável cobrar responsabilidade penal pelo mesmo comportamento no período de suspensão. Na hipótese dos autos, o TAC afasta-se dos requisitos dos citados parágrafos, apesar de ter logrado o arquivamento do inquérito civil público, além de alcançar o licenciamento tanto no âmbito estadual como federal, pois o termo de conduta foi firmado em 23.09.2008, depois de uma década das condições legais cronológicas para obtê-lo. *Nesse contexto, assevera a Min. Relatora que a assinatura do TAC (concedido em esfera administrativa) e a reparação do dano ambiental não têm a extensão pretendida no âmbito penal, visto que não elidem a tipicidade penal, porém serão consideradas em caso de eventual condenação.* No entanto, reconhece a inépcia formal da denúncia por ser extremamente sucinta e não haver a individualização da conduta criminosa dos acusados, o que impede o exercício da ampla defesa. Acrescenta que, nos casos de autoria coletiva, embora a jurisprudência do STJ não exija a descrição pormenorizada da conduta de cada denunciado, é imprescindível que o órgão acusatório estabeleça a mínima relação entre o denunciado e o delito que lhe é imputado. Com esse entendimento, a Turma conheceu em parte do *habeas corpus* e concedeu a ordem apenas para anular a ação penal a partir da denúncia, reconhecendo sua inépcia formal, sem prejuízo que outra seja oferecida, estendendo a concessão aos demais corréus (art. 580 do CPP). Precedentes citados: HC 82.911-MG, *DJe* 15.06.2009; RHC 21.469-SP, *DJ* 05.11.2007; RHC 24.239-ES, *DJe* 1º.07.2010; APn 561-MS, *DJe* 22.04.2010; HC 58.157-ES, *DJe* 08.09.2009; RHC 24.390-MS, *DJe* 16.03.2009; HC 117.945-SE, *DJe* 17.11.2008; HC 62.330-SP, *DJ* 29.06.2007; HC 69.240-MS, *DJ* 10.09.2007; PExt no HC 61.237-PB, *DJe* 12.04.2010, e PExt no HC 114.743-RJ, *DJe* 05.04.2010. HC 187.043-RS, Rel. Min. Maria Thereza de Assis Moura, julgado em 22.03.2011.

3. QUESTÃO DE CONCURSO

01. **(MPE-MG – 2010 – MPE-MG – Promotor de Justiça)** Sobre o termo de compromisso previsto na Lei Federal nº 9.605/1998, a ser firmado com pessoas físicas ou jurídicas responsáveis pela construção, instalação, ampliação e funcionamento de atividades e estabelecimentos utilizadores de recursos ambientais, pode-se afirmar

I. São autorizados a celebrá-lo os órgãos ambientais do Sistema Nacional de Meio Ambiente (SISNAMA), responsáveis pela execução de programas e projetos e pelo controle e fiscalização dos estabelecimentos e atividades suscetíveis de degradarem a qualidade ambiental.

II. Destinar-se-á, exclusivamente, a permitir que as pessoas físicas e jurídicas possam promover as necessárias correções de suas atividades, para atenderem as exigências impostas pelas autoridades ambientais competentes.

III. Será obrigatório que, no referido instrumento, conste o nome, a qualificação e o endereço das partes compromissadas e dos respectivos representantes legais; e conste a descrição detalhada do objeto, o valor do investimento previsto e o cronograma físico da execução e da implementação de obras e serviços exigidos.

IV. O prazo de vigência do compromisso, que, em função da complexidade das obrigações nele fixadas, poderá ser de até dois anos, considerando, nesse aspecto, o prazo de duração razoável de eventual processo administrativo.

V. Deve ser fixada a multa para as hipóteses de rescisão ou de não cumprimento das obrigações pactuadas, cujo valor não poderá superar o do investimento previsto.

Marque a opção CORRETA.

a) I, IV e V estão corretas.
b) II, III e V estão corretas.
c) I, II, III e V estão corretas.
d) I, II, III e IV estão corretas.
e) Todas estão corretas.

GAB	01	C

Art. 80. O Poder Executivo regulamentará esta Lei no prazo de noventa dias a contar de sua publicação.

Art. 81. (VETADO)

1. COMENTÁRIOS

A Lei 9.605/1998, na parte que demanda regulamentação (infrações administrativas) para a sua integral aplicação, foi regulamentada pele Decreto 3.179/1999, posteriormente substituído pelo Decreto 6.514/2008.

A parte criminal também precisa ser regulamentada nas hipóteses de normas penais em branco, que se dividem em homogêneas e heterogêneas.

Ante o veto do artigo 41, que previa vigência imediata na data da sua publicação perpetrada em 13 de fevereiro de 1998, esta Lei entrou 45 dias após a sua publicação.

Art. 82. Revogam-se as disposições em contrário.

1. COMENTÁRIOS

Várias leis criminais ambientais extravagantes foram revogadas tacitamente pela Lei 9.605/98, a exemplo da parte criminal do artigo 14 da Lei 6.938/1981.

No entanto, existem crimes ambientais que ainda subsistem, pois a Lei 9.605/1998 não tratou do tema de maneira diversa. Entende-se que ainda permanecem vigentes:

> 1. O crime do artigo 250 do CP (causar incêndio, expondo a perigo de vida a integridade física ou o patrimônio de outrem);
>
> 2. As contravenções dos artigos 31 (omissão de cautela na guarda ou condução de animais) e 42 (perturbação do trabalho e do sossego alheios) da LCP;
>
> 3. Os crimes dos artigos 23 (transmitir ilicitamente informações sigilosas, concernentes à energia nuclear), 26 (deixar de observar as normas de segurança ou de proteção relativas à instalação nuclear ou ao uso, transporte, posse e guarda de material nuclear, expondo a perigo a vida, a integridade física ou o patrimônio de outrem) e 27 (impedir ou dificultar o funcionamento de instalação nuclear ou o transporte de material nuclear), da Lei 6.453/1977 (atividades nucleares);
>
> 4. O crime do artigo 2.º da Lei 7.643/1987 (pesca de cetáceos ou o seu molestamento intencional em águas jurisdicionais brasileiras).

Crê-se, ainda, na vigência do crime do artigo 15 da Lei 7.802/1989, que se refere à produção, comercialização, transporte e uso de agrotóxicos, em razão da sua especialidade ao artigo 56 da Lei 9.605/1998.

Outrossim, a Lei 11.105/2005 tipifica condutas que atentem contra a biossegurança, nos artigos 24 a 29, a exemplo da proibição da clonagem humana, utilização de embriões humanos fora dos permissivos legais, liberar ou descartar OGM em desacordo com as normas fixadas pela CTNBio etc., inexistindo tipos culposos.

> Art. 24. Utilizar embrião humano em desacordo com o que dispõe o art. 5.º desta Lei:
>
> Pena – detenção, de 1 (um) a 3 (três) anos, e multa.
>
> Art. 25. Praticar engenharia genética em célula germinal humana, zigoto humano ou embrião humano:
>
> Pena – reclusão, de 1 (um) a 4 (quatro) anos, e multa.
>
> Art. 26. Realizar clonagem humana:
>
> Pena – reclusão, de 2 (dois) a 5 (cinco) anos, e multa.
>
> Art. 27. Liberar ou descartar OGM no meio ambiente, em desacordo com as normas estabelecidas pela CTNBio e pelos órgãos e entidades de registro e fiscalização:
>
> Pena – reclusão, de 1 (um) a 4 (quatro) anos, e multa.
>
> § 1.º (VETADO)
>
> § 2.º Agrava-se a pena:
>
> I – de 1/6 (um sexto) a 1/3 (um terço), se resultar dano à propriedade alheia;
>
> II – de 1/3 (um terço) até a metade, se resultar dano ao meio ambiente;

III – da metade até 2/3 (dois terços), se resultar lesão corporal de natureza grave em outrem;

IV – de 2/3 (dois terços) até o dobro, se resultar a morte de outrem.

Art. 28. Utilizar, comercializar, registrar, patentear e licenciar tecnologias genéticas de restrição do uso:

Pena – reclusão, de 2 (dois) a 5 (cinco) anos, e multa.

Art. 29. Produzir, armazenar, transportar, comercializar, importar ou exportar OGM ou seus derivados, sem autorização ou em desacordo com as normas estabelecidas pela CTNBio e pelos órgãos e entidades de registro e fiscalização:

Pena – reclusão, de 1 (um) a 2 (dois) anos, e multa.

Brasília, 12 de fevereiro de 1998; 177.º da Independência e 110.º da República.

FERNANDO HENRIQUE CARDOSO

Gustavo Krause

Este texto não substitui o publicado no *DOU* de 13.02.1998 e retificado no *DOU* de 17.02.1998.

LEI 9.985, DE 18 DE JULHO DE 2000

▸ **SISTEMA NACIONAL DAS UNIDADES DE CONSERVAÇÃO (SNUC)**

Regulamenta o art. 225, § 1.º, incisos I, II, III e VII da Constituição Federal, institui o Sistema Nacional de Unidades de Conservação da Natureza e dá outras providências

O VICE-PRESIDENTE DA REPÚBLICA no exercício do cargo de PRESIDENTE DA REPÚBLICA Faço saber que o Congresso Nacional decreta e eu sanciono a seguinte Lei:

▸ **CAPÍTULO I**
DAS DISPOSIÇÕES PRELIMINARES

Art. 1.º Esta Lei institui o Sistema Nacional de Unidades de Conservação da Natureza – SNUC, estabelece critérios e normas para a criação, implantação e gestão das unidades de conservação.

1. COMENTÁRIOS

As unidades de conservação constituem mais uma modalidade de espaços ambientais territoriais especialmente protegidos a serem instituídos pelo Poder Público.

O seu regramento atual está consignado pela Lei 9.985/2000, que aprovou o Sistema Nacional de Unidades de Conservação da Natureza – SNUC, regulamentado parcialmente pelo Decreto 4.340/2002, prevendo **doze modalidades de unidades de conservação** que serão vistas nos itens seguintes, repartidas em dois grandes grupos.

Contudo, antes da promulgação da Lei do SNUC, alguns desses espaços territoriais já existiam em nosso ordenamento jurídico, mas de maneira esparsa na legislação ambiental, a exemplo das áreas de proteção ambiental e das estações ecológicas, já tratadas pela Lei 6.902/1981, bem como das florestas nacionais (artigo 5.º, *b*, do antigo CFlo – Lei 4.771/1965).

No Brasil, em 1937, a primeira unidade de conservação instituída oficialmente foi o Parque Nacional de Itatiaia, mediante a edição do Decreto 1.713, subscrito por Getulio Vargas. Cuida-se de uma unidade com cerca de 30.000ha de área total, encravada na divisa entre Minas Gerais e o Rio de Janeiro, que pertenceu anteriormente ao Visconde de Mauá.

Mundialmente, os EUA foram os pioneiros, ao criarem o Parque Nacional de Yellowstone, em 1872, conhecido das crianças por ser a moradia do *Urso Zé Colmeia*.

As unidades de conservação poderão ser compostas por áreas públicas ou particulares, a depender da modalidade. Caso o Poder Público institua uma UC pública em área particular, salvo se o particular fizer a doação do espaço, será necessária a sua desapropriação, na modalidade utilidade pública, nos termos do Decreto-lei 3.365/1941 (artigo 5.º, alínea *k*[1]),

1. "*k)* a preservação e conservação dos monumentos históricos e artísticos, isolados ou integrados em conjuntos urbanos ou rurais, bem como as medidas necessárias a manter-lhes e realçar-lhes os aspectos mais valiosos ou característicos e, ainda, a proteção de paisagens e locais particularmente dotados pela natureza".

devendo ser indenizadas em pecúnia a terra nua e a cobertura florística explorável, e não em títulos públicos, pois essa intervenção estatal supressiva da propriedade é não sancionatória.

Art. 2.º Para os fins previstos nesta Lei, entende-se por:

I – unidade de conservação: espaço territorial e seus recursos ambientais, incluindo as águas jurisdicionais, com características naturais relevantes, legalmente instituído pelo Poder Público, com objetivos de conservação e limites definidos, sob regime especial de administração, ao qual se aplicam garantias adequadas de proteção;

II – conservação da natureza: o manejo do uso humano da natureza, compreendendo a preservação, a manutenção, a utilização sustentável, a restauração e a recuperação do ambiente natural, para que possa produzir o maior benefício, em bases sustentáveis, às atuais gerações, mantendo seu potencial de satisfazer as necessidades e aspirações das gerações futuras, e garantindo a sobrevivência dos seres vivos em geral;

III – diversidade biológica: a variabilidade de organismos vivos de todas as origens, compreendendo, dentre outros, os ecossistemas terrestres, marinhos e outros ecossistemas aquáticos e os complexos ecológicos de que fazem parte; compreendendo ainda a diversidade dentro de espécies, entre espécies e de ecossistemas;

IV – recurso ambiental: a atmosfera, as águas interiores, superficiais e subterrâneas, os estuários, o mar territorial, o solo, o subsolo, os elementos da biosfera, a fauna e a flora;

V – preservação: conjunto de métodos, procedimentos e políticas que visem a proteção a longo prazo das espécies, hábitats e ecossistemas, além da manutenção dos processos ecológicos, prevenindo a simplificação dos sistemas naturais;

VI – proteção integral: manutenção dos ecossistemas livres de alterações causadas por interferência humana, admitido apenas o uso indireto dos seus atributos naturais;

VII – conservação *in situ*: conservação de ecossistemas e hábitats naturais e a manutenção e recuperação de populações viáveis de espécies em seus meios naturais e, no caso de espécies domesticadas ou cultivadas, nos meios onde tenham desenvolvido suas propriedades características;

VIII – manejo: todo e qualquer procedimento que vise assegurar a conservação da diversidade biológica e dos ecossistemas;

IX – uso indireto: aquele que não envolve consumo, coleta, dano ou destruição dos recursos naturais;

X – uso direto: aquele que envolve coleta e uso, comercial ou não, dos recursos naturais;

XI – uso sustentável: exploração do ambiente de maneira a garantir a perenidade dos recursos ambientais renováveis e dos processos ecológicos, mantendo a biodiversidade e os demais atributos ecológicos, de forma socialmente justa e economicamente viável;

XII – extrativismo: sistema de exploração baseado na coleta e extração, de modo sustentável, de recursos naturais renováveis;

XIII – recuperação: restituição de um ecossistema ou de uma população silvestre degradada a uma condição não degradada, que pode ser diferente de sua condição original;

XIV – restauração: restituição de um ecossistema ou de uma população silvestre degradada o mais próximo possível da sua condição original;

XV – (VETADO);

XVI – zoneamento: definição de setores ou zonas em uma unidade de conservação com objetivos de manejo e normas específicos, com o propósito de proporcionar os meios e as condições para que todos os objetivos da unidade possam ser alcançados de forma harmônica e eficaz;

XVII – plano de manejo: documento técnico mediante o qual, com fundamento nos objetivos gerais de uma unidade de conservação, se estabelece o seu zoneamento e as normas que devem presidir o uso da área e o manejo dos recursos naturais, inclusive a implantação das estruturas físicas necessárias à gestão da unidade;

XVIII – zona de amortecimento: o entorno de uma unidade de conservação, onde as atividades humanas estão sujeitas a normas e restrições específicas, com o propósito de minimizar os impactos negativos sobre a unidade; e

XIX – corredores ecológicos: porções de ecossistemas naturais ou seminaturais, ligando unidades de conservação, que possibilitam entre elas o fluxo de genes e o movimento da biota, facilitando a dispersão de espécies e a recolonização de áreas degradadas, bem como a manutenção de populações que demandam para sua sobrevivência áreas com extensão maior do que aquela das unidades individuais.

1. COMENTÁRIOS

Este artigo concentra uma série de definições indispensáveis ao estudo do Sistema Nacional de Unidades de Conservação e que também acabam sendo aplicadas supletivamente às demais normas ambientais.

Serão estudadas ao longo desta Lei, ganhando destaque o conceito de **unidade de conservação**, assim considerada como o espaço territorial e seus recursos ambientais, incluindo as águas jurisdicionais, com as características naturais relevantes, legalmente instituído pelo Poder Público, com objetivos de conservação e limites definidos, sob regime especial de administração, ao qual se aplicam garantias adequadas de proteção.

Esse conceito abarca as unidades de conservação de todas as entidades políticas, sendo possível a inclusão na área da unidade de conservação do subsolo e do espaço aéreo, sempre que influírem na estabilidade do ecossistema.

Em relação ao subsolo, os limites da unidade de conservação serão definidos no ato de sua criação, no caso de Unidade de Conservação de Proteção Integral. Já na hipótese de unidade de conservação do Grupo de Uso Sustentável, poderá ser no ato de sua criação ou no Plano de Manejo (Decreto 4.340/2002, art. 6.º).

De sua vez, **corredores ecológicos** são "porções de ecossistemas naturais ou seminaturais, que ligam unidades de conservação, possibilitando entre elas o fluxo de genes e o movimento da biota, facilitando a dispersão de espécies e a recolonização de áreas degradadas, bem como a manutenção de populações que demandem para a sua sobrevivência de áreas com extensão maior do que aquela das unidades individuais".

Cabe ao Ministério do Meio Ambiente instituir os corredores ecológicos, nos termos do art. 11 do Decreto 4.340/2002, que terá o mesmo tratamento de uma zona de amortecimento, caso não integre um mosaico.

Já a **zona de amortecimento** é o entorno de uma unidade de conservação. Essas áreas terão restrição de uso, pois o objetivo é atenuar o impacto ambiental na unidade. Será estudada no artigo 25 desta Lei.

O **plano de manejo** é o estudo ambiental que irá definir as regras de gestão de uma unidade de conservação. Será estudado no artigo 27 desta Lei.

2. QUESTÕES DE CONCURSOS

01. (AGU 2012 – Advogado da União – CESPE) Unidade de conservação corresponde a um espaço territorial protegido – coberto ou não por vegetação nativa – cuja função é permitir a preservação dos recursos hídricos, da paisagem, da estabilidade geológica e da biodiversidade; facilitar o fluxo gênico de fauna e flora; garantir a proteção do solo; e assegurar o bem-estar das populações humanas.

02. (PGE Alagoas/2008 – CESPE) Entende-se por UC o espaço territorial e seus recursos ambientais, exceto os recursos hídricos nele existentes.

03. (MPE-SP – 2012 – Promotor de Justiça) Considerando o disposto na Lei do Sistema Nacional de Unidades de Conservação da Natureza SNUC (Lei 9.985/2000), entende-se por

a) Conservação da natureza: conservação de ecossistemas e hábitats naturais e a manutenção e recuperação de populações viáveis de espécies em seus meios naturais e, no caso de espécies domesticadas ou cultivadas, nos meios onde tenham desenvolvido suas propriedades características.

b) Preservação: manutenção dos ecossistemas livres de alterações causadas por interferência humana, admitido apenas o uso indireto dos seus atributos naturais.

c) Proteção integral: conjunto de métodos, procedimentos e políticas que visem a proteção a longo prazo das espécies, hábitats e ecossistemas, além da manutenção dos processos ecológicos, prevenindo a simplificação dos sistemas naturais.

d) Zona de amortecimento: o entorno de uma unidade de conservação, onde as atividades humanas estão sujeitas a normas e restrições específicas, com o propósito de minimizar os impactos negativos sobre a unidade.

e) Conservação *in situ:* o manejo do uso humano da natureza, compreendendo a preservação, a manutenção, a utilização sustentável, a restauração e a recuperação do ambiente natural, para que possa produzir o maior benefício, em bases sustentáveis, às atuais gerações, mantendo seu potencial de satisfazer as necessidades e aspirações das gerações futuras, e garantindo a sobrevivência dos seres vivos em geral.

04. (CESPE – 2008 – PGE-CE – Procurador) Segundo a lei, unidades de conservação ambiental são

a) espaços territoriais e seus recursos socioambientais, incluindo-se as águas jurisdicionadas, com características naturais relevantes, legalmente instituídos pelo poder público com objetivos de conservação e com limites definidos, sob regime especial de administração, aos quais se aplicam garantias adequadas de proteção.

b) espaços territoriais e seus recursos ambientais, incluindo-se as águas jurisdicionais, com características hidrossolúveis relevantes, legalmente outorgados pelo poder público com objetivos de preservação e com limites definidos, sob regime especial de administração, aos quais se aplicam garantias adequadas de proteção.

c) espaços ambientais e seus recursos naturais, incluindo-se as águas jurisdicionais, com características hídricas relevantes, legalmente instituídos pelo poder público com objetivos de preservação e com limites definidos, sob regime especial de administração, aos quais se aplicam garantias adequadas de proteção.

d) espaços territoriais e seus recursos ambientais, incluindo-se as águas jurisdicionais, com características naturais relevantes, legalmente instituídos pelo poder público com objetivos de conservação e com limites definidos, sob regime especial de gestão participativa, aos quais se aplicam garantias adequadas de proteção, acessibilidade restrita e utilização condicionada.

e) espaços territoriais e seus recursos ambientais, incluindo-se as águas jurisdicionais, com características naturais relevantes, legalmente instituídos pelo poder público com objetivos de conservação e com limites definidos, sob regime especial de administração, aos quais se aplicam garantias adequadas de proteção.

05. (CESPE – 2013 – CPRM – Analista em Geociências – Direito) A respeito dos conceitos de área de preservação permanente e unidade de conservação, julgue os itens seguintes. A unidade de conservação compreende o espaço territorial e seus recursos ambientais, com características naturais relevantes, aí incluídas as águas jurisdicionais. Legalmente instituído pelo poder público, com objetivos de conservação e limites definidos, esse espaço territorial possui regime especial de administração ao qual se aplicam garantias adequadas de proteção.

GAB	01	ERRADO	02	ERRADO	03	D	04	E	05	CERTO

CAPÍTULO II
DO SISTEMA NACIONAL DE UNIDADES DE CONSERVAÇÃO DA NATUREZA – SNUC

Art. 3.º O Sistema Nacional de Unidades de Conservação da Natureza – SNUC é constituído pelo conjunto das unidades de conservação federais, estaduais e municipais, de acordo com o disposto nesta Lei.

1. COMENTÁRIOS

Além de disciplinar o regime jurídico e as modalidades de unidades de conservação, esta Lei criou o **SNUC – Sistema Nacional das Unidades de Conservação**, que é composto por unidades de conservação da União, estados, Distrito Federal e municípios brasileiros.

2. QUESTÕES DE CONCURSOS

01. (PGR – 2012 – Procurador) O Sistema Nacional de Unidades de Conservação é formado pelo conjunto de áreas especialmente protegidas, instituídas pela União, pelos Estados e pelos Municípios, com delimitação territorial precisa e objetivos conservacionistas definidos.

02. (PGR – 2012 – Procurador) Em razão do caráter nacional do Sistema de Unidades de Conservação instituído pela Lei 9.985/2000, o poder público municipal não pode criar unidades de conservação, mas tão somente disciplinar seu uso, consoante o interesse local e desde que não se choque com as diretrizes traçadas pelo poder público federal.

GAB	01	CERTO	02	ERRADO

Art. 4.º O SNUC tem os seguintes objetivos:

I – contribuir para a manutenção da diversidade biológica e dos recursos genéticos no território nacional e nas águas jurisdicionais;

II – proteger as espécies ameaçadas de extinção no âmbito regional e nacional;

III – contribuir para a preservação e a restauração da diversidade de ecossistemas naturais;

IV – promover o desenvolvimento sustentável a partir dos recursos naturais;

V – promover a utilização dos princípios e práticas de conservação da natureza no processo de desenvolvimento;

VI – proteger paisagens naturais e pouco alteradas de notável beleza cênica;

VII – proteger as características relevantes de natureza geológica, geomorfológica, espeleológica, arqueológica, paleontológica e cultural;

VIII – proteger e recuperar recursos hídricos e edáficos;

IX – recuperar ou restaurar ecossistemas degradados;

X – proporcionar meios e incentivos para atividades de pesquisa científica, estudos e monitoramento ambiental;

XI – valorizar econômica e socialmente a diversidade biológica;

XII – favorecer condições e promover a educação e interpretação ambiental, a recreação em contato com a natureza e o turismo ecológico;

XIII – proteger os recursos naturais necessários à subsistência de populações tradicionais, respeitando e valorizando seu conhecimento e sua cultura e promovendo-as social e economicamente.

1. COMENTÁRIOS

O SNUC será gerido por todas as esferas de governo que irão administrar as unidades de conservação de proteção integral (5) e de uso sustentável (7). Esses espaços ambientais protegidos colaboram decisivamente para a manutenção da diversidade biológica brasileira, conservando e preservando parcelas significativas da fauna, flora, recursos minerais, recursos hídricos e de outros recursos ambientais.

Desta forma, previne a extinção de milhares de espécies da fauna e da flora nativa, além de assegurar em determinados casos a exploração sustentável perpetrada por povos extrativistas tradicionais, realizando, destarte, o desenvolvimento econômico sustentável.

Art. 5.º O SNUC será regido por diretrizes que:

I – assegurem que no conjunto das unidades de conservação estejam representadas amostras significativas e ecologicamente viáveis das diferentes populações, hábitats e ecossistemas do território nacional e das águas jurisdicionais, salvaguardando o patrimônio biológico existente;

II – assegurem os mecanismos e procedimentos necessários ao envolvimento da sociedade no estabelecimento e na revisão da política nacional de unidades de conservação;

III – assegurem a participação efetiva das populações locais na criação, implantação e gestão das unidades de conservação;

IV – busquem o apoio e a cooperação de organizações não governamentais, de organizações privadas e pessoas físicas para o desenvolvimento de estudos, pesquisas científicas, práticas de educação ambiental, atividades de lazer e de turismo ecológico, monitoramento, manutenção e outras atividades de gestão das unidades de conservação;

V – incentivem as populações locais e as organizações privadas a estabelecerem e administrarem unidades de conservação dentro do sistema nacional;

VI – assegurem, nos casos possíveis, a sustentabilidade econômica das unidades de conservação;

VII – permitam o uso das unidades de conservação para a conservação *in situ* de populações das variantes genéticas selvagens dos animais e plantas domesticados e recursos genéticos silvestres;

VIII – assegurem que o processo de criação e a gestão das unidades de conservação sejam feitos de forma integrada com as políticas de administração das terras e águas circundantes, considerando as condições e necessidades sociais e econômicas locais;

IX – considerem as condições e necessidades das populações locais no desenvolvimento e adaptação de métodos e técnicas de uso sustentável dos recursos naturais;

X – garantam às populações tradicionais cuja subsistência dependa da utilização de recursos naturais existentes no interior das unidades de conservação meios de subsistência alternativos ou a justa indenização pelos recursos perdidos;

XI – garantam uma alocação adequada dos recursos financeiros necessários para que, uma vez criadas, as unidades de conservação possam ser geridas de forma eficaz e atender aos seus objetivos;

XII – busquem conferir às unidades de conservação, nos casos possíveis e respeitadas as conveniências da administração, autonomia administrativa e financeira; e

XIII – busquem proteger grandes áreas por meio de um conjunto integrado de unidades de conservação de diferentes categorias, próximas ou contíguas, e suas respectivas zonas de amortecimento e corredores ecológicos, integrando as diferentes atividades de preservação da natureza, uso sustentável dos recursos naturais e restauração e recuperação dos ecossistemas.

1. COMENTÁRIOS

O SNUC deverá conter unidades de conservação que expressem uma parcela significativa dos recursos ambientais nos quatro cantos do Brasil, devendo contar com a participação comunitária na sua gestão, em especial dos povos locais.

Na criação e na gestão das unidades de conservação, devem ser respeitados os direitos dos povos tradicionais que habitam na região, que não poderão ficar à margem ou serem expulsos da área sem qualquer medida de compensação.

Nesse sentido, conforme será estudado, nas florestas nacionais, reservas extrativistas e reservas de desenvolvimento sustentável é legalmente permitida a manutenção nas unidades dos povos tradicionais.

2. QUESTÃO DE CONCURSO

01. (Juiz Estadual RJ 2014/VUNESP) Às Unidades de Conservação, configuradas como espaços territoriais e seus recursos ambientais protegidos, com objetivos de conservação e limites definidos, aplica-se regime especial de administração, respeitadas, entre outras, diretrizes que

a) busquem proteger grandes áreas por meio de um conjunto integrado de unidades de conservação de diferentes categorias, próximas ou contínuas, e suas respectivas zonas de amortecimento e corredores ecológicos, integrando as diferentes atividades de preservação da natureza, uso sustentável de recursos naturais, restauração e recuperação do ecossistema.

b) garantam a adequada alocação de recursos financeiros necessários de forma que, uma vez criadas, e respeitadas as conveniências da administração, as unidades de conservação sejam geridas com recursos próprios, bem como com o resultado do uso sustentável dos recursos naturais e demais componentes da unidade de conservação protegida.

c) gerem incentivo às populações tradicionais e às organizações sociais a estabelecerem e administrarem unidades de conservação dentro do sistema nacional, bem como garantia de participação efetiva das populações locais, ao menos na criação das unidades de conservação.

d) busquem a representação de amostras significativas e ecologicamente viáveis das diferentes populações urbanas, hábitats e ecossistemas do território nacional e das águas jurisdicionais, de forma a salvaguardar o patrimônio biológico existente.

GAB	01	A

Art. 6.º O SNUC será gerido pelos seguintes órgãos, com as respectivas atribuições:

I – Órgão consultivo e deliberativo: o Conselho Nacional do Meio Ambiente – Conama, com as atribuições de acompanhar a implementação do Sistema;

II – Órgão central: o Ministério do Meio Ambiente, com a finalidade de coordenar o Sistema; e

III – órgãos executores: o Instituto Chico Mendes e o Ibama, em caráter supletivo, os órgãos estaduais e municipais, com a função de implementar o SNUC, subsidiar as propostas de criação e administrar as unidades de conservação federais, estaduais e municipais, nas respectivas esferas de atuação. (Redação dada pela Lei nº 11.516, 2007)

Parágrafo único. Podem integrar o SNUC, excepcionalmente e a critério do Conama, unidades de conservação estaduais e municipais que, concebidas para atender a peculiaridades regionais ou locais, possuam objetivos de manejo que não possam ser satisfatoriamente atendidos por nenhuma categoria prevista nesta Lei e cujas características permitam, em relação a estas, uma clara distinção.

1. COMENTÁRIOS

O SNUC – Sistema Nacional das Unidades de Conservação, é constituído pelo conjunto das unidades de conservação federais, distritais, estaduais e municipais, objetivando manter a diversidade biológica, por meio da preservação e restauração da diversidade dos ecossistemas naturais e da proteção das espécies ameaçadas de extinção, alcançando o tão sonhado desenvolvimento sustentável.

Cuida-se de Sistema Ambiental de cunho nacional inserido no Sistema Nacional do Meio Ambiente. **São órgãos responsáveis pela gestão do SNUC:**

A) **órgão consultivo e deliberativo:** Conselho Nacional do Meio Ambiente – CONAMA;

B) **órgão central:** Ministério do Meio Ambiente (MMA);

C) **órgãos executores:** Instituto Chico Mendes de Conservação e Biodiversidade – ICMBIO e Instituto Brasileiro do Meio Ambiente e dos Recursos Naturais Renováveis – IBAMA, este em caráter supletivo; órgãos estaduais, distritais e municipais.

A respeito do CONAMA e do MMA, já estudados no artigo 6.º da Lei 6.938/1981, serão responsáveis pela atividade consultiva/deliberativa e gestão como órgão central do SNUC.

O Instituto Chico Mendes é uma Autarquia federal criada pela Lei 11.516/2007, a quem compete executar as ações da Política Nacional de Conservação da Natureza, exercer o poder de polícia ambiental nas unidades de conservação da União, entre outras atribuições.

Por sua vez, a previsão de atuação supletiva do IBAMA justifica-se pela impossibilidade de estruturação imediata do ICMBio, pois as suas competências foram anteriormente do IBAMA.

No âmbito dos estados, do Distrito Federal e dos municípios integrarão o SNUC o órgão ou entidade responsável pela administração das respectivas unidades de conservação.

▸ CAPÍTULO III
DAS CATEGORIAS DE UNIDADES DE CONSERVAÇÃO

Art. 7.º As unidades de conservação integrantes do SNUC dividem-se em dois grupos, com características específicas:

I – Unidades de Proteção Integral;

II – Unidades de Uso Sustentável.

§ 1.º O objetivo básico das Unidades de Proteção Integral é preservar a natureza, sendo admitido apenas o uso indireto dos seus recursos naturais, com exceção dos casos previstos nesta Lei.

§ 2.º O objetivo básico das Unidades de Uso Sustentável é compatibilizar a conservação da natureza com o uso sustentável de parcela dos seus recursos naturais.

1. COMENTÁRIOS

As unidades de conservação de dividem em dois grandes grupos: ***Unidades de Proteção Integral*** e ***Unidades de Uso Sustentável***.

Nas ***Unidades de Proteção Integral*** deverá ser observada a manutenção dos ecossistemas livres de alterações causadas por interferência humana, **se admitido, em regra, apenas o uso indireto dos seus atributos naturais.**

Logo, nesse grupo o objetivo básico é preservar a natureza, sendo admitido apenas o uso indireto dos seus recursos naturais, com exceção dos casos previstos nesta Lei, sendo consideradas como zona rural para os efeitos legais.[2]

O uso indireto da natureza é aquele que não envolve consumo, coleta, dano ou destruição dos recursos naturais. É exemplo de uso indireto da natureza a promoção de visitação com respeito às normas de proteção da unidade de conservação.

Nas ***Unidades de Uso Sustentável*** dar-se-á a exploração do ambiente de maneira a garantir a perenidade dos recursos ambientais renováveis e dos processos ecológicos, mantendo a biodiversidade e os demais atributos ecológicos, de forma socialmente justa e economicamente viável.

O seu objetivo básico é compatibilizar a conservação da natureza com o uso sustentável de parcela dos seus recursos naturais.

2. QUESTÕES DE CONCURSOS

01. (PGE Alagoas/2008 – CESPE) O Sistema Nacional de Unidades de Conservação estabelece dois grupos de UCs: as de proteção integral e as de uso sustentável.

02. (TRF – 4ª Região – 2010 – Juiz Federal) O Grupo das Unidades de Uso Sustentável tem como objetivo básico preservar a natureza, sendo admitido apenas o uso indireto dos seus recursos naturais, com exceção dos casos previstos na Lei 9.985/2000.

---

2. Artigo 49 da Lei 9.985/2000.

03. (TRF – 4ª Região – 2010 – Juiz Federal) A Lei 9.985/2000 instituiu o Sistema Nacional de Unidades de Conservação da Natureza – SNUC. As unidades integrantes do Sistema dividem-se em dois grupos, com características específicas, sendo que um deles é o grupo das unidades de Proteção Integral e o outro é o grupo das Unidades de Uso Sustentável.

04. (PGR – 2012 – Procurador) De acordo com o regime especial de fruição, os espaços territoriais especialmente protegidos só podem ser submetidos ao uso indireto, o qual, nos termos da lei, envolve atividades de coleta, consumo e pesquisas de objetivo educacional ou cientifico, sem possibilidade de exploração econômica dos recursos naturais.

GAB	01	CERTO	02	ERRADO	03	CERTO	04	ERRADO

Art. 8.º O grupo das Unidades de Proteção Integral é composto pelas seguintes categorias de unidade de conservação:

I – Estação Ecológica;

II – Reserva Biológica;

III – Parque Nacional;

IV – Monumento Natural;

V – Refúgio de Vida Silvestre.

1. COMENTÁRIOS

Este artigo apresenta o rol das cinco unidades do grupo de proteção integral constituídas em espaços considerados como verdadeiros santuários ecológicos, vez que vedado o uso direto da natureza.

São espaços considerados como verdadeiros santuários ecológicos, a exemplo do Parque Nacional de Fernando de Noronha em Pernambuco.

A estação ecológica (art. 9.º), a reserva biológica (art. 10), o parque nacional (art. 11), o monumento natural (art. 12) e o refúgio da vida silvestre (art. 13) serão estudados com detalhes nos artigos seguintes.

2. QUESTÕES DE CONCURSOS

01. (TJ PA 2009 – Juiz de Direito – FGV) Observadas as categorias de unidades de conservação, assinale a alternativa que indique a Unidade de Proteção Integral.

a) Reserva biológica.

b) Reserva extrativista.

c) Reserva de fauna.

d) Área de proteção ambiental.

e) Área de interesse ecológico.

02. (TRF 5.ª Região 2009 – Juiz Federal – CESPE) Compõem o grupo das unidades de proteção integral as seguintes categorias de unidades de conservação: reserva biológica, área de relevante interesse ecológico, floresta nacional e reserva de fauna.

03. (FGV – 2009 – TJ-PA – Juiz) Observadas as categorias de unidades de conservação, assinale a alternativa que indique a Unidade de Proteção Integral.

a) Reserva biológica.

b) Reserva extrativista.

c) Reserva de fauna.

d) Área de proteção ambiental.

e) Área de interesse ecológico.

04. (MPE-SP – 2012 – Promotor de Justiça) Considerando o disposto na Lei do Sistema Nacional de Unidades de Conservação da Natureza – SNUC – (Lei 9.985/2000), NÃO se encaixa no grupo das Unidades de Proteção Integral:

a) Estação Ecológica.

b) Parque Nacional.

c) Floresta Nacional.

d) Monumento Natural.

e) Refúgio de Vida Silvestre.

GAB	01	A	02	ERRADO	03	A	04	C

Art. 9.º A Estação Ecológica tem como objetivo a preservação da natureza e a realização de pesquisas científicas.

§ 1.º A Estação Ecológica é de posse e domínio públicos, sendo que as áreas particulares incluídas em seus limites serão desapropriadas, de acordo com o que dispõe a lei.

§ 2.º É proibida a visitação pública, exceto quando com objetivo educacional, de acordo com o que dispuser o Plano de Manejo da unidade ou regulamento específico.

§ 3.º A pesquisa científica depende de autorização prévia do órgão responsável pela administração da unidade e está sujeita às condições e restrições por este estabelecidas, bem como àquelas previstas em regulamento.

§ 4.º Na Estação Ecológica só podem ser permitidas alterações dos ecossistemas no caso de:

I – medidas que visem a restauração de ecossistemas modificados;

II – manejo de espécies com o fim de preservar a diversidade biológica;

III – coleta de componentes dos ecossistemas com finalidades científicas;

IV – pesquisas científicas cujo impacto sobre o ambiente seja maior do que aquele causado pela simples observação ou pela coleta controlada de componentes dos ecossistemas, em uma área correspondente a no máximo três por cento da extensão total da unidade e até o limite de um mil e quinhentos hectares.

1. COMENTÁRIOS

UNIDADE	OBJETIVO	DOMÍNIO	CLASSIFICAÇÃO
Estação ecológica	Tem como objetivo a preservação da natureza e a realização de pesquisas científicas.	Público	Proteção integral

A *estação ecológica* é uma unidade de proteção integral de posse e domínios públicos, sendo necessária a desapropriação de áreas privadas, se existentes. A sua vocação é a preservação da natureza e a realização de pesquisas científicas, desde que autorizada pelo órgão gestor.

No entanto, a pesquisa científica é limitada a 3% do território da unidade, desde que a área não ultrapasse a 1.500ha. Admite-se, ainda, a coleta de componentes do ambiente para fins científicos, a restauração de ecossistemas e o manejo de espécies com fins preservacionistas.

Como exemplo, cita-se a Estação Ecológica Terra do Meio no Estado do Pará, criada pela União pelo Decreto federal de 17 de fevereiro de 2005, com 3.373.133,89 hectares.

Admite-se a visitação pública na ESEC apenas com fins educativos, desde que haja previsão no plano de manejo da unidade.

2. QUESTÕES DE CONCURSOS

01. **(MP ES 2010 – Promotor de Justiça – CESPE)** Estação ecológica é uma UC de proteção integral com finalidade de preservar a biota e os demais atributos naturais, sendo vedada qualquer ingerência humana em seus limites.

02. **(FGV – 2014 – OAB – Exame de Ordem Unificado – XIII – Primeira Fase)** Bruno é proprietário de pousada que está em regular funcionamento há seis anos e explora o ecoturismo. Na área em que a pousada está localizada, o estado da federação pretende instituir estação ecológica com o objetivo de promover a proteção da flora e da fauna locais. A partir do caso apresentado, assinale a afirmativa correta.

a) Não é possível o estado instituir a estação ecológica, pois fere o princípio da segurança jurídica, tendo em vista que a pousada funcionava regularmente há mais de cinco anos.

b) É possível a instituição da estação ecológica pelo estado da federação, não impedindo o funcionamento da pousada, visto que Bruno tem direito adquirido ao exercício da atividade econômica.

c) É possível a instituição da estação ecológica com a cessação da atividade econômica da pousada, desde que o Poder Público Estadual indenize Bruno pelos prejuízos que a instituição da unidade de conservação causar à sua atividade.

d) É possível a instituição da estação ecológica com a cessação da atividade econômica da pousada, não cabendo ao Poder Público qualquer forma de indenização, tendo em vista a supremacia do interesse coletivo sobre os interesses individualmente considerados.

03. **(CESPE – 2013 – CPRM – Analista em Geociências – Direito)** Tendo em vista as disposições da Lei n.º 9.985/2000, que instituiu o Sistema Nacional de Unidades de Conservação da Natureza, julgue os itens a seguir. Na hipótese de vir a ser declarada como estação ecológica, uma área de propriedade particular poderá permanecer sob domínio privado, desde que seja possível compatibilizar os objetivos da unidade de conservação com a utilização da terra e dos recursos naturais do local pelo proprietário.

04. **(2016/CESPE/TJ-DF/Juiz) De acordo com a Lei n.º 9.985/2000, que instituiu o Sistema Nacional de Unidades de Conservação (SNUC), assinale a opção correta.**

a) Pode haver área particular localizada em unidade de conservação designada como Monumento Natural; nessas áreas, no entanto, não pode haver criação de animais domésticos nem plantio de qualquer espécie, sendo vedada essa autorização, se houver, no plano de manejo.

b) O parque nacional, a reserva de fauna, a estação ecológica e o refúgio de vida silvestre constituem exemplos, nos termos da lei, de unidades de proteção integral.

c) A presença de habitantes é inadmissível na floresta nacional, área com cobertura florestal de espécies predominantemente nativas e de posse e domínio públicos.

d) As pesquisas científicas, realizadas em estação ecológica, que gerem impacto superior à simples observação ou à coleta controlada de componentes dos ecossistemas devem ocorrer em área correspondente a, no máximo, 3% da extensão total da unidade e até o limite de 1.500 hectares.

e) O subsolo e o espaço aéreo também integram os limites das unidades de conservação, e se consideram incluídos na proteção ambiental conferida à unidade, ainda que não constem no ato de criação ou no plano de manejo.

05. (2020 Banca: CESPE/CEBRASPE Órgão: MPE-CE Prova: CESPE - 2020 - MPE-CE - Promotor de Justiça de Entrância Inicial) Considerando que haja interesse do poder público em permitir uma atividade de recuperação de áreas contaminadas dentro da Estação Ecológica do Pecém, unidade de conservação do estado do Ceará localizada nos municípios de São Gonçalo do Amarante e Caucaia, assinale a opção correta.

a) Eventual licenciamento ambiental deverá ser solicitado ao IBAMA, por se tratar de uma estação ecológica.

b) A atividade de recuperação de áreas contaminadas está dispensada de licenciamento ambiental, segundo resolução do Conselho Nacional do Meio Ambiente.

c) A estação ecológica é uma unidade de conservação com o objetivo de preservação da natureza e de visitação pública, de modo que a descontaminação da área possibilitará a cobrança de tarifa dos visitantes.

d) A estação ecológica é uma espécie de unidade de conservação de proteção integral, sendo exigido licenciamento ambiental para a atividade de recuperação.

e) A estação ecológica é uma área de preservação permanente, de uso restrito, por isso a atividade de recuperação dispensa licenciamento ambiental.

GAB	01	ERRADO	02	C	03	ERRADO	04	D	05	D

Art. 10. A Reserva Biológica tem como objetivo a preservação integral da biota e demais atributos naturais existentes em seus limites, sem interferência humana direta ou modificações ambientais, excetuando-se as medidas de recuperação de seus ecossistemas alterados e as ações de manejo necessárias para recuperar e preservar o equilíbrio natural, a diversidade biológica e os processos ecológicos naturais.

§ 1.º A Reserva Biológica é de posse e domínio públicos, sendo que as áreas particulares incluídas em seus limites serão desapropriadas, de acordo com o que dispõe a lei.

§ 2.º É proibida a visitação pública, exceto aquela com objetivo educacional, de acordo com regulamento específico.

§ 3.º A pesquisa científica depende de autorização prévia do órgão responsável pela administração da unidade e está sujeita às condições e restrições por este estabelecidas, bem como àquelas previstas em regulamento.

1. COMENTÁRIOS

UNIDADE	OBJETIVO	DOMÍNIO	CLASSIFICAÇÃO
Reserva biológica	Tem como objetivo a preservação integral da biota e demais atributos naturais existentes em seus limites, sem interferência humana direta ou modificações ambientais, excetuando-se as medidas de recuperação de seus ecossistemas alterados e as ações de manejo necessárias para recuperar e preservar o equilíbrio natural, a diversidade biológica e os processos ecológicos naturais.	Público	Proteção integral

A *reserva biológica* é uma unidade de proteção integral de posse e domínios públicos, sendo necessária a desapropriação de áreas privadas, se existentes. A sua vocação é a preservação integral da biota e demais atributos naturais existentes em seus limites, admitindo-se a realização de pesquisas científicas, desde que autorizada pelo órgão gestor.

Admite-se a visitação pública na ESEC apenas com fins educativos, desde que haja previsão no plano de manejo da unidade. O seu regime jurídico e os seus objetivos são muito similares à estação ecológica.

Como exemplo, cita-se a Reserva Biológica Pindorama no Estado de São Paulo, criada pela Lei 4.920/1986, com 532,8 hectares.

2. QUESTÕES DE CONCURSOS

01. (Procurador Federal 2010 – CESPE) A pesquisa científica a ser desenvolvida nas reservas biológicas não depende de autorização administrativa do órgão responsável pela unidade, mas apenas da observância das condições estabelecidas em regulamento.

02. (MPE-GO – 2010 – Promotor de Justiça) Quanto ao Sistema Nacional de Unidades de Conservação da Natureza, é correto afirmar, exceto:

a) Na Floresta Nacional e Reserva Extrativista é permitida a visitação pública condicionada as normas previstas no plano de manejo. Na Reserva Biológica e Estação Ecológica é proibida a visitação pública, sem exceção.

b) O grupo das Unidades de Proteção Integral é composto pelas seguintes categorias de unidade de conservação: Estação Ecológica; Reserva Biológica; Parque Nacional; Monumento Natural e Refúgio de Vida Silvestre.

c) O Grupo das Unidades de Uso Sustentável é composto pelas seguintes categorias de unidade de conservação: Área de Proteção Ambiental; Área de Relevante Interesse Ecológico; Floresta Nacional; Reserva Extrativista; Reserva de Fauna; Reserva de Desenvolvimento Sustentável e Reserva Particular do Patrimônio Natural.

d) As unidades de conservação dividem-se em dois grupos: Unidades de Proteção Integral com objetivo básico de preservar a natureza e Unidades de Uso Sustentável com objetivo básico de compatibilizar a conservação da natureza com o uso sustentável de parcela dos seus recursos naturais.

GAB	01	ERRADO	02	A

Art. 11. O Parque Nacional tem como objetivo básico a preservação de ecossistemas naturais de grande relevância ecológica e beleza cênica, possibilitando a realização de pesquisas científicas e o desenvolvimento de atividades de educação e interpretação ambiental, de recreação em contato com a natureza e de turismo ecológico.

§ 1.º O Parque Nacional é de posse e domínio públicos, sendo que as áreas particulares incluídas em seus limites serão desapropriadas, de acordo com o que dispõe a lei.

§ 2.º A visitação pública está sujeita às normas e restrições estabelecidas no Plano de Manejo da unidade, às normas estabelecidas pelo órgão responsável por sua administração, e àquelas previstas em regulamento.

§ 3.º A pesquisa científica depende de autorização prévia do órgão responsável pela administração da unidade e está sujeita às condições e restrições por este estabelecidas, bem como àquelas previstas em regulamento.

§ 4.º As unidades dessa categoria, quando criadas pelo Estado ou Município, serão denominadas, respectivamente, Parque Estadual e Parque Natural Municipal.

1. COMENTÁRIOS

UNIDADE	OBJETIVO	DOMÍNIO	CLASSIFICAÇÃO
Parque Nacional	Tem como objetivo básico a preservação de ecossistemas naturais de grande relevância ecológica e beleza cênica, possibilitando a realização de pesquisas científicas e o desenvolvimento de atividades de educação e interpretação ambiental, de recreação em contato com a natureza e de turismo ecológico.	Público	Proteção integral

O *parque nacional* é uma unidade de proteção integral de posse e domínios públicos, sendo necessária a desapropriação de áreas privadas, se existentes. Quando criado no âmbito estadual ou municipal, se chamará *parque estadual* e *parque natural municipal*.

São áreas com grande relevância ecológica e beleza cênica em que se buscará o desenvolvimento do ecoturismo, admitindo-se a realização de pesquisas científicas, de educação e de interpretação ambiental, desde que autorizada pelo órgão gestor.

O mais famoso parque nacional é o de Fernando de Noronha, em Pernambuco. Fernando de Noronha é um arquipélago pertencente ao estado brasileiro de Pernambuco, formado por 21 ilhas de origem vulcânica, ocupando uma área de 26km², situado no Oceano Atlântico, a nordeste da capital pernambucana, Recife.

Constitui um Distrito estadual de Pernambuco desde 1988, quando deixou de ser um território federal, cuja sigla era *FN*, e a capital era Vila dos Remédios. É gerida por um administrador-geral designado pelo governo do estado. A ilha principal tem 17,017km² e fica a 543km da capital pernambucana.

Após uma campanha liderada pelo ambientalista gaúcho José Truda Palazzo Jr., em 14 de outubro de 1988 a maior parte do arquipélago foi declarada Parque Nacional, com cerca de 11,270ha,[6] para a proteção das espécies endêmicas lá existentes e da área de concentração dos golfinhos rotadores (*Stenella longirostris*), que se reúnem diariamente na Baía dos Golfinhos – o lugar de observação mais regular da espécie em todo o planeta.

O centro comercial em Noronha é Vila dos Remédios, mas não é considerada capital por ser a ilha um distrito estadual. A administração do parque nacional está atualmente a cargo do Instituto Chico Mendes de Conservação da Biodiversidade (ICMBio).[3]

2. QUESTÕES DE CONCURSOS

01. (TRF 5.ª Região 2009 – Juiz Federal – CESPE) O parque nacional pode ser criado e permanecer em área de domínio privado, com o objetivo de preservar ecossistemas naturais de grande relevância ecológica e beleza cênica, possibilitando a realização de pesquisas científicas e o desenvolvimento de atividades de educação ambiental, de recreação em contato com a natureza e de turismo ecológico.

02. (FCC – 2010 – PGE-AM – Procurador) A implantação de uma unidade de conservação deverá ser precedida de desapropriação

3. Disponível em: <http://pt.wikipedia.org/wiki/Fernando_de_Noronha>.

a) a critério discricionário da chefia do Poder Executivo.
b) sempre que a área que lhe for destinada for de domínio privado.
c) se assim for determinado no curso do procedimento de licenciamento ambiental para sua implantação.
d) nos casos de unidades de proteção integral que devam, por força de lei, ser de domínio público.
e) quando, tratando-se de unidades de uso sustentável, o proprietário da área assim o desejar.

03. **(TRF – 4ª Região – 2010 – Juiz Federal)** Segundo a Lei 9.985/2000, Parque Nacional é a unidade de conservação da natureza que tem como objetivo básico a preservação de ecossistemas naturais de grande relevância ecológica e beleza cênica, possibilitando a realização de pesquisas científicas e o desenvolvimento de atividade de educação e interpretação ambiental, de recreação em contato com a natureza e de turismo ecológico.

GAB	01		02	D	03	CERTO

Art. 12. O Monumento Natural tem como objetivo básico preservar sítios naturais raros, singulares ou de grande beleza cênica.

§ 1.º O Monumento Natural pode ser constituído por áreas particulares, desde que seja possível compatibilizar os objetivos da unidade com a utilização da terra e dos recursos naturais do local pelos proprietários.

§ 2.º Havendo incompatibilidade entre os objetivos da área e as atividades privadas ou não havendo aquiescência do proprietário às condições propostas pelo órgão responsável pela administração da unidade para a coexistência do Monumento Natural com o uso da propriedade, a área deve ser desapropriada, de acordo com o que dispõe a lei.

§ 3.º A visitação pública está sujeita às condições e restrições estabelecidas no Plano de Manejo da unidade, às normas estabelecidas pelo órgão responsável por sua administração e àquelas previstas em regulamento.

1. COMENTÁRIOS

UNIDADE	OBJETIVO	DOMÍNIO	CLASSIFICAÇÃO
Monumento Natural	Tem como objetivo básico preservar sítios naturais raros, singulares ou de grande beleza cênica.	Público ou privado	Proteção integral

O *monumento natural* é uma unidade de conservação do grupo de proteção integral, podendo ser formada por áreas públicas ou mesmo particulares. Isso porque se for possível mantê-la no domínio privado não será necessária mover a desapropriação, desde que o proprietário assim consinta e seja possível a compatibilização. Caso contrário, outro caminho não restará outro caminho senão a desapropriação.

A sua vocação é preservar sítios naturais raros, singulares ou de grande beleza cênica. Admite-se a visitação pública, desde que haja previsão no plano de manejo da unidade e seja autorizado pelo órgão gestor da unidade de conservação.

Como exemplo, cita-se o Monumento Natural dos Cânions do Subaé, que apresenta significativos recursos naturais de imensos valores cênicos e paisagísticos, propiciando, inclusive, a prática de ecoturismo e esportes radicais. Foi criada pelo Decreto 10.108/2006 do Governador do Estado da Bahia, tendo 404,15ha.

Art. 13. O Refúgio de Vida Silvestre tem como objetivo proteger ambientes naturais onde se asseguram condições para a existência ou reprodução de espécies ou comunidades da flora local e da fauna residente ou migratória.

§ 1.º O Refúgio de Vida Silvestre pode ser constituído por áreas particulares, desde que seja possível compatibilizar os objetivos da unidade com a utilização da terra e dos recursos naturais do local pelos proprietários.

§ 2.º Havendo incompatibilidade entre os objetivos da área e as atividades privadas ou não havendo aquiescência do proprietário às condições propostas pelo órgão responsável pela administração da unidade para a coexistência do Refúgio de Vida Silvestre com o uso da propriedade, a área deve ser desapropriada, de acordo com o que dispõe a lei.

§ 3.º A visitação pública está sujeita às normas e restrições estabelecidas no Plano de Manejo da unidade, às normas estabelecidas pelo órgão responsável por sua administração, e àquelas previstas em regulamento.

§ 4.º A pesquisa científica depende de autorização prévia do órgão responsável pela administração da unidade e está sujeita às condições e restrições por este estabelecidas, bem como àquelas previstas em regulamento.

1. COMENTÁRIOS

UNIDADE	OBJETIVO	DOMÍNIO	CLASSIFICAÇÃO
Monumento Natural	Tem como objetivo básico preservar sítios naturais raros, singulares ou de grande beleza cênica.	Público ou privado	Proteção integral

O *refúgio da vida silvestre* é uma unidade de conservação do grupo de proteção integral, podendo ser formada por áreas públicas ou mesmo particulares. Isso porque se for possível mantê-la no domínio privado não será necessária mover a desapropriação, desde que o proprietário assim consinta e seja possível a compatibilização. Caso contrário, outro caminho não restará outro caminho senão a desapropriação.

A sua vocação é proteger ambientes naturais onde se asseguram condições para a existência ou reprodução de espécies ou comunidades da flora local e da fauna residente ou migratória. admitindo-se a realização de pesquisas científicas, desde que autorizada pelo órgão gestor.

É possível a visitação pública, desde que haja previsão no plano de manejo da unidade e seja autorizado pelo órgão gestor da unidade de conservação.

Como exemplo, cita-se o Refúgio da Vida Silvestre dos Quelônios do Araguaia, criada pela Lei Estadual do Mato Grosso 7.520/2001, com área aproximada de 60.000ha, localizada no Município de Cocalinho, para fins de assegurar a existência e reprodução de tartarugas da Amazônia, animais e vegetais, residentes ou migratórias, de importância significativa, contribuindo para a preservação da diversidade biológica.

2. QUESTÃO DE CONCURSO

01. (MPE-SC – 2010 – Promotor de Justiça)

I – Enquanto bioma de importância nacional, é totalmente vedada a utilização de recursos hídricos nos limites geográficos especificados como pertencentes a mata atlântica.

II – O Relatório de Impacto ao Meio Ambiente (RIMA), nada mais é que uma síntese informativa dos dados constantes do estudo de impacto ambiental (EIA).

III – Às "estações ecológicas" situadas em propriedade privada incide regime jurídico idêntico ao das áreas públicas.

IV – Em caso de "pesquisa científica" admite-se alteração ao ecossistema de uma estação ecológica, desde que o estudo não comprometa área superior a 10% da extensão territorial da unidade.

V – No "refúgio de vida silvestre", possível de ser constituído em terras particulares, é admitida, ainda que com restrições, a visitação pública.

a) apenas I, III e V estão corretos.

b) apenas II e V estão corretos apenas.

c) apenas III e V estão corretos.

d) apenas I, II e III estão corretos.

e) apenas I e IV estão corretos.

GAB	01	B

Art. 14. Constituem o Grupo das Unidades de Uso Sustentável as seguintes categorias de unidade de conservação:

I – Área de Proteção Ambiental;

II – Área de Relevante Interesse Ecológico;

III – Floresta Nacional;

IV – Reserva Extrativista;

V – Reserva de Fauna;

VI – Reserva de Desenvolvimento Sustentável; e

VII – Reserva Particular do Patrimônio Natural.

1. COMENTÁRIOS

Este artigo apresenta o rol das sete unidades do grupo de uso sustentável constituídas em espaços em que se permite o uso direto ecologicamente sustentável dos recursos ambientais.

A área de proteção ambiental (art. 15), a área de relevante interesse ecológico (art. 16), a florestal nacional (art. 17), a reserva extrativista (art. 18), a reserva da fauna (art. 19), a reserva de desenvolvimento sustentável (art. 20), e a reserva particular do patrimônio natural (art. 21) serão estudadas com detalhes nos artigos seguintes.

2. QUESTÕES DE CONCURSOS

01. (PGE Alagoas/2008 – CESPE) Estação ecológica e reserva biológica são unidades de proteção de uso sustentável.

02. (PGE Alagoas/2008 – CESPE) Parque nacional e área de proteção ambiental são unidades de uso sustentável.

03. (PGE Alagoas/2008 – CESPE) Refúgio da vida silvestre é unidade de uso sustentável.

04. (FCC – 2013 – PGE-BA – Analista de Procuradoria – Área de Apoio Jurídico) Tratando-se de unidades de conservação, considera-se unidade de uso sustentável:

a) Monumento Natural.

b) Estação Ecológica.

c) Reserva Biológica.

d) Parque Nacional.

e) Reserva Extrativista.

05. (FCC – 2012 – DPE-SP – Defensor Público) No Estado do Acre, onde, a partir da década de 1970, iniciou-se um processo acelerado de desmatamento da floresta para dar lugar a grandes pastagens de gado, Chico Mendes, junto ao movimento local dos seringueiros, desenvolveu práticas pacíficas de resistência para defender a floresta. A sua luta contra a devastação da Floresta Amazônica chamou a atenção do mundo, especialmente em razão da sua morte, ocorrida em 22 de dezembro de 1988. Em vista de tal cenário, com o propósito de proteger áreas de relevância ambiental e regulamentar o disposto no art. 225, § 1º , I, II, III e VII, da Lei Fundamental de 1988, o legislador infraconstitucional editou a Lei do Sistema Nacional de Unidades de Conservação – SNUC (Lei 9.985/2000). Integra a categoria de Unidade de Conservação de Uso Sustentável:

a) Estação Ecológica.

b) Área de Relevante Interesse Ecológico.

c) Reserva Biológica.

d) Monumento Natural.

e) Refúgio da Vida Silvestre.

06. (MPDFT – 2009 – Promotor de Justiça) Em relação ao Direito Ambiental, assinale a alternativa correta.

a) A Reserva Florestal Legal decorre de limitação legal do direito de propriedade e, assim como as Áreas de Preservação Permanente, incidem sobre o domínio público e privado.

b) Constituem o Grupo das Unidades de Uso Sustentável as seguintes categorias de unidade de conservação: a) Área de Proteção Ambiental; b) Área de Relevante Interesse Ecológico; c) Floresta Nacional; d) Reserva Extrativista; e) Reserva de Fauna; f) Reserva de Desenvolvimento Sustentável; e g) Reserva Particular do Patrimônio Natural.

c) O grupo das Unidades de Proteção Integral é composto pelas seguintes categorias de unidade de conservação: a) Área de Proteção Ambiental; b) Estação Ecológica; c) Reserva Biológica; d) Parque Nacional; e) Monumento Natural; f) Refúgio de Vida Silvestre.

d) O objetivo básico das Unidades de Proteção Integral é compatibilizar a conservação da natureza com o uso sustentável de parcela dos seus recursos naturais.

e) A Área de Relevante Interesse Ecológico é necessariamente de domínio público, devendo ser desapropriadas para este fim as áreas particulares incluídas em seus limites.

07. (TRF – 4ª Região – 2010 – Juiz Federal) O Grupo das Unidades de Uso Sustentável, referido na Lei 9.985/2000, é constituído das Áreas de Proteção Ambiental, Áreas de Relevante Interesse Ecológico, Florestas Nacionais, Reservas Extrativistas, Reservas de Fauna, Reservas de Desenvolvimento Sustentável e Reservas Particulares do Patrimônio Natural.

08. (2016/FGV/CODEBA/Analista Portuário/Gestão Ambiental) Lei nº 9.985/00 instituiu o Sistema Nacional de Unidades de Conservação da Natureza (SNUC).

Segundo esse instrumento legal, as unidades de conservação integrantes do SNUC dividem-se em dois grupos, com características específicas: as Unidades de Proteção Integral e as Unidades de Uso Sustentável. Assinale a opção que indica um exemplo de Unidade de Uso Sustentável.

a) Estação Ecológica

b) Parque Nacional

c) Monumento Natural
d) Refúgio de Vida Silvestre
e) Área de Proteção Ambiental

GAB	01	ERRADO	02	ERRADO	03	ERRADO	04	E
	05	B	06	B	07	CERTO	08	E

Art. 15. A Área de Proteção Ambiental é uma área em geral extensa, com um certo grau de ocupação humana, dotada de atributos abióticos, bióticos, estéticos ou culturais especialmente importantes para a qualidade de vida e o bem-estar das populações humanas, e tem como objetivos básicos proteger a diversidade biológica, disciplinar o processo de ocupação e assegurar a sustentabilidade do uso dos recursos naturais.

§ 1.º A Área de Proteção Ambiental é constituída por terras públicas ou privadas.

§ 2.º Respeitados os limites constitucionais, podem ser estabelecidas normas e restrições para a utilização de uma propriedade privada localizada em uma Área de Proteção Ambiental.

§ 3.º As condições para a realização de pesquisa científica e visitação pública nas áreas sob domínio público serão estabelecidas pelo órgão gestor da unidade.

§ 4.º Nas áreas sob propriedade privada, cabe ao proprietário estabelecer as condições para pesquisa e visitação pelo público, observadas as exigências e restrições legais.

§ 5.º A Área de Proteção Ambiental disporá de um Conselho presidido pelo órgão responsável por sua administração e constituído por representantes dos órgãos públicos, de organizações da sociedade civil e da população residente, conforme se dispuser no regulamento desta Lei.

1. COMENTÁRIOS

UNIDADE	OBJETIVO	DOMÍNIO	CLASSIFICAÇÃO
Área de proteção ambiental	É uma área em geral extensa, com um certo grau de ocupação humana, dotada de atributos abióticos, bióticos, estéticos ou culturais especialmente importantes para a qualidade de vida e o bem-estar das populações humanas, e tem como objetivos básicos proteger a diversidade biológica, disciplinar o processo de ocupação e assegurar a sustentabilidade do uso dos recursos naturais.	Público ou privado	Uso sustentável

A **área de proteção ambiental** é uma unidade de conservação do grupo de uso sustentável, podendo ser formada por áreas públicas ou mesmo particulares, sendo possível a pesquisa e a visitação se autorizada pelo órgão gestor da unidade de conservação, devendo ser autorizadas pelos proprietários na APA privada.

A vocação da APA é a mais ampla das unidades de conservação, se destinando a proteger áreas dotadas de atributos abióticos, bióticos, estéticos ou culturais especialmente importantes para a qualidade de vida e o bem-estar das populações humanas.

Normalmente são áreas grandes e que possuem ocupação humana em que se busca a sustentabilidade no uso dos recursos ambientais com uma ocupação ordenada e regra dos seus habitantes.

Como exemplo, cita-se a Área de Proteção Ambiental da Baía de Todos-os-Santos, criada pelo Decreto estadual 7.595/1999. O seu objetivo é: Promover o ordenamento do uso e ocupação das ilhas da Baía de Todos os Santos, visando o desenvolvimento de atividades econômicas adequadas à conservação dos recursos naturais. Localiza-se na maior baía do Brasil. Sua área é estimada em 800km² envolvendo as águas e o conjunto de ilhas da Baía de Todos os Santos, sendo suas 54 ilhas pertencentes aos municípios de Salvador, Madre de Deus, Candeias, Simões Filho, São Francisco do Conde, Santo Amaro, Cachoeira, Saubara, Itaparica, Vera Cruz, Jaguaripe, Maragogipe e Salinas da Margarida.

2. QUESTÕES DE CONCURSOS

01. (TRF 5.ª Região 2009 – Juiz Federal – CESPE) A área de proteção ambiental, dotada de atributos abióticos, bióticos, estéticos ou culturais especialmente importantes para a qualidade de vida e o bem-estar das populações humanas, é constituída apenas por terras públicas.

02. (FCC – 2013 – MPE-SE – Analista – Direito) A Área de Proteção Ambiental é uma área em geral extensa, com um certo grau de ocupação humana, dotada de atributos abióticos, bióticos, estéticos ou culturais especialmente importantes para a qualidade de vida e o bem-estar das populações humanas, e tem como objetivos básicos proteger a diversidade biológica, disciplinar o processo de ocupação e assegurar a sustentabilidade do uso dos recursos naturais. Diante disso, é INCORRETO afirmar que

a) a Área de Proteção Ambiental é constituída por terras públicas ou privadas.

b) a Área de Proteção Ambiental não comporta utilização, ainda que inserida em propriedade privada.

c) as condições para a realização de pesquisa científica e visitação pública nas áreas sob domínio público serão estabelecidas pelo órgão gestor da unidade.

d) a Área de Proteção Ambiental disporá de um Conselho presidido pelo órgão responsável por sua administração e constituído por representantes dos órgãos públicos, de organizações da sociedade civil e da população residente, conforme dispuser o regulamento.

e) constitui, junto com a Reserva de Desenvolvimento Sustentável, a Reserva Particular do Patrimônio Natural, a Área de Relevante Interesse Ecológico, a Floresta Nacional; a Reserva Extrativista e a Reserva de Fauna o Grupo das Unidades de Uso.

03. (FCC – 2012 – TJ-GO – Juiz) Suponha que o governo estadual tenha instituído, por decreto, uma Área de Proteção Ambiental (APA) que abranja a totalidade do território de três Municípios. Os imóveis particulares localizados dentro da APA

a) deverão ser objeto de desapropriação, uma vez que a APA é incompatível com domínio privado.

b) não sofrerão qualquer espécie de restrição, uma vez que a instituição de unidades de conservação é matéria reservada à lei formal.

c) poderão ser ou não desapropriados, conforme decisão discricionária do poder público, sem necessidade de invocação de motivo de utilidade ou necessidade públicas, ou interesse social.

d) não sofrerão incidência de restrições ambientais, até que a implantação da unidade de conservação seja ratificada pelos Municípios por ela abrangidos.

e) poderão desde logo sofrer restrições compatíveis com a natureza privada da área, bem como com o conteúdo constitucional do direito de propriedade e sua função social.

04. (CESPE – 2013 – TRF – 2ª Região – Juiz Federal) Em 2009, um particular ajuizou ação por desapropriação indireta em decorrência da edição de normas, datadas do ano 2001, que constituíram como área de proteção ambiental extensos trechos às margens de um lago, abrangendo a propriedade do autor. Na petição inicial, este informou que, em virtude dessas normas, o poder público registrou no cartório de imóveis a proibição de edificar por quase todo o seu imóvel, esvaziando o conteúdo econômico desse bem. Daí o pedido de reconhecimento da desapropriação indireta e, sucessivamente, o pleito de indenização pelas restrições. Em contestação, o poder público alegou prescrição e, ainda, que não houve desapropriação indireta, mas mera limitação administrativa não indenizável que, ao contrário do alegado pelo autor, até incrementou o valor do imóvel, por ter aumentado o interesse de turistas. Acerca dessa situação hipotética e da legislação a ela pertinente, assinale a opção correta.

a) O poder público só ficará obrigado a indenizar limitação administrativa decorrente de criação de unidade de conservação em terras particulares se ficar configurada uma restrição que esvazie totalmente o valor econômico do bem.

b) Na situação em apreço, é irrelevante o argumento de que foi incrementado o interesse turístico na área, pois, de acordo com a legislação pertinente, o proprietário será privado do direito de estabelecer as condições para visitação pelo público.

c) A lei que instituiu o SNUC não especifica as categorias de unidades de conservação que ensejam obrigatoriamente a transferência do domínio particular para o público, devendo a apreciação ser feita caso a caso.

d) Na hipótese em questão, já transcorreu o prazo prescricional, quer se trate de caso de desapropriação indireta ou de indenização por restrição de uso decorrente da legislação ambiental.

e) A desapropriação indireta pode caracterizar-se mesmo sem o efetivo apossamento da propriedade individual pelo poder público.

GAB	01	ERRADO	02	B	03	E	04	A

Art. 16. A Área de Relevante Interesse Ecológico é uma área em geral de pequena extensão, com pouca ou nenhuma ocupação humana, com características naturais extraordinárias ou que abriga exemplares raros da biota regional, e tem como objetivo manter os ecossistemas naturais de importância regional ou local e regular o uso admissível dessas áreas, de modo a compatibilizá-lo com os objetivos de conservação da natureza.

§ 1.º A Área de Relevante Interesse Ecológico é constituída por terras públicas ou privadas.

§ 2.º Respeitados os limites constitucionais, podem ser estabelecidas normas e restrições para a utilização de uma propriedade privada localizada em uma Área de Relevante Interesse Ecológico.

1. COMENTÁRIOS

UNIDADE	OBJETIVO	DOMÍNIO	CLASSIFICAÇÃO
Área de relevante interesse ecológico	É uma área em geral de pequena extensão, com pouca ou nenhuma ocupação humana, com características naturais extraordinárias ou que abriga exemplares raros da biota regional, e tem como objetivo manter os ecossistemas naturais de importância regional ou local e regular o uso admissível dessas áreas, de modo a compatibilizá-lo com os objetivos de conservação da natureza.	Público ou privado	Uso sustentável

A **área de relevante interesse ecológico** é uma unidade de conservação do grupo de uso sustentável, podendo ser formada por áreas públicas ou mesmo particulares. Normalmente são áreas pequenas e que possuem pouca ou nenhuma ocupação humana em que se busca a sustentabilidade no uso dos recursos ambientais.

A Lei é omissa, mas entende-se ser possível a pesquisa e a visitação se autorizada pelo órgão gestor da unidade de conservação, devendo ser autorizadas pelo proprietário da unidade ser privada.

São áreas que possuem características naturais extraordinárias ou que abriga exemplares raros da biota regional, e tem como objetivo manter os ecossistemas naturais de importância regional ou local e regular o uso admissível dessas áreas.

Como exemplo, cita-se a Área de Relevante Interesse Ecológico Serra da Abelha localizada nos municípios catarinenses de Vitor Meireles e Santa Terezinha em Santa Catarina, criada pelo Decreto federal 25 de maio de 1996, 5.017ha.

2. QUESTÕES DE CONCURSOS

01. (Procurador Federal 2010 – CESPE) As áreas de relevante interesse ecológico podem ser constituídas por terras públicas e particulares, em uma área em geral de pequena extensão, com pouca ou nenhuma ocupação humana, com características naturais extraordinárias ou que abrigue exemplares raros da biota regional, e têm como objetivo manter os ecossistemas naturais de importância regional ou local, regulando o uso admissível dessas áreas, de modo a compatibilizá-lo com os objetivos de conservação da natureza.

02. (FCC – 2012 – PGE-SP – Procurador) Considerado o disposto na Lei Federal 9.985/2000, que instituiu o Sistema Nacional de Unidades de Conservação – SNUC, as seguintes categorias de unidades de conservação podem ser constituídas também por terras privadas, sem necessidade de desapropriação:

a) Área de Proteção Ambiental e Reserva Extrativista.

b) Refúgio de Vida Silvestre e Reserva Biológica.

c) Área de Relevante Interesse Ecológico e Estação Ecológica.

d) Refúgio de Vida Silvestre e Parque Nacional.

e) Área de Relevante Interesse Ecológico e Área de Proteção Ambiental.

03. (2017/MPE-PR/Promotor Substituto) Assinale a alternativa **incorreta**:

a) A Estação Ecológica tem como objetivo a preservação da natureza e a realização de pesquisas científicas.

b) O Parque Nacional tem como objetivo básico a preservação de ecossistemas naturais de grande relevância ecológica e beleza cênica, possibilitando a realização de pesquisas científicas e o desenvolvimento de atividades de educação e interpretação ambiental, de recreação em contato com a natureza e de turismo ecológico.

c) O Monumento Natural tem como objetivo básico preservar sítios naturais raros, singulares ou de grande beleza cênica.

d) A Área de Relevante Interesse Ecológico é uma área em geral de grande extensão, que tem como objetivo manter os ecossistemas naturais de importância local e regular o uso admissível dessas áreas.

e) A Reserva Extrativista é uma área utilizada por populações extrativistas tradicionais, cuja subsistência baseia-se no extrativismo e, complementarmente, na agricultura de subsistência e na criação de animais de pequeno porte, e tem como objetivos básicos proteger os meios de vida e a cultura dessas populações, e assegurar o uso sustentável dos recursos naturais da unidade.

GAB	01	CERTO	02	E	03	D

Art. 17. A Floresta Nacional é uma área com cobertura florestal de espécies predominantemente nativas e tem como objetivo básico o uso múltiplo sustentável dos recursos florestais e a pesquisa científica, com ênfase em métodos para exploração sustentável de florestas nativas.

§ 1.º A Floresta Nacional é de posse e domínio públicos, sendo que as áreas particulares incluídas em seus limites devem ser desapropriadas de acordo com o que dispõe a lei.

§ 2.º Nas Florestas Nacionais é admitida a permanência de populações tradicionais que a habitam quando de sua criação, em conformidade com o disposto em regulamento e no Plano de Manejo da unidade.

§ 3.º A visitação pública é permitida, condicionada às normas estabelecidas para o manejo da unidade pelo órgão responsável por sua administração.

§ 4.º A pesquisa é permitida e incentivada, sujeitando-se à prévia autorização do órgão responsável pela administração da unidade, às condições e restrições por este estabelecidas e àquelas previstas em regulamento.

§ 5.º A Floresta Nacional disporá de um Conselho Consultivo, presidido pelo órgão responsável por sua administração e constituído por representantes de órgãos públicos, de organizações da sociedade civil e, quando for o caso, das populações tradicionais residentes.

§ 6.º A unidade desta categoria, quando criada pelo Estado ou Município, será denominada, respectivamente, Floresta Estadual e Floresta Municipal.

1. COMENTÁRIOS

UNIDADE	OBJETIVO	DOMÍNIO	CLASSIFICAÇÃO
Floresta nacional	É uma área com cobertura florestal de espécies predominantemente nativas e tem como objetivo básico o uso múltiplo sustentável dos recursos florestais e a pesquisa científica, com ênfase em métodos para exploração sustentável de florestas nativas.	Público	Uso sustentável

A *florestal nacional* é uma unidade de conservação de uso sustentável de posse e domínios públicos, sendo necessária a desapropriação de áreas privadas, se existentes. Quando criada no âmbito estadual ou municipal, se chamará *floresta estadual* e *florestal municipal.*

Nas Florestas Nacionais é admitida a permanência de populações tradicionais, desde que haja possibilidade de se compatibilizar o regime jurídico de uso sustentável da unidade com a exploração dos recursos naturais desenvolvidas pelos povos tradicionais.

A sua vocação é proteger áreas com larga formação arbórea nativa a fim de permitir a sustentabilidade do uso dos recursos naturais.

Admite-se a visitação pública, desde que haja previsão no plano de manejo da unidade e seja autorizado pelo órgão gestor da unidade de conservação, havendo fomento à pesquisa científica.

Toda FLONA deverá contar com um Conselho Consultivo, presidido por representante do órgão ambiental gestor da unidade e com composição popular.

Como exemplo, cita-se a FLONA Carajás, situada do Município de Parauapebas, Pará, unidade em que o autor desta obra atuou na condição de Procurador Federal do IBAMA nos anos de 2003 e 2004. Foi criada pelo Decreto federal 2.486 de 02 de fevereiro de 1998, possuindo aproximadamente 393 mil ha. Possui uma gestão com polêmicas, pois a Vale do Rio Doce promove extração de minérios nesta unidade.

2. QUESTÕES DE CONCURSOS

01. (FGV – 2009 – TJ-PA – Juiz) Nos termos da Lei n.º 9.985/2000, a unidade de conservação que compreende uma área com cobertura florestal de espécies predominantemente nativas e tem como objetivo básico o uso múltiplo sustentável dos recursos florestais e a pesquisa científica, com ênfase em métodos para exploração sustentável de florestas nativas, é denominada:

a) Área de Proteção Ambiental.

b) Estação Ecológica.

c) Parque Nacional.

d) Floresta Nacional.

e) Monumento Natural.

02. (CESPE/AGU/Advogado da União/2015) A floresta nacional é unidade de conservação de uso sustentável, de posse e de domínio públicos, cuja criação deve ser precedida de estudos técnicos e de consulta pública que permitam identificar a localização, a dimensão e os limites mais adequados para a unidade, com vistas ao seu objetivo básico de uso múltiplo sustentável dos recursos florestais e pesquisa científica.

GAB	01	E	02	CERTA

Art. 18. A Reserva Extrativista é uma área utilizada por populações extrativistas tradicionais, cuja subsistência baseia-se no extrativismo e, complementarmente, na agricultura de subsistência e na criação de animais de pequeno porte, e tem como objetivos básicos proteger os meios de vida e a cultura dessas populações, e assegurar o uso sustentável dos recursos naturais da unidade.

§ 1.º A Reserva Extrativista é de domínio público, com uso concedido às populações extrativistas tradicionais conforme o disposto no art. 23 desta Lei e em regulamentação específica, sendo que as áreas particulares incluídas em seus limites devem ser desapropriadas, de acordo com o que dispõe a lei.

§ 2.º A Reserva Extrativista será gerida por um Conselho Deliberativo, presidido pelo órgão responsável por sua administração e constituído por representantes de órgãos públicos, de organizações da sociedade civil e das populações tradicionais residentes na área, conforme se dispuser em regulamento e no ato de criação da unidade.

§ 3.º A visitação pública é permitida, desde que compatível com os interesses locais e de acordo com o disposto no Plano de Manejo da área.

§ 4.º A pesquisa científica é permitida e incentivada, sujeitando-se à prévia autorização do órgão responsável pela administração da unidade, às condições e restrições por este estabelecidas e às normas previstas em regulamento.

§ 5.º O Plano de Manejo da unidade será aprovado pelo seu Conselho Deliberativo.

§ 6.º São proibidas a exploração de recursos minerais e a caça amadorística ou profissional.

§ 7.º A exploração comercial de recursos madeireiros só será admitida em bases sustentáveis e em situações especiais e complementares às demais atividades desenvolvidas na Reserva Extrativista, conforme o disposto em regulamento e no Plano de Manejo da unidade.

1. COMENTÁRIOS

UNIDADE	OBJETIVO	DOMÍNIO	CLASSIFICAÇÃO
Reserva extrativista	É uma área utilizada por populações extrativistas tradicionais, cuja subsistência baseia-se no extrativismo e, complementarmente, na agricultura de subsistência e na criação de animais de pequeno porte, e tem como objetivos básicos proteger os meios de vida e a cultura dessas populações, e assegurar o uso sustentável dos recursos naturais da unidade.	Público	Uso sustentável

A *reserva extrativista* é uma unidade de conservação de uso sustentável de posse e domínios públicos, sendo necessária a desapropriação de áreas privadas, se existentes. É uma unidade criada para atender aos povos tradicionais extrativistas que lá habitam, permitindo o desenvolvimento do extrativismo sustentável, a agricultura de subsistência e a criação de animais de pequeno porte.

Tem como objetivos básicos proteger os meios de vida e a cultura dessas populações, e assegurar o uso sustentável dos recursos naturais da unidade. Os povos tradicionais farão jus ao título denominado "contrato de concessão de uso" da área.

Será gerenciada por um conselho deliberativo, presidido por representante do órgão ambiental gestor da unidade e com composição popular, em especial dos povos extrativistas que lá habitam, a quem caberá aprovar o seu plano de manejo.

Admite-se a visitação pública, desde que haja previsão no plano de manejo da unidade e seja autorizado pelo órgão gestor da unidade de conservação, havendo fomento à pesquisa científica.

Na RESEX é vedada a exploração de recursos minerais e a caça esportiva ou para fins profissionais. Por sua vez, apenas será admitida a exploração de madeira de forma sustentável, conforme permitido no plano de manejo da unidade, mesmo assim em situações especiais e complementares às demais atividades desenvolvidas.

Como exemplo, cita-se a RESEX do Alto Juruá, no Acre, criada pelo de Decreto federal 98.863 de 23.01.1990, com 506.186 ha.

O STF firmou que é incompatível buscar a realização de reforma agrária em área onde foi constituída reserva extrativista, sendo correto o entendimento da Suprema Corte, pois a RESEX, de propriedade pública (devendo ser feita a desapropriação por utilidade pública das áreas privadas, acaso existentes), busca garantir a sustentabilidade do uso dos recursos naturais em favor dos povos tradicionais habitantes, que possuem direito ao contrato de concessão de uso da área, não se revelando pertinente a reforma agrária.

2. JURISPRUDÊNCIA

"Reserva extrativista. Conflito de interesse. Coletivo *versus* individual. Ante o estabelecido no art. 225 da CF, conflito entre os interesses individual e coletivo resolve-se a favor deste último. (...) **Não coabitam o mesmo teto, sob o ângulo constitucional, reserva extrativista e reforma agrária.**" (STF, **MS 25.284**, rel. min. **Marco Aurélio**, julgamento em 17-6-2010, Plenário, *DJE* de 13-8-2010.)

3. QUESTÃO DE CONCURSO

01. (FCC – 2014 – Prefeitura de Cuiabá – MT – Procurador Municipal) O Município criou por decreto uma Reserva Extrativista em áreas particulares sem ajuizar as ações de desapropriação dos imóveis abrangidos. Neste caso, os proprietários

a) continuarão titulares de domínio, mas serão indenizados apenas pelas restrições impostas às respectivas propriedades.

b) continuarão titulares de domínio, pois a Reserva Extrativista é uma unidade de conservação de uso sustentável.

c) poderão ajuizar ações de desapropriação indireta, diante da inércia do Município, sendo possível discutir apenas o valor das indenizações.

d) poderão ajuizar ações declaratórias de nulidade do ato administrativo do Chefe do Executivo Municipal, porquanto não ser possível a criação de unidade de conservação por Decreto.

e) continuarão titulares de domínio, mas terão restrições impostas às respectivas propriedades sem direito à indenização, diante do princípio da função social da propriedade.

GAB	01	C

Art. 19. A Reserva de Fauna é uma área natural com populações animais de espécies nativas, terrestres ou aquáticas, residentes ou migratórias, adequadas para estudos técnico-científicos sobre o manejo econômico sustentável de recursos faunísticos.

§ 1.º A Reserva de Fauna é de posse e domínio públicos, sendo que as áreas particulares incluídas em seus limites devem ser desapropriadas de acordo com o que dispõe a lei.

§ 2.º A visitação pública pode ser permitida, desde que compatível com o manejo da unidade e de acordo com as normas estabelecidas pelo órgão responsável por sua administração.

§ 3.º É proibido o exercício da caça amadorística ou profissional.

§ 4.º A comercialização dos produtos e subprodutos resultantes das pesquisas obedecerá ao disposto nas leis sobre fauna e regulamentos.

1. COMENTÁRIOS

UNIDADE	OBJETIVO	DOMÍNIO	CLASSIFICAÇÃO
Reserva da fauna	É uma área natural com populações animais de espécies nativas, terrestres ou aquáticas, residentes ou migratórias, adequadas para estudos técnico-científicos sobre o manejo econômico sustentável de recursos faunísticos.	Público	Uso sustentável

A *reserva da fauna* é uma unidade de conservação de uso sustentável de posse e domínios públicos, sendo necessária a desapropriação de áreas privadas, se existentes.

Admite-se a visitação pública, desde que haja previsão no plano de manejo da unidade e seja autorizado pelo órgão gestor da unidade de conservação, havendo fomento aos estudos técnico-científicos sobre o manejo econômico sustentável de recursos faunísticos.

É uma unidade vocacionada a proteger áreas naturais com populações animais de espécies nativas, terrestres ou aquáticas, residentes ou migratórias.

Na REFAU é vedada a caça esportiva ou para fins profissionais, somente sendo possível comercializar os produtos e subprodutos resultantes das pesquisas com respeito à Lei 5.197/1967 e ao plano de manejo da unidade.

Como exemplo, cita-se a REFAU Baía da Babitonga. No Brasil, a primeira Reserva de Fauna localiza-se em Santa Catarina. Desde 2007, ano de sua criação, a baía da Babitonga é prioridade na preservação ambiental, devido à sua rica biodiversidade, com bosques de manguezais e fauna abundante[4].

Art. 20. A Reserva de Desenvolvimento Sustentável é uma área natural que abriga populações tradicionais, cuja existência baseia-se em sistemas sustentáveis de exploração dos recursos naturais, desenvolvidos ao longo de gerações e adaptados às condições ecológicas locais e que desempenham um papel fundamental na proteção da natureza e na manutenção da diversidade biológica.

§ 1.º A Reserva de Desenvolvimento Sustentável tem como objetivo básico preservar a natureza e, ao mesmo tempo, assegurar as condições e os meios necessários para a reprodução e a melhoria dos modos e da qualidade de vida e exploração dos recursos naturais das populações tradicionais, bem como valorizar, conservar e aperfeiçoar o conhecimento e as técnicas de manejo do ambiente, desenvolvido por estas populações.

§ 2.º A Reserva de Desenvolvimento Sustentável é de domínio público, sendo que as áreas particulares incluídas em seus limites devem ser, quando necessário, desapropriadas, de acordo com o que dispõe a lei.

§ 3.º O uso das áreas ocupadas pelas populações tradicionais será regulado de acordo com o disposto no art. 23 desta Lei e em regulamentação específica.

§ 4.º A Reserva de Desenvolvimento Sustentável será gerida por um Conselho Deliberativo, presidido pelo órgão responsável por sua administração e constituído por representantes de órgãos públicos, de organizações da sociedade civil e das populações tradicionais residentes na área, conforme se dispuser em regulamento e no ato de criação da unidade.

§ 5.º As atividades desenvolvidas na Reserva de Desenvolvimento Sustentável obedecerão às seguintes condições:

I – é permitida e incentivada a visitação pública, desde que compatível com os interesses locais e de acordo com o disposto no Plano de Manejo da área;

II – é permitida e incentivada a pesquisa científica voltada à conservação da natureza, à melhor relação das populações residentes com seu meio e à educação ambiental, sujeitando-se à prévia autorização do órgão responsável pela administração da unidade, às condições e restrições por este estabelecidas e às normas previstas em regulamento;

III – deve ser sempre considerado o equilíbrio dinâmico entre o tamanho da população e a conservação; e

IV – é admitida a exploração de componentes dos ecossistemas naturais em regime de manejo sustentável e a substituição da cobertura vegetal por espécies cultiváveis, desde que sujeitas ao zoneamento, às limitações legais e ao Plano de Manejo da área.

4. Disponível em: <http://jornambientalunifor.blogspot.com.br/2011/11/baia-da-babitonga-primeira-reserva-de.html>.

§ 6.º O Plano de Manejo da Reserva de Desenvolvimento Sustentável definirá as zonas de proteção integral, de uso sustentável e de amortecimento e corredores ecológicos, e será aprovado pelo Conselho Deliberativo da unidade.

1. COMENTÁRIOS

UNIDADE	OBJETIVO	DOMÍNIO	CLASSIFICAÇÃO
Reserva de desenvolvimento sustentável	É uma área natural que abriga populações tradicionais, cuja existência baseia-se em sistemas sustentáveis de exploração dos recursos naturais, desenvolvidos ao longo de gerações e adaptados às condições ecológicas locais e que desempenham um papel fundamental na proteção da natureza e na manutenção da diversidade biológica.	Público	Uso sustentável

A *reserva de desenvolvimento sustentável* é uma unidade de conservação de uso sustentável de domínio público, sendo cabível a desapropriação de áreas privadas, se existentes, muito embora a obscura legislação dê a entender que a desapropriação possa não ser necessária.

É unidade que abriga populações tradicionais, cuja existência baseia-se em sistemas sustentáveis de exploração dos recursos naturais, desenvolvidos ao longo de gerações e adaptados às condições ecológicas locais e que desempenham um papel fundamental na proteção da natureza e na manutenção da diversidade biológica, se assemelhando à reserva extrativista.

Tem como objetivos básicos preservar a natureza e, ao mesmo tempo, assegurar as condições e os meios necessários para a reprodução e a melhoria dos modos e da qualidade de vida e exploração dos recursos naturais das populações tradicionais, bem como valorizar, conservar e aperfeiçoar o conhecimento e as técnicas de manejo do ambiente, desenvolvido por estas populações.

Os povos tradicionais farão jus ao título denominado "contrato de concessão de uso" da área. Será gerenciada por um conselho deliberativo, presidido por representante do órgão ambiental gestor da unidade e com composição popular, em especial dos povos extrativistas que lá habitam, a quem caberá aprovar o seu plano de manejo.

Admite-se a visitação pública, que, inclusive, é incentivada, desde que haja previsão no plano de manejo da unidade e seja autorizado pelo órgão gestor da unidade de conservação, havendo fomento à pesquisa científica autorizada voltada à conservação da natureza, à melhor relação das populações residentes com seu meio e à educação ambiental.

Será possível a exploração vegetal para uso alternativo do solo visando o cultivo, bem como o manejo florestal sustentável, desde que respeitados o zoneamento, às limitações legais e ao Plano de Manejo da área.

Como exemplo de RDS, cita-se a Mamirauá, no Estado do Amazonas, tendo sido a primeira a ser criada no ano de 1996, na região do médio Solimões. Com uma área total de 1.124.000 hectares (correspondendo a quase metade do Estado de Sergipe), até 80km de floresta da reserva são completamente alagadas entre aqueles dois importantes rios amazônicos.

Art. 21. A Reserva Particular do Patrimônio Natural é uma área privada, gravada com perpetuidade, com o objetivo de conservar a diversidade biológica.

§ 1.º O gravame de que trata este artigo constará de termo de compromisso assinado perante o órgão ambiental, que verificará a existência de interesse público, e será averbado à margem da inscrição no Registro Público de Imóveis.

§ 2.º Só poderá ser permitida, na Reserva Particular do Patrimônio Natural, conforme se dispuser em regulamento:

I – a pesquisa científica;

II – a visitação com objetivos turísticos, recreativos e educacionais;

III – (VETADO).

§ 3.º Os órgãos integrantes do SNUC, sempre que possível e oportuno, prestarão orientação técnica e científica ao proprietário de Reserva Particular do Patrimônio Natural para a elaboração de um Plano de Manejo ou de Proteção e de Gestão da unidade.

1. COMENTÁRIOS

UNIDADE	OBJETIVO	DOMÍNIO	CLASSIFICAÇÃO
Reserva particular do patrimônio natural	É uma área privada, gravada com perpetuidade, com o objetivo de conservar a diversidade biológica.	Privado	Uso sustentável

A *reserva particular do patrimônio natural* é uma unidade de conservação do grupo de uso sustentável, formada por áreas de posse e domínio privado, gravada com perpetuidade, com o objetivo de conservar a diversidade biológica.

Caso a área tenha características ambientais diferenciadas, o órgão ambiental irá firmar com o proprietário termo de compromisso para a instituição de RPPN que será registrado no cartório de imóveis.

Ressalte-se que esta modalidade, apesar de ser formalmente considerada como de uso sustentável, tem o regime jurídico de proteção integral, pois o inciso III do § 2.º do artigo 21 da Lei 9.985/2000 foi vetado pelo Presidente porque previa o extrativismo na área (artigo 21, §§ 1.º a 3.º), sendo permitidas apenas a pesquisa e visitação com fins turísticos, recreativos e educacionais.

A Lei 12.651/2012 – Novo Código Florestal, alterou a PNMA – Lei 6.938/1981, incluindo o art. 9.º-B, o qual dispõe que a servidão ambiental perpétua equivale, para fins creditícios, tributários e de acesso aos recursos de fundos públicos, à Reserva Particular do Patrimônio Natural.

Os órgãos ambientais, sempre que possível, prestarão orientação técnica e científica ao proprietário de Reserva Particular do Patrimônio Natural para a elaboração de um Plano de Manejo ou de Proteção e de Gestão da unidade, que é de responsabilidade do proprietário.

Coube ao Decreto federal 5.746/2006 a regulamentação da RPPN. As RPPNs poderão ser criadas pelos órgãos integrantes do Sistema Nacional de Unidades de Conservação da

Natureza – SNUC, sendo que, no âmbito federal, serão declaradas instituídas mediante portaria do Instituto Brasileiro do Meio Ambiente e dos Recursos Naturais Renováveis – IBAMA.

Assim, não apenas a lei ou um decreto poderá criar uma RPPN, mas também por portaria dos órgãos ambientais do SISNAMA nas três esferas de governo. As propostas para criação de RPPN na zona de amortecimento de outras unidades de conservação e nas áreas identificadas como prioritárias para conservação terão preferência de análise.

Deveras, a RPPN poderá ser criada em propriedade hipotecada, desde que o proprietário apresente anuência da instituição credora, assim como poderá ser criada abrangendo até trinta por cento de áreas para a recuperação ambiental, com o limite máximo de mil hectares, a critério do órgão ambiental competente, observado o parecer técnico de vistoria.

Não será criada RPPN em área já concedida para lavra mineira, ou onde já incida decreto de utilidade pública ou de interesse social incompatível com os seus objetivos. Poderá ser criada dentro dos limites de Área de Proteção Ambiental sem necessidade de redefinição dos limites da APA.

Somente será admitida na RPPN moradia do proprietário e funcionários diretamente ligados a gestão da unidade de conservação, conforme dispuser seu plano de manejo, que será aprovado pelo ICMBIO na esfera federal.

No exercício das atividades de vistoria, fiscalização, acompanhamento e orientação, os órgãos ambientais competentes, diretamente ou por prepostos formalmente constituídos, terão livre acesso à RPPN.

2. QUESTÕES DE CONCURSOS

01. (FGV – 2012 – OAB – Exame de Ordem Unificado – VIII – Primeira Fase) Sobre a Reserva Particular do Patrimônio Natural (RPPN), assinale a afirmativa correta.

a) As RPPNs são unidades de conservação criadas em áreas de posse e domínios privados, gravadas com perpetuidade, e deverão ser averbadas, por intermédio de Termo de Compromisso, no Registro Público de Imóveis.

b) As RPPNs são unidades de conservação criadas em áreas de posse pública e domínio privado, e deverão ser averbadas, por intermédio de Termo de Compromisso, no Registro Público de Imóveis.

c) As RPPNs são unidades de conservação criadas em áreas de posse e domínios privados, deverão ser averbadas, por intermédio de Termo de Compromisso, no Registro Público de Imóveis. Porém não serão perpétuas, em razão do direito fundamental à propriedade privada.

d) As RPPNs são unidades de conservação criadas em áreas de posse pública e domínio privado. Em razão do princípio da defesa do meio ambiente são instituídas automaticamente, sem necessidade de avaliação do órgão ambiental, bastando o interesse do proprietário privado e a averbação, por intermédio de Termo de Compromisso, no Registro Público de Imóveis.

02. (2017/FCC/TJ-SC/Juiz Substituto) O proprietário de uma Reserva Particular do Patrimônio Natural – RPPN

a) não pode receber recursos advindos da compensação ambiental.

b) pode receber recursos advindos da compensação ambiental desde que em conjunto com o Município.

c) pode receber recursos advindos da compensação ambiental desde que o proprietário seja fiscalizado pelo Município.

d) pode receber recursos advindos da compensação ambiental, visto que a Reserva Particular do Patrimônio Natural – RPPN é uma unidade de conservação da natureza de proteção integral.

e) pode receber recursos advindos da compensação ambiental desde que sua unidade de conservação tenha sido afetada por um empreendimento de significativo impacto ambiental.

GAB	01	A	02	E

CAPÍTULO IV
DA CRIAÇÃO, IMPLANTAÇÃO E GESTÃO DAS UNIDADES DE CONSERVAÇÃO

Art. 22. As unidades de conservação são criadas por ato do Poder Público.

§ 1.º (VETADO)

§ 2.º A criação de uma unidade de conservação deve ser precedida de estudos técnicos e de consulta pública que permitam identificar a localização, a dimensão e os limites mais adequados para a unidade, conforme se dispuser em regulamento.

§ 3.º No processo de consulta de que trata o § 2.º, o Poder Público é obrigado a fornecer informações adequadas e inteligíveis à população local e a outras partes interessadas.

§ 4.º Na criação de Estação Ecológica ou Reserva Biológica não é obrigatória a consulta de que trata o § 2.º deste artigo.

§ 5.º As unidades de conservação do grupo de Uso Sustentável podem ser transformadas total ou parcialmente em unidades do grupo de Proteção Integral, por instrumento normativo do mesmo nível hierárquico do que criou a unidade, desde que obedecidos os procedimentos de consulta estabelecidos no § 2.º deste artigo.

§ 6.º A ampliação dos limites de uma unidade de conservação, sem modificação dos seus limites originais, exceto pelo acréscimo proposto, pode ser feita por instrumento normativo do mesmo nível hierárquico do que criou a unidade, desde que obedecidos os procedimentos de consulta estabelecidos no § 2.º deste artigo.

§ 7.º A desafetação ou redução dos limites de uma unidade de conservação só pode ser feita mediante lei específica.

1. COMENTÁRIOS

As unidades de conservação poderão ser criadas por ato do Poder Público (lei ou decreto),[5] que pode ser uma LEI ou um DECRETO, **mas apenas extintas ou reduzidas por lei**, nos termos do artigo 225, § 1.º, III, da CRFB, sendo de competência de qualquer esfera de governo, pois todos devem cooperar para a proteção ambiental e a criação de espaços ambientais protegidos.

Para a transformação de unidade de uso sustentável em unidade de proteção integral, é possível que o instrumento seja um decreto, pois se dará a ampliação da proteção ecológica, observada a prévia realização de consulta pública. O mesmo ocorre com a ampliação de uma unidade de conservação sem a redução dos limites originais.

5. Nos termos do artigo 2.º do Decreto 4.340/2002, o ato de criação de uma unidade de conservação deve indicar a denominação, a categoria de manejo, os objetivos, os limites, a área da unidade e o órgão responsável por sua administração; a população tradicional beneficiária, no caso das Reservas Extrativistas e das Reservas de Desenvolvimento Sustentável; a população tradicional residente, quando couber, no caso das Florestas Nacionais, Florestas Estaduais ou Florestas Municipais; e as atividades econômicas, de segurança e de defesa nacional envolvidas.

Outrossim, a desafetação de uma unidade de conservação também depende de lei, mesmo que ela tenha sido instituída por decreto, consistindo no ato da Administração Pública que altera o regime jurídico de um bem público, que passará a integrar a classe dominial.

Por outro lado, a desafetação (extinção) ou redução dos limites de uma unidade de conservação só pode ser feita mediante lei específica.

A lógica constitucional e legal foi dificultar ao máximo a redução dos limites de um espaço ambiental especialmente protegido, a redução da sua proteção ou a sua extinção, que somente poderá se operar por lei da respectiva entidade política, mesmo que a unidade de conservação tenha sido instituída por decreto.

A criação de uma unidade de conservação deverá ser precedida de **estudos técnicos** e de **consulta pública** (salvo estação ecológica e reserva biológica em que a consulta é facultativa) que permitam identificar a localização, a dimensão e os limites mais adequados para a unidade, sendo dispensável este último requisito para as estações ecológicas e reservas biológicas, pois foi presumido legalmente o interesse público.

Conquanto não seja vinculante, à míngua de previsão legal que lhe dê essa força, a consulta pública não poderá ser dispensada, sob pena de invalidade do ato de criação, consoante já decidiu o STF.

Assim, mesmo que a comunidade local manifeste em consulta pública o não desejo na criação da unidade de conservação, essa manifestação popular será persuasiva, não vinculando o Poder Público.

De acordo com o STF, o § 2.º do art. 22 da Lei 9.985/2000 não exige que os estudos técnicos estejam concluídos por ocasião das consultas públicas, mas, tão somente, por ocasião da criação da própria unidade de conservação.

A denominação de cada unidade de conservação deverá basear-se, preferencialmente, na sua **característica natural mais significativa**, ou na sua denominação mais antiga, dando-se prioridade, neste último caso, às designações indígenas ancestrais (Decreto 4.340/2002, art. 3.º).

Ademais, compete ao órgão executor proponente de nova unidade de conservação elaborar os estudos técnicos preliminares e realizar, quando for o caso, a consulta pública e os demais procedimentos administrativos necessários à criação da unidade (Decreto 4.340/2002, art. 4.º).

A consulta pública, verdadeiro exemplo de concretização do Princípio Democrático, tem a finalidade de subsidiar a definição da localização, da dimensão e dos limites mais adequados para a unidade, consistindo em reuniões públicas ou, a critério do órgão ambiental competente, outras formas de oitiva da população local e de outras partes interessadas, devendo o órgão executor competente indicar, de modo claro e em linguagem acessível, as implicações para a população residente no interior e no entorno da unidade proposta (Decreto 4.340/2002, art. 5.º).

2. JURISPRUDÊNCIA

STF – "É importante salientar que a ***consulta pública*****, não obstante se constitua em instrumento essencialmente democrático, que retira o povo da plateia e o coloca no palco dos assuntos públicos,**

não tem, aqui, a natureza de um plebiscito. Algumas manifestações contrárias à criação da estação ecológica não têm a força de inviabilizar o empreendimento, até porque a finalidade da consulta pública é apenas 'subsidiar a definição da localização, da dimensão e dos limites mais adequados para a unidade' (art. 5º do Decreto 4.340/2002). **Isso quer dizer que a decisão final para a criação de uma unidade de conservação é do chefe do Poder Executivo.** O que este se obriga a fazer, segundo a lei, é apenas ouvir e ponderar as manifestações do povo, o que, segundo a nota técnica de fls. 512/513, parece haver ocorrido. (...). Também se me afigura equivocada a alegação de que o procedimento administrativo, inicialmente instaurado para a criação de um parque nacional, acabou por conduzir à criação de uma estação ecológica para fugir à obrigatoriedade de realização da consulta pública. Primeiro, porque as reuniões públicas foram realizadas. Segundo, porque do mesmo procedimento administrativo resultou também a criação do Parque Nacional Terra do Meio. **E aqui devo frisar que não há qualquer ilegalidade na criação de mais de um tipo de unidade de conservação da natureza a partir de um único procedimento administrativo.** É que, não raro, os estudos técnicos e as próprias consultas às populações interessadas indicam essa necessidade, consideradas as características de cada um dos tipos de unidade de conservação. (...) Já as acusações da impetrante de que o verdadeiro motivo da criação da Estação Ecológica da Terra do Meio seria a subserviência brasileira a interesses internacionais, trata-se de alegação que não pode ser aferida em sede de mandado de segurança, por constituir matéria eminentemente fática e por isso mesmo dependente de instrução probatória. Como referiu o Procurador-Geral da República, 'ainda que fosse possível a prova de que a administração pública federal estaria em conluio com entidades internacionais ou, ao menos, operando em erro ou com alguma espécie de temor reverencial, tal comprovação certamente não poderia se efetivar na estreita via do mandado de segurança'. Isso sem contar que os indícios apontados pela autora se resumem a estudos internacionais que integrariam o conjunto de subsídios técnicos da proposta, o que me parece insuficiente para se chegar à conclusão da impetrante." **(MS 25.347, voto do rel. min. Ayres Britto, julgamento em 17-2-2010, Plenário, *DJE* de 19-3-2010.)**

STJ, INFORMATIVO 417 – MEIO AMBIENTE. LIMITES. PARQUE NACIONAL. A recorrida alega que, afastada a possibilidade de extração das árvores mortas, caídas e secas, seu direito de propriedade estaria malferido. Contudo, tal entendimento encontra resistência no art. 1.228, § 1º, do CC/2002. A preservação da flora, da fauna, das belezas naturais e do equilíbrio ecológico, na espécie, não depende da criação de parque nacional. A proteção ao ecossistema é essencialmente pautada pela relevância da área pública ou privada a ser protegida. Se assim não fosse, a defesa do meio ambiente somente ocorreria em áreas públicas. *A formalização de qualquer das modalidades de unidade de conservação de proteção integral invalida as licenças ambientais anteriormente concedidas.* Ademais, no caso, a pretendida extração é danosa ao ecossistema do parque, o que impede a concessão de novas licenças. REsp 1.122.909-SC, Rel. Min. Humberto Martins, julgado em 24.11.2009.

"Quando da edição do Decreto de 27.02.2001, a Lei 9.985/2000 não havia sido regulamentada. A sua regulamentação só foi implementada em 22 de agosto de 2002, com a edição do Decreto 4.340/2002. **O processo de criação e ampliação das unidades de conservação deve ser precedido da regulamentação da lei, de estudos técnicos e de consulta pública. O parecer emitido pelo Conselho Consultivo do Parque não pode substituir a consulta exigida na lei**. O Conselho não tem poderes para representar a população local. Concedida a segurança, ressalvada a possibilidade da edição de novo decreto" (STF, MS 24.184, de 13.08.2003).

"A consulta pública, que não tem natureza de plebiscito, visa a 'subsidiar a definição da localização, da dimensão e dos limites mais adequados' (art. 5.º do Decreto 4.340/2002) para a unidade de conservação, sendo facultativa quando se tratar de proposta de criação de estação ecológica ou reserva biológica (§ 4.º do art. 22 da Lei 9.985/2000). Não há ilegalidade na criação de mais de um tipo de unidade de conservação da natureza a partir de um único procedimento administrativo" (STF, MS 25.347, de 17.02.2010).

"Unidade de conservação. Estação ecológica. **Ampliação dos limites originais na medida do acréscimo**, mediante decreto do Presidente da República. Inadmissibilidade. Falta de estudos técnicos e de consulta pública. Requisitos prévios não satisfeitos. Nulidade do ato pronunciada. Ofensa a direito líquido e certo. Concessão do mandado de segurança. Inteligência do artigo 66, §§ 2.º e 6.º, da Lei

9.985/2000. Votos vencidos. **A ampliação dos limites de estação ecológica, sem alteração dos limites originais, exceto pelo acréscimo proposto, não pode ser feita sem observância dos requisitos prévios de estudos técnicos e consulta pública**" (STF, MS 24.665, de 1.º.12.2004).

"Agravo regimental em mandado de segurança. Criação de reserva extrativista. Dilação probatória. Impossibilidade. 1. As alegações de incompletude e parcialidade dos estudos técnicos que subsidiaram o decreto presidencial impugnado envolvem questões de fato, insuscetíveis de análise em sede de mandado de segurança, ação em que não cabe dilação probatória. Precedentes. 2. É incontroversa a publicação, em jornal de grande circulação no Estado da Bahia, de edital de chamamento para consulta pública. **3. O § 2º do art. 22 da Lei nº 9.985/2000 não exige que os estudos técnicos estejam concluídos por ocasião das consultas públicas, mas, tão somente, por ocasião da criação da própria unidade de conservação.** 4. Agravo regimental não provido" (STF, MS 26.189 AgR, de 06.06.2013).

3. QUESTÕES DE CONCURSOS

01. (TRF 1.ª Região 2011 – Juiz Federal – CESPE) A unidade de conservação pode ser criada por meio de lei ou decreto, e, em caso de abranger área particular, não se aplica a desafetação, pois o domínio não se transmite ao poder público, em nenhuma circunstância.

02. (MP ES 2010 – Promotor de Justiça – CESPE) A criação de uma UC não exige consulta pública, pois é competência dos órgãos executores integrantes do Sistema Nacional do Meio Ambiente em caráter exclusivo.

03. (TRF 5.ª Região 2009 – Juiz Federal – CESPE) A unidade de conservação só pode ser criada por lei em sentido formal, devendo ser precedida de estudos técnicos e de consulta pública que permitam identificar os limites mais adequados para a unidade.

04. (TRF 5.ª Região 2009 – Juiz Federal – CESPE) É possível a transformação, total ou parcial, de unidades de conservação do grupo de uso sustentável em unidades do grupo de proteção integral, por instrumento normativo do mesmo nível hierárquico do que criou a unidade, desde que se promova consulta pública que permita identificar a localização, a dimensão e os limites mais adequados para a unidade.

05. (FCC – 2012 – MPE-AP – Promotor de Justiça) A criação de Unidades de Conservação, segundo a Lei Federal 9.985, de 18.07.2000, depende de

a) lei complementar.
b) lei ordinária.
c) lei ordinária, desde que precedida de estudo de impacto ambiental e respectivo relatório.
d) ato do Poder Público, desde que precedido de estudos técnicos e consulta pública.
e) ato do Poder Público, desde que precedido de estudo de impacto ambiental e respectivo relatório.

06. (FCC – 2011 – PGE-MT – Procurador) Em relação ao Sistema Nacional de Unidades de Conservação, é correto afirmar que

a) as Unidades de Conservação somente podem ser criadas por Lei.
b) as Unidades de Conservação subdividem-se em três grupos: proteção integral, uso sustentável e proteção sustentável.
c) as propriedades do entorno da Unidade de Conservação não sofrem, em regra, qualquer influência deste espaço territorialmente protegido.
d) a desafetação ou redução dos limites de uma Unidade de Conservação só pode ser feita mediante lei específica.
e) o subsolo e o espaço aéreo não integram os limites de uma Unidade de Conservação.

07. (FCC – 2010 – PGM-TERESINA-PI – Procurador Municipal – Prova tipo 3) A Assembleia Geral da Organização das Nações Unidas (ONU) declarou que 2010 é o ano da biodiversidade. O Brasil, como um dos países megabiodiversos, já possui instrumentos para a preservação e conservação, que consideram ainda sua sociodiversidade. Diante da legislação constitucional e infraconstitucional pertinente, é correto afirmar:

a) Nas unidades da Federação, incumbe ao poder público a definição de espaços territoriais e seus componentes a serem especialmente protegidos, sendo a sua alteração e supressão permitidas através de lei ou de decreto, observando-se o paralelismo de forma em relação ao ato de sua criação, alteração e supressão.

b) Com exceção da estação ecológica ou reserva biológica, para cuja criação não é obrigatória consulta pública, a criação de uma unidade de conservação deve ser precedida de estudos técnicos e de consulta pública que permitam identificar a localização, a dimensão e os limites mais adequados para cada unidade de conservação.

c) As populações tradicionais são aquelas que vivem em estreita relação com o ambiente natural, dependendo de seus recursos naturais para a sua reprodução sociocultural, por meio de atividades de médio impacto ambiental.

d) Nas unidades de conservação, de proteção integral e de uso sustentável, há a possibilidade de uso direto dos recursos naturais, ou seja, coleta e uso dos recursos naturais.

e) A Constituição Federal de 1988 consagrou os seguintes biomas como patrimônio nacional: Floresta Amazônica, Serra do Mar, Mata Atlântica, Pantanal Matogrossense, Cerrado e Zona Costeira.

08. (FCC – 2005 – PGE-SE – Procurador) A criação de Unidades de Conservação compete

a) apenas à União Federal, necessariamente por meio de lei, em razão de sua competência para expedir normas gerais sobre a proteção do meio ambiente.

b) apenas aos Estados, ao Distrito Federal e aos Municípios, necessariamente por meio de lei, atendendo às exigências que constarem de lei federal editada no exercício da competência da União de expedir normas gerais sobre a proteção do meio ambiente.

c) apenas aos Estados, ao Distrito Federal e aos Municípios, por meio de ato administrativo editado em razão da competência material comum para proteção do meio ambiente.

d) à União, aos Estados, ao Distrito Federal e aos Municípios, indistintamente, necessariamente por meio de lei do respectivo nível federativo, editada de acordo com as regras aplicáveis ao exercício das competências concorrentes.

e) à União, aos Estados, ao Distrito Federal e aos Municípios, indistintamente, por meio de ato administrativo editado em razão da competência material comum para proteção do meio ambiente.

09. (FGV – 2012 – OAB – Exame de Ordem Unificado – VII – Primeira Fase) O Prefeito do Município de Belas Veredas, após estudos técnicos e realização de audiência pública, decide pela criação de um parque, em uma área onde podem ser encontrados exemplares exuberantes de Mata Atlântica. Assim, edita decreto que fixa os limites do novo parque municipal. Passados dois anos, recebe pedidos para que o parque seja reavaliado e transformado em uma Área de Relevante Interesse Ecológico com uma pequena redução de seus limites. Tendo em vista a situação descrita, assinale a alternativa correta.

a) Em razão do princípio da simetria das formas no direito ambiental, a Unidade de Conservação criada por ato do Poder Executivo poderá ser reavaliada e ter seus limites reduzidos também por decreto.

b) Como a Mata Atlântica é considerada patrimônio nacional, por força do art. 225, §4º, da CRFB, apenas a União possui competência para a criação de unidades de conservação que incluam tal bioma em seus limites.

c) A criação do parque é constitucional e legal, mas, como a área está definida como Unidade de Conservação de Proteção Integral, a alteração para Área de Relevante Interesse Ecológico, que é de Unidade de Conservação de Uso Sustentável, com redução de limites, só pode ser feita por lei.

d) A reavaliação poderá ser feita por decreto, uma vez que a Área de Relevante Interesse Ecológico também é uma Unidade de Conservação do grupo de proteção integral.

10. **(FGV – 2012 – OAB – Exame de Ordem Unificado – VI – Primeira Fase)** Com relação ao sistema nacional de unidades de conservação, assinale a alternativa correta.

a) As unidades de conservação do grupo de proteção integral são incompatíveis com as atividades humanas; logo, não se admite seu uso econômico direto ou indireto, não podendo o Poder Público cobrar ingressos para a sua visitação.

b) A ampliação dos limites de uma unidade de conservação, sem modificação dos seus limites originais, exceto pelo acréscimo proposto, pode ser feita por instrumento normativo do mesmo nível hierárquico do que criou a unidade. O Poder Público está dispensado de promover consulta pública e estudos técnicos novos, bastando a reanálise dos documentos que fundamentaram a criação da unidade de conservação.

c) O parque nacional é uma unidade de conservação do grupo de proteção integral, de posse e domínios públicos. É destinado à preservação ambiental e ao lazer e à educação ambiental da população; logo, não se admite seu uso econômico direto ou indireto, não podendo o Poder Público cobrar ingressos para a sua visitação.

d) As unidades de conservação do grupo de Uso Sustentável podem ser transformadas total ou parcialmente em unidades do grupo de Proteção Integral, por instrumento normativo do mesmo nível hierárquico do que criou a unidade, desde que respeitados os procedimentos de consulta pública e estudos técnicos.

11. **(MPE-SC – 2013 – Promotor de Justiça)** Conforme a Lei 9.985/2000, a desafetação ou redução dos limites de uma unidade de conservação só pode ser feita mediante lei específica.

12. **(FGV – 2013 – TJ-AM – Juiz)** A respeito da Lei n. 9.985/2000, que instituiu o Sistema Nacional de Unidades de Conservação da Natureza – SNUC, estabelecendo critérios e normas para a criação, implantação e gestão das unidades de conservação, assinale a afirmativa correta.

a) A participação efetiva das populações locais na criação, implantação e gestão das unidades de conservação constitui objetivo da lei.

b) A recuperação restitui um ecossistema ou uma população silvestre degradada o mais próximo possível da sua condição original

c) A permanência de populações tradicionais que habitavam um parque nacional, quando de sua criação, é admitida, em conformidade com o disposto em regulamento e no Plano de Manejo da unidade.

d) As unidades de conservação só podem ser geridas por órgãos integrantes da administração pública direta ou por instituições que façam parte da administração pública indireta, com a participação efetiva da sociedade civil.

e) A desafetação ou redução dos limites de uma unidade de conservação só pode ser feita mediante lei específica

13. **(CESPE – 2013 – CPRM – Analista em Geociências – Direito)** Caso pretenda criar uma unidade de conservação, o poder público deve, previamente, promover estudos técnicos e de consulta pública que permitam identificar a localização, a dimensão e os limites mais adequados para a unidade. Esse processo de consulta é dispensável apenas na criação de estação ecológica ou reserva biológica.

14. **(2016/FGV/CODEBA/Analista Portuário/Advogado) Com relação ao Sistema Nacional de Unidades de Conservação da Natureza – SNUC, que tem como um de seus objetivos promover o desenvolvimento sustentável a partir dos recursos naturais, analise as afirmativas a seguir.**

I. É vedada qualquer forma de exploração econômica em unidades de conservação, salvo em Parques Nacionais instituídos por lei.

II. Admite-se a exploração econômica em Unidades de Conservação de Uso Sustentável, salvo nas Áreas de Proteção Ambiental e Áreas de Relevante Interesse Geológico.

III. As Áreas de Proteção Ambiental são constituídas por terras públicas ou privadas que podem sofrer restrição de utilização pelo Poder Público.

IV. A implantação de unidade de conservação pode ser feita por ato do Poder Público, porém sua desafetação ou redução de limites somente por lei específica.

Assinale:

a) se somente as afirmativas III e IV estiverem corretas.

b) se somente as afirmativas I e II estiverem corretas.

c) se somente as afirmativas I e III estiverem corretas.

d) se somente as afirmativas II e IV estiverem corretas.

e) se somente as afirmativas II e III estiverem corretas.

15. (2016/FCC/Prefeitura de São Luís/Procurador do Município) NÃO é obrigatória a realização de consulta pública para criação de Unidade de Conservação/categoria:

a) Estação Ecológica.

b) Reserva Particular do Patrimônio Natural.

c) Área de Preservação Permanente

d) Parque Nacional.

e) Reserva Extrativista.

GAB	01	ERRADO	02	ERRADO	03	ERRADO	04	CERTO	05	D
	06	D	07	B	08	E	09	C	10	D
	11	CERTO	12	E	13	CERTO	14	A	15	A

Art. 22-A. O Poder Público poderá, ressalvadas as atividades agropecuárias e outras atividades econômicas em andamento e obras públicas licenciadas, na forma da lei, decretar limitações administrativas provisórias ao exercício de atividades e empreendimentos efetiva ou potencialmente causadores de degradação ambiental, para a realização de estudos com vistas na criação de Unidade de Conservação, quando, a critério do órgão ambiental competente, houver risco de dano grave aos recursos naturais ali existentes.

§ 1.º Sem prejuízo da restrição e observada a ressalva constante do *caput*, na área submetida a limitações administrativas, não serão permitidas atividades que importem em exploração a corte raso da floresta e demais formas de vegetação nativa.

§ 2.º A destinação final da área submetida ao disposto neste artigo será definida no prazo de 7 (sete) meses, improrrogáveis, findo o qual fica extinta a limitação administrativa.

1. COMENTÁRIOS

Este artigo foi inserido pela Lei 11.132/2005. Antes da criação de uma UC, será possível a instituição de **limitações administrativas provisórias** durante o trâmite dos estudos técnicos, **com prazo de até sete meses**, *improrrogável*, a fim de proteger cautelarmente a área, se houver risco de dano grave aos recursos naturais ali existentes, vedado o corte raso da vegetação nativa, salvo atividades agropecuárias, obras públicas ou outras atividades econômicas já em desenvolvimento licenciadas.

A despeito da inexistência de previsão legal expressa na Lei 9.985/2000, por manifesta incompatibilidade de regimes jurídicos, frise-se que, uma vez criada uma unidade de conservação, as licenças ambientais já outorgadas tornam-se imediatamente inválidas, entendimento já sufragado pelo STJ para o grupo de proteção integral.

No que concerne ao grupo de uso sustentável, conquanto seja possível o uso direto dos recursos ambientais, deverá ser observado o mesmo procedimento, pois será preciso aferir a validade do ato administrativo, à luz do regime jurídico da UC, inclusive do plano de manejo a ser aprovado.

2. JURISPRUDÊNCIA

"AMBIENTAL E ADMINISTRATIVO – MANDADO DE SEGURANÇA – INEXISTÊNCIA DE VIOLAÇÃO DO ART. 535, II, DO CPC – PARQUE NACIONAL DAS ARAUCÁRIAS – INVALIDAÇÃO DE LICENÇAS AMBIENTAIS PARA O APROVEITAMENTO DE ÁRVORES CAÍDAS, SECAS OU MORTAS, PELO DECRETO INSTITUIDOR DO PARQUE – POSSIBILIDADE – DEBATE QUE NÃO SE RESUME À TRANSFERÊNCIA DA PROPRIEDADE PARTICULAR PARA O DOMÍNIO PÚBLICO – DEGRADAÇÃO AMBIENTAL IMINENTE – DESNECESSIDADE DE ATO FORMAL PARA QUE A PROTEÇÃO A FAUNA, FLORA, BELEZAS NATURAIS E O EQUILÍBRIO ECOLÓGICO SEJA IMPLEMENTADA. 1. Inexiste a alegada violação do art. 535, II, pois a prestação jurisdicional foi dada na medida da pretensão deduzida, como se depreende da análise do acórdão recorrido. 2. Qualquer alteração danosa ou potencialmente danosa ao ecossistema deve ser combatida pelo Poder Público, sendo a criação de Parque Nacional mais um dos inúmeros instrumentos oferecidos pelo ordenamento jurídico à sociedade – para a preservação do meio ambiente. 3. A criação de Parque Nacional não muda a essência ecológica da área em questão; autoriza sim a alteração da natureza da propriedade, ou seja, não é a criação de tal Unidade de Conservação de Proteção Integral, ou a desapropriação em si, que vai garantir proteção ao ecossistema, pois esta proteção lhe é inerente e independe da criação de qualquer Unidade de Conservação ou de qualquer formalização pelo Poder Público, sendo essencialmente pautada na concepção fática da relevância ambiental da área, seja pública ou particular. Caso contrário, a defesa do meio ambiente somente poderia ocorrer em áreas públicas. **4. A formalização de qualquer das modalidades de Unidade de Conservação invalida as licenças ambientais anteriormente concedidas. Além disso, é patente, *in casu*, que a extração pretendida é danosa ao ecossistema do Parque, o que impede a concessão de novas licenças**" (STJ, REsp 1.122.909-SC, Rel. Min. Humberto Martins, j. 24.11.2009).

Art. 23. A posse e o uso das áreas ocupadas pelas populações tradicionais nas Reservas Extrativistas e Reservas de Desenvolvimento Sustentável serão regulados por contrato, conforme se dispuser no regulamento desta Lei.

§ 1.º As populações de que trata este artigo obrigam-se a participar da preservação, recuperação, defesa e manutenção da unidade de conservação.

§ 2.º O uso dos recursos naturais pelas populações de que trata este artigo obedecerá às seguintes normas:

I – proibição do uso de espécies localmente ameaçadas de extinção ou de práticas que danifiquem os seus hábitats;

II – proibição de práticas ou atividades que impeçam a regeneração natural dos ecossistemas;

III – demais normas estabelecidas na legislação, no Plano de Manejo da unidade de conservação e no contrato de concessão de direito real de uso.

1. COMENTÁRIOS

Tanto na reserva extrativista quanto na reserva de desenvolvimento sustentável, unidades de conservação de uso sustentável de domínio público, os povos tradicionais farão jus ao contrato de concessão de concessão de uso da área.

Nos termos do artigo 13, do Decreto 4.340/2002, o contrato de concessão de direito real de uso e o termo de compromisso firmados com populações tradicionais das Reservas

Extrativistas e Reservas de Uso Sustentável devem estar de acordo com o Plano de Manejo, devendo ser revistos, se necessário.

É vedado aos povos tradicionais atentar contra animais em extinção e afetar a regeneração natural dos ecossistemas.

Art. 24. O subsolo e o espaço aéreo, sempre que influírem na estabilidade do ecossistema, integram os limites das unidades de conservação.

1. COMENTÁRIOS

Caso haja necessidade ecológica, o ato de criação da unidade de conservação ou o plano de manejo poderá inserir formalmente nos seus limites o subsolo ou o espaço aéreo, a exemplo da necessidade de proteção da avifauna (fauna alada).

De acordo com os artigos 6.º e 7.º do Decreto 4.340/2002, os limites da unidade de conservação, em relação ao subsolo, são estabelecidos o ato de sua criação, no caso de Unidade de Conservação de Proteção Integral; e no ato de sua criação ou no Plano de Manejo, no caso de Unidade de Conservação de Uso Sustentável.

Por sua vez, os limites da unidade de conservação, em relação ao espaço aéreo, são estabelecidos no Plano de Manejo, embasados em estudos técnicos realizados pelo órgão gestor da unidade de conservação, consultada a autoridade aeronáutica competente e de acordo com a legislação vigente.

Art. 25. As unidades de conservação, exceto Área de Proteção Ambiental e Reserva Particular do Patrimônio Natural, devem possuir uma zona de amortecimento e, quando conveniente, corredores ecológicos.

§ 1.º O órgão responsável pela administração da unidade estabelecerá normas específicas regulamentando a ocupação e o uso dos recursos da zona de amortecimento e dos corredores ecológicos de uma unidade de conservação.

§ 2.º Os limites da zona de amortecimento e dos corredores ecológicos e as respectivas normas de que trata o § 1.º poderão ser definidas no ato de criação da unidade ou posteriormente.

1. COMENTÁRIOS

As unidades de conservação terão uma **zona de amortecimento** para a sua proteção, **exceto a Área de Proteção Ambiental (APA) e a Reserva Particular do Patrimônio Natural (RPPN)**, composta por seu entorno, em que as atividades humanas estarão sujeitas a normas e restrições específicas, visando preservar o espaço especialmente protegido.

É definida pelo artigo 2.º, XVIII, como "o entorno de uma unidade de conservação, onde as atividades humanas estão sujeitas a normas e restrições específicas, com o propósito de minimizar os impactos negativos sobre a unidade".

Essas zonas de amortecimento serão fixadas no ato de criação da unidade de conservação ou ulteriormente, sendo que deverão ser ouvidos previamente os proprietários ou possuidores afetados, pois terão uma restrição ao uso da propriedade ou posse.

A Lei 9.985/2000 não definiu o tamanho da zona de amortecimento, o que deverá ser feito casuisticamente.

2. QUESTÕES DE CONCURSOS

01. (MP ES 2010 – Promotor de Justiça – CESPE) Na demarcação de qualquer UC, deve-se considerar o estabelecimento de corredores ecológicos e zonas de amortecimento.

02. (FCC – 2009 – TJ-GO – Juiz) NÃO estão obrigadas a dispor de zona de amortecimento as seguintes unidades de conservação:

a) florestas nacionais e reservas ecológicas.

b) estações ecológicas e reservas de desenvolvimento sustentável.

c) reservas biológicas e refúgios de vida silvestre.

d) áreas de proteção ambiental e reservas particulares do patrimônio natural.

e) parques nacionais e áreas de relevante interesse ecológico.

03. (TRF – 4ª Região – 2010 – Juiz Federal) Conforme a Lei 9.985/2000, as unidades de conservação, inclusive as Áreas de Proteção Ambiental e as Reservas Particulares do Patrimônio Natural, devem possuir uma zona de amortecimento e, quando convenientes, corredores ecológicos.

04. (2013 – TRF – 1ª Região – Juiz Federal) O MP, alegando iminente degradação ambiental, ajuizou ACP, visando obstar a construção de um empreendimento comercial composto por dois restaurantes, uma lanchonete e uma loja de conveniência em zona de amortecimento de parque nacional federal, gerido pelo IBAMA. A ação foi ajuizada contra os empreendedores e contra o estado que instaurou o procedimento de licenciamento. Considerando essa situação hipotética, assinale a opção correta.

a) O parque nacional é uma unidade de conservação de uso sustentável, na qual permitem-se recreação em contato com a natureza e turismo ecológico, o que legitima a intenção de dotar a zona de amortecimento com a infraestrutura apresentada.

b) A edição de lei específica será necessária caso o poder público, para resolver o impasse, decida ampliar o parque nacional sem modificar seus limites originais, apenas estendendo-os para abranger a área do pretendido empreendimento.

c) O autor da ACP preocupa-se com os chamados efeitos de borda, que, embora decorram de atividade antrópica fora das fronteiras da unidade de conservação, são da esfera de competência do gestor dessa unidade.

d) A competência para julgar o feito é da justiça comum, pois a zona de amortecimento é área particular e não é parte no feito a União, suas autarquias ou empresa pública.

e) Deverão ser indenizadas pelo poder público eventuais limitações administrativas impostas aos empreendedores no julgamento da ação, caso estejam impedidos de explorar seus imóveis na forma pretendida.

GAB	01	ERRADO	02	D	03	ERRADO	04	C

Art. 26. Quando existir um conjunto de unidades de conservação de categorias diferentes ou não, próximas, justapostas ou sobrepostas, e outras áreas protegidas públicas ou privadas, constituindo um mosaico, a gestão do conjunto deverá ser feita de forma integrada e participativa, considerando-se os seus distintos objetivos de conservação, de forma a compatibilizar a presença da biodiversidade, a valorização da sociodiversidade e o desenvolvimento sustentável no contexto regional.

Parágrafo único. O regulamento desta Lei disporá sobre a forma de gestão integrada do conjunto das unidades.

1. COMENTÁRIOS

Um conjunto de unidades de conservação de categorias diferentes ou não, próximas, justapostas ou sobrepostas, e outras áreas protegidas públicas ou privadas formam um mosaico, que exige gestão integrada.

O mosaico de unidades de conservação será reconhecido em ato do Ministério do Meio Ambiente, a pedido dos órgãos gestores das unidades de conservação, devendo dispor de um conselho de mosaico, com caráter consultivo e a função de atuar como instância de gestão integrada das unidades de conservação que o compõem. Para fins de gestão, os corredores ecológicos irão integrar o mosaico, caso este exista (arts. 8.º, 9.º e 11 do Decreto 4.340/2002).

2. QUESTÃO DE CONCURSO

01. (MP-ES 2010 – Promotor de Justiça – CESPE) Mosaico de UCs compreende uma justaposição ou superposição, reconhecida formalmente pelo Ministério do Meio Ambiente, de UCs de diversas categorias, sejam públicas, sejam privadas.

GAB	01	CERTO

Art. 27. As unidades de conservação devem dispor de um Plano de Manejo.

§ 1.º O Plano de Manejo deve abranger a área da unidade de conservação, sua zona de amortecimento e os corredores ecológicos, incluindo medidas com o fim de promover sua integração à vida econômica e social das comunidades vizinhas.

§ 2.º Na elaboração, atualização e implementação do Plano de Manejo das Reservas Extrativistas, das Reservas de Desenvolvimento Sustentável, das Áreas de Proteção Ambiental e, quando couber, das Florestas Nacionais e das Áreas de Relevante Interesse Ecológico, será assegurada a ampla participação da população residente.

§ 3.º O Plano de Manejo de uma unidade de conservação deve ser elaborado no prazo de cinco anos a partir da data de sua criação.

§ 4.º O Plano de Manejo poderá dispor sobre as atividades de liberação planejada e cultivo de organismos geneticamente modificados nas Áreas de Proteção Ambiental e nas zonas de amortecimento das demais categorias de unidade de conservação, observadas as informações contidas na decisão técnica da Comissão Técnica Nacional de Biossegurança – CTNBio sobre:

I – o registro de ocorrência de ancestrais diretos e parentes silvestres;

II – as características de reprodução, dispersão e sobrevivência do organismo geneticamente modificado;

III – o isolamento reprodutivo do organismo geneticamente modificado em relação aos seus ancestrais diretos e parentes silvestres; e

IV – situações de risco do organismo geneticamente modificado à biodiversidade.

1. COMENTÁRIOS

As unidades de conservação terão um **plano de manejo** aprovado pelo órgão ambiental, no prazo de cinco anos após a sua criação, em que será especificado de maneira *vinculante* todo o regime jurídico-ambiental a que se sujeitará a área, a exemplo da visitação, pesquisa e uso dos recursos, observados os parâmetros legais.

É conceituado legalmente como o "documento técnico mediante o qual, com fundamento nos objetivos gerais de uma unidade de conservação, se estabelece o seu zoneamento e as normas que devem presidir o uso da área e o manejo dos recursos naturais, inclusive a implantação das estruturas físicas necessárias à gestão da unidade".[6]

O referido documento deverá abarcar toda a área da unidade, bem como a zona de amortecimento e os corredores ecológicos, sendo garantida a participação das populações residentes na sua aprovação, quando se tratar de Reservas Extrativistas, das Reservas de Desenvolvimento Sustentável, das Áreas de Proteção Ambiental e, quando couber, das Florestas Nacionais e das Áreas de Relevante Interesse Ecológico, pois em todas estas unidades há previsão de ocupação humana, realizando o Princípio da Participação Comunitária ou Cidadã.

O plano de manejo poderá dispor sobre as atividades de liberação planejada e cultivo de organismos geneticamente modificados nas Áreas de Proteção Ambiental e nas zonas de amortecimento das demais categorias de unidade de conservação, observadas as informações contidas na decisão técnica da Comissão Técnica Nacional de Biossegurança – CTNBio.

O plano de manejo da unidade de conservação, elaborado pelo órgão gestor ou pelo proprietário, quando for o caso, será aprovado por portaria[7] ou resolução[8] (art. 12, Decreto 4.340/2002).

De acordo com o novo Código Florestal, as áreas de preservação permanente localizadas em imóveis inseridos nos limites de unidades de conservação de proteção integral criadas por ato do Poder Público até a data da sua publicação (28.05.2012) não são passíveis de ter quaisquer atividades consideradas como consolidadas (atividades agrossilvipastoris, de ecoturismo e de turismo rural até 22.07.2008), **ressalvado o que dispuser o Plano de Manejo**, devendo o proprietário, possuidor ou ocupante, a qualquer título, adotar todas as medidas indicadas para a recomposição da área (art. 61-A, § 16).

Destarte, apenas o Plano de Manejo da unidade de proteção integral poderá considerar como consolidada intervenção humana em APP perpetrada até o dia 22 de julho de 2008.

2. JURISPRUDÊNCIA

Processo

AgInt no AREsp 1656657/MG

AGRAVO INTERNO NO AGRAVO EM RECURSO ESPECIAL

2020/0022643-3

Relator(a)

Ministro HERMAN BENJAMIN (1132)

---

6. Artigo 2.º, XVII, da Lei 9.985/2000.
7. Em portaria do órgão executor, no caso de Estação Ecológica, Reserva Biológica, Parque Nacional, Monumento Natural, Refúgio de Vida Silvestre, Área de Proteção Ambiental, Área de Relevante Interesse Ecológico, Floresta Nacional, Reserva de Fauna e Reserva Particular do Patrimônio Natural.
8. Em resolução do conselho deliberativo, no caso de Reserva Extrativista e Reserva de Desenvolvimento Sustentável, após prévia aprovação do órgão executor.

Órgão Julgador

T2 - SEGUNDA TURMA

Data do Julgamento

12/04/2021

Data da Publicação/Fonte

DJe 03/08/2021

Ementa

PROCESSUAL CIVIL E DIREITO AMBIENTAL. PARQUE ESTADUAL DE SERRA NOVA E TALHADO. RESERVA DA BIOSFERA DA SERRA DO ESPINHAÇO. PROTEÇÃO JURÍDICA ESPECIAL DOS ECÓTONOS E DO BIOMA DOS CAMPOS RUPESTRES. SISTEMA NACIONAL DE UNIDADES DE CONSERVAÇÃO - SNUC. ARTS. 2º, XVII, 3º, 27, 28, PARÁGRAFO ÚNICO, E 41, § 3º, DA LEI 9.985/2000. **PLANO DE MANEJO. PREVENÇÃO, PRECAUÇÃO E IN DUBIO PRO NATURA. DEVER ESTATAL DE CRIAÇÃO E GESTÃO ADEQUADA DE UNIDADES DE CONSERVAÇÃO. OMISSÃO DO ESTADO. ALEGAÇÃO DE DISCRICIONARIEDADE ADMINISTRATIVA. PAPEL DO JUIZ NA DEGRADAÇÃO AMBIENTAL**. IMPOSSIBILIDADE DE REVOLVIMENTO DE PROVAS. SÚMULA 7/STJ. HISTÓRICO DA DEMANDA 1. Na origem, o Ministério Público estadual propôs Ação Civil Pública contra o Estado de Minas Gerais e o Instituto de Florestas - IEF com pedido, quanto ao principal, de que os réus, em 24 meses, tomem providências para regularização fundiária e elaboração do Plano de Manejo do Parque Estadual de Serra Nova e Talhado. A sentença de procedência parcial foi confirmada pelo Tribunal de Justiça, apenas reduzida a multa diária (astreinte). 2. Com 49.890 hectares no semiárido do extremo Norte do Estado de Minas Gerais, o Parque Estadual de Serra Nova e Talhado, criado em 2003 e expandido em 2008, incorpora significativo fragmento da Cadeia do Espinhaço, maciço montanhoso de cerca de 1.200km de extensão e 120km de largura média (o segundo maior da América do Sul). Em 2005, a Unesco reconheceu a Reserva da Biosfera da Serra do Espinhaço (ampliada em 2019), máxime em razão das características ecológicas emblemáticas, um dos ambientes da Terra mais antigos, megadiversos e ameaçados. 3. O Parque abriga extraordinário Ecótono (ou Zona de Transição), produto de colisão, coexistência e infinitas interações – sob condições adversas e intricadas de clima, hidrologia, solo e fogo ocasional - entre os enormes biomas do Cerrado, Caatinga e Mata Atlântica. Ao mosaico ecológico e biota superlativos e únicos em todos os sentidos somam-se paisagens espetaculares, representadas por geofisionomias multifacetadas de grande beleza, casadas com nascentes de córregos e rios, ouro hidrológico em região assolada por longos períodos de estiagem e implacáveis secas periódicas. Em suma, um conjunto de atributos naturais complexos que realçam a infungibilidade e o valor ético-jurídico incalculável dos bens ambientais lá existentes.

4. Destaque à parte merece a vegetação do Parque, com predominância de Campos Rupestres (ou rupícolas, sobre rochas, do lat. rupes,is 'rochedo'), bioma heterogêneo, raro e escassamente pesquisado, acerca do qual tudo se anuncia no superlativo, seja pela opulência ecológica do espaço, seja pelo paradoxal descaso científico, jurídico e administrativo com patrimônio natural de tamanho interesse para a humanidade. Um universo florístico precioso e de idiossincrasias hiperbólicas por qualquer ângulo que se encare, a começar pela megadiversidade de plantas, reputada uma das maiores do mundo, sobretudo no estrato herbáceo e arbustivo. Estima-se que o domínio de Campos Rupestres - uma área total de menos de 1% do nosso território - concentre algo em torno de 15% das espécies da flora brasileira. Isso sem esquecer a colossal endemia desse bioma, correspondente à cifra impressionante de mais de um terço das espécies, muitas delas, por infelicidade, já oficialmente listadas como em risco de extinção. **DEVER DE ELABORAÇÃO DO PLANO DE MANEJO E OMISSÃO DO ESTADO**

5. O Plano de Manejo traduz documento essencial à gestão das Unidades de Conservação, sua Carta Magna dinâmica. Por isso, a Lei 9.985/2000 estipula sua elaboração, guiada pelo princípio do manejo adaptativo, nos cinco anos seguintes ao estabelecimento da área protegida. O imperativo legal pressupõe atuação do Estado com quatro eixos medulares distintos, mas inter-relacionados: elaboração inicial, avaliação permanente, atualização periódica e implementação ativa.

6. Com o evidente propósito de se anteciparem à dilapidação do acervo ambiental e cultural do Parque Estadual, de modo correto procederam as duas instâncias da Justiça mineira, porquanto identificaram,

no Plano de Manejo, mecanismo de planejamento e zoneamento, vale dizer, de inibição de ataques aos bens jurídicos salvaguardados pela lei. Pelo prisma do meio ambiente, a atuação mais eficaz, efetiva e eficiente do Estado vem a ser chegar antes da perda ecológica, celeridade inspirada nos princípios da prevenção, precaução e in dubio pro natura.

7. Apesar do festival de normas constitucionais e legais "voltadas à proteção dos demais seres vivos, ainda nos encontramos em um processo de construção de uma consciência ecológica" (REsp 1.797.175/SP, Rel. Min. Og Fernandes, Segunda Turma, DJe 28.3.2019). Os campos rupestres retratam a amostra mais saliente da falta de "consciência ecológica" dos brasileiros, inclusive do Estado. 8. Em relação à possibilidade de controle judicial de políticas públicas, o STJ tem decidido que "a discricionariedade cede às opções antecipadas pelo legislador, que vinculam o executor e autorizam a apreciação judicial de sua implementação" (REsp 1.733.412/SP, Rel. Min. Og Fernandes, Segunda Turma, DJe 20.9.2019; cf., na mesma linha, RO 213/DF, Rel. Min. Mauro Campbell Marques, Segunda Turma, DJe 12.12.2019; REsp 1.586.142/SP, Rel. Min. Humberto Martins, Segunda Turma, DJe 18.4.2016; AgInt no REsp 1.373.051/SC, Rel. Min. Gurgel de Faria, Primeira Turma, DJe 19.12.2018; AREsp 1.069.543/SP, Rel. Min. Benedito Gonçalves, Primeira Turma, DJe 2.8.2017.

RESPONSABILIDADE CIVIL POR OMISSÃO ESTATAL CONSTATADA PELAS INSTÂNCIAS ORDINÁRIAS: SÚMULA 7/STJ 9. É impossível, em face da Súmula 7/STJ, examinar a tese de inexistência de omissão estatal assim como a gestão adequada e eficiente da Unidade de Conservação em litígio. Destarte, para afastar a responsabilidade civil do Estado por omissão de cumprimento de dever legal expresso, inarredável seria rever o conjunto probatório dos autos e as premissas fáticas do acórdão recorrido em sentido inverso ao defendido pelos recorrentes. CONCLUSÃO 10. Agravo Interno não provido.

3. QUESTÕES DE CONCURSOS

01. (FCC – 2009 – PGE-SP – Procurador) De acordo com a Lei Federal 9.985/2000, que institui o Sistema Nacional de Unidades de Conservação da Natureza – SNUC,

a) na criação de novas Unidades de Conservação é dispensável a consulta pública quando se tratar de Unidades de Uso Sustentável.

b) referida norma fixa o conjunto de Unidades de Conservação de proteção integral e de uso sustentável, federais, estaduais e municipais, sendo vedada a inclusão no sistema de qualquer unidade de conservação com características diversas das referidas categorias.

c) as Unidades de Proteção Integral não admitem qualquer tipo de uso dos seus recursos naturais.

d) as Unidades de Conservação devem dispor de um Plano de Manejo, que abrangerá a área da unidade e sua zona de amortecimento.

e) as Áreas de Preservação Permanente são Unidades de Conservação de Proteção Integral.

02. (MPE-SC – 2013 – Promotor de Justiça) Segundo a Lei 9.985/2000, o Plano de Manejo de uma unidade de conservação deve ser elaborado no prazo de um ano a partir da data de sua criação.

GAB	01	D	02	ERRADO

Art. 28. São proibidas, nas unidades de conservação, quaisquer alterações, atividades ou modalidades de utilização em desacordo com os seus objetivos, o seu Plano de Manejo e seus regulamentos.

Parágrafo único. Até que seja elaborado o Plano de Manejo, todas as atividades e obras desenvolvidas nas unidades de conservação de proteção integral devem se limitar àquelas destinadas a garantir a integridade dos recursos que a unidade objetiva proteger, assegurando-se às populações tradicionais porventura residentes na área as condições e os meios necessários para a satisfação de suas necessidades materiais, sociais e culturais.

1. COMENTÁRIOS

O regime jurídico das unidades de conservação é definido genericamente por esta Lei e pelo Decreto 4.340/2002 e especificamente por seu plano de manejo. Qualquer atividade contrária a esses diplomas será considerada irregular.

Art. 29. Cada unidade de conservação do grupo de Proteção Integral disporá de um Conselho Consultivo, presidido pelo órgão responsável por sua administração e constituído por representantes de órgãos públicos, de organizações da sociedade civil, por proprietários de terras localizadas em Refúgio de Vida Silvestre ou Monumento Natural, quando for o caso, e, na hipótese prevista no § 2.º do art. 42, das populações tradicionais residentes, conforme se dispuser em regulamento e no ato de criação da unidade.

1. COMENTÁRIOS

As categorias de unidade de conservação poderão ter, conforme a Lei 9.985, de 2000, conselho consultivo ou deliberativo, que serão presididos pelo chefe da unidade de conservação, o qual designará os demais conselheiros indicados pelos setores a serem representados (órgãos públicos[9] e sociedade civil[10]) paritariamente, sempre que possível (Decreto 4.340/2002, art. 17, *caput* e § 3.º).

Existem as seguintes previsões na Lei 9.985/2000:

- A **Floresta Nacional** disporá de um **Conselho Consultivo**, presidido pelo órgão responsável por sua administração e constituído por representantes de órgãos públicos, de organizações da sociedade civil e, quando for o caso, das populações tradicionais residentes (art. 17, § 5.º);
- A **Reserva Extrativista** será gerida por um **Conselho Deliberativo**, presidido pelo órgão responsável por sua administração e constituído por representantes de órgãos públicos, de organizações da sociedade civil e das populações tradicionais residentes na área, conforme se dispuser em regulamento e no ato de criação da unidade (art. 18, § 2.º);
- A **Reserva de Desenvolvimento Sustentável** será gerida por um **Conselho Deliberativo**, presidido pelo órgão responsável por sua administração e constituído por representantes de órgãos públicos, de organizações da sociedade civil e das populações tradicionais residentes na área, conforme se dispuser em regulamento e no ato de criação da unidade (art. 20, § 4.º).

Ademais, **cada unidade de conservação do grupo de Proteção Integral** disporá de um **Conselho Consultivo**, presidido pelo órgão responsável por sua administração, e constituído

9. Decreto 4.340/2002, art. 17, § 1.º: "A representação dos órgãos públicos deve contemplar, quando couber, os órgãos ambientais dos três níveis da Federação e órgãos de áreas afins, tais como pesquisa científica, educação, defesa nacional, cultura, turismo, paisagem, arquitetura, arqueologia e povos indígenas e assentamentos agrícolas".

10. Decreto 4.340/2002, art. 17, § 2.º: "A representação da sociedade civil deve contemplar, quando couber, a comunidade científica e organizações não governamentais ambientalistas com atuação comprovada na região da unidade, população residente e do entorno, população tradicional, proprietários de imóveis no interior da unidade, trabalhadores e setor privado atuantes na região e representantes dos Comitês de Bacia Hidrográfica".

por representantes de órgãos públicos, de organizações da sociedade civil, por proprietários de terras localizadas em Refúgio de Vida Silvestre ou Monumento Natural, quando for o caso, e das populações tradicionais residentes, conforme se dispuser em regulamento e no ato de criação da unidade (art. 29 da Lei 9.985/2000).

A reunião do conselho da unidade de conservação deve ser pública, com pauta preestabelecida no ato da convocação e realizada em local de fácil acesso (Decreto 4.340/2000, art. 18).

Já a **Reserva da Biosfera** é gerida por um **Conselho Deliberativo**, formado por representantes de instituições públicas, de organizações da sociedade civil e da população residente, conforme se dispuser em regulamento e no ato de constituição da unidade (art. 41, § 4.º, da Lei 9.985/2000).

Art. 30. As unidades de conservação podem ser geridas por organizações da sociedade civil de interesse público com objetivos afins aos da unidade, mediante instrumento a ser firmado com o órgão responsável por sua gestão.

1. COMENTÁRIOS

Ressalte-se que as unidades de conservação, em vez de serem geridas pelo Poder Público, também poderão ser por entidade integrante do terceiro setor, especificamente as **organizações da sociedade civil de interesse público (OSCIPs)**, previsão legal que aparenta ser inconstitucional, pois importa em delegação do poder de polícia, que é atividade estatal indelegável, porquanto não se vislumbra como administrar uma UC sem exercer essa prerrogativa estatal.

Conforme previsto na Lei 9.790/1999, são pessoas jurídicas de direito privado sem fins lucrativos que celebraram termo de parceria com o Poder Público, sendo necessária a atuação na defesa, preservação e conservação do meio ambiente e promoção do desenvolvimento sustentável.

Art. 31. É proibida a introdução nas unidades de conservação de espécies não autóctones.

§ 1.º Excetuam-se do disposto neste artigo as Áreas de Proteção Ambiental, as Florestas Nacionais, as Reservas Extrativistas e as Reservas de Desenvolvimento Sustentável, bem como os animais e plantas necessários à administração e às atividades das demais categorias de unidades de conservação, de acordo com o que se dispuser em regulamento e no Plano de Manejo da unidade.

§ 2.º Nas áreas particulares localizadas em Refúgios de Vida Silvestre e Monumentos Naturais podem ser criados animais domésticos e cultivadas plantas considerados compatíveis com as finalidades da unidade, de acordo com o que dispuser o seu Plano de Manejo.

1. COMENTÁRIOS

Espécies não autóctones são aquelas não nativas. Assim, **salvo** nas Áreas de Proteção Ambiental, nas Florestas Nacionais, nas Reservas Extrativistas e nas Reservas de Desenvolvimento Sustentável, é vedada a inserção de espécies exóticas (não nativas ou não autóctones).

Ademais, foge da vedação a inserção de animais e plantas necessários à administração e às atividades das demais categorias de unidades de conservação, de acordo com o que se dispuser em regulamento e no Plano de Manejo da unidade.

Ainda será possível a criação de animais domésticos e cultivadas plantas considerados compatíveis com as finalidades nos Refúgios de Vida Silvestre e Monumentos Naturais, se previstos no plano de manejo da unidade.

Art. 32. Os órgãos executores articular-se-ão com a comunidade científica com o propósito de incentivar o desenvolvimento de pesquisas sobre a fauna, a flora e a ecologia das unidades de conservação e sobre formas de uso sustentável dos recursos naturais, valorizando-se o conhecimento das populações tradicionais.

§ 1.º As pesquisas científicas nas unidades de conservação não podem colocar em risco a sobrevivência das espécies integrantes dos ecossistemas protegidos.

§ 2.º A realização de pesquisas científicas nas unidades de conservação, exceto Área de Proteção Ambiental e Reserva Particular do Patrimônio Natural, depende de aprovação prévia e está sujeita à fiscalização do órgão responsável por sua administração.

§ 3.º Os órgãos competentes podem transferir para as instituições de pesquisa nacionais, mediante acordo, a atribuição de aprovar a realização de pesquisas científicas e de credenciar pesquisadores para trabalharem nas unidades de conservação.

1. COMENTÁRIOS

Conforme estudado, em diversas unidades de conservação admite-se a pesquisa científica autorizada pelo órgão gestor da unidade, salvo na APA e na RPPN em que foi legalmente dispensa a autorização.

No entanto, essas pesquisas não poderão colocar em risco a fauna e a flora nativas, sob pena de não poderem ser desenvolvidas, podendo ser desenvolvidas por instituições de pesquisa brasileiras, desde que haja autorização do gestor da unidade.

Art. 33. A exploração comercial de produtos, subprodutos ou serviços obtidos ou desenvolvidos a partir dos recursos naturais, biológicos, cênicos ou culturais ou da exploração da imagem de unidade de conservação, exceto Área de Proteção Ambiental e Reserva Particular do Patrimônio Natural, dependerá de prévia autorização e sujeitará o explorador a pagamento, conforme disposto em regulamento.

1. COMENTÁRIOS

A Lei mais uma vez diferenciou a APA e a RPPN das demais unidades de conservação ao dispensar autorização nestas unidades para a exploração comercial de produtos, subprodutos ou serviços obtidos ou desenvolvidos a partir dos recursos naturais, biológicos, cênicos ou culturais ou de sua imagem.

Art. 34. Os órgãos responsáveis pela administração das unidades de conservação podem receber recursos ou doações de qualquer natureza, nacionais ou internacionais, com ou sem encargos, provenientes de organizações privadas ou públicas ou de pessoas físicas que desejarem colaborar com a sua conservação.

Parágrafo único. A administração dos recursos obtidos cabe ao órgão gestor da unidade, e estes serão utilizados exclusivamente na sua implantação, gestão e manutenção.

1. COMENTÁRIOS

Este dispositivo autoriza a percepção de doações nacionais ou estrangeiras, públicas ou privadas, em favor das unidades de conservação, sendo gerenciado pelo órgão gestor da unidade de conservação. Não raro, é comum que a ONU, através do PNUD – Plano das Nações Unidas para o Desenvolvimento, doe recursos financeiros para unidades de conservação federais.

Art. 35. Os recursos obtidos pelas unidades de conservação do Grupo de Proteção Integral mediante a cobrança de taxa de visitação e outras rendas decorrentes de arrecadação, serviços e atividades da própria unidade serão aplicados de acordo com os seguintes critérios:

I – até cinquenta por cento, e não menos que vinte e cinco por cento, na implementação, manutenção e gestão da própria unidade;

II – até cinquenta por cento, e não menos que vinte e cinco por cento, na regularização fundiária das unidades de conservação do Grupo;

III – até cinquenta por cento, e não menos que quinze por cento, na implementação, manutenção e gestão de outras unidades de conservação do Grupo de Proteção Integral.

1. COMENTÁRIOS

Poderá ser cobrada **taxa de visitação** quando se tratar de unidade de conservação de **proteção integral**, cujos recursos deverão ser aplicados nas áreas. Contudo, não foram definidos pressupostos básicos para a cobrança de um tributo pela lei, a exemplo da base de cálculo, alíquota e sujeitos ativo/passivo.

Ademais, é possível que haja arrecadação com outras atividades desenvolvidas em unidades de proteção integral conforme previsto no plano de manejo.

Destes recursos, entre 25% e 50% serão usados na implementação e gestão da unidade; entre 25% e 50% serão usados na regularização fundiária; entre 15% e 50% serão destinados a outras unidades de conservação de proteção integral, conforme definido pelo órgão gestor.

Art. 36. Nos casos de licenciamento ambiental de empreendimentos de significativo impacto ambiental, assim considerado pelo órgão ambiental competente, com fundamento em estudo de impacto ambiental e respectivo relatório – EIA/RIMA, o empreendedor é obrigado a apoiar a implantação e manutenção de unidade de conservação do Grupo de Proteção Integral, de acordo com o disposto neste artigo e no regulamento desta Lei.

§ 1.º O montante de recursos a ser destinado pelo empreendedor para esta finalidade não pode ser inferior a meio por cento dos custos totais previstos para a implantação do empreendimento, sendo o percentual fixado pelo órgão ambiental licenciador, de acordo com o grau de impacto ambiental causado pelo empreendimento.

§ 2.º Ao órgão ambiental licenciador compete definir as unidades de conservação a serem beneficiadas, considerando as propostas apresentadas no EIA/RIMA e ouvido o empreendedor, podendo inclusive ser contemplada a criação de novas unidades de conservação.

§ 3.º Quando o empreendimento afetar unidade de conservação específica ou sua zona de amortecimento, o licenciamento a que se refere o *caput* deste artigo só poderá ser concedido mediante autorização do órgão responsável por sua administração, e a unidade afetada, mesmo que não pertencente ao Grupo de Proteção Integral, deverá ser uma das beneficiárias da compensação definida neste artigo.

1. COMENTÁRIOS

Compensação por significativo impacto ambiental

Nos casos de atividades que causem significativo impacto ambiental,[11] dentro ou fora de unidade de conservação, de acordo com a literalidade original do artigo 36, da Lei do SNUC, o poluidor era obrigado a aplicar **pelo menos 0,5%** dos custos totais do empreendimento para apoiar a manutenção de unidades de conservação de proteção integral, sendo uma **espécie de indenização ambiental**,[12] em decorrência do *Princípio do Poluidor-pagador e Usuário-pagador.*

Nesse sentido a boa doutrina de ERIKA BECHARA (2009, p. 194-195):

> "Pelo entendimento que temos da compensação ambiental, fazemos coro à corrente que sustenta ser ela uma **reparação de danos ambientais futuros**, ou seja, uma **reparação antecipada** ou ***ex ante***, devida em virtude de danos não mitigáveis/ não evitáveis, identificados antes mesmo de sua ocorrência concreta, quando do licenciamento ambiental da atividade".

Todavia, **apesar de o STF ter declarado a validade dessa indenização ambiental, em controle abstrato de constitucionalidade, pronunciou a inconstitucionalidade com redução de texto da expressão "não pode ser inferior a meio por cento dos custos totais previstos para a implantação do empreendimento"**, constante do § 1.º, do artigo 36, da Lei 9.985/2000.

Logo, **foi invalidado apenas o piso de 0,5% da compensação ambiental a ser calculado sobre o valor total do empreendimento**, que deverá ser proporcional ao dano causado, podendo agora ser inferior ao citado percentual.

Isso porque o instituto da compensação por significativo ambiental foi validado pela Suprema Corte, pois possui previsão legal e realiza o Princípio do Usuário-pagador, sendo uma forma de reequilibrar uma situação degradante do ambiente, pois os recursos serão revertidos à proteção ambiental a fim de compensar o dano ambiental.

Cabe ao órgão ambiental licenciador compete definir as unidades de conservação a serem beneficiadas, considerando as propostas apresentadas no EIA/RIMA e ouvido o empreendedor, podendo inclusive ser contemplada a criação de novas unidades de conservação.

No entanto, quando o empreendimento afetar unidade de conservação específica ou sua zona de amortecimento, o licenciamento só poderá ser concedido mediante autorização do órgão responsável por sua administração, e a unidade afetada, mesmo que não pertencente ao Grupo de Proteção Integral, deverá ser uma das beneficiárias da compensação definida neste artigo.

Por seu turno, os critérios para a fixação do *quantum* nas unidades de conservação federais foram instituídos pelo Decreto 6.848/2009, que alterou o Decreto 4.340/2002. Com o novo regulamento, as regras básicas para o cálculo do valor da compensação ambiental são as seguintes:

---

11. Entende-se que só será possível em unidades de uso sustentável, pois o significativo impacto ambiental não é compatível com o regime de proteção integral.
12. A natureza jurídica da compensação ambiental é polêmica. Parte da doutrina não a qualifica com natureza indenizatória, e sim tributária ou de preço público.

A) Somente serão considerados os impactos negativos (uma única vez) com base no EIA--RIMA;

B) Não serão incluídos no cálculo da compensação ambiental os investimentos referentes aos planos, projetos e programas exigidos no procedimento de licenciamento ambiental para mitigação de impactos, bem como os encargos e custos incidentes sobre o financiamento do empreendimento, inclusive os relativos às garantias, e os custos com apólices e prêmios de seguros pessoais e reais.

O Grau de Impacto variará de 0 a 0,5% dos custos totais do empreendimento, ou seja, **agora há um teto de 0,5% que não existia antes**, o que revela um verdadeiro *retrocesso ambiental*, pois a compensação deveria ser proporcional ao impacto, inexistindo essa limitação na Lei 9.985/2000, o que demonstra que o ato regulamentar inovou em prejuízo das unidades de conservação.

Logo, o Valor da Compensação Ambiental – CA será calculado pelo produto do Grau de Impacto – GI com o Valor de Referência – VR,[13] de acordo com a fórmula a seguir:

$$CA = VR \times GI$$

Na esfera federal, caberá ao IBAMA elaborar esse cálculo, cuja decisão será recorrível em dez dias, que posteriormente decidirá sobre a destinação dos recursos, observado o regramento do artigo 33, do Decreto 4.340/2002, ouvido o ICMBio.

De acordo com o acertado posicionamento do STJ, o dano ambiental já alvo da compensação ambiental não deve gerar a responsabilização civil posterior do empreendedor, sob pena de *bis in idem*, pois apenas no caso de dano ambiental não previsto do EIA-RIMA (não compensado) é que será possível essa posterior responsabilização.

Finalmente, com o advento do novo Código Florestal, **os proprietários localizados nas zonas de amortecimento de Unidades de Conservação de Proteção Integral** são elegíveis para receber **apoio técnico-financeiro da compensação ambiental**, com a finalidade de recuperação e manutenção de áreas prioritárias para a gestão da unidade.

Autorização do órgão gestor da unidade de conservação no licenciamento ambiental

De acordo com o § 3º, "quando o empreendimento afetar unidade de conservação específica ou sua zona de amortecimento, o licenciamento a que se refere o *caput* deste artigo só poderá ser concedido mediante **autorização do órgão responsável por sua administração**, e a unidade afetada, mesmo que não pertencente ao Grupo de Proteção Integral, deverá ser uma das beneficiárias da compensação definida neste artigo".

Assim, por exemplo, se o IBAMA estiver licenciando uma atividade que possa afetar uma unidade de conservação federal, caberá ao ICMBIO autorizar a concessão da licença ambiental.

---

13. VR = somatório dos investimentos necessários para implantação do empreendimento, não incluídos os investimentos referentes aos planos, projetos e programas exigidos no procedimento de licenciamento ambiental para mitigação de impactos causados pelo empreendimento, bem como os encargos e custos incidentes sobre o financiamento do empreendimento, inclusive os relativos às garantias, e os custos com apólices e prêmios de seguros pessoais e reais (art. 31-A, Decreto 4.340/2002).

Atualmente, é a Resolução 428/2010 que regula genericamente a autorização do órgão responsável pela administração da unidade de conservação para a concessão da licença ambiental pelo órgão ambiental licenciador.

Com o novo regramento, o órgão gestor da unidade de conservação deverá autorizar o licenciamento ambiental de atividade que possa afetar a unidade de conservação ou a sua zona de amortecimento e que possa causar significativo impacto ambiental, antes da concessão da Licença Prévia.

Caso a unidade não tenha zona de amortecimento fixada, a autorização será necessária se a atividade se localizar em um raio de até três quilômetros do limite da unidade, com exceção de RPPNs, Áreas de Proteção Ambiental (APAs) e Áreas Urbanas Consolidadas.[14]

Por outro lado, de acordo com o **artigo 5º, da Resolução CONAMA 428/2010, apenas será dada ciência do licenciamento ambiental ao órgão gestor da unidade**, se o empreendimento não estiver sujeito a EIA-RIMA (não se espera significativa degradação ambiental), na hipótese de atividade que possa causar impacto direto na unidade, esteja na sua zona de amortecimento ou se situar no limite de até 2 mil metros da unidade (se inexistir zona de amortecimento fixada).

Por óbvio, se o regime a ser instituído em uma zona de amortecimento for incompatível com o uso anterior da propriedade, deverá o Poder Público indenizar o senhor do bem ou, em último caso, promover a sua desapropriação, pois seria o equivalente a um apossamento administrativo clandestino.

A zona de amortecimento de uma unidade de conservação de proteção integral, uma vez definida formalmente, não poderá ser transformada em zona urbana, a fim de se evitar a urbanização da área.

2. JURISPRUDÊNCIA

"***Ação Direta de Inconstitucionalidade. Artigo 36 e seus §§ 1.º, 2.º e 3.º da Lei 9.985, de 18 de julho de 2000. Constitucionalidade da compensação devida pela implantação de empreendimentos de significativo impacto ambiental. Inconstitucionalidade parcial do § 1.º do artigo 36.*** 1. O compartilhamento-compensação ambiental de que trata o artigo 36 da Lei 9.985/2000 não ofende o princípio da legalidade, dado haver sido a própria lei que previu o modo de financiamento dos gastos com as unidades de conservação da natureza. De igual forma, não há violação ao princípio da separação dos Poderes, por não se tratar de delegação do Poder Legislativo para o Executivo impor deveres aos administrados. 2. **Compete ao órgão licenciador fixar o *quantum* da compensação, de acordo com a compostura do impacto ambiental a ser dimensionado no relatório – EIA/RIMA**. 3. **O artigo 36 da Lei 9.985/2000 densifica o princípio usuário-pagador, este a significar um mecanismo de assunção partilhada da responsabilidade social pelos custos ambientais derivados da atividade econômica**. 4. Inexistente desrespeito ao postulado da razoabilidade. Compensação ambiental que se revela como instrumento adequado à defesa e preservação do meio ambiente para as presentes e futuras gerações, não havendo outro meio eficaz para atingir essa finalidade constitucional. Medida amplamente compensada pelos benefícios que sempre resultam de um meio ambiente ecologicamente garantido em sua higidez. 5. **Inconstitucionalidade da expressão 'não pode ser inferior a meio por cento dos custos totais previstos para a implantação do empreendimento', no § 1.º do artigo 36 da Lei 9.985/2000. O valor da compensação-compartilhamento é de ser fixado proporcionalmente ao impacto ambiental, após estudo**

14. Esta regra será aplicável durante o prazo de cinco anos, contados a partir da publicação da Resolução Conama 428/2010.

em que se assegurem o contraditório e a ampla defesa. Prescindibilidade da fixação de percentual sobre os custos do empreendimento. 6. Ação parcialmente procedente" (STF, ADI 3.378, de 09.04.2008).

▶ **STJ, INFORMATIVO 473 – DANO AMBIENTAL. INDENIZAÇÃO. COMPENSAÇÃO. *BIS IN IDEM*.** In casu, *trata-se de dois recursos especiais em que os recorrentes, entre outras alegações, sustentam violação do art. 36,* caput *e parágrafos, da Lei n. 9.985/2000, isso porque, uma vez acordada a devida compensação ambiental, a condenação à indenização por danos ambientais pelo mesmo fato geraria a ocorrência de bis in idem. Portanto, a questão cinge-se à possibilidade de cumular a indenização com a compensação. A Turma, entre outras considerações, consignou que a compensação tem conteúdo reparatório*, em que o empreendedor destina parte considerável de seus esforços às ações que sirvam para contrabalançar o uso dos recursos naturais indispensáveis à realização do empreendimento previsto no estudo de impacto ambiental e devidamente autorizado pelo órgão competente. Observou-se que o montante da compensação deve ater-se àqueles danos inevitáveis e imprescindíveis ao empreendimento constante do EIA-RIMA, não se incluindo os danos não previstos e os que possam ser objeto de medidas mitigadoras ou preventivas. Por outro lado, *a indenização por dano ambiental tem assento no art. 225, § 3.º, da CF/1988, que cuida da hipótese de dano já ocorrido, em que o autor terá a obrigação de repará-lo ou indenizar a coletividade*. E não há como incluir nesse contexto aquele dano que foi previsto e autorizado pelos órgãos ambientais já devidamente compensado. *Desse modo, os dois institutos têm natureza distinta, não havendo* bis in idem *na cobrança de indenização desde que nela não se inclua a compensação anteriormente realizada ainda na fase de implantação do projeto. Registrou-se, ademais, que a indenização fixada na hipótese já se justificaria pela existência dos danos ambientais gerados pela obra que não foram contemplados por medidas que os minorassem ou evitassem*. Ressaltou-se, ainda, que o simples fato de o governo do ente federado, um dos recorrentes, gravar determinado espaço como área de conservação ambiental não lhe permite degradar como melhor lhe aprouver outra extensão da mesma unidade sem observar os princípios estabelecidos na Carta da República. Diante disso, negou-se provimento a ambos os recursos. REsp 896.863-DF, Rel. Min. Castro Meira, julgado em 19.05.2011.

3. QUESTÕES DE CONCURSOS

01. (FCC – 2010 – PGM-TERESINA-PI – Procurador Municipal) Em relação ao estudo prévio de impacto ambiental e licenciamento ambiental é correto afirmar:

a) Nos processos de licenciamento ambiental dos empreendimentos de carcinicultura na zona costeira, o órgão licenciador deverá exigir do empreendedor, obrigatoriamente, a destinação de área correspondente a, no mínimo, 50% da área total do empreendimento, para preservação integral.

b) A instalação de obra ou atividade potencialmente causadora de significativa degradação do meio ambiente, como a construção das hidrelétricas no Rio Parnaíba (PI), necessitam da realização de estudo prévio de impacto ambiental, não sendo, todavia, necessário dar publicidade a esse estudo, por se tratar de obras de relevante interesse nacional.

c) Nos casos de licenciamento ambiental de empreendimentos de significativo impacto ambiental, assim considerado pelo órgão ambiental competente, com fundamento em estudo de impacto ambiental e respectivo relatório – EIA/RIMA, o empreendedor é obrigado a apoiar a implantação e manutenção de unidade de conservação do Grupo de Proteção Integral.

d) A supressão de vegetação secundária do Bioma Mata Atlântica, em estágio avançado e médio de regeneração, para fins de atividades minerárias será admitida mediante adoção de medida compensatória que inclua a recuperação de área equivalente à área do empreendimento, procedimento que substitui a realização de estudo prévio de impacto ambiental/ relatório de impacto ambiental (EIA/RIMA).

e) No que diz respeito à aquicultura, o órgão ambiental licenciador não poderá exigir do empreendedor a adoção de medidas de prevenção e controle de fuga das espécies cultivadas, como condicionantes das licenças emitidas, já que o licenciamento refere-se tão somente a própria atividade da aquicultura.

02. (FCC – 2009 – PGE-SP – Procurador) Com o julgamento da ADI 3.378-6 DF, ajuizada pela Confederação Nacional da Indústria, pelo Supremo Tribunal Federal, a compensação ambiental de que trata o artigo 36 da Lei Federal 9.985/2000:

a) é exigida nos processos de licenciamento, independentemente do grau de impacto ambiental, sendo seu valor limitado a 0,5% do custo estimado para a implantação do empreendimento.
b) é aplicável quando for constatada a ocorrência de dano ambiental, independentemente do grau de impacto decorrente da implantação do empreendimento, apurando-se o seu valor a partir do dano ambiental efetivamente ocorrido.
c) é exigida nos processos de licenciamento ambiental de empreendimentos causadores de potencial impacto significativo, apurando-se o seu valor de acordo com o grau de impacto causado.
d) é exigida nos processos de licenciamento ambiental de empreendimentos causadores de potencial impacto significativo, não podendo o seu valor corresponder a um percentual inferior a 0,5% do custo estimado para a sua implantação.
e) foi considerada inconstitucional, não mais podendo ser exigida pelo órgão ambiental competente nos processos de licenciamento ambiental.

03. (FGV – 2012 – OAB – Exame de Ordem Unificado – VI – Primeira Fase) A Lei 9.985/2000 instituiu a compensação ambiental, posteriormente julgada pelo Supremo Tribunal Federal. A respeito do tema, é correto afirmar que

a) a compensação ambiental será concretizada, pelo empreendedor, pelo plantio de mudas de espécies nativas no entorno de unidades de conservação, visando reduzir os impactos ambientais dos empreendimentos potencialmente poluidores, especialmente aqueles que emitem gases causadores do efeito estufa.
b) a compensação ambiental é exigida nos processos de licenciamento ambiental de empreendimentos potencialmente causadores de impactos significativos no meio ambiente, e será exigida em espécie, apurando-se o seu valor de acordo o grau de impacto causado, sendo os recursos destinados a uma unidade de conservação do grupo de proteção integral.
c) a compensação ambiental é exigida nos processos de licenciamento ambiental de empreendimentos potencialmente causadores de impactos significativos no meio ambiente, e será exigida em espécie, apurando-se o seu valor de acordo com o grau de impacto causado, sendo os recursos destinados a uma unidade de conservação à escolha do empreendedor, em razão do princípio da livre-iniciativa.
d) a compensação ambiental foi considerada inconstitucional, por violar frontalmente o princípio do poluidor-pagador, uma vez que permitia ao empreendedor compensar os possíveis danos ambientais de seu empreendimento por meio de um pagamento, em espécie, destinado a uma unidade de conservação do grupo de proteção integral. Logo, não pode mais ser exigida ou mesmo oferecida pelo órgão ambiental competente.

GAB	01	C	02	C	03	B

CAPÍTULO V
DOS INCENTIVOS, ISENÇÕES E PENALIDADES

Art. 37. (VETADO)

Art. 38. A ação ou omissão das pessoas físicas ou jurídicas que importem inobservância aos preceitos desta Lei e a seus regulamentos ou resultem em dano à flora, à fauna e aos demais atributos naturais das unidades de conservação, bem como às suas instalações e às zonas de amortecimento e corredores ecológicos, sujeitam os infratores às sanções previstas em lei.

1. COMENTÁRIOS

Este artigo 38 é uma norma genérica e que depende de regulamentação. Isso porque faz remissão à lei para definir as sanções pelo descumprimento das regras desta Lei 9.985/2000.

As sanções penais contra atos prejudiciais às unidades de conservação estão previstas nos artigos 40 e 52 da Lei 9.605/1998. Já as infrações administrativas estão capituladas nos artigos 84 a 93 do Decreto 6.514/2008.

Art. 39. Dê-se ao art. 40 da Lei nº 9.605, de 12 de fevereiro de 1998, a seguinte redação:

"Art. 40. (VETADO)

'§ 1.º Entende-se por Unidades de Conservação de Proteção Integral as Estações Ecológicas, as Reservas Biológicas, os Parques Nacionais, os Monumentos Naturais e os Refúgios de Vida Silvestre.' (NR)

'§ 2.º A ocorrência de dano afetando espécies ameaçadas de extinção no interior das Unidades de Conservação de Proteção Integral será considerada circunstância agravante para a fixação da pena.' (NR)

'§ 3.º (...)'"

1. COMENTÁRIOS

Este artigo alterou a redação do artigo 40, da Lei 9.605/1998, já comentado nesta obra.

Art. 40. Acrescente-se à Lei nº 9.605, de 1998, o seguinte art. 40-A:

"Art. 40-A. (VETADO)

'§ 1.º Entende-se por Unidades de Conservação de Uso Sustentável as Áreas de Proteção Ambiental, as Áreas de Relevante Interesse Ecológico, as Florestas Nacionais, as Reservas Extrativistas, as Reservas de Fauna, as Reservas de Desenvolvimento Sustentável e as Reservas Particulares do Patrimônio Natural.' (AC)

'§ 2.º A ocorrência de dano afetando espécies ameaçadas de extinção no interior das Unidades de Conservação de Uso Sustentável será considerada circunstância agravante para a fixação da pena.' (AC)

'§ 3.º Se o crime for culposo, a pena será reduzida à metade.'" (AC)

1. COMENTÁRIOS

Este artigo acrescentou o artigo 40-A na Lei 9.605/1998, já comentado nesta obra.

CAPÍTULO VI
DAS RESERVAS DA BIOSFERA

Art. 41. A Reserva da Biosfera é um modelo, adotado internacionalmente, de gestão integrada, participativa e sustentável dos recursos naturais, com os objetivos básicos de preservação da diversidade biológica, o desenvolvimento de atividades de pesquisa, o monitoramento ambiental, a educação ambiental, o desenvolvimento sustentável e a melhoria da qualidade de vida das populações.

§ 1.º A Reserva da Biosfera é constituída por:

I – uma ou várias áreas-núcleo, destinadas à proteção integral da natureza;

II – uma ou várias zonas de amortecimento, onde só são admitidas atividades que não resultem em dano para as áreas-núcleo; e

III – uma ou várias zonas de transição, sem limites rígidos, onde o processo de ocupação e o manejo dos recursos naturais são planejados e conduzidos de modo participativo e em bases sustentáveis.

§ 2.º A Reserva da Biosfera é constituída por áreas de domínio público ou privado.

§ 3.º A Reserva da Biosfera pode ser integrada por unidades de conservação já criadas pelo Poder Público, respeitadas as normas legais que disciplinam o manejo de cada categoria específica.

§ 4.º A Reserva da Biosfera é gerida por um Conselho Deliberativo, formado por representantes de instituições públicas, de organizações da sociedade civil e da população residente, conforme se dispuser em regulamento e no ato de constituição da unidade.

§ 5.º A Reserva da Biosfera é reconhecida pelo Programa Intergovernamental "O Homem e a Biosfera – MAB", estabelecido pela Unesco, organização da qual o Brasil é membro.

1. COMENTÁRIOS

As **reservas da biosfera** constituem um modelo internacional ambiental de gestão integrada da UNESCO (Programa "O Homem e a Biosfera" – MAB), participativa e sustentável dos recursos naturais, podendo ser de domínio público ou privado, devendo ter um Conselho Deliberativo.

Poderão ser constituídas por uma ou várias áreas núcleo, uma ou várias zonas de amortecimentos, uma ou várias zonas de transição ou mesmo por unidades de conservação. Ou seja, tem um conteúdo largo.

No **Brasil**, a UNESCO já reconheceu as seguintes reservas da biosfera: **Mata Atlântica** (1991), **Cerrado** (1993), **Cinturão Verde da cidade de São Paulo** (1994), **Pantanal Mato-Grossense** (2000), **Caatinga** (2001), **Amazônia Central** (2001) e **Serra do Espinhaço** (2005).

De acordo com o Ministério do Meio Ambiente, a Reserva da Biosfera é um instrumento de conservação que favorece a descoberta de soluções para problemas como o desmatamento das florestas tropicais, a desertificação, a poluição atmosférica, o efeito estufa, entre outros. A Reserva privilegia o uso sustentável dos recursos naturais nas áreas assim protegidas e tem por objetivo promover o conhecimento, a prática e os valores humanos para implementar as relações entre as populações e o meio ambiente em todo o planeta.

Cada Reserva da Biosfera é uma coleção representativa dos ecossistemas característicos da região onde se estabelece. Terrestre ou marinha, busca otimizar a convivência homem-natureza em projetos que se norteiam pela preservação dos ambientes significativos, pela convivência com áreas que lhe são vizinhas, pelo uso sustentável de seus recursos.

A Reserva é um centro de monitoramento, pesquisas, educação ambiental e gerenciamento de ecossistemas, bem como centro de informação e desenvolvimento profissional dos técnicos em seu manejo. Seu gerenciamento é o trabalho conjunto de instituições governamentais, não governamentais e centros de pesquisa. Esta integração busca o atendimento às necessidades da comunidade local e o melhor relacionamento entre os seres humanos e o meio ambiente.

Criadas pela UNESCO – Organização das Nações Unidas para a Educação, a Ciência e a Cultura – em 1972, as Reservas da Biosfera, espalhadas hoje por 110 países, têm sua sustentação no programa "O Homem e a Biosfera" (MAB) da UNESCO, desenvolvido com o PNUMA – Programa das Nações Unidas para o Meio Ambiente, com a UICN – União Internacional para a Conservação da Natureza e com agências internacionais de desenvolvimento.

É o principal instrumento do Programa MaB e compõe uma rede mundial de áreas que têm por finalidade a Pesquisa Cooperativa, a Conservação do Patrimônio Natural e Cultural e a Promoção do Desenvolvimento Sustentável.

O Sistema Nacional de Unidades de Conservação – SNUC (Lei 9.985, de 18 de julho de 2.000), em seu Capítulo XI, reconhece a Reserva da Biosfera como "um modelo, adotado internacionalmente, de gestão integrada, participativa e sustentável dos recursos naturais"[15].

CAPÍTULO VII
DAS DISPOSIÇÕES GERAIS E TRANSITÓRIAS

Art. 42. As populações tradicionais residentes em unidades de conservação nas quais sua permanência não seja permitida serão indenizadas ou compensadas pelas benfeitorias existentes e devidamente realocadas pelo Poder Público, em local e condições acordados entre as partes.

§ 1.º O Poder Público, por meio do órgão competente, priorizará o reassentamento das populações tradicionais a serem realocadas.

§ 2.º Até que seja possível efetuar o reassentamento de que trata este artigo, serão estabelecidas normas e ações específicas destinadas a compatibilizar a presença das populações tradicionais residentes com os objetivos da unidade, sem prejuízo dos modos de vida, das fontes de subsistência e dos locais de moradia destas populações, assegurando-se a sua participação na elaboração das referidas normas e ações.

§ 3.º Na hipótese prevista no § 2.º, as normas regulando o prazo de permanência e suas condições serão estabelecidas em regulamento.

1. COMENTÁRIOS

É possível que seja criada uma unidade de conservação em área já ocupada por *populações tradicionais*.[16] Esses povos deverão ser removidos do seu território tradicional? Essa resposta dependerá da espécie de UC criada e das atividades desenvolvidas pelos povos tradicionais.

"[...] A ideia de Populações Tradicionais está essencialmente ligada à preservação de valores, de tradições, de cultura. Ao longo da sua história, o homem através de múltiplas experiências e situações vivenciadas, tem alcançado importantes conquistas que o fazem avançar, que elevam sua dignidade de espécie humana. Acontece que o ritmo das mudanças, a

15. Disponível em: <http://www.mma.gov.br/biomas/caatinga/reserva-da-biosfera>.

16. O Centro Nacional de Desenvolvimento Sustentado das Populações Tradicionais – CNPT, órgão integrante do IBAMA, foi criado por meio da Portaria IBAMA 22, de 10.02.1992, tendo como finalidade promover elaboração, implantação e implementação de planos, programas, projetos e ações demandadas pelas Populações Tradicionais por meio de suas entidades representativas e/ou, indiretamente, pelos Órgãos Governamentais constituídos para este fim ou, ainda, por meio de Organizações Não Governamentais.

velocidade das descobertas tem crescido em ritmo geométrico, nos últimos 50 anos, tornando obrigatória a consolidação de certos valores, ou então o resgate de valores que apenas são conservados por populações tradicionais; caso contrário, podem ser jogadas ao esquecimento conquistas seculares da humanidade".[17]

Em que pese a Lei 9.985/2000 não ter definido o que são populações tradicionais, entende-se que os **povos e comunidades tradicionais** são "grupos culturalmente diferenciados e que se reconhecem como tais, que possuem formas próprias de organização social, que ocupam e usam territórios e recursos naturais como condição para sua reprodução cultural, social, religiosa, ancestral e econômica, utilizando conhecimentos, inovações e práticas gerados e transmitidos pela tradição", conforme definição do artigo 3.º, I, do Decreto 6.040/2007, que aprovou a *Política Nacional de Desenvolvimento Sustentável dos Povos e Comunidades Tradicionais*.

Ao lado dos seringueiros, pescadores artesanais, extrativistas, caiçaras, dentre outros, os *povos indígenas* e os *quilombolas* também se enquadram como povos e comunidades tradicionais, mas ambos têm um regime constitucional de proteção de suas terras já ditado pela Constituição de 1988, nos artigos 231[18] e 68 do ADCT.[19]

É plenamente possível a manutenção dos povos tradicionais nas áreas de proteção ambiental, nas áreas de relevante interesse ecológico e especialmente nas florestas nacionais, reservas extrativistas e reservas de desenvolvimento sustentável, desde que essas populações observem o regime jurídico de utilização dos recursos naturais de cada modalidade de UC.

Contudo, algumas unidades de conservação não poderão manter os povos tradicionais, por manifesta incompatibilidade com o seu regime jurídico de proteção, a exemplo das estações ecológicas e reservas biológicas.

Nestes casos, as populações tradicionais residentes em unidades de conservação nas quais sua permanência não seja permitida serão indenizadas ou compensadas pelas benfeitorias existentes e devidamente realocadas pelo Poder Público, em local e condições acordados entre as partes,[20] devendo o Poder Público priorizar o seu reassentamento.

Até que ocorra o reassentamento, serão estabelecidas normas e ações específicas destinadas a compatibilizar a presença das populações tradicionais residentes com os objetivos da unidade, sem prejuízo dos modos de vida, das fontes de subsistência e dos locais de moradia destas populações, assegurando-se a sua participação na elaboração das referidas normas e ações.

---

17. Disponível em: <www.ibama.gov.br/resex/pop.htm>.
18. É garantido aos índios o usufruto vitalício das terras tradicionalmente ocupadas e por eles habitadas em caráter permanente, as utilizadas para suas atividades produtivas, as imprescindíveis à preservação dos recursos ambientais necessários ao seu bem-estar e as necessárias a sua reprodução física e cultural, segundo seus usos, costumes e tradições.
19. Aos remanescentes das comunidades dos quilombos que estejam ocupando suas terras é reconhecida a propriedade definitiva, devendo o Estado emitir-lhes os títulos respectivos.
20. Artigo 42 da Lei 9.985/2000.

2. QUESTÕES DE CONCURSOS

01. (TRF 1.ª Região 2011 – Juiz Federal – CESPE) No regime jurídico das unidades de conservação, não há previsão de tratamento às populações tradicionais habitantes de área a ser protegida pelo poder público.

02. (2019/CESPE/PGM CAMPO GRANDE/PROCURADOR) As populações tradicionais residentes em unidades de conservação deverão ser, obrigatoriamente, realocadas pelo poder público e, por conseguinte, indenizadas ou compensadas pelas benfeitorias existentes no local onde habitavam.

GAB	01	ERRADO	02	ERRADO

Art. 43. O Poder Público fará o levantamento nacional das terras devolutas, com o objetivo de definir áreas destinadas à conservação da natureza, no prazo de cinco anos após a publicação desta Lei.

1. COMENTÁRIOS

Após pesquisas, crê-se que este artigo ainda não foi cumprido, não tendo sido realizado levantamento nacional das terras devolutas para fins de criação de unidades de conservação.

Art. 44. As ilhas oceânicas e costeiras destinam-se prioritariamente à proteção da natureza e sua destinação para fins diversos deve ser precedida de autorização do órgão ambiental competente.

Parágrafo único. Estão dispensados da autorização citada no *caput* os órgãos que se utilizam das citadas ilhas por força de dispositivos legais ou quando decorrente de compromissos legais assumidos.

1. COMENTÁRIOS

Nos termos do artigo 20, da Constituição, são bens da União as ilhas fluviais e lacustres nas zonas limítrofes com outros países; as praias marítimas; as ilhas oceânicas e as costeiras, excluídas, destas, as que contenham a sede de Municípios, exceto aquelas áreas afetadas ao serviço público e a unidade ambiental federal, e as que estiverem sob o domínio dos estados da federação.

Diante do seu isolamento geográfico, as ilhas apresentar uma diversidade biológica diferenciada, constituindo um ambiente diferenciado, repletas se serem endêmicos (nativos daquele ecossistema).

Desta forma, este artigo determina que haja uma proteção ecológica diferenciada sobre as ilhas oceânicas e costeiras, que possuem vocação prioritária à proteção ambiental. De efeito, em muitas delas foram constituídas unidades de conservação, a exemplo do Parque Nacional de Fernando de Noronha e da Reserva Biológica do Atol das Rocas.

De acordo com o artigo 3.º, da Lei 7.661/1988, o Plano Nacional de Gerenciamento Costeiro deverá prever o zoneamento de usos e atividades na Zona Costeira e dar prioridade à conservação e proteção dos sítios ecológicos de relevância cultural e demais unidades naturais de preservação permanente.

Art. 45. Excluem-se das indenizações referentes à regularização fundiária das unidades de conservação, derivadas ou não de desapropriação:

I – (VETADO)

II – (VETADO)

III – as espécies arbóreas declaradas imunes de corte pelo Poder Público;

IV – expectativas de ganhos e lucro cessante;

V – o resultado de cálculo efetuado mediante a operação de juros compostos;

VI – as áreas que não tenham prova de domínio inequívoco e anterior à criação da unidade.

1. COMENTÁRIOS

Com a criação de unidades de conservação que deve ser de propriedade pública, as áreas particulares devem ser desapropriadas, salvo se o particular quiser doá-las ao Poder Público, o que é incomum.

Nesse sentido, caberá uma desapropriação por utilidade pública, nos termos do Decreto-lei 3.365/1941, enquadrando-se na hipótese de preservação e conservação dos monumentos históricos e artísticos, isolados ou integrados em conjuntos urbanos ou rurais, bem como as medidas necessárias a manter-lhes e realçar-lhes os aspectos mais valiosos ou característicos e, ainda, a proteção de paisagens e locais particularmente dotados pela natureza.

Este artigo, que foi parcialmente vetado, aduz que no cálculo da indenização na desapropriação ou na regularização fundiária em que não houve desapropriação, não serão indenizadas as espécies arbóreas declaradas imunes de corte pelo Poder Público, pois não são susceptíveis de exploração econômica.

Outrossim, os lucros cessantes (o que estima que se deixou de ganhar) também não são indenizáveis, devendo incidir juros simples sobre a indenização, e não juros compostos (juros sobre juros).

Por fim, apenas as áreas em que o particular demonstrar a propriedade serão indenizadas em sede de desapropriação. Caso contrário, apenas as acessões e benfeitorias serão passíveis de indenização.

Art. 46. A instalação de redes de abastecimento de água, esgoto, energia e infraestrutura urbana em geral, em unidades de conservação onde estes equipamentos são admitidos depende de prévia aprovação do órgão responsável por sua administração, sem prejuízo da necessidade de elaboração de estudos de impacto ambiental e outras exigências legais.

Parágrafo único. Esta mesma condição se aplica à zona de amortecimento das unidades do Grupo de Proteção Integral, bem como às áreas de propriedade privada inseridas nos limites dessas unidades e ainda não indenizadas.

1. COMENTÁRIOS

A instalação de redes de abastecimento de água, esgoto, energia e infraestrutura urbana em geral, em unidades de conservação são atividades que certamente gerarão degradação ambiental.

Assim, somente poderão ser desenvolvidas se autorizadas pelo órgão gestor da unidade, devendo contar com previsão no plano de manejo e licenciamento ambiental, exigindo-se a apresentação do estudo ambiental cabível, inclusive no caso de áreas privadas encravadas em zona de amortecimento de unidade de proteção integral.

Art. 47. O órgão ou empresa, público ou privado, responsável pelo abastecimento de água ou que faça uso de recursos hídricos, beneficiário da proteção proporcionada por uma unidade de conservação, deve contribuir financeiramente para a proteção e implementação da unidade, de acordo com o disposto em regulamentação específica.

1. COMENTÁRIOS

Conforme prevê a Lei 9.433/1997, a água é um bem dotado de economicidade e o uso da água deve ser cobrado. Nesse sentido, este artigo autoriza a cobrança do Poder Público ou de seus concessionários pela captação de água em unidade de conservação, cujos recursos serão revertidos em seu favor. Infelizmente, ainda é mínima a aplicação deste comando legal, que depende de uma regulamentação específica.

Art. 48. O órgão ou empresa, público ou privado, responsável pela geração e distribuição de energia elétrica, beneficiário da proteção oferecida por uma unidade de conservação, deve contribuir financeiramente para a proteção e implementação da unidade, de acordo com o disposto em regulamentação específica.

1. COMENTÁRIOS

Este artigo autoriza a cobrança do Poder Público ou de seus concessionários pela geração de energia elétrica em unidade de conservação, cujos recursos serão revertidos em seu favor. Infelizmente, ainda é mínima a aplicação deste comando legal, que depende de uma regulamentação específica.

Art. 49. A área de uma unidade de conservação do Grupo de Proteção Integral é considerada zona rural, para os efeitos legais.

Parágrafo único. A zona de amortecimento das unidades de conservação de que trata este artigo, uma vez definida formalmente, não pode ser transformada em zona urbana.

1. COMENTÁRIOS

Este artigo equiparou à zona rural a área de todas as unidades de conservação do Grupo de Proteção Integral, ao tempo em que fez o mesmo com as suas zonas de amortecimento.

O objetivo foi proteger a unidade de conservação, pois se sabe que determinados institutos protetivos do ambiental não restritos à zona rural, a exemplo da área de reserva legal.

Art. 50. O Ministério do Meio Ambiente organizará e manterá um Cadastro Nacional de Unidades de Conservação, com a colaboração do Ibama e dos órgãos estaduais e municipais competentes.

§ 1.º O Cadastro a que se refere este artigo conterá os dados principais de cada unidade de conservação, incluindo, dentre outras características relevantes, informações sobre espécies ameaçadas de extinção, situação fundiária, recursos hídricos, clima, solos e aspectos socioculturais e antropológicos.

§ 2.º O Ministério do Meio Ambiente divulgará e colocará à disposição do público interessado os dados constantes do Cadastro.

1. COMENTÁRIOS

O **Cadastro Nacional de Unidades de Conservação** (CNUC) é mantido pelo MMA com a colaboração dos Órgãos gestores federal, estaduais e municipais. Seu principal objetivo é disponibilizar um banco de dados com informações oficiais do Sistema Nacional de Unidades de Conservação. Neste ambiente são apresentadas as características físicas, biológicas, turísticas, gerenciais e os dados georreferenciados das unidades de conservação. Assim, a sociedade poderá acompanhar os resultados das ações governamentais de proteção do patrimônio biológico nacional.

O CNUC é um sistema integrado de banco de dados com informações padronizadas das unidades de conservação geridas pelos três níveis de governo e por particulares. Principais vantagens da implantação do Cadastro Nacional de Unidades de Conservação:

- Disponibiliza informações oficiais sobre as unidades de conservação do SNUC;
- Oferece relatórios detalhados sobre a situação das unidades de conservação, facilitando a realização de diagnósticos, a identificação de problemas e a tomada de decisão;
- Permite a criação e acompanhamento de indicadores sobre o estado de implementação do SNUC;
- Verifica a conformidade das unidades de conservação com normas e critérios de criação estabelecidos na Lei nº 9.985/2000;
- Disponibiliza informações para o planejamento, administração e fiscalização das unidades de conservação.

Os recursos provenientes de compensação ambiental serão destinados exclusivamente para unidades de conservação reconhecidas pelo CNUC como pertencentes ao Sistema Nacional de Unidades de Conservação da Natureza (Art. 11 da Resolução CONAMA 371/2006)[21].

Art. 51. O Poder Executivo Federal submeterá à apreciação do Congresso Nacional, a cada dois anos, um relatório de avaliação global da situação das unidades de conservação federais do País.

1. COMENTÁRIOS

De acordo com as pesquisas envidadas este artigo não foi inteiramente efetivado, inexistindo um relatório bienal apresentado pelo Poder Executivo da União ao Congresso Nacional a respeito da situação das unidades de conservação federais brasileiras.

21. http://www.mma.gov.br/areas-protegidas/cadastro-nacional-de-ucs.

No entanto, de acordo com informações do sítio do ICMBIO, a primeira avaliação de efetividade de gestão das Unidades de Conservação federais brasileiras, realizada entre os anos 2005-2006, foi conduzida segundo o método de Avaliação Rápida e Priorização da Gestão de Unidades de Conservação – RAPPAM.

O estudo cobriu 245 unidades (aproximadamente 85% das UCs existentes no período) e representou um passo importante para o aperfeiçoamento gerencial dessas áreas e para o desenvolvimento de suas potencialidades.

A partir de novembro de 2009 deu-se início à realização do segundo ciclo de avaliação da efetividade de gestão das UCs federais seguindo o método RAPPAM.

Ao longo do ano de 2010 foram realizadas sete oficinas presenciais para aplicação dessa metodologia visando cobrir todo o conjunto das UCs federais, exceto as situações excepcionais caracterizadas pelas Unidades recém-criadas, pelas geridas sob parceria com institutos estaduais e por aquelas que se encontravam sem gestor no momento da aplicação dos questionários.

Seguindo esses critérios, foram avaliadas 292 Unidades, alcançando assim cerca de 94% das 310 UCs federais existentes naquele ano. Complementando as informações levantadas nas 292 UCs, foi também aplicado um questionário específico junto à Direção Ampliada do ICMBio (Presidência, Diretorias e Coordenações Regionais), tendo por intuito avaliar a situação do Sistema Federal de Unidades de Conservação.

Para a divulgação externa desses dados, está em andamento a estruturação de uma estratégia conjunta de compartilhamento das informações levantadas nos ciclos 2005-2006 e 2010 em um site específico para esse fim, denominado "Observatório de Unidades de Conservação", em desenvolvimento pela ONG WWF.

Art. 52. Os mapas e cartas oficiais devem indicar as áreas que compõem o SNUC.

1. COMENTÁRIOS

Para difundir as informações a respeito das unidades de conservação, este artigo impõe aos mapas e cartas oficiais indicar a localização das unidades de conservação brasileiras, sendo difícil a sua efetivação em razão de existirem nas três esferas de governo.

Art. 53. O Ibama elaborará e divulgará periodicamente uma relação revista e atualizada das espécies da flora e da fauna ameaçadas de extinção no território brasileiro.

Parágrafo único. O Ibama incentivará os competentes órgãos estaduais e municipais a elaborarem relações equivalentes abrangendo suas respectivas áreas de jurisdição.

1. COMENTÁRIOS

A elaboração da lista nacional das espécies da fauna ameaçadas de extinção será de competência da União, por meio do Ministério do Meio Ambiente, estando prevista nas Instruções Normativas MMA 03/2003 e 05/2004.

Por sua vez, a elaboração da lista nacional das espécies da flora ameaçadas de extinção será de competência da União, através do Ministério do Meio Ambiente, estando prevista na Instrução Normativa MMA 06/2008.

Por sua vez, a Lei Complementar 140/2011 aduziu ser competência dos estados e do Distrito Federal elaborar a relação de espécies da fauna e da flora ameaçadas de extinção no respectivo território, mediante laudos e estudos técnico-científicos, fomentando as atividades que conservem essas espécies *in situ* (no território).

Art. 54. O Ibama, excepcionalmente, pode permitir a captura de exemplares de espécies ameaçadas de extinção destinadas a programas de criação em cativeiro ou formação de coleções científicas, de acordo com o disposto nesta Lei e em regulamentação específica.

1. COMENTÁRIOS

Esta autorização do IBAMA dar-se-á para beneficiar a existência de espécies ameaçadas de extinção, a exemplo da procriação em cativeiro.

Art. 55. As unidades de conservação e áreas protegidas criadas com base nas legislações anteriores e que não pertençam às categorias previstas nesta Lei serão reavaliadas, no todo ou em parte, no prazo de até dois anos, com o objetivo de definir sua destinação com base na categoria e função para as quais foram criadas, conforme o disposto no regulamento desta Lei.

1. COMENTÁRIOS

Este artigo previu que as entidades políticas deveriam no prazo de dois anos fazer a reclassificação das unidades de conservação que não se enquadrassem nas doze modalidades existentes nesta Lei, cujo rol é taxativo, salvo, a critério do Conama, unidades de conservação estaduais e municipais que, concebidas para atender a peculiaridades regionais ou locais, possuam objetivos de manejo que não possam ser satisfatoriamente atendidos por nenhuma categoria prevista nesta Lei e cujas características permitam, em relação a estas, uma clara distinção.

Lamentavelmente, alguns estados possuem unidades de conservação não enquadradas nesta Lei 9.985, o que acaba gerando invasão de competência da União. Um exemplo é o Estado da Bahia, que prevê na Lei Estadual 10.431/2006 Parques Urbanos; Horto Florestal e Jardins Botânico, Zoológico e Zoobotânico e Reserva Particular de Proteção da Biodiversidade como unidades de uso sustentável.

Art. 56. (VETADO)

Art. 57. Os órgãos federais responsáveis pela execução das políticas ambiental e indigenista deverão instituir grupos de trabalho para, no prazo de cento e oitenta dias a partir da vigência desta Lei, propor as diretrizes a serem adotadas com vistas à regularização das eventuais superposições entre áreas indígenas e unidades de conservação.

Parágrafo único. No ato de criação dos grupos de trabalho serão fixados os participantes, bem como a estratégia de ação e a abrangência dos trabalhos, garantida a participação das comunidades envolvidas.

1. COMENTÁRIOS

Este artigo se refere ao IBAMA e à FUNAI. Muitas unidades de conservação foram criadas em terras indígenas o que não é irregular, mas irá submeter a área a uma duplicidade de regimes jurídicos.

Art. 57-A. O Poder Executivo estabelecerá os limites para o plantio de organismos geneticamente modificados nas áreas que circundam as unidades de conservação até que seja fixada sua zona de amortecimento e aprovado o seu respectivo Plano de Manejo.

Parágrafo único. O disposto no *caput* deste artigo não se aplica às Áreas de Proteção Ambiental e Reservas de Particulares do Patrimônio Nacional.

1. COMENTÁRIOS

Este artigo foi inserido pela Lei 11.460/2007. A sua regulamentação se deu através do Decreto 5.950/2006, que estabeleceu as faixas limites para os seguintes organismos geneticamente modificados nas áreas circunvizinhas às unidades de conservação, em projeção horizontal a partir do seu perímetro, até que seja definida a zona de amortecimento e aprovado o Plano de Manejo da unidade de conservação:

> I – quinhentos metros para o caso de plantio de soja geneticamente modificada, evento GTS40-3-2, que confere tolerância ao herbicida glifosato;
>
> II – oitocentos metros para o caso de plantio de algodão geneticamente modificado, evento 531, que confere resistência a insetos; e
>
> III – cinco mil metros para o caso de plantio de algodão geneticamente modificado, evento 531, que confere resistência a insetos, quando existir registro de ocorrência de ancestral direto ou parente silvestre na unidade de conservação.

Art. 58. O Poder Executivo regulamentará esta Lei, no que for necessário à sua aplicação, no prazo de cento e oitenta dias a partir da data de sua publicação.

1. COMENTÁRIOS

A regulamentação geral desta Lei se deu por intermédio do Decreto 4.340/2002. Outrossim, o artigo 57-A foi regulamentado pelo Decreto 5.950/2006 e o artigo 21 pelo Decreto 5.746/2006.

Art. 59. Esta Lei entra em vigor na data de sua publicação.

1. COMENTÁRIOS

Esta Lei não teve período de vacância, entrando em vigor no dia 19 de julho de 2000, data da sua primeira publicação.

Art. 60. Revogam-se os arts. 5.º e 6.º da Lei nº 4.771, de 15 de setembro de 1965; o art. 5.º da Lei nº 5.197, de 3 de janeiro de 1967; e o art. 18 da Lei nº 6.938, de 31 de agosto de 1981.

1. COMENTÁRIOS

Este artigo promoveu a **revogação expressa** dos artigos 5.º e 6.º do antigo Código Florestal que tratavam dos parques nacionais, das reservas biológicas e das florestas nacionais. Da mesma forma, o artigo 5.º da Lei 5.197/1967 tratava dessas mesmas unidades de conservação. Já o artigo 18 da Lei 6.938/1981 disciplinava estações ecológicas e reservas biológicas.

A questão é ser enfrentada é que existem ou existiam outras normas que disciplinavam modalidade de unidades de conservação que, ao menos expressamente, não foram revogadas.

É o caso da Lei 6.902/1981, que dispõe sobre a criação de Estações Ecológicas e Áreas de Proteção Ambiental. Neste caso, é necessário avaliar casuisticamente a ocorrência ou não de **revogação tácita**.

Brasília, 18 de julho de 2000; 179.º da Independência e 112.º da República.

MARCO ANTONIO DE OLIVEIRA MACIEL

José Sarney Filho

Este texto não substitui o publicado no *DOU* de 19.07.2000

LEI COMPLEMENTAR 140, DE 8 DE DEZEMBRO DE 2011

▸ **COMPETÊNCIAS ADMINISTRATIVAS AMBIENTAIS**

Fixa normas, nos termos dos incisos III, VI e VII do *caput* e do parágrafo único do art. 23 da Constituição Federal, para a cooperação entre a União, os Estados, o Distrito Federal e os Municípios nas ações administrativas decorrentes do exercício da competência comum relativas à proteção das paisagens naturais notáveis, à proteção do meio ambiente, ao combate à poluição em qualquer de suas formas e à preservação das florestas, da fauna e da flora; e altera a Lei nº 6.938, de 31 de agosto de 1981.

A PRESIDENTA DA REPÚBLICA Faço saber que o Congresso Nacional decreta e eu sanciono a seguinte Lei Complementar:

▸ **CAPÍTULO I**
DISPOSIÇÕES GERAIS

Art. 1.º Esta Lei Complementar fixa normas, nos termos dos incisos III, VI e VII do *caput* e do parágrafo único do art. 23 da Constituição Federal, para a cooperação entre a União, os Estados, o Distrito Federal e os Municípios nas ações administrativas decorrentes do exercício da competência comum relativas à proteção das paisagens naturais notáveis, à proteção do meio ambiente, ao combate à poluição em qualquer de suas formas e à preservação das florestas, da fauna e da flora.

1. COMENTÁRIOS

A Lei Complementar 140/2011 veio regulamentar o parágrafo único do artigo 23 da Constituição na esfera do Direito Ambiente, na medida em que as competências ambientais entre as entidades políticas exigem regulamentação por lei complementar.

As competências federais estão dispostas no artigo 7.º; as estaduais no artigo 8.º; as municipais no artigo 9.º. Já o Distrito Federal, entidade política que não possui municípios, irá concentrar as competências deferidas aos estados e aos municípios.

Embora a LC 140 seja omissa a respeito, entende-se que o rol de competências ambientais distribuídas ou compartilhadas entres os entes da federação é meramente exemplificativo, haja vista a impossibilidade de exaurimento de tão complexo acervo de atribuições administrativo-ambientais.

Embora trate de diversas competências ambientais, é indene de dúvidas que a atribuição para exercer o licenciamento ambiental é o tema mais trabalhado nesta norma complementar.

Art. 2.º Para os fins desta Lei Complementar, consideram-se:

I – licenciamento ambiental: o procedimento administrativo destinado a licenciar atividades ou empreendimentos utilizadores de recursos ambientais, efetiva ou potencialmente poluidores ou capazes, sob qualquer forma, de causar degradação ambiental;

II – atuação supletiva: ação do ente da Federação que se substitui ao ente federativo originariamente detentor das atribuições, nas hipóteses definidas nesta Lei Complementar;

III – atuação subsidiária: ação do ente da Federação que visa a auxiliar no desempenho das atribuições decorrentes das competências comuns, quando solicitado pelo ente federativo originariamente detentor das atribuições definidas nesta Lei Complementar.

1. COMENTÁRIOS

Este artigo traz definições básicas para a boa interpretação desta Lei Complementar. O **licenciamento ambiental**, instrumento da Política Nacional do Meio Ambiente, já era previsto no artigo 10 da Lei 6.938/1981, sendo processo administrativo previamente necessário para o desenvolvimento de atividades poluidoras.

Já era definido de maneira mais detalhado no artigo 1º, inciso I, da Resolução CONAMA 237/1997 como o procedimento administrativo pelo qual o órgão ambiental competente licencia a localização, instalação, ampliação e a operação de empreendimentos e atividades utilizadoras de recursos ambientais, consideradas efetiva ou potencialmente poluidoras ou daquelas que, sob qualquer forma, possam causar degradação ambiental, considerando as disposições legais e regulamentares e as normas técnicas aplicáveis ao caso.

A **atuação supletiva** significa *substituição* de uma entidade política por outra no exercício de competência ambiental, sendo regulada no artigo 15 desta Lei Complementar, normalmente pela inexistência de órgão ambiental capaz de exercê-la.

Já a **atuação subsidiária** significa a *colaboração* de uma esfera de governo a outra, devendo ser solicitada, sendo tratada no artigo 16 desta Lei Complementar.

2. QUESTÃO DE CONCURSO

01. **(Juiz Federal 5ª Região 2013/CESPE)** Sabendo que, segundo a Lei Complementar n.º 140/2011, o licenciamento ambiental é o procedimento administrativo destinado a licenciar atividades ou empreendimentos utilizadores de recursos ambientais, efetiva ou potencialmente poluidores ou capazes, de qualquer forma, de causar degradação ambiental, assinale a opção correta.

a) O licenciamento ambiental deve ser requerido ao órgão estadual competente e, em caráter supletivo, ao Instituto Brasileiro do Meio Ambiente e dos Recursos Naturais Renováveis.

b) Depois de concedida a licença, esta só pode ser revista pelo poder público se identificada irregularidade no procedimento que a antecedeu.

c) O decurso dos prazos de licenciamento, sem a emissão da licença ambiental, implica autorização para a obra ou atividade, vigendo até que o órgão licenciador emita decisão definitiva sobre o caso.

d) O licenciamento ambiental é um instrumento autônomo em relação ao estudo prévio de impacto ambiental.

e) As regras relativas à licença estabelecida no âmbito do direito administrativo aplicam-se ao licenciamento ambiental.

GAB	01	D

Art. 3.º Constituem objetivos fundamentais da União, dos Estados, do Distrito Federal e dos Municípios, no exercício da competência comum a que se refere esta Lei Complementar:

I – proteger, defender e conservar o meio ambiente ecologicamente equilibrado, promovendo gestão descentralizada, democrática e eficiente;

II – garantir o equilíbrio do desenvolvimento socioeconômico com a proteção do meio ambiente, observando a dignidade da pessoa humana, a erradicação da pobreza e a redução das desigualdades sociais e regionais;

III – harmonizar as políticas e ações administrativas para evitar a sobreposição de atuação entre os entes federativos, de forma a evitar conflitos de atribuições e garantir uma atuação administrativa eficiente;

IV – garantir a uniformidade da política ambiental para todo o País, respeitadas as peculiaridades regionais e locais.

1. COMENTÁRIOS

Este dispositivo regulamenta o artigo 23, da Constituição Federal, que determina que todas as pessoas políticas deverão atuar em proteção ao meio ambiente, consoante regulamentação em lei complementar.

A gestão ambiental deverá envolver todas as esferas de governo e toda a sociedade brasileira, devendo ainda ser eficiente (extrair o mais com o menos). Nesse sentido, há várias formas das pessoas físicas e jurídicas privadas atuarem na seara ambiental, a exemplo da existência de assentos para membros da sociedade civil organizada no Conselho Nacional do Meio Ambiente e da ação popular ambiental que poderá ser proposta por qualquer cidadão.

Demais disso, o desenvolvimento da economia deverá observar a proteção ambiental, a fim de promover um desenvolvimento sustentável que também objetive reduzir a pobreza e as desigualdades regionais, realizando a dignidade ambiental da pessoa humana.

O que mais se espera com a promulgação da Lei Complementar 140/2011 é que finalmente se concretize uma atuação harmônica e de cooperação das três esferas de governo na proteção do meio ambiente, com a redução dos conflitos negativos e positivos de competências ambientais, especialmente no que concerne ao licenciamento ambiental, garantindo-se uma política ambiental uniforme (Política Nacional do Meio Ambiente; Políticas Estaduais do Meio Ambiente; Política do Meio Ambiente do Distrito Federal e Políticas Municipais de Meio Ambiente).

É possível apontar o Princípio da Gestão Ambiental Descentralizada, Democrática e Eficiente como informador do Direito Ambiental no Brasil, inspirando o legislador na elaboração da referida norma.

A *descentralização política* decorre da repartição das competências protetivas ambientais entre todos os entes federativos, nos moldes do artigo 23, III, IV, VI e VII, da Constituição, que deverão cooperar para alcançar o tão sonhado desenvolvimento sustentável, em parceria como toda a coletividade, que é titular do direito fundamental ao meio ambiente ecologicamente equilibrado.

Já a *democracia* na gestão ambiental é concretizada em várias passagens da legislação ambiental, sendo imprescindível inserir a população nos processos decisórios ambientais, a exemplo da promoção das consultas e audiências públicas.

O exemplo mais forte se faz presente na composição do CONAMA – Conselho Nacional do Meio Ambiente, órgão do Ministério do Meio Ambiente, que conta com 21 representantes de entidades de trabalhadores e da sociedade civil, na forma do artigo 5.º, VIII, do Dec. 99.274/1990.

Ademais, obrigatoriamente, por paralelismo e por determinação do artigo 20, da Resolução CONAMA 237/1997, os conselhos de meio ambiente dos Estados, do Distrito Federal e dos Municípios também deverão possuir participação social na sua composição, sob pena de não poderem promover o licenciamento ambiental.

Já a *eficiência* na gestão ambiental é a exigência de resultados positivos pela Administração Pública dos três poderes, fruto de uma atuação moderna, extraindo-se mais com o menos, uma verdadeira ecoeficiência, a exemplo da adoção do modelo das licitações sustentáveis.

CAPÍTULO II
DOS INSTRUMENTOS DE COOPERAÇÃO

Art. 4.º Os entes federativos podem valer-se, entre outros, dos seguintes instrumentos de cooperação institucional:

I – consórcios públicos, nos termos da legislação em vigor;

II – convênios, acordos de cooperação técnica e outros instrumentos similares com órgãos e entidades do Poder Público, respeitado o art. 241 da Constituição Federal;

III – Comissão Tripartite Nacional, Comissões Tripartites Estaduais e Comissão Bipartite do Distrito Federal;

IV – fundos públicos e privados e outros instrumentos econômicos;

V – delegação de atribuições de um ente federativo a outro, respeitados os requisitos previstos nesta Lei Complementar;

VI – delegação da execução de ações administrativas de um ente federativo a outro, respeitados os requisitos previstos nesta Lei Complementar.

§ 1.º Os instrumentos mencionados no inciso II do *caput* podem ser firmados com prazo indeterminado.

§ 2.º A Comissão Tripartite Nacional será formada, paritariamente, por representantes dos Poderes Executivos da União, dos Estados, do Distrito Federal e dos Municípios, com o objetivo de fomentar a gestão ambiental compartilhada e descentralizada entre os entes federativos.

§ 3.º As Comissões Tripartites Estaduais serão formadas, paritariamente, por representantes dos Poderes Executivos da União, dos Estados e dos Municípios, com o objetivo de fomentar a gestão ambiental compartilhada e descentralizada entre os entes federativos.

§ 4.º A Comissão Bipartite do Distrito Federal será formada, paritariamente, por representantes dos Poderes Executivos da União e do Distrito Federal, com o objetivo de fomentar a gestão ambiental compartilhada e descentralizada entre esses entes federativos.

§ 5.º As Comissões Tripartites e a Comissão Bipartite do Distrito Federal terão sua organização e funcionamento regidos pelos respectivos regimentos internos.

1. COMENTÁRIOS

As entidades políticas poderão se valer dos instrumentos de cooperação administrativa previstos na LC 140/2011 para atuar conjuntamente na proteção ambiental, que constituem um rol meramente exemplificativo, como os **consórcios públicos**, os **convênios** e os **acordos de cooperação técnica**, que podem ser firmados por **prazo indeterminado**, dentre outros previstos na legislação ambiental.

Os *consórcios públicos* são contratos administrativos que podem ser celebrados pelas entidades políticas, a fim de realizar os seus objetivos de interesse comum, como a preservação do meio ambiente e o desenvolvimento sustentável, sendo constituída uma associação pública ou pessoa jurídica de direito privado para geri-lo, nos termos da regulação dada pela Lei 11.107/2005.

Já os *convênios* são ajustes celebrados entre pessoas jurídicas de direito público ou entre estas e particulares, visando realizar o interesse público, por meio de interesses convergentes dos convenentes, não criando novas pessoas jurídicas, sendo bastante similares aos *acordos de cooperação técnica*.

Os **fundos públicos e privados** também figuram como importantes instrumentos de cooperação ambiental entre as três esferas de governo, podendo ser citado o Fundo Nacional do Meio Ambiente, criado pela Lei 7.797/1989, objetivando desenvolver os projetos que visem ao uso racional e sustentável de recursos naturais, incluindo a manutenção, melhoria ou recuperação da qualidade ambiental no sentido de elevar a qualidade de vida da população brasileira.

De seu turno, como regra geral, as pessoas políticas poderão ainda **delegar as suas atribuições ambientais a outras, ou a mera execução de ações administrativas**, o que normalmente se opera pela celebração de convênios.

Vale salientar a previsão de **Comissões** que possuem poderes para deliberar sobre a competência para a promoção do licenciamento ambiental, em hipóteses previstas na LC 140/2011, também arroladas como instrumentos de cooperação institucional.

Foram previstas as seguintes Comissões:

COMISSÃO TRIPARTITE NACIONAL	Será formada, paritariamente, por representantes dos Poderes Executivos da União, dos Estados, do Distrito Federal e dos Municípios, com o objetivo de fomentar a gestão ambiental compartilhada e descentralizada entre os entes federativos.
COMISSÕES TRIPARTITES ESTADUAIS	Serão formadas, paritariamente, por representantes dos Poderes Executivos da União, dos Estados e dos Municípios, com o objetivo de fomentar a gestão ambiental compartilhada e descentralizada entre os entes federativos.
COMISSÃO BIPARTITE DO DISTRITO FEDERAL	Será formada, paritariamente, por representantes dos Poderes Executivos da União e do Distrito Federal, com o objetivo de fomentar a gestão ambiental compartilhada e descentralizada entre esses entes federativos.

Contudo, o detalhamento da composição das Comissões será definido em ato regulamentar, cabendo a esses órgãos definir o seu funcionamento e organização por meio da aprovação dos respectivos regimentos internos.

A adoção das referidas Comissões já existia mesmo antes da LC 140/2011: "A I Conferência Nacional do Meio Ambiente, realizada em novembro de 2003, deliberou como uma estratégia de fortalecimento do Sistema Nacional de Meio Ambiente – SISNAMA a criação das Comissões Técnicas Tripartites Estaduais e da Comissão Técnica Bipartite do Distrito Federal, as quais foram instituídas pela Portaria MMA nº 473, de 9 de dezembro de 2003".[1]

Por sua vez, a Comissão Tripartite Nacional já havia sido instituída pela Portaria MMA 189, de 25 de maio de 2001. O objetivo das Comissões é constituir um espaço institucional de diálogo entre os entes federados com vistas a uma gestão compartilhada e descentralizada entre União, Estados e Municípios, bem como o fortalecimento e a estruturação do Sistema Nacional de Meio Ambiente – SISNAMA.

Contam com a seguinte composição, que foi alterada pela Portaria MMA 204, de 07.06.2013:

COMISSÃO TRIPARTITE NACIONAL	I – três representantes da União indicados pelo Ministério do Meio Ambiente, Ministério do Planejamento, Orçamento e Gestão e Advocacia-geral da União; II – Estados e Distrito Federal – três representantes da Associação Brasileira de Entidades de Meio Ambiente; III – Municípios – dois representantes indicados pela Associação Nacional de Municípios e Meio Ambiente e um indicado por entidade municipalista de âmbito nacional. OBS- No caso de proposição de tipologia, a Comissão Tripartite Nacional ainda terá um representante do CONAMA.
COMISSÕES TRIPARTITES ESTADUAIS	I – dois representantes do Ministério do Meio Ambiente; II – dois representantes do(s) órgão(s) estadual(is) de meio ambiente; e III – dois representantes dos órgãos municipais de meio ambiente, sendo pelo menos um indicado pela Associação Nacional de Municípios e Meio Ambiente.
COMISSÃO BIPARTITE DO DISTRITO FEDERAL	No caso do Distrito Federal, a Comissão será composta por representantes do Governo Federal e do Governo do Distrito Federal.

Art. 5.º O ente federativo poderá delegar, mediante convênio, a execução de ações administrativas a ele atribuídas nesta Lei Complementar, desde que o ente destinatário da delegação disponha de órgão ambiental capacitado a executar as ações administrativas a serem delegadas e de conselho de meio ambiente.

Parágrafo único. Considera-se órgão ambiental capacitado, para os efeitos do disposto no *caput*, aquele que possui técnicos próprios ou em consórcio, devidamente habilitados e em número compatível com a demanda das ações administrativas a serem delegadas.

---

1. Disponível em: <http://www.mma.gov.br/governanca-ambiental/sistema-nacional-do-meio-ambiente/comissão-tripartite-nacional/comissões-tripartites-estaduais>.

1. COMENTÁRIOS

Este artigo autoriza que haja uma delegação de execução de ações administrativas via convênio de uma esfera de governo a outra, desde que o delegatário possua órgão ambiental capacitado e conselho de meio ambiente.

A própria Resolução CONAMA 237/1997 já previa nos artigos 5.º e 6.º o convênio como instrumento de delegação de competência para a promoção do licenciamento ambiental, assim como estatuía que "os entes federados, para exercerem suas competências licenciatórias, deverão ter implementados os Conselhos de Meio Ambiente, com caráter deliberativo e participação social e, ainda, possuir em seus quadros ou a sua disposição profissionais legalmente habilitados" (artigo 20).

Em especial para pequenos municípios, é possível a celebração de consórcio público para a capacitação e contratação de profissionais qualificados para o exercício das competências administrativo-ambientais.

CAPÍTULO III
DAS AÇÕES DE COOPERAÇÃO

Art. 6.º As ações de cooperação entre a União, os Estados, o Distrito Federal e os Municípios deverão ser desenvolvidas de modo a atingir os objetivos previstos no art. 3.º e a garantir o desenvolvimento sustentável, harmonizando e integrando todas as políticas governamentais.

1. COMENTÁRIOS

Este artigo apenas reforça que deverá existir uma ação cooperativa entre as entidades políticas a fim de implementar o desenvolvimento sustentável através da harmonização das políticas e ações administrativas para evitar a sobreposição de atuação entre os entes federativos para garantir a uniformidade da política ambiental para todo o País.

Art. 7.º São ações administrativas da União:

I – formular, executar e fazer cumprir, em âmbito nacional, a Política Nacional do Meio Ambiente;

II – exercer a gestão dos recursos ambientais no âmbito de suas atribuições;

III – promover ações relacionadas à Política Nacional do Meio Ambiente nos âmbitos nacional e internacional;

IV – promover a integração de programas e ações de órgãos e entidades da administração pública da União, dos Estados, do Distrito Federal e dos Municípios, relacionados à proteção e à gestão ambiental;

V – articular a cooperação técnica, científica e financeira, em apoio à Política Nacional do Meio Ambiente;

VI – promover o desenvolvimento de estudos e pesquisas direcionados à proteção e à gestão ambiental, divulgando os resultados obtidos;

VII – promover a articulação da Política Nacional do Meio Ambiente com as de Recursos Hídricos, Desenvolvimento Regional, Ordenamento Territorial e outras;

VIII – organizar e manter, com a colaboração dos órgãos e entidades da administração pública dos Estados, do Distrito Federal e dos Municípios, o Sistema Nacional de Informação sobre Meio Ambiente (Sinima);

IX – elaborar o zoneamento ambiental de âmbito nacional e regional;

X – definir espaços territoriais e seus componentes a serem especialmente protegidos;

XI – promover e orientar a educação ambiental em todos os níveis de ensino e a conscientização pública para a proteção do meio ambiente;

XII – controlar a produção, a comercialização e o emprego de técnicas, métodos e substâncias que comportem risco para a vida, a qualidade de vida e o meio ambiente, na forma da lei;

XIII – exercer o controle e fiscalizar as atividades e empreendimentos cuja atribuição para licenciar ou autorizar, ambientalmente, for cometida à União;

XIV – promover o licenciamento ambiental de empreendimentos e atividades:

a) localizados ou desenvolvidos conjuntamente no Brasil e em país limítrofe;

b) localizados ou desenvolvidos no mar territorial, na plataforma continental ou na zona econômica exclusiva;

c) localizados ou desenvolvidos em terras indígenas;

d) localizados ou desenvolvidos em unidades de conservação instituídas pela União, exceto em Áreas de Proteção Ambiental (APAs);

e) localizados ou desenvolvidos em 2 (dois) ou mais Estados;

f) de caráter militar, excetuando-se do licenciamento ambiental, nos termos de ato do Poder Executivo, aqueles previstos no preparo e emprego das Forças Armadas, conforme disposto na Lei Complementar nº 97, de 9 de junho de 1999;

g) destinados a pesquisar, lavrar, produzir, beneficiar, transportar, armazenar e dispor material radioativo, em qualquer estágio, ou que utilizem energia nuclear em qualquer de suas formas e aplicações, mediante parecer da Comissão Nacional de Energia Nuclear (Cnen); ou

h) que atendam tipologia estabelecida por ato do Poder Executivo, a partir de proposição da Comissão Tripartite Nacional, assegurada a participação de um membro do Conselho Nacional do Meio Ambiente (Conama), e considerados os critérios de porte, potencial poluidor e natureza da atividade ou empreendimento;

XV – aprovar o manejo e a supressão de vegetação, de florestas e formações sucessoras em:

a) florestas públicas federais, terras devolutas federais ou unidades de conservação instituídas pela União, exceto em APAs; e

b) atividades ou empreendimentos licenciados ou autorizados, ambientalmente, pela União;

XVI – elaborar a relação de espécies da fauna e da flora ameaçadas de extinção e de espécies sobre-explotadas no território nacional, mediante laudos e estudos técnico-científicos, fomentando as atividades que conservem essas espécies *in situ*;

XVII – controlar a introdução no País de espécies exóticas potencialmente invasoras que possam ameaçar os ecossistemas, *habitats* e espécies nativas;

XVIII – aprovar a liberação de exemplares de espécie exótica da fauna e da flora em ecossistemas naturais frágeis ou protegidos;

XIX – controlar a exportação de componentes da biodiversidade brasileira na forma de espécimes silvestres da flora, micro-organismos e da fauna, partes ou produtos deles derivados;

XX – controlar a apanha de espécimes da fauna silvestre, ovos e larvas;

XXI – proteger a fauna migratória e as espécies inseridas na relação prevista no inciso XVI;

XXII – exercer o controle ambiental da pesca em âmbito nacional ou regional;

XXIII – gerir o patrimônio genético e o acesso ao conhecimento tradicional associado, respeitadas as atribuições setoriais;

XXIV – exercer o controle ambiental sobre o transporte marítimo de produtos perigosos; e

XXV – exercer o controle ambiental sobre o transporte interestadual, fluvial ou terrestre, de produtos perigosos.

Parágrafo único. O licenciamento dos empreendimentos cuja localização compreenda concomitantemente áreas das faixas terrestre e marítima da zona costeira será de atribuição da União exclusivamente nos casos previstos em tipologia estabelecida por ato do Poder Executivo, a partir de proposição da Comissão Tripartite Nacional, assegurada a participação de um membro do Conselho Nacional do Meio Ambiente (Conama) e considerados os critérios de porte, potencial poluidor e natureza da atividade ou empreendimento.

1. COMENTÁRIOS

Este artigo concentra as competências federais executivas na esfera ambiental. Para o seu exercício foram constituídas duas autarquias federais, o IBAMA e o ICMBIO, a depender da natureza da atribuição, quando não exercidas diretamente pelo **Ministério do Meio Ambiente – MMA**, órgão da União.

De acordo com o Decreto 6.101/2007, o **Ministério do Meio Ambiente, órgão da administração pública federal direta, tem como área de competência os seguintes assuntos:**

I – política nacional do meio ambiente e dos recursos hídricos;

II – política de preservação, conservação e utilização sustentável de ecossistemas, e biodiversidade e florestas;

III – proposição de estratégias, mecanismos e instrumentos econômicos e sociais para a melhoria da qualidade ambiental e o uso sustentável dos recursos naturais;

IV – políticas para a integração do meio ambiente e produção;

V – políticas e programas ambientais para a Amazônia Legal; e

VI – zoneamento ecológico-econômico.

O **Instituto Brasileiro do Meio Ambiente e dos Recursos Naturais Renováveis – IBAMA,** autarquia federal em regime especial, criado pela Lei 7.735/1989, vinculado ao MMA, a quem compete exercer o poder de polícia ambiental federal, executar ações da Política Nacional do Meio Ambiente na esfera federal e ações supletivas.

O **Instituto Chico Mendes de Conservação da Biodiversidade – ICMBIO**, autarquia federal criada pela Lei 11.516/2007, retirou do IBAMA a tarefa da conservação ambiental, mediante a gestão das unidades de conservação federais.

A formulação e a execução no âmbito nacional da Política Nacional do Meio Ambiente será de competência federal, devendo a União e suas autarquias ambientais buscar uma atuação conjunta e harmônica com os estados, o Distrito Federal e os municípios brasileiros.

A Política Nacional do Meio Ambiente deverá se harmonizar com outras Políticas de cunho nacional correlatas, no âmbito dos Recursos Hídricos, do Desenvolvimento Regional, do Ordenamento Territorial, agrícola, pecuária e outras.

Será de a competência federal organizar e manter, com a colaboração dos órgãos e entidades da administração pública dos Estados, do Distrito Federal e dos Municípios, o Sistema Nacional de Informação sobre Meio Ambiente (Sinima).

O SINIMA é gerido pela Secretaria Executiva do Ministério do Meio Ambiente – SAIC (Artigo 10, Decreto 8.975/2017), por meio do Departamento de Coordenação do SISNAMA – DSIS (Artigo 32), e possui três eixos estruturantes: o desenvolvimento de ferramentas de acesso à informação baseadas em programas computacionais livres; a sistematização de estatísticas e elaboração de indicadores ambientais; a integração e interoperabilidade de sistemas de informação de acordo com uma Arquitetura Orientada a Serviços – SOA. Este processo de implementação conta com o apoio do Comitê Gestor do SINIMA, instituído pela Portaria n.º 310, de 13 de dezembro de 2004, no sentido da definição das diretrizes, acordos e padrões nacionais para a integração da informação ambiental.

O zoneamento ambiental, instrumento de efetivação da Política Nacional do Meio Ambiente, quando de âmbito nacional ou regional, será de competência de a União.

Existem competências que foram compartilhadas entre as entidades políticas, sendo atribuição comum de todas elas: promover o desenvolvimento de estudos e pesquisas direcionados à proteção e à gestão ambiental, divulgando os resultados obtidos; definir espaços territoriais e seus componentes a serem especialmente protegidos; promover e orientar a educação ambiental em todos os níveis de ensino e a conscientização pública para a proteção do meio ambiente; controlar a produção, a comercialização e o emprego de técnicas, métodos e substâncias que comportem risco para a vida, a qualidade de vida e o meio ambiente, na forma da lei.

A elaboração da lista nacional das espécies da fauna ameaçadas de extinção será de competência da União, por meio do Ministério do Meio Ambiente, estando prevista nas Instruções Normativas MMA 03/2003 e 05/2004.

Por sua vez, a inserção no Brasil de espécies da fauna e flora provenientes de outros ecossistemas (exóticas) que possam gerar desequilíbrio ecológico ou a aprovação da sua liberação em ecossistemas frágeis ou protegidos também é de competência federal, a ser exercida pelo IBAMA.

A elaboração da lista nacional das espécies da flora ameaçadas de extinção será de competência da União, através do Ministério do Meio Ambiente, estando prevista na Instrução Normativa MMA 06/2008.

Também será da competência federal, pois envolve o interesse nacional, aprovar a liberação de exemplares de espécie exótica da fauna e da flora em ecossistemas naturais frágeis ou protegidos, assim como controlar a apanha de espécimes da fauna silvestre, ovos e larvas, sendo que neste caso haverá a atuação conjunta dos estados e do Distrito federal.

O controle ambiental da pesca em âmbito nacional ou regional será promovido pelo IBAMA, cabendo aos estados exercê-lo conjuntamente no seu território.

A União irá ainda gerir o patrimônio genético e o acesso ao conhecimento tradicional associado, respeitadas as atribuições setoriais. Neste caso, são temas disciplinados pela Medida

Provisória 2.186-16/2001, que busca a proteção da diversidade biológica brasileira, não se aplicando as suas disposições ao patrimônio genético humano, pois é tema regulado pela Lei 11.105/2005, conforme será visto.

No âmbito do Ministério do Meio Ambiente, foi criado o Conselho de Gestão do Patrimônio Genético – CGEN, com composição fixada pelo Decreto 3.945/2001, a quem compete coordenar a implementação de políticas para a gestão do patrimônio genético, bem como estabelecer normas técnicas, critérios para as autorizações de acesso e de remessa, diretrizes para a elaboração do Contrato de Utilização do Patrimônio Genético e de Repartição de Benefícios e critérios para a criação de base de dados para o registro de informação sobre conhecimento tradicional associado.

A União ainda deverá exercer o controle ambiental sobre o transporte marítimo de produtos perigosos, tema disciplinado pela Lei 9.966/2000, assim como exercer o controle ambiental sobre o transporte interestadual, fluvial ou terrestre, de produtos perigosos.

Licenciamento Ambiental Federal

É de competência federal promover o licenciamento ambiental de empreendimentos e atividades:

a) localizados ou desenvolvidos conjuntamente no Brasil e em país limítrofe;

b) localizados ou desenvolvidos no mar territorial[2], na plataforma continental[3] ou na zona econômica exclusiva[4];

c) localizados ou desenvolvidos em terras indígenas;

d) localizados ou desenvolvidos em unidades de conservação instituídas pela União, exceto em Áreas de Proteção Ambiental – APAs;

---

2. O Mar Territorial brasileiro (MT) compreende uma faixa de doze milhas náuticas de largura, medidas a partir das linhas de base, tal como indicado nas cartas náuticas de grande escala, reconhecidas oficialmente pelo Brasil. A soberania do Brasil estende-se ao MT, ao espaço aéreo sobrejacente, bem como a seu leito e subsolo. Entretanto, é reconhecido aos navios de todas as nacionalidades o direito de passagem inocente no mar territorial brasileiro.

3. A Plataforma Continental brasileira (PC) compreende o leito e o subsolo das áreas submarinas que se estendem além do seu MT, em toda a extensão do prolongamento natural de seu território terrestre, até o bordo exterior da margem continental, ou até uma distância de duzentas milhas náuticas das linhas de base, a partir das quais se mede a largura do MT, nos casos em que o bordo exterior da margem continental não atinja essa distância. O Brasil exerce direitos de soberania sobre a PC, para efeitos de exploração e aproveitamento de seus recursos naturais, aí entendidos como os recursos minerais e outros recursos não vivos do leito do mar e subsolo, bem como os organismos vivos pertencentes a espécies bentônicas, isto é, àquelas que no período de captura estão imóveis no leito do mar ou no seu subsolo, ou que só podem mover-se em constante contato físico com esse leito ou subsolo. O limite exterior da PC que ultrapasse as duzentas milhas náuticas será fixado de conformidade com os critérios estabelecidos no art. 76 da CNUDM.

4. A Zona Econômica Exclusiva brasileira (ZEE) compreende uma faixa que se estende das doze às duzentas milhas náuticas, contadas a partir das linhas de base que servem para medir a largura do MT. Na ZEE, o Brasil tem direitos de soberania para fins de exploração e aproveitamento, conservação e gestão dos recursos naturais, vivos ou não vivos, das águas sobrejacentes ao leito do mar, do leito do mar e seu subsolo, e no que se refere a outras atividades com vistas à exploração e ao aproveitamento da zona para fins econômicos.

e) localizados ou desenvolvidos em 2 (dois) ou mais Estados;

f) de caráter militar, excetuando-se do licenciamento ambiental, nos termos de ato do Poder Executivo, aqueles previstos no preparo e emprego das Forças Armadas, conforme disposto na Lei Complementar 97, de 9 de junho de 1999;

g) destinados a pesquisar, lavrar, produzir, beneficiar, transportar, armazenar e dispor material radioativo, em qualquer estágio, ou que utilizem energia nuclear em qualquer de suas formas e aplicações, mediante parecer da Comissão Nacional de Energia Nuclear – CNEN; ou

h) que atendam tipologia estabelecida por ato do Poder Executivo, a partir de proposição da Comissão Tripartite Nacional, assegurada a participação de um membro do Conselho Nacional de Meio Ambiente – CONAMA, e considerados os critérios de porte, potencial poluidor e natureza da atividade ou empreendimento".

De efeito, o legislador observou **o critério da dominialidade do bem público** da União ao prever a competência licenciatória federal no caso de empreendimentos localizados ou desenvolvidos no mar territorial, na plataforma continental ou na zona econômica exclusiva; localizados ou desenvolvidos em terras indígenas.

Por sua vez, será da competência federal o licenciamento de empreendimentos localizados ou desenvolvidos em unidades de conservação instituídas pela União, tendo sido consagrado o **critério do ente federativo instituidor da unidade de conservação**, exceto em Áreas de Proteção Ambiental – APAs, cuja competência é disciplinada no artigo 12.

Não se sabe ao certo o motivo da exclusão das Áreas de Proteção Ambiental da incidência deste critério, ao contrário do que ocorreu com as demais modalidades de unidades de conservação previstas na Lei 9.985/2000. Certamente a opção do legislador considerou a grande quantidade de APAs existente no território brasileiro, sendo a unidade de conservação mais comum.

Já o **critério da extensão do impacto ambiental** foi observado na delimitação das competências federais para licenciar empreendimentos localizados ou desenvolvidos conjuntamente no Brasil e em país limítrofe; localizados ou desenvolvidos em 2 (dois) ou mais Estados; destinados a pesquisar, lavrar, produzir, beneficiar, transportar, armazenar e dispor material radioativo, em qualquer estágio, ou que utilizem energia nuclear em qualquer de suas formas e aplicações, mediante parecer da Comissão Nacional de Energia Nuclear – CNEN.

Não foi prevista na LC 140/2011 a tradicional expressão "significativo impacto ambiental regional ou nacional" para definir as competências para o licenciamento ambiental federal, e sim "localizados ou desenvolvidos em 2 (dois) ou mais Estados", o que aparentemente é um acerto do legislador, pois mais precisa a interpretação.

É possível, inclusive, que uma atividade de impacto ambiental local seja licenciada pelo IBAMA, caso se localize no território de dois ou mais estados da federação, a exemplo da zona de fronteira.

Logo, o CONAMA deverá promover uma revisão na Resolução 378/2006, que define os empreendimentos causadores de impactos ambientais regionais ou nacionais a serem licenciados pelo IBAMA, tendo em vista a edição da LC 140/2011.

Já a competência federal para licenciar os empreendimentos destinados a pesquisar, lavrar, produzir, beneficiar, transportar, armazenar e dispor material radioativo, em qualquer estágio, ou que utilizem energia nuclear em qualquer de suas formas e aplicações justifica-se pela possibilidade de significativa degradação ambiental que afete todo o território nacional.

Sabe-se que as catástrofes nucleares têm consequências devastadoras ao meio ambiente e à saúde pública, alastrando-se por vasto território, razão pela qual a competência licenciatória será do IBAMA.

Demais disso, é competência exclusiva da União explorar os serviços e instalações nucleares de qualquer natureza e exercer monopólio estatal sobre a pesquisa, a lavra, o enriquecimento e reprocessamento, a industrialização e o comércio de minérios nucleares e seus derivados, nos termos do artigo 21, XXIII, da Constituição Federal.

Também será da competência federal licenciar as atividades que atendam a tipologia estabelecida por ato do Poder Executivo, a partir de proposição da Comissão Tripartite Nacional, assegurada a participação de um membro do Conselho Nacional de Meio Ambiente – CONAMA, de acordo com os critérios de porte, potencial poluidor e natureza da atividade ou empreendimento, **a exemplo de empreendimentos situados nas áreas de faixa terrestre e marítima da zona costeira**.

A Comissão Tripartite Nacional será formada, paritariamente, por representantes dos Poderes Executivos da União, dos Estados, do Distrito Federal e dos Municípios, com o objetivo de fomentar a gestão ambiental compartilhada e descentralizada entre os entes federativos.

A previsão desse órgão com representantes das três esferas de governo, de maneira paritária, poderá contribuir decisivamente para a redução de conflitos de competência licenciatória entre órgãos ambientais distintos, sendo uma importante inovação da LC 140/2011.

Certamente apenas enquadrar-se-ão nesta cláusula aberta as atividades com potencial de causação de significativo impacto ambiental, vez que a proposição se refere aos critérios de porte, potencial poluidor e natureza da atividade ou empreendimento.

Entretanto, por força do artigo 18, da LC 140/2011, somente com a aprovação da proposição da Comissão Tripartite Nacional, poderá ser aprovada pelo Poder Executivo da União a tipologia das atividades a serem licenciadas pelo IBAMA com espeque no artigo 7.º, XIV, letra "h", da citada Lei Complementar.

Cuida-se de uma hipótese aberta de competência federal, pois depende de regulamentação. Nesse sentido, foi editado o **Decreto 8.437, de 22.04.2015**, que estabeleceu as tipologias de empreendimentos e atividades cujo licenciamento ambiental será de competência da União.

A Comissão Tripartite Nacional será formada, paritariamente, por representantes dos Poderes Executivos da União, dos Estados, do Distrito Federal e dos Municípios, com o objetivo de fomentar a gestão ambiental compartilhada e descentralizada entre os entes federativos.

A previsão desse órgão com representantes das três esferas de governo, de maneira paritária, poderá contribuir decisivamente para a redução de conflitos de competência licenciatória entre órgãos ambientais distintos, sendo uma importante inovação da LC 140/2011.

Apenas enquadrar-se-ão nesta cláusula aberta as atividades com potencial de causação de significativo impacto ambiental, vez que a proposição se refere aos critérios de porte, potencial poluidor e natureza da atividade ou empreendimento.

Entretanto, por força do artigo 18, da LC 140/2011, foi necessária a aprovação da proposição pela Comissão Tripartite Nacional da tipologia das atividades a serem licenciadas pelo IBAMA com espeque no artigo 7.º, XIV, letra "h", da citada Lei Complementar.

De acordo com o artigo 3.º do Decreto 8.437/2015, serão licenciados pela autarquia ambiental federal competente (IBAMA) os seguintes empreendimentos ou atividades do Poder Público federal:

> "**I – rodovias federais:**
>
> a) implantação;[5]
>
> b) pavimentação e ampliação de capacidade com extensão igual ou superior a duzentos quilômetros;[6]
>
> c) regularização ambiental de rodovias pavimentadas, podendo ser contemplada a autorização para as atividades de manutenção, conservação, recuperação, restauração, ampliação de capacidade e melhoramento; e
>
> d) atividades de manutenção, conservação, recuperação, restauração e melhoramento em rodovias federais regularizadas;
>
> **II – ferrovias federais:**[7]
>
> a) implantação;
>
> b) ampliação de capacidade; e
>
> c) regularização ambiental de ferrovias federais;
>
> **III – hidrovias federais:**
>
> a) implantação; e
>
> b) ampliação de capacidade cujo somatório dos trechos de intervenções seja igual ou superior a duzentos quilômetros de extensão;
>
> **IV – portos organizados, exceto as instalações portuárias que movimentem carga em volume inferior a 450.000 TEU8/ano ou a 15.000.000 ton/ano;**
>
> **V – terminais de uso privado e instalações portuárias que movimentem carga em volume superior a 450.000 TEU/ano ou a 15.000.000 ton/ano;**

---

5. Esse dispositivo, em qualquer extensão, não se aplica nos casos de contornos e acessos rodoviários, anéis viários e travessias urbanas.
6. Esse dispositivo, em qualquer extensão, não se aplica nos casos de contornos e acessos rodoviários, anéis viários e travessias urbanas.
7. Esse dispositivo não se aplica nos casos de implantação e ampliação de pátios ferroviários, melhoramentos de ferrovias, implantação e ampliação de estruturas de apoio de ferrovias, ramais e contornos ferroviários.
8. **Twenty-foot Equivalent Units** (Unidades Equivalentes a Vinte Pés) – unidade utilizada para conversão da capacidade de contêineres de diversos tamanhos ao tipo padrão **International Organization for Standardization – ISO** de vinte pés.

VI – exploração e produção de petróleo, gás natural e outros hidrocarbonetos fluidos nas seguintes hipóteses:

a) exploração e avaliação de jazidas, compreendendo as atividades de aquisição sísmica, coleta de dados de fundo (*piston core*), perfuração de poços e teste de longa duração quando realizadas no ambiente marinho e em zona de transição terra-mar (*offshore*[9]);

b) produção, compreendendo as atividades de perfuração de poços, implantação de sistemas de produção e escoamento, quando realizada no ambiente marinho e em zona de transição terra-mar (*offshore*); e

c) produção, quando realizada a partir de recurso não convencional de petróleo e gás natural, em ambiente marinho e em zona de transição terra-mar (*offshore*) ou terrestre (*onshore10*), compreendendo as atividades de perfuração de poços, fraturamento hidráulico e implantação de sistemas de produção e escoamento; e

VII – sistemas de geração e transmissão de energia elétrica, quais sejam:

a) usinas hidrelétricas com capacidade instalada igual ou superior a trezentos megawatt;

b) usinas termelétricas com capacidade instalada igual ou superior a trezentos megawatt; e

c) usinas eólicas, no caso de empreendimentos e atividades *offshore* e zona de transição terra-mar."

Por sua vez, o Decreto 8.437/2015 ainda reconheceu a competência federal para o licenciamento ambiental quando caracterizadas situações que comprometam a continuidade e a segurança do suprimento eletroenergético, reconhecidas pelo Comitê de Monitoramento do Setor Elétrico, ou a necessidade de sistemas de transmissão de energia elétrica associados a empreendimentos estratégicos, indicada pelo Conselho Nacional de Política Energética.

Em regra de transição, foi previsto que os processos de licenciamento e autorização ambiental das atividades e empreendimentos especificados como de competência federal no Decreto 8.437/2015 iniciados até 22.04.2015 terão sua tramitação mantida perante os órgãos originários até o término da vigência da licença de operação, cuja renovação caberá ao ente federativo competente.

Por outro lado, o processo de licenciamento ambiental de trechos de rodovias e ferrovias federais que se iniciar em órgão ambiental estadual ou municipal será assumido pelo IBAMA na licença de operação pertinente, mediante comprovação do atendimento das condicionantes da licença ambiental concedida pelo ente federativo, sendo que a comprovação do atendimento das condicionantes ocorrerá por meio de documento emitido pelo órgão licenciador estadual ou municipal.

Assim como tradicionalmente verificado na legislação ambiental brasileira, na LC 140/2011 coexistem os critérios da extensão do impacto ambiental e da propriedade do bem público a ser afetado, o que poderá manter o elevado número de litígios acerca da competência licenciatória.

9. Ambiente marinho e zona de transição terra-mar ou área localizada no mar.
10. Ambiente terrestre ou área localizada em terra.

Entrementes, certamente teria sido interessante que o legislador adotasse apenas o critério da extensão do impacto ambiental para definir as competências licenciatórias, vez que um critério único reduziria as dúvidas e os conflitos existentes sobre a competência para a promoção do licenciamento ambiental.

As competências federais para o licenciamento ambiental também são arroladas no artigo 4.º da Resolução CONAMA 237/1997:

> "Art. 4.º Compete ao Instituto Brasileiro do Meio Ambiente e dos Recursos Naturais Renováveis – IBAMA, órgão executor do SISNAMA, o licenciamento ambiental, a que se refere o artigo 10 da Lei 6.938, de 31 de agosto de 1981, de empreendimentos e atividades com significativo impacto ambiental de âmbito nacional ou regional, a saber:
>
> I – localizadas ou desenvolvidas conjuntamente no Brasil e em país limítrofe; no mar territorial; na plataforma continental; na zona econômica exclusiva; em terras indígenas ou em unidades de conservação do domínio da União;
>
> II – localizadas ou desenvolvidas em dois ou mais Estados;
>
> III – cujos impactos ambientais diretos ultrapassem os limites territoriais do País ou de um ou mais Estados;
>
> IV – destinados a pesquisar, lavrar, produzir, beneficiar, transportar, armazenar e dispor material radioativo, em qualquer estágio, ou que utilizem energia nuclear em qualquer de suas formas e aplicações, mediante parecer da Comissão Nacional de Energia Nuclear – CNEN;
>
> V – bases ou empreendimentos militares, quando couber, observada a legislação específica".

Entende-se que o artigo 4.º, da Resolução CONAMA 237/1997, é compatível com o artigo 7.º, XIV, da LC 140/2011, exceto no que concerne a dois pontos.

Isso porque a LC 140/2011 abandonou a expressão "empreendimentos e atividades com significativo impacto ambiental de âmbito nacional ou regional" para definir a competência do IBAMA, prevista no *caput* do artigo 4.º da Resolução 237/1997.

Ademais, no que concerne às áreas de proteção ambiental da União, a competência para licenciar não será necessariamente do IBAMA, pois deverá ser atendido o complexo regramento do artigo 12, da Lei Complementar 140/2011.

2. QUESTÕES DE CONCURSOS

01. (FCC – 2013 – DPE-AM – Defensor Público) São ações administrativas da União promover o licenciamento ambiental de empreendimentos e atividades

a) localizados ou desenvolvidos em unidades de conservação instituídas pela União, exceto em Áreas de Proteção Ambiental (APAs).

b) localizados ou desenvolvidos em dois ou mais Municípios.

c) de alto impacto ambiental.

d) localizados ou desenvolvidos em rios federais.

e) localizados ou desenvolvidos em terras quilombolas.

02. (Prova: FCC – 2009 – PGE-SP – Procurador) O Governo Federal pretende inverter o curso do Rio São Francisco e para tanto precisa obter o licenciamento ambiental da obra. Nos termos da Resolução CONAMA no 237/1997, o licenciamento será de competência

a) federal, tendo em vista que o grau do impacto ambiental do empreendimento exige o licenciamento por meio de EIA/RIMA.

b) dos Estados, com oitiva dos Municípios por onde o Rio passa, tendo em vista que a União não pode fazer o licenciamento de obra em que ela seja o próprio empreendedor.

c) federal uma vez que o Rio São Francisco constitui bem da União.

d) federal, tendo em vista a extensão geográfica e o grau do impacto ambiental do empreendimento.

e) dos Estados e dos Municípios por onde o Rio passa, tendo em vista que a União não pode fazer o licenciamento de obra em que ela seja o próprio empreendedor.

03. (FGV – 2012 – OAB – Exame de Ordem Unificado – IX – Primeira Fase) A Lei Complementar n. 140 de 2011 fixou normas para a cooperação entre os entes da federação nas ações administrativas decorrentes do exercício da competência comum relativas ao meio ambiente. Sobre esse tema, assinale a afirmativa correta.

a) Compete à União aprovar o manejo e a supressão de vegetação, de florestas e formações sucessoras em Áreas de Preservação Ambientais – APAs.

b) Compete aos Estados e ao Distrito Federal controlar a introdução no País de espécies exóticas potencialmente invasoras que possam ameaçar os ecossistemas, habitats e espécies nativas.

c) Compete aos municípios gerir o patrimônio genético e o acesso ao conhecimento tradicional associado, respeitadas as atribuições setoriais.

d) Compete à União aprovar a liberação de exemplares de espécie exótica da fauna e da flora em ecossistemas naturais frágeis ou protegidos.

04. (Juiz Federal 5ª Região 2013/CESPE) A competência para legislar sobre a proteção ao meio ambiente é comum à União, aos estados, ao DF e aos municípios, havendo ações administrativas que competem a cada um desses entes de maneira exclusiva. De acordo com a Lei Complementar n.º 140/2011, compete exclusivamente à União

a) promover o licenciamento ambiental de empreendimentos e atividades localizados ou desenvolvidos em áreas de proteção ambiental.

b) aprovar o manejo e a supressão de vegetação, florestas e formações sucessoras em atividades ou empreendimentos licenciados ou autorizados ambientalmente pelo estado.

c) aprovar o funcionamento de criadouros da fauna silvestre.

d) promover e orientar a educação ambiental em todos os níveis de ensino e a conscientização pública para a proteção do meio ambiente.

e) promover o licenciamento ambiental de empreendimentos e atividades localizados ou desenvolvidos em terras indígenas.

GAB	01	A	02	D	03	D	04	E

Art. 8.º São ações administrativas dos Estados:

I – executar e fazer cumprir, em âmbito estadual, a Política Nacional do Meio Ambiente e demais políticas nacionais relacionadas à proteção ambiental;

II – exercer a gestão dos recursos ambientais no âmbito de suas atribuições;

III – formular, executar e fazer cumprir, em âmbito estadual, a Política Estadual de Meio Ambiente;

IV – promover, no âmbito estadual, a integração de programas e ações de órgãos e entidades da administração pública da União, dos Estados, do Distrito Federal e dos Municípios, relacionados à proteção e à gestão ambiental;

V – articular a cooperação técnica, científica e financeira, em apoio às Políticas Nacional e Estadual de Meio Ambiente;

VI – promover o desenvolvimento de estudos e pesquisas direcionados à proteção e à gestão ambiental, divulgando os resultados obtidos;

VII – organizar e manter, com a colaboração dos órgãos municipais competentes, o Sistema Estadual de Informações sobre Meio Ambiente;

VIII – prestar informações à União para a formação e atualização do Sinima;

IX – elaborar o zoneamento ambiental de âmbito estadual, em conformidade com os zoneamentos de âmbito nacional e regional;

X – definir espaços territoriais e seus componentes a serem especialmente protegidos;

XI – promover e orientar a educação ambiental em todos os níveis de ensino e a conscientização pública para a proteção do meio ambiente;

XII – controlar a produção, a comercialização e o emprego de técnicas, métodos e substâncias que comportem risco para a vida, a qualidade de vida e o meio ambiente, na forma da lei;

XIII – exercer o controle e fiscalizar as atividades e empreendimentos cuja atribuição para licenciar ou autorizar, ambientalmente, for cometida aos Estados;

XIV – promover o licenciamento ambiental de atividades ou empreendimentos utilizadores de recursos ambientais, efetiva ou potencialmente poluidores ou capazes, sob qualquer forma, de causar degradação ambiental, ressalvado o disposto nos arts. 7.º e 9.º;

XV – promover o licenciamento ambiental de atividades ou empreendimentos localizados ou desenvolvidos em unidades de conservação instituídas pelo Estado, exceto em Áreas de Proteção Ambiental (APAs);

XVI – aprovar o manejo e a supressão de vegetação, de florestas e formações sucessoras em:

a) florestas públicas estaduais ou unidades de conservação do Estado, exceto em Áreas de Proteção Ambiental (APAs);

b) imóveis rurais, observadas as atribuições previstas no inciso XV do art. 7.º; e

c) atividades ou empreendimentos licenciados ou autorizados, ambientalmente, pelo Estado;

XVII – elaborar a relação de espécies da fauna e da flora ameaçadas de extinção no respectivo território, mediante laudos e estudos técnico-científicos, fomentando as atividades que conservem essas espécies *in situ*;

XVIII – controlar a apanha de espécimes da fauna silvestre, ovos e larvas destinadas à implantação de criadouros e à pesquisa científica, ressalvado o disposto no inciso XX do art. 7.º;

XIX – aprovar o funcionamento de criadouros da fauna silvestre;

XX – exercer o controle ambiental da pesca em âmbito estadual; e

XXI – exercer o controle ambiental do transporte fluvial e terrestre de produtos perigosos, ressalvado o disposto no inciso XXV do art. 7.º.

1. COMENTÁRIOS

Este artigo concentra as competências executivas dos estados da federação na esfera ambiental. Para o seu exercício, normalmente esses entes políticos constituem uma autarquia ambiental, como fez o Estado da Bahia com a criação do INEMA – Instituto do Meio

Ambiente e dos Recursos Hídricos, devendo também possuir em Conselho Estadual de Meio Ambiente, com caráter deliberativo e participação social.

A formulação e a execução no seu âmbito da Política Estadual do Meio Ambiente será de competência dos estados da federação, devendo ser compatível com a Política Nacional do Meio Ambiente.

A Política Estadual do Meio Ambiente deverá promover a integração de programas e ações de órgãos na esfera de proteção do meio ambiente. Será de a competência estadual organizar e manter o Sistema Estadual de Informações sobre Meio Ambiente, devendo colaborar com a União na composição do SINIMA.

O zoneamento ambiental, instrumento de efetivação da Política Nacional do Meio Ambiente, quando de âmbito estadual, será de competência dos estados da federação, devendo se compatibilizar com o zoneamento nacional e regional.

Existem competências que foram compartilhadas entre as entidades políticas, sendo atribuição comum de todas elas: promover o desenvolvimento de estudos e pesquisas direcionados à proteção e à gestão ambiental, divulgando os resultados obtidos; definir espaços territoriais e seus componentes a serem especialmente protegidos; promover e orientar a educação ambiental em todos os níveis de ensino e a conscientização pública para a proteção do meio ambiente; controlar a produção, a comercialização e o emprego de técnicas, métodos e substâncias que comportem risco para a vida, a qualidade de vida e o meio ambiente, na forma da lei.

É de competência estadual elaborar a relação de espécies da fauna e da flora ameaçadas de extinção no respectivo território, mediante laudos e estudos técnico-científicos, fomentando as atividades que conservem essas espécies no seu território.

Assim, além da listagem nacional federal das espécies em vias de extinção da fauna e flora, os estados federados poderão elaborar as suas próprias listagens de acordo com o seu território.

Também caberá a esses entes federados aprovar o funcionamento de criadouros da fauna silvestre, inclusive autorizando a apanha de espécimes da fauna silvestre, ovos e larvas destinadas à implantação de criadouros e à pesquisa científica.

Aliás, de acordo com o artigo 27 da Lei 12.651/2012 (novo Código Florestal), nas áreas passíveis de uso alternativo do solo, a supressão de vegetação que abrigue espécie da fauna ameaçada de extinção, segundo lista oficial publicada pelos órgãos federal ou estadual ou municipal do SISNAMA, ou espécies migratórias, dependerá da adoção de medidas compensatórias e mitigadoras que assegurem a conservação da espécie.

A aprovação do funcionamento de criadouros da fauna silvestre passou a ser uma competência ambiental estadual, sendo que tipicamente era desenvolvida pelo IBAMA antes do advento desta Lei Complementar.

No seu território, ainda competirá aos estados exercer o controle ambiental da pesca em âmbito estadual, sendo esta fiscalização uma atribuição comum entre todas as esferas de governo.

Outrossim, os estados deverão exercer o controle ambiental do transporte fluvial e terrestre de produtos perigosos, lembrando que o controle interestadual é de competência federal.

Licenciamento Ambiental Estadual

Em regra, as competências dos estados para o licenciamento ambiental foram elencadas de maneira remanescente às federais e municipais (por exclusão), nos moldes do artigo 8.º, XIV, da LC 140/2011, pois compete aos estados da federação promover o licenciamento ambiental de atividades ou empreendimentos utilizadores de recursos ambientais, efetiva ou potencialmente poluidores ou capazes, sob qualquer forma, de causar degradação ambiental, ressalvado o disposto nos arts. 7.º e 9.º.

Logo, salvo nas hipóteses descritas como competência federal ou dos municípios, terão os órgãos e entidades ambientais dos estados competência para promover o licenciamento ambiental, não tendo se utilizado diretamente aqui nem o critério da dominialidade do bem público afetável muito menos o critério da extensão do impacto ambiental.

Essa técnica legal de colocar as competências estaduais por exclusão das federais e municipais tem a vantagem de teoricamente reduzir os conflitos entre as diferentes esferas, pois caberá aos entes federais e municipais do SISNAMA definir a sua competência, sendo residual atribuição dos estados, que apenas poderão questionar o entendimento federal ou municipal na hipótese de extensão ilegal das suas competências.

Ademais, nos termos do artigo 8.º, XV, da Lei Complementar 140/2011, os Estados irão promover o licenciamento ambiental de atividades ou empreendimentos localizados ou desenvolvidos em unidades de conservação instituídas pelo Estado, exceto em Áreas de Proteção Ambiental (APAs), pois nesta situação a competência estadual será residual, nos casos não insertos nas competências federais e municipais.

Por tudo isso, entende-se que o artigo 5.º, da Resolução CONAMA 237/1997[11] deve ser atualizado para se afinar ao artigo 8.º, XIV e XV, da LC 140/2011, tendo em vista a opção do Congresso Nacional em não arrolar as competências para o licenciamento ambiental a cargo dos Estados, agora identificáveis por exclusão, salvo no que concerne às unidades de conservação.

Para complicar ainda mais a definição do órgão competente para promover o licenciamento ambiental, o novo Código Florestal (Lei 12.651/2012) trouxe, em diversas passagens, regras de fixação de competência no processo de licenciamento ambiental.

---

11. Art. 5.º Compete ao órgão ambiental estadual ou do Distrito Federal o licenciamento ambiental dos empreendimentos e atividades:

I – localizados ou desenvolvidos em mais de um Município ou em unidades de conservação de domínio estadual ou do Distrito Federal;

II – localizados ou desenvolvidos nas florestas e demais formas de vegetação natural de preservação permanente relacionadas no artigo 2.º da Lei 4.771, de 15 de setembro de 1965, e em todas as que assim forem consideradas por normas federais, estaduais ou municipais;

III – cujos impactos ambientais diretos ultrapassem os limites territoriais de um ou mais Municípios;

IV – delegados pela União aos Estados ou ao Distrito Federal, por instrumento legal ou convênio.

Entende-se que foi uma opção infeliz, pois o tema deveria ser concentrado na LC 140/2011, bem como se sabe que o artigo 23, parágrafo único, da Constituição exige lei complementar para regular as competências materiais comuns entre as entidades federativas.

Caso sejam válidas as regras licenciatórias nascidas do novo CFlo, estas são especiais e posteriores à LC 140/2011, devendo prevalecer. Serão listadas abaixo as principais passagens:

Artigo 10	Nos pantanais e planícies pantaneiras, é permitida a exploração ecologicamente sustentável, devendo-se considerar as recomendações técnicas dos órgãos oficiais de pesquisa, ficando novas supressões de vegetação nativa para uso alternativo do solo condicionadas à autorização do **órgão estadual do meio ambiente.**
Artigo 11-A, § 1.º, III	Licenciamento das atividades e das instalações de carcinicultura e salinas em salgados e apicuns pelo **órgão ambiental estadual**, cientificado o IBAMA.
Artigo 26, *caput*	A supressão de vegetação nativa para uso alternativo do solo, tanto de domínio público como de domínio privado, dependerá do cadastramento do imóvel no CAR e de prévia autorização do **órgão estadual competente** do SISNAMA.
Artigo 31, § 7.º	Compete ao **órgão federal de meio ambiente** a aprovação de Projeto de Manejo Florestal Sustentável incidentes em florestas públicas de domínio da União.
Artigo 37, *caput*	O comércio de plantas vivas e outros produtos oriundos da flora nativa dependerá de licença do **órgão estadual** competente do SISNAMA.
Artigo 37, parágrafo único	A exportação de plantas vivas e outros produtos da flora dependerá de licença do **órgão federal** competente do SISNAMA.

2. JURISPRUDÊNCIA

"Lei 1.315/2004, do Estado de Rondônia, que exige autorização prévia da Assembleia Legislativa para o licenciamento de atividades utilizadoras de recursos ambientais consideradas efetivas e potencialmente poluidoras, bem como capazes, sob qualquer forma, de causar degradação ambiental. **Condicionar a aprovação de licenciamento ambiental** à **prévia autorização da Assembleia Legislativa implica indevida interferência do Poder Legislativo na atuação do Poder Executivo, não autorizada pelo art. 2º da Constituição.** Precedente: ADI 1.505. Compete à União legislar sobre normas gerais em matéria de licenciamento ambiental (art. 24, VI, da Constituição." (STF, ADI 3.252-MC, rel. min. Gilmar Mendes, julgamento em 6-4-2005, Plenário, *DJE* de 24-10-2008.)

3. QUESTÕES DE CONCURSOS

01. (FCC – 2011 – PGE-MT – Procurador) Uma rodovia que passe pelo território de quatro municípios no Estado de Mato Grosso deve ter seu licenciamento ambiental realizado

a) exclusivamente pela União.

b) exclusivamente pelo Estado de Mato Grosso.

c) exclusivamente pelo Estado de Mato Grosso, ouvidos os Municípios diretamente afetados, que se manifestarão em relação às questões inseridas na competência municipal.

d) em concorrência entre o Estado de Mato Grosso e os Municípios diretamente afetados.

e) em concorrência entre União, Estado de Mato Grosso e Municípios diretamente afetados.

02. (MPE-GO – 2012 – Promotor de Justiça) Sendo o licenciamento ambiental instrumento preventivo de proteção do meio ambiente, é incorreto afirmar:

a) extrai-se da Lei Complementar nº 140/2011 dois princípios básicos: 1) o licenciamento ambiental é uno, sendo absolutamente vedada a duplicidade de licenciamento do mesmo empreendimento ou atividade; e, 2) somente quem licenciou o empreendimento ou atividade possui competência para lavrar auto de infração em caso de infração administrativa ambiental;

b) na definição da competência da União para o licenciamento ambiental, o legislador utilizou 03 critérios: o da titularidade do bem; o da abrangência do impacto ambiental; e, o critério da natureza da matéria a ser licenciada. Logo, é competência da União o licenciamento ambiental de empreendimento localizado ou desenvolvido: a) no mar territorial; b) em dois ou mais Estados; c) que disponha sobre material radioativo ou utilize energia nuclear;

c) quanto à competência dos Estados, o legislador utilizou um critério de exclusão para defini-lo como competente para licenciar os empreendimentos que não são de competência da União e dos Municípios, associado ao critério de titularidade do bem quando se tratar de empreendimento localizado ou desenvolvido em unidades de conservação instituída pelo Estado, exceto em relação à Área de Proteção Ambiental que observa critérios próprios;

d) compete à União a aprovação do funcionamento de criadouros da fauna silvestre, haja vista a definição da fauna silvestre como bem exclusivo da União.

03. (FCC – 2014 – Prefeitura de Cuiabá – MT – Procurador Municipal) Joaquim é proprietário de imóvel rural no Município Gama. Há quatro exemplares arbóreos em seu imóvel que precisam ser suprimidos. A competência para autorizar esta supressão é

a) do Estado ou do Município.

b) do Município, pelo baixo impacto.

c) da União.

d) do Município, por ser assunto de interesse local.

e) do Estado.

04. (2016/FGV/CODEBA/Analista Portuário/Advogado) Com a finalidade de iniciar atividade industrial de produção de móveis, João, empresário individual, procura advogado para orientá-lo acerca dos procedimentos administrativos prévios às obras. Sobre o licenciamento ambiental necessário para o início das obras, na qualidade de advogado de João, assinale a afirmativa correta.

a) A obtenção de licença ambiental é necessária perante o Município e o Estado onde o empreendimento será instalado, tendo em vista o princípio da proteção integral.

b) O licenciamento ambiental deve ser procedido exclusivamente pelo Estado caso o potencial impacto se dê em unidade de conservação estadual, exceto em Áreas de Preservação Ambiental.

c) O licenciamento ambiental será feito, em regra, pelo IBAMA, contando com atuação supletiva e subsidiária técnica e administrativa de entidades estaduais e municipais do local do empreendimento.

d O licenciamento prévio será sempre procedido pelo IBAMA. Já as licenças de instalação e de operação se darão pelo Estado ou Município, de acordo com o potencial do impacto ambiental.

e) O licenciamento ambiental somente será necessário caso o empreendimento se dê em Unidade de Conservação ou Área de Preservação Permanente, por aplicação do princípio da prevenção.

05. (Prova: FCC - 2021 – TJ-GO – Juiz Substituto) Na gestão da fauna silvestre, compete aos estados:

a) exercer, de forma consorciada, o controle ambiental da pesca em âmbito regional.

b) controlar a apanha de espécimes, ovos e larvas destinadas à implantação de criadouros e à pesquisa científica.

c) elaborar lista de espécies existentes em cada município para fins comerciais.

d) aprovar a liberação de exemplares de espécie exótica em ecossistemas naturais frágeis ou protegidos.

e) proteger a fauna migratória.

GAB	01	C	02	D	03	E	04	B	05	B

Art. 9.º São ações administrativas dos Municípios:

I – executar e fazer cumprir, em âmbito municipal, as Políticas Nacional e Estadual de Meio Ambiente e demais políticas nacionais e estaduais relacionadas à proteção do meio ambiente;

II – exercer a gestão dos recursos ambientais no âmbito de suas atribuições;

III – formular, executar e fazer cumprir a Política Municipal de Meio Ambiente;

IV – promover, no Município, a integração de programas e ações de órgãos e entidades da administração pública federal, estadual e municipal, relacionados à proteção e à gestão ambiental;

V – articular a cooperação técnica, científica e financeira, em apoio às Políticas Nacional, Estadual e Municipal de Meio Ambiente;

VI – promover o desenvolvimento de estudos e pesquisas direcionados à proteção e à gestão ambiental, divulgando os resultados obtidos;

VII – organizar e manter o Sistema Municipal de Informações sobre Meio Ambiente;

VIII – prestar informações aos Estados e à União para a formação e atualização dos Sistemas Estadual e Nacional de Informações sobre Meio Ambiente;

IX – elaborar o Plano Diretor, observando os zoneamentos ambientais;

X – definir espaços territoriais e seus componentes a serem especialmente protegidos;

XI – promover e orientar a educação ambiental em todos os níveis de ensino e a conscientização pública para a proteção do meio ambiente;

XII – controlar a produção, a comercialização e o emprego de técnicas, métodos e substâncias que comportem risco para a vida, a qualidade de vida e o meio ambiente, na forma da lei;

XIII – exercer o controle e fiscalizar as atividades e empreendimentos cuja atribuição para licenciar ou autorizar, ambientalmente, for cometida ao Município;

XIV – observadas as atribuições dos demais entes federativos previstas nesta Lei Complementar, promover o licenciamento ambiental das atividades ou empreendimentos:

a) que causem ou possam causar impacto ambiental de âmbito local, conforme tipologia definida pelos respectivos Conselhos Estaduais de Meio Ambiente, considerados os critérios de porte, potencial poluidor e natureza da atividade; ou

b) localizados em unidades de conservação instituídas pelo Município, exceto em Áreas de Proteção Ambiental (APAs);

XV – observadas as atribuições dos demais entes federativos previstas nesta Lei Complementar, aprovar:

a) a supressão e o manejo de vegetação, de florestas e formações sucessoras em florestas públicas municipais e unidades de conservação instituídas pelo Município, exceto em Áreas de Proteção Ambiental (APAs); e

b) a supressão e o manejo de vegetação, de florestas e formações sucessoras em empreendimentos licenciados ou autorizados, ambientalmente, pelo Município.

1. COMENTÁRIOS

Este artigo concentra as competências executivas dos municípios na esfera ambiental. Para o seu exercício, esses entes políticos poderão constituir uma autarquia ambiental municipal ou desenvolvê-la através de um órgão centralizado, devendo também possuir em Conselho Municipal de Meio Ambiente, com caráter deliberativo e participação social.

A formulação e a execução no seu âmbito da Política Municipal do Meio Ambiente será de competência dos municípios, devendo ser compatível com a Política Nacional e Estadual do Meio Ambiente.

A Política Municipal do Meio Ambiente deverá promover a integração de programas e ações de órgãos na esfera de proteção do meio ambiente. Será de a competência municipal organizar e manter o Sistema Municipal de Informações sobre Meio Ambiente, devendo colaborar com a União na composição do SINIMA e com o Estado no abastecimento do Sistema Estadual de Informações sobre o Meio Ambiente.

O zoneamento ambiental, instrumento de efetivação da Política Nacional do Meio Ambiente, quando de âmbito municipal, não foi previsto expressamente na competência dos municípios. No entanto, entende-se que esta lamentável omissão não impede os municípios de elaborar o zoneamento ambiental municipal, desde que sejam respeitados os zoneamentos nacional, regional e estadual.

É de competência municipal a elaboração do Plano Diretor, conforme já determina o artigo 182 da Constituição, que deverá observar os zoneamentos ambientais elaborados pela União e pelo respetivo Estado.

Existem competências que foram compartilhadas entre as entidades políticas, sendo atribuição comum de todas elas: promover o desenvolvimento de estudos e pesquisas direcionados à proteção e à gestão ambiental, divulgando os resultados obtidos; definir espaços territoriais e seus componentes a serem especialmente protegidos; promover e orientar a educação ambiental em todos os níveis de ensino e a conscientização pública para a proteção do meio ambiente; controlar a produção, a comercialização e o emprego de técnicas, métodos e substâncias que comportem risco para a vida, a qualidade de vida e o meio ambiente, na forma da lei.

Com relação aos Municípios, o artigo 9.º da Lei Complementar 140/2011, não previu expressamente nenhuma competência administrativa ligada à fauna e flora, o que evidentemente não impede os Municípios de adotarem políticas públicas para a sua proteção, por se cuidar de competência constitucional comum, nos moldes do artigo 23, VII, da Constituição.

Licenciamento Ambiental Municipal

Compete aos municípios promover o licenciamento ambiental das atividades ou empreendimentos:

a) que causem ou possam causar impacto ambiental de âmbito local, conforme tipologia definida pelos respectivos Conselhos Estaduais de Meio Ambiente, considerados os critérios de porte, potencial poluidor e natureza da atividade; ou

b) localizados em unidades de conservação instituídas pelo Município, exceto em Áreas de Proteção Ambiental – APAs.

Deveras, foi mantida a competência originária dos Municípios para licenciar as atividades com impacto ambiental local, como prevê o artigo 6.º, da Resolução CONAMA 237/1997,[12] que foi recepcionado pela LC 140/2011.

---

12. "Art. 6.º Compete ao órgão ambiental municipal, ouvidos os órgãos competentes da União, dos Estados e do Distrito Federal, quando couber, o licenciamento ambiental de empreendimentos e atividades de impacto ambiental local e daquelas que lhe forem delegadas pelo Estado por instrumento legal ou convênio".

A inovação é que a competência municipal licenciatória será definida pelos Conselhos Estaduais de Meio Ambiente, em tipologia que considere os critérios de porte, potencial poluidor e natureza da atividade.

Enquanto não estabelecida a referida tipologia pelos Conselhos Estaduais de Meio Ambiente, essa disposição não será aplicada, devendo o licenciamento ambiental nos municípios ser regido pela legislação anterior, na forma do artigo 18 da LC 140/2011.

Por um lado, essa previsão é salutar, pois reduzirá os conflitos entre órgãos municipais e estaduais licenciadores, posto que as atividades com impacto local a serem licenciadas pelos municípios serão previstas pelo respectivo Conselho Estadual de Meio Ambiente.

Entretanto, vincular a competência municipal a uma decisão do Conselho Estadual de Meio Ambiente aparentemente atenta contra a autonomia dos entes locais, vez que coloca os municípios na dependência de decisão de um órgão estadual, conquanto os conselhos de meio ambiente possuam uma composição democrática.

Por seu turno, o **critério do ente federativo instituidor da unidade de conservação** também não foi esquecido na definição das competências municipais licenciatórias. De efeito, será atribuição do órgão ambiental municipal licenciar as atividades localizadas em unidades de conservação instituídas pelo município, exceto em Áreas de Proteção Ambiental.

Mais uma vez o licenciamento em APAs foi excluído do regramento geral das demais unidades de conservação, pois a competência não será definida pelo critério do ente federativo instituidor, e sim de acordo com a sistemática do artigo 12 da LC 140/2011.

Em termos de competências municipais, a técnica usada pela citada Lei Complementar foi bem mais simples, se comparada com as competências federais.

Utilizou-se com regra definidora da competência municipal as atividades com impacto local, a serem definidas pelos Conselhos Estaduais de Meio Ambiente, em tipologia que considere os critérios de porte, potencial poluidor e natureza da atividade, salvo no que concerne às unidades de conservação, onde a competência do órgão ambiental local decorre da dominialidade do bem, exceto nas APAs.

2. QUESTÕES DE CONCURSOS

01. (FCC – 2012 – MPE-AP – Promotor de Justiça) Sobre o licenciamento ambiental, instrumento da Política Nacional do Meio Ambiente, a Lei Complementar 140, de 08.12.2011, dispõe que

a) a atuação supletiva ou subsidiária é aquela pela qual o ente da Federação se substitui ao ente federativo originariamente detentor da competência para exercer o licenciamento ambiental.

b) cabe aos Municípios o licenciamento ambiental das atividades ou empreendimentos que causem ou possam causar impacto ambiental de âmbito local, conforme tipologia definida pelos respectivos conselhos estaduais do meio ambiente, segundo critérios fixados nesta Lei.

c) cabe aos Municípios o licenciamento ambiental das atividades ou empreendimentos que causem ou possam causar impacto ambiental de âmbito local, conforme tipologia definida pelo respectivo Conselho Municipal do Meio Ambiente, segundo critérios fixados nesta Lei.

d) a supressão de vegetação será sempre autorizada pelo Estado. Todavia, se a União for o ente federativo competente para o licenciamento ambiental, a ela caberá conceder a autorização para a supressão da vegetação.

e) a cooperação dos entes federativos no licenciamento ambiental se dará apenas por meio de convênios.

02. (FCC – 2011 – TJ-PE – Juiz) Os municípios brasileiros, face ao ordenamento constitucional e legal, no que se refere ao licenciamento ambiental,

a) podem emitir licença ambiental exclusivamente nos casos que envolvam o patrimônio histórico local.

b) podem emitir licença ambiental, desde que o empreendimento seja de interesse apenas local e não afete o meio ambiente em nível regional ou nacional.

c) não podem emitir licença ambiental em hipótese nenhuma.

d) não podem emitir licença ambiental em hipótese nenhuma exceto se receberem, para tanto, delegação expressa do IBAMA.

e) podem emitir licença ambiental, desde que o empreendimento se situe e abranja área de região metropolitana reconhecida por lei.

03. (FGV – 2009 – TJ-PA – Juiz) No que se refere a Licenciamento Ambiental, assinale a alternativa correta.

a) O licenciamento do órgão ambiental estadual estará vinculado aos estudos técnicos procedidos pelos órgãos ambientais dos municípios, uma vez que lhe compete o licenciamento ambiental dos empreendimentos e atividades cujos impactos ambientais diretos ultrapassem os limites territoriais de um ou mais Municípios.

b) Os municípios, para exercerem suas competências licenciatórias, deverão ter implementados os Conselhos de Meio Ambiente, com caráter deliberativo e participação social e, ainda, possuir em seus quadros ou a sua disposição, profissionais legalmente habilitados.

c) As atividades utilizadoras de recursos ambientais, consideradas efetiva e potencialmente poluidoras dependerão de prévio licenciamento do Instituto Brasileiro do Meio Ambiente e Recursos Naturais Renováveis – IBAMA, e de órgão estadual competente, em caráter supletivo, sem prejuízo de outras licenças exigíveis.

d) A legislação ambiental estadual e municipal pode prever prazos de vigência das licenças diferentes dos estabelecidos pelas diretrizes federais básicas, constantes na Resolução do CONAMA n.º 237/1997, se as peculiaridades regionais e locais assim exigirem.

e) O Poder Público expedirá a chamada Licença Prévia para autorizar a instalação de empreendimento ou atividade, de acordo com as especificações constantes dos planos, programas e projetos aprovados, incluindo as medidas de controle ambiental.

04. (FCC – 2014 – Prefeitura de Recife-PE – Procurador) Uma indústria química, cuja atividade causará impacto ambiental de âmbito local, irá se instalar no Município do Recife. O licenciamento ambiental deverá ser conduzido

a) pelo Município do Recife, desde que a atividade conste em tipologia fixada pelo Conselho Estadual de Meio Ambiente (CONSEMA).

b) pela União, diante da atividade que será desenvolvida.

c) pelo Estado de Pernambuco, em razão do Recife ser sua Capital.

d) pelo Município do Recife, uma vez que o impacto será de âmbito local.

e) pela União, porquanto o impacto, apesar de local, será em Capital de Estado Federado.

05. (2019/CESPE/Procurador de Boa Vista/RR) Rafaela capturou, para sua criação doméstica de pássaros, duas jandaias amarelas, espécie que consta na lista federal de fauna ameaçada de extinção. João, fiscal do órgão ambiental competente, assistiu à captura dos animais, mas, por amizade a Rafaela, omitiu-se. Tempo depois, Rafaela, residente em Boa Vista – RR, decidiu pedir autorização para a guarda dos pássaros à Secretaria de Serviços Públicos e Meio Ambiente do Município de Boa Vista. No momento da solicitação, ela relatou ter tido a permissão de João para levar para casa as duas aves.

Acerca dessa situação hipotética, julgue o item a seguir à luz da lei que regulamenta crimes ambientais, do Decreto n.º 6.514/2008 e do entendimento dos tribunais superiores.

O município de Boa Vista não tem competência para fiscalizar a captura das duas jandaias amarelas, pois as espécies constam na lista federal de fauna ameaçada de extinção, devendo, então, ser protegidas pelo IBAMA, que poderia oferecer a denúncia criminal em desfavor de Rafaela.

GAB	01	B	02	B	03	B	04	A	05	ERRADO

Art. 10. São ações administrativas do Distrito Federal as previstas nos arts. 8.º e 9.º.

1. COMENTÁRIOS

O Distrito Federal é uma entidade política sui generis. Nesse sentido, ao contrário dos estados federados, o seu território não possui municípios.

Logo, as competências administrativas ambientais deferidas aos estados (artigo 8.º) e aos municípios (artigo 9.º) serão concentradas em favor do Distrito Federal.

Destarte, toda competência administrativa ambiental que não se enquadrar no rol das competências da União, necessariamente será de responsabilidade do Distrito Federal.

2. QUESTÃO DE CONCURSO

01. (FCC – 2012 – PGE-SP – Procurador) De acordo com a Lei Complementar 140/11, que fixa normas, nos termos dos incisos III, VI e VII do *caput* e do parágrafo único do art. 23 da Constituição Federal, para a cooperação entre a União, os Estados, o Distrito Federal e os Municípios nas ações administrativas decorrentes do exercício da competência comum relativas à proteção das paisagens naturais notáveis, à proteção do meio ambiente, ao combate à poluição em qualquer de suas formas e à preservação das florestas, da fauna e da flora, são consideradas ações administrativas do Distrito Federal, dentre outras,

a) promover o licenciamento ambiental de atividades ou empreendimentos localizados ou desenvolvidos em unidades de conservação instituídas pelo Estado, exceto em Áreas de Proteção Ambiental (APAs); e exercer o controle e fiscalizar as atividades e empreendimentos cuja atribuição para licenciar ou autorizar, ambientalmente, for cometida ao Município.

b) controlar a produção, a comercialização e o emprego de técnicas, métodos e substâncias que comportem risco para a vida, a qualidade de vida e o meio ambiente, na forma da lei; e exercer o controle e fiscalizar as atividades e empreendimentos cuja atribuição para licenciar ou autorizar, ambientalmente, for cometida à União.

c) promover a integração de programas e ações de órgãos e entidades da administração pública da União, dos Estados, do Distrito Federal e dos Municípios, relacionados à proteção e à gestão ambiental; e promover o licenciamento ambiental de empreendimentos e atividades localizados ou desenvolvidos em terras indígenas.

d) promover o licenciamento ambiental de empreendimentos e atividades localizados ou desenvolvidos no mar territorial, na plataforma continental ou na zona econômica exclusiva; e exercer o controle e fiscalizar as atividades e empreendimentos cuja atribuição para licenciar ou autorizar, ambientalmente, for cometida ao Município.

e) promover o licenciamento ambiental de atividades ou empreendimentos localizados ou desenvolvidos em unidades de conservação instituídas pelo Estado, exceto em Áreas de Proteção Ambiental (APAs); e promover o licenciamento ambiental de empreendimentos e atividades localizados ou desenvolvidos em terras indígenas.

GAB	01	A

Art. 11. A lei poderá estabelecer regras próprias para atribuições relativas à autorização de manejo e supressão de vegetação, considerada a sua caracterização como vegetação primária ou secundária em diferentes estágios de regeneração, assim como a existência de espécies da flora ou da fauna ameaçadas de extinção.

1. COMENTÁRIOS

Este artigo é uma cláusula aberta ao legislador que, através de mera lei ordinária, poderá dispor sobre regras específicas a respeito da competência para a promoção do licenciamento ambiental, a depender do estado da vegetação ou da existência das espécies ameaçadas de extinção.

Vegetação primária é aquela de máxima expressão local, com grande diversidade biológica, sendo os efeitos das ações antrópicas mínimos, a ponto de não afetar significativamente suas características originais de estrutura e de espécies.

Vegetação secundária ou em regeneração é aquela resultante dos processos naturais de sucessão, após supressão total ou parcial da vegetação primária por ações antrópicas ou causas naturais, podendo ocorrer árvores remanescentes da vegetação primária. A vegetação secundária poderá estar em estado *avançado*, médio ou *inicial* de regeneração.

Nesse sentido, o Código Florestal de 2012 trouxe regras sobre competência licenciatória:

Artigo 10	Nos pantanais e planícies pantaneiras, é permitida a exploração ecologicamente sustentável, devendo-se considerar as recomendações técnicas dos órgãos oficiais de pesquisa, ficando novas supressões de vegetação nativa para uso alternativo do solo condicionadas à autorização do **órgão estadual do meio ambiente.**
Artigo 11-A, § 1.º, III	Licenciamento das atividades e das instalações de carcinicultura e salinas em salgados e apicuns pelo **órgão ambiental estadual**, cientificado o IBAMA.
Artigo 26, *caput*	A supressão de vegetação nativa para uso alternativo do solo, tanto de domínio público como de domínio privado, dependerá do cadastramento do imóvel no CAR e de prévia autorização do **órgão estadual competente** do SISNAMA.
Artigo 31, § 7.º	Compete ao **órgão federal de meio ambiente** a aprovação de Projeto de Manejo Florestal Sustentável incidentes em florestas públicas de domínio da União.
Artigo 37, *caput*	O comércio de plantas vivas e outros produtos oriundos da flora nativa dependerá de licença do **órgão estadual** competente do SISNAMA.
Artigo 37, parágrafo único	A exportação de plantas vivas e outros produtos da flora dependerá de licença do **órgão federal** competente do SISNAMA.

Art. 12. Para fins de licenciamento ambiental de atividades ou empreendimentos utilizadores de recursos ambientais, efetiva ou potencialmente poluidores ou capazes, sob qualquer forma, de causar degradação ambiental, e para autorização de supressão e manejo de vegetação, o critério do ente federativo instituidor da unidade de conservação não será aplicado às Áreas de Proteção Ambiental (APAs).

Parágrafo único. A definição do ente federativo responsável pelo licenciamento e autorização a que se refere o *caput*, no caso das APAs, seguirá os critérios previstos nas alíneas "a", "b", "e", "f" e "h" do inciso XIV do art. 7.º, no inciso XIV do art. 8.º e na alínea "a" do inciso XIV do art. 9.º.

1. COMENTÁRIOS

A APA é a unidade de conservação que poderá ser formada por áreas públicas ou particulares, em geral extensas, com certo grau de ocupação humana, com atributos bióticos, abióticos ou mesmo culturais, visando proteger a diversidade biológica, disciplinar o processo de ocupação e assegurar a sustentabilidade do uso dos recursos, a teor do artigo 15 da Lei 9.985/2000.

Neste caso, de acordo com este artigo, o critério do ente federativo instituidor da unidade de conservação não será aplicado às áreas de proteção ambiental, devendo ser seguidos os critérios previstos nas alíneas "a", "b", "e", "f" e "h" do inciso XIV do art. 7.º, no inciso XIV do art. 8.º e na alínea "a" do inciso XIV do art. 9.º.

Portanto, apenas caberá ao IBAMA licenciar os empreendimentos em APAs federais caso sejam localizados ou desenvolvidos conjuntamente no Brasil e em país limítrofe; localizados ou desenvolvidos no mar territorial, na plataforma continental ou na zona econômica exclusiva; localizados ou desenvolvidos em 2 (dois) ou mais Estados; de caráter militar, excetuando-se do licenciamento ambiental, nos termos de ato do Poder Executivo, aqueles previstos no preparo e emprego das Forças Armadas, conforme disposto na Lei Complementar nº 97, de 9 de junho de 1999, e que atendam tipologia estabelecida por ato do Poder Executivo, a partir de proposição da Comissão Tripartite Nacional, assegurada a participação de um membro do Conselho Nacional do Meio Ambiente (Conama), e considerados os critérios de porte, potencial poluidor e natureza da atividade ou empreendimento.

No caso dos municípios, estes terão competência para licenciar em APA quando a atividade causar ou puder causar impacto ambiental de âmbito local, conforme tipologia definida pelos respectivos Conselhos Estaduais de Meio Ambiente, considerados os critérios de porte, potencial poluidor e natureza da atividade.

Em não sendo competência federal ou municipal para licenciar em APA, nos casos supra mencionados, caberá, por residualidade, ao estado da federação promover o licenciamento ambiental.

Vale registrar que, por força do artigo 36, § 3.º, da Lei 9985/2000, quando o empreendimento afetar unidade de conservação específica ou sua zona de amortecimento, o licenciamento ambiental só poderá ser concedido mediante autorização do órgão responsável por sua administração.

Logo, no licenciamento ambiental em APA ou qualquer outra unidade de conservação, o órgão gestor da área protegida deverá aquiescer à concessão da licença ou autorização ambiental.

Art. 13. Os empreendimentos e atividades são licenciados ou autorizados, ambientalmente, por um único ente federativo, em conformidade com as atribuições estabelecidas nos termos desta Lei Complementar.

§ 1.º Os demais entes federativos interessados podem manifestar-se ao órgão responsável pela licença ou autorização, de maneira não vinculante, respeitados os prazos e procedimentos do licenciamento ambiental.

§ 2.º A supressão de vegetação decorrente de licenciamentos ambientais é autorizada pelo ente federativo licenciador.

§ 3.º Os valores alusivos às taxas de licenciamento ambiental e outros serviços afins devem guardar relação de proporcionalidade com o custo e a complexidade do serviço prestado pelo ente federativo.

1. COMENTÁRIOS

A LC 140/2011 seguiu parcialmente o texto do artigo 7.º, da Resolução CONAMA 237/1997, que prevê que os empreendimentos e atividades serão licenciados em um único nível de competência.

Todavia, a referida Lei Complementar foi ainda mais severa, ao estatuir que apenas um ente federativo poderá promover o licenciamento ambiental, ao passo que a Resolução CONAMA 237/1997 prevê um único nível de competência, o que abre espaço para o licenciamento conjunto a ser realizado por entidades políticas de igual natureza.

Será possível que as demais esferas de governo participem de maneira informativa do processo de licenciamento ambiental, sendo que a competência para a supressão vegetal será do ente competência ao licenciamento ambiental.

Como decorre do exercício do poder de polícia ambiental, em havendo previsão legal da respectiva entidade federativa, deverão ser pagas taxas para a promoção do licenciamento, que não poderão ser desproporcionais. Foi instituído um binômio para a fixação dos valores dessas taxas: custo e a complexidade do empreendimento licenciando.

2. QUESTÃO DE CONCURSO

01. **(2015/CESPE/TJ-PB/Juiz Substituto)** A respeito de licenciamento ambiental e de empreendimentos de exploração de potencial hidráulico, assinale a opção correta com base nas normas e na jurisprudência aplicável.

a) Cabe ao órgão ambiental decidir se o licenciamento ambiental para obras de exploração do potencial hidráulico de um rio deverá considerar a totalidade do rio ou partes dele, realizando-se licenciamentos distintos para cada parte.

b) É estadual a competência para licenciar empreendimentos de exploração do potencial hidráulico de rio que passe por terras indígenas localizadas no interior de somente um estado da Federação.

c) Para fomentar a cooperação entre os entes federativos, os empreendimentos de exploração de potencial hidráulico poderão ser licenciados por mais de um ente federativo.

d A atuação supletiva do órgão federal para realizar um licenciamento de exploração de potencial hidráulico é possível, haja vista que esse é um procedimento de competência constitucional comum, que requer somente a solicitação do ente originalmente competente.

e) Embora a extração de combustíveis fósseis esteja disposta em resolução do CONAMA como atividade potencialmente causadora de danos ambientais, o que enseja a elaboração de estudo de impacto ambiental, a extração de minérios, como regra, não impõe essa exigência.

GAB	01	A

Art. 14. Os órgãos licenciadores devem observar os prazos estabelecidos para tramitação dos processos de licenciamento.

§ 1.º As exigências de complementação oriundas da análise do empreendimento ou atividade devem ser comunicadas pela autoridade licenciadora de uma única vez ao empreendedor, ressalvadas aquelas decorrentes de fatos novos.

§ 2.º As exigências de complementação de informações, documentos ou estudos feitos pela autoridade licenciadora suspendem o prazo de aprovação, que continua a fluir após o seu atendimento integral pelo empreendedor.

§ 3.º O decurso dos prazos de licenciamento, sem a emissão da licença ambiental, não implica emissão tácita nem autoriza a prática de ato que dela dependa ou decorra, mas instaura a competência supletiva referida no art. 15.

§ 4.º A renovação de licenças ambientais deve ser requerida com antecedência mínima de 120 (cento e vinte) dias da expiração de seu prazo de validade, fixado na respectiva licença, ficando este automaticamente prorrogado até a manifestação definitiva do órgão ambiental competente.

1. COMENTÁRIOS

Os prazos a serem observados no processo de licenciamento ambiental são estatuídos nos artigos 14 e 15 da Resolução CONAMA 237/1997.

O órgão ambiental competente poderá estabelecer prazos de análise diferenciados para cada modalidade de licença (LP, LI e LO), em função das peculiaridades da atividade ou empreendimento, bem como para a formulação de exigências complementares, desde que observado o **prazo máximo de seis meses** a contar do ato de protocolar o requerimento até seu deferimento ou indeferimento, ressalvados os casos em que houver **EIA/RIMA e/ou audiência pública**, quando o prazo será de até **12 meses**.

Por sua vez, a contagem dos citados prazos será suspensa durante a elaboração dos estudos ambientais complementares ou preparação de esclarecimentos pelo empreendedor, podendo os prazos estipulados ser alterados, desde que justificados e com a concordância do empreendedor e do órgão ambiental competente.

De seu turno, o empreendedor deverá atender à solicitação de esclarecimentos e complementações, formuladas pelo órgão ambiental competente, dentro do prazo máximo de quatro meses, a contar do recebimento da respectiva notificação, podendo o prazo estipulado ser prorrogado, desde que justificado e com a concordância do empreendedor e do órgão ambiental competente.

Caso **o órgão ambiental licenciador não cumpra os prazos de concessão da licença ambiental, o empreendedor não está tacitamente autorizado a desenvolver a atividade poluidora**. No entanto, **restará instaurada a competência supletiva** que será estudada no artigo 15, operando-se a substituição por outra esfera de governo mais ampla.

No caso de renovação de licença é diferente. Se esta for requerida **antes de 120 dias do seu vencimento** e o órgão ambiental não se manifestar até o vencimento, esta será **tacitamente renovada** pelo silêncio administrativo, **até a manifestação definitiva do** órgão **ambiental competente.**

Esta sistemática já era adotada pelo artigo 18, § 4.º, da Resolução CONAMA 237/1997, ao afirmar que a renovação da Licença de Operação (LO) de uma atividade ou empreendimento deverá ser requerida com antecedência mínima de 120 dias da expiração de seu prazo de validade, fixado na respectiva licença, ficando este automaticamente prorrogado até a manifestação definitiva do órgão ambiental competente.

2. QUESTÕES DE CONCURSOS

01. **(MPE-SC – 2013 – Promotor de Justiça)** Segundo a Lei Complementar 140/2011, o decurso dos prazos de licenciamento, sem a emissão da licença ambiental, implica emissão tácita e autoriza a prática de ato que dela dependa ou decorra.

02. **(MPE-SC – 2013 – Promotor de Justiça)** De acordo com a Lei Complementar 140/2011, a renovação de licenças ambientais deve ser requerida com antecedência mínima de 120 (cento e vinte) dias da expiração de seu prazo de validade, fixado na respectiva licença.

GAB	01	ERRADO	02	CERTO

Art. 15. Os entes federativos devem atuar em caráter supletivo nas ações administrativas de licenciamento e na autorização ambiental, nas seguintes hipóteses:

I – inexistindo órgão ambiental capacitado ou conselho de meio ambiente no Estado ou no Distrito Federal, a União deve desempenhar as ações administrativas estaduais ou distritais até a sua criação;

II – inexistindo órgão ambiental capacitado ou conselho de meio ambiente no Município, o Estado deve desempenhar as ações administrativas municipais até a sua criação; e

III – inexistindo órgão ambiental capacitado ou conselho de meio ambiente no Estado e no Município, a União deve desempenhar as ações administrativas até a sua criação em um daqueles entes federativos.

1. COMENTÁRIOS

Considera-se **atuação supletiva** a ação do ente da federação que se *substitui* ao ente federativo originariamente detentor das atribuições previstas na LC 140/2011, independentemente da aquiescência deste.

Por tudo isso, a *ação supletiva* significa a substituição de um órgão ambiental licenciador por outro de uma esfera de governo mais ampla, independentemente da vontade do substituído, caso se realize uma das hipóteses do artigo 15, da LC 140/2011, ao passo que a *ação subsidiária* (artigo 16) é uma cooperação a ser prestada por ente federativo diverso, devendo ser provocada.

A atuação supletiva ocorrerá em **três hipóteses**:

A) Inexistência de órgão ambiental capacitado para a promoção de determinado processo de licenciamento ambiental;

B) Inexistência de Conselho de Meio Ambiente na respectiva entidade política;

C) Decurso dos prazos de licenciamento, sem a emissão da licença ambiental, conforme o artigo 14, § 3.º, desta Lei Complementar.

Outrossim, de acordo com o artigo 16 da Resolução CONAMA 237/1997, o não cumprimento dos prazos estipulados para a concessão da licença ambiental sujeitará o licenciamento à ação do órgão que detenha competência para atuar supletivamente e o empreendedor ao arquivamento de seu pedido de licença.

É possível que o ente político competente para a realização do licenciamento ambiental não possa fazê-lo pelas mais diversas causas, a exemplo da inexistência de órgão ambiental em inúmeros municípios brasileiros.

Outrossim, o órgão ambiental poderá não ter um corpo técnico qualificado para licenciar determinados projetos, ou então não apreciar os pedidos de licença nos prazos previstos em lei.

Nestas hipóteses, é possível que o órgão ambiental de outra esfera de governo seja obrigado a atuar supletivamente na promoção do licenciamento ambiental.

No Estado da Bahia, por exemplo, apenas pouco mais de vinte e cinco municípios estão habilitados a promover o licenciamento ambiental de atividades com impacto local, a exemplo de Una, Bonito, Luís Eduardo Magalhães, Jiquiriçá, Camaçari, Juazeiro, Candeias, Mucuri, Caravelas e Prado.

Em novembro de 2010, por intermédio da Resolução 451, do Conselho Estadual do Meio Ambiente, o Município de Alcobaça teve reconhecida a sua competência para exercer o licenciamento das atividades e empreendimentos de impacto ambiental local no nível 3 (três), com base nos artigos 7.º e 8.º da Resolução 3.925/2009.

A atuação supletiva ocorre do ente político de menor abrangência territorial para o de maior atuação. Assim, a União, através do IBAMA, atuará supletivamente aos estados, ao Distrito Federal e aos municípios nos casos vistos. Já os estados atuarão supletivamente aos municípios.

Assim sendo, não há base legal para que o município atue supletivamente ao estado e ao IBAMA, muito menos para que o estado atue supletivamente ao IBAMA.

Sobre o tema, colaciona-se decisão do Tribunal de Contas da União:

> **Acórdão 1571/2015 Plenário** (Pedido de Reexame, Relator Ministro José Múcio Monteiro)
>
> Responsabilidade. Licenciamento e autorização ambiental. Competência do Ibama.
>
> A atuação supletiva da União, por meio do Ibama, nas ações administrativas de licenciamento e nas autorizações ambientais limita-se à hipótese de inexistência de órgão ambiental capacitado ou conselho de meio ambiente no estado, no Distrito Federal e no município (art. 15 da Lei Complementar 140/11).

2. QUESTÕES DE CONCURSOS

01. (CESPE – 2012 – IBAMA – Técnico Administrativo) Em caso de emissão de autorização ambiental, inexistindo órgão ambiental capacitado ou conselho de meio ambiente no município, o estado deve desempenhar as ações administrativas municipais.

02. (2015/CESPE/TRF 1ª Região/Juiz Federal) Um empreendedor deu entrada em pedido de licenciamento ambiental no órgão estadual competente. Após paralisar o procedimento por dez meses, o órgão estadual informou que não teria capacidade técnico-administrativa para licenciar o empreendimento e que só a teria após a realização e a conclusão de concurso público para a contratação de servidores, o que demoraria um ano aproximadamente. Diante desses fatos, o empreendedor pediu arquivamento do pedido no órgão estadual e solicitou a atuação do órgão ambiental federal, que assumiu o procedimento de licenciamento ambiental.

Nessa situação hipotética, à luz da Lei Complementar n.º 140/2011, a atuação do órgão federal:

a) decorreu de competência residual com o intuito de fornecer apoio técnico ao órgão estadual que continuará responsável pelo licenciamento.

b) decorreu de competência delegada por força de lei, que dispensa delegação formal pelo titular do órgão estadual.

c) decorreu da competência vertical, exercida diante da prevalência do interesse federal, superior hierarquicamente aos interesses dos demais entes da Federação.

d foi regular, desde que as licenças ambientais tenham sido emitidas sob a responsabilidade dos titulares dos órgãos estadual e federal.

e) foi supletiva, em substituição ao órgão estadual originariamente detentor da atribuição para licenciar.

GAB	01	CERTO	02	E

Art. 16. A ação administrativa subsidiária dos entes federativos dar-se-á por meio de apoio técnico, científico, administrativo ou financeiro, sem prejuízo de outras formas de cooperação.

Parágrafo único. A ação subsidiária deve ser solicitada pelo ente originariamente detentor da atribuição nos termos desta Lei Complementar.

1. COMENTÁRIOS

A **atuação subsidiária** é a ação do ente da federação que visa a *auxiliar* no desempenho das atribuições decorrentes das competências comuns, quando solicitado pelo ente federativo originariamente detentor das atribuições previstas na citada Lei Complementar, operando-se através de apoio técnico, científico, administrativo ou financeiro, sem prejuízo de outras formas de cooperação.

Um exemplo de atuação subsidiária existe no Estado da Bahia. A Secretaria do Meio Ambiente (Sema) por meio da superintendência de Políticas e Planejamento Ambiental (SPA), implementa o **Programa Estadual de Gestão Ambiental Compartilhada (GAC)**, que atende à diretriz do Governo do Estado de apoio à descentralização da gestão pública do meio ambiente e tem como principal objetivo **apoiar os municípios baianos**, individualmente ou através de consórcios territoriais de desenvolvimento sustentável, para a adequação de suas estruturas municipais de meio ambiente tendo em vista Resolução Cepram nº 4.327/2013.

Art. 17. Compete ao órgão responsável pelo licenciamento ou autorização, conforme o caso, de um empreendimento ou atividade, lavrar auto de infração ambiental e instaurar processo administrativo para a apuração de infrações à legislação ambiental cometidas pelo empreendimento ou atividade licenciada ou autorizada.

§ 1.º Qualquer pessoa legalmente identificada, ao constatar infração ambiental decorrente de empreendimento ou atividade utilizadores de recursos ambientais, efetiva ou potencialmente poluidores, pode dirigir representação ao órgão a que se refere o *caput*, para efeito do exercício de seu poder de polícia.

§ 2.º Nos casos de iminência ou ocorrência de degradação da qualidade ambiental, o ente federativo que tiver conhecimento do fato deverá determinar medidas para evitá-la, fazer cessá-la ou mitigá-la, comunicando imediatamente ao órgão competente para as providências cabíveis.

§ 3.º O disposto no *caput* deste artigo não impede o exercício pelos entes federativos da atribuição comum de fiscalização da conformidade de empreendimentos e atividades efetiva ou potencialmente poluidores ou utilizadores de recursos naturais com a legislação ambiental em vigor, prevalecendo o auto de infração ambiental lavrado por órgão que detenha a atribuição de licenciamento ou autorização a que se refere o *caput*.

1. COMENTÁRIOS

De acordo com o artigo 17, *caput*, compete ao órgão responsável pelo licenciamento ou autorização, conforme o caso, de um empreendimento ou atividade, lavrar auto de infração ambiental e instaurar processo administrativo para a apuração de infrações à legislação ambiental cometidas pelo empreendimento ou atividade licenciada ou autorizada.

Assim sendo, a LC 140/2011 deu prioridade ao órgão ambiental licenciador para o exercício do poder de polícia ambiental através da lavratura de auto de infração, caso consumado um ilícito administrativo-ambiental.

Entende-se que continua sendo possível que os órgãos ambientais das esferas que não licenciaram o empreendimento exerçam o seu poder de polícia ambiental, pois se trata de competência material comum.

Nesse sentido, pontifica o § 3.º que o disposto no *caput* deste artigo não impede o exercício pelos entes federativos da atribuição comum de fiscalização da conformidade de empreendimentos e atividades efetiva ou potencialmente poluidores ou utilizadores de recursos naturais com a legislação ambiental em vigor, prevalecendo o auto de infração ambiental lavrado por órgão que detenha a atribuição de licenciamento ou autorização a que se refere o *caput*.

Esse dispositivo legal não é nada claro e pode sofrer uma série de interpretações divergentes, sendo plurissignificativo. Certamente o objetivo do legislador foi fazer prevalecer o entendimento do órgão ambiental licenciador, caso haja o exercício concorrente do poder de polícia ambiental exercido por outras esferas, a fim de reduzir os litígios.

Destarte, suponha-se que o Estado da Bahia, através da sua autarquia ambiental (INEMA), promova o licenciamento ambiental de um empreendimento. Posteriormente, por julgar violada a legislação federal, o IBAMA lavra um auto de infração e interdita a obra, aplicando uma multa simples.

Neste caso, na hipótese de o INEMA também lavrar um auto de infração, prevalecerá o ato administrativo praticado pela autarquia estadual, a teor da expressa previsão do artigo 17, § 3.º, da LC 140/2011, cabendo apenas ao IBAMA ingressar com uma demanda judicial para pronunciar a ilegitimidade dos atos administrativos perpetrados pelo INEMA.

Entrementes, o artigo 17, da LC 140/2011, não trata expressamente de outra situação. Adotando ainda o caso hipotético acima posto, caso o INEMA entenda que inexiste irregularidade, discordando do posicionamento do IBAMA, subsistirá o auto de infração lavrado pelo ente federal?

A despeito da omissão legal, entende-se que sim, haja vista ser competência material comum entre todos os entes federados exercer o poder de polícia ambiental, cabendo apenas ao INEMA ou ao empreendedor questionar os atos administrativos do IBAMA em ação na Justiça Federal, pois o poder de polícia ambiental federal não pode ser suprimido, devendo a LC 140/2011 ser interpretada de acordo com o artigo 23, VI, da Constituição de 1988.

De acordo com a Orientação Jurídica Normativa 49/2013, da Procuradoria Federal Especializada do IBAMA, a interpretação do citado artigo 17 deve ser a seguinte:

> "I. Competência dos entes federativos em matéria de fiscalização ambiental atualmente regulada pelo art. 17 da Lei Complementar nº 140/2011, que instituiu um sistema de prevalência, sem afastar a competência comum constitucionalmente prevista.
>
> II. Atividade concretamente licenciada deve ser preferencialmente fiscalizada pelo órgão ambiental emissor da licença, impondo-se a efetiva atuação do órgão fiscalizador supletivo em caso de omissão do órgão primariamente competente. Em situação de duplicidade de autuações, caberá a prevalência da fiscalização realizada pelo órgão licenciador, com reconhecimento da insubsistência do auto de infração anteriormente lavrado pelo órgão fiscalizador supletivo, desde que a penalidade aplicada no processo originário ainda não esteja definitivamente constituída.
>
> III. Atividades não licenciadas e não licenciáveis podem ser fiscalizadas por qualquer órgão ambiental, prevalecendo o primeiro auto de infração lavrado. Necessidade de se evitar sobreposição de atividade e de se atender aos princípios administrativos aplicáveis e objetivos traçados pelo legislador.
>
> IV. Aplicação de medidas cautelares em caso de iminência ou de já ocorrência de degradação ambiental. Prevalência das medidas aplicadas pelo órgão efetivamente licenciador, prevalecendo sobre aquelas eventualmente impostas pelo órgão fiscalizador supletivo, excetuando-se as que já surtiram, no caso concreto, todos os efeitos práticos admissíveis".

Visando evitar a imposição de multas pelo mesmo fato em mais de uma esfera, o artigo 76, da Lei 9.605/1998, prevê que "o pagamento de multa imposta pelos Estados, Municípios, Distrito Federal ou Territórios substitui a multa federal na mesma hipótese de incidência".

Trata-se de dispositivo legal de duvidosa constitucionalidade, uma vez que prioriza a aplicação de sanções administrativas pecuniárias pelas entidades ambientais locais, sempre afastando a atuação federal, o que aparentemente viola a competência material comum para a preservação ambiental.

Tal dispositivo poderá gerar um conflito entre entes políticos, pois bastará uma multa estadual, distrital ou municipal pelo mesmo fato para afastar a federal, independentemente do valor e do momento da imposição, o que não se mostra razoável.

Logo, deverá prevalecer a primeira multa imposta, o que privilegia a célere atuação administrativa do órgão ambiental e que melhor respeita a competência comum para a preservação do meio ambiente.

Em regulamentação ao artigo 76, da Lei 9.605/1998, o artigo 12 do Regulamento aponta uma interessante saída que se mostra compatível com o atual ordenamento constitucional, pois prevê que a substituição da multa se dará até o limite do Decreto 6.514/2008, ou seja, se a multa federal for maior a substituição será parcial, bem como será condicionada ao efetivo pagamento ao Poder Público local.

Contudo, o art. 76 da Lei 9.605/1998 deve ser aplicado em harmonia com o art. 17, § 3.º, da Lei Complementar 140/2011, haja vista que na concorrência de autos de infração lavrados por diversos órgãos ambientais, irá prevalecer a autuação da entidade que promoveu o licenciamento ambiental, caso tenha havido este procedimento administrativo.

Caso inexista licenciamento ambiental ou as multas pelo mesmo fato tenham sido lavradas por entidades ambientais não concessoras da licença, haverá a aplicação do art. 76 da Lei 9.605/1998.

Em decorrência do direito fundamental de petição, qualquer pessoa legalmente identificada, ao constatar infração ambiental decorrente de empreendimento ou atividade utilizadores de recursos ambientais, efetiva ou potencialmente poluidores, pode dirigir representação ao órgão ambienta para efeito do exercício de seu poder de polícia.

Ademais, em razão do perigo da demora, nos casos de iminência ou ocorrência de degradação da qualidade ambiental, o ente federativo que tiver conhecimento do fato deverá determinar medidas para evitá-la, fazer cessá-la ou mitigá-la, comunicando imediatamente ao órgão competente para as providências cabíveis.

Vale frisar que o artigo 70 da Lei 9.605/1998 já previa que qualquer pessoa, constatando infração ambiental, poderá dirigir representação às autoridades relacionadas no parágrafo anterior, para efeito do exercício do seu poder de polícia, assim como que a autoridade ambiental que tiver conhecimento de infração ambiental é obrigada a promover a sua apuração imediata, mediante processo administrativo próprio, sob pena de corresponsabilidade.

2. JURISPRUDÊNCIA

"(...) Por isso, o parâmetro mínimo que pode ser considerado aqui é exatamente se a fiscalização em análise decorreria diretamente do exercício regular do licenciamento ambiental (para a concessão de uma licença, para a discussão quanto a condicionantes e requisitos necessários à licença), o que evidenciaria, em princípio, possível superposição da atuação do IBAMA sobre a competência do órgão municipal/estadual para o licenciamento, o que não está permitido, provisoriamente, pelas decisões desta Presidência. Há, entretanto, situações que evidenciam uma zona de penumbra para a aferição do cumprimento do mencionado critério, o que demonstra que a análise caso a caso deverá ser realizada. No caso destes autos, poderia se cogitar a constatação de uma zona de penumbra quanto à observância do critério de ser ou não a fiscalização decorrente do licenciamento a partir da autuação do IBAMA que se fundamenta no descumprimento do que estipulado por uma licença concedida. Daí por que as decisões desta Presidência deixaram clara a necessidade do IBAMA proceder aos demais órgãos do SINAMA a imediata comunicação de todas as demandas e tarefas pendentes relacionadas com as áreas e obra de que se trata. Assim, no âmbito do presente pedido de suspensão, este instrumento de informação integrativa entre os órgãos de fiscalização pode reduzir eventuais desentendimentos e fomentar uma atuação cooperativa. No caso destes autos, ainda que o IBAMA possa vir a exercer, em princípio, o poder de polícia ambiental em sentido amplo (excetuado aquele que decorre do exercício regular de licenciamento ambiental), é adequado, para a manutenção da ordem pública (ambiental), que as autuações realizadas pela Autarquia Federal por esse fundamento também sejam imediatamente comunicadas ao órgão ambiental competente para o licenciamento, apenas a título de informação e possível atuação integrada, para eventuais providências e acompanhamento, inclusive no âmbito da fiscalização inerente ao licenciamento ambiental (caso este esteja em curso). Portanto, não constatado de forma evidente que a atuação do IBAMA se deu no sentido de se sobrepor às atividades de fiscalização inerentes ao licenciamento ambiental (no sentido de determinar se e como deve ocorrer o licenciamento ambiental), mas, sim, em observância ao poder de polícia ambiental atribuído aos órgãos do SISNAMA pela legislação e pela Constituição, não vislumbro violação das decisões do STF pelas atuações do IBAMA indicadas nos autos (...)" (STF, STA, de 20.04.2010).

"Processual civil. Administrativo. Ambiental. Multa. Conflito de atribuições comuns. Omissão de órgão estadual. Potencialidade de dano ambiental a bem da União. Fiscalização do IBAMA. Possibilidade. **1. Havendo omissão do órgão estadual na fiscalização, mesmo que outorgante da licença ambiental, pode o IBAMA exercer o seu poder de polícia administrativa, pois não há confundir competência para licenciar com competência para fiscalizar.** 2. A contrariedade à norma pode ser anterior ou superveniente à outorga da licença, portanto a aplicação da sanção não está necessariamente vinculada à esfera do ente federal que a outorgou. **3. O pacto federativo atribuiu competência aos quatro entes da federação para proteger o meio ambiente através da fiscalização.** 4. A competência constitucional para fiscalizar é comum aos órgãos do meio ambiente das diversas esferas da federação, inclusive o artigo 76 da Lei Federal n. 9.605/1998 prevê a possibilidade de atuação concomitante dos integrantes do SISNAMA. **5. Atividade desenvolvida com risco de dano ambiental a bem da União pode ser fiscalizada pelo IBAMA, ainda que a competência para licenciar seja de outro ente federado.** Agravo regimental provido" (STJ, AgRg no REsp 711.405/PR, de 28.04.2009).

3. QUESTÕES DE CONCURSOS

01. **(FGV – 2013 – OAB – Exame de Ordem Unificado – XI – Primeira Fase)** Técnicos do IBAMA, autarquia federal, verificaram que determinada unidade industrial, licenciada pelo Estado no qual está localizada, está causando degradação ambiental significativa, vindo a lavrar auto de infração pelos danos cometidos. Sobre o caso apresentado e aplicando as regras de licenciamento e fiscalização ambiental previstas na Lei Complementar n. 140/2011, assinale a afirmativa correta.

a) Há irregularidade no licenciamento ambiental, uma vez que em se tratando de atividade que cause degradação ambiental significativa, o mesmo deveria ser realizado pela União.

b) É ilegal a fiscalização realizada pelo IBAMA, que só pode exercer poder de polícia de atividades licenciadas pela União, em sendo a atividade regularmente licenciada pelo Estado.

c) É possível a fiscalização do IBAMA o qual pode, inclusive, lavrar auto de infração, que, porém, não prevalecerá caso o órgão estadual de fiscalização também lavre auto de infração.

d) Cabe somente à União, no exercício da competência de fiscalização, adotar medidas para evitar danos ambientais iminentes, comunicando imediatamente ao órgão competente, em sendo a atividade licenciada pelo Estado.

02. **(MPE-SC – 2013 – Promotor de Justiça)** Nos termos da Lei Complementar 140/2011, compete ao órgão responsável pelo licenciamento ou autorização, conforme o caso, de um empreendimento ou atividade, lavrar auto de infração ambiental e instaurar processo administrativo para a apuração de infrações à legislação ambiental cometidas pelo empreendimento ou atividade licenciada ou autorizada.

GAB	01	C	02	CERTO

CAPÍTULO IV
DISPOSIÇÕES FINAIS E TRANSITÓRIAS

Art. 18. Esta Lei Complementar aplica-se apenas aos processos de licenciamento e autorização ambiental iniciados a partir de sua vigência.

§ 1.º Na hipótese de que trata a alínea "h" do inciso XIV do art. 7.º, a aplicação desta Lei Complementar dar-se-á a partir da entrada em vigor do ato previsto no referido dispositivo.

§ 2.º Na hipótese de que trata a alínea "a" do inciso XIV do art. 9.º, a aplicação desta Lei Complementar dar-se-á a partir da edição da decisão do respectivo Conselho Estadual.

§ 3.º Enquanto não forem estabelecidas as tipologias de que tratam os §§ 1.º e 2.º deste artigo, os processos de licenciamento e autorização ambiental serão conduzidos conforme a legislação em vigor.

1. COMENTÁRIOS

A LC 140 entrou em vigou em 09 de dezembro de 2011, data da sua publicação. A sua aplicação no tempo é restrita aos processos de licenciamento ambiental instaurados a partir desse dia, não se aplicando aos processos de licenciamento ambiental abertos antes de 09 de dezembro de 2011.

No que concerne à **competência federal** dos empreendimentos que atendam tipologia estabelecida por ato do Poder Executivo, a partir de proposição da Comissão Tripartite Nacional, assegurada a participação de um membro do Conselho Nacional do Meio Ambiente (Conama), e considerados os critérios de porte, potencial poluidor e natureza da atividade ou empreendimento, a vigência está suspensa, pois depende da edição do referido decreto federal, aplicando-se provisoriamente a legislação anterior.

Por sua vez, no que tange à **competência municipal** para licenciamento ambiental nos casos de empreendimentos que causem ou possam causar impacto ambiental de âmbito local, conforme tipologia definida pelos respectivos Conselhos Estaduais de Meio Ambiente, considerados os critérios de porte, potencial poluidor e natureza da atividade, a vigência também está suspensa até que seja editada resolução do Conselho Estadual de Meio Ambiente habilitando o município para o licenciamento ambiental de impacto local, aplicando-se provisoriamente a legislação anterior.

Art. 19. O manejo e a supressão de vegetação em situações ou áreas não previstas nesta Lei Complementar dar-se-ão nos termos da legislação em vigor.

1. COMENTÁRIOS

Este artigo reforça a vigência das regras anteriores no que concerne ao manejo e a supressão de vegetação, desde que haja omissão da LC 140/2011.

Art. 20. O art. 10 da Lei nº 6.938, de 31 de agosto de 1981, passa a vigorar com a seguinte redação:

"Art. 10. A construção, instalação, ampliação e funcionamento de estabelecimentos e atividades utilizadores de recursos ambientais, efetiva ou potencialmente poluidores ou capazes, sob qualquer forma, de causar degradação ambiental dependerão de prévio licenciamento ambiental.

§ 1.º Os pedidos de licenciamento, sua renovação e a respectiva concessão serão publicados no jornal oficial, bem como em periódico regional ou local de grande circulação, ou em meio eletrônico de comunicação mantido pelo órgão ambiental competente.

§ 2.º (Revogado).

§ 3.º (Revogado).

§ 4.º (Revogado)." (NR)

1. COMENTÁRIOS

A LC 140 alterou a redação do artigo 10 da Lei 6.938/1981 e revogou dispositivos do citado artigo a fim de compatibilizar as normas federais com a nova sistemática sobre a competência para o licenciamento ambiental (vide comentários ao artigo 10 da Lei 6.938/1981).

Art. 21. Revogam-se os §§ 2.º, 3.º e 4.º do art. 10 e o § 1.º do art. 11 da Lei nº 6.938, de 31 de agosto de 1981.

1. COMENTÁRIOS

Este artigo revogou expressamente passagens dos artigos 10 e 11 da Lei 6.938/1981, pois dispõe de maneira diversa sobre os dispositivos revogados.

Art. 22. Esta Lei Complementar entra em vigor na data de sua publicação.

1. COMENTÁRIOS

A LC 140 não teve período de vacância, passado a vigorar no dia 9 de dezembro de 2011, data da sua publicação.

Brasília, 8 de dezembro de 2011; 190.º da Independência e 123.º da República.

DILMA ROUSSEFF

Francisco Gaetani

Este texto não substitui o publicado no *DOU* de 9.12.2011 e retificado em 12.12.2011

LEI 12.651, DE 25 DE MAIO DE 2012

▸ NOVO CÓDIGO FLORESTAL

Dispõe sobre a proteção da vegetação nativa; altera as Leis nºs 6.938, de 31 de agosto de 1981, 9.393, de 19 de dezembro de 1996, e 11.428, de 22 de dezembro de 2006; revoga as Leis nºs 4.771, de 15 de setembro de 1965, e 7.754, de 14 de abril de 1989, e a Medida Provisória nº 2.166-67, de 24 de agosto de 2001; e dá outras providências

1. COMENTÁRIOS

É certo que o antigo Código Florestal (Lei 4.771/1965) precisava ser substituído, visto que editado em período em que a realidade florestal brasileira era diversa. Ademais, somente nestes últimos anos foram tomadas medidas mais concretas e drásticas para o seu cumprimento, a exemplo da edição do Decreto 6.514/2008, o que fez aflorar a necessidade da aprovação de nova legislação.

Em determinados temas houve um retrocesso de proteção florestal, ferindo o Princípio da Vedação ao Retrocesso Ambiental, posto que a bancada ruralista no Congresso Nacional demonstrou ter mais força política do que a Presidência da República e os ambientalistas, em que pesem os saudáveis vetos e as inovações promovidas pela MP 571/2012, convertida na Lei 12.727/2012. Espera-se que ao menos a nova legislação florestal seja cumprida, pois o índice de efetivação do antigo Código Florestal foi mínimo.

Vale ainda registrar que, com o advento do novo Código Florestal, inúmeras resoluções do CONAMA necessitarão ser revisadas para se adequar ao novo lastro legal, especialmente as Resoluções 302 e 303, ambas de 2002, que tratam da delimitação de áreas de preservação permanente.

Em muitas passagens o novo CFlo adota **dois regimes jurídicos**: um de tolerância para as condutas lesivas ao ambiente, perpetradas até o **dia 22 de julho de 2008**, e outro rígido, para os atos praticados a partir dessa data.

Isso porque, no dia 23 de julho de 2008, foi publicado o Decreto 6.514, que dispõe sobre as infrações e sanções administrativas ao meio ambiente, que instituiu uma série de novos tipos administrativos para punir os infratores da legislação ambiental.

De sua vez, insta salientar também que **o novo CFlo traz várias disposições mais flexíveis em favor do pequeno proprietário ou possuidor rural (prédio rústico de até quatro módulos fiscais)**, especialmente no que concerne às áreas de preservação permanente e de reserva legal.

Resta saber como será a interpretação dos Tribunais Superiores sobre a aplicação intertemporal da Lei 12.651/2012, máxime das regras menos restritivas e que ampliam o direito de supressão de vegetação nativa sobre situações concretizadas.

Vale registrar que vários dispositivos da Lei 12.651/2012 foram questionados no STF pelo Procurador-Geral da República em 21 de janeiro de 2013 através das ADIs 4.901, 4.902 e 4.903.

As referidas ações, junto com a ADC 42 e ADI 4.937, foram julgadas pelo STF em 28 de fevereiro de 2018, conforme noticiado pelo STF:

Informativo 892

O Plenário concluiu julgamento conjunto de ações diretas de inconstitucionalidade e de ação declaratória de constitucionalidade em que se discute diversos dispositivos da Lei 12.651/2012 (Código Florestal) (Informativos 884 e 891).

O Tribunal julgou parcialmente procedente a ADC 42, para: i) por maioria, vencidos os Ministros Edson Fachin e Gilmar Mendes, e, em parte, o Ministro Alexandre de Moraes, **declarar a inconstitucionalidade das expressões "gestão de resíduos" e "instalações necessárias à realização de competições esportivas estaduais, nacionais ou internacionais", contidas no art. 3º, VIII, b; ii) por maioria, dar interpretação conforme a Constituição ao art. 3º, VIII e IX, de modo a se condicionar a intervenção excepcional em APP, por interesse social ou utilidade pública, à inexistência de alternativa técnica e/ou locacional à atividade proposta**, vencidos, em parte, os Ministros Gilmar Mendes e Celso de Mello; **iii) por maioria, reconhecer a constitucionalidade do art. 3º, XIX**, vencidos, em parte, os Ministros Cármen Lúcia (Presidente) e Ricardo Lewandowski, que declaravam inconstitucional, por arrastamento, o art. 4º, I; **iv) por maioria, vencidos os Ministros Alexandre de Moraes e Gilmar Mendes, declarar a inconstitucionalidade das expressões "demarcadas" e "tituladas", contidas no art. 3º, parágrafo único; v) por unanimidade, reconhecer a constitucionalidade do art. 4º, III; vi) por maioria, dar interpretação conforme ao art. 4º, IV, para fixar a interpretação de que os entornos das nascentes e dos olhos d'água intermitentes configuram área de preservação ambiental, vencidos os Ministros Gilmar Mendes e, em parte, Marco Aurélio e Cármen** Lúcia (Presidente); **vii) por maioria, vencidos os Ministros Cármen** Lúcia (Presidente) e Ricardo **Lewandowski, reconhecer a constitucionalidade do art. 4º, §1º; viii) por maioria, vencidos os Ministros Cármen** Lúcia (Presidente) e Ricardo **Lewandowski, reconhecer a constitucionalidade do art. 4º, § 4º; ix) por unanimidade, reconhecer a constitucionalidade do art. 4º, § 5º; x) por unanimidade, reconhecer a constitucionalidade do art. 4º, § 6º, e incisos; xi) por maioria**, vencidos, em parte, os Ministros Marco Aurélio e Ricardo Lewandowski, **reconhecer a constitucionalidade do art. 5º; xii) por maioria**, vencidos os Ministros Luiz Fux (relator), Marco Aurélio, Edson Fachin, Roberto Barroso e Ricardo Lewandowski, **reconhecer a constitucionalidade** do art. 7º, § 3º; **xiii) por unanimidade, reconhecer a constitucionalidade do art. 8º, § 2º; xiv) por maioria**, vencidos os Ministros Marco Aurélio, Edson Fachin, Roberto Barroso, Rosa Weber e Ricardo Lewandowski, **reconhecer a constitucionalidade do art. 12, § 4º; xv) por maioria**, vencidos os Ministros Marco Aurélio, Edson Fachin, Roberto Barroso, Rosa Weber e Ricardo Lewandowski, **reconhecer a constitucionalidade do art. 12. § 5º; xvi) por maioria, reconhecer a constitucionalidade do art. 12, § 6º**, vencidos os Ministros Cármen Lúcia (Presidente), Edson Fachin e Rosa Weber; **xvii) por maioria, reconhecer a constitucional do art. 12, § 7º**, vencidos os Ministros Cármen Lúcia (Presidente), Edson

Fachin e Rosa Weber; **xviii) por maioria, reconhecer a constitucionalidade do art. 12, § 8º**, vencidos os Ministros Cármen Lúcia (Presidente), Edson Fachin e Rosa Weber; **xix) por maioria**, vencido o Ministro Edson Fachin, **reconhecer a constitucionalidade do art. 13, § 1º; xx) por maioria**, vencidos os Ministros Edson Fachin e Rosa Weber e, em parte, os Ministros Marco Aurélio e Ricardo Lewandowski, **reconhecer a constitucionalidade do art. 15; xxi) por maioria**, vencidos os Ministros Luiz Fux (relator), Marco Aurélio, Edson Fachin, Roberto Barroso e Ricardo Lewandowski, **reconhecer a constitucionalidade do art. 17, § 3º; xxii) por unanimidade, reconhecer a constitucionalidade do art. 44; xxiii) por maioria, dar interpretação conforme a Constituição ao art. 48, § 2º, para permitir compensação apenas entre áreas com identidade ecológica**, vencidos o Ministro Edson Fachin e, em parte, os Ministros Luiz Fux (relator), Cármen Lúcia (Presidente), Alexandre de Moraes, Roberto Barroso e Gilmar Mendes; **xxiv) por maioria, dar interpretação conforme a Constituição ao art. 59, §4º, de modo a afastar, no decurso da execução dos termos de compromissos subscritos nos programas de regularização ambiental, o risco de decadência ou prescrição, seja dos ilícitos ambientais praticados antes de 22.7.2008, seja das sanções deles decorrentes, aplicando-se extensivamente o disposto no § 1º do art. 60 da Lei 12.651/2012, segundo o qual "a prescrição ficará interrompida durante o período de suspensão da pretensão punitiva"**, vencidos os Ministros Luiz Fux (relator), Marco Aurélio, Edson Fachin, Roberto Barroso e Ricardo Lewandowski, e, em parte, o Ministro Gilmar Mendes; **xxv) por maioria, dar interpretação conforme a Constituição ao art. 59, § 5º, de modo a afastar, no decurso da execução dos termos de compromissos subscritos nos programas de regularização ambiental, o risco de decadência ou prescrição, seja dos ilícitos ambientais praticados antes de 22.7.2008, seja das sanções deles decorrentes, aplicando-se extensivamente o disposto no § 1º do art. 60 da Lei 12.651/2012, segundo o qual "a prescrição ficará interrompida durante o período de suspensão da pretensão punitiva"**, vencidos os Ministros Luiz Fux (relator), Marco Aurélio, Edson Fachin, Roberto Barroso e Ricardo Lewandowski, e, em parte, o Ministro Gilmar Mendes; **xxvi) por maioria**, vencidos os Ministros Luiz Fux (relator), Marco Aurélio, Roberto Barroso e Ricardo Lewandowski, **reconhecer a constitucionalidade do art. 60; xxvii) por maioria**, vencidos os Ministros Marco Aurélio e Ricardo Lewandowski, e, em parte, o Ministro Edson Fachin, **reconhecer a constitucionalidade do art. 61-A; xxviii) por maioria**, vencidos os Ministros Marco Aurélio, Edson Fachin e Ricardo Lewandowski, **reconhecer a constitucionalidade do art. 61-B; xxix) por maioria,** vencidos os Ministros Marco Aurélio, Edson Fachin e Ricardo Lewandowski, **reconhecer a constitucionalidade do art. 61- C; xxx) por maioria,** vencidos os Ministros Marco Aurélio, Cármen Lúcia, Rosa Weber e Ricardo Lewandowski, **reconhecer a constitucionalidade do art. 63; xxxi) por maioria**, vencidos os Ministros Marco Aurélio, Edson Fachin, Rosa Weber e Ricardo Lewandowski, **reconhecer a constitucionalidade do art. 66, § 3º; xxxii) por maioria**, vencidos os Ministros Marco Aurélio, Edson Fachin, e, em parte, o Ministro Ricardo Lewandowski, **reconhecer a constitucionalidade do art. 66, § 5º; xxxiii) por maioria**, vencidos os Ministros Marco Aurélio, Edson Fachin, e, em parte, o Ministro Ricardo Lewandowski, **reconhecer a constitucionalidade do art. 66, § 6º; xxxiv) por maioria,** vencidos os Ministros Marco Aurélio, Cármen Lúcia (Presidente), Edson Fachin, Rosa Weber e Ricardo Lewandowski, **reconhecer a constitucionalidade do art. 67; xxxv) por maioria**, vencido, em parte, o Ministro Edson Fachin, **reconhecer a constitucionalidade do art. 68; e xxxvi) por unanimidade, reconhecer a constitucionalidade do art. 78-A.**

A Corte julgou parcialmente procedente a ADI 4901, para: i) por maioria, vencidos os Ministros Marco Aurélio, Edson Fachin, Roberto Barroso, Rosa Weber e Ricardo Lewandowski, reconhecer a constitucionalidade do art. 12, § 4º; ii) por maioria, vencidos os Ministros Marco Aurélio, Edson Fachin, Roberto Barroso, Rosa Weber e Ricardo Lewandowski, reconhecer a constitucionalidade do art. 12, § 5º; iii) por maioria, reconhecer a constitucionalidade do art. 12, § 6º, vencidos os Ministros Cármen Lúcia (Presidente), Edson Fachin e Rosa Weber; iv) por maioria, reconhecer a constitucionalidade do art. 12, § 7º, vencidos os Ministros Cármen Lúcia, Edson Fachin e Rosa Weber; v) por maioria, reconhecer a constitucionalidade do art. 12, § 8º, vencidos os Ministros Cármen Lúcia (Presidente), Edson Fachin e Rosa Weber; vi) por maioria, vencido o Ministro Edson Fachin, reconhecer a constitucionalidade do art. 13, § 1º; vii) por maioria, vencidos os Ministros Edson Fachin e Rosa Weber e, em parte, os Ministros Marco Aurélio e Ricardo Lewandowski, reconhecer a constitucionalidade do art. 15; viii) por unanimidade, reconhecer a constitucionalidade do art. 28; ix) por maioria, dar interpretação conforme a Constituição ao art. 48, § 2º, para permitir compensação apenas entre áreas com identidade ecológica, vencidos o Ministro Edson Fachin e, em parte, os Ministros Luiz Fux (relator), Cármen Lúcia (Presidente), Alexandre de Moraes, Roberto Barroso e Gilmar Mendes; x) por maioria, vencidos os Ministros Marco Aurélio, Edson Fachin, Rosa Weber e Ricardo Lewandowski, reconhecer a constitucionalidade do art. 66, § 3º; xi) por maioria, vencidos os Ministros Marco Aurélio, Edson Fachin, e, em parte, o Ministro Ricardo Lewandowski, reconhecer a constitucionalidade do art. 66, § 5º; xii) por maioria, vencidos os Ministros Marco Aurélio, Edson Fachin, e, em parte, o Ministro Ricardo Lewandowski, reconhecer a constitucionalidade do art. 66, § 6º; xiii) por maioria, vencidos os Ministros Marco Aurélio, Cármen Lúcia (Presidente), Edson Fachin, Rosa Weber e Ricardo Lewandowski, reconhecer a constitucionalidade do art. 67; e xiv) por maioria, vencido, em parte, o Ministro Edson Fachin, reconhecer a constitucionalidade do art. 68.

O Tribunal julgou parcialmente procedente a ADI 4902, para: i) por maioria, vencidos os Ministros Luiz Fux (relator), Marco Aurélio, Edson Fachin, Roberto Barroso e Ricardo Lewandowski, reconhecer a constitucionalidade do art . 7º, § 3º; ii) por maioria, vencidos os Ministros Luiz Fux (relator), Marco Aurélio, Edson Fachin, Roberto Barroso e Ricardo Lewandowski, reconhecer a constitucionalidade do art. 17, § 3º; iii) por maioria, deu interpretação conforme a Constituição ao art. 59, §4º, de modo a afastar, no decurso da execução dos termos de compromissos subscritos nos programas de regularização ambiental, o risco de decadência ou prescrição, seja dos ilícitos ambientais praticados antes de 22.7.2008, seja das sanções deles decorrentes, aplicando-se extensivamente o disposto no § 1º do art. 60 da Lei 12.651/2012, segundo o qual "a prescrição ficará interrompida durante o período de suspensão da pretensão punitiva", vencidos os Ministros Luiz Fux (relator), Marco Aurélio, Edson Fachin, Roberto Barroso e Ricardo Lewandowski, e, em parte, o Ministro Gilmar Mendes; iv) por maioria, deu interpretação conforme a Constituição ao art. 59, § 5º, de modo a afastar, no decurso da execução dos termos de compromissos subscritos nos programas de regularização ambiental, o risco de decadência ou prescrição, seja dos ilícitos ambientais praticados antes de 22.7.2008, seja das sanções deles decorrentes, aplicando-se extensivamente o disposto no § 1º do art. 60 da Lei 12.651/2012, segundo o qual "a prescrição ficará interrompida durante o período de suspensão da pretensão punitiva", vencidos os Ministros Luiz Fux (Relator), Marco Aurélio, Edson Fachin, Roberto Barroso e Ricardo Lewandowski, e, em parte, o Ministro Gilmar Mendes; v) por maioria, vencidos os Ministros Luiz Fux (relator), Marco Aurélio, Roberto Barroso e Ricardo Lewandowski, reconhecer a constitucionalidade do art. 60; vi) por maioria, vencidos os Ministros Marco Aurélio e Ricardo Lewandowski, e, em parte, o Ministro Edson Fachin, reconhecer a constitucionalidade do art. 61-A; vii) por maioria, vencidos os Ministros Marco Aurélio, Edson Fachin e Ricardo Lewandowski, reconhecer a constitucionalidade do art. 61-B; viii) por maioria, vencidos os Ministros Marco Aurélio, Edson Fachin e Ricardo Lewandowski, reconhecer a constitucionalidade do art. 61- C; ix) por maioria, vencidos os Ministros Marco Aurélio, Cármen Lúcia (Presidente), Rosa Weber e Ricardo Lewandowski, reconhecer a constitucionalidade do art. 63; x) por maioria, vencidos os Ministros Marco Aurélio, Cármen Lúcia (Presidente), Edson Fachin, Rosa Weber e Ricardo Lewandowski, reconhecer a constitucionalidade do art. 67; e xi) por unanimidade, reconhecer a constitucionalidade do art. 78-A.

A Corte julgou parcialmente procedente a ADI 4903, para: i) por maioria, vencidos os Ministros Edson Fachin e Gilmar Mendes, e, em parte, o Ministro Alexandre de Moraes, declarar a inconstitucionalidade das expressões "gestão de resíduos" e "instalações necessárias à realização de competições esportivas estaduais, nacionais ou internacionais", contidas no art. 3º, VIII, b; ii) por maioria, dar interpretação conforme a Constituição ao art. 3º, VIII e IX, de modo a se condicionar a intervenção excepcional em APP, por interesse social ou utilidade pública, à inexistência de alternativa técnica e/ou locacional à atividade proposta, vencidos, em parte, os Ministros Gilmar Mendes e Celso de Mello; iii) por maioria, vencidos os Ministros Gilmar Mendes, e, em parte, a Ministra Cármen Lúcia (Presidente), dar interpretação conforme a Constituição ao art. 3º, XVII, para fixar a interpretação de que os entornos das nascentes e dos olhos d´água intermitentes configuram área de preservação permanente; iv) por maioria, reconhecer a constitucionalidade do art. 3º, XIX, vencidos, em parte, os Ministros Cármen Lúcia (Presidente) e Ricardo Lewandowski, que declaravam inconstitucional, por arrastamento, o art. 4º, I; v) por maioria, vencidos os Ministros Alexandre de Moraes e Gilmar Mendes, declarar a inconstitucionalidade das expressões "demarcadas" e "tituladas", contidas no art. 3º, parágrafo único; vi) por unanimidade, reconhecer a constitucionalidade do art. 4º, III; vii) por maioria, dar interpretação conforme ao art. 4º, IV, para fixar a interpretação de que os entornos das nascentes e dos olhos d'água intermitentes configuram área de preservação ambiental, vencidos o Ministro Gilmar Mendes e, em parte, os Ministros Marco Aurélio e Cármen Lúcia (Presidente); viii) por maioria, vencidos os Ministros Cármen Lúcia (Presidente) e Ricardo Lewandowski, reconhecer a constitucionalidade do art. 4º, §1º; ix) por maioria, vencidos os Ministros Cármen Lúcia (Presidente) e Ricardo Lewandowski, reconhecer a constitucionalidade do art. 4º, § 4º; x) por unanimidade, reconhecer a constitucionalidade do art. 4º, § 5º; xi) por unanimidade, reconhecer a constitucionalidade do art. 4º, § 6º, e incisos; xii) por maioria, vencidos, em parte, os Ministros Marco Aurélio e Ricardo Lewandowski, o Tribunal reconheceu a constitucionalidade do art. 5º; xiii) por unanimidade, reconhecer a constitucionalidade do art. 8º, § 2º; xiv) por maioria, vencidos, em parte, os Ministros Cármen Lúcia (Presidente) e Ricardo Lewandowski, reconhecer a constitucionalidade do art. 11; xv) por maioria, vencidos os Ministros Relator, Marco Aurélio, Edson Fachin, Roberto Barroso e Ricardo Lewandowski, reconhecer a constitucionalidade do art. 17, § 3º; xvi) por unanimidade, julgou constitucional o art. 62.

Por fim, o Tribunal julgou parcialmente procedente a ADI 4937, para: i) por maioria, vencidos os Ministros Edson Fachin e Gilmar Mendes, e, em parte, o Ministro Alexandre de Moraes, declarar a inconstitucionalidade das expressões "gestão de resíduos" e "instalações necessárias à realização de competições esportivas estaduais, nacionais ou internacionais", contidas no art. 3º, VIII, b; ii) por maioria, vencidos os Ministros Luiz Fux (relator), Marco Aurélio, Edson Fachin, Roberto Barroso e Ricardo Lewandowski, reconhecer a constitucionalidade do art. 7º, § 3º; iii) por maioria, vencido o Ministro Edson Fachin, reconhecer a constitucionalidade do art. 13, § 1º; iv) por unanimidade, reconhecer constitucional o art. 44; v) por maioria, dar interpretação conforme a Constituição ao art. 48, § 2º, para permitir compensação apenas entre áreas com identidade ecológica, vencidos o Ministro Edson Fachin e, em parte, os Ministros Luiz Fux (relator), Cármen Lúcia (Presidente), Alexandre de Moraes, Roberto Barroso e Gilmar Mendes; vi) por maioria, dar interpretação conforme a Constituição ao art. 59, §4º, de modo a afastar, no decurso da execução dos termos de compromissos subscritos nos programas de regularização ambiental, o risco de decadência ou prescrição, seja dos ilícitos ambientais praticados antes de 22.7.2008, seja das sanções deles decorrentes, aplicando-se extensivamente o disposto no § 1º do art. 60 da Lei 12.651/2012, segundo o qual "a prescrição ficará interrompida durante o período de suspensão da pretensão punitiva", vencidos os Ministros Luiz Fux (relator), Marco Aurélio, Edson Fachin, Roberto Barroso e Ricardo Lewandowski, e, em parte, o Ministro Gilmar Mendes; vii) por maioria, dar interpretação conforme a Constituição ao art. 59, § 5º, de modo a afastar, no decurso da execução dos termos de compromissos subscritos nos programas de regularização ambiental, o risco de decadência ou prescrição, seja dos ilícitos ambientais praticados antes de 22.7.2008, seja das sanções deles decorrentes, aplicando-se extensivamente o disposto no § 1º do art. 60 da Lei 12.651/2012, segundo o qual "a prescrição ficará interrompida durante o período de suspensão da pretensão punitiva", vencidos os Ministros Luiz Fux (relator), Marco Aurélio, Edson Fachin, Roberto Barroso e Ricardo Lewandowski, e, em parte, o Ministro Gilmar Mendes; viii) por maioria, vencidos os Ministros Luiz Fux (relator), Marco Aurélio, Roberto Barroso e Ricardo Lewandowski, reconhecer a constitucionalidade do art. 60; ix) por maioria, vencidos os Ministros Marco Aurélio e Ricardo Lewandowski, e, em parte, o Ministro Edson Fachin, reconhecer a constitucionalidade do art. 61-A; x) por maioria, vencidos os Ministros Marco Aurélio, Edson Fachin e Ricardo Lewandowski, reconhecer a constitucionalidade do art. 61-B; xi) por maioria, vencidos os Ministros Marco Aurélio, Edson Fachin e Ricardo Lewandowski, reconhecer a constitucionalidade do art. 61- C; e xii) por maioria, vencidos os Ministros Marco Aurélio, Cármen Lúcia (Presidente), Rosa Weber e Ricardo Lewandowski, reconhecer a constitucionalidade do art. 63.

O Colegiado destacou que o art. 225 da Constituição Federal estabelece que "todos têm direito ao meio ambiente ecologicamente equilibrado, bem de uso comum do povo e essencial à sadia qualidade de vida, impondo-se ao Poder Público e à coletividade o dever de defendê-lo e preservá-lo para as presentes e futuras gerações". Sob essa perspectiva, o meio ambiente assume função dúplice no microssistema jurídico, na medida em que se consubstancia simultaneamente em direito e em dever dos cidadãos, os quais se posicionam, paralelamente, também de forma simultânea, como credores e como devedores da obrigação de proteção respectiva.

Outrossim, o homem é parte indissociável do meio ambiente. Por intermédio das interações genéticas biologicamente evolutivas que se sucederam nos últimos milhares de anos, o meio ambiente produziu a espécie humana, cuja vida depende dos recursos nele contidos. Nesse ponto, nem os mais significativos avanços tecnológicos permitirão ao homem, em algum momento futuro, dissociar-se do meio ambiente, na medida em que a atividade humana inventiva e transformadora depende da matéria nele contida, sob todas as suas formas.

A capacidade de os indivíduos desestabilizarem o equilíbrio do conjunto de recursos naturais que lhes fornece a própria existência tem gerado legítimas preocupações, as quais se intensificaram no último século. Afinal, recursos naturais são escassos; determinados danos são irreversíveis ou extremamente agressivos à natureza; alterações climáticas tornaram-se problema real; e a poluição se alastra pelos grandes centros, entre outras evidências empíricas da crise ambiental. Portanto, o foco no crescimento econômico sem a devida preocupação ecológica consiste em ameaça presente e futura para o progresso das nações e até mesmo para a sobrevivência da espécie humana. O homem apenas progride como ser biológico e como coletividade quando se percebe como produto – e não proprietário – do meio ambiente. Por outro lado, as políticas públicas ambientais devem conciliar-se com outros valores democraticamente eleitos pelos legisladores, como o mercado de trabalho, o desenvolvimento social, o atendimento às necessidades básicas de consumo dos cidadãos etc. Dessa forma, não é adequado desqualificar determinada regra legal como contrária ao comando constitucional de defesa do meio ambiente (CF, art. 225), ou mesmo sob o genérico e subjetivo rótulo de "retrocesso ambiental", ignorando as diversas nuances que permeiam o processo decisório do legislador, democraticamente investido da função de apaziguar interesses conflitantes por meio de regras gerais e objetivas. Não se deve desprezar que a mesma Constituição que protege o meio ambiente também exorta o Estado brasileiro a garantir a livre iniciativa (CF, artigos 1º, IV, e 170) e o desenvolvimento nacional (CF, art. 3º, II), a erradicar a pobreza e a marginalização, e a reduzir as desigualdades sociais e regionais (CF, artigos 3º, III, e 170, VII), a proteger a propriedade (CF, artigos 5º, "caput" e XXII, e 170, II), a buscar o pleno emprego (CF, artigos 170, VIII, e 6º) e a defender o consumidor (CF, artigos 5º, XXXII, e 170, V).

O desenho institucional das políticas públicas ambientais suscita, assim, o duelo valorativo entre a proteção ambiental e a tutela do desenvolvimento, tendo como centro de gravidade o bem comum e a pessoa humana, num cenário de escassez. Portanto, o desenvolvimento econômico e a preservação do meio ambiente não são políticas intrinsicamente antagônicas.

Nessa medida, a preservação dos recursos naturais para as gerações futuras não pode significar a ausência completa de impacto do homem na natureza, consideradas as carências materiais da geração atual e também a necessidade de gerar desenvolvimento econômico suficiente para assegurar uma travessia confortável para os nossos descendentes. Meio ambiente e desenvolvimento econômico encerram conflito normativo aparente, a envolver diversas nuances, em especial a justiça intergeracional, demandando escolhas trágicas a serem realizadas pelas instâncias democráticas, e não pela convicção de juízes, por mais bem-intencionados que sejam.

Ademais, o princípio da vedação ao retrocesso não se sobrepõe ao princípio democrático, no afã de transferir ao Judiciário funções inerentes aos Poderes Legislativo e Executivo, e nem justifica afastar arranjos legais mais eficientes para o desenvolvimento sustentável do país como um todo, na linha do que decidido no RE 586.224/SP.

ADC 42/DF, rel. Min. Luiz Fux, julgamento em 28.2.2018. (ADC-42)

ADI 4901/DF, rel. Min. Luiz Fux, julgamento em 28.2.2018. (ADI-4901)

ADI 4902/DF, rel. Min. Luiz Fux, julgamento em 28.2.2018. (ADI-4902)

ADI 4903/DF, rel. Min. Luiz Fux, julgamento em 28.2.2018. (ADI-4903)

ADI 4937/DF, rel. Min. Luiz Fux, julgamento em 28.2.2018. (ADI-4937)

Essas ações abstratas de constitucionalidade foram julgadas pelo Supremo Tribunal conjuntamente em 28 de fevereiro de 2018, tendo a maioria dos dispositivos questionados sido decretados **constitucionais** pela Corte:

Norma avaliada	Decisão do Supremo Tribunal Federal
Art. 3º, XIX Art. 3º Para os efeitos desta Lei, entende-se por: (...) XIX – leito regular: a calha por onde correm regularmente as águas do curso d'água durante o ano.	Reconhecida a **constitucionalidade**, por maioria, vencidos, em parte, os Ministros Cármen Lúcia (Presidente) e Ricardo Lewandowski, que declaravam inconstitucional, por arrastamento, o art. 4º, I, do Código Florestal.
Art. 4º, III Art. 4º Considera-se Área de Preservação Permanente, em zonas rurais ou urbanas, para os efeitos desta Lei: (...) III – as áreas no entorno dos reservatórios d'água artificiais, decorrentes de barramento ou represamento de cursos d'água naturais, na faixa definida na licença ambiental do empreendimento.	Reconhecida a **constitucionalidade**, por unanimidade.
Art. 4º, § 1º Art. 4º Considera-se Área de Preservação Permanente, em zonas rurais ou urbanas, para os efeitos desta Lei: (...) § 1º Não será exigida Área de Preservação Permanente no entorno de reservatórios artificiais de água que não decorram de barramento ou represamento de cursos d'água naturais.	Reconhecida **constitucionalidade**, por maioria, vencidos os Ministros Cármen Lúcia (Presidente) e Ricardo Lewandowski.
Art. 4º, § 4º Art. 4º Considera-se Área de Preservação Permanente, em zonas rurais ou urbanas, para os efeitos desta Lei: (...) § 4º Nas acumulações naturais ou artificiais de água com superfície inferior a 1 (um) hectare, fica dispensada a reserva da faixa de proteção prevista nos incisos II e III do caput, vedada nova supressão de áreas de vegetação nativa, salvo autorização do órgão ambiental competente do Sistema Nacional do Meio Ambiente – Sisnama.	Reconhecida a **constitucionalidade**, por maioria, vencidos os Ministros Cármen Lúcia (Presidente) e Ricardo Lewandowski.

Norma avaliada	Decisão do Supremo Tribunal Federal
Art. 4º, § 5º Art. 4º Considera-se Área de Preservação Permanente, em zonas rurais ou urbanas, para os efeitos desta Lei: (...) § 5° É admitido, para a pequena propriedade ou posse rural familiar, de que trata o inciso V do art. 3o desta Lei, o plantio de culturas temporárias e sazonais de vazante de ciclo curto na faixa de terra que fica exposta no período de vazante dos rios ou lagos, desde que não implique supressão de novas áreas de vegetação nativa, seja conservada a qualidade da água e do solo e seja protegida a fauna silvestre.	Reconhecida a **constitucionalidade**, por unanimidade.
Art. 4º, § 6º e incisos Art. 4º Considera-se Área de Preservação Permanente, em zonas rurais ou urbanas, para os efeitos desta Lei: (...) § 6º Nos imóveis rurais com até 15 (quinze) módulos fiscais, é admitida, nas áreas de que tratam os incisos I e II do caput deste artigo, a prática da aquicultura e a infraestrutura física diretamente a ela associada, desde que: I – sejam adotadas práticas sustentáveis de manejo de solo e água e de recursos hídricos, garantindo sua qualidade e quantidade, de acordo com norma dos Conselhos Estaduais de Meio Ambiente;	Reconhecida a **constitucionalidade**, por unanimidade.
II – esteja de acordo com os respectivos planos de bacia ou planos de gestão de recursos hídricos; III – seja realizado o licenciamento pelo órgão ambiental competente; IV – o imóvel esteja inscrito no Cadastro Ambiental Rural – CAR; V - não implique novas supressões de vegetação nativa.	
Art. 5º Na implantação de reservatório d'água artificial destinado a geração de energia ou abastecimento público, é obrigatória a aquisição, desapropriação ou instituição de servidão administrativa pelo empreendedor das Áreas de Preservação Permanente criadas em seu entorno, conforme estabelecido no licenciamento ambiental, observando-se a faixa mínima de 30 (trinta) metros e máxima de 100 (cem) metros em área rural, e a faixa mínima de 15 (quinze) metros e máxima de 30 (trinta) metros em área urbana.	Reconhecida a **constitucionalidade**, por maioria, vencidos, em parte, os Ministros Marco Aurélio e Ricardo Lewandowski.

Norma avaliada	Decisão do Supremo Tribunal Federal
Art. 7º, § 3º Art. 7º A vegetação situada em Área de Preservação Permanente deverá ser mantida pelo proprietário da área, possuidor ou ocupante a qualquer título, pessoa física ou jurídica, de direito público ou privado. § 1º Tendo ocorrido supressão de vegetação situada em Área de Preservação Permanente, o proprietário da área, possuidor ou ocupante a qualquer título é obrigado a promover a recomposição da vegetação, ressalvados os usos autorizados previstos nesta Lei. (...) § 3º No caso de supressão não autorizada de vegetação realizada após 22 de julho de 2008, é vedada a concessão de novas autorizações de supressão de vegetação enquanto não cumpridas as obrigações previstas no § 1º.	Reconhecida a **constitucionalidade**, por maioria, vencidos os Ministros Luiz Fux (Relator), Marco Aurélio, Edson Fachin, Roberto Barroso e Ricardo Lewandowski.
Art. 8º, § 2º Art. 8º A intervenção ou a supressão de vegetação nativa em Área de Preservação Permanente somente ocorrerá nas hipóteses de utilidade pública, de interesse social ou de baixo impacto ambiental previstas nesta Lei. (...) § 2º A intervenção ou a supressão de vegetação nativa em Área de Preservação Permanente de que tratam os incisos VI e VII do caput do art. 4º poderá ser autorizada, excepcionalmente, em locais onde a função ecológica do manguezal esteja comprometida, para execução de obras habitacionais e de urbanização, inseridas em projetos de regularização fundiária de interesse social, em áreas urbanas consolidadas ocupadas por população de baixa renda.	Reconhecida a **constitucionalidade**, por unanimidade.
Art. 11. Em áreas de inclinação entre 25° e 45°, serão permitidos o manejo florestal sustentável e o exercício de atividades agrossilvipastoris, bem como a manutenção da infraestrutura física associada ao desenvolvimento das atividades, observadas boas práticas agronômicas, sendo vedada a conversão de novas áreas, excetuadas as hipóteses de utilidade pública e interesse social.	Reconhecida a **constitucionalidade**, por maioria, vencidos, em parte, os Ministros Cármen Lúcia (Presidente) e Ricardo Lewandowski.

Norma avaliada	Decisão do Supremo Tribunal Federal
Art. 12, § 4º Art. 12. Todo imóvel rural deve manter área com cobertura de vegetação nativa, a título de Reserva Legal, sem prejuízo da aplicação das normas sobre as Áreas de Preservação Permanente, observados os seguintes percentuais mínimos em relação à área do imóvel, excetuados os casos previstos no art. 68 desta Lei: I – localizado na Amazônia Legal: a) 80% (oitenta por cento), no imóvel situado em área de florestas; b) 35% (trinta e cinco por cento), no imóvel situado em área de cerrado; c) 20% (vinte por cento), no imóvel situado em área de campos gerais; II – localizado nas demais regiões do País: 20% (vinte por cento). (...) § 4º Nos casos da alínea a do inciso I, o poder público poderá reduzir a Reserva Legal para até 50% (cinquenta por cento), para fins de recomposição, quando o Município tiver mais de 50% (cinquenta por cento) da área ocupada por unidades de conservação da natureza de domínio público e por terras indígenas homologadas.	Reconhecida a **constitucionalidade**, por maioria, vencidos os Ministros Marco Aurélio, Edson Fachin, Roberto Barroso, Rosa Weber e Ricardo Lewandowski.
Art. 12, § 5º Art. 12. (...) § 5º Nos casos da alínea a do inciso I, o poder público estadual, ouvido o Conselho Estadual de Meio Ambiente, poderá reduzir a Reserva Legal para até 50% (cinquenta por cento), quando o Estado tiver Zoneamento Ecológico-Econômico aprovado e mais de 65% (sessenta e cinco por cento) do seu território ocupado por unidades de conservação da natureza de domínio público, devidamente regularizadas, e por terras indígenas homologadas.	Reconhecida a **constitucionalidade**, por maioria, vencidos os Ministros Marco Aurélio, Edson Fachin, Roberto Barroso, Rosa Weber e Ricardo Lewandowski.
Art. 12, § 6º Art. 12. (...) § 6º Os empreendimentos de abastecimento público de água e tratamento de esgoto não estão sujeitos à constituição de Reserva Legal.	Reconhecida a **constitucionalidade**, por maioria, vencidos os Ministros Cármen Lúcia (Presidente), Edson Fachin e Rosa Weber.

Norma avaliada	Decisão do Supremo Tribunal Federal
Art. 12, § 7º Art. 12. (...) § 7º Não será exigido Reserva Legal relativa às áreas adquiridas ou desapropriadas por detentor de concessão, permissão ou autorização para exploração de potencial de energia hidráulica, nas quais funcionem empreendimentos de geração de energia elétrica, subestações ou sejam instaladas linhas de transmissão e de distribuição de energia elétrica.	Reconhecida a **constitucionalidade**, por maioria, vencidos os Ministros Cármen Lúcia (Presidente), Edson Fachin e Rosa Weber.
Art. 12, § 8º Art. 12. (...) § 8º Não será exigido Reserva Legal relativa às áreas adquiridas ou desapropriadas com o objetivo de implantação e ampliação de capacidade de rodovias e ferrovias	Reconhecida a **constitucionalidade**, por maioria, vencidos os Ministros Cármen Lúcia (Presidente), Edson Fachin e Rosa Weber.
Art. 13, § 1º Art. 13. Quando indicado pelo Zoneamento Ecológico-Econômico – ZEE estadual, realizado segundo metodologia unificada, o poder público federal poderá: I – reduzir, exclusivamente para fins de regularização, mediante recomposição, regeneração ou compensação da Reserva Legal de imóveis com área rural consolidada, situados em área de floresta localizada na Amazônia Legal, para até 50% (cinquenta por cento) da propriedade, excluídas as áreas prioritárias para conservação da biodiversidade e dos recursos hídricos e os corredores ecológicos; II – ampliar as áreas de Reserva Legal em até 50% (cinquenta por cento) dos percentuais previstos nesta Lei, para cumprimento de metas nacionais de proteção à biodiversidade ou de redução de emissão de gases de efeito estufa. § 1º No caso previsto no inciso I do caput, o proprietário ou possuidor de imóvel rural que mantiver Reserva Legal conservada e averbada em área superior aos percentuais exigidos no referido inciso poderá instituir servidão ambiental sobre a área excedente, nos termos da Lei nº 6.938, de 31 de agosto de 1981, e Cota de Reserva Ambiental.	Reconhecida a **constitucionalidade**, por maioria, vencido o Ministro Edson Fachin.
Art. 15. Será admitido o cômputo das Áreas de Preservação Permanente no cálculo do percentual da Reserva Legal do imóvel, desde que: I – o benefício previsto neste artigo não implique a conversão de novas áreas para o uso alternativo do solo;	Reconhecida a **constitucionalidade**, por maioria, vencidos os Ministros Edson Fachin e Rosa Weber e, em parte, os Ministros Marco Aurélio e Ricardo Lewandowski

Norma avaliada	Decisão do Supremo Tribunal Federal
II – a área a ser computada esteja conservada ou em processo de recuperação, conforme comprovação do proprietário ao órgão estadual integrante do Sisnama; e	
III – o proprietário ou possuidor tenha requerido inclusão do imóvel no Cadastro Ambiental Rural – CAR, nos termos desta Lei.	
Art. 17, § 3º Art. 17. A Reserva Legal deve ser conservada com cobertura de vegetação nativa pelo proprietário do imóvel rural, possuidor ou ocupante a qualquer título, pessoa física ou jurídica, de direito público ou privado. (...) § 3º É obrigatória a suspensão imediata das atividades em área de Reserva Legal desmatada irregularmente após 22 de julho de 2008.	Reconhecida a **constitucionalidade**, por maioria, vencidos os Ministros Luiz Fux (Relator), Marco Aurélio, Edson Fachin, Roberto Barroso e Ricardo Lewandowski.
Art. 28. Não é permitida a conversão de vegetação nativa para uso alternativo do solo no imóvel rural que possuir área abandonada.	Reconhecida a **constitucionalidade**, por unanimidade.
Art. 44. É instituída a Cota de Reserva Ambiental – CRA, título nominativo representativo de área com vegetação nativa, existente ou em processo de recuperação: I – sob regime de servidão ambiental, instituída na forma do art. 9o-A da Lei no 6.938, de 31 de agosto de 1981; II – correspondente à área de Reserva Legal instituída voluntariamente sobre a vegetação que exceder os percentuais exigidos no art. 12 desta Lei; III – protegida na forma de Reserva Particular do Patrimônio Natural – RPPN, nos termos do art. 21 da Lei no 9.985, de 18 de julho de 2000; IV – existente em propriedade rural localizada no interior de Unidade de Conservação de domínio público que ainda não tenha sido desapropriada. § 1o A emissão de CRA será feita mediante requerimento do proprietário, após inclusão do imóvel no CAR e laudo comprobatório emitido pelo próprio órgão ambiental ou por entidade credenciada, assegurado o controle do órgão federal competente do Sisnama, na forma de ato do Chefe do Poder Executivo. § 2º A CRA não pode ser emitida com base em vegetação nativa localizada em área de RPPN instituída em sobreposição à Reserva Legal do imóvel.	Reconhecida a **constitucionalidade**, por unanimidade.

Norma avaliada	Decisão do Supremo Tribunal Federal
§ 3º A Cota de Reserva Florestal – CRF emitida nos termos do art. 44-B da Lei no 4.771, de 15 de setembro de 1965, passa a ser considerada, pelo efeito desta Lei, como Cota de Reserva Ambiental. § 4o Poderá ser instituída CRA da vegetação nativa que integra a Reserva Legal dos imóveis a que se refere o inciso V do art. 3o desta Lei.	
Art. 60. A assinatura de termo de compromisso para regularização de imóvel ou posse rural perante o órgão ambiental competente, mencionado no art. 59, suspenderá a punibilidade dos crimes previstos nos arts. 38, 39 e 48 da Lei nº 9.605, de 12 de fevereiro de 1998, enquanto o termo estiver sendo cumprido.	Reconhecida a **constitucionalidade**, por maioria, vencidos os Ministros Luiz Fux (Relator), Marco Aurélio, Roberto Barroso e Ricardo Lewandowski.
Art. 61-A. Nas Áreas de Preservação Permanente, é autorizada, exclusivamente, a continuidade das atividades agrossilvipastoris, de ecoturismo e de turismo rural em áreas rurais consolidadas até 22 de julho de 2008.	Reconhecida a **constitucionalidade**, por maioria, vencidos os Ministros Marco Aurélio e Ricardo Lewandowski, e, em parte, o Ministro Edson Fachin.
Art. 61-B. Aos proprietários e possuidores dos imóveis rurais que, em 22 de julho de 2008, detinham até 10 (dez) módulos fiscais e desenvolviam atividades agrossilvipastoris nas áreas consolidadas em Áreas de Preservação Permanente é garantido que a exigência de recomposição, nos termos desta Lei, somadas todas as Áreas de Preservação Permanente do imóvel, não ultrapassará: I – 10% (dez por cento) da área total do imóvel, para imóveis rurais com área de até 2 (dois) módulos fiscais; II – 20% (vinte por cento) da área total do imóvel, para imóveis rurais com área superior a 2 (dois) e de até 4 (quatro) módulos fiscais;	Reconhecida a **constitucionalidade**, por maioria, vencidos os Ministros Marco Aurélio, Edson Fachin e Ricardo Lewandowski.
Art. 61-C. Para os assentamentos do Programa de Reforma Agrária, a recomposição de áreas consolidadas em Áreas de Preservação Permanente ao longo ou no entorno de cursos d'água, lagos e lagoas naturais observará as exigências estabelecidas no art. 61-A, observados os limites de cada área demarcada individualmente, objeto de contrato de concessão de uso, até a titulação por parte do Instituto Nacional de Colonização e Reforma Agrária – Incra.	Reconhecida a **constitucionalidade**, por maioria, vencidos os Ministros Marco Aurélio, Edson Fachin e Ricardo Lewandowski.
Art. 62. Para os reservatórios artificiais de água destinados a geração de energia ou abastecimento público que foram registrados ou tiveram seus contratos de concessão ou autorização assinados anteriormente à Medida Provisória nº 2.166-67, de 24 de agosto de 2001, a faixa da Área de Preservação Permanente será a distância entre o nível máximo operativo normal e a cota máxima maximorum.	Reconhecida a **constitucionalidade**, por unanimidade.

Norma avaliada	Decisão do Supremo Tribunal Federal
Art. 63. Nas áreas rurais consolidadas nos locais de que tratam os incisos V, VIII, IX e X do art. 4º, será admitida a manutenção de atividades florestais, culturas de espécies lenhosas, perenes ou de ciclo longo, bem como da infraestrutura física associada ao desenvolvimento de atividades agrossilvipastoris, vedada a conversão de novas áreas para uso alternativo do solo.	Reconhecida a **constitucionalidade**, por maioria, vencidos os Ministros Marco Aurélio, Cármen Lúcia, Rosa Weber e Ricardo Lewandowski.
Art. 66, § 3º Art. 66. O proprietário ou possuidor de imóvel rural que detinha, em 22 de julho de 2008, área de Reserva Legal em extensão inferior ao estabelecido no art. 12, poderá regularizar sua situação, independentemente da adesão ao PRA, adotando as seguintes alternativas, isolada ou conjuntamente: I – recompor a Reserva Legal; II – permitir a regeneração natural da vegetação na área de Reserva Legal; III – compensar a Reserva Legal. (...) § 3º A recomposição de que trata o inciso I do caput poderá ser realizada mediante o plantio intercalado de espécies nativas com exóticas ou frutíferas, em sistema agroflorestal, observados os seguintes parâmetros: I – o plantio de espécies exóticas deverá ser combinado com as espécies nativas de ocorrência regional; II – a área recomposta com espécies exóticas não poderá exceder a 50% (cinquenta por cento) da área total a ser recuperada.	Reconhecida a **constitucionalidade**, por maioria, vencidos os Ministros Marco Aurélio, Edson Fachin, Rosa Weber e Ricardo Lewandowski.
Art. 66, § 5º Art. 66. (...) § 5º A compensação de que trata o inciso III do caput deverá ser precedida pela inscrição da propriedade no CAR e poderá ser feita mediante: I – aquisição de Cota de Reserva Ambiental – CRA; II – arrendamento de área sob regime de servidão ambiental ou Reserva Legal; III – doação ao poder público de área localizada no interior de Unidade de Conservação de domínio público pendente de regularização fundiária; IV – cadastramento de outra área equivalente e excedente à Reserva Legal, em imóvel de mesma titularidade ou adquirida em imóvel de terceiro, com vegetação nativa estabelecida, em regeneração ou recomposição, desde que localizada no mesmo bioma.	Reconhecida a **constitucionalidade**, por maioria, vencidos os Ministros Marco Aurélio, Edson Fachin, e, em parte, o Ministro Ricardo Lewandowski.

Norma avaliada	Decisão do Supremo Tribunal Federal
Art. 66, § 6º Art. 66. (...) § 6º As áreas a serem utilizadas para compensação na forma do § 5º deverão: I – ser equivalentes em extensão à área da Reserva Legal a ser compensada; II – estar localizadas no mesmo bioma da área de Reserva Legal a ser compensada; III – se fora do Estado, estar localizadas em áreas identificadas como prioritárias pela União ou pelos Estados.	Reconhecida a **constitucionalidade**, por maioria, vencidos os Ministros Marco Aurélio, Edson Fachin, e, em parte, o Ministro Ricardo Lewandowski.
Art. 67. Nos imóveis rurais que detinham, em 22 de julho de 2008, área de até 4 (quatro) módulos fiscais e que possuam remanescente de vegetação nativa em percentuais inferiores ao previsto no art. 12, a Reserva Legal será constituída com a área ocupada com a vegetação nativa existente em 22 de julho de 2008, vedadas novas conversões para uso alternativo do solo.	Reconhecida a **constitucionalidade**, por maioria, vencidos os Ministros Marco Aurélio, Cármen Lúcia (Presidente), Edson Fachin, Rosa Weber e Ricardo Lewandowski.
Art. 68. Os proprietários ou possuidores de imóveis rurais que realizaram supressão de vegetação nativa respeitando os percentuais de Reserva Legal previstos pela legislação em vigor à época em que ocorreu a supressão são dispensados de promover a recomposição, compensação ou regeneração para os percentuais exigidos nesta Lei.	Reconhecida a **constitucionalidade**, por maioria, vencido, em parte, o Ministro Edson Fachin.
Art. 78-A. Após 31 de dezembro de 2017, as instituições financeiras só concederão crédito agrícola, em qualquer de suas modalidades, para proprietários de imóveis rurais que estejam inscritos no CAR.	Reconhecida a **constitucionalidade**, por unanimidade.

Por outro lado, alguns dispositivos foram **interpretados conforme a Constituição Federal de 1988**:

Norma avaliada	Decisão do Supremo Tribunal Federal
Art. 3º, VIII e IX Art. 3º Para os efeitos desta Lei, entende-se por: (...) VIII – utilidade pública: a) as atividades de segurança nacional e proteção sanitária; b) as obras de infraestrutura destinadas às concessões e aos serviços públicos de transporte, sistema viário, inclusive aquele necessário aos parcelamentos de solo urbano aprovados pelos Municípios, saneamento, gestão de resíduos, energia,	Decidiu, por maioria, **dar interpretação conforme a Constituição de modo a se condicionar a intervenção excepcional em APP, por interesse social ou utilidade pública, à inexistência de alternativa técnica e/ou locacional à atividade proposta**, vencidos, em parte, os Ministros Gilmar Mendes e Celso de Mello.

Norma avaliada	Decisão do Supremo Tribunal Federal
telecomunicações, radiodifusão, instalações necessárias à realização de competições esportivas estaduais, nacionais ou internacionais, bem como mineração, exceto, neste último caso, a extração de areia, argila, saibro e cascalho; c) atividades e obras de defesa civil; d) atividades que comprovadamente proporcionem melhorias na proteção das funções ambientais referidas no inciso II deste artigo; e) outras atividades similares devidamente caracterizadas e motivadas em procedimento administrativo próprio, quando inexistir alternativa técnica e locacional ao empreendimento proposto, definidas em ato do Chefe do Poder Executivo federal; IX – interesse social: a) as atividades imprescindíveis à proteção da integridade da vegetação nativa, tais como prevenção, combate e controle do fogo, controle da erosão, erradicação de invasoras e proteção de plantios com espécies nativas; b) a exploração agroflorestal sustentável praticada na pequena propriedade ou posse rural familiar ou por povos e comunidades tradicionais, desde que não descaracterize a cobertura vegetal existente e não prejudique a função ambiental da área; c) a implantação de infraestrutura pública destinada a esportes, lazer e atividades educacionais e culturais ao ar livre em áreas urbanas e rurais consolidadas, observadas as condições estabelecidas nesta Lei; d) a regularização fundiária de assentamentos humanos ocupados predominantemente por população de baixa renda em áreas urbanas consolidadas, observadas as condições estabelecidas na Lei nº 11.977, de 7 de julho de 2009; e) implantação de instalações necessárias à captação e condução de água e de efluentes tratados para projetos cujos recursos hídricos são partes integrantes e essenciais da atividade; f) as atividades de pesquisa e extração de areia, argila, saibro e cascalho, outorgadas pela autoridade competente; g) outras atividades similares devidamente caracterizadas e motivadas em procedimento administrativo próprio, quando inexistir alternativa técnica e locacional à atividade proposta, definidas em ato do Chefe do Poder Executivo federal;	

Norma avaliada	Decisão do Supremo Tribunal Federal
Art. 3º, XVII Art. 3º Para os efeitos desta Lei, entende-se por: (...) XVII – nascente: afloramento natural do lençol freático que apresenta perenidade e dá início a um curso d'água;	Decidiu, por maioria, vencidos os Ministros Gilmar Mendes, e, em parte, a Ministra Cármen Lúcia (Presidente), **dar interpretação conforme a Constituição para fixar a interpretação de que os entornos das nascentes e dos olhos d´água intermitentes configuram área de preservação permanente.**
Art. 4º, IV Art. 4º Considera-se Área de Preservação Permanente, em zonas rurais ou urbanas, para os efeitos desta Lei: (...) IV – as áreas no entorno das nascentes e dos olhos d'água perenes, qualquer que seja sua situação topográfica, no raio mínimo de 50 (cinquenta) metros;	Decidiu, por maioria, **dar interpretação conforme para fixar a interpretação de que os entornos das nascentes e dos olhos d'água intermitentes configuram área de preservação ambiental**, vencidos os Ministros Gilmar Mendes e, em parte, Marco Aurélio e Cármen Lúcia (Presidente).
Art. 48, § 2º Art. 48. A CRA pode ser transferida, onerosa ou gratuitamente, a pessoa física ou a pessoa jurídica de direito público ou privado, mediante termo assinado pelo titular da CRA e pelo adquirente. (...) § 2º A CRA só pode ser utilizada para compensar Reserva Legal de imóvel rural situado no mesmo bioma da área à qual o título está vinculado.	Por maioria, decidiu o STF **dar interpretação conforme a Constituição para permitir compensação apenas entre áreas com identidade ecológica**, vencidos o Ministro Edson Fachin e, em parte, os Ministros Luiz Fux (Relator), Cármen Lúcia (Presidente), Alexandre de Moraes, Roberto Barroso e Gilmar Mendes.
Art. 59, § 4º Art. 59. A União, os Estados e o Distrito Federal deverão, no prazo de 1 (um) ano, contado a partir da data da publicação desta Lei, prorrogável por uma única vez, por igual período, por ato do Chefe do Poder Executivo, implantar Programas de Regularização Ambiental – PRAs de posses e propriedades rurais, com o objetivo de adequá-las aos termos deste Capítulo. (...) § 4º No período entre a publicação desta Lei e a implantação do PRA em cada Estado e no Distrito Federal, bem como após a adesão do interessado ao PRA e enquanto estiver sendo cumprido o termo de compromisso, o proprietário ou possuidor não poderá ser autuado por infrações cometidas antes de 22 de julho de 2008, relativas à supressão irregular de vegetação em Áreas de Preservação Permanente, de Reserva Legal e de uso restrito.	Decidiu, por maioria, **dar interpretação conforme a Constituição de modo a afastar, no decurso da execução dos termos de compromissos subscritos nos programas de regularização ambiental, o risco de decadência ou prescrição**, seja dos ilícitos ambientais praticados antes de 22.7.2008, seja das sanções deles decorrentes, **aplicando-se extensivamente o disposto no § 1º do art. 60 da Lei 12.651/2012,** segundo o qual **"a prescrição ficará interrompida durante o período de suspensão da pretensão punitiva"**, vencidos os Ministros Luiz Fux (Relator), Marco Aurélio, Edson Fachin, Roberto Barroso e Ricardo Lewandowski, e, em parte, o Ministro Gilmar Mendes.

Norma avaliada	Decisão do Supremo Tribunal Federal
Art. 59, § 5º Art. 59. (...) § 5º A partir da assinatura do termo de compromisso, serão suspensas as sanções decorrentes das infrações mencionadas no § 4º deste artigo e, cumpridas as obrigações estabelecidas no PRA ou no termo de compromisso para a regularização ambiental das exigências desta Lei, nos prazos e condições neles estabelecidos, as multas referidas neste artigo serão consideradas como convertidas em serviços de preservação, melhoria e recuperação da qualidade do meio ambiente, regularizando o uso de áreas rurais consolidadas conforme definido no PRA.	Decidiu, por maioria, **dar interpretação conforme a Constituição de modo a afastar, no decurso da execução dos termos de compromissos subscritos nos programas de regularização ambiental, o risco de decadência ou prescrição**, seja dos ilícitos ambientais praticados antes de 22.7.2008, seja das sanções deles decorrentes, **aplicando-se extensivamente o disposto no § 1º do art. 60 da Lei 12.651/2012**, segundo o qual **"a prescrição ficará interrompida durante o período de suspensão da pretensão punitiva"**, vencidos os Ministros Luiz Fux (Relator), Marco Aurélio, Edson Fachin, Roberto Barroso e Ricardo Lewandowski, e, em parte, o Ministro Gilmar Mendes.

Por fim, alguns dispositivos foram pronunciados **inconstitucionais**:

Norma avaliada	Decisão do Supremo Tribunal Federal
Art. 3º, Parágrafo único Art. 3º Para os efeitos desta Lei, entende-se por: (...) Parágrafo único. Para os fins desta Lei, estende-se o tratamento dispensado aos imóveis a que se refere o inciso V deste artigo às propriedades e posses rurais com até 4 (quatro) módulos fiscais que desenvolvam atividades agrossilvipastoris, bem como às terras indígenas **demarcadas** e às demais áreas **tituladas** de povos e comunidades tradicionais que façam uso coletivo do seu território	**Declarar a inconstitucionalidade das expressões "demarcadas" e "tituladas"**, por maioria, vencidos os Ministros Alexandre de Moraes e Gilmar Mendes.
Art. 3º, VIII, "b" Art. 3º Para os efeitos desta Lei, entende-se por: (...) VIII – utilidade pública: (...) b) as obras de infraestrutura destinadas às concessões e aos serviços públicos de transporte, sistema viário, inclusive aquele necessário aos parcelamentos de solo urbano aprovados pelos Municípios, saneamento, ~~**gestão de resíduos**~~, energia, telecomunicações, radiodifusão, ~~**instalações necessárias à realização de competições esportivas estaduais, nacionais ou internacionais**~~, bem como mineração, exceto, neste último caso, a extração de areia, argila, saibro e cascalho;	**Declarada, por maioria, a inconstitucionalidade das expressões "gestão de resíduos" e "instalações necessárias à realização de competições esportivas estaduais, nacionais ou internacionais"**, vencidos os Ministros Edson Fachin e Gilmar Mendes, e, em parte, o Ministro Alexandre de Moraes.

▸ CAPÍTULO I
DISPOSIÇÕES GERAIS

Art. 1.º (VETADO).

Art. 1.º-A. Esta Lei estabelece normas gerais sobre a proteção da vegetação, áreas de Preservação Permanente e as áreas de Reserva Legal; a exploração florestal, o suprimento de matéria-prima florestal, o controle da origem dos produtos florestais e o controle e prevenção dos incêndios florestais, e prevê instrumentos econômicos e financeiros para o alcance de seus objetivos.

Parágrafo único. Tendo como objetivo o desenvolvimento sustentável, esta Lei atenderá aos seguintes princípios:

I – afirmação do compromisso soberano do Brasil com a preservação das suas florestas e demais formas de vegetação nativa, bem como da biodiversidade, do solo, dos recursos hídricos e da integridade do sistema climático, para o bem estar das gerações presentes e futuras;

II – reafirmação da importância da função estratégica da atividade agropecuária e do papel das florestas e demais formas de vegetação nativa na sustentabilidade, no crescimento econômico, na melhoria da qualidade de vida da população brasileira e na presença do País nos mercados nacional e internacional de alimentos e bioenergia;

III – ação governamental de proteção e uso sustentável de florestas, consagrando o compromisso do País com a compatibilização e harmonização entre o uso produtivo da terra e a preservação da água, do solo e da vegetação;

IV – responsabilidade comum da União, Estados, Distrito Federal e Municípios, em colaboração com a sociedade civil, na criação de políticas para a preservação e restauração da vegetação nativa e de suas funções ecológicas e sociais nas áreas urbanas e rurais;

V – fomento à pesquisa científica e tecnológica na busca da inovação para o uso sustentável do solo e da água, a recuperação e a preservação das florestas e demais formas de vegetação nativa;

VI – criação e mobilização de incentivos econômicos para fomentar a preservação e a recuperação da vegetação nativa e para promover o desenvolvimento de atividades produtivas sustentáveis.

1. COMENTÁRIOS

Este artigo foi inserido pela Lei 12.727/2012. O Código Florestal nacional é a legislação geral sobre florestas e demais formas de vegetação nativa aprovada no âmbito da União, entidade política competente para editar as normas gerais sobre florestas, sem prejuízo das normas dos estados, Distrito Federal e municípios que deverão respeitar o Código Florestal nacional, observando peculiaridades regionais e locais.

Ademais, coexistem com o Código Florestal de 2013 normas especiais sobre florestas editadas pela União, a exemplo da Lei do Bioma Mata Atlântica (Lei 11.428/2006) e da Lei de Gestão de Florestas Públicas (Lei 11.284/2006).

O novo Código Florestal trata de espaços ambientais protegidos, tais como áreas de preservação permanente, áreas de reserva legal, apicuns e salvados, áreas de uso restrito e áreas verdes urbanas.

Ademais, disciplina a exploração florestal, o suprimento de matéria-prima florestal, o controle da origem dos produtos florestais e o controle e prevenção dos incêndios florestais, e prevê instrumentos econômicos e financeiros para o alcance de seus objetivos.

Este artigo traz ainda supostos princípios para nortear a sua aplicação, mas que de fato são diretrizes a serem observadas na definição do sentido e do alcance de suas normas a fim de realizar o desenvolvimento econômico sustentável.

O Brasil é signatário de diversos tratados internacionais para proteger a sua biodiversidade florestal, a exemplo da Convenção da Diversidade Biológica, de modo que o Código Florestal de 2012 reafirma este compromisso internacional, muito embora tenha havido retrocesso de proteção florestal em comparação ao seu sucedido, o Código Florestal de 1965.

De efeito, é necessário buscar um ponto de equilíbrio entre a proteção da vegetação nativa e o desenvolvimento de atividades agrícolas e pecuárias para a produção de alimentos, vez que o desenvolvimento sustentável pressupõe na sua acepção social a redução da miséria, de pouco adiantando a preservação ambiental sem a justiça social.

Nesse sentido, somente o investimento em tecnologias mais avanças e ecologicamente apropriadas irá permitir que cresça a produção alimentar de vegetais e animais sem comprometer a vegetação nativa, haja vista que a agropecuária demanda o uso alternativo do solo com o desmatamento ao menos parcial da vegetação nativa.

Assim, por força do artigo 23 da Constituição Federal, é dever de todos os entes políticos formular e aplicar as políticas públicas florestais que compatibilizem a proteção ecológica com as atividades agrícolas e pecuárias, buscando-se um regime *agrossilvipastoril*, que significa integrar as áreas rurais com cultivo, pastagem e cobertura florestal nativa.

Ademais, à luz do Princípio do Protetor-recebedor, é necessário criar incentivos econômicos para fomentar a preservação e a recuperação da vegetação nativa e para promover o desenvolvimento de atividades produtivas sustentáveis, de modo a premiar as pessoas que atuam em proteção ao meio ambiente dentro do sistema de pagamento pelos serviços ambientais (PSA).

2. JURISPRUDÊNCIA

"ADMINISTRATIVO. AMBIENTAL. AÇÃO CIVIL PÚBLICA. ÁREA DE PRESERVAÇÃO PERMANENTE. FORMAÇÃO DA ÁREA DE RESERVA LEGAL. OBRIGAÇÃO *PROPTER REM*. SÚMULA 83/STJ. PREJUDICADA A ANÁLISE DA DIVERGÊNCIA JURISPRUDENCIAL. **SUPERVENIÊNCIA DA LEI 12.651/2012. IMPOSSIBILIDADE DE APLICAÇÃO IMEDIATA. IRRETROATIVIDADE. PROTEÇÃO AOS ECOSSISTEMAS FRÁGEIS. INCUMBÊNCIA DO ESTADO.** INDEFERIMENTO. 1. A jurisprudência desta Corte está firmada no sentido de que os deveres associados às APPs e à Reserva Legal têm natureza de obrigação *propter rem*, isto é, aderem ao título de domínio ou posse, independente do fato de ter sido ou não o proprietário o autor da degradação ambiental. Casos em que não há falar em culpa ou nexo causal como determinantes do dever de recuperar a área de preservação permanente. 2. Prejudicada a análise da divergência jurisprudencial apresentada, porquanto a negatória de seguimento do recurso pela alínea 'a' do permissivo constitucional baseou-se em jurisprudência recente e consolidada desta Corte, aplicável ao caso dos autos. 3. Indefiro o pedido de aplicação imediata da Lei 12.651/12, notadamente o disposto no art. 15 do citado regramento. **Recentemente, esta Turma, por relatoria do Ministro Herman Benjamin, firmou o entendimento de que 'o novo Código Florestal não pode retroagir para atingir o ato jurídico perfeito, direitos ambientais adquiridos e a coisa julgada, tampouco para reduzir de tal modo e sem as necessárias compensações ambientais o patamar de proteção de ecossistemas frágeis ou espécies ameaçadas de extinção, a ponto de transgredir o limite constitucional intocável e intransponível da 'incumbência' do Estado de garantir a preservação e restauração dos processos ecológicos essenciais (art. 225, § 1º, I).'** Agravo regimental improvido" (STJ, 2.ª Turma, AgRg no AREsp 327.687, de 15.08.2013).

Processo

AgInt no AREsp 1145207 / SP

AGRAVO INTERNO NO AGRAVO EM RECURSO ESPECIAL

2017/0186852-4

Relator(a)

Ministro FRANCISCO FALCÃO (1116)

Órgão Julgador

T2 – SEGUNDA TURMA

Data do Julgamento

09/08/2021

Data da Publicação/Fonte

DJe 13/08/2021

Ementa

PROCESSUAL CIVIL. AÇÃO CIVIL PÚBLICA. DANO AMBIENTAL. CONSTRUÇÃO DE EDIFICAÇÕES. ZONA DE VIDA SILVESTRE. **AÇÃO CONSUMADA NA VIGÊNCIA DO CÓDIGO FLORESTAL DE 1965. APLICAÇÃO DO NOVO CÓDIGO. IMPOSSIBILIDADE. INCIDÊNCIA DA LEI MAIS RESTRITIVA.**

I – Na origem, trata-se de ação civil pública ajuizada pelo Ministério Púbico do Estado de São Paulo objetivando a demolição de edificações em APP e a reparação dos danos ambientais com a restauração da vegetação, além de indenização por danos patrimoniais ambientais. Na sentença, julgaram-se procedentes os pedidos. No Tribunal a quo, a sentença foi parcialmente reformada apenas para conceder o prazo de 12 meses para os réus iniciarem a demolição respectiva, salvo se obtiverem licença ambiental. Nesta Corte, conheceu-se do agravo para dar provimento ao recurso especial a fim de restabelecer a sentença.

II – A jurisprudência do Superior Tribunal de Justiça é firme no sentido de que, em se tratando de matéria ambiental, deve-se analisar a questão sob o ângulo mais restritivo, em respeito ao meio ambiente, por ser de interesse público e de toda a coletividade, e observando, in casu, o princípio tempus regit actum.

III – A alegação comum nos recursos, relativamente ao descabimento da utilização do Novo Código Florestal? Lei n. 12.651/2012? À hipótese dos autos, uma vez que o ato atacado pela ação originária foi consumado na vigência do anterior Código? Lei n. 4.771/1965?, veja-se como deliberou o acórdão recorrido sobre o tema, in verbis (fls. 815-816): "[...] Todas as construções encontram-se acima da cota 1.110,67, área protegida segundo a LF n° 4.771/65 e Resolução CONAMA n° 4/85. A análise feita até aqui denota a falta de razão – dos réus, conforme analisado na sentença. No entanto, a LF n° 12.651/12 de 25-5-2012 alterou a definição do topo de morro; a Câmara Ambiental tem aplicado as novas disposições legais, não vendo nelas a inconstitucionalidade mencionada pelo Ministério Público a fls. 701, vol. 4. Como indicou a perita, com base no art. 4°, IX da LF n° 12.651/12 a situação do imóvel assume outra configuração: apenas 3,30% do imóvel estão inseridos em APP de curso d'água, enquanto 96,70% do imóvel estão fora de área de preservação permanente, inclusive os platôs e as construções (fls. 492, 496, vol. 3). A ocupação não ocorre mais em área protegida e a inexistência do topo de morro afasta o pedido, por essa causa, de demolição das construções."

IV – O Tribunal a quo foi claro ao sustentar que os réus não teriam razão na sua tese de defesa, chegando a ratificar a fundamentação da sentença de que todas as construções em questão estariam acima da cota permitida pelo Código Florestal de 1965 e toda legislação de regência, situação que não poderia persistir. Tudo devidamente comprovado pelas respectivas perícias, conforme a leitura do decisum.

V – Dispôs sobre a possibilidade de incidência do Novo Código à hipótese dos autos, legislação que alterou definições de matas e outros, descaracterizando situações de proteção ambiental anteriormente definidas, reduzindo-as.

VI – Ocorre que o fato aqui discutido tem origem nas construções, que datam da vigência do Código de 1965, no que o posicionamento adotado no acórdão recorrido está em total desacordo com a jurisprudência deste Tribunal. Confira-se: (AgInt no AREsp n. 1.491.883/SP, relator Ministro Mauro Campbell Marques, Segunda Turma, julgado em 12/11/2019, DJe 26/11/2019, AgInt nos EDcl no REsp n. 1.719.149/SP, relator Ministro Og Fernandes, Segunda Turma, julgado em 19/9/2019, DJe 24/9/2019, AgInt no REsp n. 1.708.568/SP, relator Ministro Francisco Falcão, Segunda Turma, julgado em 3/3/2020, DJe 10/3/2020 e AgInt no AREsp n. 1.044.947/MG, relator Ministro Gurgel de Faria, Primeira Turma, julgado em 25/10/2018, DJe 4/12/2018).

VII – Assim também foi a manifestação do representante do Ministério Público Federal, in verbis (fls. 1.164-1.171): "Em verdade, o Novo Código Florestal (Lei nº 12.651/12) representa retrocesso na proteção ao meio ambiente ecologicamente equilibrado, protegido pela Constituição Federal, em seu art. 225, § 1º, I e III. As Leis nº 4.771/65 e 6.983/81, em vigor quando da autuação dos réus pela infração ambiental, previa que o topo dos morros era área de preservação permanente. Assim, é correta a prevalência da norma mais benéfica ao meio ambiente, que é direito fundamental e difuso, preterindo-se o direito individual do desmatador. Nesse sentido, esse Superior Tribunal tem impedido a retroatividade de normas que abrandam a responsabilidade sobre os danos ambientais. [...]."

VIII – Há de ser restabelecida a sentença que analisou o caso tendo em conta o Código Florestal de 1965, afastando a incidência do Novo com a seguinte conclusão: "(...) Ante o exposto, JULGO PROCEDENTE os pedidos, para: a) ordenar, de forma solidária, aos réus LUIS FERNANDO PASSOS GEREVINI e ENZA SANTORO, as demolições das duas edificações que estão no imóvel (casa de veraneio e casa de caseiro), no prazo de 60 dias do trânsito em julgado desta sentença, sob pena de multa diária de R$ 1.000,00 (mil reais), limitada a 60 dias e destinada ao Fundo Estadual de Reparação de Interesses Difusos Lesados, sem prejuízo de se determinar providências que assegurem o resultado prático equivalente (CPC, art. 461); b) determinar aos réus que se abstenham de explorar e ocupar a referida área de Zona de Vida Silvestre e de nela promover ou permitir que se promovam atividades danosas ao meio ambiente; c) determinar aos réus, solidariamente, a recomposição da vegetação nativa, conforme projeto de recuperação da área degradada – PRAD, aprovado pela Coordenadoria de Biodiversidade e Recursos Naturais – CBRN, que deverá ser apresentado no prazo de 60 dias do trânsito em julgado desta sentença; d) condenar os réus, solidariamente, ao pagamento dos danos ambientais irreversíveis, a serem avaliados na fase de execução da sentença, após a execução específica das medidas de recuperação do ambiente degradado, por perito habilitado na matéria de valoração de danos ambientais."

IX – O acolhimento do respectivo tópico da pretensão, suficiente para restabelecer a decisão monocrática in totum, leva à perda do objeto das demais pretensões esposadas em ambos os recursos.

X – A alegação dos agravados, ao atender o despacho de fls. 1.179-1.180, de que estaria cumprida a condição de exceção prevista pelo acórdão para a manutenção das construções, à consideração de que teriam parecer técnico emitido pela Cetesb de que o imóvel não estaria em área de preservação permanente, por si só, não leva, nem de longe, à perda do objeto dos recursos dos agravantes.

XI – O citado parecer não tem força suficiente para tanto, até porque foi elaborado com base no Novo Código Florestal (fls. 1.183-1.184), legislação que não pode ser aplicada à hipótese, conforme fundamentação contida na presente decisão.

XII – Agravo interno improvido.

3. QUESTÃO DE CONCURSO

01. (2014/CESPE/MPE-AC/Promotor de Justiça) Objetivando o desenvolvimento sustentável, o legislador fez constar no Código Florestal o princípio da responsabilidade comum da União, estados, DF e municípios, em colaboração com a sociedade civil, na criação de políticas para a preservação e a restauração da vegetação nativa e de suas funções ecológicas e sociais, tanto em áreas urbanas quanto nas rurais.

GAB	01	CERTO

Art. 2.º As florestas existentes no território nacional e as demais formas de vegetação nativa, reconhecidas de utilidade às terras que revestem, são bens de interesse comum a todos os habitantes do País, exercendo-se os direitos de propriedade com as limitações que a legislação em geral e especialmente esta Lei estabelecem.

§ 1.º Na utilização e exploração da vegetação, as ações ou omissões contrárias às disposições desta Lei são consideradas uso irregular da propriedade, aplicando-se o procedimento sumário previsto no inciso II do art. 275 da Lei nº 5.869, de 11 de janeiro de 1973 – Código de Processo Civil, sem prejuízo da responsabilidade civil, nos termos do § 1.º do art. 14 da Lei nº 6.938, de 31 de agosto de 1981, e das sanções administrativas, civis e penais.

§ 2.º As obrigações previstas nesta Lei têm natureza real e são transmitidas ao sucessor, de qualquer natureza, no caso de transferência de domínio ou posse do imóvel rural.

1. COMENTÁRIOS

O artigo 2.º do novo CFlo reproduziu literalmente a redação do artigo 1.º do Código revogado, ao prever que **as florestas existentes no território nacional e as demais formas de vegetação**, reconhecidas de utilidade às terras que revestem, **são bens de interesse comum a todos os habitantes do País**, exercendo-se os direitos de propriedade, com as limitações que a legislação em geral e especialmente esta Lei estabelecem, o que reflete a titularidade difusa do direito fundamental ao meio ambiente ecologicamente equilibrado, bem de uso comum do povo brasileiro.

Em que pese as florestas serem bens passíveis de domínio privado, o exercício do direito de propriedade não é ilimitado, somente podendo ser exploradas nos limites permitidos pela legislação ambiental, mesmo assim com amparo em licença ou autorização emitida pelo órgão ambiental competente.

Qualquer exploração florestal em desconformidade com a legislação ambiental caracteriza o uso irregular da propriedade, sujeitando o infrator à reparação civil do dano ambiental e, se cabíveis ao caso, às sanções administrativas e penais.

Neste artigo, ainda foi positivada a tradicional jurisprudência do STJ pela natureza real da obrigação de reparar o dano ecológico, pois o novo proprietário, possuidor ou detentor responde pelo passivo ambiental da área independentemente de já ter sido adquirida com o déficit ambiental.

Aliás, vale frisar que a jurisprudência que reconhece a **obrigação *propter rem*** de reparação do dano ambiental se aplica tanto a áreas urbanas quanto rurais, ao tempo em que não livra o antigo proprietário ou possuidor, que se enquadra como responsável solidário por ser o poluidor direto, devendo ser dada interpretação ampliativa do § 2.º do artigo 2.º da Lei 12.651/2012.

2. JURISPRUDÊNCIA

"PROCESSUAL CIVIL E ADMINISTRATIVO. AGRAVO REGIMENTAL NO RECURSO ESPECIAL. DANO AMBIENTAL. REPARAÇÃO INTEGRAL DOS DANOS. NATUREZA *PROPTER REM*. CUMULAÇÃO DE OBRIGAÇÃO DE FAZER, DE NÃO FAZER E DE INDENIZAR. POSSIBILIDADE. **1. A jurisprudência do STJ está firmada no sentido de que a necessidade de reparação integral da lesão causada ao meio ambiente permite a cumulação de obrigações de fazer, de não fazer e de indenizar, que têm natureza *propter rem*.** Precedentes: REsp 1.178.294/MG, Rel. Ministro Mauro Campbell Marques,

j. 10.08.2010; REsp 1.115.555/MG, Rel. Ministro Arnaldo Esteves Lima, j. 15.02.2011; AgRg no REsp 1.170.532/MG, Rel. Ministro Hamilton Carvalhido, j. 24.08.2010; REsp 605.323/MG, Rel. para acórdão Ministro Teori Albino Zavascki, j. 18.08.2005, entre outros" (STJ, AgRg no REsp 1.254.935, de 20.03.2014).

Art. 3.º Para os efeitos desta Lei entende-se por:

I – **Amazônia Legal:** os Estados do Acre, Pará, Amazonas, Roraima, Rondônia, Amapá e Mato Grosso e as regiões situadas ao norte do paralelo 13ºS, dos Estados de Tocantins e Goiás, e ao oeste do meridiano de 44ºW, do Estado do Maranhão;

II – Área de Preservação Permanente – APP: área protegida, coberta ou não por vegetação nativa, com a função ambiental de preservar os recursos hídricos, a paisagem, a estabilidade geológica e a biodiversidade, facilitar o fluxo gênico de fauna e flora, proteger o solo e assegurar o bem-estar das populações humanas;

III – **Reserva Legal:** área localizada no interior de uma propriedade ou posse rural, delimitada nos termos do art. 12, com a função de assegurar o uso econômico de modo sustentável dos recursos naturais do imóvel rural, auxiliar a conservação e a reabilitação dos processos ecológicos e promover a conservação da biodiversidade, bem como o abrigo e a proteção de fauna silvestre e da flora nativa;

IV – Área rural consolidada: área de imóvel rural com ocupação antrópica preexistente a 22 de julho de 2008, com edificações, benfeitorias ou atividades agrossilvipastoris, admitida, neste último caso, a adoção do regime de pousio;

V – **Pequena propriedade ou posse rural familiar:** aquela explorada mediante o trabalho pessoal do agricultor familiar e empreendedor familiar rural, incluindo os assentamentos e projetos de reforma agrária, e que atenda ao disposto no art. 3.º da Lei nº 11.326, de 24 de julho de 2006;

VI – **Uso alternativo do solo:** substituição de vegetação nativa e formações sucessoras por outras coberturas do solo, como atividades agropecuárias, industriais, de geração e transmissão de energia, de mineração e de transporte, assentamentos urbanos ou outras formas de ocupação humana;

VII – **Manejo sustentável:** administração da vegetação natural para a obtenção de benefícios econômicos, sociais e ambientais, respeitando-se os mecanismos de sustentação do ecossistema objeto do manejo e considerando-se, cumulativa ou alternativamente, a utilização de múltiplas espécies madeireiras ou não, de múltiplos produtos e subprodutos da flora, bem como a utilização de outros bens e serviços;

VIII – **Utilidade pública:**

a) as atividades de segurança nacional e proteção sanitária;

b) as obras de infraestrutura destinadas às concessões e aos serviços públicos de transporte, sistema viário, inclusive aquele necessário aos parcelamentos de solo urbano aprovados pelos Municípios, saneamento, gestão de resíduos, energia, telecomunicações, radiodifusão, instalações necessárias à realização de competições esportivas estaduais, nacionais ou internacionais, bem como mineração, exceto, neste último caso, a extração de areia, argila, saibro e cascalho;

c) atividades e obras de defesa civil;

d) atividades que comprovadamente proporcionem melhorias na proteção das funções ambientais referidas no inciso II deste artigo;

e) outras atividades similares devidamente caracterizadas e motivadas em procedimento administrativo próprio, quando inexistir alternativa técnica e locacional ao empreendimento proposto, definidas em ato do Chefe do Poder Executivo federal;

IX – **interesse social:**

a) as atividades imprescindíveis à proteção da integridade da vegetação nativa, tais como prevenção, combate e controle do fogo, controle da erosão, erradicação de invasoras e proteção de plantios com espécies nativas;

b) a exploração agroflorestal sustentável praticada na pequena propriedade ou posse rural familiar ou por povos e comunidades tradicionais, desde que não descaracterize a cobertura vegetal existente e não prejudique a função ambiental da área;

c) a implantação de infraestrutura pública destinada a esportes, lazer e atividades educacionais e culturais ao ar livre em áreas urbanas e rurais consolidadas, observadas as condições estabelecidas nesta Lei;

d) a regularização fundiária de assentamentos humanos ocupados predominantemente por população de baixa renda em áreas urbanas consolidadas, observadas as condições estabelecidas na Lei nº 11.977, de 7 de julho de 2009;

e) implantação de instalações necessárias à captação e condução de água e de efluentes tratados para projetos cujos recursos hídricos são partes integrantes e essenciais da atividade;

f) as atividades de pesquisa e extração de areia, argila, saibro e cascalho, outorgadas pela autoridade competente;

g) outras atividades similares devidamente caracterizadas e motivadas em procedimento administrativo próprio, quando inexistir alternativa técnica e locacional à atividade proposta, definidas em ato do Chefe do Poder Executivo federal;

X – **atividades eventuais ou de baixo impacto ambiental:**

a) abertura de pequenas vias de acesso interno e suas pontes e pontilhões, quando necessárias à travessia de um curso d'água, ao acesso de pessoas e animais para a obtenção de água ou à retirada de produtos oriundos das atividades de manejo agroflorestal sustentável;

b) implantação de instalações necessárias à captação e condução de água e efluentes tratados, desde que comprovada a outorga do direito de uso da água, quando couber;

c) implantação de trilhas para o desenvolvimento do ecoturismo;

d) construção de rampa de lançamento de barcos e pequeno ancoradouro;

e) construção de moradia de agricultores familiares, remanescentes de comunidades quilombolas e outras populações extrativistas e tradicionais em áreas rurais, onde o abastecimento de água se dê pelo esforço próprio dos moradores;

f) construção e manutenção de cercas na propriedade;

g) pesquisa científica relativa a recursos ambientais, respeitados outros requisitos previstos na legislação aplicável;

h) coleta de produtos não madeireiros para fins de subsistência e produção de mudas, como sementes, castanhas e frutos, respeitada a legislação específica de acesso a recursos genéticos;

i) plantio de espécies nativas produtoras de frutos, sementes, castanhas e outros produtos vegetais, desde que não implique supressão da vegetação existente nem prejudique a função ambiental da área;

j) exploração agroflorestal e manejo florestal sustentável, comunitário e familiar, incluindo a extração de produtos florestais não madeireiros, desde que não descaracterizem a cobertura vegetal nativa existente nem prejudiquem a função ambiental da área;

k) outras ações ou atividades similares, reconhecidas como eventuais e de baixo impacto ambiental em ato do Conselho Nacional do Meio Ambiente – CONAMA ou dos Conselhos Estaduais de Meio Ambiente;

XI – (VETADO);

XII – **vereda:** fitofisionomia de savana, encontrada em solos hidromórficos, usualmente com a palmeira arbórea Mauritia flexuosa – buriti emergente, sem formar dossel, em meio a agrupamentos de espécies arbustivo-herbáceas; (Redação pela Lei nº 12.727, de 2012).

XIII – **manguezal:** ecossistema litorâneo que ocorre em terrenos baixos, sujeitos à ação das marés, formado por vasas lodosas recentes ou arenosas, às quais se associa, predominantemente, a vegetação natural conhecida como mangue, com influência fluviomarinha, típica de solos limosos de regiões estuarinas e com dispersão descontínua ao longo da costa brasileira, entre os Estados do Amapá e de Santa Catarina;

XIV – **salgado ou marismas tropicais hipersalinos:** áreas situadas em regiões com frequências de inundações intermediárias entre marés de sizígias e de quadratura, com solos cuja salinidade varia entre 100 (cem) e 150 (cento e cinquenta) partes por 1.000 (mil), onde pode ocorrer a presença de vegetação herbácea específica;

XV – **apicum:** áreas de solos hipersalinos situadas nas regiões entremarés superiores, inundadas apenas pelas marés de sizígias, que apresentam salinidade superior a 150 (cento e cinquenta) partes por 1.000 (mil), desprovidas de vegetação vascular;

XVI – **restinga:** depósito arenoso paralelo à linha da costa, de forma geralmente alongada, produzido por processos de sedimentação, onde se encontram diferentes comunidades que recebem influência marinha, com cobertura vegetal em mosaico, encontrada em praias, cordões arenosos, dunas e depressões, apresentando, de acordo com o estágio sucessional, estrato herbáceo, arbustivo e arbóreo, este último mais interiorizado;

XVII – **nascente:** afloramento natural do lençol freático que apresenta perenidade e dá início a um curso d'água;

XVIII – **olho d'água:** afloramento natural do lençol freático, mesmo que intermitente;

XIX – **leito regular:** a calha por onde correm regularmente as águas do curso d'água durante o ano;

XX – área verde urbana: espaços, públicos ou privados, com predomínio de vegetação, preferencialmente nativa, natural ou recuperada, previstos no Plano Diretor, nas Leis de Zoneamento Urbano e Uso do Solo do Município, indisponíveis para construção de moradias, destinados aos propósitos de recreação, lazer, melhoria da qualidade ambiental urbana, proteção dos recursos hídricos, manutenção ou melhoria paisagística, proteção de bens e manifestações culturais;

XXI – **várzea de inundação ou planície de inundação:** áreas marginais a cursos d'água sujeitas a enchentes e inundações periódicas;

XXII – **faixa de passagem de inundação:** área de várzea ou planície de inundação adjacente a cursos d'água que permite o escoamento da enchente;

XXIII – **relevo ondulado:** expressão geomorfológica usada para designar área caracterizada por movimentações do terreno que geram depressões, cuja intensidade permite sua classificação como relevo suave ondulado, ondulado, fortemente ondulado e montanhoso;

XXIV – **pousio:** prática de interrupção temporária de atividades ou usos agrícolas, pecuários ou silviculturais, por no máximo 5 (cinco) anos, para possibilitar a recuperação da capacidade de uso ou da estrutura física do solo; (Incluído pela Lei nº 12.727, de 2012).

XXV – áreas úmidas: pantanais e superfícies terrestres cobertas de forma periódica por águas, cobertas originalmente por florestas ou outras formas de vegetação adaptadas à inundação; (Incluído pela Lei nº 12.727, de 2012).

XXVI – área urbana consolidada: aquela de que trata o inciso II do *caput* do art. 47 da Lei nº 11.977, de 7 de julho de 2009; e (Incluído pela Lei nº 12.727, de 2012).

XXVII – **crédito de carbono:** título de direito sobre bem intangível e incorpóreo transacionável. *(Incluído pela Lei nº 12.727, de 2012).*

Parágrafo único. Para os fins desta Lei, estende-se o tratamento dispensado aos imóveis a que se refere o inciso V deste artigo às propriedades e posses rurais com até 4 (quatro) módulos fiscais que desenvolvam atividades agrossilvipastoris, bem como às terras indígenas demarcadas e às demais áreas tituladas de povos e comunidades tradicionais que façam uso coletivo do seu território.

1. COMENTÁRIOS

O STF julgou parcialmente procedente a ADC 42, para: i) por maioria, vencidos os Ministros Edson Fachin e Gilmar Mendes, e, em parte, o Ministro Alexandre de Moraes, **declarar a inconstitucionalidade das expressões "gestão de resíduos" e "instalações necessárias à realização de competições esportivas estaduais, nacionais ou internacionais", contidas no art. 3º, VIII, b, da Lei 12.651/2012; ii) por maioria, dar interpretação conforme a Constituição ao art. 3º, VIII e IX, de modo a se condicionar a intervenção excepcional em APP, por interesse social ou utilidade pública, à inexistência de alternativa técnica e/ou locacional à atividade proposta; iii) por maioria, vencidos os Ministros Alexandre de Moraes e Gilmar Mendes, declarar a inconstitucionalidade das expressões "demarcadas" e "tituladas", contidas no art. 3º, parágrafo único.**

Este artigo traz várias definições aplicáveis não apenas ao Código Florestal de 2012, mas também úteis à interpretação de toda a legislação ambiental brasileira. Os conceitos serão estudos de maneira pertinente ao longo desta Lei, com destaque para os seguintes:

A) Área de Preservação Permanente – APP

É a "área protegida, coberta ou não por vegetação nativa, com a função ambiental de preservar os recursos hídricos, a paisagem, a estabilidade geológica e a biodiversidade, facilitar o fluxo gênico de fauna e flora, proteger o solo e assegurar o bem-estar das populações humanas", definição praticamente idêntica à que constava no artigo 1.º, § 2.º, II, do antigo Código Florestal.

Pela definição legal, percebe-se que a área de preservação permanente poderá ou não ser coberta por vegetação nativa, devendo esta ser mantida por questões ambientais e também para preservar a segurança das pessoas.

São espaços ecologicamente muito sensíveis em que, em regra, a vegetação nativa deve ser preservada e a ocorrência de dano ambiental deve gerar a reparação. Serão estudadas nos artigos 4.º/9.º desta Lei.

B) Área de reserva legal

O conceito legal da reserva legal vem estampado no artigo 3.º, inciso III, que o define como a "área localizada no interior de uma propriedade ou posse rural, delimitada nos termos do art. 12, com a função de assegurar o uso econômico de modo sustentável dos recursos naturais do imóvel rural, auxiliar a conservação e a reabilitação dos processos ecológicos e promover a conservação da biodiversidade, bem como o abrigo e a proteção de fauna silvestre e da flora nativa".

Cuida-se de uma limitação administrativa às propriedades e posses rurais em favor do direito fundamental ao meio ambiente ecologicamente equilibrado em que um percentual mínimo da vegetação nativa deverá ser conservada. Será estudada nos artigos 12/24 desta Lei.

C) Pequena propriedade ou posse rural familiar

Considera-se como **pequena propriedade ou posse rural familiar** aquela explorada mediante o trabalho pessoal do agricultor familiar e empreendedor familiar rural, incluindo os assentamentos e projetos de reforma agrária, e que atenda ao disposto no artigo 3.º da Lei 11.326, de 24 de julho de 2006 (Política Nacional da Agricultura Familiar e Empreendimentos Familiares Rurais), que exige que o imóvel rural seja de até **quatro módulos fiscais**, dentre outros requisitos.[1]

O módulo fiscal variará de acordo com a região do Brasil, conforme as instruções normativas especiais editadas pelo INCRA,[2] sendo também utilizado para o cálculo do Imposto Territorial Rural.

Outrossim, as **terras indígenas demarcadas** e as demais **áreas tituladas de povos e comunidades tradicionais** que façam uso coletivo do seu território terão o **mesmo tratamento jurídico** no novo CFlo dado à **pequena propriedade ou posse rural**.

D) Áreas verdes urbanas

As **áreas verdes urbanas** são definidas no novo Código Florestal como os espaços, públicos ou privados, com predomínio de vegetação, preferencialmente nativa, natural ou recuperada, previstos no Plano Diretor, nas Leis de Zoneamento Urbano e Uso do Solo do Município, indisponíveis para construção de moradias, destinados aos propósitos de recreação, lazer, melhoria da qualidade ambiental urbana, proteção dos recursos hídricos, manutenção ou melhoria paisagística, proteção de bens e manifestações culturais.

Logo, podem ser de propriedade pública ou privada e objetivam realizar a sustentabilidade das cidades, sendo tratadas no artigo 25 desta Lei.

E) Amazônia Legal

Compõe a **Amazônia Legal** os Estados do Acre, Pará, Amazonas, Roraima, Rondônia, Amapá e Mato Grosso e as regiões situadas ao norte do paralelo 13os, dos Estados de Tocantins e Goiás, e ao oeste do meridiano de 44ºW, do Estado do Maranhão

Cuida-se de uma área que engloba **nove estados brasileiros pertencentes à Bacia amazônica** e a área de ocorrência das vegetações amazônicas. Com base em análises estruturais e conjunturais, o governo brasileiro, reunindo regiões de idênticos problemas econômicos,

1. "Utilize predominantemente mão de obra da própria família nas atividades econômicas do seu estabelecimento ou empreendimento; tenha percentual mínimo da renda familiar originada de atividades econômicas do seu estabelecimento ou empreendimento, na forma definida pelo Poder Executivo; dirija seu estabelecimento ou empreendimento com sua família".
2. A exemplo da Instrução Especial/INCRA nº 20, de 28 de maio de 1980.

políticos e sociais, com o intuito de melhor planejar o desenvolvimento social e econômico da região amazônica, instituiu o conceito de Amazônia legal.

A atual área de abrangência da Amazônia Legal corresponde à totalidade dos estados do Acre, Amapá, Amazonas, Pará, Rondônia, Roraima e Tocantins e parte dos estados do Mato Grosso e Maranhão (a oeste do meridiano de 44º de longitude oeste), perfazendo uma superfície de aproximadamente 5.217.423km² correspondente a cerca de 61% do território brasileiro. Sua população, entretanto, corresponde a 12,32% do total de habitantes do Brasil.

A Amazônia Legal ocupa 5.016.136,3km², que correspondem a cerca de 59% do território brasileiro. Nela vivem em torno de 24 milhões de pessoas, segundo o Censo 2010, distribuídas em 775 municípios, nos estados do Acre, Amapá, Amazonas, Mato Grosso, Pará, Rondônia, Roraima, Tocantins (98% da área do estado), Maranhão (79%) e Goiás (0,8%). Além de conter 20% do bioma cerrado, a região abriga todo o bioma Amazônia, o mais extenso dos biomas brasileiros, que corresponde a 1/3 das florestas tropicais úmidas do planeta, detém a mais elevada biodiversidade, o maior banco genético e 1/5 da disponibilidade mundial de água potável[3].

2. QUESTÕES DE CONCURSOS

01. (TJ-SC – 2013 – Juiz) Observadas as proposições a seguir elencadas, assinale a alternativa **correta:**

I. Para o novo Código Florestal, entende-se por Amazônia Legal: os Estados do Acre, Pará, Amazonas, Roraima, Amapá e Mato Grosso e as regiões situadas ao norte do paralelo 13os, dos Estados de Tocantins e Goiás, e ao oeste do meridiano de 45ºW, do Estado do Maranhão.

3. http://pt.wikipedia.org/wiki.

II. Segundo o novo Código Florestal, Área de Preservação Permanente – APP significa: área protegida, coberta ou não por vegetação nativa, com a função ambiental de preservar os recursos hídricos, a paisagem, a estabilidade geológica e a biodiversidade, facilitar o fluxo gênico de fauna e flora, proteger o solo e assegurar o bem-estar das populações.

III. O novo Código Florestal conceitua a área rural consolidada como: área de imóvel rural com ocupação antrópica preexistente a 30 de julho de 2008, com edificações, benfeitorias ou atividades agrossilvipastoris, admitida, neste último caso, a adoção do regime de pousio.

IV. A pequena propriedade ou posse rural familiar, para efeito do novo Código Florestal, corresponde a aquela explorada mediante o trabalho pessoal do agricultor familiar e empreendedor familiar rural, incluindo os assentamentos e projetos de reforma agrária, e que atenda ao disposto no art. 3.º da Lei nº 11.326, de 24 de julho de 2006.

a) Somente as proposições I e II estão corretas.

b) Somente as proposições I e III estão corretas.

c) Somente as proposições II e IV estão corretas.

d) Somente as proposições III e IV estão corretas.

e) Todas as proposições estão corretas.

02. (2016/TRF – 3ª REGIÃO/Juiz Federal Substituto) Dadas as assertivas abaixo, assinale a alternativa **correta.**

Com base no disposto na Lei nº 12.651/2012 e suas alterações posteriores, é possível afirmar sobre os institutos conceituados em seu art. 3º:

I – Área de Preservação Permanente: área protegida coberta por vegetação nativa, com a função ambiental de preservar os recursos hídricos, a paisagem, a estabilidade geológica e a biodiversidade, facilitar o fluxo gênico de fauna e flora, proteger o solo e assegurar o bem-estar das populações humanas.

II – Reserva Legal: área localizada no interior de uma propriedade ou posse rural, delimitada nos termos do art. 12 da mesma lei, com a função de assegurar o uso econômico de modo sustentável dos recursos naturais do imóvel rural, auxiliar a conservação e a reabilitação dos processos ecológicos e promover a conservação da biodiversidade, bem como o abrigo e a proteção de fauna silvestre e da flora nativa.

III – Manejo sustentável: administração da vegetação natural para a obtenção de benefícios econômicos, sociais e ambientais, respeitando-se os mecanismos de sustentação do ecossistema objeto do manejo e considerando-se, cumulativa ou alternativamente, a utilização de única espécie madeireira, de múltiplos produtos e subprodutos da flora, bem como a utilização de outros bens e serviços.

Estão corretas as assertivas:

a) I e II.

b) I, II e III.

c) Apenas a II.

d) Apenas a III.

03. (CESPE/AGU/Advogado da União/2015) A reserva legal de propriedade ou posse rural define-se como área protegida com a principal função ambiental de preservar os recursos hídricos, a paisagem e a estabilidade geológica no imóvel.

04. (2020 Banca: CESPE / CEBRASPE Órgão: PRF Prova: CESPE / CEBRASPE – 2020 – PRF – Policial Rodoviário Federal – Curso de Formação – 3ª Turma – 2ª Prova) Com base nas disposições da Constituição Federal de 1988 e do Código Florestal, julgue o item a seguir. Define-se área de preservação permanente toda área que seja coberta por vegetação nativa e que tenha a função de assegurar a exploração sustentável dos recursos naturais.

GAB	01	C	02	C	03	ERRADA	04	ERRADO

▸ CAPÍTULO II
DAS ÁREAS DE PRESERVAÇÃO PERMANENTE

▸ SEÇÃO I
DA DELIMITAÇÃO DAS ÁREAS DE PRESERVAÇÃO PERMANENTE

Art. 4.º Considera-se Área de Preservação Permanente, em zonas rurais ou urbanas, para os efeitos desta Lei:

I – as faixas marginais de qualquer curso d'água natural perene e intermitente, excluídos os efêmeros, desde a borda da calha do leito regular, em largura mínima de: *(Incluído pela Lei nº 12.727, de 2012).*

a) 30 (trinta) metros, para os cursos d'água de menos de 10 (dez) metros de largura;

b) 50 (cinquenta) metros, para os cursos d'água que tenham de 10 (dez) a 50 (cinquenta) metros de largura;

c) 100 (cem) metros, para os cursos d'água que tenham de 50 (cinquenta) a 200 (duzentos) metros de largura;

d) 200 (duzentos) metros, para os cursos d'água que tenham de 200 (duzentos) a 600 (seiscentos) metros de largura;

e) 500 (quinhentos) metros, para os cursos d'água que tenham largura superior a 600 (seiscentos) metros;

II – as áreas no entorno dos lagos e lagoas naturais, em faixa com largura mínima de:

a) 100 (cem) metros, em zonas rurais, exceto para o corpo d'água com até 20 (vinte) hectares de superfície, cuja faixa marginal será de 50 (cinquenta) metros;

b) 30 (trinta) metros, em zonas urbanas;

III – as áreas no entorno dos reservatórios d'água artificiais, decorrentes de barramento ou represamento de cursos d'água naturais, na faixa definida na licença ambiental do empreendimento; *(Incluído pela Lei nº 12.727, de 2012).*

IV – as áreas no entorno das nascentes e dos olhos d'água perenes, qualquer que seja sua situação topográfica, no raio mínimo de 50 (cinquenta) metros; *(Redação dada pela Lei nº 12.727, de 2012).*

V – as encostas ou partes destas com declividade superior a 45°, equivalente a 100% (cem por cento) na linha de maior declive;

VI – as restingas, como fixadoras de dunas ou estabilizadoras de mangues;

VII – os manguezais, em toda a sua extensão;

VIII – as bordas dos tabuleiros ou chapadas, até a linha de ruptura do relevo, em faixa nunca inferior a 100 (cem) metros em projeções horizontais;

IX – no topo de morros, montes, montanhas e serras, com altura mínima de 100 (cem) metros e inclinação média maior que 25°, as áreas delimitadas a partir da curva de nível correspondente a 2/3 (dois terços) da altura mínima da elevação sempre em relação à base, sendo esta definida pelo plano horizontal determinado por planície ou espelho d'água adjacente ou, nos relevos ondulados, pela cota do ponto de sela mais próximo da elevação;

X – as áreas em altitude superior a 1.800 (mil e oitocentos) metros, qualquer que seja a vegetação;

XI – em veredas, a faixa marginal, em projeção horizontal, com largura mínima de 50 (cinquenta) metros, a partir do espaço permanentemente brejoso e encharcado. *(Redação dada pela Lei nº 12.727, de 2012).*

§ 1.º Não será exigida Área de Preservação Permanente no entorno de reservatórios artificiais de água que não decorram de barramento ou represamento de cursos d'água naturais. *(Redação dada pela Lei nº 12.727, de 2012).*

§ 2.º (Revogado). *(Redação dada pela Lei nº 12.727, de 2012).*

§ 3.º (VETADO).

§ 4.º Nas acumulações naturais ou artificiais de água com superfície inferior a 1 (um) hectare, fica dispensada a reserva da faixa de proteção prevista nos incisos II e III do *caput*, vedada nova supressão de áreas de vegetação nativa, salvo autorização do órgão ambiental competente do Sistema Nacional do Meio Ambiente – Sisnama. *(Redação dada pela Lei nº 12.727, de 2012).*

§ 5.º É admitido, para a pequena propriedade ou posse rural familiar, de que trata o inciso V do art. 3.º desta Lei, o plantio de culturas temporárias e sazonais de vazante de ciclo curto na faixa de terra que fica exposta no período de vazante dos rios ou lagos, desde que não implique supressão de novas áreas de vegetação nativa, seja conservada a qualidade da água e do solo e seja protegida a fauna silvestre.

§ 6.º Nos imóveis rurais com até 15 (quinze) módulos fiscais, é admitida, nas áreas de que tratam os incisos I e II do *caput* deste artigo, a prática da aquicultura e a infraestrutura física diretamente a ela associada, desde que:

I – sejam adotadas práticas sustentáveis de manejo de solo e água e de recursos hídricos, garantindo sua qualidade e quantidade, de acordo com norma dos Conselhos Estaduais de Meio Ambiente;

II – esteja de acordo com os respectivos planos de bacia ou planos de gestão de recursos hídricos;

III – seja realizado o licenciamento pelo órgão ambiental competente;

IV – o imóvel esteja inscrito no Cadastro Ambiental Rural – CAR.

V – não implique novas supressões de vegetação nativa. *(Incluído pela Lei nº 12.727, de 2012).*

§ 7.º (VETADO).

§ 8.º (VETADO).

§ 9.º (VETADO). *(Incluído pela Lei nº 12.727, de 2012).*

1. COMENTÁRIOS

As áreas descritas no artigo 4.º do novo Código Florestal têm incidência *ex lege*, pois instituídas diretamente pelo CFlo, **em áreas urbanas ou rurais**, independentemente da adoção de alguma providência de demarcação pela Administração Pública ambiental, tendo a natureza jurídica de **limitação de uso ao direito de propriedade**, porquanto genéricas, não sendo cabível indenização aos proprietários pelo seu regime jurídico especial restritivo.

Por exceção, podem existir hipóteses dentro do citado artigo 4.º, do novo CFlo, que dependam de um ato do Poder Público para delimitar a APP, como ocorre com os reservatórios d'água artificiais, conforme será estudado.

Esta é mais uma sutileza que reflete a nova legislação florestal mais permissiva da degradação ambiental. O artigo 2.º, do antigo CFlo, previa que "consideram-se de preservação permanente, **pelo só efeito desta Lei**", ao passo que o artigo 4.º, do novo CFlo, estatui que "considera-se Área de Preservação Permanente, em zonas rurais ou urbanas, **para os efeitos desta Lei**".

Por conseguinte, nem todos os casos de APP do artigo 4.º, do novo CFlo, possuem incidência direta e imediata, a exemplo dos reservatórios d'água artificiais, cuja APP será fixada pela licença ambiental (inc. III).

Apesar de a cabeça do artigo 4.º, do novo CFlo, se referir apenas à vegetação natural, é razoável entender que as áreas de preservação permanente também incidem nas florestas plantadas, pois o seu artigo 35, § 2.º, dá azo a essa exegese, *a contrario sensu*.

I) Mata ciliar

São consideradas áreas de preservação permanente **as faixas marginais de qualquer curso d'água natural**, *desde a borda da calha do leito regular*, em largura mínima de:

30m	cursos d'água de menos de 10 metros de largura
50m	cursos d'água que tenham de 10 a 50 metros de largura
100m	cursos d'água que tenham de 50 a 200 metros de largura
200m	cursos d'água que tenham de 200 a 600 metros de largura
500m	para os cursos d'água que tenham largura superior a 600 metros

Essas APPs são conhecidas como matas ciliares e têm como principais funções ambientais prevenir o assoreamento dos cursos d'água e resguardar a segurança das pessoas contra as enchentes, auxiliando na absorção das águas durante as cheias.

Mata ciliar.
Fonte: <http://www.ajbonito.com.br/index.php?idcanal=258>.

Com o advento da Lei 12.727, de 17.10.2012, o art. 4.º, inciso I, do Código Florestal de 2012 foi alterado, **passando a prever que apenas as faixas marginais de cursos d'água naturais perenes ou intermitentes serão APPs, *excluídos os efêmeros*.**

Os *rios perenes* são aqueles que possuem águas correntes durante todo o ano. Já os *intermitentes ou temporários* secam nos períodos de escassez de chuva, não possuindo água corrente durante todo o ano, sendo alimentados por escoamento superficial ou subsuperficial.

Nestes dois casos, existirá APP. **Já nos *rios efêmeros* não existirá APP**, pois se formam somente por ocasião das chuvas ou logo após a sua ocorrência, sendo alimentados tão somente por águas de escoamento superficial.

Os incisos XII a XIV do art. 2.º do Decreto 7.830/2012 traz as seguintes definições:

- **Rio perene** – corpo de água lótico que possui naturalmente escoamento superficial durante todo o período do ano;
- **Rio intermitente** – corpo de água lótico que naturalmente não apresenta escoamento superficial por períodos do ano;
- **Rio efêmero** – corpo de água lótico que possui escoamento superficial apenas durante ou imediatamente após períodos de precipitação.

A sua dimensão formalmente foi mantida pelo novo CFlo em comparação ao anterior, inexistindo redução ou majoração da mata ciliar. **Contudo, a sua linha inicial de demarcação foi alterada, o que, via transversa, acabou diminuindo o seu tamanho.**

É que o antigo CFlo previa a sua fixação desde o seu nível mais alto em faixa marginal (nível alcançado por ocasião da cheia sazonal do curso d'água perene ou intermitente), ao passo que o novo CFlo pontifica que será **desde a borda da calha do leito regular**, assim considerada a **calha por onde correm regularmente as águas do curso d'água durante o ano**.

Evidentemente, a linha da borda da calha regular do leito do curso d'água é mais recuada do que o seu nível mais alto em faixa marginal alcançado por ocasião da cheia sazonal perene ou intermitente. Por isso, discretamente, o novo CFlo **recuou as matas ciliares**, promovendo um lamentável retrocesso na proteção florestal ao longo dos rios e demais cursos d'água, deixando desprotegidos inúmeros ecossistemas de áreas úmidas no Brasil.

Portanto, deverá ser fixado o início da borda da calha do leito regular do curso d'água, e não o seu nível de cheia, a fim de iniciar a delimitação da mata ciliar, o que certamente trará sérias controvérsias, uma vez que se sabe que ao longo do ano é comum que haja variação no regime fluvial, existindo mudanças de cerca de 20 metros na região amazônica.

Demais disso, a situação se complica ainda mais no que concerne aos rios intermitentes, que são aqueles que secam durante determinado período do ano.

Era previsto no projeto que, em áreas urbanas, as faixas marginais de qualquer curso d'água natural que delimitassem as áreas da faixa de passagem de inundação tivessem a sua largura determinada pelos respectivos Planos Diretores e Leis de Uso do Solo, ouvidos os Conselhos Estaduais e Municipais de Meio Ambiente.

Felizmente, esse dispositivo (§ 7.º do artigo 4.º) foi vetado, pois iria permitir que as APPs (matas ciliares) em zonas urbanas fossem definidas pela legislação municipal (Plano Diretor e Lei de Uso do Solo), possibilitando a sua redução e configurando um grave retrocesso ambiental.

Com a MP 571/2012, foram inseridos os §§ 9.º e 10 ao artigo 4.º, **impondo-se que os limites mínimos das matas ciliares deverão ser respeitados pelo Plano Diretor e pela Lei de Uso do Solo do município**.

Contudo, o § 9.º foi alterado pela Lei de Conversão (Lei 12.727/2012) e posteriormente vetado, enquanto o § 10 foi excluído da Lei de Conversão, deixando uma lacuna normativa sobre o tema.

Registre que este dispositivo prevalece sobre a Lei de Parcelamento do Solo Urbano, que prevê um recuo mínimo de 15 metros (art. 4º, *caput*, III, da Lei n. 6.766/1979), e não de 30 metros, por três motivos: o Código Florestal é lei especial, posterior e mais protetiva do ambiente (STJ Tema 1010).

A despeito do não tratamento do tema pelo novo CFlo, entende-se que os municípios não possuem competência para reduzir os limites mínimos das APPs nas áreas urbanas, sob pena de invasão da competência federal para a edição de normas gerais sobre a proteção florestal.

Cabe ao Regulamento presidencial ou mesmo ao CONAMA, via resolução, definir urgentemente a fórmula de fixação da borda da calha do leito regular do curso d'água, diante da lamentável omissão (talvez intencional) do novo CFlo.

Nesse sentido, a redação original do artigo 4.º, § 3.º, do novo CFlo foi enfática ao estatuir que "não é considerada Área de Preservação Permanente a várzea fora dos limites previstos no inciso I do *caput*, exceto quando ato do poder público dispuser em contrário, nos termos do inciso III do art. 6.º, bem como salgados e apicuns em sua extensão".

Felizmente, esse dispositivo foi **vetado** pela Presidenta da República sob o correto argumento:

> "O dispositivo deixa os apicuns e salgados sem qualquer proteção contra intervenções indevidas. Exclui, ainda, a proteção jurídica dos sistemas úmidos preservados por normas internacionais subscritas pelo Brasil, como a Convenção sobre Zonas Úmidas de Importância Internacional, especialmente como Habitat de Aves Aquáticas, conhecida como Convenção de Ramsar, de 2 de fevereiro de 1971, ratificada pelo Decreto nº 1.905, de 16 de maio de 1996.
>
> Esses sistemas desempenham serviços ecossistêmicos insubstituíveis de proteção de criadouros de peixes marinhos ou estuarinos, bem como de crustáceos e outras espécies. Adicionalmente, tamponam a poluição das águas litorâneas ocasionada por sedimentos e compostos químicos carregados pelos rios. Por sua relevância ambiental, merecem tratamento jurídico específico, que concilie eventuais intervenções com parâmetros que assegurem sua preservação."

Registre-se que as **várzeas de inundação ou planícies de inundação** são áreas marginais a cursos d'água sujeitas a enchentes e inundações periódicas.

II) Entorno de lagos e lagoas naturais

O antigo Código Florestal apenas previa o redor dos lagos e lagoas como áreas de preservação permanente sem fixar a sua dimensão, o que foi feito pelo artigo 3º, inciso III, da Resolução CONAMA 303/2002.

Atualmente, conforme previsão do art. 4.º, inciso II, do Novo CFlo, consideram-se áreas de preservação permanente aquelas **áreas no entorno dos lagos e lagoas naturais**, em faixa com largura mínima de:

a) 100 metros, em zonas rurais, exceto para o corpo d'água com até 20 hectares de superfície, cuja faixa marginal será de 50 metros;

b) 30 metros, em zonas urbanas.

Assim, temos:

ZONA RURAL	100m	Corpo d'água acima de 20 hectares de superfície
ZONA RURAL	50m	Corpo d'água com até 20 hectares de superfície
ZONA URBANA	30m	----

APP em torno de lagoa natural.
Fonte: <http://bonito-ms.net/lagoa-misteriosa-em-jardim-ms-completa-1-ano-de-atividade/>.

Logo, o novo CFlo reproduziu o artigo 3.º, inciso III, da Resolução CONAMA 303/2002, que já fixava essa mesma dimensão para as APPs no entorno de lagos e lagoas naturais.

Por outro lado, nos termos do artigo 4.º, § 4.º, do novo CFlo, fica dispensado o estabelecimento das faixas de Área de Preservação Permanente no entorno das acumulações naturais ou artificiais de água com superfície inferior a um hectare, **vedada nova supressão de áreas de vegetação nativa**, salvo se autorizado por órgão ambiental do SISNAMA[4].

Dessarte, eis aqui mais um gritante retrocesso do novo CFlo que deixará esses ecossistemas desprotegidos: **os lagos e lagoas com superfície inferior a um hectare não precisarão possuir área de preservação permanente no seu entorno, lembrando que um hectare equivale a 10.000 metros quadrados.**

III) Entorno de reservatórios d'água artificiais decorrentes de barramento ou represamento de cursos d'águas naturais

O antigo Código Florestal previa como áreas de preservação permanente os arredores de reservatórios d'água naturais ou artificiais, não fixando a sua dimensão.

Em regulamentação, a **Resolução CONAMA 302/2002** fixou a APP ao redor de reservatórios artificiais, variando de 15 (mínimo) a 100 metros:

> "Artigo 3.º Constitui Área de Preservação Permanente a área com largura mínima, em projeção horizontal, no **entorno dos reservatórios artificiais**, medida a partir do nível máximo normal de:

4. Exceção inserida pela Lei 12.727/2012.

> I – trinta metros para os reservatórios artificiais situados em áreas urbanas consolidadas e cem metros para áreas rurais;
>
> II – quinze metros, no mínimo, para os reservatórios artificiais de geração de energia elétrica com até dez hectares, sem prejuízo da compensação ambiental;
>
> III – quinze metros, no mínimo, para reservatórios artificiais não utilizados em abastecimento público ou geração de energia elétrica, com até vinte hectares de superfície e localizados em área rural."

Entrementes, o tema ganhou tratamento diferenciado com o novo CFlo. E como sempre, houve uma redução na proteção florestal. Agora, apenas existe previsão das **áreas no entorno dos reservatórios d'água artificiais que decorram de barramento ou represamento de cursos d'água naturais,** como APPs, e não mais ao redor dos reservatórios naturais.

E pior. A faixa da APP no entorno do reservatório d'água artificial será **definida pela licença ambiental**, razão pela qual o artigo 4.º, inciso III, do novo CFlo não possui aplicabilidade imediata total, pois depende da licença ambiental para delimitar a sua dimensão.

Assim sendo, forçoso concluir que o artigo 3.º da Resolução CONAMA 302/2002 não foi recepcionado pelo novo CFlo. É ainda mais duro ter que admitir que as licenças ambientais para os referidos reservatórios precisarão ser urgentemente alteradas, a fim de fixar a APP em cada caso concreto, ante a ausência de delimitação geral, abstrata e imediata da novel legislação florestal do Brasil.

Todavia, no entorno dos reservatórios artificiais situados em áreas rurais com até 20 hectares de superfície, a área de preservação permanente terá, no mínimo, 15 metros, nos termos do art. 4.º, § 2.º, do novo CFlo, que continua em vigor, em nossa opinião, pois o art. 83 (com redação dada pela Lei 12.727/2012), que o revogava expressamente, foi vetado pela Presidência da República.

Contudo, vale frisar que a vigência do art. 4.º, § 2.º, do novo CFlo, é negada oficialmente pelo Poder Executivo da União, pois no sítio da Presidência da República, ao acessar a Lei 12.651/2012, consta o dispositivo como revogado.[5]

Ora, se o art. 83 do novo CFlo, com redação dada pela Lei 12.727/2012, que previu a revogação do § 2.º do art. 4.º do novo CFlo, foi vetado pela Presidência da República, é evidente que o referido parágrafo se encontra em vigor.

E não é só isso. **Nos casos em que os reservatórios artificiais de água não decorram de barramento ou represamento de cursos d'água naturais, não existirá APP no seu entorno**, a teor do artigo 4.º, § 1.º, do novo CFlo, alterado pela Lei 12.727/2012.

Outrossim, como ocorre com os lagos e as lagoas naturais, nos termos do artigo 4.º, § 4.º, do novo CFlo, nas acumulações naturais ou artificiais de água com superfície inferior a **um hectare**, fica **dispensada a reserva da faixa de proteção no entorno dos reservatórios d'água artificiais**, vedados novos desmates de vegetação nativa, salvo se autorizado por órgão ambiental do SISNAMA.

---

5. § 2.º (Revogado). (Redação dada pela Lei nº 12.727, de 2012).

Vale registrar que, nos termos do art. 5.º do novo CFlo, na implantação de reservatório d'água artificial destinado a geração de **energia ou abastecimento público**, é obrigatória a **aquisição, a desapropriação ou a instituição de servidão administrativa** pelo empreendedor das Áreas de Preservação Permanente criadas em seu entorno, conforme estabelecido no licenciamento ambiental, observando-se a faixa mínima de 30 metros e máxima de 100 metros em área rural, e a faixa mínima de 15 metros e máxima de 30 metros em área urbana.

Ademais, deverá ainda o empreendedor, no âmbito do licenciamento ambiental, elaborar **Plano Ambiental de Conservação e Uso do Entorno do Reservatório,**[6] em conformidade com termo de referência expedido pelo órgão competente do Sistema Nacional do Meio Ambiente, não podendo exceder a 10% do total da Área de Preservação Permanente.

IV) Entorno de nascentes e olhos d'água

Neste caso, o novo CFlo seguiu a mesma sistemática do anterior. Consideram-se APPs as **áreas no entorno das nascentes e dos olhos d'água perenes**, qualquer que seja a sua situação topográfica, **no raio mínimo de 50 metros.**

A **nascente** é o afloramento natural do lençol freático que apresenta perenidade e dá início a um curso d'água, ao passo que o **olho d'água** é o afloramento natural do lençol freático, mesmo que intermitente.

Logo, a diferença é que a nascente é perene e dá início a um curso d'água, o que não se verifica em um olho d'água, que inclusive poderá ser intermitente.

Nascente.
http://meioambiente.culturamix.com/blog/wp-content/gallery/nascente-dos-principais-rios-do-brasil/nascente-dos-principais-rios-do-brasil-1.jpg

A despeito da omissão do novo CFlo, sustenta-se que um ato do Poder Público possa aumentar o tamanho desta APP para além de 50m, tendo em vista que a legislação florestal prevê apenas um raio mínimo de 50m.

6. "Art. 5.º, § 2.º O Plano Ambiental de Conservação e Uso do Entorno de Reservatório Artificial, para os empreendimentos licitados a partir da vigência desta Lei, deverá ser apresentado ao órgão ambiental concomitantemente com o Plano Básico Ambiental e aprovado até o início da operação do empreendimento, não constituindo a sua ausência impedimento para a expedição da licença de instalação".

O STF julgou parcialmente procedente a ADC 42, para **dar interpretação conforme ao art. 4º, IV, para fixar a interpretação de que os entornos das nascentes e dos olhos d'água intermitentes configuram área de preservação ambiental.**

V) Encostas ou partes destas com declividade acima de 45º, equivalente a 100% na linha de maior declive

Também neste caso o novo CFlo manteve a sistemática anterior. Consideram-se APP as **encostas ou partes destas com declividade superior a 45°, equivalente a 100% (cem por cento) na linha de maior declive.**

Um dos objetivos ambientais desta APP é prevenir a ocorrência de desmoronamentos de terra, pois a vegetação nativa é a mais adequada para evitar catástrofes ambientais desta natureza.

Desmoronamento.
Fonte: <http://geounisantanna.blogspot.com.br/p/noticias-geologicas.html>.

VI) As restingas, como fixadoras de dunas ou estabilizadoras de mangues

Esta foi outra manutenção literal do texto do antigo CFlo. **As restingas, como fixadoras de dunas ou estabilizadoras de mangues**, são áreas de preservação permanente.

A restinga é o depósito arenoso paralelo à linha da costa, de forma geralmente alongada, produzido por processos de sedimentação, em que se encontram diferentes comunidades que recebem influência marinha, com cobertura vegetal em mosaico, encontrada em praias, cordões arenosos, dunas[7] e depressões, apresentando, de acordo com o estágio sucessional, estrato herbáceo, arbustivo e arbóreo, este último mais interiorizado.

Logo, entende-se que a Resolução CONAMA 303/2002 continua válida, no seu artigo 3º, inciso IX, que delimita a APP nas restingas:

a) em faixa mínima de trezentos metros, medidos a partir da linha de preamar máxima;

b) em qualquer localização ou extensão, quando recoberta por vegetação com função fixadora de dunas ou estabilizadora de mangues.

---

7. "Unidade geomorfológica de constituição predominante arenosa, com aparência de cômoro ou colina, produzida pela ação dos ventos, situada no litoral ou no interior do continente, podendo estar recoberta, ou não, por vegetação".

Restinga.
Fonte: <http://meioambiente.culturamix.com/natureza/fotos-da-restinga>.

VII) Os manguezais, em toda a sua extensão

Essa é uma boa inovação do novo CFlo. O anterior apenas previa as restingas estabilizadoras dos mangues como APPs. Os **manguezais em toda a sua extensão** apenas eram previstos como áreas de preservação permanente pelo artigo 3.º, inciso X, da Resolução CONAMA 303/2002.

O manguezal é o ecossistema litorâneo que ocorre em terrenos baixos, sujeitos à ação das marés, formado por vasas lodosas recentes ou arenosas, às quais se associa, predominantemente, a vegetação natural conhecida como mangue, com influência fluviomarinha, típica de solos limosos de regiões estuarinas e com dispersão descontínua ao longo da costa brasileira, entre os Estados do Amapá e de Santa Catarina.

Mangue.
Fonte: <http://eco.ib.usp.br/lepac/conservacao/ensino/fo_biomas_cos1.htm>.

Existe uma discussão científica se os **salgados** e **apicuns** integram os manguezais ou não. O novo CFlo, em seu texto aprovado pelo Congresso Nacional, claramente adotou a premissa de que esses ecossistemas não eram manguezais, a teor do seu artigo 4.º, § 3.º,[8] vetado, em que pese também se formarem na região entre marés.

8. Art. 4.º, § 3º "**Não é considerada Área de Preservação Permanente** a várzea fora dos limites previstos no inciso I do *caput*, exceto quando ato do poder público dispuser em contrário, nos termos do inciso III do art. 6º, **bem como salgados e apicuns em sua extensão**".

Com as graças da Mãe Natureza, **o referido parágrafo foi vetado pela Presidenta da República**, passando esses ecossistemas salinos a ter um tratamento específico pelo Capítulo III-A, composto pelo artigo 11-A, do novo CFlo.

Esses ecossistemas são adjacentes aos manguezais e em muitas situações concretas necessitam também de proteção, razão pela qual se defende nesta obra que os estados e os municípios deverão verificar casuisticamente a sua realidade ambiental a fim de proteger (ou não) os seus salgados e apicuns.

São utilizados em várias regiões do Brasil na carcinicultura, ou seja, na criação de camarão em cativeiro em águas marinhas, razão pela qual há forte interesse econômico na exploração desses ecossistemas na aquicultura.

Os **salgados ou marismas tropicais hipersalinos** são áreas situadas em regiões com frequentes inundações intermediárias entre marés de sizígias e de quadratura, com solos cuja salinidade varia entre 100 e 150 partes por 1.000, onde pode ocorrer a presença de vegetação herbácea específica.

Já os **apicuns** são áreas de solos hipersalinos situadas nas regiões entremarés superiores, inundadas apenas pelas marés de sizígias, que apresentam salinidade superior a 150 partes por 1.000, desprovidas de vegetação vascular. É uma espécie de brejo de água salgada próximo ao mar.

Apicum.
Fonte: <http://www.nea.ufba.br/apicum.htm>.

Apicum.
Fonte: <http://blog.opovo.com.br/opeixe/carcinicultura-e-o-novo-codigo-florestal-a-questao-dos-apicuns-salgados-e-manguezais/>.

Registre-se que não há enquadramento dos apicuns e salgados como APPs pelo novo CFlo, mas a sua exploração está sujeita às restrições do artigo 11-A, do novo CFlo.

VIII) Bordas de tabuleiros ou chapadas

Assim como seu verificou na legislação anterior, o novo CFlo considera como APP **as bordas dos tabuleiros ou chapadas, até a linha de ruptura do relevo, em faixa nunca inferior a 100 metros em projeções horizontais.**

Tabuleiro ou chapada é a paisagem de topografia plana, com declividade média inferior a dez por cento, aproximadamente seis graus e superfície superior a dez hectares, terminada de forma abrupta em escarpa, caracterizando-se a chapada por grandes superfícies a mais de seiscentos metros de altitude, nos termos do artigo 2.º, inciso IX, da Resolução CONAMA 303/2002.

Tabuleiro ou chapada.
Fonte: http://ambienteduran.eng.br/area-de-preservacao-permanente-0.

IX) Topo de morros, montes, montanhas e serras

De acordo com o antigo CFlo, considerava-se APP a vegetação natural situada no topo de morros, montes, montanhas e serras. Para o artigo 2.º, inciso IV, da Resolução CONAMA 303/2002, que não foi recepcionado pelo novo CFlo, morro era a elevação do terreno com cota do topo em relação a base entre 50 e 300 metros e encostas com declividade superior a 30% (**aproximadamente dezessete graus**) na linha de maior declividade.

Topo de morro.
Fonte: <http://br.viarural.com/servicos/turismo/parques-nacionais/da-serra-do-itajai/default.htm>.

Contudo, o novo CFlo reduziu esta hipótese de APP. **Apenas se considera como APP a vegetação natural localizada no topo de morros, montes, montanhas e serras, com altura mínima de 100 metros e inclinação média maior que 25°, as áreas delimitadas a partir da curva de nível correspondente a 2/3 da altura mínima da elevação sempre em relação à base, sendo esta definida pelo plano horizontal determinado por planície ou espelho d'água adjacente ou, nos relevos ondulados, pela cota do ponto de sela mais próximo da elevação.**

Trata-se de mais um retrocesso de proteção ambiental no Brasil. Sobre o tema, colaciona-se uma passagem de crítica procedente publicada em dezembro de 2011 pelo sítio *Plataforma Montanhas*:[9]

> "A) PRIMEIRA INCOMPATIBILIDADE:
>
> No Brasil, 25 graus de inclinação média (das encostas) dificilmente ocorrem em morros ou montes, e praticamente nunca em montanhas e serras (salvo alguns penhascos que tenham a base próxima), visto que a base (plano horizontal adjacente à elevação) encontra-se, em geral, distante dos cumes, sendo também comum a ocorrência de uma extensa saia do morro com baixa declividade, até o ponto em que a encosta começa a se tornar mais íngreme.
>
> De modo que, se for computada a média da inclinação de uma única encosta, isto é, computando todo o trajeto desde a base até o cume, conforme parece ser proposta no relatório, resultará que a inclinação média das elevações será muito

9. Disponível em: <http://plataforma-montanhas.rio20.net/2011/12/03/alerta-codigo-florestal-topo-de-morros-montanhas-serras-urgente/>.

baixa (em geral abaixo de 15 graus), de modo que a grande maioria das elevações perderá a sua atual APP de topo.

(...)

B) SEGUNDA INCOMPATIBILIDADE

A condição '(...) nos relevos ondulados, pela cota do ponto de sela mais próximo da elevação', praticamente elimina as APPs de topo em 'relevos ondulados', visto que não se verificará declividades médias maiores que 25 graus até os pontos de sela mais próximos dos picos desse tipo de relevo (em geral abaixo de 15 graus), pois a característica dos relevos ondulados são as cumeadas suaves e topos arredondados.

(...)

C) INSEGURANÇA JURÍDICA

Uma insegurança advém do fato de não existir propriamente a 'inclinação média de um morro ou montanha, e sim a inclinação média de uma ou outra encosta ou de um conjunto de encostas de determinada elevação.

Como a definição proposta não esclarece o que será computado como 'inclinação média', se de uma ou mais encostas, ou de quantas e quais, haverá sempre a possibilidade de interpretações variadas que levarão a cálculos diferenciados.

Outra insegurança advirá da difícil (ou quase impossível) delimitação entre o que estaria no 'relevo ondulado' e o que seria um morro isolado ou inserido na encosta de montanha, visto que essas formações se entrelaçam e se confundem.

Isto criará uma fonte de eternas discussões técnicas, mesmo que se venha a definir mais precisamente o que seriam os limites de uma área de 'relevo ondulado' (e mesmo que se tome uma definição técnica emprestada).

As formações de mares de morros em parte podem formar ou conter formações de morros isolados, devendo ser esclarecido qual o critério que distinguirá essas formações para efeito de aplicação da norma, haja vista que não existem separadamente onde se interconectam.

No caso, a 'base' do morro, em caso de caso [*sic*] de relevos ondulados, conforme está na regra atual, coincide com o ponto mais baixo ao redor da elevação considerada (o que é inclusive intuitivo para um leigo), o que está longe da absurda utilização de 'ponto de sela' como sendo a 'base', pois este é apenas um ponto entre dois picos da linha de cumeada".

Essa APP se justifica para atenuar a erosão do solo, servir de corredor ecológico entre ecossistemas elevados, facilitar a dispersão das sementes e recarregar os aquíferos.

X) Áreas em altitude acima de 1.800m

Nesse ponto, o novo CFlo reproduziu a legislação revogada. Consideram-se APPs **as áreas em altitude superior a 1.800 metros, qualquer que seja a vegetação**, com o objetivo principal de preservar essa fauna e flora tão diferenciada no Brasil por habitar em elevadas altitudes.

No Brasil, apenas cerca de 1.100km^2 possuem elevação acima de 1.800 metros, especialmente na Região Sudeste, em Roraima, no Amazonas, além dos picos da Serra do Ibitiraquire, no Paraná, da Serra Geral, em Santa Catarina, e da Serra dos Barbados e

Serra das Almas na Bahia. São solos normalmente arenosos e com alto percentual de alumínio, sendo inadequados à agricultura.[10]

Pico da Neblina, com 2.886m.

XI) Veredas

Essa é uma boa inovação do novo CFlo. O anterior não previa as veredas como APPs, elas eram previstas apenas como áreas de preservação permanente pelo artigo 3.º, inciso IV, da Resolução CONAMA 303/2002.

São conhecidas como **savanas brasileiras**. É a fitofisionomia de savana, encontrada em solos hidromórficos, usualmente com palmáceas, sem formar dossel, em meio a agrupamentos de espécies arbustivo-herbáceas.

Com o advento da Lei 12.727/2012, que alterou a redação do art. 3.º, XII, do novo CFlo, considera-se vereda a fitofisionomia de savana, encontrada em solos hidromórficos, usualmente com a **palmeira arbórea Mauritia flexuosa – buriti emergente**, sem formar dossel, em meio a agrupamentos de espécies arbustivo-herbáceas.

Palmeira arbórea *Mauritia flexuosa* – buriti emergente.
Fonte: <http://www.panoramio.com/photo/29162211>.

10. Disponível em: <http://www.scielo.br/scielo.php?script=sci_arttext&pid=S1676-06032010000400029>.

O novo CFlo, por outro lado, não delimitava a dimensão desta APP, o que foi feito pela MP 571/2012, ao considerar como APP em veredas **a faixa marginal, em projeção horizontal, com largura mínima de 50 metros, a partir do limite do espaço permanentemente brejoso e encharcado**, seguindo o referido ato do CONAMA.

É possível que em uma propriedade não exista APP, se não verificadas as hipóteses acima. Ao revés, em tese, é possível que uma propriedade seja exclusivamente formada por APP, a exemplo de uma pequena gleba cortada inteiramente por um rio com grande largura, fato que, para alguns, obriga o Poder Público a desapropriar o bem, por suposto esvaziamento do seu conteúdo econômico, podendo o particular ajuizar ação de desapropriação indireta (tema polêmico) na hipótese de contumácia estatal.

Áreas de Preservação Permanente – Artigo 4.º do novo CFlo – Vegetação Natural
a) ao longo dos rios ou de qualquer curso d'água (excluídos os efêmeros) desde o seu nível mais alto em faixa marginal (de 30m a 500m, a depender da largura do curso d'água);
b) ao redor das lagoas e lagos naturais (entre 30 e 100m, em regra);
c) as áreas no entorno dos reservatórios d'água artificiais, decorrentes de barramento ou represamento de cursos d'águas naturais, na faixa definida na licença ambiental do empreendimento;
d) as áreas no entorno das nascentes e dos olhos d'água perenes, qualquer que seja a sua situação topográfica, no raio mínimo de 50 metros;
e) as encostas ou partes destas com declividade superior a 45°, equivalente a 100% na linha de maior declive;
f) as restingas, como fixadoras de dunas ou estabilizadoras de mangues;
g) os manguezais, em toda a sua extensão;
h) as bordas dos tabuleiros ou chapadas, até a linha de ruptura do relevo, em faixa nunca inferior a 100 metros em projeções horizontais;
i) no topo de morros, montes, montanhas e serras, com altura mínima de 100 metros e inclinação média maior que 25°, as áreas delimitadas a partir da curva de nível correspondente a 2/3 da altura mínima da elevação sempre em relação à base, sendo esta definida pelo plano horizontal determinado por planície ou espelho d'água adjacente ou, nos relevos ondulados, pela cota do ponto de sela mais próximo da elevação;
j) as áreas em altitude superior a 1.800 metros, qualquer que seja a vegetação;
k) em veredas, a faixa marginal, em projeção horizontal, com largura mínima de 50 metros, a partir do limite do espaço permanentemente brejoso e encharcado.

Ainda é admitido pelo artigo 4.º, § 5.º, do novo CFlo, nas **pequenas propriedades ou posses rurais familiares**, o plantio de culturas temporárias e sazonais de **vazante** de ciclo curto na faixa de terra que fica exposta no período de vazante dos rios ou lagos, desde que não implique supressão de novas áreas de vegetação nativa, seja conservada a qualidade da água e do solo e seja protegida a fauna silvestre.

Esse dispositivo veio a permitir a conhecida **agricultura de vazante**, desenvolvida ao longo do leito do rio por comunidades tradicionais (vazanteiros), na porção que fica exposta nos períodos de estiagem, desde que não implique novos desmatamentos e nem prejudique as águas, o solo e a fauna silvestre.

As vazantes são as faixas de terras situadas às margens dos rios, lagos e outras acumulações d'água que são cobertas pelas águas durante o período chuvoso e descobertas durante a seca, podendo ser plantadas a batata-doce, o guandu, dentre outras culturas.

2. JURISPRUDÊNCIA

RECURSO REPETITIVO

Pesquisa de tema: Tema Repetitivo 1010

Situação do tema: Acórdão Publicado

Pesquisa de Repetitivos e IACs Organizados por Assunto

Processo

REsp 1770760 / SC

RECURSO ESPECIAL

2018/0263124-2

Relator(a)

Ministro BENEDITO GONÇALVES (1142)

Órgão Julgador

S1 – PRIMEIRA SEÇÃO

Data do Julgamento

28/04/2021

Data da Publicação/Fonte

DJe 10/05/2021

Ementa

RECURSO ESPECIAL REPETITIVO. **AMBIENTAL. CONTROVÉRSIA A ESPEITO DA INCIDÊNCIA DO ART. 4º, I, DA LEI N. 12.651/2012 (NOVO CÓDIGO FLORESTAL) OU DO ART. 4º, CAPUT, III, DA LEI N. 6.766/1979 (LEI DE PARCELAMENTO DO SOLO URBANO). DELIMITAÇÃO DA EXTENSÃO DA FAIXA NÃO EDIFICÁVEL A PARTIR DAS MARGENS DE CURSOS D'ÁGUA NATURAIS EM TRECHOS CARACTERIZADOS COMO ÁREA URBANA CONSOLIDADA.**

1. Nos termos em que decidido pelo Plenário do STJ na sessão de 9/3/2016, aos recursos interpostos com fundamento no CPC/2015 (relativos a decisões publicadas a partir de 18 de março de 2016) serão exigidos os requisitos de admissibilidade recursal na forma nele prevista (Enunciado Administrativo n. 3).

2. Discussão dos autos: Trata-se de mandado de segurança impetrado contra ato de Secretário Municipal questionando o indeferimento de pedido de reforma de imóvel derrubada de casa para construção de outra) que dista menos de 30 (trinta) metros do Rio Itajaí-Açu, encontrando-se em Área de Preservação Permanente urbana. O acórdão recorrido negou provimento ao reexame necessário e manteve a concessão da ordem a fim de que seja observado no pedido administrativo a Lei de Parcelamento do Solo Urbano (Lei n. 6.766/1979), que prevê o recuo de 15 (quinze) metros da margem do curso d´água.

3. Delimitação da controvérsia: Extensão da faixa não edificável a partir das margens de cursos d'água naturais em trechos caracterizados como área urbana consolidada: se corresponde à área de preservação permanente prevista no art. 4°, I, da Lei n. 12.651/2012 (equivalente ao art. 2°, alínea "a", da revogada Lei n. 4.771/1965), cuja largura varia de 30 (trinta) a 500 (quinhentos) metros, ou ao recuo de 15 (quinze) metros determinado no art. 4°, caput, III, da Lei n. 6.766/1979.

4. A definição da norma a incidir sobre o caso deve garantir a melhor e mais eficaz proteção ao meio ambiente natural e ao meio ambiente artificial, em cumprimento ao disposto no art. 225 da CF/1988, sempre com os olhos também voltados ao princípio do desenvolvimento sustentável (art. 170, VI,) e às funções social e ecológica da propriedade.

5. O art. 4º, caput, inciso I, da Lei n. 12.651/2012 mantém-se hígido no sistema normativo federal, após os julgamentos da ADC n. 42 e das ADIs ns. 4.901, 4.902, 4.903 e 4.937.

6. A disciplina da extensão das faixas marginais a cursos d'água no meio urbano foi apreciada inicialmente nesta Corte Superior no julgamento do REsp 1.518.490/SC, Relator Ministro Og Fernandes, Segunda Turma, DJe de 15/10/2019, precedente esse que solucionou, especificamente, a antinomia entre a norma do antigo Código Florestal (art. 2º da Lei n. 4.771/1965) e a norma da Lei de Parcelamento do Solo Urbano (art. 4º, III, da Lei n. 6.766/1976), com a afirmação de que o normativo do antigo Código Florestal é o que deve disciplinar a largura mínima das faixas marginais ao longo dos cursos d'água no meio urbano. Nesse sentido: Resp 1.505.083/SC, Rel. Min. Napoleão Nunes Maia Filho, Primeira Turma, Dje 10/12/2018; AgInt no REsp 1.484.153/SC, Rel. Min. Gurgel de Faria, Primeira Turma, DJe 19/12/2018; REsp 1.546.415/SC, Rel. Min. Og Fernandes, Segunda Turma, DJe 28/2/2019; e AgInt no REsp 1.542.756/SC, Rel. Min. Mauro Campbell Marques, DJe 2/4/2019.

7. Exsurge inarredável que a norma inserta no novo Código Florestal (art. 4º, caput, inciso I), ao prever medidas mínimas superiores para as faixas marginais de qualquer curso d'água natural perene e intermitente, sendo especial e específica para o caso em face do previsto no art. 4º, III, da Lei n. 6.766/1976, é a que deve reger a proteção das APPs ciliares ou ripárias em áreas urbanas consolidadas, espaços territoriais especialmente protegidos (art. 225, III, da CF/1988), que não se condicionam a fronteiras entre o meio rural e o urbano.

8. A superveniência da Lei n. 13.913, de 25 de novembro de 2019, que suprimiu a expressão "[...] salvo maiores exigências da legislação específica." do inciso III do art. 4º da Lei n. 6.766/1976, não afasta a aplicação do art. 4º, caput, e I, da Lei n. 12.651/2012 às áreas urbanas de ocupação consolidada, pois, pelo critério da especialidade, esse normativo do novo Código Florestal é o que garante a mais ampla proteção ao meio ambiente, em áreas urbana e rural, e à coletividade.

9. Tese fixada – Tema 1010/STJ: Na vigência do novo Código Florestal (Lei n. 12.651/2012), a extensão não edificável nas Áreas de Preservação Permanente de qualquer curso d'água, perene ou intermitente, em trechos caracterizados como área urbana consolidada, deve respeitar o que disciplinado pelo seu art. 4º, caput, inciso I, alíneas *a*, *b*, *c*, *d* e *e*, a fim de assegurar a mais ampla garantia ambiental a esses espaços territoriais especialmente protegidos e, por conseguinte, à coletividade.

10. Recurso especial conhecido e provido.

11. Acórdão sujeito ao regime previsto no art. 1.036 e seguintes do CPC/2015.

▶ STF INFORMATIVO 1.000

O direito ao meio ambiente ecologicamente equilibrado se configura como direito fundamental da pessoa humana. **A mera revogação de normas operacionais fixadoras de parâmetros mensuráveis necessários ao cumprimento da legislação ambiental, sem sua substituição ou atualização, aparenta comprometer a observância da Constituição Federal (CF), da legislação vigente e de compromissos internacionais.** A Resolução 500/2020 do Conselho Nacional do Meio Ambiente (Conama) revogou as Resoluções 284/2001, 302/2002 e 303/2002, do mesmo órgão, que dispõem respectivamente, sobre: (i) o licenciamento de empreendimentos de irrigação; (ii) os parâmetros, definições e limites de Áreas de Preservação Permanente (APPs) de reservatórios artificiais e o regime de uso do entorno e (iii) os parâmetros, definições e limites de APPs. As resoluções editadas pelo mencionado órgão preservam a sua legitimidade quando cumprem o conteúdo material da Constituição e da legislação ambiental. A revogação da Resolução Conama 284/2001 sinaliza dispensa de licenciamento para os empreendimentos de irrigação, mesmo que potencialmente causadores de modificações ambientais significativas. Essa situação configura efetivo descumprimento, pelo Poder Público, do seu dever de atuar no sentido de preservar os processos ecológicos essenciais e prover o manejo ecológico dos ecossistemas. Também sugere estado de anomia regulatória, a evidenciar graves e imediatos riscos para a preservação dos recursos hídricos, em prejuízo da qualidade de vida das presentes e futuras gerações [CF, art. 225, caput e § 1º, I (1)]. **Apesar de ter sido apontada a necessidade de ajustes na norma, a simples revogação da Resolução Conama 302/2002 parece conduzir à intolerável situação de incompatibilidade com a ordem constitucional em matéria de proteção do meio ambiente.** A revogação dela, assim como a da Resolução 303/2002, distancia-se dos objetivos definidos no art. 225 da CF, tais como explicitados na Política Nacional do Meio

Ambiente (Lei 6.938/1981), baliza material da atividade normativa do Conama. Em juízo de delibação, há aparente estado de anomia e de descontrole regulatório, a configurar material retrocesso no tocante à satisfação do dever de proteger e preservar o equilíbrio do meio ambiente, incompatível com a ordem constitucional e o princípio da precaução. Portanto, demonstrado o fumus boni juris. Noutro passo, o periculum in mora é evidenciado pelo elevado risco de degradação de ecossistemas essenciais à preservação da vida sadia, comprometimento da integridade de processos ecológicos essenciais e perda de biodiversidade, caso o ato normativo impugnado produza efeitos. Já a Resolução Conama 499/2020 atende ao disposto no art. 225, § 1º, IV e V, da CF (2), ao disciplinar condições, critérios, procedimentos e limites a serem observados no licenciamento de fornos rotativos de produção de clínquer para a atividade de coprocessamento de resíduos. Os aludidos preceitos constitucionais exigem estudo prévio de impacto ambiental para a instalação de atividade potencialmente causadora de degradação do meio ambiente e impõem ao Poder Público o controle do emprego de técnicas, métodos e substâncias que comportem risco para a vida, a qualidade de vida e o meio ambiente. A Resolução 499/2020 ainda se mostra consistente com o marco jurídico convencional e os critérios setoriais de razoabilidade e proporcionalidade da Política Nacional de Resíduos Sólidos [Lei 12.305/2010, art. 6º, XI (3)]. Logo, afastado o requisito do fumus boni juris. **Em face do exposto e de outras considerações, o Plenário referendou as medidas cautelares concedidas em arguições de descumprimento de preceito fundamental, para suspender, até o julgamento de mérito da ação, os efeitos da Resolução Conama 500/2020, com a imediata restauração da vigência e eficácia das Resoluções Conama 284/2001, 302/2002 e 303/2002.** De igual modo, indeferiu os pedidos de suspensão da eficácia da Resolução Conama 499/2020. Ficaram prejudicados os agravos regimentais interpostos. (ADPF 747 MC-Ref/DF, rel. Min. Rosa Weber, julgamento virtual finalizado em 27.11.2020 ADPF 748 MC-Ref/DF, rel. Min. Rosa Weber, julgamento virtual finalizado em 27.11.2020 ADPF 749 MC-Ref/DF, rel. Min. Rosa Weber, julgamento virtual finalizado em 27.11.2020.

PROCESSO	AREsp 1.312.435-RJ, Rel. Min. Og Fernandes, por unanimidade, julgado em 07/02/2019, DJe 21/02/2019
RAMO DO DIREITO	DIREITO AMBIENTAL
TEMA	**Área de preservação permanente. Patamar mínimo de proteção imposto pelo Código Florestal. Redução do grau protetivo por legislação municipal. Impossibilidade. Prevalência do Código Florestal.**

STJ INFORMATIVO 643 – DESTAQUE
A legislação municipal não pode reduzir o patamar mínimo de proteção marginal dos cursos d'água, em toda sua extensão, fixado pelo Código Florestal.

INFORMAÇÕES DO INTEIRO TEOR
Inicialmente cumpre salientar que o art. 2º da Lei n. 4771/1965 (antigo Código Florestal) indica, nos casos de áreas urbanas, a observância da legislação local. Entretanto, mediante leitura atenta do diploma legal, percebe-se que, ao excepcionar a tutela das edificações, a norma impôs essencial observância aos princípios e limites insculpidos no Código Florestal. Logo, cuida-se de permissão para impor mais restrições ambientais, jamais de salvo-conduto para redução do patamar protetivo. A proteção marginal dos cursos d'água, em toda a sua extensão, possui importante papel de proteção contra o assoreamento. As matas de galeria, várzea ou vegetação ripária, também conhecidas como matas ciliares, integram as biotas terrestres e aquáticas reciclando elementos de solos encharcados. Ademais, exercem uma função de corredor de regeneração da flora e fauna, o que promove um fluxo das diversas espécies dentro do ecossistema brasileiro. Reduzir o tamanho da área de preservação permanente afastando a aplicação do Código Florestal implicaria verdadeiro retrocesso em matéria ambiental, pois não é possível assegurar o meio ambiente ecologicamente equilibrado diminuindo a área de preservação insculpida na norma infraconstitucional mais protetiva. Nesse contexto, a norma federal conferiu uma proteção mínima, cabendo à legislação municipal apenas intensificar o grau de proteção às margens dos cursos d'água, ou quando muito, manter o patamar de proteção.

▶ **STJ, INFORMATIVO 417 – ÁREA. PRESERVAÇÃO PERMANENTE. RESTINGA.** Trata-se de ação civil pública ajuizada pelo MP cujo objetivo é preservar a vegetação de restinga em razão da degradação de uma praia. Assim, o Tribunal *a quo*, soberano na análise das provas constantes dos autos, concluiu que a área caracteriza-se como restinga, que existe, no local, vegetação de restinga e presente, ainda, vegetação fixadora de dunas. Daí, a Turma entendeu que o argumento da recorrente de que houve uma confusão na segunda instância quanto ao conceito de restinga e vegetação de restinga não é suficiente para infirmar o acórdão recorrido. **O art. 2º, *f*, da Lei n. 4.771/1965 (Código Florestal) considera como de preservação permanente a vegetação situada em restingas como fixadoras de dunas ou estabilizadoras de mangues. Logo, a instância de origem aplicou o mencionado artigo em sua literalidade, pois afirmou que a área degradada caracteriza-se** não só como restinga, mas possui vegetação fixadora de duna, o que é suficiente para caracterizar área de preservação permanente. Desse modo, a Turma negou provimento ao recurso. REsp 945.898-SC, Rel. Min. Eliana Calmon, julgado em 24.11.2009.

▶ **STJ, INFORMATIVO 459 – PROTEÇÃO AMBIENTAL. DUNAS.** *Não só a vegetação fixadora de dunas está sujeita à proteção ambiental, pois é certo que as próprias dunas, ao cabo, estão acolhidas no objetivo protetor da legislação.* Destaque-se que é objetiva a responsabilidade decorrente dos danos ambientais. Precedentes citados: AgRg no Ag 928.652-RS, *DJe* 13.11.2009; REsp 115.599-RS, *DJ* 02.09.2002, e REsp 948.921-SP, *DJe* 11.11.2009. REsp 1.069.155-SC, Rel. Min. Mauro Campbell Marques, julgado em 07.12.2010.

STJ, INFORMATIVO 471 – REFLORESTAMENTO. OBRIGAÇÃO *PROPTER REM*. *In casu*, o recorrente propôs, na origem, ação ordinária contra o Ibama com o objetivo de anular auto de infração e embargo devido ao cultivo (utilização econômica) de área de preservação permanente em parte do imóvel rural do qual é proprietário. O tribunal *a quo* entendeu ser legal o procedimento adotado pelo Ibama, mantendo a multa e o embargo na propriedade particular. Contudo, no especial, o recorrente alega, entre outras questões, que sua propriedade foi objeto de desmatamento nas décadas de 40 e 50 do século passado, muito antes da vigência do Código Florestal (Lei n. 4.771/1965). Ressalta o Min. Relator ser inconteste nos autos que o recorrente é o proprietário da região na qual se encontra a área de preservação permanente objeto do litígio. *Explica que, conforme prevê o art. 1.º, § 2.º, II, do Código Florestal, se a área de preservação permanente estiver com a cobertura florestal nativa, o proprietário terá o dever de preservá-la; se não estiver, sua obrigação será restaurar ou, ao menos, recuperar a área degradada. Assim, o fato de a região não estar coberta por vegetação nativa não retira a condição de área de preservação permanente. Dessa forma, embora esteja a área há muito tempo desmatada, o proprietário é que tem a obrigação de recuperá-la, em vez de explorá-la economicamente, como vinha ocorrendo. Essa obrigação de recuperá-la independe do fato de ter sido o proprietário o autor da degradação ambiental, mas decorre de obrigação* propter rem, *que adere ao título de domínio ou posse.* Para o Min. Relator, o reflorestamento é medida tão ou mais importante que a própria preservação da vegetação ainda existente, visto considerar a imensidão de áreas devastadas ao longo do processo de desenvolvimento do país. Assevera não ser por outro motivo que o Código Florestal, em seu art. 18, determina que, nas terras de propriedade privada onde seja necessário o florestamento ou o reflorestamento de área de preservação permanente, o poder público federal poderá fazê-lo sem desapropriá-las, se não o fizer o proprietário. Com isso, o citado artigo não retirou do particular a obrigação de recuperar a área desmatada, mas apenas autorizou ao poder público adiantar-se no processo de recuperação, mas com a transferência dos custos ao proprietário, que é o obrigado principal. Para o Min. Relator, ficou prejudicada a controvérsia no REsp a respeito da ocorrência da prescrição da pretensão indenizatória da área cultivada em razão de não existir direito à reparação dos danos no caso. Diante do exposto, a Turma negou provimento ao recurso. Precedente citado: AgRg no REsp 1.206.484-SP, *DJe* 29.03.2011. REsp 1.237.071-PR, Rel. Min. Humberto Martins, julgado em 03.05.2011.

"Processual civil e ambiental. Natureza jurídica dos manguezais e marismas. Terrenos de marinha. Área de preservação permanente. Aterro ilegal de lixo. Dano ambiental. Responsabilidade civil objetiva. Obrigação *propter rem*. Nexo de causalidade. Ausência de prequestionamento. Papel do Juiz na implementação da legislação ambiental. Ativismo judicial. Mudanças climáticas. Desafetação ou desclassificação jurídica tácita. Súmula 282/STF. Violação do artigo 397 do CPC não configurada. Artigo

14, § 1.º, da Lei 6.938/1981. 1. Como regra, não viola o artigo 397 do CPC a decisão que indefere a juntada de documentos que não se referem a fatos novos ou não foram apresentados no momento processual oportuno, ou seja, logo após a intimação da parte para se manifestar sobre o laudo pericial por ela impugnado. **2. Por séculos prevaleceu entre nós a concepção cultural distorcida que enxergava nos manguezais *lato sensu* (= manguezais *stricto sensu* e marismas) o modelo consumado do feio, do fétido e do insalubre, uma modalidade de patinho-feio dos ecossistemas ou antítese do Jardim do Éden. 3. Ecossistema-transição entre o ambiente marinho, fluvial e terrestre, os manguezais foram menosprezados, popular e juridicamente, e por isso mesmo considerados terra improdutiva e de ninguém, associados à procriação de mosquitos transmissores de doenças graves, como a malária e a febre amarela. Um ambiente desprezível, tanto que ocupado pela população mais humilde, na forma de palafitas, e sinônimo de pobreza, sujeira e párias sociais (como zonas de prostituição e outras atividades ilícitas). 4. Dar cabo dos manguezais, sobretudo os urbanos em época de epidemias, era favor prestado pelos particulares e dever do Estado, percepção incorporada tanto no sentimento do povo como em leis sanitárias promulgadas nos vários níveis de governo. 5. Benfeitor-modernizador, o adversário do manguezal era incentivado pela Administração e contava com a leniência do Judiciário, pois ninguém haveria de obstaculizar a ação de quem era socialmente abraçado como exemplo do empreendedor a serviço da urbanização civilizadora e do saneamento purificador do corpo e do espírito. 6. Destruir manguezal impunha-se como recuperação e cura de uma anomalia da Natureza, convertendo a aberração natural – pela humanização, saneamento e expurgo de suas características ecológicas – no Jardim do Éden de que nunca fizera parte. 7. No Brasil, ao contrário de outros países, o juiz não cria obrigações de proteção do meio ambiente. Elas jorram da lei, após terem passado pelo crivo do Poder Legislativo. Daí não precisarmos de juízes ativistas, pois o ativismo é da lei e do texto constitucional. Felizmente nosso Judiciário não é assombrado por um oceano de lacunas ou um festival de meias-palavras legislativas. Se lacuna existe, não é por falta de lei, nem mesmo por defeito na lei; é por ausência ou deficiência de implementação administrativa e judicial dos inequívocos deveres ambientais estabelecidos pelo legislador. 8. A legislação brasileira atual reflete a transformação científica, ética, política e jurídica que reposicionou os manguezais, levando-os da condição de risco à saúde pública ao patamar de ecossistema criticamente ameaçado. Objetivando resguardar suas funções ecológicas, econômicas e sociais, o legislador atribuiu-lhes o regime jurídico de Área de Preservação Permanente. 9. É dever de todos, proprietários ou não, zelar pela preservação dos manguezais, necessidade cada vez maior, sobretudo em época de mudanças climáticas e aumento do nível do mar. Destruí-los para uso econômico direto, sob o permanente incentivo do lucro fácil e de benefícios de curto prazo, drená-los ou aterrá-los para a especulação imobiliária ou exploração do solo, ou transformá-los em depósito de lixo caracterizam ofensa grave ao meio ambiente ecologicamente equilibrado e ao bem-estar da coletividade, comportamento que deve ser pronta e energicamente coibido e apenado pela Administração e pelo Judiciário. 10. Na forma do artigo 225, *caput*, da Constituição de 1988, o manguezal é bem de uso comum do povo, marcado pela imprescritibilidade e inalienabilidade. Logo, o resultado de aterramento, drenagem e degradação ilegais de manguezal não se equipara ao instituto do acrescido a terreno de marinha, previsto no artigo 20, inciso VII, do texto constitucional.** 11. É incompatível com o Direito brasileiro a chamada desafetação ou desclassificação jurídica tácita em razão do fato consumado. 12. As obrigações ambientais derivadas do depósito ilegal de lixo ou resíduos no solo são de natureza *propter rem*, o que significa dizer que aderem ao título e se transferem ao futuro proprietário, prescindindo-se de debate sobre a boa ou má-fé do adquirente, pois não se está no âmbito da responsabilidade subjetiva, baseada em culpa. 13. Para o fim de apuração do nexo de causalidade no dano ambiental, equiparam-se quem faz, quem não faz quando deveria fazer, quem deixa fazer, quem não se importa que façam, quem financia para que façam, e quem se beneficia quando outros fazem. 14. Constatado o nexo causal entre a ação e a omissão das recorrentes com o dano ambiental em questão, surge, objetivamente, o dever de promover a recuperação da área afetada e indenizar eventuais danos remanescentes, na forma do artigo 14, § 1.º, da Lei 6.938/1981. 15. Descabe ao STJ rever o entendimento do Tribunal de origem, lastreado na prova dos autos, de que a responsabilidade dos recorrentes ficou configurada, tanto na forma comissiva (aterro), quanto na omissiva (deixar de impedir depósito de lixo na área). Óbice da Súmula 7/STJ. 16. Recurso Especial parcialmente conhecido e, nessa parte, não provido" (STJ, REsp 650.728, de 23.10.2007).

"A proteção legal como **Área de Preservação Permanente ciliar** estende-se não só às margens dos 'rios', mas também às que se encontram ao longo de 'qualquer curso d'água' (Código Florestal, art. 2º, 'a', grifei), aí incluídos **riachos, córregos, veios d'água, brejos e várzeas, lagos, represas**, enfim, todo o complexo mosaico hidrológico que compõe a bacia. O regime jurídico das Áreas de Preservação Permanente ciliares é universal, no duplo sentido de ser aplicável à totalidade dos cursos d'água existentes no território nacional – independentemente da sua vazão ou características hidrológicas – e de incidência tanto nas margens ainda cobertas de vegetação (Mata Ciliar, Mata Ripária, Mata de Galeria ou Mata de Várzea), como naquelas já desmatadas e que, por isso mesmo, precisam de restauração" (STJ, REsp 176.753, de 07.02.2008).

3. QUESTÕES DE CONCURSOS

01. (TRF 1.ª Região 2011 – Juiz Federal – CESPE) A necessidade de manutenção de cobertura vegetal protetora de recursos hídricos e da estrutura do solo justifica a proteção de determinado espaço territorial.

02. (TRF 1.ª Região 2011 – Juiz Federal – CESPE) A legislação prevê, de forma taxativa, como espaços passíveis de proteção, áreas marginais a cursos de água, topos de morros e montanhas, escarpas e bordas de tabuleiros e chapadas, restingas.

03. (2012/UFPA/PGE-PA/Procurador) Nos termos do art. 4º da Lei 12651/2012, considera-se Área de Preservação Permanente:

I – As faixas marginais de qualquer curso d'água natural, desde a borda da calha do leito regular, em largura mínima de 10 (dez) metros, para os cursos d'água de menos de 10 (dez) metros de largura e 30 (trinta) metros, para os cursos d'água que tenham de 10 (dez) a 50 (cinquenta) metros de largura.

II – As áreas no entorno dos lagos e lagoas naturais, em faixa com largura mínima de 50 (cinquenta) metros, em zonas rurais, exceto para o corpo d'água com até 20 (vinte) hectares de superfície, cuja faixa marginal será de 30 (trinta) metros e 30 (trinta) metros, em zonas urbanas.

III – As áreas no entorno das nascentes e dos olhos d'água, ainda que não perenes, qualquer que seja sua situação topográfica, no raio mínimo de 50 (cinquenta) metros.

IV – As restingas, em toda sua extensão.

De acordo com as proposições apresentadas, assinale a alternativa CORRETA

a) todas as proposições estão corretas

b) apenas uma das proposições está correta

c) apenas duas proposições estão corretas

d) apenas três proposições estão corretas

e) todas as proposições estão incorretas

04. (2014/CESPE/MPE-AC/Promotor de Justiça) Todos os reservatórios artificiais e as acumulações naturais ou artificiais de água devem contar com áreas de entorno consideradas de preservação permanente, salvo na hipótese de dispensa expressa pelo órgão ambiental.

05. (2013/MPE-SC/Promotor de Justiça) Conforme a Lei 12.651/2012, as áreas em altitude superior a 1.800 (mil e oitocentos) metros, qualquer que seja a vegetação, considera-se Área de Preservação Permanente, em zonas rurais ou urbanas.

06. (FCC – 2013 – PGE-BA – Analista de Procuradoria – Área de Apoio Jurídico) Considere:

I. Os manguezais, em toda a sua extensão.

II. As áreas em altitude superior a 1.800 metros, qualquer que seja a vegetação.

III. As áreas no entorno dos lagos e lagoas naturais, em faixa com largura mínima de 20 metros, em zonas urbanas.

IV. As áreas no entorno das nascentes e dos olhos d'água perenes, qualquer que seja sua situação topográfica, no raio mínimo de 50 metros.

São áreas de preservação permanente as indicadas APENAS em

a) I e IV.

b) I e II.

c) II, III e IV.

d) I, II e IV.

e) I, III e IV.

07. (MPE-PR – 2013 – Promotor Substituto) Assinale a alternativa correta: Nos termos da Lei n.º 12.651/12, considera-se Área de Preservação Permanente, em zonas rurais ou urbanas:

a) No topo de morros, montes, montanhas e serras, com altura mínima de 200 (duzentos) metros e inclinação média maior que 35º, as áreas delimitadas a partir da curva de nível correspondente a 2/3 (dois terços) da altura mínima da elevação sempre em relação à base, sendo esta definida pelo plano horizontal determinado por planície ou espelho d'água adjacente ou, nos relevos ondulados, pela cota do ponto de sela mais próximo da elevação;

b) As áreas no entorno dos reservatórios d'água artificiais, decorrentes de barramento ou represamento de cursos d'água naturais, na faixa definida na licença ambiental do empreendimento;

c) As áreas no entorno das nascentes e dos olhos de água perenes, qualquer que seja sua situação topográfica, no raio mínimo de 150 metros;

d) As faixas marginais de qualquer curso de água artificial, perene e intermitente, incluídos os efêmeros, desde a borda da calha do leito regular, em largura mínima de 50 metros, para os cursos de água de menos de 15 metros de largura;

e) Em veredas, a faixa marginal, em projeção horizontal, com largura mínima de 100 (cem) metros, a partir do espaço permanentemente brejoso e encharcado.

08. (MPE-SC – 2013 – Promotor de Justiça – Tarde) De acordo com a Lei 12.651/2012, é de no mínimo 15 (quinze) metros a faixa marginal de qualquer curso d'água natural perene e intermitente, em zonas rurais ou urbanas, considerada Área de Preservação Permanente.

09. (MPE-SC – 2013 – Promotor de Justiça – Tarde) Conforme a Lei 12.651/2012, as áreas em altitude superior a 1.800 (mil e oitocentos) metros, qualquer que seja a vegetação, considera-se Área de Preservação Permanente, em zonas rurais ou urbanas.

10. (CESPE/Analista ICMBIO/2014) Os valores de largura de área de preservação permanente (APP) não foram alterados pelo Novo Código Florestal Brasileiro: a largura do curso d'água permaneceu como medida preponderante para se definir a largura de APP. Essa lei alterou apenas o ponto a partir do qual se devem delimitar essas áreas, que passou a ser a partir do nível mais alto do leito do curso d'água.

11. (Ano: 2021/Banca: MPE-RS/Prova: MPE-RS – 2021 – MPE-RS – Promotor de Justiça) Configuram Área de Preservação Permanente as áreas no entorno das nascentes e olhos d'água perenes, em um raio de, no mínimo, cinquenta metros, não sendo consideradas Área de Preservação Permanente aquelas situadas no entorno de nascentes e olhos d'água intermitentes.

12. (Ano: 2021/Banca: MPE-RS/Prova: MPE-RS – 2021 – MPE-RS – Promotor de Justiça) Configuram Área de Preservação Permanente as áreas no entorno dos reservatórios d'água artificiais, decorrentes de barramento ou represamento de cursos d'água naturais, na faixa definida na licença ambiental do empreendimento.

GAB	01	CERTO	02	ERRADO	03	E	04	ERRADO	05	CERTO	06	D
	07	B	08	ERRADO	09	CERTO	10	ERRADO	11	ERRADO	12	CERTO

Art. 5.º Na implantação de reservatório d'água artificial destinado a geração de energia ou abastecimento público, é obrigatória a aquisição, desapropriação ou instituição de servidão administrativa pelo empreendedor das Áreas de Preservação Permanente criadas em seu entorno, conforme estabelecido no licenciamento ambiental, observando-se a faixa mínima de 30 (trinta) metros e máxima de 100 (cem) metros em área rural, e a faixa mínima de 15 (quinze) metros e máxima de 30 (trinta) metros em área urbana. *(Redação dada pela Lei nº 12.727, de 2012).*

§ 1.º Na implantação de reservatórios d'água artificiais de que trata o *caput*, o empreendedor, no âmbito do licenciamento ambiental, elaborará Plano Ambiental de Conservação e Uso do Entorno do Reservatório, em conformidade com termo de referência expedido pelo órgão competente do Sistema Nacional do Meio Ambiente – Sisnama, não podendo o uso exceder a 10% (dez por cento) do total da Área de Preservação Permanente. *(Redação dada pela Lei nº 12.727, de 2012).*

§ 2.º O Plano Ambiental de Conservação e Uso do Entorno de Reservatório Artificial, para os empreendimentos licitados a partir da vigência desta Lei, deverá ser apresentado ao órgão ambiental concomitantemente com o Plano Básico Ambiental e aprovado até o início da operação do empreendimento, não constituindo a sua ausência impedimento para a expedição da licença de instalação.

§ 3.º (VETADO).

1. COMENTÁRIOS

Este artigo possui redação dada pela Lei 12.727/2012. Considerando que a implantação de reservatório d'água artificial destinado a geração de energia ou abastecimento público exige a instalação de estruturas físicas nas APPs, seria esvaziar o conteúdo da propriedade privada impô-las sem qualquer contraprestação ao proprietário da APP.

Logo, deverá ser promovida a aquisição, desapropriação ou instituição de servidão administrativa pelo empreendedor. Quando houve o inteiro esvaziamento do uso da APP pelo particular, deverá se dar a aquisição ou desapropriação. Caso contrário, cabível será a constituição de servidão administrativa.

Neste caso, o artigo traz parâmetros para a fixação da dimensão da APP pela licença ambiental:

A) Área rural – de 30m a 100m;

B) Área urbana – de 15m a 30m.

Ademais, deverá o empreendedor elaborar um *Plano Ambiental de Conservação e Uso do Entorno do Reservatório*, de, no máximo, 10% da APP. É definido como conjunto de diretrizes e proposições com o objetivo de disciplinar a conservação, a recuperação, o uso e a ocupação do entorno do reservatório artificial, respeitados os parâmetros estabelecidos nesta Resolução e em outras normas aplicáveis (Resolução CONAMA 302/2002).

Para os novos empreendimentos, deverá ser apresentado ao órgão ambiental concomitantemente com o Plano Básico Ambiental e aprovado até o início da operação do empreendimento, não constituindo a sua ausência impedimento para a expedição da licença de instalação.

Nos termos da Resolução CONAMA 302/2002, a aprovação do plano ambiental de conservação e uso do entorno dos reservatórios artificiais deverá ser precedida da realização de consulta pública, sob pena de nulidade do ato administrativo, na forma da Resolução CONAMA nº 9, de 3 de dezembro de 1987, naquilo que for aplicável, informando-se ao Ministério Público com antecedência de trinta dias da respectiva data, devendo ser ouvido o respectivo comitê de bacia hidrográfica, quando houver.

O plano ambiental de conservação e uso poderá indicar áreas para implantação de polos turísticos e lazer no entorno do reservatório artificial, que não poderão exceder a dez por cento da área total do seu entorno.

2. QUESTÃO DE CONCURSO

01. **(2013/MPE-MG/Promotor de Justiça)** Para a implementação de reservatório d'água artificial destinado à geração de energia ou abastecimento público, é obrigatória a aquisição, desapropriação ou instituição de servidão administrativa pelo empreendedor das Áreas de Preservação Permanente criadas em seu entorno, conforme estabelecido no licenciamento ambiental, observando-se a faixa mínima de 30 (trinta) metros e máxima de 100 (cem) metros em área rural, e a faixa mínima de 15 (quinze) metros e máxima de 30 (trinta) metros em área urbana.

GAB	01	CERTO

Art. 6.º Consideram-se, ainda, de preservação permanente, quando declaradas de interesse social por ato do Chefe do Poder Executivo, as áreas cobertas com florestas ou outras formas de vegetação destinadas a uma ou mais das seguintes finalidades:

I – conter a erosão do solo e mitigar riscos de enchentes e deslizamentos de terra e de rocha;

II – proteger as restingas ou veredas;

III – proteger várzeas;

IV – abrigar exemplares da fauna ou da flora ameaçados de extinção;

V – proteger sítios de excepcional beleza ou de valor científico, cultural ou histórico;

VI – formar faixas de proteção ao longo de rodovias e ferrovias;

VII – assegurar condições de bem-estar público;

VIII – auxiliar a defesa do território nacional, a critério das autoridades militares.

IX – proteger áreas úmidas, especialmente as de importância internacional. *(Incluído pela Lei nº 12.727, de 2012).*

1. COMENTÁRIOS

É possível que o Poder Público, por meio de todas as entidades políticas, possa ainda instituir outras áreas de preservação permanente. Essa possibilidade já era prevista no artigo 3.º do antigo CFlo, que se referia a ato instituidor do Poder Público sem especificá-lo, ganhando nova roupagem no artigo 6.º do novo CFlo.

É que agora a legislação florestal foi mais específica ao prever que, consideram-se, ainda, de preservação permanente, **quando declaradas de interesse social por ato do Chefe do Poder Executivo** as áreas especificadas acima.

Como inovação foi prevista detalhadamente a possibilidade de se criar uma APP em vegetação para prevenir enchentes e deslizamentos de terra, bem como para proteger as veredas, as restingas e as zonas úmidas.

Por outro lado, não há mais previsão de se declarar como APP a vegetação destinada a manter o ambiente necessário à vida das populações silvícolas.

As áreas úmidas são os pantanais e superfícies terrestres cobertas de forma periódica por águas, cobertas originalmente por florestas ou outras formas de vegetação adaptadas à inundação.

Entende-se que agora é o **decreto** do Prefeito, do Governador ou do Presidente da República o ato jurídico adequado para a criação de uma nova APP nos casos especificados pelo artigo 6.º do novo CFlo.

Sustenta-se que, se o referido decreto se caracterizar como ato específico que venha a prejudicar o exercício do direito de propriedade, deverá a respectiva entidade política indenizar o particular.

Por outro lado, caso o decreto tenha abstração e generalidade, entende-se que não haverá a obrigação de ressarcir os administrados, pois restaria instituída uma limitação administrativa ao direito de propriedade que deve ser suportada gratuitamente por todos.

2. QUESTÃO DE CONCURSO

01. (TRF – 4ª Região – 2012 – Juiz Federal) Dadas as assertivas abaixo, segundo a Lei nº 12.651/2012, assinale a alternativa correta.

I. Considera-se área de preservação permanente, em zonas rurais ou urbanas as faixas marginais de qualquer curso d'água natural perene, desde a borda da calha do leito regular, em largura mínima variável entre 30 (trinta) e 500 (quinhentos) metros.

II. Considera área de preservação permanente as áreas no entorno dos lagos e lagoas naturais, em faixa com largura mínima de 100 (cem) metros em zona rural, exceto para o corpo d'água com até 20 (vinte) hectares de superfície, cuja faixa marginal será de 50 (cinquenta) metros; localizados os lagos e as lagoas em zona urbana, a largura mínima da área de preservação permanente será de 30 (trinta) metros.

III. Considera área de preservação permanente as restingas, como fixadoras de dunas ou estabilizadoras de mangues; os manguezais, em toda a sua extensão; e as áreas em altitude superior a 1.800 (mil e oitocentos) metros, qualquer que seja a vegetação.

IV. Permite a intervenção ou a supressão de vegetação nativa em área de preservação permanente constituída por restingas, como fixadoras de dunas ou em manguezais, a ser autorizada, excepcionalmente, em locais onde a função ecológica do manguezal esteja comprometida, para execução de obras habitacionais e de urbanização, inseridas em projetos de regularização fundiária de interesse social, em áreas urbanas consolidadas ocupadas por população de baixa renda.

V. Considera de preservação permanente, quando declaradas de interesse social por ato do Chefe do Poder Executivo, as áreas cobertas com florestas ou outras formas de vegetação destinadas a proteger sítios de excepcional beleza ou de valor científico, cultural ou histórico; formar faixas de proteção ao longo de rodovias e ferrovias; assegurar condições de bem estar público; ou auxiliar a defesa do território nacional, a critério das autoridades militares.

a) Estão corretas apenas as assertivas I e V.

b) Estão corretas apenas as assertivas II e IV.

c) Estão corretas apenas as assertivas I, III e V.

d) Estão corretas apenas as assertivas II, III, IV.

e) Estão corretas todas as assertivas.

GAB	01	E

▸ SEÇÃO II
DO REGIME DE PROTEÇÃO DAS ÁREAS DE PRESERVAÇÃO PERMANENTE

Art. 7.º A vegetação situada em Área de Preservação Permanente deverá ser mantida pelo proprietário da área, possuidor ou ocupante a qualquer título, pessoa física ou jurídica, de direito público ou privado.

§ 1.º Tendo ocorrido supressão de vegetação situada em Área de Preservação Permanente, o proprietário da área, possuidor ou ocupante a qualquer título é obrigado a promover a recomposição da vegetação, ressalvados os usos autorizados previstos nesta Lei.

§ 2.º A obrigação prevista no § 1.º tem natureza real e é transmitida ao sucessor no caso de transferência de domínio ou posse do imóvel rural.

§ 3.º No caso de supressão não autorizada de vegetação realizada após 22 de julho de 2008, é vedada a concessão de novas autorizações de supressão de vegetação enquanto não cumpridas as obrigações previstas no § 1.º.

1. COMENTÁRIOS

Em regra, não será possível a supressão de vegetação em área de preservação permanente, justamente em razão das suas importantes funções ecológicas.

Caso haja desmatamento de vegetação em APP, o poluidor deverá recuperar a área, sendo também dever do proprietário fazê-lo, mesmo que não tenha sido o autor do dano ambiental, vez que se cuida de obrigação *propter rem*, conforme pacificado pelo STJ.

A metodologia para a recuperação das áreas de preservação permanente se encontra positivada na Resolução CONAMA 429, de 28 de fevereiro de 2011, que deve ser revisada para se adequar às novas disposições do Código Florestal de 2012.

Lamentavelmente, apenas para os proprietários ou possuidores de imóvel com APP desmatada, a partir 23 de julho de 2008 (data da publicação do Decreto 6.514/2008), é vedada a concessão de novas autorizações de supressão de vegetação enquanto não ocorrer a recomposição da área.

Isso porque para os desmatamentos anteriores a 23 de julho de 2008 aplica-se o regramento de transição dos artigos 61-A a 65 deste Código a ser estudada.

Desapropriação em APP

Em caso de desapropriação de imóvel por utilidade pública ou interesse social, entende-se que a melhor posição é a que exclui da indenização a cobertura florestal em APP, justamente porque a regra é a impossibilidade de supressão vegetal, sendo esta a posição do STJ.

Todavia, registre-se que **o STF tem inúmeros julgados que decidiram pela indenizabilidade da vegetação em APP na desapropriação**, sob o frágil argumento de que a limitação legal não elimina o valor econômico das matas protegidas.

2. JURISPRUDÊNCIA

"Administrativo e ambiental. Ausência de violação do art. 535 do CPC. Dano ambiental. Dever de reparação. Obrigação *propter rem*. Indenização em face das restrições econômicas. Súmula 7/STJ. 1. Não ocorre ofensa ao art. 535, II, do CPC se o Tribunal de origem decide, fundamentadamente, as questões essenciais ao julgamento da lide. **2. Esta Corte Superior tem entendimento sedimentado no sentido de que os deveres associados às APPs e à Reserva Legal têm natureza de obrigação *propter rem*, isto é, aderem ao título de domínio ou posse.** 3. Por esse motivo, descabe falar em culpa ou nexo causal, como fatores determinantes do dever de recuperar a vegetação nativa e averbar a Reserva Legal por parte do proprietário ou possuidor, antigo ou novo, mesmo se o imóvel já estava desmatado quando de sua aquisição" (STJ, AgRg no REsp 1.206.484, de 17.03.2011).

"AGRAVO REGIMENTAL NO AGRAVO DE INSTRUMENTO. DESAPROPRIAÇÃO. **ÁREA** SUJEITA À PRESERVAÇÃO PERMANENTE. INDENIZAÇÃO DEVIDA. **1. A área de cobertura vegetal sujeita à limitação legal e, consequentemente à vedação de atividade extrativista não elimina o valor econômico das matas protegidas.** Agravo regimental a que se nega provimento" (STF, AI-AgR 677647, de 25.05.2008).

"O valor atribuído à cobertura florística, destacado do valor do terreno, deve ser excluído da indenização quando tal cobertura for insusceptível de exploração econômica, como na hipótese dos autos, uma vez que a área já havia sido declarada como de preservação permanente em data anterior à criação do parque nacional que fundamentou o pedido indenizatório". Precedentes: STJ, REsp nº 809.827/SP, Rel. Min. FRANCISCO FALCÃO, *DJ* de 18.12.2006; REsp nº 724.442/RN, Rel. Min. ELIANA CALMON, *DJ* de 02.03.2007; REsp nº 403.571/SP, Rel. Min. JOÃO OTÁVIO DE NORONHA, *DJ* de 29.08.2005; REsp nº 838.983/AC, Rel. Min. JOSÉ DELGADO, *DJ* de 03.09.2007 e REsp nº 904.628/BA, Rel. Min. DENISE ARRUDA, *DJ* de 02.08.2007.

3. QUESTÕES DE CONCURSOS

01. (2014/CESPE/MPE-AC/Promotor de Justiça) Em se tratando de transmissão da propriedade rural ou urbana, admite-se a delimitação de novas faixas de áreas de preservação permanente junto ao órgão ambiental competente para fins de regularização de exploração econômica mediante manejo sustentável.

02. (2017/MPE-RS/Promotor de Justiça) Nos termos da Lei Federal n. 12.651/2012 – Código Florestal –, especificamente no que tange ao Regime de Proteção das Áreas de Preservação Permanente, assinale a alternativa INCORRETA.

a) A intervenção ou a supressão de vegetação nativa em Área de Preservação Permanente somente ocorrerá nas hipóteses de utilidade pública, de interesse social ou de baixo impacto ambiental previstas nesta Lei.

b) A supressão de vegetação nativa protetora de nascentes, dunas e restingas somente poderá ser autorizada em caso de utilidade pública.

c) A intervenção ou a supressão de vegetação nativa em Área de Preservação Permanente de que tratam os incisos VI e VII do caput do artigo 4o da Lei poderá ser autorizada, excepcionalmente, em locais onde a função ecológica do manguezal esteja comprometida, para execução de obras habitacionais e de urbanização, inseridas em projetos de regularização fundiária de interesse social, em áreas urbanas consolidadas ocupadas por população de baixa renda.

d) O proprietário da área, possuidor ou ocupante a qualquer título, tendo ocorrido supressão de vegetação situada em Área de Preservação Permanente, é obrigado a promover a recomposição da vegetação, ressalvados os usos autorizados previstos nesta Lei, vedada a transmissão da obrigação ao seu sucessor.

e) É permitido o acesso de pessoas e animais às Áreas de Preservação Permanente para obtenção de água e para realização de atividades de baixo impacto ambiental.

GAB	01	ERRADO	02	D

Art. 8.º A intervenção ou a supressão de vegetação nativa em Área de Preservação Permanente somente ocorrerá nas hipóteses de utilidade pública, de interesse social ou de baixo impacto ambiental previstas nesta Lei.

§ 1.º A supressão de vegetação nativa protetora de nascentes, dunas e restingas somente poderá ser autorizada em caso de utilidade pública.

§ 2.º A intervenção ou a supressão de vegetação nativa em Área de Preservação Permanente de que tratam os incisos VI e VII do *caput* do art. 4.º poderá ser autorizada, excepcionalmente, em locais onde a função ecológica do manguezal esteja comprometida, para execução de obras habitacionais e de urbanização, inseridas em projetos de regularização fundiária de interesse social, em áreas urbanas consolidadas ocupadas por população de baixa renda.

§ 3.º É dispensada a autorização do órgão ambiental competente para a execução, em caráter de urgência, de atividades de segurança nacional e obras de interesse da defesa civil destinadas à prevenção e mitigação de acidentes em áreas urbanas.

§ 4.º Não haverá, em qualquer hipótese, direito à regularização de futuras intervenções ou supressões de vegetação nativa, além das previstas nesta Lei.

1. COMENTÁRIOS

Excepcionalmente, tal qual fazia a legislação revogada, o novo CFlo somente autoriza o licenciamento ambiental para a exploração em vegetação em APP nas hipóteses de **utilidade pública**, **interesse social** ou de **baixo impacto ambiental**.

São hipóteses de **utilidade pública (art. 3.º, VIII, do novo CFlo)**:

a) as atividades de **segurança nacional** e **proteção sanitária**;
b) as **obras de infraestrutura** destinadas às concessões e aos serviços públicos de **transporte**, **sistema viário**, inclusive aquele necessário aos **parcelamentos de solo urbano** aprovados pelos Municípios, **saneamento**, **gestão de resíduos**, **energia**, **telecomunicações**, **radiodifusão**, **instalações necessárias à realização de competições esportivas** estaduais, nacionais ou internacionais, bem como **mineração**, exceto, neste último caso, a extração de areia, argila, saibro e cascalho;
c) atividades e obras de **defesa civil**;
d) atividades que comprovadamente proporcionem **melhorias na proteção das funções ambientais nas APPs**;
e) outras atividades similares devidamente caracterizadas e motivadas em procedimento administrativo próprio, quando inexistir alternativa técnica e locacional ao empreendimento proposto, definidas em **ato do Chefe do Poder Executivo Federal**.

Como inovação, nota-se que não mais compete ao CONAMA listar novos casos de utilidade pública, e, sim, ao Presidente da República, o que tornou parte da Resolução CONAMA 369/2006 desprovida de fundamento legal.

Outrossim, a listagem foi majorada com o novo CFlo, sendo agora possível, no país do futebol, certamente com muitos aplausos de grande parte do povo brasileiro, construir estádios de futebol em APPs após a pronúncia de utilidade pública.

Aliás, pelo antigo CFlo, era sempre imprescindível que inexistisse alternativa técnica e locacional ao empreendimento proposto para a excepcional exploração de APP em caso de utilidade pública, disposição intencionalmente não reproduzida no artigo 8.º do novo e permissivo Código Florestal dos ruralistas, salvo no que concerne às hipóteses a serem definidas por ato do Chefe do Poder Executivo Federal.

Vale ressaltar que a supressão de vegetação nativa protetora de **nascentes, dunas e restingas** somente poderá ser autorizada em caso de **utilidade pública**.

São casos de **interesse social (art. 3.º, IX, do novo CFlo)**:

a) as atividades imprescindíveis à **proteção da integridade da vegetação nativa**, tais como prevenção, combate e controle do fogo, controle da erosão, erradicação de invasoras e proteção de plantios com espécies nativas;
b) a **exploração agroflorestal sustentável** praticada na **pequena propriedade** ou posse rural familiar ou por povos e comunidades tradicionais, desde que não descaracterize a cobertura vegetal existente e não prejudique a função ambiental da área;
c) a implantação de **infraestrutura pública** destinada a **esportes, lazer e atividades educacionais e culturais** ao ar livre em áreas urbanas e rurais consolidadas, observadas as condições estabelecidas no CFlo;
d) a **regularização fundiária de assentamentos humanos** ocupados predominantemente por **população de baixa renda em áreas urbanas consolidadas**, observadas as condições estabelecidas na Lei nº 11.977, de 7 de julho de 2009 (Programa Minha Casa, Minha Vida);
e) implantação de instalações necessárias à **captação e condução de água e de efluentes tratados** para projetos cujos recursos hídricos são partes integrantes e essenciais da atividade;
f) as atividades de pesquisa e extração de **areia, argila, saibro e cascalho**, outorgadas pela autoridade competente;
g) outras atividades similares devidamente caracterizadas e motivadas em procedimento administrativo próprio, quando inexistir alternativa técnica e locacional à atividade proposta, definidas em ato **do Chefe do Poder Executivo Federal.**

Assim como ocorreu com as hipóteses de utilidade pública, houve o alargamento dos casos de interesse social, sendo possível a exploração de vegetação em APP para viabilizar até obras de infraestrutura pública de esportes, lazer, atividades educacionais (certamente não será a educação ambiental) e culturais.

Demais disso, será possível degradar a APP para a regularização fundiária de assentados humanos em áreas consolidadas por pessoas de baixa renda. Nesse sentido, de acordo com o artigo 46, da Lei 11.977/2009, que aprovou o Programa Minha Casa, Minha Vida, a regularização fundiária consiste no conjunto de medidas jurídicas, urbanísticas, ambientais e sociais que visam à regularização de assentamentos irregulares e à titulação de seus ocupantes, de modo a garantir o direito social à moradia, o pleno desenvolvimento das funções sociais da propriedade urbana e o direito ao meio ambiente ecologicamente equilibrado.

Já a regularização fundiária de interesse social abarca assentamentos irregulares ocupados, predominantemente, por população de baixa renda, nos casos (art. 47, VII, da Lei 11.977/2009):

a) em que a área esteja ocupada, de forma mansa e pacífica, há, pelo menos, 5 anos;

b) de imóveis situados em ZEIS;[11] ou

c) de áreas da União, dos Estados, do Distrito Federal e dos Municípios declaradas de interesse para implantação de projetos de regularização fundiária de interesse social.

Outrossim, pelo antigo CFlo, era sempre imprescindível que inexistisse **alternativa técnica e locacional** ao empreendimento proposto para a excepcional exploração de APP em caso de interesse social, disposição intencionalmente não reproduzida no artigo 8.º do novo Código Florestal, salvo no que concerne às hipóteses a serem definidas por ato do Chefe do Poder Executivo federal.

Por fim, eis as **atividades eventuais ou de baixo impacto ambiental** (art. 3.º, X, do novo CFlo):

a) abertura de **pequenas vias de acesso interno e suas pontes e pontilhões**, quando necessárias à travessia de um curso d'água, ao acesso de pessoas e animais para a obtenção de água ou à retirada de produtos oriundos das atividades de manejo agroflorestal sustentável;
b) implantação de instalações necessárias à **captação e condução de água e efluentes tratados**, desde que comprovada a outorga do direito de uso da água, quando couber;
c) implantação de **trilhas** para o desenvolvimento do **ecoturismo**;
d) construção de **rampa de lançamento de barcos** e pequeno ancoradouro;
e) **construção de moradia de agricultores familiares, remanescentes de comunidades quilombolas e outras populações extrativistas e tradicionais em áreas rurais, onde o abastecimento de água se dê pelo esforço próprio dos moradores;**
f) construção e manutenção de **cercas na propriedade**;
g) **pesquisa científica relativa a recursos ambientais**, respeitados outros requisitos previstos na legislação aplicável;
h) **coleta de produtos não madeireiros para fins de subsistência** e produção de mudas, como sementes, castanhas e frutos, respeitada a legislação específica de acesso a recursos genéticos;
i) **plantio de espécies nativas** produtoras de frutos, sementes, castanhas e outros produtos vegetais, desde que não implique supressão da vegetação existente nem prejudique a função ambiental da área;
j) **exploração agroflorestal e manejo florestal sustentável, comunitário e familiar**, incluindo a extração de produtos florestais não madeireiros, desde que não descaracterizem a cobertura vegetal nativa existente nem prejudiquem a função ambiental da área;
k) outras ações ou atividades similares, reconhecidas como eventuais e de baixo impacto ambiental em **ato do Conselho Nacional do Meio Ambiente – CONAMA ou dos Conselhos Estaduais de Meio Ambiente**.

Vale registrar que a grande maioria dessas hipóteses já estava prevista na Resolução CONAMA 369/2006.

11. Zona Especial de Interesse Social – ZEIS: parcela de área urbana instituída pelo Plano Diretor ou definida por outra lei municipal, destinada predominantemente à moradia de população de baixa renda e sujeita a regras específicas de parcelamento, uso e ocupação do solo.

De acordo com § 2.º, que lamentavelmente não foi vetado, a intervenção ou a supressão de vegetação nativa em área de preservação permanente situada nas restingas estabilizadoras de mangues ou nos próprios manguezais, poderá ser autorizada, excepcionalmente, em locais onde a função ecológica do manguezal esteja comprometida, para execução de obras habitacionais e de urbanização, inseridas em projetos de regularização fundiária de interesse social, em áreas urbanas consolidadas ocupadas por população de baixa renda.

Assim, em vez de determinar a recuperação do manguezal comprometido, o Código Florestal dos ruralistas permite a sua deterioração total para a construção de residências em áreas urbanas consolidadas ocupadas por população de baixa renda.

Por fim, o novo CFlo dispensou a **autorização do órgão ambiental competente** para a execução, em caráter de **urgência,** de atividades de **segurança nacional e obras de interesse da defesa civil** destinadas à **prevenção e mitigação de acidentes em áreas urbanas.**

De resto, registre-se que inexiste previsão legal para a averbação imobiliária das APPs ou registro no Cadastro Ambiental Rural, mas seria medida altamente salutar, notadamente quando decorrer de ato específico do Poder Público.

2. JURISPRUDÊNCIA

"AMBIENTAL. ADMINISTRATIVO. RECURSO ESPECIAL. SUPRESSÃO DE ÁREA DE PRESERVAÇÃO PERMANENTE FORA DAS HIPÓTESES RESTRITIVAMENTE TRAÇADAS NA LEGISLAÇÃO AMBIENTAL. INVIABILIDADE. AUSÊNCIA DE LICENÇA AMBIENTAL PRÉVIA VÁLIDA. NORMAS AMBIENTAIS. LIMITAÇÃO ADMINISTRATIVA. NÃO OCORRÊNCIA DE SUPRESSÃO DO DIREITO DE PROPRIEDADE. DEVER DE REPARAÇÃO DO AGENTE CAUSADOR DO DANO AMBIENTAL. PRESSUPOSTOS PRESENTES NO CASO EM CONCRETO. RECURSO ESPECIAL PROVIDO.

1. Na origem, trata-se de ação civil pública ambiental interposta pelo Ministério Público do Estado de Mato Grosso do Sul em face da parte ora recorrida cujo objeto é a ilegalidade da supressão da área de preservação permanente em face da construção de imóvel na margem do Rio Ivinhema/MS. Antes de se adentrar ao mérito, cumpre fazer, então, a análise das questões preliminares suscitadas em contrarrazões do recurso especial.

2. Preliminares de perda de objeto em virtude da revogação do antigo Código Florestal e alegação de conexão com outro processo de relatoria do Exmo. Sr. Ministro Benedito Gonçalves rejeitadas.

3. Do mérito: De acordo com o Código Florestal brasileiro (tanto o de 1965, como o atual, a Lei 12.651, de 25.05.2012) e a Lei da Política Nacional do Meio Ambiente (Lei 6.938/1981), a flora nativa, no caso de supressão, encontra-se uniformemente protegida pela exigência de prévia e válida autorização do órgão ambiental competente, qualquer que seja o seu bioma, localização, tipologia ou estado de conservação (primária ou secundária). Além disso, em se tratando de área de preservação permanente, a sua supressão deve respeitar as hipóteses autorizativas taxativamente previstas em Lei, tendo em vista a magnitude dos interesses envolvidos de proteção do meio ambiente. Precedentes do STF (no âmbito da ADI nº 3.540/DF – medida cautelar) e do STJ (REsp 176.753/SC, Rel. Ministro HERMAN BENJAMIM, SEGUNDA TURMA, julgado em 07.02.2008, *DJe* 11.11.2009).

4. No caso em concreto, da análise do acórdão ora recorrido exsurge a presença dos seguintes elementos que se tornaram incontroversos para a análise ora realizada, quais sejam: (a) houve a construção de empreendimento em área de preservação permanente, a qual, segundo expressamente afirmado pelo acórdão recorrido, causou a supressão da vegetação local; (b) esta conduta foi praticada sem autorização válida, vez que a Licença de Operação nº 12/2008 teria sido expedida em desacordo com a legislação ambiental pertinente; e, (c) ainda com a nulidade da Portaria, tal circunstância não pode não pode afetar àqueles que já haviam realizado edificações na área em questão.

5. Note-se que a análise destas premissas não implica no revolvimento do conjunto fático e probatório constante dos autos, uma vez que, tão somente, foi realizada revaloração da prova, o que é permitido

na via recursal sem que haja a incidência da Súmula 7/STJ. Neste sentido, o seguinte precedente: REsp 1264894/PR, Rel. Ministro HUMBERTO MARTINS, SEGUNDA TURMA, julgado em 01.09.2011, *DJe* 09.09.2011.

6. Diferentemente do que entendeu o acórdão ora recorrido, não há como legitimar a conduta da parte ora recorrida tendo em vista a ausência de previsão legal autorizativa para tanto. A justificativa utilizada pelo Tribunal *a quo* para determinar a manutenção da parte recorrida na localidade – inviabilidade de se prejudicar àqueles que apoiado na sua validade ou legalidade realizaram benfeitorias ou edificações na localidade – também não encontra respaldo na ordem jurídica vigente.

7. Isso porque, sendo a licença espécie de ato administrativo autorizativo submetido ao regime jurídico administrativo, a sua nulidade implica que dela não pode advir efeitos válidos e tampouco a consolidação de qualquer direito adquirido (desde que não ultrapassado o prazo previsto no art. 54 da Lei nº 9.784/1999, caso o beneficiário esteja de boa-fé). Vale dizer, declarada a sua nulidade, a situação fática deve retornar ao estado *ex ante*, sem prejuízo de eventual reparação civil do lesado caso presentes os pressupostos necessários para tal. Essa circunstância se torna ainda mais acentuada tendo em vista o bem jurídico tutelado no caso em tela, que é o meio ambiente, e a obrigação assumida pelo Estado brasileiro em diversos compromissos internacionais de garantir o uso sustentável dos recursos naturais em favor das presentes e futuras gerações.

8. Além do mais, as restrições impostas ao exercício de atividades econômicas bem como de ocupação em áreas de preservação permanente seguem o regime jurídico das limitações administrativas, espécie de intervenção do Estado na propriedade que promove restrições nos poderes advindos do seu domínio exercido sobre a coisa, e não a sua supressão. Assim, em tese, fica afastada a justificativa utilizada pelo Tribunal *a quo* de que tal medida acarretaria na perda da propriedade por meio de desapropriação, sendo que, caso tal fato jurídico de fato ocorra, o ordenamento dispõe de meios hábeis a tutelar eventuais interesses legítimos por parte do titular do direito de propriedade.

9. Quanto ao pedido de indenização formulado para parte ora recorrente, foi reconhecida a prática de ato ilícito pela parte ora recorrida em face do meio ambiente, é de se observar que os elementos da responsabilidade civil por dano ambiental bem como as medidas de reparação dos danos ambientais causados pela parte ora recorrida foram estabelecidos na sentença proferida pelo Juízo de 1.º grau, devendo a mesma ser restaurada em sua integralidade, nos termos requeridos pela parte ora recorrente.

10. Recurso especial provido, com a determinação de que sejam extraídas cópias dos presentes autos e a remessa delas ao Ministério Público do Estado do Mato Grosso do Sul para apuração de eventual prática de ato de improbidade administrativa ambiental" (STJ, REsp 1.362.456, de 20.06.2013).

3. QUESTÕES DE CONCURSOS

01. (Defensor Público do Amazonas/2013/FCC) A intervenção ou a supressão de vegetação nativa em área de preservação permanente

a) poderá ser autorizada, excepcionalmente, nas restingas estabilizadoras de mangues e nos manguezais, em locais onde a função ecológica do manguezal esteja comprometida, para execução de obras habitacionais e de urbanização, inseridas em projetos de regularização fundiária de interesse social, em áreas urbanas consolidadas ocupadas por população de baixa renda.

b) não será autorizada.

c) somente ocorrerá nas hipóteses de utilidade pública e de interesse social.

d) protetora de nascentes, dunas e restingas somente poderá ser autorizada em caso de interesse social.

e) poderá ser autorizada desde que haja solicitação tecnicamente fundamentada do proprietário ou possuidor do imóvel.

02. (Promotor do Estado de Rondônia 2013/CESPE) Para a execução de obras de interesse da defesa civil com vistas a promover prevenção e mitigação de acidentes em áreas urbanas, permite-se a intervenção ou a supressão de vegetação nativa em área de preservação permanente mediante procedimento simplificado de autorização.

03. (FCC – 2013 – TJ-PE – Juiz) Suponha a existência de determinada lei ordinária que permita o exercício de determinadas atividades econômicas em áreas de preservação permanente, sob o fundamento de interesse público ou de indispensabilidade à segurança nacional. Esta lei ainda confere à autoridade ambiental a competência para permitir, em cada caso concreto, o exercício dessas atividades econômicas sempre que o permissivo legal estiver configurado. Tendo em vista a disciplina constitucional sobre a matéria, semelhante lei, em tese, seria

a) constitucional, porque a Constituição é omissa com relação às áreas de preservação permanente, delegando ao legislador ordinário a possibilidade de regular o instituto na íntegra.

b) constitucional, desde que as atividades econômicas permitidas na área de preservação permanente não comprometam a integridade dos atributos que justificaram a sua proteção especial.

c) inconstitucional, uma vez que a supressão dos espaços naturais especialmente protegidos é matéria reservada à lei formal e não poderia ser delegada à autoridade ambiental.

d) inconstitucional, por aplicação do princípio da proibição do retrocesso em sede ambiental.

e) inconstitucional, porque as áreas de preservação permanente sempre terão proteção integral, não se admitindo qualquer espécie de exceção.

04. (FCC – 2013 – DPE-AM – Defensor Público) A intervenção ou a supressão de vegetação nativa em área de preservação permanente

a) poderá ser autorizada, excepcionalmente, nas restingas estabilizadoras de mangues e nos manguezais, em locais onde a função ecológica do manguezal esteja comprometida, para execução de obras habitacionais e de urbanização, inseridas em projetos de regularização fundiária de interesse social, em áreas urbanas consolidadas ocupadas por população de baixa renda.

b) não será autorizada.

c) somente ocorrerá nas hipóteses de utilidade pública e de interesse social.

d) protetora de nascentes, dunas e restingas somente poderá ser autorizada em caso de interesse social.

e) poderá ser autorizada desde que haja solicitação tecnicamente fundamentada do proprietário ou possuidor do imóvel.

05. (CESPE/Analista ICMBIO/2014) A intervenção ou a supressão de vegetação nativa, como a exploração de agroflorestas, em área de preservação permanente (APP) podem ser realizadas apenas em casos de utilidade pública, interesse social ou acarretamento de baixo impacto ambiental.

GAB	01	A	02	ERRADO	03	B	04	A	05	CERTO

Art. 9.º É permitido o acesso de pessoas e animais às Áreas de Preservação Permanente para obtenção de água e para realização de atividades de baixo impacto ambiental.

1. COMENTÁRIOS

Previa o Código anterior (1965) ser permitido o acesso de pessoas e animais às áreas de preservação permanente, para obtenção de água, desde que não exija a supressão e não comprometa a regeneração e a manutenção a longo prazo da vegetação nativa.

O Código de 2012 foi menos cauteloso, pois não previu expressamente que esse acesso de pessoas e animais para obtenção de água deva ser regrado, não devendo ser admitido, por exemplo, um vasto acesso de uma manada que prejudique a APP.

Ademais, conforme visto anteriormente, as atividades de baixo impacto ambiental serão admitidas em APP.

2. QUESTÃO DE CONCURSO

01. (2014/CESPE/MPE-AC/Promotor de Justiça) Permite-se o acesso de pessoas às áreas de preservação permanente para a obtenção de água e para o exercício de atividades de exploração agroflorestal sustentável de baixo ou médio impacto ao meio ambiente.

GAB	01	ERRADO

CAPÍTULO III
DAS ÁREAS DE USO RESTRITO

Art. 10. Nos pantanais e planícies pantaneiras, é permitida a exploração ecologicamente sustentável, devendo-se considerar as recomendações técnicas dos órgãos oficiais de pesquisa, ficando novas supressões de vegetação nativa para uso alternativo do solo condicionadas à autorização do órgão estadual do meio ambiente, com base nas recomendações mencionadas neste artigo. (Redação dada pela Lei nº 12.727, de 2012).

1. COMENTÁRIOS

A criação das Áreas de Uso Restrito foi uma das poucas inovações positivas do novo Código Florestal, as quais se destinam a proteger e fomentar o desenvolvimento dos pantanais e planícies pantaneiras do Brasil, ecossistemas enquadrados como áreas úmidas, sendo o grande exemplo o **Bioma Pantanal Mato-Grossense**, considerado como **patrimônio nacional** pelo artigo 225, § 4.º, da Constituição de 1988.

Pantanais são superfícies terrestres cobertas de forma periódica por águas, cobertas originalmente por florestas ou outras formas de vegetação adaptadas à inundação.

O Pantanal se estende pelos territórios dos estados do Mato Grosso (região sul), do Mato Grosso do Sul (noroeste) e de países vizinhos (Paraguai e Bolívia), tendo no total mais de 200.000 quilômetros quadrados, situando-se na Bacia Hidrográfica do Alto do Paraguai.

De efeito, nos **pantanais** e **planícies pantaneiras** é permitida a **exploração ecologicamente sustentável**, devendo-se considerar as recomendações técnicas dos órgãos oficiais de pesquisa, ficando novas supressões de vegetação nativa para uso alternativo do solo condicionadas à autorização do órgão estadual do meio ambiente.

Art. 11. Em áreas de inclinação entre 25° e 45°, serão permitidos o manejo florestal sustentável e o exercício de atividades agrossilvipastoris, bem como a manutenção da infraestrutura física associada ao desenvolvimento das atividades, observadas boas práticas agronômicas, sendo vedada a conversão de novas áreas, excetuadas as hipóteses de utilidade pública e interesse social.

1. COMENTÁRIOS

Ademais, em áreas de inclinação entre 25° e 45°, serão permitidos o manejo florestal sustentável e o exercício de atividades agrossilvipastoris, bem como a manutenção da infraestrutura física associada ao desenvolvimento das atividades, observadas boas práticas agronômicas, sendo vedada a conversão de novas áreas, excetuadas as hipóteses de utilidade pública e interesse social previstas no novo CFlo.

A respeito do Pantanal, vale colacionar informação extraída do sítio do IBAMA:[12]

> "A CIMA – Comissão Interministerial para Preparação da Conferência das Nações Unidas sobre Meio Ambiente e Desenvolvimento-SI/PR, 1991, define o Pantanal mato-grossense como 'a maior planície de inundação contínua do planeta'. Sua localização geográfica é de particular relevância, uma vez que representa o elo de ligação entre o Cerrado, no Brasil Central, o Chaco, na Bolívia, e a região Amazônica, ao Norte, identificando-se, aproximadamente, com a bacia do alto Paraguai.
>
> O Pantanal funciona como um grande reservatório, provocando uma defasagem de até cinco meses entre as vazões de entrada e saída. O regime de verão determina enchentes entre novembro e março no norte e entre maio e agosto no sul, neste caso sob a influência reguladora do Pantanal.
>
> Os solos, de modo geral, apresentam limitações à lavoura. Nas planícies pantaneiras sobressaem solos inférteis (lateritas) em áreas úmidas (hidromórficas) e planossolos, além de várias outras classes, todos alagáveis, em maior ou menor grau, e de baixa fertilidade. Nos planaltos, embora predominem também solos com diversas limitações à agricultura, sobretudo à fertilidade, topografia ou escassez de água, existem situações favoráveis.
>
> Como área de transição, a região do Pantanal ostenta um mosaico de ecossistemas terrestres, com afinidades, sobretudo, com os Cerrados e, em parte, com a floresta Amazônica, além de ecossistemas aquáticos e semiaquáticos, interdependentes em maior ou menor grau. Os planaltos e as terras altas da bacia superior são formados por áreas escarpadas e testemunhos de planaltos erodidos, conhecidos localmente como serras. São cobertos por vegetações predominantemente abertas, tais como campos limpos, campos sujos, cerrados e cerradões, determinadas, principalmente, por fatores de solo (edáficos) e climáticos e, também, por florestas úmidas, prolongamentos do ecossistema amazônico.
>
> A planície inundável que forma o Pantanal, propriamente dito, representa uma das mais importantes áreas úmidas da América do Sul. Nesse espaço podem ser reconhecidas planícies de baixa, média e alta inundação, destacando-se os ambientes de inundação fluvial generalizada e prolongada. Esses ambientes, periodicamente inundados, apresentam alta produtividade biológica, grande densidade e diversidade de fauna.
>
> A ocupação da região, de acordo com pesquisas arqueológicas, se deu há, aproximadamente, dez mil anos por grupos indígenas. A adequação de atividades econômicas ao Pantanal surgiu do processo de conquista e aniquilamento dos índios guatós e guaicurus por sertanistas. Foi possível implantar a pecuária na planície inundável, que se tornaria a única economia estável e permanente até os nossos dias. Dentro de um enfoque macroeconômico, a planície representou, no passado, um grande papel no abastecimento de carne para outros estados do país. No entanto, esta economia se encontra em decadência.
>
> Uma série de atividades de impacto direto sobre o Pantanal pode ser observada, como garimpo de ouro e diamantes, caça, pesca, turismo e agropecuária predatória, construção de rodovias e hidrelétricas. Convém frisar a importância das atividades extensivas nos planaltos circundantes como uma das principais fontes de impactos ambientais negativos sobre o Pantanal.

---

12. Disponível em: <http://www.ibama.gov.br/ecossistemas/pantanal.htm>.

O processo de expansão da fronteira, ocorrido principalmente após 1970, foi a causa fundamental do crescimento demográfico do Centro-oeste brasileiro. A região da planície pantaneira, com sua estrutura fundiária de grandes propriedades voltadas para a pecuária em suas áreas alagadiças, não se incorporou ao processo de crescimento populacional. Não houve aumento significativo em número ou população das cidades pantaneiras. No planalto, contudo, o padrão de crescimento urbano foi acelerado. Como todas as cidades surgidas ou expandidas nessa época, as de Mato Grosso e Mato Grosso do Sul não tinham e nem têm infraestrutura adequada para minimizar o impacto ambiental do crescimento acelerado, causado, principalmente, pelo lançamento de esgotos domésticos ou industriais nos cursos d'água da bacia. Esse tipo de poluição repercute diretamente na planície pantaneira, que recebe os sedimentos e resíduos das terras altas.

O mesmo processo de expansão da fronteira foi responsável pelo aproveitamento dos cerrados para a agropecuária, o que causou o desmatamento de vastas áreas do planalto para a implantação de lavouras de soja e arroz, além de pastagens. O manejo agrícola inadequado nessas lavouras resultou, entre outros fatores, em erosão de solos e no aumento significativo de carga de partículas sedimentáveis de vários rios. Além disso, agrava-se o problema de contaminação dos diversos rios com biocidas e fertilizantes.

A presença de ouro e diamantes na baixada cuiabana e nas nascentes dos rios Paraguai e São Lourenço vem atraindo milhares de garimpeiros, cuja atividade causa o assoreamento e compromete a produtividade biológica de córregos e rios, além de contaminá-los com mercúrio.

Segundo a WWF (1999), existem no Pantanal 650 espécies de aves, 80 de mamíferos, 260 de peixes e 50 de répteis".

CAPÍTULO III-A (INCLUÍDO PELA LEI 12.727, DE 2012). DO USO ECOLOGICAMENTE SUSTENTÁVEL DOS APICUNS E SALGADOS

Art. 11-A. A Zona Costeira é patrimônio nacional, nos termos do § 4.º do art. 225 da Constituição Federal, devendo sua ocupação e exploração dar-se de modo ecologicamente sustentável.

§ 1.º Os apicuns e salgados podem ser utilizados em atividades de carcinicultura e salinas, desde que observados os seguintes requisitos:

I – área total ocupada em cada Estado não superior a 10% (dez por cento) dessa modalidade de fitofisionomia no bioma amazônico e a 35% (trinta e cinco por cento) no restante do País, excluídas as ocupações consolidadas que atendam ao disposto no § 6.º deste artigo;

II – salvaguarda da absoluta integridade dos manguezais arbustivos e dos processos ecológicos essenciais a eles associados, bem como da sua produtividade biológica e condição de berçário de recursos pesqueiros;

III – licenciamento da atividade e das instalações pelo órgão ambiental estadual, cientificado o Instituto Brasileiro do Meio Ambiente e dos Recursos Naturais Renováveis – IBAMA e, no caso de uso de terrenos de marinha ou outros bens da União, realizada regularização prévia da titulação perante a União;

IV – recolhimento, tratamento e disposição adequados dos efluentes e resíduos;

V – garantia da manutenção da qualidade da água e do solo, respeitadas as Áreas de Preservação Permanente; e

VI – respeito às atividades tradicionais de sobrevivência das comunidades locais.

§ 2.º A licença ambiental, na hipótese deste artigo, será de 5 (cinco) anos, renovável apenas se o empreendedor cumprir as exigências da legislação ambiental e do próprio licenciamento, mediante comprovação anual, inclusive por mídia fotográfica.

§ 3.º São sujeitos à apresentação de Estudo Prévio de Impacto Ambiental – EPIA e Relatório de Impacto Ambiental – RIMA os novos empreendimentos:

I – com área superior a 50 (cinquenta) hectares, vedada a fragmentação do projeto para ocultar ou camuflar seu porte;

II – com área de até 50 (cinquenta) hectares, se potencialmente causadores de significativa degradação do meio ambiente; ou

III – localizados em região com adensamento de empreendimentos de carcinicultura ou salinas cujo impacto afete áreas comuns.

§ 4.º O órgão licenciador competente, mediante decisão motivada, poderá, sem prejuízo das sanções administrativas, cíveis e penais cabíveis, bem como do dever de recuperar os danos ambientais causados, alterar as condicionantes e as medidas de controle e adequação, quando ocorrer:

I – descumprimento ou cumprimento inadequado das condicionantes ou medidas de controle previstas no licenciamento, ou desobediência às normas aplicáveis;

II – fornecimento de informação falsa, dúbia ou enganosa, inclusive por omissão, em qualquer fase do licenciamento ou período de validade da licença; ou

III – superveniência de informações sobre riscos ao meio ambiente ou à saúde pública.

§ 5.º A ampliação da ocupação de apicuns e salgados respeitará o Zoneamento Ecológico-Econômico da Zona Costeira – ZEEZOC, com a individualização das áreas ainda passíveis de uso, em escala mínima de 1:10.000, que deverá ser concluído por cada Estado no prazo máximo de 1 (um) ano a partir da data da publicação desta Lei.

§ 6.º É assegurada a regularização das atividades e empreendimentos de carcinicultura e salinas cuja ocupação e implantação tenham ocorrido antes de 22 de julho de 2008, desde que o empreendedor, pessoa física ou jurídica, comprove sua localização em apicum ou salgado e se obrigue, por termo de compromisso, a proteger a integridade dos manguezais arbustivos adjacentes.

§ 7.º É vedada a manutenção, licenciamento ou regularização, em qualquer hipótese ou forma, de ocupação ou exploração irregular em apicum ou salgado, ressalvadas as exceções previstas neste artigo.

1. COMENTÁRIOS

Os apicuns e os salgados, conquanto não protegidos como APPs, passaram a ter um regime de exploração condicionada aos ditames do Capítulo III-A, do novo CFlo, por meio do artigo 11-A, prevendo-se o seu uso **ecologicamente sustentável.**

Com efeito, os apicuns e salgados poderão ser utilizados **em atividades de carcinicultura e salinas**, desde que observados os seguintes requisitos:

> I – área total ocupada em cada Estado não superior a 10% dessa modalidade de fitofisionomia no bioma amazônico e a 35% (trinta e cinco por cento) no restante do País, excluídas as ocupações consolidadas;
>
> II – salvaguarda da absoluta integridade dos manguezais arbustivos e dos processos ecológicos essenciais a eles associados, bem como da sua produtividade biológica e condição de berçário de recursos pesqueiros;

III – licenciamento da atividade e das instalações pelo órgão ambiental estadual, cientificado o IBAMA e, no caso de uso de terrenos de marinha ou outros bens da União, realizada regularização prévia da titulação perante a União;

IV – recolhimento, tratamento e disposição adequados dos efluentes e resíduos;

V – garantia da manutenção da qualidade da água e do solo, respeitadas as Áreas de Preservação Permanente; e

VI – respeito às atividades tradicionais de sobrevivência das comunidades locais.

Os **salgados ou marismas tropicais hipersalinos** são áreas situadas em regiões com frequências de inundações intermediárias entre marés de sizígias[13] e de quadratura,[14] com solos cuja salinidade varia entre 100 e 150 partes por 1.000, onde pode ocorrer a presença de vegetação herbácea específica.

Já os **apicuns** são áreas de solos hipersalinos situadas nas regiões entremarés superiores, inundadas apenas pelas marés de sizígias, que apresentam salinidade superior a 150 partes por 1.000, desprovidas de vegetação vascular. É uma espécie de brejo de água salgada próximo ao mar.

Portanto, a salinidade nos apicuns é maior do que nos salgados, assim como nos apicuns não há vegetação vascular, sendo apenas inundados pelas marés de sizígias por serem mais altos.

Ainda foram previstas regras específicas no licenciamento e nos estudos ambientais para os empreendimentos de carcinicultura e salinas em apicuns e salgados.

Deveras, **a licença ambiental será de cinco anos**, renovável apenas se o empreendedor cumprir as exigências da legislação ambiental e do próprio licenciamento,[15] mediante comprovação anual inclusive por mídia fotográfica.

Ademais, há hipóteses em que o novo CFlo presume a possibilidade de significativa degradação do meio ambiente, **exigindo o EIA-RIMA para os novos empreendimentos**:

I – com área superior a 50 hectares, vedada a fragmentação do projeto para ocultar ou camuflar seu porte;

II – com área de até 50 (cinquenta) hectares, se potencialmente causadores de significativa degradação do meio ambiente; ou

III – localizados em região com adensamento de empreendimentos de carcinicultura ou salinas cujo impacto afete áreas comuns.

---

13. São as marés verificadas na lua cheia e na lua nova, em razão da ação conjunta das marés lunares e solares. Observam-se as maiores marés altas, assim como as menores marés baixas. *Dicionário Houaiss digital:* conjunção de qualquer planeta com o Sol.

14. São as marés que ocorrem em razão da Terra, Lua e Sol formarem um Ângulo. As marés altas não são altas, assim como as baixas não são tão baixas. *Dicionário Houaiss digital:* configuração astronômica em que dois corpos celestes ficam a uma distância de 90 graus, do ponto de vista da Terra.

15. Sem prejuízo da responsabilidade civil, administrativa e criminal, a licença ambiental poderá ser alterada quando houver o descumprimento ou cumprimento inadequado das condicionantes ou medidas de controle previstas no licenciamento, ou desobediência às normas aplicáveis; o fornecimento de informação falsa, dúbia ou enganosa, inclusive por omissão, em qualquer fase do licenciamento ou período de validade da licença; ou a superveniência de informações sobre riscos ao meio ambiente ou à saúde pública (art. 11-A, § 4.º, do novo CFlo).

Demais disso, ressalvada a regularização das situações consolidadas até 22 de julho de 2008, desde que o empreendedor se obrigue a proteger os manguezais arbustivos adjacentes, a ampliação da ocupação de apicuns e salgados respeitará o Zoneamento Ecológico-Econômico da Zona Costeira – ZEEZOC, com a individualização das áreas ainda passíveis de uso, em escala mínima de 1:10.000, que deverá ser concluído por cada Estado no prazo máximo de um ano a partir da data da publicação do novo CFlo.

CAPÍTULO IV
DA ÁREA DE RESERVA LEGAL

SEÇÃO I
DA DELIMITAÇÃO DA ÁREA DE RESERVA LEGAL

Art. 12. Todo imóvel rural deve manter área com cobertura de vegetação nativa, a título de Reserva Legal, sem prejuízo da aplicação das normas sobre as Áreas de Preservação Permanente, observados os seguintes percentuais mínimos em relação à área do imóvel, excetuados os casos previstos no art. 68 desta Lei: *(Redação dada pela Lei nº 12.727, de 2012).*

I – localizado na Amazônia Legal:

a) 80% (oitenta por cento), no imóvel situado em área de florestas;

b) 35% (trinta e cinco por cento), no imóvel situado em área de cerrado;

c) 20% (vinte por cento), no imóvel situado em área de campos gerais;

II – localizado nas demais regiões do País: 20% (vinte por cento).

§ 1.º Em caso de fracionamento do imóvel rural, a qualquer título, inclusive para assentamentos pelo Programa de Reforma Agrária, será considerada, para fins do disposto do *caput*, a área do imóvel antes do fracionamento.

§ 2.º O percentual de Reserva Legal em imóvel situado em área de formações florestais, de cerrado ou de campos gerais na Amazônia Legal será definido considerando separadamente os índices contidos nas alíneas *a*, *b* e *c* do inciso I do *caput*.

§ 3.º Após a implantação do CAR, a supressão de novas áreas de floresta ou outras formas de vegetação nativa apenas será autorizada pelo órgão ambiental estadual integrante do Sisnama se o imóvel estiver inserido no mencionado cadastro, ressalvado o previsto no art. 30.

§ 4.º Nos casos da alínea *a* do inciso I, o poder público poderá reduzir a Reserva Legal para até 50% (cinquenta por cento), para fins de recomposição, quando o Município tiver mais de 50% (cinquenta por cento) da área ocupada por unidades de conservação da natureza de domínio público e por terras indígenas homologadas.

§ 5.º Nos casos da alínea *a* do inciso I, o poder público estadual, ouvido o Conselho Estadual de Meio Ambiente, poderá reduzir a Reserva Legal para até 50% (cinquenta por cento), quando o Estado tiver Zoneamento Ecológico-Econômico aprovado e mais de 65% (sessenta e cinco por cento) do seu território ocupado por unidades de conservação da natureza de domínio público, devidamente regularizadas, e por terras indígenas homologadas.

§ 6.º Os empreendimentos de abastecimento público de água e tratamento de esgoto não estão sujeitos à constituição de Reserva Legal.

§ 7.º Não será exigido Reserva Legal relativa às áreas adquiridas ou desapropriadas por detentor de concessão, permissão ou autorização para exploração de potencial de energia hidráulica, nas quais funcionem empreendimentos de geração de energia elétrica, subestações ou sejam instaladas linhas de transmissão e de distribuição de energia elétrica.

§ 8.º Não será exigido Reserva Legal relativa às áreas adquiridas ou desapropriadas com o objetivo de implantação e ampliação de capacidade de rodovias e ferrovias.

1. COMENTÁRIOS

O conceito legal da **reserva legal** vem estampado no artigo 3.º, inciso III, do novo CFlo (Lei 12.651/2012), que o define como a "área localizada no interior de uma propriedade ou posse **rural**, delimitada nos termos do **art. 12**, com a função de assegurar o uso econômico de modo sustentável dos recursos naturais do imóvel rural, auxiliar a conservação e a reabilitação dos processos ecológicos e promover a conservação da biodiversidade, bem como o abrigo e a proteção de fauna silvestre e da flora nativa".

O antigo Código Florestal definia a reserva legal como a "área localizada no interior de uma propriedade ou posse **rural**, *excetuada a de preservação permanente*, necessária ao uso sustentável dos recursos naturais, à conservação e reabilitação dos processos ecológicos, à conservação da biodiversidade e ao abrigo e proteção de fauna e flora nativas".

Logo, como inovação, não mais é prevista na definição a exclusão das APPs do cômputo da reserva legal, bem como foi expressamente prevista a função da reserva legal de assegurar o uso econômico de modo sustentável dos recursos naturais do imóvel rural.

Por ser genérica e decorrer diretamente de lei, entende-se que a reserva legal tem a natureza jurídica de **limitação ao uso da propriedade**, não sendo, portanto, indenizável, devendo ser suportada por todos os proprietários rurais para a manutenção de parte das florestas e da biodiversidade nacional, regime jurídico mantido com o novo Código Florestal.

Ao contrário das áreas de preservação permanente, as de reserva legal já têm percentuais mínimos definidos no artigo 12, do novo CFlo, a depender da vegetação e da localização, bem como apenas incidem em *áreas rurais*. São os seguintes os **percentuais mínimos** de reserva legal:

- **80%, nas áreas rurais de floresta situadas na Amazônia Legal;**[16]
- **35%, nas áreas rurais de cerrado situadas na Amazônia Legal;**
- **20% nas áreas rurais de floresta ou vegetação nativa situadas em área de campos gerais na Amazônia Legal e em outras regiões do Brasil.**

Vale registrar que os atuais percentuais mínimos da reserva legal são os mesmos previstos no antigo Código Florestal (Lei 4.771/1965). Ademais, em caso de fracionamento do imóvel rural, a qualquer título, inclusive para assentamentos pelo Programa de Reforma Agrária, será considerada, para fins do percentual de reserva legal, a área do imóvel antes do fracionamento.

No caso de imóvel rural inserto em área de transição de Bioma, a exemplo de prédio rústico composto por floresta amazônica e por cerrado, ou por cerrado e caatinga, o percentual de reserva legal será definido considerando separadamente os índices acima elencados, como se fictamente a propriedade fosse dividida de acordo com os Biomas que a compõem.

O novo Código Florestal também inovou ao prever expressamente a **não exigência da reserva legal** para determinados empreendimentos (art. 12):

16. **Amazônia Legal**: os Estados do Acre, Pará, Amazonas, Roraima, Rondônia, Amapá e Mato Grosso e as regiões situadas ao norte do paralelo 13º S, dos Estados de Tocantins e Goiás, e ao oeste do meridiano de 44º W, do Estado do Maranhão (artigo 3.º, inciso I, do novo CFlo).

A) empreendimentos de **abastecimento público de água e tratamento de esgoto** (§ 6.º);

B) áreas adquiridas ou desapropriadas por detentor de concessão, permissão ou autorização para exploração de **potencial de energia hidráulica**, nas quais funcionem empreendimentos de **geração de energia elétrica**, subestações ou sejam instaladas linhas de transmissão e de distribuição de energia elétrica (§ 7.º);

C) áreas adquiridas ou desapropriadas com o objetivo de implantação e ampliação de capacidade de rodovias e ferrovias (§ 8.º).

Por seu turno, em caso de desapropriação, deverá ser indenizada a cobertura florestal na área de reserva legal, pois passível de exploração via manejo florestal sustentável, mas em quantia inferior à área onde é permitido o corte raso da vegetação.

Não é outro o entendimento dominante do STJ, *que ainda condiciona o pagamento à existência de plano de manejo aprovado pelo órgão ambiental*, fato que demonstra a sua exploração econômica.

Este artigo ainda permitiu duas hipóteses de redução da área de reserva legal na floresta amazônica de 80% para até 50% da propriedade:

A) poder público – redução para fins de recomposição quando o Município tiver mais de 50% da área ocupada por unidades de conservação da natureza de domínio público e por terras indígenas homologadas;

B) poder público estadual – ouvido o Conselho Estadual de Meio Ambiente, redução quando o Estado tiver Zoneamento Ecológico-Econômico aprovado e mais de 65% do seu território ocupado por unidades de conservação da natureza de domínio público, devidamente regularizadas, e por terras indígenas homologadas.

Estas hipóteses excepcionais têm por objetivo liberar mais áreas em municípios ou estados com pouco espaço disponível para o desenvolvimento de atividades econômicas em razão de grande porção territorial conter unidades de conservação públicas ou terras indígenas homologadas.

2. JURISPRUDÊNCIA

"Pressupostos internos do direito de propriedade no Brasil, as Áreas de Preservação Permanente e a Reserva Legal visam a assegurar o mínimo ecológico do imóvel, sob o manto da inafastável garantia constitucional dos 'processos ecológicos essenciais' e da 'diversidade biológica'. Componentes genéticos e inafastáveis, por se fundirem com o texto da Constituição, exteriorizam-se na forma de **limitação administrativa**, técnica jurídica de intervenção estatal, em favor do interesse público, nas atividades humanas, na propriedade e na ordem econômica, com o intuito de discipliná-las, organizá-las, circunscrevê-las, adequá-las, condicioná-las, controlá-las e fiscalizá-las. **Sem configurar desapossamento ou desapropriação indireta, a limitação administrativa opera por meio da imposição de obrigações de não fazer (*non facere*), de fazer (*facere*) e de suportar (*pati*), e caracteriza-se, normalmente, pela generalidade da previsão primária, interesse público, imperatividade, unilateralidade e gratuidade**" (STJ, REsp 1.240.122, de 28.06.2011).

"A área de reserva legal de que trata o § 2.º do artigo 16 do Código Florestal é restrição imposta à área suscetível de exploração, de modo que não se inclui na área de preservação permanente. Não se permite o corte raso da cobertura florística nela existente. Assim, essa área pode ser indenizável, embora em **valor inferior** ao da área de utilização irrestrita, **desde que exista plano de manejo devidamente confirmado pela autoridade competente**" (STJ, REsp 867.085/2007).

3. QUESTÕES DE CONCURSOS

01. (Promotor do Estado de Rondônia 2013/CESPE) Em se tratando de imóveis rurais destinados à concessão para a exploração de potencial de energia hidráulica e de geração e distribuição de energia elétrica para os quais se exige reserva legal, fica dispensada a averbação no cartório de registro de imóveis, se promovido o registro no cadastro ambiental rural.

02. (2013/MPE-MG/Promotor de Justiça) Os empreendimentos de abastecimento público de água e tratamento de esgoto estão sujeitos à constituição de Reserva Legal.

03. (FCC – 2012 – PGE-SP – Procurador) De acordo com a legislação florestal em vigor, todo imóvel rural, quando localizado na Amazônia Legal, deve manter área com cobertura de vegetação nativa, a título de Reserva Legal, sem prejuízo da aplicação das normas sobre as Áreas de Preservação Permanente, nos percentuais mínimos de

a) 75% (setenta e cinco por cento), no imóvel situado em área de florestas e 20% (vinte por cento), no imóvel situado em área de cerrado.

b) 80% (oitenta por cento), no imóvel situado em área de florestas e 35% (trinta e cinco por cento), no imóvel situado em área de cerrado.

c) 50% (cinquenta por cento), no imóvel situado em área de florestas e 35% (trinta e cinco por cento), no imóvel situado em área de cerrado.

d) 80% (oitenta por cento), no imóvel situado em área de florestas e 20% (vinte por cento), no imóvel situado em área de cerrado.

e) 50% (cinquenta por cento), no imóvel situado em área de florestas e 25% (vinte e cinco por cento), no imóvel situado em área de cerrado.

04. (2016/TRF – 3ª REGIÃO/Juiz Federal Substituto) Dadas as assertivas abaixo, assinale a alternativa incorreta. Com base no disposto na Lei nº 12.651/2012 e suas alterações posteriores, é possível afirmar sobre a Reserva Legal:

a) Todo imóvel rural deve manter área com cobertura de vegetação nativa, a título de Reserva Legal, sem prejuízo da aplicação das normas sobre as Áreas de Preservação Permanente, observados os seguintes percentuais mínimos em relação à área do imóvel caso os imóveis estejam situados na Amazônia Legal, excetuados os casos previstos no art. 68 da referida Lei: 80% (oitenta por cento), no imóvel situado em área de florestas; 35% (trinta e cinco por cento), no imóvel situado em área de cerrado; 20% (vinte por cento), no imóvel situado em área de campos gerais. Para os imóveis situados nas demais regiões do país, o percentual é de 20% (vinte por cento).

b) Em caso de fracionamento do imóvel rural, a qualquer título, inclusive para assentamentos pelo Programa de Reforma Agrária, será considerada, para fins do disposto do caput, a área do imóvel antes do fracionamento.

c) Nos casos de imóvel situado em área de florestas na Amazônia Legal, o poder público poderá reduzir a Reserva Legal para até 50% (cinquenta por cento), para fins de recomposição, quando o Município tiver mais de 80% (oitenta por cento) da área ocupada por unidades de conservação da natureza de domínio público e por terras indígenas homologadas. Nas mesmas hipóteses o poder público estadual, ouvido o Conselho Estadual de Meio Ambiente, poderá reduzir a Reserva Legal para até 50% (cinquenta por cento), quando o Estado tiver Zoneamento Ecológico-Econômico aprovado e mais de 75% (setenta e cinco por cento) do seu território ocupado por unidades de conservação da natureza de domínio público, devidamente regularizadas, e por terras indígenas homologadas.

d) Os empreendimentos de abastecimento público de água e tratamento de esgoto não estão sujeitos à constituição de Reserva Legal. Também não será exigido Reserva Legal relativa às áreas adquiridas ou desapropriadas por detentor de concessão, permissão ou autorização para exploração de potencial de energia hidráulica, nas quais funcionem empreendimentos de geração de energia elétrica, subestações ou sejam instaladas linhas de transmissão e de distribuição de energia elétrica. Também não será exigido Reserva Legal relativa às áreas adquiridas ou desapropriadas com o objetivo de implantação e ampliação de capacidade de rodovias e ferrovias.

05. **(2020 Banca: CESPE/CEBRASPE Órgão: PRF Prova: CESPE/CEBRASPE – 2020 – PRF – Policial Rodoviário Federal – Curso de Formação – 3ª Turma – 2ª Prova)** Com base nas disposições da Constituição Federal de 1988 e do Código Florestal, julgue o item a seguir. No âmbito da Amazônia Legal, um imóvel rural situado em área de floresta deve ter, no mínimo, 80% de reserva legal, sem prejuízo da aplicação das normas referentes às áreas de preservação permanente.

GAB	01	ERRADO	02	ERRADO	03	B	4	C	05	CERTO

Art. 13. Quando indicado pelo Zoneamento Ecológico-Econômico – ZEE estadual, realizado segundo metodologia unificada, o poder público federal poderá:

I – reduzir, exclusivamente para fins de regularização, mediante recomposição, regeneração ou compensação da Reserva Legal de imóveis com área rural consolidada, situados em área de floresta localizada na Amazônia Legal, para até 50% (cinquenta por cento) da propriedade, excluídas as áreas prioritárias para conservação da biodiversidade e dos recursos hídricos e os corredores ecológicos;

II – ampliar as áreas de Reserva Legal em até 50% (cinquenta por cento) dos percentuais previstos nesta Lei, para cumprimento de metas nacionais de proteção à biodiversidade ou de redução de emissão de gases de efeito estufa.

§ 1.º No caso previsto no inciso I do *caput*, o proprietário ou possuidor de imóvel rural que mantiver Reserva Legal conservada e averbada em área superior aos percentuais exigidos no referido inciso poderá instituir servidão ambiental sobre a área excedente, nos termos da Lei nº 6.938, de 31 de agosto de 1981, e Cota de Reserva Ambiental.

§ 2.º Os Estados que não possuem seus Zoneamentos Ecológico-Econômicos – ZEEs segundo a metodologia unificada, estabelecida em norma federal, terão o prazo de 5 (cinco) anos, a partir da data da publicação desta Lei, para a sua elaboração e aprovação.

1. COMENTÁRIOS

Este artigo contempla uma terceira hipótese em que o percentual mínimo de 80% da área de reserva legal na floresta amazônica poderá ser reduzida para até 50% da propriedade, a critério do poder público federal, desde que seja indicado pelo Zoneamento Ecológico-Econômico – ZEE estadual e haja área rural desmatada consolidada para fins de regularização, excluídas as áreas prioritárias para conservação da biodiversidade e dos recursos hídricos e os corredores ecológicos.

Por outro lado, traz uma hipótese em que todas as áreas de reserva legal poderão ser majoradas em até 50%, conforme indicado pelo Zoneamento Ecológico-Econômico – ZEE estadual, para cumprimento de metas nacionais de proteção à biodiversidade ou de redução de emissão de gases de efeito estufa.

Nesse sentido, de acordo com a Lei 12.187/2009, o País adotará, como compromisso nacional voluntário, ações de mitigação das emissões de gases de efeito estufa, com vistas em reduzir entre 36,1% (trinta e seis inteiros e um décimo por cento) e 38,9% (trinta e oito inteiros e nove décimos por cento) suas emissões projetadas até 2020.

Impende ressaltar que o proprietário ou possuidor de imóvel com Reserva Legal conservada e inscrita no Cadastro Ambiental Rural, **cuja área ultrapasse ao mínimo exigido pelo novo CFlo** (80%, 35% ou 20%, a depender), poderá utilizar a área excedente para fins de constituição de **servidão ambiental**[17] e **Cota de Reserva Ambiental**, a ser estudada no artigo 44.

Por fim, os estados que ainda não possuem Zoneamentos Ecológico-Econômicos terão cinco anos para a sua elaboração e aprovação.

2. QUESTÃO DE CONCURSO

01. (Promotor do Estado de Rondônia 2013/CESPE) Em se tratando de imóvel com área rural consolidada localizado na Amazônia Legal, cabe ao poder público estadual a diminuição da reserva legal, em até 50%, para fins de regularização, recomposição, regeneração ou compensação, desde que haja indicação no zoneamento ecológico econômico.

GAB | 01 | ERRADO

Art. 14. A localização da área de Reserva Legal no imóvel rural deverá levar em consideração os seguintes estudos e critérios:

I – o plano de bacia hidrográfica;

II – o Zoneamento Ecológico-Econômico;

III – a formação de corredores ecológicos com outra Reserva Legal, com Área de Preservação Permanente, com Unidade de Conservação ou com outra área legalmente protegida;

IV – as áreas de maior importância para a conservação da biodiversidade; e

V – as áreas de maior fragilidade ambiental.

§ 1.º O órgão estadual integrante do Sisnama ou instituição por ele habilitada deverá aprovar a localização da Reserva Legal após a inclusão do imóvel no CAR, conforme o art. 29 desta Lei.

§ 2.º Protocolada a documentação exigida para a análise da localização da área de Reserva Legal, ao proprietário ou possuidor rural não poderá ser imputada sanção administrativa, inclusive restrição a direitos, por qualquer órgão ambiental competente integrante do Sisnama, em razão da não formalização da área de Reserva Legal. *(Redação dada pela Lei nº 12.727, de 2012).*

1. COMENTÁRIOS

A reserva legal é criada pelo só efeito do artigo 12 do novo Código Florestal, tendo existência *ex lege*. Contudo, evidentemente a sua localização deverá ser definida casuisticamente, de acordo com o melhor interesse ambiental, cabendo ao órgão estadual integrante do SISNAMA, ou instituição por ele habilitada, aprovar a localização da Reserva Legal após a inclusão do imóvel no Cadastro Ambiental Rural.

Logo, não é direito do proprietário ou possuidor definir a localização da área de reserva legal. Deverão ser observados os seguintes critérios para a sua delimitação:

17. De acordo com o artigo 9.º-A, da Lei 6.938/1981, "o proprietário ou possuidor de imóvel, pessoa natural ou jurídica, pode, por instrumento público ou particular ou por termo administrativo firmado perante órgão integrante do SISNAMA, limitar o uso de toda a sua propriedade ou de parte dela para preservar, conservar ou recuperar os recursos ambientais existentes, instituindo servidão ambiental."

I – o plano de bacia hidrográfica;

II – o Zoneamento Ecológico-Econômico;

III – a formação de corredores ecológicos com outra Reserva Legal, com Área de Preservação Permanente, com Unidade de Conservação ou com outra área legalmente protegida;

IV – as áreas de maior importância para a conservação da biodiversidade; e

V – as áreas de maior fragilidade ambiental.

Logo, casuisticamente, será escolhida a melhor mata nativa para fins de registro da área de reserva legal conforme o melhor interesse ambiental, a exemplo da continuidade com a reserva legal da fazenda vizinha, a fim de forma um corredor ecológico.

Insta registrar que, **protocolada a documentação** exigida para análise da localização da área de Reserva Legal, ao proprietário ou possuidor rural **não poderá ser imputada sanção administrativa**, inclusive restrição a direitos, por qualquer órgão ambiental competente integrante do SISNAMA, em razão da não formalização da área de Reserva Legal, sendo uma hipótese de **suspensão da punibilidade administrativa**.

Nesse sentido, de acordo com o artigo 55 do Decreto 6.514/2008, é infração administrativa deixar de averbar a reserva legal, com penalidade de advertência e multa diária de R$ 50,00 a R$ 500,00 por hectare ou fração da área de reserva legal.

Art. 15. Será admitido o cômputo das Áreas de Preservação Permanente no cálculo do percentual da Reserva Legal do imóvel, desde que:

I – o benefício previsto neste artigo não implique a conversão de novas áreas para o uso alternativo do solo;

II – a área a ser computada esteja conservada ou em processo de recuperação, conforme comprovação do proprietário ao órgão estadual integrante do Sisnama; e

III – o proprietário ou possuidor tenha requerido inclusão do imóvel no Cadastro Ambiental Rural – CAR, nos termos desta Lei.

§ 1.º O regime de proteção da Área de Preservação Permanente não se altera na hipótese prevista neste artigo.

§ 2.º O proprietário ou possuidor de imóvel com Reserva Legal conservada e inscrita no Cadastro Ambiental Rural – CAR de que trata o art. 29, cuja área ultrapasse o mínimo exigido por esta Lei, poderá utilizar a área excedente para fins de constituição de servidão ambiental, Cota de Reserva Ambiental e outros instrumentos congêneres previstos nesta Lei.

§ 3.º O cômputo de que trata o *caput* aplica-se a todas as modalidades de cumprimento da Reserva Legal, abrangendo a regeneração, a recomposição e a compensação. *(Redação dada pela Lei nº 12.727, de 2012).*

§ 4.º É dispensada a aplicação do inciso I do *caput* deste artigo, quando as Áreas de Preservação Permanente conservadas ou em processo de recuperação, somadas às demais florestas e outras formas de vegetação nativa existentes em imóvel, ultrapassarem: *(Incluído pela Lei nº 12.727, de 2012).*

I – 80% (oitenta por cento) do imóvel rural localizado em áreas de floresta na Amazônia Legal; e

II – (VETADO).

1. COMENTÁRIOS

No cálculo da área de reserva legal o novo Código Florestal implicou em redução de proteção ambiental. Isso porque a legislação revogada, em regra, não admitia o cômputo das áreas de preservação permanente no cálculo da reserva legal, que deviam ser somadas, salvo expressas exceções.

Agora, por força do artigo 15, do novo CFlo, **será admitido o cômputo das Áreas de Preservação Permanente no cálculo do percentual da Reserva Legal do imóvel**, desde que: o benefício previsto neste artigo não implique a conversão de novas áreas para o uso alternativo do solo[18] (novos desmatamentos); a área a ser computada esteja conservada ou em processo de recuperação, conforme comprovação do proprietário ao órgão estadual integrante do SISNAMA; e o proprietário ou possuidor tenha requerido inclusão do imóvel no Cadastro Ambiental Rural – CAR.

Portanto, **com o novo CFlo, em regra, será possível computar as áreas de preservação permanente no cálculo da reserva legal**, salvo quando implicar novos desflorestamentos, a área computada não estiver conservada ou em processo de recuperação ou o proprietário ou possuidor da terra não postular a inscrição no Cadastro Ambiental Rural – CAR.

Entretanto, o referido cômputo não tem o condão de alterar o regime de preservação da APP considerada, bem como se aplica a todas as modalidades de cumprimento da Reserva Legal, abrangendo a regeneração, a recomposição e, na hipótese de RL em condomínio ou coletiva, a compensação.

Suponha-se um imóvel de 100 hectares no Estado da Bahia em que a reserva legal mínima é de 20% do total da fazenda (fixada em 20ha no caso concreto).

Se existir uma área de preservação permanente nesse bem, a exemplo de uma mata ciliar equivalente a 5% propriedade (5ha), e as exigências acima estudadas forem cumpridas, dar-se-á o cômputo da APP no cálculo da RL, de modo que nesse prédio rústico teremos apenas 20ha de áreas ambientais protegidas, sendo 5ha considerados ao mesmo tempo como APP e RL, o que forçará a localização da reserva legal em sobreposição à área de preservação permanente.

Contudo, por força de inovação trazida pela Lei 12.727/2012, que inseriu o § 4.º no art. 15 do novo CFlo, passou a ser possível na Amazônia Legal, nas áreas de floresta, que o cômputo da APP na área de reserva legal implique a conversão de novas áreas para o uso alternativo do solo (novos desmatamentos), desde que as Áreas de Preservação Permanente conservadas ou em processo de recuperação, somadas às demais florestas e outras formas de vegetação nativa existentes em imóvel, ultrapassem a 80% do imóvel rural amazônico.

---

18. Uso alternativo do solo é a substituição de vegetação nativa e formações sucessoras por outras coberturas do solo, como atividades agropecuárias, industriais, de geração e transmissão de energia, de mineração e de transporte, assentamentos urbanos ou outras formas de ocupação humana.

2. JURISPRUDÊNCIA

STJ INFORMATIVO 673 - PRIMEIRA TURMA

PROCESSO	REsp 1.646.193-SP, Rel. Min. Napoleão Nunes Maia Filho, Rel. Acd. Min. Gurgel de Faria, Primeira Turma, por maioria, julgado em 12/05/2020, DJe 04/06/2020
RAMO DO DIREITO	DIREITO AMBIENTAL
TEMA	Reserva legal. Novo Código Florestal. *Tempus regit actum*. Art. 15. Irretroatividade. Área de preservação permanente - APP. Cômputo. Impossibilidade.

DESTAQUE

O art. 15 da Lei n. 12.651/2012, que admite o cômputo da área de preservação permanente no cálculo do percentual de instituição da reserva legal do imóvel, não retroage para alcançar situações consolidadas antes de sua vigência.

INFORMAÇÕES DO INTEIRO TEOR

O STF pronunciou a constitucionalidade do art. 15 da Lei n. 12.651/2012, por entender que "o cômputo das Áreas de Preservação Permanente no percentual de Reserva Legal resulta de legítimo exercício, pelo legislador, da função que lhe assegura o art. 225, § 1º, III, da Constituição, cabendo-lhe fixar os percentuais de proteção que atendem da melhor forma os valores constitucionais atingidos, inclusive o desenvolvimento nacional (art. 3º, II, da CRFB) e o direito de propriedade (art. 5º, XXII, da CRFB)".

Tais proposições não embaraçam a compreensão de que as novas disposições normativas são irretroativas.

Isto porque a Suprema Corte, ao assegurar a adequação da lei com a Carta Constitucional, não inibiu a análise da aplicação temporal do texto legal, no plano infraconstitucional, tarefa conferida ao STJ. Com efeito, o próprio STF considerou que a discussão sobre a retroatividade do art. 15 da Lei n. 12.651/2012 demanda exame de matéria cognoscível no plano infraconstitucional.

Aqui convém anotar que a Corte Especial do STJ, espelhada no STF, entende que os conceitos de direito adquirido, de ato jurídico perfeito e de coisa julgada não são fixados pela Constituição Federal, mas pela legislação infraconstitucional. Desse modo, a declaração de constitucionalidade do art. 15 da Lei n. 12.651/2012 não desqualifica a aferição da aplicação imediata desse dispositivo aos casos ocorridos antes de sua vigência.

Afastar a aplicação do princípio da vedação do retrocesso para prestigiar o princípio democrático, em face das "opções validamente eleitas pelo legislador", que atuou mediante a "faculdade" conferida pelo art. 225, § 1º, III, da Constituição, como fez o Supremo Tribunal Federal, não inibe a aplicação do princípio *tempus regit actum*, que "orienta a aplicabilidade da lei no tempo, considerando que o regime jurídico incidente sobre determinada situação deve ser aquele em vigor no momento da materialização do fato" (AgInt no REsp 1726737/SP, Rel. Ministro FRANCISCO FALCÃO, SEGUNDA TURMA, julgado em 05/12/2019, DJe 11/12/2019).

Assim, sob o prisma de que as normas do novo Código Florestal não retroagem para alcançar situações pretéritas, dado o prestígio ao princípio do *tempus regit actum* e à proibição do retrocesso em matéria ambiental, a instituição da área de reserva legal se impõe à luz da legislação vigente ao tempo da infração ambiental, afastadas as disposições do art. 15 da Lei n. 12.651/2012.

"ADMINISTRATIVO. AMBIENTAL. AÇÃO CIVIL PÚBLICA. ÁREA DE PRESERVAÇÃO PERMANENTE. FORMAÇÃO DA ÁREA DE RESERVA LEGAL. OBRIGAÇÃO *PROPTER REM*. SÚMULA 83/STJ. PREJUDICADA A ANÁLISE DA DIVERGÊNCIA JURISPRUDENCIAL. SUPERVENIÊNCIA DA LEI 12.651/2012. IMPOSSIBILIDADE DE APLICAÇÃO IMEDIATA. IRRETROATIVIDADE. PROTEÇÃO AOS ECOSSISTEMAS FRÁGEIS. INCUMBÊNCIA DO ESTADO. INDEFERIMENTO.

1. A jurisprudência desta Corte está firmada no sentido de que os deveres associados às APPs e à Reserva Legal têm natureza de obrigação *propter rem*, isto é, aderem ao título de domínio ou posse,

independente do fato de ter sido ou não o proprietário o autor da degradação ambiental. Casos em que não há falar em culpa ou nexo causal como determinantes do dever de recuperar a área de preservação permanente.

2. Prejudicada a análise da divergência jurisprudencial apresentada, porquanto a negatória de seguimento do recurso pela alínea 'a' do permissivo constitucional baseou-se em jurisprudência recente e consolidada desta Corte, aplicável ao caso dos autos.

3. Indefiro o pedido de aplicação imediata da Lei 12.651/2012, notadamente o disposto no art. 15 do citado regramento. Recentemente, esta Turma, por relatoria do Ministro Herman Benjamin, firmou o entendimento de que 'o novo Código Florestal não pode retroagir para atingir o ato jurídico perfeito, direitos ambientais adquiridos e a coisa julgada, tampouco para reduzir de tal modo e sem as necessárias compensações ambientais o patamar de proteção de ecossistemas frágeis ou espécies ameaçadas de extinção, a ponto de transgredir o limite constitucional intocável e intransponível da 'incumbência' do Estado de garantir a preservação e restauração dos processos ecológicos essenciais (art. 225, § 1º, I)'" (STJ, AgRg no AREsp 327.687, de 15.08.2013).

3. QUESTÕES DE CONCURSOS

01. (2013/FCC/AL-PB/Procurador) Segundo a Lei Federal no 12.651/2012 (Código Florestal),

a) as florestas existentes no território nacional são bens da União.

b) será admitido o cômputo das áreas de preservação permanente no cálculo do percentual da reserva legal do imóvel, desde que preenchidos certos requisitos previstos em lei.

c) será permitido o acesso de pessoas e animais às áreas de preservação permanente apenas para obtenção de água.

d) os apicuns e salgados podem ser utilizados em atividades de carcinicultura e salinas, desde que observada, dentre outros requisitos, a salvaguarda da integridade das restingas e dos processos ecológicos a elas associados.

e) para o estabelecimento de áreas verdes urbanas, o poder público estadual contará, dentre outros instrumentos, com o exercício do direito de preempção para aquisição de remanescentes florestais relevantes.

02. (Ano: 2021/Banca: MPE-RS/Prova: MPE-RS – 2021 – MPE-RS – Promotor de Justiça) É admitido o cômputo das Áreas de Preservação Permanente no cálculo do percentual da Reserva Legal do imóvel, desde que não implique a conversão de novas áreas para o uso alternativo do solo, a área a ser computada esteja conservada ou em processo de recuperação e o proprietário ou possuidor tenha requerido inclusão do imóvel no Cadastro Ambiental Rural.

GAB	01	B	02	CERTA

Art. 16. Poderá ser instituído Reserva Legal em regime de condomínio ou coletiva entre propriedades rurais, respeitado o percentual previsto no art. 12 em relação a cada imóvel. *(Incluído pela Lei nº 12.727, de 2012).*

Parágrafo único. No parcelamento de imóveis rurais, a área de Reserva Legal poderá ser agrupada em regime de condomínio entre os adquirentes.

1. COMENTÁRIOS

Vale salientar que se admite a instituição de reserva legal em regime de condomínio ou coletiva, desde que respeitados os percentuais mínimos, não sendo mais exigida a aprovação do órgão ambiental competente com o advento da Lei 12.727/2012.

Considera-se **reserva legal em regime de condomínio** a propriedade coletiva de um imóvel rural ou parte dele, enquanto permanecer em estado de indivisão, destinado a compensação da Reserva Legal de outros imóveis, onde cada um dos condôminos assume parcela de direitos e deveres, sobre uma fração ideal, dentre os quais a averbação das limitações ao uso e gozo da propriedade e de seus recursos ambientais e a proteção dos mesmos.

Já a **reserva legal coletiva** *é uma área em condomínio, com cobertura vegetal nativa ou que, quando situada em Áreas Prioritárias para a Conservação da Biodiversidade, pode estar em recuperação, cujo condomínio se origina da necessidade da compensação de Reservas Legais de outros imóveis rurais*[19].

▸ SEÇÃO II
DO REGIME DE PROTEÇÃO DA RESERVA LEGAL

Art. 17. A Reserva Legal deve ser conservada com cobertura de vegetação nativa pelo proprietário do imóvel rural, possuidor ou ocupante a qualquer título, pessoa física ou jurídica, de direito público ou privado.

§ 1.º Admite-se a exploração econômica da Reserva Legal mediante manejo sustentável, previamente aprovado pelo órgão competente do Sisnama, de acordo com as modalidades previstas no art. 20.

§ 2.º Para fins de manejo de Reserva Legal na pequena propriedade ou posse rural familiar, os órgãos integrantes do Sisnama deverão estabelecer procedimentos simplificados de elaboração, análise e aprovação de tais planos de manejo.

§ 3.º É obrigatória a suspensão imediata das atividades em área de Reserva Legal desmatada irregularmente após 22 de julho de 2008. *(Redação dada pela Lei nº 12.727, de 2012).*

§ 4.º Sem prejuízo das sanções administrativas, cíveis e penais cabíveis, deverá ser iniciado, nas áreas de que trata o § 3º deste artigo, o processo de recomposição da Reserva Legal em até 2 (dois) anos contados a partir da data da publicação desta Lei, devendo tal processo ser concluído nos prazos estabelecidos pelo Programa de Regularização Ambiental – PRA, de que trata o art. 59. *(Incluído pela Lei nº 12.727, de 2012).*

1. COMENTÁRIOS

Note-se que na área de reserva legal é defeso o corte raso da vegetação, pois esta degradante exploração apenas será permitida na área de uso alternativo do solo[20], **mas é possível a exploração por meio do manejo florestal sustentável**, um método que respeita a sustentabilidade das florestas e demais formas de vegetação, onde se opera o corte seletivo de árvores, ao longo de muitos anos, dividindo-se o imóvel rural em talhões, preservando-se a vegetação, de modo que se mantenha a perenidade da biota.

Nesse sentido, o artigo 2.º, do Decreto 5.975/2006, prevê o Plano de Manejo Florestal Sustentável – PMFS, que é um documento técnico básico que contém as diretrizes e os procedimentos para a administração da floresta, visando à obtenção de benefícios econômicos, sociais e ambientais. Este estudo deve ser aprovado pela entidade ambiental antes da exploração da floresta integrante da reserva legal.

19. Portaria IAP nº 105, de 26 de junho de 2008.
20. Área que não integra a reserva legal nem é considerada APP, não tendo regime especial de proteção.

Esse regime jurídico foi mantido pelo novo CFlo. Nos termos do seu artigo 17, a reserva legal deve ser conservada com cobertura de vegetação nativa pelo proprietário do imóvel rural, possuidor ou ocupante a qualquer título, pessoa física ou jurídica, de direito público ou privado.

Logo, propriedades públicas e privadas rurais deverão conservar a sua reserva legal, exceto nos casos excepcionais de dispensa já estudados. A exploração da vegetação em área de reserva legal não poderá ser predatória, mas apenas sustentável, devendo respeitar a perenidade dos recursos da natureza.

No caso da reserva legal na **pequena propriedade ou posse rural**, poderão ser computados os plantios de árvores frutíferas, ornamentais ou industriais, compostos por espécies exóticas, cultivadas em sistema intercalar ou em consórcio com espécies nativas da região em sistemas agroflorestais.

Considera-se **manejo sustentável** a administração da vegetação natural para a obtenção de benefícios econômicos, sociais e ambientais, respeitando-se os mecanismos de sustentação do ecossistema objeto do manejo e considerando-se, cumulativa ou alternativamente, a utilização de múltiplas espécies madeireiras, ou não, de múltiplos produtos e subprodutos da flora, bem como a utilização de outros bens e serviços.

Para a pequena propriedade ou posse rural familiar, os órgãos ambientais deverão instituir critérios simplificados na elaboração, análise e aprovação dos planos de manejo florestais sustentáveis.

Vale registrar que a exploração da vegetação da área de reserva legal via manejo florestal sustentável depende, em regra, de prévio licenciamento ambiental,[21] salvo para exploração florestal eventual sem propósito comercial, para consumo no próprio imóvel, devendo apenas ser declarados previamente ao órgão ambiental a motivação da exploração e o volume explorado, limitada a exploração anual a 20 metros cúbicos.

Aliás, a aprovação do projeto de manejo florestal sustentável pelo órgão ambiental competente confere ao seu detentor a licença ambiental para a prática do manejo florestal sustentável, não se aplicando outras etapas de licenciamento ambiental.

Demais disso, independe de licença ou autorização ambiental, sendo livre a coleta de produtos florestais não madeireiros, tais como frutos, cipós, folhas e sementes, desde que não excedam ao volume previsto em regulamento, respeitem a época de maturação dos frutos e sementes e observe técnicas que não coloquem em risco a sobrevivência de indivíduos e da espécie explorada no caso de coleta de flores, folhas, cascas, óleos, resinas, cipós, bulbos, bambus e raízes.

---

21. "Art. 22. O manejo florestal sustentável da vegetação da Reserva Legal com propósito comercial depende de autorização do órgão competente e deverá atender as seguintes diretrizes e orientações:

I – não descaracterizar a cobertura vegetal e não prejudicar a conservação da vegetação nativa da área;

II – assegurar a manutenção da diversidade das espécies;

III – conduzir o manejo de espécies exóticas com a adoção de medidas que favoreçam a regeneração de espécies nativas."

Da mesma forma, para a **pequena propriedade ou posse rural familiar**, o manejo sustentável da reserva legal para exploração florestal **eventual, sem propósito comercial direto ou indireto, para consumo no próprio imóvel independe de autorização dos órgãos ambientais competentes**, limitada a retirada anual de material lenhoso a 2 metros cúbicos por hectare e não podendo comprometer mais de 15% da biomassa da reserva legal e nem ser superior a 15 quinze metros cúbicos de lenha para uso doméstico e uso energético, por propriedade ou posse rural, por ano (art. 56 do CFlo).

Por fim, no caso de intervenção eventual e de baixo impacto ambiental previstos no artigo 3.º, inciso X, do CFlo,[22] nas pequenas propriedades ou posses rurais em área de reserva legal, bastará uma simples declaração ao órgão ambiental competente para liberação da ação, sendo inexigível o processo de licenciamento ambiental, desde que o imóvel esteja inscrito no Cadastro Ambiental Rural.

Se área de reserva legal estiver desmatada, não só os responsáveis diretos e indiretos pela exploração clandestina estarão obrigados a perpetrar o reflorestamento com espécies nativas.

Deveras, os atuais proprietários ou possuidores, mesmo que tenham recebido o prédio rústico já com a área de RL prejudicada, serão responsáveis civilmente pela obrigação de recompor a mata, por se tratar de obrigação *propter rem*, conforme o entendimento do STJ.

No caso das explorações irregulares em reserva legal praticadas a partir de 23 de julho de 2008 deverá ser iniciado, o processo de recomposição da Reserva Legal em até 2 (dois) anos, devendo tal processo ser concluído nos prazos estabelecidos pelo Programa de Regularização Ambiental (vide artigo 59).

2. JURISPRUDÊNCIA

▶ **STJ, INFORMATIVO 454 – DESAPROPRIAÇÃO. INDENIZAÇÃO. ÁREA NÃO REGISTRADA. COBERTURA VEGETAL.** O acórdão recorrido entendeu que, havendo divergência sobre a dimensão do imóvel desapropriado, deve prevalecer a área real do imóvel sobre a área registrada, devendo a primeira ser indenizada. É uníssona a jurisprudência deste Superior Tribunal de que o pagamento da indenização em desapropriação direta restringe-se à área registrada constante do decreto expropriatório, incumbindo à parte o ingresso em via ordinária própria para a apuração de eventual esbulho de área excedente (art. 34 do DL n. 3.365/1941 e do art. 6.º, § 1.º, da LC n. 76/1993). Isso porque o pagamento de área não registrada conduz o Poder Público a indenizar aquele que não detém a propriedade da área expropriada, resultando no enriquecimento sem causa do particular (expropriado). *Quanto à indenização da cobertura vegetal, ela deve ser calculada separadamente do valor da terra nua, quando comprovada a exploração econômica dos recursos vegetais.* No caso, o tribunal *a quo* afastou a mencionada indenização separada da terra nua, argumentando que não seria a hipótese de pagamento separado. Não obstante, acrescentou ao valor da terra nua o percentual de 10%, o que, por via oblíqua, acabou indenizando novamente a cobertura vegetal e, *a fortiori*, contrariando seu próprio entendimento, também o firmado por este Superior Tribunal. Precedentes citados: REsp 966.089-MT, *DJe* 26.08.2010; REsp 841.001-BA, *DJ* 12.12.2007; REsp 703.427-SP, *DJ* 24.10.2005; REsp 837.962-PB, *DJ* 16.11.2006; REsp 786.714-CE, *DJ* 28.08.2006; REsp 1.035.951-MT, *DJe* 07.05.2010; REsp 804.553-MG, *DJe* 16.12.2009; REsp 1.073.793-BA, *DJe* 19.08.2009, e REsp 978.558-MG, *DJe* 15.12.2008. REsp 1.075.293-MT, Rel. Min. Luiz Fux, j. 04.11.2010.

22. Salvo nos casos de implantação de instalações necessárias à captação e condução de água e efluentes tratados e de pesquisa científica relativa a recursos ambientais.

4. As APPs e a Reserva Legal justificam-se onde há vegetação nativa remanescente, mas com maior razão onde, em consequência de desmatamento ilegal, a flora local já não existe, embora devesse existir. 5. **Os deveres associados às APPs e à Reserva Legal têm natureza de obrigação *propter rem*, isto é, aderem ao título de domínio ou posse**. Precedentes do STJ. 6. **Descabe falar em culpa ou nexo causal, como fatores determinantes do dever de recuperar a vegetação nativa e averbar a Reserva Legal por parte do proprietário ou possuidor, antigo ou novo, mesmo se o imóvel já estava desmatado quando de sua aquisição**. Sendo a hipótese de obrigação *propter rem*, desarrazoado perquirir quem causou o dano ambiental *in casu*, se o atual proprietário ou os anteriores, ou a culpabilidade de quem o fez ou deixou de fazer. Precedentes do STJ (STJ, REsp 948.921, de 23.10.2007).

3. QUESTÕES DE CONCURSOS

01. (2016/FCC/Prefeitura de São Luís/Procurador do Município) Nos termos da Lei nº 12.651/2012 (Lei Florestal),

a) é permitido o manejo sustentável, com fins comerciais, da vegetação florestal apenas nas APPs – Áreas de Preservação Permanente criadas até 22 de julho de 2008.

b) não é permitido o manejo sustentável, com fins comerciais, da vegetação florestal nas APPs – Áreas de Preservação Permanente e nas Reservas Legais.

c) é permitido o manejo sustentável, com fins comerciais, da vegetação florestal nas APPs – Áreas de Preservação Permanente.

d) é permitido o manejo sustentável, com fins comerciais, da vegetação florestal nas Reservas Legais.

e) é permitido o manejo sustentável, com fins comerciais, da vegetação florestal nas APPs – Áreas de Preservação Florestal e nas Reservas Legais.

02. (CESPE/AGU/Advogado da União/2015) A regularidade da reserva legal envolve a conservação de sua vegetação nativa, de modo que a exploração econômica dessa área deve ser feita mediante plano de manejo sustentável previamente aprovado pelo órgão ambiental competente do SISNAMA, sem prejuízo da observância das demais normas ambientais pertinentes.

GAB	01	D	02	CERTA

Art. 18. A área de Reserva Legal deverá ser registrada no órgão ambiental competente por meio de inscrição no CAR de que trata o art. 29, sendo vedada a alteração de sua destinação, nos casos de transmissão, a qualquer título, ou de desmembramento, com as exceções previstas nesta Lei.

§ 1.º A inscrição da Reserva Legal no CAR será feita mediante a apresentação de planta e memorial descritivo, contendo a indicação das coordenadas geográficas com pelo menos um ponto de amarração, conforme ato do Chefe do Poder Executivo.

§ 2.º Na posse, a área de Reserva Legal é assegurada por termo de compromisso firmado pelo possuidor com o órgão competente do Sisnama, com força de título executivo extrajudicial, que explicite, no mínimo, a localização da área de Reserva Legal e as obrigações assumidas pelo possuidor por força do previsto nesta Lei.

§ 3.º A transferência da posse implica a sub-rogação das obrigações assumidas no termo de compromisso de que trata o § 2.º.

§ 4.º O registro da Reserva Legal no CAR desobriga a averbação no Cartório de Registro de Imóveis, sendo que, no período entre a data da publicação desta Lei e o registro no CAR, o proprietário ou possuidor rural que desejar fazer a averbação terá direito à gratuidade deste ato. *(Redação dada pela Lei nº 12.727, de 2012).*

1. COMENTÁRIOS

O antigo Código Florestal (Lei 4.771/1965) previa que a reserva legal deveria ser sempre registrada no Cartório de Imóveis mediante averbação. Entretanto, essa obrigatoriedade foi extinta pelo novo Código Florestal.

Com propriedade, **foi instituído o dever do proprietário de registrar a reserva legal no Cadastro Ambiental Rural no órgão ambiental competente**, sendo vedada, em regra, a alteração de sua destinação, nos casos de transmissão, a qualquer título, ou de desmembramento, salvo disposição legal em sentido contrário.

Logo, **o registro no CAR irá desobrigar o proprietário de averbar a reserva legal no Cartório de Registro de Imóveis, sendo mais uma inovação do novo CFlo**.

Por força da Lei 12.727/2012, no período entre a data da sua publicação e o registro no CAR, o proprietário ou possuidor rural que desejar fazer a **averbação** terá direito à **gratuidade** deste ato.

No caso de **posse**, a área de Reserva Legal é assegurada por **termo de compromisso** firmado pelo possuidor com o órgão competente do SISNAMA, com força de **título executivo extrajudicial**, que explicite, no mínimo, a localização da área de Reserva Legal e as obrigações assumidas pelo possuidor, sendo que **a transferência da posse implica a sub-rogação das obrigações** assumidas no termo de compromisso.

Curial afirmar que **o registro no CAR ou a averbação apenas declara a reserva legal, não tendo cunho constitutivo**, seguindo, nesta hipótese, *mutatis mutandis*, o mesmo regime da demarcação de terras indígenas.

Aliás, deixar de averbar a reserva legal (agora deixar de registrar no CAR, após a sua implementação e escoado o lapso temporal de um ano para que o proprietário ou possuidor rural promova o requerimento administrativo) já é considerado infração administrativa ambiental federal, nos termos do artigo 55 do Decreto 6.514/2008, com multa diária de R$ 50,00 a R$ 500,00 por hectare do espaço protegido, a partir de 11.06.2012.[23]

Inclusive, consoante previsão expressa do novo CFlo, **é obrigatória a suspensão imediata das atividades em área de reserva legal desmatada irregularmente após 22 de julho de 2008**, devendo os órgãos ambientais atuar para concretizar essa imposição legal.

Para a pequena propriedade ou posse rural, a inscrição da reserva legal no CAR será **gratuita**, devendo apresentar os dados identificando a área proposta de reserva legal, cabendo ao órgão ambiental competente, ou instituição por ele habilitada, realizar a captação das respectivas coordenadas geográficas.

De acordo com o artigo 10, § 1.º, II, da Lei 9.393/1996, as áreas de reserva legal são excluídas da área tributável do Imposto Territorial Rural, dispositivo que possui nítida função extrafiscal.

---

23. Regra de transição instituída pelo artigo 152, do citado ato regulamentar, com prorrogação de prazo dada pelo Decreto 7.719/2012.

2. JURISPRUDÊNCIA

"TRIBUTÁRIO. EMBARGOS DE DIVERGÊNCIA NO RECURSO ESPECIAL. ITR. ISENÇÃO. ART. 10, § 1º, II, *a*, DA LEI 9.393/96. AVERBAÇÃO DA ÁREA DA RESERVA LEGAL NO REGISTRO DE IMÓVEIS. NECESSIDADE. ART. 16, § 8.º, DA LEI 4.771/1965. 1. Discute-se nestes embargos de divergência se a isenção do Imposto Territorial Rural (ITR) concernente à Reserva Legal, prevista no art. 10, § 1º, II, *a*, da Lei 9.393/1996, está, ou não, condicionada à prévia averbação de tal espaço no registro do imóvel. O acórdão embargado, da Segunda Turma e relatoria do Ministro Mauro Campbell Marques, entendeu pela imprescindibilidade da averbação. 2. Nos termos da Lei de Registros Públicos, é obrigatória a averbação 'da reserva legal' (Lei 6.015/1973, art. 167, inciso II, nº 22). 3. A isenção do ITR, na hipótese, apresenta inequívoca e louvável finalidade de estímulo à proteção do meio ambiente, tanto no sentido de premiar os proprietários que contam com Reserva Legal devidamente identificada e conservada, como de incentivar a regularização por parte daqueles que estão em situação irregular. **4. Diversamente do que ocorre com as Áreas de Preservação Permanente, cuja localização se dá mediante referências topográficas e a olho nu (margens de rios, terrenos com inclinação acima de quarenta e cinco graus ou com altitude superior a 1.800 metros), a fixação do perímetro da Reserva Legal carece de prévia delimitação pelo proprietário, pois, em tese, pode ser situada em qualquer ponto do imóvel. O ato de especificação faz-se tanto à margem da inscrição da matrícula do imóvel, como administrativamente, nos termos da sistemática instituída pelo novo Código Florestal (Lei 12.651/2012, art. 18).** 5. Inexistindo o registro, que tem por escopo a identificação do perímetro da Reserva Legal, não se pode cogitar de regularidade da área protegida e, por conseguinte, de direito à isenção tributária correspondente. Precedentes: REsp 1.027.051/SC, Rel. Min. Mauro Campbell Marques, Segunda Turma, *DJe* 17.05.2011; REsp 1.125.632/PR, Rel. Min. Benedito Gonçalves, Primeira Turma, *DJe* 31.08.2009; AgRg no REsp 1.310.871/PR, Rel. Ministro Humberto Martins, Segunda Turma, *DJe* 14.09.2011" (STJ, EREsp 1.027.051, de 28.03.2013).

"PROCESSUAL CIVIL E ADMINISTRATIVO. DESAPROPRIAÇÃO PARA FINS DE REFORMA AGRÁRIA. AÇÃO DECLARATÓRIA DE PRODUTIVIDADE. VIOLAÇÃO DO ART. 535 DO CPC NÃO CARACTERIZADA. RESTRIÇÃO DO OBJETO DA LIDE. AUSÊNCIA DE PREQUESTIONAMENTO. SÚMULA 211/STJ. ÁREA DE RESERVA LEGAL. INEXISTÊNCIA DE AVERBAÇÃO ANTES DA VISTORIA. CÁLCULO DA PRODUTIVIDADE DO IMÓVEL. 1. Não ocorre ofensa ao art. 535 do CPC, se o Tribunal de origem decide, fundamentadamente, as questões essenciais ao julgamento da lide. 2. Não se admite recurso especial quanto à questão que, a despeito da oposição de embargos declaratórios, não foi apreciada pelo Tribunal *a quo*. Súmula 211/STJ. **3. A área de reserva legal, para ser excluída do cálculo da produtividade do imóvel, deve ter sido averbada no registro imobiliário antes da vistoria. Precedentes do STF e STJ. 4. Com a promulgação do Novo Código Florestal, manteve-se inalterada a intenção do legislador de exigir a perfeita identificação da área de reserva legal, modificando apenas o órgão responsável pelo registro e manutenção desses dados, não se justificando a alteração do entendimento jurisprudencial desta Corte a respeito da matéria.** 5. Necessidade de retorno dos autos à origem para que as instâncias ordinárias, soberanas na análise das provas, procedam ao reexame do laudo pericial levando em conta a área de reserva legal, à míngua de averbação no registro imobiliário antes da vistoria" (STJ, REsp 1.297.128, de 06.06.2013).

STJ, INFORMATIVO 439 – ITR. ISENÇÃO. RESERVA LEGAL. AVERBAÇÃO. *A questão está em saber se há necessidade de prévia averbação em cartório de área de reserva legal para não incidir o imposto territorial rural (ITR). Como consabido, a área de reserva legal é isenta da incidência do ITR* (art. 10, § 1.º, II, *a*, da Lei n. 9.393/1996*). Dessa forma, diante dessa proteção legal, torna-se ilegítimo condicionar o reconhecimento do referido benefício à prévia averbação dessa área no registro de imóveis*. Ademais, a Lei n. 11.428/2006 reafirmou tal benefício, reiterando a exclusão da área de reserva legal de incidência da exação. Com efeito, a isenção não pode ser afastada por força de interpretação, pois o art. 111, II, do CTN prevê que a lei tributária de isenção deve ser interpretada literalmente, não comportando interpretação extensiva quanto à sua incidência ou afastamento. No caso dos autos, embora não houvesse a averbação da área demarcada como reserva legal na época do fato gerador (1998), o que só ocorreu em 2002, deve ser promovida a subtração da referida área da base de cálculo do ITR; pois, mesmo enquanto não averbada, já havia a proteção legal sobre o limite mínimo de 20% da área rural (Lei n. 4.771/1965, art. 16). Diante do exposto, a Turma negou provimento ao recurso da Fazenda Nacional. Precedentes citados: REsp 1.060.886-PR, *DJe* 18.12.2009, e REsp 665.123-PR, *DJ* 05.02.2007. REsp 969.091-SC, Rel. Min. Luiz Fux, julgado em 15.06.2010.

Art. 19. A inserção do imóvel rural em perímetro urbano definido mediante lei municipal não desobriga o proprietário ou posseiro da manutenção da área de Reserva Legal, que só será extinta concomitantemente ao registro do parcelamento do solo para fins urbanos aprovado segundo a legislação específica e consoante as diretrizes do plano diretor de que trata o § 1.º do art. 182 da Constituição Federal.

1. COMENTÁRIOS

De acordo com este artigo, a inserção do imóvel rural em perímetro urbano definido mediante lei municipal não desobriga o proprietário ou posseiro da manutenção da área de Reserva Legal, que só será extinta concomitantemente ao registro do parcelamento do solo para fins urbanos, aprovado segundo a legislação específica e consoante as diretrizes do plano diretor.

Portanto, o proprietário de um imóvel originariamente rural apenas terá extinta a reserva legal quando o município aprovar o registro do parcelamento do solo urbano que contenha a sua área consoante o plano diretor do município, não bastando a mera inserção do imóvel rural em perímetro urbano definido mediante lei municipal.

2. QUESTÃO DE CONCURSO

01. (2014/CESPE/MPE-AC/Promotor de Justiça) Na hipótese de posse do imóvel rural, a inscrição da reserva legal deverá ser feita mediante inscrição no cadastro ambiental rural do órgão ambiental competente apenas quando houver delimitação por lei do perímetro da zona rural, facultando-se, nos demais casos, a averbação gratuita da reserva legal no cartório de registro de imóveis.

GAB	01	ERRADO

Art. 20. No manejo sustentável da vegetação florestal da Reserva Legal, serão adotadas práticas de exploração seletiva nas modalidades de manejo sustentável sem propósito comercial para consumo na propriedade e manejo sustentável para exploração florestal com propósito comercial.

1. COMENTÁRIOS

A exploração da vegetação em área de reserva legal não poderá ser predatória, sendo apenas admitida em regime de manejo florestal sustentável, que consiste na administração da floresta para a obtenção de benefícios econômicos, sociais e ambientais, respeitando-se os mecanismos de sustentação do ecossistema objeto do manejo e considerando-se, cumulativa ou alternativamente, a utilização de múltiplas espécies.

Deverá ser aprovado no órgão ambiental competente um PMFS – plano de manejo florestal sustentável, assim considerado o instrumento técnico de administração das atividades desenvolvidas na unidade de manejo florestal.

Art. 21. É livre a coleta de produtos florestais não madeireiros, tais como frutos, cipós, folhas e sementes, devendo-se observar:

I – os períodos de coleta e volumes fixados em regulamentos específicos, quando houver;

II – a época de maturação dos frutos e sementes;

III – técnicas que não coloquem em risco a sobrevivência de indivíduos e da espécie coletada no caso de coleta de flores, folhas, cascas, óleos, resinas, cipós, bulbos, bambus e raízes.

1. COMENTÁRIOS

Considerando a mínima lesividade ao ambiente, ou mesmo a inexistência de dano ecológico florestal, este artigo liberou de autorização ambiental a coleta de produtos florestais não madeireiros, desde que respeitados os volumes regulamentares, as épocas de maturação e sejam usadas técnicas sustentáveis.

Produtos florestais não madeireiros são recursos ou produtos biológicos da flora – que não a madeira – obtidos das florestas para subsistência ou para comercialização. Eles podem vir de florestas naturais, primárias ou secundárias, florestas plantadas ou sistemas agroflorestais. PFNMs descrevem uma ampla gama de produtos incluindo plantas medicinais, fibras, resinas, tipos de látex, óleos, gomas, frutas, castanhas, temperos, tinturas, rattan, bambu etc.[24]

Art. 22. O manejo florestal sustentável da vegetação da Reserva Legal com propósito comercial depende de autorização do órgão competente e deverá atender as seguintes diretrizes e orientações:

I – não descaracterizar a cobertura vegetal e não prejudicar a conservação da vegetação nativa da área;

II – assegurar a manutenção da diversidade das espécies;

III – conduzir o manejo de espécies exóticas com a adoção de medidas que favoreçam a regeneração de espécies nativas.

1. COMENTÁRIOS

Este artigo trata do manejo florestal sustentável com fins econômicos, que depende de autorização do órgão ambiental competente. A exploração deverá respeitar a perenidade dos recursos naturais, não podendo ameaçar a diversidade das espécies e nem descaracterizar a cobertura vegetal nativa, podendo ser introduzidas espécies exóticas em benefício da regeneração de nativas.

Art. 23. O manejo sustentável para exploração florestal eventual sem propósito comercial, para consumo no próprio imóvel, independe de autorização dos órgãos competentes, devendo apenas ser declarados previamente ao órgão ambiental a motivação da exploração e o volume explorado, limitada a exploração anual a 20 (vinte) metros cúbicos.

24. http://www.florestal.gov.br/florestas-comunitarias/produtos-florestais-nao-madeireiros/manejo-de-produtos-florestais-nao-madeireiros-pfnm.

1. COMENTÁRIOS

Este artigo é um raro caso de **dispensa de autorização ambiental** para o caso de manejo sustentável para exploração florestal eventual **sem propósito comercial**, para consumo no próprio imóvel. Nesse sentido, basta perpetrar a declaração de volume, que não poderá superar a 20 (vinte) metros cúbicos por ano.

Art. 24. No manejo florestal nas áreas fora de Reserva Legal, aplica-se igualmente o disposto nos arts. 21, 22 e 23.

1. COMENTÁRIOS

Embora na área de uso alternativo do solo seja possível a concessão de licença ambiental para a supressão a corte raso da vegetação para fins de uso alternativo do solo, se desejar o proprietário ou possuidor poderá perpetrar um uso sustentável da vegetação através do manejo florestal, aplicando-se os três artigos anteriores.

Quadro comparativo entre Áreas de Preservação Permanente – APP e Reserva Legal – RL

ÁREAS DE PRESERVAÇÃO PERMANENTE – APP	RESERVA LEGAL – RL
Previstas nos artigos 4.º e 6.º do novo CFlo, em **área urbana ou rural**.	Prevista no artigo 12 do novo CFlo, em **área rural**.
Exploração excepcional, apenas nas hipóteses de utilidade pública, interesse social ou intervenção eventual de baixo impacto ambiental.	Exploração apenas sob a forma de manejo florestal sustentável, que não permite o corte raso da vegetação.
Incidência *ex lege* (artigo 4.º) ou por meio de ato do Chefe do Poder Executivo (artigo 6.º).	Incidência *ex lege*, mas depende de delimitação a ser definida pelo órgão ambiental estadual, que deverá ser registrada no CAR.
Não há percentual de área da propriedade definido na lei, pois a delimitação ocorrerá em cada caso concreto, segundo as metragens previstas no art. 4.º.	A lei define os percentuais mínimos de área da propriedade (80%, 35% ou 20%), a depender da vegetação e da localização.
Para o STJ, a vegetação não será indenizável em desapropriação. Para o STF, haverá indenização.	Haverá indenizabilidade limitada da mata em caso de desapropriação, desde que haja exploração via plano de manejo florestal aprovado (STJ).

▸ SEÇÃO III
DO REGIME DE PROTEÇÃO DAS ÁREAS VERDES URBANAS

Art. 25. O poder público municipal contará, para o estabelecimento de áreas verdes urbanas, com os seguintes instrumentos:

I – o exercício do direito de preempção para aquisição de remanescentes florestais relevantes, conforme dispõe a Lei nº 10.257, de 10 de julho de 2001;

II – a transformação das Reservas Legais em áreas verdes nas expansões urbanas

III – o estabelecimento de exigência de áreas verdes nos loteamentos, empreendimentos comerciais e na implantação de infraestrutura; e

IV – aplicação em áreas verdes de recursos oriundos da compensação ambiental.

1. COMENTÁRIOS

As **áreas verdes urbanas** são definidas no novo Código Florestal como os espaços, públicos ou privados, com predomínio de vegetação, preferencialmente nativa, natural ou recuperada, previstos no Plano Diretor, nas Leis de Zoneamento Urbano e Uso do Solo do Município, indisponíveis para construção de moradias, destinados aos propósitos de recreação, lazer, melhoria da qualidade ambiental urbana, proteção dos recursos hídricos, manutenção ou melhoria paisagística, proteção de bens e manifestações culturais.

Deveras, os municípios poderão se valer dos seguintes instrumentos para a criação de novas áreas verdes urbanas:

A) o exercício do direito de preempção para aquisição de remanescentes florestais relevantes, conforme dispõe o Estatuto da Cidade;

B) a transformação das reservas legais em áreas verdes nas expansões urbanas;

C) o estabelecimento de exigência de áreas verdes nos loteamentos, empreendimentos comerciais e na implantação de infraestrutura;

D) aplicação em áreas verdes de recursos oriundos da compensação ambiental.

O direito de preempção, preferência ou prelação concede a preferência ao Poder Público municipal para aquisição de imóvel urbano objeto de alienação onerosa entre particulares, sendo fixado em lei municipal;

A compensação ambiental estudada no artigo 36 da Lei 9.985/2000 agora poderá ser destinada à criação de novas áreas verdes municipais.

Agora cabe aos municípios a adoção de políticas públicas ambientais para expandir e criar novas áreas verdes a fim de realizar uma sustentabilidade urbana.

2. QUESTÃO DE CONCURSO

01. (MPE-PR – 2013 – Promotor Substituto) Assinale a alternativa **incorreta.** Nos termos da Lei nº 12.651/2012, o poder público municipal contará, para o estabelecimento de áreas verdes urbanas, com os seguintes instrumentos:

a) O exercício do direito de preempção para aquisição de remanescentes florestais relevantes, conforme dispõe a Lei nº 10.257/2001;

b) A priorização de projetos que contemplem a utilização de espécies nativas do mesmo bioma onde ocorreu a supressão;

c) A transformação das Reservas Legais em áreas verdes nas expansões urbanas;

d) O estabelecimento de exigência de áreas verdes nos loteamentos, empreendimentos comerciais e na implantação de infraestrutura;

e) Aplicação em áreas verdes de recursos oriundos da compensação ambiental.

GAB	01	B

▸ CAPÍTULO V
DA SUPRESSÃO DE VEGETAÇÃO PARA USO ALTERNATIVO DO SOLO

Art. 26. A supressão de vegetação nativa para uso alternativo do solo, tanto de domínio público como de domínio privado, dependerá do cadastramento do imóvel no CAR, de que trata o art. 29, e de prévia autorização do órgão estadual competente do Sisnama.

§ 1.º (VETADO).

§ 2.º (VETADO).

§ 3.º No caso de reposição florestal, deverão ser priorizados projetos que contemplem a utilização de espécies nativas do mesmo bioma onde ocorreu a supressão.

§ 4.º O requerimento de autorização de supressão de que trata o *caput* conterá, no mínimo, as seguintes informações:

I – a localização do imóvel, das Áreas de Preservação Permanente, da Reserva Legal e das áreas de uso restrito, por coordenada geográfica, com pelo menos um ponto de amarração do perímetro do imóvel;

II – a reposição ou compensação florestal, nos termos do § 4.º do art. 33;

III – a utilização efetiva e sustentável das áreas já convertidas;

IV – o uso alternativo da área a ser desmatada.

1. COMENTÁRIOS

O **uso alternativo do solo** é a substituição de vegetação nativa e formações sucessoras (desmatamento) por outras coberturas do solo, como atividades agropecuárias, industriais, de geração e transmissão de energia, de mineração e de transporte, assentamentos urbanos ou outras formas de ocupação humana.

Essa exploração florestal que se afigura predatória dos recursos florestais nativos apenas será possível fora das áreas ambientais protegidas, como a reserva legal, áreas de preservação permanente, áreas de uso restrito, áreas verdes urbanas, apicuns, salgados, dentre outras.

Ademais, o uso alternativo do solo apenas será possível se amparado em licença ou autorização ambiental, pois esse direito precisa ser previamente reconhecido pelo órgão ambiental competente, em aplicação aos Princípios da Prevenção e da Obrigatoriedade da Proteção Ambiental, sob pena de responsabilização civil, administrativa ou mesmo criminal, a depender da conduta do infrator.

Outrossim, com o advento do novo Código Florestal, é necessária a inscrição do imóvel rural no Cadastro Ambiental Rural para a supressão de vegetação nativa para uso alternativo do solo, tanto de domínio público como de domínio privado, juntamente com o licenciamento ambiental.

Suponha-se um imóvel rural no Estado da Bahia com reserva legal registrada no mínimo permitido, ou seja, equivalente a 20% da propriedade, nos termos do artigo 12 do novo Código Florestal, com a vegetação nativa devidamente conservada. Suponha-se também que nesse prédio rústico inexista área de preservação permanente, pois ausentes as hipóteses previstas nos artigos 4.º e 6.º da Lei 12.651/2012, bem como não haja outro espaço territorial protegido na mencionada fazenda.

Logo, neste caso dado, será excluída a área de reserva legal (20% da fazenda) da área de uso alternativo do solo, sendo possível obter licença ambiental para desflorestar até 80% do imóvel rural, pois esta é a área de uso alternativo do solo, que poderá ser destinada à pecuária, à agricultura, à indústria e qualquer outra atividade econômica permitida pela legislação ambiental brasileira.

Deverá o proprietário ou possuidor requerer a autorização ambiental ao órgão estadual de meio ambiente, devendo indicar a localização do imóvel, das áreas protegidas, a utilização das áreas já desmatadas e o uso alternativo a que se destina, indicando, quando for o caso, a medida de reposição ou compensação florestal.

No entanto, o IBAMA será o competente para licenciar nos casos de supressão vegetal em florestas públicas federais, terras devolutas federais ou unidades de conservação instituídas pela União, nos termos do artigo 7.º, inciso XV, da LC 140/2011.

2. QUESTÃO DE CONCURSO

01. (Juiz de São Paulo/VUNESP/203) A supressão de vegetação nativa para uso alternativo do solo depende de

a) autorização do órgão municipal e cadastramento do imóvel no CAR.

b) autorização do órgão federal e cadastramento do imóvel no CAR.

c) autorização do órgão estadual e cadastramento do imóvel no CAR.

d) domínio exclusivamente privado, autorização do órgão federal e cadastramento do imóvel no CAR.

GAB	01	C

Art. 27. Nas áreas passíveis de uso alternativo do solo, a supressão de vegetação que abrigue espécie da flora ou da fauna ameaçada de extinção, segundo lista oficial publicada pelos órgãos federal ou estadual ou municipal do Sisnama, ou espécies migratórias, dependerá da adoção de medidas compensatórias e mitigadoras que assegurem a conservação da espécie.

1. COMENTÁRIOS

Este artigo impõe medida para prevenir ameaça de extinção de espécies da fauna e da flora listada por qualquer esfera de governo no caso de autorização de supressão de vegetação nativa. Neste caso, a autorização deverá conter condicionante para assegurar a sua conservação.

Art. 28. Não é permitida a conversão de vegetação nativa para uso alternativo do solo no imóvel rural que possuir área abandonada.

1. COMENTÁRIOS

O Decreto 7.830/2012 define **área abandonada** como sendo o espaço de produção convertido para o uso alternativo do solo sem nenhuma exploração produtiva há pelo menos trinta e seis meses e não formalmente caracterizado como área de pousio.

Já o **pousio** é definido como a prática de interrupção temporária de atividades ou usos agrícolas, pecuários ou silviculturais, por no máximo cinco anos, para possibilitar a recuperação da capacidade de uso ou da estrutura física do solo.

Assim sendo, deve ser negada autorização ambiental para desmatamento em propriedade rural abandonada, justamente pelo descumprimento da função socioambiental da propriedade.

▸ CAPÍTULO VI
DO CADASTRO AMBIENTAL RURAL

Art. 29. É criado o Cadastro Ambiental Rural – CAR, no âmbito do Sistema Nacional de Informação sobre Meio Ambiente – SINIMA, registro público eletrônico de âmbito nacional, obrigatório para todos os imóveis rurais, com a finalidade de integrar as informações ambientais das propriedades e posses rurais, compondo base de dados para controle, monitoramento, planejamento ambiental e econômico e combate ao desmatamento.

§ 1.º A inscrição do imóvel rural no CAR deverá ser feita, preferencialmente, no órgão ambiental municipal ou estadual, que, nos termos do regulamento, exigirá do proprietário ou possuidor rural: *(Redação dada pela Lei nº 12.727, de 2012).*

I – identificação do proprietário ou possuidor rural;

II – comprovação da propriedade ou posse;

III – identificação do imóvel por meio de planta e memorial descritivo, contendo a indicação das coordenadas geográficas com pelo menos um ponto de amarração do perímetro do imóvel, informando a localização dos remanescentes de vegetação nativa, das Áreas de Preservação Permanente, das Áreas de Uso Restrito, das áreas consolidadas e, caso existente, também da localização da Reserva Legal.

§ 2.º O cadastramento não será considerado título para fins de reconhecimento do direito de propriedade ou posse, tampouco elimina a necessidade de cumprimento do disposto no art. 2.º da Lei nº 10.267, de 28 de agosto de 2001.

§ 3º A inscrição no CAR é obrigatória e por prazo indeterminado para todas as propriedades e posses rurais. (Redação dada pela Lei nº 13.887, de 2019)

§ 4º Os proprietários e possuidores dos imóveis rurais que os inscreverem no CAR até o dia 31 de dezembro de 2020 terão direito à adesão ao Programa de Regularização Ambiental (PRA), de que trata o art. 59 desta Lei. (Incluído pela Lei nº 13.887, de 2019)

1. COMENTÁRIOS

O novo Código Florestal (Lei 12.651/2012) instituiu o **CAR – Cadastro Ambiental Rural**, no âmbito do SINIMA. Trata-se de **registro público eletrônico** de âmbito nacional, **obrigatório para todos os imóveis rurais**, com a finalidade de integrar as informações ambientais das propriedades e posses rurais, compondo base de dados para controle, monitoramento, planejamento ambiental e econômico e combate ao desmatamento, devendo a inscrição ser feita preferencialmente por órgão ambiental municipal ou estadual.

A inscrição no CAR deverá ser requerida em até um ano após a sua criação para todas as propriedades e posses rurais brasileiras, podendo esse prazo ser prorrogado apenas uma vez, por igual período, por decreto do Chefe do Poder Executivo.

Contudo, o cadastramento não será considerado título para fins de reconhecimento do direito de propriedade ou posse, tampouco elimina a necessidade de inscrição no Cadastro Nacional de Imóveis Rurais de que trata o artigo 2.º da Lei 10.267/2001.

Coube ao Decreto 7.830/2012 dispor sobre o *Sistema de Cadastro Ambiental Rural (SICAR)*, o sistema eletrônico de âmbito nacional destinado ao gerenciamento de informações ambientais dos imóveis rurais.

O Sistema de Cadastro Ambiental Rural – SICAR, com os seguintes objetivos:

> I – receber, gerenciar e integrar os dados do CAR de todos os entes federativos;
>
> II – cadastrar e controlar as informações dos imóveis rurais, referentes a seu perímetro e localização, aos remanescentes de vegetação nativa, às áreas de interesse social, às áreas de utilidade pública, às Áreas de Preservação Permanente, às Áreas de Uso Restrito, às áreas consolidadas e às Reservas Legais;
>
> III – monitorar a manutenção, a recomposição, a regeneração, a compensação e a supressão da vegetação nativa e da cobertura vegetal nas áreas de Preservação Permanente, de Uso Restrito, e de Reserva Legal, no interior dos imóveis rurais;
>
> IV – promover o planejamento ambiental e econômico do uso do solo e conservação ambiental no território nacional; e
>
> V – disponibilizar informações de natureza pública sobre a regularização ambiental dos imóveis rurais em território nacional, na Internet.

De efeito, os órgãos integrantes do SINIMA disponibilizarão em sítio eletrônico localizado na Internet a interface de programa de cadastramento integrada ao SICAR destinado à inscrição, consulta e acompanhamento da situação da regularização ambiental dos imóveis rurais (http://www.car.gov.br).

A inscrição no CAR, obrigatória para todas as propriedades e posses rurais, tem natureza declaratória e permanente, e conterá informações sobre o imóvel rural, sendo de responsabilidade do declarante, que incorrerá em sanções penais e administrativas, sem prejuízo de outras previstas na legislação, quando total ou parcialmente falsas, enganosas ou omissas.

As informações serão atualizadas periodicamente ou sempre que houver alteração de natureza dominial ou possessória. Caso detectadas pendências ou inconsistências nas informações declaradas e nos documentos apresentados no CAR, o órgão responsável deverá notificar o requerente, de uma única vez, para que preste informações complementares ou promova a correção e adequação das informações prestadas.

Para a pequena propriedade ou posse rural familiar será observado procedimento simplificado, nos termos de ato do Ministro de Estado do Meio Ambiente, no qual será obrigatória apenas a identificação do proprietário ou possuidor rural, a comprovação da propriedade ou posse e a apresentação de croqui que indique o perímetro do imóvel, as Áreas de Preservação Permanente e os remanescentes que formam a Reserva Legal.

Neste caso, caberá aos órgãos competentes integrantes do SISNAMA, ou instituição por ele habilitada, realizar a captação das respectivas coordenadas geográficas, devendo o poder público prestar apoio técnico e jurídico, assegurada a gratuidade, sendo facultado ao proprietário ou possuidor fazê-lo por seus próprios meios.

Ato do Ministro de Estado do Meio Ambiente estabelecerá a data a partir da qual o CAR será considerado implantado para os fins do disposto neste Decreto e detalhará as informações e os documentos necessários à inscrição no CAR, ouvidos os Ministros de Estado da Agricultura, Pecuária e Abastecimento e do Desenvolvimento Agrário.

Nesse sentido, foi editada a Instrução Normativa MMA 02, de 06 de maio de 2014, quando foi considerado implantado o CAR, iniciando-se o prazo de um ano para a inscrição dos imóveis rurais, que vencerá em 06 de maio de 2015, se não sofrer a prorrogação de um ano.

Posteriormente, a Lei 13.295/2016 prorrogou o prazo para a inscrição no CAR até 31/12/2017, podendo ainda se dar mais uma prorrogação por um ano. Estes atos estão "empurrando com a barriga" o cumprimento da legislação ambiental.

Coube ao Decreto federal 9.257, de 29/12/2017, prorrogar a inscrição no CAR até 31 de maio de 2018.

Com o advento da Lei nº 13.887/2019, o prazo para inscrição no CAR passou a ser indeterminado. A adesão ao Programa de Regularização Ambiental (PRA) somente para quem se inscreveu até 31/12/2020.

Além de possibilitar o planejamento ambiental e econômico do uso e ocupação do imóvel rural, a inscrição no CAR, acompanhada de compromisso de regularização ambiental quando for o caso, é pré-requisito para acesso à emissão das Cotas de Reserva Ambiental e aos benefícios previstos nos Programas de Regularização Ambiental – PRA e de Apoio e Incentivo à Preservação e Recuperação do Meio Ambiente, ambos definidos pela Lei 12.651/2012. Dentre os benefícios desses programas pode-se citar[25]:

- **Possibilidade de regularização das APP e/ou Reserva Legal** vegetação natural suprimida ou alterada até 22.07.2008 no imóvel rural, sem autuação por infração administrativa ou crime ambiental;
- **Suspensão de sanções** em função de infrações administrativas por supressão irregular de vegetação em áreas de APP, Reserva Legal e de uso restrito, cometidas até 22.07.2008;
- **Obtenção de crédito agrícola**, em todas as suas modalidades, com taxas de juros menores, bem como limites e prazos maiores que o praticado no mercado;
- **Contratação do seguro agrícola** em condições melhores que as praticadas no mercado;
- **Dedução das Áreas de Preservação Permanente, de Reserva Legal e de uso restrito** base de cálculo do Imposto sobre a Propriedade Territorial Rural-ITR, gerando créditos tributários;
- **Linhas de financiamento** atender iniciativas de preservação voluntária de vegetação nativa, proteção de espécies da flora nativa ameaçadas de extinção, manejo florestal e agroflorestal sustentável realizados na propriedade ou posse rural, ou recuperação de áreas degradadas; e

25. http://www.car.gov.br/#/sobre.

- **Isenção de impostos para os principais insumos e equipamentos**, tais como: fio de arame, postes de madeira tratada, bombas d'água, trado de perfuração do solo, dentre outros utilizados para os processos de recuperação e manutenção das Áreas de Preservação Permanente, de Reserva Legal e de uso restrito.

2. QUESTÕES DE CONCURSOS

01. (FCC – 2012 – PGM-João Pessoa-PB – Procurador Municipal) NÃO é consequência da inscrição do imóvel rural no Cadastro Ambiental Rural – CAR:

a) a dispensa da averbação da reserva legal no registro de imóveis.

b) a possibilidade de obtenção de autorização para supressão de vegetação nativa.

c) a permissão de cômputo das áreas de preservação permanente no percentual de reserva legal.

d) o reconhecimento da titularidade da propriedade do imóvel.

e) a prestação de informações de caráter ambiental das propriedades e posses rurais.

02. (CESPE/Analista ICMBIO/2014) O Sistema Nacional do Meio Ambiente (SISNAMA), um registro eletrônico de realização obrigatória em relação a todos os imóveis rurais, tem por finalidade integrar as informações ambientais referentes à situação das áreas de preservação permanente, das áreas de reserva legal, das florestas, dos remanescentes de vegetação nativa, das áreas de uso restrito e das áreas consolidadas das propriedades e posses rurais do país.

GAB	01	D	02	ERRADO

Art. 30. Nos casos em que a Reserva Legal já tenha sido averbada na matrícula do imóvel e em que essa averbação identifique o perímetro e a localização da reserva, o proprietário não será obrigado a fornecer ao órgão ambiental as informações relativas à Reserva Legal previstas no inciso III do § 1.º do art. 29.

Parágrafo único. Para que o proprietário se desobrigue nos termos do *caput*, deverá apresentar ao órgão ambiental competente a certidão de registro de imóveis onde conste a averbação da Reserva Legal ou termo de compromisso já firmado nos casos de posse.

1. COMENTÁRIOS

Este artigo dispensa os imóveis rurais com área de reserva legal devidamente registrada no Cartório de Imóveis com identificação do perímetro e da reserva legal da apresentação de identificação do imóvel por meio de planta e memorial descritivo, contendo a indicação das coordenadas geográficas com pelo menos um ponto de amarração do perímetro do imóvel, informando a localização dos remanescentes de vegetação nativa, das Áreas de Preservação Permanente, das Áreas de Uso Restrito, das áreas consolidadas e, caso existente, também da localização da Reserva Legal, devendo apresentar certidão cartorial para fins de prova.

CAPÍTULO VII
DA EXPLORAÇÃO FLORESTAL

Art. 31. A exploração de florestas nativas e formações sucessoras, de domínio público ou privado, ressalvados os casos previstos nos arts. 21, 23 e 24, dependerá de licenciamento pelo órgão competente do Sisnama, mediante aprovação prévia de Plano de Manejo Florestal Sustentável – PMFS que contemple técnicas de condução, exploração, reposição florestal e manejo compatíveis com os variados ecossistemas que a cobertura arbórea forme.

§ 1.º O PMFS atenderá os seguintes fundamentos técnicos e científicos:

I – caracterização dos meios físico e biológico;

II – determinação do estoque existente;

III – intensidade de exploração compatível com a capacidade de suporte ambiental da floresta;

IV – ciclo de corte compatível com o tempo de restabelecimento do volume de produto extraído da floresta;

V – promoção da regeneração natural da floresta;

VI – adoção de sistema silvicultural adequado;

VII – adoção de sistema de exploração adequado;

VIII – monitoramento do desenvolvimento da floresta remanescente;

IX – adoção de medidas mitigadoras dos impactos ambientais e sociais.

§ 2.º A aprovação do PMFS pelo órgão competente do Sisnama confere ao seu detentor a licença ambiental para a prática do manejo florestal sustentável, não se aplicando outras etapas de licenciamento ambiental.

§ 3.º O detentor do PMFS encaminhará relatório anual ao órgão ambiental competente com as informações sobre toda a área de manejo florestal sustentável e a descrição das atividades realizadas.

§ 4.º O PMFS será submetido a vistorias técnicas para fiscalizar as operações e atividades desenvolvidas na área de manejo.

§ 5.º Respeitado o disposto neste artigo, serão estabelecidas em ato do Chefe do Poder Executivo disposições diferenciadas sobre os PMFS em escala empresarial, de pequena escala e comunitário.

§ 6.º Para fins de manejo florestal na pequena propriedade ou posse rural familiar, os órgãos do Sisnama deverão estabelecer procedimentos simplificados de elaboração, análise e aprovação dos referidos PMFS.

§ 7.º Compete ao órgão federal de meio ambiente a aprovação de PMFS incidentes em florestas públicas de domínio da União.

1. COMENTÁRIOS

A exploração de florestas nativas e formações sucessoras, de domínio público ou privado, em regra, dependerá de licenciamento pelo órgão competente do SISNAMA, mediante aprovação prévia de **Plano de Manejo Florestal Sustentável** que contemple técnicas de condução, exploração, reposição florestal e manejo compatíveis com os variados ecossistemas que a cobertura arbórea forme.

Nesse sentido, o artigo 2.º do Decreto 5.975/2006, prevê o Plano de Manejo Florestal Sustentável – PMFS, que é um documento técnico básico que contém as diretrizes e os procedimentos para a administração da floresta, visando à obtenção de benefícios econômicos, sociais e ambientais, cuja aprovação confere ao detentor a licença ambiental para o exercício do manejo sustentável.

Mesmo antes desta Lei, já previa o artigo 3.º do Decreto 5.975/2006 que o projeto de manejo florestal sustentável atenderá aos seguintes fundamentos técnicos e científicos:

> I – caracterização do meio físico e biológico;
>
> II – determinação do estoque existente;

III – intensidade de exploração compatível com a capacidade da floresta;

IV – ciclo de corte compatível com o tempo de restabelecimento do volume de produto extraído da floresta;

V – promoção da regeneração natural da floresta;

VI – adoção de sistema silvicultural adequado;

VII – adoção de sistema de exploração adequado;

VIII – monitoramento do desenvolvimento da floresta remanescente; e

IX – adoção de medidas mitigadoras dos impactos ambientais e sociais.

A aprovação do projeto de manejo gera a concessão da licença ambiental para a exploração sustentável, sendo unifásico, substituindo a concessão da LP, LI e LO.

Devem ser aprovadas regras específicas para os PMFS empresarial, de pequena escala e comunitário. Ademais, para o manejo florestal na pequena propriedade ou posse rural familiar deve ser adotado procedimento simplificado.

Este artigo ainda deu competência ao IBAMA para apreciar os projetos de manejo em florestas públicas federais, conforme já previsto na LC 140/2011.

Art. 32. São isentos de PMFS:

I – a supressão de florestas e formações sucessoras para uso alternativo do solo;

II – o manejo e a exploração de florestas plantadas localizadas fora das Áreas de Preservação Permanente e de Reserva Legal;

III – a exploração florestal não comercial realizada nas propriedades rurais a que se refere o inciso V do art. 3.º ou por populações tradicionais.

1. COMENTÁRIOS

O artigo 9.º do Decreto 5.795/2006 já previa que estão isentas de PMFS:

I – a supressão de florestas e formações sucessoras para uso alternativo do solo, devidamente autorizada; e

II – o manejo de florestas plantadas localizadas fora de áreas de reserva legal.

Isso porque na área de uso alternativo do solo (área não protegida) é direito do proprietário ou possuidor obter licença ambiental para desmatamento a corte raso.

O mesmo ocorre com as florestas plantadas não situadas em áreas de preservação permanente e reserva legal.

A novidade foi a dispensa do PMFS para a exploração florestal não comercial realizada nas pequenas propriedades rurais ou por populações tradicionais.

Art. 33. As pessoas físicas ou jurídicas que utilizam matéria-prima florestal em suas atividades devem suprir-se de recursos oriundos de:

I – florestas plantadas;

II – PMFS de floresta nativa aprovado pelo órgão competente do Sisnama;

III – supressão de vegetação nativa autorizada pelo órgão competente do Sisnama;

IV – outras formas de biomassa florestal definidas pelo órgão competente do Sisnama.

§ 1.º São obrigadas à reposição florestal as pessoas físicas ou jurídicas que utilizam matéria-prima florestal oriunda de supressão de vegetação nativa ou que detenham autorização para supressão de vegetação nativa.

§ 2.º É isento da obrigatoriedade da reposição florestal aquele que utilize:

I – costaneiras, aparas, cavacos ou outros resíduos provenientes da atividade industrial

II – matéria-prima florestal:

a) oriunda de PMFS;

b) oriunda de floresta plantada;

c) não madeireira.

§ 3.º A isenção da obrigatoriedade da reposição florestal não desobriga o interessado da comprovação perante a autoridade competente da origem do recurso florestal utilizado.

§ 4.º A reposição florestal será efetivada no Estado de origem da matéria-prima utilizada, mediante o plantio de espécies preferencialmente nativas, conforme determinações do órgão competente do Sisnama.

1. COMENTÁRIOS

Em aplicação ao Princípio do Poluidor-pagador, é prevista pela legislação florestal brasileira a **reposição florestal**. Trata-se da compensação do volume de matéria-prima extraído de vegetação natural pelo volume de matéria-prima resultante de plantio florestal para geração de estoque ou recuperação de cobertura florestal,[26] que objetiva compensar a poluição causada pela extração de vegetação nativa.

É previsto na hipótese de exploração de florestas e formações sucessoras, devendo ser priorizados projetos que contemplem a utilização de espécies nativas.

A sua regulamentação ocorreu no Capítulo V, do Decreto 5.975/2006, sendo obrigatória, em regra, para as pessoas físicas e jurídicas que utilizem matéria-prima florestal oriunda de supressão de vegetação natural ou detenham autorização de supressão de vegetação natural, salvo se, neste último caso, já tiver sido feita por aquele que utilizou a matéria-prima florestal.

Deverá ocorrer a reposição florestal no estado-membro de origem da matéria-prima utilizada, mediante o plantio de espécies preferencialmente nativas, conforme determinações do órgão competente do SISNAMA.

São legalmente **isentos da reposição florestal** as pessoas físicas ou jurídicas que utilizem:

> I – costaneiras, aparas, cavacos ou outros resíduos provenientes da atividade industrial;
>
> II – matéria-prima florestal:
>
> a) oriunda de PMFS;
>
> b) oriunda de floresta plantada;
>
> c) não madeireira.

26. Artigo 13 do Decreto 5.975/2006.

O plantio de florestas com espécies nativas em áreas de preservação permanente e de reserva legal degradadas poderá ser utilizado para a geração de crédito de reposição florestal. Por sua vez, não haverá duplicidade na exigência de reposição florestal na supressão de vegetação para atividades ou empreendimentos submetidos ao licenciamento ambiental.

Como deve ser feita a reposição florestal?[27]

A Reposição Florestal deve ser feita através das seguintes modalidades:

1. Apresentação de Levantamento Circunstanciado – (LC), de floresta plantada não vinculada ao IBAMA;

2. Execução ou Participação em Programa de Fomento Florestal;

3. Compensação através da alienação ao patrimônio público de área técnica cientificamente considerada de relevante e excepcional interesse ecológico.

Como fazer a reposição florestal através de programa de fomento florestal?

Uma maneira de fazer Reposição Florestal para os pequenos e médios consumidores de matéria prima florestal é através da execução ou participação em Programa de Fomento, sob a administração de pessoa física e jurídica registrada no IBAMA, nas categorias de Empresa Administradora, Especializada, Associação Florestal ou Cooperativa Florestal.

Quais são os compromissos da administradora do fomento?

A empresa Administradora do Fomento deve definir o valor a ser recolhido a seu favor pela pessoa física ou jurídica obrigada a reposição florestal e executar o plantio em áreas próprias ou de terceiros.

Cabe à empresa responsável pela Administração do Fomento Florestal fornecer ao proprietário rural as mudas para o plantio, replantio e assistência técnica. Aos proprietários rurais cabem realizar manutenção e conservação do povoamento.

Para os grandes consumidores o Fomento Florestal pode ser executado com recursos próprios em imóveis rurais de propriedade de terceiros.

Conta Recursos Especiais a Aplicar optantes de reposição florestal?

Foi instituída, para as pessoas físicas ou jurídicas cujo consumo anual de matéria-prima florestal seja inferior a 1200st/ano ou 400mdc/ano ou 600m^3/ano (metros cúbicos), que não desejando fazer diretamente ou através de terceiros o plantio, possam optar pelo recolhimento do valor equivalente a reposição florestal.

Os recursos oriundos da Conta Recursos Especiais a Aplicar, devem ser utilizados em projetos técnicos de plantio e fomento florestal.

Art. 34. As empresas industriais que utilizam grande quantidade de matéria-prima florestal são obrigadas a elaborar e implementar Plano de Suprimento Sustentável – PSS, a ser submetido à aprovação do órgão competente do Sisnama.

27. Disponível em: <http://www.ibama.gov.br/areas-tematicas/reposicao-florestal>.

§ 1.º O PSS assegurará produção equivalente ao consumo de matéria-prima florestal pela atividade industrial.

§ 2.º O PSS incluirá, no mínimo:

I – programação de suprimento de matéria-prima florestal

II – indicação das áreas de origem da matéria-prima florestal georreferenciadas;

III – cópia do contrato entre os particulares envolvidos, quando o PSS incluir suprimento de matéria-prima florestal oriunda de terras pertencentes a terceiros.

§ 3.º Admite-se o suprimento mediante matéria-prima em oferta no mercado:

I – na fase inicial de instalação da atividade industrial, nas condições e durante o período, não superior a 10 (dez) anos, previstos no PSS, ressalvados os contratos de suprimento mencionados no inciso III do § 2.º;

II – no caso de aquisição de produtos provenientes do plantio de florestas exóticas, licenciadas por órgão competente do Sisnama, o suprimento será comprovado posteriormente mediante relatório anual em que conste a localização da floresta e as quantidades produzidas.

§ 4.º O PSS de empresas siderúrgicas, metalúrgicas ou outras que consumam grandes quantidades de carvão vegetal ou lenha estabelecerá a utilização exclusiva de matéria-prima oriunda de florestas plantadas ou de PMFS e será parte integrante do processo de licenciamento ambiental do empreendimento.

§ 5.º Serão estabelecidos, em ato do Chefe do Poder Executivo, os parâmetros de utilização de matéria-prima florestal para fins de enquadramento das empresas industriais no disposto no *caput*.

1. COMENTÁRIOS

Nos termos do artigo 12, do Decreto 5.975/2006, as empresas, cujo consumo anual de matéria-prima florestal seja superior aos limites a seguir definidos, devem apresentar ao órgão competente o Plano de Suprimento Sustentável:

I – cinquenta mil metros cúbicos de toras;

II – cem mil metros cúbicos de lenha; ou

III – cinquenta mil metros de carvão vegetal.

O Plano de Suprimento Sustentável incluirá:

I – a programação de suprimento de matéria-prima florestal;

II – o contrato entre os particulares envolvidos quando o Plano de Suprimento Sustentável incluir plantios florestais em terras de terceiros;

III – a indicação das áreas de origem da matéria-prima florestal georreferenciadas ou a indicação de pelo menos um ponto de azimute para áreas com até vinte hectares.

A apresentação do Plano de Suprimento Sustentável não exime a empresa de informar as fontes de matéria-prima florestal utilizadas, e do cumprimento da reposição florestal, quando couber.

É possível o suprimento mediante matéria-prima em oferta no mercado na fase inicial de instalação da atividade industrial (até dez anos) ou no caso de aquisição de produtos provenientes do plantio de florestas exóticas licenciado por órgão ambiental.

Considerando que o consumo de matéria-prima florestal pelas siderúrgicas costuma ser enorme, neste caso e nas hipóteses de outras empresas com grande consumo dar-se-á a utilização exclusiva de matéria-prima oriunda de florestas plantadas ou de PMFS e será parte integrante do processo de licenciamento ambiental do empreendimento.

▸ CAPÍTULO VIII
DO CONTROLE DA ORIGEM DOS PRODUTOS FLORESTAIS

Art. 35. O controle da origem da madeira, do carvão e de outros produtos ou subprodutos florestais incluirá sistema nacional que integre os dados dos diferentes entes federativos, coordenado, fiscalizado e regulamentado pelo órgão federal competente do Sisnama. *(Redação dada pela Lei nº 12.727, de 2012).*

§ 1.º O plantio ou reflorestamento com espécies florestais nativas ou exóticas independem de autorização prévia, desde que observadas as limitações e condições previstas nesta Lei, devendo ser informados ao órgão competente, no prazo de até 1 (um) ano, para fins de controle de origem.

§ 2.º É livre a extração de lenha e demais produtos de florestas plantadas nas áreas não consideradas Áreas de Preservação Permanente e Reserva Legal.

§ 3.º O corte ou a exploração de espécies nativas plantadas em área de uso alternativo do solo serão permitidos independentemente de autorização prévia, devendo o plantio ou reflorestamento estar previamente cadastrado no órgão ambiental competente e a exploração ser previamente declarada nele para fins de controle de origem.

§ 4.º Os dados do sistema referido no *caput* serão disponibilizados para acesso público por meio da rede mundial de computadores, cabendo ao órgão federal coordenador do sistema fornecer os programas de informática a serem utilizados e definir o prazo para integração dos dados e as informações que deverão ser aportadas ao sistema nacional.

§ 5.º O órgão federal coordenador do sistema nacional poderá bloquear a emissão de Documento de Origem Florestal – DOF dos entes federativos não integrados ao sistema e fiscalizar os dados e relatórios respectivos. *(Incluído pela Lei nº 12.727, de 2012).*

1. COMENTÁRIOS

A origem dos produtos e subprodutos florestais (a exemplo da madeira e do carvão) é controlada pelos órgãos ambientais, a fim de fiscalizar a sua origem lícita.

O novo Código Florestal prevê que o **controle da origem** deverá ser promovido por **sistema nacional** que integre os dados dos diferentes entes federativos, coordenado, fiscalizado e regulamentado pelo órgão federal competente do SISNAMA (IBAMA), sendo de acessibilidade pública na internet.

No caso de extração de lenha e demais produtos de **florestas plantadas** nas áreas não consideradas de preservação permanente e reserva legal, o novo Código Florestal **libera a extração de lenha sem a necessidade de autorização ambiental**, bastando a apresentação de declaração ao órgão ambiental para o controle da origem do produto florestal.

Outrossim, há dispensa de prévia autorização ambiental para o plantio e o reflorestamento com espécies nativas, desde que não haja violação de regras florestais.

A Lei 12.727/2012 autorizou o IBAMA a **bloquear** a emissão de Documento de Origem Florestal – DOF dos entes federativos não integrados ao sistema e fiscalizar os dados e relatórios respectivos.

Art. 36. O transporte, por qualquer meio, e o armazenamento de madeira, lenha, carvão e outros produtos ou subprodutos florestais oriundos de florestas de espécies nativas, para fins comerciais ou industriais, requerem licença do órgão competente do Sisnama, observado o disposto no art. 35.

§ 1.º A licença prevista no *caput* será formalizada por meio da emissão do DOF, que deverá acompanhar o material até o beneficiamento final.

§ 2.º Para a emissão do DOF, a pessoa física ou jurídica responsável deverá estar registrada no Cadastro Técnico Federal de Atividades Potencialmente Poluidoras ou Utilizadoras de Recursos Ambientais, previsto no art. 17 da Lei nº 6.938, de 31 de agosto de 1981.

§ 3.º Todo aquele que recebe ou adquire, para fins comerciais ou industriais, madeira, lenha, carvão e outros produtos ou subprodutos de florestas de espécies nativas é obrigado a exigir a apresentação do DOF e munir-se da via que deverá acompanhar o material até o beneficiamento final.

§ 4.º No DOF deverão constar a especificação do material, sua volumetria e dados sobre sua origem e destino.

§ 5.º O órgão ambiental federal do Sisnama regulamentará os casos de dispensa da licença prevista no *caput*. *(Incluído pela Lei nº 12.727, de 2012).*

1. COMENTÁRIOS

O transporte (por qualquer meio) e o armazenamento de madeira, lenha, carvão e outros produtos ou subprodutos florestais oriundos de florestas de espécies nativas, para fins comerciais ou industriais, requerem licença do órgão competente do SISNAMA, formalizada por meio do DOF – Documento de Origem Florestal, que deverá acompanhar o material até o beneficiamento final.

O Documento de Origem Florestal – DOF – instituído pela Portaria nº 253 de 18 de agosto de 2006 do Ministério do Meio Ambiente – MMA – representa a licença obrigatória para o controle do transporte de produto e subproduto florestal de origem nativa, inclusive o carvão vegetal nativo, em substituição à Autorização de Transporte de Produtos Florestais (ATPF).

Para obter o Documento de Origem Florestal, a pessoa física ou jurídica deverá estar registrada no Cadastro Técnico Federal de Atividades Potencialmente Poluidoras ou Utilizadoras de Recursos Ambientais.

Por sua vez, todo aquele que recebe ou adquire, para fins comerciais ou industriais, madeira, lenha, carvão e outros produtos ou subprodutos de florestas de espécies nativas é obrigado a exigir a apresentação do DOF e munir-se da via que deverá acompanhar o material até o beneficiamento final, sob pena de cometer o crime ambiental do artigo 46 da Lei 9.605/1998.

Inclusive, constitui crime ambiental capitulado no artigo 46 da Lei 9.605/98 Receber ou adquirir, para fins comerciais ou industriais, madeira, lenha, carvão e outros produtos de origem vegetal, sem exigir a exibição de licença do vendedor, outorgada pela autoridade competente, e sem munir-se da via que deverá acompanhar o produto até final beneficiamento, com pena de detenção, de seis meses a um ano, e multa, incorrendo nas mesmas penas quem vende, expõe à venda, tem em depósito, transporta ou guarda madeira, lenha, carvão e outros produtos de origem vegetal, sem licença válida para todo o tempo da viagem ou do armazenamento, outorgada pela autoridade competente.

O comércio de plantas vivas também será controlado pelo Poder Público, dependendo de autorização ambiental e registro no mencionado Cadastro Técnico Federal, sendo de competência do IBAMA licenciar a exportação para outros países.

Art. 37. O comércio de plantas vivas e outros produtos oriundos da flora nativa dependerá de licença do órgão estadual competente do Sisnama e de registro no Cadastro Técnico Federal de Atividades Potencialmente Poluidoras ou Utilizadoras de Recursos Ambientais, previsto no art. 17 da Lei nº 6.938, de 31 de agosto de 1981, sem prejuízo de outras exigências cabíveis.

Parágrafo único. A exportação de plantas vivas e outros produtos da flora dependerá de licença do órgão federal competente do Sisnama, observadas as condições estabelecidas no *caput*.

1. COMENTÁRIOS

Por se tratar de atividade que deva ser controlada para prevenir o comércio irregular, as pessoas naturais e jurídicas que comercializarem plantas vivas ou outros produtos vivos da flora deverão ter licença expedida por órgão estadual de meio ambiente e, se for para exportação para outra nação, licença expedida pelo IBAMA.

Outrossim, é necessário possuir no IBAMA o Cadastro Técnico Federal de Atividades Potencialmente Poluidoras ou Utilizadoras de Recursos Ambientais, conforme já estudado no artigo 17 da Lei 6.938/1981.

CAPÍTULO IX
DA PROIBIÇÃO DO USO DE FOGO E DO CONTROLE DOS INCÊNDIOS

Art. 38. É proibido o uso de fogo na vegetação, exceto nas seguintes situações:

I – em locais ou regiões cujas peculiaridades justifiquem o emprego do fogo em práticas agropastoris ou florestais, mediante prévia aprovação do órgão estadual ambiental competente do Sisnama, para cada imóvel rural ou de forma regionalizada, que estabelecerá os critérios de monitoramento e controle;

II – emprego da queima controlada em Unidades de Conservação, em conformidade com o respectivo plano de manejo e mediante prévia aprovação do órgão gestor da Unidade de Conservação, visando ao manejo conservacionista da vegetação nativa, cujas características ecológicas estejam associadas evolutivamente à ocorrência do fogo;

III – atividades de pesquisa científica vinculada a projeto de pesquisa devidamente aprovado pelos órgãos competentes e realizada por instituição de pesquisa reconhecida, mediante prévia aprovação do órgão ambiental competente do Sisnama.

§ 1.º Na situação prevista no inciso I, o órgão estadual ambiental competente do Sisnama exigirá que os estudos demandados para o licenciamento da atividade rural contenham planejamento específico sobre o emprego do fogo e o controle dos incêndios.

§ 2.º Excetuam-se da proibição constante no *caput* as práticas de prevenção e combate aos incêndios e as de agricultura de subsistência exercidas pelas populações tradicionais e indígenas.

§ 3.º Na apuração da responsabilidade pelo uso irregular do fogo em terras públicas ou particulares, a autoridade competente para fiscalização e autuação deverá comprovar o nexo de causalidade entre a ação do proprietário ou qualquer preposto e o dano efetivamente causado.

§ 4.º É necessário o estabelecimento de nexo causal na verificação das responsabilidades por infração pelo uso irregular do fogo em terras públicas ou particulares.

1. COMENTÁRIOS

As queimadas e os incêndios florestais estão entre os principais problemas ambientais enfrentados pelo Brasil. As emissões resultantes da queima de biomassa vegetal colocam o país entre os principais responsáveis pelo aumento dos gases de efeito estufa do planeta. Além de contribuir com o aquecimento global e as mudanças climáticas, as queimadas e incêndios florestais poluem a atmosfera, causam prejuízos econômicos e sociais e aceleram os processos de desertificação, desflorestamento e de perda da biodiversidade.

Este problema foi identificado na década de 80, quando as mídias nacionais e internacionais tornaram públicos os dados alarmantes de focos de calor observados pelo Inpe. O fato evidenciou a ausência de estrutura governamental organizada para implementar ações de prevenção e combate aos incêndios florestais e exigiu do Governo uma resposta a este problema.

Considerando a importância da temática, o Centro Nacional de Prevenção e Combate aos Incêndios Florestais – Prevfogo, órgão do IBAMA, foi criado em 1989 e tem atuado na promoção, apoio, coordenação e execução de atividades educativas, pesquisa, monitoramento, controle de queimadas, prevenção e combate aos incêndios florestais em todo território nacional[28].

No que concerne às **queimadas**, note-se que o artigo 27, da Lei 4.771/1965 (antigo Código Florestal), **as proibia nas florestas e demais formas de vegetação, salvo de acordo com as peculiaridades regionais**, mesmo assim com o prévio licenciamento do ente ambiental (no IBAMA emite-se uma "autorização de queima controlada").

A regulamentação desse dispositivo se deu pelo Decreto 2.661/1998, sendo considerada *queima controlada* o emprego do fogo como fator de produção e manejo em atividades agropastoris ou florestais, e para fins de pesquisa científica e tecnológica, em áreas com limites físicos previamente definidos.

Questão polêmica à luz do antigo CFlo foi a queima da palha da cana-de-açúcar. De acordo com o artigo 16 do Decreto 2.661/1998, **o emprego do fogo, como método despalhador e facilitador do corte de cana-de-açúcar em áreas passíveis de mecanização da colheita, será eliminado de forma gradativa**, não podendo a redução ser inferior a um quarto da área mecanizável de cada unidade agroindustrial ou propriedade não vinculada à unidade agroindustrial, a cada período de cinco anos, contados da data de publicação do referido decreto.

28. http://www.ibama.gov.br/prevfogo.

Entretanto, as lavouras de até 150 hectares, fundadas em cada propriedade, não estavam sujeitas à redução gradativa do emprego do fogo de que trata este artigo.

Note-se que o STJ tradicionalmente chancelava a queima na palha da cana-de-açúcar. Ocorre que a 2.ª Turma do STJ passou a não mais admitir queima da palha da cana-de-açúcar em atividades agrícolas ou agroindustriais organizadas.

Finalmente, **em 29.09.2010, a 1.ª Seção do STJ uniformizou o entendimento entre as Turmas no sentido da impossibilidade da queima da palha da cana-de-açúcar, salvo se autorizada pelo órgão ambiental competente.**

Em regra, de acordo com o Código Florestal de 2012, continua sendo proibido o uso do fogo na vegetação, que será excepcionalmente admitido nas seguintes hipóteses:

> I – **em locais ou regiões cujas peculiaridades justifiquem o emprego do fogo em práticas agropastoris ou florestais**, mediante prévia aprovação do órgão estadual ambiental competente do Sisnama, para cada imóvel rural ou de forma regionalizada, que estabelecerá os critérios de monitoramento e controle:
>
> II – emprego da **queima controlada em Unidades de Conservação**, em conformidade com o respectivo plano de manejo e mediante prévia aprovação do órgão gestor da Unidade de Conservação, visando ao manejo conservacionista da vegetação nativa, cujas características ecológicas estejam associadas evolutivamente à ocorrência do fogo;
>
> III – **atividades de pesquisa científica** vinculadas a projeto de pesquisa devidamente aprovado pelos órgãos competentes e realizadas por instituição de pesquisa reconhecida, mediante prévia aprovação do órgão ambiental competente do Sisnama.

Ademais, o novo CFlo ainda admite o uso do fogo nas práticas de **prevenção e combate aos incêndios** e as de **agricultura de subsistência** exercidas pelas **populações tradicionais e indígenas**.

Curioso notar que o artigo 38, §§ 3.º e 4.º, da Lei 12.651/2012, expressamente exige a comprovação do **nexo de causalidade** entre a ação do proprietário ou qualquer preposto e o dano efetivamente causado pelo uso irregular do fogo em terras públicas ou particulares como condição obrigatória de responsabilização ambiental.

Certamente o objetivo do legislador foi afastar a possibilidade de aplicação de penalidades administrativas ao proprietário ou possuidor do bem sem que haja comprovado nexo causal entre a conduta comissiva ou omissiva com o dano causado pelo fogo, bem como repelir o regime de responsabilização civil pelo de obrigação *propter rem*.

2. JURISPRUDÊNCIA

- **STJ, INFORMATIVO 401 – ACP. QUEIMADAS. CANAVIAIS.** In casu, *trata-se originariamente de ação civil pública (ACP) ajuizada pelo MP estadual com o fim de proibir queimada da palha de cana-de-açúcar como método preparatório da colheita desse insumo e de condenar os infratores ao pagamento de indenização da ordem de 4.936 litros de álcool por alqueire queimado.* A sentença julgou procedentes todos os pedidos e foi mantida pelo Tribunal *a quo*. Nessa instância especial, alegou-se que houve ofensa ao art. 27 da Lei n. 4.771/1965 (Código Florestal Brasileiro), uma vez que a queimada é permitida em certos casos, e que a extinção da sua prática não deve ser imediata, mas gradativa, na forma estabelecida pela lei. *A Turma negou provimento ao agravo regimental, assentando que estudos acadêmicos ilustram que a queima da palha da cana-de-açúcar causa grandes danos ambientais e que, considerando* *o desenvolvimento sustentado, há instrumentos e tecnologias modernos que podem substituir tal prática sem inviabilizar a atividade econômica.* A exceção prevista no parágrafo único do art. 27 do referido diploma legal (peculiaridades locais ou regionais) tem como objetivo a compatibilização de dois valores protegidos na CF/1988: o meio ambiente e a cultura (modos de fazer). *Assim, sua interpretação não pode abranger atividades agroindustriais ou agrícolas organizadas, diante da impossibilidade de prevalência do interesse econômico sobre a proteção ambiental, visto que há formas menos lesivas de exploração.* Precedentes citados: REsp 161.433-SP, *DJ* 14.12.1998, e REsp 439.456-SP, *DJ* 26.03.2007. AgRg nos EDcl no REsp 1.094.873-SP, Rel. Min. Humberto Martins, julgado em 04.08.2009.

▶ **STJ, INFORMATIVO 449 – 1.ª Seção – AUTORIZAÇÃO. QUEIMA. PALHA. CANA-DE-AÇÚCAR.** *A palha da cana-de-açúcar está inclusa no regime previsto pelo art. 27 da Lei n. 4.771/1965 (Código Florestal), daí sua queima sujeitar-se à autorização dos órgãos ambientais competentes (parágrafo único do mencionado artigo de lei e do disposto no Dec. n. 2.661/1998), sem prejuízo de outras exigências inerentes à tutela ambiental decorrentes da constituição e das leis.* Essa prática também proporciona a responsabilização civil por eventuais danos de qualquer natureza causados ao meio ambiente. A proibição de queima prevista no aludido artigo abrange todas as formas de vegetação, inclusive as culturas renováveis, tal qual a cana-de-açúcar decorrente da atividade agrícola. Anote-se não se tratar da palha recolhida no campo e transportada para a queima em forno ou equivalente equipamento, *mas sim da queimada promovida no habitat natural, ao longo da lavoura, o que a caracteriza como qualquer outra vegetação. Conforme precedente, as queimadas, principalmente as promovidas pela atividade agrícola, são incompatíveis com os objetivos de proteção do meio ambiente estabelecidos pelo ordenamento jurídico, quanto mais em época de mudanças climáticas, quando qualquer exceção a essa proibição geral deve ser interpretada restritivamente pelo administrador e pelo juiz.* Precedentes citados: REsp 1.000.731-RO, *DJe* 08.09.2009; AgRg no REsp 1.038.813-SP, *DJe* 10.09.2009; AgRg no REsp 738.031-SP, *DJe* 13.02.2009; REsp 439.456-SP, *DJ* 26.03.2007, e AgRg nos EDcl no REsp 1.094.873-SP, *DJe* 17.08.2009. EREsp 418.565-SP, Rel. Min. Teori Albino Zavascki, julgados em 29.09.2010.

"Quanto ao tema da legalidade, ou ilegalidade, na queimada da palha de cana-de-açúcar, tem-se que o Tribunal *a quo* se posicionou no mesmo sentido desta Corte Superior de que tal atividade, embora cause inegáveis danos ao meio ambiente, não é ilegal, desde que sua realização seja expressamente autorizada pelos órgãos ambientais competentes" (STJ, AgRg no AREsp 48.149, de 12.04.2012).

"PROCESSUAL CIVIL E AMBIENTAL. QUEIMADA. MULTA ADMINISTRATIVA. RESPONSABILIDADE OBJETIVA. ART. 14, § 1.º, DA LEI N. 6.398/1981. DANO AO MEIO AMBIENTE. NEXO CAUSAL. VERIFICAÇÃO. REEXAME DE PROVA. SÚMULA N. 7/STJ. 1. A responsabilidade é objetiva; dispensa-se portanto a comprovação de culpa, entretanto há de se constatar o nexo causal entre a ação ou omissão e o dano causado, para configurar a responsabilidade. 2. A Corte de origem, com espeque no contexto fático dos autos, afastou a multa administrativa. Incidência da Súmula 7/STJ. Agravo regimental improvido" (STJ, AgRg no AREsp 165.201, de 19.06.2012).

3. QUESTÕES DE CONCURSOS

01. (Defensor Público/Estado de Roraima/2012/CESPE) A queimada da palha de cana-de-açúcar, embora cause inegáveis danos ao meio ambiente, é permitida, desde que a sua realização seja expressamente autorizada pelos órgãos ambientais competentes.

02. (2013/MPE-MG/Promotor de Justiça) É permitido o uso de fogo na vegetação em locais ou regiões cujas peculiaridades justifiquem o seu emprego em práticas agropastoris ou florestais, mediante prévia aprovação do órgão estadual ambiental competente do SISNAMA, para cada imóvel rural ou de forma regionalizada, que estabelecerá os critérios de monitoramento e controle.

GAB	01	CERTO	02	CERTO

Art. 39. Os órgãos ambientais do Sisnama, bem como todo e qualquer órgão público ou privado responsável pela gestão de áreas com vegetação nativa ou plantios florestais, deverão elaborar, atualizar e implantar planos de contingência para o combate aos incêndios florestais.

1. COMENTÁRIOS

Este artigo constitui uma novidade do Código Florestal de 2012. Obrigada a entidades públicas ou privadas que gerenciem áreas com vegetação nativa ou plantios florestais a aprovarem planos de contingência para o combate aos incêndios florestais.

De acordo com o Roteiro Metodológico para a Elaboração de Plano Operativo de Prevenção e Combate aos Incêndios Florestais elaborado pelo IBAMA/PREVFOGO, o Plano Operativo de Prevenção e Combate aos Incêndios Florestais é um documento pactual e de ordem prática, que funciona como instrumento dinâmico para a gestão de recursos humanos e materiais e para o apoio às tomadas de decisão no desenvolvimento de ações específicas de prevenção e combate aos incêndios florestais.

O planejamento das ações anuais de prevenção e combate está intimamente ligado ao clima predominante na região. Assim recomenda-se que a etapa de planejamento ocorra em algum momento entre o final da última temporada de fogo e o início da temporada seguinte. O tempo gasto para realizar o planejamento aqui proposto depende de diversos fatores, como a experiência da equipe responsável, a articulação das parcerias e do apoio ao desenvolvimento do trabalho em campo. Elaborar o plano operativo no menor tempo possível não é a meta; porém salienta-se que as ações devam estar definidas e implementadas pelo menos 2 meses antes da estiagem.

Art. 40. O Governo Federal deverá estabelecer uma Política Nacional de Manejo e Controle de Queimadas, Prevenção e Combate aos Incêndios Florestais, que promova a articulação institucional com vistas na substituição do uso do fogo no meio rural, no controle de queimadas, na prevenção e no combate aos incêndios florestais e no manejo do fogo em áreas naturais protegidas.

§ 1.º A Política mencionada neste artigo deverá prever instrumentos para a análise dos impactos das queimadas sobre mudanças climáticas e mudanças no uso da terra, conservação dos ecossistemas, saúde pública e fauna, para subsidiar planos estratégicos de prevenção de incêndios florestais.

§ 2.º A Política mencionada neste artigo deverá observar cenários de mudanças climáticas e potenciais aumentos de risco de ocorrência de incêndios florestais.

1. COMENTÁRIOS

Este artigo também constitui uma boa novidade do Código Florestal de 2012, ao determinar que o Poder Executivo da União aprove uma *Política Nacional de Manejo e Controle de Queimadas, Prevenção e Combate aos Incêndios Florestais*, devendo observar as mudanças climáticas e o risco de incêndios florestais, além de instituir instrumentos os impactos das queimadas no ambiente.

Vale frisar que o Decreto federal 2.959/1999 já havia instituído o Programa de Prevenção e Controle de Queimadas e Incêndios Florestais na Amazônia Legal com o objetivo de:

> I – identificar áreas de maior risco de ocorrência de incêndios florestais, por meio de sistema de monitoramento e previsão climática;
>
> II – controlar o uso do fogo ao longo da região, por meio das ações de fiscalização das autorizações de queima controlada;

III – informar os produtores e as comunidades rurais quanto aos riscos dos incêndios florestais, por meio de campanhas educativas de mobilização social, conscientização e treinamento;

IV – estruturar e implantar núcleo estratégico com capacidade institucional de mobilizar força-tarefa para atender a emergências em combate a incêndios florestais de grandes proporções.

CAPÍTULO X
DO PROGRAMA DE APOIO E INCENTIVO À PRESERVAÇÃO E RECUPERAÇÃO DO MEIO AMBIENTE

Art. 41. É o Poder Executivo federal autorizado a instituir, sem prejuízo do cumprimento da legislação ambiental, **programa de apoio e incentivo à conservação do meio ambiente**, bem como para adoção de tecnologias e boas práticas que conciliem a produtividade agropecuária e florestal, com redução dos impactos ambientais, como forma de promoção do desenvolvimento ecologicamente sustentável, observados sempre os critérios de progressividade, abrangendo as seguintes categorias e linhas de ação: *(Redação dada pela Lei nº 12.727, de 2012).*

I – pagamento ou incentivo a serviços ambientais como retribuição, monetária ou não, às atividades de conservação e melhoria dos ecossistemas e que gerem serviços ambientais, tais como, isolada ou cumulativamente:

a) o sequestro, a conservação, a manutenção e o aumento do estoque e a diminuição do fluxo de carbono;

b) a conservação da beleza cênica natural;

c) a conservação da biodiversidade;

d) a conservação das águas e dos serviços hídricos;

e) a regulação do clima;

f) a valorização cultural e do conhecimento tradicional ecossistêmico;

g) a conservação e o melhoramento do solo;

h) a manutenção de Áreas de Preservação Permanente, de Reserva Legal e de uso restrito;

II – compensação pelas medidas de conservação ambiental necessárias para o cumprimento dos objetivos desta Lei, utilizando-se dos seguintes instrumentos, dentre outros:

a) obtenção de crédito agrícola, em todas as suas modalidades, com taxas de juros menores, bem como limites e prazos maiores que os praticados no mercado;

b) contratação do seguro agrícola em condições melhores que as praticadas no mercado;

c) dedução das Áreas de Preservação Permanente, de Reserva Legal e de uso restrito da base de cálculo do Imposto sobre a Propriedade Territorial Rural – ITR, gerando créditos tributários;

d) destinação de parte dos recursos arrecadados com a cobrança pelo uso da água, na forma da Lei nº 9.433, de 8 de janeiro de 1997, para a manutenção, recuperação ou recomposição das Áreas de Preservação Permanente, de Reserva Legal e de uso restrito na bacia de geração da receita;

e) linhas de financiamento para atender iniciativas de preservação voluntária de vegetação nativa, proteção de espécies da flora nativa ameaçadas de extinção, manejo florestal e agroflorestal sustentável realizados na propriedade ou posse rural, ou recuperação de áreas degradadas;

f) isenção de impostos para os principais insumos e equipamentos, tais como: fios de arame, postes de madeira tratada, bombas d'água, trado de perfuração de solo, dentre outros utilizados para os processos de recuperação e manutenção das Áreas de Preservação Permanente, de Reserva Legal e de uso restrito;

III – incentivos para comercialização, inovação e aceleração das ações de recuperação, conservação e uso sustentável das florestas e demais formas de vegetação nativa, tais como:

a) participação preferencial nos programas de apoio à comercialização da produção agrícola;

b) destinação de recursos para a pesquisa científica e tecnológica e a extensão rural relacionadas à melhoria da qualidade ambiental.

§ 1.º Para financiar as atividades necessárias à regularização ambiental das propriedades rurais, o programa poderá prever:

I – destinação de recursos para a pesquisa científica e tecnológica e a extensão rural relacionadas à melhoria da qualidade ambiental;

II – dedução da base de cálculo do imposto de renda do proprietário ou possuidor de imóvel rural, pessoa física ou jurídica, de parte dos gastos efetuados com a recomposição das Áreas de Preservação Permanente, de Reserva Legal e de uso restrito cujo desmatamento seja anterior a 22 de julho de 2008;

III – utilização de fundos públicos para concessão de créditos reembolsáveis e não reembolsáveis destinados à compensação, recuperação ou recomposição das Áreas de Preservação Permanente, de Reserva Legal e de uso restrito cujo desmatamento seja anterior a 22 de julho de 2008.

§ 2.º O programa previsto no *caput* poderá, ainda, estabelecer diferenciação tributária para empresas que industrializem ou comercializem produtos originários de propriedades ou posses rurais que cumpram os padrões e limites estabelecidos nos arts. 4.º, 6.º, 11 e 12 desta Lei, ou que estejam em processo de cumpri-los.

§ 3.º Os proprietários ou possuidores de imóveis rurais inscritos no CAR, inadimplentes em relação ao cumprimento do termo de compromisso ou PRA ou que estejam sujeitos a sanções por infrações ao disposto nesta Lei, exceto aquelas suspensas em virtude do disposto no Capítulo XIII, não são elegíveis para os incentivos previstos nas alíneas *"a"* a *"e"* do inciso II do *caput* deste artigo até que as referidas sanções sejam extintas.

§ 4.º As atividades de manutenção das Áreas de Preservação Permanente, de Reserva Legal e de uso restrito são elegíveis para quaisquer pagamentos ou incentivos por serviços ambientais, configurando adicionalidade para fins de mercados nacionais e internacionais de reduções de emissões certificadas de gases de efeito estufa.

§ 5.º O programa relativo a serviços ambientais previsto no inciso I do *caput* deste artigo deverá integrar os sistemas em âmbito nacional e estadual, objetivando a criação de um mercado de serviços ambientais.

§ 6.º Os proprietários localizados nas zonas de amortecimento de Unidades de Conservação de Proteção Integral são elegíveis para receber apoio técnico-financeiro da compensação prevista no art. 36 da Lei nº 9.985, de 18 de julho de 2000, com a finalidade de recuperação e manutenção de áreas prioritárias para a gestão da unidade.

§ 7.º O pagamento ou incentivo a serviços ambientais a que se refere o inciso I deste artigo serão prioritariamente destinados aos agricultores familiares como definidos no inciso V do art. 3.º desta Lei. *(Incluído pela Lei nº 12.727, de 2012).*

1. COMENTÁRIOS

Este artigo autoriza ao Poder Executivo Federal a criar o **programa de apoio e incentivo à conservação do meio ambiente**, com previsão de pagamento ou incentivo a serviços ambientais como retribuição, monetária ou não, às atividades de conservação e melhoria dos ecossistemas e que gerem serviços ambientais.

É decorrência do **Princípio do Protetor-Receptor ou Recebedor**, que seria a outra face da moeda do Princípio do Poluidor-Pagador, ao defender que as pessoas físicas ou jurídicas responsáveis pela preservação ambiental devem ser agraciadas como benefícios de alguma natureza, pois estão colaborando com toda a coletividade para a consecução do direito fundamental ao meio ambiente ecologicamente equilibrado.

Assim, haveria uma *espécie de compensação pela prestação dos serviços ambientais* em favor daqueles que atuam em defesa do meio ambiente, como verdadeira maneira de se promover a justiça ambiental.

Vale registrar que a hipótese elencada na letra "b" já foi regulamentada, uma vez que o artigo 10, § 1.º, inciso II, da Lei 9.393/1996, exclui as áreas de preservação permanente, de reserva legal, sob regime de servidão ambiental, as declaradas de interesse ecológico, e as cobertas por florestas nativas, primárias ou secundárias em estágio médio ou avançado de regeneração da área tributável do Imposto Territorial Rural.

De seu turno, no âmbito do Programa de Apoio e Incentivo à Conservação do Meio Ambiente, poderão ser instituídos incentivos para comercialização, inovação e aceleração das ações de recuperação, conservação e uso sustentável das florestas e demais formas de vegetação nativa, tais como:

a) participação preferencial nos programas de apoio à comercialização da produção agrícola;
b) destinação de recursos para a pesquisa científica e tecnológica e a extensão rural relacionadas à melhoria da qualidade ambiental.

No caso de **regularização ambiental das propriedades rurais**, o multicitado Programa poderá prever a destinação de recursos para a pesquisa científica e tecnológica e a extensão rural relacionadas à melhoria da qualidade ambiental.

Da mesma forma, será possível a **dedução da base de cálculo do Imposto de Renda** do proprietário ou possuidor de imóvel rural, pessoa física ou jurídica, de parte dos gastos efetuados com a recomposição das Áreas de Preservação Permanente, de Reserva Legal e de uso restrito cujo desmatamento seja anterior a 22 de julho de 2008.

Cuida-se de uma nova espécie de tributação ambiental, que permite a dedução de despesas para a recomposição dos citados espaços ambientais protegidos com exploração consolidada, com a permissão da dedução da base de cálculo do IR para fomentar a recuperação das áreas degradadas.

Ademais, ainda existe autorização legal para **utilização de fundos públicos** para concessão de créditos reembolsáveis e não reembolsáveis destinados à compensação, recuperação ou recomposição das Áreas de Preservação Permanente, de Reserva Legal e de uso restrito cujo desmatamento seja anterior a 22 de julho de 2008.

Há uma importante previsão para a concessão de tratamento tributário mais favorável em favor de empresas que industrializem ou comercializem produtos originários de propriedades ou posses rurais que cumpram os padrões e limites estabelecidos nas regras do novo

CFlo para as áreas de preservação permanente, reserva legal e de uso restrito, que objetiva incentivar o controle da origem dos produtos florestais para a obtenção de benefícios fiscais para as empresas.

De acordo com inovação trazida pela Lei 12.727/2012, o pagamento ou incentivo a serviços ambientais serão prioritariamente destinados aos agricultores familiares detentores de pequenas propriedades ou posses rurais familiares.

É importante registrar que, mesmo antes da aprovação do novo Código Florestal, a União já havia aprovado um **Programa de Apoio à Conservação Ambiental** pela **Lei 12.512/2011**, regulamentada pelo Decreto 7.644/2011, normas federais que devem ser atualizadas e ampliadas para se harmonizarem com Capítulo X da Lei 12.651/2012.

O Programa de Apoio à Conservação Ambiental já existente (Lei 12.512/2011), mantido pelo Ministério do Meio Ambiente, possui os seguintes objetivos:

> I – incentivar a conservação dos ecossistemas, entendida como sua manutenção e uso sustentável;
>
> II – promover a cidadania, a melhoria das condições de vida e a elevação da renda da população em situação de extrema pobreza que exerça atividades de conservação dos recursos naturais no meio rural nas áreas definidas no art. 3.º; e
>
> III – incentivar a participação de seus beneficiários em ações de capacitação ambiental, social, educacional, técnica e profissional.

Contudo, nesse Programa mais antigo apenas as **famílias em situação de extrema pobreza** que desenvolvam atividades de **conservação** em determinadas áreas ambientais[29] estão habilitadas a participar, desde que inscritas no Cadastro Único para Programas Sociais do Governo Federal.

Foi prevista a transferência de recursos financeiros do Programa de Apoio à Conservação Ambiental realizada por meio de repasses **trimestrais** no valor de **R$ 300,00**, pelo prazo de dois anos, prorrogável conforme previsão regulamentar (Decreto 7.644/2011).

> **Art. 42.** O Governo Federal implantará programa para conversão da multa prevista no art. 50 do Decreto nº 6.514, de 22 de julho de 2008, destinado a imóveis rurais, referente a autuações vinculadas a desmatamentos em áreas onde não era vedada a supressão, que foram promovidos sem autorização ou licença, em data anterior a 22 de julho de 2008. *(Incluído pela Lei nº 12.727, de 2012).*

1. COMENTÁRIOS

Cuida-se de outro programa que **depende de regulamentação** pelo Poder Executivo da União para a **conversão da multa prevista no art. 50 do Decreto nº 6.514, de 22 de**

29. Art. 3.º, "I – Florestas Nacionais, Reservas Extrativistas e Reservas de Desenvolvimento Sustentável federais; II – projetos de assentamento florestal, projetos de desenvolvimento sustentável ou projetos de assentamento agroextrativista instituídos pelo Instituto Nacional de Colonização e Reforma Agrária – Incra; III – territórios ocupados por ribeirinhos, extrativistas, populações indígenas, quilombolas e outras comunidades tradicionais; e IV – outras áreas rurais definidas como prioritárias por ato do Poder Executivo."

julho de 2008, apenas no que se refere a desmatamentos irregulares praticados até 22 de julho de 2008, pois são casos que ingressaram na regra de transição deste Código Florestal de 2012 (vide artigos 61-A e seguintes).

De acordo com o artigo 50 do Decreto 6.514/2008, é infração administrativa ambiental destruir ou danificar florestas ou qualquer tipo de vegetação nativa ou de espécies nativas plantadas, objeto de especial preservação, sem autorização ou licença da autoridade ambiental competente, com multa de R$ 5.000,00 (cinco mil reais) por hectare ou fração.

Ademais, a multa será acrescida de R$ 500,00 (quinhentos reais) por hectare ou fração quando a situação prevista no *caput* se der em detrimento de vegetação secundária no estágio inicial de regeneração do bioma Mata Atlântica.

São consideradas de especial preservação as florestas e demais formas de vegetação nativa que tenham regime jurídico próprio e especial de conservação ou preservação definido pela legislação, a exemplo de áreas de preservação permanente e de reserva legal.

Este dispositivo contém um grave problema jurídico. É que os ilícitos administrativos ambientais praticados antes da vigência do Decreto 6.514/2008 não podem ser regulados por este ato regulamentar, pois importaria em retroatividade de norma punitiva administrativa, salvo a retroação benéfica, pois ocorridos na vigência do seu precursor o Decreto 3.179/99.

Art. 43. (VETADO).

Art. 44. É instituída a Cota de Reserva Ambiental – CRA, título nominativo representativo de área com vegetação nativa, existente ou em processo de recuperação:

I – sob regime de servidão ambiental, instituída na forma do art. 9.º-A da Lei nº 6.938, de 31 de agosto de 1981;

II – correspondente à área de Reserva Legal instituída voluntariamente sobre a vegetação que exceder os percentuais exigidos no art. 12 desta Lei;

III – protegida na forma de Reserva Particular do Patrimônio Natural – RPPN, nos termos do art. 21 da Lei nº 9.985, de 18 de julho de 2000;

IV – existente em propriedade rural localizada no interior de Unidade de Conservação de domínio público que ainda não tenha sido desapropriada.

§ 1.º A emissão de CRA será feita mediante requerimento do proprietário, após inclusão do imóvel no CAR e laudo comprobatório emitido pelo próprio órgão ambiental ou por entidade credenciada, assegurado o controle do órgão federal competente do Sisnama, na forma de ato do Chefe do Poder Executivo.

§ 2.º A CRA não pode ser emitida com base em vegetação nativa localizada em área de RPPN instituída em sobreposição à Reserva Legal do imóvel.

§ 3.º A Cota de Reserva Florestal – CRF emitida nos termos do art. 44-B da Lei nº 4.771, de 15 de setembro de 1965, passa a ser considerada, pelo efeito desta Lei, como Cota de Reserva Ambiental.

§ 4.º Poderá ser instituída CRA da vegetação nativa que integra a Reserva Legal dos imóveis a que se refere o inciso V do art. 3.º desta Lei.

1. COMENTÁRIOS

Com propriedade, a **CRA – Cota de Reserva Ambiental**, inovação do novo CFlo, é um título nominativo representativo de área com vegetação nativa, existente ou em processo de recuperação, nas seguintes hipóteses:

> I – Sob regime de servidão ambiental, na forma do artigo 9.º-A da Lei 6.938/1981;
>
> II – Correspondente à área de Reserva Legal instituída voluntariamente sobre a vegetação que exceder os percentuais mínimos exigidos;
>
> III – Protegida na forma de Reserva Particular do Patrimônio Natural[30] (espécie de unidade de conservação a ser estudada);
>
> IV – Existente em propriedade rural localizada no interior de Unidade de Conservação de domínio público que ainda não tenha sido desapropriada.

No entanto, para beneficiar o pequeno proprietário ou possuidor rural, a CRA poderá ser expedida em decorrência de toda a área de reserva legal, e não apenas no que exceder aos limites máximos.

Também será admitida a expedição da CRA em favor dos proprietários ou possuidores de imóveis rurais, na Amazônia Legal, e seus herdeiros necessários que possuam índice de reserva legal maior que 50% de cobertura florestal e não realizaram a supressão da vegetação nos percentuais previstos pela legislação em vigor à época poderão utilizar a área excedente de reserva legal.

Isso porque, até o advento da Medida Provisória 2.166-67/2001, a reserva legal na Floresta Amazônica equivalia ao percentual mínimo de 50% da propriedade, passando a ser ao menos de 80% do imóvel rural.

A Cota de Reserva Ambiental veio substituir a Cota de Reserva Florestal, que era prevista no artigo 44-B, do antigo Código Florestal, devendo ser expedida por órgão ou entidade componente do SISNAMA.

Poderá o proprietário requerer a expedição da CRA,[31] desde que o imóvel rural seja inserido no Cadastro Ambiental Rural, e laudo comprobatório emitido pelo próprio órgão ambiental ou por entidade credenciada, assegurado o controle do IBAMA, na forma de ato do Chefe do Poder Executivo.

É possível afirmar que a Cota de Reserva Ambiental é uma concretização do Princípio do Protetor-recebedor, pois todos aqueles que estão conservando cobertura florestal além

---

30. "Art. 44, § 2.º A CRA não pode ser emitida com base em vegetação nativa localizada em área de RPPN instituída em sobreposição à Reserva Legal do imóvel."

31. "Art. 45, § 1.º. O proprietário interessado na emissão da CRA deve apresentar ao órgão ambiental referido no *caput* proposta acompanhada de: I – certidão atualizada da matrícula do imóvel expedida pelo registro de imóveis competente; II – cédula de identidade do proprietário, quando se tratar de pessoa física; III – ato de designação de responsável, quando se tratar de pessoa jurídica; IV – certidão negativa de débitos do Imposto sobre a Propriedade Territorial Rural – ITR; V – memorial descritivo do imóvel, com a indicação da área a ser vinculada ao título, contendo pelo menos um ponto de amarração georreferenciado relativo ao perímetro do imóvel e um ponto de amarração georreferenciado relativo à Reserva Legal."

do exigido pelo novo CFlo, nos casos acima elencados, terão esse título representativo que poderá ser comercializado.

Sobre o tema, colaciona-se notícia publicada no sítio do Senado no dia 06.12.2011:

> "Cota de Reserva Ambiental poderá ser 'moeda verde' negociada entre proprietários para garantir preservação e recuperação
>
> O texto do novo Código Florestal (PLC 30/2011) aprovado pelos senadores na noite desta terça-feira (6) prevê a criação de uma espécie de 'moeda verde': a Cota de Reserva Ambiental (CRA). A cota, na definição do projeto, será um 'título nominativo representativo de área com vegetação nativa, existente ou em processo de recuperação'.
>
> Cada CRA corresponderá a um hectare (10 mil metros quadrados) de área com vegetação nativa primária, ou vegetação secundária em qualquer estágio de regeneração ou recomposição ou ainda áreas de recomposição reflorestadas com espécies nativas.
>
> A CRA poderá ser doada, transferida, vendida ou comprada e poderá ser utilizada para compensar Reserva Legal de imóvel rural situado 'no mesmo bioma da área à qual o título está vinculado'.
>
> Ou seja, em alguns casos, o proprietário obrigado a recompor Reserva Legal em sua propriedade poderá comprar o equivalente em CRA de outro proprietário que tenha preservado Reserva Legal acima do que seria obrigatório em suas terras. Para poder ser usada com essa finalidade, a cota deve representar a mesma quantidade de terra.
>
> O Código em vigor, de 1965, possui figura semelhante, a Cota de Reserva Florestal, que será considerada como CRA após a vigência da futura lei do novo Código.
>
> A emissão da cota será feita pelo órgão ambiental a pedido do dono da terra preservada com vegetação nativa ou recomposta em área excedente à Reserva Legal devida em sua propriedade.
>
> O proprietário da terra que pedir a emissão da CRA será responsável pela preservação, podendo fazer um plano de manejo florestal sustentável para explorar a área. A cota somente poderá ser cancelada a pedido do proprietário que pediu sua emissão ou por decisão do órgão ambiental no caso de degradação da vegetação nativa vinculada ao título".

Art. 45. A CRA será emitida pelo órgão competente do Sisnama em favor de proprietário de imóvel incluído no CAR que mantenha área nas condições previstas no art. 44.

§ 1.º O proprietário interessado na emissão da CRA deve apresentar ao órgão referido no *caput* proposta acompanhada de:

I – certidão atualizada da matrícula do imóvel expedida pelo registro de imóveis competente;

II – cédula de identidade do proprietário, quando se tratar de pessoa física;

III – ato de designação de responsável, quando se tratar de pessoa jurídica;

IV – certidão negativa de débitos do Imposto sobre a Propriedade Territorial Rural – ITR;

V – memorial descritivo do imóvel, com a indicação da área a ser vinculada ao título, contendo pelo menos um ponto de amarração georreferenciado relativo ao perímetro do imóvel e um ponto de amarração georreferenciado relativo à Reserva Legal.

§ 2.º Aprovada a proposta, o órgão referido no *caput* emitirá a CRA correspondente, identificando:

I – o número da CRA no sistema único de controle;

II – o nome do proprietário rural da área vinculada ao título;

III – a dimensão e a localização exata da área vinculada ao título, com memorial descritivo contendo pelo menos um ponto de amarração georreferenciado;

IV – o bioma correspondente à área vinculada ao título;

V – a classificação da área em uma das condições previstas no art. 46.

§ 3.º O vínculo de área à CRA será averbado na matrícula do respectivo imóvel no registro de imóveis competente.

§ 4.º O órgão federal referido no *caput* pode delegar ao órgão estadual competente atribuições para emissão, cancelamento e transferência da CRA, assegurada a implementação de sistema único de controle.

1. COMENTÁRIOS

Após requerimento do proprietário inscrito no CAR, serão expedidas as cotas de reserva ambiental nas hipóteses previstas no artigo anterior pelo órgão do SISNAMA.

Na solicitação deverá constar certidão atualizada do imóvel; registro geral de pessoa física ou ato constitutivo da empresa demonstrando os poderes de nomeação do gestor; memorial descritivo do imóvel e certidão negativa de ITR.

Deverá ser instituído um sistema de controle das CRAs, sendo cada uma numerada e vinculada a um imóvel e proprietário rural, inclusive com registro imobiliário.

Deverá ainda ser indicado o Bioma e a classificação do imóvel como área com vegetação nativa primária ou com vegetação secundária em qualquer estágio de regeneração ou recomposição ou área de recomposição mediante reflorestamento com espécies nativas.

A norma não específica qual a esfera do órgão ambiental terá competência para expedir a CRA, sendo certamente competência comum entre todos, mas admite delegação do IBAMA aos órgãos estaduais de meio ambiente.

Art. 46. Cada CRA corresponderá a 1 (um) hectare:

I – de área com vegetação nativa primária ou com vegetação secundária em qualquer estágio de regeneração ou recomposição;

II – de áreas de recomposição mediante reflorestamento com espécies nativas.

§ 1.º O estágio sucessional ou o tempo de recomposição ou regeneração da vegetação nativa será avaliado pelo órgão ambiental estadual competente com base em declaração do proprietário e vistoria de campo.

§ 2.º A CRA não poderá ser emitida pelo órgão ambiental competente quando a regeneração ou recomposição da área forem improváveis ou inviáveis.

1. COMENTÁRIOS

Cada CRA corresponderá a **um hectare** de área com vegetação nativa primária ou com vegetação secundária em qualquer estágio de regeneração ou recomposição, bem como de áreas de recomposição mediante reflorestamento com espécies nativas.

No entanto, se constatado pelo órgão ambiental que a regeneração ou recomposição da área forem improváveis ou inviáveis será negada a expedição de CRA.

Art. 47. É obrigatório o registro da CRA pelo órgão emitente, no prazo de 30 (trinta) dias, contado da data da sua emissão, em bolsas de mercadorias de âmbito nacional ou em sistemas de registro e de liquidação financeira de ativos autorizados pelo Banco Central do Brasil.

1. COMENTÁRIOS

A CRA constitui a nova moeda verde, devendo o órgão ambiental emissor registrá-la em 30 dias em bolsas de mercadorias de âmbito nacional ou em sistemas de registro e de liquidação financeira de ativos autorizados pelo Banco Central do Brasil.

A Bolsa Verde do Rio de Janeiro já disponibiliza os **CRAFs – Contratos de Desenvolvimento e Venda de Cotas de Reserva Ambiental para Entrega Futura** estabelecem obrigações entre aqueles que tem excedente de reserva legal (vendedores) e aqueles que queiram comprar CRAs para se adequar aos requerimentos do Código Florestal. Por meio do CRAF o Vendedor se compromete a criar as CRAs e entregá-las ao Comprador mediante o pagamento, a ser realizado na entrega das CRAs, de um preço previamente acordado entre as partes[32].

A respeito do tema, segue notícia publicada no site da Agência Brasil:

Produtores aguardam regulamentação sobre cotas de Reserva Ambiental33

O novo Código Florestal Brasileiro, sancionado em 2012, abriu a possibilidade de um mercado promissor de ativos ambientais, de compra e venda de cotas de Reserva Ambiental (CRAs). Mas, para que as trocas comerciais ocorram, produtores rurais ainda aguardam a regulamentação por parte do Ministério do Meio Ambiente (MMA).

Entre as obrigações previstas no código, estão a conservação das áreas de Preservação Permanente (APP), como as margens dos rios, e da Reserva Legal (RL). O percentual de área de reserva na propriedade rural que deve ser preservada varia de 20% a 80%, de acordo com o bioma em que ela se encontra – 80% na Amazônia Legal e 35% no Cerrado, por exemplo.

O diretor do Departamento de Gestão Estratégica da Secretaria Executiva do MMA, Raimundo Deus-dará, explica que o primeiro passo para a regularização ambiental é o Cadastro Ambiental Rural (CAR), que identifica e integra as informações das propriedades, visando ao planejamento ambiental, monitoramento, combate ao desmatamento e à regularização. Ele já está sendo feito por produtores em parceria com alguns estados e municípios, mas o banco de dados nacional ainda não está habilitado.

"O decreto de implantação do CAR ainda está em estudo e não tem prazo para sair. Estamos consultando os ministérios da Agricultura, do Desenvolvimento Agrário, da Fazenda e outros órgãos envolvidos. A partir de sua publicação, passará a contar o prazo de dois

32. Disponível em: <http://www.bvrio.org/site/index.php/mercados/florestal/cotas-de-reserva-ambiental>.
33. Disponível em: <http://agenciabrasil.ebc.com.br/geral/noticia/2014-02/produtores-aguardam-regulamentacao-para-comercializar-cotas-de-reserva>.

anos para os produtores se cadastrarem no CAR, podendo também aderir ao Programa de Regularização Ambiental (PRA)", acrescentou o diretor.

O Código Florestal prevê que, após cinco anos de sua publicação, ou seja, a partir de 28 de maio de 2017, as instituições financeiras não poderão conceder crédito agrícola para os agricultores que não tiverem o Cadastro Ambiental Rural regularizado, ou seja, sem passivo ambiental ou em processo de recuperação da área desmatada.

Para recuperar essa área, os imóveis com déficit de reserva legal têm a opção de recompor a reserva por meio de plantio de mudas ou regeneração natural. Têm ainda a opção de compra de cotas de reserva em outras propriedades, desde que atendidas determinadas condições legais relativas à data da perda da cobertura florestal e que as cotas estejam no mesmo bioma e estado da área a ser compensada.

A compensação é feita da seguinte forma: um produtor que tenha, em sua propriedade, reserva excedente ao estabelecido pela lei, pode gerar cotas (1 cota = 1 hectare) e disponibilizar para venda. O produtor que tem déficit de reserva legal compra essas cotas e utiliza para compensação de sua própria área. Então, na prática, um produtor paga para outro preservar sua reserva.

Para estimular e orientar os produtores rurais no processo de regularização de suas propriedades, a Bolsa Verde do Rio de Janeiro promove o Circuito BVRio: Regularização ambiental em ação. A caravana está percorrendo vários municípios do Pará e de Mato Grosso, com palestras informativas. Ela teve início em 31 de janeiro em Paragominas (PA), com término previsto para 22 de maio em São José do Rio Claro (MT).

Leonel Mello, gerente comercial da BVRio, explica que, para fazer o reflorestamento com espécies nativas, o custo pode variar de R$ 15 mil a R$ 20 mil por hectare. "Há produtores rurais que já utilizam a área de produção há 30 anos, por exemplo, e reflorestar 80% disso inviabilizaria o negócio que já está estabelecido. Então, a melhor opção, e mais barata, são as cotas", diz o gerente.

"Em termos ambientais, o uso da cota é benéfico. O produtor que teria condições de desmatar sua área legalmente é estimulado a preservar e transformar aquilo em renda", ressalta Maurício Moura Costa, diretor de operações da BVRio.

Ele explica que ainda não há um valor estabelecido para as cotas, que deve variar por estado, bioma e tempo de compensação. "O que temos hoje são expectativas por parte dos vendedores que estão se cadastrando na plataforma virtual, já que as transações de mercado ainda não começaram", diz Costa.

Segundo ele, a BVRio é uma associação sem fins lucrativos e analisada por auditores independentes. A divulgação para os produtores é feita da forma mais transparente possível. A plataforma online, BVTrade, atua como intermediária entre vendedor e comprador e cada produtor deve buscar a comprovação das informações por meio de documentação.

Leonel Mello explica que os produtores já estão fazendo os acordos onde o vendedor se compromete a criar as cotas, prefixando o preço e o prazo para a compensação, já que os valores tendem a subir com o tempo. Segundo ele, a plataforma BVTrade entrou em operação em dezembro de 2012 e já têm 500 mil cotas sendo oferecidas em todo o país, com ofertas de compra e negociações em andamento. Um técnico do Banco do Brasil também está em campo com o Circuito BVRio, para apresentar linhas de financiamento para que os produtores façam a regularização ambiental.

Deus-dará informa que o sistema de troca de cotas ambientais já estava previsto desde 1996, mas agora, com o CAR, poderá ser mais bem viabilizado. "As iniciativas privadas, como a BVRio, estão antecipando um passo e buscando quem gostaria de aderir a esse mecanismo de compensação, que já tem os conceitos principais discriminados na própria lei. O decreto a ser publicado será mais de procedimentos, com regras de como fazer o mercado girar com garantias econômicas e ambientais, justamente para não virar um loteamento de ativos que não existem", disse.

O secretário explica ainda que o CAR terá uma metodologia de análise para confirmação do uso de cotas nas compensações. "Esse mercado é finito e envolve a emissão de um quase título, que também precisa de acompanhamento físico. A ansiedade é muito grande, mas para fazer essa roda girar precisamos definir bem o papel de cada órgão no processo", complementa.

A Comissão de Valores Mobiliários também foi consultada pela **Agência Brasil** sobre a regulação desse mercado de ativos ambientais e cotas de reserva. Segundo a assessoria, os valores mobiliários atualmente passíveis de negociação estão definidos no Artigo 2º da Lei 6.385. "Ressaltamos que a autarquia está permanentemente e, sempre que necessário, modernizando a regulamentação do mercado de capitais, em função de fatores diversos, tais como estruturas inovadoras, experiência da supervisão, demandas de agentes de mercado, entre outros. No momento, não há previsão para edição de uma Instrução específica sobre o tema".

Art. 48. A CRA pode ser transferida, onerosa ou gratuitamente, a pessoa física ou a pessoa jurídica de direito público ou privado, mediante termo assinado pelo titular da CRA e pelo adquirente.

§ 1.º A transferência da CRA só produz efeito uma vez registrado o termo previsto no *caput* no sistema único de controle.

§ 2.º A CRA só pode ser utilizada para compensar Reserva Legal de imóvel rural situado no mesmo bioma da área à qual o título está vinculado.

§ 3.º A CRA só pode ser utilizada para fins de compensação de Reserva Legal se respeitados os requisitos estabelecidos no § 6.º do art. 66.

§ 4.º A utilização de CRA para compensação da Reserva Legal será averbada na matrícula do imóvel no qual se situa a área vinculada ao título e na do imóvel beneficiário da compensação.

1. COMENTÁRIOS

A CRA poderá **ser transferida, onerosa ou gratuitamente**, a pessoa física ou a pessoa jurídica de direito público ou privado, mediante termo assinado pelo titular da CRA e pelo adquirente, só produzindo efeito o negócio jurídico uma vez registrado o termo no sistema único de controle.

O titular da CRA terá o direito de utilizá-la para compensar Reserva Legal de imóvel rural situado no mesmo bioma da área à qual o título está vinculado, na hipótese de não atingir os percentuais mínimos legais, devendo ser averbada na matrícula do imóvel no qual se situa a área vinculada ao título e na do imóvel beneficiário da compensação.

O STF julgou parcialmente procedente a ADC 42, para **dar interpretação conforme a Constituição ao art. 48, § 2º, para permitir compensação apenas entre áreas com identidade ecológica.**

Sobre o tema, colaciona-se notícia a respeito[34]:

O que é o Mercado de Cotas de Reserva Ambiental

05.01.2013 – 17:49

"A legislação brasileira exige a manutenção de área com cobertura de vegetação nativa em propriedades rurais (Reserva Legal), em percentuais que variam de 20% a 80% da propriedade, conforme o bioma e a região em que se localize o imóvel.

De acordo com o IBGE, existem no país mais de cinco milhões de imóveis rurais (entre propriedades, posses e outras categorias) que necessitam cumprir com esta legislação. Estima-se, no entanto, que cerca de quatro milhões de propriedades não têm área de Reserva Legal suficiente. Este déficit de Reserva Legal no país é estimado entre 30 e 60 milhões de hectares.

Aqueles que não têm Reserva Legal podem se adequar com o plantio ou regeneração de áreas dentro do próprio imóvel rural. Alternativamente, a legislação florestal possibilita que esta obrigação de Reserva Legal seja cumprida por meio das chamadas 'Cotas de Reserva Ambiental' (CRAs): instrumentos criados pelo Código Florestal Brasileiro para possibilitar a compensação da obrigação de Reserva Legal em propriedades rurais. As CRAs podem ser criadas em áreas de vegetação nativa ou em processo de recuperação (salvo se a regeneração ou recomposição da área forem improváveis ou inviáveis).

De um modo geral, as CRAs serão criadas em áreas que excedam as obrigações de Reserva Legal e de Áreas de Proteção Permanente (APPs) de cada imóvel. Um dos pré-requisitos para a criação de CRAs é que o imóvel rural esteja inscrito no Cadastro Ambiental Rural (CAR), um cadastro digital georreferenciado e ligado a imagens de satélite, que possibilita a melhor localização e monitoramento do uso do solo em imóveis rurais.

As CRAs podem ser usadas para compensar a ausência de Reserva Legal de outro imóvel rural, desde que atendidas determinadas condições legais. Uma primeira condição refere-se à data da perda da cobertura florestal – só podem se beneficiar do uso de CRAs os imóveis que foram desmatados até 22 de julho de 2008. Há também o requerimento de que a compensação seja feita com CRAs de um mesmo bioma e no mesmo estado, a menos que estejam em áreas consideradas prioritárias pela União ou pelos estados.

O uso de CRAs é um modo ágil de adequação à lei, mas foi pouco usado até hoje. Um dos possíveis empecilhos à criação de CRAs é a falta de visibilidade de oferta, demanda e preços entre os potenciais vendedores e compradores destas cotas. O mercado de Cotas de

34. Disponível em: <http://www.agrolink.com.br/colunistas/o-que-e-o-mercado-de-cotas-de-reserva-ambiental_4535.html>.

Reserva Ambiental da BVRio objetiva fomentar o uso deste mecanismo e auxiliar ao cumprimento das obrigações de reserva legal no país.

Para facilitar o uso deste instrumento, a BVRio criou um mercado de contratos de desenvolvimento destas cotas para entrega em um momento futuro – o mercado de CRAFs. Os CRAFs – Contratos de Desenvolvimento e Venda de Cotas de Reserva Ambiental estabelecem obrigações entre aqueles que têm excedente de Reserva Legal (vendedores) e aqueles que queiram comprar CRAs para se adequar aos requerimentos do Código Florestal. Por meio do CRAF o vendedor se compromete a criar as CRAs e entregá-las ao comprador mediante o pagamento, a ser realizado na entrega das CRAs, de preço previamente acordado entre as partes.

Contratos de desenvolvimento e entrega futura foram também utilizados para fomentar e iniciar o mercado de créditos de carbono (Reduções Certificadas de Emissões – RCEs) no âmbito do Mecanismo de Desenvolvimento Limpo (MDL, ou CDM) da Convenção do Clima. Transações de compra e venda de RCEs foram iniciadas muito antes de todos os elementos do mecanismo estarem regulamentados, através de contratos de compra e venda de RCEs (*Emission Reduction Purchase Agreements* – ERPAs). Este mercado inicial acelerou o processo de regulamentação e a adesão de participantes em atividades relacionadas a reduções de emissões de gases efeito estufa. A BVRio espera que o uso de CRAFs tenha um impacto semelhante no processo de adequação aos requerimentos do Código Florestal.

Ofertas de venda e compra

Proprietários rurais com excedente de Reserva Legal podem ofertar na BVRio as CRAs que serão criadas em seus imóveis. A Plataforma BVTrade possibilita que o Vendedor informe as características do imóvel e em que ponto está o processo de criação das CRAs. Por exemplo:

- Bioma e estado;
- Situação fundiária;
- Se a RL está em UC, RPPN ou área prioritária;
- Declaração de confrontantes, afirmando não haver disputas territoriais;
- Memorial descritivo da propriedade;
- Existência ou não de Cadastro Ambiental Rural (CAR);
- Existência ou não de Reserva Legal averbada. Esta lista de pontos reflete o tipo do imóvel e o estágio do processo de criação de CRAs e fornece elementos para que o comprador possa avaliar o tempo necessário para a emissão das CRAs, assim como o nível de risco inerente ao contrato. Quanto mais elementos já tiverem sido concluídos, menor o risco e o tempo entre a contratação e a entrega das CRAs.

Vendedores podem informar o valor esperado pelas cotas (R$/hectare) e a duração que querem dar às cotas vendidas (5, 10, 20, 30 anos ou perpétua). Ou podem deixar essas variáveis em aberto e esperar por ofertas de compra. Compradores fazem ofertas para os CRAFs na Plataforma BVTrade indicando o tamanho do lote desejado, a duração e o valor que estão dispostos a pagar. A plataforma não divulga as identidades do vendedor e do comprador até que negociações sejam concluídas.

Após concluir a operação, o Contrato de Desenvolvimento e Venda de Cotas de Reserva Ambiental (CRAF) entra em vigor. A partir deste momento, o vendedor se compromete a desenvolver as CRAs em seu imóvel e transferi-las ao Comprador imediatamente após sua emissão.

Liquidação

Quando da emissão das CRAs, a BVRio auxiliará as partes no processo de liquidação físico-financeira. A BVRio receberá o pagamento do comprador em uma conta fiduciária e só fará sua transferência para o vendedor após a transferência das CRAs para o controle do comprador. Neste momento, o contrato será considerado concluído.

Após a transferência das CRAs, o vendedor continuará com a obrigação de manter essas áreas como Reserva Legal durante o prazo das CRAs estipulado no contrato. Ao final do prazo das CRAs, o contrato pode ser renovado ou o vendedor tem o direito de reofertar suas CRAs para venda através da BVRio.

A BVRio possibilita também que sejam transacionadas CRAs a partir da venda secundária de CRAFs. Compradores que tenham obtido direitos a CRAs para entrega futura, a partir de CRAFs negociados na BVRio, poderão ofertá-los na plataforma e firmar novos contratos. A BVRio manterá um registro de todos os contratos firmados para assegurar que as ofertas feitas na plataforma estão relacionados a contratos válidos.

O mercado secundário possibilita maior liquidez e flexibilidade para os participantes do mercado. Ao mesmo tempo, cria uma oportunidade para consultores, investidores e prestadores de serviço de adquirir CRAFs em fases iniciais, agregar valor ao longo do processo de criação das CRAs e realizar este valor através da revenda destes contratos em um momento futuro.

Sobre a BVRio

A BVRio é uma bolsa de valores ambientais de âmbito nacional com o objetivo de prover soluções de mercado para a promoção do desenvolvimento sustentável. Acreditamos que mecanismos de mercado sejam um meio ágil de facilitar o cumprimento de leis ambientais. Para saber mais ou acessar a BVTrade: http://www.bvrio.org".

Art. 49. Cabe ao proprietário do imóvel rural em que se situa a área vinculada à CRA a responsabilidade plena pela manutenção das condições de conservação da vegetação nativa da área que deu origem ao título.

§ 1.º A área vinculada à emissão da CRA com base nos incisos I, II e III do art. 44 desta Lei poderá ser utilizada conforme PMFS.

§ 2.º A transmissão *inter vivos* ou *causa mortis* do imóvel não elimina nem altera o vínculo de área contida no imóvel à CRA.

1. COMENTÁRIOS

Registre-se que será de plena responsabilidade do proprietário do imóvel rural em que se situa a área vinculada à CRA a manutenção das condições de conservação da vegetação nativa da área que deu origem ao título.

Pode ser possível que a área referente à expedição de CRA seja explorada através de projeto de manejo florestal sustentável:

I – sob regime de servidão ambiental, instituída na forma do art. 9.º-A da Lei nº 6.938, de 31 de agosto de 1981;

II – correspondente à área de Reserva Legal instituída voluntariamente sobre a vegetação que exceder os percentuais exigidos no art. 12 desta Lei;

III – protegida na forma de Reserva Particular do Patrimônio Natural – RPPN, nos termos do art. 21 da Lei nº 9.985, de 18 de julho de 2000;

No entanto, se a servidão ambiental não permitir exploração da vegetação e o plano de manejo da RPPN não permitir, não caberá a cita exploração.

Art. 50. A CRA somente poderá ser cancelada nos seguintes casos:

I – por solicitação do proprietário rural, em caso de desistência de manter áreas nas condições previstas nos incisos I e II do art. 44;

II – automaticamente, em razão de término do prazo da servidão ambiental;

III – por decisão do órgão competente do Sisnama, no caso de degradação da vegetação nativa da área vinculada à CRA cujos custos e prazo de recuperação ambiental inviabilizem a continuidade do vínculo entre a área e o título.

§ 1.º O cancelamento da CRA utilizada para fins de compensação de Reserva Legal só pode ser efetivado se assegurada Reserva Legal para o imóvel no qual a compensação foi aplicada.

§ 2.º O cancelamento da CRA nos termos do inciso III do *caput* independe da aplicação das devidas sanções administrativas e penais decorrentes de infração à legislação ambiental, nos termos da Lei nº 9.605, de 12 de fevereiro de 1998.

§ 3.º O cancelamento da CRA deve ser averbado na matrícula do imóvel no qual se situa a área vinculada ao título e do imóvel no qual a compensação foi aplicada.

1. COMENTÁRIOS

A CRA somente poderá ser **cancelada** nas situações abaixo, devendo tal cancelamento ser averbado na matrícula do imóvel no qual se situa a área vinculada ao título e do imóvel no qual a compensação foi aplicada:

I – por solicitação do proprietário rural, em caso de desistência de manter áreas nas condições de servidão ambiental e de reserva legal acima dos percentuais mínimos legais;

II – automaticamente, em razão de término do prazo da servidão ambiental;

III – por decisão do órgão competente do SISNAMA, no caso de degradação da vegetação nativa da área vinculada à CRA cujos custos e prazo de recuperação ambiental inviabilizem a continuidade do vínculo entre a área e o título.

No entanto, se a CRA foi usada para a compensação de reserva legal, é condição de cancelamento que o prévio cumprimento do percentual mínimo de reserva legal para o imóvel a qual aproveitava.

Mesmo que não haja imposição de penalidade administrativa, o órgão ambiental poderá cancelar a CRA no caso de degradação da vegetação nativa da área vinculada à CRA cujos custos e prazo de recuperação ambiental inviabilizem a continuidade do vínculo entre a área e o título.

CAPÍTULO XI
DO CONTROLE DO DESMATAMENTO

Art. 51. O órgão ambiental competente, ao tomar conhecimento do desmatamento em desacordo com o disposto nesta Lei, deverá embargar a obra ou atividade que deu causa ao uso alternativo do solo, como medida administrativa voltada a impedir a continuidade do dano ambiental, propiciar a regeneração do meio ambiente e dar viabilidade à recuperação da área degradada.

§ 1.º O embargo restringe-se aos locais onde efetivamente ocorreu o desmatamento ilegal, não alcançando as atividades de subsistência ou as demais atividades realizadas no imóvel não relacionadas com a infração.

§ 2.º O órgão ambiental responsável deverá disponibilizar publicamente as informações sobre o imóvel embargado, inclusive por meio da rede mundial de computadores, resguardados os dados protegidos por legislação específica, caracterizando o exato local da área embargada e informando em que estágio se encontra o respectivo procedimento administrativo.

§ 3.º A pedido do interessado, o órgão ambiental responsável emitirá certidão em que conste a atividade, a obra e a parte da área do imóvel que são objetos do embargo, conforme o caso.

1. COMENTÁRIOS

Este artigo disciplina o embargo de atividade ilegal que gerou desmatamento como medida cautelar administrativa para impedir o agravamento do dano ambiental, bem como permitir a regeneração da área, acaso cabível.

No entanto, neste caso de embargo cautelar, este deverá ser restrito aos locais onde efetivamente ocorreu o desmatamento ilegal, não alcançando as atividades de subsistência ou as demais atividades realizadas no imóvel não relacionadas com a infração.

Nesse sentido já dispunha o Decreto 6.686/2008, ao afirmar que o embargo de obra ou atividade restringe-se aos locais onde efetivamente caracterizou-se a infração ambiental, não alcançando as demais atividades realizadas em áreas não embargadas da propriedade ou posse ou não correlacionadas com a infração.

Ademais, A cessação das penalidades de suspensão e embargo dependerá de decisão da autoridade ambiental após a apresentação, por parte do autuado, de documentação que regularize a obra ou atividade.

Por sua vez, no caso de áreas irregularmente desmatadas ou queimadas, o agente autuante embargará quaisquer obras ou atividades nelas localizadas ou desenvolvidas, excetuando as atividades de subsistência.

CAPÍTULO XII
DA AGRICULTURA FAMILIAR

Art. 52. A intervenção e a supressão de vegetação em Áreas de Preservação Permanente e de Reserva Legal para as atividades eventuais ou de baixo impacto ambiental, previstas no inciso X do art. 3.º, excetuadas as alíneas *b* e *g*, quando desenvolvidas nos imóveis a que se refere o inciso V do art. 3.º, dependerão de simples declaração ao órgão ambiental competente, desde que esteja o imóvel devidamente inscrito no CAR.

1. COMENTÁRIOS

O novo Código Florestal dedicou o Capítulo XII para tratar da agricultura familiar nas pequenas propriedades e posses rurais, dispensando um tratamento jurídico diferenciado para o pequeno produtor rural.

Considera-se como **pequena propriedade ou posse rural familiar** aquela explorada mediante o trabalho pessoal do agricultor familiar e empreendedor familiar rural, incluindo os assentamentos e projetos de reforma agrária, e que atenda ao disposto no artigo 3.º, da Lei nº 11.326, de 24 de julho de 2006 (Política Nacional da Agricultura Familiar e Empreendimentos Familiares Rurais), que exige que o imóvel rural seja de até **quatro módulos fiscais**, dentre outros requisitos.[35]

Inicialmente, a intervenção eventual de baixo impacto ambiental nas áreas de reserva legal e de preservação permanente nessas pequenas fazendas terá um processo de licenciamento ambiental simplificado, sendo apenas necessária uma simples **declaração do órgão ambiental**, desde que o imóvel esteja inscrito no Cadastro Ambiental Rural, que terá procedimento simplificado, sendo o registro da reserva legal gratuito.

> **Art. 53.** Para o registro no CAR da Reserva Legal, nos imóveis a que se refere o inciso V do art. 3.º, o proprietário ou possuidor apresentará os dados identificando a área proposta de Reserva Legal, cabendo aos órgãos competentes integrantes do Sisnama, ou instituição por ele habilitada, realizar a captação das respectivas coordenadas geográficas.
>
> Parágrafo único. O registro da Reserva Legal nos imóveis a que se refere o inciso V do art. 3.º é gratuito, devendo o poder público prestar apoio técnico e jurídico.

1. COMENTÁRIOS

Para a pequena **propriedade ou posse rural familiar** foi **simplificado e gratuito** para o registro do imóvel no **Cadastro Ambiental Rural**, cabendo ao órgão ambiental captar as coordenadas geográficas.

> **Art. 54.** Para cumprimento da manutenção da área de reserva legal nos imóveis a que se refere o inciso V do art. 3.º, poderão ser computados os plantios de árvores frutíferas, ornamentais ou industriais, compostos por espécies exóticas, cultivadas em sistema intercalar ou em consórcio com espécies nativas da região em sistemas agroflorestais.
>
> Parágrafo único. O poder público estadual deverá prestar apoio técnico para a recomposição da vegetação da Reserva Legal nos imóveis a que se refere o inciso V do art. 3.º.

1. COMENTÁRIOS

Em regra, a composição da vegetação da área de reserva legal deve ser nativa. No entanto, para beneficiar a propriedade ou posse rural familiar, este artigo permitiu os plantios

35. Art. 3.º, "I – (...) II – utilize predominantemente mão de obra da própria família nas atividades econômicas do seu estabelecimento ou empreendimento; III – tenha percentual mínimo da renda familiar originada de atividades econômicas do seu estabelecimento ou empreendimento, na forma definida pelo Poder Executivo; IV – dirija seu estabelecimento ou empreendimento com sua família."

de árvores frutíferas, ornamentais ou industriais, compostos por espécies exóticas (de outro ecossistema), cultivadas em sistema intercalar ou em consórcio com espécies nativas da região em sistemas agroflorestais, devendo existir apoio técnico do poder público.

Art. 55. A inscrição no CAR dos imóveis a que se refere o inciso V do art. 3º observará procedimento simplificado no qual será obrigatória apenas a apresentação dos documentos mencionados nos incisos I e II do § 1.º do art. 29 e de croqui indicando o perímetro do imóvel, as Áreas de Preservação Permanente e os remanescentes que formam a Reserva Legal.

1. COMENTÁRIOS

Este artigo determina que o Poder Público adote um procedimento simplificado de inscrição no Cadastro Ambiental Rural para a propriedade ou posse rural familiar. Nesse sentido, dispõe o artigo 8º do Decreto 7.830/2012:

> "Art. 8.º Para o registro no CAR dos imóveis rurais referidos no inciso V do *caput* do art. 3.º, da Lei nº 12.651, de 2012, será observado procedimento simplificado, nos termos de ato do Ministro de Estado do Meio Ambiente, no qual será obrigatória apenas a identificação do proprietário ou possuidor rural, a comprovação da propriedade ou posse e a apresentação de croqui que indique o perímetro do imóvel, as Áreas de Preservação Permanente e os remanescentes que formam a Reserva Legal.
>
> § 1.º Caberá ao proprietário ou possuidor apresentar os dados com a identificação da área proposta de Reserva Legal.
>
> § 2.º Caberá aos órgãos competentes integrantes do SISNAMA, ou instituição por ele habilitada, realizar a captação das respectivas coordenadas geográficas, devendo o poder público prestar apoio técnico e jurídico, assegurada a gratuidade de que trata o parágrafo único do art. 53 da Lei nº 12.651, de 2012, sendo facultado ao proprietário ou possuidor fazê-lo por seus próprios meios.
>
> § 3.º Aplica-se o disposto neste artigo ao proprietário ou posseiro rural com até quatro módulos fiscais que desenvolvam atividades agrossilvipastoris, e aos povos e comunidades indígenas e tradicionais que façam uso coletivo do seu território".

Art. 56. O licenciamento ambiental de PMFS comercial nos imóveis a que se refere o inciso V do art. 3.º se beneficiará de procedimento simplificado de licenciamento ambiental.

§ 1.º O manejo sustentável da Reserva Legal para exploração florestal eventual, sem propósito comercial direto ou indireto, para consumo no próprio imóvel a que se refere o inciso V do art. 3.º, independe de autorização dos órgãos ambientais competentes, limitada a retirada anual de material lenhoso a 2 (dois) metros cúbicos por hectare.

§ 2.º O manejo previsto no § 1.º não poderá comprometer mais de 15% (quinze por cento) da biomassa da Reserva Legal nem ser superior a 15 (quinze) metros cúbicos de lenha para uso doméstico e uso energético, por propriedade ou posse rural, por ano.

§ 3.º Para os fins desta Lei, entende-se por manejo eventual, sem propósito comercial, o suprimento, para uso no próprio imóvel, de lenha ou madeira serrada destinada a benfeitorias e uso energético nas propriedades e posses rurais, em quantidade não superior ao estipulado no § 1.º deste artigo.

§ 4.º Os limites para utilização previstos no § 1.º deste artigo no caso de posse coletiva de populações tradicionais ou de agricultura familiar serão adotados por unidade familiar.

§ 5.º As propriedades a que se refere o inciso V do art. 3.º são desobrigadas da reposição florestal se a matéria-prima florestal for utilizada para consumo próprio.

1. COMENTÁRIOS

Este artigo determina que o Poder Público adote um procedimento simplificado no licenciamento ambiental de PMFS comercial para a propriedade ou posse rural familiar.

Ademais, o manejo sustentável da reserva legal para exploração florestal eventual, sem propósito comercial direto ou indireto, para consumo no próprio imóvel, independe de autorização dos órgãos ambientais competentes, limitada a retirada anual de material lenhoso a dois metros cúbicos por hectare, desde que não comprometa mais de 15% da biomassa da Reserva Legal e nem seja superior a 15 metros cúbicos de lenha para uso doméstico e uso energético, por propriedade ou posse rural, por ano.

Outrossim, este artigo dispensou da reposição florestal a propriedade ou posse rural familiar no que concerne à matéria prima destinada a uso próprio.

Art. 57. Nos imóveis a que se refere o inciso V do art. 3.º, o manejo florestal madeireiro sustentável da Reserva Legal com propósito comercial direto ou indireto depende de autorização simplificada do órgão ambiental competente, devendo o interessado apresentar, no mínimo, as seguintes informações:

I – dados do proprietário ou possuidor rural;

II – dados da propriedade ou posse rural, incluindo cópia da matrícula do imóvel no Registro Geral do Cartório de Registro de Imóveis ou comprovante de posse;

III – croqui da área do imóvel com indicação da área a ser objeto do manejo seletivo, estimativa do volume de produtos e subprodutos florestais a serem obtidos com o manejo seletivo, indicação da sua destinação e cronograma de execução previsto.

1. COMENTÁRIOS

Este artigo determina que o Poder Público adote um sistema de autorização simplificada o para o manejo florestal madeireiro sustentável da Reserva Legal com propósito comercial direto ou indireto na propriedade ou posse rural familiar, devendo apenas dados do proprietário ou possuidor, do imóvel e croqui da área a ser manejada com o volume estimado.

Art. 58. Assegurado o controle e a fiscalização dos órgãos ambientais competentes dos respectivos planos ou projetos, assim como as obrigações do detentor do imóvel, o poder público poderá instituir programa de apoio técnico e incentivos financeiros, podendo incluir medidas indutoras e linhas de financiamento para atender, prioritariamente, os imóveis a que se refere o inciso V do *caput* do art. 3.º, nas iniciativas de: *(Redação dada pela Lei nº 12.727, de 2012).*

I – preservação voluntária de vegetação nativa acima dos limites estabelecidos no art. 12;

II – proteção de espécies da flora nativa ameaçadas de extinção;

III – implantação de sistemas agroflorestal e agrossilvipastoril;

IV – recuperação ambiental de Áreas de Preservação Permanente e de Reserva Legal;

V – recuperação de áreas degradadas;

VI – promoção de assistência técnica para regularização ambiental e recuperação de áreas degradadas;

VII – produção de mudas e sementes;

VIII – pagamento por serviços ambientais.

1. COMENTÁRIOS

Este artigo prevê que o Poder Público poderá aprovar **Programa de Apoio Técnico e Incentivos Financeiros** para as propriedades ou posses rurais familiares, que contemplará benefícios à luz do Princípio do Protetor-recebedor, como créditos subsidiados.

Nesse sentido, é necessária que seja adotada alguma medida protetora do ambientais, tais como a manutenção de percentual de área de reserva legal acima do limite mínimo, recuperação de áreas de preservação permanente, de reserva legal ou de outras áreas degradadas.

Veja-se que foi previsto o **pagamento por serviços ambientais**, que consiste em remunerar iniciativas protetivas do ambiente em uma economia ecologicamente sustentável, em que se ganha dinheiro protegendo o meio ambiente.

CAPÍTULO XIII
DISPOSIÇÕES TRANSITÓRIAS

SEÇÃO I
DISPOSIÇÕES GERAIS

Art. 59. A União, os Estados e o Distrito Federal deverão, no prazo de 1 (um) ano, contado a partir da data da publicação desta Lei, prorrogável por uma única vez, por igual período, por ato do Chefe do Poder Executivo, implantar Programas de Regularização Ambiental – PRAs de posses e propriedades rurais, com o objetivo de adequá-las aos termos deste Capítulo.

§ 1º Na regulamentação dos PRAs, a União estabelecerá normas de caráter geral, e os Estados e o Distrito Federal ficarão incumbidos do seu detalhamento por meio da edição de normas de caráter específico, em razão de suas peculiaridades territoriais, climáticas, históricas, culturais, econômicas e sociais, conforme preceitua o art. 24 da Constituição Federal. (Redação dada pela Lei 13.887, de 2019)

§ 2º A inscrição do imóvel rural no CAR é condição obrigatória para a adesão ao PRA, que deve ser requerida em até 2 (dois) anos, observado o disposto no § 4º do art. 29 desta Lei. (Redação dada pela Lei 13.887, de 2019)

§ 3º Com base no requerimento de adesão ao PRA, o órgão competente integrante do Sisnama convocará o proprietário ou possuidor para assinar o termo de compromisso, que constituirá título executivo extrajudicial.

§ 4.º No período entre a publicação desta Lei e a implantação do PRA em cada Estado e no Distrito Federal, bem como após a adesão do interessado ao PRA e enquanto estiver sendo cumprido o termo de compromisso, o proprietário ou possuidor não poderá ser autuado por infrações cometidas antes de 22 de julho de 2008, relativas à supressão irregular de vegetação em Áreas de Preservação Permanente, de Reserva Legal e de uso restrito.

§ 5.º A partir da assinatura do termo de compromisso, serão suspensas as sanções decorrentes das infrações mencionadas no § 4º deste artigo e, cumpridas as obrigações estabelecidas no PRA ou no termo de compromisso para a regularização ambiental das exigências desta Lei, nos prazos e condições neles estabelecidos, as multas referidas neste artigo serão consideradas como convertidas em serviços de preservação, melhoria e recuperação da qualidade do meio ambiente, regularizando o uso de áreas rurais consolidadas conforme definido no PRA.

§ 6.º (VETADO). *(Incluído pela Lei nº 12.727, de 2012).*

§ 7º Caso os Estados e o Distrito Federal não implantem o PRA até 31 de dezembro de 2020, o proprietário ou possuidor de imóvel rural poderá aderir ao PRA implantado pela União, observado o disposto no § 2º deste artigo. (Incluído pela Lei 13.887, de 2019)

1. COMENTÁRIOS

Este artigo prevê que a União, os Estados e o Distrito Federal deverão **instituir Programas de Regularização Ambiental (PRAs)** para a regularização das propriedades ou posses rurais às regras de transição deste Capítulo XIII, ou seja, para cumprir o quanto determinado nos artigos 61-A até 68 no que se refere a desmatamentos ilegais perpetrados em áreas de preservação permanente e de reserva legal praticados até 22 de julho de 2008, véspera da publicação do Decreto 6.514/2008.

Cada entidade política acima referida possui competência para instituir o seu Programa de Regularização Ambiental por decreto do Chefe do Poder Executivo. Vale frisar que o regramento geral já foi aprovado pelos Decretos federais 7.830/2012 e 8.235/2014.

Com a Lei 13.887/2019, para os Estados e o Distrito Federal que não implantaram o PRA até 31 de dezembro de 2020, o proprietário ou possuidor de imóvel rural poderá aderir ao PRA implantado pela União.

A inscrição no CAR é condição necessária para a adesão ao PRA. Coube à Lei 13.295/2016 prorrogar o prazo para a inscrição no CAR até 31/12/2017, podendo ainda se dar mais uma prorrogação por um ano.

Com o advento da Lei nº 13.887/2019, o prazo para inscrição no CAR passou a ser indeterminado. A adesão ao Programa de Regularização Ambiental (PRA) somente para quem se inscreveu até 31/12/2020.

Caso haja passivo ambiental em propriedades ou posses rurais referentes a desmatamentos ilegais em APP, RL ou áreas de uso restrito realizados até 22/07/2008, deverão ser aplicadas as regras a serem estudadas nos artigos 61-A até 68 deste Código, através da celebração de termo de compromisso para a reparação do dano ambiental no âmbito do Programa de Regularização Ambiental.

De efeito, uma vez firmado o termo de compromisso para o cumprimento do quanto disposto nos artigos 61-A até 68 deste Código, restará suspensa a pretensão punitiva na seara administrativa no que concerne à supressão irregular de vegetação em Áreas de Preservação Permanente, de Reserva Legal e de uso restrito praticada até 22 de julho de 2008.

As citadas autuações não poderão ser efetuadas e as já existentes serão suspensas enquanto estiver pendente o prazo do termo de compromisso para a reparação do dano ambiental no âmbito do Programa de Regularização Ambiental.

Outrossim, no período entre a publicação do Código Florestal e a implantação do PRA em cada Estado e no Distrito Federal a punibilidade administrativa também restará suspensa.

Caso seja cumprido o objeto do termo de compromisso, as multas referidas neste artigo serão consideradas como convertidas em serviços de preservação, melhoria e recuperação da qualidade do meio ambiente, regularizando o uso de áreas rurais consolidadas conforme definido no PRA.

De acordo com o Decreto 7.830/2012, serão instituídos, no âmbito da União, dos Estados e do Distrito Federal, Programas de Regularização Ambiental – PRAs, que compreenderão o conjunto de ações ou iniciativas a serem desenvolvidas por proprietários e posseiros rurais com o objetivo de adequar e promover a regularização ambiental com vistas ao cumprimento do disposto no Capítulo XIII da Lei 12.651, de 2012, que contarão com os seguintes instrumentos:

> I – o Cadastro Ambiental Rural – CAR;
>
> II – o termo de compromisso;
>
> III – o Projeto de Recomposição de Áreas Degradadas e Alteradas; e,
>
> IV – as Cotas de Reserva Ambiental – CRA, quando couber.

Os PRAs a serem instituídos pela União, Estados e Distrito Federal deverão incluir mecanismo que permita o acompanhamento de sua implementação, considerando os objetivos e metas nacionais para florestas, especialmente a implementação dos instrumentos previstos na Lei nº 12.651, de 2012, a adesão cadastral dos proprietários e possuidores de imóvel rural, a evolução da regularização das propriedades e posses rurais, o grau de regularidade do uso de matéria-prima florestal e o controle e prevenção de incêndios florestais.

As atividades contidas nos Projetos de Recomposição de Áreas Degradadas e Alteradas deverão ser concluídas de acordo com o cronograma previsto no Termo de Compromisso. Os PRAs deverão prever as sanções a serem aplicadas pelo não cumprimento dos Termos de Compromisso.

Os proprietários ou possuidores de imóveis rurais que firmaram o Termo de Adesão e Compromisso que trata o inciso I do *caput* do art. 3.º do Decreto nº 7.029, de 10 de dezembro de 2009, até a data de publicação do Decreto 7.830/2012 (18.10.2012), não serão autuados com base nos artigos 43, 48, 51 e 55 do Decreto nº 6.514, de 22 de julho de 2008. O Decreto 7.029/2009 instituiu Programa Federal de Apoio à Regularização Ambiental de Imóveis Rurais, denominado Programa Mais Ambiente.

De acordo com o Decreto 8.235/2014, os programas de regularização ambiental serão implantados pelos Estados e pelo Distrito Federal, observados os seguintes requisitos:

> I – termo de compromisso, com eficácia de título executivo extrajudicial;
>
> II – mecanismos de controle e acompanhamento da recomposição, recuperação, regeneração ou compensação e de integração das informações no Sicar; e
>
> III – mecanismos de acompanhamento da suspensão e extinção da punibilidade das infrações de que tratam o § 4.º do art. 59 e o art. 60 da Lei nº 12.651, de 2012, que incluam informações sobre o cumprimento das obrigações firmadas para a suspensão e o encerramento dos processos administrativo e criminal.

Após a solicitação de adesão ao PRA, o proprietário ou possuidor do imóvel rural assinará termo de compromisso que deverá conter:

> I – o nome, a qualificação e o endereço das partes compromissadas ou dos representantes legais;
>
> II – os dados da propriedade ou posse rural;
>
> III – a localização da Área de Preservação Permanente ou Reserva Legal ou área de uso restrito a ser recomposta, recuperada, regenerada ou compensada;
>
> IV – descrição da proposta simplificada do proprietário ou possuidor que vise à recomposição, recuperação, regeneração ou compensação das áreas referidas no inciso III;
>
> V – prazos para atendimento das opções constantes da proposta simplificada prevista no inciso IV e o cronograma físico de execução das ações;

VI – as multas ou sanções que poderão ser aplicadas aos proprietários ou possuidores de imóveis rurais compromissados e os casos de rescisão, em decorrência do não cumprimento das obrigações nele pactuadas; e

VII – o foro competente para dirimir litígios entre as partes.

Tratando-se de Área de Reserva Legal, o prazo de vigência dos compromissos poderá variar em até vinte anos, conforme disposto no § 2.º do art. 66 da Lei nº 12.651, de 2012.

No caso de território de uso coletivo titulado ou concedido aos povos ou comunidades tradicionais, o termo de compromisso será firmado entre o órgão competente e a instituição ou entidade representativa dos povos ou comunidades tradicionais.

Em assentamentos de reforma agrária, o termo de compromisso a ser firmado com o órgão competente deverá ser assinado pelo beneficiário da reforma agrária e pelo órgão fundiário.

Após a assinatura do termo de compromisso, o órgão competente fará a inserção imediata no Sicar das informações e das obrigações de regularização ambiental.

O termo de compromisso firmado poderá ser alterado em comum acordo, em razão de evolução tecnológica, caso fortuito ou força maior.

Quando houver necessidade de alteração das obrigações pactuadas ou das especificações técnicas, deverá ser encaminhada solicitação, com justificativa, ao órgão competente, para análise e deliberação.

Enquanto estiver sendo cumprido o termo de compromisso pelos proprietários ou possuidores de imóveis rurais, ficará suspensa a aplicação de sanções administrativas, associadas aos fatos que deram causa à celebração do termo de compromisso. No entanto, a mencionada suspensão não impede a aplicação de penalidade a infrações cometidas a partir de 22 de julho de 2008.

Caso seja descumprido o termo de compromisso será retomado o curso do processo administrativo, sem prejuízo da aplicação da multa e das sanções previstas no termo de compromisso, bem como serão adotadas as providências necessárias para o prosseguimento do processo criminal.

O órgão ambiental competente poderá utilizar recursos tecnológicos para verificar o cumprimento das obrigações assumidas pelo proprietário ou possuidor rural no termo de compromisso.

O cumprimento das obrigações será atestado pelo órgão que efetivou o termo de compromisso, por intermédio de notificação simultânea ao órgão de origem da autuação e ao proprietário ou possuidor de imóvel rural.

Após a inscrição das informações no Sicar pelo órgão competente, o processo será concluído e as eventuais multas e sanções serão consideradas convertidas em serviços de preservação e melhoria da qualidade do meio ambiente.

Os termos de compromissos ou instrumentos similares para a regularização ambiental do imóvel rural referentes às Áreas de Preservação Permanente, de Reserva Legal e de uso restrito, firmados sob a vigência da legislação anterior, deverão ser revistos para se adequarem ao disposto na Lei nº 12.651, de 2012, desde que haja requerimento de revisão.

O STF julgou parcialmente procedente a ADC 42, para, **por maioria, dar interpretação conforme a Constituição ao art. 59, §4º, de modo a afastar, no decurso da execução dos termos de compromissos subscritos nos programas de regularização ambiental, o risco de decadência ou prescrição, seja dos ilícitos ambientais praticados antes de 22.7.2008, seja das sanções deles decorrentes, aplicando-se extensivamente o disposto no § 1º do art. 60 da Lei 12.651/2012, segundo o qual "a prescrição ficará interrompida durante o período de suspensão da pretensão punitiva, bem como dar interpretação conforme a Constituição ao art. 59, § 5º, de modo a afastar, no decurso da execução dos termos de compromissos subscritos nos programas de regularização ambiental, o risco de decadência ou prescrição, seja dos ilícitos ambientais praticados antes de 22.7.2008, seja das sanções deles decorrentes, aplicando-se extensivamente o disposto no § 1º do art. 60 da Lei 12.651/2012, segundo o qual "a prescrição ficará interrompida durante o período de suspensão da pretensão punitiva.**

2. JURISPRUDÊNCIA

"ADMINISTRATIVO E AMBIENTAL. AGRAVO REGIMENTAL NO AGRAVO EM RECURSO ESPECIAL. TRANSPORTE DE CARVÃO VEGETAL SEM ATPF. AUTO DE INFRAÇÃO. LEGALIDADE. AUTONOMIA DAS ESFERAS PENAL E ADMINISTRATIVA. **1. A entrada em vigor da Lei n. 12.651/2012 revogou o Código Florestal de 1965 (Lei n. 4.771), contudo, não concedeu anistia aos infratores das normas ambientais. Em vez disso, manteve a ilicitude das violações da natureza, sujeitando os agentes aos competentes procedimentos administrativos, com vistas à recomposição do dano ou à indenização. Inteligência do art. 59 do novo Código Florestal.** 2. Ademais, o transporte de carvão vegetal sem cobertura de ATPF constitui, a um só tempo, crime e infração administrativa, podendo, neste último caso, ser objeto de autuação pela autoridade administrativa competente, conforme a jurisprudência. Precedente: REsp 1.245.094/MG, Rel. Ministro Herman Benjamin, Segunda Turma, *DJe* 13.04.2012. 3. Agravo regimental a que se dá provimento" (STJ, AgRg no REsp 1.313.443, de 18.02.2014).

Art. 60. A assinatura de termo de compromisso para regularização de imóvel ou posse rural perante o órgão ambiental competente, mencionado no art. 59, suspenderá a punibilidade dos crimes previstos nos arts. 38, 39 e 48 da Lei nº 9.605, de 12 de fevereiro de 1998, enquanto o termo estiver sendo cumprido.

§ 1.º A prescrição ficará interrompida durante o período de suspensão da pretensão punitiva.

§ 2.º Extingue-se a punibilidade com a efetiva regularização prevista nesta Lei.

1. COMENTÁRIOS

Este artigo instituiu uma anistia criminal apenas para dos delitos descritos nos artigos 38, 39 e 48 da Lei 9.605/1998, na hipótese de consumação até 22 de julho de 2008 e cumprimento de tempo de compromisso de reparação do dano ambiental no âmbito do PRA, extinguindo-se a punibilidade.

Eis os delitos abarcados pela anistia criminal:

> "Art. 38. Destruir ou danificar floresta considerada de preservação permanente, mesmo que em formação, ou utilizá-la com infringência das normas de proteção:
>
> Pena – detenção, de um a três anos, ou multa, ou ambas as penas cumulativamente.
>
> Parágrafo único. Se o crime for culposo, a pena será reduzida à metade.

Art. 39. Cortar árvores em floresta considerada de preservação permanente, sem permissão da autoridade competente:

Pena – detenção, de um a três anos, ou multa, ou ambas as penas cumulativamente.

Art. 48. Impedir ou dificultar a regeneração natural de florestas e demais formas de vegetação:

Pena – detenção, de seis meses a um ano, e multa".

Vale frisar que outros crimes ambientais não serão anistiados por falta de previsão legal mesmo que se refiram a condutas anteriores a 23 de julho de 2008.

SEÇÃO II
DAS ÁREAS CONSOLIDADAS EM ÁREAS DE PRESERVAÇÃO PERMANENTE

Art. 61. (VETADO).

Art. 61-A. Nas Áreas de Preservação Permanente, é autorizada, exclusivamente, a continuidade das atividades agrossilvipastoris, de ecoturismo e de turismo rural em áreas rurais consolidadas até 22 de julho de 2008. *(Incluído pela Lei nº 12.727, de 2012).*

§ 1.º Para os imóveis rurais com área de até 1 (um) módulo fiscal que possuam áreas consolidadas em Áreas de Preservação Permanente ao longo de cursos d'água naturais, será obrigatória a recomposição das respectivas faixas marginais em 5 (cinco) metros, contados da borda da calha do leito regular, independentemente da largura do curso d'água. (Incluído pela Lei nº 12.727, de 2012).

§ 2.º Para os imóveis rurais com área superior a 1 (um) módulo fiscal e de até 2 (dois) módulos fiscais que possuam áreas consolidadas em Áreas de Preservação Permanente ao longo de cursos d'água naturais, será obrigatória a recomposição das respectivas faixas marginais em 8 (oito) metros, contados da borda da calha do leito regular, independentemente da largura do curso d'água. (Incluído pela Lei nº 12.727, de 2012).

§ 3.º Para os imóveis rurais com área superior a 2 (dois) módulos fiscais e de até 4 (quatro) módulos fiscais que possuam áreas consolidadas em Áreas de Preservação Permanente ao longo de cursos d'água naturais, será obrigatória a recomposição das respectivas faixas marginais em 15 (quinze) metros, contados da borda da calha do leito regular, independentemente da largura do curso d'água. *(Incluído pela Lei nº 12.727, de 2012).*

§ 4.º Para os imóveis rurais com área superior a 4 (quatro) módulos fiscais que possuam áreas consolidadas em Áreas de Preservação Permanente ao longo de cursos d'água naturais, será obrigatória a recomposição das respectivas faixas marginais: *(Incluído pela Lei nº 12.727, de 2012).*

I – (VETADO); e *(Incluído pela Lei nº 12.727, de 2012).*

II – nos demais casos, conforme determinação do PRA, observado o mínimo de 20 (vinte) e o máximo de 100 (cem) metros, contados da borda da calha do leito regular. *(Incluído pela Lei nº 12.727, de 2012).*

§ 5.º Nos casos de áreas rurais consolidadas em Áreas de Preservação Permanente no entorno de nascentes e olhos d'água perenes, será admitida a manutenção de atividades agrossilvipastoris, de ecoturismo ou de turismo rural, sendo obrigatória a recomposição do raio mínimo de 15 (quinze) metros. *(Incluído pela Lei nº 12.727, de 2012).*

§ 6.º Para os imóveis rurais que possuam áreas consolidadas em Áreas de Preservação Permanente no entorno de lagos e lagoas naturais, será admitida a manutenção de atividades agrossilvipastoris, de ecoturismo ou de turismo rural, sendo obrigatória a recomposição de faixa marginal com largura mínima de: *(Incluído pela Lei nº 12.727, de 2012).*

I – 5 (cinco) metros, para imóveis rurais com área de até 1 (um) módulo fiscal; *(Incluído pela Lei nº 12.727, de 2012).*

II – 8 (oito) metros, para imóveis rurais com área superior a 1 (um) módulo fiscal e de até 2 (dois) módulos fiscais; *(Incluído pela Lei nº 12.727, de 2012).*

III – 15 (quinze) metros, para imóveis rurais com área superior a 2 (dois) módulos fiscais e de até 4 (quatro) módulos fiscais; e *(Incluído pela Lei nº 12.727, de 2012).*

IV – 30 (trinta) metros, para imóveis rurais com área superior a 4 (quatro) módulos fiscais. *(Incluído pela Lei nº 12.727, de 2012).*

§ 7.º Nos casos de áreas rurais consolidadas em veredas, será obrigatória a recomposição das faixas marginais, em projeção horizontal, delimitadas a partir do espaço brejoso e encharcado, de largura mínima de: *(Incluído pela Lei nº 12.727, de 2012).*

I – 30 (trinta) metros, para imóveis rurais com área de até 4 (quatro) módulos fiscais; e *(Incluído pela Lei nº 12.727, de 2012).*

II – 50 (cinquenta) metros, para imóveis rurais com área superior a 4 (quatro) módulos fiscais. *(Incluído pela Lei nº 12.727, de 2012).*

§ 8.º Será considerada, para os fins do disposto no *caput* e nos §§ 1.º a 7.º, a área detida pelo imóvel rural em 22 de julho de 2008. *(Incluído pela Lei nº 12.727, de 2012).*

§ 9.º A existência das situações previstas no *caput* deverá ser informada no CAR para fins de monitoramento, sendo exigida, nesses casos, a adoção de técnicas de conservação do solo e da água que visem à mitigação dos eventuais impactos. *(Incluído pela Lei nº 12.727, de 2012).*

§ 10. Antes mesmo da disponibilização do CAR, no caso das intervenções já existentes, é o proprietário ou possuidor rural responsável pela conservação do solo e da água, por meio de adoção de boas práticas agronômicas. *(Incluído pela Lei nº 12.727, de 2012).*

§ 11. A realização das atividades previstas no *caput* observará critérios técnicos de conservação do solo e da água indicados no PRA previsto nesta Lei, sendo vedada a conversão de novas áreas para uso alternativo do solo nesses locais. *(Incluído pela Lei nº 12.727, de 2012).*

§ 12. Será admitida a manutenção de residências e da infraestrutura associada às atividades agrossilvipastoris, de ecoturismo e de turismo rural, inclusive o acesso a essas atividades, independentemente das determinações contidas no *caput* e nos §§ 1.º a 7.º, desde que não estejam em área que ofereça risco à vida ou à integridade física das pessoas. *(Incluído pela Lei nº 12.727, de 2012).*

§ 13. A recomposição de que trata este artigo poderá ser feita, isolada ou conjuntamente, pelos seguintes métodos: *(Incluído pela Lei nº 12.727, de 2012).*

I – condução de regeneração natural de espécies nativas; *(Incluído pela Lei nº 12.727, de 2012).*

II – plantio de espécies nativas; *(Incluído pela Lei nº 12.727, de 2012).*

III – plantio de espécies nativas conjugado com a condução da regeneração natural de espécies nativas; *(Incluído pela Lei nº 12.727, de 2012).*

IV – plantio intercalado de espécies lenhosas, perenes ou de ciclo longo, exóticas com nativas de ocorrência regional, em até 50% (cinquenta por cento) da área total a ser recomposta, no caso dos imóveis a que se refere o inciso V do *caput* do art. 3.º; *(Incluído pela Lei nº 12.727, de 2012).*

V – (VETADO). *(Incluído pela Lei nº 12.727, de 2012).*

§ 14. Em todos os casos previstos neste artigo, o poder público, verificada a existência de risco de agravamento de processos erosivos ou de inundações, determinará a adoção de medidas mitigadoras que garantam a estabilidade das margens e a qualidade da água, após deliberação do Conselho Estadual de Meio Ambiente ou de órgão colegiado estadual equivalente. *(Incluído pela Lei nº 12.727, de 2012).*

§ 15. A partir da data da publicação desta Lei e até o término do prazo de adesão ao PRA de que trata o § 2.º do art. 59, é autorizada a continuidade das atividades desenvolvidas nas áreas de que trata o *caput*, as quais deverão ser informadas no CAR para fins de monitoramento, sendo exigida a adoção de medidas de conservação do solo e da água. *(Incluído pela Lei nº 12.727, de 2012).*

§ 16. As Áreas de Preservação Permanente localizadas em imóveis inseridos nos limites de Unidades de Conservação de Proteção Integral criadas por ato do poder público até a data de publicação desta Lei não são passíveis de ter quaisquer atividades consideradas como consolidadas nos termos do *caput* e dos §§ 1.º a 15, ressalvado o que dispuser o Plano de Manejo elaborado e aprovado de acordo com as orientações emitidas pelo órgão competente do Sisnama, nos termos do que dispuser regulamento do Chefe do Poder Executivo, devendo o proprietário, possuidor rural ou ocupante a qualquer título adotar todas as medidas indicadas. *(Incluído pela Lei nº 12.727, de 2012).*

§ 17. Em bacias hidrográficas consideradas críticas, conforme previsto em legislação específica, o Chefe do Poder Executivo poderá, em ato próprio, estabelecer metas e diretrizes de recuperação ou conservação da vegetação nativa superiores às definidas no *caput* e nos §§ 1.º a 7.º, como projeto prioritário, ouvidos o Comitê de Bacia Hidrográfica e o Conselho Estadual de Meio Ambiente. *(Incluído pela Lei nº 12.727, de 2012).*

§ 18. (VETADO). *(Incluído pela Lei nº 12.727, de 2012).*

1. COMENTÁRIOS

A disciplina jurídica das situações consolidadas em APP é tema é tratado no Capítulo XIII, Seção II, nos artigos 61-A *usque* 65, tendo sido tomado como marco legal divisor do regime jurídico o **dia 23 de julho de 2008, quando** foi publicado o Decreto 6.514, que dispõe sobre as infrações e sanções administrativas ao meio ambiente, que instituiu uma série de novos tipos administrativos para punir os infratores da legislação ambiental, **tendo o artigo 61 sido vetado pela Presidenta da República.**

Inicialmente, impende frisar que a utilização desse dia como termo inicial de um novel regime jurídico ambiental é extremamente questionável, visto que um mero decreto não tem o condão de inovar no mundo jurídico, especialmente porque veio apenas substituir o importante Decreto 3.179/1999, tão somente criando novas infrações administrativas ambientais para garantir o cumprimento da legislação do ambiente, inclusive o revogado (tacitamente) Código Florestal (Lei 4.771/1965).

Outrossim, a comprovação do dia certo da consolidação da exploração de vegetação em APP trará inúmeras demandas judiciais, pois é certo que mesmo aqueles que desmataram a partir do dia 23 de julho de 2008 poderão alegar que a supressão florestal foi anterior, gerando sérias dificuldades probatórias.

Por conseguinte, todos aqueles que exploraram ilicitamente a vegetação em APP com consolidação até o dia 22 de julho de 2008 foram premiados com o reconhecimento jurídico da situação consolidada, observados os condicionantes.

Conforme já visto, nos moldes do artigo 7.º, § 3.º, do novo CFlo, no caso de supressão não autorizada de vegetação realizada após 22 de julho de 2008, é vedada a concessão de novas autorizações de supressão de vegetação enquanto não cumpridas as obrigações de recomposição da vegetação.

Ademais, nos termos do seu artigo 8.º, § 4.º, não haverá, em qualquer hipótese, direito à regularização de futuras intervenções ou supressões de vegetação nativa, além das previstas nesta Lei.

Pontifica o artigo 61-A do atual Código Florestal que nas áreas de preservação permanente é autorizada, exclusivamente, a continuidade das atividades agrossilvipastoris,[36] de ecoturismo e de turismo rural em áreas rurais consolidadas até 22 de julho de 2008, devendo ser monitoradas no Cadastro Ambiental Rural e adotadas medidas de mitigação dos impactos ambientais para a conservação do solo e das águas pelo proprietário ou possuidor que deverá adotar boas práticas agronômicas, sendo vedada a conversão de novas áreas para uso alternativo do solo nesses locais.

Da mesma forma, o Poder Público, verificada a existência de risco de agravamento de processos erosivos e de inundações, determinará a adoção de medidas mitigadoras que garantam a estabilidade das margens e a qualidade da água, após deliberação do Conselho Estadual de Meio Ambiente ou de órgão colegiado estadual equivalente.

Assegurou-se que, a partir da data da publicação do novo CFlo (28.05.2012) e até o término do prazo de adesão ao Programa de Regularização Ambiental (um ano após a criação do referido cadastro, podendo ser prorrogado), é autorizada a continuidade das referidas atividades desenvolvidas nas APPs, as quais deverão ser informadas no Cadastro Ambiental Rural, para fins de monitoramento, sendo exigida a adoção de medidas de conservação do solo e da água.

Por outro lado, no caso de intervenção consolidada em mata ciliar na hipótese de residências e da infraestrutura associada às atividades agrossilvipastoris, será admitida a sua manutenção independentemente da recomposição da mata desflorestada, desde que não haja risco de agravamento de processos erosivos e de inundações e sejam observados os critérios técnicos de conservação do solo e da água, bem como não exista risco para as pessoas.

Serão estudadas abaixo em tópicos as formas de recomposição parcial do dano florestal que deverão ser adotadas pelos proprietários e possuidores rurais em razão das situações consolidadas até 22 de julho de 2008:

A) Matas ciliares (art. 61-A, §§ 1.º a 4.º, do novo CFlo)

Os proprietários e possuidores rurais com áreas consolidadas em APP ao longo dos cursos d'água deverão recompor as faixas marginais a partir da borda da calha do leito regular, variando a dimensão da mata ciliar a ser recomposta de acordo com o tamanho do imóvel rural, da seguinte forma:

DIMENSÃO DO IMÓVEL RURAL	APP A SER RECOMPOSTA
Até 01 módulo fiscal	5 metros
Acima de 01 até 02 módulos fiscais	8 metros
Acima de 02 até 04 módulos fiscais	15 metros
Acima de 04 módulos fiscais	Metade da largura do curso d'água, com o mínimo de 20 e o máximo de 100m

36. Produção agrícola, pecuária e silvicultura.

Para os imóveis com mais de quatro módulos fiscais, o tema é regulamentado pelo art. 19, § 4.º, do Decreto 7.830/2012, devendo a recomposição das faixas marginais ao longo dos cursos d'água naturais ser de, no mínimo:

> "I – vinte metros, contados da borda da calha do leito regular, para imóveis com área superior a quatro e de até dez módulos fiscais, nos cursos d'água com até dez metros de largura; e
>
> II – nos demais casos, extensão correspondente à metade da largura do curso d'água, observado o mínimo de trinta e o máximo de cem metros, contados da borda da calha do leito regular."

O Decreto 7.830/2012 acabou "repristinando", por via transversa, o texto do § 4.º do art. 61-A, que fora inserido no novo Código Florestal pela MP 571/2012. Esse artigo foi posteriormente alterado pela Lei 12.727/2012 e o dispositivo que o contrariava (§ 4.º, inciso I) acabou vetado pela Presidência da República, que resgatou, pelo decreto, a disposição original do art. 61-A, § 4.º.

B) Nascentes e olhos d'água perenes (art. 61-A, § 5.º, do novo CFlo)

Nos casos de áreas rurais consolidadas em Áreas de Preservação Permanente no entorno de nascentes e olhos d'água perenes, será admitida a manutenção de atividades agrossilvipastoris, de ecoturismo ou de turismo rural, sendo obrigatória a recomposição do raio mínimo de **15 metros.**

C) Entorno de lagos e lagoas naturais (art. 61-A, § 6.º, do novo CFlo)

DIMENSÃO DO IMÓVEL RURAL	APP A SER RECOMPOSTA
Até 01 módulo fiscal	5 metros
Acima de 01 até 02 módulos fiscais	8 metros
Acima de 02 até 04 módulos fiscais	15 metros
Acima de 04 módulos fiscais	30 metros

D) Veredas (art. 61-A, § 7.º, do novo CFlo)

DIMENSÃO DO IMÓVEL RURAL	APP A SER RECOMPOSTA
Até 04 módulos fiscais	30 metros
Acima de 04 módulos fiscais	50 metros

2. QUESTÕES DE CONCURSOS

01. (2013/MPE-MG/Promotor de Justiça) O proprietário, possuidor ou ocupante a qualquer título de área de preservação permanente desmatada sem autorização anteriormente a 22 de julho de 2008, poderá obter novas autorizações de supressão sem a condição de prévia recomposição da área ilegalmente suprimida.

02. (FCC – 2014 – Prefeitura de Recife-PE – Procurador) Pedro é proprietário de imóvel rural com 3 módulos fiscais, no qual a atividade desenvolvida desde 1980 é o plantio de cana-de-açúcar, que ocupa a área total do imóvel, inclusive as margens de curso d'água de 40 metros de largura que corta a propriedade. De acordo com a Lei Federal nº 12.651/2012, novo Código Florestal, Pedro

a) poderá continuar com sua atividade econômica, mas terá a obrigação de recompor a área de preservação permanente de 40 metros de largura contados de cada margem do curso d'água que corta sua propriedade.

b) poderá continuar com sua atividade econômica, mas terá a obrigação de recompor a área de preservação permanente de 15 metros de largura contados da borda da calha do leito regular do curso d'água que corta sua propriedade.

c) terá de cessar a sua atividade econômica na área de preservação permanente, que, neste caso, é de 50 metros de largura contados da borda da calha do leito regular do curso d'água que corta sua propriedade, permitindo sua regeneração natural.

d) terá de cessar a sua atividade econômica na área de preservação permanente, que, neste caso, é de 50 metros de largura contados da borda da calha do leito regular do curso d'água que corta sua propriedade, e promover a sua recomposição por meio de plantio.

e) terá de cessar a sua atividade econômica na área de preservação permanente, que, neste caso, é de 30 metros de largura contados da borda da calha do leito regular do curso d'água que corta sua propriedade, permitindo sua regeneração natural.

03. (CESPE – 2013 – IBAMA – Analista Ambiental) A respeito da proteção de florestas e demais formas de vegetação nativa, bem como do controle de transporte e armazenamento de produtos e subprodutos florestais, julgue os itens a seguir. Diante da reafirmação da importância estratégica da atividade agropecuária e do papel das florestas e demais formas de vegetação nativa na sustentabilidade e no crescimento econômico, e tendo como objetivo o desenvolvimento sustentável, a atual legislação autoriza que, nas Áreas de Preservação Permanente, haja continuidade de atividades agrossilvipastoris em áreas rurais consolidadas até 22.07.2008, o que deverá ser informado no Cadastro Ambiental Rural (CAR) para fins de monitoramento.

04. (Ano: 2021/Banca: MPE-RS/Prova: MPE-RS – 2021 – MPE-RS – Promotor de Justiça) Para os imóveis rurais que possuam áreas consolidadas em Áreas de Preservação Permanente no entorno de lagos e lagoas naturais, será admitida a manutenção de atividades agrossilvipastoris, de ecoturismo ou de turismo rural, sendo obrigatória a recomposição de faixa marginal, de acordo com as metragens definidas em lei.

GAB	01	CERTO	02	B	03	CERTO	05	CERTO

Art. 61-B. Aos proprietários e possuidores dos imóveis rurais que, em 22 de julho de 2008, detinham até 10 (dez) módulos fiscais e desenvolviam atividades agrossilvipastoris nas áreas consolidadas em Áreas de Preservação Permanente é garantido que a exigência de recomposição, nos termos desta Lei, somadas todas as Áreas de Preservação Permanente do imóvel, não ultrapassará: *(Incluído pela Lei nº 12.727, de 2012).*

I – 10% (dez por cento) da área total do imóvel, para imóveis rurais com área de até 2 (dois) módulos fiscais; *(Incluído pela Lei nº 12.727, de 2012).*

II – 20% (vinte por cento) da área total do imóvel, para imóveis rurais com área superior a 2 (dois) e de até 4 (quatro) módulos fiscais; *(Incluído pela Lei nº 12.727, de 2012).*

III – (VETADO). *(Incluído pela Lei nº 12.727, de 2012).*

1. COMENTÁRIOS

Vale registrar que as referidas recomposições, no caso de imóveis rurais com até dez módulos fiscais, somadas todas as APPs, não ultrapassarão:

DIMENSÃO DO IMÓVEL RURAL	ÁREA
Até 02 módulos fiscais	10%
Acima de 02 até 04 módulos fiscais	20%

Art. 61-C. Para os assentamentos do Programa de Reforma Agrária, a recomposição de áreas consolidadas em Áreas de Preservação Permanente ao longo ou no entorno de cursos d'água, lagos e lagoas naturais observará as exigências estabelecidas no art. 61-A, observados os limites de cada área demarcada individualmente, objeto de contrato de concessão de uso, até a titulação por parte do Instituto Nacional de Colonização e Reforma Agrária – Incra. *(Incluído pela Lei nº 12.727, de 2012).*

1. COMENTÁRIOS

Este artigo determinou a aplicação das regras do artigo 61-A aos assentamentos do Programa de Reforma Agrária no que concerne às APPs ao longo dos cursos d'água e no entorno e lagos e lagoas naturais.

Art. 62. Para os reservatórios artificiais de água destinados a geração de energia ou abastecimento público que foram registrados ou tiveram seus contratos de concessão ou autorização assinados anteriormente à Medida Provisória nº 2.166-67, de 24 de agosto de 2001, a faixa da Área de Preservação Permanente será a distância entre o nível máximo operativo normal e a cota máxima *maximorum.*

1. COMENTÁRIOS

Este artigo se aplica aos reservatórios artificiais destinados a gerar energia ou abastecimento público registrados ou autorizados antes da MP 2.166-67/2001, que havia alterado dispositivos do Código Florestal de 1965.

Neste caso, a faixa de APP foi fixada entre o nível máximo operativo normal e a cota máxima *maximorum,* ou seja, será APP a faixa entre o nível máximo de água do reservatório e o nível mais elevado considerado no projeto da barragem.

Art. 63. Nas áreas rurais consolidadas nos locais de que tratam os incisos V, VIII, IX e X do art. 4.º, será admitida a manutenção de atividades florestais, culturas de espécies lenhosas, perenes ou de ciclo longo, bem como da infraestrutura física associada ao desenvolvimento de atividades agrossilvipastoris, vedada a conversão de novas áreas para uso alternativo do solo.

§ 1.º O pastoreio extensivo nos locais referidos no *caput* deverá ficar restrito às áreas de vegetação campestre natural ou já convertidas para vegetação campestre, admitindo-se o consórcio com vegetação lenhosa perene ou de ciclo longo.

§ 2.º A manutenção das culturas e da infraestrutura de que trata o *caput* é condicionada à adoção de práticas conservacionistas do solo e da água indicadas pelos órgãos de assistência técnica rural.

§ 3.º Admite-se, nas Áreas de Preservação Permanente, previstas no inciso VIII do art. 4.º, dos imóveis rurais de até 4 (quatro) módulos fiscais, no âmbito do PRA, a partir de boas práticas agronômicas e de conservação do solo e da água, mediante deliberação dos Conselhos Estaduais de Meio Ambiente ou órgãos colegiados estaduais equivalentes, a consolidação de outras atividades agrossilvipastoris, ressalvadas as situações de risco de vida.

1. COMENTÁRIOS

Este artigo se aplica às seguintes áreas de preservação permanente:

> V – as encostas ou partes destas com declividade superior a 45°, equivalente a 100% (cem por cento) na linha de maior declive;
>
> VIII – as bordas dos tabuleiros ou chapadas, até a linha de ruptura do relevo, em faixa nunca inferior a 100 (cem) metros em projeções horizontais;
>
> IX – no topo de morros, montes, montanhas e serras, com altura mínima de 100 (cem) metros e inclinação média maior que 25°, as áreas delimitadas a partir da curva de nível correspondente a 2/3 (dois terços) da altura mínima da elevação sempre em relação à base, sendo esta definida pelo plano horizontal determinado por planície ou espelho d'água adjacente ou, nos relevos ondulados, pela cota do ponto de sela mais próximo da elevação;
>
> X – as áreas em altitude superior a 1.800 (mil e oitocentos) metros, qualquer que seja a vegetação;

Nas áreas rurais consolidadas nestas APPs até 22 de julho de 2008, será admitida a manutenção de atividades florestais, culturas de espécies lenhosas, perenes ou de ciclo longo, bem como da infraestrutura física associada ao desenvolvimento de atividades agrossilvipastoris, vedados novos desmatamentos.

No entanto, deverá o proprietário ou possuidor rural adotar práticas conservacionistas do solo e da água indicadas pelos órgãos de assistência técnica rural.

No caso das bordas dos tabuleiros ou chapadas, até a linha de ruptura do relevo, em faixa nunca inferior a 100 (cem) metros em projeções horizontais, em imóveis de até 04 módulos fiscais, ainda se admite a consolidação de outras atividades agrossilvipastoris, ressalvadas as situações de risco de vida, desde que no âmbito do Programa de Regularização Ambiental, desde que observadas boas práticas agronômicas e de conservação do solo e da água, mediante deliberação dos Conselhos Estaduais de Meio Ambiente ou órgãos colegiados estaduais equivalente.

Art. 64. Na Reurb-S dos núcleos urbanos informais que ocupam Áreas de Preservação Permanente, a regularização fundiária será admitida por meio da aprovação do projeto de regularização fundiária, na forma da lei específica de regularização fundiária urbana. *(Redação dada pela Lei nº 13.465, de 2017)*

§ 1.º O projeto de regularização fundiária de interesse social deverá incluir estudo técnico que demonstre a melhoria das condições ambientais em relação à situação anterior com a adoção das medidas nele preconizadas.

§ 2.º O estudo técnico mencionado no § 1.º deverá conter, no mínimo, os seguintes elementos:

I – caracterização da situação ambiental da área a ser regularizada;

II – especificação dos sistemas de saneamento básico;

III – proposição de intervenções para a prevenção e o controle de riscos geotécnicos e de inundações;

IV – recuperação de áreas degradadas e daquelas não passíveis de regularização;

V – comprovação da melhoria das condições de sustentabilidade urbano-ambiental, considerados o uso adequado dos recursos hídricos, a não ocupação das áreas de risco e a proteção das unidades de conservação, quando for o caso;

VI – comprovação da melhoria da habitabilidade dos moradores propiciada pela regularização proposta; e

VII – garantia de acesso público às praias e aos corpos d'água.

1. COMENTÁRIOS

A Reub significa "Regularização Fundiária Urbana", compreendendo duas modalidades:

> I – **Reurb de Interesse Social (Reurb-S)** – regularização fundiária aplicável aos núcleos urbanos informais ocupados predominantemente por população de baixa renda, assim declarados em ato do Poder Executivo municipal; e
>
> II – **Reurb de Interesse Específico (Reurb-E)** – regularização fundiária aplicável aos núcleos urbanos informais ocupados por população não qualificada na hipótese de que trata o inciso I.

Por força da Lei 13.465/2017, que modificou a redação do artigo 64 do Código Florestal, na **Reurb-S** dos núcleos urbanos informais que ocupam Áreas de Preservação Permanente, a regularização fundiária será admitida por meio da aprovação do projeto de regularização fundiária, na forma da lei específica de regularização fundiária urbana.

Nos termos do artigo 33 da Lei 13.465/2017, instaurada a Reurb, compete ao Município aprovar o projeto de regularização fundiária, do qual deverão constar as responsabilidades das partes envolvidas.

Na Reurb-S, a elaboração e o custeio do projeto de regularização fundiária e da implantação da infraestrutura essencial obedecerão aos seguintes procedimentos:

a) operada sobre área de titularidade de ente público, caberão ao referido ente público ou ao Município promotor ou ao Distrito Federal a responsabilidade de elaborar o projeto de regularização fundiária nos termos do ajuste que venha a ser celebrado e a implantação da infraestrutura essencial, quando necessária; e

b) operada sobre área titularizada por particular, caberão ao Município ou ao Distrito Federal a responsabilidade de elaborar e custear o projeto de regularização fundiária e a implantação da infraestrutura essencial, quando necessária.

O projeto de regularização fundiária conterá, no mínimo:

> I – levantamento planialtimétrico e cadastral, com georreferenciamento, subscrito por profissional competente, acompanhado de Anotação de Responsabilidade Técnica (ART) ou Registro de Responsabilidade Técnica (RRT), que demonstrará as unidades, as construções, o sistema viário, as áreas públicas, os acidentes geográficos e os demais elementos caracterizadores do núcleo a ser regularizado;
>
> II – planta do perímetro do núcleo urbano informal com demonstração das matrículas ou transcrições atingidas, quando for possível;
>
> III – estudo preliminar das desconformidades e da situação jurídica, urbanística e ambiental;
>
> IV – projeto urbanístico;
>
> V – memoriais descritivos;
>
> VI – proposta de soluções para questões ambientais, urbanísticas e de reassentamento dos ocupantes, quando for o caso;
>
> VII – estudo técnico para situação de risco, quando for o caso;
>
> VIII – estudo técnico ambiental, para os fins previstos nesta Lei, quando for o caso;

IX – cronograma físico de serviços e implantação de obras de infraestrutura essencial, compensações urbanísticas, ambientais e outras, quando houver, definidas por ocasião da aprovação do projeto de regularização fundiária; e

X – termo de compromisso a ser assinado pelos responsáveis, públicos ou privados, pelo cumprimento do cronograma físico.

2. QUESTÃO DE CONCURSO

01. **(Ano: 2021/Banca: MPE-RS/Prova: MPE-RS – 2021 – MPE-RS – Promotor de Justiça)** A lei admite a regularização fundiária de interesse social dos núcleos urbanos informais que ocupam Áreas de Preservação Permanente, desde que haja aprovação do projeto de regularização fundiária, que deverá incluir estudo técnico que demonstre a melhoria das condições ambientais em relação à situação anterior com a adoção das medidas nele preconizadas.

GAB	01	CERTA

Art. 65. Na Reurb-E dos núcleos urbanos informais que ocupam Áreas de Preservação Permanente não identificadas como áreas de risco, a regularização fundiária será admitida por meio da aprovação do projeto de regularização fundiária, na forma da lei específica de regularização fundiária urbana. *(Redação dada pela Lei nº 13.465, de 2017)*

§ 1º O processo de regularização fundiária de interesse específico deverá incluir estudo técnico que demonstre a melhoria das condições ambientais em relação à situação anterior e ser instruído com os seguintes elementos: *(Redação dada pela Lei nº 13.465, de 2017)*

I – a caracterização físico-ambiental, social, cultural e econômica da área;

II – a identificação dos recursos ambientais, dos passivos e fragilidades ambientais e das restrições e potencialidades da área;

III – a especificação e a avaliação dos sistemas de infraestrutura urbana e de saneamento básico implantados, outros serviços e equipamentos públicos;

IV – a identificação das unidades de conservação e das áreas de proteção de mananciais na área de influência direta da ocupação, sejam elas águas superficiais ou subterrâneas;

V – a especificação da ocupação consolidada existente na área;

VI – a identificação das áreas consideradas de risco de inundações e de movimentos de massa rochosa, tais como deslizamento, queda e rolamento de blocos, corrida de lama e outras definidas como de risco geotécnico;

VII – a indicação das faixas ou áreas em que devem ser resguardadas as características típicas da Área de Preservação Permanente com a devida proposta de recuperação de áreas degradadas e daquelas não passíveis de regularização;

VIII – a avaliação dos riscos ambientais;

IX – a comprovação da melhoria das condições de sustentabilidade urbano-ambiental e de habitabilidade dos moradores a partir da regularização; e

X – a demonstração de garantia de acesso livre e gratuito pela população às praias e aos corpos d'água, quando couber.

§ 2.º Para fins da regularização ambiental prevista no *caput*, ao longo dos rios ou de qualquer curso d'água, será mantida faixa não edificável com largura mínima de 15 (quinze) metros de cada lado.

§ 3.º Em áreas urbanas tombadas como patrimônio histórico e cultural, a faixa não edificável de que trata o § 2.º poderá ser redefinida de maneira a atender aos parâmetros do ato do tombamento.

1. COMENTÁRIOS

A Reurb significa "Regularização Fundiária Urbana", compreendendo duas modalidades:

> **I – Reurb de Interesse Social (Reurb-S)** – regularização fundiária aplicável aos núcleos urbanos informais ocupados predominantemente por população de baixa renda, assim declarados em ato do Poder Executivo municipal; e
>
> **II – Reurb de Interesse Específico (Reurb-E)** – regularização fundiária aplicável aos núcleos urbanos informais ocupados por população não qualificada na hipótese de que trata o inciso I.

Nos termos do artigo 33, da Lei 13.465/2017, instaurada a Reurb, compete ao Município aprovar o projeto de regularização fundiária, do qual deverão constar as responsabilidades das partes envolvidas.

Na Reurbb-E, a elaboração e o custeio do projeto de regularização fundiária e da implantação da infraestrutura essencial obedecerão aos seguintes procedimentos:

A) A regularização fundiária será contratada e custeada por seus potenciais beneficiários ou requerentes privados;

B) na Reurb-E sobre áreas públicas, se houver interesse público, o Município poderá proceder à elaboração e ao custeio do projeto de regularização fundiária e da implantação da infraestrutura essencial, com posterior cobrança aos seus beneficiários.

SEÇÃO III
DAS ÁREAS CONSOLIDADAS EM ÁREAS DE RESERVA LEGAL

Art. 66. O proprietário ou possuidor de imóvel rural que detinha, em 22 de julho de 2008, área de Reserva Legal em extensão inferior ao estabelecido no art. 12, poderá regularizar sua situação, independentemente da adesão ao PRA, adotando as seguintes alternativas, isolada ou conjuntamente:

I – recompor a Reserva Legal;

II – permitir a regeneração natural da vegetação na área de Reserva Legal;

III – compensar a Reserva Legal.

§ 1.º A obrigação prevista no *caput* tem natureza real e é transmitida ao sucessor no caso de transferência de domínio ou posse do imóvel rural.

§ 2.º A recomposição de que trata o inciso I do *caput* deverá atender os critérios estipulados pelo órgão competente do Sisnama e ser concluída em até 20 (vinte) anos, abrangendo, a cada 2 (dois) anos, no mínimo 1/10 (um décimo) da área total necessária à sua complementação.

§ 3.º A recomposição de que trata o inciso I do *caput* poderá ser realizada mediante o plantio intercalado de espécies nativas com exóticas ou frutíferas, em sistema agroflorestal, observados os seguintes parâmetros: *(Incluído pela Lei nº 12.727, de 2012).*

I – o plantio de espécies exóticas deverá ser combinado com as espécies nativas de ocorrência regional;

II – a área recomposta com espécies exóticas não poderá exceder a 50% (cinquenta por cento) da área total a ser recuperada.

§ 4.º Os proprietários ou possuidores do imóvel que optarem por recompor a Reserva Legal na forma dos §§ 2.º e 3.º terão direito à sua exploração econômica, nos termos desta Lei.

§ 5.º A compensação de que trata o inciso III do *caput* deverá ser precedida pela inscrição da propriedade no CAR e poderá ser feita mediante:

I – aquisição de Cota de Reserva Ambiental – CRA;

II – arrendamento de área sob regime de servidão ambiental ou Reserva Legal;

III – doação ao poder público de área localizada no interior de Unidade de Conservação de domínio público pendente de regularização fundiária;

IV – cadastramento de outra área equivalente e excedente à Reserva Legal, em imóvel de mesma titularidade ou adquirida em imóvel de terceiro, com vegetação nativa estabelecida, em regeneração ou recomposição, desde que localizada no mesmo bioma.

§ 6.º As áreas a serem utilizadas para compensação na forma do § 5.º deverão:

I – ser equivalentes em extensão à área da Reserva Legal a ser compensada;

II – estar localizadas no mesmo bioma da área de Reserva Legal a ser compensada;

III – se fora do Estado, estar localizadas em áreas identificadas como prioritárias pela União ou pelos Estados.

§ 7.º A definição de áreas prioritárias de que trata o § 6.º buscará favorecer, entre outros, a recuperação de bacias hidrográficas excessivamente desmatadas, a criação de corredores ecológicos, a conservação de grandes áreas protegidas e a conservação ou recuperação de ecossistemas ou espécies ameaçados.

§ 8.º Quando se tratar de imóveis públicos, a compensação de que trata o inciso III do *caput* poderá ser feita mediante concessão de direito real de uso ou doação, por parte da pessoa jurídica de direito público proprietária de imóvel rural que não detém Reserva Legal em extensão suficiente, ao órgão público responsável pela Unidade de Conservação de área localizada no interior de Unidade de Conservação de domínio público, a ser criada ou pendente de regularização fundiária.

§ 9.º As medidas de compensação previstas neste artigo não poderão ser utilizadas como forma de viabilizar a conversão de novas áreas para uso alternativo do solo.

1. COMENTÁRIOS

A disciplina de transição das explorações consolidadas em área de reserva legal é regulada pelos artigos 66, 67 e 68 do novo Código Florestal, tendo sido tomado como marco legal divisor do regime jurídico o **dia 23 de julho de 2008, quando** foi publicado o Decreto 6.514, que dispõe sobre as infrações e sanções administrativas ao meio ambiente, que instituiu uma série de novos tipos administrativos para punir os infratores da legislação ambiental.

Sem prejuízo das sanções administrativas, cíveis e penais cabíveis, deverá ser iniciado o processo de recomposição da Reserva Legal em até dois anos contados a partir da data da publicação do novo CFlo (28.05.2012), devendo tal processo ser concluído nos prazos estabelecidos pelo Programa de Regularização Ambiental.

Os proprietários e possuidores rurais que detinham, em 22 de julho de 2008, área de reserva legal em extensão inferior ao estabelecido no artigo 12 do novo CFlo (80%, 35% ou 20%, a depender da localização e do Bioma) poderão regularizar a sua situação, independentemente da adesão ao Programa de Regularização Ambiental, adotando as seguintes alternativas, isolada ou conjuntamente (art. 66):

I – recompor a Reserva Legal;

II – permitir a regeneração natural da vegetação na área de Reserva Legal;

III – compensar a Reserva Legal.

A **recomposição** consiste no reflorestamento da reserva legal degradada, de acordo com os critérios definidos pelo órgão ambiental, permitindo o novo CFlo que haja o plantio intercalado de **espécies nativas regionais e exóticas ou frutíferas**, em sistema agroflorestal, desde que a área recomposta com espécies exóticas não exceda a 50% da área total a ser recuperada (art. 66, § 3.º do CFlo).

Outrossim, a recomposição deverá ser concluída em **até 20 anos**, abrangendo, a cada 2 dois anos, no mínimo, 1/10 (um décimo) da área total necessária à sua complementação.

Caso as condições naturais sejam permissivas, é possível que o proprietário ou possuidor nada faça para regularizar a sua reserva legal, bastando não impedir a **regeneração natural da vegetação**, consistindo em uma obrigação de não fazer.

Uma terceira hipótese para a regularização é a **compensação da reserva legal**, caso não seja possível ou conveniente a recomposição e a regeneração natural, sendo necessário o registro do prédio rústico no Cadastro Ambiental Rural.

Nesse caso, algum benefício ambiental em outra área deverá ser promovido pelo proprietário ou possuidor da reserva legal a ser regularizada, ou ao menos este deverá arcar com os seus custos, nas situações autorizadas pelo novo CFlo.

A compensação de reserva legal poderá ser efetuada das seguintes formas:

A) por aquisição de Cota de Reserva Ambiental;

B) por arrendamento de área sob regime de servidão ambiental ou reserva legal;

C) por doação ao poder público de área localizada no interior de Unidade de Conservação de domínio público pendente de regularização fundiária;[37]

D) por cadastramento de outra área equivalente e excedente à reserva legal, em imóvel de mesma titularidade ou adquirida em imóvel de terceiro, com vegetação nativa estabelecida, em regeneração ou recomposição, desde que localizada no mesmo bioma.

Contudo, para ser admitida pelo órgão ambiental competente, a compensação de reserva legal deverá contar com área equivalente em extensão à área da reserva legal a ser compensada; estar localizada no mesmo bioma da área de reserva legal a ser compensada e, se fora do Estado, estar localizada em áreas identificadas como prioritárias[38] pela União ou pelos Estados.

---

37. Quando se tratar de imóveis públicos, esta modalidade de compensação poderá ser feita mediante concessão de direito real de uso ou doação, por parte da pessoa jurídica de direito público proprietária de imóvel rural que não detém Reserva Legal em extensão suficiente, ao órgão público responsável pela Unidade de Conservação de área localizada no interior de Unidade de Conservação de domínio público, a ser criada ou pendente de regularização fundiária.

38. A definição de áreas prioritárias buscará favorecer, entre outros, a recuperação de bacias hidrográficas excessivamente desmatadas, a criação de corredores ecológicos, a conservação de grandes áreas protegidas e a conservação ou recuperação de ecossistemas ou espécies ameaçados.

Frise-se que **a compensação de reserva legal não irá viabilizar novos desmatamentos**, pois vedada a conversão de novas áreas para o uso alternativo do solo.

2. JURISPRUDÊNCIA

STJ INFORMATIVO 679 – PRIMEIRA TURMA

Processo

REsp 1.532.719-MG, Rel. Min. Napoleão Nunes Maia Filho, Primeira Turma, por unanimidade, julgado em 08/09/2020, DJe 15/09/2020

Ramo do Direito

DIREITO AMBIENTAL

Tema

Reserva legal em imóvel rural. Dano ao meio ambiente na vigência da Lei n. 4.771/1965. Compensação ambiental feita no mesmo bioma, mas fora da mesma bacia hidrográfica. Novo Código Florestal. Permissão do art. 66, III, e § 6º, II. Retroatividade.

Destaque

Compensação de danos ambientais ocorridos em reserva legal em data anterior à vigência da Lei n. 12.651/2012 não precisa ser feita na mesma microbacia, sendo suficiente que ocorra no mesmo bioma do imóvel a ser compensado.

Informações do Inteiro Teor

A controvérsia trata da legislação aplicável à compensação ambiental de reserva legal em imóvel rural: se o art. 44, III, da Lei n. 4.771/1965, segundo o qual a compensação deveria ocorrer dentro da mesma microbacia hidrográfica; ou o art. 66, III, e § 6º, II, da Lei n. 12.651/2012, que não impõe tal exigência, demandando apenas que a áreas compensadas se localizem no mesmo bioma.

Sobre o tema, a Segunda Turma do STJ firmou entendimento que a regra geral será a incidência da legislação florestal, de direito material, vigente à época dos fatos, na qual se determina a aplicação da Lei n. 4.771/1965 para as degradações ambientais ocorridas em sua vigência.

Essa tese foi referendada pela Primeira Turma, por maioria, ao apreciar o REsp 1.646.193/SP (DJe 04/06/2020). **No entanto, nesse julgamento, foi admitida a aplicação dos dispositivos expressamente retroativos do Novo Código Florestal - ou seja, aqueles que disciplinam, justamente, situações pretéritas. Este é o caso do art. 66, que rege formas alternativas de recomposição da reserva legal para os imóveis consolidados até 22/07/2008, e inclusive foi objeto de discussão no referido aresto.**

Por fim, é importante lembrar que o § 3º do art. 66, que fundamentou a compensação ambiental e o acórdão recorrido, foi declarado constitucional pelo STF no julgamento conjunto da ADC 42/DF e das ADIs 4.901/DF, 4.902/DF, 4.903/DF e 4.937/DF, Rel. Min. LUIZ FUX, DJe 13/08/2019.

3. QUESTÃO DE CONCURSO

01. (2012/UFPA/PGE-PA/Procurador) Analise as proposições a seguir:

I – A averbação da reserva legal, no âmbito do Direito Ambiental, tem caráter meramente declaratório e a obrigação de recuperar a degradação ambiental ocorrida na faixa da reserva legal abrange aquele que é titular da propriedade do imóvel, mesmo que não seja de sua autoria a deflagração do dano, tendo em consideração sua natureza *propter rem*.

II – a recuperação de área degradada, inserida na faixa de reserva legal, observará os critérios estabelecidos pelo proprietário, desde que seja comunicado ao órgão ambiental o método escolhido, para que seja feito o controle da atividade.

III – na recuperação de área degradada, inserida na faixa de reserva legal, não será permitida a utilização de espécies exóticas.

IV – O proprietário ou possuidor de imóvel rural que detinha, em 22 de julho de 2008, área de Reserva Legal em extensão inferior ao estabelecido no art. 12 da Lei 12651/2012, poderá regularizar sua situação, desde que, em conjunto ou isoladamente, venha a recompor a Reserva Legal, permitir a regeneração natural da vegetação na área de Reserva Legal ou compensar a Reserva Legal.

De acordo com as proposições apresentadas, assinale a alternativa CORRETA:

a) todas estão corretas
b) I e II estão corretas
c) somente a III está correta
d) I e IV estão corretas
e) todas estão incorretas

GAB	01	D

Art. 67. Nos imóveis rurais que detinham, em 22 de julho de 2008, área de até 4 (quatro) módulos fiscais e que possuam remanescente de vegetação nativa em percentuais inferiores ao previsto no art. 12, a Reserva Legal será constituída com a área ocupada com a vegetação nativa existente em 22 de julho de 2008, vedadas novas conversões para uso alternativo do solo.

1. COMENTÁRIOS

No caso das propriedades rurais com no máximo **quatro módulos fiscais** até 22 de julho de 2008 e que possuam um **remanescente de vegetação nativa**, existe um tratamento legal favorável, pois, mesmo não possuindo os percentuais mínimos de reserva legal, **não haverá necessidade da sua recomposição**, visto que o artigo 67 do novo CFlo admite que a reserva legal será constituída com a área ocupada com a vegetação nativa existente em 22 de julho de 2008, **vedadas novas conversões para uso alternativo do solo** (desmatamentos).

Art. 68. Os proprietários ou possuidores de imóveis rurais que realizaram supressão de vegetação nativa respeitando os percentuais de Reserva Legal previstos pela legislação em vigor à época em que ocorreu a supressão são dispensados de promover a recomposição, compensação ou regeneração para os percentuais exigidos nesta Lei.

§ 1.º Os proprietários ou possuidores de imóveis rurais poderão provar essas situações consolidadas por documentos tais como a descrição de fatos históricos de ocupação da região, registros de comercialização, dados agropecuários da atividade, contratos e documentos bancários relativos à produção, e por todos os outros meios de prova em direito admitidos.

§ 2.º Os proprietários ou possuidores de imóveis rurais, na Amazônia Legal, e seus herdeiros necessários que possuam índice de Reserva Legal maior que 50% (cinquenta por cento) de cobertura florestal e não realizaram a supressão da vegetação nos percentuais previstos pela legislação em vigor à época poderão utilizar a área excedente de Reserva Legal também para fins de constituição de servidão ambiental, Cota de Reserva Ambiental – CRA e outros instrumentos congêneres previstos nesta Lei.

1. COMENTÁRIOS

Por fim, os proprietários ou possuidores de imóveis rurais que realizaram supressão de vegetação nativa, respeitando os percentuais de reserva legal previstos pela legislação em vigor à época em que ocorreu a supressão, são dispensados de promover a recomposição, compensação ou regeneração.

Outrossim, considerando que na floresta amazônica a área de reserva legal era de apenas 50%, tendo sido elevada para 80% pela MP 2.166-67/2001, os proprietários ou possuidores de imóveis rurais, na Amazônia Legal, e seus herdeiros necessários que possuam índice de Reserva Legal maior que 50% (cinquenta por cento) de cobertura florestal e não realizaram a supressão da vegetação nos percentuais previstos pela legislação em vigor à época poderão utilizar a área excedente de Reserva Legal também para fins de constituição de servidão ambiental, Cota de Reserva Ambiental.

Essa foi uma maneira de premiar os proprietários de imóveis na floresta amazônica que respeitaram o novo percentual de reserva legal de 80%, permitindo que o excedente a 50% possa gerar a expedição de CRA.

2. JURISPRUDÊNCIA

"AMBIENTAL. PROCESSUAL CIVIL. OMISSÃO INEXISTENTE. INSTITUIÇÃO DE ÁREA DE RESERVA LEGAL. OBRIGAÇÃO *PROPTER REM* E EX LEGE. SÚMULA 83/STJ. APLICAÇÃO DO ART. 68 DO NOVO CÓDIGO FLORESTAL. IMPOSSIBILIDADE. DESRESPEITO AOS PERCENTUAIS EXIGIDOS PARA A ÁREA DE RESERVA LEGAL. VERIFICAÇÃO. IMPOSSIBILIDADE. SÚMULA 7/STJ. DEVER DE AVERBAÇÃO DA RESERVA LEGAL. IMPOSIÇÃO. PROVAS SUFICIENTES. DESNECESSIDADE DE REALIZAÇÃO DE PERÍCIA. CONJUNTO PROBATÓRIO. SÚMULA 7/STJ. PREJUDICADA A ANÁLISE DA DIVERGÊNCIA JURISPRUDENCIAL. AUSÊNCIA DE SIMILITUDE FÁTICA.

1. Não há violação do art. 535 do CPC quando a prestação jurisdicional é dada na medida da pretensão deduzida, com enfrentamento e resolução das questões abordadas no recurso.

2. A jurisprudência desta Corte está firmada no sentido de que os deveres associados às APPs e à Reserva Legal têm natureza de obrigação *propter rem*, isto é, aderem ao título de domínio ou posse, independente do fato de ter sido ou não o proprietário o autor da degradação ambiental. Casos em que não há falar em culpa ou nexo causal como determinantes do dever de recuperar a área de preservação permanente.

3. Este Tribunal tem entendido que a obrigação de demarcar, averbar e restaurar a área de reserva legal nas propriedades rurais configura dever jurídico (obrigação *ex lege*) que se transfere automaticamente com a mudança do domínio, podendo, em consequência, ser imediatamente exigível do proprietário atual.

4. A Segunda Turma desta Corte firmou a orientação de inaplicabilidade de norma ambiental superveniente de cunho material aos processos em curso, seja para proteger o ato jurídico perfeito, os direitos ambientais adquiridos e a coisa julgada, seja para evitar a redução do patamar de proteção de ecossistemas frágeis sem as necessárias compensações ambientais.

5. Ademais, o art. 68 da Lei 12.651/2012 prevê a dispensa da recomposição, da compensação ou da regeneração, nos percentuais exigidos nesta Lei, nos casos em que a supressão de vegetação nativa tenha respeitado os percentuais de reserva legal previstos na legislação vigente à época dos fatos, o que não ocorreu na hipótese, uma vez a determinação do Tribunal de origem consistiu na apresentação de projeto de demarcação da área de reserva legal, com especificação de plantio, observadas as disposições do Decreto n. 6514/2008 e do Decreto n. 7029/09 (fl. 696, e-STJ). Rever o decidido pela Corte estadual encontra óbice na Súmula 7 do STJ.

6. A jurisprudência do STJ é firme no sentido de que o art. 16 c/c o art. 44 da Lei 4.771/1965, impõe a averbação da reserva legal, independentemente de haver área florestal ou vegetação nativa na propriedade.

7. A Corte estadual consignou que a falta de reserva legal por si só acarreta degradação ambiental e asseverou que as provas produzidas seriam suficientes para a composição do conflito, sendo desnecessária a realização de perícia técnica. Nesse aspecto, não há como aferir eventual violação dos dispositivos infraconstitucionais invocados sem que se proceda ao reexame do conjunto probatório dos presentes autos (Súmula 7/STJ).

8. Prejudicada a análise da divergência jurisprudencial apresentada, porquanto a negatória de seguimento do recurso pela alínea 'a' do permissivo constitucional baseou-se em jurisprudência recente e consolidada desta Corte, aplicável ao caso dos autos. Ademais, não há similitude fática e jurídica apta a ensejar o conhecimento do recurso, em face do confronto da tese adotada no acórdão hostilizado e na apresentada nos arestos colacionados, uma vez que cada um deles, individualmente, traz uma das teses abarcadas no recurso especial e não todas ao mesmo tempo, o que lhe retira a identidade necessária ao conhecimento do recurso" (STJ, AgRg no REsp 1.367.968, de 17.12.2013).

3. QUESTÃO DE CONCURSO

01. (FCC – 2014 – Prefeitura de Cuiabá – MT – Procurador Municipal) Os proprietários ou possuidores de imóveis rurais que realizaram supressão de vegetação nativa respeitando os percentuais de Reserva Legal previstos pela legislação em vigor à época em que ocorreu a supressão são

a) obrigados a permitir a regeneração da Reserva Legal na respectiva propriedade rural para os percentuais exigidos pela Lei Federal no 12.651/2012 (novo Código Florestal), em razão do caráter *propter rem* da obrigação ambiental.

b) obrigados a promover a recomposição da Reserva Legal na respectiva propriedade rural para os percentuais exigidos pela Lei Federal nº 12.651/2012 (novo Código Florestal), dado tratar-se de obrigação *propter rem*.

c) dispensados de promover a recomposição, compensação ou regeneração para os percentuais exigidos pela Lei Federal nº 12.651/2012 (novo Código Florestal).

d) obrigados a promover a recomposição da Reserva Legal na respectiva propriedade rural para os percentuais exigidos pela Lei Federal nº 12.651/2012 (novo Código Florestal) ou a compensar área equivalente em outra propriedade rural, desde que no mesmo bioma.

e) dispensados de promover a recomposição da Reserva Legal na respectiva propriedade rural para os percentuais exigidos pela Lei Federal no 12.651/2012 (novo Código Florestal), mas obrigados a compensar área equivalente em outra propriedade rural, desde que no mesmo bioma.

GAB	01	C

CAPÍTULO XIV
DISPOSIÇÕES COMPLEMENTARES E FINAIS

Art. 69. São obrigados a registro no órgão federal competente do Sisnama os estabelecimentos comerciais responsáveis pela comercialização de motosserras, bem como aqueles que as adquirirem.

§ 1.º A licença para o porte e uso de motosserras será renovada a cada 2 (dois) anos.

§ 2.º Os fabricantes de motosserras são obrigados a imprimir, em local visível do equipamento, numeração cuja sequência será encaminhada ao órgão federal competente do Sisnama e constará nas correspondentes notas fiscais.

1. COMENTÁRIOS

O Código Florestal de 1965 já possuía exigência similar no seu artigo 45. Em razão do potencial lesivo das motosserras, as empresas que as comercializarem são obrigadas a se registrar no IBAMA, sob pena de cometimento do crime do 51 da Lei 9.605/1998:

> "Art. 51. Comercializar motosserra ou utilizá-la em florestas e nas demais formas de vegetação, sem licença ou registro da autoridade competente:
>
> Pena – detenção, de três meses a um ano, e multa".

A licença de uso e porte de motosserra possui prazo bienal, devendo ser renovada, cabendo aos fabricantes numerar as motosserras para fins de controle, inclusive na emissão da nota fiscal.

Art. 70. Além do disposto nesta Lei e sem prejuízo da criação de unidades de conservação da natureza, na forma da Lei nº 9.985, de 18 de julho de 2000, e de outras ações cabíveis voltadas à proteção das florestas e outras formas de vegetação, o poder público federal, estadual ou municipal poderá:

I – proibir ou limitar o corte das espécies da flora raras, endêmicas, em perigo ou ameaçadas de extinção, bem como das espécies necessárias à subsistência das populações tradicionais, delimitando as áreas compreendidas no ato, fazendo depender de autorização prévia, nessas áreas, o corte de outras espécies;

II – declarar qualquer árvore imune de corte, por motivo de sua localização, raridade, beleza ou condição de porta-sementes;

III – estabelecer exigências administrativas sobre o registro e outras formas de controle de pessoas físicas ou jurídicas que se dedicam à extração, indústria ou comércio de produtos ou subprodutos florestais.

1. COMENTÁRIOS

Ademais, de acordo com o artigo 70 da Lei 12.651/2012, o Poder Público, em todas as esferas de governo, ainda poderá proibir ou limitar o corte das espécies da flora **raras, endêmicas, em perigo ou ameaçadas de extinção**, bem como das espécies necessárias à subsistência das populações tradicionais, delimitando as áreas compreendidas no ato, fazendo depender de autorização prévia, nessas áreas, o corte de outras espécies.

Da mesma forma, poderá **declarar qualquer árvore imune de corte**, por motivo de sua localização, raridade, beleza ou condição de porta-sementes, assim como estabelecer exigências administrativas sobre o registro e outras formas de controle de pessoas físicas ou jurídicas que se dedicam à extração, indústria ou comércio de produtos ou subprodutos florestais.

Como consectário dessa autorização legal, já existente no antigo Código Florestal (artigo 7.º da revogada Lei 4.771/1965), o artigo 29 do Decreto 5.975/2006 declarou que não são passíveis de exploração, para fins madeireiros, a castanheira (*Betholetia excelsa*) e a seringueira (*Hevea spp*) em florestas naturais, primitivas ou regeneradas, com o propósito de proteger essas espécies de árvores.

Art. 71. A União, em conjunto com os Estados, o Distrito Federal e os Municípios, realizará o Inventário Florestal Nacional, para subsidiar a análise da existência e qualidade das florestas do País, em imóveis privados e terras públicas.

Parágrafo único. A União estabelecerá critérios e mecanismos para uniformizar a coleta, a manutenção e a atualização das informações do Inventário Florestal Nacional.

1. COMENTÁRIOS

O novo Código Florestal ainda previu a atuação conjunta da União, dos estados, do Distrito Federal e dos municípios para a realização do **Inventário Florestal Nacional**, para subsidiar a análise da existência e qualidade das florestas do País, em imóveis privados e terras públicas.

Aliás, os trabalhos para a elaboração do Inventário Florestal Nacional já foram iniciados pelo Serviço Florestal Brasileiro, órgão do Ministério do Meio Ambiente, consoante notícia publicada no sítio Planeta Sustentável:

> **"Brasil terá primeiro Inventário Florestal Nacional**
>
> **Serviço Florestal Brasileiro, do Ministério do Meio Ambiente, inicia o primeiro IFN – Inventário Florestal Nacional, que deverá retratar dados, desde estoque de biomassa e carbono a características dos solos, até 2014, e lança, hoje, o Sistema Nacional de Informação Florestal**
>
> Sucena Shkrada Resk – Edição: Mônica Nunes
>
> **Planeta Sustentável – 16.12.2010**
>
> Em quatro anos, o Brasil deverá conhecer as características de suas florestas, com dados a respeito do estoque de biomassa e carbono, cobertura nativa e plantada e situação da saúde florestal e características dos solos, entre outras. Essas informações serão registradas no primeiro IFN – Inventário Florestal Nacional, que foi iniciado, nesta semana, pelo SFB – Serviço Florestal Brasileiro, do MMA – Ministério do Meio Ambiente, com conclusão prevista para 2014. A atualização do registro deverá ocorrer de cinco em cinco anos.
>
> O diretor-geral do SFB, Antônio Carlos Hummel, constata que o Brasil precisa de informações florestais qualificadas. 'No final da década de 70 e início dos anos 80, houve um levantamento sobre estoques de madeira de florestas naturais e plantadas, pelo então IBDF – Instituto Brasileiro de Desenvolvimento Florestal. Nos últimos anos, só sabemos o retrato do desmatamento, mas não temos nada a respeito especificamente das florestas'. Ele cita que os EUA, por exemplo, já têm inventários, desde a década de 20, e a China, há 35 anos.
>
> Segundo Hummel, o processo de pesquisa pode ser comparado ao Censo e avaliará mais de 20 mil pontos de amostragem em todo o país. 'Futuramente, servirá de base para discussões de políticas públicas para a biodiversidade, quanto a espécies em extinção e com relação às mudanças climáticas', explica. A metodologia do levantamento partiu de mais de 50 reuniões com especialistas mundiais. O trabalho é urgente, visto que 52% do território nacional (516 milhões de ha) é ocupado com floresta em pé, principalmente na Amazônia.
>
> 'A parte operacional será realizada por meio de contratos com universidades. Essa é uma forma de também qualificar seus alunos e profissionais', explica o diretor do SFB. O trabalho de campo começará no Distrito Federal. 'Em 2011, também terá início nos estados do Ceará, Rio de Janeiro, Rio Grande do Sul, Santa Catarina e Sergipe'. Mas o desafio logístico maior, com certeza, será na Amazônia. 'É muito complexo, tanto que lá deveremos ter a cooperação das Forças Armadas', ressalta Hummel. 'Onde houver rios, também haverá o levantamento da relação populações tradicionais com as florestas, para saber as condições sociais daquela região, como estão interagindo com a produção florestal. O inventário reconhecerá outros serviços não madeireiros'.
>
> Segundo o diretor, o IFN terá ainda um componente socioambiental, na forma de entrevistas, que serão realizadas com moradores no entorno dos demais pontos visitados. 'Isso será feito a fim de saber como usam produtos e serviços da floresta, quais são as percepções deles sobre os recursos florestais e conhecimento sobre as políticas do setor'.
>
> Como parte da iniciativa, também está sendo lançado hoje (17), o Sistema Nacional de Informação Florestal, no site do **SFB**. 'O internauta já poderá encontrar dados, por

exemplo, da FAO – Organização das Nações Unidas para Agricultura e Alimentação sobre florestas no Brasil, de produção de madeira no país e quantidade de floresta plantada. É nessa plataforma que disponibilizaremos o inventário', explica Hummel.

A iniciativa, segundo ele, coincidentemente ocorre no Ano Internacional das Florestas, instituído pelo PNUMA – Programa das Nações Unidas para o Meio Ambiente (2011), da ONU. 'Assim, o Brasil poderá mostrar uma série de iniciativas, como reconhecer qual é o estoque florestal e espécies vegetais em extinção. A partir daí, o mais importante é trabalhar políticas públicas eficazes', avalia".

É certo que flora, fauna, água e solo se encontram em relação de interdependência mútua, sendo que qualquer desequilíbrio poderá afetar os quatro recursos naturais, os dois primeiros bióticos e os últimos abióticos.

O principal risco para a vegetação é o desmatamento ilegal, que já devastou cerca de 92% da Mata Atlântica e 10% da Floresta Amazônica.

Art. 72. Para efeitos desta Lei, a atividade de silvicultura, quando realizada em área apta ao uso alternativo do solo, é equiparada à atividade agrícola, nos termos da Lei nº 8.171, de 17 de janeiro de 1991, que "dispõe sobre a política agrícola".

1. COMENTÁRIOS

A **silvicultura** é a ciência dedicada ao estudo dos métodos naturais e artificiais de regenerar e melhorar os povoamentos florestais com vistas a satisfazer as necessidades do mercado e, ao mesmo tempo, é aplicação desse estudo para a manutenção, o aproveitamento e o uso racional das florestas[39].

Este artigo equiparou a silvicultura à atividade agrícola nas áreas não protegidas (áreas de uso alternativo do solo), que poderão ser licenciadas para o desmatamento a corte raso da vegetação nativa.

Art. 73. Os órgãos centrais e executores do Sisnama criarão e implementarão, com a participação dos órgãos estaduais, indicadores de sustentabilidade, a serem publicados semestralmente, com vistas em aferir a evolução dos componentes do sistema abrangidos por disposições desta Lei.

1. COMENTÁRIOS

Este artigo determinou que o Ministério do Meio Ambiente, o IBAMA e o ICMBIO, com a participação dos órgãos estaduais de meio ambiente, elaborem e divulguem semestralmente os **indicadores de sustentabilidade**.

De acordo com o sítio do Portal do Ambiente e do Cidadão[40],

> "Para aplicar o conceito de **desenvolvimento sustentável** torna-se fundamental o estabelecimento de **indicadores**, **objectivos** e **metas** que possam dar a medida do desempenho de um país em matéria de sustentabilidade. Uma vez estabelecidas as metas, poder-se-á então em qualquer altura, avaliar a distância que separa o país/região do fim em vista.

39. Disponível em: <http://pt.wikipedia.org/wiki/Silvicultura>.

40. Disponível em: <http://www.ambiente.maiadigital.pt/ambiente/indicadores/o-que-sao-indicadores-de-sustentabilidade/>.

Assim, os **indicadores** são parâmetros seleccionados e considerados isoladamente ou combinados entre si, sendo especialmente úteis para reflectir sobre determinadas condições dos sistemas em análise (normalmente são efectuados tratamentos aos dados originais, tais como médias aritméticas simples, percentis, medianas, etc.). A par com os indicadores, surgem neste âmbito os conceitos de **sub-índices** (constitui uma forma de agregação intermédia entre indicadores e índices) e de **índices** (corresponde a um nível superior de agregação, onde após aplicado um método de agregação aos indicadores e/ou aos sub-índices é obtido um valor final).

Relativamente ao conteúdo, amplitude e natureza do sistema de indicadores de desenvolvimento sustentável proposto, consideram-se quatro categorias:

> **Indicadores ambientais**

> **Indicadores económicos** (micro e macro)

> **Indicadores sociais**

>**Indicadores institucionais** (compreendem a estrutura e funcionamento das instituições incluindo instituições clássicas; organizações não governamentais (ONG) e empresas".

Art. 74. A Câmara de Comércio Exterior – CAMEX, de que trata o art. 20-B da Lei nº 9.649, de 27 de maio de 1998, com a redação dada pela Medida Provisória nº 2.216-37, de 31 de agosto de 2001, é autorizada a adotar medidas de restrição às importações de bens de origem agropecuária ou florestal produzidos em países que não observem normas e padrões de proteção do meio ambiente compatíveis com as estabelecidas pela legislação brasileira.

1. COMENTÁRIOS

Art. 75. Os PRAs instituídos pela União, Estados e Distrito Federal deverão incluir mecanismo que permita o acompanhamento de sua implementação, considerando os objetivos e metas nacionais para florestas, especialmente a implementação dos instrumentos previstos nesta Lei, a adesão cadastral dos proprietários e possuidores de imóvel rural, a evolução da regularização das propriedades e posses rurais, o grau de regularidade do uso de matéria-prima florestal e o controle e prevenção de incêndios florestais.

1. COMENTÁRIOS

De acordo com o artigo 4.º do Decreto 8.235/2014, nos termos do § 1.º do art. 59 da Lei nº 12.651, de 2012, os programas de regularização ambiental serão implantados pelos Estados e pelo Distrito Federal, observados os seguintes requisitos:

I – termo de compromisso, com eficácia de título executivo extrajudicial;

II – mecanismos de controle e acompanhamento da recomposição, recuperação, regeneração ou compensação e de integração das informações no Sicar; e

III – mecanismos de acompanhamento da suspensão e extinção da punibilidade das infrações de que tratam o § 4º do art. 59 e o art. 60 da Lei nº 12.651, de 2012, que incluam informações sobre o cumprimento das obrigações firmadas para a suspensão e o encerramento dos processos administrativo e criminal.

Art. 76. (VETADO).

Art. 77. (VETADO).

Art. 78. O art. 9.º-A da Lei nº 6.938, de 31 de agosto de 1981, passa a vigorar com a seguinte redação:

"Art. 9.º-A. O proprietário ou possuidor de imóvel, pessoa natural ou jurídica, pode, por instrumento público ou particular ou por termo administrativo firmado perante órgão integrante do Sisnama, limitar o uso de toda a sua propriedade ou de parte dela para preservar, conservar ou recuperar os recursos ambientais existentes, instituindo servidão ambiental.

§ 1.º O instrumento ou termo de instituição da servidão ambiental deve incluir, no mínimo, os seguintes itens:

I – memorial descritivo da área da servidão ambiental, contendo pelo menos um ponto de amarração georreferenciado;

II – objeto da servidão ambiental;

III – direitos e deveres do proprietário ou possuidor instituidor;

IV – prazo durante o qual a área permanecerá como servidão ambiental.

§ 2.º A servidão ambiental não se aplica às Áreas de Preservação Permanente e à Reserva Legal mínima exigida.

§ 3.º A restrição ao uso ou à exploração da vegetação da área sob servidão ambiental deve ser, no mínimo, a mesma estabelecida para a Reserva Legal.

§ 4.º Devem ser objeto de averbação na matrícula do imóvel no registro de imóveis competente:

I – o instrumento ou termo de instituição da servidão ambiental;

II – o contrato de alienação, cessão ou transferência da servidão ambiental.

§ 5.º Na hipótese de compensação de Reserva Legal, a servidão ambiental deve ser averbada na matrícula de todos os imóveis envolvidos.

§ 6.º É vedada, durante o prazo de vigência da servidão ambiental, a alteração da destinação da área, nos casos de transmissão do imóvel a qualquer título, de desmembramento ou de retificação dos limites do imóvel.

§ 7.º As áreas que tenham sido instituídas na forma de servidão florestal, nos termos do art. 44-A da Lei nº 4.771, de 15 de setembro de 1965, passam a ser consideradas, pelo efeito desta Lei, como de servidão ambiental." (NR)

1. COMENTÁRIOS

Este artigo alterou a redação do artigo 9.º-A, da Lei 6.938/1981, que trata da servidão ambiental e já foi comentado nesta obra.

Art. 78-A. Após 31 de dezembro de 2017, as instituições financeiras só concederão crédito agrícola, em qualquer de suas modalidades, para proprietários de imóveis rurais que estejam inscritos no CAR. *(Redação dada pela Lei nº 13.295, de 2016)*

Parágrafo único. O prazo de que trata este artigo será prorrogado em observância aos novos prazos de que trata o § 3º do art. 29. *(Incluído pela Lei nº 13.295, de 2016)*

1. COMENTÁRIOS

Este artigo prevê que somente será concedido crédito agrícola para proprietários rurais cujas fazendas estejam inscritas no Cadastro Ambiental Rural. A sua aplicação dar-se-á a partir de 1/1/2018, podendo ser prorrogado por mais um ano.

Art. 79. A Lei nº 6.938, de 31 de agosto de 1981, passa a vigorar acrescida dos seguintes arts. 9.º-B e 9.º-C:

"Art. 9.º-B. A servidão ambiental poderá ser onerosa ou gratuita, temporária ou perpétua.

§ 1.º O prazo mínimo da servidão ambiental temporária é de 15 (quinze) anos.

§ 2.º A servidão ambiental perpétua equivale, para fins creditícios, tributários e de acesso aos recursos de fundos públicos, à Reserva Particular do Patrimônio Natural – RPPN, definida no art. 21 da Lei nº 9.985, de 18 de julho de 2000.

§ 3.º O detentor da servidão ambiental poderá aliená-la, cedê-la ou transferi-la, total ou parcialmente, por prazo determinado ou em caráter definitivo, em favor de outro proprietário ou de entidade pública ou privada que tenha a conservação ambiental como fim social."

"Art. 9.º-C. O contrato de alienação, cessão ou transferência da servidão ambiental deve ser averbado na matrícula do imóvel.

§ 1.º O contrato referido no *caput* deve conter, no mínimo, os seguintes itens:

I – a delimitação da área submetida a preservação, conservação ou recuperação ambiental;

II – o objeto da servidão ambiental;

III – os direitos e deveres do proprietário instituidor e dos futuros adquirentes ou sucessores;

IV – os direitos e deveres do detentor da servidão ambiental;

V – os benefícios de ordem econômica do instituidor e do detentor da servidão ambiental;

VI – a previsão legal para garantir o seu cumprimento, inclusive medidas judiciais necessárias, em caso de ser descumprido.

§ 2.º São deveres do proprietário do imóvel serviente, entre outras obrigações estipuladas no contrato:

I – manter a área sob servidão ambiental;

II – prestar contas ao detentor da servidão ambiental sobre as condições dos recursos naturais ou artificiais;

III – permitir a inspeção e a fiscalização da área pelo detentor da servidão ambiental;

IV – defender a posse da área serviente, por todos os meios em direito admitidos.

§ 3.º São deveres do detentor da servidão ambiental, entre outras obrigações estipuladas no contrato:

I – documentar as características ambientais da propriedade;

II – monitorar periodicamente a propriedade para verificar se a servidão ambiental está sendo mantida;

III – prestar informações necessárias a quaisquer interessados na aquisição ou aos sucessores da propriedade;

IV – manter relatórios e arquivos atualizados com as atividades da área objeto da servidão;

V – defender judicialmente a servidão ambiental."

1. COMENTÁRIOS

Este artigo inseriu os artigos 9.º-B e 9.º-C, da Lei 6.938/1981, que tratam da servidão ambiental e já foram comentados nesta obra.

Art. 80. A alínea *d* do inciso II do § 1.º do art. 10 da Lei nº 9.393, de 19 de dezembro de 1996, passa a vigorar com a seguinte redação:

"Art. 10. (...)

§ 1.º (...)

(...)

II – (...)

(...)

d) sob regime de servidão ambiental;

(...)" (NR)

1. COMENTÁRIOS

Este artigo alterou a redação da alínea *d* do inciso II do § 1.º do art. 10 da Lei nº 9.393/1996, a fim de excluir da incidência do Imposto Territorial Rural as áreas em regime de servidão ambiental, sendo um exemplo de concretização do Princípio do Protetor-recebedor.

Art. 81. O *caput* do art. 35 da Lei nº 11.428, de 22 de dezembro de 2006, passa a vigorar com a seguinte redação:

"Art. 35. A conservação, em imóvel rural ou urbano, da vegetação primária ou da vegetação secundária em qualquer estágio de regeneração do Bioma Mata Atlântica cumpre função social e é de interesse público, podendo, a critério do proprietário, as áreas sujeitas à restrição de que trata esta Lei ser computadas para efeito da Reserva Legal e seu excedente utilizado para fins de compensação ambiental ou instituição de Cota de Reserva Ambiental – CRA.

(...)" (NR)

1. COMENTÁRIOS

Este artigo alterou o artigo 35 da Lei de Mata Atlântica a fim de permitir que a área conservada em imóvel rural ou urbano com vegetação primária ou secundária em qualquer estágio de regeneração do Bioma Mata Atlântica possa ser considerada para integralização de reserva legal ou expedição de Cota de Reserva Ambiental, sendo um exemplo de concretização do Princípio do Protetor-recebedor.

Art. 82. São a União, os Estados, o Distrito Federal e os Municípios autorizados a instituir, adaptar ou reformular, no prazo de 6 (seis) meses, no âmbito do Sisnama, instituições florestais ou afins, devidamente aparelhadas para assegurar a plena consecução desta Lei.

Parágrafo único. As instituições referidas no *caput* poderão credenciar, mediante edital de seleção pública, profissionais devidamente habilitados para apoiar a regularização ambiental das propriedades previstas no inciso V do art. 3.º, nos termos de regulamento baixado por ato do Chefe do Poder Executivo.

1. COMENTÁRIOS

Este artigo determinou que as entidades políticas, se necessário, reformulem a sua estrutura de órgãos ambientais do SISNAMA a fim de se adaptar à nova legislação florestal em seus meses.

Art. 83. Revogam-se as Leis nos 4.771, de 15 de setembro de 1965, e 7.754, de 14 de abril de 1989, e suas alterações posteriores, e a Medida Provisória nº 2.166-67, de 24 de agosto de 2001.

1. COMENTÁRIOS

Este artigo revogou expressamente o Código Florestal de 1965 (Lei 4.771/1965) e a Medida Provisória 2.166-67/2001 que o havia alterado.

Art. 84. Esta Lei entra em vigor na data de sua publicação.

1. COMENTÁRIOS

Não houve período de vacância para a vigência deste Código Florestal, que entrou em vigor no dia 28 de maio de 2012, data da sua publicação, lembrando que sofreu vetos e alterações datas pela Lei 12.727/2012.

Brasília, 25 de maio de 2012; 191.º da Independência e 124.º da República.

DILMA ROUSSEFF
Mendes Ribeiro Filho
Márcio Pereira Zimmermann
Miriam Belchior
Marco Antonio Raupp
Izabella Mônica Vieira Teixeira
Gilberto José Spier Vargas
Aguinaldo Ribeiro
Luís Inácio Lucena Adams

Este texto não substitui o publicado no *DOU* de 28.05.2012

APÊNDICE – PRINCÍPIOS AMBIENTAIS

1. INTRODUÇÃO

Os princípios são normas jurídicas que fundamentam o sistema jurídico, com maior carga de abstração, generalidade e indeterminação que as regras, não regulando situações fáticas diretamente, carecendo de intermediação para a aplicação concreta.

Em Direito Ambiental, não há uniformidade doutrinária na identificação dos seus princípios específicos, bem como o conteúdo jurídico de muitos deles. Aqui será exposto o núcleo dos principais, seguindo a linha prevalecente.

Os princípios ambientais vêm espalhados ao longo da legislação ambiental, valendo destacar que vários foram implicitamente consagrados no texto constitucional. Como exemplo, uma série vem listada no artigo 3.º, da Lei 12.187/2009, que aprovou a *Política Nacional sobre Mudança do Clima*: **princípios da precaução, da prevenção, da participação cidadã, do desenvolvimento sustentável e o das responsabilidades comuns, porém diferenciadas, este último no âmbito internacional.**

2. PREVENÇÃO

Por este princípio, implicitamente consagrado no artigo 225, da Constituição Federal e presente em resoluções do CONAMA[1], dentre outros diplomas, **já se tem base científica para prever os impactos ambientais negativos decorrentes de determinada atividade lesiva ao meio ambiente, devendo-se impor ao empreendedor condicionantes no licenciamento ambiental para mitigar ou elidir os prejuízos.**

Ele se volta a atividades de vasto conhecimento humano (**risco certo, conhecido ou concreto**), em que já se sabe a extensão e a natureza dos males ambientais, trabalhando com boa margem de segurança.

Em Direito Ambiental, deve-se sempre que possível buscar a prevenção dos danos, pois remediar normalmente não é possível, dada à natureza irreversível dos danos ambientais, em regra. Exemplo de sua aplicação é a exigência de estudo ambiental para o licenciamento de atividade apta a causar degradação ao ambiente.

3. PRECAUÇÃO

De origem alemã, não tem previsão literal na Constituição, mas pode-se afirmar que foi implicitamente consagrado no seu artigo 225, conforme reconhecido pelo Ministro Carlos Britto, no julgamento da ACO 876 MC-AGR, pelo STF.

1. A exemplo da Resolução CONAMA 306/2002, que disciplina os requisitos mínimos e o termo de referência para realização de auditorias ambientais.

É previsto na **Declaração do Rio (ECO/1992)**, no **Princípio 15**, *litteris*:

> "De modo a proteger o meio ambiente, o princípio da precaução deve ser amplamente observado pelos Estados, de acordo com suas capacidades. Quando houver ameaça de danos sérios ou irreversíveis, a ausência de absoluta certeza científica não deve ser utilizada como razão para postergar medidas eficazes e economicamente viáveis para precaver a degradação ambiental".

Ressalte-se que a Declaração do Rio de 1992 não tem a natureza jurídica de tratado internacional para o Brasil, sendo uma espécie de compromisso mundial ético, tal qual a Declaração da ONU de 1948.

Ou seja, de acordo com o *Princípio da Precaução*, **se determinado empreendimento puder causar danos ambientais sérios ou irreversíveis, contudo inexiste certeza científica quanto aos efetivos danos e a sua extensão, mas há base científica razoável fundada em juízo de probabilidade não remoto da sua potencial ocorrência, o empreendedor deverá ser compelido a adotar medidas de precaução para elidir ou reduzir os riscos ambientais para a população.**

Outrossim, em casos extremos (perigo ambiental), será recomendável que o Poder Público não libere a atividade supostamente impactante até que haja uma evolução científica a fim de melhor analisar a natureza e a extensão dos potenciais males ambientais, pois é possível que não seja prudente arriscar.

Assim, **a incerteza científica milita em favor do meio ambiente e da saúde** (***in dubio pro natura ou salute***). A precaução caracteriza-se pela ação antecipada diante do risco desconhecido. Enquanto a **prevenção** trabalha com o risco certo, a **precaução** vai além e se preocupa com o risco incerto. **Prevenção** se dá em relação ao perigo concreto, ao passo que a **precaução** envolve perigo abstrato ou potencial.

É com base no princípio da precaução que parte da doutrina sustenta a possibilidade de **inversão do ônus da prova** nas demandas ambientais, carreando ao réu (suposto poluidor) a obrigação de provar que a sua atividade não é perigosa nem poluidora, em que pese inexistir regra expressa nesse sentido, ao contrário do que acontece no Direito do Consumidor. Inclusive, **esta tese foi recepcionada pelo STJ no segundo semestre de 2009** (REsp 972.902-RS, Rel. Min. Eliana Calmon, julgado em 25.08.2009).

Muito se controverte acerca da aplicação deste princípio ao uso dos aparelhos celulares (muitos especialistas sustentam que podem causar em longo prazo câncer cerebral, o que só o tempo dirá) e a inserção de organismos geneticamente modificados no meio ambiente, inclusive para consumo humano.

Conforme a jurisprudência do STJ, "em matéria de meio ambiente vigora o princípio da precaução. Esse princípio deve ser observado pela Administração Pública, e também pelos empreendedores. A segurança dos investimentos constitui, também e principalmente, responsabilidade de quem os faz. À luz desse pressuposto, surpreende na espécie a circunstância de que empreendimento de tamanho vulto tenha sido iniciado, e continuado, sem que seus responsáveis tenham se munido da cautela de consultar o órgão federal incumbido de preservar o meio ambiente a respeito de sua viabilidade" (Corte Especial, AgRg na SLS 1.564, de 16.05.2012).

Este Princípio também foi previsto expressamente na **Convenção sobre Mudança do Clima (art. 3.º, item 03) e na Convenção da Biodiversidade**, das quais o Brasil é signatário[2], bem como no artigo 1.º da Lei 11.105/2005 (Lei de Biossegurança), além de estar presente em inúmeras resoluções do CONAMA[3].

4. DESENVOLVIMENTO SUSTENTÁVEL

Tem previsão implícita na cabeça do artigo 225, combinado com o artigo 170, inciso VI, ambos da Constituição Federal e expressa no **Princípio 04, da Declaração do Rio**:

> "Para se alcançar um desenvolvimento sustentável, a proteção ambiental deve constituir parte integrante do processo de desenvolvimento e não pode ser considerada separadamente", tendo sido plantada a sua semente mundial na Conferência de Estocolmo de 1972".

De efeito, em 1987, o Relatório Brundtland[4] (Nosso Futuro Comum), elaborado pela Comissão Mundial sobre Meio Ambiente e Desenvolvimento, delimitou o desenvolvimento sustentável como "**o desenvolvimento que satisfaz as necessidades presentes, sem comprometer a capacidade das gerações futuras de suprir suas próprias necessidades**".

No Brasil, não se trata de inovação do atual ordenamento constitucional ou da RIO 1992, pois já presente anteriormente em nosso ordenamento jurídico, vez que a Política Nacional do Meio Ambiente visará "à compatibilização do desenvolvimento econômico social com a preservação da qualidade do meio ambiente e do equilíbrio ecológico", nos termos do artigo 4.º, I, da Lei 6.938/1981.

Deveras, **as necessidades humanas são ilimitadas** (fruto de um consumismo exagerado incentivado pelos fornecedores de produtos e serviços ou mesmo pelo Estado), **mas os recursos ambientais naturais não, tendo o planeta Terra uma capacidade máxima de suporte**, sendo curial se buscar a sustentabilidade ambiental.

Este princípio decorre de uma ponderação que deverá ser feita casuisticamente entre o direito fundamental ao desenvolvimento econômico e o direito à preservação ambiental, à luz do Princípio da Proporcionalidade.

Outras vezes esse conflito já vem solucionado especificamente por regras jurídicas, pois a ponderação já foi feita pelo próprio legislador, a exemplo do percentual de reserva legal dos imóveis rurais, nos moldes do artigo 16, da Lei 4.771/1965 (Código Florestal), pesando mais na floresta amazônica a preservação ao meio ambiente (reserva legal de 80% do total do imóvel) e, de outro vértice, prevalecendo o desenvolvimento econômico nas demais vegetações fora da Amazônia Legal (20% da área).

2. Há certa divergência sobre o conteúdo jurídico do Princípio da Precaução nesses tratados internacionais, pois na Convenção da Mudança do Clima exige-se para a sua aplicação ameaça de dano sério ou irreversível, assim como se ressalta a necessidade da análise dos custos econômicos das medidas de precaução, o que não resta consignado na Convenção da Biodiversidade.
3. A exemplo da Resolução CONAMA 316/2002, que dispõe sobre os procedimentos e critérios para o funcionamento de sistemas de tratamento térmico de resíduos.
4. Recebeu esta designação porque a Comissão foi chefiada pela primeira ministra da Noruega, Gro Harlem Brundtland.

Frise-se que a livre iniciativa que fundamenta a Ordem Econômica não é absoluta, tendo limites em vários princípios constitucionais, em especial devendo observar a defesa do meio ambiente, conforme previsão expressa do artigo 170, inciso VI, da Lei Maior, inclusive devendo-se dar tratamento privilegiado aos agentes econômicos que consigam reduzir os impactos ambientais negativos em decorrência de seus empreendimentos.

Destarte, **desenvolvimento sustentável é aquele que atende às necessidades do presente sem comprometer a possibilidade de existência digna das gerações futuras**, sendo possível melhorar a qualidade de vida dos vivos sem prejudicar o potencial desenvolvimento das novas gerações, através do controle da poluição a fim de manter a perenidade dos recursos naturais.

Todavia, o Princípio do Desenvolvimento Sustentável não possui apenas uma vertente econômico-ambiental, mas também tem uma **acepção social**, pois pressupõe o **desenvolvimento social dos povos (erradicação da pobreza)**, consistente na justa repartição das riquezas do mundo, pois inexiste qualquer razoabilidade em se determinar a alguém que preserve os recursos naturais sem previamente disponibilizar as mínimas condições de dignidade humana.

Aliás, importante aduzir que desenvolvimento não será necessariamente sinônimo de crescimento, pois não implica obrigatoriamente na majoração de produtos e serviços no bojo da economia, sendo teoricamente possível a redução da poluição e das desigualdades sociais sem o crescimento da economia, mas com desenvolvimento sustentável.

Um instrumento de implantação que ao poucos vem sendo utilizado mundialmente para se atingir o ideal da sustentabilidade é o **pagamento pelos serviços ambientais5**, pois imprescindíveis à manutenção da vida na Terra, sendo um dos principais exemplos o mercado de créditos de carbono instituído pelo Protocolo de Kyoto.

Foi neste contexto que surgiu em 14 de janeiro de 2021 a novel **Política Nacional de Pagamento por Serviços Ambientais (PNPSA)**, aprovada pela Lei 14.119/2021, que ainda instituiu o **Cadastro Nacional de Pagamento por Serviços Ambientais (CNPSA)** e o **Programa Federal de Pagamento por Serviços Ambientais (PFPSA)**.

Saliente-se que **este princípio tem aplicação aos recursos naturais renováveis, a exemplo das florestas e animais, e não aos não renováveis, como os minérios.** Nestes casos, a sua utilização deve ser racional e prolongada ao máximo, devendo-se optar, sempre que possível, pela substituição por um recurso renovável, a exemplo do etanol ao invés da gasolina, que, inclusive, é menos agressivo ao ar atmosférico.

---

5. De acordo com o Vocabulário Básico de Recursos Naturais e do Meio Ambiente do IBGE, entende-se por serviços ambientais: "conceito associado a tentativa de valoração dos benefícios ambientais que a manutenção de áreas naturais pouco alteradas pela ação humana traz para o conjunto da sociedade. Entre os serviços ambientais mais importantes estão a produção de água de boa qualidade, a depuração e a descontaminação natural de águas servidas (esgotos) no ambiente, a produção de oxigênio e a absorção de gases tóxicos pela vegetação, a manutenção de estoques de predadores de pragas agrícolas, de polinizadores, de exemplares silvestres de organismos utilizados pelo homem (fonte de gens usados em programas de melhoramento genético), a proteção do solo contra a erosão, a manutenção dos ciclos biogeoquímicos, etc. Os serviços ambientais são imprescindíveis a manutenção da vida na Terra".

5. POLUIDOR-PAGADOR OU RESPONSABILIDADE

Por este princípio, **deve o poluidor responder pelos custos sociais da degradação causada por sua atividade impactante (internalização dos prejuízos ambientais)**, devendo-se agregar esse valor no custo produtivo da atividade, para **evitar que se privatizem os lucros e se socializem os prejuízos ambientais**, voltando-se principalmente aos grandes poluidores.

Logo, caberá ao poluidor compensar ou reparar o dano causado, como medida de internalização das externalidades negativas da sua atividade poluidora.

Ressalte-se que este Princípio não deve ser interpretado de forma que haja abertura incondicional à poluição, desde que se pague (não é Pagador-poluidor, e sim Poluidor-pagador), **só podendo o poluidor degradar o meio ambiente dentro dos limites de tolerância previstos na legislação ambiental, após licenciado.**

Inclusive, o Poluidor-pagador consta na Declaração do Rio de 1992, no **Princípio 16**:

> "Tendo em vista que o poluidor deve, em princípio, arcar com o custo decorrente da poluição, as autoridades nacionais devem procurar promover a internalização dos custos ambientais e o uso de instrumentos econômicos, levando na devida conta o interesse público, sem distorcer o comércio e os investimentos internacionais".

Este Princípio inspirou o § 1.º, do artigo 14, da Lei 6.938/1981, que prevê que "é o poluidor obrigado, independentemente da existência de culpa, a indenizar ou reparar os danos causados ao meio ambiente e a terceiros, afetados por sua atividade".

Aliás, **diga-se que a poluição amparada em regular licença ou autorização ambiental não desonerará o poluidor de reparar os danos ambientais**, pois não se trata de uma penalidade, e sim de um ressarcimento ao meio ambiente, em aplicação ao Princípio do Poluidor-pagador.

Também decorre do Princípio do Poluidor-pagador a obrigação dos fabricantes e importadores de dar destinação ambientalmente correta às pilhas e baterias que contenham chumbo, cádmio e mercúrio (Resolução CONAMA 401/2008) e aos fabricantes e importadores de pneumáticos (Resolução CONAMA 416/2009), bem como a obrigação das empresas produtoras e comercializadoras de agrotóxicos, seus componentes e afins, pela destinação das embalagens vazias dos produtos por elas fabricados e comercializados, após a devolução pelos usuários (artigo 6.º, § 5.º, da Lei 7.802/1989).

Também decorre do Princípio do Poluidor-pagador a disposição constante do artigo 33, § 6.º, da Lei 12.305/2010, que aprovou a Política Nacional de Resíduos Sólidos, ao determinar que os fabricantes e os importadores deem destinação ambientalmente adequada aos produtos e às embalagens reunidos ou devolvidos, sendo o rejeito encaminhado para a disposição final ambientalmente adequada.

6. PROTETOR-RECEBEDOR

É a outra face da mesma moeda que contém o Princípio do Poluidor-pagador. Se por um lado é preciso se internalizar os danos ambientais a quem os causa (Poluidor-pagador), é também **necessária a criação de benefícios em favor daqueles que protegem o meio ambiente (Protetor-recebedor) com o desiderato de fomentar e premiar essas iniciativas.**

Assim, em aplicação a este princípio, **deve haver uma *espécie de compensação pela prestação dos serviços ambientais* em favor daqueles que atuam em defesa do meio ambiente, como verdadeira maneira de se promover a justiça ambiental**, a exemplo da criação de uma compensação financeira em favor do proprietário rural que mantém a reserva florestal legal em sua propriedade acima do limite mínimo fixado no artigo 16, Código Florestal.

Além de benefícios financeiros diretos a serem pagos pelo Poder Público, também é possível a concessão de créditos subsidiados, redução de base de cálculo e alíquotas de tributos, ou mesmo a instituição de isenções por normas específicas.

No Brasil, ainda são tímidas as medidas nesse sentido, mas é possível identificar a sua presença quando o artigo 10, § 1.º, inciso II, da Lei 9.393/1996, excluiu da área tributável do Imposto Territorial Rural alguns espaços ambientais especialmente protegidos.

Através da edição do Decreto 45.113/2009, o Estado de Minas Gerais criou o Programa Bolsa-Verde, em que o Poder Público estadual paga um incentivo financeiro aos proprietários que prestam serviços ambientais, consistente em uma bolsa que variará entre R$ 110,00 e R$ 300,00 por hectare preservado de reserva legal ou área de preservação permanente, sendo um emblemático caso de incidência do Princípio do Protetor-Recebedor.

Vale ressaltar que **o Princípio do Protetor-recebedor tem previsão expressa no ordenamento jurídico brasileiro, no artigo 6.º da Lei 12.305/2010**, que instituiu a Política Nacional de Resíduos Sólidos.

7. USUÁRIO-PAGADOR

Não se trata de mera reprodução do Princípio do Poluidor-Pagador. **Por ele, as pessoas que utilizam recursos naturais devem pagar pela sua utilização, mesmo que não haja poluição, a exemplo do uso racional da água**[6]. Veja-se que difere do Princípio do Poluidor-Pagador, pois neste há poluição e a quantia paga pelo empreendedor funciona também como "sanção social ambiental", além de indenização.

Assim, a cobrança pela utilização de um recurso natural sem poluição[7], a exemplo do uso racional da água, é exemplo de aplicação do Princípio do Usuário-pagador, e não do Poluidor-pagador.

Para PAULO AFFONSO LEME MACHADO (2003, p. 53), **"o princípio usuário-pagador contém também o princípio poluidor-pagador"**, sendo acertada esta posição do grande mestre, porquanto a poluição pressupõe o uso, mas é possível o uso sem poluição.

---

6. Note-se que, a rigor, não se compra a água, pois de acordo com a Lei de Recursos Hídricos (Lei 9.433/1997) a água é bem de domínio público e inalienável, pagando-se apenas pelo seu uso e outras despesas, como o seu tratamento.
7. De acordo com o artigo 3.º, III, da Lei 6.938/1981, poluição é a degradação da qualidade ambiental resultante de atividades que direta ou indiretamente: a) prejudiquem a saúde, a segurança e o bem-estar da população; b) criem condições adversas às atividades sociais e econômicas; c) afetem desfavoravelmente a biota; d) afetem as condições estéticas ou sanitárias do meio ambiente; e) lancem matérias ou energia em desacordo com os padrões ambientais estabelecidos.

Saliente-se que é um dos objetivos da Política Nacional do Meio Ambiente "a imposição, ao poluidor e ao predador, da obrigação de recuperar e/ou indenizar os danos causados e, ao usuário, da contribuição pela utilização de recursos ambientais com fins econômicos", nos moldes do inciso VII, do artigo 4.º, da Lei 6.938/1981.

Deveras, há uma progressiva tendência mundial na cobrança do uso dos recursos naturais, notadamente os mais escassos, a fim de racionalizar a sua utilização e funcionar como medida educativa para inibir o desperdício, além de angariar recursos para investimentos ambientais, mas este instrumento não deverá ser utilizado para privar os economicamente menos favorecidos dos recursos indispensáveis à sua qualidade de vida.

8. COOPERAÇÃO ENTRE OS POVOS

Sabe-se que o meio ambiente não conhece fronteiras políticas, mas apenas o homem, sendo curial uma mútua cooperação entre as nações para a sua proteção. Fenômenos poluidores geralmente ultrapassam as divisas territoriais de uma nação e atingem o território de outra, a exemplo da emissão de poluentes na atmosfera que venham a causar o efeito estufa e a inversão térmica.

Por conseguinte, cresce a celebração de tratados internacionais na esfera ambiental, podendo-se citar como outro exemplo deste Princípio o artigo 77, da Lei 9.605/1998, que trata da cooperação penal internacional para a preservação do meio ambiente.

Inclusive, este princípio foi elevado pelo poder constituinte originário ao *status* de **princípio fundamental,** devendo nortear as relações internacionais do Brasil, consoante insculpido no artigo 4.º, IX, da Lei Maior.

Nesse caminho, o Tratado que instituiu a Comunidade Europeia prevê, em termos de proteção ambiental, que "a Comunidade e os Estados-Membros cooperam, no âmbito das respectivas competências, com os países terceiros e as organizações internacionais competentes" (artigo 175, item 04).

9. SOLIDARIEDADE INTERGERACIONAL OU EQUIDADE

Por este princípio, que inspirou a parte final do *caput* do artigo 225, da CRFB, **as presentes gerações devem preservar o meio ambiente e adotar políticas ambientais para a presente e as futuras gerações, não podendo utilizar os recursos ambientais de maneira irracional de modo a privar os seus descendentes do seu desfrute**. Não é justo utilizar recursos naturais que devem ser reservados aos que ainda não existem.

Na realidade, o Princípio do Desenvolvimento Sustentável busca a realização deste. Há um **pacto fictício com as gerações futuras**, que devem também ter acesso aos recursos ambientais para ter uma vida digna, razão pela qual as nações devem tutelar com maior intensidade os animais e vegetais ameaçados de extinção.

Sob essa perspectiva, informa o **Princípio 03, da Declaração do Rio:**

> "O direito ao desenvolvimento deve ser exercido de modo a permitir que sejam atendidas equitativamente as necessidades de desenvolvimento e de meio ambiente das gerações presentes e futuras".

10. NATUREZA PÚBLICA OU OBRIGATORIEDADE DA PROTEÇÃO AMBIENTAL

Este princípio inspirou parcela do *caput* do artigo 225, da CRFB, pois é dever irrenunciável do Poder Público promover a proteção do meio ambiente, por ser bem difuso (de todos, ao mesmo tempo), indispensável à vida humana sadia e também da coletividade.

Deverá o Estado atuar como agente normativo e regulador da **Ordem Econômica Ambiental**, editando normas jurídicas e fiscalizando de maneira eficaz o seu cumprimento.

Por essa razão, entende-se que o exercício do poder de polícia ambiental é vinculado (em regra), inexistindo conveniência e oportunidade na escolha do melhor momento e maneira de sua exteriorização. Outrossim, pelo bem ambiental ser indisponível e autônomo, em regra não poderá ser objeto de transação judicial.

11. PARTICIPAÇÃO COMUNITÁRIA (OU PARTICIPAÇÃO CIDADÃ/POPULAR)

Pontifica que as pessoas têm o direito de participar ativamente das decisões políticas ambientais, em decorrência do sistema democrático, uma vez que os danos ambientais são transindividuais, estando implicitamente consagrado no artigo 225, da Constituição Federal de 1988.

Exemplo da aplicação desta norma é a necessidade de realização de audiências públicas em licenciamentos ambientais mais complexos (EIA-RIMA), nas hipóteses previstas na Resolução CONAMA 09/1987; na criação de unidades de conservação (consulta pública); na legitimação para propositura de ação popular ou mesmo no tradicional direito fundamental de petição ao Poder Público.

A **Declaração do Rio de 1992** seguiu essa tendência ao cristalizá-lo no **Princípio 10**:

> "A melhor maneira de tratar questões ambientais é assegurar a participação, no nível apropriado, de todos os cidadãos interessados. No nível nacional, cada indivíduo deve ter acesso adequado a informações relativas ao meio ambiente de que disponham autoridades públicas, inclusive informações sobre materiais e atividades perigosas em suas comunidades, bem como a oportunidade de participar em processos de tomada de decisões. Os Estados devem facilitar e estimular a conscientização e a participação pública, colocando a informação à disposição de todos. Deve ser propiciado acesso efetivo a mecanismos judiciais e administrativos, inclusive no que diz respeito à compensação e reparação de danos".

12. FUNÇÃO SOCIOAMBIENTAL DA PROPRIEDADE

Já se fala atualmente em função socioambiental da propriedade, uma vez que um dos requisitos para que a *propriedade rural* alcance a sua função social é o respeito à legislação ambiental (art. 186, II, da CRFB), bem como a *propriedade urbana*, pois o plano diretor deverá necessariamente considerar a preservação ambiental, a exemplo da instituição de áreas verdes.

Digno de nota, outrossim, é o artigo 1.228, § 1.º, do Código Civil, um caso de norma ambiental inserta do diploma civil, o que denota o caráter transversal do Direito Ambiental, que permeia em todos os ramos jurídicos, em que está insculpido que "o direito de propriedade deve ser exercitado em consonância com as suas finalidades econômicas e sociais e de modo que sejam preservados, de conformidade com o estabelecido em lei especial, a flora, a fauna, as belezas naturais, o equilíbrio ecológico e o patrimônio histórico e artístico, bem como evitada a poluição do ar e das águas".

Outrossim, a função social (ou socioambiental) não se configura como simples limitação ao exercício do direito de propriedade, e sim tem caráter endógeno, apresentando-se como quinto atributo ao lado do uso, gozo, disposição e reivindicação. Na realidade, operou-se a **ecologização da propriedade.**

Nesse sentido, leciona o grande JOSÉ AFONSO DA SILVA (2002, p. 283): "enfim, a função social se manifesta na própria configuração estrutural do direito de propriedade".

Para o STJ, "inexiste direito ilimitado ou absoluto de utilização das potencialidades econômicas de imóvel, pois antes até 'da promulgação da Constituição vigente, o legislador já cuidava de impor algumas restrições ao uso da propriedade com o escopo de preservar o meio ambiente' (EREsp 628.588/SP, Rel. Min. Eliana Calmon, Primeira Seção, *DJe* 09.02.2009), tarefa essa que, no regime constitucional de 1988, fundamenta-se na função ecológica do domínio e posse (REsp 1.240.122, de 28.06.2011).

Nessa trilha, o legislador se inspirou neste Princípio ao elaborar a redação do artigo 28, do novo Código Florestal, que não permite a conversão de vegetação nativa para uso alternativo do solo (desmatamentos) no imóvel rural que possuir área abandonada.[8]

A respeito deste tema, convém colacionar passagem de um julgado do STF:

> "O acesso à terra, a solução dos conflitos sociais, o aproveitamento racional e adequado do imóvel rural, a utilização apropriada dos recursos naturais disponíveis e a preservação do meio ambiente constituem elementos de realização da função social da propriedade. A desapropriação, nesse contexto – enquanto sanção constitucional imponível ao descumprimento da função social da propriedade – reflete importante instrumento destinado a dar consequência aos compromissos assumidos pelo Estado na ordem econômica e social. Incumbe, ao proprietário da terra, o dever jurídico-social de cultivá-la e de explorá-la adequadamente, sob pena de incidir nas disposições constitucionais e legais que sancionam os senhores de imóveis ociosos, não cultivados e/ou improdutivos, pois só se tem por atendida a função social que condiciona o exercício do direito de propriedade, quando o titular do domínio cumprir a obrigação (1) de favorecer o bem-estar dos que na terra labutam; (2) de manter níveis satisfatórios de produtividade; (3) de assegurar a conservação dos recursos naturais; e (4) de observar as disposições legais que regulam as justas relações de trabalho entre os que possuem o domínio e aqueles que cultivam a propriedade" (ADI 2.213-MC, Rel. Min. Celso de Mello, j. 04.04.2002, *DJ* de 23.04.2004).

13. INFORMAÇÃO

Conquanto não se trate de uma norma jurídica exclusiva do Direito Ambiental, podendo também ser encontrado em outros ramos, a exemplo do Direito do Consumidor, entende-se ser mais um importante princípio ambiental.

Ele mantém íntimo contato com o Princípio da Participação Comunitária e da Publicidade, que informa a atuação da Administração Pública, notadamente no que concerne

8. A definição de área abandonada, subutilizada e utilizada de maneira inadequada dependerá do alcance dos graus de eficiência e utilização da terra, definidos no artigo 6.º, da Lei 8.629/1993, ou então quando o prédio rústico não atenda aos requisitos do § 3.º, do citado dispositivo legal.

aos órgãos e entidades ambientais, que ficam obrigados a permitir o acesso público aos documentos, expedientes e processos administrativos que tratem de matéria ambiental e a fornecer todas as informações ambientais que estejam sob sua guarda, em meio escrito, visual, sonoro ou eletrônico[9].

Por seu turno, em se tratando de informações ambientais nos órgãos públicos, "qualquer indivíduo, **independentemente da comprovação de interesse específico**, terá acesso às informações de que trata esta Lei, mediante requerimento escrito, no qual assumirá a obrigação de não utilizar as informações colhidas para fins comerciais, sob as penas da lei civil, penal, de direito autoral e de propriedade industrial, assim como de citar as fontes, caso, por qualquer meio, venha a divulgar os aludidos dados"[10].

O acesso às informações ambientais é imprescindível à formação do bom convencimento da população, que precisa inicialmente conhecer para participar da decisão política ambiental, a exemplo das consultas e audiências públicas.

Por isso, os órgãos e entidades ambientais deverão publicar em Diário Oficial e disponibilizar em 30 dias, em local de fácil acesso: os pedidos de licenciamento, sua renovação e a respectiva concessão; pedidos e licenças para supressão de vegetação; autos de infrações e respectivas penalidades impostas pelos órgãos ambientais; lavratura de termos de compromisso de ajustamento de conduta; reincidências em infrações ambientais; recursos interpostos em processo administrativo ambiental e respectivas decisões; registro de apresentação de estudos de impacto ambiental e sua aprovação ou rejeição[11].

Visando facilitar o intercâmbio de informações sobre o meio ambiente, um dos instrumentos para a execução da Política Nacional é o Sistema Nacional de Informações (SINIMA), conforme previsto no artigo 9.º, VII, da Lei 6.938/1981.

Vale ressaltar que o Princípio da Informação foi previsto expressamente no artigo 6.º, inciso X, da Lei 12.305/2010, que aprovou a Política Nacional de Resíduos Sólidos.

14. LIMITE (OU CONTROLE)

Cuida-se do dever estatal de editar e efetivar normas jurídicas que instituam padrões máximos de poluição, a fim de mantê-la dentro de bons níveis para não afetar o equilíbrio ambiental e a saúde pública.

Realmente, o estabelecimento de padrões de qualidade ambiental é um dos instrumentos para a execução da Política Nacional do Meio Ambiente, conforme determinado pelo artigo 9.º, I, da Lei 6.938/1981.

Como exemplo de sua aplicabilidade, cita-se a Resolução CONAMA 274/2000, que estabelece os padrões de qualidade da água para a balneabilidade (recreação de contato primário).

---

9. Artigo 2.º, *caput*, da Lei 10.650/2003.
10. Artigo 2.º, § 1.º, da Lei 10.650/2003.
11. Artigo 4º, da Lei 10.650/2003.

15. RESPONSABILIDADE COMUM, MAS DIFERENCIADA

Merece ainda abordagem o Princípio da Responsabilidade Comum, mas Diferenciada, que tem feição *ambiental internacional*, decorrendo do Princípio da Isonomia, pontificando que **todas as nações são responsáveis pelo controle da poluição e a busca da sustentabilidade, mas os países mais poluidores deverão adotar as medidas mais drásticas, pois são os principais responsáveis pela degradação ambiental na Biosfera**, tendo sido previsto no Protocolo de Kyoto (art. 4.º, item 1) e no artigo 3.º da Lei 12.187/2009, que aprovou a Política Nacional de Mudança do Clima.

16. OUTROS PRINCÍPIOS

PAULO AFFONSO LEME MACHADO (2009, p. 57/60) prega a existência do **Princípio ao Meio Ambiente Equilibrado**, que se realiza com a manutenção de um bom equilíbrio ambiental, ou seja, sem alterações significativas provocadas pelo homem.

Na realidade, o Princípio do Desenvolvimento Sustentável visa efetivar o direito fundamental ao meio ambiente ecologicamente equilibrado, bem de uso comum do povo e essencial à sadia qualidade de vida, previsto na cabeça do artigo 225, da CRFB.

O citado mestre ainda apresenta o **Princípio do Direito à Sadia Qualidade de Vida** (2009, p. 60-62) como evolução do tradicional direito fundamental à vida, vez que é preciso uma existência com qualidade de vida, que pressupõe condições ambientais dignas, sem as quais não se terá sequer uma saúde pública.

Aponta, ainda, o **Princípio da Reparação** (2009, p. 93-94), que prega a necessidade de restauração ou compensação dos danos ambientais, sendo objetiva esta responsabilidade civil no Brasil (artigo 14, § 1.º, da Lei 6.938/1981).

Conforme lições de ALEXANDRA ARAGÃO (2007, p. 11-55), analisando a legislação ambiental da Europa, mas cujo conteúdo é notoriamente mundial, há ainda o **Princípio da Integração**, devendo a proteção ambiental ser considerada na formulação e aplicação das políticas comunitárias, bem como o **Princípio do Nível Elevado de Proteção**, que prega a existência de um patamar mínimo de proteção ambiental entre os países europeus.

A referida doutrinadora ainda sustenta a existência do **Princípio da Proibição do Retrocesso Ecológico**, em que é defeso o recuo dos patamares legais de proteção ambiental, salvo temporariamente em situações calamitosas, assim como do **Princípio do Progresso Ecológico**, que cria a obrigação estatal de constantemente revisar a legislação ambiental a fim de mantê-la atualizada.

17. TABELA-SÍNTESE DOS PRINCÍPIOS AMBIENTAIS

Princípios ambientais	Conteúdo
Prevenção	É preciso que o ente ambiental faça o poluidor reduzir ou eliminar os danos ambientais, pois estes normalmente são irreversíveis em espécie. Este princípio trabalha com o risco certo, pois já há base científica, uma vez que o empreendimento é amplamente conhecido.

Princípios ambientais	Conteúdo
Precaução	Se determinado empreendimento puder causar danos ambientais, contudo inexiste certeza científica quanto aos efetivos danos e sua extensão, mas há base científica razoável fundada em juízo de probabilidade não remoto da sua potencial ocorrência, o empreendedor deverá ser compelido a adotar medidas de precaução para elidir ou reduzir os riscos ambientais para a população (***in dubio pro natura***). Há risco incerto ou duvidoso.
Desenvolvimento sustentável	Decorre de uma ponderação que deverá ser feita casuisticamente entre o direito fundamental ao desenvolvimento econômico e o direito à preservação ambiental. É aquele que atende às necessidades do presente sem comprometer a possibilidade de existência digna das gerações futuras. Aplica-se aos recursos naturais renováveis.
Poluidor-pagador	Deve o poluidor responder pelos custos sociais da degradação causada por sua atividade impactante, devendo-se agregar esse valor no custo produtivo da atividade, para evitar que se privatizem os lucros e se socializem os prejuízos.
Protetor-recebedor	É necessária a **criação de benefícios em favor daqueles que protegem o meio ambiente** com o desiderato de fomentar e premiar essas iniciativas.
Usuário-pagador	**As pessoas que utilizam recursos naturais devem pagar pela sua utilização, especialmente com finalidades econômicas**, mesmo que não haja poluição, a exemplo do uso racional da água.
Cooperação entre os povos	Tendo em vista que o meio ambiente não conhece fronteiras políticas, sendo a terra um grande ecossistema, a única forma de preservá-la é a cooperação entre as nações, mormente por meio dos tratados internacionais, para se ter uma tutela global ambiental.
Solidariedade intergeracional	As atuais gerações devem preservar o meio ambiente e adotar políticas ambientais para a presente e as futuras gerações, não podendo utilizar os recursos ambientais de maneira irracional de modo que prive seus descendentes do seu desfrute.
Natureza pública da proteção ambiental	É dever irrenunciável do Poder Público e da coletividade promover a proteção do meio ambiente, por ser bem difuso, indispensável à vida humana sadia.
Participação comunitária	As pessoas têm o direito de participar da formação da decisão ambiental, existindo vários instrumentos nesse sentido, como a audiência pública no EIA-RIMA.
Função socioambiental da propriedade	Um dos requisitos para que a propriedade rural alcance a sua função social é o respeito à legislação ambiental (art. 186, II, da CRFB/1988), bem como a propriedade urbana, pois o plano diretor deverá necessariamente considerar a preservação ambiental, a exemplo da instituição de áreas verdes.
Informação	Independentemente da demonstração de interesse específico, qualquer indivíduo terá acesso às informações dos órgãos ambientais, ressalvado o sigilo industrial e preservados os direito autorais.
Limite	Explicita o dever estatal de editar patrões máximos de poluição a fim de manter o equilíbrio ambiental.

Princípios ambientais	Conteúdo
Responsabilidade comum, mas diferenciada	Todas as nações são responsáveis pelo controle da poluição e a busca da sustentabilidade, mas os países mais poluidores deverão adotar as medidas mais drásticas

18. QUESTÕES DE PROVA

01. (2021/CESPE/CEBRASPE/PGE-PB/Procurador do Estado) Considere as seguintes assertivas.

I A incerteza de conhecimentos científicos, longe de desculpar deveria incitar a mais prudência.

II A ignorância não pode ser um pretexto para ser imprudente.

III Na dúvida, opta-se pela solução que proteja imediatamente o ser humano.

As assertivas I, II e III invocam o conteúdo do seguinte princípio geral do direito ambiental:

a) princípio da reparação.
b) princípio da informação.
c) princípio do poluidor-pagador.
d) princípio da precaução.
e) princípio da cooperação.

02. (2020/CESPE/CEBRASPE/MPE-CE/Promotor de Justiça de Entrância Inicial) Ao avaliar um pedido de autorização do uso de determinado agrotóxico, o órgão ambiental competente, pautado em estudos científicos, autorizou o uso do produto. Para decidir, considerou que, no atual estágio do conhecimento científico, inexiste comprovação de efeitos nocivos à saúde humana decorrentes da exposição ao referido agrotóxico, conforme parâmetros propostos pela Organização Mundial de Saúde.

Considerando-se que, nessa situação hipotética, o risco de exposição ao agrotóxico possa ser mensurado, é correto afirmar, com base na jurisprudência do STF, que a decisão do órgão ambiental está pautada no princípio

a) da precaução.
b) da prevenção.
c) do limite.
d) da equidade.
e) do usuário-pagador.

03. (2018/ CESPE/STJ/Conhecimentos Básicos – Cargos: 10 e 12) Considerando as disposições legais pertinentes a sustentabilidade e proteção ambiental, julgue o item a seguir. Os órgãos da administração pública, inclusive os que compõem o Poder Judiciário, são responsáveis pela execução da Política Nacional sobre Mudança do Clima, devendo observar, entre outros, os princípios da precaução, da prevenção e da participação cidadã.

04. (2017/FCC/TJ-SC/Juiz Substituto) O pagamento por serviços ambientais – PSA tem por fundamento:

a) a legislação estrangeira, não encontrando base no ordenamento jurídico brasileiro.
b) o princípio da solidariedade intergeracional.
c) o princípio do protetor-recebedor.
d) o princípio do usuário-pagador.
e) o princípio do poluidor-pagador.

05. (2017/CESPE/Prefeitura de Belo Horizonte/Procurador Municipal) Acerca do conteúdo e da aplicação dos princípios do direito ambiental, assinale a opção correta.

a) A participação ambiental da sociedade não substitui a atuação administrativa do poder público, mas deve ser considerada quando da tomada de decisões pelos agentes públicos.

b) A legislação ambiental não promove exigência relacionada à aplicação do princípio do usuário-pagador, que impõe o pagamento pelo uso do recurso ambiental.

c) Conforme a doutrina majoritária, os princípios da prevenção e da precaução são sinônimos, já que ambos visam inibir riscos de danos ao meio ambiente.

d) A essência do princípio do poluidor-pagador está relacionada à compensação dos danos causados ao meio ambiente: no sentido de "poluiu pagou".

06. (2016/VUNESP/TJ-RJ/Juiz Substituto) Na evolução da normativa do Direito Ambiental Internacional, pode-se identificar documentos elaborados por Comissões, como ocorreu com a Comissão da ONU sobre Meio Ambiente e Desenvolvimento. Esses documentos são posteriormente discutidos para, eventualmente, serem incorporados em Declarações de Princípios das Conferências sobre Meio Ambiente. Esse processo pode ser identificado, quando da consagração do princípio do desenvolvimento sustentável, respectivamente, pelo

a) Programa da Agenda 21 e Declaração do Rio/92.

b) Plano de vigia Earthwatch e Cúpula de Johannesburgo.

c) Relatório Brundtland e Declaração do Rio/92.

d) Relatório Brundtland e Declaração de Estocolmo.

e) Plano de vigia Earthwatch e Declaração de Estocolmo.

07. (2016/IBEG/Prefeitura de Guarapari/Procurador Municipal) Considerando os princípios de direito ambiental, analise as assertivas e assinale a alternativa correta.

a) Poluidor, a pessoa física ou jurídica, de direito público ou privado, responsável diretamente, por atividade causadora de degradação ambiental.

b) A CF determina expressamente que o poder público promova a educação ambiental em todos os níveis de ensino, sendo a expressão do princípio da informação.

c) O princípio da prevenção significa que, se há incerteza científica, devem ser adotadas medidas técnicas e legais para prevenir e evitar perigo de dano à saúde e/ou ao meio ambiente.

d) Em decorrência do princípio do poluidor-pagador, é o poluidor obrigado, na medida da sua culpa ou comprovação do dolo, a indenizar ou reparar os danos causados ao meio ambiente e a terceiros, afetados por sua atividade.

e) Sendo o ambiente classificado como bem de uso comum do povo, não se admite que sua utilização tenha caráter oneroso ou que haja necessidade de contraprestação pelo usuário.

08. (2015/CESPE/Prefeitura de Salvador/Procurador do Município) A respeito dos princípios do direito ambiental, assinale a opção correta.

a) Determinada conduta apenas poderá ser proibida se houver certeza científica sobre sua prejudicialidade ao meio ambiente.

b) O princípio da ubiquidade implica que cada estado deve atuar para evitar o dano ambiental nos limites do seu território.

c) De acordo com o princípio do desenvolvimento sustentável, devem ser eliminadas todas as atividades econômicas que impliquem degradação do meio ambiente natural.

d) No direito ambiental, vige o princípio da reparação do dano ambiental, segundo o qual cabe ao autor do dano promover o ressarcimento in natura ou em dinheiro, conforme a gravidade do dano causado.

e) O princípio do poluidor pagador pode incidir também em casos de conduta lícita do particular.

09. (2015/CESPE/TJ-PB/Juiz Substituto) Com relação ao direito ambiental em uma perspectiva econômica, à PNMA e à PNRH, assinale a opção correta.

a) Apesar de a PNRH estabelecer que a água é um recurso dotado de valor econômico, os institutos previstos na lei não são suficientes para se efetivar o uso econômico desse recurso.

b) A lei que instituiu a PNMA é silente em estabelecer instrumentos que regulem a atividade econômica de iniciativa privada que causar dano ao meio ambiente.

c) O princípio do protetor-recebedor, que se refere ao pagamento por serviços ambientais, não é previsto expressamente na lei que instituiu a PNMA.

d) A CF regulamenta a fruição do meio ambiente como bem apropriável e valorável.

e) O pagamento por serviços ambientais é fundamentado no princípio do poluidor-pagador, pois aquele que vier a causar dano ao meio ambiente deverá ser obrigado, primeiramente, a indenizar ou a reparar o dano causado.

GAB	01	D	02	B	03	CORRETA	04	C	05	A
	06	CORRETA	07	CORRETA	08	CORRETA	09	CORRETA		

REFERÊNCIAS

ALEXY, Robert. *Constitucionalismo discursivo.* Porto Alegre: Livraria do Advogado, 2007.

ALMEIDA, António. *Como se posicionam os professores perante manifestações culturais com impacto na natureza. Resultados de uma investigação. In Revista Electrónica de Enseñanza de lãs Ciencias, vol. 8, nº 2.* Lisboa, 2009. Disponível em: http://reec.uvigo.es/volumenes/volumen8/ART15_Vol8_N2.pdf. >. Acesso em: 24 nov. 2009.

ALMEIDA, Gregório Assagra de. *Direito processual coletivo brasileiro.* São Paulo: Saraiva, 2003.

AMADO, Frederico Augusto Di Trindade. A prescrição da pretensão sancionadora da Administração Pública federal diante da consumação de ilícito administrativo-ambiental. Disponível em: <www.jus.com.br>. Acesso em: 19 jan. 2008.

______. *Direito Ambiental Esquematizado.* São Paulo: Juspodivm, 2121.

______. O Estado de Direito Ambiental brasileiro e a inconstitucionalidade material dos artigos 1.290/1.293 do Código Civil do Brasil. Disponível em: <www.juspodivm.com.br>. Acesso em: 15 dez. 2009.

______. Peculiaridades da responsabilidade civil por danos ambientais. Disponível em: <www.supremoconcursos.com.br>. Acesso em: 10 nov. 2009.

ANTUNES, Paulo Bessa. *Direito ambiental.* Rio de Janeiro: Lumen Juris, 2005.

______. Rio de Janeiro: Lumen Juris, 2008.

ARAGÃO, Alexandra. *Direito Constitucional do Ambiente na União Europeia. In Direito Constitucional Ambiental Brasileiro.* José Joaquim Gomes Canotilho e José Rubens Morato Leite (organizadores). São Paulo. Saraiva, 2007.

ARAÚJO, Ubiracy. A repartição constitucional de competências em matéria ambiental. Brasília, 1997. Disponível em: <http.www.aprodab.org.br>. Acesso em: 1.º nov. 2006.

ATALIBA, Geraldo. *Hipótese de Incidência Tributária.* São Paulo: Malheiros, 1999.

BANDEIRA DE MELLO, Celso Antônio. *Curso de direito administrativo.* São Paulo: Malheiros, 2001.

BARROSO, Luís Roberto. Gestação de fetos anencefálicos e pesquisas com células-tronco: dois temas acerca da vida e da dignidade na Constituição. *Leituras complementares de constitucional.* Salvador: Juspodivm, 2006.

BARROSO, Luís Roberto. *Fundamentos Teóricos e Filosóficos do Novo Direito Constitucional Brasileiro (Pós-modernidade, Teoria Crítica e Pós-Positivismo).* In *A Nova Interpretação Constitucional: Ponderação, Direitos Fundamentais e Relações Privadas.* Luís Roberto Barroso (organizador). 2. ed. Rio de Janeiro: Renovar, 2006.

BECHARA, Erika. *Licenciamento e Compensação Ambiental.* São Paulo: Atlas, 2009.

BENJAMIN, Antônio Herman. Introdução ao direito ambiental brasileiro. *Anais do 3.º Congresso Internacional de Direito Ambiental.* Brasília, 1999.

________. *Direito Constitucional Ambiental Brasileiro. In Direito Constitucional Ambiental Brasileiro.* José Joaquim Gomes Canotilho e José Rubens Morato Leite (organizadores). São Paulo: Saraiva, 2007.

BELTRÃO, Antônio F. G. *Curso de Direito Ambiental.* São Paulo: Método, 2009.

BITENCOURT, Cezar Roberto. *Manual de direito penal.* São Paulo: Saraiva, 2000.

CARVALHO FILHO, José dos Santos. *Direito administrativo.* 17. ed. Rio de Janeiro: Lumen Juris, 2007.

CAVALIERI FILHO, Sergio. *Programa de responsabilidade civil.* 3. ed. São Paulo: Malheiros, 2002.

COSTA, Flávio Dino de Castro (obra conjunta). *Crimes e infrações administrativas ambientais.* Brasília: Brasília Jurídica, 2001.

CUNHA JÚNIOR, Dirley da. *Curso de direito constitucional.* Salvador: Juspodivm, 2008.

DASHEFSKY, H. Steven. *Dicionário de ciência ambiental.* 3. ed. São Paulo: Gaia, 2006.

DESTEFENNI, Marcos. *A responsabilidade civil ambiental e as formas de reparação do dano ambiental.* São Paulo: Bookseller, 2005.

FERREIRA, Aurélio Buarque de Holanda. *Dicionário Aurélio básico da língua portuguesa.* Rio de Janeiro: Nova Fronteira, 1988.

FERREIRA, Heline Sivini. Competências Ambientais. *In Direito Constitucional Ambiental Brasileiro.* José Joaquim Gomes Canotilho e José Rubens Morato Leite (organizadores). São Paulo: Saraiva, 2007.

FINK, Daniel. *Aspectos jurídicos do licenciamento ambiental.* São Paulo: Forense, 2000.

FIORILLO, Celso Antonio Pacheco. *Curso de direito ambiental brasileiro.* São Paulo: Saraiva, 2008.

FREITAS, Vladimir Passos de. *A Constituição Federal e a efetividade das normas ambientais.* São Paulo: RT, 1993.

______; FREITAS, Gilberto Passos de. *Crimes contra a natureza.* 8. ed. São Paulo: RT, 2006.

GALDINO, Valéria Silva; WEBER, Gisele Bergamasco. Procotolo de Quioto: mecanismo de desenvolvimento limpo e sequestro de carbono. *Revista de Direito Ambiental*. São Paulo: RT, v. 51, 2008.

GIANNASI, Fernanda. Morte lenta. A exposição ao aminado ou abesto como causa de câncer ocupacional no Brasil. Disponível em: <www.jus.com.br>. Acesso em: 02 dez. 2009.

GOMES, Luiz Flávio. Texto sobre a suspensão condicional do processo nos crimes ambientais. Disponível em: <www.wikiiuspedia.com.br>. Acesso em: 10 out. 2008.

GRECO, Rogério. *Curso de direito penal* – parte geral. 5. ed. Rio de Janeiro: Impetus, 2005.

GRINOVER, Ada Pellegrini; BENJAMIM, Antônio Herman de Vasconcellos e; FINK, Daniel Roberto; FILOMENO, José Geraldo Brito; WATANABE, Kazuo; NERY JUNIOR, Nelson; DENARI, Zelmo. *Código Brasileiro de Defesa do Consumidor*. São Paulo: Forense Universitária, 2001.

HERRMANN, Hildebrando; POVEDA, Eliane Pereira Rodrigues; SILVA, Marcus Vinicius Lopes. *Código de Mineração de 'A' a 'Z'*. Campinas: Millennium, 2009.

IBGE. *Vocabulário básico dos recursos naturais e meio ambiente*, 2004.

KRELL, Andreas J. Licença ou autorização ambiental? Muita discussão em torno de um falso dilema. *Revista de Direito Ambiental*. São Paulo: RT, v. 49, 2008.

LEMOS, Patrícia Faga Iglecias. *Meio ambiente e responsabilidade civil do proprietário*. São Paulo: RT, 2008.

LITTLE, Paul E. *Políticas ambientais no Brasil*. São Paulo: IEB, 2003.

MACHADO, Paulo Affonso Leme. *Direito ambiental brasileiro*. São Paulo: Malheiros, 2003.

______. *Direito ambiental brasileiro*. São Paulo: Malheiros, 2009.

______. Federalismo, Amianto e Meio Ambiente: Julgado sobre Competência. *In Direito Constitucional Ambiental Brasileiro*. José Joaquim Gomes Canotilho e José Rubens Morato Leite (organizadores). São Paulo: Saraiva, 2007.

MARINONI, Luiz Guilherme; ARENHART, Sergio Cruz. *Manual de processo de conhecimento*. São Paulo: RT, 2003.

MILARÉ, Édis. *Direito do ambiente*. São Paulo: RT, 2005.

______ (obra conjunta). *Direito penal ambiental*. Campinas: Millennium, 2002.

MIRRA, Álvaro Luiz Valery. *Ação civil pública e a reparação do dano ao meio ambiente*. São Paulo: Juarez de Oliveira, 2002.

______. A noção de poluidor na Lei 6.938/81 e a questão da responsabilidade solidária do estado. *Leituras complementares de direito ambiental*. Salvador: Juspodivm, 2008.

MORAES, Luís Carlos Silva de. *Código Florestal comentado*. São Paulo: Atlas, 2002.

______. *Código Florestal comentado*. São Paulo: Atlas, 2009.

PIETRO, Maria Sylvia Zanella Di. *Direito Administrativo*. São Paulo: Atlas, 2003.

PINTO, Luiz Paulo de S. (obra conjunta). Mata Atlântica: ciência, conservação e políticas. Disponível em: <www.aliancamataatlantica.org.br/limites.html>. Acesso em: 5 nov. 2008.

POMPEU, Cid Tomanik. *Direito de* Águas *no Brasil*. São Paulo: RT, 2006.

PRADO, Luiz Regis. Apontamentos sobre o ambiente como bem jurídico-penal. *Revista de Direito Ambiental*, São Paulo: RT, v. 50, 2008.

______. *Direito Penal do Ambiente*. São Paulo: RT, 2009.

REZEK, J. F. *Direito internacional público*. São Paulo: Saraiva, 2002.

RIBEIRO, Wagner Costa. *A ordem ambiental internacional*. São Paulo: Contexto, 2008.

ROCHA, Ibraim José das Mercês. Órgão ambiental competente para licenciamento de obra localizada nas margens de rio federal. Disponível em: <http.www.jus.com.br>. Acesso em: 1.º nov. 2006.

SÁNCHEZ, Luis Enrique. *Avaliação de impacto ambiental*. São Paulo: Oficina dos Textos, 2006.

SANTOS, Rozely Ferreira dos, *In Planejamento Ambiental: teoria e prática*. São Paulo: Oficina dos Textos, 2004.

SILVA, Américo Luís da. *Direito do Meio Ambiente e dos Recursos Naturais, volume I*. São Paulo: RT, 2005.

______. *Direito do Meio Ambiente e dos Recursos Naturais, volume II*. São Paulo: RT, 2005.

______. *Direito do Meio Ambiente e dos Recursos Naturais, volume III*. São Paulo: RT, 2006.

SILVA, Daisy Rafaela. Patrimônio cultural imaterial – a tutela em face do direito ambiental brasileiro. *Leituras complementares de direito ambiental*. Salvador: JusPodivm, 2008.

SILVA, José Afonso da. *Curso de direito constitucional positivo*. São Paulo: Malheiros, 2002.

______. *Direito constitucional ambiental*. São Paulo: Malheiros, 2009.

SILVA, Vicente Gomes da. Parecer 1.206/02 – PROGE/IBAMA. Disponível em: <http.www.ibama.gov.br/proge>. Acesso em: nov. 2006.

SIRVINSKAS, Luís Paulo. *Manual de direito ambiental*. 6. ed. São Paulo: Saraiva, 2008.

SOUZA, Jorge Henrique de Oliveira. *Tributação e Meio Ambiente*. 1. ed. Belo Horizonte: Del Rey, 2009.

THEODORO JÚNIOR, Humberto. *Curso de direito processual civil*. São Paulo: Forense, v. 1. 1999.

TORRES, Heleno Taveira. Da relação entre competências constitucionais tributária e ambiental – os limites dos chamados "tributos ambientais". In TÔRRES, Heleno Taveira (Org.). *Direito Tributário Ambiental*. São Paulo: Malheiros, 2005.

TORRES, Ricardo Lobo. Princípios e teoria geral do Direito Tributário Ambiental. In TÔRRES, Heleno Taveira (Org.). *Direito Tributário Ambiental*. São Paulo: Malheiros, 2005.TRINDADE, Gustavo. Parecer 312/CONJUR/MMA/2004. Disponível em: <http. www.mma.gov.br>. Acesso em: nov. 2006.

TRENNEPOHL, Terence Dornelles. *Direito Ambiental*. Salvador: Juspodivm, 2008.

VARELLA, Marcelo Dias. O acúmulo de lógicas distintas no direito internacional: conflitos entre comércio internacional e meio ambiente. Disponível em: <www.planalto.gov.br/ccivil_03/revista/rev_71/Artigos/artigo_Marcelodias.htm>. Acesso em jul. 2009.

Anotações

...ção ...ma	Trânsito em Julgado	Ramo do Direito	DIREITO ADMINISTRATIVO

...e a controvérsia sobre o prazo prescricional para a cobrança de multa administrativa por infração à legislação do meio am... aplicada por órgão ou entidade da Administração Pública Federal, direta ou indireta: se quinquenal, nos termos do art. 1º do ...o 20.910/32, ou vintenária, segundo o art. 177 do Código Civil de 1916.

...o decadencial para constituição do crédito decorrente de infração à legislação administrativa, 'no caso de infração perma... ou continuada, conta-se do dia em que tiver cessado' o ilícito.

...tão debatida nos autos é, apenas em parte, coincidente com a veiculada no REsp 1.112.577/SP, também de minha relatoria e ...do sob o regime do art. 543-C do CPC e da Resolução STJ n. 08/2008. Neste caso particular, a multa foi aplicada pelo Ibama, ...e federal de fiscalização e controle do meio ambiente, sendo possível discutir a incidência da Lei 9.873, de 23 de novembro ...9, com os acréscimos da Lei 11.941, de 27 de maio de 2009. No outro processo anterior, a multa decorria do poder de polícia ...tal exercido por entidade vinculada ao Estado de São Paulo, em que não seria pertinente a discussão sobre essas duas leis ...s."

...ção administrativa.

...nal ...gem	RRC	Órgão Julgador	Relator	Data de Afetação	Julgado em	Acórdão Publicado em	Embargos de Declaração	Trânsito em Julgado
	Não	1ª Seção	CASTRO MEIRA	25/11/2009	24/03/2010	06/04/2010		10/05/2010

EDITORA
JusPODIVM
www.editorajuspodivm.com.br

Impressão e Acabamento:
EXPRESSÃO & ARTE
EDITORA E GRÁFICA
www.graficaexpressaoearte.com.br